WPH Edition

Sanierung und Insolvenz

Rechnungslegung und Beratung
in der Unternehmenskrise

WPH Edition

Sanierung und Insolvenz

Rechnungslegung und Beratung
in der Unternehmenskrise

bearbeitet von

WP StB Dipl.-Kfm. Arndt Geiwitz
WP StB Dipl.-Kfm. Michael Hermanns
WP StB Dipl.-Kfm. Christoph Hillebrand
RA Thomas Oberle
WP StB Dipl.-Kfm. Bernhard Steffan
WP StB RA Jens Weber
WP StB Prof. Dr. Heike Wieland-Blöse

herausgegeben vom
Institut der Wirtschaftsprüfer
in Deutschland e.V.

Düsseldorf 2022

IDW VERLAG GMBH

© 2022 IDW Verlag GmbH, Tersteegenstraße 14, 40474 Düsseldorf
Die IDW Verlag GmbH ist ein Unternehmen des Instituts der Wirtschaftsprüfer in Deutschland e.V. (IDW).

Satz: Merlin Digital GmbH, Essen
Druck und Verarbeitung: Druckerei C.H.Beck, Nördlingen
Elektronische Fassung: doctronic GmbH & Co. KG, Bonn
KN 12005

Die Angaben in diesem Werk wurden sorgfältig erstellt und entsprechen dem Wissensstand bei Redaktionsschluss. Da Hinweise und Fakten jedoch dem Wandel der Rechtsprechung und der Gesetzgebung unterliegen, kann für die Richtigkeit und Vollständigkeit der Angaben in diesem Werk keine Haftung übernommen werden. Gleichfalls werden die in diesem Werk abgedruckten Texte und Abbildungen einer üblichen Kontrolle unterzogen; das Auftreten von Druckfehlern kann jedoch gleichwohl nicht völlig ausgeschlossen werden, so dass für aufgrund von Druckfehlern fehlerhafte Texte und Abbildungen ebenfalls keine Haftung übernommen werden kann.

ISBN 978-3-8021-2586-7

Bibliografische Information der Deutschen Bibliothek
Die Deutsche Bibliothek verzeichnet diese Publikation in der Deutschen Nationalbibliografie; detaillierte bibliografische Daten sind im Internet über http://www.d-nb.de abrufbar.

www.idw-verlag.de

Liebe Leserinnen und Leser,

der Band Sanierung und Insolvenz der WPH Edition liegt nun in der zweiten Auflage vor. Seit Erscheinen der Vorauflage vor über vier Jahren hat sich Vieles bewegt und verändert. Nicht zuletzt durch die Corona-Pandemie hat das Thema massiv an Bedeutung gewonnen: Die wirtschaftlichen Folgen werden noch jahrelang zu spüren sein und viele Unternehmen müssen umfangreiche Sanierungsmaßnahmen ergreifen. Dabei ist es hilfreich, dass mit dem Gesetz zur Fortentwicklung des Sanierungs- und Insolvenzrechts (SanInsFoG) neue Instrumente (insb. der Stabilisierungs- und Restrukturierungsrahmen) geschaffen wurden und damit die Sanierungsinfrastruktur in Deutschland ausgebaut wurde.

Auf alle damit verbundenen Chancen und Risiken, zudem auf die Grundlagen der Rechnungslegung und Prüfung in der Krise und auf die wesentlichen steuerlichen Fragen innerhalb und außerhalb der Regelinsolvenz gehen die Autoren umfassend ein. Unternehmer sowie Spezialisten in Unternehmen und Banken erhalten ebenso wie Sanierungsberater einen Überblick über ihre Pflichten in der Krise und die Konsequenzen aus möglichen Verletzungen dieser Verpflichtungen.

Die Themen im Überblick:

Ausführlich werden die Fragen erörtert, vor denen Unternehmen in der Insolvenz stehen: Wie wird die Zahlungsunfähigkeit ermittelt, wie wird ein Überschuldungsstatus erstellt, wann droht Zahlungsunfähigkeit, wie läuft ein Regelinsolvenzverfahren ab, wer ist an diesem Verfahren beteiligt oder wann werden besondere Insolvenzverfahren wie Eigenverwaltung oder Schutzschirmverfahren in Anspruch zu nehmen sein?

Darüber hinaus sind selbstverständlich alle Kapitel mit Blick auf die aktuelle Gesetzgebung und Rechtsprechung, neue und überarbeitete IDW Verlautbarungen sowie das diesbezügliche Fachschrifttum überarbeitet worden. Die Darstellungen in diesem Werk berücksichtigen den Stand der Gesetzgebung, Rechtsprechung und Literatur bis mindestens 01.11.2021.

An dieser Stelle bedanken wir uns bei allen Verfasserinnen und Verfassern sowie deren Mitarbeiterinnen und Mitarbeitern, die sich durch langjährige Erfahrung in der Sanierungs- und Insolvenzbegleitung auszeichnen und zum Gelingen dieses Themenbandes beigetragen haben. Für die fachliche Begleitung durch das IDW bedanken wir uns bei WP StB Dr. Henrik Solmecke und RA (Syndikus-RA) Maren Granzow, zudem gilt unser Dank WP StB Melanie Sack, die die Gesamtverantwortung für die WPH Edition trägt, und Annette Preuß, die für das Projektmanagement verantwortlich ist und Ihnen für Feedback jeder Art unter der Mailadresse preuss@idw.de zur Verfügung steht.

Wir wünschen Ihnen eine gewinnbringende Lektüre.

Düsseldorf, im Februar 2022

Prof. Dr. Klaus-Peter Naumann
Vorstandssprecher des IDW

Inhaltsübersicht

Kapitel A

Unternehmenskrise – ein Überblick über Ursachen, Risiken und Handlungsmöglichkeiten

Verfasser:
WP StB Prof. Dr. Heike Wieland-Blöse, Düsseldorf
RA Thomas Oberle, Mannheim

Inhalt

1. Krisenursachen und Krisenstadien

1.1 Definition Unternehmenskrise

Das Wort „Krise" wird im Allgemeinen verwendet, um eine problembehaftete, sich zu- **1**
spitzende Situation zu beschreiben, die mit einem Wendepunkt verbunden ist. Unter-
schiedlichste Wissenschaftsdisziplinen knüpfen aus den jeweiligen Fach- und Sach-
zusammenhängen an den Begriff der **Krise** an[1].

Bezogen auf die wirtschaftswissenschaftliche Disziplin kann das Vorliegen einer Krise **2**
aus einer makroökonomischen oder einer mikroökonomischen Perspektive resultieren.
Staatsschulden- oder Finanzkrisen, Wirtschaftskrisen, Strukturkrisen, Weltwirtschafts-
krisen etc. lassen sich als Krisen aus makroökonomischer Sicht betrachten. In dem hier
relevanten Kontext geht es um eine mikroökonomische Betrachtung, die auf den Begriff
der **Unternehmenskrise** fokussiert. Dieser ist typischerweise durch folgende Elemente
geprägt[2]:

- Es handelt sich um eine ungewohnte, ungewollte und ungeplante Situation für ein
  Unternehmen, die dazu führt, dass eine unveränderte Fortsetzung der bisherigen
  Geschäftätigkeit nicht mehr möglich ist.
- Die Situation ist ein Wendepunkt, an den sich eine hohe Ausprägungsbandbreite für
  den weiteren Unternehmensverlauf anschließt. Dies reicht von der Auflösung des
  Unternehmens bis hin zur Überwindung der Krise und einer erfolgreichen Fort-

---

1   *Harz/Hub/Schlarb*, S. 3 ff.; *Crone*, S. 3 (4 f.).
2   *Evertz/Krystek*, S. 19 (20 f.); *Crone*, S. 3 (4 f.).

setzung der bisherigen Geschäftstätigkeit. Damit gehen unterschiedlich lange Zeit-räume einher, die zur Überwindung der Unternehmenskrise benötigt werden.

- Es geht um die Ansammlung und Verdichtung kritischer Situationen, deren objektive Feststellbarkeit und subjektive Wahrnehmung durch unvollständige Informationen und das Erfordernis einer Einschätzung bzw. Beurteilung unsicherer künftiger Entwicklungen erschwert wird. Oftmals werden deshalb Warnsignale erst mit zeitlichen Verzögerungen erkannt.

- Unter den Gesichtspunkten Beherrschbarkeit, Bedrohung, Zeitdruck, Entschei-dungsfülle ist es eine besonders anspruchsvolle Situation für die Unternehmens-führung mit im Zeitablauf typischerweise abnehmenden Handlungsalternativen.

- Im Prozessverlauf bestehen individuelle Möglichkeiten der Beeinflussung seitens der Unternehmensführung. In der Regel liegt eine hohe Abhängigkeit von Stakeholdern vor und eine zusätzlich herrschende Relevanz gesetzlicher Regelungen, die auch Ein-griffe in die bisherige Unternehmensführung zur Folge haben können, z.B. durch Einsetzung eines Insolvenzverwalters.

3 Nachfolgende **Definition** fasst die o.g. begrifflichen Merkmale einer Unternehmenskrise zusammen[3]: „Unternehmenskrisen sind ungeplante und ungewollte Prozesse von be-grenzter Dauer und Beeinflussbarkeit sowie mit ambivalentem Ausgang. Sie sind in der Lage, den Fortbestand des gesamten Unternehmens substanziell und nachhaltig zu ge-fährden oder sogar unmöglich zu machen. Dies geschieht durch die Beeinträchtigung dominanter Ziele, deren Gefährdung oder gar Nichterreichung gleichbedeutend ist mit einer nachhaltigen Existenzgefährdung oder Existenzvernichtung des Unternehmens als selbstständig und aktiv am Wirtschaftsprozess teilnehmende Einheit mit ihren bis dahin gültigen Zweck- und Zielsetzungen".

1.2   Krisenursachen und deren Feststellung

4 Die Gründe für die Entstehung und die Entwicklung von Unternehmenskrisen sind vielfältig. Die Symptome, die auf das Vorliegen einer Unternehmenskrise hinweisen, haben ebenfalls verschiedene Ausprägungen und liegen selten singulär vor. Dennoch soll nachfolgend eine Systematisierung erfolgen. Das **Erkennen** und das tiefe Verständnis der Ursachen für die Entstehung von Unternehmenskrisen ist essenzieller Ausgangs-punkt dafür, Handlungsalternativen zu identifizieren und etwaige Maßnahmen zur Überwindung der Krise umzusetzen.

5 Zur Feststellung von **Krisenursachen** kann in einem ersten Schritt zwischen endogenen und exogenen Gründen unterschieden werden[4].

1.2.1   Endogene Krisenursachen

6 Unter **endogenen Krisenursachen** werden jene verstanden, deren Wurzeln im Unter-nehmen selbst angelegt sind. Diese Krisenursachen können etwa aus

- einer nicht zielfokussierten Unternehmensführung,
- Konflikten zwischen Gesellschaftern bzw. Gesellschaftergruppen über die weitere strategische Ausrichtung,
- nicht marktgerechten Geschäftsmodellen,

---

3   *Evertz/Krystek*, S. 19 (21 f.).
4   *Harz/Hub/Schlarb*, S. 6; *Crone*, S. 3 (11 f.); *Kraus*, § 4, Rz. 5.

- fehlenden oder falsch qualifizierten Mitarbeitern oder
- ineffizienten Produktionsprozessen

resultieren. Damit ist die Beeinflussbarkeit dieser Krisenursachen dem Grunde nach gegeben, jedoch ist die Wirksamkeit ihrer Bekämpfung von der Reaktionsfähigkeit des Unternehmens abhängig. So gibt es unternehmensinterne Begrenzungen der Handlungsspielräume und der Umsetzbarkeit von Veränderungen; nicht zuletzt sind deren Finanzierungserfordernisse zu beachten. Vor diesem Hintergrund sind endogene Krisenursachen und deren Bewältigungsmöglichkeiten mit exogenen Rahmenbedingungen verknüpft, die außerhalb der unmittelbaren Unternehmenssphäre liegen.

1.2.2 Exogene Krisenursachen

Unter **exogenen Krisenursachen** werden jene verstanden, die sich aus dem Umfeld des **7** Unternehmens ergeben. Dazu zählen

- Branche,
- Wettbewerber,
- Zuliefer-/Absatzmarkt,
- Markt für menschliche Produktionsfaktoren,
- Marktposition Einkauf und Absatz,
- Technologie,
- Abnehmer,
- Zins- und Währungsraum,
- weltweite Bedrohungen, Pandemien etc.

Weiterhin wird das Unternehmensumfeld durch die gesamtwirtschaftliche Lage, rechtliche, politische, gesellschaftliche bzw. demografische sowie technische Gegebenheiten und Entwicklungen geprägt.

Exogene Krisenursachen zeichnen sich dadurch aus, dass sie **außerhalb des Unter- 8 nehmens** verankert sind und sich grundsätzlich der Beeinflussbarkeit durch das einzelne Unternehmen entziehen. Das Entstehen exogener Krisen erfordert eine Reaktion des Unternehmens auf die veränderten Rahmenbedingungen. Insofern hängt die Überwindbarkeit exogen bedingter Krisen für das Unternehmen in besonderer Weise von seiner Flexibilität ab, mit Blick auf Führung, Geschäftsmodell und eingesetzte Produktionsfaktoren, auf Veränderungen reagieren zu können. Erfolgen keine oder zeitverzögerte Veränderungen auf exogene Krisenursachen, können in der Folge endogene Krisenursachen entstehen.

Der Zusammenhang von exogenen und endogenen Faktoren wurde für viele Unternehmen in der Corona-Krise deutlich: Für einige Branchen ergaben sich zeitlich begrenzte negative Folgewirkungen, die kurzfristig überbrückt werden konnten. In anderen Branchen beschleunigte sich der Eintritt sowieso bekannter oder erwarteter Veränderung, sodass hier aus der zeitlichen Beschleunigung besonders hoher Druck auf die Anpassungsfähigkeit von Geschäftsmodellen wahrgenommen werden konnte.

1.3 Krisenstadien und deren Feststellung

Unternehmenskrisen verlaufen regelmäßig in verschiedenen Stadien. Dabei handelt es **9** sich nicht um vorhersagbare Verlaufsformen dergestalt, dass ein Stadium zwingend auf das andere folgt. Manche Stadien treten überhaupt nicht auf, andere parallel oder sich überlappend. Im Regelfall ist jedoch zu beobachten, dass sich **Krisenstadien** nicht unabhängig voneinander, sondern aufeinander aufbauend entwickeln. Dies bedeutet, dass stets nicht nur eine aktuell vorliegende Krise, sondern auch die Frage, welche vorgelagerten Krisenstadien zu berücksichtigen sind, analysiert werden muss [5].

10 Die Krisenstadien bestimmen maßgeblich Inhalt und Detaillierungsgrad des Sanierungskonzept. Je nach Krisenausprägung stehen dabei zunächst Maßnahmen zur Insolvenzvermeidung und Maßnahmen zur Herbeiführung bzw. Sicherstellung der Fortführungsfähigkeit eines Unternehmens im Vordergrund. Erst im Anschluss kann an der Erreichung von Wettbewerbsfähigkeit und an einer nachhaltigen und angemessenen Eigenkapitalrendite gearbeitet werden. Fest steht aber, dass nur ein **Sanierungskonzept**, das auf dem Fundament einer tiefgehenden Analyse der Krisenstadien beruht, die sachgerechte Ableitung geeigneter Sanierungsmaßnahmen ermöglicht [6].

11 Zur **Systematisierung** der Krisenstadien kann dabei auf zeitliche Abläufe und die Frage der Beeinflussbarkeit abgestellt werden, unter Berücksichtigung der damit verbundenen Relevanz für die Art des Krisenmanagements. In diesem Sinne unterscheiden Evertz und Krysek[7]:

- **Phase 1: Potenzielle Unternehmenskrise**
  In dieser Phase handelt es sich lediglich um eine mögliche, noch nicht real vorhandene Unternehmenskrise. Daher sind Krisensymptome als solche nicht wahrnehmbar, sondern kennzeichnen den „Normalzustand" des Unternehmens. In dieser Phase kommt der Vorsorge Bedeutung zu; z.B. können Unternehmenskrisen simuliert werden, um daraus präventiv und im Eintrittsfall reaktionsschnell Strategien und Maßnahmen ableiten zu können.

- **Phase 2: Latente Unternehmenskrise**
  Die zweite Phase ist geprägt durch Krisenerscheinungen, die zwar vorhanden, für das Unternehmen mit den implementierten Warnsystemen aber noch nicht wahrnehmbar sind. Mit geeigneten Früherkennungssystemen wären diese ersten Symptome erkennbar und würden eine aktive Beeinflussung der Krisenursachen ermöglichen.

- **Phase 3: Akute, beherrschbare Unternehmenskrise**
  In der akuten Unternehmenskrise ist eine unmittelbare Wahrnehmung der Auswirkungen auf das Unternehmen vorhanden. Da im Zeitablauf Handlungsmöglichkeiten entfallen, besteht erhöhter Zeitdruck und Entscheidungszwang. Für die Unternehmensführung nimmt die Krise einen deutlich spürbaren zeitlichen Stellenwert ein, ist aber bei entsprechenden Strategien und Umsetzungsmöglichkeiten noch beherrschbar.

- **Phase 4: Akute, nicht beherrschbare Unternehmenskrise**
  Sofern es nicht gelingt, die akute Unternehmenskrise zu beherrschen, tritt der Krisenprozess in seine letzte Phase ein. Für das Unternehmen ergibt sich keine Möglichkeit mehr, seine überlebensrelevanten Ziele zu erreichen. In dieser Phase sind die Krisenbewältigungsanforderungen extrem hoch und übersteigen das verfügbare Krisenbewältigungspotenzial. Da zugleich immer mehr Handlungsalternativen weg-

---

5   *IDW S 6*, Tz. 32.
6   *IDW S 6*, Tz. 31; F & A zu *IDW S 6*, 2.6; vgl. Kap. B Tz. 128 ff.
7   *Evertz/Krysek*, S. 19 (23 ff.); ergänzend *Crone*, S. 3 (8 ff.).

fallen, tritt an die Stelle einer aktiven Steuerung des Krisenprozesses oft nur noch das Bestreben, bestimmte zerstörerische Auswirkungen abzumildern.

Neben der vorgenannten Systematisierung können Krisenstadien gem. *IDW S 6* in **12** **sachlicher Hinsicht differenziert** werden. An dieser Differenzierung setzt in besonders relevanter Weise die Erarbeitung geeigneter Sanierungsmaßnahmen an[8]. Auch für die Differenzierung in sachlicher Hinsicht gilt, dass die entsprechenden Krisenstadien in unterschiedlichen Kombinationen auftreten: teilweise singulär, teilweise parallel oder einander induzierend[9].

1.3.1 Stakeholderkrise

Unter **Stakeholdern** versteht man Mitglieder der Unternehmensleitung oder der unter- **13** nehmensinternen Überwachungsorgane, Gesellschafter, Arbeitnehmer einschl. ihrer Vertretungen und Fremdkapitalgeber, insb. Kreditinstitute, aber auch andere Gläubiger.

Zwischen Mitgliedern einer Gruppe und zwischen Gruppen können **Konflikte** ent- **14** stehen, die zu einer Unternehmenskrise führen. Derartige Konflikte resultieren größtenteils aus divergierenden Interessen und Zielsetzungen. Oftmals treten diese zutage, wenn Veränderungen oder Neuausrichtungen des Unternehmens anstehen. Damit können etwa Investitionserfordernisse einhergehen, deren Notwendigkeit und Finanzierbarkeit Gesellschafter und/oder Unternehmensleitung unterschiedlich einschätzen. Auch können **Führungskrisen** vorliegen, die aus Führungsschwäche, nicht geregelten Nachfolgefragen oder Dissens über die strategische Ausrichtung in Führungsgremien resultieren. Vielfach sind derartige Krisen begründet oder begleitet von einer mangelnden oder nicht mehr funktionierenden Kommunikation zwischen Stakeholdern.

Im Regelfall nimmt im Verlauf einer **Stakeholderkrise** die Glaubwürdigkeit der han- **15** delnden Personen ab und es entstehen Zweifel, ob die derzeitige personelle Besetzung von Organen und Führungspositionen in der Lage ist, die auf sie zukommenden Aufgaben bewältigen zu können. Daher resultiert aus einer Stakeholderkrise oft auch eine **Vertrauenskrise**[10]. Es können Vertrauensverlust, Polarisierungen und Blockaden auftreten, die den Anpassungs- und Fortentwicklungsbedarf des Unternehmens verhindern.

Auswirkungen von Stakeholderkrisen können unmittelbar augenfällig werden, aber **16** auch schleichend zutage treten. Im Regelfall ist zu beobachten, dass die Krise nicht auf eine Stakeholder-Gruppe begrenzt ist, sondern sich auf die gesamte Belegschaft erstreckt, indem Lagerbildungen stattfinden.

Neben der Lähmung in der strategischen und operativen Fortentwicklung können durch **17** eine Polarisierungs- und Misstrauenskultur auch Maßnahmen der Unternehmensleitung bewusst unterwandert werden. Über kurz oder lang werden diese Schwächen auch nach außen deutlich und können weitere Krisensymptome hervorrufen.

1.3.2 Strategiekrise

Von einer **Strategiekrise** kann dann gesprochen werden, wenn die langfristigen Er- **18** folgsfaktoren eines Unternehmens nicht mehr gegeben sind, z.B. durch einen falschen

---

8   Vgl. Kap. B Tz. 128 ff.
9   *Harz/Hub/Schlarb*, S. 6 f., 45 ff.; *Crone*, S. 3 (5 ff.).
10   *F & A zu IDW S 6*, 4.1.

Standort, die falsche Produktionstechnologie oder eine unterqualifizierte Belegschaft. Strategiekrisen äußern sich häufig im Verlust von Marktanteilen, d.h. durch eine Unternehmensentwicklung, die unterhalb derer des Gesamtmarktes und der Wettbewerber liegt[11]. Mit dem Verlust von Marktanteilen geht meist der Verlust der Wettbewerbsfähigkeit einher. Die Ursachen hierfür können darin liegen, dass Markt-, Branchen- und Wettbewerbsbedingungen in ihrer Entwicklung falsch eingeschätzt wurden. Die Besonderheiten einer Branche lassen sich im Regelfall festmachen an der Branchenstruktur (Stärken bzw. Schwächen von Akteuren, Geschäftspraktiken, Verhalten, aktuelle und potenzielle Lieferanten sowie Kunden), an der Kooperation und Interaktion zwischen den Akteuren und an der Marktphase, in der sich ein Markt befindet (z.b. Start-up-, Expansions- oder Stagnationsphase[12]).

19   Strategiekrisen sind von grundlegender Bedeutung und betreffen die **Basis** des Unternehmens. Daher handelt es sich bei den Krisenursachen hier im Regelfall nicht um punktuelle und leicht veränderbare Aspekte. Dies gilt umso mehr, je später Strategiekrisen festgestellt werden und die Entwicklung bereits zu falscher Innovationspolitik hinsichtlich Produktportfolio und Verfahrenstechnik, zu Fehlinvestitionen, zu fehlerhaften Diversifikationen und Kooperationen sowie zu Fehlern in der Standortwahl geführt hat[13].

1.3.3   Produkt- und Absatzkrise

20   Von einer **Produkt- und Absatzkrise** kann dann gesprochen werden, wenn die Nachfrage nach Hauptumsatz- und Haupterfolgsträgern wesentlich und nicht nur vorübergehend stark einbricht. Meist treten Absatz- und Produktkrisen als Folge einer Strategiekrise auf und wenn der Anschluss an Veränderungen von Markt-/Branchen-/Wettbewerbsbedingungen verpasst wurde; Ursache können auch Mängel hinsichtlich der Produktqualität, des Kunden- und Lieferservices u.Ä.m. sein. Symptome einer Produkt- und Absatzkrise zeigen sich etwa an einer Unterauslastung von Produktionskapazitäten, was mit Blick auf die verzögerten und begrenzten Möglichkeiten einer Kostenreduktion zu Ergebnisrückgängen führen kann. Weiterhin steigen Vorratshaltung und Kapitalbindung. So zieht im Regelfall eine Produktkrise automatisch eine Absatzkrise nach sich. Allerdings sind auch Absatzkrisen ohne Produktkrisen denkbar, etwa wenn die Ursache in einem mangelnden oder unpassenden Marketing-/Vertriebskonzept liegt[14].

1.3.4   Erfolgskrise

21   Eine **Erfolgskrise** liegt vor, wenn ein Unternehmen Verluste erwirtschaftet und diese zum Verlust bzw. Verbrauch des Eigenkapitals führen. Erfolgskrisen können singulär auftreten; oftmals sind sie auch Folge von Strategie-, Produktions- und Absatzkrisen, für die keine ausreichenden Gegensteuerungsmaßnahmen zur Verfügung standen bzw. umgesetzt wurden. In der Folge kann das Unternehmen aus dem laufenden Ergebnis kein attraktives Ausschüttungsvolumen generieren und verliert aus Eigenkapitalgebersicht an Attraktivität, die jedoch erforderlich wäre, um Gesellschaftereinlagen zur Ver-

---

11   *F & A zu IDW S 6*, 4.1.
12   *F & A zu IDW S 6*, 4.1.
13   *F & A zu IDW S 6*, 4.1.
14   Weitere Beispiele für Auslöser von Produkt- und Absatzkrisen in: F & A zu *IDW S 6*, 4.1.

besserung der Eigenkapitalquote zu erhalten. Weiterhin birgt eine sinkende Eigenkapitalquote, die häufig zentrale Kennziffer in Kreditverträgen ist, die Gefahr in sich, dass kreditvertraglich vereinbarte Covenants nicht mehr erfüllt werden können, woraus sich Kündigungsmöglichkeiten für die Kreditgeber ergeben. Insofern können Erfolgskrisen eine Liquiditätskrise wegen abnehmender Kreditwürdigkeit nach sich ziehen. Zwar lässt sich häufig noch die Zahlungsfähigkeit aufrechterhalten, jedoch fehlen die zur nachhaltigen Sanierung erforderlichen Mittel, z.B. um wichtige Investitionen zu tätigen[15].

1.3.5 Liquiditätskrise

Der Eintritt einer **Liquiditätskrise** korrespondiert im Regelfall mit einer erhöhten Existenzgefährdung des Unternehmens. Im ersten Schritt können Liquiditätsengpässe zutage treten, die sich in einem Abschmelzen verfügbarer liquider Mittel bemerkbar machen. Dies führt möglicherweise dazu, dass Verbindlichkeiten nicht zum Fälligkeitszeitpunkt, sondern nur gestreckt im Zeitablauf beglichen werden. Häufig wird spätestens mit einer Liquiditätskrise auch deutlich, dass die Finanzierungsstruktur unpassend ist und aus diesem Befund heraus krisenverschärfend wirkt. Gründe dafür können sein[16]: **22**

- fehlende Übereinstimmung zwischen Geschäftsmodell und Eigenkapitalsituation
- komplexe Finanzierungsstruktur aufgrund einer Vielzahl bilateraler Beziehungen zu Finanzgebern mit heterogener Interessenlage
- unausgewogene Zusammensetzung der Finanzierung mit Eigenkapital, Fremdkapital und hybriden Finanzierungsformen
- mangelnde Fristenkongruenz zwischen Kapitalbindung und Kapitalbereitstellung
- Klumpenrisiken in der Fälligkeitsstruktur von Finanzierungen
- unzureichendes Working-Capital-Management.

Die beschriebenen Krisenstadien werden von Kraus in **drei Phasen** zusammengefasst **23** und anhand der nachstehenden Grafik veranschaulicht[17]:

---

15   *F & A zu IDW S 6*, 4.1.
16   *F & A zu IDW S 6*, 4.1.
17   *Kraus*, § 4, Rz. 8.

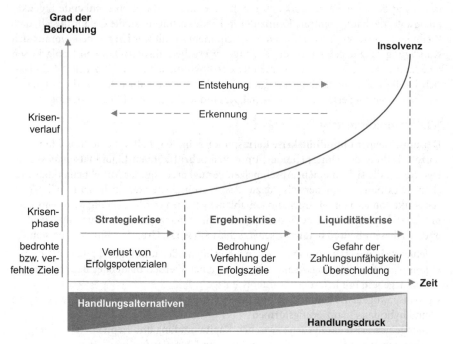

Abb. 1: Krisenprozess[18]

1.3.6 Insolvenzreife

24 Eine Liquiditätskrise kann sich derart zuspitzen, dass Zahlungsunfähigkeit vorliegt und damit ein allgemeiner Eröffnungsgrund nach § 17 InsO. Sofern diese Form der **Insolvenzreife** festgestellt wird, steht ihre Überwindung mit geeigneten und schnell umsetzbaren Maßnahmen im Vordergrund, um wieder zu einer positiven Fortbestehensprognose zu gelangen. Dass eine solche möglich ist, ist aber keineswegs zwingend. Vielmehr muss auch in Betracht gezogen werden, dass eine Überwindung der Zahlungsunfähigkeit nicht in der zur Verfügung stehenden Zeit realisiert werden kann und daher ein Insolvenzantrag zu stellen ist. Sollte die Liquiditätskrise dergestalt vorliegen, dass noch keine Zahlungsunfähigkeit vorliegt, aber absehbar eintreten bzw. zusätzlich ein negativer Überschuldungsstatus vorliegen könnte, liegt die Insolvenzreife wegen drohender Zahlungsunfähigkeit (§ 18 InsO) und/oder Überschuldung (§ 19 InsO) vor. In deren Folge bestehen – im Unterschied zur Zahlungsunfähigkeit – Möglichkeiten, ein Schutzschirmverfahren einzuleiten und innerhalb eines Zeitraums von drei Monaten einen Insolvenzplan zu erstellen (Kap. A Tz. 60).

25 Die Insolvenzgründe stellt Kap. C ausführlich dar. Hier werden sie in einem kurzen **Überblick** vorgestellt – nicht zuletzt auch, um die in Kap. A Tz. 78 ff. beschriebenen Organpflichten einordnen zu können.

---

18   Inhaltlich übernommen aus *Kraus*, § 4, Rn. 8.

§ 17 InsO Zahlungsunfähigkeit	§ 19 InsO Überschuldung	§ 18 InsO Drohende Zahlungsunfähigkeit
• Fällige Zahlungs- pflichten können nicht erfüllt werden • Keine Zahlungs- stockung	• Künftige Zahlungs- pflichten können in den nächsten zwölf Monaten nicht erfüllt werden • **Und**: negatives Reinvermögen zu Liquidationswerten	• Keine akute Zahlungsunfähigkeit • **Aber**: künftige Zahlungspflichten können in den nächsten in aller Regel 24 Monaten nicht erfüllt werden

Juristische Personen und Gesellschaften i.S.v. § 15a Abs. 1 und 2 InsO (keine natürliche Per- son als per- sönlich haften- der Gesell- schafter)	⇩ Antrags<u>pflicht</u>	⇩	⇩ Antrags<u>recht</u>
Natürliche Personen und sonstige Gesellschaften	Antrags<u>recht</u>	Kein Eröffnungsgrund, aber Antrags<u>recht</u> wegen drohender Zahlungsunfähigkeit	Antrags<u>recht</u>

Abb. 2: Überblick über die Insolvenzeröffnungsgründe[19]

1.3.6.1 Zahlungsunfähigkeit

Bei der **Zahlungsunfähigkeit** handelt es sich um einen allgemeinen Eröffnungsgrund **26** nach § 17 Abs. 1 InsO. Ein Schuldner ist nach § 17 Abs. 2 InsO zahlungsunfähig, wenn er nicht in der Lage ist, die fälligen Zahlungspflichten zu erfüllen.

Entsprechend der gesetzlichen Definition bedarf es zur Feststellung von Zahlungsun- **27** fähigkeit grundsätzlich einer Zeitpunktbetrachtung. Das betriebswirtschaftlich sachge-rechte Instrument zur Erfassung der Zeitpunktliquidität ist der **Finanzstatus**[20]. In einem Finanzstatus werden die verfügbaren liquiden Finanzmittel eines Unternehmens den fälligen Verbindlichkeiten gegenübergestellt.

Zu den verfügbaren **liquiden Mitteln**, die im Finanzstatus zu erfassen sind, zählen Bar- **28** mittel, Bankguthaben, Schecks in der Kasse sowie nicht ausgeschöpfte und ungekündigte Kreditlinien[21]. Nicht im Finanzstatus zu erfassen sind erst kurzfristig verfügbare Fi-nanzmittel und künftige Möglichkeiten zur (weiteren) Kreditaufnahme. Gleiches gilt für

---

19 *IDW S 11*, Abb. 1; vgl. auch zur Beurteilung der Insolvenzreife Kap. C Tz. 6 ff.
20 *IDW S 11*, Tz. 23 ff.
21 *IDW S 11*, Tz. 33.

Zahlungsansprüche einer einem **Cashpool** angeschlossenen Gesellschaft gegen die den Cashpool führende Gesellschaft[22]. Diese zwar kurzfristig, aber erst künftig erlangbaren finanziellen Mittel sind allenfalls im Finanzplan zu berücksichtigen (Kap. A Tz. 1).

29 Für die im Finanzstatus anzusetzenden **fälligen Verbindlichkeiten** wird es als ausreichend betrachtet, dass entsprechende Zahlungen vom Gläubiger verlangt werden. Es ist dabei nicht zusätzlich erforderlich, dass diese durch Mahnung eingefordert oder klageweise geltend gemacht wurden[23]. Fälligkeit kann dabei aufgrund gesetzlicher Regelungen, aufgrund vertraglicher Vereinbarungen oder ausnahmsweise aufgrund einseitiger Parteierklärung (z.b. durch ausdrückliche Fälligstellung) eintreten[24]. Fehlt eine rechtsgeschäftliche Bestimmung der Fälligkeit und ergibt sie sich auch nicht aus den Umständen, liegt nach § 271 Abs. 1 BGB sofortige Fälligkeit vor[25].

30 Zeigt dieser Finanzstatus einen Überhang der verfügbaren liquiden Finanzmittel über die fälligen Verbindlichkeiten, liegt bei Zeitpunktbetrachtung **Zahlungsfähigkeit** vor. Auf die Erstellung eines Finanzplans kann dann für die Beurteilung dieses Eröffnungsgrunds verzichtet werden. Dies bedeutet aber nicht, dass der Schuldner die Liquiditätsentwicklung nicht weiterhin zeitnah und kritisch zu verfolgen hat, um die aktuelle Zahlungsfähigkeit oder deren künftige Entwicklung beurteilen zu können[26].

31 Ergibt sich aus dem Finanzstatus, dass die fälligen Zahlungsverpflichtungen die vorhandenen finanziellen Mittel übersteigen, bedeutet dies nicht zwangsläufig, dass auch Zahlungsunfähigkeit vorliegt. Vielmehr ist die Zahlungsunfähigkeit abzugrenzen zur bloßen – keine Antragspflicht nach § 17 InsO auslösenden – **Zahlungsstockung**. Diese Unterscheidung ergibt sich nicht unmittelbar aus dem Gesetzestext, fußt jedoch auf einer grundlegenden Entscheidung des BGH[27]. Danach liegt Zahlungsunfähigkeit nur vor, wenn der Schuldner nicht in der Lage ist, seine fälligen Zahlungsverpflichtungen innerhalb eines absehbaren Zeitraums mit überwiegender Wahrscheinlichkeit zu begleichen. Somit ist die Zeitpunktbetrachtung (Finanzstatus) durch eine Zeitraumbetrachtung (**Finanzplanung**) zu ergänzen, in der alle künftig erwarteten Ein- und Auszahlungen im Zeitpunkt ihrer erwarteten Fälligkeit abzubilden sind[28].

32 Struktur und Inhalt eines Finanzplans richten sich nach betriebswirtschaftlich anerkannten Methoden[29]. Während für kürzere Betrachtungszeiträume eine **direkte** Finanzplanung als ausreichend betrachtet wird, ist für längere Planungszeiträume regelmäßig eine **integrierte** Planung durch miteinander verzahnte Erfolgs-, Vermögens- und Liquiditätsplanung erforderlich[30]. Weiterhin ist der Prognosezeitraum in geeignete Prognoseabschnitte zu unterteilen. In Abhängigkeit von der Größe der bestehenden Liquiditätslücke, der Länge des Prognosezeitraums sowie der Besonderheiten des Einzelfalls (Branche, Geschäftätigkeit etc.) kann es sich anbieten, auf wöchentliche, monatliche oder quartalsweise Betrachtungen abzustellen[31].

---

22 *IDW S 11*, Tz. 47.
23 BGH v. 19.07.2007 – IX ZB 36/07, WM, S. 1796, ZIP, S. 1666; *IDW S 11*, Tz. 24.
24 *IDW S 11*, Tz. 27.
25 *IDW S 11*, Tz. 28.; Kap. C, Tz. 35 ff.
26 *IDW S 11*, Tz. 24.
27 BGH v. 24.05.2005 – IX ZR 123/04, II.1.b., DStR, S. 1616, NJW, S. 3062.
28 *IDW S 11*, Tz. 25, 34.
29 *IDW S 11*, Tz. 35.
30 *IDW S 11*, Tz. 34 f.
31 *IDW S 11*, Tz. 44.

Der Finanzplan ist zunächst für einen Zeitraum von drei Wochen aufzustellen. Kann **33** eine Liquiditätslücke innerhalb eines Zeitraums von drei Wochen vollständig geschlossen werden, liegt eine bloße Zahlungsstockung und damit keine Zahlungsunfähigkeit vor. Eine Ausdehnung des Finanzplans ist in diesem Fall nicht erforderlich; künftig zu erwartende Liquiditätslücken wären aus Sicht des Beurteilungszeitraums nicht als eingetretene, sondern als drohende Zahlungsunfähigkeit zu werten[32].

Zeigt der Finanzplan für den Dreiwochenzeitraum, dass die im Finanzstatus festgestellte **34** Lücke nicht geschlossen wird oder sich vergrößert, ist eine Fortschreibung des Finanzplans erforderlich[33].

Nach der Rechtsprechung des BGH liegt eine bloße Zahlungsstockung vor, wenn er- **35** wartet werden kann, dass eine nach drei Wochen verbleibende Liquiditätslücke von 10 % oder mehr innerhalb „überschaubarer" Zeit geschlossen werden kann. Eine Ausdehnung der Betrachtung über einen Dreiwochenzeitraum hinaus kann allerdings nur in Betracht kommen, sofern mit an Sicherheit grenzender Wahrscheinlichkeit zu erwarten ist, dass die Liquiditätslücke demnächst vollständig oder fast vollständig geschlossen wird und den Gläubigern ein Zuwarten nach den besonderen Umständen des Einzelfalls zumutbar ist[34]. Dieser sich an das Ende des **Dreiwochenzeitraums** anschließende Prognosezeitraum kann in Ausnahmefällen drei bis längstens sechs Monate betragen[35]. Beträgt die Liquiditätslücke am Ende des Dreiwochenzeitraums dagegen weniger als 10 %, ist regelmäßig von Zahlungsstockung auszugehen. Dennoch ist in diesen Fällen ein Liquiditätsplan zu erstellen, aus dem sich die Weiterentwicklung der Liquiditätslücke ergibt. Denn ergibt sich daraus, dass die Liquiditätslücke demnächst mehr als 10 % betragen wird, liegt Zahlungsunfähigkeit vor.[36] Ergibt sich hingegen, dass die Liquiditätslücke am Ende des Dreiwochenzeitraums kleiner als 10 % ist, lässt der BGH mehrere Interpretationen. IDW S 11 folgt hier jedoch einer ökonomischen Betrachtung, wonach eine dauerhaft– auch nur geringfügige – Liquiditätslücke kein Hinweis darauf sein kann, dass ein Unternehmen dauerhaft erhaltungswürdig[37] noch -fähig ist. Daher liegt nach IDW S 11 Zahlungsunfähigkeit und keine Zahlungsstockung vor, wenn eine auch nur geringfügige Liquiditätslücke voraussichtlich nicht innerhalb von drei Monaten, in Ausnahmefällen längstens sechs Monaten, vollständig geschlossen werden kann.[38]

Sofern die Untersuchungen mittels Finanzstatus und Finanzplan ergeben, dass Zah- **36** lungsunfähigkeit bereits eingetreten ist, verkürzt sich die Dreiwochenfrist zur Wiederherstellung der Zahlungsfähigkeit entsprechend; es kann daraus folgen, dass der Insolvenzantrag unverzüglich zu stellen ist[39].

---

32 BGH v. 24.05.2005 – IX ZR 123/04, II.2.a., DStR, S. 1616, NJW, S. 3062; *IDW S 11*, Tz. 39.
33 *IDW S 11*, Tz. 40.
34 BGH v. 24.05.2005 – IX ZR 123/04, DStR, S. 1616, NJW, S. 3062; *IDW S 11*, Tz. 41.
35 *IDW S 11*, Tz. 42.
36 Vgl. BGH, Urt. v. 12.10.2006, IX ZR 228/03, Rn. 27 unter Hinweis auf BGH, Urt. v. 24.05.2005 –IX ZR 123/04.
37 Vgl. BGH, Urt. v. 24.05.2005, IX ZR 123/04, Abschn. II. 3.a.
38 *IDW S 11*, Tz. 17.
39 *IDW S 11*, Tz. 45.

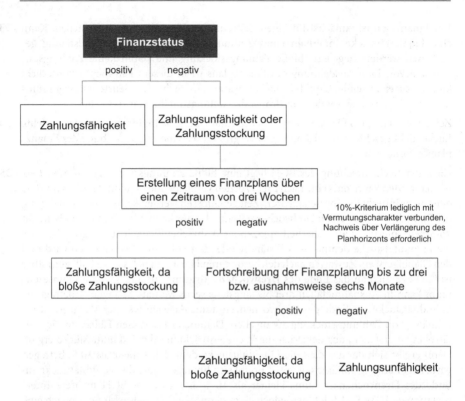

Abb. 3: Beurteilung Zahlungsunfähigkeit/Zahlungsstockung

37 Nach § 17 Abs. 2 S. 2 InsO ist Zahlungsunfähigkeit i.d.R. anzunehmen, wenn der Schuldner seine Zahlungen eingestellt hat (widerlegbare Vermutung). Dabei liegt **Zahlungseinstellung** vor, wenn der Schuldner wegen eines Mangels an Zahlungsmitteln aufhört, seine fälligen Verbindlichkeiten zu erfüllen, und dies für die beteiligten Verkehrskreise hinreichend erkennbar geworden ist, wobei sich dies aus einer Einzelbetrachtung von Beweisanzeichen oder einer Gesamtschau ergeben kann[40]. Die Zahlungseinstellung wird regelmäßig erst dann beseitigt, wenn der Schuldner nicht nur einzelne Zahlungen leistet, sondern seine Zahlungen an die Gesamtheit der Gläubiger wieder aufnimmt,[41] und zwar auch an solche Gläubiger, deren Forderungen nach der Zahlungseinstellung fällig geworden sind.

1.3.6.2 Drohende Zahlungsunfähigkeit

38 Zahlungsunfähigkeit droht, wenn der Schuldner voraussichtlich nicht in der Lage sein wird, die bestehenden Zahlungspflichten im Zeitpunkt der Fälligkeit erfüllen zu können. In aller Regel ist ein Prognosezeitraum von 24 Monaten zugrunde zu legen (§ 18 Abs. 2

---

40 BGH v. 17.05.2001 – IX ZR 188/98, II.2., ZIP 2001, S. 1155, DB 2001, S. 2140. Weitere Beweisanzeichen für das Vorliegen von Zahlungseinstellung in: *IDW S 11*, Tz. 20.
41 Vgl. BGH v. 21.06.2007 – IX ZR 231/04, Rn. 32; BGH v. 12.10.2006 – IX ZR 228/03, Rn. 23; *IDW S 11*, Tz. 21.

InsO). Das Vorliegen drohender Zahlungsunfähigkeit stellt keinen verpflichtenden Eröffnungsgrund dar, sondern begründet ein **Antragswahlrecht** des Schuldners (§ 18 Abs. 1 InsO). Zugleich ist die drohende Zahlungsunfähigkeit Zugangsvoraussetzung für den Stabilisierungs- und Restrukturierungsrahmen nach StaRUG.

Die Feststellung von drohender Zahlungsunfähigkeit setzt auf einem Finanzplan auf, der **39** im Planungszeitraum eine **Unterdeckung** der fälligen Verbindlichkeiten durch die jeweils verfügbaren liquiden Mittel offenbart (Kap. A Tz. 31 ff.). Der Prognosezeitraum für die Fortbestehensprognose wurde in der Insolvenzordnung zwischenzeitlich auf in der Regel 24 Monate konkretisiert; bis zum 31.12.2020 ging man von laufendem und folgendem Geschäftsjahr aus[42].

Im Unterschied zur eingetretenen Zahlungsunfähigkeit ist die drohende Zahlungsun- **40** fähigkeit dadurch gekennzeichnet, dass der **Finanzstatus im Betrachtungszeitpunkt positiv** ist, d.h. die liquiden Mittel die fälligen Verbindlichkeiten übersteigen. Erst durch die Berücksichtigung künftig fälliger Verbindlichkeiten und die damit verbundene Ausweitung des Betrachtungszeitraums droht Zahlungsunfähigkeit. Der Blick auf die erst künftig fälligen Verbindlichkeiten könnte dazu führen, dass ein Überschneidungsbereich zur Zahlungsstockung gesehen wird. Dies ist jedoch nicht der Fall, da drohende Zahlungsunfähigkeit an einen positiven Finanzstatus anknüpft und darauf basierend planerische Betrachtungen zur künftig erwarteten Entwicklung liquider Mittel und zu fälligen Verbindlichkeiten angestellt werden, während für die Abgrenzung der Zahlungsunfähigkeit von bloßer Zahlungsstockung ein negativer Finanzstatus als Ausgangspunkt vorliegt und dessen Auf- oder Abbau für die Zukunft planerisch fortentwickelt wird.

Daneben ist das Verhältnis der drohenden Zahlungsunfähigkeit zur Überschuldung nä- **41** her zu beleuchten. Beiden Eröffnungsgründen ist gemein, dass eine **Zahlungsfähigkeitsprognose** mittels Finanzplanung erfolgt. Für die ersten zwölf Monate handelt es sich bei der Fortbestehensprognose nach § 18 Abs. 2 InsO um die gleiche, wie die nach § 19 Abs. 2 InsO. Zeigt der Finanzplan für diesen Zeitraum, dass die Zahlungsmittel zur Erfüllung der fällig werdenden Zahlungsverpflichtungen nicht mehr ausreichen und auch kein Ausgleich durch finanzielle Dispositionen bzw. Kapitalbeschaffungsmöglichkeiten erfolgen kann, müssen juristische Personen und ihnen gleichgestellte Personenhandelsgesellschaften (§ 264a HGB) unverzüglich beurteilen, ob der Tatbestand der Überschuldung gegeben ist. (Kap. A Tz. 44 ff.). Ein Antragsrecht besteht dann nur noch, wenn zwar eine negative Fortbestehensprognose festgestellt wurde, aber das Reinvermögen positiv zu bewerten ist. Sobald die Fortbestehensprognose und Reinvermögen negativ sind, besteht Antragspflicht.[43]

Ein weiterer Unterschied zwischen dem Eröffnungsgrund der drohenden Zahlungsun- **42** fähigkeit und der Überschuldung kann in einem **abweichenden Betrachtungshorizont** für die Fortbestehensprognose liegen, der abhängig von Besonderheiten des Schuldners oder seines Geschäftsmodells kürzer oder länger als ein Zeitraum von zwölf Monaten sein kann[44].

---

42 *IDW S 11*, Tz. 94.
43 *IDW S 11*, Tz. 95 f.
44 *IDW S 11*, Tz. 95.

43 Sofern allerdings die Zahlungsmittel innerhalb der nächsten 12 Monate nicht zur Erfüllung der fällig werdenden Zahlungsverpflichtungen ausreichen und keine finanziellen Dispositionen und Kapitalbeschaffungsmaßnahmen zum Ausgleich dieser Lücken zur Verfügung stehen, dann sind juristische Personen und ihnen gleichgestellte Personenhandelsgesellschaften verpflichtet, unverzüglich das Vorliegen einer **Überschuldung** zu beurteilen. Bei der Fortbestehensprognose nach § 18 Abs. 2 InsO handelt es sich insofern in den ersten 12 Monaten um dieselbe Planung wie die, die der Fortbestehensprognose nach § 19 Abs. 2 InsO zugrunde liegt. (Kap. A Tz. 46)[45].

1.3.6.3   Überschuldung

44 **Überschuldung** ist ein weiterer Eröffnungstatbestand, der jedoch im Unterschied zur Zahlungsunfähigkeit und zur drohenden Zahlungsunfähigkeit nur bei juristischen Personen zum Tragen kommt (§ 19 Abs. 1 InsO). Überschuldung liegt vor, wenn das Vermögen des Schuldners die bestehenden Verbindlichkeiten nicht mehr deckt, es sei denn, die Fortführung des Unternehmens in den nächsten 12 Monaten ist nach den Umständen überwiegend wahrscheinlich (§ 19 Abs. 2 InsO).

45 Sofern eine positive Fortbestehensprognose nach § 19 Abs. 2 InsO vorliegt, liegt keine Überschuldung vor. Die zusätzliche Erstellung eines Überschuldungsstatus ist in diesem Fall nicht erforderlich. Ist die Fortbestehensprognose allerdings negativ, muss festgestellt werden, wie sich das Reinvermögen im **Überschuldungsstatus** darstellt. Nur wenn bei negativer Fortbestehensprognose das Reinvermögen im Überschuldungsstatus positiv ist, liegt der Eröffnungsgrund der Überschuldung nicht vor.

46 Die Beurteilung der Fortbestehensprognose knüpft auch für den Überschuldungstatbestand an eine **Finanzplanung** an (Kap. A Tz. 41 f.). Der Prognosehorizont beträgt für § 19 Abs. 2 InsO ab dem Beurteilungsstichtag 12 Monate (bis zum 31.12.2020: i.d.R. laufendes und folgendes Geschäftsjahr). Eine nach dem Prognosezeitraum eintretende Liquiditätslücke begründet zum Beurteilungsstichtag keine Überschuldung; sofern die Liquiditätslücke nach 12 Monaten aber innerhalb der nächsten 24 Monate eintritt, liegt ein Antragsrecht nach § 18 InsO vor (Kap A Tz. 43) [46].

47 Im Rahmen der Fortbestehensprognose wird ein wertendes Gesamturteil über die Lebensfähigkeit des Unternehmens im Prognosehorizont getroffen. Zielsetzung ist es, in Anbetracht der Ausgangssituation und der geplanten Maßnahmen in integrierter Abbildung für die Vermögens-, Ertrags- und Liquiditätslage zu zeigen, dass innerhalb des Prognosezeitraums ausreichende finanzielle Mittel zur Abdeckung fälliger Verbindlichkeiten zur Verfügung stehen[47]. Zukünftige Entwicklungen sind naturgemäß mit Unsicherheit behaftet, was für die Fortbestehensprognose vom Gesetzgeber in Kauf genommen wird. Relevantes Wahrscheinlichkeitsmaß für die Beurteilung ist die überwiegende Wahrscheinlichkeit. Für eine positive Fortbestehensprognose ist somit erforderlich, dass die Aufrechterhaltung der Zahlungsfähigkeit wahrscheinlicher ist als der

---

45   *IDW S 11*, Tz. 95.
46   *IDW S 11*, Tz. 61.
47   *IDW S 11*, Tz. 59 ff.

Eintritt von Zahlungsunfähigkeit[48]. Abzustellen ist dabei primär auf die Sicht der gesetzlichen Vertreter, denen ein gewisser Beurteilungsspielraum zuzubilligen ist[49].

Für den erforderlichenfalls (negative Fortbestehensprognose) aufzustellenden Über- **48** schuldungsstatus sind besondere Ansatz- und Bewertungsvorschriften zu beachten, wenngleich praktisch ein nach HGB oder IFRS-Vorschriften erstellter **regulärer Jahresabschluss** erste Anhaltspunkte auf ein positives oder negatives Reinvermögen geben wird[50].

Hinsichtlich des **Ansatzes im Überschuldungsstatus** sind alle Vermögenswerte zu be- **49** rücksichtigen, die im Falle einer Veräußerung als Ganzes oder in Teilen verwertbar sind (Verwertungseinheiten). Insofern folgt die Ansatzfähigkeit der Verwertungsfähigkeit und abstrahiert etwa davon, ob für einen Vermögensgegenstand in der Historie Anschaffungskosten angefallen sind. Zugleich kann daraus auch gefolgert werden, dass für die eine Verwertungseinheit darstellenden Vermögens- und Schuldposten im Überschuldungsstatus nicht einzeln angesetzt werden müssen. Sollte etwa eine Verwertung des Unternehmens als Ganzes oder eine Verwertung von Unternehmenseinheiten möglich und mit ausreichender Sicherheit umsetzbar erscheinen, kann auf den Ansatz einzelner Vermögens- und Schuldposten im Überschuldungsstatus verzichtet werden. Vielmehr würde in diesem Fall der voraussichtliche Netto-Veräußerungserlös das für Zwecke des Überschuldungsstatus relevante Reinvermögen darstellen. Folgt man dieser Begründung, bedarf es auch keiner systematischen Diskussion, ob Firmenwerte im Überschuldungsstatus dem Grunde nach ansatzfähig sind. Vielmehr ist danach zu urteilen, ob ausreichend konkrete Anhaltspunkte dafür bestehen, dass im Rahmen einer Veräußerung als Ganzes oder von Teilen ein über der Summe des Wertes der Einzelteile liegender Verkaufspreis erzielbar ist[51].

Hinsichtlich der **Bewertung im Überschuldungsstatus** sind Vermögens- und Schuld- **50** posten mit ihren erwarteten Liquidationswerten anzusetzen und damit im Vergleich zur regulären Bilanzierung nach HGB oder IFRS stille Lasten und stille Reserven aufzudecken. Dabei ist das Liquidationskonzept mit Blick auf Liquidationsintensität (Bildung von Verwertungseinheiten) und Liquidationsgeschwindigkeit zu berücksichtigen, denn Grad der Zerschlagung und Zeitraum, innerhalb dessen die Verwertung erfolgen soll, prägen in der Praxis maßgeblich die Höhe der Verwertungserlöse[52]. Auch in diesem Kontext greift das Kriterium der überwiegenden Wahrscheinlichkeit, indem dasjenige Liquidationskonzept zur Abschätzung der Verwertungserlöse heranzuziehen ist, das am wahrscheinlichsten umgesetzt werden kann. Soweit vorhanden, sind Marktwerte heranzuziehen. Stehen diese nicht zur Verfügung, kann eine Abschätzung anhand von kapitalwert- und kostenorientierten Verfahren erfolgen[53].

---

48 *IDW S 11*, Tz. 63 ff.
49 Vgl. BGH v. 06.06.1994 – II ZR 292/91.
50 *IDW S 11*, Tz. 70 f.
51 *IDW S 11*, Tz. 72 ff.
52 *IDW S 11*, Tz. 76.
53 *IDW S 11*, Tz. 77.

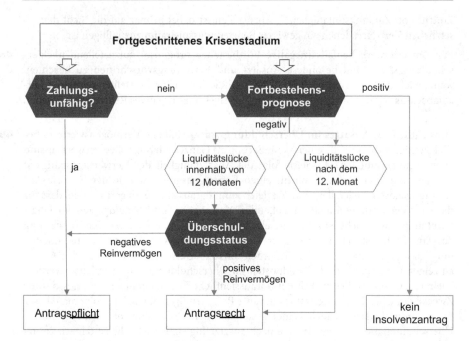

Abb. 4: Beurteilung des Vorliegens von Insolvenzeröffnungsgründen bei juristischen Personen und Personenhandelsgesellschaften

2. Pflichten für die Unternehmensorgane in der Krise und Konsequenzen aus der Pflichtverletzung

2.1 Allgemeine Organisations- und Überwachungspflicht

51   Nach gefestigter Rechtsprechung sind Mitglieder von Geschäftsführungsorganen auf der Grundlage ihrer allgemeinen Verpflichtung zur Anwendung der Sorgfalt eines ordentlichen Kaufmanns gehalten, in ihren Unternehmen organisatorische Vorkehrungen dafür zu treffen, dass der Geschäftsführung eine laufende Überwachung der wirtschaftlichen und finanziellen Situation möglich ist[54].

2.2 Pflicht zur Krisenfrüherkennung und zum Krisenmanagement

52   Darüber hinaus besteht nach § 1 StaRUG für die Mitglieder des zur Geschäftsführung berufenen Organs (sog. Geschäftsleiter) einer Kapitalgesellschaft oder Gesellschaft nach § 15a Abs. 1 S. 3 und Abs. 2 InsO eine Pflicht zur Krisenfrüherkennung und zum Krisenmanagement. Nach § 1 Abs. 1 S. 1 StaRUG müssen die Geschäftsleiter stets überprüfen, ob Entwicklungen vorliegen, die den Bestand des Unternehmens gefährden können (**Krisenfrüherkennung**). Die Ausgestaltung und Reichweite der Pflicht richtet

---

54   BGH v. 20.02.1995 – II ZR 9/94, NJW-RR, S. 669 (669); BGH v. 19.06.2012 – II ZR 243/11, NZI, S. 812 (813); OLG Naumburg v. 20.08.2003 – 5 U 67/03, ZInsO 2004, S. 512 (513); vgl. zur AG *Hoffmann-Becking*, in: MünchHdb. AG[4], § 25, Rn. 95.

sich nach der Größe, Branche, Struktur und Rechtsform des Unternehmens[55]. Erkennt der Geschäftsleiter eine bestandsgefährdende Entwicklung, muss er nach § 1 Abs. 1 S. 2 StaRUG Gegenmaßnahmen ergreifen, die geeignet sind, die Gefahr für den Fortbestand der Gesellschaft zu beseitigen (**Krisenmanagement**). Hierzu zählt bspw. die Einwerbung von Eigen- oder Fremdkapital zur Überbrückung von Liquiditätsengpässen[56]. Zudem muss der Geschäftsleiter die zur Überwachung der Geschäftsleitung berufenen Organe unverzüglich unterrichten. Bei einem Verstoß gegen die Pflichten aus § 1 Abs. 1 StaRUG drohen dem Geschäftsleiter neben einer Abberufung oder Kündigung auch haftungsrechtliche Folgen gegenüber der Gesellschaft und Dritten[57].

2.3 Organpflichten bei hälftigem Kapitalverlust

Ergibt sich – bspw. bei Aufstellung der Jahresbilanz oder einer Zwischenbilanz –, dass **53** ein Verlust in Höhe der Hälfte des Kapitals (Grundkapital bzw. Stammkapital) besteht[58], sind die Geschäftsführungsorgane gem. § 92 Abs. 1 AktG bzw. § 49 Abs. 3 GmbHG verpflichtet, die HV bzw. Gesellschafterversammlung einzuberufen und den **Verlust anzuzeigen**, damit die so informierten Anteilseigner im eigenen Interesse über mögliche Reaktionen und Maßnahmen zur Krisenabwehr (z.B. Kapitalschnitt, Rangrücktritt, Schuldenschnitt) beraten und beschließen können[59]. Bei der haftungsbeschränkten Unternehmergesellschaft gilt dasselbe im Falle drohender Zahlungsunfähigkeit (§ 5a Abs. 4 GmbHG). Für den geschäftsführenden Gesellschafter einer Personenhandelsgesellschaft, der gem. § 105 Abs. 3 HGB i.V.m. §§ 713, 666 BGB in Abhängigkeit vom Einzelfall auch zur unaufgeforderten Benachrichtigung seiner Mitgesellschafter verpflichtet sein kann[60], ist eine entsprechende Verpflichtung (auch unter dem Gesichtspunkt der gesellschaftsrechtlichen Treuepflichten) zumindest denkbar[61].

2.4 Pflicht zur Prüfung von Überschuldung und Zahlungsunfähigkeit bei Krisenanzeichen

Bei **Anzeichen einer krisenhaften Entwicklung** obliegt es dann der Geschäftsführung, **54** durch Aufstellung einer Zwischenbilanz und einer Liquiditätsbilanz einen Überblick über den Vermögensstand zu gewinnen und auf dieser Basis das Vorliegen einer Insolvenzreife (Kap. A Tz. 24) zu prüfen[62].

---

55   BT-Drs. 19/24181, S. 104.

56   *Mock*, in: BeckOK-StaRUG, § 1, Rn. 30.

57   Vgl. *Mock*, in: BeckOK-StaRUG, § 1, Rn. 20 ff., 31 ff.

58   Vgl. zum missverständlichen Begriff *Koch*, in: Hüffer/Koch, AktG[12], § 92, Rn. 2; vgl. auch *Liebscher*, MünchKomm. GmbHG[2], § 49, Rn. 57 ff.

59   Zum Schutzzweck *Nowotny*, in: FS Semler, S. 231 ff.; *Hoffmann-Becking*, in: MünchHdb. AG[4], § 25, Rn. 99.

60   *Rawert*, in: MünchKomm. HGB[4], § 114, Rn. 51 f.

61   Vgl. mit entsprechender Handlungsempfehlung *Leithaus*, § 9, Rn. 68.

62   BGH v. 20.02.1995 – II ZR 9/94, NJW-RR, S. 669 (669); BGH v. 19.06.2012 - II ZR 243/11, NZI, S. 812 (813); OLG Naumburg v. 20.08.2003 – 5 U 67/03, ZInsO 2004, S. 512 (513); vgl. zur AG *Hoffmann-Becking*, in: MünchHdb. AG[4], Bd. 4, § 25, Rn. 95.

Praxistipp 1:

Krisenmerkmale, die Anlass zu einer Prüfung von Überschuldung und Zahlungsunfähigkeit geben, können u.a. sein[63]:

- Umsatzeinbrüche und steigende Vorräte
- erhebliche Forderungsausfälle
- absehbare Verluste und/oder negative operative Cashflows
- ausgeschöpfte und/oder gekündigte Kreditlinien
- Liquiditätsengpässe etc.

55 Sofern die Mitglieder der Geschäftsführung im Einzelfall selbst über keine ausreichende Expertise verfügen, sind sie verpflichtet, **fachkundige Berater** hinzuzuziehen[64]. Es genügt dabei nicht allein die unverzügliche Auftragserteilung, vielmehr muss die Geschäftsführung auch auf eine unverzügliche Vorlage des Prüfergebnisses hinwirken[65].

2.5 Organpflichten bei Zahlungsunfähigkeit und Überschuldung

2.5.1 Insolvenzantragspflicht und Antragsfrist

56 Stellen die Mitglieder der Geschäftsführung einer KapGes. oder einer PersGes., bei der keine natürliche Person unbeschränkt haftet (insb. die GmbH & Co. KG) aufgrund ihrer laufenden Überwachung und ggf. unter Hinzuziehung fachkundiger Berater die Insolvenzreife (Kap. A Tz. 24) des Unternehmens fest, muss die für juristische Personen und kapitalistisch strukturierte Personengesellschaften geltende **Insolvenzantragspflicht** aus § 15a InsO beachtet werden. Die Insolvenzantragspflicht ist insoweit unter Gläubigerschutzgesichtspunkten Spiegelbild und Konsequenz der auf das Gesellschaftsvermögen beschränkten Außenhaftung[66].

57 **Zur Antragstellung verpflichtet** sind in Abhängigkeit von der Rechtsform des Unternehmens in erster Linie die einzelnen Mitglieder der Vertretungsorgane, also in der AG die Vorstandsmitglieder, in der GmbH und UG die Geschäftsführer und in der GmbH & Co. KG die Geschäftsführer der Komplementär-GmbH. Im Falle der Führungslosigkeit der Gesellschaft, also des Fehlens eines Geschäftsführers, sind bei (vermuteter) Kenntnis der Führungslosigkeit sowie der Zahlungsunfähigkeit bzw. Überschuldung der Gesellschaft alle Gesellschafter und bei AG und Genossenschaften alle Mitglieder des AR subsidiär zur Antragstellung verpflichtet (§ 15a Abs. 3 InsO).

58 Der Antrag ist bei objektiv erkennbarem[67] Eintritt der Insolvenzreife ohne schuldhaftes Zögern zu stellen. Nach § 15a Abs. 1 S. 2 InsO ist der Insolvenzantrag im Falle der Zahlungsunfähigkeit spätestens innerhalb einer Frist von drei Wochen zu stellen, bei Vorliegen einer Überschuldung beträgt die Höchstfrist sechs Wochen. Von der für den Fristbeginn maßgeblichen objektiven Erkennbarkeit der Insolvenzreife ist jedenfalls bei

---

63   Vgl. *Mock*, in: Uhlenbruck, InsO[14], § 19, Rn. 48.
64   BGHZ 126, 181 [199], NJW 1994, S. 2220; BGH, NJW-RR 1995, S. 669; BGH, NZI 2007, S. 477; BGH v. 19.06.2012 – II ZR 243/11, NZI, S. 812 (813); BGH v. 27.03.2012 – II ZR 171/10, NZI, S. 567.
65   BGH v. 27.03.2012 – II ZR 171/10, NZI, S. 567.
66   *Wolfer*, BeckOK-InsO[4], § 15a, Rn. 5.
67   BGH v. 27.03.2012 – II ZR 171/10, NZI, S. 567.

Vorliegen grob fahrlässiger Unkenntnis auszugehen[68]. Auf die subjektive Kenntnis aufseiten der Antragsverpflichteten kommt es im Übrigen nur an, wenn es darum geht, ob
an die Versäumung der Frist zivil- und strafrechtliche Sanktionen geknüpft sind[69]. Wie
aus der gesetzlichen Formulierung (§ 15a Abs. 1 S. 1 und 2 InsO) deutlich wird, darf die
Höchstfrist vom Antragspflichtigen nur dann ausgeschöpft werden, wenn eine Beseitigung der Insolvenzreife innerhalb der **Drei- beziehungsweise Sechswochenfrist**
noch ernsthaft zu erwarten ist[70]. Es ist daher nicht zulässig, den Insolvenzantrag zugunsten von Maßnahmen hinauszuschieben, die nach Eintritt der Insolvenzreife erst
nach mehr als drei Wochen (bei Zahlungsunfähigkeit) bzw. sechs Wochen (bei Überschuldung der Gesellschaft) zu einer Beseitigung des Insolvenzgrundes führen könnten.

Eine Pflicht der Geschäftsführung ggü. der geleiteten Gesellschaft zur Einleitung und **59**
Umsetzung von Sanierungsmaßnahmen kann sich im Innenverhältnis aus § 43 Abs. 1
GmbHG bzw. der organschaftlichen Stellung ergeben[71], und zwar insb. dann, wenn
Maßnahmen naheliegen, die besser als ein Insolvenzverfahren geeignet sind, Schaden
gleichermaßen von der Gesellschaft, ihren Gläubigern und (unter Berücksichtigung
insb. der Arbeitnehmer und sonstiger Stakeholder) der Allgemeinheit abzuwenden[72].
Die Prüfung und **rechtzeitige Einleitung von Sanierungsbemühungen** durch die Geschäftsleitung wird nach Auftreten wirtschaftlicher Schwierigkeiten regelmäßig, aber
schon vor dem tatsächlichen Eintritt von Zahlungsunfähigkeit und Überschuldung geboten sein, wenn sich eine Krise erkennbar abzeichnet (zur Einordnung und zu den
Ursachen einer Krise vgl. Kap. A Tz. 4 ff.). Dies lässt sich nicht zuletzt auch aus der gesetzlich verpflichtenden frühen Verlustanzeige ggü. den Gesellschaftern (§ 92 Abs. 1
AktG, § 49 Abs. 3 GmbHG – Kap. A Tz. 53) durch die geschäftsführenden Organe er-
sehen[73].

Die Drei- bzw. Sechswochenfrist dient daher nicht nur der (Weiter-)Verfolgung und **60**
dem Abschluss ernstlich erfolgversprechender Maßnahmen zur Sanierung des Unternehmens, sondern vor allem auch der **Prüfung und Feststellung der Insolvenzreife**
(ggf. unter Einschaltung externer Berater), der Evaluierung der Chancen und Risiken der
sich bietenden insolvenzrechtlichen Handlungsoptionen (insb. Regelinsolvenz, Eigenverwaltung, Schutzschirmverfahren und Insolvenzplan – Kap. A Tz. 98 ff.) und der
Vorbereitung und Einreichung der entsprechenden Anträge und Unterlagen. Notwendige Vorarbeiten sollten auch bei laufenden Bemühungen um eine Sanierung keinesfalls vernachlässigt werden, zumal die schuldhafte Versäumung der Antragsfrist
empfindliche zivil- und strafrechtliche Konsequenzen nach sich ziehen kann (Kap. A
Tz. 69 ff.).

2.5.2 Pflicht zur Unterlassung von Zahlungen

Die Geschäftsführung darf nach Eintritt der Zahlungsunfähigkeit oder Überschuldung **61**
der Gesellschaft **keine Zahlungen** aus deren Vermögen mehr leisten (§ 15b Abs. 1 S. 1
InsO). Das Zahlungsverbot gilt mit Eintritt der Zahlungsunfähigkeit bzw. Auftreten der

---

68 *Poertzgen*, ZInsO 2008, S. 944 (948, 950).
69 *Hirte*, in: Uhlenbruck, InsO[14], § 15a, Rn. 14.
70 BGH, NZG 2012, S. 464 Rn. 11; BGHZ 75, 96, S. 111 f., NJW 1979, S. 1823; *Hirte*, in: Uhlenbruck, InsO[14],
    § 15a Rn. 16; *Koch*, in: Hüffer/Koch, AktG[12], § 92, Rn. 24.
71 *Hachenburg*, GmbHG[8], § 64 Rn. 100; näher dazu *Oberle*, in: MünchHdb. GmbH[4], § 66, Rn. 32 f. m.w.N.
72 Vgl. BGH, NJW 1979, S. 1823 (1826); vgl. auch *Hohmann*, in: MünchKomm. StGB[2], InsO § 15a, Rn. 84.
73 Vgl. *Hirte*, in: Uhlenbruck, InsO[14], § 15a, Rn. 13, 16.

Überschuldung, nicht erst nach Ablauf der Antragsfrist aus § 15a Abs. 1 InsO (Kap. A Tz. 56). Erlaubt sind nach § 15b Abs. 1 S. 2 InsO nur solche Zahlungen, die auch nach diesem Zeitpunkt mit der Sorgfalt eines ordentlichen und gewissenhaften Geschäftsleiters vereinbar sind. Die Geschäftsführung hat ihr Verhalten demnach an dem Zweck auszurichten, die verbleibende Vermögensmasse der Gesellschaft im Interesse der Gesamtheit ihrer Gläubiger zu erhalten und eine zu deren Nachteil gehende bevorzugte Befriedigung einzelner Gläubiger zu verhindern (Massesicherung als Handlungsmaxime)[74]. Grundsätzlich **zulässig sind Zahlungen** daher dann, wenn sie dazu dienen, größere Nachteile für die Insolvenzmasse abzuwenden[75]. Nach der durch das SanInsFoG eingeführten Regelung in § 15b Abs. 2 S. 1 InsO gilt dies insbesondere für im ordnungsgemäßen Geschäftsgang erfolgte Zahlungen, die der Aufrechterhaltung des Geschäftsbetriebes dienen.

Praxistipp 2:

Mit der Sorgfalt eines ordentlichen und gewissenhaften Geschäftsleiters können insb. vereinbar sein[76]:

- masseneutrale Zahlungen bzw. Bargeschäfte, d.h. Zahlungen für die unmittelbar eine wertdeckende Gegenleistung vereinnahmt wird[77]
- Zahlungen an aus- oder absonderungsberechtigte Gläubiger in Höhe des gesicherten Wertes
- notwendige Zahlungen im Rahmen zulässiger Sanierungsbemühungen, einschl. Zahlungen an Rechts- und Sanierungsberater[78]
- zur Aufrechterhaltung des Unternehmens erforderliche Zahlungen, z.B. laufende Zahlungen für Strom, Wasser, Miete und Lohn, solange innerhalb der Antragsfrist aus § 15a InsO noch ernsthafte Sanierungschancen bestehen oder die Weiterführung des Unternehmens gegenüber der Betriebseinstellung für die Masse günstiger ist[79]
- Zahlungen, die im Insolvenzfall bei gewöhnlichem Verlauf auch von einem Insolvenzverwalter aus der Masse geleistet würden
- andere Geschäfte, die ausnahmsweise im Interesse der Masseerhaltung geboten sind („Notgeschäfte")[80].

---

62 Nach § 15b Abs. 3 InsO scheidet eine haftungsrechtliche Privilegierung von Zahlungen jedoch in der Regel aus, wenn sie nach Ablauf der Antragsfrist nach § 15a Abs. 1 InsO geleistet werden und somit der **Insolvenzverschleppung** dienen. Ab diesem Zeitpunkt ist die Stellung eines Insolvenzantrags die primäre Pflicht eines ordentlichen und gewissenhaften Geschäftsleiters[81].

---

74 BGHZ 143, 184, NJW 2000, S. 668; BGH, NJW 2001, S. 304.
75 BGH, NJW-Spezial 2008, S. 118 f.
76 *Koch*, in: Hüffer/Koch, AktG[12], § 92, Rn. 34; *Nerlich*, in: Michalski, GmbHG[2], § 64, Rn. 22; *Schmidt*, in: MünchKomm. HGB[4], § 130a, Rn. 32 ff.
77 BGHZ 203, 218, NZG 2015, S. 149; a.A. *Altmeppen*, NZG 2016, S. 521 (522).
78 BGH, NZG 2007, S. 678 Rz. 4.
79 *Müller, H.-F.*, in: MünchKomm. GmbHG[2], § 64, Rn. 154 m.w.N.
80 BGH, NZG 2007, S. 545; BGHZ 146, 264, NZG 2001, S. 361, 364; OLG Celle, ZIP 2004, S. 1210; *Altmeppen*, NZG 2016, S. 521 (522).
81 Vgl. RegE zum SanInsFoG, BT-Drs. 19/24181, S. 195.

Obwohl das Zahlungsverbot an die Geschäftsführung gerichtet ist, hat dies Auswir-   **63**
kungen auch auf die Mitglieder eines bestehenden **Überwachungsorgans** der Gesellschaft (insb. AR- oder Beiratsmitglieder). Sie haben die Pflicht, sich umfassend über die
wirtschaftliche Situation zu informieren, die Rechtmäßigkeit des Handelns der Geschäftsleitung einschl. des Zahlungsverbots zu überwachen und erforderlichenfalls
durch Abberufung eines hiergegen verstoßenden Geschäftsleitungsmitglieds einzu-
greifen[82].

2.5.3   Steuern und Sozialabgaben

Das mit Eintritt der Insolvenzreife für die Geschäftsleitung entstehende Zahlungsverbot   **64**
befreit grundsätzlich nicht von den haftungs- und strafbewehrten Verpflichtungen zur
Leistung von Steuern (§ 69 AO) und zur **Abführung von Sozialversicherungsbeiträgen** (§ 266a StGB). Die dadurch zutage tretende Pflichtenkollision der verantwortlichen Geschäftsleiter hat der Gesetzgeber mit Einführung des § 15b Abs. 8 InsO zugunsten der insolvenzrechtlichen Pflichten aufgelöst. Die Nichtabführung von Steuern
stellt damit keine Verletzung steuerrechtlicher Pflichten dar, wenn der Geschäftsleiter
nach Eintritt der Insolvenzreife die nach § 15a Abs. 1 InsO erforderlichen Schritte ein-
leitet[83]. Für die Abführung von Sozialversicherungsbeiträgen fehlt eine vergleichbare
Regelung. In der Literatur wird unter Bezugnahme auf die Rechtsprechung des BGH in
Strafsachen vertreten, dass auch in diesem Fall die Pflichtenkollision zugunsten der insolvenzrechtlichen Pflichten aufzulösen sei[84]. Hat die Geschäftsleitung die Frist des § 15a
Abs. 1 S. 1 und 2 InsO verstreichen lassen, ohne einen Insolvenzantrag zu stellen, entsprechen die im Zeitraum der Insolvenzverschleppung vorgenommenen Zahlungen in
der Regel nicht den Anforderungen an eine ordentliche und gewissenhafte Geschäftsleitung (vgl. Kap. A Tz. 62). Wegen der steuerlich relevanten Aspekte wird auf die weiterführenden Ausführungen in Kap. F verwiesen.

2.5.4   Sonstige Organpflichten

Daneben sind als weitere Organpflichten insb. solche zu nennen, die sich aus dem Or-   **65**
ganverhältnis selbst im Verhältnis zur Gesellschaft ergeben. Neben der allgegenwärtigen
Verpflichtung der Geschäftsführung zu rechtmäßigem und sorgfältigem Verhalten gehört hierzu auch die **organschaftliche Treuepflicht**. Die Geschäftsführung kann unter
Umständen auch verpflichtet sein, die Stellung eines Insolvenzantrags zu unterlassen,
nämlich dann, wenn es sich um einen fakultativen Insolvenzantrag wegen nur drohender
Zahlungsunfähigkeit (§ 18 InsO) handelt und ein den Antrag billigender Gesellschafterbeschluss nicht eingeholt wurde[85]; dann ist die im Außenverhältnis wirksame
Vornahme eines Grundlagengeschäfts aus dem Verantwortungsbereich der Gesellschafter als pflichtwidrig anzusehen[86].

---

82   BGH, NZG 2009, S. 550 (551); ausführlich *Zattler*, GWR 2009, S. 285 (285 ff.).
83   BT-Drs. 19/25353, S. 11.
84   Vgl. *Arens*, GWR 2021, S. 64 (67) unter Bezugnahme auf BGH, DStR 2004, S. 283.
85   OLG München, NZG 2013, S. 742 Rz. 55; LG Frankfurt a.M., NZG 2013, S. 1064 (1067); *Tetzlaff*, ZInsO
     2008, S. 137 (139); *Wortberg*, ZInsO 2004, S. 707 (708); *Leinekugel/Skauradszun*, GmbHR 2011, S. 1121
     (1124 f.).
86   LG Frankfurt a.M., NZG 2013, S. 1064 (1067).

66   Auch wenn in Abhängigkeit von der Rechtsform ein **Weisungsrecht der Gesellschafter** besteht, ist die Geschäftsführung an eine Weisung zur Unterlassung einer Insolvenzantragstellung nicht gebunden, wenn sich aus § 15a InsO die gegenteilige Rechtspflicht ergibt[87]. Liegt hingegen nur der Insolvenzgrund der drohenden Zahlungsunfähigkeit vor, ist die Geschäftsführung an die Unterlassungsweisung gebunden.

67   Wird der Insolvenzantrag **pflichtwidrig** und schuldhaft nicht (rechtzeitig) gestellt, sind die antragspflichtigen Organmitglieder gem. § 26 Abs. 1 S. 2 i.V.m. Abs. 3, 4 InsO unter Umständen zur Leistung bzw. Erstattung eines erforderlichen Massekostenvorschusses verpflichtet.

68   Darüber hinaus bestehen schon im Vorfeld einer Insolvenzeröffnung nach Antragstellung weitreichende Auskunfts-, Mitwirkungs- und Unterstützungspflichten der geschäftsführenden Organe ggü. dem Insolvenzgericht (§ 20 InsO)[88].

2.6   Rechtsfolgen von Verstößen und Haftungsrisiken

69   Verstöße gegen Organpflichten bei Eintritt von Überschuldung und Zahlungsunfähigkeit können für die verantwortlichen Mitglieder des geschäftsleitenden Organs empfindliche zivil-und strafrechtliche **Konsequenzen** haben. Dies gilt insb. für Verstöße gegen die Insolvenzantragspflicht aus § 15a InsO und die Pflicht nach § 15b InsO zur Unterlassung von Zahlungen, die nicht mit dem Massesicherungsgebot bei Überschuldung und Zahlungsunfähigkeit vereinbar sind (Kap. A Tz. 61).

2.6.1   Strafrechtliche Rechtsfolgen und Haftungsrisiken

70   Unter strafrechtlichen Gesichtspunkten ist neben den besonderen Straftatbeständen des 24. Abschnitts des StGB (Insolvenzstraftaten) insb. die heute in § 15a Abs. 4 und 5 InsO normierte **Insolvenzverschleppung** zu nennen. Bestraft wird demnach, wer als hierzu verpflichtete Person im Anwendungsbereich des § 15a InsO vorsätzlich oder fahrlässig einen Eröffnungsantrag nicht, nicht richtig oder nicht rechtzeitig stellt. Den zentralen Anwendungsbereich der Norm bildet regelmäßig die nicht rechtzeitige Antragstellung, also die Verletzung des Gebots zur unverzüglichen Antragstellung spätestens drei bzw. sechs Wochen nach Eintritt der Insolvenzreife. Da der Tatbestand aber auch eine „richtige" Antragstellung, also einen zutreffenden, vollständigen und den Mindestanforderungen nach §§ 13, 15 InsO genügenden Antrag[89] verlangt, ist dem umsichtigen Geschäftsleiter, der nicht selbst über die erforderliche Expertise verfügt, die Einschaltung eines Beraters zu empfehlen. Die zur Beratung hinzugezogenen Wirtschaftsprüfer, Rechtsanwälte, Steuerberater oder Unternehmensberater sind mit Blick auf den denkbaren Vorwurf einer strafrechtlichen Beteiligung an vorsätzlich begangenen Insolvenzstraftaten[90] gehalten, im eigenen Interesse besondere Sorgfalt walten zu lassen.

71   Gleiches gilt für die Haftungsrisiken, die sich aus den Straftatbeständen des 24. Abschnitts des StGB ergeben, insb. aus dem Tatbestand des **Bankrotts** gem. §§ 283, 283a StGB, der im Wesentlichen das „Beiseiteschaffen" von Vermögenswerten des Schuldners sowie in verschiedenen Ausformungen das Verursachen, Verschärfen oder Verschleiern

---

87   Vgl. RegE zum MoMiG, BT-Drs. 16/6140 v. 25.07.2007, S. 47.
88   *Kopp*, in: BeckOK-InsO[4], § 20, Rn. 20-40.
89   *Hohmann*, in: MünchKomm. StGB[2], InsO § 15a, Rn. 81 ff.
90   BGH v. 20.09.1999 – 5 StR 729/98, NStZ 2000, S. 34 ff.

einer Krisensituation des Unternehmens sanktioniert. Den Straftatbestand des Bankrotts ergänzende Regelungen enthalten die Straftatbestände der Gläubiger- und Schuldnerbegünstigung (§§ 283c, 283d StGB). Vom Bestehen oder der Herbeiführung einer Krisensituation unabhängig[91] ergänzt § 283b StGB den Katalog der Insolvenzstraftaten um die Verletzung bestimmter Buchführungs- und Bilanzierungspflichten, die der Übersicht über den Vermögensstand dienen.

Daneben ist an die allgemein geltenden Straftatbestände zu denken, die dem Schutz **72** fremden Vermögens dienen. Insbesondere der **Betrugstatbestand** (§ 263 StGB) kann bei Vertragsabschlüssen in Gestalt des Eingehungsbetrugs verwirklicht werden, wenn aufgrund der finanziellen Situation des Schuldners bereits absehbar ist, dass dieser die eingegangene Verbindlichkeit nicht wird erfüllen können. Eine Strafbarkeit wegen Betrugs kann überdies auch dann in Betracht kommen, wenn Geschäftsführer unter dem Schutzschirmverfahren (§ 270d InsO) die Geschäfte des Unternehmens wissentlich weiterbetreiben, ohne dass die hierfür gesetzlich vorausgesetzte Zahlungs- und Sanierungsfähigkeit des Unternehmens gegeben ist[92]. Bei Zahlungen, die von Geschäftsleitern nach Eintritt von Zahlungsunfähigkeit oder Überschuldung unter Verstoß gegen das gesetzliche Zahlungsverbot (Kap. A Tz. 61 ff.) geleistet werden, kommt überdies eine Strafbarkeit wegen Untreue gem. § 266 StGB in Betracht[93]. Der Vollständigkeit halber ist wegen der großen praktischen Relevanz weiter die Strafbarkeit des Vorenthaltens und Veruntreuens von Arbeitsentgelten gem. § 266a StGB als strafrechtliches Haftungsrisiko zu nennen.

2.6.2 Zivilrechtliche Rechtsfolgen und Haftungsrisiken

Unter zivilrechtlichen Gesichtspunkten ist als Haftungsrisiko insb. die Haftung der Ge- **73** schäftsführung für verbotene Zahlungen und die Schadensersatzhaftung bei unterlassener, verzögerter oder falscher Stellung eines Insolvenzantrags hervorzuheben.

Mitglieder des geschäftsführenden Organs haften nach § 15b Abs. 4 S. 1 InsO bei **74** schuldhaften Verstößen gegen ihre Pflicht zur Unterlassung verbotener Zahlungen nach Eintritt von Überschuldung und Zahlungsunfähigkeit (§ 15b Abs. 1 S. 1 InsO – Kap. A Tz. 61) grundsätzlich persönlich mit ihrem Privatvermögen auf **Ersatz der geleisteten Zahlungen**. Gelingt dem Ersatzverpflichteten der Nachweis, dass der Gläubigerschaft ein geringerer Schaden entstanden ist, so ist die Haftung auf die **Masseschmälerung** (Zahlbetrag abzüglich des Werts der zugeflossenen Gegenleistung und gekürzt um die Insolvenzquote, die ohne Zahlung auf die befriedigte Forderung entfallen wäre[94]) begrenzt (§ 15b Abs. 4 S. 2 InsO).

Daneben kann eine **persönliche Haftung** der verantwortlichen Organmitglieder für **75** Schäden aus der unterlassenen, verspäteten oder falschen Antragstellung auf § 823 Abs. 2 BGB i.V.m. § 15a Abs. 4 und 5 InsO oder ggf. wegen vorsätzlicher sittenwidriger Schädigung auf § 826 BGB gestützt werden[95].

---

91 *Petermann*, in: MünchKomm. StGB², § 283b, Rn. 1 ff.
92 *Meier*, ZInsO 2016, S. 1499 (1500 ff.).
93 *Fleischer*, in: Spindler/Stilz, AktG³, § 92, Rn. 33; zum Untreuetatbestand vgl. *Rönnau/Becker*, NZWiSt 2014, S. 441.
94 Näher dazu *Haas*, in: Baumbach/Hueck, GmbHG²⁰, § 64, Rn. 108 ff. (108, 111).
95 BGHZ 29, 100, NJW 1959, S. 623; vgl. dazu *Altmeppen*, ZIP 2015, S. 949 (953 f.); *Strohn*, NZG 2011, S. 1161 (1161 ff.).

76 Weiter ist unter zivilrechtlichen Gesichtspunkten auf **Haftungsrisiken** zu verweisen, die sich aus der allgemeinen vorvertraglichen Pflicht ergeben können, den anderen Vertragsteil auf solche Umstände hinzuweisen, über die dieser nach Treu und Glauben (§ 242 BGB) eine Aufklärung erwarten darf. Unter dem Gesichtspunkt der culpa in contrahendo (§§ 280, 311 Abs. 3 BGB)[96] kann sich daher ein Anspruch der Vertragspartner wegen vorvertraglicher Pflichtverletzung ergeben. Zwar ist ein Vertragspartner grundsätzlich nicht verpflichtet, dem Geschäftspartner seine Vermögenslage und Kreditwürdigkeit zu offenbaren[97]. Ist die wirtschaftliche Bedrängnis indes so gravierend, dass sie den Vertragszweck zu vereiteln droht, und ist die Durchführbarkeit des Vertrags aufgrund der Vermögenslage von vornherein schwer gefährdet (was jedenfalls bei Insolvenzreife der Fall ist), besteht ggü. dem anderen Vertragsteil eine haftungsbewehrte Aufklärungspflicht[98].

2.6.3 Sonstige Rechtsfolgen

77 Für Verantwortliche in geschäftsleitender Position ist als weitere faktische Sanktion bei Verstößen gegen § 15a InsO, Insolvenzstraftaten nach dem StGB oder bestimmten Vermögensstraftaten das **Bestellungshindernis** als Vorstand einer AG (§ 76 Abs. 3 S. 2 Nr. 3 lit. a, b und e AktG) oder Geschäftsführer einer GmbH (§ 6 Abs. 2 S. 2 Nr. 3 lit. a, b und e GmbHG) anzuführen.

2.7 Organpflichten im Insolvenzverfahren

78 Kommt es nach Insolvenzantragstellung zur Eröffnung eines Insolvenzverfahrens mit Bestellung eines Insolvenzverwalters, verlieren die Organmitglieder ihre Befugnis, für die Gesellschaft das zur Insolvenzmasse gehörende Gesellschaftsvermögen zu verwalten und hierüber zu verfügen (§§ 21 Abs. 2 S. 1 Nr. 2, 22 Abs. 1 S. 1, 80 InsO). Damit **verlieren** gerade die mit der Geschäftsführung betrauten Organe der Gesellschaft ihre **Primärfunktion**.

79 Allerdings folgt aus dem Übergang der Verwaltungs- und Verfügungsbefugnis auf den Insolvenzverwalter nicht, dass die Geschäftsführung ihrer übrigen Pflichten enthoben wäre. Beispielsweise verbleiben die aus dem Wertpapierhandelsrecht und Börsenrecht folgenden Verpflichtungen grundsätzlich bei der Gesellschaft und sind weiter von der Geschäftsführung (mit Unterstützung des Insolvenzverwalters) zu erfüllen (vgl. § 24 WpHG, § 43 BörsG).

80 Neben solchen **fortbestehenden Aufgaben** sind die Organe und ihre Mitglieder im vorläufigen und eröffneten Insolvenzverfahren gem. §§ 22 Abs. 3, 97 Abs. 1 u. 2, 101 InsO vor allem dazu verpflichtet, dem Insolvenzgericht und Insolvenzverwalter alle erforderlichen Auskünfte zu erteilen, ihnen umfassend Einsicht in die Bücher und Geschäftspapiere zu verschaffen und den Insolvenzverwalter bei der Erfüllung seiner Aufgaben zu unterstützen.

81 Im Fall der Eigenverwaltung (§ 270 InsO) hingegen bleibt die Geschäftsleitung weiterhin zur Verwaltung und Verfügung über das Vermögen der Gesellschaft befugt, wobei sie dabei in erster Linie der **Wahrung des Gläubigerinteresses** und nicht mehr des Gesell-

---

96 Dazu *Altmeppen*, ZIP 2015, S. 949 (955 f.).
97 BGH, NJW 1983, S. 676 (677); BGH, NJW 1983, S. 1607 (1609).
98 BGH, NJW 1974, S. 1505 (1506); BGH, WM 1976, S. 111 (113); BGH, NJW 1984, S. 2284 (2286).

schaftsinteresses verpflichtet ist. Die Position der eigenverwaltend tätigen Geschäftsleitung wird zudem durch § 276a InsO zulasten der Überwachungsorgane der Gesellschaft gestärkt, denn der AR, die Gesellschafterversammlung oder entsprechende Organe haben hiernach keinen Einfluss mehr auf die Geschäftsführung des Schuldners. Die bis zur Eröffnung des Eigenverwaltungsverfahrens bestehenden Organpflichten werden inhaltlich durch den nunmehr zu verfolgenden Insolvenzzweck (§ 1 InsO) gewandelt und durch die besonderen Pflichten ggü. dem Sachwalter und dem Gläubigerausschuss ergänzt. Hierzu gehören bspw. die Auskunfts-, Mitwirkungs- und Unterstützungspflichten ggü. dem Sachwalter aus §§ 274 Abs. 2 S. 3, 22 Abs. 3 InsO und die Pflicht zur Einholung der Zustimmung des Gläubigerausschusses gem. § 276 InsO bei besonders bedeutsamen Rechtshandlungen.

Bezüglich der Einzelheiten wird auf die weiterführenden Ausführungen zu den Organ- **82** pflichten im Insolvenzverfahren in Kap. C Tz. 425 ff. verwiesen.

3. Handlungsalternativen für die Unternehmensorgane

3.1 Chancen und Risiken durch außergerichtliche Sanierung

Soll ein in Schieflage geratenes Unternehmen saniert werden, ist im Ausgangspunkt zu **83** bewerten und zu entscheiden, ob eine außergerichtliche Sanierung ggü. der ebenfalls in Betracht kommenden Unternehmenssanierung in der Insolvenz vorzugswürdig ist[99]. Für eine **außergerichtliche Sanierung** können die Vermeidung einer negativen Publizität, geringe Kosten und eine kurze Verfahrensdauer sprechen; dem stehen als Nachteile die Notwendigkeit eines Konsenses unter den Beteiligten, der fehlende Vollstreckungsschutz, die erforderliche Überwachung von Insolvenzantragspflichten und Haftungsaspekte für die Geschäftsleitung gegenüber[100]. Jedenfalls dann, wenn im erreichten Krisenstadium der Eintritt von Insolvenzgründen droht, sind etwaige Sanierungschancen durch Einsatz der Instrumentarien eines Insolvenzverfahrens oder eines Sanierungsverfahrens nach dem StaRUG in die anzustellende Betrachtung einzubeziehen und einer außergerichtlichen Sanierung gegenüberzustellen[101].

Sodann ist zwischen **finanzwirtschaftlichen** Maßnahmen einerseits (Sanierungs- **84** maßnahmen im engeren Sinne, die eine Beseitigung von Überschuldung und/oder Zahlungsunfähigkeit bezwecken, z.B. Zuführung neuen Eigenkapitals oder Forderungsverzichte vonseiten der Fremdkapitalgeber etc.) und **leistungswirtschaftlichen** Maßnahmen andererseits (betriebswirtschaftliche Reorganisation, z.B. absatzpolitische oder produktionswirtschaftliche Maßnahmen) zu unterscheiden[102].

Die Unternehmenssanierung kostet Zeit und Ressourcen und birgt daher neben der **85** Chance auf eine erfolgreiche Neuausrichtung des Unternehmens gerade für die Geschäftsführung und die Sanierungsberater beachtliche Risiken. Insbesondere in Zusammenhang mit der Überschuldungsprüfung ergeben sich **Risiken** aus den rechtlichen und tatsächlichen Unsicherheiten bei der gebotenen laufenden Beurteilung der Fortfüh-

---

99   *Spliedt*, InsVZ 2010, S. 27 (27 ff.); *Oberle*, in: FS Wellensiek, S. 73 (74 f.).
100 *Oberle*, in: FS Wellensiek, S. 73 (75).
101 Vgl. *IDW S 6*, Tz. 70.
102 Näher dazu *Oberle*, in: MünchHdb. GmbH⁴, § 66, Rn. 30 m.w.N.

rungsprognose (Kap. A Tz. 44 ff.) für das Unternehmen, der für die Frage nach dem Vorliegen einer rechtlichen Überschuldung eine maßgebliche Bedeutung zukommt[103].

86 Wie schwierig selbst für erfahrene Krisenberater im Einzelfall die Beantwortung der prognostischen Frage nach dem Fortbestand des Unternehmens sein kann, zeigt ein Streit um die Anfechtung gezahlter Beraterhonorare durch den Insolvenzverwalter des beratenen Unternehmens wegen eines vermeintlich nicht erfolgversprechenden Sanierungskonzepts[104]. Eine Unternehmenssanierung außerhalb des Insolvenzverfahrens ist vor diesem Hintergrund mit Blick auf die fortlaufend zu beurteilende Fortführungsprognose mit **zusätzlichen Herausforderungen und Risiken für die Geschäftsführung und ihre Berater** verbunden. Als Vorteil steht dem im Wesentlichen die Vermeidung etwaiger negativer Effekte gegenüber, die sich aus dem Bekanntwerden eines Insolvenzverfahrens für Unternehmen, Geschäft und Image und der mit einem Insolvenzverfahren meist verbundenen nachhaltigen Beeinträchtigung der im Unternehmen vorhandenen wirtschaftlichen Werte ergeben können.

3.1.1 Voraussetzungen einer Sanierung außerhalb der Insolvenz

3.1.1.1 Keine Insolvenzantragspflicht

87 Eine Sanierung außerhalb eines Insolvenzverfahrens kommt grundsätzlich in Betracht, solange nach Maßgabe von § 15a InsO noch keine zum Insolvenzantrag verpflichtenden Insolvenzgründe, d.h. weder Überschuldung noch Zahlungsunfähigkeit bestehen bzw. die zu beachtende Höchstfrist von sechs Wochen nach Eintritt von Überschuldung oder drei Wochen nach Vorliegen der Zahlungsunfähigkeit noch nicht abgelaufen ist.

3.1.1.2 Sanierungsfähigkeit des Unternehmens

88 Voraussetzung hierfür ist die **Sanierungsfähigkeit** des Unternehmens. Diese ist von der Geschäftsführung unter Hinzuziehung eines objektiven fachkundigen Dritten[105] anhand des Sanierungskonzepts zu prüfen und festzustellen. Die Einschaltung eines rechtlich und wirtschaftlich unabhängigen Experten ist der Geschäftsführung dringend nahezulegen, um die inhaltliche Objektivität einer positiven Beurteilung der Sanierungsfähigkeit zu dokumentieren.

89 Bei der Erstellung von **Sanierungsgutachten** sind stets die aus der BGH-Rechtsprechung folgenden Grundsätze zu berücksichtigen, die im Rahmen laufender Aktualisierungen auch im *IDW Standard: Anforderungen an Sanierungskonzepte (IDW S 6)* abgebildet werden[106]. Sanierungsfähigkeit ist demgemäß zu bejahen, wenn eine Durchfinanzierung i.S. einer positiven insolvenzrechtlichen Fortbestehensprognose im Prognosezeitraum vorliegt und die Wettbewerbsfähigkeit durch geeignete Maßnahmen nachhaltig wiedererlangt werden kann (nachhaltige Fortführungsfähigkeit)[107].

90 Die positive Fortführungsprognose[108] stellt die Geschäftsführung bei der Sanierung außerhalb einer Insolvenz vor besondere Herausforderungen. Schließlich sind die Ge-

---

103 Zur Prüfung der bilanziellen und rechtlichen Überschuldung vgl. *Schmidt, K.*, InsO[19], § 19, Rn. 14 f.
104 LG Frankfurt a.M., NZI 2015, S. 1022 (1024 f.) m. Anm. *Riewe.*
105 *Rüntz*, in: Kölner Komm. InsO, § 19, Rn. 9.
106 Kritisch noch *Pohl*, ZInsO 2011, S. 207 (207 ff.).
107 Vgl. *IDW S 6*, Tz. 18; *Oberle*, in: MünchHdb. GmbH[4], § 66, Rn. 30 m.w.N.
108 Zu den Anforderungen der Rechtsprechung vgl. *Ganter*, NZI 2014, S. 673.

schäftsführer vor dem Hintergrund ihrer allgemeinen Organisations- und Überwachungspflichten (Kap. A Tz. 51) und im eigenen Interesse der **Minimierung ihres Haftungsrisikos** gehalten, die Sanierungsbemühungen und ihre Erfolgsaussichten laufend zu beobachten und alle relevanten Entwicklungen in der Fortführungsprognose zu berücksichtigen. Gerade die häufig schwer zu prognostizierende Bereitschaft Dritter zur Mitwirkung und die teils kontrovers verlaufenden Verhandlungen mit Gläubigern über deren Sanierungsbeiträge können eine Sanierung außerhalb der Insolvenz erheblich erschweren. Auch aus diesem Grund ist es, insb. wenn sich das Unternehmen in einer weit fortgeschrittenen Krise befindet, von besonderer Bedeutung, auch Sanierungsstrategien im Rahmen eines möglichen Insolvenzverfahrens (bspw. Umsetzung eines Insolvenzplans in einem Verfahren in Eigenverwaltung) zu untersuchen und einer außergerichtlichen Sanierung gegenüberzustellen[109].

3.1.2 Überblick über Handlungsoptionen

Die Feststellung der Sanierungsfähigkeit setzt in der Krise des Unternehmens ein **91** schlüssiges, d.h. praktisch umsetzbares, und erfolgversprechendes **Sanierungskonzept** voraus (Kap. A Tz. 88), das von der Geschäftsführung zu erarbeiten und möglichst frühzeitig umzusetzen ist. Welche Sanierungsmaßnahmen sich für das jeweils betroffene Unternehmen eignen und umsetzbar sind, muss nach den Gegebenheiten des Einzelfalls und ggf. unter Hinzuziehung externer Sanierungsberater beurteilt werden. In Betracht kommen bspw. eine außergerichtliche Schuldenbereinigung, die Umwandlung von Forderungen in Anteilsrechte (debt-equity-swap) oder eine Trennung von Unternehmen und Unternehmensträger im Wege einer Betriebsveräußerung (sog. übertragende Sanierung)[110]. Abhängig von den Umständen ist letztlich die gesamte Bandbreite der verfügbaren finanzwirtschaftlichen und leistungswirtschaftlichen Sanierungsmaßnahmen[111] denkbar (zu Handlungsoptionen vgl. Kap. B). Die Eignung und Umsetzbarkeit der infrage kommenden Maßnahmen ist von der Geschäftsführung ggf. wiederum unter Hinzuziehung fachlicher Berater zu prüfen.

Die Unternehmensorgane haben in allen Fällen zu beachten, dass Sanierungsmaß- **92** nahmen, die das Gesellschafterrecht berühren, wie bspw. die Aufnahme neuer Gesellschafter im Rahmen von Kapitalmaßnahmen oder eines debt-equity-swap[112], außerhalb des Insolvenzverfahrens stets der **Zustimmung der betroffenen Gesellschafter** bedürfen. Sind derartige Maßnahmen erforderlich oder vorgesehen, gehört es zu einem schlüssigen und erfolgversprechenden Sanierungskonzept, dass die Gesellschafter zumindest im Grundsatz ihre Bereitschaft zur Mitwirkung an der Umsetzung des Konzepts signalisiert haben oder aus anderen Gründen mit ihrer Unterstützung gerechnet werden kann.

Soll eine außergerichtliche Schuldenbereinigung versucht werden, was regelmäßig wohl **93** nur bei einem überschaubaren Gläubigerkreis infrage kommen wird, ist zu berücksichtigen, dass hiermit eine umfassende **Offenlegung der Vermögenssituation** und der wirtschaftlichen Lage des Unternehmens verbunden ist. Erfolgsaussichten bestehen für eine Schuldenbereinigung schließlich nur, wenn die Gläubiger davon überzeugt werden

---

109 Vgl. *IDW S 6*, Tz. 70.
110 Vgl. *Hornung*, in: FS Wellensiek, S. 723 (723 ff.) mit Blick auf das sog. BQG-Modell.
111 *Oberle*, in: MünchHdb. GmbH⁴, § 66, Rn. 30.
112 Vgl. hierzu *Eilers*, GWR 2009, S. 3 (3 ff.).

können, dass sie über die Vermögenssituation des Unternehmens transparent, vollständig und zutreffend unterrichtet wurden und Zugeständnisse demzufolge unter wirtschaftlichen Gesichtspunkten auch aus ihrer Sicht sinnvoll erscheinen. Zudem bleibt die Mitwirkung an einem außergerichtlichen Sanierungsvergleich für alle Gläubiger freiwillig[113], sodass einzelne Gläubiger versuchen können, ihr Einverständnis von Sonderkonditionen abhängig zu machen, deren Gewährung dem Unternehmen bzw. der Geschäftsführung im Sinne eines Gleichbehandlungsgebots untersagt sein kann, wenn den übrigen Vergleichsgläubigern eine gleichmäßige Behandlung aller Beteiligten signalisiert wurde[114].

94   Kann in einer solchen Situation nicht mit allen Beteiligten, deren Sanierungsbeiträge unabdingbar sind, **Einvernehmen** erreicht werden, so blieb als Alternative lange Zeit nur die Stellung eines Insolvenzantrags und der Versuch, das Sanierungskonzept in einem Insolvenzverfahren – ggf. in Form eines Insolvenzplans – umzusetzen. Mit Inkrafttreten des StaRUG hat der Gesetzgeber weitere Restrukturierungsmechanismen geschaffen, durch die trotz fehlender Einstimmigkeit die Stellung eines Insolvenzantrags vermieden und das Unternehmen saniert werden kann (Kap. A Tz. 125 ff.).

3.1.3   Erfolg und Scheitern von Sanierungsbemühungen

95   Die Sanierungsbemühungen sind erfolgreich, wenn sie nach ihrer Umsetzung zu einer dauerhaften wirtschaftlichen **Stabilisierung** geführt haben. Die Feststellung des Scheiterns von Sanierungsbemühungen kann hingegen mit größeren Schwierigkeiten behaftet sein, etwa dann, wenn sich Verhandlungen mit beteiligten Gläubigern oder Gesellschaftern als schwierig erweisen, die notwendige Mitwirkung Dritter nicht sicher ist oder bislang ungeklärte Rechtsfragen[115] im Raum stehen, die für den Erfolg der Sanierung entscheidend sind.

96   Nicht selten neigen Geschäftsführer zu Optimismus, was die tatsächliche Umsetzbarkeit und die Erfolgsaussichten des eigenen Sanierungskonzepts angeht, weshalb es sich unter dem Gesichtspunkt der Geschäftsleiterhaftung empfiehlt, die Sanierungsbemühungen fachlich durch Externe (Wirtschaftsprüfer und insolvenzrechtlich geschulte Berater) begleiten zu lassen, um andernfalls **drohende Fehler** bei der Einschätzung der Sanierungsaussichten und der Beurteilung der Fortführungsprognose zu vermeiden.

97   Von einem Scheitern der Sanierung ist jedenfalls nicht erst dann zu sprechen, wenn die Sanierung endgültig unmöglich geworden ist und keine realistischen Aussichten mehr für eine erfolgreiche Umsetzung des Sanierungskonzepts bestehen. Es genügt vielmehr, dass für eine erfolgreiche Sanierung **keine überwiegende Wahrscheinlichkeit** mehr gegeben ist, etwa weil sich tragende Teile des Sanierungskonzepts als nicht umsetzbar erweisen oder das notwendige Einverständnis eines an der Sanierung beteiligten Dritten[116] verweigert wird.

---

113   *Häuser*, in: Schimansky/Bunte/Lwowski, § 85, Rn. 20.
114   OLG Celle NJW 1965, S. 399; KG ZIP 80, S. 963 (964); *Häuser*, in: Schimansky/Bunte/Lwowski, § 85, Rn. 19d m.w.N.
115   Vgl. LG Frankfurt, ZIP 2015, S. 1358 (1361).
116   BGH, NZI 2005, S. 284.

3.2 Chancen und Risiken durch Insolvenz

Spätestens Ende des Jahres 2011 wurde mit dem Gesetz zur weiteren Erleichterung der **98** Sanierung von Unternehmen (**ESUG**)[117] ein Paradigmenwechsel im Insolvenzrecht mit dem erklärten gesetzgeberischen Ziel eingeleitet, die frühzeitige Stellung eines Insolvenzantrags zu fördern und die Sanierungschancen für Unternehmen zu verbessern[118].

Der Insolvenzantrag darf daher heute keineswegs als Eingeständnis eines wirtschaft- **99** lichen Scheiterns angesehen werden, sondern stellt – jedenfalls im Fall der drohenden Zahlungsunfähigkeit – eine **echte Handlungsalternative** zu außergerichtlichen Sanierungsmaßnahmen dar. Eine nachhaltige Sanierung des Unternehmens kann sich schließlich gerade im Rahmen eines Insolvenzverfahrens durch die sich dort bietenden Gestaltungsmöglichkeiten (bspw. über einen Insolvenzplan) besonders effektiv und erforderlichenfalls auch gegen den Willen einzelner Gläubiger oder Gesellschafter (§ 245 InsO) umsetzen lassen. Gleichzeitig werden Entscheidungsprozesse für Maßnahmen der Geschäftsführung verkürzt, weil bestehende Gesellschaftergremien und Überwachungsorgane der Gesellschaft in diesem Bereich ihre Einflussmöglichkeiten weitgehend an die Fremd- oder Eigenverwaltung (vgl. § 276a InsO) abgeben. Risiken ergeben sich aus der weiterhin negativen Wahrnehmung von Insolvenzen bei Vertragspartnern, Abnehmern und Lieferanten des Unternehmens, der durch eine transparente Kommunikation i.Z.m. der Antragstellung entgegengewirkt werden kann. Auswirkungen auf den Wert des Unternehmens werden sich indes nicht völlig vermeiden lassen. Auf die weiterführenden Ausführungen in Kap. C wird verwiesen.

3.2.1 Insolvenzverfahren in Fremdverwaltung

Das Insolvenzverfahren mit einem vom Insolvenzgericht bestellten Insolvenzverwalter **100** (**Fremdverwaltung**) ist seit Inkrafttreten des ESUG vom 07.12.2011 insb. in Abgrenzung zur Eigenverwaltung (vgl. Kap. A Tz. 103 ff.) zu sehen. Es ist jedenfalls immer dann zwingend, wenn bei Insolvenzreife des Unternehmens bzw. zum Zeitpunkt der Verfahrenseröffnung die gesetzlichen Voraussetzungen für eine Eigenverwaltung nicht vorliegen.

Unabhängig davon kann das Verfahren in Fremdverwaltung **auch immer dann** ange- **101** zeigt sein, wenn eine ordnungsgemäße Verwaltung des Unternehmens von der bisherigen Geschäftsführung nicht zu erwarten ist, die Gesellschafter zerstritten sind, wenn sich aus anderen Gründen abzeichnet, dass eine rasche Einigung über die eigenverwaltende Geschäftsführung nicht herbeizuführen ist, oder wenn Ansprüche des Unternehmens gegen einzelne Geschäftsführer oder Gesellschafter im Raum stehen, die eine unzulässige Einflussnahme auf die Eigenverwaltung befürchten lassen.

Das Verfahren in Fremdverwaltung sollte **außerdem dann primär** erwogen werden, **102** wenn aufgrund der wirtschaftlichen Lage des Unternehmens eine Betriebsfortführung von vornherein ausgeschlossen ist. Die Stärkung des Eigenverwaltungsverfahrens durch das ESUG soll nach dem Willen des Gesetzgebers der Erleichterung einer Sanierung des Unternehmens dienen, was (auch im Fall der übertragenden Sanierung) letztlich nur dann effektiv möglich ist, wenn der operative Betrieb während der Dauer des Verfahrens zumindest zeitweilig aufrechterhalten werden kann. Bleiben hingegen bereits bei An-

---

117 BGBl. I 2011, S. 2582.
118 BT-Drs. 17/5712, S. 1 f.

tragstellung ausschließlich die Zerschlagung und die Abwicklung des Unternehmens, kann dieses Ziel im Rahmen eines Insolvenzverfahrens oft effizienter durch einen Insolvenzverwalter erreicht werden.

3.2.2 Insolvenzverfahren in Eigenverwaltung

3.2.2.1 Voraussetzungen und Anordnung der Eigenverwaltung

103 Liegen die Voraussetzungen für die Anordnung einer Eigenverwaltung nach §§ 270b Abs. 1 S. 1, 270f Abs. 1 InsO vor, kommt die Eigenverwaltung als vom Gesetzgeber geschaffene Möglichkeit zur Durchführung des Insolvenzverfahrens durch den Insolvenzschuldner unter **Aufsicht eines Sachwalters** in Betracht. Voraussetzung für die Eigenverwaltung i.s.v. § 270 InsO ist neben einem Antrag des Schuldners insbesondere die Vorlage einer vollständigen und schlüssigen Eigenverwaltungsplanung nach § 270a Abs. 1 InsO (§§ 270b Abs. 1 S. 1, 270f Abs. 1 InsO). Entspricht die Eigenverwaltungsplanung nicht den Anforderungen des § 270a Abs. 1 InsO und liegen die in §§ 270b Abs. 2, 270f Abs. 1 InsO genannten Fälle vor (beispielsweise fehlende Deckung der Kosten der Betriebsfortführung oder wesentlich höhere Kosten der Eigenverwaltung gegenüber den Kosten der Fremdverwaltung), kann das Insolvenzgericht die Eigenverwaltung ausnahmsweise dennoch anordnen. Voraussetzung hierfür ist, dass der Schuldner bereit und in der Lage ist, die Geschäftsführung an den Interessen der Gläubiger auszurichten.

104 Dem **vorläufigen Gläubigerausschuss** ist in den Fällen des § 270b Abs. 2 InsO zwingend Gelegenheit zur Äußerung zu geben. Eine Entscheidung des Insolvenzgerichts darf ohne Beteiligung des vorläufigen Gläubigerausschusses nur ergehen, wenn mehr als zwei Tage verstrichen sind oder wenn offensichtlich mit nachteiligen Konsequenzen für die Vermögenslage des Schuldners zu rechnen ist, sofern kein vorläufiger Insolvenzverwalter bestellt wird. Nach §§ 270b Abs. 3 S. 3, 270f Abs. 3 InsO ist das Insolvenzgericht an einen einstimmigen Beschluss des vorläufigen Gläubigerausschusses, mit dem dieser die Eigenverwaltung unterstützt, gebunden. Stimmt der vorläufige Gläubigerausschuss einstimmig gegen die Eigenverwaltung, unterbleibt die Anordnung durch das Gericht (§§ 270b Abs. 3 S. 4, 270f Abs. 3 InsO).

3.2.2.2 Eigenverwaltung im Eröffnungsverfahren

105 Die Eigenverwaltung wird erst mit dem Beschluss über die Eröffnung des Insolvenzverfahrens angeordnet (§ 270 Abs. 1 S. 1 InsO). Wird der Insolvenzantrag mit einem Antrag auf Anordnung der Eigenverwaltung verbunden, hat das Insolvenzgericht die vorläufige Eigenverwaltung anzuordnen und einen **vorläufigen Sachwalter** zu bestellen, wenn eine vollständige und schlüssige Eigenverwaltungsplanung vorliegt und keine Umstände bekannt sind, nach denen die Eigenverwaltungsplanung auf unzutreffenden Tatsachen beruht (§ 270b Abs. 1 S. 1 InsO).

3.2.2.3 Rechtsstellung und Aufgaben des Sachwalters

106 Der Sachwalter hat mit Blick auf die eigenverwaltende Geschäftsführung vor allem **Aufsichtspflichten und Mitwirkungsrechte.** Er hat die wirtschaftliche Lage des Insolvenzschuldners zu prüfen und überwacht die Geschäftsführung. Soweit die Verfügungsbefugnis des Schuldners beschränkt ist, obliegt es dem Sachwalter, bei einzelnen Rechtshandlungen des Schuldners mitzuwirken, indem er diesen nicht widerspricht bzw. sein Einvernehmen oder seine Zustimmung hierzu erteilt[119]. Weitere Kompetenzbereiche, die dem Sachwalter vorbehalten bleiben, sind insb. die Geltendmachung eines Gesamtschadens (§ 92 InsO), die Anfechtung von Rechtshandlungen des Schuldners (§ 280 InsO) und die Entgegennahme von Forderungsanmeldungen, die Führung der Insolvenztabelle[120] und Mitspracherechte bei der Bestellung und Abberufung von Geschäftsführungsmitgliedern[121].

3.2.2.4 Rechtsstellung der Überwachungsorgane der Gesellschaft

Die **Überwachungsorgane** der Gesellschaft, also insb. AR und Gesellschafterversammlung, haben hingegen auf die Geschäftsführung der Gesellschaft bei der Eigenverwaltung **keinen Einfluss** mehr (§ 276a Abs. 1 S. 1 InsO); im Wesentlichen bleibt ihnen nur die Zuständigkeit für die Abberufung und Neubestellung von Mitgliedern des Geschäftsführungsorgans, wobei auch insoweit die Wirksamkeit der Abberufung oder Bestellung von der Zustimmung des Sachwalters abhängt (§ 276a Abs. 1 S. 2 InsO). Nichts anderes gilt für den Abschluss des zugehörigen Geschäftsführeranstellungsvertrags, da sich gerade aus dessen Konditionen unter Umständen Nachteile für die Gläubiger i.S.d. § 276a Abs. 1 S. 3 InsO ergeben können[122]. **107**

3.2.2.5 Vorzüge der Eigenverwaltung gegenüber der Fremdverwaltung

Vorteile im Vergleich zum Insolvenzverfahren in Fremdverwaltung ergeben sich aus Sicht der Gläubiger aus der Vermeidung eines Einarbeitungsaufwands, aus der Möglichkeit zur Nutzung vorhandener Kenntnisse, Erfahrungen und Kontakte der bisherigen Geschäftsleitung und der hiermit verbundenen Ersparnis von Zeit, Kosten und Aufwand[123]. Der Insolvenzschuldner erhält die Möglichkeit, die Insolvenzmasse unter Aufsicht eines Sachwalters eigenständig zu verwalten und behält damit weiter „das Ruder in der Hand". Eine personelle Kontinuität in der Geschäftsführung des Unternehmens wirkt sich gerade in der Betriebsfortführung vorteilhaft auf den Fortbestand bestehender Geschäftsbeziehungen aus und erleichtert dadurch die Sanierung des Unternehmens insgesamt. Zudem dokumentiert die Entscheidung für ein Eigenverwaltungsverfahren nach außen das Vertrauen der Gläubiger in die Fähigkeiten der Geschäftsführung und die Sanierungsfähigkeit des Unternehmens. **108**

Für die eigenverwaltende Geschäftsführung gelten dabei dieselben **insolvenzrechtlichen Vorgaben,** wie sie auch beim Insolvenzverfahren in Fremdverwaltung für einen Insolvenzverwalter Anwendung finden (§ 270 Abs. 1 S. 2 InsO). Insbesondere hat sich die eigenverwaltende Geschäftsführung als Handlungsmaxime ebenso wie ein Insolvenzverwalter maßgeblich an den Interessen der Gläubiger zu orientieren und sich in ihrem Sinne für die Verwaltung der Vermögensgegenstände des Unternehmens, die Erhaltung der Insolvenzmasse und ggf. deren Verwertung und Verteilung an die Gläubiger einzusetzen. Denn die in § 1 InsO enthaltenen Verfahrensziele der gemeinschaftlichen und **109**

---

119 *Oberle,* in: MünchHdb. GmbH[4], § 65, Rn. 121.
120 *Kern,* in: MünchKomm. InsO § 283, Rn. 5 f.
121 *Oberle,* in: MünchHdb. GmbH[4], § 65, Rn. 122.
122 Ebenso *Zipperer,* in: Uhlenbruck, InsO[14], § 276a, Rn. 12.
123 *Oberle,* in: MünchHdb. GmbH[4], § 65, Rn. 111.

bestmöglichen Gläubigerbefriedigung[124] haben auch im Verfahren in Eigenverwaltung uneingeschränkt Geltung[125].

3.2.3 Schutzschirmverfahren

3.2.3.1 Einordnung und Voraussetzungen des Schutzschirmverfahrens

110 Das sog. Schutzschirmverfahren (§ 270d InsO) ist systematisch und inhaltlich als ein **Sonderfall der Eigenverwaltung** im Eröffnungsverfahren zu verstehen[126]. Ist ein Insolvenzantrag gestellt und hat der Schuldner eine Sanierungsbescheinigung vorgelegt, aus der hervorgeht, dass drohende Zahlungsunfähigkeit oder Überschuldung, nicht aber Zahlungsunfähigkeit vorliegt und die angestrebte Sanierung des Unternehmens nicht offensichtlich aussichtslos ist, wird ihm auf entsprechenden Antrag die Möglichkeit eingeräumt, innerhalb einer vom Gericht gesetzten Frist von höchstens drei Monaten (§ 270d Abs. 1 S. 2 InsO) unter der Aufsicht eines vorläufigen Sachwalters und unter dem „Schutzschirm" eines Vollstreckungsverbots (§§ 270d Abs. 3, 21 Abs. 2 S. 1 Nr. 3 InsO) einen Insolvenzplan zur Sanierung des Unternehmens im anschließend eröffneten Eigenverwaltungsverfahren vorzulegen.

111 Die für den Antrag erforderliche **Sanierungsbescheinigung** darf nur von einem unabhängigen und in Insolvenzsachen erfahrenen Steuerberater, Wirtschaftsprüfer oder Rechtsanwalt oder einer Person mit vergleichbarer Qualifikation ausgestellt werden, die nicht mit dem späteren vorläufigen Sachwalter personenidentisch ist[127].

3.2.3.2 Aufhebung des Schutzschirmverfahrens

112 Tritt während des Schutzschirmverfahrens die Zahlungsunfähigkeit ein, ist diese vom Schuldner oder vom vorläufigen Sachwalter beim Insolvenzgericht unverzüglich anzuzeigen (§ 270d Abs. 4 S. 1 InsO); auf das Verfahren und seine Fortsetzung wirkt sich dies jedoch nicht unmittelbar aus[128]. Die **Aufhebung** des einmal angeordneten Schutzschirmverfahrens droht grundsätzlich nur dann, wenn einer der in § 270e Abs. 1 und 2 InsO genannten Fälle auftritt, insb. wenn sich die angestrebte Sanierung als aussichtslos erweist oder der vorläufige Gläubigerausschuss die Aufhebung beantragt.

3.2.3.3 Vorzüge eines Schutzschirmantrags

113 Ein wesentlicher **Vorteil** ggü. einer Eigenverwaltung ohne Schutzschirmantrag ergibt sich aus der Möglichkeit des Schuldners, einen für das Gericht bindenden Vorschlag für die Person des vorläufigen Sachwalters zu unterbreiten (§ 270d Abs. 2 S. 2 InsO). Von diesem Vorschlag darf das Insolvenzgericht nur abweichen, wenn die vorgeschlagene Person für die Übernahme des Amtes offensichtlich ungeeignet ist. Mit der Reform des Eigenverwaltungsverfahrens durch das SanInsFoG wurde ein weiterer Vorteil des Schutzschirmverfahrens, die auf Antrag vom Gericht auszusprechende Berechtigung zur Begründung von Masseverbindlichkeiten (§ 270b Abs. 3 S. 1 InsO a.F.), in § 270c Abs. 4

---

124 *Ganter/Bruns*, in: MünchKomm. InsO[3], § 1, Rn. 20 ff.; *Ludwig*, in: Braun, InsO[7], § 1, Rn. 2, 3.
125 *Haas*, in: Gottwald, InsR-HB[5], § 84, Rn. 2 m.w.N.
126 *Oberle*, in: MünchHdb. GmbH[4], § 65, Rn. 124d.
127 Vgl. zu § 270b, InsO a.F. *Leithaus*, in: Andres/Leithaus, § 270b Rn. 8; siehe zu den Anforderungen an den Aussteller der Bescheinigung auch *Entwurf einer Neufassung des IDW Standards: Bescheinigungen nach §§ 270d und 270a InsO (IDW ES 9 n.F.)*, Tz. 8 ff.
128 Vgl. dazu BT-Drs. 17/7511, S. 37.

S. 1 InsO neu geregelt und gilt nunmehr für alle Verfahren in Eigenverwaltung. Im Vergleich zu einem Verfahren nach § 270b InsO scheinen die Vorteile eines Schutzschirmverfahrens daher durchaus begrenzt. Aufgrund der höheren Eingangshürden für das Schutzschirmverfahren sollte daher vor einer Antragstellung abgewogen werden, ob im Einzelfall ein Eigenverwaltungsverfahren ohne Schutzschirmantrag eventuell vorzugswürdig ist.

3.2.4 Insolvenzplanverfahren

3.2.4.1 Rechtsnatur des Insolvenzplans

Als zentrales Instrument zur privatautonomen Bewältigung von Insolvenzsituationen **114** bildet das **Insolvenzplanverfahren** das Kernstück des modernen Insolvenzrechts[129]. In der Sache handelt es sich um ein formalisiertes insolvenzrechtliches Verfahren zur Ermöglichung eines bindenden Gesamtvergleichs zwischen dem Schuldner und seinen Gläubigern sowie möglicherweise weiteren an einer Sanierung des Unternehmens mitwirkenden Personen (z.B. Gesellschaftern, Investoren). Der Insolvenzplan ist damit nach seiner Rechtsnatur ein vertragsähnlicher Rechtsakt eigener Art[130], in dem die (vollständige oder teilweise) Verwertung und Verteilung des insolvenzbefangenen Schuldnervermögens sowie die Verfahrensabwicklung und die Haftung des Schuldners nach Beendigung des Insolvenzverfahrens abweichend vom Regelverfahren geregelt werden kann (§ 217 InsO).

3.2.4.2 Planinitiative und Zeitpunkt der Planvorlage

Zur Vorlage eines Insolvenzplans ist gem. § 218 Abs. 1 S. 1 InsO neben dem Schuldner **115** auch der Insolvenzverwalter berechtigt (**Planinitiativrecht**). Die Gläubigerversammlung kann aber im Insolvenzverfahren in Fremdverwaltung den Insolvenzverwalter (§ 157 S. 2 InsO) und im Eigenverwaltungsverfahren den Schuldner oder Sachwalter (§ 284 Abs. 1 InsO) mit der Ausarbeitung eines Insolvenzplans beauftragen. Die Umsetzung eines Insolvenzplans setzt die Eröffnung des Insolvenzverfahrens voraus; ein Insolvenzplan kann aber auch schon bei Insolvenzantrag oder im Eröffnungsverfahren vorgelegt werden[131].

3.2.4.3 Zielrichtung und Ausgestaltung des Insolvenzplans

Der Insolvenzplan ist vom Gesetzgeber **ergebnisoffen** gehalten; er kann also je nach **116** Planziel bspw. auf die Sanierung, Übertragung oder Liquidation des Unternehmens und/oder des Unternehmensträgers oder auf ein Moratorium ausgerichtet sein[132]. Was die inhaltliche Ausgestaltung betrifft, wurden die Möglichkeiten durch das ESUG erheblich erweitert. Insbesondere kann gem. § 225a Abs. 3 InsO im Insolvenzplan heute jede Regelung getroffen werden, die gesellschaftsrechtlich zulässig ist, was insb. auch die Einbeziehung oder Übertragung von Anteils- oder Mitgliedschaftsrechten der am Schuld-

---

129 Zur früher eher geringen praktischen Bedeutung des Insolvenzplanverfahrens vgl. *Eidenmüller*, in: MünchKomm. InsO³, Bd. 3, Vorb. zu §§ 217-269, Rn. 67 ff.

130 Vgl. Begr. RegE BT-Drs. 12/2443, S. 91 („privatautonome […] Übereinkunft"); *Oberle*, in: MünchHdb. GmbH⁴, § 65, Rn. 127; vgl. dazu auch *Eidenmüller*, in: MünchKomm. InsO³, Bd. 3, § 217, Rn. 9 ff. mit Erläuterungen zum Streitstand und zur Doppelnatur des Insolvenzplans als materiell-rechtlicher Vertrag und Prozessvertrag.

131 *Geiwitz/Danckelmann*, in: BeckOK-InsO⁴, § 218, Rn. 9 ff.

132 *Oberle*, in: MünchHdb. GmbH⁴, § 65, Rn. 128 ff.

ner beteiligten Personen umfasst (§§ 217 Abs. 1 S. 2, 225a Abs. 3 InsO). Darüber hinaus wird durch die gesetzlichen Obstruktionsverbote in § 245 InsO sichergestellt, dass die Verwirklichung vorgelegter Insolvenzpläne nicht daran scheitert, dass einzelne Gläubiger oder Gläubigergruppen bei der Abstimmung über den Plan eine unzulässige Verweigerungshaltung an den Tag legen.

3.2.4.4   Planverfahren

117 Das Verfahren der **Planverabschiedung** wird von der Insolvenzordnung im Einzelnen in den §§ 217 ff. InsO geregelt. Nach Vorlage des Insolvenzplans an das Insolvenzgericht prüft dieses den Plan innerhalb von zwei Wochen insb. auf Vorliegen von Verfahrens- und Inhaltsmängeln sowie auf eine offensichtlich fehlende Erfolgsaussicht bzw. Realisierbarkeit (§ 231 Abs. 1 InsO).

118 Sofern keine Zurückweisung des Insolvenzplans erfolgt, wird der Plan mit den gesetzlich vorgeschriebenen Anlagen zur **Einsicht der Beteiligten** bei der Geschäftsstelle des Insolvenzgerichts niedergelegt und dem Gläubigerausschuss, dem Betriebsrat, dem Sprecherausschuss und dem Schuldner bzw. Insolvenzverwalter (je nachdem, welcher von beiden die Planinitiative nicht ergriffen hat) zur Stellungnahme zugeleitet.

119 Im Anschluss bestimmt das Insolvenzgericht einen **Erörterungs- und Abstimmungstermin**, in dem der Insolvenzplan mit den Beteiligten erörtert wird. Der Planinitiator ist dabei berechtigt, auf Grundlage der Erörterungen einzelne Regelungen des Insolvenzplans abzuändern. Über den Insolvenzplan wird dann nach Feststellung der Stimmberechtigung der Beteiligten (§§ 237, 238 InsO) innerhalb der im Insolvenzplan zu bildenden Gruppen (§ 222 InsO) abgestimmt. Der Insolvenzplan kommt zustande, wenn ihm alle Gruppen zustimmen, also in jeder Gruppe die Mehrheit der abstimmenden Beteiligten (Kopfmehrheit) zustimmt und die Summe der Ansprüche der zustimmenden Beteiligten mehr als die Hälfte der Summe der Ansprüche der abstimmenden Beteiligten beträgt (Summenmehrheit).

120 Stimmt nur eine Mehrheit der abstimmenden Gruppen für den Insolvenzplan, gilt für die nicht zustimmenden Gruppen unter Umständen ein **Obstruktionsverbot** aus § 245 InsO. Demnach gilt die Zustimmung einer Abstimmungsgruppe auch bei Ablehnung des Plans als erteilt, wenn die Angehörigen der Gruppe durch den Plan voraussichtlich nicht schlechter stehen, als sie ohne den Plan bei einer Regelabwicklung stehen würden (Werterhaltungsprinzip), und die Angehörigen der betreffenden Gruppe angemessen an dem wirtschaftlichen Wert beteiligt werden, der den Beteiligten auf Grundlage des Plans zufließt (Gleichbehandlungsprinzip).

121 Daneben ist die **Zustimmung des Insolvenzschuldners** erforderlich, die als erteilt gilt, wenn er dem Insolvenzplan nicht spätestens im Abstimmungstermin schriftlich widerspricht. Auch für den Schuldner gilt gem. § 247 Abs. 2 InsO ein Obstruktionsverbot; sein Widerspruch ist unbeachtlich, wenn er durch den Plan voraussichtlich nicht schlechter gestellt wird als ohne Plan und kein Gläubiger einen wirtschaftlichen Wert erhält, der den vollen Betrag seines Anspruchs übersteigt.

122 Liegen die erforderlichen Mehrheiten vor oder werden diese fingiert und sind auch sonst alle Voraussetzungen für eine Planbestätigung gegeben[133], wird der Plan nach Anhörung

---

133   Näher dazu *Oberle*, in: MünchHdb. GmbH⁴, § 65, Rn. 151.

des Insolvenzverwalters, des Gläubigerausschusses und des Schuldners durch gerichtlichen Beschluss bestätigt. Die **Planbestätigung** ist dabei zur Vermeidung von Missbrauch nur eingeschränkt durch eine sofortige Beschwerde anfechtbar (§ 253 Abs. 1 InsO). Nach Rechtskraft des Insolvenzplans treten die im gestaltenden Teil des Plans vorgesehenen Wirkungen für und gegen alle Beteiligten ein (§ 254 Abs. 1 InsO). Im Plan vorgesehene Beschlüsse der Anteilsinhaber oder sonstige Willenserklärungen der Beteiligten gelten als in der vorgeschriebenen Form abgegeben (§ 254a Abs. 2 InsO). Die Wirkungen erfassen dabei auch diejenigen Insolvenzgläubiger, die ihre Forderungen nicht angemeldet haben, und Beteiligte, die dem Plan widersprochen haben.

Soweit der Insolvenzplan nichts anderes vorsieht, wird nach Rechtskraft des Insolvenzplans das Insolvenzverfahren aufgehoben (§ 258 InsO). Die **Überwachung der Planerfüllung** kann gem. §§ 260 f. InsO im gestaltenden Teil des Plans dem Insolvenzverwalter oder aufgrund der Vertragsfreiheit einem Dritten übertragen werden. Im Eigenverwaltungsverfahren ist die Überwachung der Planerfüllung Aufgabe des Sachwalters (§ 284 Abs. 2 InsO). **123**

3.2.4.5 Vorzüge des Insolvenzplanverfahrens

Das Insolvenzplanverfahren eröffnet aufgrund seiner **inhaltlich flexiblen Ausgestaltung** in vielen Fällen den Gläubigern eine Möglichkeit zur zeitnahen Vereinnahmung einer Quote auf die von ihnen angemeldeten Forderungen, wobei sich neben der Zeitersparnis häufig eine wirtschaftliche Verbesserung ggü. der Abwicklung im Regelinsolvenzverfahren für die Gläubiger realisieren lässt[134]. Anders als bei Durchführung eines Regelverfahrens bietet der Insolvenzplan auch die Möglichkeit zum Erhalt des Unternehmensträgers[135]. Es eröffnen sich überdies weitere Gestaltungsspielräume zur Erhaltung des Unternehmens als einem wirtschaftlichen Wert, was nicht nur gesamtwirtschaftlich wünschenswert ist, sondern insb. auch für Arbeitnehmer und Investoren Vorteile birgt. **124**

3.3 Chancen und Risiken durch Sanierung nach dem StaRUG

Seit dem 01.01.2021 besteht auch die Möglichkeit einer **außerinsolvenzlichen Sanierung** nach dem StaRUG. Dem Unternehmen stehen hierbei verschiedene Instrumente des Stabilisierungs- und Restrukturierungsrahmens zur Verfügung, mit denen eine Sanierung gegebenenfalls auch gegen den Willen einzelner Gläubiger erreicht werden kann. **125**

Nach dem Willen des Gesetzgebers soll das StaRUG die **Vorteile** einer außergerichtlichen Sanierung mit denen eines Insolvenzverfahrens vereinen.[136] Das Sanierungsverfahren ermöglicht dem Schuldner eine selbstbestimmte Sanierung seines Unternehmens, zudem findet das Verfahren weitgehend unter dem Ausschluss der Öffentlichkeit statt, sodass dem Schuldner der Makel der Insolvenz nicht anhaftet. Ein weiterer Vorteil ist die geringere Kostenlast im Vergleich zu einem Insolvenzverfahren. Dennoch besteht, anders als im außergerichtlichen Sanierungsverfahren außerhalb des StaRUG, die Möglichkeit, die Sanierung auch gegen den Widerstand einzelner Gläubiger zu erreichen. **126**

---

134 *Lüer/Streit*, in: Uhlenbruck, InsO[14], Vorb. §§ 217-269, Rn. 1.
135 *Eidenmüller*, in: MünchKomm. InsO, Bd. 3, Vorb. §§ 217-269, Rn. 11.
136 BT-Drs. 19/24181, S. 1.

127 Ob das StaRUG zu einem Anstieg erfolgreicher Sanierungen außerhalb eines Insolvenzverfahrens führen wird, bleibt abzuwarten. Bei der Frage, ob eine Sanierung durchgeführt werden soll, müssen auch die **Risiken bzw. Nachteile** des Verfahrens berücksichtigt werden. So können beispielsweise Forderungen von Arbeitnehmern einschließlich der Rechte aus Zusagen auf betriebliche Altersvorsorge nicht durch einen Restrukturierungsplan gestaltet werden (§ 4 S. 1 Nr. 1 StaRUG). Auch die Beantragung von Insolvenzgeld und die Insolvenzsicherung von Pensionszusagen nach §§ 7 ff. BetrAVG durch den PSVaG bleiben dem Insolvenzverfahren vorbehalten.[137] Die noch im Referentenentwurf vorgesehene Möglichkeit, auch Vertragsbeendigungen durch gerichtliche Entscheidung zu erreichen, hat letztlich keinen Eingang in das StaRuG gefunden. Eingriffe in bestehende Verträge bleiben somit durch die Instrumente der §§ 103,109 InsO dem Insolvenzverfahren vorbehalten. Ist der Schuldner eine juristische Person oder eine Personengesellschaft, bei der keine natürliche Person unbeschränkt haftet (Kap. A Tz. 56), bleiben die Mitglieder der Geschäftsführung auch während der Rechtshängigkeit der Restrukturierungssache zur Prüfung der Zahlungsunfähigkeit oder Überschuldung verpflichtet. Kommt die Prüfung zu dem Ergebnis, dass Insolvenzreife vorliegt, müssen die Verantwortlichen dies dem Restrukturierungsgericht anzeigen. Die Nichtanzeige ist strafbewehrt (§ 42 Abs. 3 StaRUG).

3.3.1 Voraussetzungen der Sanierung

128 Die Sanierungsinstrumente des StaRUG erfordern das Vorliegen **drohender Zahlungsunfähigkeit** nach § 18 Abs. 2 InsO (siehe zur drohenden Zahlungsunfähigkeit Kap. A Tz. 38). Das Vorliegen der drohenden Zahlungsunfähigkeit richtet sich nach insolvenzrechtlichen Maßstäben.[138] Vor dem Eintritt der drohenden Zahlungsunfähigkeit besteht nur die Möglichkeit einer außergerichtlichen Sanierung außerhalb des StaRUG (s. Kap. A Tz. 83) sowie gegebenenfalls einer Sanierungsmoderation nach §§ 94 ff. StaRUG. Eine Anwendung des präventiven Sanierungs- und Restrukturierungsrahmens scheidet auch dann aus, wenn bereits eine zum Insolvenzantrag verpflichtende Insolvenzreife vorliegt, der Schuldner also zahlungsunfähig oder überschuldet ist. In diesem Stadium sind die Interessen der Gläubiger tangiert, sodass ein Insolvenzverfahren durchzuführen ist.[139]

3.3.2 Überblick über die wichtigsten Sanierungsinstrumente

129 Bei Vorliegen der drohenden Zahlungsunfähigkeit kann sich der Schuldner der in § 29 Abs. 2 StaRUG aufgeführten Sanierungsinstrumente bedienen, um die drohende Zahlungsunfähigkeit nachhaltig zu beseitigen. Das zentrale Instrument ist hierbei der **Restrukturierungsplan**, der sich an den Regelungen zum Insolvenzplan orientiert[140]. Zur Wahrung der Erfolgsaussichten der Restrukturierung kann das Restrukturierungsgericht auf Antrag des Schuldners zudem Vollstreckungs- und Verwertungssperren (sog. **Stabilisierungsanordnungen**) nach § 49 StaRUG anordnen. Wegen der Einzelheiten zum Restrukturierungsplan und den Stabilisierungsanordnungen wird auf Kap. D verwiesen.

---

137 *Skauradszun*, in: BeckOK-StaRUG, § 4, Rn. 7 ff., *Esser*, in: Braun-StaRUG § 4, Rn. 4.
138 *Kramer*, in: BeckOK-StaRUG, § 29, Rn. 8.
139 BT-Drs. 19/24181, S. 90.
140 BT-Drs. 19/24181, S. 86 f.

Liegt noch keine drohende Zahlungsunfähigkeit vor, befindet sich der Schuldner jedoch **130**
in wirtschaftlichen oder finanziellen Schwierigkeiten, so besteht die Möglichkeit einer
Sanierungsmoderation (§§ 94 ff. StaRUG).

3.3.3 Hinweis- und Warnpflichten

Anknüpfend an die höchstrichterliche Rechtsprechung zu Prüfungs- und Hinweis- **131**
pflichten von Steuerberatern hat der Gesetzgeber in § 102 StaRUG **Hinweis- und
Warnpflichten von Beratern** bei der Erstellung von Jahresabschlüssen umfassend geregelt[141]. Stellt ein Steuerberater, Steuerbevollmächtigter, Wirtschaftsprüfer, vereidigter
Buchprüfer oder Rechtsanwalt fest, dass möglicherweise ein Insolvenzgrund vorliegt, so
hat er seinen Mandanten hierauf und auf die hieran anknüpfenden Pflichten der Geschäftsleiter und Mitglieder der Überwachungsorgane hinzuweisen, wenn anzunehmen
ist, dass dem Mandanten die mögliche Insolvenzreife nicht bewusst ist. Die Folgen eines
Verstoßes sind in § 102 StaRUG nicht geregelt. Anknüpfend an die höchstrichterliche
Rechtsprechung vor Inkrafttreten des StaRUG kommen jedoch insbesondere eine zivilrechtliche Haftung des Berufsträgers sowie berufsrechtliche Konsequenzen in Betracht[142].

---

141 BT-Drs. 19/24181, S. 187 ff.
142 Vgl. hierzu *Mock*, in: BeckOK-StaRUG, § 102, Rn. 15 ff.

Kapitel B

Sanierungskonzepte

Verfasser:
WP StB Dipl.-Kfm. Michael Hermanns, Düsseldorf/Wuppertal

Inhalt Tz.

1. Überblick über Sanierungskonzepte

1.1 Zweck von Sanierungskonzepten

Ein Sanierungskonzept stellt einen schriftlich formulierten **Handlungsrahmen** dar, mit **1**
dem nach der Überzeugung seines Verfassers bei sachgerechter Anwendung eine exis-
tenzielle Unternehmenskrise dauerhaft überwunden[1] und somit die Leistungs- und Er-

---

1   Vgl. *Braun*, WPg 1989, S. 683 (684).

tragsstärke sowie die nachhaltige Überlebensfähigkeit eines Krisenunternehmens sichergestellt werden kann.

2 **Krisenbewältigungsmodelle** folgen einem Prozessverständnis und gliedern den Ablauf der Krisenüberwindung in zwei Abschnitte bzw. Phasen[2]. In einer ersten Phase soll die Überlebensfähigkeit des Unternehmens unmittelbar gesichert werden. Die sich daran anschließende zweite Phase hat das Ziel einer dauerhaften Wiederherstellung der Wettbewerbsfähigkeit. Das Sanierungskonzept als Anleitung zur Wiedererlangung dauerhaft wiederkehrender Ertragskraft stellt den Kernbestandteil dieser zweiten Phase betriebswirtschaftlicher Prozessmodelle zur Überwindung von Unternehmenskrisen dar (vgl. näher dazu Kap. B Tz. 38 ff.).

3 Die **Anforderungen an Sanierungskonzepte** haben sich aus den betriebswirtschaftlichen Erfordernissen sowie den rechtlichen Rahmenbedingungen kontinuierlich entwickelt. Der bereits 1990 entwickelte Leitfaden der Treuhandanstalt[3] ist ein bedeutender Meilenstein, weil er bereits sehr frühzeitig in Bezug auf inhaltliche Elemente, Erfordernisse sowie strukturelles Vorgehen bei der Konzepterstellung gewissermaßen die Ursprungsbasis für Sanierungskonzepte gebildet hat. Mit diesem Dokument hat die Treuhandanstalt den Erstellern von Sanierungskonzepten ein standardisierend wirkendes Werkzeug zur Verfügung gestellt. Den Erfordernissen des Berufsstandes der Wirtschaftsprüfer in dieser Zeit folgend ist unabhängig davon ein – später als Branchenstandard angesehenes – Dokument des IDW entwickelt worden, die *IDW Stellungnahme FAR 1/1991: Anforderungen an Sanierungskonzepte*[4].

4 In der Praxis früherer Sanierungskonzepte hat sich gezeigt[5], dass sich Auftraggeber bei der Erstellung von Sanierungskonzepten eher von Liquiditätsschwierigkeiten haben leiten lassen und Aspekte einer strategischen Neuausrichtung dabei vernachlässigten[6]. Mit dem *IDW S 6*[7] sind aufgrund dieser Entwicklung erstmalig detailliert Anforderungen an die Erstellung von Sanierungskonzepten beschrieben worden, die eine **stufenweise Bearbeitung von Sanierungskonzepten** ermöglichten. Sämtliche betroffene Berufsgruppen, insb. Bankenvertreter[8], haben den fortlaufenden Entwicklungsprozess unterstützt und die aktuelle BGH-Rechtsprechung ebenso wie gesetzliche Neuregelungen (z.B. ESUG) sind berücksichtigt worden[9], sodass der Fachausschuss Sanierung und Insolvenz im IDW (FAS) den *IDW S 6* mehrfach, letztmals 2018, weiterentwickelt hat.[10]

5 Auch der *IDW S 6* folgt dem unter Kap. B Tz. 2 beschriebenen Prozessverständnis zur Krisenbewältigung und formuliert unter Beibehaltung der Konzeptstruktur der *IDW St/FAR 1/1991*[11] folgende **Kernanforderungen:**

---

2   Vgl. *Robbins/Pearce*, 1992, S. 287; *Arogyaswamy*, 1995, S. 493.
3   Vgl. *Hommelhoff/Krebs*, Leitfaden, S. 1.
4   Vgl. FN-IDW 1991, S. 319.
5   Vgl. *Buth/Hermanns*, DStR 2010, S. 288.
6   Vgl. *Groß*, WPg 2009, S. 231.
7   Vgl. *IDW Standard: Anforderungen an die Erstellung von Sanierungskonzepten (IDW S 6).*
8   Vgl. ZIP-Dokumentation, ZIP 2012, S. 946.
9   Vgl. *Becker* u.a., DStR 2012, S. 981.
10 Vgl. *IDW S 6*, vor den Vorbemerkungen.
11 Vgl. *Groß*, WPg 2009, S. 231 (232).

Beschreibung von Auftragsgegenstand und -umfang

Darstellung der wirtschaftlichen Ausgangslage

Analyse von Krisenstadium und -ursachen

Darstellung des Leitbilds des sanierten Unternehmens

Maßnahmen zur Bewältigung der Unternehmenskrise

Integrierter Unternehmensplan

Abb. 1: Kernbestandteile eines Sanierungskonzeptes[12]

Die Sanierungsfähigkeit kann nur dann gutachterlich bestätigt werden, wenn im Sanie- **6**
rungskonzept sämtliche Module bzw. Kernbestandteile bearbeitet worden sind und somit ein sog. **Vollkonzept** vorliegt[13]. Der teilweise gegebenen Interdependenz der Module innerhalb des Sanierungskonzeptes ist Rechnung zu tragen. Insbesondere sind
Leitbild, Planung und Planungsprämissen aufeinander abzustimmen, sie müssen frei
von Wiedersprüchen sein[14]. Sanierungskonzepte berücksichtigen nicht nur gesetzliche
Grundlagen wie die Annahme der Unternehmensfortführung i.S.d. § 252 Abs. 1 Nr. 2
HGB, sondern zeigen geeignete Maßnahmen auf, die Krisenunternehmen zur Wettbewerbsfähigkeit bzw. Renditefähigkeit zurückführen[15]. Bei Insolvenzgefahr sind in
einer **ersten Stufe** Maßnahmen aufzuführen, die sowohl eine Fortführungsfähigkeit i.S.
einer **positiven** insolvenzrechtlichen **Fortbestehensprognose** beinhalten als auch eine
Bestandsgefährdung durch den Ausschluss der Insolvenzgründe „Zahlungsunfähigkeit"
oder „Überschuldung" für die nächsten zwölf Monate nach Datum der Beurteilung abwenden oder beheben[16]. Der Prognosezeitraum von zwölf Monaten ist in § 19 Abs. 2 S. 1
InsO kodifiziert. Liegen keine Insolvenzgründe vor, ist auf einer **zweiten Stufe** darzulegen, wie das Krisenunternehmen **nachhaltig**, i.S.d. Wettbewerbsfähigkeit und Renditefähigkeit, fortgeführt werden kann. Die Nachhaltigkeit stellt die Grundlage für den
Sanierungserfolg dar und bedeutet einen bestmöglichen **Gläubigerschutz**[17]. Vergleiche

---

12   Vgl. *IDW* S 6, Tz. 11.
13   Vgl. zur Abgrenzung von Voll- und Teilkonzepten Kap. B Tz. 37 ff.
14   Vgl. *IDW* S 6, Tz. 12.
15   Vgl. *IDW* S 6, Tz. 18.
16   Vgl. *IDW* S 6, Tz. 17.
17   Vgl. *IDW* S 6, Tz. 20.

nachfolgende Abbildung, die den zweistufigen Ansatz und damit den typischen Ablauf bei der Erstellung eines Sanierungskonzeptes nach *IDW S 6* aufzeigt.

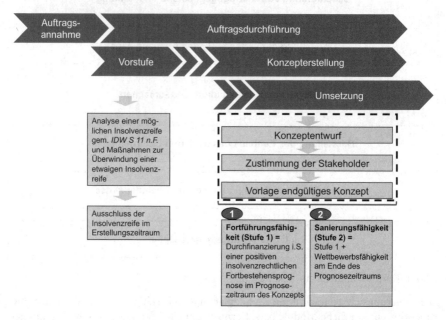

Abb. 2: Typischer Ablauf der Erstellung eines Sanierungskonzeptes[18]

7 Ein Sanierungsgutachten beinhaltet stets ein Prognoseurteil und damit eine **Wahrscheinlichkeitsaussage**, die durch Probleme bei der Umsetzung, Unwägbarkeiten des Marktgeschehens und nachträglich bessere Erkenntnisse hinfällig werden kann[19]. Kompetenz und Vertrauenswürdigkeit der handelnden Personen sichern den Erfolg eines Sanierungskonzeptes. Dem Sanierungskonzept dürfen nur objektive oder zumindest objektivierbare Kriterien zugrunde gelegt werden, um die Frage nach der Sanierungsfähigkeit positiv zu beantworten. Fragen zur **Sanierungswürdigkeit**, die subjektive Wertungselemente aus Sicht der einzelnen Stakeholder enthalten, sollen nicht beantwortet werden[20]. Gleichwohl stellen eben diese Einschätzungen einen objektiven, meist finanzwirtschaftlichen Rahmen für mögliche Sanierungsmaßnahmen dar.

8 Des Weiteren ist die sachgerechte Analyse der **Krisenursachen** und deren Zuordnung in das jeweilige **Krisenstadium** für ein ordnungsgemäßes Sanierungskonzept unabdingbar und bestimmt dessen Inhalte und den jeweils gebotenen Detaillierungsgrad[21]. Als charakteristische Arten einer Krise lassen sich die Stakeholder-, Strategie-, Produkt- und Absatzkrise sowie die Erfolgs- und die Liquiditätskrise bis hin zu einer Insolvenzlage unterscheiden. Die Krisenstadien entwickeln sich in aller Regel aufeinander aufbauend. Von der aktuellen Krise, meist Liquiditätskrise, ausgehend ist im Einzelfall zu prüfen,

---

18 Vgl. *IDW S 6*, Abb. 1.
19 Vgl. *IDW S 6*, Tz. 19.
20 Vgl. *IDW S 6*, Tz. 22.
21 Vgl. *IDW S 6*, Tz. 31 und *IDW S 6*, Tz. 33.

inwieweit vorgelagerte Krisenstadien gutachterlich zu berücksichtigen sind. Alle bereits durchlaufenen Krisenstadien bzw. die hier festgestellten wesentlichen Krisenursachen sind aufzuarbeiten, sonst kann zur Sanierungsfähigkeit eines Krisenunternehmens keine sachgerechte Aussage getroffen werden[22]. Der typische Krisenverlauf wird in der nachfolgenden Abbildung wiedergegeben.

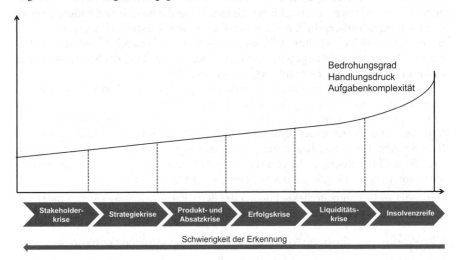

Abb. 3: Typischer Krisenverlauf[23]

Weitere betriebswirtschaftliche Ansätze bzw. Hinweise für Sanierungskonzepte kommen u.a. aus der Unternehmensberatungsbranche, wie z.B. die vom BDU (Bund Deutscher Unternehmensberater e.V., Bonn) entwickelten „Grundlagen ordnungsgemäßer Restrukturierung und Sanierung" (**GoRS**)[24]. Die GoRS definieren keine neuen Standards, sondern verbinden verschiedene Ansätze. Phasenunabhängige Arbeitsgrundsätze stehen dabei im Fokus, wie z.B. die Erläuterung der Beratungsphasen, an die sich die Nachsorge anschließt. Die Organisation eines Auftrags sowie dessen Transparenz sind unabdingbare Bestandteile einer erfolgreichen Restrukturierung und Sanierung. Die GoRS empfehlen, in einem ersten Schritt die Insolvenzantragsgründe nach *IDW S 6* zu prüfen, und verlangen bei fortgeschrittener Erfolgs- oder Liquiditätskrise Sofortmaßnahmen, um Zeit für ein Sanierungskonzept mit ausformulierten Sanierungszielen und -maßnahmen zu gewinnen. Die Erstellung eines Sanierungskonzeptes orientiert sich grundsätzlich und damit auch in Bezug auf die nachhaltige Wettbewerbs- und Renditefähigkeit eines Unternehmens am *IDW S 6*. Die Sinnhaftigkeit einer Sanierung und des Geschäftsmodells für das jeweilige Unternehmen ist dabei ein bedeutender Untersuchungsgegenstand. Nach den GoRS sind für eine erfolgreiche Umsetzung der Sanierungsmaßnahmen sämtliche relevanten Interessengruppen zu berücksichtigen. Besondere Beachtung schenken die GoRS den Kompetenzen des Beraters. Neben fachlicher

9

---

22 Vgl. *IDW S 6*, Tz. 32.
23 Vgl. *IDW S 6*, Abb. 3.
24 Vgl. Grundlagen ordnungsgemäßer Restrukturierung und Sanierung, Leitfaden des Fachverbandes Sanierungs- und Insolvenzberatung im Bundesverband Deutscher Unternehmensberater BDU e.V. vom 25.11.2015, Website des BDU.

Kompetenz in allen Bereichen sind auch Persönlichkeit und Einfühlungsvermögen für die Aufgabenstellung bedeutend.

10 In der Literatur haben sich *Krystek/Klein* mit dem *IDW S 6* und einem **Restrukturierungsansatz** aus der Unternehmensberatung intensiv auseinandergesetzt, der einen hohen praktischen Wert hat, da er auf die Arbeiten der Treuhandanstalt (THA) i.R.d. Sanierung ihrer mehreren Tausend Beteiligungen[25] und die hiermit verbundenen Sanierungsprüfungen zurückgeht[26]. Auf der Basis dieser umfassenden Erfahrungen ist nicht nur die *IDW St/FAR 1/91* entwickelt, sondern es sind auch wesentliche strukturelle Impulse für Sanierungsansätze gegeben worden[27]. Der hier beschriebene Sanierungsansatz umfasst ein **Drei-Stufen-Konzept**, welches nach der Unternehmensanalyse (erste Stufe) in der zweiten Stufe ein Grobkonzept und darauffolgend ein Detailkonzept vorsieht. Die Umsetzung der Sanierung beginnt i.d.R. mit Aufnahme der Arbeiten im Krisenunternehmen und stellt keine eigene "Stufe" dar. Der wesentliche Unterschied ggü. dem *IDW S 6* liegt in der fehlenden Differenzierung zwischen Grob- und Detailkonzept. Der *IDW S 6* geht davon aus, dass es nur „ein" Sanierungskonzept geben kann, auf dessen Grundlage Entscheidungen der Stakeholder getroffen werden. Vergleiche hierzu auch die Erläuterung zum Umfang eines Sanierungskonzeptes in Kap. B Tz. 77 ff.

11 Durch die konsequente Berücksichtigung der BGH-Rechtsprechung hat sich unter den genannten Ansätzen der *IDW S 6* eindeutig als **Marktstandard** durchgesetzt[28].

1.2 Sanierungskonzepte als spezielle Unternehmenskonzepte

12 Die Darstellung des Zwecks und der Bestandteile eines Sanierungskonzeptes zeigt auf, dass – betriebswirtschaftlich betrachtet – Unternehmenskonzepte zu erstellen sind, die sich auf die spezielle Situation einer Unternehmenssanierung ausrichten. In der Betriebswirtschaftslehre dient der Begriff „Unternehmenskonzept" als Oberbegriff, der je nach Zweck unterschiedliche Aufgaben verfolgen kann. Strukturell sind die Bestandteile eines Unternehmens- bzw. Sanierungskonzeptes als **Vollkonzepte** gleich und enthalten strategische, leistungswirtschaftliche und finanzwirtschaftliche Komponenten, die in einem integrierten Unternehmens- und Finanzplan abgebildet werden. Diese qualitativen Mindestanforderungen sollten nicht unterschritten werden. Unterschiede ergeben sich dann, wenn Zweck bzw. Anlass des Unternehmenskonzeptes dies erfordern. Will ein Unternehmen mit einer Buy-and-Build-Strategie wachsen, kann ein Unternehmenskonzept sämtliche kaufmännischen Erfordernisse erfüllen, insb. die erfolgreiche und nachhaltige Unternehmensentwicklung absichern. Selbst einem Start-up-Unternehmen wird zur Finanzierung ein Unternehmenskonzept abverlangt werden. Für eine effiziente Liquidation eines Unternehmens sollte zur Sicherung eines maximalen Liquidationsergebnisses ebenfalls ein Unternehmens-, besser Abwicklungskonzept vorgelegt werden. Dies allein deshalb, weil eine unternehmerische Desinvestition unkontrolliert auch in die Insolvenz führen kann. Wird eine Liquidation zum HR angemeldet, bleiben die Insolvenzgründe nach §§ 15a ff. InsO in Kraft.

---

25 Vgl. *Krystek/Klein*, DB 2010, S. 1775.
26 Vgl. *Buth/Hermanns*[5], § 7, Rn. 2.
27 Vgl. *Buth/Hermanns*[5], § 7, Rn. 2.
28 Vgl. z.B. *Jaroschinsky/Werner*, WPg 2016, S. 1195.

Um ein **vollständiges Unternehmenskonzept** abzubilden, ist zunächst die **aktuelle Si-** **13** **tuation** des Unternehmens, einschl. der **historischen Entwicklung** zu beschreiben und zu analysieren[29]. Hierzu gehört z.b. die Darstellung der Geschäftstätigkeit, Produkte, Standorte, Absatzwege, leistungs- und finanzwirtschaftlichen Prozesse unter Einschluss der strategischen Positionierung. Ein Überblick über die tatsächlichen Gegebenheiten des Unternehmens ermöglicht die Analyse der Stärken und Schwächen sowie der Chancen und Risiken eines Unternehmens (**SWOT-Analyse**). Auf diese Weise werden bei Krisenunternehmen auch Art und Ausmaß der Krise festgestellt. Dies sieht bspw. der § 270a Abs. 1 Nr. 2 InsO auch für die Eigenverwaltungsplanung vor und was letztlich auf die BGH-Rechtsprechung zu Sanierungskonzepten zurückgeht[30]. Nur auf Basis einer hinreichenden **Unternehmensanalyse** können Entwicklungspotenziale dargestellt oder im Krisenfall Krisenursachen entdeckt werden, um sie zu beheben[31]. Mit diesem Informationshintergrund können strategische Unternehmensziele oder das künftige **Geschäftsmodell** bzw. Leitbild des sanierten Unternehmens bestimmt werden[32]. Diese Analyse umfasst unabhängig davon, ob eine Krise vorliegt oder nicht, künftige Geschäftsfelder, Produkt- und Marktkombinationen und die dazugehörigen Umsatz-/ Kostenstrukturen und Geschäftsprozesse[33]. Um das strategische Unternehmensziel oder das Leitbild des sanierten Unternehmens zu erreichen, sind die zur Zielerreichung erforderlichen **Maßnahmen** zu erarbeiten. Damit Unternehmenskonzepte belastbar sind, müssen die Maßnahmen für die unternehmerische Zielerreichung **plausibel** sein. Dies gilt für sämtliche Unternehmenskonzepte[34]. Das Unternehmenskonzept mit seinen Maßnahmen muss nachvollziehbar, konsistent und frei von inneren und äußeren Widersprüchen sein[35]. Die Konsistenz umfasst die formelle[36] bzw. rechnerische und die materielle[37] bzw. inhaltliche Richtigkeit und bezieht sich nicht nur auf die einzelnen Maßnahmen, sondern auch auf deren Gesamtheit[38] unter Berücksichtigung der gegenseitigen wirtschaftlichen und prozessualen Beziehungen[39]. Die gleichen Regeln gelten auch für den die Maßnahmen berücksichtigenden **integrierten Unternehmens- bzw. Sanierungsplan**. Letztlich werden die Effekte aus den Maßnahmen, die künftige Entwicklung des (Krisen-)Unternehmens, aber v.a. die Finanzierung dargestellt.

Auch für die nachfolgenden Anlässe (Kap. B Tz. 15 ff.) oder die vielfältigen Sonderfragen **14** (Kap. B. Tz. 37 ff.) zu Sanierungskonzepten ist es unbedingt notwendig zu verstehen, dass die betriebswirtschaftlichen Komponenten und die dazugehörigen Inhalte stets qualitativ die gleichen sein müssen. Vergleiche die nachfolgende Abb. 4 mit einem integrierten Unternehmensplan zu diesem Thema, welche die Universalität des Unter-

---

29 Vgl. z.B. für das Grobkonzept *IDW ES 9 n.F.,* Tz. 32.
30 Vgl. BGH v. 12.05.2016, ZInsO, S. 1251.
31 Vgl. auch *Steffan/Oberg/Poppe,* ZInsO 2021, S. 1120.
32 Vgl. z.B. für das Grobkonzept *IDW ES 9 n.F.,* Tz. 32 oder für das Sanierungskonzept *IDW S 6,* Tz. 63 ff.
33 Vgl. auch *Steffan/Oberg/Poppe,* ZInsO 2021, S. 1120.
34 Vgl. für das Grobkonzept *IDW ES 9 n.F.,* Tz. 34 und § 270c Abs. 1 Nr. 1 InsO, wonach der Sachwalter vom Gericht beauftragt werden kann, darüber zu berichten, ob die Eigenverwaltungsplanung durchführbar, also plausibel erscheint.
35 Vgl. *IDW Praxishinweis 2/2017: Beurteilung einer Unternehmensplanung bei Bewertungen, Restrukturierungen, Due Diligence und Fairness Opinion,* Tz. 5.
36 Vgl. *IDW Praxishinweis 2/2017,* Tz. 21.
37 Vgl. *IDW Praxishinweis 2/2017,* Tz. 22 ff.
38 Vgl. *IDW Praxishinweis 2/2017,* Tz. 65 ff.
39 Vgl. *Steffan/Oberg/Poppe,* ZInsO 2021, S. 1121.

nehmenskonzeptes und dessen unterschiedliche Ausprägungen bzw. Einsatzmöglichkeiten aufzeigt. Zum Härtegrad der Unternehmensplanung, nämlich der Frage nach der Detaillierung sowie der notwendigen Eintrittswahrscheinlichkeit von Maßnahmen und Unternehmensplanung vgl. Kap. B Tz. 75.

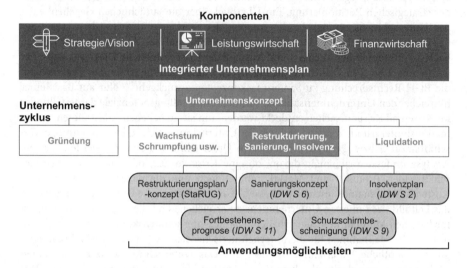

Abb. 4: Universalität und Einsatzmöglichkeiten eines Unternehmenskonzeptes

1.3 Anlässe für Sanierungskonzepte

1.3.1 Grundsätze ordnungsmäßiger Geschäftsführung

15 Die künftige Entwicklung des Unternehmens einzuschätzen, ist nach den Grundsätzen einer **ordnungsgemäßen Geschäftsführung** verpflichtend[40]. Mittelständische Unternehmen verfügen nicht immer über geeignete Planungs- und Steuerungsverfahren. Gerade den krisengefährdeten Unternehmen fehlt oft eine angemessene planerische und strategische Ausrichtung[41]. Bei Vorliegen von Informationen über drohende oder bestehende Unternehmenskrisen hat die Geschäftsführung deren Ausmaß zu analysieren und festzustellen, ob das Unternehmen weiterhin als sanierungsfähig eingestuft werden kann. Unternehmens- bzw. Sanierungskonzepte können im Vorfeld oder zur Krisenvermeidung erstellt werden, um Geschäftsführung, Aufsichtsgremien, Kreditgeber usw. Grundlagen für weitere Entscheidungen zur Unternehmensfortführung zu geben. In der Regel geben u.a. die Banken und Kreditversicherer den Impuls hierzu[42]. Werden derartige Analysen (noch) freiwillig durchgeführt, erarbeitet man Beurteilungen nicht unter dem Titel „Sanierungskonzept", sondern unter anderen Titeln, wie z.B. „Zukunftskonzept"[43]. Die Organe der Unternehmen, Geschäftsführung bzw. Vorstand, haben in fortschreitenden Krisensituationen als Treuhänder fremden Vermögens ggü. den Ge-

---

40 Vgl. *Buth/Hermanns*[5], § 7, Rn. 6.
41 Vgl. *Schmidt/Freund*, S. 104 ff.
42 Vgl. hierzu Kap. B Tz. 16.
43 Vgl. *Buth/Hermanns*[5], § 7, Rn. 6.

sellschaftern bzw. Aktionären die Pflicht, darüber zu informieren, wie die Krise entstanden ist und mit welchen Mitteln sie überwunden werden kann[44].

1.3.2 Bankspezifische Anlässe

Risiken bei der **Kreditvergabe** und bei laufenden Engagements frühzeitig zu erkennen, **16** ist für Banken nach § 18 KWG bei Krediten von über 750.000 € verpflichtend, sodass die wirtschaftlichen Verhältnisse der Schuldner in Krisensituationen besonders im Fokus stehen. Zur Vermeidung von Insolvenzen im Kreditgewerbe sind entsprechende Dokumente auf Plausibilität und innere Widersprüche zu analysieren und zukunftsgerichtet auszuwerten. Reichen die Unterlagen zur Urteilsfindung nicht aus, sind fallweise Expertenaussagen einzuholen. Kreditinstitute betreuen nach einheitlichen Regeln (MaRisk) notleidende Engagements mit besonderen Abteilungen („Intensivbetreuung", „Sanierungsabteilung") und spezialisiertem Know-how[45]. Befindet sich ein Unternehmen in einer Krise, können Banken nur dann weitere sog. Sanierungs- oder Problemkredite gewähren, wenn ein Sanierungskonzept die Sanierungsfähigkeit des Unternehmens bescheinigt[46]. Die Aufsichtsbehörden fordern bei jedweder finanzwirtschaftlichen Unterstützung ein Sanierungskonzept für das Krisenunternehmen. Ein Fortführungskonzept, wie bspw. bei Single-Asset-Fonds diskutiert, ist i.d.R. nicht ausreichend[47]. Am Ende des Sanierungszeitraums hat ein Krisenunternehmen wettbewerbsfähig und attraktiv für Kapitalgeber zu sein. Das erfordert eine angemessene Eigenkapitalausstattung und einen operativen Geschäftsbetrieb, der den Eigenkapitalgebern eine dem Risiko angemessene Rendite erwirtschaftet[48].

Wenn die Sanierung scheitert, können Banken u.a. vom Insolvenzverwalter bei einer **17** Benachteiligung der übrigen Gläubiger nach § 129 ff. InsO in Anspruch genommen werden. Nach der Rechtsprechung zu § 138 BGB (Sittenwidrigkeit) oder § 826 BGB (Schadensersatz bei vorsätzlichem Handeln) können **aus eigennützigen Motiven gewährte Sanierungskredite** angefochten werden. Analog gilt das auch für Besicherungen von in der Krise begebenen Krediten. Von externen Sachverständigen gewürdigte Sanierungskonzepte können zum Zeitpunkt der Kreditvergabe bzw. deren Besicherung deren Anfechtung erschweren[49].

1.3.3 Jahresabschlussprüfung und -erstellung

Ein freiwillig oder nach den Bestimmungen der §§ 264 und 316 ff. HGB zu prüfendes **18** Unternehmen hat nach § 289 HGB einen Lagebericht aufzustellen. Nach gesetzlicher Vorgabe ist dort insb. auf die Risiken der geschäftlichen Entwicklung einzugehen. Bei der Prüfung nach dem **risikoorientierten Prüfungsansatz** gem. § 317 HGB wird ein deziertes Urteil zur kritischen Lage des Unternehmens verlangt, weil die Frage, ob das Unternehmen weiter unter der Fortführungsannahme bilanzieren kann, für das Prüfungsurteil relevant ist[50]. Vorweg ist im PrB auf die künftige Entwicklung einzugehen

---

44 Vgl. *Andersch/Philipp*, CF 2010, S. 206; Kap. A Tz. 47 ff.
45 Vgl. BaFin Rundschreiben 10/2012 (BA) – Mindestanforderungen an das Risikomanagement – MaRisk, BTO 1.2.4., 1.2.5.
46 Vgl. BGH v. 09.07.1953, IV ZR 242/52, NJW, S. 1665.
47 Vgl. *Buth/Hermanns*[5], § 7, Rn. 13.
48 Vgl. *Buth/Hermanns*[5], § 7 Rn. 13.
49 Vgl. *Kuder/Unverdorben*, in: Schmidt, K./Uhlenbruck, GmbH[5], S. 107.
50 Vgl. HGB § 252 Abs. 1 Nr. 2; *IDW PS 270*.

und es ist der Fortbestand des Unternehmens nach § 321 Abs. 1 HGB zu beurteilen. Im BestV berichtet der APr. verständlich und problemorientiert dem allgemeinen Adressaten- und Interessentenkreis des JA über Unternehmerrisiken und Bestandsgefährdungen (§ 322 Abs. 2 HGB). In Krisenfällen sichert oft ein Sanierungskonzept, welches regelmäßig auch eine positive Fortbestehensprognose enthält, was die Aussage zur Unternehmensfortführung i.S.d. Going Concern gem. § 252 Abs. 1 Nr. 2 HGB ebenfalls abdeckt.

19 Diese Absicherung erscheint nicht nur gängige Praxis zu sein, sondern ist in einigen Fällen auch aus Gründen der Finanzierung unumgänglich. In einer kritischen Unternehmenssituation wird der Kreis der Finanziers auf ein positiv ausfallendes Sanierungsgutachten warten, um für entsprechende Finanzierungsentscheidungen legitimiert zu sein. **Gängige Praxis** ist es, dass nach gutachterlicher Bestätigung der Sanierungsfähigkeit und einer positiven Finanzierungsentscheidung der APr. seinen BestV erteilen und Going Concern unterstellt. Nach der **BGH-Rechtsprechung** ist dies auf den ersten Blick nicht zwingend erforderlich. Demnach ist von der Going-Concern-Prämisse abzuweichen, wenn tatsächliche oder rechtliche Gegebenheiten dazu führen, dass das **Unternehmen stillgelegt** wird[51]. Erst wenn zweifelsfrei die Stilllegung des Unternehmens feststeht, ist der JA zu Zerschlagungswerten aufzustellen[52]. Das ist dann der Fall, wenn ein Liquidationsbeschluss vorliegt oder mit an Sicherheit grenzender Wahrscheinlichkeit ein Insolvenzverfahren zur Abwicklung des Unternehmens führt. Besteht selbst im Insolvenzverfahren glaubhaft die Möglichkeit für ein Insolvenzplanverfahren oder eine übertragende Sanierung, ist nicht automatisch von der Going-Concern-Prämisse abzuweichen[53]. Im Rahmen der Berichterstattung (LB, PrB) ist auf möglicherweise vorhandene **wesentliche Unsicherheiten** für das Unternehmen in der Zukunft und damit einhergehenden, möglichen **Bestandsgefährdungen** einzugehen[54]. Ein Hinweis im BestV kann angezeigt sein. Vergleiche im Übrigen die Diskussion über den Prognosezeitraum in Kap. B. Tz. 82 ff., die ebenfalls die Frage der Bilanzierung nach Going Concern beeinflussen kann.

20 Die hier dargestellten Besonderheiten hat der **Ersteller** des JA ebenfalls zu beachten[55]. Für WP ist *IDW S 7* maßgebend[56]. Demnach ergeben sich unterschiedliche Auftragsarten: Der WP kann den JA ohne Beurteilungen, mit Plausibilitätsbeurteilungen und mit umfassenden Beurteilungen erstellen. Bei jeder Auftragsart ist bei einer Unternehmenskrise im Einzelfall abzuwägen, ob von Going Concern abzugehen bzw. ein Sanierungskonzept notwendig ist, um die Aussage zur Unternehmensfortführung abzusichern.

21 Nach aktueller BGH-Rechtsprechung und gesetzlicher Regelung in §§ 101,102 StaRUG hat der Ersteller des JA in der Unternehmenskrise besonders aufmerksam zu sein. Wenn

---

51 Vgl. BGH v. 26.01.2017, IX ZR 285/14, BB, S. 685 ff.
52 Vgl. *Buth/Hermanns*[5], § 44 Rn. 5.
53 Vgl. *Buth/Hermanns*[5], § 44, Rn. 5.
54 Vgl. *Pföhler/Seidler*, BB 2021, S. 299.
55 Die Bundessteuerberaterkammer (BStBK) hat hierfür Hinweise veröffentlicht, welche sich an den Berufsstand der StB richten, vgl. BStBK: Hinweise zur Verlautbarung der Bundessteuerberaterkammer zu den Grundsätzen für die Erstellung von Jahresabschlüssen in Bezug auf Gegebenheiten, die der Annahme der Unternehmensfortführung entgegenstehen, Berufsrechtliches Handbuch der BStBK.
56 Vgl. WPK: Grundsätze für die Erstellung von Jahresabschlüssen: IDW S 7 und Verlautbarung der BStBK zu den Grundsätzen für die Erstellung von Jahresabschlüssen, Website der WPK/Mitglieder/Praxishinweise.

bei pflichtgemäßer Aufmerksamkeit bei der Erstellung Umstände zu erkennen sind, welche die Fortführungsprognose nach § 252 Abs. 1 Nr. 2 HGB fraglich erscheinen lassen, dann hat der Ersteller dafür Sorge zu tragen, dass die Gesellschaft eine Fortbestehensprognose erstellt[57]. Der Ersteller hat in der Unternehmenskrise auf möglicherweise bestehende **Insolvenzgründe** hinzuweisen. Das gilt über die Hinweis- und Warnpflichten aus dem StaRUG für sämtliche Arten der Erstellungsaufträge[58].

1.3.4 Milderung steuerlicher und handelsrechtlicher Folgen von Restrukturierungsmaßnahmen

Forderungsverzicht und Debt-Equity-Swaps (DES), bei denen Forderungen gegen das Krisenunternehmen (Fremdkapital) in Gesellschaftskapital (Eigenkapital) umgewandelt werden, stellen wesentliche finanzwirtschaftliche Sanierungsmaßnahmen der Gesellschafter und Gläubiger eines Krisenunternehmens dar. Verzichten Gesellschafter und Gläubiger auf Ansprüche gegen ein Unternehmen, wird die Bilanz des Unternehmens entlastet und so ggf. die buchmäßige Überschuldungssituation verbessert. Im Zweifel entsteht durch den Forderungsverzicht ein steuerpflichtiger Ertrag, weil steuerneutral nur eine werthaltige Forderung eingelegt werden kann und in der Unternehmenskrise Forderungen i.d.R. nicht mehr (vollumfänglich) werthaltig sind[59]. § 3a Abs. 1 EStG regelt für derartige finanzwirtschaftliche Sanierungsmaßnahmen unter bestimmten Bedingungen, dass der durch den Forderungsverzicht entstehende **Ertrag steuerfrei vereinnahmt** werden kann. Die hier kodifizierte Konsequenz beruht auf dem praxisnahen Schreiben des BMF vom 27.03.2003, dem sog. **Sanierungserlass**[60]. Das BMF hat seinerzeit zu der Möglichkeit Stellung genommen, aus Billigkeitsgründen in derartigen Krisensituationen die Steuern auf Gewinne der Forderungsverzichte zu stunden bzw. später nach einer Betriebsprüfung zu erlassen[61]. Die ins BMF-Schreiben aufgenommen Bedingungen betreffen die Begriffe: **Sanierungsbedürftigkeit, Sanierungseignung/-fähigkeit, Sanierungsabsicht** und **Schulderlass** der Gesellschafter. Die betriebswirtschaftlichen Rahmenbedingungen entsprechen einer langjährigen Rechtsprechung des Bundesfinanzhofs (BFH)[62]. Der Steuerpflichtige hat diese, nun in § 3a Abs. 1 EStG kodifizierten Kriterien nachzuweisen Ein **Sanierungskonzept** enthält sämtliche hierfür notwendigen, einer Finanzbehörde vorzulegenden Informationen[63].

1.3.5 Anlässe nach StaRUG

Seit dem 01.01.2021 ist das **SanInsFoG**[64] anzuwenden, das die EU-Richtlinie zum präventiven Restrukturierungsrahmen[65] umsetzt und die Ergebnisse aus der Evaluierung

22

23

---

57 Vgl. BGH v. 26.01.2017, IX ZR 285/14, ZIP, S. 427.
58 Vgl. *Buth/Hermanns*[5], § 7, Rn. 12.
59 Vgl. *Buth/Hermanns*[5], § 7, Rn. 15.
60 Vgl. BMF-Schreiben v. 27.03.2003, IV A 6-S 2140-08/03, BStBl. I 2003, S. 240 ff.
61 Vgl. *Buth/Hermanns*[5], § 7, Rn. 15.
62 Vgl. *Schmidt/Levedag*, EStG, § 3a, Rn. 20.
63 Vgl. *Buth/Hermanns*[5], § 7, Rn. 15.
64 Vgl. Gesetz zur Fortentwicklung des Sanierungs- und Insolvenzrechts (Sanierungs- und Insolvenzrechtsfortentwicklungsgesetz - SanInsFoG) v. 22.12.2020, BGBl. I 2020, Nr. 66, v. 29.12.2020, S. 3256.
65 Vgl. Richtlinie (EU) 2019/1023 des Europäischen Parlaments und des Rates vom 20.06.2019 über präventive Restrukturierungsrahmen, über Entschuldung und über Tätigkeitsverbote sowie über Maßnahmen zur Steigerung der Effizienz von Restrukturierungs-, Insolvenz- und Entschuldungsverfahren und zur Änderung der Richtlinie (EU) 2017/1132 (Richtlinie über Restrukturierung und Insolvenz), Abl.(EU) L 172 vom 26.06.2019, S. 18.

des ESUG[66] fortentwickelt. Der Gesetzgeber hat die wirtschaftlichen Folgen der **CO-VID-19-Pandemie** berücksichtigt und zeitlich begrenzt das Sanierungs- und Insolvenzrecht auf die Sondersituation ausgerichtet[67], was nachfolgend unter Kap. B Tz. 31 ff. weiter ausgeführt wird. Ab dem 01.01.2021 sind **vorinsolvenzliche Sanierungen** möglich, ohne dass alle Beteiligte zustimmen müssen. Das StaRUG[68] ermöglicht einen Rechtsrahmen zur Sanierung außerhalb der Insolvenzordnung (vgl. hierzu ausführlich Kap. D). Grundlage hierfür ist ein **Restrukturierungsplan**, der mehrheitlich von den Gläubigern anzunehmen ist und die Restrukturierung unter Wahrung der **Interessen der Gläubiger** betreibt[69]. Der Restrukturierungsplan ist an dem **eigenverwaltenden Insolvenzplanverfahren** ausgerichtet[70] und beinhaltet am Ende ebenfalls ein **Sanierungskonzept**[71]. Der Weg dorthin enthält mehrere zeitlich aufeinanderfolgende Sanierungs- und Verfahrensschritte, bei denen die Anforderungen an den Bewertungsmaßstab steigen[72], was im Folgenden kurz skizziert wird.

24 Zunächst ist das **Restrukturierungsvorhaben** nach § 31 Abs. 1 StaRUG **anzuzeigen**. Beizufügen ist nach § 31 Abs. 2 Nr. 1 Hs. 1 StaRUG ein Entwurf eines **Restrukturierungsplans**. Liegt dieser noch nicht vor, wird der Entwurf eines Konzeptes für die Restrukturierung nach § 31 Abs. 2 S. 1 Nr. 1 Hs. 2 StaRUG benötigt. In der Praxis wird zu diesem Zeitpunkt selten ein Sanierungskonzept als Vollkonzept vorliegen[73]. Die Anzeige des Restrukturierungsvorhabens wird regelmäßig ein Grobkonzept der Sanierung darstellen, welches im Zuge der weiteren Verhandlungen zu einem Vollkonzept weiterentwickelt wird[74]. Es ist nach § 270a Abs. 1 Nr. 2 InsO an dem Grobkonzept für die Anordnung der vorläufigen Eigenverwaltung ausgerichtet[75]. Inhaltlich wird weder ein Vollkonzept der Sanierung[76], noch ein Finanzplan gefordert[77]. Der **Beweismaßstab** an das Umsetzungskonzept ist gering und erfordert auf dieser Stufe noch keine Schlüssigkeit der aufeinander abzustimmenden Sanierungsmaßnahmen. Dennoch ist es zielführend, bereits jetzt an die Mindestanforderungen für Sanierungskonzepte zu denken, die in den nachfolgenden Sanierungs- und Verfahrensschritten in Bezug auf den Beweismaßstab ansteigen und letztlich dann doch erfüllt werden müssen[78]. Bereits jetzt sind die Grundlagen für die nachhaltige Beseitigung einer drohenden Zahlungsunfähigkeit überzeugend darzulegen[79], was mit einem Grobkonzept der Sanierung stets

---

66 Vgl. Bericht der Bundesregierung über die Erfahrungen mit der Anwendung des Gesetzes zur weiteren Erleichterung der Sanierung von Unternehmen (Bundestagsdrucksache 19/4880).

67 Vgl. *Steffan/Oberg/Poppe*, ZIP 2021, S. 617 ff.

68 Vgl. Gesetz über den Stabilisierungs- und Restrukturierungsrahmen für Unternehmen (Unternehmensstabilisierungs- und -Restrukturierungsgesetz – StaRUG) als Teil des SanInsFoG.

69 Vgl. Entwurf eines Gesetzes zur Fortentwicklung des Sanierungs- und Insolvenzrechts (Sanierungs- und Insolvenzrechtsfortentwicklungsgesetz – SanInsFoG) v. 09.11.2020, BT-Drs. 19/24181, S. 2.

70 Vgl. BT-Drs. 19/24181, S. 91; dies kommt in der Umsetzung bspw. zum Ausdruck durch inhaltsgleiche Formulierungen bezogen auf das Konzept in § 31 Abs. 2 Nr. 1 StaRUG und in § 270a Abs. 1 Nr. 2 InsO.

71 Vgl. *Steffan/Oberg/Poppe*, ZIP 2021, S. 617.

72 Vgl. *Steffan/Oberg/Poppe*, ZIP 2021, S. 620.

73 Vgl. BT-Drs. 19/24181, S. 134.

74 Vgl. *Pannen*, in: Pannen/Riedemann/Smid, StaRUG, § 31, Rn. 31.

75 Vgl. BT-Drs. 19/24181, S. 91; § 270a Abs. 1 Ziff. 2 InsO: „…welches auf der Grundlage einer Darstellung von Art, Ausmaß und Ursachen der Krise das Ziel der Eigenverwaltung und die Maßnahmen beschreibt, welche zur Erreichung des Ziels in Aussicht genommen werden".

76 Vgl. *Frind*, ZIP 2021, S. 175.

77 Vgl. *Steffan/Oberg/Poppe*, ZIP 2021, S. 620.

78 Vgl. *Steffan/Oberg/Poppe*, ZIP 2021, S. 620.

79 Vgl. *Pannen*, in: Pannen/Riedemann/Smid, StaRUG, § 31, Rn. 30.

gelingen kann. Da der Gesetzgeber auf dieser Verfahrensstufe keinen Beweismaßstab festgelegt hat, wird auch ohne bestimmte Anforderungen eine Restrukturierungssache rechtshängig werden können[80]. Vergleichbare Situationen zeigen sich bei der Eigenverwaltung bzw. dem Schutzschirmverfahren, vgl. hierzu Kap. B Tz. 31 ff. und v.a. Kap. B Tz. 37 ff., insb. Kap. B Tz. 91.

Im nächsten Sanierungs- und Verfahrensschritt kann auf Antrag des Schuldners als **25** weiteres Instrument die **Stabilisierungsanordnung** eingesetzt werden, mit der das Gericht auch eine Vollstreckungs- und Verwertungssperre erlassen kann, soweit dies zur Verwirklichung des Restrukturierungsziels erforderlich ist[81]. Dazu ist dem Antrag eine Restrukturierungsplanung nach § 50 Abs. 2 Nr. 1 StaRUG beizufügen, die entweder einen auf den Tag aktualisierten Entwurf eines Restrukturierungsplans oder ein auf den Tag aktualisiertes Konzept der Restrukturierung (Grobkonzept der Sanierung) umfasst. Auch in dieser Verfahrensstufe gestattet der Gesetzgeber dem Schuldner, ohne ein Vollkonzept dem Ziel der Restrukturierung näher zu kommen. Das **Grobkonzept der Sanierung** erreicht mit der Stabilisierungsanordnung die nächste Stufe in Bezug auf den Beweismaßstab[82]. Das Grobkonzept der Sanierung hat nun **schlüssig**[83] und in Bezug auf die geplante **Umsetzung nicht offensichtlich aussichtslos** zu sein[84].

 Praxistipp 1:

Auch in diesem zweiten Verfahrensabschnitt wird regelmäßig kein Sanierungskonzept als Vollkonzept vorliegen. Daher hat der Gesetzgeber auch hier zugelassen, dass auf Basis eines Grobkonzeptes der Sanierung das Verfahren weitergeführt werden kann. Es ist von praktischer Bedeutung, dass die Grobkonzepte der Sanierung in den beiden ersten Verfahrensstufen inhaltlich den gleichen Ansprüchen, i.d. R. dem *IDW S 9 n.F.*, genügen. Die Erreichung des Restrukturierungsziels wird bei fachgerechter Bearbeitung sicher- und hinreichend dargestellt.

Hier ist die gesetzgeberisch gewollte Analogie zur Eigenverwaltungsplanung zu erkennen[85]. Neben dem Grobkonzept ist ein **Finanzplan** erforderlich, der sich über einen Prognosezeitraum von **sechs Monaten** erstrecken muss und in Bezug auf die Eintrittswahrscheinlichkeit **überwiegend wahrscheinlich** zu sein hat[86]. An dem kurzfristig ausgerichteten Finanzplan sind höhere Anforderungen gestellt, weil die Durchfinanzierung der nächsten sechs Monate die höchste Priorität hat. Für das mittelfristig ausgerichtete Grobkonzept lässt der Gesetzgeber eine bestimmte Unschärfe zu, ähnlich der beim Schutzschirmverfahren[87]. Es ist zu beachten, dass ein Restrukturierungsgericht die Voraussetzungen der Stabilisierungsanordnung nach erster Einschätzung lediglich

---

80   Vgl. *Pannen*, in: Pannen/Riedemann/Smid, StaRUG, § 31, Rn. 33.
81   Vgl. § 49 Abs. 1 Nr. 1 und 2 StaRUG.
82   Vgl. § 50 Abs. 2 Nr. 1 und 2 StaRUG.
83   Vgl. § 51 Abs. 1 S. 1 StaRUG.
84   Vgl. § 51 Abs. 1 Nr. 2 StaRUG.
85   Vgl. *Steffan/Oberg/Poppe* in ZIP 2021, 620.
86   Vgl. BT-Drs. 19/24181, S. 204, was für § 50 Abs. 2 Nr. 2 StaRUG analog angewendet wird; vgl. *Steffan/Oberg/Poppe*, ZIP 2021, S. 620.
87   Vgl. *Steffan/Oberg/Poppe*, ZIP 2021, S. 620.

formell und auf Plausibilität prüfen wird[88]. Vergleiche zum Grobkonzept der Sanierung auch die Ausführungen in Kap. B Tz. 31 ff. und Kap. B Tz. 46 ff.

27 Der letzte Sanierungs- und Verfahrensschritt führt zum **Restrukturierungsplan** nach § 5 ff. StaRUG, der aus betriebswirtschaftlicher Sicht nach § 14 Abs. 1 StaRUG in der Erklärung des Schuldners zur Bestandsfähigkeit einen Schwerpunkt hat. Dem Restrukturierungsplan ist nach § 14 Abs. 1 StaRUG eine begründete Erklärung zu den Aussichten darauf beizufügen, dass die **drohende Zahlungsunfähigkeit** des Schuldners durch den Plan **beseitigt** wird und dass die **Bestandsfähigkeit** des Schuldners sicher- oder **wiederhergestellt** wird. Im Restrukturierungsplan ist die Durchfinanzierung für die nächsten – i.d.R. 24 – Monate nachzuweisen, die Zeitkomponente ist insoweit geklärt. Was eine wiederhergestellte Bestandsfähigkeit im Detail bedeutet, ist weder im Gesetzestext noch in der Gesetzesbegründung definiert[89]. Das StaRUG ergänzt nach Auffassung des Gesetzgebers eine etablierte und gut funktionierende Sanierungspraxis und ermöglicht Sanierungen außerhalb der InsO auch gegen den Widerstand dissentierender Beteiligter[90]. Folglich kann schon hieraus hergeleitet werden, dass die Anforderungen an ein Sanierungskonzept nicht hinter den Anforderungen zurückstehen können, die im Rahmen einer außergerichtlichen Sanierung mit vollumfänglichem Konsens zu finden sind[91]. Der Gesetzgeber will durch das StaRUG nachhaltige Sanierungen fördern; dies kann auch aus der Sperrwirkung des § 33 Abs. 2 Nr. 4a) StaRUG abgeleitet werden. Hiernach entfaltet sich für nur für diejenigen Unternehmen keine Sperrwirkung, die bereits zu einem früheren Zeitpunkt ein Eigenverwaltungsverfahren durchgeführt oder eine Stabilisierungsanordnung erwirkt und die mit den genannten Instrumenten eine **nachhaltige Sanierung** erreicht und die frühere Unternehmenskrise so bewältigt haben[92]. Nur mit einer nachhaltigen Sanierung kann ein Unternehmen am Markt langfristig bestandsfähig werden, was zunächst auch die Refinanzierung am Markt zur Abwendung der drohenden Zahlungsunfähigkeit und am Ende eine langfristige Finanzierung zu marktüblichen Konditionen umfasst[93]. Ob ein nachhaltig saniertes, sanierungsfähiges und damit bestandsfähiges Unternehmen i.S.d. § 14 StaRUG vorliegt, wird am besten mit einem Vollkonzept/Sanierungskonzept nach *IDW S 6* nachzuweisen sein. Nur in diesem Fall werden auch die vom BGH geforderten Bedingungen einer dauerhaften[94], durchgreifenden[95], profitablen[96] und wettbewerbsfähigen[97] Sanierung erreicht werden können. Der im Sanierungskonzept enthaltene integrierte Sanierungsplan umfasst auch die in § 14 Abs. 2 StaRUG geforderten Anlagen (Vermögensübersicht; Ergebnis- und Finanzplan)[98].

28 In der Literatur wird zum Teil die Auffassung vertreten, dass zum Nachweis der Bestandsfähigkeit kein Sanierungsgutachten nach *IDW S 6* vorgelegt werden muss[99]. Dem

---

88 Vgl. *Riedemann*, in: Pannen/Riedemann/Smid, StaRUG, § 51, Rn. 3.
89 Vgl. *Steffan/Oberg/Poppe*, ZIP 2021, S. 621.
90 Vgl. BT-Drs. 19/24181, S. 84.
91 Vgl. *Steffan/Oberg/Poppe* ZIP 2021, S. 621; auch *Buth/Hermanns*[5], § 7, Rn. 20.
92 Vgl. *Steffan*, ZIP 2018, S. 1771 m.w.N.
93 Vgl. *Steffan/Oberg/Poppe*, ZIP 2021, S. 622; *Buth/Hermanns*[5], § 7, Rn. 21.
94 Vgl. BGH v. 12.05.2016, IX ZR 65/15, ZIP, S. 1235, Rn. 29.
95 Vgl. BGH v. 21.11.2005, II ZR 277/03, ZIP 2006, S. 279, Rn. 14.
96 Vgl. BGH v. 12.05.2016, IX ZR 65/15, ZIP, S. 1235, Rn. 31.
97 Vgl. *IDW S 6*, Tz. 24.
98 Vgl. *Steffan/Oberg/Poppe*, ZIP 2021, S. 622; *Buth/Hermanns*[5], § 7, Rn. 21.
99 Vgl. *Smid*, in: Pannen/Riedemann/Smid, StaRUG, § 14 Rn. 23 f.

mag grundsätzlich zuzustimmen sein. Es wird jedoch die Tatsache verkannt, dass in der vorliegenden Fassung des *IDW S 6* sämtliche relevanten BGH-Urteile berücksichtigt werden und damit das gutachterliche Risiko bei der Erstellung eines Sanierungskonzeptes bei fachgerechter Anwendung des *IDW Standards* beherrschbar ist.

Zusammenfassend betrachtet, werden die Anforderungen an die betriebswirtschaftlichen Restrukturierungskonzeptionen von der Anzeige des Restrukturierungsvorhabens bis zum Restrukturierungsplan immer höher, was auch die nachfolgende Abb. 5 aufzeigt[100]. Somit haben die Regeln für die Erstellung von Sanierungskonzepten nach *IDW S 6* und *IDW S 9* eine hohe inhaltliche Relevanz für die nach StaRUG durchzuführenden Unternehmenssanierungen. **29**

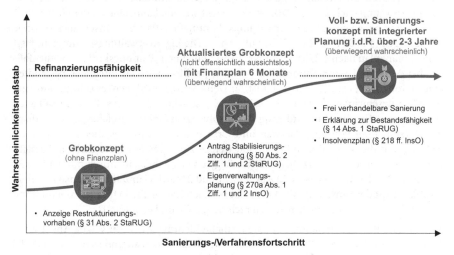

Abb. 5: Zunehmende Anforderungen mit Sanierungs- bzw. Verfahrensfortschritt[101]

Die Abbildung zeigt nicht nur die steigenden Anforderungen, sondern auch die sich im Zeitablauf ergebenden und gewünschten Parallelen zum Insolvenzplan i.R.d. Eigenverwaltung, vgl. dazu nachfolgenden Kap. B Tz. 31 ff.[102]. **30**

1.3.6 Anlässe nach der InsO

Das **Schutzschirmverfahren** ist mit dem Ziel der **frühzeitigen Insolvenzantragstellung** durch die betroffenen Unternehmen geschaffen worden. Die gesetzliche Grundlage ist im Gesetzgebungsverfahren zum ESUG mehrfach geändert und zuletzt durch das SanInsFoG neu gefasst worden und ist nunmehr in § 270d InsO (n.F. ab 01.01.2021) zu finden. Voraussetzung für die Schutzschirmanordnung sind ein Insolvenzantrag, ein Eigenverwaltungsantrag sowie die Vorlage einer **Bescheinigung**. Mit der Bescheinigung ist das Vorliegen der drohenden Zahlungsunfähigkeit oder Überschuldung bei noch **31**

---

100 Vgl. *Steffan/Oberg/Poppe*, ZIP 2021, Abb. 1; *Weitzmann*, in: Pannen/Riedemann/Smid, StaRUG, Einleitung Rn. 60 mit einer Übersicht über die Planoptionen.
101 Vgl. *Buth/Hermanns*[5], § 7, Abb. 1.
102 Vgl. im Überblick *Malsch*, Betriebswirtschaft im Blickpunkt 2021, S. 131 ff.

nicht eingetretener Zahlungsunfähigkeit sowie die **Sanierungsfähigkeit** nachzuweisen. Die Bescheinigung muss durch eine geeignete Person ausgestellt sein[103].

32 Die Sanierungsfähigkeit wird, betriebswirtschaftlich betrachtet, in Form eines **Grobkonzeptes** der Sanierung nachgewiesen. Nach § 270d Abs. 1 InsO orientiert sich der Beweismaßstab an dem Ziel, dass die **Sanierung nicht offensichtlich aussichtslos** ist. Damit bleibt diese Sanierungskonzeption analog zum StaRUG hinter den Anforderungen an ein Vollkonzept, bspw. eines *IDW S 6*, zurück[104]. Der Gesetzgeber unterstützt damit kleine und mittelgroße Unternehmen (**KMU**), denen das Schutzschirmverfahren aus Kostengründen anderenfalls verwehrt bleiben könnte[105].

33 Da ein Schutzschirmverfahren nach § 270d InsO nur mit einer zeitgleich beantragten Eigenverwaltung nach §§ 270, 270a InsO erreicht werden kann, sind ab dem 01.01.2021 dem Antrag neben einer **Eigenverwaltungsplanung** (§ 270a Abs. 1 InsO) auch sonstige Erklärungen (§ 270a Abs. 2 InsO) beizufügen[106]. Die Eigenverwaltungsplanung umfasst einen Finanzplan nach § 270a Abs. 1 Nr. 1 InsO mit einem Planungshorizont – ebenfalls wie bei der Stabilisierungsanordnung – von sechs Monaten, der integraler Bestandteil eines Grobkonzeptes der Sanierung ist[107]. Dem Antrag auf Eigenverwaltung mit und ohne Schutzschirmverfahren nach § 270d InsO, ist nach § 270a Abs. 1 Nr. 2 InsO auch „ein **Konzept für die Durchführung des Insolvenzverfahrens**, welches auf Grundlage einer Darstellung von Art, Ausmaß und Ursachen der Krise das Ziel der Eigenverwaltung und die Maßnahmen beschreibt, welche zur Erreichung des Ziels in Aussicht genommen werden"[108], beizufügen. Diese Regelung ist nahezu identisch mit der in § 31 Abs. 2 S. 1 Nr. 1 StaRUG bzw. § 50 Abs. 2 Nr. 1 und 2 StaRUG und führt ebenso zu einem **Grobkonzept** der Sanierung. Vergleiche hierzu auch Kap. B Tz. 46 ff., zusammenfassend Kap. B Tz. 91 sowie ausführlich zu den rechtlichen Grundlagen Kap D.

34 Wie in Kap. B Tz. 33 erwähnt, zeigt die textliche Identität zwischen § 270a Abs. 1 Nr. 2 InsO und § 31 Abs. 2 S. 1 Nr. 1 StaRUG die **Parallelen** auf: Während sich beim StaRUG das Grobkonzept der Sanierung in zwei Verfahrensschritten von der Anzeige der Restrukturierung zur Stabilisierungsanordnung nach §§ 49 ff. StaRUG zu einem schlüssigen Sanierungsplan entwickeln soll, liegen im Falle eines Schutzschirmverfahrens mit der Eigenverwaltungsplanung parallel beide Kategorien eines Grobkonzeptes der Sanierung vor. Dass bei einem Schutzschirmverfahren nicht zwei unterschiedliche Grobkonzepte der Sanierung benötigt werden, liegt auf der Hand. Vergleiche daher zu dieser Grundsatzfrage Kap. B Tz. 46 ff.

35 Mit dem Schutzschirmverfahren und der Eigenverwaltung ist nach drei Monaten ein **Insolvenzplan** zur Sanierung des Unternehmens vorzulegen[109]. Es ist auch möglich, ohne Schutzschirmverfahren direkt mit einem Insolvenzplan den Insolvenzantrag zu stellen, dem sog. **prepackaged plan**[110]. Der Insolvenzplan enthält sinnvollerweise ein Vollkonzept bzw. ein Sanierungskonzept, das den Anforderungen des *IDW S 6* gerecht

---

103 Vgl. *Ellers/Martini*, in: BeckOK InsO, § 270d InsO, vor Rn. 1.
104 Vgl. *Ellers/Martini*, in: BeckOK InsO, § 270d InsO, Rn. 23.
105 Vgl. BT-Drs. 17/5712, S. 40.
106 Vgl. *Buth/Hermanns*[5], § 7, Rn. 24.
107 Vgl. *Buth/Hermanns*[5], § 7, Rn. 24.
108 § 270a Abs. 1 Nr. 2 InsO.
109 Vgl. § 270d Abs. 1 S. 1 InsO.
110 Vgl. *Buth/Hermanns*[5], § 7, Rn. 25.

wird[111]. Die anfechtungsfreie Gestaltung der Forderungen innerhalb eines Insolvenzplans gelingt nur dann, wenn das hierin verankerte Sanierungskonzept eine überwiegend wahrscheinliche Sanierung nachweist[112] und die Sanierung bereits in ihren Anfängen umgesetzt ist[113]. Obwohl der BGH ein *IDW S 6*-Gutachten für den Insolvenzplan nicht voraussetzt, erleichtert es die Beweisführung für Gläubiger i.r. einer möglichen Folgeinsolvenz, sofern die Sanierung nach Annahme des Insolvenzplan später scheitert[114]. Der *IDW S 2* zur Erstellung von Insolvenzplänen sieht als betriebswirtschaftliche Komponente zwingend ein Sanierungskonzept vor. Die nachhaltige Fortführungsfähigkeit des Unternehmens und damit die Eignung bzw. das Vorhandensein eines schlüssigen Sanierungsgutachtens wird durch das Gericht im Insolvenzplanverfahren nicht geprüft[115]. Weiterer Vorteil eines Vollkonzeptes ist, dass der Eigenverwaltungsplan über sechs Monate als integrierter Bestandteil bereits enthalten ist, soweit die Inhalte dem *IDW S 6* entsprechen. Vergleiche zum Insolvenzplanverfahren auch Kap D.

Das Gericht kann darüber hinaus i.R.d. Insolvenzeröffnungsverfahrens den vorläufigen **36** Insolvenzverwalter beauftragen, die **Fortführungsaussichten** des Unternehmens zu prüfen[116]. Hat der vorläufige Insolvenzverwalter keinen entsprechenden Auftrag erhalten, hat er im eröffneten Verfahren bis zum Berichtstermin darzulegen, ob das Unternehmen als Ganzes oder in Teilen (übertragende Sanierung) erhalten oder ob das Unternehmen mit einem Insolvenzplan saniert werden kann[117]. Qualifizierte Aussagen können bei Unternehmen in der Krise nur mit angemessenen **Sanierungskonzepten** getroffen werden[118].

1.4 Sonderfragen zu Sanierungskonzepten

1.4.1 Überblick

Sanierungskonzepte werden aus unterschiedlichen Anlässen und für unterschiedliche **37** Adressaten benötigt. Ein Sanierungskonzept muss aus betriebswirtschaftlicher, rechtlicher und regulatorischer Sicht den Anforderungen verschiedener Interessengruppen genügen[119]. Der *IDW S 6* hat sich in der Praxis als Benchmark für Sanierungskonzepte entwickelt. Dies ist u.a. darin begründet, dass die von der Rechtsprechung geforderten **Anforderungen an Sanierungskonzepte** im *IDW S 6* vollumfänglich abgedeckt und betriebswirtschaftlich konkretisiert werden[120]. In regelmäßigen Abständen werden die *IDW Standards* aktualisiert. Adressaten und Beteiligte (Organe, Konzepersteller, Bankmitarbeiter, Gläubiger, Aufsichtsbehörden etc.) profitieren von einer derartig verbindlichen Anwendung des *IDW S 6*, sodass sie die Sicherheit haben, dass alle Anforderungen des BGH im Sanierungskonzept berücksichtigt werden. Ein solches „Qualitätssiegel" bietet den größtmöglichen Schutz bezüglich straf- und haftungsrechtlicher Risi-

---

111 Vgl. *IDW S 2*, Tz. 13; *IDW S 2*, Tz. 5 in Fn. 4, wonach der *IDW S 6* Auftragsgegenstand sein kann; *Braun*, in: Nerlich/Römermann, InsO-Kommentar 42. EL 2021, Vorbemerkungen vor §§ 217 ff., Rn. 174.
112 Vgl. *Steffan/Oberg/Poppe*, ZIP 2021, S. 625.
113 Vgl. *IDW S 2*, Tz. 2; BGH v. 16.10.2008, ZIP 2009, S. 91, Rn. 52.
114 Vgl. *Steffan/Oberg/Poppe*, ZIP 2021, S. 625.
115 Vgl. *IDW S 2*, Tz. 32.
116 § 22 Abs. 1 Nr. 3 InsO.
117 § 156 Abs. 1 InsO.
118 Vgl. *Buth/Hermanns*[5], § 7, Rn. 26.
119 Vgl. BGH v. 12.05.2016, IX ZR 65/14, ZIP 2016, S. 1235 ff.
120 Vgl. *Steffan*, ZIP 2016, S. 1712 (1719).

ken sowie regulatorischer bzw. aufsichtsrechtlicher Anforderungen und ist der sicherste Weg, um Anfechtungsrisiken zu vermeiden[121]. Im Folgenden werden wesentliche **Sonderfragen** beantwortet und dabei Begrifflichkeiten voneinander abgegrenzt und erläutert. Einen wesentlichen Schwerpunkt bilden dabei die ab 01.01.2021 geltenden neuen Regelungen in der **InsO** und dem **StaRUG**, welche in Bezug auf Sanierungskonzepte betriebswirtschaftlich von Bedeutung und die unter Kap. B. Tz. 23 ff. und Kap. B Tz. 31 ff. bereits beschrieben worden sind.

1.4.2 Fortführungskonzepte (Teilkonzepte) versus Sanierungskonzepte (Vollkonzepte)

38 Sachgerechte Aussagen zur Sanierungsfähigkeit von Unternehmen können nur bei vollständigen Sanierungskonzepten (**Vollkonzept**) getroffen werden[122]. Teilkonzepte sind in der Krise unter Umständen vorteilhaft[123], wenn **Notprogramme** zur Vermeidung der Zahlungsunfähigkeit oder auch Fortbestehensprognosen benötigt werden. Dann ist das Krisenunternehmen zunächst zu stabilisieren, um hiernach ein Sanierungskonzept zu erarbeiten. Aufgabenstellungen und der Umfang der zu erörternden Detailaspekte eines Sanierungskonzeptes hängen immer von der Unternehmenssituation und damit von dem im Krisenunternehmen vorgefundenen Krisenstadium ab[124]. Insbesondere Sanierungskonzepte nach *IDW S 6* schaffen somit die Möglichkeit, flexibel je nach Feststellung von Krisenstadien zu reagieren und ggf. stufenweise die Unternehmenskrise zu bewältigen[125].

39 Das bereits unter Kap. B Tz. 2 ff. aufgeführte **Zwei-Stufen-Konzept** der Krisenbewältigung sieht in Stufe eins zunächst die Beurteilung der Unternehmensfortführung i.S.d. § 252 Abs. 1 Nr. 2 HGB als entscheidende Aufgabe. Erst wenn keine rechtlichen oder tatsächlichen Gegebenheiten gegen eine Fortführung der Unternehmenstätigkeit sprechen und Insolvenzgründe **mit überwiegender Wahrscheinlichkeit** ausgeschlossen werden können, kann ein Sanierungskonzept mit geeigneten Sanierungsmaßnahmen und einem ggf. entsprechend verlängerten Prognosezeitraum in Stufe zwei erarbeitet werden[126]. Somit ist die stufenweise Bewältigung der Unternehmenskrise im Grunde obligatorisch[127]. Um die drohende Insolvenz abzuwenden, hat das Sanierungskonzept die Fortführungsfähigkeit sicherzustellen (**positive Fortbestehensprognose**). Die Bestandsgefährdung durch Zahlungsunfähigkeit oder Überschuldung ist auf Basis geeigneter Maßnahmen für die nächsten **12 Monate** abzuwenden[128]. Der BGH hat ebenfalls deutlich hervorgehoben, dass im Sanierungskonzept insolvenzrechtliche Fragestellungen zu beurteilen sind und für eine positive Sanierungsaussage zunächst eine positive Fortbestehensprognose vorliegen muss[129].

---

121 Vgl. *Steffan*, ZIP 2016, S. 1712 (1719).
122 Vgl. *IDW S 6*, Tz. 9.
123 Vgl. *Groß*, WPg 2009, S. 231 (233).
124 Vgl. *IDW S 6*, Tz. 31.
125 Vgl. *Groß*, WPg 2009, S. 231 (234).
126 Vgl. *IDW S 6*, Tz. 17 f.
127 Vgl. *Groß*, WPg 2009, S. 231 (234).
128 Vgl. *IDW ES 9*, Tz. 24 i.V.m. § 19 Abs. 2 S. 1 InsO; im Jahr 2021 ist ein Prognosezeitraum von vier Monaten anstelle von zwölf Monaten maßgebend, wenn bestimmte Voraussetzungen erfüllt werden, vgl. *IDW ES 9*, Tz. 47 i.V.m. § 4 COVInsAG.
129 Vgl. BGH v. 12.05.2016, IX ZR 65/14, ZIP 2016, S. 1235 ff., Rn. 30, 36; beispielhaft hierzu *IDW S 6*, Tz. 13 ff.

Ob ein sog. **Grobkonzept** schon in diesem frühen Stadium Grundlage für Kreditent **40**
scheidungen sein kann, wenn es darum geht, erst einmal die Erstellung eines Vollkonzeptes zu ermöglichen bzw. zu finanzieren[130], ist aus heutiger Sicht zu verneinen[131].
Ein Grobkonzept enthält zwar wichtige Meilensteine einer Sanierung, jedoch keinen
detaillierten Maßnahmenplan zur Bewältigung der Unternehmenskrise und stellt somit
kein Vollkonzept dar[132]. Vergleiche zum Inhalt eines Grobkonzeptes Kap. B. Tz. 46 ff.
Gerade Banken/Finanziers benötigen eine taugliche Aussage zur Sanierungsfähigkeit,
die ein Grobkonzept nicht geben kann[133]. Eine positive Fortbestehensprognose kann
jedoch als Grundlage für eine **Überbrückungsfinanzierung** dienen. Damit ist für die
nächsten 12 Monate die Zahlungsunfähigkeit als Insolvenzgrund ausgeschlossen und es
kann ein Sanierungskonzept erstellt werden. In der Praxis wird es Fälle geben, die den
Insolvenzgrund „Zahlungsunfähigkeit" zwar nicht für 12 Monate, jedoch für einen
kürzeren Zeitraum ausschließen können. In dieser Zeit darf es, eben bis zur Vorlage eines Entwurfs des Sanierungskonzeptes, keine Insolvenzantragspflichten geben[134]. Der
Gutachter sollte die **Insolvenzreife** laufend aktualisieren und ggf. die gesetzlichen Vertreter darüber informieren, damit ggf. rechtlicher Rat eingeholt werden kann[135].

Begrifflich ist die Fortbestehensprognose nach § 19 Abs. 2 S. 2 InsO eher als **Teilkonzept** **41**
zu bezeichnen[136], wenn man voraussetzt, dass detaillierte Sanierungsmaßnahmen etc.
fehlen. Aus dem Gesetzeswortlaut des § 19 Abs. 2 S. 1 InsO folgt, dass die positive Fortbestehensprognose den **Fortführungswillen** des Schuldners bzw. seiner Organe als auch
die objektiv herzuleitende Überlebensfähigkeit des Unternehmens voraussetzt[137]. Letztlich ist die **insolvenzrechtliche Fortbestehensprognose** rein zahlungs- bzw. liquiditätsorientiert[138]. Damit ist lediglich abzusichern, dass die Gläubiger im Prognosezeitraum
bedient werden. Renditeziele oder die Wiederherstellung der Wettbewerbsfähigkeit
werden nicht gefordert[139].

In der Praxis wird in bestimmten Situationen, wenn z.B. eine vollumfängliche Sanierung **42**
nicht erforderlich ist, **ausschließlich eine Fortbestehensprognose** beauftragt.

Beispiel 1:

Ein Automotivezulieferer weist bei der Verhandlung über eine Vertragsverlängerung
nach, dass es keine Insolvenzgründe in den nächsten 12 Monaten gibt. Eine Stiftung
verzichtet ggü. einem Hotelbetreiber auf Mieten während der COVID-19-Pandemie.
In diesen beiden Fällen sind Fortbestehensprognosen nach *IDW S 11* beauftragt worden.

---

130 Vgl. *Kraus/Gless*, in: Buth/Hermanns 1998, S. 106, Rn. 30.
131 Vgl. *Groschupp*, KSI 2014, S. 158 (160).
132 Vgl. *Buth/Hermanns*, DStR 2010, S. 288.
133 Vgl. *F&A zu IDW S 6*, Frage 2.9.
134 Vgl. *IDW S 6*, Tz. 16.
135 Vgl. *IDW S 6*, Tz. 14.
136 Vgl. *Buth/Hermanns*[5], § 7, Rn. 33.
137 Vgl. BGH v. 09.10.2006, II ZR 303/05, ZIP 2006, S. 2171.
138 Vgl. *Braun/Bußhardt*, InsO[8], § 19 Rn. 5.
139 Vgl. *F&A zu IDW S 6*, Frage 2.8.

43 In einem solchen Fall ist nicht zu unterschätzen, dass auch hier ein **vollumfängliches Unternehmenskonzept** mit integrierter Unternehmensplanung, strategisch-operativen Aussagen usw. vorzulegen ist. Ledlich bei der **stufenweisen Bearbeitung** zu einem vollumfänglichen Sanierungskonzept tritt die Fortbestehensprognose als Teilkonzept hinter dem Vollkonzept als Sanierungskonzept zurück[140]. Der Ablauf für die Erstellung eines Sanierungskonzeptes gemäß dem Zwei-Stufen-Konzept lässt sich wie folgt abbilden[141]:

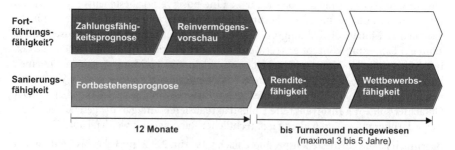

Abb. 6: Zeitlicher Ablauf des Zwei-Stufen-Konzeptes des *IDW S 6*[142]

44 Der strukturelle Ansatz des *IDW S 6* wird in der Literatur unterschiedlich in Bezug auf die Vorgehensweise u.a. bezogen auf die stadiengerechte Sanierung diskutiert[143]. *Prütting* sieht den Standard als **Drei-Stufen-Modell**[144]: In der ersten Stufe wird die Fortführungsfähigkeit sichergestellt oder herbeigeführt. Danach wird der Weg der Verstetigung der Sanierung eingeschlagen und zur nachhaltigen Wettbewerbsfähigkeit hingeführt, um in der dritten Stufe das Leitbild des gesunden Unternehmens anzustreben. Das heißt: Zuerst ist die Finanzkrise zu lösen, dann wird die Ertragskrise zu überwinden sein. Allein aus zeitlicher Sicht werden strategische Ziele und damit die zum Leitbild gehörenden Bestandteile deutlich später erreicht. In der Konsequenz besteht zu den Inhalten der Aufgabenstellung i.R.d. Erstellung eines Sanierungskonzeptes kein Unterschied. Die zweite Stufe des sog. Vollkonzeptes wird also lediglich geteilt und dieses Vorgehen von *Prütting* insgesamt als überzeugend eingestuft[145]. Die einzelnen Stufen haben letztlich einen zeitlichen Charakter.

45 Trotz allem sind Situationen denkbar, in denen die Bescheinigung über eine positive Fortbestehensprognose ausreichend sein sollte und ein vollständiges Sanierungskonzept in Bezug auf die notwendigen Aussagen zur Sanierungsfähigkeit den erforderlichen Umfang übersteigen würde. Dies ist insb. bei sog. **Single-Asset-Fondsstrukturen** (z.B. Schiffs-, Infrastruktur- und Immobilienfonds) der Fall. Diese Gesellschaften werden ausschließlich zum Zweck der Finanzierung eines einzelnen Vermögensgegenstandes gegründet und haben i.d.R. eine fest vereinbarte Laufzeit. Verschlechtert sich die Marktsituation dahingehend, dass die ursprünglich geplanten Erträge aus dem Ver-

---

140 Vgl. *Buth/Hermanns*[5], § 7, Rn. 34.
141 Vgl. *Becker* u.a., DStR 2012, S. 981.
142 Vgl. *Buth/Hermanns*[5], § 7, Abb. 3.
143 Vgl. *Prütting*, ZIP 2013, S. 203; *Pohl*, ZInsO 2011, S. 207.
144 Vgl. *Prütting*, ZIP 2013, S. 203 (208).
145 Vgl. *Prütting*, ZIP 2013, S. 203 (208).

mögensgegenstand nicht mehr zu erzielen sind, besteht Restrukturierungsbedarf. Obwohl die Eigenkapitalgeber in diesen Situationen häufig nicht mehr mit der Rückzahlung ihrer Einlage oder gar einer risikoadäquaten Rendite rechnen können, kann es für die Stakeholder von Vorteil sein, wenn die Gesellschaft dennoch fortgeführt wird. Voraussetzung hierfür ist jedoch, dass die laufende Finanzierung nachhaltig gesichert und die Rückzahlung der Verbindlichkeiten auf den Liquiditätsüberschuss beschränkt ist. In solchen Fällen kann es ausreichen, wenn die Fortführungsfähigkeit in der Weise bestätigt wird, dass die Zahlungsfähigkeit der Gesellschaft sichergestellt ist. Ein Sanierungsgutachten ist dann entbehrlich bzw. es reicht die Stufe 1 i.S.d. *IDW S 6* bzw. ein *IDW S 11* (Fortbestehensprognose). Die Finanziers ordnen nach MaRisk diese Fälle in Teilen als Sanierungsfälle ein und verlangen ein *IDW S 6*-Gutachten, um den Fonds weiter zu begleiten, was formell korrekt erscheint, aber dem Lebenssachverhalt nicht gerecht wird.

1.4.3 Grobkonzept der Sanierung versus Sanierungskonzept als Vollkonzept

Bereits unter Kap. B Tz. 23 ff. und Kap. B Tz. 31 ff. ist aufgezeigt worden, dass nunmehr **46** nicht nur im Schutzschirmverfahren das Grobkonzept eine Bedeutung hat, sondern auch das Verfahren nach StaRUG auf diese Grundkonzeption zurückgreift. Die Anforderungen an betriebswirtschaftliche Konzepte steigen auf **dem Weg vom Grobkonzept der Sanierung zum Voll- bzw. Sanierungskonzept** nach *IDW S 6*[146]. Während am Anfang des Verfahrens wesentliche Sanierungsmaßnahmen grob skizziert werden sollen, sind diese in den folgenden Verfahrensschritten weiter zu detaillieren und schließlich in Bezug auf die **Umsetzungswahrscheinlichkeit** so zu konkretisieren, bis ein Vollkonzept als Restrukturierungsplan nach § 14 Abs. 1 StaRUG vorliegt[147]. Nur ein Sanierungskonzept, das als Vollkonzept konzipiert wird, kann den erfolgreich einzuschreitenden Weg des Unternehmens in die Wettbewerbsfähigkeit und damit die Überwindung der drohenden Zahlungsunfähigkeit nachweisen[148]. Wie unterscheiden sich **inhaltlich** das Grob- und das Vollkonzept? Gibt es mehrere Arten von Grobkonzepten?

Mit Geltung des StaRUG ab dem 01.01.2021 wird das **Grobkonzept** einer Sanierung für **47** die **Anzeige des Restrukturierungsvorhabens (Grobkonzept 1)** nach § 31 Abs. 2 StaRUG und in aktualisierter Form für die Stabilisierungsanordnung nach § 50 Abs. 2 StaRUG (**Grobkonzept 2**) benötigt. Nach § 31 Abs. 2 S. 1 Nr. 1 StaRUG ist ein (Grob-) Konzept (Grobkonzept 1) der Restrukturierung vorzulegen, „welches auf Grundlage einer Darstellung von Art, Ausmaß und Ursachen der Krise das Ziel der Restrukturierung (Restrukturierungsziel) sowie die Maßnahmen beschreibt, welche zur Erreichung des Restrukturierungsziels in Aussicht genommen werden". Ein **Beweismaßstab** für die Umsetzungswahrscheinlichkeit wird bei diesem Verfahrensschritt nicht gefordert, vgl. ausführlicher zur Umsetzungswahrscheinlichkeit bzw. dem Härtegrad der Planung Kap. B Tz. 70 ff. Es findet keine inhaltliche Kontrolle durch das Gericht usw. statt[149]. Grundsätzlich soll der Schuldner zur Information des Gerichts, zur Schaffung von

---

146 Vgl. grundlegend *Steffan/Oberg/Poppe*, ZIP 2021, S. 617; *Haffa/Schuster*, in: Braun, StaRUG-Kommentar, § 31, Rn. 12.
147 Vgl. BT-Drs. 19/24181, S. 135.
148 Vgl. *Steffan/Oberg/Poppe*, ZIP 2021, S. 619.
149 Vgl. *Kramer*, in: BeckOK StaRUG, § 31, Rn. 43.

Transparenz und als Nachweis der Ernsthaftigkeit seiner Restrukturierungsanzeige den **Entwurf seines Restrukturierungsplans** (Sanierungskonzept als Vollkonzept) beifügen[150]. Der Gesetzgeber kommt der Sanierungspraxis mit dem Grobkonzept 1 entgegen, weil eine gewisse Zeit erforderlich ist, um ein solches Konzept zu realisieren[151]. Das Verfahrensziel soll seriös, transparent und sicher gestaltet werden. Daher ist es zu empfehlen, bereits in diesem Verfahrensschritt die betriebswirtschaftlichen Mindestanforderungen an eine Sanierung zu erfüllen, die für die spätere Stabilisierungsanordnung maßgebend sind (Grobkonzept 2)[152]. Trotz der erwähnten niedrigen Anforderungen sollten als **erforderliche Bestandteile** Art, Ausmaß und Ursache der Krise dargestellt[153], die groben Sanierungsmaßnahmen hergeleitet und deren Machbarkeit finanzwirtschaftlich verprobt werden. Ein **Finanzplan** ist erst beim nächsten Verfahrensschritt im StaRUG erforderlich.

48 Auf Antrag des Unternehmens kann das Restrukturierungsgericht eine Stabilisierungsanordnung erlassen, um die angestrebte Sanierung durch eine Vollstreckungs- und Verwertungssperre gegen einen bestimmten Adressatenkreis für das schuldnerische Vermögen zu erreichen. Um die **Stabilisierungsanordnung** zu erwirken, ist nach § 50 Abs. 1 S. 2 StaRUG das Grobkonzept 1 **zu aktualisieren** und die Schlüssigkeit des Konzeptes (Grobkonzept 2) nachzuweisen. Das Grobkonzept 2 hat in Bezug auf die Umsetzungswahrscheinlichkeit (Härtegrad der Planung) **nicht offensichtlich aussichtslos** zu sein, was idealerweise in einer integrierten Sanierungsplanung nachgewiesen wird. Die Restrukturierungsplanung hat vollständig und schlüssig zu sein. „**Schlüssig** ist die Planung, wenn nicht offensichtlich ist, dass sich das Restrukturierungsziel nicht auf Grundlage der in Aussicht genommenen Maßnahmen erreichen lässt ...“[154]. Der Gesetzgeber konkretisiert hier die Anforderungen zur Restrukturierungsplanung und erweckt den Eindruck, dass neben der Aktualität die Qualität des Grobkonzeptes ggü. der für eine Restrukturierungsanzeige notwendigen Qualität höher ist. Nicht nur aus Gründen der Prozesseffizenz, sondern auch aus Nachweisgründen sollten die inhaltlichen Komponenten des Grobkonzeptes der Sanierung an dem jeweiligen Verfahrensziel ausgerichtet werden und eine gleiche Qualität besitzen. Dem Entwurf des Restrukturierungsplans bzw. des Grobkonzeptes des Restrukturierungsvorhabens nach § 31 Abs. 2 S. 1 Nr. 1 StaRUG kommt eine zentrale Bedeutung zu. Die Ausarbeitung hat überzeugend zu sein und soll die Akzeptanz und den Erfolg des Sanierungsvorhabens sichern. Bereits hier ist der Blick auf die „nachhaltige Beseitigung" der drohenden Zahlungsunfähigkeit wichtig. Daher sollten die Anforderungen des Verfahrensschrittes nach § 50 Abs. 2 Nr. 1 StaRUG deckungsgleich mit denen sein, die an die **Anzeige des Restrukturierungsvorhabens** nach § 31 Abs. 2 StaRUG gestellt werden, sodass es im Ergebnis keinen Unterschied zwischen den beiden Grobkonzepten gibt. Vergleiche zu den weiteren inhaltlichen Anforderungen Kap. B Tz. 49 ff.

49 Bereits vor Inkrafttreten des StaRUG war ein Grobkonzept der Sanierung gem. § 270b InsO a.F. und ist nunmehr in § 270d **InsO** Bestandteil des **Schutzschirmverfahrens**[155].

---

150 Vgl. *Kramer*, in: BeckOK StaRUG, § 31, Rn. 41.
151 Vgl. *Kramer*, in: BeckOK StaRUG, § 31, Rn. 43.
152 Vgl. *Steffan/Oberg/Poppe*, ZIP 2021, S. 620.
153 Vgl. *Gehrlein*, BB 2021, S. 81; *Balthasar*, NZI-Beilage 1/2021, S. 18.
154 § 51 Abs. 1 S. 2 StaRUG.
155 Vgl. *Buth/Hermanns*[5], § 7, Rn. 33.

Für das Schutzschirmverfahren hat der FAS den *IDW S 9* bereits im Jahr 2014 entwickelt[156] und mit Wirkung zum 01.01.2021 an die neue Gesetzeslage angepasst[157]. Das Schutzschirmverfahren ist wie bisher mit dem Antrag auf vorläufige Eigenverwaltung verbunden. Ab dem 01.01.2021 umfasst der Antrag auf vorläufige Eigenverwaltung eine **Eigenverwaltungsplanung**. Diese beinhaltet u.a.[158]

- „einen **Finanzplan**, der den Zeitraum von sechs Monaten abdeckt und eine fundierte Darstellung der Finanzierungsquellen enthält, durch welche die Fortführung des gewöhnlichen Geschäftsbetriebes und die Deckung der Kosten des Verfahrens in diesem Zeitraum sichergestellt werden sollen," (§ 270a Abs. 1 Nr. 1 InsO)
- „ein **Konzept** für die Durchführung des Insolvenzverfahrens, welches auf Grundlage einer Darstellung von Art, Ausmaß und Ursachen der Krise das Ziel der Eigenverwaltung und die Maßnahmen beschreibt, welche zur Erreichung des Ziels in Aussicht genommen werden, ..." (§ 270a Abs. 1 Nr. 2 InsO).

Damit sieht der Gesetzgeber ebenfalls, nämlich mit den gleichen Worten wie bei der **50** Anzeige für das Restrukturierungsvorhaben in § 31 Abs. 2 Nr. 1 StaRUG (Grobkonzept 1, vgl. Kap. B Tz. 46), neben dem Finanzplan ein **Grobkonzept für die vorläufige Eigenverwaltung** vor[159]. Somit bestehen vom Gesetzgeber bewusst angestrebte Parallelen zwischen StaRUG und der Eigenverwaltung. Wird ein Schutzschirmverfahren beantragt, ist neben dem Nachweis der nicht offensichtlich aussichtslosen Sanierung durch eine Bescheinigung nach § 270d Abs. 1 InsO (**Grobkonzept 2**) wegen der gleichzeitig zu beantragenden Eigenverwaltung grundsätzlich auch ein **Grobkonzept 1** i.S.d. § 270a Abs. 1 Nr. 2 InsO vorzulegen.

Das ein vermeintlich höherwertiges Grobkonzept 2 das Grobkonzept 1 in dieser Situation **51** überlagert und entbehrlich macht, liegt zweifelsfrei auf der Hand. Das sich nach hier dargestellter Auffassung der Anspruch an das Grobkonzept 1 von Anbeginn am Grobkonzept 2 zu orientieren hat, ist in Kap. B Tz. 46 bereits ausgeführt worden. Das Grobkonzept 1 wird nur dann theoretisch relevant, wenn **lediglich die Eigenverwaltung ohne Schutzschirmverfahren** angestrebt wird[160]. Um die notwendige Transparenz zu sichern und möglichen Missbrauch der Eigenverwaltung einzudämmen, sollten Grobkonzepte der Sanierung ebenso wie beim StaRUG (§§ 31 Abs. 2 und 50 Abs. 2 StaRUG) stets die qualitativen Mindestanforderungen erfüllen, wie sie z.B. im *IDW S 9* niedergelegt sind[161].

Der Gesetzgeber hat die Voraussetzungen für die Eigenverwaltung u.a. mit der Eigen- **52** verwaltungsplanung bzw. dem Finanzplan erhöht, um Missbrauch einzudämmen[162]. Wird eine Eigenverwaltung ohne Schutzschirm beantragt, sichert u.a. das Grobkonzept 1 der Sanierung mit der sechsmonatigen Finanzplanung die Qualität des Verfahrens. Bei der Anzeige des Restrukturierungsverfahrens ist der Finanzplan entbehrlich, das Grobkonzept 1 der Sanierung erfüllt hier den Qualitätsaspekt.

---

156 Vgl. *IDW Standard: Bescheinigung nach § 270b InsO (IDW S 9)* a.F.
157 Vgl. *Entwurf IDW Standard: Bescheinigungen nach §§ 270d und 270a InsO (IDW ES 9 n.F.)*.
158 Vgl. zu den weiteren Erfordernissen der Eigenverwaltungsplanung § 270a Abs. 1 Nr. 3-5 und Abs. 2 InsO sowie Kap. D.
159 Vgl. BT-Drs. 19/24181, S. 91; *Steffan/Oberg/Poppe*, ZIP 2021, S. 619.
160 Vgl. *Buth/Hermanns*[5], § 7, Rn. 33.
161 *Kreutz/Ellers*, in: BeckOK InsO, § 270a, Rn. 13, (13.1).
162 *Malsch*, Betriebswirtschaft im Blickpunkt 2021, S. 136.

53 **Kern** des **Schutzschirmverfahrens** nach § 270d Abs. 1 InsO und der beantragten **Stabilisierungsanordnung** nach § 50 Abs. 2 Nr. 1 StaRUG ist der Nachweis, dass eine **Sanierung nicht offensichtlich aussichtslos** ist. Durch den Begriff „aussichtslos" wird deutlich, dass die beiden Verfahrensschritte nur dann nicht erfolgreich absolviert werden können, wenn für die Sanierungsbemühungen eindeutig negative Erfolgsaussichten bestehen[163]. Um zu einer „offensichtlichen" Erkenntnis zu kommen, benötigt der Gutachter keine umfassende Beurteilung so wie sie beim Vollkonzept nach *IDW S 6* erforderlich ist[164].

54 In einem Grobkonzept sind **mindestens** die grundsätzlichen konzeptionellen Vorstellungen der angestrebten Sanierung darzulegen. Dabei sind die hierfür benötigten finanziellen Mittel aufzuführen[165]. Der Gutachter hat zu begründen, dass die Sanierung nicht offensichtlich aussichtslos ist. Das Grobkonzept hat das Ziel der angestrebten Sanierung, die Skizze des Zukunftsbildes des Unternehmens und die dafür wesentlichen Maßnahmen grob zu beschreiben[166]. Eine Analyse der Krisenursachen ist ebenso obligatorisch, wie die Darstellung der aktuellen Situation. Die hierfür erforderlichen Informationsquellen wie Prüfungsberichte, Jahres- und Monatsabschlüsse usw. sind einzusehen und auszuwerten. Auf Basis der Analysen und der hieraus abgeleiteten Sanierungsziele und -maßnahmen ist ein **integrierter Sanierungsplan** abzuleiten[167]. Der **Prognosezeitraum** umfasst i.d.R. wie bei einem Vollkonzept zwei bis drei Jahre. Vergleiche zur Diskussion über die unterschiedlichen Prognosezeiträume Kap. B Tz. 82 ff.

55 Bei der gutachterlichen Stellungnahme ist darauf zu achten, dass die zugrundeliegenden Annahmen und Sanierungsmaßnahmen nicht allgemeinen unverbindlichen Charakter haben oder zu pauschal sind. Eine nachprüfbare Begründung ist erforderlich[168]. Nur wenn eindeutig ist, dass in der **Gesamtheit die Sanierungsmaßnahmen** nicht erfolgreich umgesetzt werden können, dann ist eine Sanierung offensichtlich aussichtslos. Es dürfen keine wesentlichen und offensichtlichen Hindernisse für die Umsetzung des Grobkonzeptes in personeller und sachlicher Sicht vorliegen. Dies umfasst nicht nur die Kompetenz der handelnden Personen in Bezug auf die rechtliche Sanierungserfahrung, sondern auch die leistungs- und finanzwirtschaftlichen Bereiche. Werden maßgebliche Stakeholder die Sanierung scheitern lassen, ist die Sanierung offensichtlich aussichtslos[169].

56 Die aus dem Grundverständnis zum Schutzschirmverfahren gewonnenen Erkenntnisse aus dem *IDW ES 9 n.F.* sind auf das **Grobkonzept** einer Sanierung für die **Anzeige des Restrukturierungsvorhabens** nach § 31 Abs. 2 StaRUG anzuwenden[170]. Ein Grobkonzept erfüllt dann die gesetzlichen Anforderungen, wenn es „... entweder einen Entwurf eines Restrukturierungsplans oder, sofern ein solcher nach dem Stand des angezeigten Vorhabens noch nicht ausgearbeitet und ausgehandelt werden konnte, ein Konzept für die Restrukturierung vorsieht, das auf der Grundlage einer Darstellung von

---

163 Vgl. *IDW ES 9 n.F.*, Tz. 31.
164 Vgl. *IDW ES 9 n.F.*, Tz. 31.
165 Vgl. *IDW ES 9 n.F.*, Tz. 31.
166 Vgl. *IDW ES 9 n.F.*, Tz. 32.
167 Vgl. *IDW ES 9 n.F.*, Tz. 35.
168 Vgl. *Steffan/Oberg/Poppe*, ZIP 2021, S. 625.
169 Vgl. *Steffan/Oberg/Poppe*, ZIP 2021, S. 625.
170 Vgl. *Steffan/Oberg/Poppe*, ZIP 2021, S. 623.

Art, Ausmaß und Ursachen der Krise das Ziel der Restrukturierung (Restrukturierungsziel) sowie die Maßnahmen beschreibt, die zur Erreichung des Restrukturierungsziels in Aussicht genommen werden, ...“[171].

Letztlich sind die Anforderungen an das betriebswirtschaftliche Grobkonzept der Sanierung in beiden Verfahrensschritten nach StaRUG und nach InsO in den jeweiligen Verfahrensschritten inhaltlich gleich, um die Verfahrensziele sicher zu erreichen. Das Grobkonzept der Sanierung (1 und 2) bleibt hinter den Anforderungen an ein *IDW S 6*-Gutachten bewusst zurück, um u.a. auch KMU den Eintritt in die Verfahren nach StaRUG und InsO zu ermöglichen. Ein Grobkonzept hat ebenso schlüssig zu sein, wie ein **Vollkonzept**. **57**

> **Beispiel 2:**
>
> Bei einem Grobkonzept können Maßnahmen zum Mitarbeiterabbau in der Produktion grob nach Köpfen bzw. Mitarbeiterzahl und einem branchenüblichen Kostensatz für Abfindungen ermittelt werden, während bei einem Vollkonzept die abzubauenden Stellen einzeln z.B. nach angepassten Schicht- und Zeitmodellen zu ermitteln sind.

Die Umsetzungswahrscheinlichkeit und die Detailtiefe machen letztlich den Unterschied aus. Vergleiche zum Vollkonzept Kap. B Tz. 92 ff. und zur Umsetzungswahrscheinlichkeit Kap. B. Tz. 70 ff. Die Länge der Prognosezeiträume beeinflussen die Qualität und den Inhalt von Sanierungskonzepten ebenso, vgl. hierzu Kap. B Tz. 82 ff. **58**

Der Focus dieser Erläuterungen liegt auf den Sanierungskonzepten. Die zwischen StaRUG und InsO bestehende Parallelität wird auch im **letzten Verfahrensschritt** offenkundig. Beim StaRUG wird der Rechtsrahmen für die Sanierung eines Unternehmens außerhalb der Insolvenzordnung geschaffen und soll die „wohletablierte und gut funktionierende" außergerichtliche Sanierungspraxis ergänzen[172]. Die nach § 14 Abs. 1 StaRUG vorzulegende Restrukturierungsplanung, mit welcher die drohende Zahlungsunfähigkeit überwunden und die **Bestandsfähigkeit** sicher- oder wiederhergestellt werden soll, sollte einem **Vollkonzept** entsprechen[173]. Denn es können **keine niedrigeren Anforderungen** an ein Sanierungskonzept gestellt werden, als bei einer konsensual erreichten **außergerichtlichen Sanierung**[174]. Vergleiche zu den Inhalten eines Sanierungskonzeptes als Vollkonzept Kap. B Tz. 92 ff. **59**

> **Praxistipp 2:**
>
> Anhand des Begriffes „Bestandsfähigkeit des Schuldners" nach § 14 StaRUG zeigt sich die Problematik von unbestimmten Rechtsbegriffen, deren Auslegung und erneut das Missverständnis um den *IDW S 6*, denen man in der Praxis in Teilen begegnet. Die Gesetzesbegründung gibt hier wenig vor. Der Wortlaut des § 14 Abs. 1 InsO, „.... dass die drohende Zahlungsunfähigkeit des Schuldners durch den Plan beseitigt wird und dass die Bestandsfähigkeit des Schuldners sicher- oder wiederhergestellt wird", weist darauf hin, dass die Bestandsfähigkeitsprüfung über die

---

171 § 31 Abs. 2 S. 1 Nr. 1 StaRUG.
172 Vgl. BT-Drs. 24181, S. 84, dort unter Fn. 38.
173 Vgl. *Buth/Hermanns*[5], § 7, Rn. 33.
174 Vgl. überzeugend und sehr ausführlich die Begründung von *Steffan/Oberg/Poppe*, ZIP 2021, S. 621 f.

Prüfung der Beseitigung der drohenden Zahlungsunfähigkeit hinausgehen muss[175]. Bestandsfähigkeit erfordert eine nachhaltig zu erzielende Sanierungsfähigkeit und Refinanzierbarkeit am Markt[176]. Ein Unternehmen ist „dauerhaft"[177] und „durchgreifend"[178] saniert, wenn es nach Umsetzung der Sanierung nachhaltig „profitabel"[179] wirtschaften kann. Die „Rentabilität der unternehmerischen Tätigkeit"[180] ist Voraussetzung, um aus eigener Kraft im Wettbewerb stehen zu können[181]. Die Durchfinanzierung am Markt wird vorausgesetzt, ist aber nicht ausreichend[182].

In diesem Zusammenhang wird in der Literatur die Meinung vertreten, dass der *IDW S 6* zu Anforderungen an Sanierungskonzepte, keine bindende Wirkung entfalten kann[183]. Finanziers fordern teilweise, dass ein Sanierungskonzept nicht dem *IDW S 6*, aber der BGH-Rechtsprechung entsprechen muss. Andererseits wird in den meisten Sanierungsfällen von den Finanziers bei außergerichtlichen Sanierungen explizit ein „*IDW S 6*-Gutachten" verlangt. Der FAS hat in seinen Überarbeitungen in den letzten Jahren akribisch die BGH-Rechtsprechungen in den *IDW S 6* integriert, um den Gleichklang mit der Rechtsprechung zu erreichen. Daher ist die Logik umgekehrt: wer den *IDW S 6* richtig anwendet, erfüllt auch die Anforderungen, die der BGH aufgestellt hat[184] (vgl. hierzu Kap. D). Es ist richterlich immer der einzelne Sachverhalt zu prüfen, während für den Konzepterstellerim *IDW S 6* die BGH-Rechtsprechung niedergelegt ist und der Standard somit eine Orientierung bietet.

60 Ein wesentlicher weiterer Baustein bei der beantragten Stabilisierungsanordnung nach § 50 Abs. 2 Nr. 2 StaRUG und der Eigenverwaltungsplanung nach § 270a Abs. 1 Nr. 1 InsO ist der als Anlage jeweils beizufügende **Finanzplan**, zu dem es in Kap. B Tz. 70 ff. und Kap. B Tz. 82 ff. noch weitere Hinweise gibt. Dieser Finanzplan kann integraler Bestandteil eines Grobkonzeptes der Sanierung sein.

1.4.4 Erstellung versus Prüfung von Sanierungskonzepten

61 Soll in einem Gesamturteil festgestellt werden, ob ein notleidendes Unternehmen sanierungsfähig ist, dann spricht man auch von einer **Sanierungsprüfung**[185].

62 Ausgehend von den Ergebnissen der Bestandsaufnahme wird bei der Sanierungsprüfung ein Leitbild des sanierten Unternehmens entwickelt, welches mit Sanierungsmaßnahmen erreicht werden kann. Die Arbeitsergebnisse einschl. der Aussage zur Sanierungsfähigkeit stellen letztlich das Sanierungskonzept dar. Die Erstellung eines Sanierungs-

---

175 Vgl. *Desch*, Das neue Restrukturierungsrecht, Rn. 30.
176 Vgl. *Steffan/Oberg/Poppe*, ZIP 2021, S. 622.
177 Vgl. BGH v. 12.05.2016, IX ZR 65/15, ZIP, S. 1235, Rn. 29.
178 Vgl. BGH v. 21.11.2005, II ZR 277/03, ZIP 2006, S. 279, Rn. 14 m.w.N.
179 Vgl. BGH v. 12.05.2016, IX ZR 65/15, ZIP, S. 1235, Rn. 31.
180 Vgl. BGH v. 12.05.2016, IX ZR 65/15, ZIP 2016, S. 1235, Rn. 36.
181 Vgl. Mitteilung der Europäischen Kommission: Leitlinien für staatliche Beihilfen zur Rettung und Umstrukturierung nichtfinanzieller Unternehmen in Schwierigkeiten, Abl.EU 2014, C 249, S. 01, Rz. 52.
182 Vgl. *Desch*, Das neue Restrukturierungsrecht, Rn. 30.
183 Vgl. *Desch*, Das neue Restrukturierungsrecht, Rn. 30; *Smid*, in: Pannen/Riedemann/Smid, StaRUG, § 14, Rn. 2 f.
184 Vgl. den Nachweis zu der implementierten BGH-Rechtsprechung in *Steffan*, ZIP 2016, S. 1712 ff. und hier unter Kap. B Tz. 446.
185 Vgl. *Bertl*, in: FS Egger, S. 457; *Bönkhoff; Brandstätter*, S. 155; *Braun*, WPg 1989, S. 683; *Friedrich/Flintrop*, DB 2003, S. 223; *Frieß*, S. 10; *Groß*, WPK-Mitt. 1997, Sonderheft Dezember, S. 61; *Groß/Amen*, WPg 2002, S. 225, *Groß/Amen*, WPg 2002, S. 433; *Peemöller/Weigert*, BB 1995, S. 2311.

konzeptes und die Sanierungsprüfung sind sachlogisch miteinander verbunden. Gerade die höchstrichterliche Rechtsprechung fordert vom Ersteller, dass er die objektive Sanierungsfähigkeit bestätigt und die für die Sanierung konkret in Angriff genommenen Maßnahmen objektiv für geeignet hält, um das Unternehmen in überschaubarer Zeit zu sanieren[186]. Die Suche nach Sanierungsmöglichkeiten und die Beurteilung der vorhandenen Optionen i.R.d. Konzepterstellung wird als **konzepterstellungsbegleitende Sanierungsprüfung** bzw. Sanierungsprüfung im weiteren Sinne bezeichnet[187].

Bei der Erstellung eines Sanierungskonzeptes unterstützt der **Sanierungsberater** die   **63**
Geschäftsführung und wirkt aktiv an der Gestaltung der Sanierungsmaßnahmen und der Entwicklung eines neuen strategischen Leitbildes sowie ggf. der Planung mit. Eigene Analysen zur Markt- und Wettbewerbssituation werden durchgeführt und gemeinsam mit dem Mandanten das Leitbild des sanierten Unternehmens erarbeitet[188].

Beschränkt sich der Auftrag einer Sanierungsprüfung darauf, ein bereits erstelltes Sa-   **64**
nierungskonzept zu beurteilen, stellt dies eine **konzeptbeurteilende Sanierungsprüfung** bzw. Sanierungsprüfung im engeren Sinne dar[189]. Dabei wird ein vom Management bzw. einem sachkundigen Dritten erstelltes Sanierungskonzept hinsichtlich der Anforderungen des BGH und des *IDW S 6* an ein Sanierungskonzept beurteilt[190].

Die konzeptbeurteilenden Sanierungsprüfungen betreffen z.B. Gerichtsgutachten bei   **65**
Rechtsstreitigkeiten, bei denen nach einer gescheiterten Sanierung ex post zu klären ist, ob der Ersteller des Sanierungsgutachtens die rechtlichen Anforderungen und die anerkannten Grundsätze für die Konzepterstellung, insb. nach *IDW S 6*, beachtet hat. Es geht dabei um die Frage, ob vom Konzeptersteller eine Problemlösung erarbeitet worden ist, mit deren Umsetzung das Unternehmen **rückblickend** hätte saniert werden können[191]. Ist der Ersteller des Gutachtens ein langjähriger Berater des Krisenunternehmens oder wird das Sanierungskonzept von der Geschäftsleitung selbst erstellt, dann kann durchaus eine konzeptbeurteilende Sanierungsprüfung sinnvoll sein. Der Prüfer hat sich auch hier eingehend mit den komplexen rechtlichen und wirtschaftlichen Kriterien der Sanierungsfähigkeit, der Güte des Leitbildes und der Zweckmäßigkeit der Sanierungsmaßnahmen auseinanderzusetzen. Werden Schwachstellen oder Fehler festgestellt, so reichen allein wegen des Zeitdrucks im Rahmen einer Krisenbewältigung Hinweise auf Defizite in der Bestandsaufnahme oder Schwächen in der Konzeption und deren Zurückverweisung an den Ersteller nicht aus. Der Sachverständige hat vielmehr Lücken und Fehler im Datenmaterial aufzuarbeiten und ggf. tragfähigere Lösungen aufzuzeigen. Dann kann sich der anfängliche Prüfungsauftrag zu einem **Erstellungsauftrag** erweitern. Letztlich entscheiden die verantwortlichen Organe über den Auftragsumfang und darüber, ob sie **externen Rat** einholen[192].

Beauftragen Stakeholder, also Gesellschafter, Banken und andere Interessenten, eine   **66**
gutachterliche Stellungnahme zu einem Sanierungskonzept oder einem Grobkonzept, das zu einem Sanierungskonzept weiterentwickelt werden soll, wird eine klare und

---

186 Vgl. BGH v. 21.11.2005, II ZR 277/03, ZIP 2006, S. 279 (281).
187 Vgl. *Buth/Hermanns*[5], § 7 Rn. 46.
188 Vgl. *F&A zu IDW S 6*, Frage 6.
189 Vgl. *Buth/Hermanns*[5], § 7, Rn. 47.
190 Vgl. *F&A zu IDW S 6*, Frage 6.
191 Vgl. *Hermanns*, in: Beck HDR, B 769, Rn. 3.
192 Vgl. *Hermanns*, in: Beck HDR, B 769, Rn. 4.

nachvollziehbare Aussage darüber erwartet, ob mit der Umsetzung des Sanierungskonzeptes das Krisenunternehmen wirtschaftlich gesunden kann. Für eine rechtlich unbedenkliche Vergabe von Sanierungskrediten verlangt die Rechtsprechung ein schlüssiges und erfolgversprechendes Sanierungskonzept und eine damit verbundene sorgfältige Prüfung der Erfolgsaussichten der Sanierung, die eine positive Fortbestehensprognose einschließt[193].

67 Für die Frage der Erkennbarkeit der **Ausgangslage** ist auf die Beurteilung eines unvoreingenommenen branchenkundigen Fachmanns abzustellen[194]. Gutachter und Berater als Konzeptersteller benötigen Distanz zum Unternehmen, um mit ihrer fachlichen Kompetenz und Urteilsfähigkeit das Krisenunternehmen in den anstehenden schwierigen Verhandlungen mit Kapitalgebern und Arbeitnehmervertretern zu unterstützen und um rasch an jene notwendigen Unternehmensinformationen zu kommen, die von Führungskräften i.d.R. eher dem Unbelasteten ggü. geäußert werden. Auf der anderen Seite kann ein Konzeptersteller die Defizite einer unqualifizierten Geschäftsführung nur teilweise ausgleichen, weil man in der Phase der Konzepterstellung nicht das Tagesgeschäft unterstützen kann.

68 Unabhängig vom Umfang des Sanierungsprüfungsauftrages benötigt der Konzeptersteller bzw. -prüfer **Branchenkenntnisse**, um die Entwicklung der Branche und die entsprechenden Spielregeln einschätzen zu können. Wesentliche betriebswirtschaftliche, rechtliche (insb. gesellschafts- und arbeitsrechtliche) sowie steuerliche Probleme führen zu komplexen Fragestellungen, die das Krisenunternehmen mangels Wissens und Erfahrung nicht beantworten kann. Krisenspezifische Berater ergänzen mit ihrem Erfahrungsschatz das notwendige Fachwissen schnell und qualifiziert und sind zielsicher, wenn aufgrund operativer und struktureller Kostensenkungsmaßnahmen Personal unter den Bedingungen des Interessenausgleichs entlassen werden oder z.B. Geschäftsvolumen bzw. Produktionskapazitäten abgebaut werden sollen. Das Management ist weiterhin durch das normale Tagesgeschäft, welches in Krisensituationen komplexer wird, derart belastet, dass es regelmäßig nicht in der Lage sein wird, Sanierungspläne zu erstellen oder Sanierungsmaßnahmen zu entwickeln. Krisenunternehmen sind auf die nun erforderlichen Analysen, Berichte und Verhandlungen mit Stakeholdern inhaltlich und zeitlich nicht vorbereitet. Da nicht nur rechtliche sowie betriebswirtschaftlich anspruchsvolle, sondern auch zusätzliche, für das Unternehmen atypische Aufgabenstellungen zeitnah zu lösen sind, werden zur inhaltlichen und zeitlichen Erweiterung der Managementkapazitäten externe **Berater** eingeschaltet. Diese verfügen über das Wissen und die Werkzeuge für derartige komplexe Problemstellungen. Je nach Größe des Unternehmens kann bei größeren Einheiten neben operativ tätigen Krisenmanagern ein ganzes Team zum Einsatz kommen, während bei KMU[195] der Einsatz eines erfahrenen Sanierungsberaters ausreichend sein kann.

69 Aufgrund der geschilderten Situation wird es in den meisten Praxisfällen zu einer konzepterstellungsbegleitenden Sanierungsprüfung kommen. In erster Linie tragen die gesetzlichen Vertreter die **Verantwortung** zur Vermeidung und Bewältigung der Unter-

---

193 Vgl. BGH v. 12.05.2016, IX ZR 65/14, ZIP 2016, S. 1235 ff., Rn. 15 m.w.N., Rn. 36.
194 Vgl. BGH v. 04.12.1997, IX ZR 47/97, ZIP 1998, S. 248, Rn. 25.
195 Vgl. zur Definition von KMU als einer von vielen *Püschel*, KSI 2013, S. 53. Hiernach definiert die EU-Kleinunternehmen mit 50 Mitarbeitern und 10 Mio. € Umsatz und mittelgroße Unternehmen mit 50 Mitarbeitern und 50 Mio. € Umsatz.

nehmenskrise. Neben der Geschäftsleitung können auch Beiräte und Aufsichtsräte verpflichtet und Gesellschafter gefordert sein, wenn sich Unternehmenskrisen zuspitzen und Insolvenzgefahren drohen, insb. wenn die Gesellschaft führungslos wird[196].

1.4.5 Umsetzungswahrscheinlichkeiten der Sanierungsplanung

Ausgangspunkt der Betrachtung ist die ständige **Rechtsprechung zu Sanierungs-** **70** **konzepten**, insb. des BGH, die vollumfänglich im *IDW S 6* berücksichtigt worden ist. Der BGH legt darauf Wert, dass im Sanierungskonzept insolvenzrechtliche Fragestellungen beurteilt werden und für eine positive Sanierungsaussage eine **positive Fortbestehensprognose** vorliegt,[197] vgl. Kap. B Tz. 46 ff. zu Stufe 1 eines Vollkonzeptes. Die Rechtsprechung hält bei der **Wahrscheinlichkeit des Eintritts der Sanierung** und damit für die Stufe 2 eine nachvollziehbare und vertretbar erscheinende positive Prognose für ausreichend[198]. Nicht nur wegen der Bedeutung einer derartigen gutachterlichen Stellungnahme darf es nur **eindeutige Lösungen** bei der Frage der Sanierungsfähigkeit von Krisenunternehmen geben[199]. Gleichzeitig wird indirekt der Umfang der Sanierungskonzepte definiert, weil nicht jede, sondern nur die wahrscheinlichste aller Möglichkeiten abzubilden ist. Demnach ist eine Prognose positiv, wenn mehr gute Gründe dafür als dagegen sprechen, mithin der Eintritt des Erfolges wahrscheinlicher als das Scheitern ist[200]. Ausgehend von den plausiblen Annahmen über die Sanierungsmaßnahmen muss das Unternehmen mit **überwiegender Wahrscheinlichkeit** saniert werden können[201], was den „Härtegrad" der Sanierungsplanung definiert. Das Kriterium der überwiegenden Wahrscheinlichkeit gilt für **einzelne** Sanierungsmaßnahmen ebenso wie für deren **Gesamtheit**. Die **Konsistenz** und die damit verbundene Widerspruchsfreiheit der einzelnen Sanierungsmaßnahmen ist von großer Bedeutung. Die einzelnen Sanierungsmaßnahmen mit prozentualen Eintrittswahrscheinlichkeiten zu versehen, führt zu Scheingenauigkeiten und wird den komplexen Einzelsachverhalten nicht gerecht[202]. Die **begründete Erklärung zur Bestandsfähigkeit** innerhalb des Restrukturierungsplans nach § 14 Abs. 1 StaRUG erfordert ebenso wie der **Insolvenzplan** ein Sanierungskonzept als **Vollkonzept**, das eine überwiegend wahrscheinliche Sanierungsfähigkeit nachweist[203].

Sofern ausschließlich eine **Fortbestehensprognose als Unternehmenskonzept** beauf- **71** tragt wird, ist auch hier das Ziel, die Liquidität **mit überwiegender Wahrscheinlichkeit** zu sichern[204]. Der Maßstab der Wahrscheinlichkeit ist für die Beurteilung nach § 19 Abs. 2 InsO ebenso relevant wie für die Beurteilung der Sanierungsfähigkeit[205]. Das Unternehmenskonzept zur Fortbestehensprognose kann als Vollkonzept nur den gleichen Maßstab der Wahrscheinlichkeit wie nach *IDW S 6* oder *IDW S 2* aufweisen (vgl. hierzu zusammenfassend Kap. B Tz. 91.

---

196 Vgl. *IDW*, WPH Band 2014 II, Kap. L, Tz. 12.
197 Vgl. BGH v. 12.05.2016, IX ZR 65/14, ZIP 2016, S. 1235 ff., Rn. 30, 36; vgl. *IDW S 6*, Tz. 17.
198 Vgl. BGH v. 12.05.2016, IX ZR 65/14, ZIP 2016, S. 1235 ff., Rn. 30; *IDW S 6*, Tz. 21.
199 Vgl. *Buth/Hermanns*[5], § 7, Rn. 40.
200 Vgl. *F&A zu IDW S 6*, Frage 3.1.
201 Vgl. *IDW S 6*, Tz. 21.
202 Vgl. *Buth/Hermanns*[5], § 7, Rn. 40.
203 Vgl. *Steffan/Oberg/Poppe*, ZIP 2021, S. 620 (Abbildung) und S. 622.
204 Vgl. *IDW S 6*, Tz. 17.
205 Vgl. *Steffan*, ZIP 2016, S. 1712 (1714) und *F&A zu IDW S 6*, Frage 3.1.

72 Der Begriff „aussichtslos" bedeutet, dass ein Grobkonzept der Sanierung bei einem Schutzschirmverfahren oder einer Stabilisierungsanordnung nur dann ausgeschlossen wird, wenn für die Sanierungsbemühungen eindeutig negative Erfolgsaussichten bestehen[206]. Eine umfassende Beurteilung, die zur Erlangung einer Aussage zur Sanierungsfähigkeit nach *IDW S 6* durchzuführen ist, wird nicht gefordert. Das Grobkonzept der Sanierung soll grundsätzliche Vorstellungen darüber vermitteln, wie die angestrebte Sanierung konzeptionell und finanziell erreicht werden kann[207]. Dabei ist **überschlägig einzuschätzen**, ob die skizzierten Maßnahmen für eine erfolgreiche Sanierung im Rahmen eines Insolvenzplans ausreichen können. Die **Realisierungswahrscheinlichkeit** der einzelnen Maßnahmen ist qualitativ zu erläutern[208]. Die überwiegende Wahrscheinlichkeit einzelner Maßnahmen sowie die Gesamtschau derer wird nicht verlangt[209].

73 Aussichtlos ist eine Sanierung dann, wenn zweifelsfrei feststeht, dass eine Sanierung nicht gelingen kann. Nicht aussichtlos ist eine Sanierung, wenn hierfür mindestens ein mögliches Szenario aufgezeigt werden kann. Eine ähnliche Fragestellung und quasi eine Parallele gibt es bei einer „artverwandten" Fragestellung: wann liegt **Going Concern** vor? Der BGH hat zu dieser Frage entschieden, dass selbst bei einem **Insolvenzantrag** oder einem **Insolvenzeröffnungsbeschluss** unter bestimmten Prämissen die Going-Concern-Prämisse aufrecht erhalten werden kann[210]. Sogar bei diesen einschneidenden Ereignissen für ein Unternehmen ist nicht zwingend vom Going Concern abzukehren, wenn glaubhaft nachgewiesen ist, dass das Unternehmen nach Eröffnung des Insolvenzverfahrens z. B. mit einem Insolvenzplan fortgeführt werden kann[211]. Vom Going Concern ist spätestens abzukehren, wenn die Stilllegung des Unternehmens zweifelsfrei in absehbarer Zukunft feststeht[212]. Im Umkehrschluss bedeutet das: besteht **lediglich eine wesentliche Unsicherheit** i.R.d. Unternehmensfortführung, dann gilt der Grundsatz der Unternehmensfortführung weiter[213]. Eine **wesentliche Unsicherheit** liegt insbesondere vor, wenn es **keine positive insolvenzrechtliche Fortbestehensprognose** gibt, die mit überwiegender Wahrscheinlichkeit einen Insolvenzgrund ausschließt. Die **handelsrechtliche positive Fortführungsprognose** bleibt bestehen, wenn in einem zumindest **nicht unrealistischen Szenario** eine Stilllegung z. B. Schutzschirmverfahren vermieden werden kann[214]. Die wesentliche Unsicherheit bleibt hinter der überwiegenden Wahrscheinlichkeit in Bezug auf den Härtegrad der Sanierungsplanung zurück und steht für eine Umsetzungswahrscheinlichkeit, die unter 50% liegt, was für „nicht offensichtlich aussichtslose" Sanierungen und für „nicht unrealistische Szenarien" gleichermaßen gelten muss.

74 **Grobkonzepte der Sanierung** nach §§ 31 Abs. 2 S. 1 Nr. 1 und 50 Abs. 2 Nr. 1 StaRUG sowie nach §§ 270a Abs. 1 Nr. 2 und 270d Abs. 1 InsO haben nicht nur eine ggü. den

---

206 Vgl. *IDW ES 9 n.F.*, Tz. 32.
207 Vgl. *IDW ES 9 n.F.*, Tz. 32.
208 Vgl. *IDW ES 9 n.F.*, Tz. 33.
209 Vgl. *Steffan/Oberg/Poppe*, ZIP 2021, S. 620.
210 Vgl. BGH v. 26.01.2017, IX ZR 285/14, BB, S. 687.
211 Vgl. BGH v. 26.01.2017, IX ZR 285/14, BB, S. 687 m.w.N.
212 Vgl. *Pföhler/Seidler*, BB 2021, S. 300.
213 Vgl. *Buth/Hermanns*[5], § 44, Rn. 6.
214 Vgl. *Buth/Hermanns*[5], § 44, Rn. 14.

Vollkonzepten (Fortbestehensprognose nach *IDW S 11* und Sanierungskonzept nach *IDW S 6*) niedrigere Umsetzungswahrscheinlichkeit von bis zu 50%, sondern auch eine niedrigere Detailtiefe. Wenn die zu skizzierenden Sanierungsmaßnahmen innerhalb eines Grobkonzeptes hinter den nach *IDW S 6* festzulegenden Sanierungsmaßnahmen zurückbleiben, wird sich dies demnach auf den Härtegrad der Planung sowie auf die Inhalte auswirken.

Im Folgenden wird anhand eines **Beispiels** dargelegt, wie ein derartiges Grobkonzept **75** erarbeitet werden kann (vgl. hierzu zunächst Abb. 7). Diese enthält einen **Ausschnitt**, der die strukturelle Vorgehensweise bei der Erstellung eines Vollkonzeptes als Sanierungskonzept nach *IDW S 6* darstellt. Es wird aufgezeigt, welche Möglichkeiten es in der Wertschöpfung gibt, um die **sonstigen betrieblichen Aufwendungen (Projekt)** zu senken. Bedingt durch die Kostenartenstruktur können klassischerweise **Meilensteine** der Sanierung definiert werden, die in **Sanierungsmaßnahmen** und diese wiederum in einzelne Arbeitsschritte (**Einzelschritte**) heruntergebrochen werden. Die Gesamtheit aller Projekte aus den jeweiligen Wertschöpfungsstufen und die sich hieraus ergebenden Meilensteine, Sanierungsmaßnahmen und Einzelschritte sind in einem tauglichen Sanierungskonzept sachlogisch nachvollziehbar und können jeweils bewertet (Umsetzung überwiegend wahrscheinlich) und in eine integrierte Sanierungsplanung überführt werden. Mit dieser Gesamtschau ergibt sich das Vollkonzept, welches den Anforderungen der BGH-Rechtsprechung bzw. dem *IDW S 6* gerecht werden kann. Während in der Sanierungspraxis aus einem Grobkonzept in sinnvoller Weise ein Vollkonzept entwickelt wird[215], kann aus praktischen Erwägungen von einem Vollkonzept ausgehend hergeleitet werden, inwiefern methodisch ein Grobkonzept hinter einem Vollkonzept zurückbleiben kann.

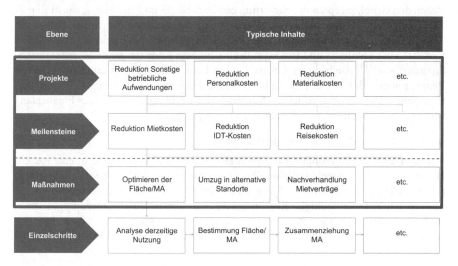

Abb. 7: Abgrenzung Vollkonzept zu Grobkonzept

---

215 Vgl. *Steffan/Oberg/Poppe*, ZIP 2021, S. 617 ff.

Beispiel 3:

Ein **Vollkonzept** weist Sanierungsmaßnahmen auf, die über die jeweiligen Sanierungsprojekte, über die Meilensteine zu den Sanierungsmaßnahmen und zu einzelnen Arbeitsschritten heruntergebrochen und damit geplant werden können. Sind die Einzelschritte sachlogisch, können die Effekte auf Ertrag und Liquidität ebenso wie die Umsetzungswahrscheinlichkeit (Vollkonzept überwiegend wahrscheinlich) bestimmt werden. Ein **Grobkonzept** der Sanierung hat diese Detailtiefe nicht. Es umfasst je nach Unternehmenskomplexität die Ebene „Maßnahmen" (roter durchgezogener Balken) oder gar nur die Meilensteine. Eine Wahrscheinlichkeitsbetrachtung auf diesen Ebenen ist i.d.R. nicht möglich, weil sie mangels Detaillierung bis zu den Einzelschritten nicht beurteilt werden kann.

Wenn z.B. die IDT[216]-Kosten ggü. dem Benchmark vergleichbarer Unternehmen um sechs Prozentpunkte zu hoch sind, ist es **nicht offensichtlich aussichtslos**, die Kosten um diesen Betrag zu reduzieren. Werden für die übrigen Bereiche ebenfalls konkrete Potenziale für Kosteneinsparungen skizziert, kann mit Sanierungs- und/oder Branchenexpertise ebenfalls ein Einsparungseffekt überschlägig ermittelt werden. Folglich ergibt sich insgesamt ein möglicher Sanierungsbeitrag durch die verbesserte Kostenposition „sonstige betrieblichen Aufwendungen". Werden alle möglichen Bereiche der Wertschöpfung in dieser Art und Weise beurteilt, ergibt sich das skizzierte Grobkonzept der Sanierung, das in den meisten Fällen auch in einem integrierten Sanierungsplan abgebildet werden kann und sollte. Die Sanierungsmaßnahmen sind auch finanzwirtschaftlich darzustellen, um eine seriöse Einschätzung der Sanierung zu gewährleisten.

76 Neben den Grobkonzepten der Sanierung gemäß StaRUG und InsO sind, wie in Kap. B Tz. 57 aufgeführt, **Finanzpläne** vorzulegen, die überwiegend wahrscheinlich umsetzbar sein müssen[217]. Der höhere Härtegrad der Planung ist nachvollziehbar, damit beide Verfahren nach StaRUG und InsO von Beginn bis zum Ende (ca. sechs Monate) durchfinanziert sind[218]. Auch dieser Finanzplan wird am sichersten mit einer **integrierten Planung** abgebildet[219]. Der Finanzplan ist kompatibel zum Grobkonzept der Sanierung zu gestalten. Die unterschiedlichen Härtegrade des Grobkonzeptes und des Finanzplans wirken sich auf die Rechenarithmetik der Planung nicht aus.

1.4.6 Umfang von Sanierungskonzepten

77 Den Umfang von Sanierungskonzepten zu diskutieren und festzulegen, ist eine weitere Herausforderung, die **stets individueller Lösungen** bedarf. Die Problemstellung resultiert aus der Komplexität der Aufgabe. Allein der *IDW S 6* in seiner aktuellen Fassung umfasst mit allgemeingültigen Regelungen 95 Textziffern. Viele Sanierungsgutachten sind aufwendig und kostenintensiv, sodass man bei KMU vermutet, dass diese derartige Gutachten nicht finanzieren können[220]. Es geht bei der Frage zum Umfang aber nicht

---

216 Aufgrund zunehmender Wichtigkeit wurde der Begriff der Informationstechnologie um die Digitaltechnologie erweitert, sodass von Informations- und Digitaltechnologie (IDT) als Gesamtkomplex gesprochen wird.
217 Vgl. BT-Drs. 19/24181, S. 204, für § 50 Abs. 2 Nr. 2 StaRUG analog angewandt.
218 Vgl. BT-Drs. 19/24181, S. 136; *IDW ES 9 n.F.*, Tz. 35.
219 Vgl. *Steffan/Oberg/Poppe*, ZIP 2021, S. 624.
220 Vgl. *Tobias/Schampel*, KSI 2011, S. 247.

nur um die Seitenzahl eines Sanierungsgutachtens, sondern auch um inhaltliche Fragen. Nur ein vollumfängliches Sanierungskonzept, das sämtlichen Anforderungen des *IDW S 6* gerecht wird, schützt das KMU bzw. deren Organe. Die BGH-Rechtsprechung ist bei Unternehmenssanierungen **unabhängig von der Unternehmensgröße** zu berücksichtigen[221].

Bei **KMU** liegt i.d.R. eine **geringere Komplexität** der Sanierungssituation vor. KMU **78** haben weniger Geschäftsbereiche und übersichtlichere Unternehmensstrukturen[222]. Das Ausmaß der Untersuchung und die Berichterstattung sind daran anzupassen[223]. Der Umfang des Sanierungskonzeptes korreliert i.d.R. mit der jeweiligen Größe des Unternehmens. Dadurch ergeben sich typischerweise geringere Konzepterstellungskosten[224]. Von der grundsätzlichen inhaltlichen Struktur des *IDW S 6* abzuweichen bedeutet, sich möglichen Haftungsgefahren auszusetzen. Inhalte zu reduzieren, ist bei KMU ein Ziel, das bei weniger komplexen Unternehmensstrukturen auch erreichbar sein sollte. Bleiben die für Sanierungskonzepte notwendigen Grundstrukturen erhalten, indem die Kernanforderungen sachgerecht abgearbeitet werden, kann ein Gutachter davon ausgehen, dass sein Urteil gerichtlich belastbar ist. Bei KMU sind insb. deren Problemfelder zu berücksichtigen. Hierzu gehören bspw. Abhängigkeiten von wenigen Kunden bzw. Lieferanten, fehlende Transparenz in der Kostenrechnung bzw. im Rechnungswesen oder geringe Eigenkapitalquoten[225]. Auch fehlende Einsichtsfähigkeit bei eigentümergeführten Unternehmen und die späte Einbindung der Banken sind potenzielle Problemfelder.

Unabhängig von der Unternehmensgröße sind **Sachverhalte ohne Relevanz** für die Sa- **79** nierungssituation nicht gesondert darzustellen und die Kernbestandteile eines Sanierungsgutachtens sind sachgerecht abzuarbeiten, damit ein Sanierungsgutachten gerichtlich belastbar ist[226]. Auf diese Weise wird der Umfang der Sanierungsgutachten deutlich reduziert (vgl. im Übrigen zu den Sanierungskonzepten für KMU Kap. B Tz. 458 ff.

Bei den sog. **Grobkonzepten** ist der Umfang aufgrund fehlender Detailtiefe sowie deren **80** Inhalt ggü. den Sanierungskonzepten geringer, was unter Kap. B Tz. 70 ff. hergeleitet worden ist.

Werden Sanierungskonzepte im Umfang reduziert, indem benannte Kernbestandteile, **81** wie z.B. die Analyse der wirtschaftlichen Lage oder die strategische Ausrichtung, nicht bearbeitet werden, setzt man sich im Ergebnis Anfechtungsgefahren aus. Werden diese Gutachten „**in Anlehnung an**" den *IDW S 6* oder ohne Bezugnahme auf den *IDW S 6* erstellt, exkulpiert dies nicht[227]. Das Risiko späterer Anfechtungsprozesse und straf- bzw. haftungsrechtlicher Untersuchungen wird dadurch nicht gemindert[228]. Eine Einschätzung der **Sanierungsfähigkeit** ist nur möglich, wenn die Kernbestandteile für ein Sanierungskonzept abgearbeitet werden. So können nach einem aktuellen Urteil erns-

---

221 Vgl. *IDW S 6*, Tz. 40.
222 Vgl. Auch *IDW PH 9.100.1*, Tz. 3.
223 Vgl. *IDW S 6*, Tz. 39.
224 Vgl. *IDW S 6*, Tz. 43.
225 Vgl. *IDW S 6*, Tz. 43.
226 Vgl. *Buth/Hermanns*[5], § 7, Rn. 38.
227 Vgl. *F&A zu IDW S 6*, Frage 3.
228 Vgl. *F&A zu IDW S 6*, Frage 3.

thafte Sanierungsbemühungen gegen den Benachteiligungsvorsatz sprechen, wenn zu der Zeit der angefochtenen Handlung ein schlüssiges, von den tatsächlichen Gegebenheiten ausgehendes Sanierungskonzept vorliegt, das mindestens in den Anfängen schon in die Tat umgesetzt worden ist und bei der Schuldnerin die ernsthafte und begründete Aussicht auf Erfolg rechtfertigt[229].

Praxistipp 3:

In Gutachten wird manchmal das Wort „Krise" vermieden, wenn diese noch nicht publik ist und auch zu diesem Zeitpunkt nicht publik werden soll. Die Überschrift lautet dann bspw. „Revitalisierungskonzept" oder „Restrukturierungsoptionen", um das Wort „Sanierung" zu vermeiden.

1.4.7 Prognosezeiträume

82 Eine positive Sanierungsaussage liegt nach der BGH-Rechtsprechung nur dann vor, wenn das Krisenunternehmen **in überschaubarer Zeit** durchgreifend saniert werden kann[230] und damit das Unternehmen **sanierungsfähig** ist[231]. Erkennbar wird dies regelmäßig im **Sanierungskonzept** aus der integrierten **Sanierungsplanung des letzten Planjahres**. Mit den dort ableitbaren Kennzahlen bspw. zur Zielrendite und zur Eigenkapitalausstattung wird die Wettbewerbsfähigkeit deutlich[232]. In der Sanierungspraxis wird der **Prognosezeitraum** abhängig von der Branche, vom Geschäftsmodell oder vom Krisenstadium mit **drei bis fünf Jahren** definiert[233]. Das gilt für jedes Unternehmenskonzept, das eine erfolgreiche Sanierung nachweisen soll, und umfasst auch die **Grobkonzepte der Sanierung** nach §§ 31 Abs. 2 S. 1 Nr. 1 und 50 Abs. 2 Nr. 1 **StaRUG** sowie nach §§ 270a Abs. 1 Nr. 2 und 270d Abs. 1 **InsO**[234]. Denn auch die Grobkonzepte der Sanierung haben aufzuzeigen, dass mit den Maßnahmen das Restrukturierungsziel erreicht werden kann.

83 Kürzere Prognosezeiträume für Unternehmenskonzepte in der Krise, wie z.B. die Fortbestehensprognose nach IDW S 11, gelten im Zusammenhang mit der Feststellung bzw. dem Ausschluss von **Insolvenzgründen** nach §§ 15a ff. InsO. Nach § 18 Abs. 2 S. 2 InsO ist **ab dem 01.01.2021** zur Feststellung einer **drohenden Zahlungsunfähigkeit in aller Regel** ein Prognosezeitraum von **24 Monaten** zugrunde zu legen. Damit folgt der Gesetzgeber der wohl überwiegenden Auffassung, die für eine variable Frist in Abhängigkeit vom zu beurteilenden Unternehmen und den Fälligkeitsdaten der vorhandenen Verbindlichkeiten bis zu einem Maximum von etwa zwei Jahren plädierte[235]. Da es sich um eine **gesetzliche Vermutung** handelt, kann von dieser Frist im Einzelfall abgewichen werden. Bei endfälligen und im Verhältnis zur gesamten Verschuldung der Gesellschaft hohen Zahlungsverpflichtungen, wie auslaufende Anleihen, Schuldverschreibungen oder andere Finanzierungen, sollte bei unsicherer Refinanzierungsmöglichkeit die zeit-

229 Vgl. LG Aachen v. 14.04.2021, 11 o 241/17 und später OLG Köln, Beschluss vom 13.10.2021 – 2 U 23/21, ZInsO 2021, S. 1343
230 Vgl. BGH v. 21.11.2005, II ZR 277/03, ZIP 2006, S. 279, Rn. 14 m.w.N.
231 Vgl. *Buth/Hermanns*[5], § 7, Rn. 42.
232 Vgl. *Buth/Hermanns*[5], § 7, Rn. 42.
233 Vgl. *F&A zu IDW S 6*, Frage 4.2.
234 Vgl. *Buth/Hermanns*[5], § 7, Rn. 42.
235 Vgl. *Wolfer*, in: BeckOK InsO, § 18, Rn. 23.

liche Grenze ggf. abweichend festgelegt werden[236]. Soll eine drohende Zahlungsunfähigkeit nach § 18 Abs. 2 InsO ausgeschlossen werden, sind die Grundsätze des IDW S 11 hier einschlägig, allerdings mit einem Prognosezeitraum von 24 Monaten. Vgl. zur Kategorisierung und Abgrenzung zur Überschuldung Abb. 8 sowie die nachfolgende Tz.

Der Insolvenzgrund der **Überschuldung** nach § 19 Abs. 2 InsO führt ab dem 01.01.2021 **84** zu einem legal definierten Prognosehorizont für eine Fortbestehensprognose z.B. nach *IDW S 11* von **einem Jahr**. Vor dem Stichtag ist das laufende und das nachfolgende GJ betrachtet worden[237]. Um möglichst zu verhindern, dass Insolvenzanträge in Zeiten der COVID-19-Pandemie allein aufgrund der Prognoseunsicherheiten gestellt werden müssen, sieht § 4 COVInsAG unter bestimmten Bedingungen für die Prüfung der Fortbestehensprognose des § 19 Abs. 2 S. 1 InsO eine Verkürzung des Prognosezeitraums, ausschließlich für 2021 konkret auf **vier Monate** vor[238]. Vergleiche zur Beurteilung der Insolvenzreife auch Kap. C. Tz. 6 ff.

Problematisch kann der Prognosezeitraum bei der Frage der Überschuldung sein, wenn **85** ein Unternehmen nicht mehr fortgeführt, sondern liquidiert werden soll. Wenn dann die Fortbestehensprognose nach § 19 Abs. 2 InsO binnen der nächsten 12 Monate positiv ist und die weiterführende Liquidation ab dem 13. Monat zur Zahlungsunfähigkeit führt, stellt sich die Frage, ob i.S. eines umfassenden Gläubigerschutzes tatsächlich am Stichtag der Betrachtung kein Insolvenzgrund vorliegt. Sollen die Unternehmen fortgeführt werden, dann ist die Regelung zu den Insolvenzgründen nach §§ 18 Abs. 2 und 19 Abs. 2 InsO sinnvoll.

Ist die **Liquidation beschlossen,** dauert sie länger als 12 Monate und besteht die Gefahr, **86** dass Gläubiger danach ausfallen, kann bei vorliegender drohender Zahlungsunfähigkeit ein mit dem Liquidationsbeschluss einhergehender Antrag auf Insolvenz zur Wahrung der Interessen aller Gläubiger aus Sicht der Organhaftung sinnvoller sein.

Immer wieder diskutiert wird die **Abgrenzung** der handelsrechtlichen Fortführungs- **87** prognose von der insolvenzrechtlichen Fortbestehensprognose. Im Rahmen der Abschlussprüfung haben die neu festgelegten ab 01.01.2021 geltenden Prognosezeiträume grundsätzlich keine unmittelbaren Auswirkungen auf die **handelsrechtliche Fortführungsprognose**. Klären die gesetzlichen Vertreter Insolvenzgründe nach § 19 Abs. 2 InsO mit einer positiven Fortbestehensprognose und übertrifft diese mit ihren 12 Monaten den handelsrechtlichen Prognosezeitraum von 12 Monaten ab dem Bilanzstichtag, dann wird der handelsrechtliche vom insolvenzrechtlichen Prognosezeitraum überlagert[239]. Der Prognosezeitraum von 24 Monaten nach § 18 Abs. 2 InsO ist für handelsrechtliche Zwecke nur dann relevant, wenn dem Abschlussprüfer eine entsprechende Unternehmensplanung mit einem längeren Planungshorizont als 12 Monate vorgelegt hat. Der nach § 4 COVInsAG für 2021 festgelegte Prognosezeitraum der insolvenzrechtlichen Fortbestehensprognose von 4 Monaten ist handelsrechtlich irrelevant, weil der APr. die Unternehmensfortführung auch hier 12 Monate ab Bilanzstichtag betrachten wird[240].

---

236 Vgl. *Wolfer*, in: BeckOK InsO, § 18, Rn. 23.
237 Vgl. *IDW S 11* a.F., Tz. 60.
238 Vgl. *IDW S 11* n.F., Tz. 101; auch *Wolfer*, in: BeckOK InsO, § 19, Rn. 16a,16a.1.
239 Vgl. *Pföhler/Seidler*, BB 2021, S. 303.
240 Vgl. *Pföhler/Seidler*, BB 2021, S. 303; auch *IDW PS 270 n.F.*, Tz. A11 und *IDW PS 270 n.F.*, Tz. A13.

1.4.8 Aktualisierung von Unternehmens- und Sanierungskonzepten

88 Zuletzt stellt sich die Frage, wie lange ein Unternehmens- bzw. Sanierungskonzept gültig ist. Letztlich haben die gesetzlichen Vertreter der betroffenen Unternehmen die Verantwortung, z.b. die Einhaltung des Sanierungsplans nachzuhalten und zu beurteilen, ob die Planungsabweichungen zu Konsequenzen führen. Das betrifft zunächst die Frage, ob die Planabweichung wesentlich ist und damit das avisierte Sanierungsziel nicht erreicht werden kann.

Beispiel 4:

Liegt die avisierte angemessene Rendite im Planjahr 2022 bei 5,2% und ist im laufenden GJ 2021 offenkundig, dass die zu erreichende Rendite in 2022 max. 3,8% beträgt, wird diese Planabweichung von rund 25% zunächst als wesentlich eingestuft werden können.

89 Eine Planabweichung kann wesentlich sein und dennoch ist nicht zwingend Handlungsbedarf gegeben. Es ist bspw. zu prüfen, ob mit Gläubigern im Sanierungsplan getroffene Abreden, z.B. Besserungsschein, Tilgungen usw., nunmehr nicht erfüllt werden können. Dann werden sicher bilaterale Gespräche geführt werden und es ist abzuwägen, ob das Sanierungskonzept zu aktualisieren ist. Eindeutiger ist der Fall, wenn die Planabweichungen wesentlich und so gravierend sind, dass ein Restrukturierungs- bzw. Sanierungsziel nicht erreicht werden kann.

Beispiel 5:

Ein Anlagenbauer erreicht nach einem 2020 vorgelegtem Sanierungskonzept 2021 den Turnaround („schwarze Null"), um 2023 die angestrebte Zielrendite zu erreichen. Bedingt durch die Folgen der COVID-19-Pandemie wird der Anlagenbauer 2021 Verluste erzielen und den Turnaround nicht erreichen. Weil die Sanierung sich um mindestens ein Jahr verschiebt, wird zur Absicherung der Finanzierung das Sanierungskonzept aktualisiert.

90 Wird ein Sanierungskonzept aktualisiert, gelten sämtliche Grundsätze, die auch bei der Erstellung zugrunde gelegt wurden, wie z.B. die im *IDW S 6* formulierten.

1.4.9 Zusammenfassende Kategorisierung

91 Aus den Inhalten der in Kap. B Tz. 37 ff. aufgezeigten Themen lassen sich folgende Strukturen darstellen. Es werden hier die beiden Fortbestehensprognosen nach §§ 19 Abs. 2 (I) und 18 Abs. 2 InsO (II) aufgeführt sowie die beiden Grobkonzepte der Sanierung aus StaRUG und InsO (I und II), die betriebswirtschaftlich sinnvoll als Einheit angesehen werden können, sowie das Sanierungskonzept, welches noch einmal nach KMU differenziert wird.

Art des Unternehmens-konzeptes	Rechtsgrundlage	Voll-kon-zept	IDW Stan-dard	Umfang	Wahr-schein-lichkeit (W)	Prognose-zeitraum
Fortführungs-prognose I	§ 19 Abs. 2 InsO	✔	*IDW S 11*	+++	> 50%	12 Monate
Fortführungs-prognose II	§ 18 Abs. 2 InsO	✔	*IDW S 11*	+++	> 50%	24 Monate
Grobkonzept der Sanierung I	§ 31 Abs. 2 S. 1 Nr. 1 StaRUG; § 270a Abs. 1 Nr. 1 InsO	✘	*IDW S 9*	+	25% < W ≤ 50%	mind. 3 Jahre
Grobkonzept der Sanierung II	§ 50 Abs. 2 Nr. 1 StaRUG; § 270d Abs. 1 InsO	✘	*IDW S 9*	+	25% < W ≤ 50%	mind. 3 Jahre
Sanierungs-konzept	Auftrag/MaRisk etc.	✔	*IDW S 6*	+++	> 50%	mind. 3 Jahre
KMU-Sanierungs-konzept	Auftrag/MaRisk	✔	*IDW S 6*	+ / ++	> 50%	mind. 3 Jahre

Abb. 8: Kategorisierung von Sanierungskonzepten

2. Erstellung von Sanierungskonzepten nach IDW S 6

2.1 Auftragsgrundlagen

Die Abwicklung der Arbeiten zu einem Sanierungsgutachten richtet sich nach den Be- **92** stimmungen des BGB, wobei die Erstellung und die Beurteilung eines Sanierungs-konzeptes als Werkvertrag nach § 631 BGB einzustufen ist. Kommen im Schwerpunkt beratende Tätigkeiten hinzu, kann auch ein Dienstvertrag (§ 611 BGB) oder ein Misch-typus vorliegen. Die Unterscheidung zwischen Dienst- und Werkvertrag kann etwa we-gen denkbarer Unterschiede hinsichtlich der Vergütungsregeln oder der besonderen Verjährungsvorschrift des § 634a BGB (Werkvertrag) relevant werden[241]. Nach § 54a WPO ist es für WP und WPG zielführend, der Auftragsdurchführung allgemeine Auf-trags-/Geschäftsbedingungen zugrunde zu legen, nämlich die **Allgemeinen Auftrags-bedingungen für WP und WPG** (AAB), weil diese insb. bezüglich der Haftungsbe-schränkung den berufsrechtlichen Anforderungen (§ 54a Abs. 1 Nr. 2 WPO) ent-sprechen und Wirkung entfalten, wenn sie bei Auftragsannahme Bestandteil der vertra-glichen Absprache werden.

Nicht nur aus **Nachweisgründen** ist trotz fehlender gesetzlich vorgeschriebener Form **93** die Auftragsgrundlage schriftlich zu bestätigen. Aus praktischer Erfahrung liegt das In-teresse nicht nur bei den beiden Auftragsparteien, sondern häufig auch bei den Stake-

---

241 Vgl. *IDW*, WPH Edition, Wirtschaftsprüfung & Rechnungslegung[16], Kap. A Tz. 273.

holdern. Insbesondere Finanzierer, die i.d.R. Initiator der Beauftragung sind[242], lassen sich die Auftragsgrundlagen vorlegen und sprechen ggf. Empfehlungen aus, um die Bearbeitung der Mindestanforderungen im Sinne der BGH-Rechtsprechung bzw. der MaRisk sicherzustellen und weitere Aufgabenschwerpunkte wie Sensitivitätsrechnungen, Stand-Alone-Betrachtungen usw. zu bestimmen.

94 In Bezug auf das Verhältnis zu den Finanziers eines Krisenunternehmens wird immer häufiger ein sog. **Vertrag mit Schutzwirkung** zugunsten Dritter angestrebt. Grundsätzlich kann jeder Dritte bei jedem Vertrag einbezogen werden, da bei den Auftragsparteien ausdrücklich oder konkludent Privatautonomie herrschen und eine derartige Zusatzabrede getroffen werden kann. Das gilt insb. für Gutachten- oder Beratungsverträge mit Krisenunternehmen. In den meisten Fällen wird ein Sanierungskonzept als Grundlage für die Entscheidung über einen Sanierungskredit betrachtet[243]. Daher sehen sich Konzeptersteller i.R. von Sanierungsgutachtenaufträgen häufig mit einer Haftungsausweitung und einer über das eigentliche Auftragsverhältnis hinausgehenden Dritthaftung konfrontiert[244]. Der Gutachter kann sich der Haftung insb. dann kaum entziehen, wenn er an Verhandlungen mit Banken und anderen Stakeholdern teilnimmt. Ob die Voraussetzungen für das Vorliegen eines Vertrags mit Schutzwirkung zugunsten Dritter erfüllt sind, ist im jeweiligen Einzelfall zu prüfen[245] (vgl. hierzu auch Kap. B Tz. 486 ff.).

95 Mit der Auftragsannahme sind somit die Aufgaben der Konzeptersteller, der Zweck des Arbeitsergebnisses und die Adressaten der Berichterstattung, ggü. denen der Gutachter haftet, festgelegt[246]. Der uneingeschränkte Zugang zu **Informationen** ist zu sichern und die Art der Berichterstattung festzulegen. Schriftliche Berichterstattung ist aus Nachweisgründen verpflichtend, die Art der Berichterstattung tendiert zur Powerpoint-Präsentation, was angesichts der Vielfältigkeit der Informationen sinnvoll sein kann.

96 Um zum gewünschten Prüfungsergebnis zu gelangen, sind nach der BGH-Rechtsprechung dem unvoreingenommenen und branchenkundigen Fachmann die üblichen Buchhaltungsunterlagen und sonstige relevante Informationen vorzulegen[247]. Um diese Anforderung zu erfüllen, hat das Krisenunternehmen vertraglich zu versichern, dass Zugang zu allen Geschäftsunterlagen besteht und ein umfassendes **Auskunftsrecht** gewährt wird. Je nach Einzelfall ist im Auftrag und im Erstellungsbericht auf die **Mitwirkungspflichten** des Auftraggebers und weiterer beteiligter Stakeholder, welche die Ausgangssituation, Prämissen bei der Sanierung etc. prägen, hinzuweisen. Der Gutachter hat zu bestätigen, dass für die Beurteilung des Sanierungskonzeptes sämtliche relevanten Unterlagen zur Verfügung gestanden haben. Der Gutachter lässt sich das mit einer auftragsseitig vereinbarten **Vollständigkeitserklärung** bestätigen[248] (vgl. hierzu

---

242 Vgl. *Jaroschinsky/Werner*, WPg 2016, S. 633 (demnach sind Finanzgläubiger zu 70% Impulsgeber bei der Beauftragung von Restrukturierungsgesellschaften, weil sie zusammen mit den Warenkreditversicherern die Hauptfinanzierungspartner von Unternehmen sind).
243 Vgl. *Leschke/Rost*, DB 2013, Heft 16, S. M1.
244 Vgl. *Kuss*, WPg 2009, S. 326 (335 f.) mit detaillierten Erläuterungen zu möglichen Auftragsverhältnissen.
245 Vgl. *IDW*, WPH Edition, Wirtschaftsprüfung & Rechnungslegung[15], Kap. A Tz. 334.
246 Vgl. *Buth/Hermanns*, DStR 2010, S. 289.
247 Vgl. BGH, v. 04.12.1997, IX ZR 47/97, ZIP 1998, S. 248 (251 f.).
248 Vgl. *IDW S 6*, Tz. 87.

nachfolgendes Beispiel als Muster einer Vollständigkeitserklärung für die Erstellung/ Prüfung von Sanierungskonzepten[249]):

Tatsachenbasis für Sanierungskonzepte – Muster einer Vollständigkeitserklärung: **97**

Erstellung / Beurteilung des Sanierungskonzeptes ... vom ...

Ihnen als mit der Erstellung/Beurteilung des o.a. Sanierungskonzeptes beauftragtem Wirtschaftsprüfer / beauftragter Wirtschaftsprüfungsgesellschaft erkläre ich / erklären wir als gesetzliche(r) Vertreter (Vorstandsmitglied(er) / Geschäftsführer / ...) /geschäftsführende(r) Gesellschafter / Inhaber / ...des Unternehmens Folgendes:

A. Aufklärungen und Nachweise

Die Aufklärungen und Nachweise, um die Sie mich / uns gebeten haben, habe ich / haben wir Ihnen vollständig und nach bestem Wissen und Gewissen gegeben. Dabei habe ich / haben wir außer meinen / unseren persönlichen Kenntnissen auch die Kenntnisse der übrigen gesetzlichen Vertreter/ geschäftsführenden Gesellschafter / Inhaber des Unternehmens an Sie weitergegeben.

Als Auskunftspersonen habe ich / haben wir Ihnen die nachfolgend aufgeführten Personen benannt:

....-
....

Diese Personen sind von mir / uns angewiesen worden, Ihnen alle erforderlichen und alle gewünschten Aufklärungen und Nachweise richtig und vollständig zu geben.

B. Bücher, Schriften und sonstige Unterlagen

1. Ich habe / Wir haben dafür Sorge getragen, dass Ihnen alle für die Auftragsbearbeitung erforderlichen Bücher und Schriften sowie sonstige relevante Unterlagen des Unternehmens, auch soweit diese IDT-gestützt geführt werden, vollständig zur Verfügung gestellt worden sind. Hierzu gehören insbesondere auch Finanzinformationen, Planungsunterlagen, Unterlagen/Informationen über die Gespräche mit Gläubigern und (potenziellen) Kapitalgebern oder Investoren sowie diesbezüglicher Schriftverkehr, interne und externen Gutachten und Studien, Verträge sowie Hilfszusagen Dritter (Garantien, Bürgschaften, Letters of Comfort etc.).

2. Sämtliche von Dritten in meinem / unserem Auftrag gefertigte Unterlagen, aus denen sich Informationen über die wirtschaftliche Lage der Gesellschaft ergeben und die damit Grundlage einer Krisenanalyse und Krisenbewältigung sein können, sind Ihnen ebenfalls vollständig vorgelegt worden.

---

249   Die Vollständigkeitserklärung basiert auf Erörterungen im FAS.

3. In den vorgelegten Büchern sind alle Vorgänge erfasst und alle für das Verständnis des Krisenstadiums erforderlichen Informationen berücksichtigt, so dass diese den Istzustand des Unternehmens zutreffend wiedergeben. Hierzu gehören insb. auch außerbilanzielle Verpflichtungen. Nach meinen / unseren Kenntnissen sind die Ihnen vorgelegten Informationen vollständig und richtig.

C. Sanierungskonzept

Darstellung und Analyse des Unternehmens

1. Die Ihnen mitgeteilten rechtlichen, steuerlichen und wirtschaftlichen Verhältnisse sind in dem Sanierungskonzept zutreffend berücksichtigt.

2. Die Ausgangslage des Unternehmens einschließlich des Krisenstadiums und der Krisenursachen sind im Sanierungskonzept zutreffend dargestellt.

3. Ich habe / Wir haben gemeinsam mit Ihnen alle Gesichtspunkte, die für ein hinreichend aussagefähiges Geschäftsmodell erforderlich sind, erörtert. Das im Sanierungskonzept dargestellte Leitbild gibt das Ergebnis dieser Diskussion zutreffend wieder.

4. Meine / Unsere in dem Sanierungskonzept dargestellten Einschätzungen und Beurteilungen sind zutreffend wiedergegeben.

Integrierte Unternehmensplanung und Krisenbewältigung

5. Die Planung bezieht nur Erwartungen auf der Grundlage überwiegend wahrscheinlicher Annahmen ein und ich gehe / wir gehen mithin von einer realisierbaren Planung aus: Die vorliegende Unternehmensplanung, bestehend aus der Ertrags-, Finanz- und Vermögensplanung für die künftigen Geschäftsjahre bis Ende [...], sowie die Annahmen, auf denen sie basiert, und die Ihnen dazu gegebenen Erläuterungen und Auskünfte entsprechen meinen / unseren aktuellen Erwartungen. Diese Erwartungen berücksichtigen alle erkennbaren Umstände, Chancen und Risiken und sind nach meiner / unserer Einschätzung zutreffend in die Planung überführt worden.

6. Wesentliche, derzeit von mir / uns erkennbare Veränderungen gegenüber der Vergangenheit, die für die erwartete Vermögens-, Finanz- und Ertragslage von Bedeutung sind, sowie geplante oder eingeleitete Maßnahmen, die für die künftige Entwicklung des Unternehmens bedeutsam sind, insbesondere Veränderungen im Personalbereich, im Einkauf, in der Zusammensetzung der Abnehmer und der Vertriebswege, eigene Entwicklungen und sonstige Vorleistungen für die Zukunft, Aufnahme neuer oder Wegfall bisheriger Erzeugnisse, Kooperationen und dergleichen sowie entsprechende Handlungen Dritter, soweit diese mir / uns zur Kenntnis gelangt sind (z.B. Kündigung von Kreditverträgen, Betriebsbeschränkungen, behördliche Auflagen), wurden Ihnen vollständig mitgeteilt und in den Planungsrechnungen angemessen berücksichtigt.

7. Ihnen wurden alle wesentlichen Sanierungsmaßnahmen, die von der Mitwirkung Dritter (einschließlich Gesellschafter) abhängen und bei denen zum Zeitpunkt der Erstellung des Sanierungskonzeptes eine rechtlich bindende Verpflichtung noch aussteht, vollständig mitgeteilt. Die Umsetzung der in die Planung eingeflossenen Maßnahmen halten ich / halten wir für überwiegend wahrscheinlich.

8. Ihnen wurde meine / unsere Beurteilung über mir / uns erkennbare Veränderungen in den Wettbewerbs- und Marktverhältnissen, die für die Entwicklung des Unternehmens bedeutsam sein könnten, umfassend erläutert.

9. Wesentliche Veränderungen meiner / unserer Zukunftserwartungen auch in Bezug auf Chancen und Risiken, die für die künftige Entwicklung des Unternehmens von Bedeutung sind (z.B. im Zusammenhang mit Betriebsgenehmigungen, Steuern, Umweltschutz), im Zeitraum zwischen der Zurverfügungstellung der Informationen und dem Zeitpunkt der Unterzeichnung dieser Erklärung sind

    nicht eingetreten.

    Ihnen vollständig und schriftlich mitgeteilt worden oder in Abschnitt D. bzw. in Anlage ... aufgeführt.

10. Ich beabsichtige / Wir beabsichtigen, alle in dem Sanierungskonzept dargestellten Maßnahmen tatsächlich durchzuführen. Mir / Uns sind keine Tatsachen bekannt, die der Durchführung der dargestellten Maßnahmen entgegenstehen.

Gesamtdarstellung

11. Nach meiner / unserer Auffassung berücksichtigt das Sanierungskonzept alle wesentlichen Informationen für die Beurteilung der gegenwärtigen und künftigen wirtschaftlichen Lage des Unternehmens und stellt diese Lage und die Maßnahmen zur Krisenbewältigung angemessen dar.

12. Nach meiner / unserer Überzeugung ist das Sanierungskonzept geeignet, sowohl die Wettbewerbsfähigkeit als auch die Renditefähigkeit des Unternehmens wiederzuerlangen.

D. Zusätze und Bemerkungen

....-

....

Firmenstempel und Unterschriften

Abb. 9: Muster einer Vollständigkeitserklärung

Wird wie üblich eine **Schlussbemerkung** oder eine Executive Summary verfasst, darf **98** diese nur mit dem vollständigen Erstellungsbericht verwendet werden[250]. Im Rahmen der Auftragsannahme wird vorab die Unternehmenslage sondiert, um den Auftragsge-

---

250 Vgl. *Buth/Hermanns*, DStR 2010, S. 289.

genstand und dessen Sinnhaftigkeit beurteilen zu können. Werden auftragsgemäß nur Teile eines Sanierungskonzeptes und kein Vollkonzept erarbeitet, ist auf die nicht behandelten Problembereiche (z.b. fehlendes Strategiekonzept) und den eingeschränkten Aussagegehalt des Gutachtens ausdrücklich hinzuweisen[251].

99 Wirtschaftsprüfer haben bei der Erstellung eines Gutachtens nach *IDW S 6* den berufsrechtlichen Grundsatz der Unabhängigkeit nach § 43 Abs. 1 WPO zu beachten. Das sog. **Selbstprüfungsverbot** erlaubt es dem APr. nicht, ein Sanierungskonzept oder Teile eines solchen Konzeptes – insb. die Planung – zu erstellen und gleichzeitig den JA des Krisenunternehmens zu prüfen, da der APr. die Voraussetzung der Unternehmensfortführung (§ 252 Abs. 1 Nr. 2 HGB) zu beurteilen hat und dabei nicht eine von ihm selbst erstellte Unterlage zum Gegenstand der Prüfung machen darf[252]. Die reine Beurteilung eines Sanierungskonzeptes führt dagegen grundsätzlich nicht zu einem Ausschluss als APr.[253].

2.2 Unternehmensdarstellung und -analyse

2.2.1 Informationsgrundlagen (Qualität der Informationen, Basisinformationen)

100 Aufgrund der Bedeutung eines Sanierungsgutachtens sind in Krisensituationen nur glaubhafte und richtige **Unternehmensdaten** und -informationen zu verwenden. Die für die **Beurteilung wesentlichen Informationen** zur Ausgangssituation sind klar und übersichtlich darzustellen[254].

101 Um die **Qualität** der Informationen **sicherzustellen**, ist bei der Informationsbeschaffung planvoll vorzugehen, indem bspw. mit auf das Unternehmen zugeschnittenen Checklisten gearbeitet wird, um die eigene Arbeitsqualität zu sichern und die erforderliche Vollständigkeit der wesentlichen Informationen zur Darstellung und Analyse im Sanierungskonzept zu erreichen[255]. Zufälligkeiten, persönliche Vorurteile etc. dürfen das Ergebnis nicht beeinträchtigen. Im Verlauf der Arbeiten sind zuvor nicht erkannte Gesichtspunkte zu berücksichtigen; ggf. ist die weitere Vorgehensweise entsprechend anzupassen.

102 Der Konzepteersteller hat Kenntnisse über die **Geschäftätigkeit** und das wirtschaftliche und rechtliche Umfeld des Unternehmens zu erlangen, die Bedeutung von Geschäftsvorfällen und -maßnahmen in ihren Auswirkungen auf Ertrag, Liquidität und Vermögen zu erfassen und die Möglichkeit falscher Annahmen und Schlussfolgerungen im Sanierungskonzept wegen fehlerhafter Informationen auszuschließen[256].

103 Werden **Informationen Dritter** für ein Sanierungsgutachten verwendet, dann ist deren berufliche Qualifikation und Fachkompetenz zu hinterfragen und das Beurteilungsergebnis zu dokumentieren[257].

---

251 Vgl. *Buth/Hermanns*, DStR 2010, S. 289.
252 Vgl. *F&A zu IDW S 6*, Frage 3.4.
253 Vgl. *F&A zu IDW S 6*, Frage 3.4.
254 Vgl. *IDW S 6*, Tz. 44.
255 Vgl. *Buth/Hermanns*[5], § 8, Rn. 33.
256 Vgl. *IDW S 6*, Tz. 47.
257 Vgl. *Hermanns*, in: Beck HDR, B 769, Rn. 16.

Vergangenheitsbezogene Informationen des Unternehmens bilden eine wesentliche **104**
Grundlage für die Ableitung der Annahmen und der darauf aufsetzenden Plandaten.
Ohne eine genaue Analyse der Vergangenheit ist das Sanierungskonzept mit einem hohen, nicht abschätzbaren Risiko behaftet[258]. Die sich aus dem Finanz- und Rechnungswesen ergebenden Daten sind zu plausibilisieren bzw. auf ihren Wahrheitsgehalt zu
überprüfen, um sie als Planzahlen zu verwenden[259]. Stellt ein Gutachter i.R. seiner Arbeit
fest, dass die für das Sanierungskonzept wesentlichen Informationen nicht schlüssig
nachvollzogen werden können, muss er weitergehende Untersuchungshandlungen
durchführen[260].

Plandaten zu beurteilen, fällt einem Gutachter leichter, wenn das Unternehmen **Pla-** **105**
nungssysteme benutzt, ggf. ist ein solches zu implementieren, um den späteren Sanierungserfolg zu sichern und darzustellen[261]. Die rechnerische Richtigkeit von Planungs-
werkzeugen zu überprüfen, gehört zu den Aufgaben des Gutachters, der auch eigene
Werkzeuge dazu verwenden kann. Die aus den Ausgangsdaten bzw. Annahmen entwickelten Schlussfolgerungen sind sachlich und rechnerisch zu validieren. Bei künftigen
Vorhaben von wesentlicher Bedeutung (z.b. Veräußerung von Vermögenswerten) sowie
bei Beiträgen Dritter (z.b. Kapitalerhöhungen, Aufnahme oder Umschuldung von Krediten, Forderungserlasse und -stundungen, Beiträge der Belegschaft) ist der **Grad der**
Konkretisierung bzw. der erreichte Stand der Umsetzung festzuhalten, weil auch der
BGH nicht nur ein in sich schlüssiges, sondern ein sich in Teilen bereits in der Umsetzung befindendes Sanierungskonzept fordert[262].

Da die materiellen Konsequenzen, die sich aus einem Sanierungsgutachten für alle Be- **106**
teiligten ergeben können, bedeutend sind, ist in der Unternehmenskrise der Anspruch
an die Qualität der Informationen hochzuhalten. In der Praxis sind bei **KMU** häufiger
unzulängliche Strukturen im Rechnungswesen aufzufinden[263]. Informationen sind daher stets auf Vollständigkeit, Glaubhaftigkeit und Richtigkeit zu beurteilen[264]. Insbesondere wenn bei analytischen Verprobungen **Auffälligkeiten** entstehen, sind weitere
Informationen einzuholen und zu verifizieren. Es ist zwar nicht wie bei Jahresabschlus-
sprüfungen vorzugehen, d.h. eine Sanierungsprüfung ist keine Abschlussprüfung[265].
Wenn jedoch bei schwachen positiven Jahresergebnissen seit Jahren das Finanzierungs-
volumen steigt und sich gleichzeitig die Vorräte überproportional erhöhen, können
weitere Analysen in diesem Bereich notwendig sein. Es ist auszuschließen, dass im Bereich der Vorräte durch überhöhten Ausweis Bilanzierungsfehler vorliegen, die das Ergebnis verbessert haben. Eine **Unterschlagungsprüfung** ist wie bei der Jahresabschlussprüfung nicht Gegenstand der Analyse der Basisinformationen. Bei geprüften JA
ist grundsätzlich von einem ausreichend sicheren Rechnungswesen auszugehen, Ausnahmen hiervon sind nicht ausgeschlossen. Ist bei der Erstellung eines Sanierungs-

---

258 Vgl. BGH v. 15.11.2001, ZIP 2002, S. 351.
259 Vgl. BGH v. 04.12.1997, IX ZR 47/97, ZIP 1998, S. 248 ff. Hier wird gefordert, dass der Sachverständige sich
     darüber klar sein muss, ob das zur Verfügung gestellte Material als von ihm geprüft und glaubwürdig in das
     Gutachten eingebracht werden kann oder nicht.
260 Vgl. *IDW S 6*, Tz. 50.
261 Vgl. *IDW S 6*, Tz. 51 und *IDW Praxishinweis 2/2017*.
262 Vgl. BGH v. 12.11.1992, ZIP 1993, S. 279.
263 Vgl. *IDW S 6*, Tz. 43.
264 Vgl. *Buth/Hermanns*[5], § 8, Rn. 31.
265 Vgl. *Hermanns*, in: Beck HDR, B 769, Rn. 17.

gutachtens die Validität der zur Verfügung gestellten Daten nicht gegeben und können erkennbare wesentliche Mängel nicht behoben werden, ist ggf. die gutachterliche Arbeit einzustellen[266].

107 Die relevanten Basisinformationen zum Unternehmen sind zu **dokumentieren** und Informationsquellen zu nennen. Hierzu gehören üblicherweise rechtliche, organisatorische, finanzwirtschaftliche, leistungswirtschaftliche und personalwirtschaftliche Verhältnisse, die für die Krise und Sanierung bedeutend sind[267]. Mit üblichen betriebswirtschaftlichen Instrumenten wird auf Basis dieser Informationen die Unternehmenslage beschrieben[268] (vgl. beispielhaft zu ausgewählten Bereichen die folgende Abb. 10).

Abb. 10: Basisinformationen zum Unternehmen[269]

108 Im Falle der Erstellung eines Sanierungskonzeptes für einen **Konzern** ist nicht nur die wirtschaftliche Struktur des Konzerns, sondern auch die Kapitalisierung und Sicherstellung der Zahlungsfähigkeit der einzelnen Konzerngesellschaften zu berücksichtigen[270].

2.2.2 Unternehmenslage (Umfeld, Branche, interne Unternehmensverhältnisse)

109 Die Restrukturierung von Krisenunternehmen erfordert einen schnellen Überblick über die Lage des Unternehmens. Die Frage, ob bereits Insolvenzantragsgründe und daraus folgende Haftungsrisiken für das Management vorliegen, ist möglichst rasch zu beant-

---

266 Vgl. *Hermanns*, in: Beck HDR, B 769, Rn. 17.
267 Vgl. *IDW S 6*, Tz. 54; *Becker* u.a., DStR 2012, S. 982.
268 Vgl. *Mujkanovic*, WP Praxis 2014, S. 280 (281).
269 Vgl. *Hermanns*, in: Beck HDR, B 769, Abb. 4.
270 Vgl. *IDW S 6*, Tz. 55.

worten. Daher sind in kürzester Zeit aussagefähige Unternehmensinformationen aufzubereiten, um die **Situation des Krisenunternehmens** einordnen und das weitere Vorgehen bestimmen zu können[271].

Darüber hinaus ist im Sanierungskonzept die **Unternehmenslage** krisenorientiert darzustellen, um Sachverhalte und Zusammenhänge aufzuzeigen, die sich aus den vorliegenden Basisinformationen nicht unmittelbar ergeben[272]. Analyseergebnisse sollen Grundlagen zur Festlegung des Leitbildes und der zu dessen Umsetzung erforderlichen Sanierungsmaßnahmen liefern. **110**

Bei der Analyse wird zunächst zwischen **internen** und **externen Krisenursachen** unterschieden. Externe Faktoren sind darauf ausgerichtet, Chancen und Risiken des Unternehmens im Markt bzw. im Wettbewerb zu identifizieren, während bei der Analyse unternehmensinterner Faktoren die Stärken und Schwächen des Unternehmens in Bezug auf Markt und Wettbewerb selbst im Vordergrund stehen[273]. Externe Krisenursachen stellen i.d.R. verspätete Reaktionen auf Nachfragerückgänge und veränderte Wettbewerbsbedingungen dar. Bei den internen Krisenursachen führen Managementfehler zur Fehlexpansion und zu im Wettbewerbsvergleich entstehenden Ineffizienzen, insb. bei Kostenstrukturen, in der Wertschöpfungskette, aber auch in den kaufmännischen Führungssystemen. Vergleiche hierzu die folgende Abb. 11 zur Systematisierung typischer Krisenursachen, die sog. Misserfolgsmuster aufweisen[274]. **111**

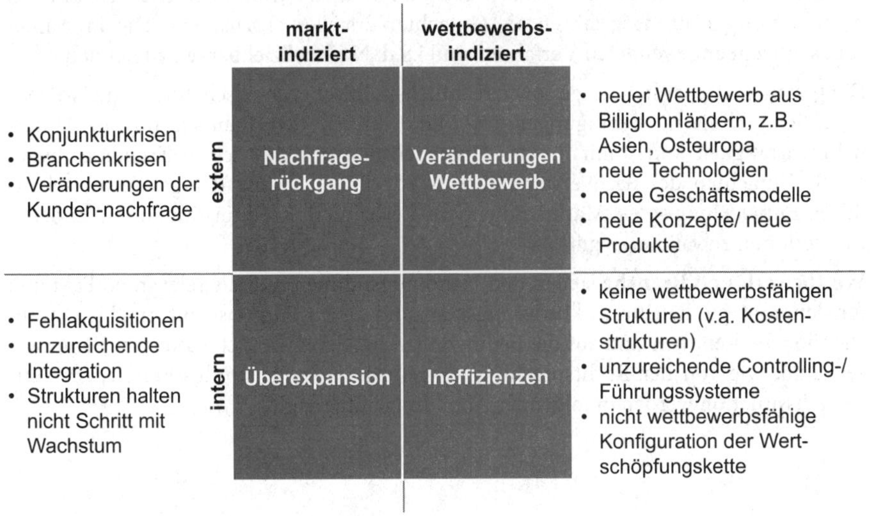

	markt-indiziert	wettbewerbs-indiziert	
• Konjunkturkrisen • Branchenkrisen • Veränderungen der Kunden-nachfrage **extern**	Nachfrage-rückgang	Veränderungen Wettbewerb	• neuer Wettbewerb aus Billiglohnländern, z.B. Asien, Osteuropa • neue Technologien • neue Geschäftsmodelle • neue Konzepte/ neue Produkte
• Fehlakquisitionen • unzureichende Integration • Strukturen halten nicht Schritt mit Wachstum **intern**	Überexpansion	Ineffizienzen	• keine wettbewerbsfähigen Strukturen (v.a. Kosten-strukturen) • unzureichende Controlling-/ Führungssysteme • nicht wettbewerbsfähige Konfiguration der Wert-schöpfungskette

Abb. 11: Systematisierung typischer Krisenursachen

Es kommen zur Erarbeitung von Krisenursachen sowohl verschiedene **Methoden der Aufbereitung** quantitativer als auch Verfahren zur Ermittlung qualitativer Merkmale in Betracht. In Wissenschaft und Praxis ist eine Vielzahl von Methoden und Techniken zur **112**

---

271 Vgl. *Crone*, in: Crone/Werner, S. 47.
272 Vgl. *Hermanns*, in: Beck HDR, B 769, Rn. 21.
273 Vgl. *IDW S 6*, Tz. 56.
274 Vgl. *Hermanns*, in: Beck HDR, B 769, Abb. 5.

Analyse des Unternehmens in seiner Gesamtheit und zu einzelnen Unternehmensbereichen entwickelt worden, nämlich z.B.[275]:

- PEST- oder STEP-Analysen, um soziokulturelle, technologische, ökonomische und politische Rahmenbedingungen im Unternehmensumfeld zu analysieren,
- Portfolio-Analysen, wie das Marktwachstum-Marktanteils-Portfolio,
- das Five-Forces-Konzept nach *Porter*, um Rivalitäten und Bedrohungen von Wettbewerbern sowie Markteintrittsbarrieren u.a. festzustellen,
- SWOT-(Stärken-Schwächen-)Analysen,
- Kompetenz-, Wertketten-, Konkurrenten-Analysen,
- Sensitivitätsrechnungen zur Bestimmung der Unternehmenssituation unter Unsicherheit,
- Break-even-Analyse,
- Jahresabschlussanalysen,
- Abweichungsanalysen etc.

113 Kenntnisse und Erfahrungen des nach pflichtgemäßem Ermessen handelnden Konzepterstellers und die jeweilige Unternehmenssituation bestimmen im Einzelfall das anzuwendende Verfahren. Umfang und Tiefe der Analyse werden nicht selten durch die geringe Zeit, die i.r.d. Unternehmenssanierung zur Verfügung steht, und durch den Umfang der zur Verfügung stehenden Mittel begrenzt[276]. Erforderliche Analysehandlungen dürfen im Einzelfall jedoch nicht an Budgetrestriktionen scheitern, um sich nicht unnötig Haftungsgefahren als Gutachter/Ersteller auszusetzen. Die im Sanierungskonzept angewendeten Verfahren sind i.S.d. Nachvollziehbarkeit zu nennen.

114 Die gesamtwirtschaftliche Lage sowie rechtlich-politische, gesellschaftliche und wissenschaftlich-technische Bedingungen im Markt bilden den Rahmen für die Unternehmenstätigkeit und somit für das **Unternehmensumfeld,** dessen Trends es bspw. durch Gutachten des Sachverständigenrats zur Begutachtung der gesamtwirtschaftlichen Entwicklung sowie Marktstudien von Verbänden, Kreditinstituten und anderen Institutionen zu validieren gilt[277].

115 **Wettbewerb** und **Branche** stellen den Handlungsrahmen und die relevanten Faktoren für den strategischen Restrukturierungsplan und geben Hinweise auf mögliche branchenübliche Renditen und auf die Bedingungen für deren Erreichbarkeit im Planungszeitraum, wie von der Rechtsprechung eingefordert[278]. Die Einflusskräfte der Wettbewerbssituation werden in folgender Abbildung aufgezeigt:

---

275 Vgl. *Mujkanovic*, WP Praxis 2014, S. 280 (281).
276 Vgl. *Mujkanovic*, WP Praxis 2014, S. 280 (281).
277 Vgl. *IDW S 6*, Tz. 59.
278 Vgl. BGH v. 04.12.1997, IX ZR 47/97, ZIP 1998, S. 248 (251): „Eine solche Prüfung muss die wirtschaftliche Lage des Schuldners im Rahmen seiner Wirtschaftsbranche analysieren".

Abb. 12: Einflusskräfte auf das Unternehmen

In Bezug auf die Branchenentwicklung wird zwischen langfristigem Branchentrend und **116** der Branchenkonjunktur, die diesen Trend überlagert, unterschieden. In Rezessionen sind Unternehmenskrisen noch schwerer zu bewältigen, wenn selbst Unternehmen mit starker Ertrags- und guter Marktposition schrumpfen[279]. Vergleiche im Übrigen zu den strategischen Komponenten der Sanierung Kap. B Tz. 133 ff.

Die klassische Jahresabschlussanalyse bietet sich grundsätzlich als Hilfsmittel zur Erst- **117** analyse der **internen Unternehmensverhältnisse** an, um Ergebnis-, Finanz- und Ver- mögenslage des Unternehmens zu erfassen[280]. Dabei werden auf Grundlage der im in- ternen und externen Rechnungswesen des Unternehmens vorhandenen Zahlen und Daten bzw. aus vorliegenden JA, verschiedene Kennzahlen ermittelt und ausgewertet[281]. Kennzahlen ermöglichen Zeit- oder Betriebsvergleiche, um durch die Relation, ge- messen an den besten Unternehmen innerhalb einer Branche (**Benchmark-Analyse**), Orientierung z.B. für Kostennachteile bzw. -optimierungspotenziale zu erhalten[282].

Um die Aussagefähigkeit der einzelnen Werte zu verbessern, sollten **mindestens drei** **118** **Jahre retrospektiv** betrachtet werden. Gesetzliche Bilanzierungs- und Bewertungs- wahlrechte sind aufzuspüren, um eine verzerrte Darstellung der wirtschaftlichen Lage

---

279 Vgl. *F&A zu IDW S 6*, Frage 4.3.
280 Vgl. BGH v. 04.12.1997, IX ZR 47/97, ZIP 1998, S. 248 (251): „Eine solche Prüfung muß die wirtschaftliche Lage des Schuldners im Rahmen seiner Wirtschaftsbranche analysieren [...] sowie die Vermögens-, Er- trags- und Finanzlage erfassen."
281 Vgl. *Crone*, in: Crone/Werner, S. 47.
282 Vgl. *Littkemann/Krehl*, S. 23.

des Unternehmens im JA frühzeitig zu erkennen. Das Gleiche gilt für weitere sachverhaltsgestaltende Maßnahmen durch die Unternehmensleitung zur Abwendung der Krise, welche die Krise und damit die tatsächliche wirtschaftliche Lage des Unternehmens verschleiern. Derartige Maßnahmen können Neubewertungen von Aktiva, die Reduzierung von Rückstellungen oder die Generierung liquider Mittel über den Verkauf von Betriebsvermögen durch Sale-and-lease-back-Verfahren sein.

119 Entsprechend sensibel ist die Datenbasis in Hinblick auf solche Maßnahmen aufzubereiten, was die Ermittlung aussagekräftiger Kennzahlen nochmals erschwert. Regelmäßig sind die JA dann um diese Effekte zu bereinigen, um eine Aussagefähigkeit in Bezug auf den Sanierungsplan zu haben.

Beispiel 6:

Eine wichtige Kennzahl ist z.B. die Materialeinsatzquote, gemessen am Materialaufwand in Bezug auf die Betriebsleistung. Liegt diese z.B. bei dem Krisenunternehmen bei 53% und ist der Benchmark vergleichbarer Unternehmen bei 47%, dann kann sie bei sonst gleichen Verhältnissen die Krisenursache repräsentieren.

120 Über die Jahresabschlussanalyse hinausgehend werden Umsätze, Kosten und **Deckungsbeiträge** nach Produktgruppen und/oder Geschäftsbereichen analysiert, um Hinweise auf weitere Krisenursachen zu finden. Die aus der internen und externen Analyse (Umfeld und Branchenentwicklung) bekannten Problemfelder sind zu berücksichtigen und können bei der detaillierten Suche nach Krisenursachen von Bedeutung sein.

121 Neben den betriebswirtschaftlichen Informationen sind die **gesellschafts- und zivilrechtlichen Grundlagen**, soweit sie zur Beurteilung des Krisenunternehmens bedeutend sind, aufzunehmen. Hierzu gehören neben der Satzung sämtliche wichtige Rechtsgrundlagen, wie Verträge über Eigentumsverhältnisse, wesentliche Miet- und Pachtverträge, Leasingverträge und Unternehmensverträge sowie die Verträge mit den wichtigsten Kunden und Lieferanten. Arbeitsrechtliche Grundlagen runden das Bild ebenso ab wie die **steuerrechtlichen Grundlagen**, die ebenfalls Risiken enthalten können.

122 Zum Grundverständnis in Bezug auf das Krisenunternehmen gehören bei einem produzierenden Unternehmen ebenfalls Kenntnisse über die **Produktionstechnologie**. Ist bspw. bei einem Betrieb der chemischen Industrie ein Investitionsstau eine Krisenursache, dann wird man dies im Zweifel ohne technische Expertise nicht beurteilen können, so dass ein Industrieexperte in den gutachterlichen Prozess eingebunden werden sollte, um Risiken bei der Gutachtenerstellung zu begegnen. Da Unternehmenskrisen letztlich i.d.R. auch Managementkrisen sind, ist die Kenntnis der **Managementleistung** bzw. deren Einschätzung ein wichtiger Bestandteil der internen Unternehmensanalyse. Die Unternehmensführung ist in die Analyse einzubeziehen, um dabei deren unternehmerische und fachliche Kompetenz zu analysieren und die Entwicklung, Akzeptanz und Durchsetzung geeigneter Sanierungsmaßnahmen zu sichern[283].

123 Werden so alle wesentlichen Informationsquellen ausgeschöpft, dann kann auch ein sicheres Verständnis für das **Geschäftsmodell** erarbeitet werden, um Aussagen über

---

283 Vgl. *F&A zu IDW S 6*, Frage 4.7.

wettbewerbsrelevante Ressourcen und Fähigkeiten zu erfassen[284]. Das Krisenunternehmen zu beurteilen bedeutet, die Qualität und Nutzbarkeit der vorhandenen Management-, Belegschafts-, Beschaffungs-, Produktions-, Vertriebs-, Technologie-, Innovations- und Finanzierungspotenziale einschätzen zu können[285].

2.2.3 Zusammenfassung von Krisenursachen

Nach einer **Bestandsaufnahme** (vgl. Kap. B Tz. 92 ff. und Kap. B Tz. 100 ff.) ist es re- **124** gelmäßig möglich, die Krisensituation und Krisenentwicklung des Unternehmens zu beurteilen. Ausgehend von historischen Unternehmensdaten stellen erfahrene Berater die Unternehmensposition im Markt und Wettbewerb fest und auf Basis der rechtlich-wirtschaftlichen Verhältnisse einschl. der Entwicklung der Ertrags-, Vermögens-, und Finanzlage sind erste Krisenursachen oder Anhaltspunkte identifiziert. Die **Krisenursachen** bei größeren Unternehmenseinheiten werden für die jeweiligen Geschäftsbereiche und bei KMU bspw. kategorisiert nach Produktgruppen analysiert, den Krisenstadien zugeordnet und dokumentiert[286]. Die Analysen entwickeln sich dynamisch und nehmen im Detailliertheitsgrad im Laufe des Projektes zu.

In der **Praxis** werden von Beginn an Krisenursachen festgestellt. Selbst bei der obligato- **125** rischen Betriebsbegehung können Hinweise aufgenommen werden, wenn man den (chaotischen) Betriebsablauf, den (nicht sachgerechten) Zustand des Materiallagers und v.a. die Kommentare der Fachverantwortlichen im Unternehmen beachtet. Das Aktenstudium der JA bzw. der PrB und deren erste Analyse untermauern erste kritische Bereiche. Insgesamt muss sorgfältig zwischen **Symptomen** und **Ursachen** einer Krise unterschieden werden. Allgemeine Angaben über Krisenursachen – z.B. Managementfehler – reichen nicht aus, weil diese das Resultat mehrstufiger Ursache-Wirkungs-Ketten sind. Daher bedarf es darauf ausgerichteter Analysen, die auch das Management und die Belegschaft umfassen[287]. Es ist daher sinnvoll, wenn aus den unterschiedlichen Analyseschritten und Arbeitsbereichen die **Krisenursachen zusammengefasst** dargestellt werden, die ggf. vorab in der Berichterstattung dokumentiert worden sind. Dieser Arbeitsschritt vereinfacht später die Verprobung mit den im nächsten Kapitel aufgeführten Krisenstadien und ist angelehnt an den **risikoorientierten Prüfungsansatz**, der i.R.d. Jahresabschlussprüfung den Prüfungsumfang optimiert[288].

Das nachfolgende Beispiel[289] fasst übersichtsartig die Krisenursachen eines mittel- **126** ständischen Industriebetriebs zusammen. Unterscheidungen zwischen KMU und größeren Unternehmenseinheiten spielen an dieser Stelle strukturell keine Rolle, weil die Betrachtungsweise einheitlich ist. Die Zahl der Krisenursachen ist nicht zwingend, aber tendenziell bei größeren Unternehmen höher.

284   Vgl. *IDW S 6*, Tz. 60.
285   Vgl. *IDW S 6*, Tz. 62.
286   Vgl. BGH v. 04.12.1997, IX ZR 47/97, ZIP 1998, S. 248 (251): „Eine solche Prüfung muss [...] die Krisenursachen [...] erfassen".
287   Vgl. *F&A zu IDW S 6*, Frage 4.1.
288   Vgl. *IDW PS 261*, Tz. 5 ff.
289   Vgl. auch inhaltlich ähnlich *Hermanns*, in: Beck HDR, B 769, Abb. 7.

Krisenursache (Zusammenfassung)	Kurzbeschreibung	Quelle
A Produktportfolio mit negativen Deckungsbeiträgen	Bei der Produktkalkulation wurde festgestellt, dass die Produkte der Wasserstoffsynthese einen negativen Deckungsbeitrag I haben. Eine Kuppelproduktion oder besondere Kundensynergien liegen nicht vor.	Ist-Kostenrechnung
B Altlasten für Beseitigung	Im Rahmen einer behördlichen Begehung sind 400 Tonnen alte Produktionsrückstände identifiziert worden, für deren Lagerung keine Genehmigung vorliegt. Diese Rückstände müssen bis zum 30.09.2021 entsorgt werden.	Schreiben der Behörde
C Fehlinvestitionen	Die Fehlinvestition resultiert aus dem Neubau einer Wasserstoffsynthese-Anlage mit einem Buchwert von 8.160 T€. Aufgrund des Preisverfalls auf dem Absatzmarkt kann nicht mehr wirtschaftlich produziert werden; die Anlage wurde stillgelegt.	Kostenrechnung, Sachanlagevermögen, Abschreibungen
D Instandhaltungsstau	Aufgrund der hohen Ausgaben für die Investition in die Wasserstoffsynthese-Anlage sind die Instandhaltungen auf das notwendige Minimum zurückgefahren worden.	Technisches Gutachten, GuV: sonstige betriebliche Aufwendungen
E Alt-Eigentümerfamilie	Nach der Übernahme durch den neuen Investor werden die neuen Geschäftsideen und Verbesserungen bei der Analyse und der Kostenrechnung systematisch von der bisherigen (alten) Geschäftsführung (ehemalige Eigentümer) untergraben.	Protokolle Beirat
F fälliger Lieferantenkredit	Der Hauptlieferant hat im Wege der Novation Lieferkredit vereinbart; Tilgung kann nicht mehr geleistet werden.	Darlehensvertrag, Liquiditätsplanung

Abb. 13: Feststellung der Krisenursachen

2.2.4 Feststellung der Krisenstadien

127 Da die Krisenursachen in sämtlichen, u.a. strategischen-, leistungs- und finanzwirtschaftlichen Bereichen des Unternehmens zu finden sind, ist eine Zuordnung der Krisenursachen auf die Krisenstadien vorzunehmen. Eine erfolgreiche Sanierung setzt voraus, dass dabei sämtliche durchlaufene Krisenstadien behoben werden[290].

128 So kann die Ursache für die **Stakeholderkrise** jegliche leistungs- und finanzwirtschaftliche Geschäftsbeziehung sein. Dabei ist es zunächst irrelevant, ob es sich um einen Kunden, Fremdkapitalgeber, Eigenkapitalgeber oder Lieferanten handelt, sofern die Ursache (einzeln oder kumulativ) einen gravierenden Einfluss auf die künftige Entwicklung des Unternehmens hat[291]. Die **Strategiekrise** ist Ausdruck einer verschlechterten Stellung zum Wettbewerb. Ursache dafür sind meist langfristige Prozesse und Fehlentscheidungen, die den Marktzugang einschränken[292]. Dazu gehören bspw.

---

290 Vgl. *Crone*, in: Crone/Werner, S. 71.
291 Vgl. *F&A zu IDW S 6*, Frage 6.1; auch *Buth/Hermanns*[5], § 8, Rn. 45.
292 Vgl. *F&A zu IDW S 6*, Frage 6.1; auch *Buth/Hermanns*[5], § 8, Rn. 44.

die Nichtbeachtung von Trends oder die falsche Absatzerwartung am Markt, die bei produzierenden Unternehmen oft Fehlinvestitionen zur Folge haben. Die **Produkt- und Absatzkrise** gehört zu den leistungswirtschaftlichen Krisen und ist oft eng mit der Strategiekrise verbunden. Hier ist erfahrungsgemäß oft ein erster Aufsatzpunkt für ein Sanierungsgutachten zu finden, weil bspw. in der Vergangenheit wesentliche Umsatztreiber nicht mehr abgesetzt werden können, da ein für das Unternehmen bedeutender Großkunde zum Wettbewerber abgewandert ist[293]. Aus einer Produkt- und Absatzkrise folgt durch Effekte auf den Rohertrag die **Ergebniskrise**. Jedoch sind auch diverse andere leistungswirtschaftliche Faktoren mit nennenswertem Effekt auf die GuV, Bestandteil der Ergebniskrise[294]. Dazu gehören bspw. zu entsorgende Altlasten, die sich im sonstigen betrieblichen Aufwand niederschlagen oder den Personalaufwand belastende tarifliche Mitarbeitervergütungen. Das Stadium der **Liquiditätskrise** ist durch eine unzureichende Ausstattung an liquiden Mitteln für den künftigen Geschäftsprozess gekennzeichnet. Die Liquiditätskrise hat meist mehrere Ursachen, die zusammen betrachtet ein nicht unerhebliches Insolvenzrisiko nach sich ziehen[295]. Die **Insolvenzreife** zeigt als Folge der Zahlungsunfähigkeit und/oder Überschuldung das letzte Krisenstadium an, dem nur durch geeignete Sofortmaßnahmen und eine positive Fortführungsprognose entgegengewirkt werden kann. Die Verantwortungs- und Umsetzungsbereitschaft der Unternehmensführung, die Aufrechterhaltung der Produktion sowie die Vorfinanzierung der Einkäufe und der Kundenerhalt sind jetzt wesentliche Schwerpunkte bei den Sofortmaßnahmen[296]. Die Details der Krisenstadien werden in Kap. A und die Frage nach den Insolvenzgründen in Kap. C erörtert.

Die Darstellung der Krisenstadien zeigt den engen Zusammenhang mit den Krisenursachen. Unabhängig von der Unternehmensgröße kann es auch schon bei KMU eine hinreichende Komplexität geben, die sich dadurch auszeichnet, dass eine oder mehrere Krisenursachen in ein oder mehrere Krisenstadien eingehen. **129**

Beispiel 7:

So ist bspw. die Großinvestition in eine Produktionstechnologie, deren Produkte nicht am Markt nachgefragt werden, ein wesentlicher Indikator für eine Strategiekrise. Wenn zudem noch aufgrund der Investition unzureichende liquide Mittel vorliegen, ist eine Liquiditätskrise ebenfalls gegeben. Auch liegt in diesem Fall eine Produkt- und Absatzkrise mangels Marktnachfrage vor. Je nach Produktprogramm des Unternehmens muss jedoch noch keine Ergebnis- oder Stakeholderkrise, geschweige denn die Insolvenzreife vorliegen.

Gerade aber die sachlogische unter Kap. B Tz. 92 ff. bis Kap. B Tz. 100 ff. beschriebene **130** Datenermittlung und -analyse zeigt, dass aus der Beschreibung des Unternehmens sowie der Darstellung der Unternehmenslage bereits erste Krisenursachen festgestellt werden können. Werden die Krisenursachen gesondert aufgezeigt, können i.d.R. Querverweise zu den davorliegenden Kapiteln aufgeführt werden, weil sich die Krisenanzeichen dort bereits niedergeschlagen haben. Gutachterlich wie auch praktisch orientiert sich der

---

293 Vgl. *F&A zu IDW S 6*, Frage 6.1; auch *Buth/Hermanns*[5], § 8, Rn. 43.
294 Vgl. *F&A zu IDW S 6*, Frage 6.1; auch *Buth/Hermanns*[5], § 8, Rn. 42.
295 Vgl. *F&A zu IDW S 6*, Frage 6.1; auch *Buth/Hermanns*[5], § 8, Rn. 40.
296 Vgl. *F&A zu IDW S 6*, Frage 6.1; auch *Buth/Hermanns*[5], § 8, Rn. 39.

Arbeits- und Analyseprozess nicht an den einzelnen Krisenstadien, sondern es findet eine Zuordnung der Krisenursachen zu den einzelnen Krisenstadien statt, weil es hier verschiedene Überlappungen geben kann. Veranschaulicht wird der Zusammenhang der Krisenursachen mit den Krisenstadien in der folgenden Abb. 14. Hier wird auf die bereits festgestellten exemplarischen Krisenursachen aus Abb. 13 zurückgegriffen. Es zeigt sich, dass mit geschickten Darstellungsmethoden Komplexität reduziert und gleichzeitig die Einhaltung von Qualitätsstandards (hier: *IDW S 6*) nachgewiesen werden kann[297]. Die **Kenntnis über die Krisenursachen** stellt den **Schlüssel für den Sanierungserfolg** dar und ist wichtiger als deren Einordnung zu den Krisenstadien[298]. Nicht identifizierte und behobene Krisenursachen wirken weiter und führen dazu, dass die Unternehmenskrise nur vorübergehend und nicht nachhaltig überwunden werden kann[299].

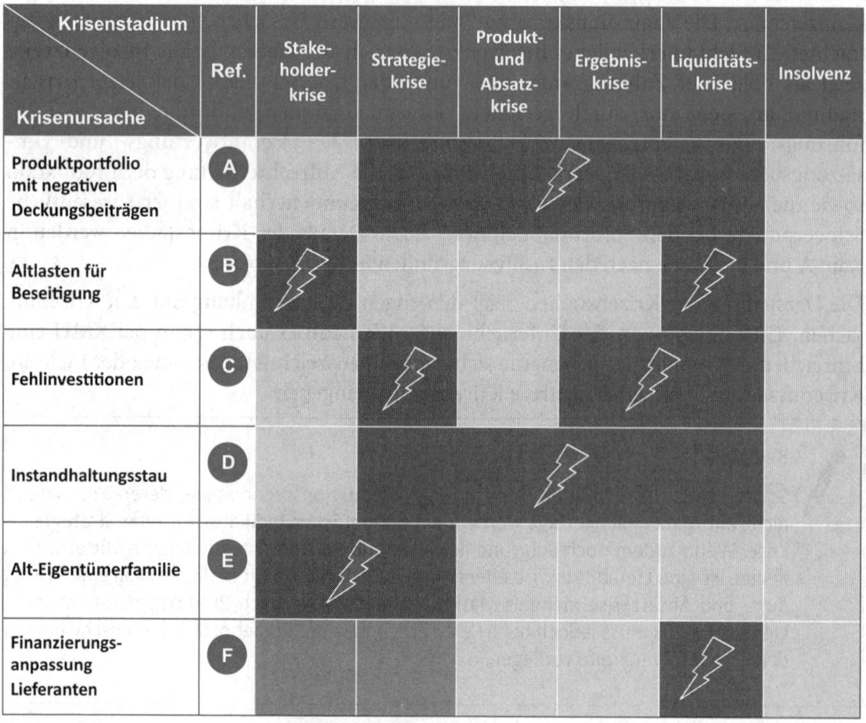

Krisenstadium ⟍ Krisenursache	Ref.	Stakeholderkrise	Strategiekrise	Produkt- und Absatzkrise	Ergebniskrise	Liquiditätskrise	Insolvenz
Produktportfolio mit negativen Deckungsbeiträgen	A			⚡			
Altlasten für Beseitigung	B	⚡				⚡	
Fehlinvestitionen	C		⚡		⚡		
Instandhaltungsstau	D				⚡		
Alt-Eigentümerfamilie	E	⚡					
Finanzierungsanpassung Lieferanten	F					⚡	

Abb. 14: Matrix der Krisenstadien

131 Im Rahmen der Erstellung von Sanierungsgutachten zeigt die Erfahrung, dass meist schon **fortgeschrittene Krisenstadien** bestehen und nicht selten das Unternehmen schon die Liquiditätskrise erreicht hat. Neben der Erarbeitung des Sanierungskonzeptes sind insb. die **Sofortmaßnahmen** zu entwickeln (vgl. Kap. B Tz. 175 ff.), um die Liqui-

---

297 Vgl. *Buth/Hermanns*[5], § 8, Rn. 46.
298 Vgl. *Hermanns*, in: Beck HDR, B 769, Rn. 28.
299 Vgl. BGH v. 12.5.2016, IX ZR 65/14, ZIP 2016, S. 1235 ff., Rn. 40; *IDW S 6*, Tz. 62.

dität des Unternehmens zu sichern. Die **längerfristigen Maßnahmen** im leistungswirtschaftlichen und finanzwirtschaftlichen Bereich sind mit den strategischen Zielen, dem neuen Leitbild und der oben aufgeführten Krisenursachenmatrix abzustimmen (vgl. hierzu insbes. Kap. B Tz. 392 ff.).

Die **Darstellung und Analyse der Unternehmenslage** in der Krise durch Sanierungsberater ist die Basis für eine erfolgreiche Krisenbewältigung. Werden die Arbeitsschritte beachtet, können auch die relevanten Anforderungen der Rechtsprechung abgedeckt werden: **132**

- Für die Frage der Erkennbarkeit der Ausgangslage lässt sich ein unvoreingenommener branchenkundiger Fachmann vorgeschriebene oder übliche Buchhaltungsunterlagen zeitnah vorlegen[300].
- Es ist erforderlich, die wirtschaftliche Lage des Schuldners i.R. seiner Wirtschaftsbranche zu analysieren sowie die Vermögens-, Ertrags- und Finanzlage zu erfassen[301].
- Es ist eine genaue Analyse der Vergangenheit vorzunehmen, damit das Sanierungskonzept nicht mit einem hohen, nicht abschätzbaren Risiko behaftet ist[302].
- Die gutachterliche Tätigkeit erfordert eine Analyse der Verluste und der Möglichkeiten, diese künftig zu vermeiden[303], und erfasst auch die Prüfung der Krisenursachen[304],
- Es ist eine Darlegung der Ursache der drohenden Insolvenz zu berücksichtigen, insb. ob diese lediglich aus Problemen auf der Finanzierungsseite resultiert, oder ob der Betrieb unwirtschaftlich, v.a. nicht kostendeckend oder auch sonst mit Verlusten arbeitet[305].

2.3 Strategische Neuausrichtung am Unternehmensleitbild (strategische Sanierung)

2.3.1 Bedeutung des Leitbildes eines sanierten Unternehmens

Bestandteil eines vollständigen Sanierungskonzeptes ist das **Leitbild** des sanierten Unternehmens, in dem Vorgehensweisen und Potenziale aufgezeigt werden, mit denen das Krisenunternehmen Wettbewerbsfähigkeit und eine sich daraus ergebende nachhaltige und **angemessene** branchenübliche **Umsatzrendite** erzielen sowie eine angemessene Eigenkapitalausstattung erreichen kann. Nur unter diesen Bedingungen ist das Unternehmen für Eigen- und Fremdkapitalgeber wieder attraktiv und kann als **nachhaltig saniert** eingestuft werden[306]. Mit dem Leitbild des sanierten Unternehmens als strategische Vision können die Sanierungsmaßnahmen identifiziert werden, die das Krisenunternehmen benötigt, um mit seinen Produkt-Markt-Kombinationen bzw. seinem Leistungsprogramm und damit letztlich mit seinem Geschäftsmodell ggü. den Wettbewerbern erfolgreich zu bestehen[307]. Sämtliche Unternehmensziele, einschl. Handlungen und Verantwortlichkeiten, werden an diesem strategischen Ziel ausgerichtet. **133**

---

300 Vgl. BGH v. 04.12.1997, IX ZR 47/97, ZIP 1998, S. 248, Rn. 25.
301 Vgl. BGH v. 04.12.1997, IX ZR 47/97, ZIP 1998, S. 248, Rn. 25.
302 Vgl. BGH v. 15.11.2001, 1 StR 185/01, ZIP 2002, S. 351.
303 Vgl. BGH v. 12.05.2016, IX ZR 65/14, ZIP 2016, S. 1235 ff., Rn. 18.
304 Vgl. BGH v. 04.12.1997, IX ZR 47/97, ZIP 1998, S. 248, Rn. 25.
305 Vgl. BGH v. 12.05.2016, IX ZR 65/14, ZIP 2016, S. 1235 ff., Rn. 35.
306 Vgl. *IDW S 6*, Tz. 63.
307 Vgl. *IDW S 6*, Tz. 64.

134 Um ein Leitbild zu definieren, sind eher klare, knappe **Eckdaten des künftigen Geschäftsmodells**[308] zielführend als ausführliche strategische und manchmal sehr abstrakte Ausführungen. Das Leitbild umfasst langfristige strategische Ziele des Unternehmens, die mit Wettbewerbsvorteilen ggü. der Konkurrenz verbunden sind. Diese Ziele können nur erreicht werden, wenn über Wertvorstellungen, Grundregeln und Verhaltensweisen, die den Kern der Unternehmenskultur ausmachen, unternehmensinterner Konsens besteht. Nur mit dieser inneren unternehmerischen Grundhaltung kann der für eine Sanierung notwendige Umschwung auf dem Markt erreicht werden. Der erfolgreiche Marktauftritt nach Turnaround wird erreicht, wenn die zur Strategie passenden Produkt-Markt-Kombinationen und zugehörige Umsatz- und Kostenstrukturen einschl. der hierfür erforderlichen Prozesse und Systeme gefunden werden[309].

135 Während der Erstellung des Sanierungsgutachtens ist immer wieder die **Konsistenz** des Leitbildes in Bezug auf die im Prozess gewonnenen Erkenntnisse abzustimmen und weiterzuentwickeln. Die **Stakeholder** sind hier einzubinden, um auch von ihnen Sanierungsbeiträge in jeglicher Form abzuverlangen und sie gleichzeitig auf das positiv zu gestaltende Zukunftsbild auszurichten[310].

136 Mit dem veränderten Leitbild gehen Veränderungen in den bestehenden **Unternehmensstrukturen** einher und ermöglichen einen stets notwendigen Stimmungsumschwung[311]. Potenziale lassen sich effizient und konsistent in folgenden Bereichen heben:

---

308 Vgl. *IDW S 6*, Tz. 65.
309 Vgl. *IDW S 6*, Tz. 65.
310 Vgl. *IDW S 6*, Tz. 67.
311 Vgl. *IDW S 6*, Tz. 67.

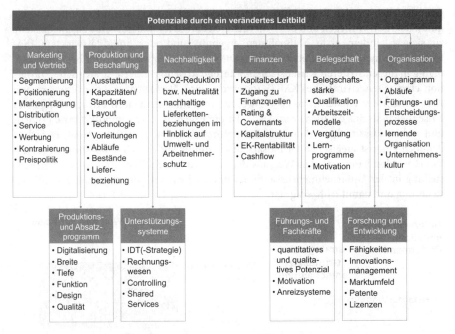

Abb. 15: Potenziale durch ein verändertes Leitbild[312]

Berufsüblich werden Leitbilder mit **Kennzahlen**, wie z.B. Marktanteil, Bekanntheits- **137** grad, Kundenzufriedenheit, Innovationsleistung, Produktivität und Mitarbeiterbindung oder renditeorientierten Benchmarks wie Eigenkapitalrendite oder EBIT-Marge konkretisiert. Denn das sanierte Unternehmen sollte sich am Markt behaupten können, was dauerhaft nur mit auskömmlichen Renditen oder einem bestimmten Marktanteil sicher umsetzbar ist[313].

2.3.2 Bestandteile des Leitbildes

Ein Geschäftsmodell erzielt **Wettbewerbsvorteile**, wenn es im Vergleich zu Wettbe- **138** werbern über bestimmte Differenzierungsmerkmale verfügt und diese im Vergleich zu anderen Wettbewerbern vom Markt wahrgenommen werden und dauerhaft sind. Im Produkt- und Preisbereich, im Markenimage, im Produktions- und Servicebereich sowie in der Kundennähe und der Kundenbindung sind die Vorteile zu erarbeiten. Insoweit ist die Unternehmensstrategie optimal auf Kosten- und Preiswettbewerb, Qualitäts- und Leistungswettbewerb, Wettbewerb um Zeitvorteile, Innovations- und Technologiewettbewerb und **Wettbewerb um die beste Wertschöpfungskette**, unter Einschluss geeigneter Digitalisierungsstrategien[314], auszurichten[315].

---

312 Vgl. *Hermanns*, in: Beck HDR, B 769, Abb. 8.
313 Vgl. *Buth/Hermanns*[5], § 8, Rn. 47; zur Quantifizierung des Leitbildes Kap. B Tz. 160 ff.
314 Vgl. *IDW S 6*, Tz. 65.
315 Vgl. *F&A zu IDW S 6*, Frage 5.6.

139 Grundsätzlich werden Restrukturierungsprojekte erst initiiert, wenn Ergebnis- und Liquiditätskrisen vorliegen und das Unternehmen darauf fokussiert ist, die eigene Existenz zu sichern, indem erste Maßnahmen ergebnis- und/oder liquiditätswirksam (**Sofortmaßnahmen**[316]) eingeleitet werden. Die typische Restrukturierung beginnt regelmäßig in diesen späteren Krisenstadien, während krisenorientierte strategische Prävention eher seltener (insb. bei KMU) angestrebt wird. Performanceverbesserungen, um Krisen nicht erst entstehen zu lassen, werden vom Management in Ermangelung eines Krisenbewusstseins oft nicht verfolgt[317]. Ist die Ergebnis- und Liquiditätskrise erreicht und stehen kurzfristig wirkende Sanierungsmaßnahmen im Vordergrund, bedarf es dennoch einer strategischen Grundsatzentscheidung, wie das **Geschäftsmodell revitalisiert** werden kann, um den Weg aus der Krise zu finden. Die strategische Weichenstellung in der Unternehmenskrise findet unmittelbar mit oder nach der Liquiditätssicherung und damit frühzeitig statt[318].

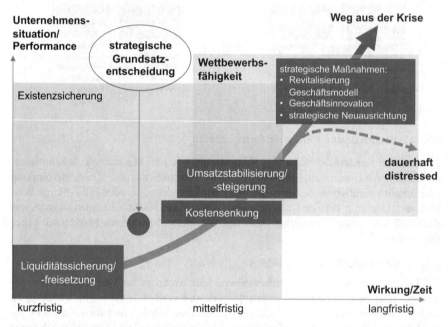

Abb. 16: Prioritäten im Projektverlauf

140 Im Rahmen einer erfolgreichen Sanierung dürfen, obwohl dies in der Praxis regelmäßig geschieht, strategische Fragestellungen nicht hinter den operativen Maßnahmen zurückstehen, auch wenn letztere schnellere Ergebnisse erzielen[319]. Denn auch bereits Entscheidungen über kurzfristig wirkende Sanierungsmaßnahmen können einer strategischen Grundlage bedürfen. Wenn bspw. nach Analyse der Krisenursachen offenkundig ist, dass im Produktportfolio eine zu hohe Komplexität bzw. Anzahl von Pro-

---

316 Vgl. Kap. B. Tz. 174.
317 Vgl. *Moldenhauer*, in: Crone/Werner, S. 92.
318 Vgl. *Moldenhauer*, in: Crone/Werner, S. 94, Abb. 15.
319 Vgl. *Moldenhauer*, in: Crone/Werner, S. 97.

dukten herrscht oder Teile davon eine negative Deckungsspanne aufweisen, dann wird
frühzeitig das Portfolio daraufhin bereinigt. Dieser Effekt wirkt sich operativ auf die gesamte Wertschöpfungskette bis hin zur Organisationsstruktur aus und ist nur dann positiv, wenn er sich im Einklang mit den strategischen Zielen (Leitbild) befindet. Auf der
anderen Seite gibt es sicher kurzfristige Sanierungsmaßnahmen wie einen Ausgabenstopp oder die Sachkostenreduktion, indem bspw. nur noch Zweite-Klasse-Bahnfahrten
bzw. Economy-Flüge gebucht werden, die strategieunabhängig sind. Die Dimension der
Tragweite von Sanierungsmaßnahmen, ob operativ oder strategisch, kann mehrdeutig
sein. In jedem Fall ist die **Stimmigkeit der Sanierungsmaßnahmen – auch im Ge-
samtkontext – zu überprüfen**[320].

Strategieentwicklungen liegen zahlreich in der betriebswirtschaftlichen Literatur vor **141**
und sind zur Krisenbewältigung wie in nachfolgender Abb. 17 systematisiert worden[321]:

Abb. 17: Krisenbewältigungsstrategien[322]

Für die Entwicklung einer Unternehmensstrategie ist die strategische Grundhaltung **142**
entscheidend; hierbei wird zwischen offensiv und defensiv unterschieden. Ausgehend
davon ergeben sich aus der Frage, ob man den Markt verlassen oder behaupten will, **vier
grundsätzliche strategische Ausrichtungen.** Soll der Markt ganz oder in Teilen aufge-
geben werden, zieht sich das Krisenunternehmen vollständig aus den betroffenen, bisher
bedienten Marktbereichen zurück. Ressourcenabbau oder die Umwandlung der Ressourcen zur Nutzung in anderen Bereichen kann dabei angestrebt werden[323]. Eine
Konsolidierungsstrategie bedeutet, dass das Unternehmen im bisherigen Markt verbleibt und sein Leistungsniveau bspw. durch partiellen Kapazitätsabbau, Portfolioberei-
nigung etc. auf ein niedrigeres Niveau anpasst. Der Markt wird defensiv, ggf. in einer
Marktnische, behauptet. Will das Unternehmen zur Sanierung diversifizieren, dann sind
neue Märkte und neue Produkte bzw. Leistungen zu finden und zu entwickeln, während
die Verdrängungsstrategie auf die Erreichung einer führenden Marktposition in ange-
stammten Märkten oder eine Profilierung in ausgewählten Marktsegmenten ausgerichtet ist[324]. Derartige grundsätzliche strategische Stoßrichtungen können durch Kooperationen mit weiteren Branchenteilnehmern[325] oder auch mit Unterstützung von

---

320 Vgl. *IDW S 6*, Tz. 66.
321 Vgl. *Müller, K.*, S. 92 ff.; *Gless*, S. 73 ff.
322 Vgl. *Hermanns*, in: Beck HDR, B 769, Abb. 9.
323 Vgl. *Stadlbauer*, S. 97.
324 Vgl. *Müller, K.*, S. 97.
325 Vgl. *Bergauer*, S. 126. Bergauer zufolge zeigen empirische Analysen, dass 20% der Unternehmen auf Ko-
     operationen bei der Sanierung zurückgreifen.

Finanzinvestoren[326] begleitet werden. Die Umsetzungsformen der Unternehmensstrategie sind in Abb. 18 (vgl. Kap. B Tz. 144) zu erkennen.

143 Um aus den grundsätzlichen strategischen Möglichkeiten die für die erfolgreiche Sanierung richtige zu finden, wird bei der Strategieauswahl praxisorientiert empfohlen, sich an den Stärken des Unternehmens auszurichten, weil bei Beseitigung der Schwächen ein ungünstiges Kosten-Nutzen-Verhältnis die Regel ist. Dies schließt ein, dass Ineffizienzen kostenseitig rasch identifiziert und beseitigt werden können. Des Weiteren sollte bei der Strategieentwicklung der **vergleichbare Wettbewerb als Benchmark** eine Orientierung sein, was insb. bei ersten Einschätzungen von Kosten-Leistungs-Relationen von großer Bedeutung sein kann. Allerdings werden Diversifizierungsstrategien in der Unternehmenskrise nur dann als zielführend eingeschätzt, wenn die hiermit verbundenen Investitionen finanzierbar und der Umsetzungszeitraum nicht zu lang sein wird[327]. Dies ist dann der Fall, wenn man aus dem bestehenden Produktportfolio mit angemessenem Aufwand Produkte abwandeln kann.

144 Inwieweit strategische Entscheidungen auf Unternehmensebene oder bei größeren Unternehmen auf Geschäftsfeldebene getroffen werden, hängt vom Einzelfall ab. Neben der dann verbleibenden **strategischen Grundhaltung** sind die möglichen Reaktionen im Wettbewerb und die Art der Beeinflussung des Marktes relevant, sodass sich unterschiedliche Möglichkeiten für eine abstrakte künftige Positionierung des Krisenunternehmens und damit für die grundsätzlichen Sanierungsmaßnahmen zur Erreichung des Leitbildes ergeben[328]. Ausgehend von der grundsätzlich defensiven oder offensiven Grundhaltung ergeben sich für die Unternehmensstrategie in der Krise und darüber hinaus für die Geschäftsfelder des Unternehmens verschiedene Optionen, die in der nachfolgenden Abbildung weiter ausgeführt werden.

326 Vgl. *Brandes/Weimert*, in: Buth/Hermanns[5], § 39, Rn. 1 ff.
327 Vgl. *Moldenhauer*, in: Crone/Werner, S. 99.
328 Vgl. *Gless*, S. 290; *Tomczak*, in: Crone/Werner, 1989, S. 113 ff.

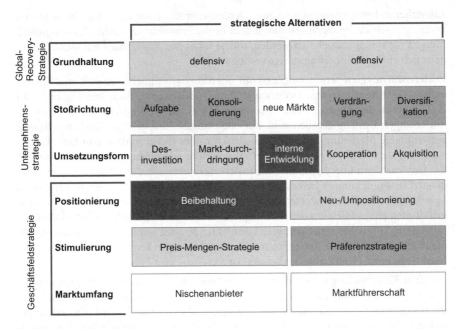

Abb. 18: Strategierichtungen

Nach der Unternehmensstrategie muss die Geschäftsfeldstrategie entwickelt werden. In **145** einem ersten Schritt muss sich die **Positionierung** an der strategischen Grundhaltung orientieren. Eine strikte **Beibehaltung** der Marktposition (defensive Grundhaltung), insb. wenn die Profilierung ggü. dem Käufer gelitten hat, wird in der Restrukturierung seltener vorkommen. Es sei denn, eine strategische Krise ist bei einer rein finanzwirtschaftlichen Sanierung auszuschließen. Bei der **Umpositionierung** (offensive Grundhaltung) wird lediglich die eigentliche Kernzielgruppe erweitert bzw. verlagert. Dazu gehört bspw. die Bearbeitung von neuen Marktsegmenten mit bisherigen Produkten (Marktentwicklung). Bei einer **Neupositionierung** soll eine neue Zielgruppe am Markt bedient werden. Beispielsweise kann sich ein Hersteller von Küchengeräten für den gewerblichen Bereich entschließen, eine Produktpalette für private Haushalte anzubieten.

Zur **Stimulierung des Geschäftsfeldes** sind verschiedene Strategien möglich, den Markt **146** zu beeinflussen. Die getroffene Entscheidung für eine Strategie beeinflusst das operative Geschäft. Einerseits bietet sich die Preis-Mengen-Strategie an, andererseits die Präferenzstrategie. Unterschieden wird hierbei zwischen Kosten- und Leistungsvorteilen.

Preis-Mengen-Strategien setzen kostenoptimierte Unternehmensstrukturen voraus, **147** um dem Abnehmer einen Preisvorteil zu bieten. Entsprechende Kostenstrukturen sind bei Produktionsunternehmen in der Krise meist erst zu gestalten, indem Fertigungsbereiche in ihrer Größe reduziert werden oder die Fertigungsleitung durch effizientere Produktionsplanung Sortenwechselkosten verringert, während im Marketing Overhead Costs gesenkt werden[329]. Nur durch diese strukturellen Kosteneinsparungen kann sich das Krisenunternehmen mit attraktiveren Preisen gesundschrumpfen und wieder eine

---

329 Vgl. *Moldenhauer*, in: Crone/Werner[4], S. 102.

ausreichende Ertragsposition erreichen. Derartige Krisenstrategien werden begleitet von Bereinigungen im Produktportfolio, indem bspw. Produkte mit nicht auskömmlichen Margen nicht mehr angeboten werden, sodass nicht nur Kapazitäten frei werden, sondern sich auch die Rohertragsmarge verbessert.

148 **Präferenzstrategien** setzen hingegen auf überdurchschnittliche Qualität und Imageaufbau. Derartige Präferenzen weiter auszubauen oder zu entwickeln, benötigt nicht nur Zeit, sondern auch ausreichende finanzielle Mittel, die in der Krise nicht immer im notwendigen Umfang gegeben sind. Für erklärungsbedürftige Produkte bspw. ist eine aufwendigere Marketing- und Vertriebsstruktur notwendig, so dass man hier eher investieren, statt – wie im Fall der Kostenoptimierung – Bereiche abbauen wird. Verfügt das Unternehmen über bestimmte Alleinstellungsmerkmale, die es noch nicht effizient genutzt hat, und können Investitionen in die Produktqualität finanziert werden, dann besteht auch für diese Strategierichtung eine gute Chance. Präferenz- und Preis-Mengen-Strategien sind stets vor dem Hintergrund des möglichen Wettbewerbsverhaltens zu reflektieren. Preis-Mengen-Strategien können tendenziell nur im Gesamtmarkt erfolgreich sein, während die Präferenzstrategie nicht zwingend an die Bearbeitung eines Marktsegmentes (Teilmarktes) gebunden ist[330].

149 Als letzte Entscheidung innerhalb der Geschäftsfeldstrategie muss entschieden werden, welchen **Marktumfang** das Unternehmen einnehmen wird. Auch in diesem Bereich ist die strategische Grundhaltung als Basis zu sehen. Mit einer tendenziell defensiv ausgerichteten Strategie ist das Unternehmen eher als Nischenanbieter zu sehen. Eine offensive Haltung ist dem Marktführer zuzuschreiben[331]. Andere Formen sind möglich und werden im Weiteren erläutert.

150 **Nischenanbieter** verfügen im Vergleich zu den großen Wettbewerbern über einen deutlich geringeren Marktanteil. Teilsegmente eines Marktes bzw. ein Markt mit geringem Volumen ist das Ziel eines Nischenanbieters, der somit großen Anbietern keinen direkten Wettbewerb liefert. Nischenanbieter entwickeln besondere Fähigkeiten, um spezielle Bedürfnisstrukturen im Marktsegment zu befriedigen und rentabel zu arbeiten. Diese durch eine tendenziell defensive Verhaltensweise erreichbare Position kann ausgebaut bzw. direkt erreicht werden, wenn durch innovative (offensive) Strategien herkömmliche Regeln ausgesetzt werden. Prozess- und Kosteneffizienz, aber auch Intransparenz bei der Preisfindung sind Markteintrittsbarrieren für Wettbewerber und sichern die Position ab[332].

151 Strebt das Krisenunternehmen die **Marktführerschaft** an, soll eine dominierende Stellung erreicht werden, die am Marktanteil gemessen wird. Eine Erweiterung des Gesamtmarktes ist dabei ebenfalls möglich, sofern es neue Verwender oder neue Verwendungsmöglichkeiten für die Produkte gibt. Weist eine Branche und der dazugehörige Wettbewerb kaum innovative Strategien auf, ist die Marktführerschaft regelmäßig durch defensives Verhalten, nämlich mit Kosteneffizienz, zu erreichen.

152 Auch wenn man anhand der Abb. 18 viele denkbare Alternativen für eine strategische **Neuausrichtung von Geschäftsfeldern** in der Krise aufzeigen kann, bestimmt die interne und externe und meist finanz- und leistungswirtschaftlich eingeschränkte Situa-

---

330 Vgl. *Kraus/Gless*, in: Buth/Hermanns, 2003, § 4, Rn. 88.
331 Vgl. *Moldenhauer*, in: Crone/Werner[4], S. 101.
332 Vgl. *Kraus/Gless*, in: Buth/Hermanns[2], § 4, Rn. 84 ff.

tion die realisierbaren Möglichkeiten. Strategische Optionen können erst dann sicher beurteilt werden, wenn die Branche und die Wettbewerbsintensität genauer betrachtet wurden. Eine **Analyse der Wettbewerbsintensität** durch Beobachtung von Wettbewerbern, Substitutionsprodukten und der Marktmacht von Lieferanten ist zwingend, um die Regeln einer Branche zu verstehen und Fehlentscheidungen bei der Bestimmung des Leitbildes zu verhindern. Bei steigender Wettbewerbsintensität sinken Rentabilität bzw. Ertragschancen von Geschäftsmodellen und es ist ein Preiswettbewerb und/oder eine zunehmende Segmentierung zu erwarten[333].

Der Wettbewerb in einer Branche hängt z.b. von dem **Grad der Produktdifferen-** **153** **zierung** ab, der durch eine Marke oder die Produktqualität bestimmt werden kann. Vertriebskanäle und größenbedingte Kostenvorteile können ebenso wie die Kapitalintensität und vom Kunden wahrnehmbare Produktunterschiede wettbewerbsentscheidend sein. Neben der Wettbewerbsintensität kann auch die Einordnung in **Branchentypen** sinnvoll sein, die meist vom Grad der Produktdifferenzierung und der Wirkung von Erfahrungskurveneffekten beeinflusst ist[334].

Der **homogene Branchentyp** (z.b. Baumaschinen) hat geringe Produktdifferen- **154** zierungsmöglichkeiten, eine tendenzielle Markttransparenz und weitgehend gleichartige Unternehmenstypen. Bei der Entwicklung des Leitbildes ist in einer homogenen Branche zu berücksichtigen, dass dort die Preisgestaltung durch Kostenorientierung bestimmt ist und somit der Marktführer mit seinem größten Marktanteil auch die höchsten Erfahrungskurveneffekte und damit den größten Preisspielraum besitzt.

In **heterogenen Branchen** (z.b. Softwareentwicklung) gibt es bedeutend mehr Pro- **155** duktdifferenzierungsmöglichkeiten, verbunden mit tendenzieller Marktintransparenz und dementsprechend unterschiedlichen Unternehmenstypen. Die Preisgestaltung ist von Leistungsmerkmalen und nicht von Kostenpositionen abhängig, sodass im Vergleich zum Marktführer höhere Kosten nicht notwendigerweise zu einer geringeren Rentabilität führen, weil der Anbieter mit höheren Kosten auf eine günstigere Preis-Leistungs-Relation verweisen kann[335].

Anhand der für Unternehmensstrategien bekannten Regeln ist die spezifische **Aus-** **156** **gangssituation** des Krisenunternehmens zu analysieren. Wenn das Unternehmen Wettbewerbsvorteile verloren hat, kann, aber muss dies nicht indiziell für eine strategische Krise sein. Es ist das **gesamte Geschäftsmodell** und insb. die durch den Marketing-Mix vom Kunden wahrgenommene Strategie zu beurteilen. Hierzu gehört auch die bislang umgesetzte (Präferenz- oder Preis-Mengen- etc.) Strategie. Ob bei hohem Erfolgsdruck und mangelnden Ressourcen Wettbewerbspositionen verändert werden können, ist im Einzelfall zu analysieren und hängt von dem Abstand der bestehenden zur angestrebten strategischen Position ab.

---

333 Vgl. *Kraus/Gless*, in: Buth/Hermanns[2], § 4, Rn. 90.
334 Vgl. *Kraus/Gless*, in: Buth/Hermanns[2], § 4, Rn. 91.
335 Vgl. *Kraus/Gless*, in: Buth/Hermanns[2], § 4, Rn. 93.

Beispiel 8:

Ein Fahrradhersteller befindet sich in einer Krisensituation und bietet Trekking-/All-round-Produkte im unteren Qualitäts- und Preissegment an. Wachstum findet in der Fahrradbranche eher im Preispremiumsegment und in Sonderbereichen (Mountain-bike etc.) statt. Da das Unternehmen bis zur Liquiditätskrise, inkl. Strategiekrise, alle Krisenstadien durchlaufen hat, stehen weder technische noch zeitliche oder finanz-ielle Kapazitäten zur Verfügung, um hochwertigere, margenverbesserte Produkte zu entwickeln, die bei anspruchsvollen Kunden akzeptiert werden. Eine Niedrigpreis-strategie bei verbesserten Kostenpositionen ist aus Sicht der Kapazitäten und der Kundenakzeptanz hier leichter umzusetzen und zu finanzieren.

Ist das Krisenunternehmen ein Nischenanbieter, der mit Mountainbike-Produkten geringe Marktanteile aufweist, kommt die Marktführerschaft im Gesamtmarkt als Leitbild eher nicht infrage.

157 Die mit dem **Leitbild angestrebte Marktposition** ist mit dem geringsten (finanziellen) Aufwand zu erreichen, wenn die Sanierung aus eigenen Mitteln zu bestreiten ist und keine Finanzmittel extern beschafft werden müssen. Handlungsdruck und mangelnde Ressourcen in Krisensituationen führen ggf. dazu, dass Geschäftsmodelle, Geschäfts-felder etc. mit hohen Marktanteilen aufgrund der durch Produkt-Markt-Kombinationen verursachten Verluste eher Schrumpfungsprozesse einleiten und Marktbereiche aufge-geben werden müssen.

Beispiel 9:

Ein Anlagen- oder Maschinenbauer in der Krise weist in der Fertigung Kostennach-teile auf und erwirtschaftet dort Verluste, die die positiven Ergebnisse im Bereich Engineering überkompensieren. Da der Bereich Engineering starke Kompetenzen aufweist, wird dieser weiter forciert, während das Produktangebot im Bereich der Ei-genfertigung gestrafft wird. Die Fertigung der ertragsschwachen Produkte wird von ausländischen Kooperationspartnern übernommen.

Konsequenter wäre ein Leitbild, das die Schließung bzw. das Outsourcing der ge-samten Fertigung vorsieht und mit der Engineering-Kompetenz Wachstum in einer Marktnische anstrebt. Sämtliche Eingriffe in die strategische Position sind nur er-folgreich, wenn die betrieblichen, leistungswirtschaftlichen Strukturen vom Einkauf bis hin zum Vertrieb entsprechend angepasst werden können.

158 Situationsbedingt sind bei Krisenunternehmen der Anpassungsfähigkeit und damit den strategischen Spielräumen Grenzen gesetzt. Zum Zeitpunkt der Krise sind Strategie und Unternehmensstruktur nicht im Einklang, was mit einem neuen Leitbild behoben wer-den soll. In der strategischen Krise gilt eher „Structure Follows Strategy" als „Strategy Follows Structure"[336].

159 Mit einer aus der Unternehmenskrise heraushelfenden neuen strategischen Stoßrichtung (Leitbild) und darauf abgestimmten leistungswirtschaftlichen Sanierungsmaßnahmen wird das **Geschäftsmodell revitalisiert** und es stellt sich die Frage, inwieweit strategische Ziel-

---

336 Vgl. *Kraus/Gless*, in: Buth/Hermanns[2], § 4, Rn. 95.

richtungen gemessen werden können. Denn letztlich ist es für eine positive Sanierungsaussage auch nach der Rechtsprechung des BGH grundsätzlich erforderlich, dass das Unternehmen durchgreifend saniert, d.h. die Rentabilität der unternehmerischen Tätigkeit wiederhergestellt wird[337], und es somit wieder attraktiv für Eigen- und Fremdkapitalgeber ist[338].

> **! Hinweis 1:**
>
> Letztlich reichen strategisch formulierte Zielgrößen wie die Erreichung eines Marktanteils von X% nicht aus, um den betriebswirtschaftlichen und an der Rechtsprechung orientierten Anforderungen gerecht zu werden. Daher sind die strategischen Ziele stets zu operationalisieren, was sich in weiteren Kennzahlen im Bereich der Rendite oder des Eigenkapitals ausdrückt (vgl. Kap. B Tz. 160 ff.).

2.3.3 Quantifizierung des Leitbildes

Vergegenwärtigt man sich, dass vor der Definition des **Leitbildes** der **Ist-Zustand** des Krisenunternehmens aufgenommen und nach **Krisenursachen** qualitativ und insb. quantitativ kategorisiert wird, können die krisenbedingenden Ereignisse sowie deren zahlenmäßige Ausprägung eindeutig festgestellt werden und als Ausgangsbasis für die **Ableitung des Soll-Zustands** des Unternehmens nach abgeschlossener Sanierung dienen. **160**

Das Leitbild hat eine qualitative Zielformulierung, die anschließend mit konkret messbaren Zielkenngrößen zu unterlegen ist. Diesen Prozess zeigt die folgende Abbildung[339]: **161**

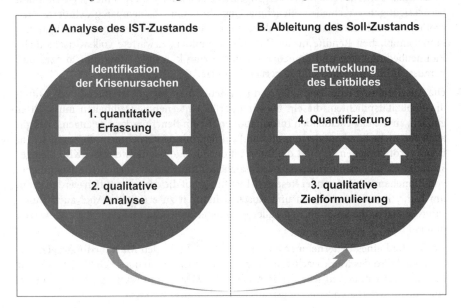

Abb. 19: Prozessablauf im Zuge der Entwicklung eines Leitbildes für das sanierte Unternehmen

---

337 Vgl. BGH v. 12.05.2016, IX ZR 65/14, ZIP 2016, S. 1235 ff., Rn. 36.
338 Vgl. *F&A IDW S 6*, Frage 5.4.
339 Vgl. *Knecht/Hermanns*, in: Buth/Hermanns[5], § 6, Rn. 4.

162   Die beteiligten **Stakeholder** werden sich bei Vorlage des Sanierungskonzeptes fragen, ob eine Sanierung des Unternehmens aus ihrer individuellen wirtschaftlichen Perspektive vorteilhaft ist. Dabei wird das Leitbild herangezogen, um zwischen der sofortigen Zerschlagung und der Unternehmensfortführung durch Sanierung zu vergleichen. Vor diesem Hintergrund ist das **Leitbild** für alle Stakeholder **transparent zu gestalten**, damit es für Dritte eine nachvollziehbare Entscheidungsgrundlage bildet. Nur wenn das Sanierungskonzept und somit das Leitbild des sanierten Unternehmens mengen- bzw. zahlenmäßig konkret messbar ist, kann es überprüft und der gesamte Sanierungsprozess evaluiert werden. Gerade der fortlaufende Abgleich der Effekte bereits umgesetzter Sanierungsmaßnahmen mit der im Leitbild präzisierten, übergeordneten Zielvorstellung ermöglicht es, Zielerreichungsgrade der Sanierung (Milestones) zu überprüfen und auf etwaige Planabweichungen angemessen zu reagieren[340].

163   Eine **Leitbild-Quantifizierung** stellt die Suche nach einer übergeordneten Zielgröße dar, die in der Praxis stets zu Renditekennziffern, wie z.b. Jahresüberschuss oder EBIT im Verhältnis zur Gesamtleistung, führen[341]. Die durchzuführende Quantifizierung einer Zielkennziffer hat sich an nachhaltigen, branchenüblichen Durchschnittsrenditen zu orientieren, was Branchen- und Marktanalysen und die Analyse des betriebswirtschaftlichen Datenmaterials wesentlicher und vergleichbarer Wettbewerber erfordert. Spezielle Fachkenntnisse erfahrener Branchenkenner können dabei von Vorteil sein. Die Renditekennziffern werden aus Vergangenheitsdaten der Unternehmen abgeleitet und berücksichtigen verschiedene Benchmarking-Varianten. Zahlenmäßig definierte Zielgrößen sind zukunftsbezogen zu validieren, um das Erreichen einer nachhaltigen und branchenüblichen Rendite in der Zukunft abzubilden. Erwartete volkswirtschaftliche Rahmenbedingungen und Branchenprognosen zum künftigen Marktumfeld bzw. ihre voraussichtlichen Trends sind zu berücksichtigen[342].

164   Die Ausgestaltung eines Leitbildes ist durch **Benchmarking** gut zu unterstützen. Durch die Publizitätspflichten, die ein börsennotiertes Unternehmen einhalten muss, ist es einfach, an die entscheidenden Informationen für ein Benchmark zu gelangen. Dies gilt auch für nicht börsennotierte große und mittelgroße Unternehmen, die ihren JA im BAnz veröffentlichen[343]. Sind die Informationsquellen, wie teilweise bei KMU, eingeschränkt[344], gibt es alternative bzw. zusätzliche Informationsquellen wie Dokumente von Branchenverbänden oder Research-Instituten, auf die zurückgegriffen werden kann, um bspw. Renditekennzahlen und Kostenstrukturen zu ermitteln. Aber auch Sanierungsexperten, die an ähnlichen Fällen gearbeitet haben, können mit Expertenwissen unterstützen[345].

165   Das Leitbild eines Unternehmens muss sich ebenfalls an den **Marktbedingungen** orientieren. Wird das Marktwachstum falsch eingeschätzt, kann das Leitbild nicht korrekt definiert werden. Die entscheidende Analyse der Markt- und Wettbewerbsposition i.R. eines quantifizierbaren Sanierungsplans teilt sich in **drei Bereiche**:

---

340   Vgl. *Knecht/Hermanns*, in: Buth/Hermanns[5], § 6, Rn. 20 f.
341   Vgl. *F&A IDW S 6*, Frage 7.4.
342   Vgl. *Knecht/Hermanns*, in: Buth/Hermanns[5], § 6, Rn. 27.
343   Vgl. zu den Publizitätspflichten §§ 325 ff. HGB.
344   Vgl. § 276 HGB (Erleichterungen Offenlegung) i.V.m. § 267 HGB (Größenklassen).
345   Vgl. *Knecht/Hermanns*, in: Buth/Hermanns[5], § 6, Rn. 67.

- die Analyse des Gesamtmarktes
- die Prognose der erwarteten Marktentwicklung
- die Positionierung des Krisenunternehmens im Wettbewerbsvergleich[346].

Bei der **Analyse des Gesamtmarktes** wird in einem ersten Schritt das Marktvolumen **166** bestimmt. Somit können das Maximalvolumen sowie der eigene Marktanteil ermittelt werden. Durch die Aufteilung nach Produktgruppen und Regionen wird die Wichtigkeit von Märkten und Produkten für das Krisenunternehmen erkennbar. Des Weiteren werden die Wettbewerber betrachtet, damit das Unternehmen einen ganzheitlichen Überblick über den Wettbewerb erlangt und mögliche Benchmarking-Unternehmen identifizieren kann. Hieraus werden Zielrendite, Zielkostenstruktur und Zielbilanz ermittelt. Besonderes Augenmerk wird auf die Erfolgsfaktoren im Markt gelegt. Hierbei können Industrieexperten zu Rate gezogen werden[347].

Basierend auf den Ergebnissen der Analyse des Gesamtmarktes werden in einem zweiten **167** Schritt i.R.d. erwarteten **Marktentwicklung** die Trends ermittelt. Hierunter fallen Technologieentwicklungen, aber auch neue Konsolidierungserscheinungen, die sich durch neue Marktbedingungen ergeben. Für die Erstellung des Business-Plans spielt dieser Schritt eine entscheidende Rolle dar, da die angenommenen Wachstumsraten durch die Prognose bestätigt werden können. Aber auch die Entwicklung des Wettbewerbs und die entsprechenden Marktanteile müssen prognostiziert werden[348].

Beendet wird die externe Analyse in einem dritten Schritt durch die **Positionierung des** **168** **Krisenunternehmens im Wettbewerbsvergleich**. Diese ergibt sich aus dem Vergleich von Marktanteil und Marktwachstum. Unternehmensseitig ist auf kurze Sicht nur der Marktanteil beeinflussbar. Außerdem wird analysiert, ob und wie das Krisenunternehmen an den Erfolgsfaktoren der Branche, die in Schritt eins (vgl. Kap. B Tz. 166) evaluiert wurden, teilhat. Eine hohe Übereinstimmung ist hierbei anzustreben. Durch den Vergleich wird eventuell erkennbar, an welchen Stellen das quantifizierbare Leitbild angepasst werden muss, denn nur bei Erfüllung der Erfolgsfaktoren kann mit einem nachhaltigen Markterfolg nach der Sanierung gerechnet werden. In den hier vorzunehmenden Analysen wird ein Vergleich der Wertschöpfung zum Benchmark oder vergleichbaren Unternehmen vorgenommen, um korrekte Business-Pläne abzuleiten. Denn die Wertschöpfungsarchitektur schlägt sich in den Leistungskennziffern (Material- und Personalintensität etc.) nieder. Vorwärts- bzw. Rückwärtsintegrationspotenziale für Lieferanten und Kunden sind ggf. zu berücksichtigen[349].

Ist eine Renditekennziffer festgelegt, wird in der Praxis i.S.d. Übersichtlichkeit häufig der **169** sog. **EBIT-Walk/-Bridge** verwendet, um die Erreichung des Leitbildes der Sanierung zu veranschaulichen. Das Darstellungsinstrument geht vom Status quo aus und führt über die Effekte der Sanierungsmaßnahmen bis hin zum Leitbild. Mit einem Wasserfalldiagramm werden ausgehend vom Ist-EBIT als Ausgangsbasis in der Krisensituation die geplanten Sanierungsmaßnahmen zum nachhaltigen Ziel-EBIT des Leitbildes entwickelt[350]. Eine ausführliche Erläuterung hierzu folgt in Kap. B Tz. 392 ff.

---

346   Vgl. *Knecht/Hermanns*, in: Buth/Hermanns[5], § 6, Rn. 69 f.
347   Vgl. *Knecht/Hermanns*, in: Buth/Hermanns[5], § 6, Rn. 69.
348   Vgl. *Knecht/Hermanns*, in: Buth/Hermanns[5], § 6, Rn. 70.
349   Vgl. *Knecht/Hermanns*, in: Buth/Hermanns[5], § 6, Rn. 71.
350   Vgl. *Knecht/Hermanns*, in: Buth/Hermanns[5], § 6, Rn. 31.

170 Um für Eigen- und Fremdkapitalgeber eine **angemessene, branchenübliche Rendite** zu erwirtschaften, ist auf eine Gesamtbetrachtung des sanierten Unternehmens abzustellen und nicht auf eine einzelne Kennzahl, die ggf. durch Bilanzpolitik oder andere Maßnahmen beeinflusst werden kann[351]. Ob allein das Verhältnis EBITDA zu EBIT bzw. Jahresüberschuss zu Umsatz, Betriebsleistung oder Eigenkapital entscheidend ist, hängt von der Branche, dem Geschäftsmodell oder der Eigentümerstruktur ab. Die individuelle Risikoposition des Unternehmens mit der danach erforderlichen Höhe des Eigen- und Fremdkapitals und die sich daraus ergebenden Renditeerwartung bestimmt die Verwendbarkeit der Zielgröße eines Leitbildes[352].

171 Mit der Quantifizierung des Leitbildes, hier bspw. als EBIT/EBITDA-Rendite, geht die **Abstimmung** dieser Zielgröße **mit den leistungswirtschaftlichen Teilzielgrößen** und den dahinterstehenden Sanierungsmaßnahmen einher. Der Abstimmungsprozess zwischen strategischer und operativer/leistungswirtschaftlicher Ebene im Wege von Plausibilisierung findet während der Erarbeitung eines Sanierungskonzeptes mehrfach statt (**revolvierende Plausibilisierung**). Das oberste Renditeziel wird auf Ertrags- und Kostenebene heruntergebrochen, um hieraus Maßnahmenbündel abzuleiten, mit denen diese Zielgrößen erreicht werden können. Anschließend müssen die Maßnahmenpakete in einzelne, konkret umsetzbare Sanierungsmaßnahmen überführt werden. Dabei sind auftretende Interdependenzen sowie eventuelle Wechselwirkungen zwischen den Maßnahmen zu berücksichtigen. Dieser Operationalisierungsprozess ist in nachfolgender Abbildung dargestellt[353]. Der Prozess findet sowohl top-down als auch bottom-up statt. Die Zielrenditekennziffer ist im Sanierungsplan auf der operativen Ebene mit weiteren Kennzahlen und Indikatoren auszudifferenzieren. Die regelmäßige Plausibilitätsprüfung findet zwischen Maßnahmenpaketen bzw. Einzelmaßnahmen auf operativer Ebene und der in der strategischen Dimension formulierten Zielgröße statt. Falls sich i.R. d. Operationalisierung herausstellen sollte, dass die anfangs festgelegte Zielkennziffer mit dem tatsächlich vorhandenen Maßnahmenpotenzial nicht erreicht werden kann, ist diese dementsprechend anzupassen. Nur stringent quantitativ erfasste Leitbilder können Orientierungsfunktion bei der Erstellung von Sanierungskonzepten haben[354], vgl. hierzu auch Kap. B Tz. 392 ff.

---

351 Vgl. *F&A zu IDW S 6*, Frage 16.
352 Vgl. *F&A zu IDW S 6*, Frage 16.
353 Vgl. *Knecht/Hermanns*, in: Buth/Hermanns⁵, § 6, Rn. 27.
354 Vgl. *Knecht/Hermanns*, in: Buth/Hermanns⁵, § 6, Rn. 28 f.

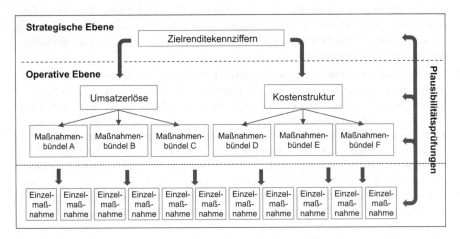

Abb. 20: Operationalisierungsbaum im Zuge der Quantifizierung des Leitbildes des sanierten Unternehmens

Im Sinne der **BGH-Rechtsprechung** ist das Unternehmen durchgreifend zu sanieren **172** und die Rentabilität der unternehmerischen Tätigkeit wiederherzustellen[355], wozu innerhalb von bestimmten Bandbreiten zwingend eine branchenübliche Rendite erforderlich ist. Erarbeitet ein Unternehmen mit Sanierungsmaßnahmen auf Basis einer angemessenen Eigenkapitalquote bis zum Ende des Sanierungszeitraums keine angemessene, branchenübliche positive Rendite für die Eigenkapitalgeber, ist es nicht durchgreifend bzw. nachhaltig saniert[356]. In dieser Situation ist das Unternehmen weder für Eigenkapital- noch für Fremdkapitalgeber attraktiv und erfüllt eine wesentliche Anforderung an die Sanierungsfähigkeit nicht[357]. Eine dauerhafte Refinanzierung erscheint schwierig, weil die Ratingsysteme der Finanzierer ein Unternehmen, das dauerhaft nicht in der Lage ist, eine Rendite auf das eingesetzte Eigenkapital zu erzielen, i.d.R. entsprechend negativ beurteilen. Ist eine positive Eigenkapitalrendite auch am Ende des Planungszeitraums nicht möglich, kann keine positive Sanierungsaussage getroffen werden. Nur in seltenen, gut begründeten Ausnahmefällen kann ein **ausgeglichenes Jahresergebnis** ausreichen. Dies ist z.B. denkbar, wenn sich das Unternehmen nicht den Wettbewerbsgesetzen stellen muss, etwa weil neben der ökonomischen Dimension des Investments weitere (z.B. familiäre oder soziale) Gründe über den Fortbestand des Unternehmens entscheiden. In diesen Fällen kann eine geringere als die marktübliche Rentabilität in Einzelfällen angemessen sein[358]. Unternehmen in Sanierungssituationen haben deutlich höhere **Finanzierungskosten** zu tragen. Es ist sachgerecht, bei einem operativ sanierten Unternehmen nach dem Auslaufen der bestehenden Finanzierungsverträge wieder von marktüblichen Finanzierungskosten auszugehen.

Da Finanzierungen i.R.v. Sanierungskonzepten i.d.R. innerhalb des Sanierungszeit- **173** raums auslaufen oder bis zum Ende des Planungshorizontes befristet sind, ist es sach-

---

355   Vgl. BGH v. 12.05.2016, IX ZR 65/14, ZIP 2016, S. 1235 ff., Rn. 36.
356   Vgl. *F&A zu IDW S 6*, Frage 5.4.
357   Vgl. *F&A zu IDW S 6*, Frage 5.1.
358   Vgl. *F&A zu IDW S 6*, Frage 5.2.

gerecht, davon auszugehen, dass ein Unternehmen, dessen operativer Betrieb eine angemessene, branchenübliche Umsatzrendite erwirtschaftet sowie ein angemessenes branchenübliches Eigenkapital aufweist, auch wieder eine **angemessene, branchenübliche Fremdfinanzierung** erhält[359].

174 Die **Wiederherstellung des Eigenkapitals** ist wesentliche Bedingung für eine nachhaltige Sanierung und es stellt sich die Frage, wie die angemessene branchenübliche Eigenkapitalausstattung definiert und gemessen werden kann. Dabei kann es an dieser Stelle nicht um unterschiedliche Definitionen zum Umfang des Eigenkapital, sondern eher um Grundsätzliches gehen.[360] Die branchenübliche Eigenkapitalausstattung ist zu Recht Bestandteil des Leitbildes, denn sie stellt das finanzwirtschaftliche Äquivalent zu der strategisch/operativen branchenüblichen Rendite dar.[361] Die Anforderungen werden im *IDW S 6* nicht konkretisiert. Eine zur Überwindung der Krise notwendige angemessene Eigenkapitalausstattung ist durch die übliche Eigenkapitalquote eines vergleichbaren, sanierten Unternehmens in entsprechendem wirtschaftlichen Umfeld (z.B. geografische Lage, Branche, Unternehmensgröße) definiert.[362] Während die Rechtsform aktuell eher weniger diese Kennziffer beeinflusst, sind Besonderheiten durch die Eigentümerstruktur zu berücksichtigen.[363] Grundsätzlich ist dabei auf das bilanzielle Eigenkapital abzustellen und nur in Ausnahmen sind Bestandteile des sog. wirtschaftlichen Eigenkapitals (z.B. Darlehen mit Rangrücktritt) mit einzubeziehen. Dies gilt insb. dann, wenn der Kapitalgeber das hingegebene Kapital zurückfordern kann[364].

2.4 Stadiengerechte Krisenbewältigung

2.4.1 Auswirkung der Krisenstadien auf die operative Sanierung

175 Das jeweilige Krisenstadium bestimmt Inhalte und Maßnahmen des Sanierungskonzeptes. Sind **Insolvenzgründe** (Zahlungsunfähigkeit und Überschuldung) zu beseitigen, ist durch entsprechende Maßnahmen die Zahlungsfähigkeit des Unternehmens zu sichern (Liquiditätssicherungsprogramm) und/oder durch eine insolvenzrechtliche Fortbestehensprognose die Überschuldung zu beseitigen. Erst hiernach, zumindest thematisch, werden Sanierungsmaßnahmen mit effizienten Kostensenkungs- und Effizienzsteigerungsprogrammen erarbeitet, um darauf aufbauend die strategische (Neu-) Ausrichtung des Unternehmens voranzutreiben und zur Stärkung der Wettbewerbsfähigkeit Erfolgspotenziale und dadurch Wachstumspotenziale zu erschließen[365].

176 Der Dringlichkeit folgend werden **Krisenstadien in der umgekehrten Reihenfolge** ihrer Entstehung bearbeitet.

---

359 Vgl. *Knecht/Hermanns*, in: Buth/Hermanns[5], § 6, Rn. 32 ff. (mit weiteren Hinweisen zur Abbildung von Finanzierungskosten im Leitbild).

360 Vgl. *Gerig/Meller/Nintkewitz*, ZIP 2017, S. 2029, Abschnitt A zu ausführlichen Definitionen zum Umfang des Eigenkapitals.

361 Vgl. *F&A zu IDW S 6*, Frage 5.5.

362 Vgl. *Gerig/Meller/Nintkewitz*, ZIP 2017, S. 2029, Abschnitt B am Ende, die unter Abschnitt C empirische Indikationen mit interessanten Ergebnissen aufzeigen.

363 Vgl. *Gerig/Meller/Nintkewitz*, ZIP 2017, S. 2029, Abschnitt C.IV.

364 Vgl. *F&A zu IDW S 6*, Frage 5.5.; *Gerig/Meller/Nintkewitz*, ZIP 2017, S. 2029, Abschnitt D.

365 Vgl. *IDW S 6*, Tz. 33.

Beispiel 10:

Dass die Krisenstadien in „umgekehrter Reihenfolge" behandelt werden sollten, ergibt sich allein aus der Logik, dass zunächst in Sanierungsfällen Insolvenzgründe ausschließen sind. Denn der Gutachter sollte erst die kurzfristige Liquidität sichern bzw. gesichert wissen, bevor der Auftrag begonnen wird. Bei der Feststellung der Krisenstadien stehen die Insolvenzgründe im Grunde am Anfang **und** am Ende der Gutachtenerstellung. Denn selbst wenn die Insolvenzgründe zu Beginn der Analysen ausgeschlossen werden können, ist die Ergebnisüberprüfung am Ende des Prozesses zu empfehlen. In Bezug auf die Berichterstattung wird nach der Analyse des Unternehmens und vor Darstellung der Sanierung der Ausschluss der Insolvenzgründe abgebildet[366].

Stadiengerechte Krisenerkennung, wie bspw. in der Abb. 14 dargestellt, setzt wie die **177** Krisenbewältigung bei den Sanierungsmaßnahmen **zeitliche Strukturen** voraus (vgl. Abb. 21). Der Sanierungserfolg wird durch zeitliche und finanzielle Rahmenbedingungen bestimmt, die mit dem Maßnahmenprogramm einzuhalten sind. Im Sanierungskonzept sind zu jeder Maßnahme die zeitlichen und finanziellen Auswirkungen abzubilden und zu dokumentieren und darüber hinaus ist die Umsetzungsverantwortlichkeit zu definieren[367].

kurzfristig	Insolvenzgründe (Zahlungsunfähigkeit) beseitigen und z.B. die Zahlungsfähigkeit des Unternehmens durch Liquiditätssicherungsmaßnahmen (Sofortmaßnahmen) sichern
mittelfristig	Gewinnzone durch ein effizientes Kostensenkungs- und Effizienzsteigerungsprogramm erreichen
langfristig	Unternehmen, ggf. unter Einbeziehung der maßgeblichen Stakeholder, strategisch (neu) ausrichten und zur Stärkung der Wettbewerbsfähigkeit, Erfolgspotenziale und dadurch nachhaltige Wachstumspotenziale erschließen

Abb. 21: Stadiengerechte Krisenbewältigung

Die **Bereiche** sind zeitlich in **Fristigkeiten** und **inhaltlich** nach Krisenstadien nicht im- **178** mer voneinander abzugrenzen und **überlappen sich**[368]. Liquiditätskrisen können gemeistert werden, wenn Liquidität durch Lageroptimierung, Reduzierung der Forderungslaufzeiten, Factoring, Outsourcing von Randfunktionen/Randgeschäften sowie Verkauf von nicht betriebsnotwendigen Anlagegütern als Sanierungsmaßnahmen zeitgerecht umgesetzt werden. Diese Maßnahmen haben jedoch mehrere Folgen. Einerseits wird Liquidität generiert, andererseits stellen sie ggf. Sofortmaßnahmen dar, sind Maßnahmen zur Bewältigung der Ertragskrise und haben somit kurz- und mittelfristigen Charakter. Das heißt: Eine **Kategorisierung** der Sanierungsmaßnahmen kann und muss

---

366 Vgl. *IDW S 6*, Anlage 2.
367 Vgl. *IDW S 6*, Tz. 75.
368 Vgl. *Buth/Hermanns*[5], § 8, Rn. 55.

nicht eindeutig sein. Es gibt Sanierungsmaßnahmen, die der Bewältigung mehrerer Krisenstadien dienen und nicht einem Krisenstadium eindeutig zugeordnet werden können. Hier gilt die gleiche Logik wie beim Erkennen von Krisenstadien. Wenn bspw. preispolitische Maßnahmen zur Überwindung der Produkt-/Absatzkrise auch strategischen Charakter haben[369], ist die Kategorisierung letztlich nachrangig. Die vollständige Beseitigung der Krisenursachen und Bewältigung der Krisenstadien ist das **Ziel eines Sanierungskonzeptes**.

179   **Erfolgskrisen** werden bewältigt, um mindestens eine nachhaltige, angemessene branchenübliche Rendite zu erreichen. Die zu optimierenden Bestandteile des Erfolges sind die (zu verringernden) Kosten und die (zu erhöhenden) Erlöse. Die Marktfähigkeit von Produkten ist zu steigern und die Leistung im Marketing/Vertrieb zu verbessern. Auf der Ebene der Leistungserbringung werden Sortimente bereinigt und so gestärkt. Die Qualität der Produkte kann durch Produktionsoptimierung verbessert werden und die Liefertreue durch verbesserte Logistik[370]. Ist die **Produkt- und Absatzkrise** nicht durch kurzfristige Überbrückungsmaßnahmen zu beseitigen, sind die Kapazitäten im Leistungsbereich strukturell anzupassen[371]. Sanierung durch den Abbau von Verlustprodukten oder -bereichen beeinflusst sämtliche leistungswirtschaftlichen Bereiche, die damit verbundene Leistungsreduktion bedeutet das sog. Gesundschrumpfen in der Krise[372]. Um nachhaltige Sicherheit in der Unternehmenskrise zu erreichen, ist im Sanierungskonzept zu beschreiben, wie die **Strategiekrise** gemeistert und das Leitbild des rendite- und wettbewerbsfähigen Unternehmens erreicht werden kann[373]. Hierzu sind **Maßnahmenpakete** erforderlich, die mittel- und längerfristig wirkende strategische Optionen aufzeigen (vgl. Abb. 22)[374]: Eine kritische Durchsicht der beispielhaften Aufzählung zeigt, dass diese Maßnahmen immer auch einen operativen Bezug haben werden und die Wechselwirkung zwischen Leitbild und leistungswirtschaftlichen Sanierungsmaßnahmen stark ist.

---

369   Vgl. *Püschel*, KSI 2013, S. 58.
370   Vgl. *F&A zu IDW S 6*, Frage 6.1.
371   Vgl. *F&A zu IDW S 6*, Frage 6.1.„
372   Vgl. *Buth/Hermanns*, DStR 2010, S. 291.
373   Vgl. *Groß*, WPg 2009, S. 239.
374   Vgl. *Buth/Hermanns*[5], § 8, Abb. 7.

Stärkung des Kerngeschäfts, z.B. durch	Ausweitung des Kerngeschäfts durch Angebot	Transfer angestammter Produkte, Marken, Ressourcen, Fähigkeiten und Kompetenzen in neuen Anwendungsfeldern auf	Entwicklung neuer Erfolgspotenziale, insb.	Reduzierung des Risikos, z.B. durch
• gezielte Profilierung der Marke oder des Produkts • Definition des Marktsegments oder einer Nischenbelegung • Profilierung durch Identifikation und Ausbau der Stärken sowie Eliminierung von Schwachstellen	• komplementärer Produkte und Dienstleistungen • integrierter Lösungen über die bisherigen Leistungen hinaus	• neue Kunden • neue Regionen • neue Geschäftsfelder	• Produkt- und Prozessinnovationen • Aufbau von Kernkompetenzen • Öffnung für Partnerschaften • Einführung von Netzwerkstrukturen und strategischen Allianzen	• Ausstieg aus besonders risikoreichen Geschäftsfeldern • Begrenzung oder Reduzierung operativer Risiken • Transfer von Risiken auf Dritte (Versicherungen, Kapitalmarkt) • Stärkung des Risikopuffers (z.B. durch höhere Eigenkapitalausstattung oder Ausweitung des verfügbaren Liquiditätsrahmens

Abb. 22: Maßnahmenpakete zur mittel- und längerfristigen Strategieplanung

Wird bei der Bewältigung der Krisenstadien eine strategische Neuorientierung erreicht **180** und das Unternehmen an seinen Potenzialen unter Effektivitäts-, Nachhaltigkeits- und Stimmigkeitsaspekten ausgerichtet, dann wird es der Unternehmensleitung mit dem Sanierungskonzept gelingen, mit allen Interessengruppen wieder einen Konsens zur vertrauensvollen Zusammenarbeit zu finden, womit dann auch die **Stakeholderkrise** überwunden ist[375].

In der gutachterlichen Betrachtungsweise wird es auf den Einzelfall ankommen, wie die **181** Berichterstattung zu strukturieren ist, um nicht durch Wiederholungen **redundante Informationen** zu liefern. Auf der anderen Seite ist für ein sicheres und vollständiges Sanierungskonzept die **Mindestanforderung** zu beachten, dass sämtliche Krisenursachen und -stadien durch Gegenmaßnahmen bewältigt werden müssen (vgl. hierzu die folgende Abbildung als beispielhafte Übersicht[376]).

---

375   Vgl. *Buth/Hermanns*, DStR 2010, S. 292.
376   Vgl. *Crone*, in: Crone/Werner, S. 62 (84) mit Abb. 13.

Krisenstadium	Krisenursache	Gegenmaßnahme
Insolvenzreife	• (drohende) Zahlungsunfähigkeit • Überschuldung	• permanente Liquiditätsüberwachung/ Überbrückungskredit • Investoren/Debt-to-Equity-Swap

Liquiditätskrise	• unzureichendes Debitoren-/
	  Kreditorenmanagement
	• überfällige Debitoren
	• unerwarteter/ungeplanter
	  Zahlungsmittelabfluss
		• Optimierung Forderungsmanagement
		  und Zahlungsziele
		• Factoring
		• Verkauf von nicht betriebsnotwendigem
		  Vermögen

Ertragskrise	• ineffiziente Produktion/Prozesse • Margendruck • hohes Kostenniveau	• Optimierung Fertigungsprozesse • Anpassung Deckungsbeiträge • Anpassung Kostenstruktur
Produkt-/Absatzkrise	• Wegfall von Großkunden/-aufträgen • Ausfall von Zulieferern • Verzögerung bei Produktentwicklungen	• Erschließung neuer Märkte/Kunden • Insourcing • Einholung von externem Know-how
Strategiekrise	• komplexe Unternehmensstruktur • Konjunkturrückgang/Kaufkraftverlust • gesättigte/schrumpfende Märkte	• Anpassung der Aufbau-/Ablauforganisation • Konzentration auf margenstarke Produkte • Erschließung neuer Märkte
Stakeholderkrise	• Diskrepanz im Management • Vertrauensverlust der Finanzierer • Konflikte mit Arbeitnehmerseite	• Einsetzung eines CRO • Abschluss eines Sicherheitenpoolvertrags • Abschluss von Betriebsvereinbarungen

Abb. 23: Krisenursachen und Gegenmaßnahmen[377]

2.4.2 Bedeutung von Sofortmaßnahmen

182 Mit Aufnahme der Beratungstätigkeit oder mit Beginn der Erstellung des Sanierungs-gutachtens werden nach erster Analyse und Informationsaustausch mit dem Management erste Maßnahmen erkannt, die man rasch umsetzen kann. Eine neue Reise-kostenordnung einzuführen oder eine Rabattaktion im Vertrieb umzusetzen, kann ein-fach zu organisieren sein. Effektive, sofort wirkende Sanierungsmaßnahmen werden in dieser Situation benötigt, weil bei meist vorliegender Liquiditätskrise kurzfristig zu ge-nerierendem Finanzmittel notwendig sind, um die ggf. drohende oder bestehende Zah-lungsunfähigkeit zu verhindern oder zu beseitigen[378]. Die Sofortmaßnahmen dienen der Stabilisierung und kurzfristigen Verbesserung der Liquiditäts- und Ergebnissituation bzw. plakativer dem „Stop the Bleeding"[379]. Diese sog. **Sofortmaßnahmen** sind mit zu-nehmender Insolvenznähe notwendig[380], letztlich ebenso **Sanierungsmaßnahmen**, so-dass in Bezug auf deren Beschreibung auf die nachfolgenden Ausführungen unter Kap. B Tz. 184 ff. verwiesen werden kann.

---

377 Im Krisenstadium „Insolvenzreife" sind die genannten Krisenursachen eigentlich gesetzliche Tatbestände der §§ 17 ff. InsO (Insolvenzgründe).
378 Vgl. *Buth/Hermanns*[5], § 12, Rn. 1.
379 Vgl. *Kraus/Buschmann*, in: Buth/Hermanns[5], § 5, Rn. 43.
380 Vgl. *IDW S 6*, Tz. 13

Beispiel 11:

Sofortmaßnahmen:

- Einstellungsstopp
- Investitionsstopp
- Ausgabenstopp für nicht betriebsnotwendige Ausgaben
- Herabsetzung der Schwellenwerte für Aufgabengenehmigung durch Geschäftsführung/ Vorstand
- Eintreiben von Forderungen.

Bedeutung haben Sofortmaßnahmen bei einer Sanierung v.a. insofern, als die Recht- **183** sprechung aus Gründen der Glaubwürdigkeit fordert, dass sich die Sanierung bereits in der Umsetzung befinden muss und die Organe damit ihren Fortführungswillen dokumentieren[381]. Aber auch die erste Phase einer Sanierung, die der Sicherung der Liquidität und dem Ausschluss von Insolvenzgründen dient, impliziert, dass bereits erste Maßnahmen i.S.d. benannten Aufgabenstellungen erarbeitet worden sind. Idealerweise hat das Management nicht nur erste Ideen oder eine Vision für das zu sanierende Unternehmen, sondern auch konzeptionell eine Grundlage, vielleicht ein Grobkonzept, auf dem bei der Erstellung des Sanierungsgutachtens aufgebaut werden kann. Liegen diese Voraussetzungen nicht vor, besteht die Gefahr, dass bei Beginn der Erstellungstätigkeit zunächst die Insolvenzgründe untersucht werden und bspw. bei einer drohenden Zahlungsunfähigkeit ohne groben Sanierungsplan und erste umgesetzte Sanierungsmaßnahmen bzw. Sofortmaßnahmen eine Überschuldungsprüfung folgen muss, weil es keine positive Fortführungsprognose gibt. In dieser Situation ist vielleicht sogar schon ein Insolvenzgrund gegeben, wenn die insolvenzrechtliche Überschuldung (vgl. Kap. C Tz. 80 ff.) gegeben ist. Dies ist nur dann zu verhindern, wenn bereits durch Sofortmaßnahmen und ein **Grobkonzept der Sanierung** eine positive Unternehmensfortführung als gesichert erscheint.

2.4.3 Sanierungsmaßnahmen

2.4.3.1 Grundlagen und Überblick

Im Rahmen der leistungswirtschaftlichen Sanierung sind sämtliche Bereiche der Wert- **184** schöpfungskette im Hinblick auf Sanierungsmöglichkeiten zu untersuchen. Sind das Leitbild und damit die strategische Ausrichtung des zu sanierenden Unternehmens definiert, müssen die leistungs-, finanzwirtschaftlichen und rechtlichen Voraussetzungen geschaffen werden, um das anvisierte Leitbild zu erreichen. Im Gegensatz zur eher langfristigen Zielsetzung im strategischen Bereich liegt der Fokus des leistungswirtschaftlichen Restrukturierungsprozesses auf kurz- bis mittelfristigen Maßnahmen, die zur Verbesserung von Liquidität und Ergebnis geeignet sind[382]. Daher müssen die einzuleitenden operativen Sanierungsschritte eine rasche wirtschaftliche Wirkung entfalten[383]. Die **nachhaltige operative Sanierung** eines Unternehmens ist eine komplexe Aufgabe, die alle Unternehmensaktivitäten und -funktionen einbeziehen muss. Weniger

---

381 Vgl. BGH v. 12.05.2016, IX ZR 65/14, ZIP 2016, S. 1235, Rn. 36.
382 Vgl. *Hermanns*, in: Buth/Hermanns⁵, § 7, Rn. 2.
383 Vgl. *Schneider/Schulz*, in: Thierhoff, S. 136.

komplexe Sanierungen liegen nur dann vor, wenn bspw. die Restrukturierung ausschl. finanzwirtschaftlich ausgerichtet ist und die Passivseite der Bilanz betrifft[384].

185 Als grundlegendes **Problemfeld** bei der Sanierung der Wertschöpfungsstufen erweist sich häufig das interne **Berichtssystem** des Krisenunternehmens unter Einschluss der Kostenrechnung. Es ist bereits bei der Datenerhebung zu analysieren, ob Kostenverrechnungen vollständig sind und zutreffend erfasst werden. Die internen Informationen sind stets i.r. einer umfassenden Analyse kritisch zu hinterfragen[385] (vgl. hierzu Kap. B Tz. 111 ff.).

186 Im Rahmen der leistungswirtschaftlichen Sanierung sind sämtliche Bereiche der **Wertschöpfungskette** im Hinblick auf Sanierungs- bzw. Optimierungsmöglichkeiten zu untersuchen. Die einzelnen Bereiche der Wertschöpfungskette untergliedern sich wie folgt:

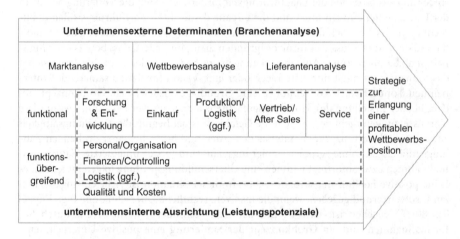

Abb. 24: Strategie und Wertschöpfungskette[386]

187 Die **Funktionsbereiche** der in der Abb. dargestellten Wertschöpfungskette werden nachfolgend erläutert, indem zunächst die möglichen **Problemfelder** aufgezeigt werden. Im Anschluss hieran werden **Analysemöglichkeiten** gezeigt, bevor die möglichen **Sanierungsmaßnahmen** besprochen werden. Am Ende der jeweiligen Beschreibungen wird auf die **Maßnahmenumsetzung** eingegangen.

188 In der Praxis gibt es eine Vielzahl von Erfahrungen, die zeigen, welche Problembereiche in den Wertschöpfungsstufen zu Krisenursachen führen können. Bei der leistungswirtschaftlichen Sanierung werden Krisenursachen behoben bzw. abgestellt. Im Bereich der Forschung & Entwicklung ist ein Kernthema die Projektsteuerung. In guten Zeiten fehlt hier die Budgetkontrolle. Kommt es zu einer Unternehmenskrise wird deutlich, dass die Projekte in diesem Bereich entweder nicht koordiniert und/oder nicht kosten-/nutzenorientiert geführt werden. Mit relativ einfachen Mitteln kann hier eine Projektorganisation geschaffen werden. Beim Vertrieb kann das nicht sachgerechte Vertriebs-

384 Vgl. *Werner*, in: Crone/Werner, S. 109.
385 Vgl. *Thierhoff*, in: Thierhoff, S. 130.
386 Vgl. *Hermanns*, in: Buth/Hermanns[5], § 7, Rn. 1.

Anreizsystem das Unternehmen in die Krise führen, wenn ausschl. nach Umsatzprovision geführt wird und dabei die notwendigen Roherträge außer Acht gelassen werden. Die Umstellung auf mindestens eine zu berücksichtigende Rohertragskomponente kann eine rasch wirkende Sanierungsmaßnahme sein. So gibt es für jeden Funktionsbereich oder jede Wertschöpfungsstufe immer **wiederkehrende Problemfelder** als Krisenursachen, die nachfolgend etwas ausführlicher dargestellt werden.

Eine Übersicht über mögliche Problemfelder der Bereiche gibt folgende Abb.   **189**

Abb. 25: Problemfelder in ausgewählten leistungswirtschaftlichen Bereichen[387]

Eine vollständige Abbildung sämtlicher leistungswirtschaftlicher Sanierungsmaßnahmen würde den Rahmen des Handbuches sprengen. Für jeden Funktionsbereich ist zusätzlich zu den Sanierungsmaßnahmen die **Aufbau und Ablauforganisation** zu analysieren, zu verbessern sowie ein geeignetes **Bereichscontrolling** aufzubauen[388].   **190**

Das **Erfolgspotenzial** der nachfolgend aufgezeigten Maßnahmen hängt von der spezifischen Situation des Krisenunternehmens ab. Potenziale aus Maßnahmen können nur dann ausgeschöpft werden, wenn diese in der Vergangenheit noch nicht ausgeschöpft worden sind. Bei der Priorisierung der Maßnahmen werden Wertbeiträge (Liquiditäts- oder Ergebnispotenzial), Fristigkeit (Zeitdauer, bis die Maßnahmen Wirkung entfalten) und jeweiliges Krisenstadium fokussiert. In der Liquiditätskrise gilt das Motto „Liquidität vor Rentabilität" und der Schwerpunkt liegt auf Sofortmaßnahmen zur Existenzsicherung, bevor Sanierungsmaßnahmen auf Ergebnisverbesserungen ausgerichtet werden können.   **191**

---

387   Vgl. *Hermanns*, in: Buth/Hermanns[5], § 7, Rn. 3.
388   Vgl. *Werner*, in: Crone/Werner, S. 110.

2.4.3.2 Leistungswirtschaftliche Sanierungsmaßnahmen

2.4.3.2.1 Einkauf und Materialwirtschaft

• **Problemfelder**

192 Der Einkauf als Ansatzpunkt für Sanierungsmaßnahmen in der Unternehmenskrise rückt in den Vordergrund, weil der Zukaufanteil bei Vorleistungen immer höher wird und den stetigen Trend zur Reduzierung von Fertigungstiefe durch **Outsourcing** begünstigt[389]. Gerade bei sanierungsbedürftigen Unternehmen bietet der Einkauf daher ein in der Krise ungenutztes Restrukturierungs- und Einsparpotenzial.

193 Die Problembereiche im Einkauf können in drei Kategorien untergliedert werden und betreffen **Kosten**, **Qualität** sowie **Zeitfaktoren**. Die drei Kategorien stehen in einem interdependenten Verhältnis zueinander und sollten zur Sicherstellung der Versorgung des Unternehmens in einem ausgewogenen Zustand sein (vgl. Abb. 26)[390].

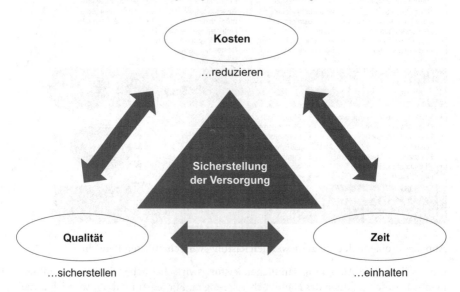

Abb. 26: Problemfelder des Einkaufs

194 Bei Unternehmen in der Krise sind die drei Kategorien unausgeglichen. Mit Verschärfung der Krise, d.h. bei Annäherung an den Zeitpunkt der Insolvenz, werden die Bestandteile „Kosten" und „Zeit" beansprucht, folglich sinkt der Anspruch an die notwendigerweise sicherzustellende Qualität[391].

• **Analyse**

195 Bei der Analyse der unterschiedlichen einkaufsspezifischen Probleme richtet sich die Wahl der Analysegegenstände nach dem am meisten fortgeschrittenen Krisenstadium. Absolute Priorität hat i.d.R. die rasche Generierung von Liquidität (vgl. zur Kategori-

---

389 Vgl. *Thiele/Sopp*[5], in: Buth/Hermanns[5], § 16, Rn. 1.
390 Vgl. *Thiele/Sopp*[5], in: Buth/Hermanns[5], § 16, Rn. 3.
391 Vgl. *Oppenländer/Trölitzsch*, § 37, Rn. 66 ff.

sierung der Krisenstadien auch Kap. A Tz. 9 ff.). Für Zwecke der Analyse und Maßnahmenbildung wird **simultan** vorgegangen, beginnend bei der Analyse der Materialaufwandsquoten in den letzten JA, über die rechtlichen Verhältnisse und damit die Einkaufsverträge bis hin zur Ablauforganisation. Folglich werden Krisenstadien ggf. aggregiert bearbeitet, weil in der Analyse auch viele Lösungen für Probleme geboren werden. Die Problemlösungen sind in zeitliche Dimensionen (Sanierungsplan) zu transferieren. Maßnahmen zur Abwendung der Krise werden, wie in allen übrigen Bereichen und auch im Bereich des Einkaufs und der Materialwirtschaft, auf **langfristiger** (strategische Krise), **mittelfristiger** (Ertragskrise inkl. Produkt/Absatz) und/oder **kurzfristiger** (Liquiditätskrise/Insolvenz) Basis erarbeitet.

Wird die Krise frühzeitig erkannt und als **strategische Krise** identifiziert, so besteht die **196** Divergenz zwischen dem Ist-Zustand und einem optimalen Soll-Zustand meist in einer Abweichung zwischen dem vorhandenen und dem genutzten Potenzial im Einkauf. Eine **Systematisierung** der beschafften Vorprodukte nach Gruppen und die entsprechende Nutzung von durch Neugruppierung (vgl. Abb. 27) erzielbaren Synergieeffekten ist eine wesentliche Aufgabenstellung.

Zur Identifikation der einkaufsseitig zusammenfassbaren Produktgruppen sind v.a. **klassi** **197** **fizierende Tools** geeignet, die eine Einordnung nach vorher definierten Kriterien ermöglichen. So eignet sich die ABC-Analyse, um die im Beispiel im Warenbestand vorhandenen Waren anhand ihres Verbrauchsrhythmus zu klassifizieren (vgl. ebenfalls Abb. 27).

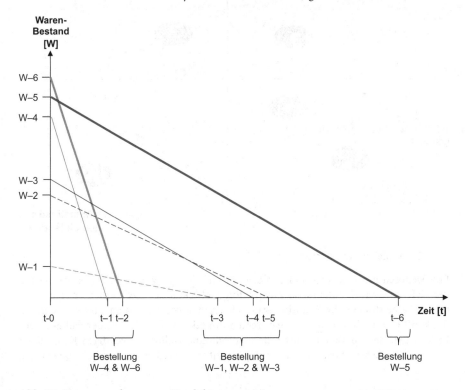

Abb. 27: Zusammenfassen von Produktgruppen

198 **Bestellungen**, die zeitlich nahe beieinander liegen, können, wie im obigen Beispiel dargestellt, zusammen geordert werden, um sowohl **Skaleneffekte** zu erzielen als auch Prozess- und Overheadkosten einzusparen. So könnten die Waren W-4 und W-6 in einer Bestellung zusammen geordert werden. Ebenso die Waren W-1, W-2 und W-3. Die Ware W-5 würde weiterhin in einem gesonderten Bestellvorgang geordert werden.

199 Weiterhin sind **Portfolio-Analysen** anhand einer Vier-Felder-Matrix zur Bestimmung und Bewertung von Lieferanten-, Beschaffungs-, Marktmacht- o.ä. Risiken sowie deren nicht ausgeschöpfte Entwicklungspotenziale eine Möglichkeit, Optimierungsspielräume aufzudecken[392]. So können Lieferanten anhand diverser Kriterien klassifiziert und dementsprechend behandelt werden. Lieferanten können bspw. nach ihrem **Ausfallrisiko** klassifiziert werden. Lieferanten, die ein hohes Ausfallrisiko mit geringer Wichtigkeit der zu liefernden Güter aufweisen, können so identifiziert und durch Ersatzlieferanten ausgetauscht werden (Abb. 28 – Produkt G). So können langfristig Produktionsausfallskosten und Kosten aufgrund mangelhafter Qualität reduziert werden.

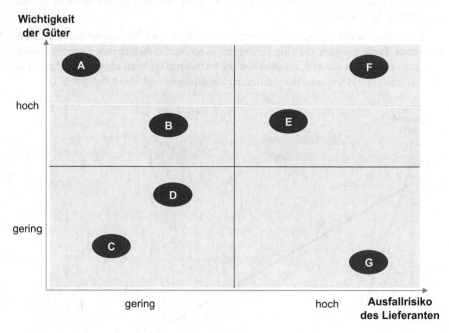

Abb. 28: Ausfallrisiko Lieferanten

200 Eine weitere Klassifizierung kann analog der Portfolio-Analyse zur Risikoklassifizierung der Lieferanten auch anhand der **Entwicklungsfähigkeit der Lieferanten** erfolgen. Dabei wird eine strategische Einordnung der Lieferanten vorgenommen, und zwar anhand des künftig vom Unternehmen angestrebten Produktportfolios sowie der Fähigkeit der Lieferanten, die zur Bereitstellung dieses Produktportfolios notwendigen Kapazitäten und Güter zu liefern. So können Produkte identifiziert werden, die eine hohe Bedeutung

---

392 Vgl. *Thiele/Sopp*, in: Buth/Hermanns[5], § 16, Rn. 6.

im Portfolio der Unternehmung haben, für die der Lieferant aber nur eine geringe Lieferfähigkeit vorweist. In der Folge kann ein Austausch dieses Lieferanten erfolgen, um auch hier ausfall- und qualitätsbedingte Mehrkosten zu vermeiden.

Erfolgt das Erkennen der Krise dagegen erst im Stadium der **Ertragskrise**, bedarf es einer **201** Analyse der **kurzfristig beeinflussbaren** Lieferungen und Leistungen. Häufig steht als Ziel die Beschaffung von kostengünstigeren Vorprodukten und -leistungen, insb. aus dem Ausland, im Vordergrund. Eine Analyse umfasst somit im ersten Schritt eine **Bedarfsanalyse** zur Identifizierung von Produkten, die hierfür in Frage kommen. Im zweiten Schritt ist eine **Marktanalyse** durchzuführen, um zu prüfen, ob Kostenvorteile ohne erhebliche qualitative Einbußen überhaupt realisiert werden können. Die durch die grenzübergreifende Beschaffung entstehenden Mehrkosten werden mit in die Marktanalyse einbezogen, wie bspw. Zölle, Versicherungen und ggf. Produktionsausfälle aufgrund der durch die verlängerten Lieferkette verzögerten oder im schlimmsten Fall sogar ausbleibenden Lieferung (vgl. Abb. 29)[393]. Internationale Lieferketten haben dabei jüngst i.R.d. globalen Corona-Pandemie ihre Fragilität aufgezeigt und das Versorgungsrisiko sowie die Gefahr eines Produktionsausfalls aufgezeigt[394], weshalb sie in der Marktanalyse unbedingt zu untersuchen sind.

Weiterhin sollten personelle Kapazitäten im Einkaufsbereich geprüft werden, um auch **202** hier mögliche Einsparpotenziale aufzudecken. Bezüglich der anwendbaren Analysetools sei auf Kap. B Tz. 243 ff. verwiesen.

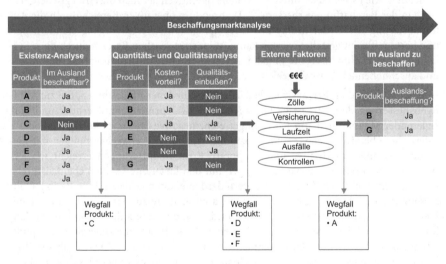

Abb. 29: Auslandsmarktbeschaffung

In der **Liquiditätskrise** sind Lieferanten zu analysieren, die dem beziehenden Unter- **203** nehmen liquiditätsseitig entgegenkommen können. Auch hier kann eine ABC-Analyse dazu dienen, Lieferanten anhand ihrer strategischen Wichtigkeit und ihrer Liquiditätsentlastungspotenziale einzuordnen.

---

393 Vgl. *Werner*, in: Crone/Werner, S. 113 f.
394 Vgl. *Kolev/Obst* (2020), S. 3.

• **Maßnahmen**

204 Dem über die Analyse in der **strategischen Krise** festgestellten Handlungsbedarf muss mit einem sorgsam abgestimmten Maßnahmenpaket begegnet werden. Ein solches Bundle kann gruppenspezifische Beschaffungsstrategien wie bspw. das Beziehen von Standardprodukten mit geringer Werthaltigkeit über einen Standardlieferanten mit geringem lieferantenspezifischem Risiko umfassen. Weiterhin kann die Rückwärtsintegration von bedeutenden Lieferungen in die eigene Lieferkette zu einer Einsparung von Kosten führen und der Austausch von Know-how eine Möglichkeit darstellen, langfristig Kosten zu senken. Gemeinkosten können in indirekten Einkaufsbereichen, insb. in verwaltungsbezogenen Bereichen, die oftmals einer Verschlankung in personeller Hinsicht bedürfen, langfristig optimiert werden. Lean-Production-Verfahren ermöglichen schlanke und verschwendungsarme Produktionsprozesse und senken den Materialausschuss. Lead-Buyer-Konzepte stärken ein strategisch ausgerichtetes Lieferantenportfolio-Management mit Effekten auf Verbrauchs- und Beschaffungsvorgänge, wie optimale Bestellgrößen, was Kostenvorteile haben und so die Fertigungsprozesse optimieren kann[395]. Zuletzt können auch geeignete Digitalisierungsmaßnahmen, bspw. die Einführung von Material-Requirements-Planning(MRP)- oder Enterprise-Resource-Planning(ERP)-Systemen zur materialwirtschaftlichen Abwicklung und Planung, das Wertschöpfungspotenzial im Einkauf erhöhen. Diese Systeme können über eine Verknüpfung durch Schnittstellen und IDT-basierten Tools mit den Außenstehenden, wie bspw. Lieferanten, sowohl die operativen als auch die strategischen Prozesse in der Beschaffung verbessern[396]. Während im operativen Bereich durch die Automatisierung des Order-to-Pay-Prozesses der gesamte Bestellvorgang standardisiert und kosteneffizient gestaltet werden kann, ist im strategischen Bereich durch diese Systeme die unternehmenseigene Einkaufsstrategie durch Klassifizierung bzw. Bewertung und anschließender Auswahl geeigneter Lieferanten leichter umzusetzen[397].

205 In einer festgestellten **Ertragskrise** bedarf es verschiedener Maßnahmen, die zur künftigen Besserung der Ertragslage beitragen, und zwar primär abmildernder und korrigierender Maßnahmen, um schon eingetretene negative Effekte zu korrigieren oder – sofern diese bereits absehbar sind – abzumildern. Durch Preisverhandlungen mit Lieferanten können kurzfristige und temporäre Kostenreduzierungen erreicht werden. Außer diesen direkten Preisverhandlungen mit den Lieferanten sollten ebenfalls Preisverhandlungen mit den Kreditversicherern der Lieferanten erfolgen. Eine Ratingherabstufung des beziehenden Unternehmens ist argumentativ zu verhindern, da mit einer Herabstufung durch den Kreditversicherer i.d.R. eine Kürzung der eingeräumten Zahlungsziele durch das liefernde Unternehmen einhergeht, was die angespannte Liquiditätslage beim beziehenden Unternehmen weiter verschlechtert[398]. Der Bezug von Vorleistungen aus Niedriglohnländern zur Reduzierung der Kosten sowie das Eingehen von horizontalen und vertikalen Einkaufskooperationen zur Realisierung von Größen- und Know-how-Vorteilen stellen weitere Instrumentarien dar[399].

---

395 Vgl. *Thiele/Sopp*, in: Buth/Hermanns[5], § 16, Rn. 12.
396 Vgl. *Thiele/Sopp*, in: Buth/Hermanns[5], § 16, Rn. 13 ff.
397 Vgl. *Thiele/Sopp*, in: Buth/Hermanns[5], § 16, Rn. 13 ff.
398 Vgl. *Oppenländer/Trölitzsch*, § 37, Rn. 67.
399 Vgl. *Oppenländer/Trölitzsch*, § 37, Rn. 69.

Neben prozessualen und institutionellen Maßnahmen kann ebenfalls eine Anpassung **206** von personellen Kapazitäten erfolgen. Die adäquaten Maßnahmen sind ausführlich in Kap. B Tz. 243 ff. aufgeführt.

Die Maßnahmen, die während einer vorliegenden **Liquiditätskrise** ergriffen werden **207** können, dienen fast ausschl. der zeitnahen Liquiditätserhöhung sowie der Sicherstellung der Weiterbelieferung der eigenen Produktion mit den benötigten Inputfaktoren. Die Maßnahmen, die die Unternehmung ergreifen kann, sind dabei in hohem Maße von der Kooperationsbereitschaft exogener Stakeholder abhängig. So kann versucht werden, einen außergerichtlichen Vergleich mit den Hauptgläubigern durch den Verzicht auf ausstehende Forderungen oder sonstige liquiditätserhöhende Maßnahmen zu erzielen, um eine außergerichtliche Sanierung zu erreichen. Ebenfalls kann an Lieferanten appelliert werden, zusätzliche Sanierungsbeiträge wie die Stundung von Forderungen oder Rangrücktrittserklärungen zu erbringen. Für die eigene Verhandlungsmacht und die Kooperationsbereitschaft des Lieferanten ist dabei die strategische Wichtigkeit des eigenen Unternehmens für den Lieferanten von Bedeutung. In diesem Zusammenhang ist auch zu verhandeln, ob der vom Zulieferer eingeräumte Lieferantenkredit noch verlängert werden kann[400]. Weiterhin kann bei dem Zulieferer ein Konsignationslager eingerichtet werden. Durch den Eigentumsverbleib der Ware beim Lieferanten wird die Liquidität des in die Krise geratenen Unternehmens bis zum Zeitpunkt der Entnahme aus dem Konsignationslager nicht belastet[401].

Eine strukturiert gemanagte **Kommunikation** zu den Lieferanten stellt ebenfalls einen **208** wichtigen Faktor zur Sicherstellung der Inputfaktoren für den Produktionsprozess dar. Dabei ist v.a.v.a. der Zeitpunkt der Kommunikation von Bedeutung. Dieser wirkt sich ggf. erheblich auf die Bereitschaft des Lieferanten aus, einen Beitrag zur Restrukturierung/Sanierung zu leisten. Dabei können sowohl ein verfrühter als auch ein verspäteter Zeitpunkt negative Auswirkungen haben. Ein zu früh gewählter Zeitpunkt kann eine überhastete Reaktion in Form von Verschlechterungen von Lieferkonditionen seitens des Lieferanten hervorrufen, während ein zu spät gewählter Zeitpunkt Vertrauen zerstört und neben kurzfristigen liquiditätsbelastenden Handlungen seitens des Lieferanten ebenfalls ein langfristiges Ende der Geschäftsbeziehungen bedeuten kann. Der kommunizierte Umfang an Informationen kann ebenfalls wichtig sein. Insbesondere eine zu freizügige Kommunikation kann schädlich sein, da dem Zulieferer Informationen präsentiert werden, die dieser u.U. nicht richtig einzuordnen und zu interpretieren weiß und er so falsche – negativ wirkende – Rückschlüsse ziehen könnte. Dies wäre auch aus insolvenzrechtlicher Sicht bedeutend, wenn der Lieferant so von der Krise oder gar drohenden Zahlungsunfähigkeit Kenntnis erlangt. Eine als zu gering empfundene Informationsdichte kann dagegen den Eindruck eines gewollten Verschleierns von für den Lieferanten relevanten Informationen erwecken, was wiederum zu einem Vertrauensverlust führen kann. Auch die Art und Weise der Kommunikation sowie der Überbringer ist sorgfältig auszusuchen. Die Informationen sollten immer ihrem Inhalt entsprechend positiv kommuniziert werden, um dem Lieferanten zu signalisieren, dass sein Mitwirken an einem Restrukturierungs-/Sanierungsprozess sinnvoll und für ihn langfristig lohnend ist. Als Überbringer der Informationen sollte ein hierarchisch ange-

---

400   Vgl. *Thiele/Sopp,* in: Buth/Hermanns[5], § 16, Rn. 26 f.
401   Vgl. *Oppenländer/Trölitzsch,* § 37, Rn. 69.

messen angesiedelter Mitarbeiter mit guten Kommunikationsfähigkeiten fungieren, um dem Lieferanten seine besondere Wichtigkeit zu signalisieren und ihn für sein weiteres Mitwirken an dem Prozess zu motivieren[402].

209 Je näher das Krisenstadium an die Insolvenz rückt, desto geringer werden die Spielräume für Maßnahmen in zeitlicher und monetärer Hinsicht, sodass für Analysen im fortgeschrittenen Stadium oftmals keine Zeit vorhanden ist, sondern **Aktionismus** erfolgt[403]. Dabei ist es v.a. entscheidend, welche Marktmacht das betroffene Unternehmen ggü. den Lieferanten besitzt, denn diese entscheidet über die eigene Verhandlungsposition und damit über das Ausmaß der Zugeständnisse der Zulieferer. Nichtsdestotrotz ist es – unabhängig von der Ausgangssituation -wichtig, sowohl Fortschritte als auch Rückschritte im Restrukturierungsprozess kontinuierlich an die jeweiligen Zulieferer zu kommunizieren, um **Vertrauen zu erhalten** und Aktionismus seitens des Zulieferers zu verhindern[404].

- **Überwachung der Umsetzung**

210 Die gute Kommunikation mit wesentlichem Stakeholder hinsichtlich der Überwachung der Umsetzung und der durch die umgesetzten Maßnahmen erzielten Effekte ist besonders wichtig. Wichtige Stakeholder sind zumeist Zulieferer und deren Kreditversicherer. Auch die Verfehlungen von Maßnahmen sind zu **dokumentieren** und Gegenmaßnahmen bzw. Maßnahmenanpassungen vorzunehmen. Es ist sowohl die Umsetzung einer Maßnahme als auch ggf. die daraus freiwerdende Liquidität zu überwachen und zu erfassen. Nur so wird dokumentiert und bewertet, welche Maßnahmen zu freiwerdender Liquidität geführt haben und welche Maßnahmen wirkungslos sind oder noch einer Anpassung bedürfen.

- **Sonderfall der KMU**

211 Für KMU gelten grundsätzlich die hier aufgeführten Aussagen analog. Dennoch gibt es Unterschiede, die durch die geringere Größe und Komplexität bedingt sind. So besteht im Einkauf v.a. eine nur geringe Verhandlungsmacht und eine erhöhte Abhängigkeit der KMU von einzelnen Lieferanten. Auch bieten die häufig eher flachen Hierarchien und die daraus resultierenden geringeren Overhead-Kosten im Vergleich zu großen Unternehmen nur geringes Einsparungspotenzial. Während die Problemfelder und die anwendbaren Analysemöglichkeiten denen der großen Unternehmen ähneln bzw. gleichen, können Maßnahmen häufig nicht auf KMU übertragen werden, die für große Unternehmen sinnvoll sind. Der machtpolitische und dementsprechend der sanierungsspezifische Handlungsspielraum der KMU schwindet speziell im Einkauf mit voranschreitendem Krisenstadium zunehmend und erfordert daher ein zeitnahes und konsequentes Handeln. Gute Kommunikation kann die vermeintlichen Nachteile wieder aufheben. Ebenso können besonders bei KMU durch die Einführung eines ERP- bzw. MRP-Systems zur materialwirtschaftlichen Planung und Abwicklung noch erhebliche Potenziale gehoben werden, da solche Systeme dort nicht stark vertreten sind[405]. Die Anbieter von ERP-/MRP-Lösungen haben i.d.R. auch mittelstandstaugliche Problemlösungen im Produktportfolio.

---

402 Vgl. *Thiele/Sopp*, in: Buth/Hermanns[5], § 16, Rn. 29.
403 Vgl. *Hess*, Sanierungshandbuch[6], Kap. 3, Rn. 17.
404 Vgl. *Thiele/Sopp*, in: Buth/Hermanns[5], § 16, Rn. 24 ff.
405 Vgl. *Thiele/Sopp*, in: Buth/Hermanns[5], § 16, Rn. 14.

Beispiel 12:

Die X-GmbH, ein mittelständisches produzierendes Unternehmen, befindet sich in der Ertragskrise. Nach erfolgreicher Identifikation und Analyse der Problemfelder im Bereich des Einkaufs und der Materialwirtschaft werden mit ABC-Analysen als Sanierungsmaßnahmen insb. die Prozesskosten optimiert. Von 1.300 Lieferanten haben 30% keine Umsätze in den letzten 3 Jahren ausgelöst. Die Daten werden bereinigt. Mit weiteren 60% der Lieferanten (B-/C-Lieferanten) wird mittelfristig über Scoring-Modelle ein Auswahlverfahren eingeleitet. Mit den A-Lieferanten werden individuelle Sanierungsbeiträge vereinbart. Als Zielgröße werden nur noch 300 Lieferanten angestrebt, was Bestellvorgänge und dementsprechend Bestellkosten optimiert und die Liquiditäts- und Ertragslage verbessert.

2.4.3.2.2 Vertrieb/Marketing

Wesentliche Ursache für Unternehmensinsolvenzen sind rückläufige Umsätze, die **212** einerseits bei Unternehmen auftreten können, die in einer schrumpfenden Branche tätig sind. Andererseits können fehlerhaft ausgerichtete Marketingstrategien, fehlerhafte operative Vertriebssysteme sowie eine unpassende Preispolitik zu Umsatzrückgängen führen. Gerade in der Krise werden bspw. bei Produktionsunternehmen zur Kapazitätsauslastung Aufträge „um jeden Preis" mit geringeren Margen bzw. Deckungsbeiträgen angenommen[406]. Auch führt die fortschreitende Digitalisierung zu Veränderungen der Erwartungen und Bedürfnisse von Kunden sowie der Vertriebsprozesse und sollte ebenso nicht unberücksichtigt bleiben[407]. Der **Vertrieb** hat i.d.R. in Unternehmenskrisen eine große Bedeutung, weil ohne Kunden- und Marktorientierung keine Sanierung erfolgreich gestaltet werden kann[408]. Nachfolgend genannte mögliche Problemfelder sind zur Analyse geeignet und können als Basis für einen integrierten und ganzheitlichen Lösungsansatz zur Überwindung der Umsatzkrise dienen[409].

• **Problemfelder**

Unternehmen, die einer umsatzbezogenen Produkt- bzw. Absatzkrise ausgesetzt sind, **213** sehen sich häufig mit unterschiedlichen Teilproblemfeldern konfrontiert, die sich in unterschiedlichen funktionalen und operationalen Bereichen manifestieren (vgl. Abb. 30). Zum aktuellen Zeitpunkt kommt erschwerend hinzu, dass der Großteil der Unternehmen während der Corona-Pandemie direkt oder indirekt von deren Auswirkungen betroffen und zusätzlich in Schwierigkeiten geraten ist.

---

406 Vgl. *Werner*, in: Crone/Werner, S. 121.
407 Vgl. *Ziechmann*, in: Buth/Hermanns[5], § 14, Rn. 5.
408 Vgl. *Werner*, in: Crone/Werner, S. 121.
409 Vgl. *Ziechmann*, in: Buth/Hermanns[5], § 14, Rn. 10 f.

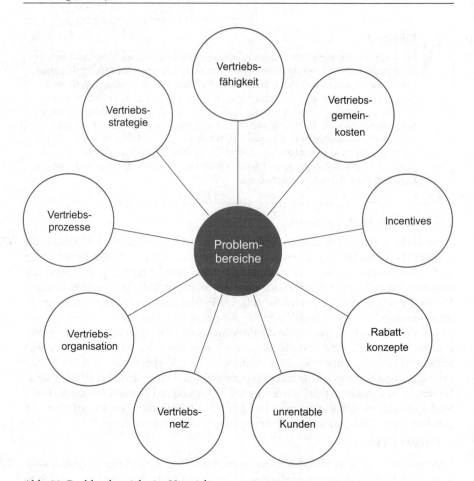

Abb. 30: Problembereiche im Vertrieb

214 Häufig ist dabei keine, eine unzureichende oder eine nur mangelhaft gelebte und umgesetzte **Vertriebsstrategie** vorzufinden. Gravierend sind fehlende Vertriebsvisionen, eine inadäquate Marktsegmentierung, die mit einem unstrukturierten Produktportfolio verbunden ist, sowie falsch oder nicht herausgearbeitete Wettbewerbsvorteile als Hauptursachen für die mangelhafte Vertriebsstrategie[410]. Oftmals existieren zeitgleich Probleme innerhalb der **Vertriebsprozesse**. So gilt es insb., die Abläufe innerhalb des Vertriebsprozesses i.R.d. Sanierung des Unternehmens zu optimieren.

215 Ein Problem ist weiterhin eine fehlende oder unzureichende **Vertriebsorganisation**. Ineffizient arbeitet ein Vertriebsaußendienst, der Aufgaben des Vertriebsinnendienstes übernimmt. Problematisch ist dies, weil Vertriebsinnendienstleister deutlich weniger kosten, nämlich rund 50-60% des Gehalts eines Außendienstlers, und die Prozesskosten somit direkt die Kosten des Vertriebs erhöhen[411].

---

410   Vgl. *Ziechmann*, in: Buth/Hermanns[5], § 14, Rn. 22.
411   Vgl. *Ziechmann*, in: Buth/Hermanns[5], § 14, Rn. 69 f.

Ein mangelhaftes **Vertriebsnetz** sowie mangelhafte **Vertriebsfähigkeiten** der Mit- **216** arbeiter stellen Gründe für ausbleibenden Umsatz dar, wobei die Zahl der Verkaufs- niederlassungen und Außendienstmitarbeiter eine Rolle spielen können. Das Gleiche gilt, wenn das Unternehmen über Händler und Distributoren verfügt, die bezüglich Anzahl und Qualität nicht den Anforderungen entsprechen. Zusätzlich sind die Ver- triebsgemeinkosten in Krisenzeiten deutlich überhöht. Dazu gehören insb. klassische Themen wie der Fuhrpark sowie Reisekosten. Falsche Motivation und Anreize durch nicht durchdachte Incentives spielen dann z.B. eine Rolle, wenn die Anreize sich allein auf den Umsatz beziehen und der Deckungsbeitrag nicht beachtet wird (**umsatz- orientierte Vertriebssteuerung**). Ebenso begünstigen undurchsichtige und komplexe Rabattkonzepte Fehlsteuerungen im Vertrieb. Eine historisch gewachsene falsche Fo- kussierung auf unrentable Kunden führt ebenfalls zur Fehlallokation von Ressourcen und zu hohen Prozesskosten.

Bei rückläufiger Vertriebsleistung liegt i.d.R. auch ein Problem in der **Marketing-** **217** **strategie** vor. Das heißt, es kann schlichtweg die falsche Marketing- und/oder Preis- strategie verfolgt werden, es fehlen Produktfeatures oder es liegt ein Marken- und Imageprobleme vor[412]. Aber auch die unzureichende Nutzung von E-Commerce oder der Digitalisierung im Allgemeinen können hier auschlaggebend sein[413].

In der **Kundenorientierung** gilt es, auf die durch den digitalen Wandel hervorgerufenen **218** neuen Kundenbedürfnisse zu reagieren und sich die neuen Möglichkeiten zur Inter- aktion mit (potenziellen) Kunden zunutze zu machen[414]. Der **Customer Journey** rückt weiter in den Vordergrund. Häufig wird dieser fälschlicherweise nur als Marketing- instrument verstanden und es liegen unklare oder falsche Zielkundendefinitionen vor[415].

Das Potenzial im **Service** wird i.d.R. unterschätzt. Losgelöst von der Stellung allein als **219** Problemlöser, kann im Service erhebliches Potenzial in der Kundenzufriedenheit und der Kundenbindung gehoben werden, denn Kunden kaufen nicht nur das Produkt, sondern auch Zusatz- und Serviceleistungen[416]. Durch den gezielten Einsatz solcher Serviceleistungen kann bspw. durch kundenspezifische Empfehlungen zusätzlich Cross- und Upselling-Potenzial generiert werden[417]. Auch hier können Serviceleistungen kos- teneffizient durch digitale Tools, wie bspw. Chatbots, angeboten werden.

Die **Digitalisierung** stellt einen allgegenwärtigen Prozess dar und sollte nicht nur bei den **220** o.g. Problemfeldern des Vertriebs Berücksichtigung finden, sondern auch in den Feldern der Marketingstrategie, der Kundenorientierung und dem Service. In der **Digitalisie- rung** bzw. der vollständigen Nutzung digitaler Systeme zur Unterstützung besteht bei vielen Unternehmen Optimierungspotenzial. So werden nicht alle zur Verfügung ste- henden Daten eingesetzt und zu wenig digitale Kommunikation genutzt. Aber auch eine nicht vorhandene oder unvollständige Vernetzung CRM- und ERP-Systemen ver-

---

412 Vgl. *Ziechmann*, in: Buth/Hermanns[5], § 14, Rn. 19 f.
413 Vgl. *Ziechmann*, in: Buth/Hermanns[5], § 14, Rn. 19.
414 Vgl. *Ziechmann*, in: Buth/Hermanns[5], § 14, Rn. 16.
415 Vgl. *Ziechmann*, in: Buth/Hermanns[5], § 14, Rn. 18.
416 Vgl. *Ziechmann*, in: Buth/Hermanns[5], § 14, Rn. 28.
417 Vgl. *Ziechmann*, in: Buth/Hermanns[5], § 14, Rn. 28 f.

schließt Chancen in neue Märkte einzutreten[418]. Hierzu fehlt den Unternehmen jedoch häufig das Know-how, das passende Equipment und die notwendige digitale Vertriebsstrategie[419]. Ebenso müssen die Mitarbeiter oftmals für solche Systeme als Hilfsmittel sensibilisiert und der Einzug von Big Data ins Vertriebscontrolling forciert werden. Durch die Digitalisierung eröffnen sich darüber hinaus neue digitale Geschäftsmodelle, die dem Kunden bspw. eine höhere Individualisierbarkeit bieten, oder alte Geschäftsmodelle werden von solchen digitalen disruptiert. Die digitalen Geschäftsmodelle sollten durch das Unternehmen mit einer geeigneten Strategie im Vertrieb oder durch Anpassung des alten Geschäftsmodells mit Blick auf die digitalen Strategien integriert werden[420].

• **Analysemethoden**

221 Entsprechend der identifizierten Problemfelder existieren unterschiedliche Analysetools zur Quantifizierung und Qualifizierung. Die Basis zur Analyse der Ursachen bildet dabei die **externe Marktanalyse**, deren Resultat eine Segmentierung des Marktes aus einer für das Unternehmen sinnvollen Untergliederung in Produkt- und Kundengruppen, Anwendungsbereiche, Vertriebskanäle und Bedürfnisse sein sollte. Es ist auf eine trennscharfe Abgrenzung zwischen den einzelnen Kriterien zu achten, um eine exakte Strategie für jedes definierte Marktsegment formulieren zu können[421]. Im Anschluss sollte für jedes definierte Marktsegment eine **Wettbewerbsanalyse** erstellt werden. Ziel ist sowohl eine vergangenheitsbezogene als auch eine zukunftsorientierte Beurteilung der einzelnen Märkte.

222 Durch die **vergangenheitsorientierte Untersuchung** sollen Rückschlüsse auf das (vergangenheitsbezogene) Verhältnis der Marktlage des aktiven Unternehmens zur Lage des Gesamtmarktes gezogen werden. So kann identifiziert werden, ob der Markt in seiner Gesamtheit einen Umsatzeinbruch erlitten hat oder der Umsatzrückgang entgegen dem Branchen- und Markttrend nur das in die Krise geratene Unternehmen betrifft. Neben einer qualitativen Analyse, bspw. mittels *Porters* Five-Forces-Model (vgl. Abb. 31)[422], können Statistiken und Branchenanalysen von statistischen Ämtern sowie Experten-Interviews mit Kunden, Lieferanten und Branchenvertretern eine wichtige Datengrundlage zur quantitativen Analyse darstellen.

---

418 Vgl. *Ziechmann*, in: Buth/Hermanns[5], § 14, Rn. 30 ff.
419 Vgl. *Ziechmann*, in: Buth/Hermanns[5], § 14, Rn. 32.
420 Vgl. *Ziechmann*, in: Buth/Hermanns[5], § 14, Rn. 9.
421 Vgl. *Maurenbrecher*, S. 241.
422 Vgl. *Porter*, S. 4.

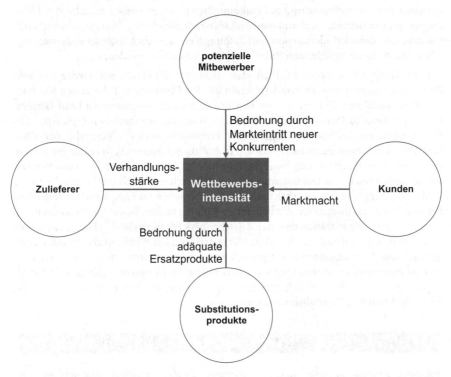

Abb. 31: *Porters* Five-Forces-Model

Aus diesen können Veränderungen in Umsatz, Absatz, Preis, Kosten u.ä. quantitativ **223** sinnvollen Kenngrößen der Branche, aber auch einzelner Wettbewerber mit den eigenen Kennzahlen verglichen und Rückschlüsse zu den internen Problemursachen gezogen werden. Häufig ist es sinnvoll, insofern dies aufgrund der Datenerhebung möglich ist, eine **Best-Practice-Orientierung** an dem im relevanten Marktsegment stärksten Wettbewerber vorzunehmen und anhand dieser **Benchmark** einen erstrebenswerten Soll-Zustand zu definieren.

Daran anschließend erfolgt eine **zukunftsorientierte Analyse** künftiger **Marktpoten- 224 ziale**. Diese sollte eine Prognose über Marktwachstum, Anzahl und Verhalten der Wettbewerber, technologische Entwicklungen sowie die Entwicklung sozioökonomischer Einflussfaktoren enthalten. Die Analyse künftiger Marktpotenziale sollte zu Beginn der Analyse der Probleme des Vertriebsprozesses stehen. Das Erkennen von Marktpotenzialen sollte dabei als ein kontinuierlicher Prozess verstanden werden, den es im Unternehmen zu etablieren gilt[423].

Zur Analyse der Probleme bei den Abläufen im **Vertriebsprozess** kann eine Aufgaben- **225** Struktur-Analyse eingesetzt werden, mit welcher die Problemfelder quantifiziert werden können. Als Instrumente einer Aufgaben-Struktur-Analyse kommen dabei u.a. die Bewertung der Arbeitszeiterfassung, das Festhalten einzelner Kosten sowie die Bewertung

---

423 Vgl. *Ziechmann*, in: Buth/Hermanns[5], § 14, Rn. 57.

einzelner Arbeitsergebnisse und das Dokumentieren von Prozessen mithilfe von Fluss-diagrammen in Betracht. Anhand dieser können redundante überflüssige Arbeitsabläufe erkannt, „Bottlenecks" identifiziert und Reibungsverluste durch Interdependenzen zwischen abteilungsübergreifenden Prozessschritten vermieden werden.

226 Bei der Analyse ist darauf zu achten, dass nicht nur die klassischen **Order-to-Cash**-Prozesse untersucht werden, sondern schon bei den Prozessen vor der ersten Kontaktaufnahme vom/zum Kunden zu beginnen, um so auch die vorgelagerten **Lead-Generation**- und **Lead-to-Order**-Prozesse in die Analyse mit einzubeziehen (vgl. Abb. 32). Insbesondere zur Analyse der vorgelagerten Prozesse ist auch der Vertrieb anzuhalten, Marktbeobachtungen durchzuführen, um frühzeitig auf Änderungen reagieren zu können. Diese Marktbeobachtung kann das regelmäßige Aktualisieren und Auswerten von Preisinformationen, das Dokumentieren von technischen **Trends** und Veränderungen, Änderungen im Wettbewerbsverhalten von Konkurrenten und der Anforderungen von Kunden sowie das Integrieren der belieferten Kunden in den Analyseprozess durch Anfordern regelmäßiger standardisierter Zwischenberichte umfassen[424]. Die strategischen und operativen Analysen von Kunden, Märkten oder auch Wettbewerbern sind weitestgehend vom Vertriebsinnendienst unter Verwendung von Input durch den Vertriebsaußendienst durchzuführen. Eine Ursachenanalyse und Controllingtätigkeiten für erfolgreiche, aber auch nicht erfolgreiche Akquisitionen durch den Außendienst sollte ebenfalls durch den Vertriebsinnendienst erfolgen[425].

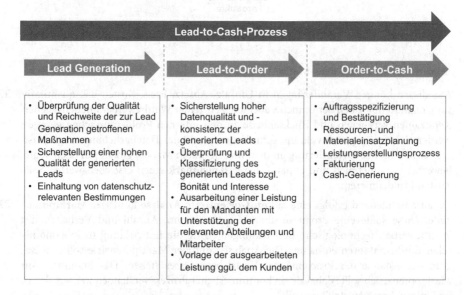

Abb. 32: Kundenkontaktprozesse

227 Eine Analyse der **Vertriebsgemeinkosten** und die aufgrund dieser Analyse ermittelten Kosteneinsparungen können zu einer erheblichen Reduktion des künftigen Vertriebs-budgets führen. Kostenarten, die in die Analyse mit einfließen sollten, sind insb. die

---

424 Vgl. *Ziechmann*, in: Buth/Hermanns[5], § 14, Rn. 64.
425 Vgl. *Ziechmann*, in: Buth/Hermanns[5], § 14, Rn. 66 f.

Personalkosten des Innen- und Außendienstes, die anfallenden Reise- und Servicekosten, Kosten des Umsatzes wie bspw. Provisionen, Lizenzgebühren, Logistikkosten, Marketingkosten, Weiterbildungskosten und Marktforschungskosten. Am Ende der Analyse sollten Kostenpositionen definiert werden können, die für Kunden mit der höchsten Umsatzwirkung anfallen, um einen optimalen Kosten-Ertrags-Nutzen zu erzielen. Unrentable Kunden sollten abgegeben oder mit deutlich reduziertem Aufwand betreut werden[426].

Mithilfe von digitalen Systemen können unterschiedliche Vertriebsinformationen aggregiert und kombiniert werden, sodass neben der allgemeinen Automatisierung von Prozessen u.a. eine **Vertriebserfolgsmessung** zur Erfassung finanzieller und qualitativer KPIs (key performance indicators) effizient angestellt werden kann[427]. Hierbei ist wichtig, bei den vorhandenen Vertriebsinformationssystemen (VIS), hierzu zählen bspw. CRM-Systeme oder SAP-Module, eine Soll-Ist-Analyse zu machen, um zu definieren, welche Informationen gesammelt und welche benötigt werden, um ein VIS etablieren zu können, das den gesamten Vertriebsprozess von der Marktanalyse bis zur Kundennachbetreuung abbildet und unterstützt.[428] **228**

- **Maßnahmen**

Aus den Ergebnissen dieser Analysen können Maßnahmen definiert werden, die eine **Verbesserung** der **Wettbewerbsstrategie** zur Folge haben und so in der Strategiekrise anzuwenden sind. Dabei kann es sinnvoll sein, die Maßnahmen so zu gestalten, dass Vertriebsaktivitäten hinsichtlich ihrer strategischen Wirkungsweise eine andere Ausrichtung auf andere Produkte und Serviceleistungen, Markt-, und Kundensegmente sowie Vertriebskanäle erfahren. Auch ein detailliertes Herausarbeiten von Wettbewerbsvorteilen und die Überarbeitung des Pricing-Ansatzes kann eine langfristige Verbesserung der Wettbewerbsstrategie bewirken. **229**

Generell kann ebenfalls die Vertriebsfähigkeit und somit die **Vertriebsproduktivität** leicht durch kostengünstige und zeitlich unproblematisch durchzuführende Maßnahmen erhöht werden. Dazu gehören insb. die Organisation einer Verkäufertagung, um die einzelnen Vertriebsmitarbeiter mit Produkten vertraut zu machen und einen Überblick über Produktlinien zu geben. So lassen sich höhere Verkaufszahlen durch vorher nicht erfolgte Querverkäufe über Produktlinien hinweg realisieren, deren Existenz dem einzelnen Verkäufer möglicherweise gar nicht bewusst gewesen ist. Auch die Durchführung von Verhandlungsübungen, ggf. organisiert durch den eigenen Einkauf, ist eine Möglichkeit zur Schärfung der Verhandlungsfähigkeit, da diese Übungen neue Einblicke in die Denkweise und Entscheidungsgrundlagen eines Einkäufers vermitteln und Verkaufstaktiken dementsprechend beeinflussen können. In diesem Zusammenhang ist auch die Entwicklung von Argumentations-Guidelines zu empfehlen[429]. **230**

Am Ende einer Analyse der **Vertriebsgemeinkosten können** darüber hinaus Maßnahmen stehen, die den Abbau von nicht produktiven Vertriebsstandorten, die Straffung des Produktsortimentes und andere Effizienzverbesserungen zum Ziel haben. **231**

---

426 Vgl. *Ziechmann*, in: Buth/Hermanns[5], § 14, Rn. 91 ff.
427 Vgl. *Ziechmann*, in: Buth/Hermanns[5], § 14, Rn. 83 ff.
428 Vgl. *Ziechmann*, in: Buth/Hermanns[5], § 14, Rn. 83 ff.
429 Vgl. *Ziechmann*, in: Buth/Hermanns[5], § 14, Rn. 82.

Wichtig ist dabei, dass die Generierung neuer Umsatzpotenziale durch die Einsparungsmaßnahmen nicht nachhaltig verhindert wird[430].

232 Für die **Optimierung** der **Vertriebsprozesse** können Maßnahmen ergriffen werden, die zu einer Verkürzung der Prozessabläufe und durch die Reduktion der Arbeitsschritte mittelfristig, besonders in der Ertragskrise, zu Kosteneinsparungen führen. Dazu gehören insb. die aufgrund der Vertriebsanalyse erarbeiteten Erkenntnisse über die Anzahl der Einzelprozesse sowie deren Reduktion. Hier ist insb. auf das Auftreten von redundanten Arbeitsschritten zu achten[431]. Auch sind überflüssige Kommunikations- sowie physische Laufwege zwischen Arbeitsstätten oder Mitarbeitern weitgehend zu beseitigen. Die Durchlaufzeiten der Prozesse können so verkürzt und bestimmte Abteilungen, insb. der Außendienst, von einzelnen Arbeiten entlastet werden[432].

233 Im **Lead-to-Order**-Prozess können vertriebsseitig Sonderverkäufe existierender hoher Vorratsbestände zur **kurzfristigen Cash-Generierung**, v.a. in der Liquiditätskrise, herangezogen werden. Weitere Sofortmaßnahmen betreffen Rabattaktionen. Dabei kann eine Diversifizierung hinsichtlich geographischer Lage, Kundenklassifikation, Produktgruppen bzw. Vertriebskanal erfolgen, um hinsichtlich der zur Verkaufsförderung getroffenen Maßnahmen eine trennscharfe und optimale Marktpenetration zu erreichen. Auch muss ein liquiditätsorientiertes Anreizsystem geschaffen werden, das gerade den Vertriebsaußendienst zum Abschluss kurzfristig liquiditätsgenerierender Verträge motiviert. Hier kann bspw. eine Prämienstaffelung des Vertriebs nach Eingang der Zahlung durch den Kunden auf dem Firmenkonto sinnvoll sein. Ebenso sollte bezüglich der Verkaufsförderung bei Bestandskunden eine Konzentration auf A-Kunden mit hoher Deckungsbeitragsrealisation und hoher strategischer Bedeutung erfolgen[433]. Weiterhin kann es sinnvoll sein, eine größere Zufriedenheit der Kunden und somit eine höhere Kundenbindung durch eine Erhöhung der **Qualität** bei der Auf- und Annahme von Kundenwünschen sowie der Angebotserstellung selbst zu erzielen. Je nach **Krisenstadium** des Unternehmens muss dabei abgewogen werden, ob die getroffenen Maßnahmen der kurzfristigen Generierung von liquiden Mitteln dienen oder zur mittel- bis langfristigen Umsatzsteigerung geeignet sind.

Beispiel 13:

Maßnahmen zur Optimierung von Kundenkontakten:

- Kommunikationsschulungen zum eloquenteren Auftreten des Innendienstes am Telefon (kurzfristig)
- Reduktion der Erstellung von Angeboten, die keinen Auftrag generieren, durch das konsequente Erstellen und Einhalten von Kundenprofilen (kurz- bis mittelfristig)
- Scoring-Modelle, die einen vorgeschalteten Gatekeeper-Mechanismus bei der Angebotserstellung bilden (kurz- bis mittelfristig – vgl. Lead-to-Order-Prozess in Abb. 32)
- Implementierung IDT-unterstützter Tools zur Angebotserstellung (langfristig).

---

430 Vgl. *Ziechmann*, in: Buth/Hermanns[5], § 14, Rn. 92 ff.
431 Vgl. *Maurenbrecher*, S. 240 f.
432 Vgl. *Ziechmann*, in: Buth/Hermanns[5], § 14, Rn. 60.
433 Vgl. *Ziechmann*, in: Buth/Hermanns[5], § 14, Rn. 65.

Im Rahmen einer konsequenteren **Vertriebsorganisation** kann eine klare Aufgaben- **234**
trennung zur Entlastung des Außendienstes und somit zu einer Senkung der Vertriebs-
kosten führen. Zeitaufwendige Tätigkeiten, die oftmals durch den Außendienst übernommen werden, aber nicht unmittelbar zur Akquise von neuen Kunden und somit zur
Generierung von neuen Umsätzen beitragen, sind u.a. die Terminvereinbarungen mit
Kunden sowie die dazu benötigte Reiseplanung. Auch die nach einem erfolgreichen
Kundenbesuch durchzuführende Angebotserstellung oder Nachkalkulationen sollten
vom Innen- und nicht vom Außendienst übernommen werden. Hier sind auch das Bearbeiten von kundenseitigen Standardanfragen und die Bearbeitung von Kleinkunden
zu erwähnen. Ebenfalls sollten strategische und operative Maßnahmen hinsichtlich
Kunden, Märkten oder auch Wettbewerbern weitestgehend vom Vertriebsinnendienst
unter Verwendung von Input durch den Vertriebsaußendienst erfolgen. Eine Ursachenanalyse und das Controlling von erfolgreichen, aber auch nicht erfolgreichen Akquisitionen durch den Außendienst sollte auch durch den Vertriebsinnendienst übernommen werden[434].

Liegt ein mangelhaftes **Vertriebsnetz** vor, fehlen häufig Verkaufsniederlassungen und **235**
Außendienstmitarbeiter und/oder die Anzahl und die Qualität der vorhandenen Händler und Distributoren ist nicht ausreichend. Maßnahmen zum Ausbau des Vertriebs-
netzes sind nicht umsetzbar, wenn die Liquidität bei Krisenunternehmen knapp ist.
Dann ist der indirekte Vertriebsweg auszubauen, was häufig mit geringeren Kosten-
belastungen verbunden ist. Maßnahmen können bspw. die Berufung von Service- und
Montagemitarbeitern in den Vertrieb oder die Effizienzsteigerung von Vertriebsproz-
essen sein, um dem Vertriebsaußendienst mehr Zeit für Kundenkontakte, Akquisition
und somit zur Marktpenetrierung zu geben. Weiterhin können Vertriebskooperationen
begründet werden, um unternehmensübergreifend den Umsatz zu steigern.

Neue, motivierte **Vertriebsmitarbeiter** brechen festgefahrene Strukturen auf und **236**
schaffen ggf. neue Vertriebsmethoden und Kontakte für das Unternehmen. Falsche Bo-
nus- und **Anreizsysteme** für Vertriebsmitarbeiter, die nur den Umsatz und nicht die
Kosten beachten, sind als wesentliche Krisenursache zu beseitigen, indem der Deckungsbeitrag oder andere kostengebundene Erfolgsgrößen berücksichtigt werden[435].

Dem betroffenen Unternehmen steht neben einer Anpassung der internen Vertriebs- **237**
strategie sowie -struktur und einer Optimierung der Vertriebsfähigkeiten der Mitarbeiter ebenfalls die „klassische" Stellschraube der kurzfristigen Kontrahierungs-/
Preispolitik zur Verfügung. Im Zuge dieser Anpassungen kann eine undurchsichtige
und komplexe Rabattpolitik bereinigt werden. Während der Sanierung gewährte Son-
derrabatte zur kurzfristigen und einmaligen Steigerung der Liquidität sind wieder ab-
zubauen. Eine Neuverhandlung von gewährten Rabatten und ggf. eine Umwandlung
dieser in am Ende des Jahres auszuzahlende Boni kann ebenfalls **kurzfristig liquidi-**
tätssteigernd wirken. Die Verkürzung von Zahlungszielen bei der Neuverhandlungen
von Verträgen sowie ein konsequenteres Forderungsmanagement sind hier ebenfalls als
Maßnahmen zu nennen. Gutschriften aus Kulanzgründen dürfen nur in limitierter Zahl
an die umsatzstärksten A-Kunden erfolgen, um negative Liquiditätseffekte zu verhindern. Weiterhin kann dem Kunden kommuniziert werden, dass eine Vergabe von

---

434 Vgl. *Ziechmann*, in: Buth/Hermanns[5], § 14, Rn. 66 ff.
435 Vgl. *Ziechmann*, in: Buth/Hermanns[5], § 14, Rn. 74 f.

Neuaufträgen bzw. die Aufrechterhaltung bisher erteilter Auftragsvolumina einen nicht unerheblichen Beitrag zur Restrukturierung/Sanierung der Unternehmung beitragen kann.

238 Die Verhandlungsbasis ist an die eigene **Verhandlungsmacht** ggü. dem Kunden gebunden, welche nicht zuletzt vom abgenommenen Volumen, dem Vertrauen des Kunden in das Sanierungskonzept sowie sonstigen beim Abnehmer anfallenden Opportunitätskosten abhängig ist[436]. So kann die **Kommunikation** vertrauenserhöhend wirken, wenn das in der Restrukturierung befindliche Unternehmen periodisierte Berichte an wichtige A-Kunden über den Erfolg der zur Überwindung der Krise getroffenen Maßnahmen kommuniziert. Dies vermittelt sowohl Vertrauen in die Maßnahmen als auch in das langfristige Fortbestehen der geschäftlichen Beziehungen. Auch sollte möglichen Stornierungen von Bestellungen bzw. dem Ausbleiben von Neuaufträgen durch etablierte Kunden entgegengewirkt werden. Häufig existieren in den Einkaufsabteilungen der Kunden interne Arbeitsanweisungen, die **Bestellungen bei insolvenzgefährdeten Unternehmen** untersagen. Diese Arbeitsanweisungen sind durch eine überzeugende und vertrauensbildende Kommunikation möglichst außer Kraft zu setzen. Weiterhin kann auch bei B- und C-Kunden eine offene Kommunikation über den Stand und den Erfolg der Restrukturierung des Unternehmens sinnvoll sein. Denn sollte hier eine Informationsweitergabe von fremden Dritten über den Zustand des in der Restrukturierung befindlichen Unternehmens erfolgen, werden diese in der fehlenden Kontaktaufnahme einen Vertrauensbruch sehen. Darüber hinaus besteht die Problematik, dass die von Dritten an die Kunden weitergegebenen Informationen oftmals nicht dem tatsächlichen Ist-Zustand entsprechen und somit unnötige und falsche Entscheidungen aufseiten des Kunden hervorrufen. In jedem Fall bedeuten Vertrauensverlust und Fehlinformationen bei den Kunden, dass sich die Krisenbewältigung verzögert[437].

239 Letztendlich sollte ein höherer Grad an Digitalisierungsprozessen im Unternehmen angestrebt werden. Hierzu zählt nicht nur die weitere Forcierung von automatisierten Prozessen, sondern u.U. auch die Modellierung eines digitalen Geschäftsmodells bzw. einer digitalen Vertriebsstrategie. Zu beachten ist, dass die Einführung eines VIS bzw. CRM-Systems insgesamt bis zu 18 Monate benötigen kann, bis es fehlerfrei und effizient etabliert ist. Diese Einführung sollte daher erst nach Überstehen der Liquiditätskrise initiiert werden[438]. Bei allen Maßnahmen ist es wichtig, dass die Mitarbeiter das nötige Know-how aufbauen, um mit den digitalen Technologien umgehen zu können[439]. Denn die Leistung des Vertriebs wird nicht anhand der Leistung der Systeme, sondern anhand des Outputs des Vertriebs gemessen[440].

- **Überwachung der Umsetzung**

240 Die Messung und Überwachung der durch die implementierten Maßnahmen und Instrumente initiierten Änderungen sichern den Sanierungserfolg. Fortschritte sind zu dokumentieren und mit geeigneten und interessierten Stakeholdern zu kommunizieren. Zur Messung der o.g. Veränderungen existieren diverse qualitative und quantitative

---

436 Vgl. *Werner*, in: Crone/Werner, S. 124 f.
437 Vgl. *Ziechmann*, in: Buth/Hermanns[5], § 14, Rn. 101 ff.
438 Vgl. *Ziechmann*, in: Buth/Hermanns[5], § 14, Rn. 97.
439 Vgl. *Ziechmann*, in: Buth/Hermanns[5], § 14, Rn. 25.
440 Vgl. *Ziechmann*, in: Buth/Hermanns[5], § 14, Rn. 25.

Kennzahlen, deren Anwendung und Sinnhaftigkeit oft von den Eigenschaften des jeweiligen Unternehmens abhängen. Analysen, die für eine Messung der Verbesserung von Vertriebsleistungen häufig geeignet sind, sind solche zu Veränderungen im Anfragen-, Angebots-, Auftragseingang sowie zur Zahlungsmoral. Die aus bisherigen Analysen bekannten Kennzahlen können und sollten hier mit eingebracht werden. Essenziell ist dabei, dass für o.g. Analysen die vergangenheitsbezogenen Vergleichsgrößen und damit die Datenbasis verlässlich und korrekt bestimmt wurde.

Neben den vergangenheitsorientierten Feststellungen über die Wirksamkeit von Maß-   **241** nahmen können diese weiterhin dazu genutzt werden, **Prognosen** über künftige Umsatzentwicklungen anzufertigen. So können über die Bewertung der Anfragen, Angebote und Auftragseingänge potenzielle Zahlungen mit Realisationswahrscheinlichkeiten versehen und aus diesen wiederum Umsatzprognosen erstellt werden. Je feingliedriger die Datenerhebung und Analyse gestaltet wird, desto trennschärfer kann die Überwachung der Umsetzung für einzelne Marktsegmente, Kundengruppen und Regionen erstellt und gestaltet werden[441].

- **Sonderfall der KMU**

Bei KMU finden sich wie bei den großen Unternehmen ähnliche Probleme innerhalb der   **242** Vertriebsorganisation wie bspw. mangelhaft gelebte Vertriebsstrategien etc. Im Gegensatz zu großen Unternehmen verfügen KMU nicht unbedingt über Vertriebsnetze, sodass Optimierungsmöglichkeiten hier nicht greifen. Bei KMU ist die Zahl der Vertriebsmitarbeiter/Vertriebsleiter deutlich geringer. Somit spielt der Einfluss der persönlichen Kontakte der Vertriebsmitarbeiter, einschl. der Gesellschafter/Geschäftsführer, eine deutlich größere Rolle. Im Umkehrschluss besteht hierdurch manchmal eine „gefühlte" extreme Abhängigkeit des Unternehmens von einzelnen „produktiven", insb. sich tendenziell selbst überschätzenden Vertriebsmitarbeitern. Die Abhängigkeit resultiert dann aus der geringen Zahl der Vertriebsmitarbeiter, die alle einen hohen Anteil am generierten Gesamtauftragsvolumen haben. Auch bei KMU werden margenschwache Aufträge angenommen, um Bonuszahlungen bei Erreichung gewisser Umsatzziele am Jahresende zu sichern. Oder es werden bewusst teure Incentives durchgeführt, um Umsatzziele zu erreichen. Aus den geschilderten Gründen wird der Vertrieb von Sanierungsmaßnahmen, Kosteneinsparungen etc. oftmals verschont. Manchmal ist es bei kleineren Unternehmen überhaupt nicht möglich, Vertriebsmitarbeiter auszutauschen, auch wenn es notwendig wäre. Dennoch sind die Strukturen bei der Sanierung durch entsprechende Maßnahmen aufzubrechen und ggf. andere Vertriebskanäle zu nutzen. Hierzu können andersartige Kooperationspartner sinnvoll sein, wie z.B. Handelsvertreter. Wie bereits in Kap. B Tz. 220 erläutert, haben auch KMU noch nicht das gesamte Potenzial der Digitalisierung ausgeschöpft. So ergeben sich gerade auch im Bereich des Vertriebs durch die Digitalisierung Chancen, mit verhältnismäßig geringem Aufwand in neue Märkte einzutreten.

---

441 Vgl. *Ziechmann*, in: Buth/Hermanns[5], § 14, Rn. 87 ff.

Beispiel 14:

Ein KMU in der Krise ist Großhändler von gebrauchten und neuen kleineren Block-heizkraftwerken in einer Kleinstadt. Bei der Analyse der zu hohen Vertriebsgemein-kosten wird festgestellt, dass ein hoher Anteil der Kosten durch einen sehr aufwen-digen jährlichen Messestand verursacht wird. Die analytischen Untersuchungen er-geben, dass die Besucherfrequenz suboptimal und seit Jahren rückläufig ist. Mit Hilfe einer nicht sehr zeitaufwendigen Recherche in Kooperation mit der überörtlichen In-dustrie- und Handelskammer der Region werden zwei weitere Unternehmen mit art-verwandten Produkten gefunden, die keine Wettbewerber sind, und die den durchaus gewünschten Besuch der Messe bisher aus Kostengründen unattraktiv gefunden ha-ben. Die drei Unternehmen schließen sich zu einer Messekooperation zusammen. Folglich ist der Messestand weder zu verkleinern noch aufzugeben, was aus Sicht des Vertriebs riskant gewesen wäre. Die Kostenentlastungen betragen 2/3, wenn der Stand gleichberechtigt genutzt werden kann.

2.4.3.2.3   Personal

243   In Zeiten der Krise kommt auf die Arbeitnehmer eine **hohe** mentale und je nach Abtei-lung und Krisenstadium auch eine hohe zeitliche **Beanspruchung** zu. Betrachtet man die mediale Berichterstattung in Bezug auf Insolvenz- bzw. Sanierungsfälle, stehen Mi-tarbeiterentlassungen immer im Fokus. Personalanpassungen sind nicht die einzige Maßnahme der leistungswirtschaftlichen Sanierung eines Unternehmens in diesem Be-reich und die Lage kann sich ggf. sogar weiter verschlechtern, wenn der Personalabbau nicht sachgerecht durchgeführt wird.

Hinweis 2:

Die Besonderheit im Bereich Personal ist, dass die Sanierungsmaßnahmen norma-lerweise nicht kurzfristig wirken, weil die arbeitsrechtlichen Grundlagen für Perso-nalmaßnahmen außerhalb der Insolvenz dies nicht ermöglichen. So wie die Prob-lemfelder sich meist schleichend entwickeln und die Krise begünstigen, ist die Prob-lemlösung ebenfalls mit einem entsprechenden Zeitvorlauf planerisch zu be-rücksichtigen. Dies schließt bspw. Sanierungstarifverhandlungen nicht aus, die kurzfristig und erfolgreich geführt werden können. Die erfolgreichen Fälle haben häufig verständige Betriebsräte oder gewerkschaftliche Partner, die bei zu hohen Personalkosten das Sinnvolle entscheiden, um dauerhaft die notwendigen Arbeits-plätze zu sichern.

- **Problemfelder**

244   Die Problemfelder im Bereich des Personals sind grundsätzlich in zwei Kategorien zu unterteilen. Zum einen stellt der **Personalaufwand** in der GuV eines Unternehmens i.d.R. eine der **größten Aufwands- und Kostenpositionen** dar. Wird diese in späteren Ana-lysen als zu hoch klassifiziert, so ist dies auf einen zu hohen Personalbestand und/oder zu hohe Löhne und Gehälter bzw. Sonderleistungen (Weihnachtsgeld, Urlaubsgeld etc.) zurückzuführen. Zum anderen können aufgrund **fehlender Qualifikationen** und **Mo-tivation** die Arbeitnehmer selbst als Problemfeld identifiziert werden. Motivations-probleme können aus der für das sanierende Unternehmen bestehenden schlechten wirtschaftlichen Situation, aus einem falschen Führungsstil oder auch aus fehlender

Kommunikation resultieren. Oftmals ist aber auch die Kombination von allen drei Ansätzen die **Krisenursache**. Motivationsproblemen folgt häufig eine hohe Fluktuation
(insb. bei Fachpersonal) sowie ein hoher Krankenstand. Auf den folgenden Seiten werden neben Analysemethoden zur Identifizierung von Schwachstellen im Personalmanagement des Unternehmens darauf aufbauende mögliche Sanierungsmaßnahmen
dargestellt. Mangelhafte juristische, arbeitsrechtliche Kenntnisse können ebenfalls
Fehlentscheidungen und dadurch zu hohe Kosten begünstigen. In der Regel führen die
Kernproblemfelder dazu, dass in der Unternehmenskrise die Kennzahl **Personalintensität zu hoch** ist, was man auf Branchenebene durch entsprechende Benchmarks
nachweisen kann.

Beispiel 15:

Der Personalaufwand eines Unternehmens macht 43% der Betriebsleistung aus,
während der vergleichbare Wettbewerb eine durchschnittliche Personalintensität
von 38% aufweist. Bei weitergehenden Analysen wird festgestellt, dass die Mitarbeiter im Durchschnitt 62 T€ statt 56 T€ im Wettbewerb kosten.

- **Analysemethoden**

Zur Bewältigung der genannten Problemfelder erscheint die Nutzung von **Informa-** **245**
tionssystemen unabdingbar, da auf deren Grundlage weiterführende Analysen im Personalbereich durchgeführt werden können. In vielen Gesellschaften sind dafür bereits
sog. Electronic-Human-Resources-Systeme (eHR) im Einsatz, die als Informations- und
Datenbanktechnologie dabei helfen, Geschäftsprozesse im Personalbereich kosten-
optimierter zu gestalten[442].Darüber hinaus trägt die Digitalisierung i.R.d. vierten in-
dustriellen Revolution dazu bei, dass die Human-Ressources-Abteilung eine neue strategische Position im Unternehmen einnimmt[443]. Es wird zwischen den Bereichen Personaldatenmanagement, Personalinformationssystem und Personalbeurteilung unterschieden.

Die Digitalisierung stellt in dem Zusammenhang einen omnipräsenten Prozess dar und **246**
eröffnet dem Personalbereich erhebliche Chancen. Standardaufgaben werden zunehmend automatisiert und von Systemen übernommen und intelligente Algorithmen sowie die Vernetzung genutzter Systeme befähigen die Human-Ressources-Abteilung
entscheidungsrelevante Informationen zur Verfügung zu stellen, sodass diese zum strategischen Partner der Geschäftsleitung und dessen Entscheidungen heranwachsen
kann[444]. Die durch solche Maßnahmen hervorgerufene Effizienz führt auch zu einer
erhöhten Mitarbeiterzufriedenheit und Attraktivität des Unternehmens als Arbeitgeber[445]. In vielen Personalabteilungen werden solche modernen Tools jedoch noch nicht
eingesetzt[446]. Gleichwohl bleiben der Human-Ressources-Abteilung diverse Herausforderungen. Einerseits muss Sorge getragen werden, dass mit der Einführung von Big
Data das notwendige Know-how bei den Arbeitnehmern vorliegt, hierfür sind Schul-

---

442 Vgl. *Groß*, in: Buth/Hermanns[5], § 17, Rn. 10.
443 Vgl. *Groß*, in: Buth/Hermanns[5], § 17, Rn. 1.
444 Vgl. *Groß*, in: Buth/Hermanns[5], § 17, Rn. 1.
445 Vgl. *Groß*, in: Buth/Hermanns[5], § 17, Rn. 1.
446 Vgl. *Groß*, in: Buth/Hermanns[5], § 17, Rn. 7.

ungen und andere Vorbereitungen der Arbeitnehmerschaft notwendig[447]. Anderseits sind Arbeitsformen anzupassen, bspw. durch in Zeit und Ort flexible gestaltete Arbeitsmodelle, um neu gewonnener Flexibilität und Mobilität entsprechend zu begegnen[448]. Letztendlich gilt es, i.R.d. Digitalisierung den individuellen Kontext zu gestalten und sich zu entscheiden, ob man sich dem digitalen Wandel stellt oder bei bestehenden Strukturen verbleibt und das Personalmanagement als reine Personalverwaltung versteht[449].

a) Personaldatenmanagement

247 Für eine effektive **Personalverwaltung** ist ein aussagekräftiger, strukturierter und regelmäßig aktualisierter Datenbestand von elementarer Bedeutung. Je höher im Unternehmen die Mitarbeiteranzahl ist, umso eher spielt die **Organisation der Daten** eine zentrale Rolle im Personaldatenmanagement[450]. Zur Erfassung der einzelnen Daten haben sich die Personalakte, die Personaldatei und das Personalhandbuch als hilfreiche **Instrumente** herausgestellt. Bei der Personalakte geht es im Wesentlichen um die Erfassung sämtlicher für den Mitarbeiter und dessen Arbeitsverhältnis relevanter Unterlagen. Dazu zählen insb. persönliche Daten, vertragliche Vereinbarungen, Vergütungsvereinbarungen etc.[451]. Die Personaldatei bündelt die wesentlichen Informationen daraus in einem elektronischen Dokument[452], während das Personalhandbuch als umfassendes Nachschlagewerk hinsichtlich firmeninterner Regelungen und Richtlinien dient sowie außerordentliche Entscheidungen dokumentiert und so das Personaldatenmanagement weiter optimiert[453].

b) Personalinformationssystem

248 Das Personalinformationssystem liefert dem Empfänger dank eines schnellen Zugriffs auf die relevanten Personaldaten qualifizierte Informationen. Je nach Ausgestaltung eines solchen Systems erhält der Benutzer Analysen für die Bereiche Personalbedarf, Personalbeschaffung, Personaleinsatzplanung sowie Personalkostenplanung. Die Personalbedarfsplanung ist eine der wichtigsten Bereiche des Personalmanagements, da sie u.a. gleichzeitig für die Unternehmensplanung, insb. für die Beschaffungs-, Einsatz- und Entwicklungsplanung, von großer Relevanz ist[454]. Die **Personalbedarfsplanung** lässt sich in die folgenden **drei Schritte** unterteilen:

249 In einem ersten Schritt erfolgt die **Bruttobedarfsplanung** auf Basis von Bezugsgrößen (bspw. Umsatz). Unter Zuhilfenahme verschiedener Methoden wie bspw. Schätzungen, statistischen Verfahren, monetären Verfahren etc. wird der Personalbedarf geplant. Dabei sollte immer mit einem Puffer für unbezahlten Urlaub, Krankheit, Fluktuation usw. geplant werden[455]. Auf Basis des aktuellen Personalbestands erfolgt im Anschluss unter Berücksichtigung von Pensionen, Fluktuationen etc. eine zukunftsorientierte **Personalzugangs- und -abgangsplanung**, um so den künftigen Personalbestand des

---

447   Vgl. *Groß*, in: Buth/Hermanns[5], § 17, Rn. 20.
448   Vgl. *Groß*, in: Buth/Hermanns[5], § 17, Rn. 20.
449   Vgl. *Groß*, in: Buth/Hermanns[5], § 17, Rn. 10.
450   Vgl. *Groß*, in: Buth/Hermanns[5], § 17, Rn. 11.
451   Vgl. *Groß*, in: Buth/Hermanns[5], § 17, Rn. 12.
452   Vgl. *Groß*, in: Buth/Hermanns[5], § 17, Rn. 13.
453   Vgl. *Groß*, in: Buth/Hermanns[5], § 17, Rn. 14.
454   Vgl. *Groß*, in: Buth/Hermanns[5], § 17, Rn. 21.
455   Vgl. *Groß*, in: Buth/Hermanns[5], § 17, Rn. 22.

sanierten Unternehmens zu ermitteln[456]. Die Differenz zwischen der Bruttobedarfsplanung und dem künftigen Personalbestand ergibt den **Nettopersonalbedarf**, woraus schlussendlich Anpassungsmaßnahmen abgeleitet werden können[457]. Innerhalb der Personaleinsatzplanung werden die Mitarbeiter nach qualitativen, quantitativen, temporären und lokalen Kriterien unter kurzfristiger Berücksichtigung von krankheits- und/oder urlaubsbedingten Ausfällen auf konkrete Aufgaben und Positionen im Unternehmen aufgeteilt. Bei Vorliegen aussagekräftiger Organisations-, Stellen-, Stellenbewertungs- und Stellenbesetzungspläne kann die Planung unter geringem Aufwand vollzogen werden[458].

c) Personalbeurteilung

Im Rahmen der Personalbeurteilung unterscheidet man zwischen einem leistungs- und **250** einem potenzialorientierten Ansatz. Bei der **Leistungsbeurteilung** wird grundsätzlich ein Soll-Ist-Vergleich hinsichtlich zuvor kommunizierter Zielvorgaben und der tatsächlichen Zielerreichung durchgeführt. Dieser vergangenheitsbezogene Ansatz kommt im Wesentlichen bei Führungspersonal zum Einsatz[459].

Im Gegensatz dazu ist die **Potenzialbeurteilung** zukunftsorientiert und wird bei Mit- **251** arbeitern jeglicher Hierarchiestufe angewendet. Hierbei geht es im Wesentlichen um die Entwicklung eines Förderungs- und Weiterbildungsprogramms[460]. Aufbauend auf den aus dem Personaldatenmanagement, dem Personalinformationssystem und der Personalbeurteilung gewonnen Erkenntnissen und Daten, empfiehlt sich vor der Debatte über notwendige Maßnahmen, die Durchführung eines internen und externen Benchmarkings. Beim **internen Benchmarking** werden einzelne Prozesse (Einkauf, Produktion, Vertrieb etc.) mit anderen Niederlassungen der Gesellschaft bzw. mit Tochter- und/oder Schwestergesellschaften verglichen. Beim **externen Benchmarking** erfolgt dieser Vergleich mit Wettbewerbern. Dabei ist es für die spätere Auswahl geeigneter Maßnahmen von elementarer Bedeutung, geeignete Kennzahlen für den jeweiligen Vergleich heranzuziehen. Diese können sich je nach Prozess unterscheiden[461].

• **Maßnahmen**

Grundsätzlich lassen sich die nachfolgenden Sanierungsmaßnahmen in die Bereiche **252** personelle Leistungsbereitstellung, Leistungserhalt und Leistungsförderung untergliedern.

a) Maßnahmen zur personellen Leistungsbereitstellung

Ausgangspunkt der Maßnahmen zur personellen Leistungsbereitstellung ist die unter **253** Kap. B Tz. 249 beschriebene Personalbedarfsplanung, mit deren Hilfe der personelle Fehlbedarf oder der personelle Überhang identifiziert wird. Bei der Feststellung eines personellen Fehlbedarfs unterscheidet man zwischen der **internen** (bspw. Aushang im Unternehmen) und **externen** (Stellenausschreibung) **Personalbeschaffung**. Ein personeller Überhang führt i.d.R. zu einer Personalfreisetzung, wobei man hier zwischen

---

456 Vgl. *Groß*, in: Buth/Hermanns[5], § 17, Rn. 23.
457 Vgl. *Groß*, in: Buth/Hermanns[5], § 17, Rn. 24.
458 Vgl. *Groß*, in: Buth/Hermanns[5], § 17, Rn. 27.
459 Vgl. *Groß*, in: Buth/Hermanns[5], § 17, Rn. 17.
460 Vgl. *Groß*, in: Buth/Hermanns[5], § 17, Rn. 17.
461 Vgl. *Crone/Werner*, S. 127.

verschiedenen Methoden nach ihrem Härtegrad unterscheidet[462]. Bei der Verhängung eines **Einstellungsstopps** macht sich ein Unternehmen die natürliche Fluktuation in Form von Kündigungen, Pensionierungen, Tod etc. zunutze. Die daraus entstehenden Stellen werden nicht mehr neu besetzt. Dabei sollte jedoch darauf geachtet werden, dass diese Maßnahme nicht zu lange angewendet wird, da es dadurch zu einer negativen Entwicklung der Alters- und Qualifikationsstruktur im Unternehmen kommen kann[463]. Die Personalaufwendungen der Gesellschaft mindern sich dabei nicht ad hoc, sodass auch die positiven Auswirkungen auf die **Liquidität** erst im Zeitverlauf sichtbar werden.

Aufhebungsvereinbarungen bieten dem Unternehmen den Vorteil, dass ohne Kündigungs- und andere staatliche Schutzvorschriften, ein Arbeitsverhältnis kurzfristig in beidseitigem Einverständnis aufgelöst werden kann[464]. Die positiven Effekte auf die Ertragslage egalisieren sich jedoch aufgrund von Abfindungen i.d.R. wieder. Sinnvoll kombiniert werden kann eine Aufhebungsvereinbarung mit einer sog. **Outplacement**-Beratung, bei der das Unternehmen die zu kündigenden Mitarbeiter bei der Suche nach einer neuen Arbeitsstelle unterstützt und ggf. sogar Bewerbertrainings anbietet. Da solche Dienstleistungen häufig von externen Beratern angeboten werden, sollte im Vorfeld eine Kosten-Nutzen-Analyse durchgeführt werden[465]. Eine Verringerung der Arbeitnehmeranzahl bei gleichzeitiger Verbesserung der Altersstruktur und ohne sofortigen Know-how-Verlust bietet das **Altersteilzeitmodell**. Bei diesem Modell zum vorgezogenen oder gleitenden Eintritt in den Frühruhestand sollte jedoch berücksichtigt werden, dass je nach Ausgestaltung des Modells hohe Rückstellungen gebildet werden müssen. Auf die Liquidität hat die Einführung eines Altersteilzeitmodells aber zunächst keine Auswirkungen[466]. Im Gegensatz dazu verbessert die Einführung von **Kurzarbeit** die Liquiditätslage der Gesellschaft, da das Kurzarbeitergeld von der Agentur für Arbeit übernommen wird. Bei der Reduzierung von Arbeitszeiten in Korrespondenz zu einer Reduzierung der Auftrags- und Produktionslage erhalten die Arbeitnehmer von der Agentur für Arbeit Kurzarbeitergeld[467].

254 Auf Einstellungsstopps, Entlassungen und Kurzarbeit wurde auch i.R.d. Corona-Pandemie zurückgegriffen. Aufgrund der anhaltenden Pandemie, wurden die Personalabteilungen zudem vor weitere Herausforderungen gestellt. Es mussten Hygienepläne erstellt und Homeoffice-Konzepte etabliert werden[468]. Infolge der Einführung des Homeoffice wurde alsdann, bspw. aufgrund fehlender Möglichkeit zur Stundenerfassung, ein sachlogischer Schritt in Richtung Vertrauensarbeitszeit gegangen[469]. Ob und in welchen Umfang diese Arbeitsweise in Zukunft beibehalten wird, bleibt jedoch abzuwarten. Fest steht jedoch, dass die Corona-Pandemie in dem Zusammenhang einen entscheidenden Accelerator des Digitalisierungsprozesses des Personalwesens darstellt und diesem die Möglichkeit einräumt, zum strategischen Partner der Geschäftsleitung aufzusteigen.[470]

462 Vgl. *Groß*, in: Buth/Hermanns[5], § 17, Rn. 32.
463 Vgl. *Gras*, in: Nerlich/Kreplin, § 6, Rn. 55.
464 Vgl. *Gras*, in: Nerlich/Kreplin, § 6, Rn. 60.
465 Vgl. *Groß*, in: Buth/Hermanns[5], § 17, Rn. 32.
466 Vgl. *Gras*, in: Nerlich/Kreplin, § 6, Rn. 58.
467 Vgl. *Crone/Werner*, S. 278.
468 Vgl. *Groß*, in: Buth/Hermanns[5], § 17, Rn. 53.
469 Vgl. *Groß*, in: Buth/Hermanns[5], § 17, Rn. 54
470 Vgl. *Groß*, in: Buth/Hermanns[5], § 17, Rn. 54

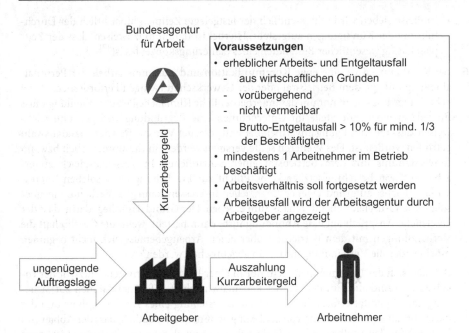

Abb. 33: Kurzarbeit

Im Gegensatz zu den meisten der o.g. Maßnahmen zur Reduzierung des Personalbe- **255** stands, räumt die Kündigung dem Arbeitgeber keinen Handlungsspielraum ein. Um dabei kurzfristig anfallende hohe Kosten in Form von Abfindungen und Prozesskosten sowie eine nachhaltige Störung des Betriebsklimas zu verhindern, sollten die folgenden **sieben Phasen einer Kündigung** beachtet werden:

- In der ersten Phase sollte eine Struktur der betroffenen Belegschaft erstellt werden. In diese sollten Personaldaten wie Lebensalter, Dienstalter, Familienstand, Leistungspotenziale etc. einfließen.
- In Phase zwei wird aufbauend auf der Struktur aus Phase eins eine Liste der vom Personalabbau betroffenen Mitarbeiter unter Berücksichtigung sozialer Faktoren erstellt.
- In Phase drei wird geprüft, ob die freizustellenden Mitarbeiter nicht innerbetrieblich anderweitig untergebracht werden können.
- Die Frage, wer, wann von wem im Unternehmen informiert wird, stellt man sich i.R.d. in der in Phase vier zu entwickelnden Akzeptanz- und Kommunikationsstrategie.
- Phase fünf beschäftigt sich mit der ökonomischen und organisatorischen Planung der Freisetzungen. Darin sollten auch Konditionen hinsichtlich des Endtermins, vorzeitiger Kündigungen, etwaiger Abfindungszahlungen etc. festgelegt werden.
- In Phase sechs bereitet man sich auf teilweise höchst emotionale Personalgespräche vor.

- In Phase sieben wird schlussendlich der festgelegte Zeitplan hinsichtlich der Durchführung der Kündigungen aufgestellt. Hierbei ist darauf hinzuweisen, dass der Zeitplan häufig wesentlicher Bestandteil eines Sanierungskonzeptes ist[471].

256 Bei Kündigungen ist eine enge **Kommunikation** und Zusammenarbeit der Personalabteilung mit ggf. dem Betriebsrat oder der Gewerkschaft zwingend erforderlich. Dabei geht es allerdings nicht nur um das innerbetriebliche Klima. Die Personalabteilung muss für jede abzubauende Stelle im Unternehmen eine Begründung vorlegen und nachweisen, dass die Kündigung unvermeidbar und gem. der Vorschriften der **Sozialauswahl** getroffen worden ist. Des Weiteren sollte versucht werden, in Zusammenarbeit bzw. im Einverständnis mit dem Betriebsrat einen schriftlichen Interessenausgleich zu erarbeiten. Zwar besteht gesetzlich keine Pflicht zur Erarbeitung eines solchen Interessensausgleichs; aufgrund eigener finanzieller Interessen kann die Verhandlung über solch einen Ausgleich aber durchaus Sinn ergeben. Der Grund dafür liegt darin, dass der gesetzliche Anspruch auf eine Abfindung insb. dann besteht, wenn die Gesellschaft die Verhandlungen mit dem Betriebsrat über einen Arbeitgeberausgleich nicht beginnen möchte oder die Verhandlungen zu früh abgebrochen werden[472].

257 Befindet sich das Unternehmen nicht nur in einer Krise, sondern steht kurz vor der **Insolvenz**, so sind auch im Bereich der Personalwirtschaft Sofortmaßnahmen zur Sicherung der Liquidität erforderlich. Wird i.R.d. Erstellung eines **Insolvenzplans** und der darin enthaltenen Darstellung von Sanierungsmaßnahmen deutlich, dass der Abbau von Personal für den Fortbestand des Unternehmens von elementarer Bedeutung ist, dann gelten nach der Insolvenzordnung besondere Regelungen. Demnach sind Entlassungen ohne Sozialplan und Kündigungsfrist innerhalb von drei Monaten möglich. Zudem können gesetzliche, individualvertragliche und tarifvertragliche Vereinbarungen außer Kraft gesetzt werden sowie der Abschluss von Interessenausgleichen und Sozialplänen zugunsten des sich sanierenden Unternehmens erleichtert werden. Diese Erleichterung besteht in einem eingeschränkten Kündigungsschutz der Arbeitnehmer, da die Betriebsbedingtheit der ausgesprochenen Kündigung gesetzlich vermutet wird, sodass eine Weiterbeschäftigung zu unveränderten Arbeitsbedingungen nicht möglich erscheint. Wird schlussendlich i.R.d. Verhandlungen mit dem Betriebsrat hinsichtlich der Interessenausgleiche und Sozialpläne keine Einigkeit erzielt, kann der Insolvenzverwalter ein gerichtliches Beschlussverfahren einleiten, wodurch das Arbeitsgericht das Arbeitsverhältnis für beendet erklären wird[473]. Bei Verfahren nach dem StaRUG sind dagegen nach § 4 S. 1 Nr. 1 **StaRUG keine Eingriffe** in die Rechte der Mitarbeiter zugelassen. Eine solche Sperre gilt nicht nur für Forderungen aus oder im Zusammenhang mit dem Arbeitsverhältnis, sondern auch für Rechte aus Zusagen auf betriebliche Altersversorgung.

258 Je nach Anzahl der zu entlassenden Mitarbeiter liegt gem. § 17 KSchG eine **Massenentlassung** vor. Die relevanten Größenkriterien werden in § 17 Abs. 1 KSchG geregelt und richten sich nach der Arbeitnehmeranzahl im Unternehmen sowie der Anzahl an Entlassungen innerhalb von dreißig Kalendertagen. Massenentlassungen sind zwingend an eine Meldung an die Agentur für Arbeit geknüpft. Des Weiteren müssen der Präsi-

---

471 Vgl. zu sämtlichen Phasen *Groß*, in: Buth/Hermanns⁵, § 17, Rn. 34.
472 Vgl. *Groß*, in: Buth/Hermanns⁵, § 17, Rn. 35.
473 Vgl. *Groß*, in: Buth/Hermanns⁵, § 17, Rn. 46.

dent des Landesarbeitsamtes sowie vorab der Betriebsrat und der Wirtschaftsausschuss informiert werden.

Beispiel 16:

Ein Betrieb mit mehr als 500 Arbeitnehmern möchte innerhalb der nächsten 30 Kalendertage 70 Arbeitnehmer entlassen (Massenentlassung nach § 17 Abs. 1 Nr. 3 KSchG). Die Massenentlassung findet i.r. einer gültigen getroffenen Sozialauswahl statt, die soziale Aspekte hinsichtlich der Schutzwürdigkeit von vergleichbaren Mitarbeitern adäquat berücksichtigt. Die Auswahl der zu kündigenden Mitarbeiter ist der Agentur für Arbeit vor der eigentlichen Kündigung schriftlich vorzulegen. Weiterhin ist der Arbeitgeber im Fall einer Massenentlassung dazu verpflichtet, den Betriebsrat (sofern dieser existiert) über die Gründe für die geplante Massenentlassung informieren. Weiterhin müssen ggü. dem Betriebsrat Angaben über die Anzahl der betroffenen Arbeitnehmer, die betroffenen Berufsgruppen (Ressorts), die Auswahlkriterien für die von der Entlassung betroffenen Arbeitnehmer, den Zeitraum, in welchem die Massenentlassung vorgenommen wird sowie über das Vorhandensein und die Art der für die Kalkulation etwaiger Abfindungen zugrunde gelegten Kriterien gemacht werden. Auch ist gem. § 17 Abs. 3 KSchG die Stellungnahme des Betriebsrats zur Entlassung bzw. eine glaubhafte Erklärung seitens des Arbeitgebers, aus welcher hervorgeht, warum keine Stellungnahme des Betriebsrats vorliegt, bei der Agentur für Arbeit einzureichen.

Neben einem möglichen externen **Imageverlust** besteht bei Massenentlassungen die **259** Gefahr der Demotivierung der betroffenen Arbeitnehmer. Je nach Länge der Kündigungsfrist für die jeweiligen Personen kann es dadurch zu Problemen in den Prozessabläufen kommen[474].

Die Einhaltung gesetzlicher Vorschriften ist von erheblicher Bedeutung, um die Sanie- **260** rung nicht zusätzlich finanziell zu belasten oder im schlimmsten Fall sogar zum Scheitern zu bringen. Daher wird auch zur Hinzuziehung von Rechtsanwälten mit Spezialisierung im Bereich **Arbeitsrecht** geraten.

Praxistipp 4:

Auch im Falle einer erfolgreichen und formal korrekt ausgesprochen (Massen-) Entlassung können auf den ehemaligen Arbeitgeber und somit auf das in der Sanierung befindliche Unternehmen erhebliche Mehrkosten zukommen, die eine enorme Liquiditätsbelastung und die Insolvenz bedeuten können. Hier sind v.a. Kosten, die i.R.v. Gerichtsverhandlungen entstehen, zu beachten. Gemäß § 12 Abs. 1 ArbGG sind die Kosten für Anwälte und sonstige Rechtsberatung in erster Instanz selbst im Falle einer für den die Kündigung aussprechenden Arbeitgeber positiven Entscheidung durch das Arbeitsgericht nicht durch den klagenden Arbeitnehmer zu erstatten. Die Kosten für Rechtsberatung sind im Rechtsanwaltsvergütungsgesetz geregelt und grundsätzlich vom Streitwert abhängig. Für einen Streitwert von 12.000 € (drei Monatsgehälter) eines Arbeitnehmers müssen ca. 1.500 € Anwaltskosten einkalkuliert werden. Übertragen auf das Beispiel 16 (vgl. Kap. B Tz. 258) bedeutet dies bei 70 potenziellen Klagen Kosten von 105.000 €, selbst wenn alle 70 Klagen zugunsten des kündigenden Unternehmens entschieden werden. Um hier

---

474 Vgl. *Groß*, in: Buth/Hermanns[5], § 17, Rn. 47.

> eine weitere Kostensteigerung, resultierend aus verlorenen Prozessen und den damit zu tragenden Gerichtskosten sowie den Klägern zugesprochenen Streitwerten, zu vermeiden, sollten die ausgesprochenen Kündigungen wie oben beschrieben rechtssicher ausgesprochen werden. Diese Informationen sind im Sanierungsplan entsprechend zu berücksichtigen.

261　Sind (Massen-)Entlassungen nicht zu vermeiden, so haben diese im Idealfall auf der Basis einer antizipativen, strategischen Planung der Gesellschaft zu erfolgen. Oft kommt es i.R. einer Sanierung bzw. einer drohenden Insolvenz zu einer Überbewertung des Kostensenkungspotenzials im Personalbereich. Als Folge werden Leistungsträger entlassen, Know-how geht verloren und bei einer Auswahl nach den konventionellen Sozialauswahlkriterien verbleibt im Unternehmen eine **meist überalterte Belegschaft** mit geringer Flexibilität. Greifen die Sanierungsmaßnahmen, sodass sich die wirtschaftliche Situation der Gesellschaft in Zukunft wieder verbessert, kann die Personaldecke zudem zu dünn besetzt sein. Kam es aufgrund der (Massen-)Entlassungen ggf. sogar zu einem Imageverlust, so kann die Neubesetzung der offenen Stellen in Zukunft zu einem schwierigen Unterfangen werden[475].

b) Maßnahmen zum personellen Leistungserhalt und zur personellen Leistungsförderung

262　Die Maßnahmen zum personellen Leistungserhalt und zur personellen Leistungsförderung lassen sich in die Bereiche Motivation, Personalführung und materielle Anreizsysteme untergliedern.

263　Insbesondere in Krisenzeiten kann sich die Motivation der Mitarbeiter drastisch verschlechtern. Dabei wird zwischen intrinsischen und extrinsischen Motiven unterschieden. Erlangt ein Arbeitnehmer bei intrinsischen Motiven Befriedigung allein durch die Arbeit an sich, wirken sich bei extrinsischen Motiven Faktoren wie monetäre Vergütung, Prestige etc. positiv auf die Motivation aus. Im besten Fall für sämtliche Parteien befinden sich die beiden Motive im Gleichgewicht[476].

264　„Personalführungsmaßnahmen beinhalten sämtliche Maßnahmen, die die Mitarbeiter zum Verbleib im Unternehmen und zur positiven Leistungserbringung motivieren sollen"[477]. Dazu zählt insb. auch die **Kommunikation**. Fehlende Kommunikation kann zu Unruhe im Unternehmen führen. Als Folge kommen Gerüchte auf, Leistungsträger verlassen das Unternehmen und Kunden sowie Lieferanten werden verunsichert, sodass Sanierungsmaßnahmen erschwert werden. Zudem kann eine fehlende Kommunikation mit dem **Betriebsrat** zu Problemen bei der Durchsetzung von personalpolitischen Maßnahmen führen.

265　Materielle **Anreizsysteme** bieten in Krisenzeiten die Möglichkeit, bei den Mitarbeitern eine Motivation zur Überwindung der wirtschaftlichen Schieflage hervorzurufen. Dadurch gelingt es einem Unternehmen ggf. auch, der Fluktuation von Fach- und Führungspotenzial entgegenzuwirken. Zu den materiellen Anreizsystemen zählen insb. die Erfolgs- und Kapitalbeteiligung sowie eine ergebnisorientierte Gehaltsflexibilisierung.

475　Vgl. *Groß*, in: Buth/Hermanns[5], § 17, Rn. 50.
476　Vgl. *Groß*, in: Buth/Hermanns[5], § 17, Rn. 36.
477　Vgl. *Groß*, in: Buth/Hermanns[5], § 17, Rn. 37.

Sämtliche Möglichkeiten sorgen für eine Verbesserung der Liquidität des Unternehmens, werden je nach Umfang der Unternehmenskrise jedoch nicht von allen Mitarbeitern angenommen werden[478].

c) Maßnahmen zur Feststellung der optimalen Mitarbeiterdimension

Befindet sich das Unternehmen in einer strategischen Krise oder der Ertragskrise, so ist **266** vor der bloßen Kürzung von personalbezogenen Aufwendungen deren Budgetierung eine sinnvolle Alternative. Hier ist v.a. die Methode des **Zero-Base-Budgeting**[479] geeignet, Personalaufwendungen periodenweise neu zu analysieren und auf deren Beitrag zum Leistungserstellungsprozess hin zu analysieren. Unnötige, redundante und falsch skalierte Aufwendungen können so identifiziert, weiter analysiert und ggf. auch gestrichen werden.

- **Überwachung der Umsetzung**

Hinsichtlich der Überwachung der Umsetzung sowie der künftigen Vermeidung umfassender Maßnahmen empfiehlt sich die Einrichtung eines **Personalcontrollings**. Dies **267** beinhaltet „die zielgerichtete Steuerung personalwirtschaftlicher Schritte und stellt eine Basis zur Sicherung der Wettbewerbsposition dar"[480]. Ein wichtiger Bestandteil ist in diesem Zusammenhang die Balanced Scorecard, ein integriertes **Kennzahlensystem** zur Unternehmenssteuerung, welches alle Leistungsbereiche des Unternehmens verknüpft und auf dessen Grundlage personalwirtschaftliche Maßnahmen geplant, kontrolliert und gesteuert werden können. Dabei werden die Bereiche Personalbedarf, Kapazitätsauslastung und Personalentwicklung abgedeckt. Gleichzeitig erfüllt das Personalcontrolling auch die Kontrollfunktion, indem auf Basis der aktuellen Situation die Ist-Werte mit den damals geplanten Soll-Werten verglichen werden. Bei Abweichungen werden personalpolitische Maßnahmen eingeleitet, um Fehlfunktionen entgegenzuwirken. Man spricht in diesem Zusammenhang von der **Steuerungsfunktion des Personalcontrollings**[481].

- **Sonderfall der KMU**

KMU haben im Vergleich zu größeren Unternehmen aufgrund ihrer Größe oftmals aus **268** personalrechtlicher Sicht Vorteile i.Z.m. der Reduktion von Personal. So existiert meistens kein Betriebsrat, mit welchem Sozialpläne abgestimmt werden müssen und weitere zähe Verhandlungen zu führen sind. Neben rechtlichen Unterschieden existieren auch betriebswirtschaftliche, da KMU aufgrund ihrer Größe keine ausgeprägte Personalabteilung mit entsprechenden Bewertungs-, Planungs- und Controllingfunktionen aufweisen. Daher werden Ineffizienzen hinsichtlich Personalentwicklung und -bedarf oftmals nicht erkannt. Da gerade in Krisensituationen ein kosten- und zeitintensiver Aufbau einer Personalabteilung nicht möglich und kurzfristig auch nicht zielführend ist, bleibt dem akut gefährdeten KMU daher häufig nur die Alternative des Mitarbeiterabbaus. Die hierzu erforderlichen, oben bereits aufgeführten Maßnahmen sind: Kündigungen, Aufhebungsverträge, Einstellungsstopps oder der Einsatz von eigenen Mitarbeitern in fremden Unternehmen, Variabilisierung von Entgeltbestandteilen, sonstige

---

478 Vgl. *Groß*, in: Buth/Hermanns[5], § 17, Rn. 41.
479 Vgl. zum Begriff „Zero-Base-Budgeting" Gablers Wirtschaftslexikon online, www.wirtschaftslexikon.de.
480 Vgl. *Groß*, in: Buth/Hermanns[5], § 17, Rn. 43.
481 Vgl. *Groß*, in: Buth/Hermanns[5], § 17, Rn. 44.

individuelle personalbezogene Leistungskürzungen (Sonderzahlungen, freiwillige Zulagen oder Zahlungen etc.).

269 In die Krise geratene Unternehmen entlassen oftmals diejenigen Mitarbeiter, deren Kündigung vermeintlich kostengünstig und aufgrund **geringerer Kündigungsschutzzeiten** schnell zu realisieren ist. Dies betrifft also vermehrt jüngere und kostengünstige Mitarbeiter. Die teuren, erfahreneren Mitarbeiter müssen dementsprechend die Arbeit der ehemaligen Mitarbeiter mit übernehmen, was die durchschnittlichen Personalaufwendungen erhöht[482].

Beispiel 17:

Die oben aufgeführten Analysemöglichkeiten und Sanierungsmaßnahmen sind grundsätzlich auch für KMU durchzuführen, allerdings sind der Maßnahmenumfang und die Bearbeitungsdichte deutlich durch die geringere Mitarbeiterzahl reduziert. Wenn ein Unternehmen mit 80 Mitarbeitern auf der Basis von Benchmarks und internen Analysen Personalmaßnahmen durchführen muss, um von einer Personalintensität mit 40% Ist auf 36% Soll zu kommen, dann sind rund 6-8 Mitarbeiter zu entlassen. Bei einem Unternehmen mit 500 Mitarbeitern mit ähnlichen Eckwerten könnten dies mehr als 40 Mitarbeiter sein. Dies veranschaulicht den unterschiedlichen Aufwand, der bei beiden Unternehmen entstehen wird.

2.4.3.2.4 Finanzen und Controlling

270 Krisenverursachung und -bewältigung umfasst neben den direkt am Leistungserstellungsprozess beteiligten Funktionsbereichen auch die **indirekten** und in Teilen überwachenden **Funktionsbereiche**. Hierbei sind die Funktionsbereiche **Finanzen** und **Controlling** zu nennen sowie der Bereich der IDT, der ebenfalls einen potenziellen Sanierungsbeitrag leisten kann.

271 Häufig sind sowohl im Bereich Finanzen/Controlling, als auch im Bereich der **IDT** eine unzureichende Vernetzung mit dem Management sowie eine entsprechend nicht zeitnahe Abarbeitung dringlicher, liquiditätsbezogener Aufgaben die Hauptprobleme. Auch die **Forschungs-** und **Entwicklungskosten** können für eine entstehende Unternehmenskrise mit verantwortlich sein.

• **Problemfelder**

272 Im Bereich **Finanzen** steht v.a. ein unzureichendes Management bei **Forderungen**, **Verbindlichkeiten** und bei der **Lagerhaltung (Working Capital)** im Vordergrund[483]. Dagegen wird das Unternehmens**controlling** entweder von der Führungsebene als Impulsgeber nicht beachtet oder es werden fehlerhafte Daten verwendet, die an der Glaubwürdigkeit des Controllings zweifeln lassen. Ein nicht reibungslos funktionierendes Berichtswesen kann ebenfalls als Problemschwerpunkt genannt werden.

• **Analyse**

273 Zur Analyse der o.g. Probleme sind innerhalb des Bereichs Finanzen/Controlling vornehmlich **Kennzahlen** zu nutzen. Prozessanalysen tragen dazu bei, Schwachstellen bei der Nutzung von Kennzahlen aufzudecken. So kann im Bereich eines zu optimierenden

---

482 Vgl. *Fechner*, S. 174 f.
483 Vgl. *Thiele/Sopp*, in: Buth/Hermanns[5], § 19, Rn. 10 ff.

Forderungsmanagements die Kennzahl der **Forderungsreichweite**, kombiniert mit einem brancheninternen Benchmark, eine verlässliche Analysegröße zur Bestimmung der Qualität des eigenen Forderungsmanagements darstellen. Die Forderungsreichweite wird anhand des folgenden Quotienten bestimmt:

$$Forderungsreichweite = \frac{\substack{Forderungen\ aus\ Lieferungen\ und \\ Leistungen\ der\ Periode\ [€]}}{Umsatzerlöse\ Periode\ [€]} * 360\ [Tage]$$

Die so generierte Kennziffer drückt die Anzahl der Tage zwischen Fakturierung und dem **274** Eingang der Zahlung aus. Eine hohe Forderungsreichweite bedeutet demnach eine hohe Liquiditätsbindung für das Unternehmen, was im Sanierungsfall **Liquiditätskrisen** mit auslösen oder verschärfen kann. Als **Ursache** sind häufig ein mangelhaftes Mahnwesen, schlechte Bonität der Kunden oder das Einräumen langer Zahlungsziele in zurückliegenden Perioden zu identifizieren. Oftmals wird so deutlich, dass Fakturierungen zu spät oder fehlerhaft durchgeführt werden bzw. das Mahnwesen wegen psychologischer Hemmschwellen zu spät auf den Kunden zugeht[484].

Als kreditorisches Äquivalent zur Forderungsreichweite kann hinsichtlich einer Analyse **275** der **Verbindlichkeitenreichweite** die Kennzahl der Kreditorenlaufzeit, kombiniert mit einem brancheninternen Benchmark, herangezogen werden. Die Kreditorenlaufzeit wird anhand des folgenden Quotienten bestimmt:

$$Kreditorenlaufzeit = \frac{\substack{Verbindlichkeiten\ aus\ Lieferungen \\ und\ Leistungen\ der\ Periode\ [€]}}{Umsatzerlöse\ der\ Periode\ [€]} * 360\ [Tage]$$

In der Unternehmenskrise ist diese Kennziffer regelmäßig hoch, weil die Unternehmen **276** sich in der **Liquiditätskrise** über Lieferanten refinanzieren[485].

Beispiel 18:

Im Rahmen der Unternehmensanalyse eines technischen Dienstleisters wird eine fortschreitende Ertragsschwäche bei gleichbleibender Leistung über die letzten drei Jahre festgestellt, die im letzten Jahr zu einer erstmaligen Verlustsituation führt. In dieser Zeit verändert sich das Zahlungsverhalten der Kunden nicht und auch die Lagerhaltung ist in Bezug auf die Kapitalbindung unverändert. Da die Finanzmittel ausgeschöpft sind und kein Kreditlimit erhöht worden ist, sind in den vergangenen drei Jahren sukzessive die Kreditorenlaufzeiten von 33 auf 70 Tage angestiegen, um die hohen, nicht durch Abschreibungen finanzierten Investitionen durchführen zu können.

Krisenursache kann ein ineffizientes **Lagerhaltungsmanagement** im Unternehmen **277** sein. Dies führt dazu, dass die Vorratsbestände und Neubestellungen nicht auf die aktuelle Ertragslage (**Ertragskrise**) bzw. Produktnachfrage (**Absatz-/Produktkrise**) der Unternehmen angepasst worden sind. Die Lagerbestände werden relativ (s. nächste

---

484 Vgl. *Hess*, Sanierungshandbuch[6], Kap. 12, Rn. 42.
485 Vgl. *Thiele/Sopp*, in: Buth/Hermanns[5], § 19, Rn. 15 ff.

Kennzahl) und auch absolut höher, was Liquidität bindet und die **Liquiditätskrise** verschärft. Anhand der Kennzahl der Lagerbestandsreichweite lässt sich das gebundene Kapital bzw. die Liquidität quantifizieren und anhand eines brancheninternen Benchmarks einordnen. Die Lagerbestandsreichweite wird aus dem folgenden Quotienten errechnet:

$$Lagerbestandsreichweite = \frac{\begin{array}{c}Bestandswert\ der\ Vorräte\\ am\ Ende\ der\ Periode\ [€]\end{array}}{Materialeinsatz\ [€]} * 360\ [Tage]$$

278 Eine niedrige Lagerbestandsreichweite indiziert dabei eine geringe Kapitalbindung. Eine hohe Kennzahl kann dagegen ein Indikator für den Aufbau von Überkapazitäten, eine ineffiziente Lagerwirtschaft sowie einen überalternden Lagerbestand sein[486].

Beispiel 19:

Ein Großhändler weist bei sinkendem Umsatz in den letzten sechs Jahren und nahezu stets ausgeglichenem Jahresergebnis eine sich erhöhende Lagerbestandsreichweite aus, die zum aktuellen Bilanzstichtag im Vergleich zum Wettbewerb dreifach höher ist. Die Analyse der Vorräte hat ergeben, dass es keine Wertabschläge auf erhöhte Lagerbestandsreichweiten und Wertberichtigungen nicht mehr verwendeter Produkte gegeben hat. Das Unternehmen hat eine Ertrags- und Produkt-/Absatzkrise durchlaufen. Werden die Ergebnisse der Vorräte mit den richtigen Bewertungen versehen, dann hat das Unternehmen in den letzten Jahren Verluste erzielt.

---

279 Hinsichtlich der Analyse des **Controllings** sowie des darauf aufbauenden Berichtssystems können zwei Phasen unterschieden werden, nämlich die einer akuten **Liquiditätskrise** sowie die eines nachfolgenden, geordneten Sanierungsprozesses. In der Phase der akuten Liquiditätskrise steht die interne Kontrolle der Auswirkung der liquiditätssteigernden Maßnahmen im Vordergrund, während im **Sanierungsprozess** eine extern gerichtete Aufbereitung und Überwachung der an relevante Stakeholder kommunizierten Fortschritte und Rückschritte im Vordergrund steht[487]. An dieser Einordnung haben sich auch die im Controlling eingesetzten Analysetools zu orientieren. Das Controlling während der Liquiditätskrise hat die Aufgabe, vornehmlich die Liquiditäts-, Ergebnis-, und Bilanzplanung bezüglich ihrer Angemessenheit zu analysieren[488]. Im Vordergrund steht während dieser Phase die Generierung von Kennzahlen, die einen adäquaten Überblick über die Vermögens-, Ertrags- und v.a. die Liquiditätslage liefern. Als sinnvolle und oftmals auch von Gläubigern angeforderte Kennzahlen haben dabei in der Vergangenheit v.a. Liquiditätsgrade, Cash-Flows, Kapitalquoten, Deckungsgrade, das EBITDA sowie umsatzbezogene Kennzahlen und solche zur Auftragslage gedient.

280 Vor allem für Finanziers stellen solche sanierungsspezifischen Kennzahlen (**Covenants**) eine wichtige Größe zur Beurteilung ihres eigenen Engagements im Sanierungsprozess dar. So entscheiden Über- und Unterschreitung von Covenants oftmals über Konditionsanpassungen oder Beendigungen von gewährten Kreditlinien. Derartige Kennzah-

---

486 Vgl. *Kralicek*, S. 95.
487 Vgl. *Rasche/Roth/Schmidt-Gothan*, in: Hommel/Knecht/Wohlenberg, S. 1376 ff.
488 Vgl. *Werner*, in: Crone/Werner, S. 125.

len sind daher in dieser Phase der Liquiditätskrise zügig und verlässlich durch das Controlling bereitzustellen[489].

- **Maßnahmen im Bereich der Finanzen und des Controllings**

Im Rahmen einer Verkürzung der **Forderungsreichweite** kann zwischen kurzfristigen **281** Maßnahmen, die gerade in einem fortgeschrittenen Krisenstadium für schnelle Liquidität sorgen, sowie präventiven, also langfristigen Maßnahmen unterschieden werden.

Für eine kurzfristige Erhöhung der **Liquidität** sorgt als Sanierungsmaßnahme das Fac- **282** toring, das unter Berücksichtigung der anfallenden Factoring-Gebühren zu prüfen ist. Weiterhin sollte eine Reduzierung der Zeit zwischen Leistungserbringung und Fakturierung forciert werden. Vergleiche Hierzu auch die Sanierungsmaßnahmen im Vertrieb. In diesem Zusammenhang sollten ebenfalls gewährte Zahlungsziele für erbrachte Leistungen verkürzt werden. Mit einer i.R.d. Sanierung eingerichteten Altersstrukturliste werden Kunden kategorisiert und je nach Zahlungsmoral angesprochen. So werden fortan die Kundenforderungen gezielt überwacht. Mit den Sanierungsmaßnahmen ist generell die Bindung zum Kunden über den Vertrieb zu stärken. Gerade der persönliche, verbindliche Kontakt kann bei Zahlungsverzug seitens des Kunden sein Verhalten beeinflussen und den Zahlungseingang beschleunigen oder es gar nicht erst zu diesem kommen lassen[490].

Über die ABC-Analyse bzgl. Der Geschäftsbeziehungen zu Kunden können diese in **283** Kategorien unterteilt und eine Trennung von Kunden mit nicht strategischer Bedeutung vorbereitet werden. Weiterhin können das Einführen eines IDT-gestützten Fakturierungs- und Mahnwesens sowie das Einholen regelmäßiger unterjähriger Bonitätsauskünfte positiv wirken. Hier sei auch der Abschluss einer Warenkreditversicherung empfohlen. Ebenso sollten einheitliche Richtlinien für das Debitorenmanagement implementiert werden, um einen reibungsfreien Fakturierungs- und Mahnwesenprozess zu etablieren[491].

Gerade mit fortgeschrittenem Krisenstadium ist der Spielraum für das betroffene Un- **284** ternehmen hinsichtlich einer Optimierung des **Verbindlichkeitenmanagements** eingeschränkt, was der schwierigen Liquiditätslage sowie einer niedrigeren Bonität geschuldet ist. Primäre Aufgabe des Verbindlichkeitenmanagements ist es daher, ggf. verlorenes Vertrauen wichtiger Lieferanten in die Fortbeständigkeit des Unternehmens zu erhalten bzw. zurückzugewinnen. Dabei ist eine offene, schnelle und ehrliche **Kommunikation** zum Lieferanten unabdingbar, da nur so der Anreiz geweckt werden kann, dass ein Engagement verlässlich ist. Weiterhin können je nach Krisenstadium folgende kurzfristigen Schritte unternommen werden, um die Liquiditätslage zu verbessern:

- Durchführen kurzfristiger Neuverhandlungen von Zahlungszielen und -konditionen
- Implementierung eines losgrößenoptimierten Einkaufsmanagements, um günstigere Konditionen auszuhandeln
- weiterhin aktives, abgestimmtes Hinauszögern von Zahlungen[492].

489 Vgl. *Crone*, in: Crone/Werner, S. 86 f.
490 Vgl. *Hess*, Sanierungshandbuch[6], Kap. 12, Rn. 42 ff.
491 Vgl. *Thiele/Sopp*, in: Buth/Hermanns[5], § 19, Rn. 23.
492 Vgl. *Hess*, Sanierungshandbuch[6], Kap. 12, Rn. 50 f.

285 Langfristig kann auf Basis der ABC-Analyse der Lieferanten deren strategische Bedeutung erarbeitet werden, um selektiv die Lieferanten auszusondieren, die zu geringe Bestellmengen und/oder ungünstige Preiskonditionen haben. Um diese Strukturen dauerhaft zu verändern, sind einheitliche Richtlinien für das Kreditorenmanagement sinnvoll[493]. Ebenso empfiehlt es sich wie im Debitorenmanagement, langfristig eine IDT-gestützte Rechnungsprüfung zu etablieren, um die Fehleranfälligkeit bei der Erfassung von Zahlungsmodalitäten zu minimieren und eine höhere Effizienz durch die Standardisierung zu erreichen[494]. So können bspw. Doppelzahlungen und die Nichtinanspruchnahme von Skonti vermieden werden.

286 Für eine Optimierung des **Lagerhaltungsmanagements** kommen v.a. langfristige Maßnahmen in Betracht. Dazu können bspw. Konsignationslager beim Krisenunternehmen eingerichtet werden, sodass das Eigentum bis zur Entnahme bei dem Lieferanten verbleibt, was eine enorme Liquiditätsentlastung für die Krisenunternehmung bedeutet. Die Umstellung/Verbesserung der Lagerhaltung durch Just-in-Time-Lagerhaltung ist ebenfalls eine Maßnahme. Weiterhin sollte eine generell verbesserte Bedarfsplanung durch eine detailliertere Produktions- und Absatzplanung in Betracht gezogen werden[495]. Kurzfristig lässt sich grundsätzlich durch entsprechende Maßnahmen nur die Liquidität steigern. Als Maßnahmen kommen dabei Abverkaufsaktionen in Frage, insb. Von Überkapazitäten und Ladenhütern. Die Verringerung der Sicherungsbestände unter gleichzeitiger Beachtung der lückenlosen Versorgung der Produktion hat ebenfalls Liquiditätseffekte, wie die Verringerung des Bestellturnus unter Beachtung einer etwaigen Unterschreitung von Mindestbestellmengen[496].

287 Da Zeit- und Personalressourcen in der Krise äußerst knapp sind, muss die Datenerhebung innerhalb des **Controllings** sowohl erhebungs- als auch auswertungsseitig auf eine integrierte Basis heruntergebrochen werden, sodass eine abteilungs- und entscheidungsträgerübergreifende einheitliche Datengrundlage entsteht. Dies birgt den Vorteil einer anpassungs- und überleitungsrechnungsarmen Datenbasis, die eine ressourcenschonende und effiziente Auswertung ermöglicht. Weiterhin ist es sinnvoll, eine Priorisierung von Controllingaktivitäten vorzunehmen. So sollten insolvenzauslösende Bereiche einer deutlich gründlicheren und frequentierten Untersuchung unterzogen werden als solche, die nicht in diese Kategorie fallen. Geeignete und oftmals eingeforderte Kennzahlen sind bereits unter Kap. B Tz. 273 ff. aufgeführt. Weiterhin ist eine personelle und umfangmäßige Straffung des gesamten Controllings zu forcieren. Dies bestimmt sowohl den Einsatz von Personal als auch den Einsatz der Controllinginstrumente. Eine Reduktion der Anzahl bzw. der Komplexität ist angebracht, um Kosten zu reduzieren und die Effizienz zu erhöhen. Um diesen Umschwung vom nicht-krisenorientierten hin zum krisenorientierten Controlling zu vollziehen, kann sowohl ein differenziertes Kennzahlensystem als auch eine Reorganisation des Controllings an sich durchgeführt werden. So sind die Datengenerierung, -erhebung und -auswertung an die neue Situation anzupassen, um den o.g. integrierten Controllingansatz auf einheitlicher Datenbasis zu gewährleisten[497].

---

493 Vgl. *Thiele/Sopp*, in: Buth/Hermanns[5], § 19, Rn. 36.
494 Vgl. *Thiele/Sopp*, in: Buth/Hermanns[5], § 19, Rn. 34.
495 Vgl. *Thiele/Sopp*, in: Buth/Hermanns[5], § 19, Rn. 30.
496 Vgl. *Hess*, Sanierungshandbuch[6], Kap. 12, Rn. 45 ff.
497 Vgl. *Thiele/Sopp*, in: Buth/Hermanns[5], § 19, Rn. 50 ff.

Im Rahmen der Reorganisation des Controllings eröffnet die digitale Transformation **288** erhebliches Potenzial zur Effizienzsteigerung. Dabei kann kurzfristiges Einsparungspotenzial gehoben und langfristig eine effiziente Aufstellung des Controllings erreicht werden[498]. Wichtig ist dabei, dass die Digitalisierung des Controllings in die Digitalisierungsstrategie des gesamten Unternehmens eingebettet ist[499]. Die Digitalisierung kann in dem Zusammenhang die Standardisierung von Arbeitsabläufen und -prozessen, die Verkürzung benötigter Zeit für die Datenerfassung und -analyse, die Planung und Budgetierung verbessern und neue Controllinginstrumente herbeiführen[500]. So kann bspw. durch die Automatisierung der Arbeitsabläufe und -prozesse im Berichtswesen für die Zuwendung hin zu wertschöpfenden Aktivitäten (wie Abweichungs- und Ursachenanalysen) und weg von nicht wertschöpfenden Aktivitäten (wie das manuelle Zusammentragen und Aufbereiten von Daten) Zeit geschaffen und die Fehleranfälligkeit verringert werden[501]. Die Einführung solcher IDT-Systeme ist jedoch sehr langfristig und zum Teil kostenintensiv, weshalb diese für Krisenunternehmen grundsätzlich von geringerer Priorität sind. Durch Softwareroboter (sog. Robotic Process Automation) können fehlende IDT-Schnittstellen im Unternehmen dennoch kurzfristig überbrückt werden[502]. Durch derartige Systemverknüpfungen beschränkt sich die Datengrundlage nicht nur auf interne Daten, sondern kann auch externe Daten (bspw. Konsumentenverhalten) einbeziehen und eröffnet dem Unternehmen fortgeschrittene Möglichkeiten der Datenanalyse und -aufbereitung[503]. Ebenso hat das Unternehmen die Möglichkeit auf Cloud-basierte IDT-Lösungen zurückzugreifen, um die kostenintensive Einführung eines IDT-Planungstools zu vermeiden[504].

• **Überwachung der Umsetzung im Bereich der Finanzen und des Controllings**

Bei der Überwachung der implementierten Maßnahmen in den Bereichen **Finanzen** und **289** **Controlling** kann auf eine Soll-Ist-Abweichungsanalyse zurückgegriffen werden. Durch die Anwendung dieser Analyse, wird die durch die Maßnahmen erreichte Verbesserung quantifiziert und Fortschritte im Zeitverlauf werden sichtbar gemacht. Potenzielle Rückschläge können ebenfalls dokumentiert und ausgewertet werden, sodass eine nachträgliche Anpassung der Maßnahmen vorgenommen werden kann. Weiterhin kann durch den Einsatz von Kennzahlen die Erreichung definierter Zielgrößen leicht überprüfbar gemacht und neben monetären auch die Erfassung zeitlicher Zielerreichungsgrade ermöglicht werden.

• **Sonderfall der KMU**

Controlling und Finanzen bei KMU werden im Vergleich zu großen Unternehmen von **290** einzelnen Personen oder Personengruppen wahrgenommen. Ergänzend zu den oben beschriebenen Problemfeldern findet Kontrolle und Überwachung durch Dritte unzureichend statt oder liegt ausschl. bei der (Gesellschafter-)Geschäftsführung. Unternehmensspezifisches Fachwissen ist dann bei wenigen Personen konzentriert[505]. Feh-

---

498 Vgl. *Thiele/Sopp*, in: Buth/Hermanns[5], § 19, Rn. 62.
499 Vgl. *Thiele/Sopp*, in: Buth/Hermanns[5], § 19, Rn. 54.
500 Vgl. *Kieninger/Schimank (Hrsg.)*, Digitalisierung der Unternehmenssteuerung, S. 5.
501 Vgl. *Thiele/Sopp*, in: Buth/Hermanns[5], § 19, Rn. 55.
502 Vgl. *Thiele/Sopp*, in: Buth/Hermanns[5], § 19, Rn. 56.
503 Vgl. *Thiele/Sopp*, in: Buth/Hermanns[5], § 19, Rn. 57.
504 Vgl. *Thiele/Sopp*, in: Buth/Hermanns[5], § 19, Rn. 58.
505 Vgl. *IDW PH 9.100.1*, Tz. 5.

lende interne Kontrolle führt dazu, dass negative Trends und Entwicklungen nicht an die Unternehmensleitung gemeldet oder von der Geschäftsführung selbst ignoriert werden. Ist die Unternehmensführung in Krisenzeiten nicht einsichtig, wird ein effektives Controlling im KMU nicht vorliegen und das Finanzwesen wird, häufig durch die enge und langjährige Zusammenarbeit, seiner kaufmännischen Warnfunktion ggü. der Geschäftsführung nicht gerecht und ist dàmit selbst krisenverursachend oder -verschärfend. Die Wahrscheinlichkeit von Verschleierungen, Window Dressing etc. bis hin zu Fraud (Bilanzmanipulation), kann zunehmen. Wird dies von den Finanziers als Risiko erkannt und ist der Gesellschafter-Geschäftsführer bei der Sanierung nicht kooperativ, werden die wesentlichen Stakeholder nur dann das Krisenunternehmen begleiten, wenn der Sanierungswille ggf. durch externe Fachkräfte (Chief Restructuring Officers – CRO) verkörpert wird.

2.4.3.2.5   Informations- und Digitaltechnologie (IDT)

- **Problemfelder**

291 Die Probleme im **IDT**-Bereich sind anwender- bzw. nutzerbezogen oder können direkt im Aufbau sowie in der Implementierung des vorliegenden IDT-Systems begründet sein. Zu nennen sind hierbei unzufriedene **Kunden (Nutzer)**, die Funktionen vermissen, fehlerhafte Programme und unzureichende Verfügbarkeit von Systemen bemängeln sowie über generell benutzerunfreundliche Bedienung klagen. Fehlendes Verständnis und fehlender Sachverstand erschweren hier die Kommunikation zwischen Beteiligten und Betroffenen. Fehlerhaftes **IDT-Management**, welches v.a. auf fehlender Kommunikation und Abstimmung zwischen Unternehmensleitung und Leitung der IDT-Stellen sowie unzureichende strukturelle und betriebswirtschaftliche Einordnung der IDT in die Gesamtunternehmung zurückzuführen ist, können die Probleme verursacht haben. Dabei ist problematisch, dass durch die IDT-Stellen generierte Produktivität- oder Effizienzsteigerungen nicht belegt werden können[506]. Aus **fehlender IDT-Governance**, die auf nicht vorhandenen Regeln für die Organisationsentwicklung und deren Überwachung beruht, können für das Unternehmen existenzbedrohende Auswirkungen durch Ausfall oder Korrumpierung der digitalen Infrastruktur resultieren[507]. Eine ungeeignete **IDT-Infrastruktur**, welche v.a. aus Schnittstellenproblematiken durch heterogenen Hardwarebestand sowie daraus resultierenden Ausfall- und Reaktionszeiten herrührt, ist häufig eine „historisch" gewachsene Schwachstelle von Krisenunternehmen. Bei den **Anwendungssystemen** bilden inkompatible Software-Schnittstellen, eine unübersichtliche Anwenderstruktur und damit verbundene Zugriffs- und Governance-Konzepte sowie eine mangelnde Anwendungsarchitektur weitere Problembereiche. Mit der Digitalisierung sind insoweit auch anonyme Benutzer außerhalb des geschlossenen Benutzerkreises des Unternehmens zu berücksichtigen[508]. Auch bei der internen **Projektarbeit** sind Mängel in zeitlicher, monetärer und qualitativer Einhaltung von gesetzten Zielen, ein fehlendes Projektcontrolling sowie unzureichende Fruchtziehung aus abgeschlossenen Projekten zu beobachten und als Problem zu identifizieren[509]. Ebenfalls muss im Zuge der Digitalisierung für den steigenden Bedarf personeller

---

506   Vgl. *Kütz*, in: Buth/Hermanns[5], § 20, Rn. 11.
507   Vgl. *Kütz*, in: Buth/Hermanns[5], § 20, Rn. 17 ff.
508   Vgl. *Kütz*, in: Buth/Hermanns[5], § 20, Rn. 33.
509   Vgl. *Kütz*, in: Buth/Hermanns[5], § 20, Rn. 76 ff.

Kapazitäten und der weiter zunehmenden Qualifikation in der Projektarbeit Sorge getragen werden, um bspw. dem Einsatz lernfähiger IDT-Systeme begegnen zu können[510].

- **Analyse**

Bei der Analyse der IDT besteht in den meisten Unternehmen zunächst der akute Bedarf **292** nach einer qualitativen und quantitativen **Bestandsaufnahme** der Unternehmensbereiche mit IDT-Berührungspunkten. Diese kann anhand von Checklisten und Reviews durchgeführt werden. Anhand eines simplen Soll-Ist-Vergleichs kann erfasst werden, welche IDT-Dienste bisher angeboten und genutzt bzw. welche Dienste zwar angeboten, aber nicht oder nur selten in Anspruch genommen werden. Zusätzlich können fehlerhafte Dienste identifiziert werden, mit dem Ziel einer qualitativen Verbesserung einzelner Programme, einer Ausweitung des angebotenen Leistungsspektrums oder einer Verbesserung der anwenderbezogenen **Bedienbarkeit** einzelner Dienste.

Weiterhin können Divergenzen zwischen der **IDT-Strategie** sowie der strategischen **293** Ausrichtung der Gesamtunternehmung existieren. Zur Abstimmung zwischen Geschäfts- und IDT-Strategie ist es daher ratsam, die Erwartungen des Unternehmens an die IDT präzise zu formulieren und in regelmäßigen Intervallen anzupassen. Nur so kann einer strategischen Divergenz zwischen IDT-Leitung und Unternehmensleitung mit den damit verbundenen Reibungsverlusten entgegengewirkt werden. Insbesondere betrifft dies die Abstimmung der Anforderungen, die das Unternehmen für den nötigen Leistungserstellungsprozess an seine IDT-Abteilung stellt, mit der Frage, welche Anforderungen erfüllt werden können (vgl. Abb. 34)[511].

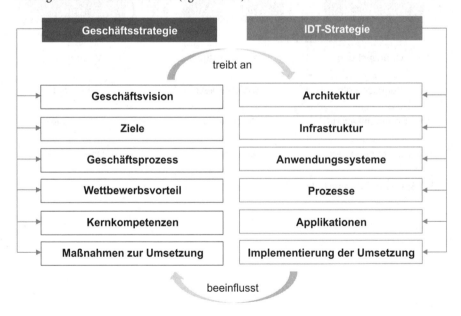

Abb. 34: Interdependenzen zwischen Geschäfts- und IDT-Strategie

---

510   Vgl. *Kütz*, in: Buth/Hermanns[5], § 20, Rn. 39.
511   Vgl. *Kütz*, in: Buth/Hermanns[5], § 20, Rn. 9 ff.

294 Auch ist eine Analyse hinsichtlich der eigenen internen IDT-Fertigungstiefe durchzuführen, um zu entscheiden, welche IDT-Bereiche innerhalb des Unternehmens verbleiben sollen und welche an einen externen Dienstleister **outgesourct** werden können
oder um zu beurteilen, inwiefern IDT-Leistungen aus einem Ressourcenmix aus Eigen-
fertigung und Zukauf bestehen können[512]. Dabei sind die beiden Stellgrößen „Kosten"
und „Wettbewerbsvorteil" entscheidend. IDT-Dienstleistungen, die von einem externen
Dienstleister kostengünstiger und mit der gleichen Qualität angeboten werden, können
dann outgesourct werden, wenn das Insourcing keinen unmittelbaren Wettbewerbsvorteil darstellt[513].

> **Beispiel 20:**
>
> Die ABC-GmbH, ein produzierendes Unternehmen, benötigt zur Erstellung ihrer an-
> gebotenen Leistung sowie zur Kommunikation mit ihrer Umwelt einen hohen Einsatz
> von IDT-Leistungen. Dabei fallen IDT-spezifische Leistungen in den Bereichen IDT-
> Sicherheit, IDT-Infrastruktur sowie IDT-Softwarelösungen an (vgl. Abb. 35).

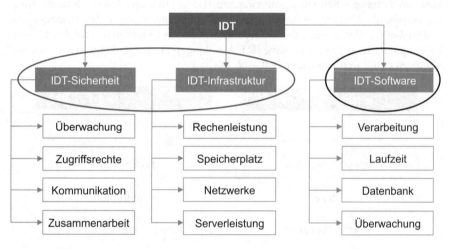

Abb. 35: IDT-Fertigungstiefe

---

512 Vgl. *Kütz*, in: Buth/Hermanns[5], § 20, Rn. 54 ff.
513 Vgl. *Kütz*, in: Buth/Hermanns[5], § 20, Rn. 54 ff.

Beispiel 21:

Die ABC-GmbH besitzt insb. eine individuelle und intern programmierte Steuerungssoftware für die von ihr eingesetzten Produktionsanlagen, die durch die Art und Weise ihrer Programmierung und Implementierung eine besonders wenig fehleranfällige Produktion und eine hohe Auslastung ermöglicht (schwarze Markierung). Die **IDT-Software** stellt daher einen Wettbewerbsvorteil im Vergleich mit anderen Wettbewerbern dar. Die IDT-Infrastruktur sowie die implementierten IDT-Sicherheitsmaßnahmen sind größtenteils extern erworben, historisch mit dem Unternehmen gewachsen und in dieses integriert und weisen eine hohe Heterogenität auf (rote Markierung). Beide IDT-spezifischen Teilsegmente werden intern verwaltet, gewartet und erweitert. Lediglich relevante Releases der IDT-Sicherheit werden von einem externen Dienstleister eingespielt. Verwaltung, Wartung und Erweiterungen für die IDT-Sicherheit und die IDT-Infrastruktur verursachen erhebliche Kosten im Bereich der sonstigen betrieblichen Aufwendungen. Da weder die IDT-Infrastruktur noch die IDT-Sicherheit einen Wettbewerbsvorteil für die ABC-GmbH bedeuten, sondern im Vergleich zu strukturierten und professionell gemanagten Lösungen eines externen Dienstleisters sogar Mehrkosten verursachen, sollten die beiden IDT-Segmente der ABC-GmbH i.R.d. Sanierung an solch einen Dienstleister übertragen werden (**Outsourcing**), um eben diese Kostenvorteile zu erzielen.

Im folgenden Arbeitsschritt empfiehlt sich nach der organisatorischen Überprüfung der IDT-Struktur auch eine **anwenderbezogene IDT-Infrastruktur-Überprüfung** hinsichtlich der genutzten Systeme. Mit Blick auf die Governance-Aspekte sollte eine Analyse der benötigten Berechtigungen für Gruppen von Nutzern und einzelnen Personen durchgeführt werden[514]. **295**

Bezüglich der Analyse im Projektmanagement muss festgestellt werden, dass in den meisten Unternehmen kein quantitatives Projektmanagement für IDT-Projekte existiert. Häufig sind aufgrund mangelnden Interesses und Verständnisses der Unternehmensleitung für die IDT, die nur als „notwendiges Übel" gesehen wird, keine allgemein gültigen Vorgaben zur Analyse und Freigabe von Projekten vorhanden. Entscheidungen über den Beginn, die Fortführung und die Überwachung der Projekte sind daher häufig Aufgabe der IDT-Leitung, die allerdings oft nicht betriebswirtschaftlich, sondern aus rein technischer Sicht entscheidet. Die **Implementierung** eines adäquaten **Analysetools** für IDT und Geschäftsleitung ist somit oftmals als erster Schritt geboten[515]. An der Stelle ist zu beachten, dass die technische Entwicklung die Projektarbeit effektiver gemacht hat. Hier stehen leistungsfähige Plattformen zur Verfügung, mithilfe derer eine Entwicklerproduktivität erreicht werden kann[516]. Weiterhin fehlt für entwicklungstechnisch abgeschlossene Projekte oft eine zügige und organisierte Überführung in den operativen Gebrauch. **296**

• **Maßnahmen im Bereich der IDT**

Hinsichtlich der Maßnahmen bei der **IDT** ist zwischen dem mittel- bis langfristigen Restrukturierungsfall, in welchem das Unternehmen einer **strategischen** Krise bzw. **297**

---

514 Vgl. *Kütz*, in: Buth/Hermanns[5], § 20, Rn. 76 ff.
515 Vgl. *Kütz*, in: Buth/Hermanns[5], § 20, Rn. 106 ff.
516 Vgl. *Kütz*, in: Buth/Hermanns[5], § 20, Rn. 110.

einer **Ertragskrise** gegenübersteht, und dem kurzfristigen akuten Sanierungsfall in der **Liquiditätskrise** zu unterscheiden.

298 Während einer akuten **Liquiditätskrise** sind kurzfristig Kosten zu reduzieren und Liquidität freizusetzen. Welche Projekte können eingestellt oder zurückgefahren werden, ohne den operativen Geschäftsablauf zu beeinträchtigen? Alle ausstehenden Investitionen und Ersatzbeschaffungen sind zu hinterfragen. Weiterhin ist für alle Verträge eine Anpassung oder Auflösung der als verzichtbar eingestuften IDT-Leistungen durchzuführen. Hierbei sind etwaige Vertragsstrafen zu beachten. Für Leistungen, die nach erfolgreicher Sanierung wieder aufgenommen werden sollen, ist vor der Auflösung des Vertrags eine Unterbrechung desselbigen oder eine Anpassung der Zahlungsmodalitäten zu prüfen. Gegebenenfalls können externe Mitarbeiter, die aufgrund einer Vertragsauflösung nicht mehr benötigt würden, nach Rücksprache mit dem Dienstleister auch im Restrukturierungsprozess eingesetzt werden. Weiterhin kann die firmeninterne Hardware auch im Sale-and-lease-back-Verfahren verkauft werden, um kurzfristig die Liquidität zu erhöhen. Weiterhin entsteht während der Sanierung eine kurzfristig erhöhte Arbeits- und Leistungsanforderung an die IDT, weil auch sie mit deutlich verringerten Systemen und ggf. auch verringertem Personal eine sanierungsspezifisch höhere Leistung zu erbringen hat. Damit diese komplexe Aufgabe kurzfristig bewältigt werden kann, sind Task Forces aus Fach- und IDT-Mitarbeitern aufzustellen, die eigenverantwortlich planen, koordinieren und arbeiten, um die verbleibenden notwendigen Projekte zu bewältigen. Um den erhöhten Anforderungen zu begegnen, kann auch auf maschinelle Kapazitäten in Form von Cloud Computing für die Sonderverarbeitung und -auswertungen von Informationen zurückgegriffen werden. Als übergeordnete Instanz sorgt die IDT-Leitung nur noch für den projektübergreifenden Kapazitätsausgleich.

299 Mittelfristige Maßnahmen während der **Ertragskrise** zur Restrukturierung der IDT hinsichtlich der von den **Kunden** und **Anwendern** der IDT wahrgenommenen Schwachstellen müssen von einer Task Force anhand der durchgeführten Reviews erarbeitet werden. Anschließend können in Abstimmung mit der Unternehmensleitung die für eine Restrukturierung notwendigen Kosteneinsparungen identifiziert werden und es wird festgelegt, welche Dienste restrukturierungsnotwendig sind und welche Projekte und Dienste gestrichen bzw. zeitweilig ausgesetzt werden müssen (vgl. Abb. 36).

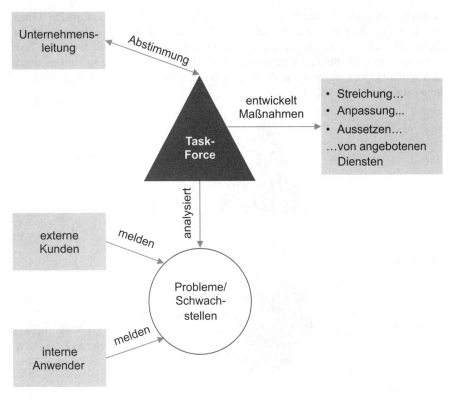

Abb. 36: Task-Force zur Entwicklung von Maßnahmen

Durch die i.R.d. Sanierung formulierte Aufforderung an interne und externe Anwender **300** (Kunden), Probleme und Schwachstellen im und mit dem bisherigen IDT-Einsatz zu melden, ist die für die Entwicklung von Maßnahmen zuständige Task Force in der Lage, die gemeldeten Probleme zu analysieren. Anschließend werden in Zusammenarbeit mit der Geschäftsleitung und unter Berücksichtigung der i.R.d. Sanierung angedachten Kosteneinsparungen Maßnahmen entwickelt, die zu Anpassungen, zeitweiligem Aussetzen und Streichungen von IDT-Dienstleistungen für in- und externe Anwender führen können. In dem Zusammenhang ist es teilweise sinnvoll, externe IDT-Partner in die Maßnahmenentwicklung einzubeziehen unter der Voraussetzung deren neutraler Einbringungen, d.h. ohne vertriebliche Prägung[517].

Darüber hinaus kann die operative **Kommunikation** zwischen Kunden und IDT durch **301** den Einsatz von **Super-Usern** kanalisiert und personalisiert werden. Diese Super-User treten als Vermittler zwischen den einzelnen Anwendern sowie dem IDT-Bereich auf und ermöglichen durch ihren Einsatz eine effizientere Auslastung der IDT. Sie beantworten alltägliche anwendungsbezogene Anfragen, ohne den IDT-Bereich einzuschalten (Gatekeeper) und leiten Anfragen, die sie nicht beantworten können, an den IDT-Bereich weiter.

---

517 Vgl. *Kütz*, in: Buth/Hermanns[5], § 20, Rn. 91.

302 Weiterhin sammeln die Super-User unternehmensinterne leistungsspezifische Daten sowohl bezüglich Quantität und Qualität der durch die Kunden gemeldeten Probleme als auch bezüglich der in Anspruch genommenen Leistungen. Diese werden an die Task Force weitergeleitet, die in Abstimmung mit der Unternehmensleitung kontinuierlich über weitere Optimierungen und Anpassungen hinsichtlich der angebotenen IDT-Leistung entscheidet (vgl. Abb. 37).

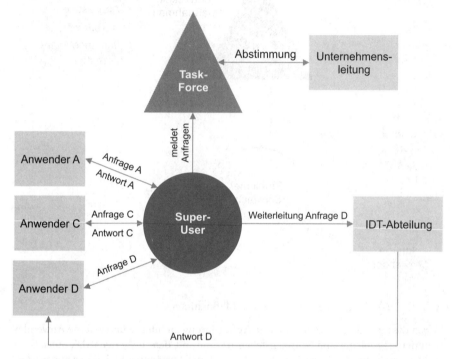

Abb. 37: Super-User als Gatekeeper

Beispiel 22:

Die Anwender A bis D aus verschiedenen Ressorts stellen IDT-spezifische Anfragen an die IDT-Abteilung. Diese Anfragen werden vorab vom Super-User analysiert und, sofern die (operative) Anfrage beantwortet werden kann, von diesem gelöst, ohne die IDT-Abteilung zu involvieren. Kann eine operative Anfrage nicht vom Super-User beantwortet werden oder betrifft diese eine grundlegende strategische Fragestellung seitens des Anwenders (Anfrage D), so wird diese vom Super-User an die IDT weitergeleitet und direkt von dieser beantwortet. Gleichzeitig sammelt der Super-User Datensätze über die eingehenden Anfragen und leitet diese an die Task Force weiter. Diese kann aus Qualität und Quantität der Anfragen eine Datengrundlage erstellen, aus der ebenfalls weitere Sanierungsmaßnahmen abgeleitet werden können. Gleichzeitig wird die IDT-Abteilung durch den Super-User vom operativen Alltagsgeschäft entlastet und kann ressourcentechnisch verkleinert werden.

Im Rahmen dieses Entscheidungsprozesses können ebenfalls sog. **Service-Level-Agree-** **303**
ments zwischen verschiedenen Unternehmen und zwischen der IDT-Abteilung und der
Unternehmensleitung vereinbart werden. Diese Service-Level-Agreements kategorisieren das von der IDT-Abteilung zu erbringende Leistungsausmaß und stellen eine verbindliche Leistungsvereinbarung zwischen IDT-Abteilung und Unternehmen dar.

Anhand dieser Service-Level-Agreements ist es der Unternehmensleitung somit mög- **304**
lich, die Einhaltung eines vorher festgelegten Maßes an zu erbringenden Serviceleistungen zu kontrollieren. Mithilfe des durch die Super-User generierten Dateninputs,
der durch die Task Force an die Unternehmensleitung kommuniziert wird, kann weiterhin eine Ausweitung oder Reduzierung einzelner IDT-Leistungen ermittelt werden.
Mit der Entlastung der IDT durch die Super-User kann insb. die IDT-Leitung auch
wieder strategische Aufgaben des Funktionsbereichs wahrnehmen. Dazu gehört v.a. die
Abstimmung zwischen der strategischen Ausrichtung und Entwicklung des Unternehmens sowie der (strategischen) Entwicklung der IDT-Abteilung[518].

Im Zuge der o.g. Analyse, welche **IDT-Projekte** weiter fortgeführt und welche gestrichen **305**
werden, kann als mittelfristige Maßnahme innerhalb der **Ertragskrise** ein IDT-Pro-
jektmanager (oder Lenkungsausschuss) etabliert werden, der unter Berücksichtigung
von Sanierungsaspekten eine Entscheidung über die Behandlung solcher Projekte trifft.
Dabei sind insb. Rentabilität und Kapitaleinsatz zu prüfen. Um eine wertungsfreie und
objektive Auswahl sinnhafter IDT-Projekte zu gewährleisten, ist ein **Projekt-Portfolio**
zu bilden, in dem die für das Projekt zugrunde gelegten Auswahlkriterien festgehalten
werden. Die so geschaffene Dokumentation macht das gerade in der IDT häufig subjektive Auswahlverfahren nachvollziehbar und verhindert die Verfolgung einzelner
Prestigeprojekte, die im Zuge der Restrukturierung keinen Mehrwert für das Unternehmen liefern. Die Optimierung des Projekt-Portfolios ist dabei aufgrund der techno-
logischen Entwicklungen, z.B. durch die Steigerung der Entwicklungsproduktivität
mithilfe von leistungsfähigen Plattformen, in der Projektarbeit zur kontinuierlichen
Aufgabe geworden und kann nicht einfach nach einmaliger Festlegung abgewickelt
werden[519]. Weiterhin muss durch ein adäquates und objektives **Projektcontrolling** der
Fortgang des Projekts überwacht und dokumentiert werden. Für die Etablierung dieser
Maßnahme kann ein standardisiertes Kennzahlensystem implementiert werden, welches in geeigneten Abständen dem Lenkungsausschuss präsentiert und von diesem ausgewertet wird. Ebenfalls sollten zu bestimmten Zeitpunkten Meilensteine hinsichtlich
der Zielerreichungsgrade definiert werden. Kombiniert mit den Kennzahlen kann so ein
objektiv nachvollziehbares Auswertungs- und Kontrollsystem implementiert werden,
welches dem Lenkungsausschuss ein adäquates Entscheidungskriterium über Pro-
jektentscheidungen an die Hand gibt, um ggf. einen Projektabbruch forcieren zu können[520].Eine zentrale Aufgabe des Projektmanagements stellt dabei das Change Management dar. Hierbei gilt es darum, die inhaltlichen Änderungen (Moving Targets) nur
dann zuzulassen, wenn sich die Rentabilität des jeweiligen Projektes und die des eingesetzten Kapitals verbessert[521]. Weiterhin kann eine nachträgliche Schulung als kurz-

---

518   Vgl. *Kütz*, in: Buth/Hermanns[5], § 20, Rn. 91 ff.
519   Vgl. *Kütz*, in: Buth/Hermanns[5], § 20, Rn. 110 f.
520   Vgl. *Kütz*, in: Buth/Hermanns[5], § 20, Rn. 106 ff.
521   Vgl. *Kütz*, in: Buth/Hermanns[5], § 20, Rn. 117.

fristig umzusetzende Maßnahme den Kunden und Anwendern abgeschlossener und etablierter IDT-Projekte eine effizientere und schnellere Nutzengenerierung ermöglichen. So können Anlaufkosten in der operativen Nutzung deutlich reduziert werden. Schulungen und IDT-spezifische Integrationsmanager können hier schnell sichtbare Verbesserungen im Anwenderverhalten und in der Reduktion von Anlaufzeiten erreichen.

306 Eine–weitere – während der Ertr–gskrise – zu ergreifende Maßnahme betrifft die Optimierung der **IDT-Anwendungssysteme**. Hier muss zunächst zwischen den geschäftsorientierten und den funktionsübergreifenden Anwendungssystemen unterschieden werden. Dabei gilt, dass funktionsübergreifende Anwendungssysteme und Basisstrukturen am besten zentral angeboten werden, während funktionale Anwendungssysteme am besten dezentral mit einzelnen verantwortlichen Managern und Administratoren geplant werden. Durch diese Institutionalisierung der geschäftsorientierten Anwendungssysteme ist es möglich, die von der IDT gelieferte Leistung nicht nur kostenseitig, sondern sowohl mengenmäßig als auch nach Empfängern anhand der gelieferten Leistung zu bewerten. Die so auf die einzelnen Kostenträger verteilten Aufwendungen können mit den Kosten, die für die gleiche Leistung durch einen externen Anbieter entstehen würden, verglichen und somit als Benchmark genutzt werden. Im Zuge der angestrebten Einsparungsmaßnahmen kann demnach eine Leistung, die nach dem Benchmarking als günstiger eingestuft wird, sofern sie durch einen externen Dienstleister erbracht wird, nach o.g. Prinzip outgesourct werden[522].

307 Zur Optimierung der **Fertigungstiefe** innerhalb der IDT kann es sinnvoll sein, bezogene Leistungen auf wenige Lieferanten zu konzentrieren. Insbesondere i.R.d. während der **strategischen Krise** zu reduzierenden Leistungsspektrums kann es so mittel- bis langfristig zu einem Abbau von Lieferantenbeziehungen kommen, was einerseits die Komplexität reduziert und andererseits die Losgrößen für einzelne Lieferanten erhöhen kann, wodurch für das Unternehmen günstigere Preiskonditionen möglich sind. Auch kann hier eine Neuausrichtung hinsichtlich des in Anspruch genommenen Hard- und Softwarespektrums erfolgen. Durch die Konzentration auf wenige Lieferanten kann dieses hinsichtlich Heterogenität und Wartungsanfälligkeit deutlich verringert werden. Sollte nach Analyse der IDT-Strukturen die Erkenntnis gewonnen werden, dass die interne IDT nicht oder nur mit finanziellen Mitteln realisiert werden kann, die den Restrukturierungsprozess als Ganzes gefährden, ist die Entscheidung zum **kompletten Outsourcing** der IDT möglicherweise eine sinnvolle Alternative. Ein Outsourcing kann ein hohes Maß an Liquidität freisetzen und ebenso die Chance zur Implementierung und Integration einer von Grund auf neuen IDT-Struktur bedeuten. Dabei darf allerdings nicht vergessen werden, dass auch eine komplett an einen externen Dienstleister outgesourcte IDT einer internen Steuerung bedarf. Dieser Steuerungsbedarf kann bisweilen höher als der einer internen oder teilinternen IDT sein, da Leistungsanforderungen, Verfügungsrechte u.Ä. nun nicht nur intern, sondern extern kommuniziert und angepasst werden müssen. Im Zuge der Digitalisierung fällt dem IDT-Management zunehmend die Aufgabe des Digital Asset Managements zu. Hierbei steht die Verwaltung virtuell genutzter Infrastruktur und unternehmenseigener Daten in Rechenzentren außerhalb des Unternehmens im Vordergrund[523]. Beim (kompletten) Outsourcing muss auch

---

522 Vgl. *Kütz*, in: Buth/Hermanns[5], § 20, Rn. 119 ff.
523 Vgl. *Kütz*, in: Buth/Hermanns[5], § 20, Rn. 104 f.

immer der Schutz datenschutzrelevanter Bereiche gewährleistet sein. Daher ist es notwendig, die vom Dienstleister bereitgestellten Dienste und die mit ihnen verbundenen Berechtigungen und Zugriffsrechte positionsgerecht nach dem Prinzip der minimalen Zugriffsberechtigung zu vergeben. So wird anwenderseitig eine maximal mögliche Datensicherheit und eine deutliche Reduktion des IDT-Management-Aufwands erreicht[524]. Nicht unbeachtet bleiben sollte dabei ebenfalls die durch das Outsourcing hervorgerufene Gefahr, in eine Abhängigkeit ggü. den externen Dienstleistern und/oder in erhöhte Transaktionskosten aufgrund der operativen und dispositiven Bewältigung der Schnittstellen zu münden[525]. Die Optimierung der IDT-Fertigungstiefe bleibt dabei – geschuldet der stetig neuen Möglichkeiten, externe IDT-Leistungen zu beziehen – eine dauerhafte Aufgabe, die aufgrund der strategischen Relevanz auch die Geschäftsleitung involviert[526].

- **Überwachung der Umsetzung**

Für die Überwachung der implementierten Maßnahmen ist im IDT-Bereich die Nutzung von Kennzahlen und Scorecards geeignet. Dabei ist nicht nur die Kostenseite zu überwachen, sondern auch die der Leistungsempfängerseite. Es muss letztendlich möglich sein zu zeigen, welcher Leistungsempfänger welche Leistung erhält. Denn nur so können verursachte Kosten i.r. einer Kostenträgerrechnung auch einer erstellten Leistung zugeordnet und anschließend im Verhältnis zum Gesamtnutzen der Unternehmung bewertet werden. Weiterhin ermöglichen Kennzahlen eine objektiv nachvollziehbare Analyse von Abweichungen zwischen Ist- und Sollzustand aufgrund dessen Anpassungen von Maßnahmen erfolgen können. Zusätzlich sollten i.R.d. Maßnahmenüberwachung regelmäßige Treffen zwischen der für einzelne IDT-Projekte verantwortliche Task Force und der Unternehmensleitung stattfinden, in denen der Fortgang der Restrukturierung/Sanierung analys–ert und – we–n nötig – angepasst wird. **308**

- **Sonderfall der KMU**

Die IDT-Struktur von KMU weist im Vergleich zu der großer Unternehmen häufig eine geringere Heterogenität auf. So existieren keine funktional bezogenen IDT-Softwarestrukturen, sondern lediglich zentral angebotene Leistungen, die funktionsbereichsübergreifend genutzt werden können. Häufig findet eine nutzerspezifische Separierung der Nutzungsmöglichkeiten über Zugriffsrechte statt, die die Nutzungsmöglichkeiten einzelner Abteilungen oder Einzelpersonen einschränken. Durch diese verringerte Komplexität und uniformen Anforderungen an die IDT-Systeme innerhalb der KMU sind IDT-Systeme häufig nur geringen, vom Hersteller vorgenommenen Anpassungen unterworfen. Die entsprechende Hardware kann dabei vom Hersteller geleast und nicht gekauft sein. Auch werden IDT-Projekte bei KMU oft über mehrere Jahre singulär verfolgt, da diese einen enormen Einsatz personeller und materieller Ressourcen bedeuten. Begleitende Projektteams, die unterschiedliche Projekte sowie deren Fortgang und Sinnhaftigkeit überprüfen, existieren daher nicht bzw. sind lediglich mit der Betreuung des aktuellen Projekts betraut. **309**

Aus den o.g. Gründen existiert insb. in der Ertrags- bzw. Liquiditätskrise häufig nur ein geringes Einsparungsvolumen im Bereich der IDT für KMU, da weder in der von der **310**

---

524 Vgl. *Werner*, in: Crone/Werner, S. 127 f.
525 Vgl. *Kütz*, in: Buth/Hermanns[5], § 20, Rn. 54 ff.
526 Vgl. *Kütz*, in: Buth/Hermanns[5], § 20, Rn. 101.

IDT angebotenen Fertigungstiefe noch innerhalb der Anwendungssysteme und der Projektauswahl und -betreuung genug Sanierungspotenzial vorhanden ist.

311 Befindet sich das KMU dagegen in der strategischen Krise, so können auch hier entsprechend dem Vorbild der großen Unternehmen Überlegungen hinsichtlich der während einer strategischen Krise zu treffenden Maßnahmen angestellt werden.

2.4.3.2.6 Forschung und Entwicklung

312 Während andere Funktionsbereiche häufig eine Steuerung durch quantitative Kennzahlen erfahren, bleibt eine solche Überwachung in der Forschung und Entwicklung meistens aus, sodass der Geschäftsleitung häufig der Überblick über derartige Aktivitäten fehlt[527]. Dabei nimmt der Bereich F&E eine wesentliche Funktion in der Sicherung der langfristigen Wettbewerbsfähigkeit des Unternehmens ein, kann aber aufgrund seiner **Kostenintensität** durch Missmanagement auch zum „Cash-Fresser" werden[528].

• **Problemfelder**

313 Unbrauchbare **Forschungsergebnisse** und ausufernde Aufwendungen für den Bereich F&E können bei einem in die Krise geratenen Unternehmen Krisenursache sein, die auf unklar definierten und formulierten Forschungs- und Entwicklungsstrategien beruht. Ein unzureichender Zugang zu benötigtem Know-how sowie mangelnde Forschungskooperationen mit anderen Unternehmen oder universitären Forschungsbereichen sind ebenfalls zu nennen. Weiterhin ist oftmals auch ein schlecht ausgeprägtes Ideen- und Innovationsmanagement vorzufinden, welches von einem unzureichenden **Projektmanagement** „komplettiert" wird und letztendlich zu einem innovationsarmen Unternehmensklima führt[529].

• **Analyse**

314 Hinsichtlich der **Forschungs- und Entwicklungstätigkeit** reicht oftmals ein **Abgleich** zwischen der vom Management ausformulierten **Unternehmensstrategie** sowie den Forschungs- und Entwicklungstätigkeiten der betroffenen Firma für die Erkenntnis, dass diese nicht (mehr) konform gehen, sondern anzupassen und neu zu formulieren sind. Dies hat den Effekt, dass unnötigerweise freie Liquidität in Projekte abfließt, die selbst bei erfolgreichem Abschluss der Unternehmen keinen Mehrwert liefern, da der entwickelte Vermögensgegenstand nicht mehr in das Produktportfolio der Unternehmung passt[530].

315 Zur Analyse, ob ein ausreichender Zugang zu Know-how vorhanden ist, bietet sich normalerweise ein **Benchmark** zu einem geeigneten Peer-Unternehmen an. Dieser kann anhand von absoluten Vergleichszahlen wie den **Mitarbeitern** im Forschungs- und Entwicklungsbereich oder die genutzten **Patenten** gezogen werden. Auch die eng mit dem Zugang zu Know-how verknüpfte Bereitschaft zur Kooperation mit anderen Unternehmen kann anhand von Vergleichskennzahlen bestimmt werden. Häufig ist die Erkenntnis, dass im Branchenvergleich Forschungsaufgaben, die nicht in die Kernkompetenz der Unternehmung fallen, dennoch im eigenen Unternehmen ausgeführt

---

527 Vgl. *Ziechmann*, in: Buth/Hermanns[5], § 13, Rn. 1.
528 Vgl. *Ziechmann*, in: Buth/Hermanns[5], § 13, Rn. 10.
529 Vgl. *Ziechmann*, in: Buth/Hermanns[5], § 13, Rn. 12 ff.
530 Vgl. *Ziechmann*, in: Buth/Hermanns[5], § 13, Rn. 16.

werden, obwohl deren Outsourcing weder einen potenziellen Wettbewerbsnachteil noch einen Effizienzverlust unter kostentechnischen Gesichtspunkten bedeuten würden[531].

Beim **Ideenmanagement** kommt als Analysetool eine ausgeprägte Markt- und Wett- **316** bewerbsanalyse in Betracht. Diese ermöglicht das Erkennen und Einordnen wichtiger Veränderungen und Trends im relevanten Markt. Häufig wurden diese Analysen bei Unternehmen, die ehemals einen sehr guten Stand hatten, nicht mehr durchgeführt, sodass unbemerkt ein technologischer oder sozioökonomischer Trend verpasst wurde und das Unternehmen in die **strategische Krise** kam[532].

Bei der Analyse des **Projektmanagements** kann meist kein klassisches Tool zur Unter- **317** suchung eines derzeitigen Ist-Zustandes genutzt werden, da adäquates Projektmanagement fehlt. Zwar existiert dann ein benannter verantwortlicher Projektmanager, allerdings fehlt es sonst an jeglichen projektbegleitenden und überwachenden Maßnahmen. So sind häufig Meilensteine nicht definiert und ebenfalls keine zugehörigen Teilbudgets, die eine Zwischenkontrolle der Sinnhaftigkeit des Projekts und der monetären Belastung hieraus ermöglichen würden[533].

Als Analysetool für das **Innovationsklima** sind Kennzahlen geeignet, die die Quantität **318** und Qualität der Innovationsvorschläge der Mitarbeiter eines Unternehmens bemessen können. Je nach Sinnhaftigkeit können diese Kennzahlen anhand der Gesamtbelegschaft oder auch bezogen auf geeignete Teilbereiche gebildet werden. Häufig existieren solche Kennzahlen in Unternehmen mit innovationsarmem Klima nicht[534].

- **Maßnahmen**

Als Maßnahme zur kontinuierlichen Abstimmung und Anpassung der **Forschungs-** **319** und **Entwicklungsprojekte** mit der Unternehmensstrategie sollte ein Mitglied der Forschungs- und Entwicklungsabteilung i.R. einer Stabstelle der Geschäftsleitung in regelmäßigen Abständen über die übergeordnete strategische Ausrichtung der Forschungs- und Entwicklungsarbeiten Bericht erstatten. Im Vordergrund stehen dabei nicht zwangsläufig technische Details und vereinzelte Entwicklungsstände, sondern vielmehr die marktseitige Ausrichtung der entwickelten Projekte. Wird im Zeitverlauf festgestellt, dass Projekte nicht mehr konform mit der Unternehmensstrategie gehen, können diese letztendlich gestoppt und so einer fortlaufenden Liquiditätsbelastung vorgebeugt werden[535].

Als Maßnahme zur Ausweitung des Wissenspools können **Forschungs- und Ent-** **320** **wicklungskooperationen** mit branchenverwandten Unternehmen eingegangen werden. So können Lizenzierungen und Patentrechte gemeinschaftlich erworben werden, was ein erhebliches Einsparungspotenzial für das in der Krise befindliche Unternehmen bedeuten und gleichzeitig den Weg zur Nutzung neuer Schlüsseltechnologien öffnen kann. Gleichzeitig sollte das Unternehmen Forschungs- und Entwicklungsmaßnahmen, die keinen Mehrwert für seine Kernkompetenzen schaffen, einstellen bzw. outsourcen, sofern erhoffte Ergebnisse aus der outgesourcten Tätigkeit in der Planung des Unter-

---

531 Vgl. *Ziechmann*, in: Buth/Hermanns[5], § 13, Rn. 22 f.
532 Vgl. *Ziechmann*, in: Buth/Hermanns[5], § 13, Rn. 27.
533 Vgl. *Dietrich/Schirra*, S. 15.
534 Vgl. *Ziechmann*, in: Buth/Hermanns[5], § 13, Rn. 21.
535 Vgl. *Werner*, in: Crone/Werner, S. 110 f.

nehmens einen künftigen Mehrwert generieren[536]. Weiterhin sollte ebenfalls geprüft werden, ob Forschungs- und Entwicklungskooperationen entlang der Lieferkette Einsparpotenzial oder neue Kompetenzen generieren können. Oftmals ergeben sich gerade an Schnittstellen zwischen Lieferanten und Abnehmern Optimierungspotenziale, wie in der Entwicklung von standardisierten Verfahren und Materialien[537].

321 Im Rahmen des **Ideenmanagements** kann eine aktive Komponente zum Entwickeln eigener Produktideen implementiert werden, die es dem Unternehmen ermöglicht, Trends und Strömungen im Konsumverhalten zu beeinflussen, anstatt nur reaktiv auf Trends und Bewegungen im Markt- und Käuferverhalten zu reagieren. Es muss allerdings darauf geachtet werden, dass entwickelte Ideen vorher hinsichtlich ihrer Marktchancen und Realisierbarkeit überprüft werden, da andernfalls die Gefahr droht, Ressourcen und Liquidität zu verschwenden[538].

322 Zur Implementierung eines strukturierten und überprüfbaren **Projektmanagements** sollten v.a. kanalisierende und kontrollierende Maßnahmen eingeführt werden. Dazu sollten Meilensteine für jedes Projekt definiert werden, die v.a. zeitliche sowie monetäre Komponenten enthalten, die bei einer Zwischenüberprüfung und erneuten Analyse über die Erfolgsaussichten des Projekts als Referenzgröße herangezogen werden. Weiterhin muss ein verpflichtendes und gewissenhaft geführtes Pflichtenbuch für jedes Projekt geführt werden, in welchem der Fortgang des Projekts dokumentiert wird. Durch Kombination dieser beiden Maßnahmen können Projekte verlässlich hinsichtlich ihres Ressourcenverbrauchs und ihres Fortschritts bewertet, ggf. angepasst oder bei ausbleibendem (Teil-)Erfolg auch liquidiert werden. Zusätzlich sollte zur übergeordneten strategischen Abstimmung der Forschung- und Entwicklungstätigkeit eine Stabstelle eingerichtet werden, die mit Mitarbeitern aus unterschiedlichen (forschungsfremden) Funktionsbereichen besetzt wird. Diese kontrolliert und bewertet die laufenden Projekte aus strategischer und marktanalytischer Sicht und stellt sicher, dass die Marktrealisierbarkeit von Projekten auch weiterhin Bestand hat. Weiterhin kann im Vorfeld eines jeden Projekts vom Management abgeschätzt werden, wie die Auswirkungen auf Bilanz, GuV und Cash-Flow sind. Gerade für ein Unternehmen in der Krise ist dies ein nicht zu unterschätzender und unbedingt zu kontrollierender Faktor. Denn eine ungünstige finanzielle Kennzahlenentwicklung erzeugt negative Reaktionen der betroffenen Stakeholder, was die Krisensituation des Unternehmens verschärft, obwohl das entwickelte Projekt langfristig zur Gesundung des Unternehmens beiträgt[539]. Das Einführen eines Patent- und Gebrauchsmuster-Managements bietet sich in dem Kontext ebenfalls an. Durch ein solches Management können kostenträchtig weitergeführte, nicht mehr benötigte Patente identifiziert und durch Bewertung dieser Patente Kosteneinsparungen gehoben werden[540].

323 Um ein aktives Innovationsklima in der Unternehmung zu begünstigen und kurzfristig neue Ideen zu generieren, sollte ein **Anreizsystem** geschaffen werden, das Verantwortliche, aber auch Mitarbeiter motiviert, aktiv Ideen zu entwickeln und zu kommunizieren. Durch den Einbezug der Mitarbeiter in den Innovationsprozess, die bezüglich operativer

---

536 Vgl. *Venor*, in: Hommel/Knecht/Wohlenberg, S. 1137.
537 Vgl. *Ziechmann*, in: Buth/Hermanns[5], § 13, Rn. 22 f.
538 Vgl. *Ziechmann*, in: Buth/Hermanns[5], § 13, Rn. 30.
539 Vgl. *Ziechmann*, in: Buth/Hermanns[5], § 13, Rn. 36 ff.
540 Vgl. *Ziechmann*, in: Buth/Hermanns[5], § 13, Rn. 19.

Reibungsverluste bedingt durch ihre Nähe zum Ablauf oftmals eine bessere Kenntnis über Einsparungs- und Verbesserungspotenziale haben, können in kurzer Zeit erhebliche Kosten gesenkt und neue, produktive Arbeitsabläufe implementiert werden. Vor allem in fortgeschrittenen Krisenstadien kann dies ein Ansatz sein, kurzfristig Liquidität durch die Senkung von Kosten zu generieren[541]. Der Innovationsprozess sollte dafür transparent und standardisiert gestalten werden. Dabei empfiehlt es sich, den F&E-Prozess in fünf Hauptprozesse zu unterteilen: Grundlagenentwicklung, Vorentwicklung, Hauptentwicklung, Serienentwicklung und Produktpflege[542].

- **Überwachung der Umsetzung**

Die Überwachung der implementierten Maßnahmen im Bereich der **Forschung** und **324** **Entwicklung** betrifft die strategischen, operativen und finanziellen Komponenten. Hinsichtlich der strategischen Überwachung kann eine kontinuierliche Überprüfung in zeitlich definierten Abständen eine adäquate Überwachungsmaßnahme darstellen, um ein Auseinanderdriften von Unternehmensstrategie und der strategischen Stoßrichtung von Forschung und Entwicklung zu verhindern. Die operative Überwachung betrifft v.a. die Überwachung der gelebten Umsetzung der Dokumentations-, Kosteneinsparungs- und Optimierungsmaßnahmen innerhalb des Unternehmens. Häufig ist das Problem eine mangelhafte Umsetzungsmentalität, da bekannte und gewohnte Abläufe ungern aufgebrochen und Dokumentationspflichten nicht konsequent eingehalten werden. Standardisierte Dokumentationsverfahren können hier einerseits eine Hilfestellung zur Vereinfachung der Dokumentationspflicht darstellen und andererseits eine leicht nachvollzieh- und auswertbare Überwachungstätigkeit bilden. Weiterhin kann es anfangs sinnvoll sein, einen Qualitäts- und Ablaufmanager mit der Überwachung und Einhaltung der angedachten Maßnahmen zu betrauen, bis die Arbeitsabläufe von den Mitarbeitern akzeptiert und praktiziert werden. Auf Ebene der finanziellen Überwachung ist neb–n einer – mittels Kennzahlen und Budg–tierung – zu überwachenden internen Einhaltung von Aufwands- und Liquiditätsgrenzen auch die geschickte Kommunikation finanzieller Ergebnisse an Stakeholder ein Hauptanliegen der finanziellen Überwachung implementierter Maßnahmen. Gerade bei Unternehmen im fortgeschrittenen Krisenstadium kann die Unter- oder Überschreitung gewisser finanzieller Quoten die während des Sanierungsprozess benötigte Unterstützung externer Einflussnehmer nachhaltig beeinträchtigen.

- **Sonderfall der KMU**

Forschung und Entwicklung (F&E) sind bei KMU häufig projekt- und manchmal auch **325** auftragsbezogen. Dies bedeutet, dass oftmals keine eigene und dauerhafte Abteilung für Forschung und Entwicklung existiert, sondern Innovation insofern stattfindet, als ein Projektteam zusammengestellt wird, welches als Stabstelle temporär mit der Entwicklung oder Erforschung einer neuen Leistung betraut wird. Bei kleineren Unternehmen, spezifischen Unternehmen (z.B. Handel) wird es möglicherweise **gar keine** **F&E-Aktivitäten** geben.

KMU in der Krise haben das Problem, dass sie nicht genügend Arbeitskraft für die F&E **326** neuer Leistungen bereitstellen können. Mit fortschreitendem Krisenstadium verschärft

---

541 Vgl. *Ziechmann*, in: Buth/Hermanns[5], § 13, Rn. 21.
542 Vgl. *Ziechmann*, in: Buth/Hermanns[5], § 13, Rn. 30 ff.

sich diese Problematik zusehends, da der dringlichen Generierung von Umsatz und Liquidität Vorrang vor der wichtigen Entwicklung innovativer und zukunftssichernder Leistungen eingeräumt werden muss.

327 Zur Abmilderung dieser Problematik empfiehlt es sich, nach Vorbild der großen Unternehmen die Ressourcen, die in F&E fließen, mit anderen kooperationsbereiten Unternehmen zu bündeln. Durch die Bildung dieser Entwicklungskooperationen ist es dem in die Krise geratenen Unternehmen möglich, seinen Wissenspool und sein Know-how zu vergrößern und den personellen und materiellen Einsatz zu verringern. So bleiben auch in der Krise genügend Arbeitskräfte vorhanden, die mit dringlichen umsatz- und letztendlich liquiditätsgenerierenden Aufgaben betraut werden können, ohne dass die zukunftssichernden Projekte ausgesetzt werden müssen.

Praxistipp 5:

In diesem Zusammenhang empfiehlt es sich ebenfalls, potenzielle Förderungsmöglichkeiten der EU, des Bundes und der Länder[543] auszuschöpfen und eine Förderfähigkeit für das Unternehmen zu prüfen, um zusätzliche Mittel für Forschungs- und Entwicklungszwecke zu generieren.

2.4.3.2.7 Produktion

328 Die Produktion als funktionaler Unternehmensbereich bietet aufgrund interdisziplinärer Verknüpfung zu anderen Bereichen ein großes Optimierungspotenzial. Insbesondere zu vor- und nachgelagerten Prozessen wie der Materialwirtschaft und dem Einkauf, aber auch zur (Ausgangs-)Logistik bestehen Überschneidungen. Folgende Ausführungen werden allerdings auf den Kernbereich der Produktion i.S.d. originären Leistungserstellungsprozesses mit unterstützenden sekundären Funktionen beschränkt.

- **Problemfelder**

329 Problemfelder bei der Produktion lassen sich in verschiedene Bereiche aufteilen, die innerhalb des originären **Produktionsprozesses** und den unterstützenden Prozessen liegen können. Die einzelnen Problemfelder können folgendermaßen benanntrden:

- a) Inhärentes Risiko der Produktion

330 Bedingt durch die Verbindung der Produktion zu anderen funktionalen Unternehmensbereichen wie dem Einkauf und der Materialwirtschaft und daraus resultierenden komplexen Abstimmungsprozessen, die innerhalb eines Produktionsbereichs zusammenlaufen, entstehen häufig **Ineffizienzen**. Diese sind sowohl den divergierenden Prioritäten hinsichtlich von Zielsetzungen innerhalb der einzelnen Unternehmensbereiche als auch der Informationsasymmetrie zwischen den unterschiedlichen Bereichen geschuldet (vgl. Abb. 38)[544]: Solche Ineffizienzen können sich bspw. in einem zu hohen Produktionsausschuss, einer mangelhaften Fertigungssteuerung oder einer übermäßigen Lagerhaltung äußern[545]. Überhöhte Lagerbestände führen dabei häufig zu einer überhöhten Kapitalbindung. Diese Kapitalbindung kann sowohl durch einen be-

---

543 Fördermittel können z.B. in der Förderdatenbank des BMWi gesucht werden (www.foerderdatenbank.de).
544 Vgl. *Thiele/Sopp*, in: Buth/Hermanns[5], § 15, Rn. 6.
545 Vgl. *Thiele/Sopp*, in: Buth/Hermanns[5], § 15, Rn. 7.

wussten Sicherheitsbestand oder auf Mängeln im ERP-System, bspw. durch die Verwendung artikelunspezifischer Bestellparameter, begründet sein[546]. Die mangelhafte Pflege der Stammdaten im ERP-System im Allgemeinen und das teilweise qualitativ unzureichende manuelle Zusammentragen von Daten verstärken Planungsfehler, sodass Kenngrößen, wie bspw. Rüstzeiten, nicht ermittelt werden können.[547]

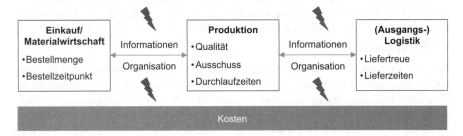

Abb. 38: Ineffizienzen zwischen funktionalen Unternehmensbereichen

b) Organisation

Krisenunternehmen als produzierende Unternehmen weisen Risiken nicht nur im Einsatz kapitalintensiver Maschinen auf, sondern auch das produktiv eingesetzte Personal und der Materialverbrauch sind zu betrachten[548]. Somit birgt der Funktionsbereich der Produktion ein erhebliches Potenzial für Maßnahmen aus der leistungswirtschaftlichen Sanierung. Problematisch bei der produktionsbezogenen Organisation ist der oftmals **eingeengte Betrachtungshorizont** einzelner produktionsinterner Bereiche, die innerhalb ihres funktionalen Horizonts Kosten senken und Optimierung betreiben, ohne dabei Effekte für vor- und nachgelagerte Abteilungen zu beachten. So kann der einzelne produktionsinterne Bereich zwar bedingt durch die Optimierungsmaßnahmen für sich selbst eine Effizienzsteigerung erreichen, allerdings bleiben funktionsübergreifende Negativeffekte unberücksichtigt, so dass ein positiver singulärer Effekt auf aggregierter Ebene negative Gesamtauswirkungen verursachen kann[549]. **331**

c) Produktionsplanung und -steuerung

Neben den inhärenten und organisatorischen Problemfeldern entstehen weiterhin Probleme aus einer nicht effizient strukturierten Produktionsplanung und -steuerung. Diese manifestiert sich über eine nicht ausreichende **Qualität** der Güter im primären Produktionsdurchgang, sodass häufig **Nachbearbeitungen** erfolgen müssen. Daraus resultieren Folgekosten durch zusätzlichen Material- und Personaleinsatz, Reorganisation und Fehleranalyse. Als Folge werden die so entstehenden Ineffizienzen bei der Budgetierung und kapazitiven Planrechnung als gegebene Variable mitberücksichtigt, sodass ein suboptimales Planergebnis als erstrebenswerter Ist-Zustand definiert wird. Das Einplanen dieser Ineffizienzen in den Produktionsprozess führt zu einer unnötigen Verschlechterung der Liquidität sowie des Ergebnisses. Neben mangelnder Qualität stellen Ineffizienzen bei **Rüstvorgängen** zwischen einzelnen Produktionsabläufen eine nicht zu **332**

---

546 Vgl. *Thiele/Sopp*, in: Buth/Hermanns⁵, § 15, Rn. 11.
547 Vgl. *Thiele/Sopp*, in: Buth/Hermanns⁵, § 15, Rn. 9.
548 Vgl. *Crone/Werner*, S. 115.
549 Vgl. *Thiele/Sopp*, in: Buth/Hermanns⁵, § 15, Rn. 8.

unterschätzende Problematik dar. Diese Ineffizienzen im nicht originären Produktionsprozess sind häufig auf eine mangelnde Standardisierung der Arbeitsplätze und Arbeitsplanung zurückzuführen. Auch die sekundären, administrativen und planerischen Prozesse der Produktion sind hiervon betroffen, wenn diese eine unzureichende Standardisierung aufweisen und die Informationsflüsse dadurch verlangsamt sind. Bedingt durch die o.g. Probleme hinsichtlich der Produktionsplanung und -steuerung sind mindere Produktqualitäten, höhere Kosten und Schwierigkeiten bei der Einhaltung von Lieferterminen sowie ein nachfolgender Reputationsverlust die Konsequenz.

- **Analysemethoden**

333 Bei der Analyse der o.g. Problemfelder ist neben der Differenzierung zwischen den einzelnen funktionalen Unternehmensbereichen eine Differenzierung hinsichtlich eines originären und eines unterstützenden Prozesses sinnhaft. Die Erhebung erfordert neben einer vollständigen Aufdeckung eines jeden Prozessschrittes ebenfalls die ganzheitliche Erhebung von quantitativen **Daten**, die mit Hilfe der IDT gewonnen werden sollen. Häufig ist dies aufgrund einer nicht einheitlichen (IDT-)Infrastruktur nicht oder nur mit unverhältnismäßig hohem Aufwand möglich, sodass die Datenerhebung und -auswertung nur auf individueller, aber nicht auf aggregierter Unternehmensebene erfolgen kann. Dieser Problematik kann mit Hilfe einer **Wertstromanalyse** sinnvoll begegnet werden. Diese ermöglicht es, den gesamten Leistungserstellungsprozess zu analysieren und dementsprechend Aufwendungen, geschaffene Mehrwerte, Taktungen und Durchlaufzeiten pro Arbeitsschritt zu identifizieren und zu quantifizieren[550]. Dabei ist es unerlässlich, nicht nur den originären Leistungserstellungsprozess, sondern auch Informationsflüsse und unterstützende Tätigkeiten zu erfassen. Problematisch ist hierbei die Generierung von validen Datensätzen in zeitlicher und in aufwandsbezogener Hinsicht. Zur Erhebung der Daten ist es unabdingbar, den Produktionserstellungsprozess vom Auftragseingang bis hin zur Auslieferung und die darüber hinaus bestehende Nachbetreuung sowie das Qualitätsmanagement abschnittsweise zu erfassen. Diese „Wertstromaufnahme" erfolgt für den originären Produktionsprozess anhand von Parametern wie Rüst-, Zyklus- und Durchlaufzeiten, Verbrauch und Qualität. Für die sekundären Prozesse werden Planungsdaten, Durchlaufzeiten und Auswertungen anhand weiterer, im Prozess verwendeter Dokumente ermittelt[551]. Die so erfassten Daten liefern die Grundlage für Kennzahlen wie (bereichsspezifische) Intensitäten, Wirkungsgrade und Reichweiten, die der Aufdeckung punktueller Schwachstellen im originären Leistungserstellungsprozess dienen[552]. Zur Identifikation von Schwachstellen in den sekundären Prozessen sind „Bottlenecks" beim Informationsfluss und bei Plan-Ist-Abweichungen sowie ineffiziente Informationserhebung und -verarbeitung bei der Steuerung von originären Produktionsprozessen zu ermitteln und zu analysieren.

- **Maßnahmen**

334 Entsprechend den bei der Analyse aufgedeckten Schwachstellen und Ineffizienzen sind verschiedene Maßnahmen zur Behebung zu implementieren. Da im Zuge der Analyse oftmals heterogene und einer hohen Diversifikation unterliegende Schwachstellen aufgedeckt werden, ist eine generalisierende Empfehlung zur Implementierung von Maß-

---

550 Vgl. *Holzwarth/Lohr*, S. 10 f.
551 Vgl. *Hartel*, S. 92 f.
552 Vgl. *Thiele/Sopp*, in: Buth/Hermanns[5], § 15, Rn. 15 f.

nahmen weder sinnhaft noch zielführend. Daher werden im Zuge der weiteren Ausführungen Maßnahmen für die gängigsten Ineffizienzen beschrieben. Im Rahmen der Wertstromanalyse wird oftmals eine zu **hohe Materialeinsatzmenge** identifiziert. Dabei ist zwischen verschiedenen Kategorien, die eine nicht optimale Materialeinsatzmenge begünstigen, zu differenzieren.

Eine erste Kategorie gründet in der inhärenten Beschaffenheit des produzierten Objekts **335** und wird als **konstruktionsbedingter Mehraufwand** umschrieben. Die Klassifizierung stellt auf die Frage ab, ob ein entsprechendes Objekt durch technische und architektonische Modifikationen nicht auch mit einem geringeren Materialeinsatz produziert werden könnte[553]. Eine Rekonstruktion des Objekts nach der Durchführung und Validierung o.g. Maßnahme setzt allerdings einen nicht unwesentlichen Zeit- und Kosteneinsatz voraus und sollte lediglich im Stadium der **strategischen Krise** in Betracht gezogen werden, da die Planung und Durchführung des Projekts mittelfristig Kapazitäten bindet.

Einen engen Anknüpfungspunkt zum konstruktionsbedingten Mehraufwand hat die **336** zweite Kategorie, nämlich die des **betriebsmittelbedingten Mehraufwands**. Dieser beschreibt einen aufgrund der materiellen Beschaffenheit des Produkts anfallenden Mehrverbrauch hinsichtlich der Ressourcen und des zur Nachbearbeitung benötigten Personals, welcher nötig ist, um das produzierte Objekt in den Zielzustand zu versetzen. Ansatzpunkte zur Verbesserung bieten hierbei die materielle Beschaffenheit der zur Verarbeitung eingesetzten Werkzeuge, Wartungszyklen sowie der Einsatz innovativer Verarbeitungstechniken, die bspw. durch kontaktloses Bearbeiten des Objekts den Verschleiß am Werkzeug und am Objekt selbst reduzieren[554]. Eine Reduktion des betriebsmittelbedingten Mehraufwands kann auch im Stadium der **Ertragskrise** ein probates Mittel zur Senkung von Kosten darstellen, da Mehrverbräuche ohne hohen Aufwand identifiziert und Verbesserungen mit geringem Ressourceneinsatz erzielt werden können.

Beim **prozessbedingten Mehraufwand** entstehen durch die Art und Weise der Ver- **337** arbeitung der zur Erstellung des Objekts benötigten Materialien Mehraufwendungen, die durch eine **Umstrukturierung des Verarbeitungsprozesses** vermieden werden sollen. Häufig bietet eine Überprüfung von Verarbeitungsintensität und -dauer einen Ansatzpunkt für Optimierungsmaßnahmen. Als Beispiele seien exemplarisch die Brenndauer und -temperatur eines im Trocknungsprozess befindlichen Objekts oder die Kontaktdauer eines Objekts mit dem elektrostatischen Nassbad zwecks Lackierung genannt[555]. Der prozessbedingte Mehraufwand kann sowohl in der Ertrags- als auch in der Liquiditätskrise eine Option zur kurzfristigen Reduktion von Kosten darstellen, sofern die zu verändernden Parameter bekannt oder unkompliziert in Erfahrung zu bringen sind und eine Anpassung meist ohne Ressourceneinsatz für Neuanschaffungen kurzfristig durchgeführt werden kann.

Der **kontrollbedingte Mehrverbrauch** beschreibt den durch die Art und Weise der **338** durchgeführten Qualitätskontrolle bedingten Materialmehraufwand. Hierbei sind v.a. der Zeitpunkt der Kontrolle innerhalb des Produktionsprozesses, deren Umfang ge-

---

553 Vgl. *Werner*, in: Crone/Werner, S. 115 f.
554 Vgl. *Werner*, in: Crone/Werner, S. 116 f.
555 Vgl. *Werner*, in: Crone/Werner, S. 117.

messen an der Gesamtproduktion sowie deren Intensität die entscheidenden Parameter, die Ansatzpunkte für Optimierungspotenzial bieten. Generell gilt, dass ein früh im Produktionsprozess angesetzter Kontrollzeitpunkt, eine hohe Deckungsrate der produzierten Gesamtmenge sowie eine an die Erfahrungswerte und Qualitätsstandards der Unternehmung angepasste Prüfintensität eine unnötige Weiterverarbeitung des Objekts unterbinden. Somit werden produzierte Objekte frühzeitig aus der Produktionskette entnommen und eine weitere Verschwendung von Material durch deren Weiterbearbeitung unterbunden. Der kontrollbedingte Mehrverbrauch kann durch Modifikation und Verschiebung von Kontrollpunkten entlang der Prozesskette mit geringem Mehraufwand reduziert werden und ist daher für die Kostenreduktion in der Strategie-, Ertrags- und Liquiditätskrise geeignet.

339 Letztendlich ist eine weitere Option die **Wiederverwertung** von Ausschuss bzw. dessen Verkauf, sollte er nicht wieder dem Produktionsprozess zugeführt werden können[556]. So entstandener Ausschuss und die damit zusammenhängende Materialeinsatzmenge werden zwar nicht gesenkt, allerdings fließt dem Unternehmen über den Verkauf indirekt Liquidität zu. Die Wiederverwertung bzw. der Verkauf von Ausschuss sollte trotz der vergleichsweise einfachen Implementierung lediglich eine ergänzende Maßnahme darstellen, da sie nicht die Ursachen des Materialmehrverbrauchs beheben, sondern lediglich die Folgen abmildern.

340 Ein weiterer bei der Durchführung der Wertstromanalyse häufig aufgedeckter Mangel liegt in einem **unterdurchschnittlichen Produktionswirkungsgrad** der für die Produktion eingesetzten Maschinen. Der Produktionswirkungsgrad kann anhand einer aggregierten Darstellung diverser Leistungskennzahlen abgebildet werden. Die aggregierte Darstellung wird als Gesamtanlageneffektivität (GAE) bezeichnet und beziffert die Verluste durch nicht geplante Ausfälle von Produktionsanlagen. Die GAE kann anhand des folgenden Schemas bestimmt werden (Abb. 39).

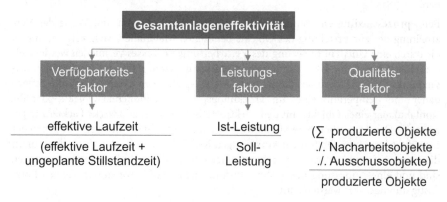

Abb. 39: Bestimmung der Gesamtanlageneffektivität[557]

341 Der **Verfügbarkeitsfaktor** bildet dabei leistungsspezifische Verluste durch ungeplante Stillstandszeiten, der Leistungsfaktor die sonstigen, nicht im Verfügbarkeitsfaktor ent-

---

556 Vgl. *Werner*, in: Crone/Werner, S. 118.
557 Vgl. *Berndt*, S. 117.

haltenen Stillstandszeiten und der Qualitätsfaktor die „Ausfälle" der nicht im First Pass Yield enthaltenen produzierten Objekte der Maschine ab[558]. Untersuchungen in der deutschen Automobilbrache haben ergeben, dass lediglich eine GAE von rund 50% gegeben ist[559]. Hier besteht demnach gerade für Unternehmen in der Krise ein enormes Optimierungspotenzial. Durch eine Verbesserung der in Abb. 39 abgebildeten Intensitäten (Quotienten) und der damit einhergehenden Verbesserung der einzelnen Faktoren muss die GAE dementsprechend ebenfalls ansteigen. Insbesondere ungeplante Rüst- und Ausfallzeiten, bspw. durch Material- und Personalmangel, Mangel an Informationen und **Versorgungsengpässe**, haben oftmals einen erheblichen Anteil an ungeplanten Stillstandszeiten. Durch seine Interdependenz zu den o.g. Mehrverbräuchen beim Materialeinsatz kann mittels ihrer Verschlankung ebenfalls der Qualitätsfaktor verbessert werden. Letztendlich wird durch die Erhöhung der GAE eine Verringerung der Verschwendung von Ressourcen und (Informations-)Durchlaufzeiten und eine daraus resultierende Verringerung von Kosten abgebildet. Ein weiterer positiver Nebeneffekt kann in der optimierten Auslastung von Maschinen liegen, was zusätzliche Kapazitäten für die Bearbeitung weiterer Aufträge schafft und somit mehr Umsatz ermöglicht. Andernfalls kann auch ein Verkauf von Anlagen erfolgen, die durch die verbesserte Auslastung anderer Anlagen redundant geworden sind, was ebenfalls eine Erhöhung der **Liquidität** bedeutet. In dem Zusammenhang kommt grundsätzlich auch der Veräußerung von nicht betriebsnotwendigen Vermögensgegenständen zur Liquiditätsgewinnung in Betracht. Betriebsnotwendiges Vermögen kann i.R. sog. Sale-and-Lease-Back-Verfahren bei Weiternutzung im Unternehmen veräußert werden, wobei hier zu beachten ist, dass nur kurzfristig Liquidität generiert wird und die Liquiditätsprobleme mittels dieses Verfahrens nur aufgeschoben werden[560].

Eine weitere Sanierungsmaßnahme besteht in der **Reduzierung** von unnötig großen **342** Lager- und **Vorratsbeständen**, denn diese verursachen zusätzliche Kosten, erhöhen die Durchlaufzeiten und binden im hohen Maße die im Krisenfall benötigte Liquidität. Bei der Umsetzung des Konzeptes zum Abbau von Lagerbeständen ist allerdings darauf zu achten, dass eine Unterversorgung mit für die Produktion nötigen Gütern vermieden wird, um keine unnötigen Maschinenleerzeiten und Einbußen bei der Liefertreue zum Kunden zu verzeichnen. Zur Analyse der Lagerbestandsreichweite für einzelne Produkt- und Gütergruppen und daraus zu generierender Abverkäufe von Überbeständen vgl. auch Kap. B Tz. 277 f. Generell wird bei Unternehmen mit hohen Lagerbeständen festgestellt, dass die Bedarfsmenge starr vorgehalten oder aber eine vorwärtsrollierende Lagerhaltung betrieben wird. Beide Konzepte begünstigen einen hohen Lagerbestand, da sie entweder komplett unabhängig von Auftragseingängen sind oder aber durch ihre Inflexibilität ggü. kurzfristigen Änderungen von Auftragswünschen zur Anhäufung von (Alt-)Lagerbeständen neigen (vgl. Abb. 40)[561].

---

558 Vgl. *Werner*, in: Crone/Werner, S. 118. First Pass Yield (FPY) ist eine Messgröße in der Qualitätssicherung und im Qualitätsmanagement. Der FPY beschreibt die Anzahl der Bauteile oder Baugruppen, die nach dem ersten Fertigungsdurchlauf – also ohne Reparaturschritte – ohne Fehler sind.
559 Vgl. *Nollau/Neumeier*, S. 124.
560 Vgl. *Thiele/Sopp*, in: Buth/Hermanns[5], § 15, Rn. 23.
561 Vgl. *Werner*, in: Crone/Werner, S. 119.

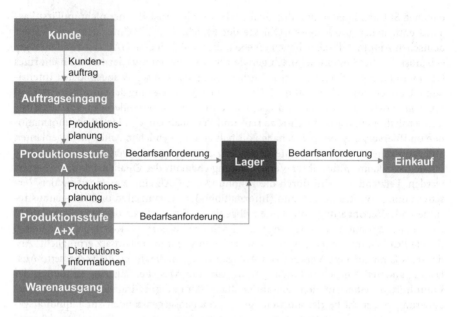

Abb. 40: Schiebende Fertigung mit Lager

343 Die Anhäufung von Lagerbeständen wiederum erhöht die Kosten für Entsorgung, Verschrottung sowie für Wertberichtigungen am Ende des Jahres. Um eine bedarfsarme und somit auch liquiditätsschonende Lagerhaltung zu implementieren, ist eine **rückwärtsrollierende Lagerhaltung** und eine ebenso darauf ausgerichtete Bedarfsplanung vorteilhaft[562]. Bei diesem Konzept werden Zwischenläger (sog. Pufferläger) eingerichtet, die eine fix definierte und eine Bedarfsmenge enthalten. Tätigt ein Kunde eine Bestellung, dann entnimmt die Logistik ein fertiges Produkt aus dem in der Kette der Pufferläger letzten Lager und liefert es an den Kunden. Gleichzeitig löst die Entnahme einen Fertigungsauftrag i.H. der Anzahl der entnommenen Produkte bei der vorgelagerten Fertigungsstufe aus, die die verkauften Endprodukte nachproduzieren soll. Diese wiederum entnimmt die ihrerseits benötigten Vorprodukte aus dem ihr vorgelagerten Pufferlager, sodass eine rückwärtsorientierte Bedarfsanforderung entsteht, die genau auf die entnommenen Endproduktmengen abgestimmt ist. Bei einem schlank definierten und anhand von Erfahrungswerten optimierten Pufferlagerbestand wird so eine geringere vorgehaltene Lagermenge erreicht als bei festen Beständen oder einer vorwärtsrollierenden Lagerhaltung ohne Pufferläger (vgl. Abb. 41)[563].

---

562 Vgl. *Thiele/Sopp*, in: Buth/Hermanns⁵, § 15, Rn. 21.
563 Vgl. *Werner*, in: Crone/Werner, S. 120.

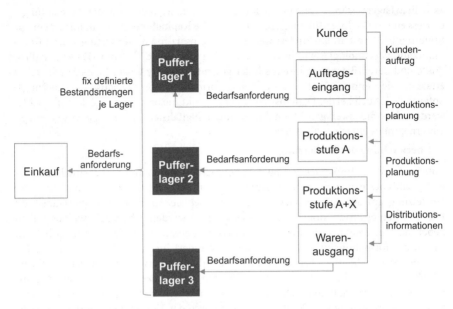

Abb. 41: Ziehende Fertigung mit Pufferlägern

Neben der Optimierung der eigenen Prozesse sowie der Material- und Informations- **344** flüsse mithilfe der Wertstromanalyse und der daraus abgeleiteten Maßnahmen kommen weitere Maßnahmen zur Reduktion von Ineffizienzen in Betracht. Dazu gehören sämtliche Maßnahmen des **Outsourcings** von Produktionsschritten oder der gesamten Fertigung einzelner Produktgruppen, sofern es sich bei der outgesourcten Tätigkeit nicht um eine Kernkompetenz des Unternehmens handelt, da anderenfalls langfristige strategische Wettbewerbsvorteile verloren gehen würden. Auch ein **kurzfristiger Investitionsstopp** kann dazu beitragen die Liquidität zu schonen. Weiterhin sollten personalbezogene Kosten wie Löhne, Gehälter, Überstunden und Prämien durch Neuverhandlung von Verträgen reduziert werden[564].

Darüber hinaus bietet es sich an, den gesamten Produktionsprozess Digitalisierungs- **345** maßnahmen zu unterziehen, um den Informationsfluss bzw. die Informationsbasis innerhalb der Produktion zu verbessern, infolgedessen die Planung und Steuerung innerhalb des Produktionsprozesses zu optimieren und die o.g. Problemfelder transparenter zu gestalten[565]. Ausgangspunkt stellt dabei das bereits im Unternehmen vorhandene ERP-System dar, dessen Schnittstellen und Komponenten es auf ineffiziente oder fehlende Ausgestaltung und Datenpflege zu analysieren und u.a. mit schnittstellenkompatiblen IDT-Tools zu optimieren gilt[566]. Hierzu kann auf eine Wertstromanalyse zurückgegriffen werden. Das Ziel einer solchen Optimierung ist im Idealfall die Etablierung einer digitalen Auftragserfassung, die sodann zu einer automatischen Ermittlung der Bestellmengen für Inputgüter vor dem Hintergrund des Produktionsplans und der

---

564 Vgl. *Thiele/Sopp*, in: Buth/Hermanns[5], § 15, Rn. 22 ff.
565 Vgl. *Thiele/Sopp*, in: Buth/Hermanns[5], § 15, Rn. 18.
566 Vgl. *Thiele/Sopp*, in: Buth/Hermanns[5], § 15, Rn. 18.

aktuellen Lagerbestände im System führt[567]. So erfährt nicht nur der Beschaffungs-prozess eine IDT-Unterstützung, sondern auch die Kapitalbindung kann mit einem op-timierten ERP-System effektiviert werden. Der Einsatz moderner Ortungs- und Kom-munikationstechnologie, wie bspw. der RFID-Technologie[568], kann (Zwischen-)Pro-dukte und deren Bewegung innerhalb der gesamten Supply-Chain (Versorgungskette) erfassen. Die Kenntnis über derartige Live-Informationen bietet ebenso Optimierungs-potenzial[569]. Auch bei der Digitalisierung der Produktionsprozesse sollte darauf geachtet werden, dass die jeweiligen Maßnahmen in die Digitalisierungsstrategie des gesamten Unternehmens eingebettet werden.

- **Überwachung der Umsetzung**

346 Entsprechend der Implementierung der angedachten Maßnahmen ist ebenfalls ein pro-jektspezifisches Controlling zu forcieren. Dieses muss nicht nur zur Überwachung der Umsetzung auf aggregierter Gesamtproduktionsebene, sondern auch individuell auf Ebene einzelner Produktionsschritte vorgenommen werden. Überwacht werden sollten neben harten, ergebnisorientierten Kennzahlen ebenfalls Durchlaufzeiten, insb. auch jene des Informationsflusses, da wie oben geschildert hier oftmals eine unnötige Er-höhung der Durchlaufzeit gegeben ist. Die individuelle Überwachung einzelner Schritte erlaubt weiterhin die punktuelle Identifikation von Prozessen, bei denen die im-plementierten Maßnahmen nicht oder nur unzureichend den angedachten Effekt ent-falten. So kann eine präzise Nachbearbeitung durch das Vornehmen alternativer Maß-nahmen zur Verbesserung des Prozesses erfolgen.

- **Sonderfall der KMU**

347 Die Problemfelder bei KMU entsprechen v.a. bei produzierenden Unternehmen oftmals denen der großen Unternehmen. Allerdings sind bei KMU andere analysierende Tä-tigkeiten als bei großen Unternehmen vorzunehmen. Dies ist v.a. der bei KMU zur Da-tenerhebung oftmals fehlenden produktionsorientierten IDT-Struktur geschuldet. Die Analysen werden hier deutlich weniger umfangreich sein. Gerade zu Analysezwecken kann auf branchenerfahrene Industrieexperten zurückgegriffen werden, die einen un-voreingenommenen Blick auf eingefahrene Produktionsprozesse haben. Dies spart letztlich bei der Gutachtenerstellung Kosten. Das umfasst auch die Synergiepotenziale aus der Digitalisierung. Diese Experten sind in der Lage, eine Analyse hinsichtlich der optimalen Fertigungstiefe durchzuführen, und können je nach Beurteilung des Krisen-stadiums sowie der Kosten- und Leistungsstruktur der Unternehmung eine Aussage treffen, ob die Fertigungstiefe erhöht oder vermindert werden soll. Weiterhin wird oft-mals eine verschlankte Wertstromanalyse durchgeführt, die bei KMU auf eine Opti-mierung der Beschaffungs- und Produktionsqualität der genutzten und abgesetzten Produkte zielt. Auch eine Optimierung der Losgrößen der Produktion, Reduzierung der Rüstkosten sowie Optimierung von Wartungszyklen zur Senkung von Kosten sind Teil der Analyse. Bei KMU ist die Zahl der Analyseschritte ggü. größeren Einheiten deutlich geringer.

---

567 Vgl. *Thiele/Sopp*, in: Buth/Hermanns[5], § 15, Rn. 18.
568 RFID = Radio Frequency Identification (Funkerkennung): kontaktloses Lesen und Speichern von Daten.
569 Vgl. *Thiele/Sopp*, in: Buth/Hermanns[5], § 15, Rn. 18.

2.4.3.3 Finanzwirtschaftliche Sanierungsmaßnahmen

2.4.3.3.1 Übersicht

Die Unternehmensfinanzierung als solche bietet vielfältige Möglichkeiten, wie z.b. eine **348** klassische Bankenfinanzierung oder eine komplexe Mezzanine-Finanzierung, wenn es um – von außen zugeführte – Finanzmittel geht. In der Unternehmenskrise sind die finanziellen Reserven des Krisenunternehmens bzw. seiner Gesellschafter verbraucht. Die weitere Mitwirkung der Gläubiger, insb. der Finanziers, ist erforderlich. Es ist mit einem überzeugenden Konzept deren Vertrauen in eine erfolgreiche Sanierung/Restrukturierung des Unternehmens zu gewinnen. Dabei bleibt es das vorrangige **kurzfristiges Ziel** der finanzwirtschaftlichen Sanierungsmaßnahmen die Liquidität in ausreichendem Maße zu sichern, um die Unternehmenstätigkeit fortsetzen zu können. **Mittelfristig** hat das Unternehmen die Finanzmittel zu generieren, die zur Umsetzung des Sanierungskonzeptes erforderlich sind. **Langfristig** und strategisch muss ein in sich tragfähiges Geschäftsmodell vorliegen, welches eine ausgewogene, branchenübliche Kapitalstruktur aufweist[570].

Die finanzwirtschaftlichen Sanierungsmaßnahmen betreffen die Vermögens-, Finanz- **349** und Ertragslage. Wenn kurzfristig frische Liquidität zur Finanzierung auch leistungswirtschaftlicher Maßnahmen benötigt wird, so sind u.a. Maßnahmen denkbar, welche die Bilanz bzw. das Eigenkapital betreffen und ggf. eine mögliche Überschuldung beseitigen. Liquide Mittel in der Unternehmenskrise zu beschaffen, ist bei fortgeschrittenem Krisenstadium problematisch. In der strategischen Krise verfügt das Unternehmen noch über hinreichende finanzielle Mittel, während in der Unternehmenskrise jedwede stille (Liquiditäts-)Reserve realisiert werden muss, um zahlungsfähig zu bleiben.

Die finanzwirtschaftlichen Sanierungsmaßnahmen lassen sich nach der **Mittelherkunft** **350** in die Innenfinanzierung und die Außenfinanzierung kategorisieren. Die **Innenfinanzierung** geht dabei von der Nutzbarmachung der unternehmenseigenen Liquiditätspotenziale aus, wobei Vermögenswerte im Vordergrund stehen. Hierunter fallen Finanzmittel aus der laufenden Geschäftstätigkeit; sie stellen Mittel dar, die nicht von außen zugeführt werden[571]. Wesentlicher Bestandteil bei den Maßnahmen i.R.d. Innenfinanzierung ist die Umwandlung von gebundenem Kapital in liquide Mittel, z.B. der Abbau von Anlagevermögen (Desinvestition) und Working Capital[572]. Bei der **Außenfinanzierung** führen Dritte Liquidität zu, was sich bilanziell auf der Passivseite widerspiegelt. Möglich ist eine Finanzierung sowohl durch Eigenkapital als auch durch Fremdkapital und Mischformen wie Mezzanine-Kapital[573]. Aber auch Neustrukturierungen sind Maßnahmen der Außenfinanzierung[574]. Vergleiche hierzu im Überblick die nachfolgende Abbildung zu finanzwirtschaftlichen Restrukturierungs-/Sanierungsmaßnahmen[575].

570 Vgl. *Hettich/Kreide*, in: Crone/Werner, S. 130.
571 Vgl. *Bierich*, S. 193.
572 Vgl. *Perridon/Steiner/Rathgeber*, S. 502.
573 Vgl. *Hermanns*, in: Beck HDR, B 769, Rn. 90.
574 Vgl. *Kraus*, in: Buth/Hermanns[5], § 4, Rn. 30.
575 Vgl. *Perridon/Steiner/Rathgeber*, S. 390 ff.; *Kraus*, in: Buth/Hermanns[5], § 4, Rn. 32, Abb. 8.

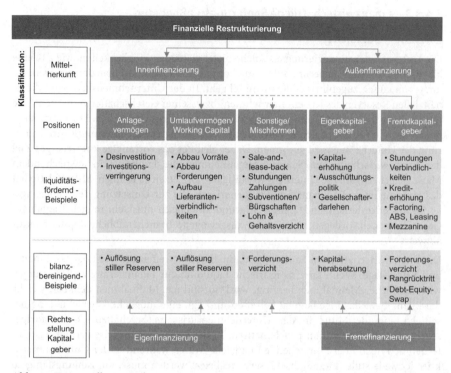

Abb. 42: Finanzielle Restrukturierung

351 Bevor **Gläubiger** finanzielle Beiträge geben, sollten alle Möglichkeiten der Innenfinanzierung ausgeschöpft werden. Dazu können im operativen Geschäft zunächst die Liquiditätspotenziale im Working Capital gehoben werden. In der Liquiditätskrise gilt grundsätzlich das Motto „**cash is king**"[576]. Der zeitliche Faktor zur Sicherstellung der Liquidität ist bedeutend. Damit erhöht sich auch der Handlungsdruck auf das Management, unliebsame Entscheidungen zu treffen, wodurch eine zeitgerechte Sanierung gerade auch im Mittelstand erschwert wird[577]. Für die Aufstellung der Finanzierung sind unbedingt alle Stakeholder „an einen Tisch" zu bringen, um eine Einigung über die Finanzierung und zu leistende Sanierungsbeiträge zu erzielen[578]. Die folgenden Ausführungen betrachten die wesentlichen finanzwirtschaftlichen Maßnahmen, die regelmäßig bei Restrukturierungen eingesetzt werden.

2.4.3.3.2 Innenfinanzierung

352 Ist die Liquiditätskrise eingetreten, wird das Krisenunternehmen ggf. bereits sämtliche **Liquiditätsreserven** gehoben haben. Hierzu gehören Finanzanlagen, wie z.B. Wertpapiere, langfristig angelegte Festgelder usw., die ggf. nur mit erheblichen Kosten liquidiert werden können[579]. Im Zweifel sind diese Finanzmittel nicht verfügbar, weil sie als

---

576 Vgl. *Kraus*, in: Buth/Hermanns[5], § 4, Rn. 33.
577 Vgl. *Crone/Werner*, S. 131 ff.
578 Vgl. *Kraus*, in: Buth/Hermanns[5], § 4, Rn. 33.
579 Vgl. *Crone*, in: Crone/Werner, S. 131.

Avalsicherung oder Banksicherheit dienen. Das Aktivvermögen spielt bei der Innenfinanzierung in der Unternehmenskrise eine bedeutende Rolle. Strategische und leistungswirtschaftliche Sanierungsziele beeinflussen zeitlich und sachlich in unterschiedlicher Weise die einzelnen Posten des Aktivvermögens.

Eine erfolgversprechende **Neuausrichtung** des Krisenunternehmens verändert Produktprogramme, stellt Standorte in Frage und führt ggf. zur Einstellung von Sparten oder Geschäftsfeldern, die nicht mehr fortgeführt werden[580]. Damit sind die entsprechenden, den geschlossenen Sparten zuzurechnenden Produktionsstätten und Vorräte **nicht mehr betriebsnotwendig** und können verkauft werden. Da in der Unternehmenskrise der Zugang zur Außenfinanzierung meist fehlt und die Liquidität rasch beschafft werden muss, sind die nicht betriebsnotwendigen Vermögensgegenstände kurzfristig als Sofortmaßnahme oder sog. **Quick Wins** zu identifizieren. Bei diesen Bereinigungsvorgängen kann es zu weiteren **buchmäßigen Verlusten** kommen, wenn die Marktpreise unter den Buchwerten liegen[581]. Entweder fehlen bereits vorher hinreichende Wertabschläge auf den Marktpreis oder durch die „Veräußerung in der Not" lässt sich der Vermögensgegenstand nur mit Preisabschlägen realisieren. **353**

Die Ausführungen zu den nicht betriebsnotwendigen Vermögensgegenständen umfassen sowohl das **Anlagevermögen** als auch das **Umlaufvermögen**. Hier umgesetzte **Desinvestitionsentscheidungen** bedeuten für das Unternehmen sowohl einen Liquiditätszufluss als auch eine verringerte Mittelbindung, sodass Finanzierungskosten niedriger ausfallen[582]. Vor der Entscheidungsfindung ist zu prüfen, ob die Vermögensgegenstände überhaupt veräußerbar sind, nur im Paket zu Niedrigstpreisen von Aufkäufern abgenommen werden oder verschrottet werden müssen. Des Weiteren stellt sich die Frage von Verfügbarkeitsbeschränkungen, weil Aktivvermögen zur Kreditsicherung dienen oder (verlängerte) Eigentumsvorbehalte etc. bestehen. Die Maßnahmen sind mit den Stakeholdern/Finanziers abzustimmen. Desinvestitionen sind auf ihre bilanziellen und steuerlichen Folgen hin zu überprüfen. Werden stille Reserven realisiert, können Gewinne ggf. steuerliche Auswirkungen haben (vgl. hierzu Kap. E). **354**

Sind Vermögensgegenstände für die Sanierung **betriebsnotwendig**, kann bei **Anlagegegenständen** ein **Sale-and-lease-back-Verfahren** angestrebt werden[583]. Der Leasinggeber stellt allerdings die gleichen Anforderungen an die Bonität wie ein Kreditinstitut, sodass dieses Verfahren in der Krise selten und wenn, dann als Finanzierungsleasing zum Zuge kommt[584]. Die Chancen zur Anwendung des Verfahrens sind erhöht, wenn diese Maßnahme Bestandteil eines Sanierungskonzeptes und der Leasinggeber in den Sanierungsprozess eingebunden ist. Auf der anderen Seite können Leasingraten ergebnisbelastend und ein möglicherweise niedriger Verkaufspreis suboptimal sein. Bei rechtzeitiger Krisenerkennung ist das Verfahren besser zu steuern, weil die notwendige Veräußerungsgeschwindigkeit die Preisbildung beeinflusst. Liegt ein überzeugendes Sanierungskonzept vor, stehen optimale Finanzmittel bei der Veräußerung des Anlagevermögens zur Verfügung[585]. **355**

---

580 Vgl. *Hermanns*, in: Beck HDR, B 769, Rn. 91.
581 Vgl. *Hermanns*, in: Beck HDR, B 769, Rn. 91.
582 Vgl. *Crone*, in: Crone/Werner, S. 132.
583 Vgl. *Buth/Hermanns*[5], § 21, Rn. 54.
584 Vgl. *Hermanns*, in: Beck HDR, B 769, Rn. 91.
585 Vgl. *Fechner*, S. 160 ff. mit einem Rechenbeispiel.

356 Bestehen in der Unternehmenskrise eingeschränkte Finanzierungsmöglichkeiten und ist dennoch zwecks Fortführung des Unternehmens zu investieren, stehen die Investitionen grundsätzlich auf dem Prüfstand. Die Investitionen können nach ihrer Notwendigkeit kategorisiert werden, sodass sie über einen längeren Zeitraum gestreckt werden. **Verringerte** und/oder **gestreckte Investitionen** schonen die Liquidität ebenso wie Leasingfinanzierungen.

357 Im kurzfristigen Bereich des Umlaufvermögens bzw. des **Working Capitals** werden liquide Mittel geschaffen, indem Vorräte und Forderungen verringert und Verbindlichkeiten aufgebaut werden.

$$(Netto)Working\ Capital = Vorräte + Forderungen\ aus\ Lieferungen\ \&\ Leistungen$$
$$- Verbindlichkeiten\ aus\ Lieferungen\ \&\ Leistungen$$

358 Krisenunternehmen haben ein zu hohes Working Capital und binden auf diese Weise bis zu 20-30% Liquidität[586]. Dies wird in der Praxis erkennbar, wenn entsprechende Benchmarks von Wettbewerbern ermittelt werden.

> **Beispiel 23:**
>
> Umschlagskennziffer in Tagen:
> Die Umschlagsdauer von Vorräten eines Industriegroßhändlers betragen zum Stichtag 90 Tage, während der vergleichbare und erfolgreiche Wettbewerber seine Vorräte in 45 Tagen umschlägt. Im Rahmen der Analyse des Krisenunternehmens wird festgestellt, dass keine Reichweitenabschläge vorgenommen wurden und die Vorratsbewertung zu hoch gewesen ist. Bei ordnungsgemäßer Bilanzierung und entsprechend niedrigeren Ausweisen ergibt sich eine um 28 Tage niedrigere Dauer, d.s. 62 Tage. Die betreffenden Produkte werden i.R.d. Neuorientierung nicht mehr vertrieben. Als zweiter Korrekturbetrag hat sich eine „nicht erkannte" Differenz bei der Abstimmung von Haupt- und Nebenbuch ergeben, die vier Jahre zuvor bei der Einführung eines ERP-Systems entstanden und nicht korrigiert worden ist. Der Effekt beträgt 12 Tage, so dass der adjustierte Wert 50 Tage ist.

359 Krisenunternehmen mit einem mangelhaften Rechnungswesen und fehlenden Controllinginstrumenten können Überbestände im **Vorratsbereich** entstehen lassen. Fehldispositionen und eine zu hohe Variantenvielfalt begünstigen die negative Entwicklung. Werden derartige Informationen nicht sachgerecht verarbeitet, bleiben bspw. die Vorräte wertmäßig bei sinkenden Umsätzen konstant oder steigen sogar an, was die Umschlagskennzahlen steigen lässt. Die Absatz- und Produktkrise wird dann nicht im frühen Stadium erkannt. Werden IDT-gestützte Prozesse in diesem Bereich implementiert und auf diese Weise Bestellmengen optimiert, können liquide Mittel durch verringerte Kapitalbindung entstehen (vgl. hierzu auch Sanierungsmaßnahmen im Bereich Einkauf (Kap. B Tz. 192 ff.)[587].

360 Ähnliche Effekte ergeben sich durch den Abbau der **Liefer- und Leistungsforderungen**, denn das Forderungsmanagement ist ein wesentlicher Teil des Liquiditätsmanagements,

586 Vgl. *Crone*, in: Crone/Werner, S. 135.
587 Vgl. *Hermanns*, in: Beck HDR, B 769, Rn. 91.

unabhängig vom Krisenstadium. Hinweise auf möglicherweise zu hohe Forderungsbestände lassen sich durch Umschlagskennziffern, aber auch durch eine Prozessanalyse finden. Nicht rechtzeitig eingetriebene Forderungen, zu späte Fakturierung und zu großzügige Zahlungsziele verursachen die Liquiditätskrise mit. Nutzt man ein strukturiertes Mahnwesen mit Richtlinien für das Forderungsmanagement, das IDT-gestützt oder zur Vermeidung psychologischer Hemmschwellen ausgelagert wird, können positive Effekte bei der Innenfinanzierung erreicht werden. Kundenrating und Risikoabsicherung durch Warenkreditversicherer gehören ebenfalls zu den Sanierungsmaßnahmen, ebenso wie das Factoring (Verkauf von Forderungen an darauf spezialisierte Finanziers)[588].

Zu den **Verbindlichkeiten:** Bei den Lieferanten, Dienstleistern etc. wird regelmäßig in **361** der Krise die Situation spätestens in der Liquiditätskrise angespannt sein. Hohe Umschlagskennziffern weisen darauf hin, Skonti werden schon lange nicht mehr gezogen. Es besteht die Gefahr, dass die Lieferanten auf Vorkasse bestehen, weil bspw. die Warenkreditversicherer dem Krisenunternehmen keine Deckung mehr geben. Finanzmittel der Innenfinanzierung können hier nicht oder selten geschaffen werden. Gleichwohl ist für den Lieferanten u.U. der Erhalt des zu sanierenden Unternehmens als Kunde erstrebenswert, während die Aufrechterhaltung der Lieferbeziehung auch bei hohen Zahlungszielen zur Stabilität des Krisenunternehmens beiträgt[589]. Sanierungskonditionen über Preisnachlässe, Umwandlung von Lieferforderungen in Darlehen (Novation) sind denkbar. Wichtig ist insb. die Kommunikation des Krisenunternehmens mit den Lieferanten. Gibt der Lieferant dem Krisenunternehmen bspw. verlängerte Zahlungsziele i. R.d. Sanierung, ergeben sich ggf. nach der Rechtsprechung zur Insolvenzanfechtung Nachteile.

Zahlreiche finanzwirtschaftliche Sanierungsmaßnahmen lassen sich nicht eindeutig zu- **362** ordnen, sodass es zu bestimmten **Mischformen** kommt, wie z.B. dem bereits beschriebenen Sale-and-lease-back-Verfahren. Kurzfristig kann die Liquidität durch **Stundungen** der Gläubiger, die auch Zinsen umfassen, geschont werden. Die Stundung schiebt die Fälligkeit auf und verbessert neben der Liquidität die Situation i.R.d. Prüfung der Zahlungsfähigkeit. Mit den Kreditinstituten wird in Krisensituationen eine **Stillhaltevereinbarung** (ein sog. Stand-Still-Agreement) abgeschlossen, die durch Tilgungsaussetzung ebenfalls wie eine Stundung wirkt. Eine Stillhaltevereinbarung ist insb. notwendig, wenn Kreditvereinbarungen, sog. **Covenants**, verletzt worden sind und Kündigungsrechte der Banken bestehen[590]. Diese Vereinbarungen verschaffen den Stakeholdern Zeit, um Sanierungsverhandlungen zu führen und/oder die Ausarbeitung von Sanierungskonzepten mit **Überbrückungskrediten** zu finanzieren. Überbrückungskredite sind einfach umzusetzende finanzwirtschaftliche Sanierungsmaßnahmen, um kurzfristig notwendige Finanzmittel zu beschaffen[591]. Diese zeitlich eng befristeten Unterstützungen sind für Kreditinstitute aus der Sicht der Insolvenzanfechtung kritisch, werden aber von der Rechtsprechung großzügiger beurteilt[592]. Um das Krisenunternehmen finanzwirtschaftlich zu sanieren, bspw. im Wege eines **Moratoriums** mit allen

---

588 Vgl. *Buth/Hermanns*[5], § 21, Rn. 55.
589 Vgl. *Hermanns*, in: Beck HDR, B 769, Rn. 91.
590 Vgl. *Hettich/Kreide*, in: Crone/Werner, S. 177.
591 Vgl. *Hettich/Kreide*, in: Crone/Werner, S. 177.
592 Vgl. BGH v. 21.02.2013, IX ZR52/10, NZI 2013, S. 500.

wesentlichen Stakeholdern, ist es für eine erfolgreiche Sanierung finanziell ausreichend auszustatten. Dazu werden mittelfristig **Sanierungskredite** ausgereicht, um die Unternehmensfortführung auch bei der Umsetzung des Sanierungskonzeptes aufrecht zu erhalten[593]. Ein schlüssiges Sanierungskonzept kann für diese Kredite das Risiko der Insolvenzverschleppung verhindern. Eine erfolgreiche Sanierung setzt insb. bei Covenantbrüchen voraus, dass entweder die Covenants angepasst werden oder auf die Ausübung von Kreditkündigungsrechten (sog. **Waivers**) verzichtet wird. Ist das Vertrauen in den Unternehmer bzw. den Gesellschafter oder den Gesellschafterkreis nachhaltig gestört, will der Finanziererkreis die Sanierungsmaßnahmen und das Sanierungskonzept umgesetzt wissen. Nicht selten versuchen sich Unternehmer der Verantwortung für das Sanierungskonzept in letzter Konsequenz zu entziehen. Um dies zu verhindern und die Motivation bei der Begleitung des Sanierungskonzeptes aller Beteiligten aufrecht zu erhalten, wird das Instrument der **doppelnützigen Treuhand** eingesetzt[594]. Die Gesellschafter verpflichten sich dazu, ihre Gesellschaftsanteile an einen Treuhänder zu übertragen, der die Gesellschafterrechte unter bestimmten Bedingungen wahrnimmt und im Extremfall eine Veräußerung der Anteile vornehmen kann. Dieses Instrument verhindert eine Blockadepolitik des Gesellschafters bei der Umsetzung des Sanierungskonzeptes und führt bei der Veräußerung der Anteile den Kaufpreis den Finanzierern zu. Mit dieser Sicherungsfunktion und den Zugriffmöglichkeiten i.R. eines Verkaufsprozesses entsteht die Doppelnützigkeit des Instrumentes[595]. Das Sanierungsinstrument weist allerdings steuerlich erhebliche Probleme auf, weil bei Übertragung der Anteile auf den Treuhänder der Untergang der Verlustvorträge droht[596] (vgl. hierzu auch Kap. E Tz. 223 ff.)

363 **Forderungsverzichte** der Finanziers, aber auch anderer Gläubigergruppen wie z.b. der Arbeitnehmer gehören ebenfalls zu den finanzwirtschaftlichen Sanierungsmaßnahmen, die bei der Außenfinanzierung in Kap. B Tz. 364 ff. beschrieben werden und Fremd- oder Eigenkapitalcharakter haben können. Als weitere mögliche Mischform kann eine **Bürgschaft** nach § 765 BGB begeben bzw. können **Schuldübernahme** oder -beitritt erklärt werden[597]. Im Konzernverbund können Garantien und **Patronatserklärungen** eine gewisse Rolle spielen. Die Patronatserklärung kann wie ein qualifizierter **Rangrücktritt** bei entsprechender Ausgestaltung die insolvenzrechtliche Überschuldung vermeiden[598].

2.4.3.3.3 Außenfinanzierung

364 **Außenfinanzierung** liegt dann vor, wenn dem Unternehmen von außen Kapital zugeführt und somit eine Geldeinzahlung in die freie Liquidität geleistet wird. Auf der Passivseite erfolgt die Gegenbuchung je nach rechtlicher Einordnung unter **Eigen- oder Fremdkapital**[599]. Konzeptionell wird das Fremdkapital befristet mit Kündigungsmöglichkeiten und ohne unternehmerische Verantwortung überlassen, während das Eigenkapital ohne Kündigungsmöglichkeit und mit unternehmerischer Entscheidungs-

593 Vgl. *Hettich/Kreide*, in: Crone/Werner, S. 178.
594 Vgl. *Undritz*, ZIP 2012, S. 1153 ff.
595 Vgl. *Achsnik/Opp*, S. 53 ff.
596 Vgl. *Achsnik/Opp*, S. 80 ff. (Verluste), S. 83 ff. (Grunderwerbsteuer).
597 Vgl. *Hettich/Kreide*, in: Crone/Werner, S. 194.
598 Vgl. *Hettich/Kreide*, in: Crone/Werner, S. 195.
599 Vgl. *Hettich/Kreide*, in: Crone/Werner, S. 143.

kompetenz begeben wird. Die Früchte der Kapitalhingabe beim Fremdkapital werden als fester/variabler Zins und beim Eigenkapital als Gewinnbezug gewährt, wobei bei Letzterem auch die Wertsteigerung in den Anteilen zählt. Unter diesen Bereich fallen eine Vielzahl von Möglichkeiten, wenn dem Unternehmen Eigenkapital durch Kapitaleinlagen von Gesellschaftern, die dem Unternehmen schon angehören (Alt-Gesellschafter) oder neu hinzukommen (Neu-Gesellschafter bzw. Investoren), zugeführt wird. Bei dieser Form der Außenfinanzierung ist die Rechtsform entscheidend, da sich die rechtlichen Grundlagen der Kapitalerhöhung und auch deren steuerliche Effekte unterscheiden[600] (vgl. zu den steuerlichen Aspekten auch Kap. E). Kapitaleinlagen mehren die Haftungsmasse eines Unternehmens[601]. Die Betrachtung in der Unternehmenskrise fokussiert sich zunächst auf liquiditätsfördernde Maßnahmen, während bspw. Sacheinlagen die Liquidität nicht erhöhen.

Eine verpflichtende **Erhöhung der Kapitaleinlagen** im **Sanierungsfall** ist für die Gesellschafter nur möglich, wenn dies vertraglich geregelt ist. Allerdings darf ein Gesellschafter eine Sanierung nicht verhindern, wenn diese mehrheitlich festgelegt wurde[602]. Die Mitwirkungspflicht der Gesellschafter besteht, **365**

- wenn die Kapitalerhöhung zum Fortbestand der Gesellschaft notwendig ist,
- jeder Gesellschafter seinem Anteil nach an der Kapitalmaßnahme teilnehmen darf und
- die nicht teilnehmenden Gesellschafter keine Ausfallrisiken für die anstehenden Einlagen übernehmen müssen[603].

Die Aufnahme **neuer Gesellschafter** durch Kapitalerhöhung sollte ebenfalls möglich sein, was aber im Streitfall bei Handlungsdruck nicht immer zielführend ist (vgl. auch Kap. B Tz. 371). Lediglich bei einer Unternehmenssanierung unter dem Schutz der Insolvenzordnung kann im Insolvenzplanverfahren sicher in die Eigentumsrechte der Gesellschafter eingegriffen werden. Bei den Gesellschaftern ist daher – pragmatisch betrachtet – zeitnah Konsens herzustellen, wenn Sanierungsbeiträge in das Eigenkapital fließen sollen. Nachschusspflichten bestehen bei kapitalistisch organisierten Gesellschaften (AG, GmbH, GmbH & Co KG) nicht. **366**

Kapitalmaßnahmen sind bei **Einzelfirmen** und **offenen Handelsgesellschaften** (oHG), die eine unbeschränkte Haftung haben, ebenso wie für die natürliche Person als Komplementär einer Kommanditgesellschaft (KG), grundsätzlich einfach zu handhaben[604]. Das Kommanditkapital einer KG wird durch Gesellschafterbeschluss bzw. Änderung des Gesellschaftsvertrages und Eintragung in das Handelsregister erhöht. **367**

Das Eigenkapital als Haftungsmasse der Gläubiger wird gesetzlich in der Krise besonders geschützt und § 30 GmbHG bzw. § 57 AktG verbieten die Rückgewähr von Einlagen *bei Unterbilanz*. Das hier verankerte *Auszahlungsverbot* ist ein Teil des *Kapitalschutzsystems* im GmbHG/AktG. Damit schützt die *zwingende Norm* das Vermögen der KapGes. in den festgelegten Grenzen vor verdeckten Gewinnausschüttungen an die Gesell- **368**

---

600 Vgl. *Perridon/Steiner/Rathgeber*, S. 394.
601 Vgl. *Schmidt, K.*, Gesellschaftsrecht⁴, S. 572.
602 Vgl. *Schmidt, K.*, Gesellschaftsrecht⁴, 134 m.w.N.
603 Vgl. BGH v. 20.03.1995, II ZR 205/94, NJW 1995, S. 1739; BGH v. 19.10.2009, II ZR 240/08, NJW 2010, S. 65.
604 Vgl. *Schmidt, K.*, Gesellschaftsrecht⁴, S. 1355 ff., 1529 ff.

schafter und dient der *Kapitalerhaltung* in der Unternehmenskrise, was auch die Liquidität schützen soll. Befindet sich das Unternehmen in der Liquiditätskrise, sind die Gesellschafter als Erste gefordert. Wie bei den PersGes. kann das Eigenkapital in der Krise heraufgesetzt werden. Da bei KapGes. mit anhaltenden Verlusten das Eigenkapital aufgezehrt sein kann und ggf. ein nicht durch Einlagen gedeckter Fehlbetrag entstanden ist, wird neben dem Liquiditätseffekt auch eine **bilanzielle Sanierung** des Eigenkapitals als finanzwirtschaftliche Sanierungsmaßnahme angestrebt. Dies ist unter bestimmten Voraussetzungen möglich, indem das Eigenkapital (Stamm-/Grundkapital) zunächst auf null herab- und dann heraufgesetzt wird[605]. Die Wirksamkeit und damit auch die Bilanzierung der Kapitalveränderungen hängen vom Handelsregistereintrag ab. Ausnahmsweise kann bei der vereinfachten Kapitalherabsetzung die Kapitalsanierung auf vor ihrer Eintragung festgestellte Bilanzen rückwirken, was in Sanierungsphasen für Unternehmen vorteilhaft sein kann.

369 Die **vereinfachte Kapitalherabsetzung** gleicht als Buchsanierung Bilanzverluste aus[606] und stellt verbunden mit einer Kapitalerhöhung gegen Bareinlage, die das Mindestkapital erreichen muss, einen wesentlichen Beitrag zur finanzwirtschaftlichen Gesamtsanierung notleidender KapGes. dar. **Unterbilanz** und **Überschuldung** sind günstigenfalls beseitigt und die neue Liquidität kann mit den übrigen Bausteinen des Sanierungskonzeptes zur Wiedererlangung der Kreditwürdigkeit des Unternehmens beitragen[607]. Mit dem **Kapitalschnitt** lassen sich ggf. neue Gesellschafter leichter finden[608]. Die vereinfachte Kapitalherabsetzung ist wegen ihrer Sanierungsausrichtung bezogen auf den Gläubigerschutz praktikabel ausgestaltet[609] und steht i.d.R. im Zusammenhang mit einer gleichzeitig beschlossenen Kapitalerhöhung[610]. Ist der Verlust gewollt oder ungewollt z.b. durch Rückstellungsbildung zu hoch geraten, sind die Differenzbeträge den Rücklagen zuzuführen und dort mindestens fünf Jahre gebunden[611]. Gläubigerschutz ist gegeben, weil Rücklagen, die über 10% des nach Herabsetzung verbleibenden Grund-/Stammkapitals hinausgehen, vorweg aufgelöst sein müssen und kein Gewinnvortrag bestehen darf[612]. Da dem Zweck der Kapitalmaßnahme entscheidende Bedeutung zukommt, ist bei der vereinfachten Kapitalherabsetzung bei einer AG der Grund für die Maßnahme zwingend im Beschluss der Hauptversammlung anzugeben[613]. Bei der GmbH kann das freiwillig erfolgen[614].

370 In der Liquiditätskrise **Gesellschafterdarlehen** zu geben, ist eine weitere Möglichkeit, obwohl Stakeholder vom Unternehmer Eigenkapital erwarten und Gesellschafterdarlehen in der Krise insolvenzverhaftet sind. Rangrücktrittserklärungen werden dann gefordert und verbessern den Status bei der Messung der insolvenzrechtlichen Überschuldung. Regelmäßig geben Gesellschafter bis zum Erreichen der Liquiditätskrise Darlehen, auf die als Sanierungsbeitrag ein Verzicht erklärt werden kann. Grundsätzlich

---

605 Vgl. *Buth/Hermanns*[5], § 21, Rn. 8 ff.
606 Vgl. § 58a Abs. 1 AktG.
607 Vgl. *Buth/Hermanns*[5], § 21, Rn. 8.
608 Vgl. *Maser/Sommer*, GmbHR 1996, S. 22 ff.
609 Vgl. §§ 230, 232 ff. AktG; § 58b, c GmbHG.
610 Vgl. *Hettich/Kreide*, in: Crone/Werner, S. 157 f.
611 Vgl. § 58c GmbHG; § 232 AktG.
612 Vgl. § 229 Abs. 2 AktG; § 58a Abs. 2 GmbHG.
613 Vgl. § 229 Abs. 1 S. 2 AktG.
614 Eine dem § 229 Abs. 1 AktG entsprechende Verpflichtung gibt es in § 58a GmbHG nicht.

kann auch ein Debt-Equity-Swap umgesetzt werden, zumal in der Insolvenz die Gesellschafterdarlehen nachrangig wie Eigenkapital nach § 39 Abs. 1 Nr. 5 InsO behandelt werden und der Wert der Gesellschafterdarlehen in der Nähe der Insolvenz eher bei null liegen wird[615].

Sind die Möglichkeiten der Gesellschafter ausgeschöpft, kann eine zusätzliche Außen- **371** finanzierung durch die Aufnahme von **neuen Gesellschaftern** im Wege der Kapitalerhöhung vorgenommen werden. Diese können aus dem Kreisen der Stakeholder kommen, z.b. auch durch einen Debt-Equity-Swap, oder sie werden durch einen M&A-Prozess o.ä. gesucht. **Strategische Investoren** aus der Branche oder dem nahen Umfeld (Vorwärts-/Rückwärtsintegration) werden bevorzugt gesucht, weil man hier Synergien unterstellt, die allein durch die Marktkunde und -macht zu begründen sind. Brancheninvestoren engagieren sich langfristiger, was die Stakeholder begrüßen werden und was demzufolge ihren Einsatz bei einer Gesamtlösung innerhalb des Sanierungskonzeptes fördert[616]. Nicht immer gelingt diese Suche im Marktumfeld, sodass **Finanzinvestoren** in Frage kommen. Hier sind neben wohlhabenden Personen auch Family Offices zu nennen, die sich seit der Finanzkrise aus Gründen der Diversifikation ihrer Kapitalanlagen in der Nische „M&A in der Krise" bewegen[617]. Professionalisiert hat sich der Bereich der Private-Equity-Gesellschaften, die gezielt Fonds auflegen, um Krisenunternehmen zu übernehmen, zu entwickeln und nach Turnaround wieder zu veräußern. Diese Unternehmen haben weniger Branchen- als vielmehr Prozess-Know-how und durchaus mit Unterstützung von Industrieexperten die Fähigkeit, Unternehmen aus der Krise zu führen und Arbeitsplätze zu sichern[618].

Mezzanine-Kapital ist je nach vertraglicher Ausgestaltung dem Eigen- oder Fremd- **372** kapital zuzuordnen. Die eingesetzten Instrumente betreffen im Wesentlichen die (atypische bzw. typische) stille Gesellschaft, Genussscheine und Wandelanleihen[619].

Die stille Gesellschaft basiert auf einem **Schuldverhältnis** zwischen dem stillen Gesell- **373** schafter und der Gesellschaft, wobei durch die Vertragsfreiheit ähnliche Rechtsverhältnisse wie die der Gesellschafterstellung oder die eines Darlehensgebers vereinbart werden können. Vorteile hat die stille Gesellschaft, wenn Geldgeber ihr Engagement nicht der Publizität preisgeben wollen. Gesetzliche Regelungen betreffen im HGB nur einzelne Merkmale und Rechtsfolgen[620]. Die stille Gesellschaft wird als **BGB-Gesellschaft** eingestuft[621] und kann als **Innengesellschaft** keine Trägerin von Rechten und Pflichten sein, kein Gesellschaftsvermögen bilden und nicht im Handelsregister eingetragen werden[622]. Eingetragen wird bzw. ist nur der Kaufmann, d.h. die Gesellschaft, die das Unternehmen betreibt, an dem sich der stille Gesellschafter beteiligt. Es können auch mehrfache stille Beteiligungen vereinbart werden, die jeweils gesondert zu würdigen sind. Der stille Gesellschafter kann über dieses Verhältnis hinaus Gesellschafter des Handelsgeschäftes sein.

---

615 Vgl. *Haghani/Holzamer*, § 24, Rn. 70.
616 Vgl. *Hettich/Kreide*, in: Crone/Werner, S. 146.
617 Vgl. *Hettich/Kreide*, in: Crone/Werner, S. 146.
618 Vgl. *Brandes/Weimert*, in: Buth/Hermanns[5], § 39, Rn. 1 ff.
619 Für einen Überblick vgl. *Kamp/Solmecke*, FB 2005, S. 618 ff.
620 Vgl. §§ 230 ff. HGB.
621 Daher finden auch die Regelungen §§ 705 ff. BGB Anwendung.
622 Vgl. *Buth/Hermanns*, in: Buth/Hermanns[5], § 21, Rn. 17.

374 Mit dem formfreien Gesellschaftsvertrag begründen die Beteiligten ein Schuldverhältnis über die Einlage eines Vermögenswertes, der bei Auflösung der Gesellschaft inkl. Gewinnbeteiligung zurückzugewähren ist. Der stille Gesellschafter ist in Höhe seiner Einlage auch am Verlust beteiligt, der mit späteren Gewinnen wieder aufzufüllen ist. Die **Gewinnbeteiligung** ist eher die Regel, wobei es meist einen variablen oder fix-variablen Anteil gibt. Wird die Einlage fest verzinst, liegt ein Darlehen und keine stille Beteiligung vor[623]. Die Gewinnbeteiligung muss eine Beteiligung am Bilanzgewinn des Unternehmens sein, kann sich aber auf einen Unternehmensteil (z.B. Filiale) beschränken[624].

375 Je nach Kriterium lassen sich zwei Grundtypen (typisch, atypisch) unterscheiden, die insb. steuerlich unterschiedlich gewertet werden (vgl. Kap. E). Bei der **typisch stillen Gesellschaft** erhält der stille Gesellschafter vertraglich Informations- und Kontrollrechte zugesichert. Eine Verlustteilnahme ist nicht zwingend, aber möglich. Seine Einlage stellt handelsrechtlich Fremdkapital und nicht Eigenkapital dar[625], haftet somit im Insolvenzfall nicht. Ein Rangrücktritt kann insolvenzrechtlich helfen, sodass dann eine Zuordnung als wirtschaftliches Eigenkapital durch Stakeholder möglich ist.

376 Ausgehend von den gesetzlichen Regelungen hat sich die **atypisch stille Gesellschaft** in der Praxis entwickelt, bei der es eine Beteiligung am Unternehmensvermögen inkl. stiller Reserven sowie über das Gesetz hinausgehender Einflussmöglichkeiten gibt[626]. Der stille Gesellschafter ist handelsrechtlich und steuerlich dem Kommanditisten angenähert und wird variabel oder fix-variabel am Ergebnis, aber auch am Verlust beteiligt. Insoweit haftet das Kapital bei der Insolvenz und ist als Sonderposition unter dem Eigenkapital ausweisbar und dem wirtschaftlichen Eigenkapital zuzurechnen[627].

377 **Genussscheine** können letztlich bezüglich der genannten Kriterien ähnlich wie die typisch und die atypisch stille Gesellschaft ausgestaltet und hiernach kategorisiert werden. Genussscheininhaber haben eine Gläubigerstellung und lassen sich v.a. Zustimmungsrechte einräumen, während eine Verlustpartizipation möglich, aber nicht die Regel ist. Die bilanzielle und die wirtschaftliche Einordnung des Kapitals kann gestaltet werden[628]. Die Strategie bei der Gestaltung dieser finanzwirtschaftlichen Sanierungsmaßnahme wird der Ausweis des Genussscheins möglichst als Eigenkapital[629] und steuerlich als Fremdkapital sein[630], was von den Finanzbehörden angegriffen werden kann[631]. Bei den **Wandelanleihen** besteht das Recht, den Anspruch auf Rückerstattung der Finanzmittel in Eigenkapital zu wandeln[632].

378 Mit einem **Forderungsverzicht** eines Gesellschafters[633] reduziert sich oder verhindert man eine Überschuldung und/oder eine Unterbilanz der Krisengesellschaft und entlastet ggf. die Liquidität von Zinszahlungen. Die Ansprüche werden durch gegenseitigen Ver-

---

623 Vgl. *Protz/Krome*, in: Beck GmbH-HB, § 7, Rn. 170.
624 Vgl. *Buth/Hermanns*, in: Buth/Hermanns⁵, § 21, Rn. 18.
625 Vgl. *Protz/Krome*, in: Beck GmbH-HB, § 7, Rn. 173.
626 Vgl. *Protz/Krome*, in: Beck GmbH-HB, § 7, Rn. 175.
627 Vgl. *Hettich/Kreide*, in: Crone/Werner, S. 174.
628 Vgl. *Protz/Krome*, in: Beck GmbH-HB, § 7, Rn. 233 ff.
629 Vgl. *IDW St/HFA 1/1994*, WPg 1994, S. 419.
630 Vgl. *Beyer*, DStR 2012, S. 2199 ff.
631 Vgl. OFD Rheinland, DStR 2012, S. 1089 ff.
632 Vgl. *Hettich/Kreide*, in: Crone/Werner, S. 174, Abb. 27.
633 Zur steuerrechtlichen Würdigung vgl. Kap. E.

trag nach § 397 BGB erlassen und können mit einem **Besserungsschein** verbunden werden. Der Forderungsverzicht wird handelsrechtlich, wenn er durch den Gläubiger erklärt wird, als Ertrag vereinnahmt oder bei gesellschaftsrechtlicher Einordnung als Kapitalrücklage[634] der Vermögensmehrung zugewiesen. Da Forderungen in der Krise eines Unternehmens normalerweise nicht mehr werthaltig sind, liegt i.d.R. ein Ertrag und keine Kapitalrücklage vor. Nur der werthaltige Teil einer Forderung kann eingelegt werden[635]. Der Erlass von Forderungen durch Gesellschafter und Gläubiger ist eine in der Krise bewährte finanzwirtschaftliche Sanierungsmaßnahme. Wird der Forderungserlass mit einer bedingten Besserungsvereinbarung verbunden, verzichtet der Gläubiger bis zum Eintritt der Bedingung auf die Geltendmachung der Forderung[636]. Wenn nach Turnaround wieder Gewinne entstehen, kann die Bedingung eintreten und die Forderung lebt dann vereinbarungsgemäß wieder auf[637]. Allerdings wird zur Motivation der (geschäftsführenden) Gesellschafter nur der anteilige Gewinn der Regelung unterworfen und dies so lange, bis der Verzichtsbetrag erreicht worden ist[638].

Beispiel 24:

Der Besserungsschein über eine erlassene Forderung von 4 Mio. € tritt dann ein, wenn zweimal hintereinander eine branchenübliche Ergebnisrendite von 4% erreicht worden ist und eine branchenübliche Eigenkapitalquote von 20% besteht.

Im Zeitpunkt des Forderungsverzichts entsteht über den betriebswirtschaftlich außer **379** ordentlichen Ertrag eine finanzwirtschaftliche Entlastung und eine niedrigere Fremdkapitalquote, während im Zeitpunkt des Bedingungseintritts ggf. anteilig wieder über Aufwand Fremdkapital zu bilden ist. Grundsätzlich ist der Forderungsverzicht eine sehr effektive und in der Praxis oft anzutreffende finanzwirtschaftliche Sanierungsmaßnahme, weil auf diesem Wege Gesellschafter und Finanziers rasch eine bilanzielle Bereinigung der Passivseite erreichen können. Bei den Finanziers bedeutet dies meist die Ablösung des Bankengagements[639]. Der Forderungsverzicht hat aus Sicht der Sanierung steuerliche Risiken, weil unter bestimmten Voraussetzungen der hieraus entstehende Ertrag steuerrelevant ist (vgl. zu den Risiken Kap. B Tz. 22 und Kap. E).

Der **Erwerb von Forderungen** als Sanierungsmaßnahme kommt aus dem Grundge **380** danken, Gläubiger durch einen Haircut (Verzicht aus Teilforderungen) abzulösen. Ein sog. **Debt Buy-back** durch das Krisenunternehmen scheitert häufig aus psychologischen Gründen oder wegen fehlender Liquidität[640]. Grundsätzlich wirkt dieses Instrument wie ein Forderungsverzicht, wobei die gegen sich selbst gerichtete Forderung durch Konfusion erlischt und die Bilanzverkürzung durch eine gesteigerte Eigenkapitalquote positiv wirkt. Regelmäßiger ist der **Erwerb** von Forderungen der Finanziers **durch Dritte** mit einem z.T. erheblichen Wertabschlag anzutreffen. Dies hat steuerliche Gründe, weil es hier aufgrund steuerlicher Risiken nicht zum Forderungsverzicht durch den Erwerber,

---

634 Vgl. § 272 Abs. 2 Nr. 4 HGB.
635 Vgl. *Buth/Hermanns*, in: Buth/Hermanns[5], § 21, Rn. 32
636 Vgl. *Buth/Hermanns*, in: Buth/Hermanns[5], § 21, Rn. 34.
637 Vgl. *Uhlenbruck*, in: Schmidt, K./Uhlenbruck, GmbH[5], Rn. 2216.
638 Vgl. *Hettich/Kreide*, in: Crone/Werner, S. 189.
639 Vgl. *Hettich/Kreide*, in: Crone/Werner, S. 188.
640 Vgl. *Hettich/Kreide*, in: Crone/Werner, S. 189.

sondern eher zu einem Rangrücktritt kommt. In dieser Situation erwirbt ein Investor eine Forderung ggü. dem Unternehmen ggf. nur noch zum Erinnerungswert. Andererseits kann ein Investor, der auf Distressed Debt spezialisiert ist, den Einstieg in das Unternehmen zu einem späteren Zeitpunkt, z.b. bei einem Planverfahren und/oder durch Debt-Equity-Swap, vorbereiten[641]. Vergleiche zu den steuerlichen Folgen Kap. E und zum Debt-Equity-Swap Kap. B Tz. 382 f.

381 Der Gesellschafter, aber auch hinzukommende Finanziers, können zur Verbesserung des wirtschaftlichen Kapitals und zur Vermeidung einer Überschuldung mit Forderungen im Rang hinter die Gläubiger zurücktreten (**Rangrücktritt**). Damit gewährt der Gesellschafter dem Krisenunternehmen dauerhaft oder in Abhängigkeit von künftigen Gewinnen/Liquidationserlösen eine Einrede aus dieser besonderen Vereinbarung gegen seine Forderung[642]. Während der Forderungsverzicht (mit Besserungsabrede) eher im Insolvenzplanverfahren vereinbart wird, vermeidet der Rangrücktritt eine Eröffnung des Insolvenzverfahrens oder motiviert neue Fremdkapitalgeber, Finanzmittel bereitzustellen. Die Verbindlichkeit bleibt mit dem Rangrücktritt bei der Gesellschaft zwar bestehen, wird jedoch für den insolvenzrechtlichen Überschuldungsstatus nicht als Fremdkapital eingestuft[643].

382 Wie ausgeführt ist der **Debt-Equity-Swap** (DES) mit einem Insolvenzplan oder vor Insolvenzantragstellung eine zielführende Sanierungsmaßnahme, weil hier Zins und Tilgung künftig entfallen und somit das Eigenkapital und die Liquidität gestärkt werden[644]. Beim DES werden schuldrechtliche Ansprüche von Gläubigern in gesellschaftsrechtliche umgewandelt. Finanziers wie Banken werden dieses Instrument in Krisenfällen selten verwenden, aber zum Einstieg für Investoren ist dieser Schritt z.B. im **Insolvenzplanverfahren** zielführend. Die in § 225a InsO aufgeführte Maßnahme wird i.d.R. durch eine vereinfachte Kapitalherabsetzung und eine anschließende (Sach-)Kapitalerhöhung umgesetzt, wobei Risiken aus der Differenzhaftung etc. durch die InsO entschärft sind[645]. Während ein DES i.R. einer Insolvenz sinnvoll sein kann, erscheint diese Maßnahme außerhalb des gesetzlichen Schutzes durch die InsO problematischer[646]. Der DES kann bei KapGes. und bei PersGes. in der Insolvenz angewendet werden. Allerdings kann die Differenzhaftung bei PersGes. nur in Höhe des tatsächlichen Wertes der Forderung den neuen Kommanditisten von seiner Außenhaftung befreien[647]. Die Haftsumme kann abweichend von der Höhe der Pflichteinlage, die üblicherweise die Beteiligungsrechte bestimmt, festgelegt werden. Somit kann das Risiko des Neukommanditisten optimiert werden. Für beide Rechtsformgruppen ist zu unterstellen, dass der DES nicht zu einer Kündigung i.R. einer Change-of-Control-Klausel führen darf[648].

383 Außerhalb des Planverfahrens ist der DES nur eingeschränkt einsetzbar, weil die Werthaltigkeit von Forderungen in der Unternehmenskrise fraglich bzw. schwer feststellbar ist und folglich die Risiken aus der Differenzhaftung nach §§ 9 Abs. 1 GmbHG, 27 Abs. 3

---

641 Vgl. *Knecht*, in: Buth/Hermanns[5], § 19.
642 Vgl. *Buth/Hermanns*, in: Buth/Hermanns[5], § 21, Rn. 35.
643 Vgl. InsO § 19 Abs. 2 S. 2.
644 Vgl. *Braun/Braun/Frank*, InsO, § 225a, Rn. 9.
645 Vgl. *Braun Braun/Frank*, InsO, § 225a, Rn. 11 ff.
646 Vgl. *Buth/Hermanns*[5], in: Buth/Hermanns[5], § 21, Rn. 49.
647 Vgl. *Braun Braun/Frank*, InsO, § 225a, Rn. 11.
648 Vgl. *Buth/Hermanns*[5], in: Buth/Hermanns[5], § 21, Rn. 49.

AktG analog bestehen. Des Weiteren sind auf der Gegenseite in Bezug auf die Nachrangigkeit von Gesellschafterdarlehen nach § 39 Abs. 1 Nr. 5 InsO das Sanierungsprivileg und das Kleinstbeteiligungsprivileg zu beachten. Erwirbt demnach ein Gläubiger bei drohender oder eingetretener Zahlungsunfähigkeit der Gesellschaft oder bei Überschuldung Anteile zum Zweck ihrer Sanierung, führt dies bis zur nachhaltigen Sanierung nicht zur Anwendung von § 39 Abs. 1 Nr. 5 InsO auf seine Forderungen aus bestehenden oder neu gewährten Darlehen oder auf Forderungen aus Rechtshandlungen, die einem solchen Darlehen wirtschaftlich entsprechen (**Sanierungsprivileg**)[649]. Ähnliches gilt, wenn der durch den Swap eintretende nicht geschäftsführende Gesellschafter mit weniger als 10% am Kapital beteiligt ist (**Kleinstbeteiligungsprivileg** nach § 39 Abs. 5 InsO). Der Anteilserwerb muss in der Unternehmenskrise erfolgen, mithin eine finanzwirtschaftliche Sanierungsmaßnahme vorliegen, die mit anderen geeigneten Sanierungsmaßnahmen die Sanierungsfähigkeit des Krisenunternehmens ermöglicht. Da auch Insolvenzgründe vorliegen müssen, ist die Praxistauglichkeit des Instruments fraglich und seine Umsetzung professionellen Sanierern vorbehalten[650]. Um möglichen Risiken zu begegnen, kann ein **Debt-Mezzanine-Swap** vereinbart werden, in dem die Forderung in einen Genussschein gewandelt wird[651].

Die zahlreichen finanzwirtschaftlichen Sanierungsmaßnahmen können in mehrfachen **384** **Kombinationen** angewendet werden. Somit entstehen auch aufgrund der Vertragsfreiheit diverse hybride Regelungen. In erfolgreichen Sanierungskonzepten sind die Kombinationen untereinander und in zeitlicher Sicht abzustimmen, weil die Liquiditätsbeschaffung auf leistungswirtschaftliche Erfordernisse zuzuschneiden ist. Des Weiteren sind mit vielen finanzwirtschaftlichen Sanierungsmaßnahmen steuerliche und damit künftige, die Liquidität belastende Folgen verknüpft, sodass die Maßnahmen erst nach **steuerlicher Würdigung** bewertet werden können.

2.4.4 Steuerliche Implikationen

Sanierungsmaßnahmen können steuerlichen Folgen haben, was aber nicht zwingend ist. **385** Steuerliche Aspekte sind bei der Bewältigung von Unternehmenskrisen stets zu prüfen. Das Unternehmen in der Krise weist üblicherweise **Verluste** aus. Erst im Zuge der erfolgreichen Umsetzung von Sanierungsmaßnahmen werden wieder positive Ergebnisse erzielt, die unter bestimmten Voraussetzungen mit den Verlustvorträgen steuerlich verrechnet werden können (vgl. hierzu im Einzelnen Kap. E). Folglich haben nach Turnaround die Verlustvorträge eine gewisse Finanzierungsfunktion.

Die strategischen und leistungswirtschaftlichen Sanierungsmaßnahmen haben dann **386** Reflexe auf der steuerlichen Seite, wenn z.B. bei Desinvestitionen (Verkauf nicht betriebsnotwendiger Vermögensgegenstände) **stille Reserven** gehoben und hierdurch steuerpflichtige **Erträge** erzielt werden, was nur dann in Frage kommt, wenn diese nicht durch laufende Verluste oder steuerlich einsetzbare Verlustvorträge kompensiert werden können. Die Zuordnung der Sanierungsmaßnahmen zum Bereich strategisch/langfristig oder leistungswirtschaftlich/kurz- bis mittelfristig ist dabei unbedeutend. Wichtig ist hier allein, dass ein steuerlicher Effekt nur dann eintritt, wenn stille Reserven gehoben werden. Stille Reserven zeigen sich dann in Buchgewinnen. Das Grundproblem besteht

649 Vgl. § 39 Abs. 4 InsO.
650 Vgl. *Hettich/Kreide*, in: Crone/Werner, S. 191.
651 Vgl. *Beyer*, DStR 2012, S. 2199 ff.

z.B. bei ausreichend vorhandenen Verlustvorträgen in der sog. **Mindestbesteuerung** nach §§ 10d EStG und 10a GewStG.

> **Beispiel 25:**
>
> Das Sanierungsgutachten sieht zwei Desinvestitionen im Anlagevermögen in einem GJ vor.
>
> Einerseits wird kurzfristig der gesamte Fuhrpark an eine Leasinggesellschaft veräußert. Der Buchwert des Fuhrparks beträgt 0,8 Mio. € und der Veräußerungspreis 1,2 Mio. € bei diesem Beispiel eines Sale-and-lease-back. Die stillen Reserven und Buchgewinn betragen 0,4 Mio. €. Dem Krisenunternehmen, das in der Folgezeit Leasingaufwendungen hat, gehen 1,2 Mio. € Liquidität zu.
>
> Andererseits wird eine nach Schließung eines Betriebsteils i.R.d. Sanierung frei-werdende Immobilie mit einem Buchwert von 4,3 Mio. € zu einem Wert von 8,0 Mio. € veräußert. Stille Reserven und Buchgewinn betragen hier 3,7 Mio. € und der Liquiditätszufluss 8,0 Mio. €. Wenn das Jahresergebnis der übrigen Geschäftsvorfälle -5,0 Mio. € (laufender Verlust) beträgt, beläuft sich das Ergebnis nach den Buchgewinnen in Höhe von 4,1 Mio. € aus den beiden Desinvestitionen auf insgesamt -0,9 Mio. €. Es ergibt sich aus dem Gesamtverlust somit kein steuerlicher Effekt. Beträgt das übrige laufende Ergebnis jedoch „nur" -1,0 Mio. €, dann beträgt das Gesamtergebnis des Jahres nach Buchgewinnen 3,1 Mio. €. In dieser Konstellation entstehen selbst bei vorhandenen Verlustvorträgen durch die Mindestbesteuerung, die ab 1,0 Mio. € greift, aller Voraussicht steuerliche Konsequenzen (vgl. hierzu Kap. E).

387 Bei den beschriebenen finanzwirtschaftlichen Sanierungsmaßnahmen geht es i.d.R. um Sanierungsmaßnahmen, die **vor einer Insolvenz** durchgeführt werden können, um diese Bedrohung möglichst vom Unternehmen abzuwenden. Auch hier sind die steuerlichen Folgewirkungen in der konkreten Unternehmenssituation differenziert nach der jeweiligen Maßnahme und insgesamt in Bezug zu dem übrigen Jahresergebnis zu betrachten. Ziel sollte es jedenfalls sein, dass der Sanierungserfolg nicht zusätzlich durch Steuerzahlungsverpflichtungen belastet wird.

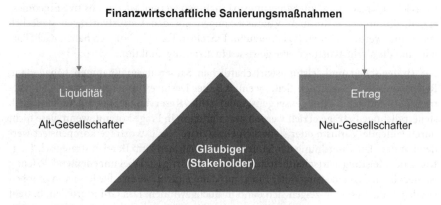

Abb. 43: Effekte finanzwirtschaftlicher Sanierungsmaßnahmen

388 **Finanzwirtschaftliche** Sanierungsmaßnahmen können die **Liquiditätssituation** eines krisenbedrohten Unternehmens verbessern, aber auch **Ertrag** bedeuten. Impulsgeber sind die Stakeholder, nämlich Gesellschafter oder Gläubiger. Solche Maßnahmen sind i.d.R. von den Gesellschaftern, aber auch von Banken und anderen Gläubigern sowie neuen Investoren angedacht. Beispielsweise kommen in Betracht:

Sanierungsmaßnahme	Liquidität	Ertrag
Gesellschafterdarlehen und/oder (private) Zuschüsse	✓	
Beteiligung neuer Gesellschafter (insb. Dept-Equity-Swap)	✓	
Rangrücktritte	–	–
Forderungsverzichte	–	✓
Schuldbeitritte und -übernahmen	–	✓
Bürgschaften	–	–

Abb. 44: Einfluss der Sanierungsmaßnahmen auf Liquidität und Ertrag

Im Mittelpunkt dieser Maßnahmen steht die Rettung des Unternehmens. Die Krisen- **389** bewältigung kann dabei häufig nur „zweigleisig" erreicht werden, und zwar einerseits durch frisches Kapital und andererseits durch bilanziell entlastende Maßnahmen, wie insb. **Forderungsverzichte**. Aber gerade diese, insb. Schuldenschnitte der Banken, führen nicht selten aufgrund ihrer Höhe zu einem Ertrag, der steuerlich relevant sein kann.

Die steuerliche Optimierung derartiger Maßnahmen ist dabei mindestens genauso **390** wünschenswert wie der Fortbestand des Unternehmens selbst. Leider hat der deutsche Steuergesetzgeber dem Sanierungspraktiker bisher kein systematisches Sanierungs-steuerrecht an die Hand gegeben. Jedes Krisenunternehmen bleibt „normaler" Steuer-pflichtiger und wird als solcher behandelt. Somit ist es den auch sonst anwendbaren steuerlichen Vorschriften unterworfen. Jedoch können Krisenunternehmen die negati-ven Folgen von sich kumulierenden Sanierungsgewinnen unter bestimmten Voraus-setzungen nach § 3a EStG abwenden. Vergleiche hierzu Kap. B Tz. 22 und Kap. F Tz. 165 ff. Auch in Fällen des Anteilseignerwechsels können unter gewissen Voraus-setzungen die Verlustvorträge erhalten bleiben (z.B. **fortführungsgebundene Verlust-vorträge** nach § 8 d KStG), was die Sanierung von Unternehmen durch Sanierungs-investoren (Private Equity etc.) erleichtert.

Zu bedenken ist außerdem, dass sämtliche Restrukturierungsmaßnahmen i.R. eines Sa- **391** nierungsprojektes meist unter hohem Zeitdruck bewältigt werden müssen. Dieser Um-stand einerseits sowie die großen Zeitverzögerungen bis zu einer späteren Betriebs-prüfung andererseits, in welcher dann erst die Restrukturierungsmaßnahmen steuerlich seitens der Finanzverwaltung unter die Lupe genommen werden, sind zusätzliche Schwierigkeiten, mit denen die Sanierungspraxis umzugehen hat, bevor tatsächlich Ge-wissheit bezüglich der sicheren steuerlichen Gestaltung von Sanierungsprozessen be-steht (vgl. hierzu Kap. E).

2.4.5 Abstimmung Sanierungsmaßnahmen mit Krisenstadien, strategischen Zielen und Maßnahmenmatrix (EBIT-Walk)

392 Die in die Sanierungsplanung eingeflossenen Maßnahmen sind bezüglich ihrer Erfolgsaussichten zu bewerten[652]. Für eine **positive Sanierungsaussage** können nur die Maßnahmen berücksichtigt werden, die mit einer **überwiegenden Wahrscheinlichkeit** bezüglich ihrer Realisierung zu beurteilen sind[653]. Für die Sanierungspraxis ist es sehr hilfreich, dass der BGH erstmals explizit zur erforderlichen **Wahrscheinlichkeit** des Eintritts der Sanierung Stellung genommen hat. Hiernach ist eine nachvollziehbare und vertretbar erscheinende Aussage hinreichend, um eine positive Prognose zu begründen[654]. Eine Prognose ist positiv, wenn gewichtigere Gründe für als gegen den Erfolg sprechen; der Eintritt des Erfolges muss also wahrscheinlicher sein als das Scheitern.

393 Die Aussage gilt für das Gesamturteil in einem Sanierungskonzept und hat auch Gültigkeit für die Beurteilung von **Sanierungsmaßnahmen**. Dies wird in der Praxis überwiegend umgesetzt. Es werden nur die Sanierungsmaßnahmen abgebildet, die eben mit hinreichender Wahrscheinlichkeit erfolgreich dem Sanierungsplan entsprechend umgesetzt werden können. Gerade bei der am Ende der Begutachtung sinnvollerweise stattfindenden **Abstimmung zwischen strategischer und operativer Sanierung** ist eine derartige Gesamtschau notwendig, um aus den einzelnen Prognosen zu den Sanierungsmaßnahmen eine Gesamtaussage zur Sanierungsfähigkeit ableiten zu können[655].

394 Sind die leistungswirtschaftlichen und finanzwirtschaftlichen Sanierungsmaßnahmen bearbeitet und beschrieben, ist sicherzustellen, dass mit diesen eine **stadiengerechte Krisenbewältigung** erreicht wird[656]. Aus Gründen der Darstellung kann dies überblickartig erfolgen, entweder bei kleineren Projekten (KMU) grafisch (vgl. Abb. 46) oder im Wege einer kurzen Zusammenfassung der jeweiligen Sanierungsmaßnahmen einschl. Status etc. (vgl. hierzu auch Kap. B Tz. 395). Die Beschreibung der Sanierungsmaßnahmen erfolgt i.d.R. entweder anhand der Sanierungsprojekte/Maßnahmenpakete oder auch nach den oben beschriebenen leistungswirtschaftlichen Strukturen.

395 In jedem Fall ist sicherzustellen, dass bei der Darstellung der Sanierungsmaßnahmen eine **Verknüpfung** zu den **Strategiezielen** und eine Verknüpfung zur **stadiengerechten Krisenbewältigung** sichtbar bzw. nachweisbar wird, um auch formellen Anforderungen – u.a. dem *IDW S 6* – nachzukommen. Dazu gehört, dass z.B.

- objektiv die Gesellschaft in überschaubarer Zeit durchgreifend zu sanieren ist[657],
- das Krisenunternehmen nach Durchführung der Maßnahmen ausreichende Rentabilität aufweist[658],
- das Sanierungsgutachten schlüssig[659], nachvollziehbar und vertretbar erscheint[660].

---

652 Vgl. BGH v. 12.05.2016, IX ZR 65/14, ZIP 2016, S. 1235 ff., Rn. 38.
653 Vgl. *IDW S 6*, Tz. 21.
654 Vgl. BGH v. 12.05.2016, IX ZR 65/14, ZIP 2016, S. 1235 ff., Rn. 30; *IDW S 6*, Tz. 21.
655 Vgl. *IDW S 6*, Tz. 71.
656 Vgl. *IDW S 6*, Tz. 68 ff.
657 Vgl. BGH v. 21.11.2005, II ZR 277/03, ZIP 2005, S. 281.
658 Vgl. BGH v. 12.05.2016, IX ZR 65/14, ZIP 2016, S. 1235 ff., Rn. 36.
659 Vgl. BGH v. 12.11.1992, IX ZR 236/91, ZIP 1993, S. 276, 280.
660 Vgl. BGH v. 12.05.2016, IX ZR 65/14, ZIP 2016, S. 1235 ff., Rn. 30.

In der folgenden Abbildung werden die operativen bzw. Ergebniseffekte von Sanie- **396**
rungsmaßnahmen zur Erreichung des strategischen Ziels, hier einer EBIT-Rendite von
8,3 %, aufgezeigt.

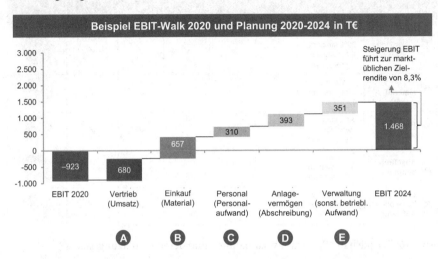

Abb. 45: Darstellung EBIT-Walk mit verschiedenen Sanierungsbereichen

Die Sanierungsmaßnahmen werden in einer weiteren Darstellung aufgenommen, um **397**
die **stadiengerechte Bewältigung der Unternehmenskrise** nachzuweisen. Diese optischen Darstellungsformen sind größenunabhängig, skizzenhaft und am Einzelfall auszurichten. Je nach Unternehmensgröße werden auch in den Zusammenfassungen an
dieser Stelle weitere Hinweise und Schlussfolgerungen dargestellt. Üblich ist auch, die
Sanierungsmaßnahmen und deren Effekte mit der integrierten Sanierungsplanung zu
erläutern. Die **Umsetzungsverantwortlichkeit** ist ein weiterer Schlüssel zum Sanierungserfolg. Daher ist es von großer Bedeutung, wenn die Verantwortlichen benannt
und auch der Stand der Umsetzung erkennbar ist[661].

---

661   Vgl. *IDW S 6*, Tz. 71.

Sanierungs-bereich \ Krisen-stadium	Maßnahmen	Stake-holder-krise	Strategie-krise	Produkt- und Absatz-krise	Ergebnis-krise	Liquiditäts-krise	Umsetzungs-status
A Umsatz	Umsatz um 20% steigern; 2 Neukunden generieren	✓	✓	✓	✓	✓	
B Material	Material-intensität um 12,5% senken	✓	✓	✓	✓	✓	
C Personal-aufwand	Arbeitnehmer um 12% der Köpfe abbauen		✓		✓	✓	
D Abschrei-bungen	Fehl-investitionen abschreiben				✓		
E sonstiger betrieblicher Aufwand	Fixkosten im Verwaltungs-bereich				✓	✓	

Abb. 46: Beispielhafte Sanierungsmaßnahmen und deren Umsetzungsstatus[662]

2.4.6 Umsetzungs- und Sanierungsmaßnahmenmanagement

398 Für den Sanierungserfolg ist ein Sanierungsgutachten ein notwendiges, aber kein hinreichendes Kriterium. Erst die erfolgreiche Umsetzung des **Sanierungskonzeptes** sichert den Unternehmensweg mittel- und langfristig. In der Regel benötigt ein Krisenunternehmen zur Krisenbewältigung Liquidität, die in vielen Situationen nicht mehr vom Gesellschafter zur Verfügung gestellt werden kann. Dann verbleiben die Finanziers (Banken, Warenkreditversicherer etc.) als letzte Ansprechpartner, um die Sanierung zu ermöglichen. Wie aus Kap. A Tz. 84 ersichtlich ist, wird ein Sanierungskonzept bzw. -gutachten benötigt, auf dessen Basis die Krise beseitigt werden soll. Dabei hat das Sanierungskonzept bereits **in den Anfängen seiner Umsetzung** zu sein[663] und muss vom Fortführungswillen der Unternehmensführung getragen werden[664]. Es muss in vielen Krisensituationen Zeit geschaffen werden, um das Sanierungskonzept aufstellen zu können, ohne dass Insolvenzgründe bereits eingetreten sind.

399 Die folgende Abbildung zeigt diesen Prozess auf, bei dem der Umsetzungsanteil im Laufe der Sanierung deutlich ansteigt. Das **Sanierungsgutachten** (Analyse, Sanierungskonzept, Sofortmaßnahmen etc.) wird je nach Situation mit einem geringeren oder höheren Anteil detaillierter Sanierungsmaßnahmen (Detailkonzept) abgebildet, weil der Zeitdruck hoch ist und die Finanzmittel in der Unternehmenskrise knapp sind. Man strebt nach einer Entscheidung der Finanziers und entwickelt hiernach das Detailkonzept, wobei die Grenzen zwischen einem sog. Grobkonzept und dem Vollkonzept der Sanierung fließend sind.

---

662 Vgl. *Hermanns*, in: Beck HDR, B 769, Abb. 20.
663 Vgl. BGH v. 12.11.1992, IX ZR 236/91, ZIP 1993, S. 280.
664 Vgl. BGH v. 12.05.2016, IX ZR 65/14, ZIP 2016, S. 1235 ff., Rn. 36.

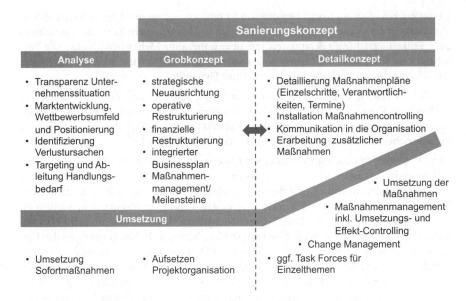

Abb. 47: Sanierungskonzept

Wird das Sanierungsgutachten durch Stakeholder, nämlich Gesellschafter/Geschäfts- **400**
führung und Fremdkapitalgeber, mit positivem Ergebnis akzeptiert, startet eine inten-
sive **Umsetzungsphase**, die über die sog. Phase der Sofortmaßnahmen i.d.R. deutlich
hinausgeht. In dieser Phase wird festgelegt, in welcher Form die Sanierungsmaßnahmen
zeitlich, personell etc. umgesetzt werden und es wird ein Maßnahmenmanagement/-
controlling eingerichtet.

Es ist selbstverständlich, dass eine Restrukturierung nur durch sehr konsequentes Um- **401**
setzen der geplanten Maßnahmen zum Erfolg führen kann, weil Zeitdruck und enge finanzielle Rahmenbedingungen eine schnelle und konsequente Umsetzung bedingen.
Gerne werden z.T. gravierende, folgenreiche Maßnahmen verschoben, jedoch ist die
Einhaltung des Maßnahmenplans für den Sanierungserfolg und auch das Vertrauen in
das Gelingen der Sanierung wichtig. Das Handeln in der Umsetzungsphase bewegt sich
stets zwischen den Gegenpolen vorsichtigen Agierens (mit Rücksichtnahme auf sämtliche Interessenlagen) auf der einen und übertriebener Formen von Aktionismus, nur
um den Anschein eines schnellen Handelns zu erwecken, auf der anderen Seite. Als
Faustregel sollte innerhalb des ersten halben Jahres der Großteil der Sanierungsmaßnahmen umgesetzt sein. Die **Verantwortlichkeiten** sind bei der Umsetzung klar
zuzuordnen. Die in die Sanierung einbezogenen Mitarbeiter sind bei der Arbeit hoch
belastet, weil neben den Sanierungsaufgaben noch das Tagesgeschäft zu erledigen ist. In
der Konsequenz kann das Management nicht alle Aufgaben bewältigen, die Mitarbeiter
werden dann von externen Beratern unterstützt, was auch der Vertrauensbildung ggü.
Stakeholdern – auch als neutrale Instanz für interne Konflikte – dient.

Der Umsetzungsprozess fördert bei den Mitarbeitern einen **Umdenkungsprozess**, d.h. **402**
ein **Change Management**. Die Einstellung und das Handeln der Führungskräfte bzw.
Mitarbeiter haben sich an die Gegebenheiten anzupassen, Entscheidungen sind schneller

zu treffen, ein erhöhtes Kostenbewusstsein ist notwendig und der Arbeitseinsatz als solcher steigt in der Umsetzungsphase. Mitarbeiter und Management haben darüber hinaus auch Entgeltverzichte zu akzeptieren, ggf. über unbezahlte Mehrarbeit hinaus. Alle Entscheider im Krisenunternehmen sind bei offener **Kommunikation** einzubinden und es entsteht bei der Restrukturierung eine positive Dynamik.

403 Die Krise weist viele negative Begleitumstände auf, hat aber den Vorteil, dass leichter umfassende Sanierungsmaßnahmen zur Abwendung der Insolvenz ergriffen werden können. **Widerstände** können mit dem Verweis auf die Dringlichkeit des Handelns **aufgebrochen** und Entscheidungsprozesse stark verkürzt werden[665].

404 Um die Umsetzung zu kontrollieren, wird neben der Linienorganisation eine Projektorganisation aufgesetzt, die ein sog. **Lenkungsausschuss** (Steering Committee) steuert. Die Sanierungsmaßnahmen und deren Detaillierung in Einzelschritte, Verantwortlichkeiten, Termine und Effekte stehen damit in dessen Verantwortungsbereich, häufig inkl. Personalverantwortung. Das bedeutet, bei Nicht-Performance können auch Personalentscheidungen getroffen werden. Wichtige Mitarbeiter, insb. Leistungsträger des Unternehmens, sind in den Konzepterstellungs- und Umsetzungsprozess einzubinden, damit das komplette Know-how im Unternehmen genutzt wird und eine **hohe Identifikation mit der Restrukturierung** erreicht wird. Die folgende Abbildung zeigt eine typische Projektorganisation in einer Restrukturierung eines größeren Unternehmens. Der Umfang der Projektorganisation und die Anzahl der Teams richten sich nach Anzahl der Themen und Größe/Komplexität der Krisenunternehmen[666].

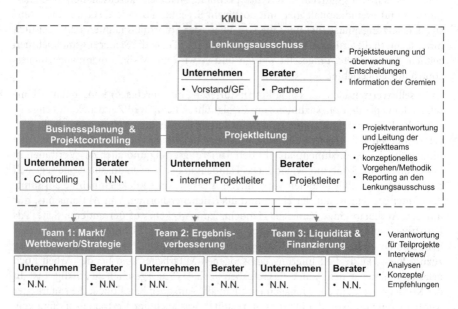

Abb. 48: Beispiel Projektorganisation

665 Vgl. *Kraus*, in: Buth/Hermanns[5], § 4, Rn. 43.
666 Vgl. *Kraus*, in: Buth/Hermanns[5], § 4, Rn. 46 f., Abb. 10.

Der Lenkungsausschuss gibt Sanierungsziele entsprechend dem Sanierungsgutachten **405** vor, organisiert die **Projektleitung** und sorgt für die **Maßnahmendurchsetzung**. Über den Leistungsfortschritt informiert der Lenkungsausschuss die Gremien, z.b. Gesellschafter, Aufsichtsrat, Beirat oder eine Finanziererrunde. Seine Tätigkeit sichert den Handlungsdruck auf die Umsetzungsteams, was eine regelmäßige Zusammenkunft erfordert. Ein straffer Zyklus ermöglicht frühzeitige Gegensteuerung bei Verzögerungen oder Mängeln in der Umsetzung[667].

Die **Projektleitung** steuert das Sanierungsprojekt operativ, führt die Projektteams, er- **406** stellt konzeptionelle Vorgaben und berichtet an den Lenkungsausschuss. Gegebenenfalls wird die Projektleitung bei größeren Sanierungsaufgaben durch ein Team unterstützt, das Businesspläne erstellt und das Controlling von Projekten übernimmt. Projektcontrolling bedeutet auch, dass die finanziellen Auswirkungen von umgesetzten Sanierungsmaßnahmen zusammengefasst und überwacht werden, sodass die Projektleitung zu jeder Zeit auf den Status der einzelnen Projekte zugreifen kann. Projektleitung und Lenkungsausschuss interagieren so, dass der Lenkungsausschuss in den Umsetzungsprozess ggf. korrigierend eingreifen kann.

Die **Projektteams** verantworten die Sanierungsmaßnahmen und deren Umsetzung, **407** wobei die Zielvorgaben im Sanierungskonzept den Rahmen geben. Die Zielvorgaben sind top-down gesteuert, werden operationalisiert und durch weitergehende Analysen vertieft. Es kann in gewissem Rahmen durchaus auch Anpassungen in Abstimmung mit dem Lenkungsausschuss geben und somit auch zu einem Bottom-up-Informationsaustausch kommen. In der Regel wird es in diesem Stadium keine gravierenden Abweichungen geben, die die Aussagen des Sanierungsgutachtens konterkarieren.

Bei **KMU** ist eine derartig aufwendige Projektorganisation weder finanzierbar noch **408** zielführend. Die Aufgabenstellungen werden hier von einem Industrieexperten/CRO oder einem Unternehmensberater abgedeckt, der auch wesentliche Teile der Projektorganisation übernehmen kann und somit auch die Funktion des Lenkungsausschusses sowie die Kommunikation mit den Stakeholdern wahrnimmt (vgl. hierzu Abb. 48, in der die eingerahmten Funktionen bspw. von einer Person wahrgenommen werden).

Die Umsetzung von Sanierungskonzepten ist ohne **Maßnahmenmanagement** mit Risi- **409** ken behaftet. Erst eine strukturierte Erfassung und Detaillierung ermöglicht es, dass die erreichten Ziele bei der Maßnahmenumsetzung kontrolliert werden können. Des Weiteren kann hierauf aufbauend über den Status der Sanierung ggü. Lenkungsausschuss und relevanten Stakeholdern berichtet und ggf. die Einleitung von Gegenmaßnahmen bei Zielabweichungen angestoßen werden. Die Vielzahl der Sanierungsmaßnahmen und die darauf aufgebauten Einzelschritte, die bei Großkonzernen mehrere tausend und bei KMU vielleicht zwanzig bis hundert umfassen, sowie die Prozesskomplexität erfordern ein Maßnahmencontrolling. Die mit dem Sanierungsgutachten einhergehenden Maßnahmenpakete und Maßnahmen sind mit Ergebnis- und Liquiditätseffekten hinterlegt und mit dem Lenkungsausschuss abgestimmt.

Wenn der Sanierungsmaßnahmenumfang zu einer hohen Komplexität und Inter- **410** aktivität führt, kann der Einsatz von **IDT-gestützten Tools** sinnvoll sein. Datenbankstrukturen sorgen dafür, dass Teams auch bei internationalen Projekten und über meh-

---

667 Vgl. *Kraus*, in: Buth/Hermanns[5], § 5, Rn. 47.

rere Standorte hinweg zeitgleich, online und strukturiert auf die Maßnahmen zugreifen können. Bei KMU werden eher excelbasierte Lösungen eingesetzt. Die Steuerung der Projekte wird, um auch ein sachgerechtes, übersichtliches Reporting zu ermöglichen und Deadlines zu überwachen, mit optischen Hilfen wie z.b. der „Ampellogik" unterstützt. Nur mit standardisierten Strukturen inkl. **Reporting** kann der Sanierungsprozess auch für Dritte transparent gesteuert werden.

2.4.7 Kommunikation mit Stakeholdern

411 Die Einführung eines **Krisenmanagements** stört oder zerstört die Beziehung zwischen Management und Stakeholdern, besonders die Kapitalgeber sind hiervon meist betroffen. Die Initiative für die Einleitung einer Sanierung geht oft von Banken, Gesellschaftern/Investoren und Kontrollorganen aus, welche lange im Unklaren gelassen und vom Management über die tatsächliche Unternehmenssituation getäuscht wurden. Eine aktive und offene Kommunikation ist die Basis für den Aufbau von Vertrauen; der Austausch von Teilen des Managements ist daneben aber nicht vermeidbar[668].

412 Die Kommunikation wird nach **empirischer Beobachtung** von der Unternehmensführung in der Krise tendenziell eher eingeschränkt und der Informationsfluss ggü. den Stakeholdern reduziert[669]. Diese verzögerte und unzureichende Information führt jedoch nur zu weiterer Verunsicherung und zu Vertrauensverlust. Die wesentliche Aufgabe des Krisenmanagements ist es aber gerade, Vertrauen wiederherzustellen. Eine offene Informationspolitik unterstützt diesen Prozess. Die grundlegende Änderung der Kommunikation muss bei Initiierung der Restrukturierung erfolgen, die Kommunikation muss offen und aktiv werden. Hierbei darf auch vor unangenehmen Wahrheiten nicht zurückgeschreckt werden. Das heißt allerdings nicht, dass eine Kommunikation einen negativen Klang haben muss. Beispielsweise die Vermittlung von Erfolgen führt zu Motivation und trägt dazu bei, dass das Konzept positiv aufgenommen wird. Die Stakeholder werden eingebunden und Betroffene werden zu Beteiligten. Die Aufgaben des Managements sind vielfältig. So müssen Banken ins Geschehen eingebunden und neue Investoren gewonnen werden. Die Motivation der Mitarbeiter ist zu stärken, aber auch bei Lieferanten und Kunden hat Überzeugungsarbeit für eine weitere Zusammenarbeit zu erfolgen. Abbildung 49 gibt einen Überblick über die verschiedenen Stakeholder in einem Krisenunternehmen, die Informationen des Managements benötigen[670].

---

668 Vgl. *Kraus*, in: Buth/Hermanns[5], § 4, Rn. 38.
669 Vgl. *Staw/Sandelands/Dutton*, Administrative Science Quarterly, 4/1981, S. 501 ff.
670 Vgl. *Hermanns*, in: Beck HDR, B 769, Abb. 22.

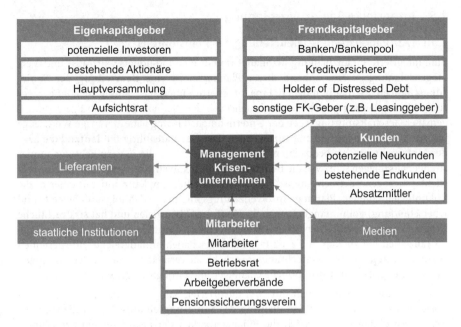

Abb. 49: Überblick Stakeholder in Krisenunternehmen

Um das Vertrauen ggü. den Mitarbeitern zu stärken, muss v.a. **Transparenz** über die Ist-   **413** Situation sowie die künftige Strategie und Struktur geschaffen werden. Durch diese Maßnahme wird die Unsicherheit der Mitarbeiter eingeschränkt und die Gerüchtebildung eingedämmt. Als Kommunikationsmittel bieten sich Mitarbeiterbriefe und -zeitschriften, Betriebsversammlungen und Informationen durch Führungskräfte sowie Gespräche mit dem Betriebsrat an. Besonders das Informationsbedürfnis der Banken und Gesellschafter nimmt in der Krise deutlich zu[671]. Um die Unsicherheiten und Risikopositionen zu beheben, ist eine umfangreiche Kommunikation über die Unternehmenslage und das Sanierungskonzept unabdingbar. Als Informationsinstrumente dienen Bankengespräche und -meetings, ein auf die Bedürfnisse der Finanzierer ausgerichtetes **Reporting**, Gespräche mit den Gesellschaftern und außerordentliche Aufsichtsratssitzungen/Hauptversammlungen. Insgesamt sollte auf eine faktenbasierte, objektive und glaubwürdige Kommunikation geachtet werden. Damit das Vertrauen langfristig erhalten bleibt, sollten die Stakeholder frühzeitig eingebunden werden, sodass Überraschungen vermieden werden. Um das Vertrauen weiter zu steigern und wiederherzustellen, ist der Einsatz von externen Beratern bzw. von einem CRO als neutrale Instanz zu empfehlen[672].

---

671 Vgl. *Kall*, S. 52.
672 Vgl. *Hermanns*, in: Beck HDR, B 769, Rn. 101.

2.5 Integrierte Sanierungsplanung

2.5.1 Aufgabenstellung (Beurteilung der Plausibilität)

414 Eine integrierte Finanzplanung beinhaltet immer eine Liquiditäts-, Ertrags- und Vermögensplanung[673]. Nur anhand dieser Planungen ist eine **Beurteilung der Sanierungschancen** überhaupt möglich. Eine integrierte Sanierungsplanung stellt eine integrierte Finanzplanung in der Unternehmenskrise dar. Bereits die Grundsätze ordungsgemäßer Geschäftsführung legen der Unternehmensführung nahe, derartige Werkzeuge u.a. zur Unternehmensführung anzuwenden. Der Geschäftsführer hat **laufend** die Lage des Unternehmens zu beobachten[674]. In der Krise wird diese Verpflichtung immer strenger auszulegen sein, weil die **Beurteilung von Insolvenzantragsgründen** keine rein stichtagsbezogene Betrachtung ist[675]. Die Geschäftsführung kann nur mit einer in die Zukunft gerichteten Planung Insolvenzantragspflichten (Zahlungsunfähigkeit und Überschuldung) vollumfänglich nach §§ 15a ff. InsO beurteilen und hat strafrechtliche Konsequenzen zu befürchten, wenn sie dies in einer Unternehmenskrise unterlässt (vgl. im Einzelnen hierzu Kap. A Tz. 62 ff.). Gläubiger haben umfangreiche Informationen einzuholen, um Insolvenzanfechtungsansprüche zu vermeiden, was in der bisherigen Praxis im Regelfall nur institutionelle Gläubiger und Großgläubiger umsetzen.

415 Das Sanierungskonzept enthält mit dem integrierten Sanierungsplan in zusammengefasster Form eine zahlenmäßige **Planung des Sanierungsablaufs.** Durch die rechnerische Verprobung wird zugleich die Finanzierbarkeit der beabsichtigten Sanierungsmaßnahmen nachgewiesen[676]. Die aus der Ist-Analyse und den identifizierten Problem- und Verlustbereichen abgeleiteten Maßnahmeneffekte sind bereits an dieser Stelle quantifiziert und werden in einem integrierten Sanierungsplan zusammengeführt. Aufgabenstellung ist nunmehr, die Tragfähigkeit und Stimmigkeit des Sanierungskonzeptes anhand geeigneter Informationen (z.B. Kennzahlen) im Planungszeitraum zu validieren[677].

416 Darstellungstechnisch werden die **Problembereiche** des Unternehmens einschl. Verlustquellen etc. im **analytischen Teil** abgebildet. Eine Beschreibung der Unternehmensentwicklung ohne Sanierungsmaßnahmen kann bei gesonderter Beauftragung dann sinnvoll sein, wenn hierdurch bspw. die drohende Zahlungsfähigkeit und eine damit verbundene negative Fortführungsprognose nachgewiesen wird, die z.B. zur Beantragung eines Schutzschirmverfahrens nach § 270 d InsO notwendig ist. In jedem Fall hat der Unternehmensplan ohne Sanierungsmaßnahmen Bedeutung i.R.d. Ermittlung von Insolvenzantragsgründen[678].

417 Wie erläutert, ist eine separate Darstellung von Sanierungsmaßnahmen im Sanierungskonzept in der Praxis häufig anzutreffen. Wenn der integrierte Sanierungsplan dargestellt wird, ist hier auf die entsprechenden Sanierungsmaßnahmen zu verweisen. In dem Sanierungsplan ist die Wirkung der angeführten Sanierungsmaßnahmen auf die künf-

---

673 Vgl. OLG Celle, v. 08.10.2015, 16 U 17/15, Rz. 23; OLG Köln v. 24.09.2009, 18 U 134/05, WPG 2011, S. 442; *IDW S 6*, Tz. 2.
674 Vgl. § 43 Abs. 1 und 2 GmbHG.
675 Vgl. *Werner/Schreitmüller*, in: Crone/Werner, S. 204.
676 Vgl. *IDW S 6*, Tz. 73.
677 Vgl. *IDW S 6*, Tz. 72.
678 Vgl. *Werner/Schreitmüller*, in: Crone/Werner, S. 208.

tige Ertrags-, Liquiditäts- und Vermögensentwicklung des Krisenunternehmens darzustellen. Auf den **Realisierungsgrad** ist hier dann einzugehen, wenn dies bei der Beschreibung der Sanierungsmaßnahmen noch nicht erfolgt ist. Im Sanierungskonzept ist in jedem Fall anzugeben, inwieweit das schlüssige Konzept **mindestens in den Anfängen schon in die Tat umgesetzt** worden ist[679].

Die **Planungsperiode** bzw. der Planungshorizont (vgl. auch Kap. B Tz. 82 ff.) für den **418** Sanierungsplan umfasst i.d.R. drei bis fünf Jahre[680]. In diesem Zeitraum ist die Sanierung des Unternehmens umzusetzen und eine angemessene, branchenübliche Rendite zur erwirtschaften. Für die kurz- bis mittelfristige Betrachtungsweise sind, orientiert an § 19 Abs. 2 InsO, i.d.R. mindestens 12 Monate zu planen. Dies ist insb. aufgrund der insolvenzrechtlichen Anforderungen in Bezug auf die Fortbestehensprognose relevant. Für die folgenden Planjahre kann die Darstellung auf Basis von viertel- bzw. halbjährlichen Planangaben ausreichend sein[681]. Einzelheiten zu den Planungsperioden sind mit den Berichtsadressaten bzw. Stakeholdern abzustimmen. Ein integrierter Sanierungsplan enthält mehrere, aufeinander abgestimmte **Teilpläne**[682].

Sanierungskonzepte können Maßnahmen enthalten, die von der **Mitwirkung Dritter** **419** abhängen und bei denen zum Zeitpunkt der Konzepterstellung eine rechtlich bindende Verpflichtung noch aussteht[683]. Beabsichtigen Gesellschafter, eine Zuzahlung in das Eigenkapital der Gesellschaft zu leisten oder Gläubiger auf Forderungen gegen Besserungsabrede zu verzichten, so ist dies im Sanierungskonzept, an geeigneter Stelle und ggf. in der Schlussbemerkung, kenntlich zu machen. Die **Wahrscheinlichkeit des Eintritts** der Bedingungen ist zu beurteilen und ggf. ins Gutachten aufzunehmen oder darin zu kommentieren. Ist eine dieser **Bedingungen** für die positive Beurteilung eines Sanierungskonzeptes relevant, dann kann die Sanierungsfähigkeit nur unter dieser Bedingung bestätigt werden. Diese Bedingungen müssen **mit überwiegender Wahrscheinlichkeit** eintreten[684]: Soweit das Konzept ausnahmsweise auf einzelnen Bedingungen basiert, deren Eintrittswahrscheinlichkeit auch nicht in einer Bandbreite beurteilt werden kann, kommt eine Ankündigung des Erstellers in Betracht, eine positive Aussage zur Sanierungsfähigkeit in die Schlussbemerkung aufzunehmen, sobald diese Bedingungen erfüllt sind[685]. Dies ist dann regelmäßig der Fall, wenn die Finanziers die weitere Begleitung des Krisenunternehmens von der positiven Beurteilung der Sanierungsfähigkeit des Unternehmens abhängig machen. In dieser Situation kann wie bei einer **Testatsankündigung** das Gutachten zunächst fertiggestellt werden. Liegt das Sanierungskonzept mit dieser Bedingung vor, kann bspw. die Finanziererrunde einem Sanierungskredit zustimmen und das Sanierungskonzept entfaltet Wirkung. Ist eine für die Bestätigung der Sanierungsfähigkeit wesentliche Sanierungsmaßnahme zum Zeitpunkt der Erstellung des Gutachtens nicht beurteilbar, dann kann es ggf. zu keiner positiven Beurteilung kommen[686].

---

679 Vgl. *IDW S 6*, Tz. 75.
680 Vgl. *Werner/Schreitmüller*, in: Crone/Werner, S. 208.
681 Vgl. *IDW S 6*, Tz. 74.
682 Vgl. *IDW S 6*, Tz. 78.
683 Vgl. *IDW S 6*, Tz. 76.
684 Vgl. *F&A zu IDW S 6*, Frage 6.2.
685 Vgl. *F&A zu IDW S 6*, Frage 6.2.; *IDW S 6*, Tz. 94.
686 Vgl. *IDW S 6*, Tz. 21.

420 Die in die Sanierungsplanung eingeflossenen Maßnahmen sind einzeln und in ihrer Gesamtschau bezüglich ihrer **Erfolgsaussichten** zu bewerten[687]. Für eine positive Sanierungsaussage können nur die Maßnahmen berücksichtigt werden, die mit einer **überwiegenden Wahrscheinlichkeit** bezüglich ihrer Realisierung zu beurteilen sind. Dies gilt auch für solche Maßnahmen, die dazu bestimmt sind, Insolvenzantragsgründe zu vermeiden oder zu beseitigen[688].

421 Die **Stimmigkeit der einzelnen Sanierungsmaßnahmen** ist eine notwendige Bedingung für den Sanierungserfolg. Die hiermit erreichte Transparenz des Sanierungskonzeptes ermöglicht unter Berücksichtigung eines quantifizierten Leitbildes sowie einer in sich stimmigen Sanierungsmaßnahmenmatrix eine Prognosebeurteilung, die für Externe nachvollziehbar ist. Nach der Rechtsprechung genügt eine positive Prognose, sie muss aber nachvollziehbar und vertretbar erscheinen und es soll wahrscheinlich sein, dass mit dem Sanierungsplan die Wiederherstellung der uneingeschränkten Zahlungsfähigkeit erfolgt[689].

422 Mit der integrierten Sanierungsplanung kann das **Gesamtpaket der Sanierungsmaßnahmen** betrachtet und kontinuierlich **überwacht** werden. Sämtliche Querbeziehungen innerhalb von Maßnahmenpaketen können somit auch neben einer notwendigen isolierten Kontrolle von Sanierungsmaßnahmen beobachtet werden. Dies erst versetzt die gesetzlichen Vertreter der Gesellschaft in die Lage, entsprechend einem **Sanierungscontrolling** die konzeptgemäße Umsetzung des Sanierungskonzeptes zu überwachen. Damit werden die Eckpunkte für die Beurteilung des Sanierungskonzeptes durch Dritte definiert[690].

2.5.2 Aufbau eines integrierten Sanierungsplans

423 Ein Sanierungsplan geht von sog. betrieblichen Teilplänen aus. Hierzu können bspw. Absatz-, Investitions- und Personalpläne gehören. Darauf bauen die notwendige Plan-Gewinn- und Verlustrechnung sowie der Bilanz- und Finanzplan auf.

---

687 Vgl. BGH v. 12.05.2016, IX ZR 65/14, ZIP 2016, S. 1235 ff., Rn. 38.
688 Vgl. *F&A zu IDW S 6*, Frage 6.2.
689 Vgl. BGH v. 12.05.2016, IX ZR 65/14, ZIP 2016, S. 1235 ff., Rn. 30.
690 Vgl. *IDW S 6*, Tz. 85.

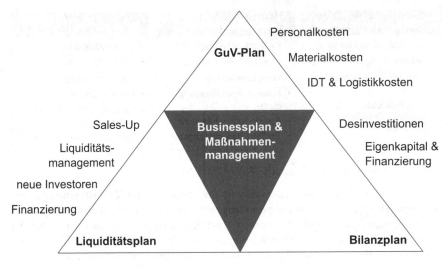

Abb. 50: Sanierungsplan[691]

Integrierter Sanierungsplan bedeutet auch, dass der Ergebnis-, Finanz- und Vermö- **424**
gensplan in sich selbst bspw. durch Abstimmsummen verprobt wird. Auch die Rechtsprechung weist darauf hin, dass ein Sanierungskonzept eine **Planverprobung** voraussetzt[692]. Der Sanierungsplan soll wesentliche Planannahmen besonders kennzeichnen[693]. Diese wesentlichen Planannahmen werden auch als **kritische Prämissen**
bezeichnet[694]. Planannahmen können bspw. die Verbesserung der Mitarbeiterproduk-
tivität durch Automatisierung, verbesserte Rohstoffpreise, Mitarbeiterabbaumaßnah-
men sowie verbesserte Finanzierungsbedingungen sein. Weist der Sanierungsplan nach
erfolgreicher Sanierung finanzwirtschaftliche Überschüsse aus, können diese zur Rückführung der Finanzverbindlichkeiten eingesetzt werden[695].

Die integrierte Planung wird berufsüblich mit **Kennzahlen** ergänzt. Kennzahlen sind **425**
bedeutend für Branchenvergleiche, die mit Kennzahlen ermöglicht werden. Derartige
Kennzahlen, sog. **Benchmarks**, dienen dazu, die Aussage zur Sanierungsfähigkeit zu
stützen. Denn letztlich kann durch ein Kennzahlensystem die Erreichung einer branchenüblichen Zielrendite nachgewiesen werden. Da Finanzierungsbedingungen häufig
an Covenants gebunden werden, sind diese in das Kennzahlensystem zu integrieren und
laufend zu überwachen. Einen beispielhaften Überblick über Kennzahlen gibt die folgende Übersicht[696].

---

691   Vgl. *Hermanns,* in: Beck HDR, B 769, Abb. 24.
692   Vgl. OLG Köln 24.09.2009, 18 U 134/05, WPg 2011, S. 442.
693   Vgl. *IDW S 6,* Tz. 79.
694   Vgl. *Werner/Schreitmüller,* in: Crone/Werner, S. 209.
695   Vgl. *IDW S 6,* Tz. 82.
696   Vgl. *F&A zu IDW S 6,* Frage 7.4.

Liquiditätskennzahlen	Ertragskennzahlen	Vermögenskennzahlen
• Liquiditätsgrade I bis III • Cashflow in % vom Umsatz • Schuldentilgungsdauer in Jahren • Kapitaldienstdeckungs-fähigkeit - Debt Service Coverage	• Gesamtkapitalrentabilität • Eigenkapitalrentabilität • Umsatzrentabilität • Material-/Fremdleistungs-quote • Personalaufwandsquote • EBITDA in % vom Umsatz	• Eigenmittelquote • Verschuldungsgrad • Anlagendeckung • Working Capital • Laufzeiten der Debitoren und Kreditoren • Vorratsreichweite in Tagen

Abb. 51: Wichtige Kennzahlen nach *F&A zu IDW S 6*

426 Ausgangspunkt für den Sanierungsplan ist die **Gewinn- und Verlustrechnung** (Erfolgsplan oder GuV-Plan), in der periodengerecht die Erträge und Aufwendungen des Sanierungskonzeptes abgebildet werden. Letztlich wird hier die **handelsrechtliche Struktur** der Gewinn- und Verlustrechnung in Teilplänen dargestellt. Aus dem Leitbild des sanierten Unternehmens abgeleitet wird die operative Stoßrichtung im Markt, die über die Festlegung von Produkt-Markt-Kombinationen in der Absatzplanung mündet, die sämtlichen Mengenabsatz bzw. die Leistungserstellung im Planungszeitraum erfasst. Hier beeinflussen Absatzpreise, Neukundengewinnung, aber auch Portfoliobereinigungen als mögliche Sanierungsmaßnahmen die Entwicklung der Umsatzerlöse in den Planjahren. Werden verlustbehaftete Produkte aus dem Produktionsprogramm gestrichen, dann wird sich regelmäßig der Umsatz im kurzfristigen Betrachtungszeitraum verringern, um darauf aufbauend auf niedrigerem Niveau später wieder gesteigert werden zu können. Auf die entsprechenden Rahmenbedingungen zu den entwickelten Sanierungsmaßnahmen ist im Maßnahmenteil zu verweisen.

427 Liegt das **Produktprogramm** mit seinen möglichen Absatzmengen in den Planjahren fest, kann auch die Produktion für die Planungszeiträume festgelegt werden. Wird die Leistung bei Restrukturierungen reduziert, ist im Bereich der Produktion mit Desinvestitionen und Mitarbeiterabbau zu planen. Es kann aber auch sein, dass ein Teil der Effekte über den Abbau von Leiharbeitern erzielt werden kann. Hat mangelhafte Produktqualität zur Unternehmenskrise beigetragen, dann ist eher mit Investitionen im Bereich der Produktion zu planen.

428 Die **Interdependenz der Teilpläne** zueinander ist bereits jetzt erkennbar. Denn über das Produktprogramm und die Produktion direkt miteinander verbunden ist die Planung des Materials, des Personals und – um alle Ressourcen zu nennen – der sonstigen betrieblichen Aufwendungen. Über Desinvestition und Investition im Produktionsbereich werden Effekte erzielt, die sich in der Bilanz- und der Liquiditätsplanung niederschlagen. Die Materialintensität wird sich i.d.R. über den Produkt-Mix und die Einkaufsbedingungen usw. bestimmen. Beim Personalplan werden die künftig benötigten Personalkapazitäten sowie verbesserte Tarifbedingungen wichtige Stellgrößen sein. Kann durch gezielte Verbesserungen in der Produktion der Instandhaltungsstau vermindert werden, ergeben sich hieraus Effekte auf die Planung des sonstigen betrieblichen Aufwands.

429 Insgesamt wird der Erfolgsplanung durch bspw. **intensitätsorientierte Kennzahlen** verprobt und gesteuert. Vergleiche hierzu Abb. 50, bei der im Grunde genommen die gesamte **Sanierungsmaßnahmenmatrix** in Form eines Kennzahlensystems abgebildet wird. Diese Benchmarks helfen bei der Entwicklung und Beurteilung sowie der Umsetzung von Sanierungsmaßnahmen. Eine wichtige Kennzahl hier ist das sog. EBITDA (Earnings Before Interest, Taxes, Depreciation and Amortization), weil diese Kennzahl als Maßstab für die operative Finanzierungskraft gesehen wird. EBITDA ist nicht durch die nicht auszahlungswirksamen Abschreibungen beeinflusst und wird als Indikator für den operativen Cash-Flow gesehen[697]. Werden die Abschreibungen von der Kennzahl abgezogen, erhält man das sog. EBIT (Earnings Before Interest and Taxes) als Maßstab für die operative Ertragskraft eines Unternehmens. Beide Kennzahlen sind insb. für Kapitalgeber von besonderem Interesse, da sie unbeeinflusst von Steuern und Zinsen sind und sich somit für **Unternehmensvergleiche** eignen.

Die strategische Ausrichtung bei der Krisenbewältigung legt regelmäßig die zu verwendenden Produktionsstrukturen und damit auch die Struktur des **Anlagevermögens** fest, was bei Produktionsbetrieben Effekte auf die Planung der Abschreibungen hat. Zieht sich ein Unternehmen in der Krise aus dem Auslandsgeschäft zurück, führt die Veräußerung von Beteiligungen an Vertriebsgesellschaften zu **Desinvestitionen** im Finanzanlagevermögen. Die Planung des Sachanlagevermögens erfolgt in Abstimmung mit der Produktionsplanung. Wichtige Kennziffern sind hier die Anlagenintensitäten. **430**

Im Bereich des **Umlaufvermögens** sind zunächst die Vorräte planungsrelevant. Die Beseitigung von Krisenursachen an dieser Stelle bedeutet bei Streichung im Produktprogramm eine mengenmäßige Anpassung des Bestandes auf ein niedrigeres Niveau. **Ladenhüter** werden regelmäßig erkannt worden sein und über angepasste **Reichweitenabschläge** ebenfalls zu Wertkorrekturen nach unten führen. Hierdurch verbessert sich die Kapitalbindung, was sich insb. durch verbesserte Umschlagskoeffizienten in Tagen ausdrückt. Eben über diese Koeffizienten können die Vorräte, bzw. das Working Capital insgesamt, geplant werden. **431**

Liefer- und Leistungsforderungen sind ein Reflex in der Planung zur Entwicklung der Umsatzerlöse. Veränderungen im Produktmix ziehen i.d.R. veränderte Kundenstrukturen nach sich. Eine Planung auf Ebene der Kunden und nicht nur der Produkte ist sinnvoll. Bei den sonstigen Forderungen können häufig wiederkehrende Positionen festgestellt werden, die ebenfalls über Umschlagskoeffizienten verprobt oder auch im Einzelnen geplant werden können. **432**

Die Bilanzplanung auf der **Passivseite** hängt in Bezug auf das **Eigenkapital** davon ab, ob der bestehende Gesellschafterkreis weitere liquide Mittel zur Sanierung des Unternehmens beisteuern kann oder neue Investoren gefunden werden. **Rückstellungen** werden nach den einzelnen Kategorien sachverhaltsgerecht geplant. Bei der Planung der **Bankverbindlichkeiten** können Verhandlungsergebnisse zur Unterstützung der Sanierung, wie zum Beispiel Tilgungsaussetzung oder Sanierungszinsen, antizipiert werden. **Lieferverbindlichkeiten** stellen wiederum einen Reflex zur Planung des Materialaufwands da, wobei hier Stundungen mit wesentlichen Lieferanten für Finanzierungsspielräume im Übergangszeitraum sorgen können. Diese und auch die **sonstigen Verbindlichkeiten** werden ebenfalls mit Umschlagskoeffizienten verprobt. **433**

---

697 Vgl. *Werner/Schreitmüller*, in: Crone/Werner, S. 218.

434 Die **Liquidität** oder die Kasse wird planerisch gerne als Residualgröße aufgefasst. Je nach Planungsfortschritt wird hypothetisch unterstellt, dass unbegrenzt Finanzmittel generiert werden können, um den Finanzierungsbedarf der Sanierungsmaßnahmen zu ermitteln. Ist die Unternehmenskrise überwunden, entwickelt sich die Liquidität des Unternehmens zunehmend positiv. Dann dient die wachsende Liquidität der möglichen Tilgung von Bankkrediten. Die Liquiditätsströme werden als Cash-Flow aus laufender Investitions- und Finanzierungstätigkeit abgebildet. Die sich somit ergebende Summe bildet die Veränderung des Finanzmittelfonds ab, der sich aus dem Finanzmittelbestand (Kasse etc.) bzw. der Veränderung zwischen den beiden Bilanzstichtagen ergibt[698].

$$Cashflow\ aus\ laufender\ Gesch\ddot{a}fts t\ddot{a}tigkeit$$
$$+\ Cashflow\ aus\ Investitionst\ddot{a}tigkeit$$
$$+\ Cashflow\ aus\ Finanzierungst\ddot{a}tigkeit$$
$$=\ Ver\ddot{a}nderung\ des\ Finanzmittelfonds$$
$$\pm Finanzmittelbestand\ Anfang\ der\ Periode$$
$$=\ Finanzmittelbestand\ am\ Ende\ der\ Periode$$

435 Da das laufende und das folgende GJ monatlich geplant werden, kann hier auch eine insolvenzbewährte Finanzplanung dargestellt werden. Es ist allerdings nicht unüblich, die Liquidität im direkten Wege über Zahlungseingänge und Zahlungsausgänge zu ermitteln. Ist die Gefahr der Zahlungsunfähigkeit gegeben, ist in diesem Bereich der Kredit ggf. auf Wochen- oder auch auf Tagesbasis zu planen. Hier sind die entsprechenden Werkzeuge durch weitere Tools zu ergänzen.

436 **Zusammenfassend** ist die Sanierungsplanung daraufhin zu untersuchen, ob die **Gesamtheit der Sanierungsmaßnahmen** unter Berücksichtigung ihrer gegenseitigen wirtschaftlichen und prozessualen Beziehungen geeignet ist, die Unternehmenskrise zu überwinden. Das angestrebte Leitbild ist dann erreichbar und das Geschäftsmodell erfolgreich. Jede einzelne Sanierungsmaßnahme ist hinreichend detailliert beschrieben und mit entsprechenden Zeitplänen versehen. Somit kann die Plausibilität und **Umsetzungswahrscheinlichkeit** beurteilt werden. Die bereits durchgeführten oder sich in der Umsetzung befindenden Sanierungsmaßnahmen sind dabei hinreichend zu würdigen und ggf. gesondert zu erläutern. Die quantitativen Effekte sind der Höhe nach und in Bezug auf den Realisierungszeitpunkt im Sanierungsplan detailliert darzulegen und zu beschreiben. Die Verbesserungspotenziale werden bspw. durch einen EBIT-Walk aufgezeigt und auf ihre rechnerische Richtigkeit und Stimmigkeit in Bezug auf die übrigen Planannahmen analysiert. Wird z.B. mit Umsatzwachstum geplant, müssen Produktionskapazitäten und die Entwicklung des Gesamtmarktes bzw. die Marktstellung des Krisenunternehmens dies zulassen. Die mit den Sanierungsmaßnahmen verbundenen Risiken sind zu analysieren und zu beurteilen. Bei Unternehmenskrisen führen fehlende Wahrnehmungen häufig zu überhöhten Ambitionen bei der Planung (**Hockey-Stick-Effekt**) bzw. einzelnen Sanierungsmaßnahmen, die nach neutraler Einschätzung eine geringere Umsetzungswahrscheinlichkeit aufweisen. Dem ist gutachterlich entgegenzutreten.

---

698 Vgl. *Werner/Schreitmüller*, in: Crone/Werner, S. 218.

2.5.3 Szenariorechnungen

Grundsätzlich sollen Sanierungskonzepte **eindeutig** sein und in der Sanierungsplanung **437** den **überwiegend wahrscheinlichen Fall** abbilden. In der Praxis werden oft verschiedene Planungsszenarien abgebildet, wobei jedwedes Szenario auf Eintrittswahrscheinlichkeiten mit hinterlegten Planannahmen, Plausibilität, rechnerische Richtigkeit etc. zu prüfen ist. Bei der Darstellung von Maßnahmeneffekten können **Sensitivitätsanalysen** zweckdienlich sein und somit die ggf. notwendige finanzielle Vorsorge zur Abdeckung von Planungsrisiken aufzeigen[699]. Der Erfolg der einzelnen Sanierungsmaßnahmen sowie die Sanierungserfolgswahrscheinlichkeit insgesamt ist aus klar formulierten und ggf. unsicheren Annahmen abzuleiten[700]. Auf der einen Seite bedeutet überwiegende Wahrscheinlichkeit die Festlegung auf ein Szenario, das in einer EBIT (DA)-, Ergebnis- und/oder Liquiditätsentwicklung monatlich, jährlich etc. abgebildet werden kann (**Entwicklungslinie**). Da die Annahmen unsicher sein können, wird andererseits die Entwicklungslinie nicht exakt eingehalten, sondern innerhalb von **Bandbreiten** verlaufen. Dies ist die Konsequenz, wenn die Erfolgswahrscheinlichkeit von Sanierungsmaßnahmen und darauf aufbauend die Wahrscheinlichkeit des Sanierungserfolgs subjektiv eingeschätzt wird. Daher ist es von großer Bedeutung, dass die **Einschätzungen**, Annahmen, Prämissen usw. fundiert und transparent sind und somit auch **ex-post plausibilisiert** werden können[701]. Letzteres ist zur Abwehr von Schadenersatzansprüchen in Gerichtsprozessen ein entscheidender Faktor, weil eine unsichere Datenbasis und eine wenig nachvollziehbare subjektive Einschätzung mehr Angriffsflächen in Schadenersatzprozessen bieten. Eine angemessene und sicher auch über das Sanierungskonzept hinausgehende **Dokumentation** unterstützt den Nachweis. Denn auch vor Gericht gilt im Zweifel der Grundsatz: „Not documented, not done!".

Ob diese Betrachtungsweise grundsätzlich zu einer Best-/Real-/Worst-Case-Betrachtung führen sollte, ist fragwürdig, weil der Worst Case die Insolvenz sein kann. Bei der Vielfalt der Sanierungsmaßnahmen sind eher die **kritischen Sanierungsmaßnahmen** bzw. Prämissen aufzuzeigen, um fachgerecht zu arbeiten und dem Berichtsleser ein besseres Verständnis für die Umstände der Einschätzung von Sanierungsmaßnahmen und Sanierungsplänen zu vermitteln. Der sog. **Real Case** kann diejenigen Sanierungsmaßnahmen aufzeigen, die nach überwiegender Wahrscheinlichkeit eintreffen werden und zur Sanierungsfähigkeit des Krisenunternehmens führen. Darauf aufbauend bietet es sich an, für ausgewählte, wesentliche Themen Sensitivitäten festzustellen, von denen insb. die kritischen bzw. negativen besonders darzustellen sind. Denn der Berichtsleser kann sich hier eine eigene Einschätzung von Risiken ableiten. Gegebenenfalls ist es wichtig, wie unterschiedliche negative Entwicklungen sich auf die bestehende, zur Verfügung stehende Planliquidität auswirken. Es stellt sich also die Frage, bei welchem **Entwicklungsszenario** bspw. nachfinanziert werden muss. Die positive Sensitivität betrifft den Fall, dass die Annahmen des Real Cases übertroffen werden. Diese Variante ist für die Analyse in Krisenfällen zwar weniger wichtig, stellt aber den positivsten Bereich innerhalb der Bandbreite dar (vgl. hierzu zusammenfassend die Erläuterungen in Abb. 52).

438

---

699 Vgl. *F&A zu IDW S 6*, 7.1.
700 Vgl. *Gleißner*, KSI 2013, S. 172.
701 Vgl. *Gleißner*, KSI 2013, S. 172 (173).

Planrechnung

Eine Planrechnung berücksichtigt alle nach überwiegender Wahrscheinlichkeit
– sowohl in der definierten Zeit als auch in der erwarteten Höhe –
zu erzielenden Maßnahmen.

negative Sensitivität	positive Sensitivität
Die „negative Sensitivität" umfasst den Fall, dass die Annahmen schlechter ausfallen als im Real Case angenommen.	Die „positive Sensitivität" umfasst den Fall, dass die Annahmen besser ausfallen als im Real Case angenommen.

Abb. 52: Übersicht Sensitivitäten

439 Die Sanierungsfähigkeit lässt sich an verschiedenen Kennzahlen feststellen, die in der Praxis für jeden Fall, nach Unternehmen, Branche, Situation etc., festgelegt werden müssen. Die Sanierungsfähigkeit wird an der **angemessenen Rendite** gemessen, die in der Regel durch branchenübliche Renditen konkretisiert wird. Der Betrachtung von EBITDA, EBIT, Jahresergebnis usw. kommt besondere Bedeutung zu, weil hier mit einfachen technischen Mitteln Branchenerfahrungswerte abgerufen werden können. Weitere Darstellungen betreffen Liquiditätskennziffern, wenn es um die Sichtweise der Finanziers als Teil der Stakeholder geht, die Risiken aus möglichen Nachfinanzierungen bei einer ungünstigen Entwicklung einschätzen wollen.

440 Nach höchstrichterlicher Rechtsprechung ist ein Krisenunternehmen sanierungsfähig, wenn neben einer positiven Fortbestehensprognose eine durchgreifende Sanierung zu einer wiederhergestellten Rentabilität und Wettbewerbsfähigkeit des Unternehmens führt[702]. Dabei ist eine angemessene positive branchenübliche Rendite **überwiegend wahrscheinlich** nachhaltig und bei **angemessener Eigenkapitalquote** anzustreben[703]. Es ist zweckdienlich und sachlogisch, sich bei den Kennziffern an der Branche zu orientieren. In der Regel gibt es bei den Branchenkennziffern ebenfalls Bandbreiten. Eine Orientierung an dem unteren Ende der Bandbreite ist zulässig[704], aber ggf. zu begründen.

441 Wenn **Sensitivitätsrechnungen** sich z.b. an den kritischen Planannahmen bzw. Prämissen orientieren, ist der Ausgangspunkt für die Sensitivität stets die mit überwiegender Wahrscheinlichkeit eintretende, die Sanierungsfähigkeit bestätigende Sanierungsplanung. Die Planrechnung eines Sanierungskonzeptes kann beispielhaft die branchenübliche Rendite, z.B. als EBITDA-Quote vom Umsatz in Prozent, als mit dem wahrscheinlichsten Fall als Erwartungswert μ darstellen (vgl. Abb. 53). Je höher eben diese Planrendite über der branchenüblichen Rendite liegt, desto nachhaltiger und sicherer ist die Sanierungsfähigkeit des Unternehmens. Modifikationen von Sanierungsplänen bilden alternative Unternehmensentwicklungen, hier Sanierungsverläufe, ab. Ist bspw. die Umsatzplanung mit kritischen Prämissen behaftet, kann über Sicherheitsabschläge in den Planjahren/-monaten die Auswirkung des Risikos auf die Zielrendite (hier: EBITDA) simuliert werden. Möglicherweise fallen die Umsätze in den Planjahren

---

702   Vgl. BGH v. 12.5.2016 – IX ZR 65/14, ZIP 2016, S. 1235 ff., Rn. 14.
703   Vgl. *IDW S 6*, Tz. 26.
704   Vgl. *IDW S 6*, Tz. 27.

geringer aus und es bestehen unzählig viele, aber geringer wahrscheinliche Konstellationen für reduzierte Umsätze. Diese verringerten Umsätze vermindern die Roherträge etc. und damit die erzielbare Ziel-Rendite des Krisenunternehmens, hier EBITDA. Die möglichen negativen Entwicklungen stellen negative Sensitivitäten dar und sind in der Abb. 53 als Kurve dargestellt. Gibt es für die Umsatzreduktion eines Planjahres nicht unzählig viele, sondern eher wenige Fallkonstellationen, wie bei einem Anlagenbauer, der Großaufträge akquiriert, dann können einzelne Punkte auf der Kurve dies mit bestimmten Wahrscheinlichkeiten darstellen.

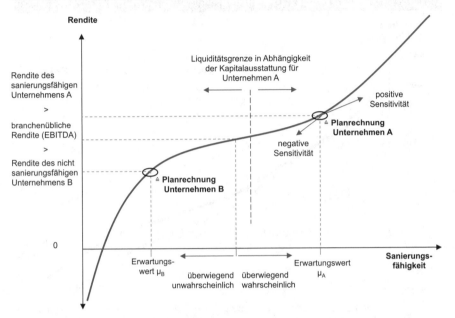

Abb. 53: Sensitivitätsüberlegungen in Abhängigkeit von der Eintrittswahrscheinlichkeit

In Abb. 53 wird die Rendite des Unternehmens A gem. Sanierungsplan überwiegend **442** wahrscheinlich in einer deutlich über der branchenüblichen Rendite liegenden Höhe erzielt. Das Unternehmen A ist gem. Sanierungsplan sanierungsfähig, während das Unternehmen B gem. Sanierungsplan nicht sanierungsfähig ist, weil es keine branchenübliche Rendite aufweist. Ausgehend von der Planrechnung kann das Unternehmen A bspw. bei einer Umsatzreduktion von 15% als Sensitivität immer noch eine branchenübliche Rendite erreichen. Bei einer **Sensitivitätsanalyse** ist v.a. neben der Rendite auch die Liquidität zu betrachten. Denn der Finanzrahmen wird i.d.R. mit dem Sanierungskonzept festgelegt. Werden negative Sensitivitäten ermittelt, führt dies zu weniger Erträgen und weniger Cash-Flow. Für den Eintritt dieses Falles sind Gegenmaßnahmen in Betracht zu ziehen, wie z.B. eine Ausweitung des Lieferantenziels, wenn keine hinreichenden Finanzierungsfreiräume (Liquiditätspuffer) vorhanden sind. Gegebenenfalls sind diese nicht wahrscheinlichen, aber eventuell notwendigen Finanzierungsbandbreiten über Sensitivitätsrechnungen darzulegen. Denn es kann, wie im Fall von Unternehmen A durchaus möglich sein, dass bei entsprechend geringerem Umsatzvolumen noch eine branchenübliche Rendite erzielt wird und der Finanzrahmen für diesen Fall nicht ausreicht.

443 Alle Stakeholder, insb. Finanziers, streben in **Sanierungsverhandlungen** endgültige Lösungen an und wollen spätere Nachverhandlungen vermeiden. Die Sensitivitätsrechnung erfolgt dann bspw. über die Abbildung der Liquidität für unterschiedliche Planannahmen.

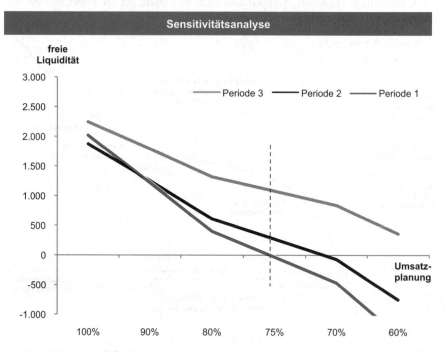

Abb. 54: Sensitivität bei Verlust von Neukunden

444 Positive Sensitivität ist bei einem Sanierungsgutachten von nachrangiger Bedeutung und sollte nicht zuletzt auch aus Kostengründen nur bei erheblichen Effekten simuliert und berücksichtigt werden.

445 Grundsätzlich soll ein Sanierungsgutachten ein **eindeutiges Ergebnis** präsentieren. Durch Sensitivitätsrechnungen sollte nicht der Eindruck erweckt werden, dass eine Sanierung für jedweden Fall als erfolgreich angesehen wird und objektiv zum Sanierungserfolg führt. Denn wie das praktische Berufsleben zeigt, gibt es immer wieder Fälle, bei denen auch bei gut durchdachten Sanierungskonzepten Unternehmen einen Turnaround nicht schaffen. Das Sanierungskonzept muss ernsthafte und begründete Aussichten auf Erfolg rechtfertigen. Eine positive Prognose genügt und sie ist gegeben, wenn die Sanierung zum Zeitpunkt der Gutachtenerstellung als überwiegend wahrscheinlich einzustufen ist[705]. Sensitivitäten unterstützen die Argumentation nach der überwiegenden Wahrscheinlichkeit.

---

705   Vgl. *Hermanns*, in: Beck HDR, B 769, Rn. 11.

Praxistipp 6:

In der Praxis wird es aus Zeit- und Kostengründen kaum möglich sein, über statistische Methoden abgeleitet diverse Sanierungspläne auszuarbeiten. Betrachtet man einen Großkonzern mit 1.500 Sanierungsmaßnahmen, stellt sich zunächst die Frage, ob nun für alle Sanierungsmaßnahmen unterschiedliche Eventualitäten aufgezeigt werden sollen. Dann wäre zu überlegen, ob nicht für jede Sanierungsmaßnahme unterschiedliche mögliche Entwicklungen mit Wahrscheinlichkeiten und Ertrags-/Kosten-/Liquiditätseffekten ermittelt werden sollen. Die Komplexität wird dann nicht mehr handhabbar sein.

Dennoch ist es für die Praxis wichtig, dass wesentliche Prämissen eines Sanierungskonzeptes benannt werden und hier die kritischen besonders gewürdigt werden. Die 80-20-Regel hilft, das Wesentliche vom Unwesentlichen zu unterscheiden. Bei den wesentlichen, kritischen Prämissen sind Sensitivitäten aufzuzeigen und es ist aufzuzeigen, inwieweit die Ergebnisse die Entscheidungsgrundlage beeinflusst haben. Eine ordnungsgemäße Dokumentation ist Grundlage dafür, dass man die Entscheidungsfindung nachvollziehen kann.

2.6 Schlussbemerkungen

2.6.1 Ergebnis

Sanierungskonzepte haben den in diesem Kapitel dargestellten Anforderungen zu genügen und sollen folgende **wesentliche Fragen beantworten** können[706]: **446**

- Ist die Sanierung erfolgversprechend i.S.v. überwiegend wahrscheinlich?
- Wird das Unternehmen nach der Sanierung bei einer angemessenen Eigenkapitalausstattung wieder wettbewerbs- und renditefähig sein?
- Genügt das Konzept den Anforderungen der Rechtsprechung?
- Genügt das Konzept den regulatorischen Anforderungen?

Die gestellten Fragen können dann positiv beantwortet werden, wenn das betroffene Unternehmen sanierungsfähig ist. **Sanierungsfähig** ist ein Unternehmen, wenn nicht nur die Fortführungsfähigkeit i.S.d. § 252 Abs. 1 Nr. 2 HGB bejaht, sondern wenn darüber hinaus die Wettbewerbsfähigkeit und Renditefähigkeit als nachhaltige Fortführungsfähigkeit wiedererlangt werden kann[707]. Eine „schwarze Null" reicht somit nicht aus, um die Sanierungsfähigkeit zu bestätigen. Denn es ist zu vermeiden, dass ein Unternehmen nach Überwinden der Unternehmenskrise anfällig bei einer erneuten Krise ist[708]. **447**

---

706 Vgl. *F&A zu IDW S 6*, Frage 2.1.
707 Vgl. *Crone,* in: Crone/Werner, S. 62; *IDW S 6*, Tz. 11.
708 Vgl. *F&A zu IDW S 6*, Frage 5.2.

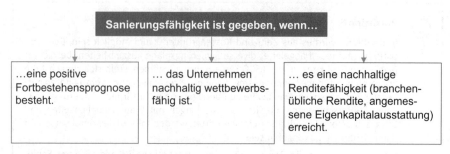

Abb. 55: Bedingungen Sanierungsfähigkeit[709]

448 Eine Sanierungsfähigkeit kann nur fundiert bestätigt werden, wenn sämtliche wesentlichen, für die Sanierung eines Unternehmens erforderlichen Sachverhalte und Maßnahmen gewürdigt und die sog. Kernbestandteile eines Sanierungskonzeptes vollumfänglich bearbeitet worden sind[710]. Denn nur so kann den Anforderungen der Rechtsprechung genügt werden. Die im *IDW S 6* und auch von den Finanziers verlangten **Kernbestandteile von Sanierungskonzepten** entsprechen der BGH-Rechtsprechung, wie nachfolgende Übersicht zeigt[711].

	Schlagwort	BGH	IDW	Finanziers
1.	Auftrag	–	Beschreibung von Auftragsgegenstand und Umfang (*IDW S 6*, Tz. 25 ff.)	–
2.	Durchführbarkeit des Gutachtens	Gutachten geht von erkannten und erkennbaren tatsächlichen Gegebenheiten aus, ist in sich schlüssig und durchführbar. (BGH IV ZR 242/52)	–	Das Sanierungsgutachten geht von den erkannten und erkennbaren tatsächlichen Gegebenheiten des Unternehmens aus und ist durchführbar. Dabei ist sowohl für die Frage der Erkennbarkeit der Ausgangslage als auch für die Prognose der Durchführbarkeit der Sanierung auf die Beurteilung eines unvoreingenommenen branchenkundigen Wirtschaftsfachmanns abzustellen.

---

709 Vgl. *F&A zu IDW S 6*, Frage 5.1.
710 Vgl. *F&A zu IDW S 6*, Frage 2.4.
711 Vgl. *Steffan*, ZIP 2016, S. 1712 ff.; *F&A zu IDW S 6*, Frage 2.6.

	Schlagwort	BGH	IDW	Finanziers
3.	Zugriff auf Unterlagen	Dem Ersteller lagen die erforderlichen Buchhaltungsunterlagen des Unternehmens vor. (BGH IX ZR 47/97)	–	Dem unabhängigen branchenkundigen Wirtschaftsfachmann lagen die erforderlichen Buchhaltungsunterlagen des Unternehmens vor.
4.	Analyse der Unternehmenslage	Das Sanierungskonzept enthält eine Analyse der wirtschaftlichen Lage des Unternehmens im Rahmen seiner Wirtschaftsbranche und erfasst die Krisenursachen. (BGH II ZR 277/03)	Analyse von Krisenstadium und -ursachen, einschl. der Analyse, ob eine Insolvenzgefährdung vorliegt (*IDW S 6*, Tz. 48 ff.)	Das Sanierungsgutachten enthält eine Analyse der wirtschaftlichen Lage des Unternehmens im Rahmen seiner Wirtschaftsbranche und erfasst die Krisenursachen.
5.	Basisinformationen	Das Sanierungskonzept beurteilt die Vermögens- Ertrags- und Finanzlage des Unternehmens zutreffend. (OLK Köln 18U 134/05)	Basisinformationen über die wirtschaftliche und rechtliche Ausgangslage des Unternehmens in seinem Umfeld, einschl. der VFE-Lage (*IDW S 6*, Tz. 45 ff.)	Das Sanierungsgutachten beurteilt die Vermögens-, Finanz- und Ertragslage (VFE-Lage) des Unternehmens zutreffend.

	Schlagwort	BGH	IDW	Finanziers
6.	Sanierungs-fähigkeit	Das Unternehmen ist objektiv sanierungsfähig und die für seine Sanierung konkret in Angriff genommenen Maßnahmen sind insgesamt objektiv geeignet, das Unternehmen in überschaubarer Zeit durchgreifend zu sanieren. (OLG Hamburg 11 U 133/06)	–	Das Sanierungsgutachten nimmt dazu Stellung, ob das Unternehmen objektiv sanierungsfähig ist und die für seine Sanierung konkret in Angriff genommenen Maßnahmen insgesamt objektiv geeignet sind, das Unternehmen in überschaubarer Zeit durchgreifend zu sanieren.
7.	aktuelle und künftige Maßnahmen	Die geplanten Sanierungsmaßnahmen sind jedenfalls in den Anfängen schon in die Tat umgesetzt, d.h. die Sanierungsaktivitäten wurden sachgerecht eingeleitet. (BGH II ZR 151/09)	Maßnahmen zur Bewältigung der Unternehmenskrise und Abwendung einer Insolvenzgefahr (*IDW S 6*, Tz. 100 ff.)	Das Sanierungsgutachten nimmt dazu Stellung, inwieweit die geplanten Sanierungsmaßnahmen jedenfalls in den Anfängen schon in die Tat umgesetzt, d.h., inwiefern die Sanierungsaktivitäten schon objektiv sachgerecht eingeleitet worden sind.
8.	Leitbild	–	Definition eines Leitbildes für das sanierte Unternehmen (*IDW S 6*, Tz. 90 ff.)	Die Definition eines Leitbildes kann Bestandteil der Bankenanforderung sein.

	Schlagwort	BGH	IDW	Finanziers
9.	Unternehmensplanung	–	Integrierte Unternehmensplanung unter Berücksichtigung der Potenziale aus den Sanierungsmaßnahmen (*IDW S 6*, Tz. 131 ff.)	Es liegt eine integrierte Unternehmensplanung inkl. Sensitivitätsanalyse (Best Case, Standalone Case und Worst Case) vor.
10.	abschließendes Urteil und Finanzierungsantrag	–	Einschätzung der Sanierungsfähigkeit (*IDW S 6*, Tz. 152 ff.)	Das Sanierungsgutachten enthält eine die Banken zufriedenstellende zusammenfassende Gesamtaussage zur objektiven Sanierungsfähigkeit des Unternehmens, welche die vorstehenden Punkte vollinhaltlich berücksichtigt. Dazu gehört auch ein Finanzierungsantrag.

Der Umfang der Bearbeitung der Kernbestandteile richtet sich nach der Relevanz und **449** Komplexität der zu bearbeitenden Sachverhalte. Sämtliche Kernbestandteile sind, wie auch die wesentlichen Annahmen, einer **nochmaligen Prüfung** zu unterziehen. Es ist nochmals zu prüfen, ob das Unternehmen objektiv sanierungsfähig ist und die für seine Sanierung in Angriff genommenen Maßnahmen zusammen objektiv geeignet sind, die Gesellschaft in überschaubarer Zeit **durchgreifend zu sanieren**[712]. Das Ergebnis hat aufzuführen, dass eine dauerhafte Sanierung möglich ist, die Verlustquellen beseitigt werden und nach Durchführung der Maßnahmen für das Unternehmen die Rentabilität der unternehmerischen Tätigkeit wiederhergestellt ist[713]. Vor Abgabe des Sanierungsgutachtens wird einer **Nachschau** gleichkommend zu beurteilen sein, ob das Sanierungskonzept **schlüssig** ist, von den **tatsächlichen Gegebenheiten** ausgeht[714], nachvollziehbar und vertretbar erscheint[715]. Die Vollständigkeit ist dann zu hinterfragen, wenn bewusst auf Wunsch der beteiligten Parteien auf einzelne Teilbereiche verzichtet wird[716]. Im laufenden Bericht sowie in der Schlussbemerkung ist dies kenntlich zu machen und der Einfluss auf die Aussage zur Sanierungsfähigkeit ist darzustellen. Das hierdurch entstehende erhöhte Risiko, dass das Sanierungskonzept einer späteren ge-

---

712 Vgl. BGH v. 21.11.2005, II ZR 277/03, ZIP 2005, S. 281 (Leitsatz).
713 Vgl. BGH v. 12.05.2016, IX ZR 65/14, ZIP 2016, S. 1235 ff., Rn. 36.
714 Vgl. BGH v. 12.11.1992, IX ZR 236/91, ZIP 1993, S. 276, 280.
715 Vgl. BGH v. 12.05.2016, IX ZR 65/14, ZIP 2016, S. 1235 ff., Rn. 30.
716 Vgl. *F&A zu IDW S 6*, Frage 2.4.

richtlichen Überprüfung nicht standhält, ist den betroffenen Stakeholdern zu kommunizieren. Die Dokumentation und die Berichterstattung unterstützen die ordnungsgemäße Abwicklung des Auftrags.

2.6.2 Dokumentation und Berichterstattung

450 Ausgangspunkt und wesentlicher Bestandteil der Dokumentation ist die Berichterstattung selbst, das **Sanierungsgutachten**. Wird ein Sanierungskonzept vorgelegt und durch sachkundige Dritte überprüft, ist ebenfalls über die Prüfung sachgerecht zu berichten. Innerhalb der Berichterstattung bietet es sich an, die **Herkunft der Informationen** zu dokumentieren. In Fußnoten oder anderen Hinweisen ist die Informationsquelle zu benennen. Bei wesentlichen Informationen ist dies sogar zu empfehlen, um keine unnötigen Nachfragen zu verursachen.

451 In den **Arbeitspapieren** hat der Gutachter über die Berichterstattung hinaus weitere Informationsquellen, Ergebnisse von Analysen etc. zu dokumentieren, damit die Ergebnisfindung nachvollzogen werden kann. Der Gutachter stellt so mit seinen Dokumenten, Informationsgrundlagen und Annahmen dar, wie das Urteil zustande gekommen ist.

452 Von der Geschäftsführung ist eine **Vollständigkeitserklärung** einzuholen, die mit Angaben über verantwortliche Personen und Nachweisen zu ausgereichten Informationen usw. die Dokumentation absichert. Dies entbindet den Gutachter nicht von der eigenen Urteilsfindung. In einer VollstE sollen die gesetzlichen Vertreter das Sanierungskonzept in Bezug auf die Umsetzbarkeit einschätzen und insb. ihren Willen zu dessen Umsetzung belegen[717].

453 Über die **Durchführung des Auftrags** zur Erstellung eines Sanierungskonzeptes ist schriftlich zu berichten, wobei der Bericht mit einer **zusammenfassenden Schlussbemerkung** abschließen sollte. Die Berichterstattung soll den Empfänger in die Lage versetzen, die Ausgangssituation, die wesentlichen Annahmen und Maßnahmen, die Grundsatzüberlegungen und Schlussfolgerungen mit vertretbarem Aufwand zu würdigen und sich eine eigene Meinung zu bilden[718]. Eine Zusammenfassung der wesentlichen Ergebnisse darf nur zusammen mit dem Bericht, aus dem die maßgeblichen Einzelschritte und -ergebnisse ersichtlich sind, an Dritte weitergegeben werden, um Missverständnisse über Art und Umfang der Tätigkeit und die Tragweite der Erklärung zu vermeiden[719].

454 **Gliederungsvorschläge** erleichtern die Berichterstattung und zugleich die Qualitätskontrolle. Die nachfolgende Beispielgliederung ist größenunabhängig und kann auch bei KMU eingesetzt werden[720]:

---

717 Vgl. *IDW S 6*, Tz. 87.
718 Vgl. *IDW S 6*, Tz. 93.
719 Vgl. *Buth/Hermanns*, DStR 2010, S. 288.
720 Vgl. auch *IDW S 6*, Anlage 2.

Beispiel 26:

a) Auftragsgegenstand und -umfang
b) Executive Summary (fakultativ)
c) Basisinformationen:
   – Unternehmensdarstellung, -profil, -umfeld
   – Markt -und Wettbewerbsumfeld
   – rechtliche Verhältnisse sowie wesentliche Verträge
   – Geschäftsentwicklung: Ertrags-, Vermögens- und Finanzlage
d) Eingeleitete Sofortmaßnahmen, laufendes Jahr/Current Trading (fakultativ)
e) Krisenursachen und Krisenstadien, einschließlich Beurteilung von Insolvenzgründen
f) Leitbild mit dem Geschäftsmodell des sanierten Unternehmens
g) Leistungswirtschaftliche und finanzwirtschaftliche Sanierungsmaßnahmen, ggf. noch durchzuführende Sofortmaßnahmen zur Abwendung der Insolvenzgefahr
h) Integrierte Unternehmensplanung, fakultativ ergänzt durch Sensitivitätsanalysen
i) Schlussbemerkung, formell gem. *IDW S 6* und/oder gem. Bankenvorlage.

In der **Schlussbemerkung** wird beurteilt, ob das Unternehmen voraussichtlich sanie- **455** rungsfähig ist und unter welchen kritischen Faktoren und Annahmen der Sanierungserfolg erreicht werden kann[721]. Als Muster einer zusammenfassenden Schlussbemerkung für ein umfassendes Sanierungskonzept (Vollkonzept) sieht der *IDW S 6* Folgendes vor[722]:

„Ich war/Wir waren beauftragt, das in voranstehendem Bericht dargestellte Sanierungskonzept für die XY-Gesellschaft zu erstellen. Das Sanierungskonzept wurde auf Grundlage des zwischen der Gesellschaft und mir/uns geschlossenen Auftrags, dem die berufsüblichen Allgemeinen Auftragsbedingungen für Wirtschaftsprüfer und Wirtschaftsprüfungsgesellschaften vom 01.01.2017 zugrunde liegen, erstellt.
Ich habe meiner/Wir haben unserer Erstellungstätigkeit den *IDW Standard: Anforderungen an Sanierungskonzepte (IDW S 6)* zugrunde gelegt. Dieser *IDW Standard* legt die Grundsätze dar, nach denen Wirtschaftsprüfer Sanierungskonzepte erarbeiten.

---

721 Vgl. *IDW S 6*, Tz. 89 ff.
722 Vgl. *IDW S 6*, Anlage 1.

Im Rahmen meiner/unserer Erstellungstätigkeit habe ich/haben wir auf Basis meiner/ unserer Analysen der Ist-Lage[723] und der Krisenursachen[724] in Abstimmung mit den gesetzlichen Vertretern der Gesellschaft vor dem Hintergrund des Leitbilds[725] des sanierten Unternehmens geeignete Sanierungsmaßnahmen[726] erarbeitet und die Auswirkungen der ergriffenen und geplanten Maßnahmen in die integrierte Ertrags-, Liquiditäts- und Vermögensplanung überführt[727]. Die gesetzlichen Vertreter haben sich das Sanierungskonzept und das dem Konzept zugrunde liegende Leitbild zu eigen gemacht. Bei ihnen liegt die Verantwortung für die Umsetzung, kontinuierliche Überwachung und Fortschreibung des Sanierungskonzepts.

Aufgabe der gesetzlichen Vertreter der Gesellschaft war es, mir/uns die für die Auftragsdurchführung erforderlichen Informationen vollständig und richtig zur Verfügung zu stellen[728]. Dies wurde in einer Vollständigkeitsklärung bestätigt. Ergänzend haben mir/uns die gesetzlichen Vertreter erklärt, dass sie beabsichtigen und in der Lage sind, die zur Sanierung erforderlichen und im Sanierungskonzept beschriebenen Maßnahmen umzusetzen[729]. Auftragsgemäß war es nicht meine/unsere Aufgabe, die dem Sanierungskonzept zugrunde liegenden Daten nach Art und Umfang einer betriebswirtschaftlichen Prüfung i.S.d. § 2 Abs. 1 WPO zu prüfen. Ich habe/Wir haben hinsichtlich der in das Sanierungskonzept eingeflossenen wesentlichen Daten Plausibilitätsbeurteilungen durchgeführt.

Die dem Konzept beigefügte integrierte Planung weist künftige Liquiditätsüberschüsse und zum Ende des Betrachtungszeitraums ein positives Eigenkapital aus.

Das Sanierungskonzept beschreibt die für eine positive Fortbestehensprognose und darüber hinaus die für die Wiedererlangung der Wettbewerbsfähigkeit der ... [*Mandant*] erforderlichen Maßnahmen.

---

723 Vgl. *IDW S 6*, Tz. 53 ff.; so auch BGH v. 04.12.1997, IX ZR 47/97, ZIP 1998, S. 251: „Eine solche Prüfung muß die wirtschaftliche Lage des Schuldners im Rahmen seiner Wirtschaftsbranche analysieren [...] sowie die Vermögens-, Ertrags- und Finanzlage erfassen".

724 Vgl. *IDW S 6*, Tz. 61 ff. sowie BGH v. 04.12.1997, IX ZR 47/97, ZIP 1998, S. 251: „Eine solche Prüfung muß [...] die Krisenursachen [...] erfassen."; BGH v. 15.11.2001, 1 StR 185/01, ZIP 2002, S. 351: „Das Sanierungskonzept war [...] ohne eine genaue Analyse der Vergangenheit mit einem hohen, nicht abschätzbaren Risiko behaftet".

725 Vgl. *IDW S 6*, Tz. 63 ff. sowie OLG Köln v. 24.09.2009, 18 U 134/05, WPg 2011, S. 442: „Nach den überzeugenden Darlegungen des Sachverständigen setzt ein Sanierungskonzept im Wesentlichen voraus: [...] Leitbild des sanierten Unternehmens [...]".

726 Vgl. *IDW S 6*, Tz. 68 ff.; BGH v. 21.11.2005, II ZR 277/03, ZIP 2005, S. 281 m.w.N.: „Danach müssen [...] die für ihre Sanierung konkret in Angriff genommenen Maßnahmen zusammen objektiv geeignet sein, die Gesellschaft in überschaubarer Zeit durchgreifend zu sanieren [...]".

727 Vgl. *IDW S 6*, Tz. 72 ff.; BGH v. 12.11.1992, IX ZR 236/91, ZIP 1993, S. 279: „Zu fordern ist vielmehr ein in sich schlüssiges Konzept [...]"; OLG Köln v. 24.09.2009, 18 U 134/05, WPg 2011, S. 442: „Nach den überzeugenden Darlegungen des Sachverständigen setzt ein Sanierungskonzept im Wesentlichen voraus: [...] Planverprobungsrechnung [...]".

728 Vgl. BGH v. 04.12.1997, IX ZR 47/97, ZIP 1998, S. 251 m.w.N., wonach auf die Beurteilung eines unvoreingenommenen – nicht notwendigerweise unbeteiligten –, branchenkundigen Fachmanns abzustellen ist, „dem die vorgeschriebenen oder üblichen Buchungsunterlagen vorlagen [...]".

729 Vgl. BGH v. 12.11.1992, IX ZR 236/91, ZIP 1993, S. 279: „Zu fordern ist vielmehr ein in sich schlüssiges Konzept, das jedenfalls in den Anfängen schon in die Tat umgesetzt ist [...]".

Im Rahmen meiner/unserer Tätigkeit bin ich/sind wir zu der abschließenden Einschätzung gelangt, dass aufgrund der im vorliegenden Sanierungskonzept beschriebenen Sachverhalte, Erkenntnisse, Maßnahmen und plausiblen Annahmen das Unternehmen bei objektiver Betrachtung mit überwiegender Wahrscheinlichkeit saniert werden kann. Dabei fanden insb. folgende Rechtsprechungsgrundsätze Anwendung:

- Das Sanierungskonzept geht von den erkannten und erkennbaren tatsächlichen Gegebenheiten des Unternehmens aus und ist durchführbar.
- Mir/uns haben die erforderlichen Buchhaltungsunterlagen des Unternehmens vorgelegen. Die Geschäftsführung hat mir/uns dies in einer Vollständigkeitserklärung bestätigt.
- Das Sanierungskonzept enthält eine Analyse der wirtschaftlichen Lage des Unternehmens im Rahmen seiner Wirtschaftsbranche und erfasst die Krisenursachen.
- Das Sanierungskonzept beurteilt die Vermögens-, Finanz- und Ertragslage des Unternehmens zutreffend.
- Das Sanierungskonzept enthält eine positive Fortbestehensprognose.
- Das Sanierungskonzept zeigt auf, dass das Unternehmen objektiv sanierungsfähig ist und die für seine Sanierung konkret in Angriff genommenen Maßnahmen insgesamt objektiv geeignet sind, das Unternehmen in überschaubarer Zeit durchgreifend zu sanieren.
- Die im Sanierungskonzept dargelegten geplanten Sanierungsmaßnahmen sind jedenfalls in den Anfängen schon in die Tat umgesetzt, d.h. die Sanierungsaktivitäten sind objektiv sachgerecht eingeleitet worden.
- Das Sanierungskonzept belegt, dass nach Durchführung der Sanierungsmaßnahmen die Rentabilität der unternehmerischen Tätigkeit wiederhergestellt werden kann.
- Das Management hat bestätigt, das vorliegende Sanierungskonzept umzusetzen.

Die im *IDW S 6* vorgesehene Formulierung für die Schlussbemerkung ist vorteilhaft, weil **456** hier auch die grundlegenden Rechtsprechungen mit Quelle aufgeführt sind. Sanierungskonzepte enthalten Aussagen über tatsachliche, wesentliche Unternehmensdaten, Ursachen und Wirkungszusammenhänge sowie rechtliche und ökonomische Einflussfaktoren. Die einzuleitenden oder bereits eingeleiteten Maßnahmen werden auf Basis einer systematischen Lagebeurteilung vor dem Hintergrund des Leitbildes des sanierten Unternehmens und der Quantifizierung der Maßnahmeneffekte i.R. einer integrierten Unternehmensplanung erarbeitet. Das Sanierungskonzept ist insb. vor dem Hintergrund der geplanten Beiträge Dritter (Banken, Arbeitnehmer u.a.) sowie bezüglich der operativen und strategischen Restrukturierungsmaßnahmen realisierbar, d.h. es muss von erkannten und erkennbaren tatsächlichen Gegebenheiten ausgehen und darf nicht offensichtlich undurchführbar sein[730].

Es kann festgehalten werden, dass die hier beschriebenen Sanierungskonzepte, insb. **457** jene, die nach den im *IDW S 6* definierten Grundsätzen erstellt werden[731], nicht nur die betriebswirtschaftlichen Anforderungen an eine nachhaltige Gesundung des Unternehmens, sondern auch die **Anforderungen der Rechtsprechung** erfüllen[732]. Diese

---

730 Vgl. *Crone*, in: Crone/Werner, S. 61 f.
731 Vgl. *Crone*, in: Crone/Werner, S. 63 f.
732 Vgl. *IDW S 6*, Tz. 5.

eindeutige Bezugnahme auf die gültige Rechtsprechung ist aus Sicht der Finanziers von wesentlicher Bedeutung. Der Konzepersteller oder Konzeptbeurteiler hat die aktuelle und für die Beurteilung von Sanierungskonzepten einschlägige Rechtsprechung und deren Leitsätze zu beachten. Mit Blick auf die Rechtsprechung übererfüllt der *IDW S 6* die Anforderungen an ein Sanierungsgutachten i.S.d. BGH.

3. Besonderheiten KMU

3.1 Grundlagen

458 Nach der Rechtsprechung ist **nicht die Größe des Unternehmens entscheidend**. Auch bei KMU wird ein schlüssiges Konzept, das von den erkannten und erkennbaren tatsächlichen Gegebenheiten ausgeht und nicht offensichtlich undurchführbar ist, vorausgesetzt[733]. Die wirtschaftliche Lage des KMU-Schuldners ist i.r. seiner Wirtschaftsbranche ebenso zu analysieren und die Krisenursachen sowie die Vermögens-, Ertrags- und Finanzlage sind zu erfassen[734]. Ausschließlich das **Ausmaß der Beurteilung** kann dem Umfang des Unternehmens und der verfügbaren Zeit angepasst werden[735]. Der Konzepersteller bzw. Gutachter bewegt sich hier in einem **Spannungsfeld**, weil zum einen auch bei KMU alle Kernbestandteile eines Sanierungskonzeptes zu bearbeiten sind, und andererseits Zeitaufwand und Kosten so gering wie möglich gehalten werden sollen[736].

459 Dies lässt sich u.a. erreichen, wenn man die **wesentlichen Themen**, die für die Krise des Unternehmens ursächlich und für die Gesundung maßgeblich sind, betrachtet. Gleichzeitig sind die **Risiken** aus einer möglichen Anfechtung und Haftung zu beachten, die bei verminderter Untersuchungsdichte scheinbar angreifbarer werden[737]. Dabei wird vergessen, dass der Umfang der Bearbeitung der Kernbestandteile sich nach der Relevanz und Komplexität der zu bearbeitenden Sachverhalte richtet. Bei KMU sind ggf. das Ausmaß der Untersuchung und die Berichterstattung an die **geringere Komplexität** der Sanierungssituation anzupassen[738]. Sachverhalte ohne Relevanz für die Sanierungssituation sind größenunabhängig nicht gesondert darzustellen. Die Kernbestandteile eines Sanierungsgutachtens sind unabhängig von der Unternehmensgröße sachgerecht abzuarbeiten, damit ein Sanierungsgutachten gerichtlich belastbar ist[739].

460 Der Umfang des Sanierungskonzeptes korreliert i.d.R. mit der jeweiligen Größe des Unternehmens, um Konzepterstellungskosten in der Krise angemessen zu gestalten[740]. Von der grundsätzlichen inhaltlichen Struktur abzuweichen bedeutet, sich möglichen Haftungsgefahren auszusetzen. Quantitativ Inhalte zu reduzieren ist bei KMU das Ziel, das bei überschaubaren KMU-Strukturen auch erreichbar sein sollte[741]. Entgegen mancher Meinung können bei kleinen Unternehmen durch reduzierten Analyseumfang

---

733 Vgl. *F&A zu IDW S 6*, Frage 2.2.
734 Vgl. *F&A zu IDW S 6*, Frage 2.2.
735 Vgl. BGH v. 04.12.1997, IX ZR 47/97, ZIP 1998, S. 248, Rn. 25 m.w.N.
736 Vgl. *IDW S 6*, Tz. 40; *Plagens/Oldemanns*, ZInsO 2014, S. 521 (533) mit einer Beschreibung von Praxisproblemen bei Sanierungskonzepten für KMU.
737 Vgl. *F&A zu IDW S 6*, Frage 2.2.
738 Vgl. *IDW S 6*, Tz. 39.
739 Vgl. *Buth/Hermanns*[5], § 8, Rn. 26.
740 Vgl. *Püschel*, KSI, S. 53.
741 Vgl. *Püschel*, KSI, S. 53.

kostenverträglich Sanierungskonzepte erstellt werden[742]. Bleiben die für Sanierungskonzepte notwendigen Grundstrukturen erhalten, indem die Kernanforderungen sachgerecht bearbeitet werden, kann ein Gutachter davon ausgehen, dass sein Urteil gerichtlich belastbar ist. **KMU** haben oftmals spezielle **Problemfelder**, wie die Abhängigkeit von wenigen Kunden bzw. Lieferanten, fehlende Transparenz in der Kostenrechnung bzw. im Rechnungswesen[743], geringe Eigenkapitalquoten oder die fehlende Einsichtsfähigkeit des Unternehmers in Bezug auf eine realistische Einschätzung der Unternehmenssituation[744].

Ein **Leitbild** ist für zu sanierende KMU in der Krise zu erarbeiten. Der **Umfang** der **461** Analyse für das Leitbild bei Sanierungskonzepten für KMU wird ggü. großen Unternehmen wegen der geringeren Komplexität angepasst werden können[745]. Inhaltliche Fragen und die Berücksichtigung der **Mindestinhalte** stehen im Vordergrund, nicht eine möglichst hohe Anzahl von Seiten[746]. Anforderungen an Sanierungskonzepte sind aus bereits geschilderten Gründen an der BGH-Rechtsprechung auszurichten. Werden die Anforderungen des *IDW S 6* bei Sanierungskonzepten für KMU eingehalten, erfüllt dies auch die Anforderungen der BGH-Rechtsprechung und eine Sanierung ist dann überwiegend wahrscheinlich[747] (vgl. ausführlich auch Kap. B Tz. 70 ff.).

Größenunabhängig ist es immer eine besondere **Herausforderung** für einen Konzept- **462** ersteller, wenn alle Anforderungen an ein Sanierungskonzept i.S.d. BGH und des Berufsrechts (*IDW S 6*) erfüllt werden sollen. Im Folgenden werden für die Kernbestandteile eines Sanierungskonzeptes Leitbild (vgl. Kap. B Tz. 464 ff.) und Sanierungsmaßnahmen (vgl. Kap. B Tz. 469 ff.) beispielhaft für einen Großkonzern und ein KMU gegenübergestellt.

Im strategischen Bereich werden Maßnahmenpakete erarbeitet, um bspw. das Risiko im **463** Kerngeschäft zu vermindern (Ausstieg aus Geschäftsfeldern) oder das Geschäftsmodell zu stärken (Profilierung von Marken). Diese sollen zu einem sog. **Leitbild** des sanierten Unternehmens führen, welches in wirtschaftlicher Hinsicht mindestens eine **nachhaltige angemessene Rendite** und eine angemessene Eigenkapitalausstattung aufweist[748]. Das Leitbild wird nach Analyse gegenwärtiger strategischer Verhältnisse inkl. möglicher Problembereiche beschrieben. Darauf aufbauend wird das Bild eines künftigen Unternehmens aufgezeigt, das wieder attraktiv für Eigen- und Fremdkapitalgeber geworden ist.

3.2 Abgrenzungsbeispiele zum Leitbild inklusive Operationalisierung

Wenn beispielhaft ein größeres Unternehmen mit über 500 Mio. € Umsatz in der holz- **464** verarbeitenden Industrie tätig ist, dann beinhaltet dessen Geschäftsmodell **mehrere Geschäftsbereiche**, für die Leitbilder definiert werden müssen. Um dieses Ziel zu erreichen und ein langfristig saniertes Unternehmen zu definieren, sind auf Basis der Ge-

---

742 Vgl. *Andersch/Philipp*, CF 2010, S. 208.
743 Vgl. *IDW S 6*, Tz. 43.
744 Vgl. *Püschel*, KSI, S. 53 (54).
745 Vgl. *IDW S 6*, Tz. 41.
746 Vgl. hierzu ausführlich *Hermanns/Krummen*, ZInsO 2017, S. 461 ff. mit einem ausführlichen Fallbeispiel.
747 Vgl. *Hermanns/Krummen*, ZInsO 2017, S. 463; ausführlich dazu *Steffan*, ZIP 2016, S. 1712 ff.
748 Vgl. *IDW S 6*, Tz. 41.

schäftsbereiche und der Markt- und Wettbewerbspositionen **strategische Stoßrichtungen** festzulegen. Die hiermit erreichbaren Wettbewerbsvorteile, auf deren Grundlage bei Umsetzung der dazugehörigen Sanierungsmaßnahmen insgesamt eine branchenübliche Rendite erzielt werden kann, sind darzustellen[749]:

Anmerkungen

Leit-bild (1)
- Qualitätsführerschaft bei gewerblichen (erfüllt) und privaten Holzbauten
- Marktführer bei Holzfenstern
- geschlossene Wertschöpfungsstruktur

Markt & Wettbewerbs-position (2)
- Qualitätsführerschaft bei gewerblichen Holzbauten
- „Stuck in the middle" bei den privaten Holzbauten
- Kostenführerschaft bei den Holzfenstern
- vertikal bis integriert ab der ersten Bearbeitungsstufe

Stoßrichtung (3)
- Verbesserung der Flexibilität zur Erfüllung spezieller Kundenwünsche
- Verbesserung der Holzfeinarbeiten
- Produkterweiterung um höherwertige Fester mit besserer Wärmedämmung
- langfristige Kooperationsverträge
- eigene Investments in Primärrohstoffe

Wettbewerbsvorteile (4)
- Weites Vertriebsnetz in Europa mit vielen Vertriebsstandorten
- hochqualifizierte und motivierte Arbeiter
- freie Kapazitäten bei der Fensterproduktion
- gut ausgebildete F&E-Abteilung bei den Fenstern
- geringere Abhängigkeit, da schon teilweise vertikal integriert
- gleichmäßige Qualität, da schon teilweise vertikal integriert

Abb. 56: Leitbild saniertes Unternehmen Holzverarbeitung

465 Das Unternehmen verfügt über **die Geschäftsbereiche** gewerbliche und private Holzbauten sowie Holzfenster, für die als Leitbild (oberer Bullet Point) die Qualitäts- bzw. die Marktführerschaft als Ziel ausgearbeitet wird. Die Analyse hat ergeben, dass im Markt und Wettbewerb (zweiter Bullet Point) das Ziel nur bei den gewerblichen Holzbauten erreicht wird, während im Geschäftsbereich private Holzbauten keine klare strategische Position verfolgt wird (Stuck-in-the-Middle) und bei den Holzfenstern die fehlgeschlagene Kostenführerschaft die Krise mitverursacht hat. Viele Interviews mit den Führungsebenen, den wichtigen Kunden und anderen Marktbeobachtern sind durchzuführen, begleitet von umfangreichen Analysen des Marktes und der Wettbewerber, um die strategische Krise zu analysieren und ein konkretes strategisches Ziel auf Basis der derzeitigen strategischen Unternehmenssituation zu erarbeiten. Auf Grundlage dieser Zielvorgaben werden strategische Stoßrichtungen (dritter Bullet Point) formuliert, die für operative, leistungswirtschaftliche Bereiche die Aufgabenstellungen darstellen, an denen die Sanierungsmaßnahmen auszurichten sind. Mit diesem strategischen Setup werden die notwendigen Wettbewerbsvorteile (unterster Bullet Point) durch ein euro-

---

749   Vgl. *Hermanns/Krummen*, in: Buth/Hermanns[5], § 43, Rn. 7 und die dazugehörige Abbildung.

paweites Vertriebsnetz, hochqualifizierte Mitarbeiter, geringere Abhängigkeiten und eine gleichmäßige Produktqualität erreicht. Das **Leitbild** wird danach verprobt, indem durch Sanierungsprojekte und -maßnahmen am Ende des sanierungsbedingten Planungshorizontes eine **angemessene Rendite** nachgewiesen wird. Die Effekte der Sanierungsprojekte und -maßnahmen werden zur Bereinigung von betriebsfremden Erträgen und Aufwendungen wie z.b. Sozialplanleistungen meist unterhalb von EBIT oder EBITDA dargestellt. Üblich ist auch die Darstellung von EBIT oder EBITDA als relative Quote zur Betriebsleistung, wodurch die Vergleichbarkeit mit branchenüblichen Renditen erleichtert wird (vgl. Abb. 57)[750].

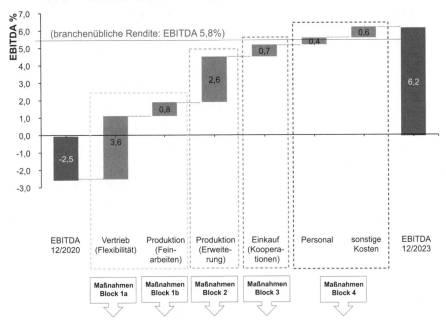

Abb. 57: Quantifizierung Leitbild Holzindustrie[751]

Die in Teilen schon umgesetzten und die noch umzusetzenden Sanierungsprojekte und **466** -maßnahmen leiten die heute bestehende Verlustsituation im GJ 2020 binnen dreier Jahre auf das geplante positive Ergebnis über. Innerhalb des angemessenen Betrachtungszeitraums wird eine Rendite erreicht (6,2% EBITDA), die über der branchenüblichen Rendite von 5,8% liegt. Zu vergegenwärtigen ist die Ausgangssituation mit -12,5 Mio. € EBITDA (-2,5% in Bezug auf eine Betriebsleistung von rund 500 Mio. €), die durch Sanierungsmaßnahmen auf 31 Mio. € (+ 6,2%) verbessert werden soll. Das gesamte Bündel an Sanierungsmaßnahmen ergibt einen Ergebniseffekt von bis zu 50 Mio. €. Hierbei entfällt allein auf den Maßnahmenblock 1a (Vertrieb) ein Ergebnisbeitrag von 18 Mio. € (3,6%), der durch Produkterweiterung bei den Holzfenstern, verbesserte Produktqualität, veränderte Preise usw. erzielt werden kann. Die Dimension

---

750   Vgl. *Hermanns/Krummen*, in: Buth/Hermanns[5], § 43, Rn. 7.
751   Vgl. *Hermanns/Krummen*, in: Buth/Hermanns[5], § 43, Abb. 2.

und die Vielzahl der Sanierungsmaßnahmen, die hinter dem Maßnahmenblock 1a stehen, können an dieser Stelle nicht abgebildet werden.

467 Wenn hingegen ein mittelständisches Unternehmen aus der chemischen Industrie in der Krise ein Leitbild entwickelt, sind die gleichen strategischen Fragen zu beantworten, nämlich

- Welches Leitbild wird verfolgt (oberer Bullet Point)?
- Welche Wettbewerbsposition besteht und soll erreicht werden (zweiter Bullet Point)?
- Welche strategische Stoßrichtung soll verfolgt werden (dritter Bullet Point)?
- Welche Wettbewerbsvorteile können erreicht werden (unterster Bullet Point)?

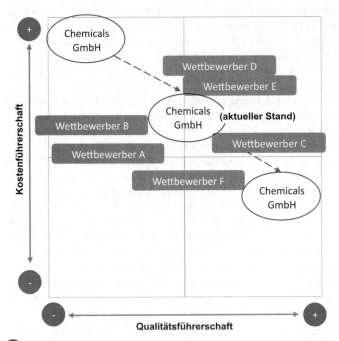

Abb. 58: Leitbild Chemieunternehmen[752]

Zum besseren Verständnis ist die gleiche Struktur (Bullet Point eins bis vier) wie in **468** Kap. B Tz. 464, Abb. 56, Beispiel Holzindustrie gewählt worden, ergänzt durch die Markt- und Wettbewerbssituation. Das Krisenunternehmen der chemischen Industrie hat im Gegensatz zum Holzverarbeitungsunternehmen bei einem Umsatz von 20 Mio. €

---

752   Vgl. *Hermanns/Krummen*, in: Buth/Hermanns[5], § 43, Abb. 3.

nur einen Geschäftsbereich und nicht drei wie bei der großen Unternehmung, was die Komplexität deutlich reduziert. Das Unternehmen ist als verlängerte Werkbank durch einen **Brancheninvestor** übernommen worden, der es als ehemaliger Lieferant rückwärts integriert hat. Investitionsstau und Fehlinvestitionen belasten das operative Ergebnis. Das Unternehmen kann mit seiner Anlagenausstattung die Kostenführerschaft nicht dauerhaft halten, u.a. weil es ein Nischenmarkt mit teilweise kleinen Auftragslosgrößen ist. Als **strategische Stoßrichtung** verbleibt der Weg aus der Kostenführerschaft in die Qualitätsführerschaft mit geeigneten Investitionen, zu denen die Finanzmittel fehlen. Da das Krisenunternehmen i.R. seiner bisherigen Finanzausstattung bereits Sofortmaßnahmen ergriffen hat, befindet es sich auf dem Weg in die angestrebte strategische Position. Die Zahl der operativen Sanierungsmaßnahmen ist bei KMU meist nicht so ausgeprägt wie bei größeren Unternehmen (vgl. hierzu die nachfolgenden Ausführungen). Das chemische Unternehmen soll im Sanierungszeitraum von drei Jahren durch geeignete, mit der Stoßrichtung des Leitbildes übereinstimmende leistungswirtschaftliche Sanierungsmaßnahmen eine branchenübliche Rendite von 8,3% erzielen. Es gibt hier lediglich drei Maßnahmenblöcke, die eine deutlich geringere Tiefe und Komplexität aufweisen. Das EBITDA 2020 unter Berücksichtigung von bereits umgesetzten Sofortmaßnahmen beträgt -340 T€ (-1,7% EBITDA der Betriebsleistung) und entwickelt sich nach erfolgreicher Sanierung auf 1.800 T€ (9%) unter Einschluss von Wachstumseffekten. Die wesentlichen Sanierungsmaßnahmen betreffen die Ergebniseffekte, die durch Investitionen und verbesserter Produktqualität einen Effekt von rund 1,4 Mio. € erzielen lassen. Dies ist vom Euro-Volumen und auch inhaltlich geringer und betrifft eine überschaubare Zahl von Einzelinvestitionen (vgl. zur Operationalisierung die folgende Abbildung und zur Abgrenzung von Sanierungsmaßnahmen bei KMU und größeren Unternehmen die folgenden Ausführungen).

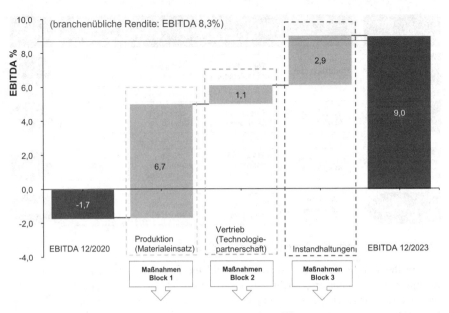

Abb. 59: Quantifizierung Leitbild Chemieunternehmen[753]

3.3 Abgrenzungsbeispiele zu Sanierungsmaßnahmen

Die *F&A zum IDW S 6* enthalten auf operativer Ebene Hinweise, welche **Sanierungs-** **469** **maßnahmen** stadiengerecht zu erarbeiten sind[754]. Hier geht es im Wesentlichen darum, Wertschöpfungsprozesse zu verbessern und Kundenbedürfnisse besser zu erkennen, um letztlich Summe und Qualität der Erlöse zu verbessern. Auf der anderen Seite werden Kostenverbesserung anzustreben sein, wie z.B. die Senkung der Bezugspreise, eine Verbesserung der Ressourceneffizienz bzw. die Optimierung der Verbrauchsmengen, oder auch die Senkung von Lager-, Personal- und Kapitalbindungskosten. Betrachten wir die Kostenseite, dann werden die Sanierungsmaßnahmen entweder nach den Wertschöpfungsstufen oder nach den Kostenarten, die auch handelsrechtlich in der GuV ausgewiesen werden, strukturiert. Im Folgenden werden typische Inhalte von Kostenoptimierungsmaßnahmen nach Kostenarten (Projekte) dargestellt, die in Meilensteine untergliedert werden und danach zu Sanierungsmaßnahmen bzw. hierzu erforderlichen Einzelschritten führen. Die folgende Abbildung illustriert ein Sanierungsprojekt einer großen Unternehmung (wie oben zum Holzverarbeitungsbau) mit einem Ergebnisverbesserungsvolumen von 50 Mio. € und 300 Sanierungsmaßnahmen, wobei im Folgenden ausschl. die Kostenseite betrachtet wird:

---

753 Vgl. *Hermanns/Krummen*, in: Buth/Hermanns[5], § 43, Abb. 4.
754 Vgl. *F&A zu IDW S 6*, Frage 6.1.

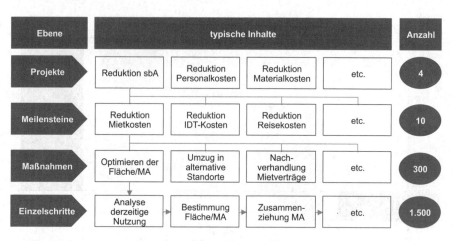

Abb. 60: Sanierungsmaßnahmen Großunternehmen[755]

470 Die im Bereich der sonstigen Kosten abgebildeten Sanierungsmaßnahmen zeigen die Komplexität der Sanierung. Nicht selten werden Einzelschritte erst bei der Sanierungsumsetzung erarbeitet werden können. Vergleichen wir das Maßnahmenpaket des Großunternehmens nun mit den kosteneinsparenden Sanierungsmaßnahmen bei einem mittelständischen Unternehmen, indem die gleiche Analysestruktur gewählt wird, dann kommen wir zu folgendem beispielhaftem Bild:

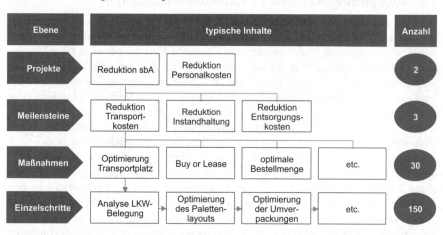

Abb. 61: Sanierungsmaßnahmen mittelständisches Unternehmen[756]

471 Der Vergleich zeigt auf, dass die inhaltlichen Strukturen auf der Ebene der Sanierungsmaßnahmen ähnlich sind. Die Zahl der Projekte und damit auch die Zahl der Sanierungsmaßnahmen sind jedoch deutlich verringert, sodass allein dieser Umstand zu einer reduzierten Komplexität und zu einer reduzierten Berichterstattung führen wird. Bei

---

755 Vgl. *Hermanns/Krummen*, in: Buth/Hermanns[5], § 43, Abb. 5.
756 Vgl. *Hermanns/Krummen*, in: Buth/Hermanns[5], § 43, Abb. 6.

dem oben gewählten Beispiel des chemischen Betriebes sind im Bereich der sonstigen Kosten lediglich die zu optimierenden Instandhaltungsmaßnahmen zu erwähnen, die sich u.a. auch aufgrund der Investitionen und der verbesserten Anlagenausstattung auf ein branchenübliches Maß reduzieren.

3.4 Skizze Sanierungsgutachten nach IDW S 6 für KMU

Das im Folgenden aufgeführte Sanierungskonzept skizziert den fiktiven Fall eines KMU **472** aus der chemischen Industrie, der die vorherigen Grundgedanken zu einem angemessenen Umfang von Sanierungskonzepten bei KMU veranschaulichen soll[757]. Die Gliederungsstruktur orientiert sich an den Kernbestandteilen des *IDW S 6*[758] bzw. an dem zu den Kernbestandteilen analog aufgebauten Beispiel in Kap. B Tz. 454. Somit enthält die Abb. 62 ein **Summary (A)**, in dem kurz der Auftragsgegenstand (hier: *IDW S 6*) sowie wesentliche wirtschaftliche Eckdaten zum Krisenunternehmen beschrieben werden. Ebenfalls sind hier bereits das Prüfungsergebnis und ein Überblick zu dem dazugehörenden Sanierungsplan enthalten, was letztlich als Formatvorlage für Stakeholder dienen kann. Die hier vorweggenommenen Ergebnisse der Sanierungsprüfung sind „state of the art" bei Berichterstattungen und nicht zwingend vorgeschrieben. Sind die Engagements deutlich größer, dann wird das Summary einen größeren Umfang haben, was wiederum für den Leser des Berichts didaktische Vorteile hat. Denn die meisten Stakeholder haben ggü. ihren Gremien Entscheidungsvorlagen zu erstellen und greifen dann auf das Summary zurück. Alternativ fallen die Prüfungsergebnisse und der Sanierungsplan weg und das hier im Januar 2021 begonnene und finalisierte Sanierungsgutachten startet mit einer Beschreibung des Auftragsgegenstandes und den ersten Daten zum Unternehmen.

---

757 Das Beispiel enthält fiktive Informationen. Ähnlichkeiten mit Unternehmen sind rein zufällig. Vgl. auch grundsätzlich *Hermanns/Krummen*, in: Buth/Hermanns[5], § 49, Rz. 1 ff.
758 Vgl. *IDW S 6*, Tz. 11.

Prüfungsauftrag

Die Geschäftsführung der Chemicals GmbH beauftragte uns mit der Erstellung eines Sanierungsgutachtens gem. IDW S 6. Im Verlauf des Projektes haben wir die von der Gesellschaft erhaltenen Unterlagen analysiert, Sekundärquellen recherchiert und analysiert sowie Mitarbeitergespräche geführt. Dieser Bericht fasst die wesentlichen Ergebnisse zusammen.

Es gelten die AAB für Wirtschaftsprüfer und WPG gem. der Auftragsbestätigung vom 17.01.2021.

Struktur (IDW S 6)

A	**Auftrag/ Summary**
B	Basisinformationen
C	Krisenursache/-stadien
D	Leitbild
E	Maßnahmen
F	Sanierungsplan

Unternehmenskurzporträt

Bezeichnung	Chemicals GmbH
Gründung	1979
Firmensitz	Leuna
Branche	Chemie
Produktprogramm	Stabilisatoren/Wasserstoffsynthese
JÜ/JF (2020)	-5,0 Mio. €
Umsatz (2020)	19,9 Mio. €
Mitarbeiter (2020)	67
Gesellschafter	Herr X (50%); Herr Y (50%)

Sanierungsplan:

	2021 Mio. €	2022 Mio. €	2023 Mio. €
GuV			
Umsatz	22,4	23,0	23,6
Betriebsleistung	22,4	22,9	23,7
EBITDA	4,6	2,0	2,6
EBIT	3,1	0,7	1,3
Jahresüberschuss	2,3	0,5	1,0
Bilanz			
Eigenkapital	4,3	4,8	5,9
Verbindlichkeiten	14,2	13,6	13,3
Bilanzsumme	18,9	18,8	19,6
Cash Flow			
operativ	3,2	1,1	2,0
Investition	-0,8	-0,8	-1,6
Finanzierung	-2,2	-0,1	-0,1
Kennzahlen			
EBITDA Rendite	20,3%	8,9%	11,1%
Eigenkapitalquote	23,0%	25,8%	30,1%
Cash Flow zu Umsatz	14,5%	4,9%	8,7%

Prüfungsergebnis

- Kernbestandteil der Restrukturierung ist die Verbesserung des Rohertrags/EBITDA durch Optimierungen der Produktion, die mit einer Geschäftsausweitung im Kernbereich der Stabilisatoren und einer Eliminierung des defizitären Bereichs Wasserstoffsynthese erreicht wird.

- Bis zum Abschluss der Restrukturierung im Jahr 2023 soll ein moderates (CAGR rund 6%) Umsatzziel von ca. 23,6 Mio. € erreicht werden.

- Durch leistungswirtschaftliche Maßnahmen wird ein 2023 ein Jahresüberschuss von ca. 1 Mio. € generiert, was einer Umsatzrendite von 4% entspricht. Mit einer EBITDA-Rendite von 11% liegt Chemicals 2023 oberhalb der branchenüblichen Rendite von 9%. Positive Effekte aus dem Forderungsverzicht von 2,9 Mio. € sind in den sonstigen betrieblichen Erträgen 2021 enthalten.

- Die Finanzierung wird vor allem durch Forderungsverzichte i.H.v. 2,9 Mio. € und Kapitalerhöhungen i.H.v. 0,9 Mio. € abgesichert. Das Eigenkapital der Gesellschaft erreicht im Zieljahr mit 5,4 Mio. € insgesamt 30% der Bilanzsumme und ist als sehr stabil einzustufen.

- Bereits ab 2021 wird ein positiver operativer Cash Flow generiert, der innerhalb der erwarteten Schwankungsbreite von +/- 1 Mio. € liegt.

- Die künftige Entwicklung unterstellt wahrscheinliche konjunkturelle Erholung der Branche und verlässliche, vertraglich gebundene Kunden.

- Die Chemicals GmbH ist unter diesen Bedingungen sanierungsfähig.

Abb. 62: Auftragsgrundlage und zusammenfassendes Prüfungsergebnis (Summary-A)

Die Basisinformationen (B) zu dem Krisenunternehmen betreffen zunächst das wirt- **473**
schaftliche Umfeld und beschreiben die wesentlichen Rahmenbedingungen in Bezug auf
die Branche. Die Position der Chemicals GmbH im Markt in Bezug zu den Wettbewerbern wird hier in einer Mehr-Felder-Matrix dargestellt, welche die Kriterien Kos-
ten- und Qualitätsführerschaft beinhaltet. Die Informationen hierzu sind durch Daten-
banken, veröffentlichte JA und Interviews zusammengetragen worden. Des Weiteren
werden die wesentlichen Vertragsgrundlagen aufgeführt und inhaltlich beschrieben,
soweit dies für die Sanierung erforderlich ist.

 Praxistipp 7:

Bei jeder abgebildeten Information, gerade bei der Abarbeitung der Basisinformationen, kann die Informationsvielfalt reduziert werden, indem nur die Informationen abgebildet werden, die für die Unternehmenssituation notwendig
sind. Dazu gehören insb. Informationen, die bereits an dieser Stelle auf Krisenursachen hinweisen. Das Unternehmen ist erkennbar in einer strategischen Falle, ist
weder Kosten- noch Qualitätsführer (Stuck-in-the-Middle). Diese Information ist
wichtig.

Der unter den wichtigen Verträgen aufgeführte Gesellschaftsvertrag entspricht
dem üblichen Standard. Da in diesem Fall keine gesellschaftsrechtliche Veränderung notwendig ist, erübrigt es sich, den Gesellschaftervertrag aufwendig abzubilden.

Wirtschaftliches Umfeld und Rahmenbedingungen

- Nach einer stabilen, vom allgemeinen Konjunkturverlauf abgekoppelten Entwicklung deutet sich nach Erhebung des Dachverbandes Chemie Ende 2020 ein Aufschwung im Zielmarkt an. Nachdem der Markt zuvor über Jahre stabil, aber hinter dem allgemeinen Chemietrend geblieben ist, wird mit einem zeitlichen Verzug bedingt durch den vermehrten Einsatz von Kunststoffen, die Stabilisatoren benötigen, die Zielbranche bis 2023 positiv mit 5-7% p.a. wachsen.

- Die chemischen Produkte der Chemicals GmbH unterliegen nicht einem klassischen Lebenszyklus, der aus anderen Produktgruppen bekannt ist. Vielmehr werden diese chemischen Anwendungen vermehrt als Kernprodukt in vielen weiteren Produkten und Anwendungen eingesetzt. Chemische Produktneuentwicklung, die ein Fortbestehen der jetzigen Produkte bzw. des jetzigen Produktportfolios gefährden, sind nach Einschätzung von Branchenexperten nicht zu erwarten.

- Entscheidend ist hierbei, dass eine REACH-Zertifizierung vorliegt: Das REACH-System basiert auf dem Grundsatz der Eigenverantwortung der Industrie. Nach dem Prinzip „no data, no market" dürfen, innerhalb des Geltungsbereiches, nur noch chemische Stoffe in Verkehr gebracht werden, die vorher registriert worden sind. Chemicals beherrscht das Verfahren.

- Wesentliche Wettbewerber sind hier aufgezeigt. Der Wettbewerb ist eher oligopolistisch ausgerichtet. Daten liegen für Benchmarks vor. Unternehmen befindet sich ggf. in der Position "stucking-in-the-middle". β

Wesentliche Verträge

- Gesellschaftsvertrag
- Darlehensvertrag mit der Kredit-Bank; Sonderkündigungsrechte über Covenants bestehen (siehe Krisenursache δ)
- Abnahmevertrag von Produktionsrückständen der S-GmbH, die als preisgünstiger Rohstoff eingesetzt werden können
- Abnahmeverträge mit Kunden über feste Mengen an Stabilisatoren bis 2026 (19 Mio. € p.a.)
- rechtliche/vertragliche übliche Grundlagen

Markt und Wettbewerber

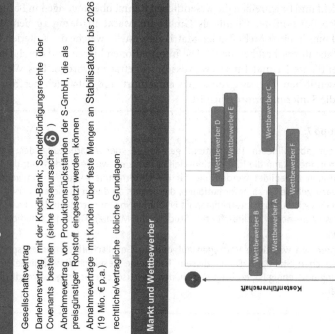

Abb. 63: Basisinformationen (B): sonstige rechtliche und wirtschaftliche Rahmenbedingungen

Ebenfalls zu den Basisinformationen gehört die Vermögens-, Finanz- und Ertrags- **474** lage[759]. Dieser Begriff ist gesetzlich an mehreren Stellen im HGB kodifiziert, wird aber in Sanierungsfällen in einer anderen Reihenfolge bearbeitet, nämlich zunächst die Ertrags-, dann die Vermögens- und Finanzlage. Daher beginnt die Darstellung mit den wesentlichen Informationen zu der Erlössituation der Chemicals GmbH, die krisenorientiert die Sachverhalte aufzeigen, die zum Verständnis der Produkt- und Absatzkrise notwendig sind. Das Unternehmen hat in beiden Geschäftsbereichen mit jeweils unterschiedlichen Gründen (**Krisenursachen α und β**) seit Jahren sinkende Umsätze. Auch die wichtige Kennzahl Umsatz pro Mitarbeiter sinkt im Betrachtungszeitraum, der üblicherweise drei Jahre umfasst. Das Jahr 2020 ist bei Abgabe des Gutachtens Ende Januar 2021 kein Forecast mehr, sondern nahezu endgültig. Zu der hier wesentlichen Kennzahl gibt es zwei Benchmarks (Wettbewerber X und Y), die ebenfalls aufzeigen, dass sich die hier dargestellten Wettbewerber in Bezug auf die dort abgebildeten Kennzahlen besser entwickeln.

---

759 Vgl. *IDW S 6*, Tz. 78 ff.

Erläuterungen	Historische Erlössituation

Chemicals GmbH

Erlössituation IST

Mio. €	2018 abs	2018 %	2019 abs	2019 %	2020 abs	2020 %
Umsatzerlöse	**22,1**	**100**	**20,5**	**99**	**19,9**	**102**
davon: Inland	17,0	77	13,3	64	12,9	66
Ausland	5,1	23	7,2	35	7,0	36
Bestandsveränderung	0,1	0	0,3	1	-0,3	-2
Betriebsleistung	**22,2**	**100**	**20,7**	**100**	**19,5**	**100**
sonstige Leistg./Erträge	2,8	13	0,1	0	0,1	0
Gesamtleistung	**25,0**	**113**	**20,8**	**100**	**19,6**	**100**
Betriebsleistung pro Geschäftsbereich						
Geschäftsbereich Stabilisatoren	17,5	79	16,2	78	16,3	83
Geschäftsbereich Wasserstoffsynthese	4,7	21	4,6	22	3,3	17
Umsatzwachstum	-8%		-7%		-3%	
Umsatz je VbE[1] in T€	363		330		315	

Benchmark

Unternehmen X

	abs	%	abs	%	abs	%
Umsatz in Mio. €	**166,0**	**244**	**165,0**	**250**	**163,0**	**255**
Umsatz je VbE[1] in T€	474		478		479	

Unternehmen Y

	abs	%	abs	%	abs	%
Umsatz in Mio. €	**45,0**	**98**	**46,0**	**102**	**48,0**	**112**
Umsatz je VbE[1] in T€	346		348		356	

1) VbE = Vollbeschäftigteneinheit

Erläuterungen

- Umsatztrend nicht erst seit 2018 negativ, Tiefpunkt 2020 nach 22,1 Mio. € (CAGR - 3,3%) bei 19,9 Mio. € erreicht.

β · Ab 2020 besteht wieder eine deutlich erhöhte Nachfrage nach Stabilisatoren. Aufgrund fehlender **Investitionen zur Outputverbesserung** kann die Chemicals GmbH nicht an dem Trend patizipieren.

- Die Chemicals GmbH agierte schwerpunktmäßig auf dem heimischen Absatzmarkt, 77% der Umsätze (2018) wurden im Inland realisiert. In der jüngeren Geschichte sinkt der inländische Anteil auf 66% (2020). Neben den Kundenverlusten im Inland konnte der Export insbesondere nach Frankreich mit dem Großkunden FR S.A.R.L. ausgebaut werden.

α · Das **Überangebot** im Markt der **Wasserstoffsynthese** führt in den Jahren 2018 bis 2020 zu einem Preiskampf und damit zu einem beschleunigenden Rückgang der Umsatzerlöse. Zwischen 2018 und 2020 sind die Betriebsleistungen im Geschäftsbereich Wasserstoff-synthese um **30%** und Stabilisatoren um **7%** gesunken.

- Die sonstigen Leistungen und Erträge sind im Betrachtungszeitraum nicht wesentlich. Die 2,8 Mio. € 2018 resultieren im wesentlichen aus Versicherungsentschädigungen.

- Der Benchmarkvergleich zeigt, dass sich der Preiskampf bei den Wettbewerbern aufgrund eines breiteren Produktportfolios im Gegensatz zur Chemicals GmbH weniger stark in rückläufigen Umsatzerlösen manifestiert.

- Der Umsatz je Mitarbeiter kann bei Wettbewerber X trotz leicht sinkender Umsätze gehalten werden, während...

- ...beim Wettbewerber Y der Umsatz absolut und bezogen auf den Mitarbeiter gesteigert werden kann. Insgesamt ist der Wettbewerber Y Chemicals am nächsten.

Legende : **α** enpricht der Krisenursache "α", die später wieder aufgegriffen wird

Abb. 64: Basisinformationen (B): Erlössituation

Die in Abb. 65 enthaltene Kostensituation stellt die Entwicklung der Kostenarten bis **475** zum Jahresergebnis dar. Die üblichen Krisenursachen wie die Produkt- und Absatzkrise sind durch den im Berichtszeitraum entstehenden Rohertragsverfall (Materialeinsatzquote, **Krisenursache β und γ**) gekennzeichnet, der eine preisliche und auch eine produktionstechnische Seite hat. Die Rohertragsschwäche resultiert einerseits aus dem verlustbehafteten Geschäftsbereich, der mit den zu hohen Energiekosten bei den Kunden keine auskömmlichen Preise erzielen kann. Andererseits gibt es im Bereich Stabilisatoren technische Probleme, die einen zu hohen Materialeinsatz zur Folge haben.

Praxistipp 8:

Die Darstellungstiefe ist hier bewusst knappgehalten und auf Wesentliches reduziert. Das Unternehmen wird sämtliche Informationen, die den Sachverhalten zuzuordnen sind, jederzeit zur Verfügung stellen können. Der Sanierungsberater wird über eine entsprechende Dokumentation zu diesen Informationsgrundlagen verfügen, die er ebenfalls stets, u.a. bei Gerichtsprozessen zur Verteidigung des Sanierungsgutachtens, verfügbar hat. Grundsätzlich können zu den einzelnen in den Abbildungen aufgeführten Sachverhalten weitere Informationen aus klarstellenden, nachweistechnischen etc. Gründen aufbereitet werden. Das ist grundsätzlich nicht erforderlich und im Einzelfall zu prüfen. Die Richtigkeit der Informationen ist wichtig und sollte nachgewiesen werden können, damit die richtigen Konsequenzen aus den Informationsgrundlagen, hier Krisenursachen, gezogen werden können.

Des Weiteren werden Kostenremanenzen bei sinkender Leistung (Personal, sonstige **476** Kosten) offenbar, als Reflex sinken dazu die Kennzahlen. Diese Effekte können ohne Eingriff in die Kostenstruktur beseitigt werden, indem die Leistung gesteigert wird. Daher werden im Folgenden diese Bereiche nicht weiter als Krisenursachen behandelt.

Weitere Krisenursachen zeigen sich durch eine von den Gutachtern aufgedeckte, weil **477** vom Unternehmen kostenrechnerisch nicht erkannte (**Krisenursache ε**), unterschiedliche Entwicklung der beiden Geschäftsbereiche Stabilisatoren bzw. Wasserstoffsynthese. Die Kostenrechnung hat die beiden Bereiche nicht getrennt behandelt. Mit einer IDT-gestützten Analyse der Daten kann festgestellt werden, dass der Geschäftsbereich Wasserstoffsynthese bereits 2018 und wahrscheinlich auch davor negativ und bis dahin von dem anderen Geschäftsbereich alimentiert worden ist. Diese Krisenursache mit strategisch-operativer Dimension kann anhand der JA nicht festgestellt werden.

!

Hinweis 3:

Mangelnde Kompetenzen im Rechnungswesen und im Controlling gehören zu weit verbreiteten Krisenursachen. Der Sanierungsberater kommt häufig in KMU zum Einsatz und das Krisenunternehmen kann ihm nicht mitteilen, mit welchen Produkten/ Produktgruppen Geld verdient wird und mit welchen nicht. Die Kontrollinstrumente sind mangelhaft, intransparent oder überhaupt nicht vorhanden, was in der Krise gravierende Auswirkungen hat. Es ist für den Sanierungsberater bei KMU manchmal eine Gratwanderung herauszufinden, ob die Datenqualität ausreichend ist, um die gutachterliche Frage der Sanierungsfähigkeit sicher beurteilen zu können.

Wenn im Unternehmen Chemicals GmbH eine Versicherungsentschädigung (2,8 Mio. €, siehe Erlöse) als sonstiger Ertrag vom Adressaten des JA 2018 nicht richtig interpretiert wird, werden kritische Fragen zu spät gestellt. Der Sanierungsberater hat auch die kaufmännischen Qualitäten zu hinterfragen. Denn in der Unternehmenskrise reagieren Unternehmen teilweise mit bilanzpolitischen Gegenmaßnahmen, um die Krise zu vertuschen. Dies ist bei Chemicals nicht der Fall. Die Stakeholder (Banken) haben dies allerdings 2015 nicht thematisiert.

Erläuterungen

- Das Geschäftsmodell ist materialintensiv, verändert sich von 2018 bis 2020 nahezu proportional zu den sinkenden Umsatzerlösen (-10%) und führt 2020 zu einer um 1%-Punkt (74%) schlechteren Materialintensität.

- Im Personalbereich ist eine Personalkostenremanenz festzustellen. Bei rückläufigen Umsatzerlösen werden keine Personalmaßnahmen durchgeführt, so dass die Personalintensität 2020 von 10 auf 12% steigt.

- Die sonstigen (Fix-) Kosten steigen bei rückläufiger Leistung auf 3,8 Mio. € und verschlechtern sich um 3%-Punkte auf 19%. Die Ertragskrise ist bereits 2018 gegeben, weil die unter den sonstigen Erträgen ausgewiesenen Versicherungsentschädigungen mit 2,8 Mio. € das Betriebsergebnis um 13%-Punkte verfälscht haben (mangelhafte Qualität des Rechnungswesens/Reporting).

- Betriebsergebnis bereinigt sich von - 7% (2018) auf - 13% (2020): Betriebsergebnis 2020 mit -24% enthält 11% Sonderabschreibungen, die 2020 enthalten sind (vgl. Vermögenslage).

- Bei der Analyse des Deckungsbeitrags IV (Betriebsergebnis) der Geschäftsbereiche wird das defizitäre Segment der Wasserstoffsynthese offensichtlich (2018: -2,6, 2020: -2,3). Mangels Skaleneffekte aufgrund der geringen Produktionskapazität und zu hoher Transportkosten ist ein positiver Deckungsbeitrag in dem Segment nicht zu erzielen. **Mangelnde (ε) Datentransparenz in der Kostenrechnung/Reporting** haben den Hauptgrund der Ertragskrise hier überdeckt. Der Geschäftsbereich Stabilisatoren hat den Bereich der Wasserstoffsynthese alimentiert.

- Benchmarkvergleich im Personalbereich weist bei den Kosten/Mitarbeiter eine ähnliche Entwicklung auf, aber die Wertschöpfung/Rohertrag sind deutlich gegenüber dem Wettbewerb verschlechtert.

- (γ) Der höhere Materialeinsatz ist insbesondere der Wasserstoffsynthese geschuldet und liegt an **nicht optimalen Einkaufbedingungen** (zu hohe Energiekosten).

- (β) Anlagen bei Stabilisatoren sind mit begrenzten Sensorenkapazitäten ausgestattet. Mehrere Destillationen notwendig, um die gewünschte Qualität zu erzielen. Prozessbegleitende Analyse mit gezielten Eingriffsmöglichkeiten statt "trial and error" - Verfahren wurde erfolgreich als Sofortmaßnahme getestet.

Historische Kostensituation

Chemicals GmbH

Kostensituation IST

Mio. €	2018 abs	2018 %	2019 abs	2019 %	2020 abs	2020 %
Materialaufwand	-16,2	-73	-15,3	-74	-14,5	-74
Personalaufwand	-2,3	-10	-2,3	-11	-2,3	-12
Abschreibungen	-1,7	-8	-1,6	-8	-3,8	-19
Sonstiger betriebl. Aufwand	-3,5	-16	-3,7	-18	-3,8	-19
Betriebsergebnis	**1,4**	**6**	**-2,0**	**-10**	**-4,7**	**-24**
Finanzaufwand	-0,2	-1	-0,3	-1	-0,3	-1
Ergebnis vor Steuern	**1,2**	**5**	**-2,3**	**-11**	**-5,0**	**-26**
Steuern	-0,1	0	0,0		0,0	0
Jahresergebnis	**1,1**	**5**	**-2,3**	**-11**	**-5,0**	**-26**
DB IV Geschäftsbereich Stabilisatoren	4,0		0,0		-2,4	
DB IV Geschäftsbereich Wasserstoffsynthese	-2,6		-2,0		-2,3	
Rohertrag je VbE[1] in T€	99		87		80	
Personalaufwand je VbE[1] in T€	-36		-36		-35	

Benchmark

Unternehmen X

	2018 abs	2018 %	2019 abs	2019 %	2020 abs	2020 %
Materialaufwand	-117,9	-71	-115,5	-70	-112,5	-69
Personalaufwand	-14,9	-9	-15,7	-10	-16,3	-10
Rohertrag je VbE[1] in T€	138		143		149	
Personalaufwand je VbE[1] in T€	-43		-45		-48	

Unternehmen Y

	2018 abs	2018 %	2019 abs	2019 %	2020 abs	2020 %
Materialaufwand	-29,9	-65	-29,8	-66	-31,5	-66
Personalaufwand	-5,9	-13	-6,0	-13	-6,2	-13
Rohertrag je VbE[1] in T€	116		123		122	
Personalaufwand je VbE[1] in T€	-45		-45		-46	

1) VbE = Vollbeschäftigteneinheit

Abb. 65: Basisinformationen (B): Kostensituation

478   Die Vermögenslage zeigt wenige Krisenreflexe auf. Das anlagenintensive Geschäftsmodell ist den Bilanzkennzahlen zu entnehmen, Konsequenzen aus der strategischen Fehlentwicklung sind erst jetzt im Januar 2021 erkannt. Die erhöhten Lieferantenziele bis 2020 auf 107 Tage sind ein solcher Krisenreflex. Bei der Durchsicht der Kreditunterlagen sind die Kreditverträge und die vereinbarten Covenants zur Kenntnis genommen worden. Mit einem Blick in die Bilanz 2020 lässt sich die unter der vereinbarten Quote liegende Eigenkapitalquote und damit formell der Covenantbruch (**Krisenursache δ**) feststellen. Da die Finanziers sich mit dem Krisenunternehmen im Gespräch befinden (**Stakeholderkrise**), besteht keine akute Kündigungsgefahr. Da die Benchmark-Analyse keine besonderen Risiken aufgezeigt hat, werden nur die Unternehmenskennzahlen und nicht Benchmark-Ergebnisse zur Vermögenslage hier abgebildet.

Erläuterungen

- Das Anlagevermögen der Chemicals GmbH ist im Betrachtungs-zeitraum rückläufig und sinkt von 15,0 Mio. € 2018 auf 11,8 Mio. € 2020 (-21%). Der Rückgang 2020 resultiert vor allem aus der Sonderabschreibung der Anlagen zur Wasserstoffsynthese, deren Produktion Ende 2020 eingestellt wurde. Das Anlagevermögen ist von einem anerkannten Industrieexperten analysiert worden; Arbeitsergebnisse sind verwertet worden.

- Die Vorräte schwanken zur Leistungsentwicklung, vgl. Umschlags-kennziffern. Der Wert 2019 ist stichtagsbezogen plausibel sehr hoch ausgefallen. Keine sonstigen Auffälligkeiten beim Benchmarkvergleich, daher keine weitergehende Analyse.

- Die Forderungen haben sich überproportional durch in 2019 eingeführtes Mahnwesen und Verhandlungen mit wesentlichen Kunden verbessert. Der Prozess ist in 2020 abgeschlossen worden. Keine weitergehende Analyse erforderlich.

- Die Liquiditätssituation ist im Jahr 2020 (Liquiditätskrise) bei nahezu voller Ausschöpfung der Kontokorrentlinie angespannt. Unterjährige kurzfristige Zahlungsstockungen sind aufgetreten (vgl. Abschnitt Insolvenzgründe).

- Auflaufende Jahresfehlbeträge reduzieren das Eigenkapital auf 6% der Bilanzsumme. Covenant bei Eigenkapitalquote von mind. 20% werden 2020 nicht erreicht; **Covenantbruch** ermöglicht Banken Sonderkündigungsrechte (Stakeholderkrise). Stand-still bis Ergebnis des Sanierungsgutachtens (Ende Januar 2021) vorliegt, so dass vorläufig keine Insolvenzgefahr durch Kreditkündigung vorliegt.

- Darüber hinaus wird die Liquiditätssituation durch eine Ausreizung der lieferantenseitigen Zahlungsziele gestützt. Das Lieferantenziel wird als Sofortmaßnahme im Wege von Vereinbarungen über Stundungen 2020 auf 104 Tage gestreckt. Die Lieferverbindlichkeiten scheinen von 2018 zu 2020 nicht zu steigen, jedoch sind die Materialkosten im Betrachtungszeitraum absolut gesunken.

- Die Bilanzsumme geht im Betrachtungszeitraum von 24,7 Mio. € auf 19,2 Mio. € (-22,4%) zurück.

Historische Vermögenslage

Chemicals GmbH	Vermögenslage IST					
	31.12.18		31.12.19		31.12.20	
Mio. €	abs	%	abs	%	abs	%
Anlagevermögen	**15,0**	**61**	**14,4**	**61**	**11,8**	**62**
Umlaufvermögen	**9,6**	**39**	**9,1**	**39**	**7,3**	**38**
I. Vorräte	4,3	17	5,5	23	4,6	24
1. Roh-, Hilfs-, Betriebsstoffe	1,0	4	2,0	8	1,4	7
2. Unfertige, fertige Erzeugnisse & Waren	3,3	13	3,5	15	3,2	17
II. Forderungen	3,1	13	2,5	11	2,7	14
III. Liquide Mittel	2,2	9	1,1	5	0,0	0
Sonstige Aktiva	**0,0**	**0**	**0,0**	**0**	**0,0**	**0**
Summe Aktiva	**24,7**	*100*	**23,5**	*100*	**19,1**	*100*
Eigenkapital	**8,5**	**34**	**6,2**	**26**	**1,2**	**6**
I. Gezeichnetes Kapital	0,2	1	0,2	1	0,2	1
II. Kapitalrücklagen	1,9	8	1,9	8	1,9	10
III. Jahresüberschuss/-fehlbetrag	1,1	4	-2,3	-10	-5,0	-26
IV. Gewinn-/Verlustvortrag	5,3	22	6,4	27	4,2	22
Gesellschafterdarlehen	**1,2**	**5**	**1,2**	**5**	**1,2**	**6**
Rückstellungen	**0,2**	**1**	**0,2**	**1**	**0,4**	**2**
Verbindlichkeiten	**14,8**	**60**	**15,9**	**68**	**16,4**	**86**
I. ggü. Kreditinstituten	7,8	26	9,1	27	9,7	33
II. aus Lieferungen und Leistungen	4,2	17	3,9	16	4,2	22
III. sonstige	2,8	0	3,0	0	2,6	0
Sonstige Passiva						
Summe Passiva	**24,7**	*100*	**23,5**	*100*	**19,1**	*100*

Umschlagskennziffern in Tagen						
Kundenziel	49		43		45	
Lieferantenziel	94		92		104	
Vorräte RHB	26		53		39	
Vorräte FE und Waren	54		63		59	

Abb. 66: Basisinformationen (B): Vermögenslage

479 Die Finanzlage weist die **Liquiditätskrise** nach, die mit dem negativen Cash-Flow einhergeht. Thematisch passt dazu die Prüfung der Insolvenzgründe nach § 15a InsO, die hier mit der Zahlungsfähigkeit beginnt. Die Zahlungsfähigkeit der Chemicals GmbH ist gegeben. Die Gesellschaft ist drohend zahlungsunfähig. Die Chemicals GmbH hat eine Unternehmensplanung vorgelegt, die bedingt durch den hohen Anteil von bereits umgesetzten und eingeleiteten Sanierungsmaßnahmen mit hoher Wahrscheinlichkeit eine positive Fortbestehensprognose aufweist. Die Arbeitsergebnisse hierzu sind in den Arbeitspapieren festgehalten, es gibt ggü. der Geschäftsführung eine dieses Ergebnis wiederspiegelnde gutachterliche Stellungnahme eines WP. Eine insolvenzrechtliche Überschuldung ist nicht untersucht worden.

Praxistipp 9:

Rechtsanwälte können ebenso wie StB und WP bei geeigneten Kenntnissen Insolvenzgründe begutachten. Unternehmensberatern, die hierzu ebenfalls Stellung nehmen wollen, ist die Hinzuziehung eines der genannten Berufsträger zu empfehlen, um nicht bei Haftungsfällen wegen des Vorwurfs der unzulässigen Rechtsberatung in Anspruch genommen zu werden.

Erläuterungen

Erläuterungen Cash Flow

- Der Netto Cash Flow der Chemicals GmbH sinkt im Betrachtungszeitraum von 1,0 Mio. € 2018 auf -1,6 Mio. € 2020.
- Der Cash Flow aus laufender Geschäftstätigkeit ist 2018 noch mit 3,8 Mio. € positiv und finanziert die Investitionstätigkeit vollumfänglich…
- …wird in 2019/20 negativ, so dass die Investitionen nur durch einen höheren Kontokorrentrahmen finanziert werden können.
- Banken haben das Unternehmen ebenso wie Lieferanten (zu lange) gestützt, so dass erst 2020 mit Erreichen der Liquiditätskrise eine Sanierung angestoßen worden ist.
- Zahlungsfähigkeit:

Prüfung der Zahlungsfähigkeit der Chemicals GmbH zum 19.01.2021

	T€
Saldo fälliger Verbindlichkeiten Stand 19.01.2021:	-368
Saldo liquider Mittel Stand 19.01.2021:	225
Kontokorrentlinie	6.250
./. Inanspruchnahme 19.01.2021	6.077
Saldo frei Liquidität	173
Überdeckung	30

- Zum Zeitpunkt der Gutachtenerstellung ist Chemicals zahlungsfähig; gem. vorliegendem Unternehmensplan (Grobkonzept der Sanierung) besteht keine Insolvenzantragspflicht, da bereit umgesetzte Maßnahmen zur Sicherstellung der Zahlungsfähigkeit begonnen wurden.

Historische Finanzlage

Chemicals GmbH

Mio. €	Finanzlage IST		
	2018 abs	2019 abs	2020 abs
Netto Cash Flow			
Jahresüberschuss/-fehlbetrag	1,1	-2,3	-5,0
+ Abschreibungen	1,7	1,6	3,8
+ ⊠ Rückstellungen	-0,2	0,1	0,1
- ⊠ Working Capital ohne Liq. Mittel	1,1	-0,7	0,6
- Investitionen	-2,7	-1,0	-1,2
+/- sonstiges	0,0	0,0	0,0
= **Netto Cash Flow**	1,0	-2,4	-1,6

Kapitalflussrechnung IDW			
Laufende Geschäftstätigkeit	3,8	-1,3	-0,4
+/- Investitionstätigkeit	-2,7	-1,0	-1,2
+/- Finanzierungstätigkeit	0,6	1,2	0,6
Liquiditätsveränderung	1,6	-1,1	-1,0
Finanzmittel 01.01.	0,6	2,2	1,1
Finanzmittel 31.12.	2,2	1,1	0,0

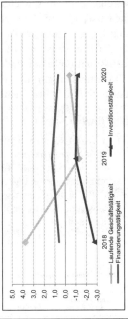

Abb. 67: Basisinformationen (B): Finanzlage

480 Abschließend sind sämtliche Erkenntnisse aus der Verarbeitung der Basisinformationen zu würdigen, indem gutachterlich klar festgestellt wird, welche Krisenursachen und welche Krisenstadien (C) vorliegen. Da es unterschiedliche Herangehensweisen bei Sanierungskonzepten geben kann, ist an dieser Stelle sicherzustellen, dass sämtliche relevanten Basisinformationen zum Krisenunternehmen abgebildet sind und die Unternehmenssituation **krisenstadienorientiert** dargelegt wird. Um redundante Darstellungen zu vermeiden, gibt die folgende Abbildung exemplarisch eine zusammenfassende Übersicht über die festgestellten Krisensachverhalte.

> **! Hinweis 4:**
>
> Nach der Rechtsprechung des BGH muss ein Sanierungskonzept nicht zwingend den Normen des *IDW S 6* entsprechen[760]. Auf der anderen Seite entspricht die *IDW S 6* den höchstrichterlichen Anforderungen und geht vertiefend – als betriebswirtschaftlich notwendige Ergänzung – darüber hinaus[761]. Folglich ist es sinnvoll, den *IDW S 6* als ein derartig standardisierendes Angebot wahrzunehmen, weil man als Sanierungsberater anhand von Einzelfallurteilen nur schwerlich den Überblick über die Rechtsprechung behalten kann[762].

Krisenursachen /-stadien	Ref.	Stakeholder-krise	Strategie-krise	Produkt- und Absatzkrise	Ergebnis-krise	Liquiditäts-krise	Insolvenz
Überangebot im Geschäftsbereich Wasserstoffsysthese mit Preisverfall ab Absatzmarkt	α	⚡	⚡	⚡	⚡	⚡	
Investitionsstau in den Anlagen der Stabilisatoren führen zu einem "Stuck-in-the-middle"	β		⚡	⚡	⚡		
langfristige Lieferverträge für Energiekosten mit zu hohen Preisen ohne Gleitklauseln	γ			⚡	⚡		
Brechung der covenants bei den Bankverträgen (z.B. Eigenkapitalquote >=20%)	δ		⚡		⚡	⚡	
mangelhaftes Controlling und Rechnungswesen	ε		⚡	⚡	⚡	⚡	

Abb. 68: Krisenstadien (C)

481 Die strategische Stoßrichtung bzw. die **Herleitung des Leitbildes** (D) ist bereits unter Kap. B Tz. 464 ff. hinreichend dargelegt worden (vgl. auch Abb. 60). Das Leitbild wird hier in der folgenden Abbildung mit der erzielbaren, über der branchenüblichen Rendite liegenden EBITDA-Quote dargestellt. Die Aufgabenstellungen sind übersichtlich.

---

760 Vgl. BGH v. 12.05.2016, IX ZR 65/14, ZIP 2016, S. 1235 ff.
761 Vgl. *Prütting*, ZIP 2013, S. 203 (209).
762 Vgl. *Steffan*, ZIP 2016, S. 1712 (1718).

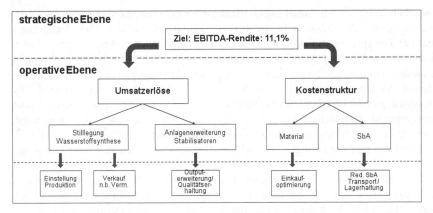

Erläuterungen

- Strategische Krise im Bereich der Wasserstoffsynthese ist wegen gravierenden Mängeln im Rechnungswesen/Kostenrechnung erst erkannt worden, als man vor der Insolvenz stehend externe Analysen beauftragt hat. Somit ist die erste strategische Stoßrichtung die Schließung des stark defizitären Bereichs.
- Desweiteren werden für den verbleibenden Geschäftsbereich Stabilisatoren mit überschaubaren Investitionen Produktqualitäten verbessert werden, so dass die Chemicals GmbH in der Nische Qualitätsführerschaft und Mengenwachstum fortsetzen kann.

Abb. 69: Leitbild (D)

Die zur Erreichung des Leitbildes notwendigen Sanierungsmaßnahmen sollen projekt- **482**
artig abgearbeitet werden. Eine **Übersicht zur Projektorganisation**, die fortlaufend zu
aktualisieren ist, gibt die folgende Abbildung. Die Umsetzung der Sanierungsmaßnahmen zur Bewältigung der Unternehmenskrise ist der nächste Kernbestandteil
eines Sanierungskonzeptes (E). Um die Sanierungsmaßnahmen im Sanierungsplan ggf.
auch auf Monatsbasis abbilden zu können, ist auch die zeitliche Komponente bedeutend.
Da diese auch mit Unsicherheiten verbunden sein kann, ist das Sanierungscontrolling
und -umsetzungsmanagement durch bspw. diese Matrixstruktur durchzuführen und
kann vom Sanierungsberater effizient für ein KMU eingesetzt werden.

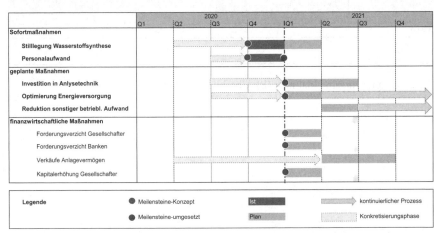

Abb. 70: Sanierungsmaßnahmen (E): Maßnahmenübersicht im Zeitablauf

483 Die oben aufgeführten **Sanierungsmaßnahmen** sind i.R.d. Konzepterstellung übersichtsartig mit den Effekten in der GuV/Liquidität darzustellen. Viele Sanierungsmaßnahmen sprechen für sich, wie z.B. die Forderungsverzichte. Wenn derartige Informationen wie folgt (vgl. Abb. 71) abgebildet werden, sind die entsprechenden Grundlageninformationen, wie bereits thematisiert, zu den Arbeitspapieren zu nehmen. Komplexere Sanierungsmaßnahmen werden für den Berichtsadressaten anhand der Darstellung in der Übersicht nicht vollumfänglich nachvollziehbar sein. Diese sind dann weitergehend darzustellen. Bei der Chemicals GmbH wird neben den Sanierungsberatern auch ein Industrieexperte aus der chemischen Industrie eingesetzt, der ausschl. technische Aufgabenstellungen effizient löst. Der Einsatz der chemisch-technisch versierten Fachkräfte belastet nicht, sondern entlastet das Budget, weil Problemlösungen viel schneller erarbeitet werden können. Die Akzeptanz des Sanierungsgutachtens und insb. das Vertrauen in die Umsetzbarkeit der Sanierungsmaßnahmen steigen bei allen Stakeholdern (vgl. im Folgenden die Abbildung zu den Sanierungsmaßnahmen). Auf den Nachweis und die Verprobung, inwieweit die branchenübliche Rendite erreicht wird, ist verzichtet worden (vgl. Abb. 59).

Bereich	Maßnahme	EBITDA-Effekt (T€)	Cash-Effekt (T€) Gesamt	Verantwortlichkeit
Umsatz/Material/SbA	- Stilllegung und Abwicklung des Geschäftsbereichs Wasserstoffsynthese	408	408	Gesellschafter / Geschäftsführer
Umsatzerlöse/Materialaufwand	- Investitionen in Analysetechnik; damit kann die Produktionszeit verkürzt werden, wodurch ein höherer Output erzielt wird	1.633	1.633	Technischer Leiter
Materialaufwand	- Optimierung Energieversorgungsverträge mit kürzerer Laufzeit und flexibleren Preisgleitklauseln	120	120	Leiter Einkauf
Personalaufwand	- Entlassung von rd. 3 Mitarbeitern aufgrund der Stilllegung des Geschäftsbereichs Wasserstoffsynthese	0	0	Produktion/Personal
sonstiger betrieblicher Aufwand	- Reduktion SbA durch geringere Transport-/Lagerkosten für Wasserstoff	1.396	1.396	Produktion/Finanzen
Forderungsverzichte	- Gesellschafter-Geschäftsführer verzichtet auf das der Gesellschaft gewährte Darlehen ohne Gegenleistung (1.160 T€)	n.a.	n.a.	Gesellschafter
	- Bank erklärt ebenfalls einen Forderungsverzicht (1.750 T€)	n.a.	n.a.	Leiter Finanzer
Verkäufe Anlagevermögen	- Veräußerung nicht betriebsnotwendiger Gebäude und Grundstücke zum Buchwert	n.a.	200	Leiter Finanzer
Kapitalerhöhung	- Kapitalerhöhung durch den Gesellschafter (fresh money) von 850 T€)	n.a.	850	Gesellschafter
Summe		**3.558**		

	= strategisch
	= operativ
	= Finanzierung/sonstige

Abb. 71: Sanierungsmaßnahmen (E): Überblick/Effekte

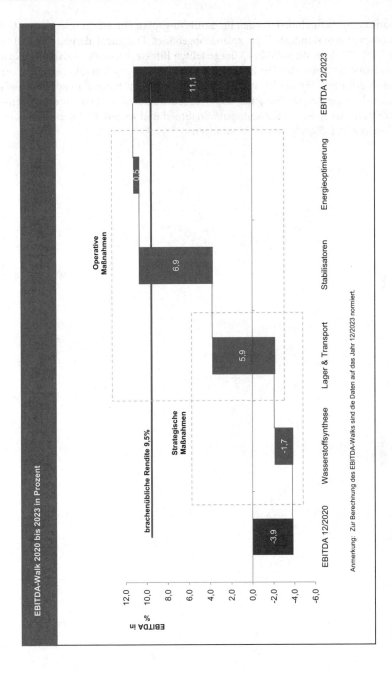

Abb. 72: EBITDA-Walk

484 Die Sanierungsmaßnahmen werden im **Sanierungsplan** (F), einem integrierten Unternehmensplan (vollständiger Finanzplan), abgebildet. Der zuvor dargestellte EBITDA-Walk (Abb. 72) bzw. die in Abb. 73 dargestellten Effekte stellen die gedankliche Brücke für den Sanierungsplan dar. Der Sanierungsplan weist die gleichen Komponenten (Erlös, Kosten, Vermögen, Finanzen) wie die Darstellung zu den Basisinformationen auf und enthält neben der Beschreibung der überwiegend wahrscheinlichen Unternehmensentwicklung aus der Krise die Sanierungsmaßnahmen und weitere Erläuterungen, wie z.B. Benchmarks (vgl. die folgenden Abbildungen).

Erlässituation Plan

Chemicals GmbH Mio. €

	IST 2020		Erlössituation PLAN 2021		2022		2023	
	abs	%	abs	%	abs	%	abs	%
Umsatzerlöse	**19,9**	102	**22,4**	100	**23,0**	100	**23,6**	100
davon: Inland	12,9	66	13,1	58	13,3	58	13,4	57
Ausland	7,0	36	9,3	41	9,6	42	10,2	43
Bestandsveränderung	-0,3	-2	0,0	0	0,0	0	0,1	0
Betriebsleistung	**19,5**	100	**22,4**	100	**22,9**	100	**23,7**	100
sonstige Leistg./Erträge	0,1	0	3,0	13	0,1	0	0,1	0
Gesamtleistung	**19,6**	100	**25,4**	113	**23,0**	100	**23,7**	100
Umsatzwachstum	-3%		13%		2%		3%	
Umsatz je VbE[1] in T€	315		330		343		363	

Benchmark 2020

Unternehmen X		%
Umsatz in Mio. €	163,0	255
Umsatz je VbE[1] in T€	479	

Unternehmen Y		%
Umsatz in Mio. €	48,0	112
Umsatz je VbE[1] in T€	356	

1) VbE = Vollbeschäftigteneinheit

Erläuterungen

- Die strategische Entscheidung, den Geschäftsbereich Wasserstoffsynthese zu schließen, lässt die Umsatzerlöse 2021 - im Wesentlichen in Deutschland - um 3,4 Mio € sinken.

- Optimierungen in den Produktionslinien der Stabilisatoren mit deutlich verbesserter, bereits getesteter Produktqualität ermöglichen Rückgewinnung von ehemaligen Großkunden (2,2 Mio. €) aus Frankreich sowie Akquisition eines weiteren Großkunden (1,5 Mio. €) bereits Ende 2020 sowie verhandelte Preiserhöhungen und/oder höhere Losgrößen. Folglich können bereits 2021 Mehrumsätze von 5,9 Mio. € erzielt werden. Die Umsatzerlöse 2021 erreichen insgesamt 22,4 Mio. € (+13%); die Kontrakte sind auf Kundenebene geplant, zu über 90% abgeschlossen und preislich abgesichert.

- In den Folgejahren wird ein Umsatzwachstum von 4% laut Brancheninformationen erwartet. In dem Nischenmarkt kann eine relativ feste Korrelation bei den Stabilisatoren von rd. 75% erreicht werden, so dass realistischerweise mit 2,5% Wachstum geplant werden kann.

- Marketingmaßnahmen des Vertriebs unterstützen den Vertriebsprozess auch durch integrierte Angebotsbearbeitung im PPS-System.

- Der Umsatz je Vollbeschäftigteneinheit kann dabei von ursprünglich 315 T€ 2020 auf 330 T€ 2021 und desweiteren in Richtung Benchmark (Unternehmen Y mit rd. 350 T€) gesteigert werden.

- Der relative Anteil der im Inland erzielten Umsätze sinkt wegen der Schließung des Geschäftsbereichs Wasserstoffsynthese und der Neuaquisition in Frankreich leicht und bleibt zwischen 58% und 57%.

- Die Plandaten sind als sehr sicher anzusehen, so dass die Ertragskrise mit den bereits in 2020 umgesetzten (Sofort-)Sanierungsmaßnahmen im Vertriebsbereich bereits 2021 überwunden werden kann.

- Die sonstigen Erträge sind 2021 um 2,9 Mio. € höher, weil hier die Forderungsverzichte des Gesellschafters i.H.v. 1,2 Mio. € und der Banken i.H.v. 1,7 Mio. € enthalten sind.

Abb. 73: Sanierungsplan (F): Erlöse

Erläuterungen

- Stilllegung des Geschäftsbereichs Wasserstoffsynthese verringert zunächst die Betriebsleistung und die dazu proportionalen Materialaufwendungen. Die Ausweitung des Stabilisatorengeschäfts überkompensiert diesen Effekt, so dass die Materialaufwendungen 2021 absolut 15,9 Mio. € steigen.

- Überschaubare investive Änderungen im Produktionsprozess optimieren den Materialeinsatz. Die Materialintensität verbessert sich 2021 mit dem geänderten Produktmix gegenüber 2020 um 3%-Punkte auf 71%. Die Machbarkeit der Verbesserungen ist durch einen Industrieexperten bestätigt worden.

- Die Stilllegung des Geschäftsbereichs Wasserstoffsynthese führt nur in geringem Umfang zu einer Personalanpassung, eher zu einer überschaubaren Umschichtung und Ausweitung des Personals, um die Leistungssteigerung bewältigen zu können. Die Produktivität verbessert sich, was zu einer um jeweils um 1%-Punkt verbesserten Personalintensität bis 2023 führt. Die Personalplanung ist plausibel und mit nachvollziehbaren Annahmen unterlegt.

- Die Abschreibungen entwickeln sich bedingt durch 2021/22 etwas zurückgenommenen Investitionen leicht rückläufig/konstant, was gutachterlich verprobt worden ist.

- Die sonstigen betrieblichen Aufwendungen verbessern sich aufgrund der Stilllegung, verbesserter Transportkosten relativ um 6%-Punkte auf 13% 2021, benötigt aber für den weiteren Abbau von Fixkosten weitere 2 Jahre, um bis 2023 auf branchenübliche 10% zu kommen. Die geplanten Kosteneinsparungen sind verifiziert worden und plausibel. Sie resultieren aus Transport- und Lagerkosteneinsparungen, die im Wesentlichen auf die Schließung der Wasserstoffsynthese zurückzuführen sind.

- Der Finanzaufwand berücksichtigt die Refinanzierung nach Verzicht. Die vertraglichen Grundlagen haben vorgelegen.

- Die Rohertragsquote je Vollbeschäftigteneinheit steigt insgesamt mit den Sanierungsmaßnahmen von ursprünglich 80 T€ 2020 auf 111 T€ 2023 und nähert sich dem Benchmark des Wettbewerbers Y.

- Das Jahresergebnis weist erst 2023 eine branchenübliche Rendite von rd. 4,4% auf. Operativ ist Chemicals 2021 (Betriebsergebnis) nur durch die in den sonstigen betrieblichen Erträgen gezeigten und werthaltigen Forderungsverzichte von 2,9 Mio. € positiv. Turnaround ist erst 2022 geplant.

Kostensituation Plan

Chemicals GmbH Mio. €	IST 2020 abs	2020 %	2021 abs	2021 %	2022 abs	2022 %	2023 abs	2023 %
Materialaufwand	-14,5	-74	-15,9	-71	-16,2	-71	-16,5	-70
Personalaufwand	-2,3	-12	-2,1	-9	-2,2	-9	-2,3	-9
Abschreibungen	-3,8	-19	-1,4	-6	-1,3	-6	-1,3	-6
sonstiger betriebl. Aufwand	-3,8	-19	-2,9	-13	-2,6	-11	-2,4	-10
Betriebsergebnis	**-4,7**	**-24**	**3,1**	**14**	**0,7**	**3**	**1,3**	**5**
Finanzaufwand	-0,3	-1	-0,2	-1	-0,2	-1	-0,2	-1
Ergebnis vor Steuern	**-5,0**	**-26**	**2,9**	**13**	**0,5**	**2**	**1,1**	**5**
Steuern	0,0	0	-0,6	-3	0,0	0	0,0	0
JÜ/JF	**-5,0**	**-26**	**2,3**	**10**	**0,5**	**2**	**1,0**	**4**
Wertschöpfung je VbE¹⁾ in T€	80		96		101		111	
Personalaufwand je VbE¹⁾ in T€	-35		-30		-33		-35	

Spaltenüberschrift: Kostensituation PLAN (2021, 2022, 2023)

Benchmark 2020

Unternehmen X		%
Materialaufwand	-112,5	-69
Personalaufwand	-16,3	-10
Rohertrag je VbE¹⁾ in T€	149	
Personalaufwand je VbE¹⁾ in T€	-48	

Unternehmen Y		%
Materialaufwand	-31,5	-66
Personalaufwand	-6,2	-13
Rohertrag je VbE¹⁾ in T€	122	
Personalaufwand je VbE¹⁾ in T€	-46	

1) VbE = Vollbeschäftigteneinheit

Abb. 74: Sanierungsplan (F): Kosten

Erläuterungen

- Stilllegung des Geschäftsbereichs Wasserstoffsynthese ist buchmäßig bereits 2020 berücksichtigt. Das Anlagevermögen entwickelt sich kontinuierlich, weil notwendige Optimierungen in der Regelungstechnik 2020 (1,2 Mio. €) durchgeführt werden und die nächsten Sonderinvestitionen erst 2023 (rd. 1,6 Mio. €) in der Planung sind. Regelmäßige Ersatzinvestitionen werden leicht unter der Höhe der Abschreibungen getätigt. Anlageninvestitionen sind gutachterlich mit Industrieexperten verprobt worden.
- Die Erhöhung der Vorratsreichweite bei den Roh-, Hilfs- und Betriebsstoffen resultiert aus der Sicherung der Materialverfügbarkeit sowie der Optimierung von Bestellmengen.
- Fertige Erzeugnisse entwickeln sich leicht ansteigend, bei verbesserten Umschlagsziffern: von 59 Tage auf 51 Tage.
- Forderungsmanagement effizient, keine Verbesserungen bei 39 Tagen eingeplant
- Liquidität bis 2022 realistisch auf Nulllinie geplant, weil ....
- ....Lieferantenziel auf von 104 Tagen auf 80 Tage zurückgeführt werden und als Puffer dienen, was mit den größten Lieferanten verabredet ist.
- Das Eigenkapital wird durch eine gesellschafterinduzierte Kapitalerhöhung von 850 T€ zum Ende Q1/2021gestärkt.
- Durch den Forderungsverzicht der Banken i.H.v. 1.750T€ und des Gesellschafters i.H.v. 1.160 T€ verbessert sich ebenfalls die Eigenkapitalquote und liegt nach den ersten durchgeführten Maßnahmen ab 2021 über 20%.
- Regelmäßige Tilgungen werden nach Rücksprache mit den Banken auf 0,1 Mio. € im Jahr reduziert, bis eine nachhaltige Sanierung erreicht ist.

Vermögenslage Plan

Chemicals GmbH	IST		Vermögenslage PLAN					
Mio. €	31.12.20		31.12.21		31.12.22		31.12.23	
	abs	%	abs	%	abs	%	abs	%
Anlagevermögen	**11,8**	62	**11,0**	58	**10,5**	56	**10,7**	55
Umlaufvermögen	**7,3**	38	**7,8**	41	**8,2**	44	**8,8**	45
I. Vorräte	4,6	24	4,9	26	5,0	27	5,2	26
1. Roh-, Hilfs-, Betriebsstoffe	1,4	7	1,7	9	1,8	10	1,9	10
2. Unfertige, fertige Erzeugnisse & Waren	3,2	17	3,2	17	3,2	17	3,3	17
II. Forderungen	2,7	14	2,6	14	2,7	14	2,8	14
III. Liquide Mittel	0,0	0	0,3	2	0,5	3	0,9	5
Sonstige Aktiva	**0,0**	0	**0,0**	0	**0,0**	0	**0,0**	0
Summe Aktiva	**19,1**	100	**18,9**	100	**18,8**	100	**19,6**	100
Eigenkapital	**1,2**	6	**4,3**	23	**4,8**	26	**5,9**	30
I. Gezeichnetes Kapital	0,2	1	0,5	3	0,5	3	0,5	3
II. Kapitalrücklagen	1,9	10	2,4	13	2,4	13	2,4	12
III. Jahresüberschuss/-fehlbetrag	-5,0	-26	2,3	12	0,5	3	1,0	5
IV. Gewinn-/Verlustvortrag	4,2	22	-0,8	-4	1,4	8	1,9	10
Gesellschafterdarlehen	**1,2**	6						
Rückstellungen	**0,4**	2	**0,4**	2	**0,4**	2	**0,4**	2
Verbindlichkeiten	**16,4**	86	**14,2**	75	**13,6**	72	**13,3**	68
I. ggü. Kreditinstituten	9,7	33	7,8	24	7,7	24	7,6	23
II. aus Lieferungen und Leistungen	4,2	22	3,9	21	3,7	19	3,6	18
III. sonstige	2,6	13	2,5	13	2,2	12	2,1	11
Sonstige Passiva								
Summe Passiva	**19,1**	100	**18,9**	100	**18,8**	100	**19,6**	100

Umschlagskennziffern in Tagen

Kundenziel	45	39	39	39
Lieferantenziel	104	90	82	80
Vorräte RHB	39	43	45	46
Vorräte FE und Waren	59	53	51	51

Abb. 75: Sanierungsplan (F): Vermögen

Erläuterungen

- Chemicals erwirtschaftet ab 2021 positive **Netto Cash Flows**, obwohl in 2021 und 2022 die Liquidität belastendes Working Capital aufgebaut wird.
- Aus der **laufenden Geschäftstätigkeit** ist nach einem negativen Finanzbeitrag 2020 dauerhaft mit 1-2 Mio. € Finanzmitteln zu rechnen.
- Die Tilgungsreduktion führt zu einer neutralen **Finanzierungstätigkeit** und ist 2022/23 notwendig, um Finanzmittel aufzubauen. Eine weitere Rückführung der Kreditlinie ist erst Ende 2023 mit den Banken zu verhandeln. Die Kreditlinie beläuft sich nach dem Forderungsverzicht auf 4.500 T€, ihre Inanspruchnahme soll gem. Planungsmodell vollständig ausgeschöpft werden.
- **Sensitivitätsrechnung**
- Im Rahmen der Sensitivitätsbetrachtung wird die Umsatzentwicklung als kritische Prämisse betrachtet. Prozentuale Abschläge auf die Umsätze bei angepassten variablen Kosten (Effekt aus verändertem Produktmix wird simuliert) werden als Sensitivität berechnet. Die übrigen Bedingungen werden ceteris paribus behandelt, soweit es sich um Fixkosten handelt. Semi-fixe Kosten werden planerisch berücksichtigt.
- Gegen-, Notfallmaßnahmen bleiben unberücksichtigt.
- Es gibt zwei wesentliche Auswertungen, die bei der Sensitivitätsrechnung für die Sanierungsfähigkeit revant sind:
  - ...zum einen zeigt der Vergleich mit der **branchenüblichen Rendite** von 9,5%, die über einen Marktbenchmark ermittelt wurde, dass ein Rückgang von 3% der Umsatzerlöse in jedem Jahr grade noch vertretbar ist, um die Sanierungsfähigkeit zu bejahen.
  - ...zum anderen ist die **Liquidität** zu berücksichtigen. Diese stellt zum Zeitpunkt der Gutachtenerstellung auch einen wesentlichen Enpass dar. Ab einem Rückgang der Umsatzerlöse von mehr als 2% in der Planung liegt ab 2022 ein Liquiditätsenpass vor, was aufgrund weiterer Gegensteuerungsmöglichkeiten ausreichend erscheint.
- Die Sensitivitätsrechnung belegt die sehr hohe Wahrscheinlichkeit des Sanierungserfolgs anhand der kritischen Prämissen des Umsatzplans.

Finanzlage Plan

Chemicals GmbH	IST	Finanzlage PLAN		
Mio. €	2020	2021	2022	2023
	abs	abs	abs	abs
Netto Cash Flow				
Jahresüberschuss/-fehlbetrag	-5,0	2,3	0,5	1,0
+ Abschreibungen	3,8	1,4	1,3	1,3
+ ⊠ Rückstellungen	0,1			0,0
- ⊠ Working Capital ohne Liq. Mittel	0,6	-0,6	-0,7	-0,4
- Investitionen	-1,2	-0,8	-0,8	-1,6
+/- sonstiges	0,0	0,2		
= **Netto Cash Flow**	**-1,6**	**2,4**	**0,3**	**0,5**
Kapitalflussrechnung IDW				
laufende Geschäftstätigkeit	-0,4	3,2	1,1	2,0
+/- Investitionstätigkeit	-1,2	-0,8	-0,8	-1,6
+/- Finanzierungstätigkeit	0,6	-2,2	-0,1	-0,1
Liquiditätsveränderung	-1,0	0,3	0,2	0,4
Finanzmittel 1.1.	1,1	0,0	0,3	0,5
Finanzmittel 31.12.	**0,0**	**0,3**	**0,5**	**0,9**

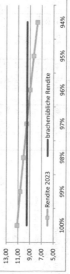

Sensitivitätsrechnung in % von den Umsatzerlösen: Renditenvergleich

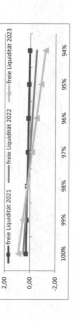

Sensitivitätsrechnung in % von den Umsatzerlösen: freie Liquidität in Mio. EUR

Abb. 76: Sanierungsplan (F): Finanzen

Praxistipp 10:

Da Sanierungsmaßnahmen und integrierte Unternehmensplanung eng miteinander verbunden sind, werden die Sanierungsmaßnahmen häufig sehr ausführlich beschrieben, während der integrierte Sanierungsplan kurz, manchmal gar nicht beschrieben, sondern nur als Annex zum Nachweis der Verprobung im Sanierungskonzept aufgeführt wird. Dies geschieht, um redundante Darstellungen zu vermeiden. Man kann auch anhand der integrierten Sanierungsplanung auf die Sanierungsmaßnahmen eingehen und die Effekte darstellen. Dies ist hier im Fall der Chemicals GmbH angedeutet. Entscheidend für die Schnelligkeit ist, dass die gesamte Darstellung excelbasiert ist und in den Abbildungen allein die Ergebnisse der Sanierungsprüfung aufgeführt sind.

Zum Abschluss des Sanierungskonzeptes gehört die **Schlussbemerkung** (vgl. hierzu das **485** Beispiel in Kap. B Tz. 455). Die inhaltliche Struktur sollte sich zwischen KMU und größeren Sanierungsfällen nicht unterscheiden.

4. Haftung für externe Ersteller/Prüfer von Sanierungskonzepten

4.1 Allgemeines

Die Tätigkeit als Krisenberater, Restrukturierungsberater und Sanierungsberater ist we- **486** der gesetzlich normiert, noch sind hieraus gesetzlich geschützte Berufe entstanden[763]. Wirtschaftsprüfer, vBP, StB, RA und Unternehmensberater kommen als Fachexperten in Frage. Die **Insolvenz- und Sanierungsberatung** ist Bestandteil des Berufsbildes der WP und StB[764].

Gerät ein Unternehmen in die Krise und werden in diesem Zusammenhang Sanie- **487** rungskonzepte erstellt, besteht grundsätzlich das **Risiko der Schadensersatzhaftung.** Bereits bei der Annahme von Aufträgen zur Konzepterstellung oder -prüfung besteht eine allumfassende (Vorbereitungs-)Verantwortung. Denn grundsätzlich sind vor bzw. mit Beginn des Auftrags Insolvenzgründe zu prüfen und/oder der Berater wird eingebunden, um Stillhalteabkommen zu verhandeln und damit die für die Sanierung bzw. die Konzepterstellung notwendige Zeit zu gewinnen. Die Verantwortung für ein Sanierungskonzept steht für sich (Konzeptverantwortung); dies wird im Folgenden dargestellt. Es können aber auch einzelne betriebswirtschaftliche, steuerliche oder rechtliche Aspekte einer Sanierung beauftragt werden. Die Haftung von Sanierungsberatern kann sich zudem auf die Umsetzung erstrecken, was eine Organfunktion als CRO (Chief Restructuring Officer) nicht ausschließt, soweit dies aus berufsrechtlichen Gründen gestattet ist.

Die **Inanspruchnahme von Konzepterstellern/-prüfern** durch Insolvenzverwalter zur **488** Mehrung der Insolvenzmasse nimmt zu. Von praktischer Relevanz ist ebenfalls die Inanspruchnahme durch Dritte, sodass der optimale Haftungsschutz durch fach- und sachgerechte Auftragserledigung, aber auch durch die Vereinbarung von Haftungsbe-

---

763   Vgl. *Heublein*, Zivil- und strafrechtliche Haftungsrisiken des Beraters in der Insolvenz, Vortrag SRH Hochschule Heidelberg v. 23.07.2014, S. 2.
764   Vgl. BGH v. 07.03.2013, IX ZR 64/12, ZIP 2013, S. 829, Rz. 20.

schränkungen anzustreben ist. Die sachgerechte Auftragserledigung bei einem Sanierungskonzept wird durch die BGH-Rechtsprechung definiert und durch *IDW S 6* sowie die betriebswirtschaftliche Literatur weiter konkretisiert[765]. Daher ist die Ausrichtung an anerkannten Standards sowie eine genügende Dokumentation im Haftungsprozess für die Beweisführung unumgänglich[766].

489 Die **zivilrechtliche Haftung** hängt in allen Phasen von dem Auftragsinhalt ab und kann sich aus vertraglichen bzw. deliktischen Anspruchsgrundlagen ergeben. Die Haftung erstreckt sich auf den Ersatz des ggf. entstandenen Schadens, welcher sowohl beim Auftraggeber/Mandanten als auch bei einem geschädigten Dritten entstehen kann. Als geschädigte Dritte kommen sämtliche Stakeholder in Betracht, vornehmlich Gläubiger wie Banken, Arbeitnehmer, Lieferanten, aber auch die Gesellschafter oder die Organe des Krisenunternehmens. Neben der Haftung auf Schadenersatz werden bei Insolvenzverfahren auch die Honorarzahlungen der Sanierungsberater vom Insolvenzverwalter geprüft und ggf. angefochten.

490 Die **strafrechtliche Haftung** trifft die Sanierungsberater v.a. im Hinblick auf eine Mittäterschaft. Infolge der Covid-Pandemie ist auch hier von einer verstärkten strafrechtlichen Haftung für die Zukunft auszugehen, da öffentliche Hilfen oft auf Sanierungskonzepte gestützt werden und der Berater ggf. bei Antragstellungen aktiv tätig wurde.

491 Für die **Begrenzung der Haftung** sind v.a. die Vertragsverhältnisse der Auftragsdurchführung aber auch nachgelagerte Erklärungen und im Falle der Beweislastführung eine entsprechende Dokumentation ausschlaggebend.

4.2 Zivilrechtliche Haftung

4.2.1 Haftung des Erstellers gegenüber dem Auftraggeber

492 Zur Begründung eines zivilrechtlichen Schuldverhältnisses ist grundsätzlich ein Vertrag erforderlich der die Rechtsbeziehung zwischen dem Gläubiger (Auftraggeber) und dem Schuldner (Konzeptersteller) regelt[767]. Zwischen dem Auftraggeber und dem Ersteller besteht hinsichtlich der Erstellung des Sanierungskonzeptes regelmäßig ein **Werkvertrag** bzw. ein Geschäftsbesorgungsvertrag mit Werkvertragscharakter[768], in dem die Erbringung einer individuellen Leistung, hier die Erstellung des Sanierungskonzeptes, vereinbart wird. Der Auftragnehmer hat bei seiner Tätigkeit die dafür erforderliche Sorgfalt zu beachten. Dies bezieht sowohl den Zeitraum des Vertrags als auch den vorvertraglichen Zeitraum der Geschäftsanbahnung mit ein[769].

493 Mögliche Anspruchsgrundlagen sind unter dem Begriff der Leistungsstörung zusammenzufassen, wobei v.a. die „Schlechtleistung" bspw. ein fehlerhaftes Sanierungskonzept die relevante Anspruchsgrundlage bildet. Die konkreten **Sorgfaltsanforderungen** für die Erstellung von Sanierungskonzepten ergeben sich aus dem die höchstrichterliche Rechtsprechung berücksichtigenden *IDW S 6*, der als eine Art "Qualitätssiegel"[770] betrachtet werden kann und somit die Sorgfaltsanforderungen nicht auf den Berufsstand

---

765 Vgl. *Steffan*, ZIP 2016, S. 1712 (1713) mit Verweis auf die aktuelle BGH-Rechtsprechung.
766 Vgl. zur Dokumentation Kap. B Tz. 450 ff.
767 Vgl. § 311 Abs. 1 BGB.
768 Vgl. § 631 BGB; BGH v. 19.06.2012, IX ZR 145/11, ZIP 2012, S. 1353, Rn. 9.
769 Vgl. § 311 Abs. 2 BGB.
770 Vgl. *Steffan*, ZIP 2016, S. 1712 ff.

der WP einschränkt[771]. Missachtet der Auftragnehmer die für seine Tätigkeit danach erforderliche Sorgfalt, liegt also ein Verschulden vor, haftet er dem Auftraggeber ggü. für vorsätzliche und fahrlässige Fehlleistungen. Zu beachten ist, dass eine Pflichtverletzung durch die Mitarbeiter (Erfüllungsgehilfen) dem verantwortlichen Konzepteersteller zugerechnet wird[772].

Die Pflichtverletzung ist vom Auftraggeber nach § 286 ZPO zu beweisen, wobei bei der Schadenverursachung nach § 287 ZPO reduzierte Anforderungen an die Darlegungs- und Beweislast gestellt werden. Das Mitverschulden des Auftraggebers wird dabei anspruchsmindernd zu berücksichtigen sein[773]. Das ist bei der Konzeptprüfung sicher der Fall, während es bei der Konzepterstellung das Krisenunternehmen stets selbst vollumfänglich oder in Teilen eingebunden ist. Hier stellt sich die Frage der Abgrenzung von Verantwortlichkeiten und des Nachweises, was bei der Dynamik von Sanierungsprozessen erschwert sein kann[774]. **494**

4.2.2 Haftung des Erstellers gegenüber vertragsfremden Dritten

Die Einbeziehung Dritter in die Rechtsbeziehung zwischen dem Auftraggeber und Konzepteersteller kann zu einer Ausweitung der Haftung führen. Der Prüfer/Ersteller des Sanierungskonzeptes ist kein Partei-Gutachter, sondern ein **unabhängiger Sachverständiger**. **495**

Bei einem Vertrag zugunsten Dritter erhält ein Dritter, bspw. eine Bank ein selbstständiges Forderungsrecht nach § 328 BGB. Da diese Sachverhalte im Regelfall explizit vereinbart werden, ist auch das Risiko der Inanspruchnahme bekannt und auch haftungstechnisch mit Auftragsannahme abgesichert. **496**

Beispiel 27:

Zur Regelung der Weitergabe des Gutachtens an Dritte im Rahmen der Auftragsbestätigung (relevante Textpassagen für die Auftragsvereinbarung)

Für die Durchführung des Auftrages und unsere Verantwortlichkeit, auch im Verhältnis zu Dritten, gelten die als Anlage zu diesem Schreiben beigefügten "Allgemeinen Auftragsbedingungen für Wirtschaftsprüfer und Wirtschaftsprüfungsgesellschaften" in der Fassung vom 1. Januar 2017. Die Haftung aus betriebswirtschaftlicher Beratung ist auf € 4.000.000 begrenzt.

Das Gutachten, mit dem wir über das Ergebnis unserer auftragsgemäß durchgeführten Arbeiten berichten werden, ist – auch in Teilen – zur Weitergabe an Dritte nur mit unserer Zustimmung bestimmt.

Die Zustimmung zur Weitergabe kann unsererseits nur erteilt werden, wenn zwischen dem jeweiligen Dritten und uns eine schriftliche Haftungsvereinbarung getroffen wird, wonach die mit Ihnen vereinbarten Haftungsregeln auch im Verhältnis zu Dritten gelten sollen.

Sie verpflichten sich, uns von allen Ansprüchen Dritter, die ohne Zustimmung von unserem Gutachten Kenntnis erhalten haben, freizustellen, einschließlich der Kosten der Rechtsverfolgung. Wir werden auf diese Regelung zur Weitergabe des Gut-

---

771 Vgl. hierzu das LG Aachen v. 14.04.2021, ZInsO 2021, S. 1343.
772 Vgl. § 278 BGB.
773 Vgl. *Kayser*, ZIP 2014, S. 597 (604), maßgeblich ist der Kenntnisstand des Auftraggebers.
774 Vgl. zur Dokumentation Kap. B Tz. 450 ff.

> achtens und auf die mit Ihnen getroffene Haftungsvereinbarung in unserem Bericht hinweisen.

497 Aus dem Vertrag zwischen dem Auftraggeber und dem Auftragnehmer kann sich grundsätzlich auch eine Schutzwirkung ggü. etwaigen vertragsfremden Dritten, den Stakeholdern, ergeben, der nicht gleich ersichtlich ist. Dem Dritten steht in diesem Schadensfall ein eigener vertraglicher Ersatzanspruch zu, es kommt zu einer analogen Anwendung des § 328 BGB.

498 Die Voraussetzungen für den Ersatzanspruch aus einem Vertrag mit Schutzwirkung zugunsten Dritter sind, dass

- zwischen dem Auftraggeber und dem Auftragnehmer ein **wirksamer Vertrag** besteht,
- der Dritte bestimmungsgemäß mit der Leistung in Berührung kommt (**Leistungsnähe**),
- der Auftraggeber ein besonderes Interesse an der Einbeziehung des Dritten in den Schutzumfang des Vertrages hat (**Einbeziehungsinteresse**),
- dies für den Auftragnehmer bei Vertragsabschluss erkennbar war (**Erkennbarkeit**) und
- der Dritte **schutzbedürftig** ist.

499 Von einem wirksamen Vertrag kann regelmäßig ausgegangen werden. Die Stakeholder kommen durch das Sanierungskonzept mit der Leistung unmittelbar in Berührung und sind den Gefahren von Schutzpflichtverletzungen ebenso ausgesetzt wie der Auftraggeber. Das Einbeziehungsinteresse ist bei Sanierungskonzepten stets gegeben, weil der Gutachter über anerkannte Sachkunde verfügt, seine Arbeit erkennbar für Dritte bestimmt ist und sein Auftraggeber dem Sanierungsgutachten eine entsprechende Beweiskraft beimisst[775]. Der Gutachter hat bereits mit Annahme des Auftrages in Krisenfällen stets damit zu rechnen, dass seine gutachterliche Stellungnahme ggü. Dritten verwendet wird[776]. Auf die Erkennbarkeit der Einbeziehung kommt es praktisch in Krisenfällen nicht mehr an, denn die Nutzer des Sanierungskonzeptes sind normalerweise bekannt[777]. Die zu schützende Person/Personengruppe kann stets objektiv abgegrenzt werden. Der Auftragnehmer wird das Konzept über die Sanierungsfähigkeit den Finanziers als Entscheidungsgrundlage zur Verfügung stellen. Eine darüber hinausgehende, unbekannte Vielzahl von zu schützenden Personen bzw. Gläubigern wird in Sanierungsfällen nicht vorhanden sein[778]. Aber es muss nicht die Zahl und die Namen der zu schützenden Personen bekannt sein; die Erkennbarkeit, für wen das Gutachten bestimmt ist, reicht[779]. In der Praxis ist auch die Schutzbedürftigkeit selten ein Problem, da der Dritte durch seine vorliegenden Informationen meist nicht in Lage ist oder davon ausgehen kann, ein gleichwertig qualitatives Urteil zu fällen.

500 In der Praxis erhält der Finanziererkreis ein Sanierungskonzept, das fachgerecht erarbeitet und hinreichend geprüft worden ist. Allein die Übergabe eines Sanierungs-

---

775 Vgl. BGH v., 20.04.2004, X ZR 250/02, NJW 2004, S. 3035 (3036); BGHZ 133, 168 = NJW 1996, S. 2927 (2928).
776 Vgl. *Zugehör*, NJW 2008, S. 1105 (1108); BGH v. 20.04.2004, X ZR 250/02, NJW 2004, S. 3035 (3036).
777 Vgl. *Krebs/Kemmerer*, NZG 2012, S. 847 (849).
778 Vgl. BGH v. 23.03.2006, IX ZR 116/03, DB 2006, S. 1107.
779 Vgl. *IDW*, WPH Edition, Wirtschaftsprüfung & Rechnungslegung[16], Kap. A, Tz. 334.

gutachtens kann ein eigenes Schuldverhältnis des Verfassers mit dem Dritten begründen[780]. Die **Vertrauenshaftung** entsteht, wenn Dritte durch die Berichterstattung erheblich beeinflusst werden und der Berater besonderes Vertrauen für sich in Anspruch nimmt[781]. Das Sanierungskonzept ist die Basis für die Sanierungsfinanzierung in der Krise, wenn Sanierungskredite bereitgestellt oder Tilgungen zur Aufrechterhaltung des Betriebes ausgesetzt werden oder Neubanken Altbanken ablösen, die bedingt durch notwendige Forderungsverzichte das Engagement nicht mehr unterstützen und aus dem Finanziererkreis ausscheiden. Das gilt aber auch für Gesellschafter, die zur Rettung des Unternehmens weitere Finanzmittel zur Verfügung stellen und auf die Expertise vertrauen. Der Sanierungsberater wird aufgrund seiner Qualifikation und seiner Seriosität beauftragt, ein Unternehmen erfolgreich durch die Krise zu bringen und den Weg dazu gutachterlich zu skizzieren.

4.2.3 Deliktische Haftung aus unerlaubter Handlung

Neben einer Haftung aufgrund vertraglicher Anspruchsgrundlagen kommt sowohl ggü. **501** dem Auftraggeber als auch ggü. dem Dritten eine Haftung in Betracht, wenn in einen fremden Rechtskreis eingegriffen wurde. Diese eigenen Anspruchsgrundlagen können bspw. aus unerlaubter Handlung[782] resultieren[783]. Dies setzt eine **vorsätzliche oder fahrlässige Schadensverursachung** des Konzepterstellers bzw. -prüfers voraus. Vorsätzliches Handeln wird es selten geben oder es wird nicht nachzuweisen sein. Für WP besteht in solchen Fällen kein Versicherungsschutz durch die Berufshaftpflichtversicherung[784]. Die Beurteilung der Schadensersatzhaftung für fahrlässig falsche, gutachterliche Aussagen des Sachverständigen ist problematischer.

Soweit Vermögensschäden betroffen sind, bildet der § 823 Abs. 2 BGB eine zentrale **502** Anspruchsgrundlage, die an einen Verstoß gegen ein Schutzgesetz, also an einer Rechtsnorm, die nach dem Willen des Gesetzgebers den Schutz eines anderen bezweckt, anknüpft. Im Hinblick auf Sanierungskonzepte sind bspw. Gläubiger die Schutzbedürftigen, die auf die Insolvenzantragspflicht nach § 15a InsO zur Sicherung der Masse vertrauen dürfen. Erfolgt die Erstellung des Gutachtens nicht mit der gebührenden Sorgfalt und ist durch dieses Gutachten ein Insolvenzantrag rechtswidrig und schuldhaft unterblieben, besteht ein entsprechender Haftungsanspruch nach §§ 249 ff. BGB. Dennoch ist eine Haftung wegen unerlaubter Handlung nur in seltenen Fällen möglich, nämlich wenn vorsätzlich oder durch fahrlässige Fehler das Sanierungskonzept aufgrund unrichtiger Informationen zu einer Falschaussage zur Sanierungsfähigkeit kommt[785].Die Kausalität des entstandenen Schadens durch das Gutachten ist nachzuweisen.

---

780 Vgl. *Krebs/Kemmerer*, NZG 2012, S. 847 (848) zur Vertrauenshaftung nach § 311 Abs. 3 S. 2 i.V.m. § 241 Abs. 2 BGB.

781 Vgl. *Timmerbeil/Pfeifer*, S. 88.

782 Vgl. § 823 ff. BGB.

783 Vgl. *IDW*, WPH Edition, Wirtschaftsprüfung & Rechnungslegung[16], Kap. A, Tz. 355 ff.

784 Vgl. *Ebke/Scheel*, WM 1991, S. 390.

785 Vgl. *Krebs/Kemmerer*, NZG 2012, S. 847.

Beispiel 28:

Eine mittelständische WPG erteilte dem JA einer prüfungspflichtigen Baufirma in den Jahren 2018 bis 2020 uneingeschränkte BestV. 2021 stellt die Baufirma einen Insolvenzantrag. Die Baufirma hat in den betreffenden Jahren stets Jahresfehlbeträge erwirtschaftet, in Summe 3,8 Mio. €. Der Insolvenzverwalter verklagt die WPG in dieser Höhe zzgl. Zinsen mit der Behauptung, dass die Baufirma bereits 2018 zahlungsunfähig gewesen sei.

503 Weitergehend kann hier der Fall einer **sittenwidrigen Schädigung**[786] gegeben sein, wenn nennenswerte Zweifel an der Richtigkeit der Angaben des Auftraggebers bestehen und gleichwohl leichtfertig durch positive Aussagen des Erstellers im Gutachten die Kreditgewährung Dritter beeinflusst worden ist[787]. Die Rechtsprechung hat in den meisten Fällen der Haftung ggü. Dritten zu einer Schadensersatzpflicht geführt. Als Fallgruppen kommen sowohl Verleiten zum Vertragsbruch, sittenwidriges Verhalten bei Vertragsdurchführung als auch sittenwidriges Verhalten bei Vertragsabschluss in Betracht.

4.2.4   Umfang und Beschränkung der Haftung

504 Konzeptersteller und -prüfer haften für einen Schaden aus eigener **schuldhafter Verletzung** der vertraglichen Verpflichtung (§ 276 BGB) sowie für Schäden, die ihre Erfüllungsgehilfen verursacht haben (§ 278 BGB). Der Umfang des ersatzfähigen Schadens hängt dabei vom Einzelfall ab[788]. Wirtschaftsprüfer haben grundsätzlich die Möglichkeit, durch Vereinbarung unter Bezugnahme der Nutzung der „Allgemeinen Auftragsbedingungen für Wirtschaftsprüfer und Wirtschaftsprüfungsgesellschaften (AAB)" die Haftung mit dem Auftraggeber zu begrenzen.

505 Problematischer ist die Haftungsbegrenzung, wenn Dritte beteiligt sind. Erste wesentliche Elemente der **Haftungsvermeidung** bzw. -begrenzung sind – mit Rücksicht auf den Erfolg der Sanierungsmaßnahmen – die Hinweise zum Zweck und zum Adressaten der eigenen Leistungen, um darauf Einfluss zu nehmen, wie die Voraussetzungen für einen etwaigen Vertrag ggf. mit Schutzwirkung zugunsten Dritter im konkreten Fall auszulegen sind.

506 Zur weiteren Vermeidung einer (unbegrenzten) Haftung, insb. ggü. Dritten, kann einerseits überlegt werden, die **Haftungsbeschränkung** ggü. dem Auftraggeber mit dem vertragsfremden Dritten ausdrücklich im Auftrag zu vereinbaren. Der Dritte würde explizit Vertragspartei werden. Daneben kann andererseits überlegt werden – unter realistischer Einschätzung der Marktpositionen – eventuell eine Haftungsbegrenzung Dritter zu erwirken. Hierfür wäre z.B. von der Bank ein Non-Reliance Letter/Hold Harmless Letter/Release Letter zu erteilen, durch den die Haftung des Erstellers ggü. dem Dritten/ der Bank ausgeschlossen werden würde[789]. Derartige Letters sind im englischsprachigen Rechtsraum i.Z.m. der Weitergabe von Due Diligence Reports an dritte Personen, ggü.

---

786   Vgl. § 826 BGB.
787   Vgl. *IDW*, WPH Edition, Wirtschaftsprüfung & Rechnungslegung[16], Kap. A, Tz. 355 ff.
788   Vgl. *Hermanns*, in: Buth/Hermanns[5], § 6, Rn. 75.
789   Vgl. für den Bereich der Due-Diligence-Berichte, welche ggf. Dritten zur Verfügung gestellt werden *Krebs/Kemmerer*, NZG 2012, S. 847 ff.

denen keine Haftung übernommen werden soll, geläufig[790]. In Deutschland besteht hierfür ebenfalls bereits eine gewisse Sensibilität. Für den Fall des Sanierungskonzeptes ergibt sich u.U. ein weiterer Anwendungsbereich. Allerdings ist dieses Mittel mit Rücksicht auf den Erfolg der Sanierungsmaßnahmen sensibel einzusetzen. Die Rechtslage erscheint darüber hinaus ungesichert. Es ist in jedem Fall zu empfehlen, den Non-Reliance-Letter in aller Regel selbst als Vertrag auszugestalten, indem er vom Empfänger gegengezeichnet wird.

Allerdings wird sich dies in der Praxis bei Verträgen mit Schutzwirkung für Dritte nicht durchsetzen können, weil die Hemmschwelle für eine positive Einschätzung in Krisenfällen bei einem Haftungsausschluss sinken könnte. Die Stakeholder, die in Krisenfällen das materiell-finanzwirtschaftliche Risiko tragen, werden die vollumfängliche Verantwortung des Gutachtenerstellers fordern. Dies steht einem Haftungsausschluss entgegen. Allerdings ist im Gegenzug konsequenterweise dann auch eine vertragliche Grundlage für die **Haftungsmodalitäten** zu schaffen. **507**

Die Weitergabe des Konzeptes an Dritte kann von der Zustimmung der Ersteller unter Einsatz der „Allgemeinen Auftragsbedingungen für Wirtschaftsprüfer und Wirtschaftsprüfungsgesellschaften (AAB)" abhängig gemacht werden. Hierbei erscheint eine Prüfung der vertraglichen Ausgestaltung für den Einzelfall unerlässlich. Wird das Sanierungskonzept weitergereicht, dann kann der Dritte die **AAB** und/oder gleich umfassend die Auftragsgrundlage akzeptieren und somit für Klarheit sorgen. Es muss in jedem Falle die Möglichkeit bestehen, dass die Risiken kalkuliert werden, um sie dann in angemessener Höhe zu vergüten und zu versichern[791]. Eine kontrollierte erweiterte Haftung mit höheren Risiken ist mit vertraglichen Abreden aller Stakeholder erreichbar. **508**

Ergänzend zu den Auftragsschreiben mit dem Mandanten mindern entsprechende Haftungsvereinbarungen mit einem Dritten (bspw. Bank oder Berater) das Risiko einer ausufernden Haftung für den WP. **509**

Beispiel 29:

Eine [WPG] ist mit der Weitergabe des Berichtes über das Sanierungsgutachten nach *IDW S 6* von der [Gesellschaft] an [Dritter] nach Maßgabe folgender Regelungen einverstanden:

1. [Dritter] erklärt sich mit der Geltung der Allgemeinen Auftragsbedingungen für Wirtschaftsprüfer und Wirtschaftsprüfungsgesellschaften in der Fassung vom 01. 01.2017 einverstanden.
   Gemäß Ziffer 9 Abs. 2 beschränkt sich die Haftung der [WPG] und ihrer Mitarbeiter für Schadensersatzansprüche jeder Art bei einem fahrlässig verursachten Schadensfall auf 4 Mio. €. [Dritter] erklärt sich damit einverstanden, dass sich die Haftung der [WPG] gegenüber ihm in gleicher Weise und Höhe beschränkt. Die Haftsumme steht allen etwaigen Anspruchsberechtigten insgesamt nur einmal zur Verfügung.
2. [Dritter] erkennt an, dass weder der [WPG] noch deren Mitarbeitern aus der Berichtsüberlassung irgendwelche Pflichten vertraglicher oder gesetzlicher Art erwachsen.

---

790 Vgl. *Krebs/Kemmerer*, NZG 2012, S. 847 ff.
791 BGH v. 20.04.2004, X ZR 250/02, NJW 2004, S. 3035 (3038).

3. [Dritter] verpflichtet sich, den Bericht oder Informationen daraus außerhalb ge-setzlicher Offenbarungspflichten keinen anderen Personen zugänglich zu machen oder weiterzuleiten. Die Weitergabe an vorgenannte Berater darf ebenfalls nur mit der Maßgabe erfolgen, dass diese zuvor ihrerseits gegenüber der [WPG] die Geltung der hier getroffenen Vereinbarung schriftlich anerkennen. Für den Fall, dass [Dritter] gegen diese Verpflichtung verstoßen und die [WPG] aufgrund der Berichtsüberlassung an Dritte von diesen in Anspruch genommen wird – gleich aus welchem Rechtsgrund –, wird [Dritter] die [WPG] von sämtlichen Ansprüchen und Kosten, einschließlich der Kosten der Rechtsverfolgung frei-stellen.
4. Sollten Bestimmungen dieser Vereinbarung unwirksam sein oder werden, so gel-ten die übrigen Bestimmungen gleichwohl. Die unwirksamen Bestimmungen sind dabei durch solche zu ersetzen, die deren wirtschaftlichem Zweck am nächsten kommen.
5. Für alle Streitigkeiten aus oder im Zusammenhang mit dieser Vereinbarung ist – soweit zulässig – [Sitz der WPG] ausschließlicher Gerichtsstand. Es gilt deut-sches Recht.

510 Eine entsprechende Dokumentation sowohl der erhaltenden Unterlagen als auch der geführten Gespräche ist zum Nachweis der Abgrenzung von Verantwortlichkeiten und damit der Haftung eminent.

4.2.5 Verjährung

511 Ansprüche des Mandanten gegen die Konzepersteller unterliegen einer nicht geh-emmten Verjährung, welche über die §§ 195, 199 BGB geregelt ist. Die Regelverjährung beläuft sich auf drei Jahre und beginnt mit dem Schluss des Jahres zu laufen, in dem der Anspruch entstanden ist und der Konzeptempfängers Kenntnis bzgl. der den Anspruch begründenden Umstände, inkl. des Schadens, erlangt hat. Mit dem Erfordernis der Kenntnis ist u.U. eine nennenswerte Verzögerung des Beginns der Verjährungsfrist verbunden und damit einhergehend eine Verlängerung des Zeitraumes, nach dessen Ablauf erst Rechtsfrieden infolge Verjährung eintreten kann. Das Gesetz bestimmt je-doch absolute Verjährungsfristen, nach deren Verstreichen kenntnisunabhängig die Verjährung eintritt. Diese Frist beträgt taggenau zehn Jahre ab der Entstehung des An-spruches (§ 199 Abs. 4 BGB). Ausgenommen hiervon sind (sonstige) Schadens-ersatzansprüche. Die Obergrenze des Verjährungszeitraums für (sonstige) Schadens-ersatzansprüche aufgrund fehlerhafter Sanierungskonzepte beläuft sich nach § 199 Abs. 3 S. 1 Nr. 1 BGB auf zehn Jahre seit der Entstehung eines Schadens infolge ihrer Erstellung, unabhängig davon, ob der Fehler bekannt ist oder nicht. Eine Verjährungs-frist von 30 Jahren benötigt hingegen lediglich ein schadensauslösendes Ereignis ohne Schadensentstehung bzw. Kenntnis der Pflichtverletzung (§ 199 Abs. 3 S. 1 Nr. 2 BGB); dies kann bei Sanierungskonzepten nur selten der Fall sein. Relevant ist die jeweils früher endende Frist (§ 199 Abs. 3 S. 2 BGB).

4.3 Strafrechtliche Haftung

512 Rechtsanwälte, StB und WP sowie Unternehmensberater, die ein Unternehmen seit Jahren begleiten, sind sicher erste **Ansprechpartner** auch in der Unternehmenskrise. Die vertrauensvolle, langjährige Zusammenarbeit kann bei der Problemanalyse hilfreich sein. Zum anderen steht ggf. der Blick auf zu sichernde Honoraransprüche, was in extremen Fällen die Grenzen zu zulässigem, formal legalem Handeln schnell überschreiten lassen kann[792]. Grundsätzlich haben Sanierungsberater aufgrund Ihrer Profession einen deutlicheren Abstand zu den angenommenen Sanierungsaufträgen. Dennoch ist es nicht auszuschließen, dass sich Sanierungsberater im Laufe des Projektes mit den Interessen des Krisenmandates identifizieren und damit in die Gefahr geraten, strafrechtlich belangt zu werden[793].

Dem Ersteller/Prüfer von Sanierungskonzepten kann strafrechtlich **Fehlverhalten** vorgeworfen werden, wenn er trotz Erkenntnis nicht erfolgreicher Sanierungschancen vermeintlich doch erfolgversprechende, nicht realistische Maßnahmen aufzeigt und es im Zuge dessen zur Erfüllung des Tatbestandes der Insolvenzverschleppung[794] kommt. Die strafrechtliche Verantwortung für Sanierungsberater stellt in der Praxis weniger die Täterschaft, sondern eher die Teilnahme an einer Straftat in den Vordergrund, wobei das Strafrecht hier die Anstiftung[795] und die Beihilfe[796] als Anspruchsgrundlagen kennt[797]. **513**

Strafrechtlich relevant ist allein ein **vorsätzliches Anstiften** zu einer Handlung, indem Rat erteilt wird, Anregungen weitergegeben oder bestimmte Verhaltensweisen verharmlost werden[798]. Wenn der Sanierungsberater bei den Arbeiten am Sanierungskonzept die Insolvenzreife feststellt, der Unternehmer zum Insolvenzgericht gehen will und der Sanierungsberater mit Verweis auf den wirtschaftlichen Totalverlust des Unternehmers ihn davon abhalten will, dann kann hier Anstiftung zur Insolvenzverschleppung vorliegen[799]. **514**

Dass sich Sanierungsberater als Konzeptersteller/-prüfer strafrechtlich der **Beihilfe** schuldig machen, ist bei Beibehaltung einer kritischen Distanz zum Auftraggeber nahezu unmöglich. Dies ist jedoch dann unzutreffend, wenn die Angaben des Mandanten erkennbar falsch oder nicht plausibel sind. Der Sanierungsberater würde physische Beihilfe zur Insolvenzverschleppung leisten, wenn er bei Zahlungsunfähigkeit des Krisenunternehmens die Gläubiger erfolglos anschreibt, um einen Forderungsverzicht bzw. einen außergerichtlichen Vergleich anmahnt[800]. Auch das Einwirken auf den Täter (psychische Beihilfe) nach dem Motto „Das merkt doch keiner." kann strafrechtlich belangt werden[801]. **515**

Verstärkt in den Ermittlungsfokus sind auch die Tatbestände des Subventionsbetruges gerückt[802]. Im Gegensatz zum Betrug nach § 263 StGB gilt der Subventionsbetrug als abstrakter Gefährdungsdelikt, wobei weder Irrtum noch Täuschung vorausgesetzt werden[803]. Hier besteht bspw. im Hinblick auf die „Corona-Hilfen", die häufig nur von StB, WP und RA beantragt werden können, die Gefahr der Beihilfe, wenn gleichzeitig Prognoserechnungen oder Sanierungskonzepte erstellt werden. Für viele dieser Hilfen liegen **516**

792 Vgl. *Weyand*, ZInsO 2016, S. 1970.
793 Vgl. *Weyand*, ZInsO 2016, S. 1970.
794 Vgl. § 15a Abs. 4 InsO.
795 § 26 StGB.
796 § 27 StGB.
797 Vgl. *Weyand*, ZInsO 2016, S. 1970.
798 Vgl. *Fischer*, StGB (2016), § 26 Rn. 6 m.w.N.
799 Vgl. *Cyrus/Köllner*, NZI 2016, S. 289 m.w.N.
800 Vgl. *Weyand*, ZInsO 2016, S. 1971.
801 Vgl. *Weyand*, ZInsO 2016, S. 1971.
802 Vgl. § 264 StGB.
803 Vgl. *Rau/Sleiman*, NZWiSt 2020, S. 373 (374).

Voraussetzungen vor, die eine Inanspruchnahme von der Sanierungsfähigkeit und/oder dem nicht krisenbehafteten Status des Unternehmens vor der Pandemie abhängig machen. Hier wird auf den Tatbestand der unrichtigen oder unvollständigen Angaben[804] abgestellt, aber auch ein Tatbestand der zweckwidrigen Verwendung[805] ist möglich. Jedoch ist zusätzlich zu berücksichtigen, dass als weiteres Tatbestandsmerkmal über subventionserhebliche Tatsachen unrichtige oder unvollständige Angaben gemacht werden müssen.

517 Im Gegensatz zum Vorsatz, der im Strafrecht häufig gefordert wird, ist beim Subventionsbetrug auch grobe Fahrlässigkeit (Leichtfertigkeit) einschlägig. Letztlich sind jedoch die Voraussetzungen eines Subventionsbetrugs, in jedem Einzelfall gesondert zu prüfen.

518 Sicherlich nicht oder gar nicht kann jedoch der Ersteller in die Verantwortung genommen werden, wenn der Auftraggeber die seitens des Erstellers aufgezeigten wesentlichen Maßnahmen nicht oder nur unzureichend umsetzt und sich dadurch das vom Gutachter festgehaltene Ergebnis der erfolgreichen Sanierung nicht einstellt[806]. Letztlich können auch Täterschaften wie bspw. die faktische Geschäftsführung bei der Erstellung/ Prüfung nicht ausgeschlossen werden[807].

5. Ausblick

519 Die Anforderungen an die Erstellung von Sanierungskonzepten werden im Wesentlichen von der BGH-Rechtsprechung, aber auch von Markttrends und betriebswirtschaftlichen Erkenntnissen beeinflusst und unterliegen somit naturgegeben einem Wandel. Werden Regelwerke wie der *IDW S 6* in der Praxis angewendet, entstehen i.R.d. Anwendung allein deswegen **Verständnisfragen**, weil weder Gesetz und Rechtsprechung noch berufsrechtliche Standards wie der *IDW S 6* den Anspruch haben können, für den Einzelfall sämtliche Fragen zu einem Sanierungskonzept zu beantworten. Die Betriebswirtschaftslehre geht ebenso wie der FAS den **sich verändernden Rahmenbedingungen** nach.

520 Über das SanInsFoG sind in 2021 nicht nur das StaRUG, sondern auch einzelne §§ der InsO geändert worden, welche betriebswirtschaftliche Sanierungskonzepte tangieren. Folglich sind die Rahmenbedingungen für die Erstellung von Unternehmenskonzepten in der Krise anzupassen. Hierzu gehören vor allem der *IDW S 11* (Fortbestehensprognose) und der *IDW S 9* (Schutzschirmverfahren), die in 2021 bzw. 2022 überarbeitet werden. Die Grundsätze über die Erstellung von Fortbestehensprognosen weisen nunmehr einen Prognosezeitraum von 12 Monaten nach § 19 Abs. 2 InsO in Bezug auf den Insolvenzgrund Überschuldung und von 24 Monaten für die drohende Zahlungsunfähigkeit nach § 18 Abs. 2 InsO auf. Die gesetzlichen Grundlagen für das im Schutzschirmverfahren nach § 270d Abs. 1 InsO bzw. in der Eigenverwaltung nach § 270a Abs. 1 Nr. 1 InsO erforderliche Grobkonzept der Sanierung sind ebenfalls in Teilen neu gefasst worden und begründen die Notwendigkeit der Überarbeitung des *IDW S 9*. Die Parallelen der Eigenverwaltungsplanung zum StaRUG, welches in § 31 Abs. 2 Satz 1

---

804 Vgl. § 264 Abs. 1 Nr. 1 StGB.
805 Vgl. § 264 Abs. 1 Nr. 2 StGB.
806 Vgl. *Weyand*, ZInsO 2016, S. 1972.
807 Vgl. grundlegend *Weyand*, ZInsO 2015, S. 1773; *Göb/Nebel*, NZI 2015, S. 408.

StaRUG und im § 50 Abs. 2 Nr. 1 StaRUG ebenfalls Grobkonzepte der Sanierung erfordert, werden in neueren beruflichen Standards beleuchtet werden. Das gilt ebenso für den Nachweis der für das StaRUG notwendige durchgreifenden Sanierung i. S. d. § 14 StaRUG, die auch nur mit einem Sanierungskonzept als Vollkonzept nach *IDW S 6* gelingen kann. Die Zahl der Anwendungsmöglichkeiten betriebswirtschaftlicher Unternehmenskonzepte in der Krise wird weiter wachsen und der Berufsstand der Wirtschaftsprüfer wird darauf reagieren. Vgl. zur Kategorisierung von Sanierungskonzepten Abb. 8.

Kapitel C

Unternehmen in der Insolvenz

Verfasser:
WP StB Dipl.-Kfm. Bernhard Steffan, Stuttgart

Mitarbeit:
WPin StBin Dipl.-Kffr. Janina Poppe, Stuttgart

1. Allgemeiner Teil

1 Der Verabschiedung der Insolvenzordnung gingen jahrzehntelange Reformüberlegungen voraus[1]. Die Erkenntnis der Notwendigkeit einer Reform der Konkurs- und

---

1 Kilger brachte mit seiner Schrift „Konkurs des Konkurses" aus dem Jahre 1975 die bis dahin sich eher an Details festmachende Kritik an der Konkursordnung eindrucksvoll auf den Punkt. Bereits 1978 setzte die damalige Bundesregierung eine Kommission zur Reform des Insolvenzrechts ein. Deren Arbeiten und Berichte waren Ausgangspunkt für den ersten Regierungsentwurf von 1992 (BR-Drs. 1/92). Zu den Arbeiten der Kommission zur Reform Kommission für Insolvenzrecht vgl. BMJ, Erster und Zweiter Bericht der Kommission für Insolvenzrecht, Köln 1985 und 1989; zu den Gesetzesmaterialien zur Insolvenzordnung vgl. *Kübler/Prütting*, Insolvenzrecht. Insbesondere die für die Auslegung bedeutsame Begründung zum Regierungsentwurf und die Beschlussempfehlungen des Rechtsausschusses finden sich u.a. bei *Balz/Landfermann*, Insolvenzgesetze[2], sowie bei *Pape/Uhlenbruck/Voigt-Salus*, Insolvenzrecht.

der Vergleichsordnung lag maßgeblich in dem nicht mehr mit weiteren nur marginalen legislativen Nachbesserungen behebbaren Auseinanderklaffen von normativem – d.h. auch: rechtspolitischem – Anspruch einerseits und Konkurspraxis andererseits.

Die **Konkursordnung** v. 10.02.1877 war von ihrer normativen Ausrichtung her eine auf **2** Vollabwicklung, also Liquidation, ausgerichtete Verfahrensordnung[2]. Selbst dort, wo sie in Form des Zwangsvergleichs diesen Anspruch nicht erhob, war die Konkursordnung unter den faktischen wirtschaftlichen Verhältnissen des Unternehmens gleichwohl nur eine Zerschlagungsadministration. An dieser normativen Ausrichtung hatte sich bis zum Außer-Kraft-Treten zum 31.12.1998 nichts geändert.

Rechtspolitisches Anliegen der **Insolvenzrechtsreform** war es demzufolge, im Unter- **3** nehmensinsolvenzrecht von der zerschlagungsorientierten und damit Werte ver- nichtenden Konkursordnung wegzukommen. Die Insolvenzordnung versteht sich zwar nicht als eine Reorganisations- und Sanierungsordnung, sie soll aber anstelle des ge- setzlichen Regelverfahrens zumindest auch den Weg für eine Sanierung durch einen Insolvenzplan innerhalb des Insolvenzverfahrens eröffnen[3]. Vor allem aber geht die In- solvenzordnung als Regelfall zunächst von der **Fortführung des Unternehmens** aus. Nach dem Konzept der Insolvenzordnung ist es Aufgabe des vorläufigen Insolvenzver- walters, zu prüfen, ob nach Antragstellung das Unternehmen fortgeführt werden kann (§ 22 Abs. 1 Nr. 2 InsO). Diese Aufgabe verlagert sich sodann auf den bei Verfahrenser- öffnung bestellten Insolvenzverwalter, der bereits im ersten Berichtstermin (§ 29 Abs. 1 Nr. 1 InsO) ggü. der Gläubigerversammlung eine erste Einschätzung zu den Chancen einer Fortführung ggü. der Notwendigkeit einer Liquidation vortragen muss. Es obliegt dann nach § 157 InsO der Gläubigerversammlung, über die einstweilige Fortführung oder eine Stilllegung zu entscheiden. Zunächst geht die Insolvenzordnung daher von einer Fortführung aus, bis von den Gläubigern eine ausdrückliche anderweitige Ent- scheidung im Interesse der Insolvenzgläubiger getroffen wird[4]. Nur in offensichtlichen Fällen unzureichenden Vermögens kann das Insolvenzgericht schon vor Verfahrenser- öffnung einer Stilllegung auf Antrag des vorläufigen Insolvenzverwalters zustimmen (§ 22 Abs. 1 Nr. 2 InsO). Später bedarf eine Stilllegung durch den Insolvenzverwalter der Zustimmung durch den Gläubigerausschuss (§ 158 InsO).

Die **Insolvenzstatistiken** zeigten jedoch im Laufe der Jahre, dass das rechtspolitische **4** Anliegen, durch frühzeitige Verfahrenseröffnung die Anzahl dann noch reorganisa- tionsfähiger Unternehmen zu erhöhen, von der Praxis nicht umgesetzt wurde.

Das **Gesetz zur weiteren Erleichterung der Sanierung von Unternehmen** (ESUG) von **5** 2011 hat sich eine frühzeitige Sanierung insolvenzbedrohter Unternehmen, einen grö- ßeren Gläubigereinfluss im Verfahren, eine regelmäßige Anordnung der Eigenver- waltung des Schuldnerunternehmens und die Verbesserung der Sanierungschancen im eröffneten Insolvenzverfahren zum Ziel gesetzt. Die Eigenverwaltung mit dem Instru- ment des Insolvenzplanverfahrens hat mit dem ESUG – zumindest bei größeren Insol- venzverfahren – an Bedeutung gewonnen[5].

---

2   Der Werdegang der Konkursordnung und deren kritische Zuspitzungen in vorreformatorischer Zeit werden eindrucksvoll reflektiert in den Beiträgen der von Uhlenbruck/Klasmeyer/Kübler herausgege- benen Festschrift des Arbeitskreises für Insolvenz- und Schiedswesen e.V.

3   *Prütting*, in: Kübler/Prütting/Bork, InsO, Einleitung, Rn. 44.

4   *Hirte*, in: Uhlenbruck, InsO[15], § 11, Rn. 11.

5   *Exner/Wittmann*, in: Beck/Depré, Praxis der Insolvenz, Rn. 10b.

6 Der Gesetzgeber hat zum 01.01.2021 im Zuge der Umsetzung des **SanInsFoG**[6] neben der Schaffung eines Rechtsrahmens zur Ermöglichung insolvenzabwendender Sanierungen [Gesetz über den Stabilisierungs- und Restrukturierungsrahmen für Unternehmen (Unternehmensstabilisierungs- und -Restrukturierungsgesetz – StaRUG)][7] auch Empfehlungen der ESUG-Evaluierung[8] aufgegriffen und die Voraussetzungen für die Inanspruchnahme der Eigenverwaltung stärker an deren Zwecke und den Interessen der Gläubiger ausgerichtet. Der in der Anordnung der Eigenverwaltung und dem damit verbundenen Verzicht auf einen Insolvenzverwalter liegende Vertrauensvorschuss ist nach Auffassung des Gesetzgebers insbesondere dann gerechtfertigt, wenn der Schuldner bereit und in der Lage ist, seine Geschäftsführung an den Interessen der Gläubiger auszurichten und das Eigenverwaltungsverfahren rechtzeitig und gewissenhaft vorzubereiten, sodass noch ausreichend Chancen zu seiner Sanierung bestehen[9].

Ziel des Gesetzgebers ist es, den Zugang zur Eigenverwaltung auf die „redlichen" und eigenverwaltungsgeeigneten Unternehmen zu begrenzen[10]. Während die Anforderungen an die Schutzschirmbescheinigung des § 270d InsO (bisher § 270b InsO) unverändert sind, hat der Gesetzgeber den Zugang zur Eigenverwaltung zwar weiterhin für alle Insolvenzantragsgründe ermöglicht, jedoch zusätzlich an Seriositätsanforderungen geknüpft, die ihren zentralen Niederschlag in der Eigenverwaltungsplanung (§ 270a Abs. 1 InsO) und in weiteren – dem Antrag auf Anordnung der Eigenverwaltung beizufügenden – Erklärungen des Schuldners (§ 270a Abs. 2 InsO) finden[11].

2. Beurteilung der Insolvenzreife

2.1 Grundlagen

7 Die Insolvenzordnung sieht als Eröffnungsgrund für das Insolvenzverfahren **Zahlungsunfähigkeit** (§ 17 InsO), **drohende Zahlungsunfähigkeit** (§ 18 InsO) und **Überschuldung** (§ 19 InsO) vor.

---

6 SanInsFoG v. 22.12.2020, BGBl. I 2020, S. 3256.
7 StaRUG als Teil des SanInsFoG.
8 Vgl. Bericht der Bundesregierung über die Wirkungen des Gesetzes zur Verkürzung des Restschuldbefreiungsverfahrens und zur Stärkung der Gläubigerrechte, als PDF abrufbar auf der Website des BMJV unter bmjv.de (abgerufen am 03.09.2021).
9 Vgl. Gesetzentwurf der Bundesregierung v. 09.11.2020, BT-Drs. 19/24181, S. 2.
10 *Steffan/Oberg/Poppe*, ZInsO 2021, S. 1116, 1117.
11 *Steffan/Oberg/Poppe*, ZInsO 2021, S. 1116, 1117.

§ 17 InsO Zahlungsunfähigkeit	§ 19 InsO Überschuldung	§ 18 InsO Drohende Zahlungsunfähigkeit
• Fällige Zahlungs-pflichten können nicht erfüllt werden • Keine Zahlungs-stockung	• Künftige Zahlungs-pflichten können in den nächsten zwölf Monaten nicht erfüllt werden • **Und**: negatives Reinvermögen zu Liquidationswerten	• Keine akute Zahlungsunfähigkeit • **Aber**: künftige Zahlungspflichten können in den nächsten in aller Regel 24 Monaten nicht erfüllt werden

	§ 17	§ 19	§ 18
Juristische Personen und Gesellschaften i.S.v. § 15a Abs. 1 und 2 InsO (keine natürliche Person als persönlich haftender Gesellschafter)		Antrags<u>pflicht</u>	Antrags<u>recht</u>
Natürliche Personen und sonstige Gesellschaften	Antrags<u>recht</u>	Kein Eröffnungsgrund, aber Antrags<u>recht</u> wegen drohender Zahlungsunfähigkeit	Antrags<u>recht</u>

Abb. 1: Überblick über die Insolvenzeröffnungsgründe[12]

Das IDW hat 2015 den vielbeachteten *IDW Standard: Beurteilung des Vorliegens von Insolvenzeröffnungsgründen* (*IDW S 11*) veröffentlicht[13], der in seiner aktuellen Fassung vom 23.08.2021 die Änderungen des SanInsFoG berücksichtigt. Unter Berücksichtigung der höchstrichterlichen Rechtsprechung werden die Anforderungen an die Beurteilung des Vorliegens von Insolvenzeröffnungsgründen (Insolvenzreife) kompakt für alle Insolvenzantragsgründe unter Berücksichtigung der höchstrichterlichen Rechtsprechung aufbereitet. Darüber hinaus bezieht das IDW in diesem Standard Stellung zu umstrittenen Auslegungsfragen und nimmt – soweit Ermessensspielräume bei der Auslegung des Gesetzes und der Rechtsprechung vorhanden sind – eine insgesamt eher konservative Sichtweise ein[14]. Der **IDW S 11** hat den vorher zur **Ermittlung der Insolvenzantragsgründe** heranzuziehenden *IDW PS 800*[15] zur Beurteilung des Vorliegens einer (dro- **8**

---

12 *IDW S 11*, Tz. 1; ZInsO 2015, S. 1136 ff.
13 Vgl. ZInsO 2015, S. 1136 ff.
14 Solche Auslegungsfragen sind u.a. die Konsequenzen einer dauerhaften Deckungslücke von weniger als 10% sowie die Bezugsgröße und der Bezugszeitpunkt für die Berechnung der Deckungslücke.
15 *IDW Prüfungsstandard: Empfehlungen zur Prüfung eingetretener oder drohender Zahlungsunfähigkeit bei Unternehmen (IDW PS 800)* (Stand: 06.03.2009).

henden) Zahlungsunfähigkeit und die *IDW St/FAR 1/1996*[16] zur Beurteilung des Vorliegens einer Überschuldung ersetzt.

9 Nach der Rechtsprechung müssen sich die gesetzlichen Vertreter stets über die wirtschaftliche Lage der Gesellschaft vergewissern, um Hinweise auf eine Insolvenzgefahr erkennen zu können[17]. Dies folgt aus der **Sorgfaltspflicht** eines ordentlichen und gewissenhaften Geschäftsleiters, der verpflichtet ist, die wirtschaftliche Lage des Unternehmens fortwährend zu beobachten, sowie aus § 15a InsO, wenn es um den Nachweis geht, dass ein Insolvenzantrag ohne schuldhaftes Zögern gestellt wurde. Der Gesetzgeber hat diese Pflicht mit der Umsetzung des SanInsFoG in § 1 StaRUG nun auch konkret auf die Krisenfrüherkennung und -überwachung bezogen sowie die Einleitung von Gegenmaßnahmen gesetzlich rechtsformübergreifend normiert. Die gesetzlichen Vertreter müssen den Nachweis dafür erbringen können, dass sie die wirtschaftliche Entwicklung ihres Unternehmens jederzeit überblicken, dass sie die integrierte Unternehmensplanung[18] aufgrund plausibler Annahmen erstellt haben und dass das Unternehmen auch in der Lage ist, die Planannahmen entsprechend umzusetzen[19]. Andernfalls drohen den Verantwortlichen Haftung und Strafbarkeit wegen Insolvenzverschleppung[20].

10 Im fortgeschrittenen Krisenstadium (insb. Erfolgs- und/oder Liquiditätskrise[21]) haben die gesetzlichen Vertreter danach eine **insolvenzrechtliche Fortbestehensprognose** zu erstellen, um eine Aussage über das Vorliegen der Insolvenzeröffnungsgründe der Zahlungsunfähigkeit sowie der Überschuldung treffen zu können[22].

11 Aus einem ordnungsmäßigen Finanz- und Rechnungswesen lassen sich – auch unterjährig – hinreichend aussagefähige Hinweise auf Ertragseinbrüche, drohende Liquiditätsengpässe und eine Eigenkapitalaufzehrung entnehmen. Zeigen sich entsprechende **Krisenwarnsignale**, ist diesen mit der gebotenen Sorgfalt nachzugehen.

> **! Hinweis 1:**
>
> Eine Zahlungsunfähigkeit oder Überschuldung nicht erkannt zu haben, kann belegen, dass die gesetzlichen Vertreter ihrer Pflicht zur Beobachtung der Liquiditäts- und Vermögenslage nicht nachgekommen sind. Sie haben daher entsprechende Systeme einzurichten, mit denen sie bereits eine drohende Insolvenzreife erkennen können[23].

---

16 *IDW Stellungnahme des Fachausschusses Recht (FAR) 1/1996: Empfehlungen zur Überschuldungsprüfung bei Unternehmen.*

17 Vgl. BGH v. 14.05.2007, II ZR 48/06, Rn. 16.

18 Vgl. *IDW Standard: Anforderungen an die Erstellung von Sanierungskonzepten (IDW S 6)* (Stand: 16.05.2018), Tz. 72 ff.

19 Hierzu bereits BGH v. 07.03.2005, II ZR 138/03, wonach die Gesellschaft bzw. der Insolvenzverwalter zunächst substantiiert eine Überschuldung zu einem bestimmten Zeitpunkt darzulegen hat und das Geschäftsführungsorgan sodann darzulegen und zu beweisen hat, dass es zum damaligen Beurteilungszeitpunkt pflichtgemäß von einer positiven Fortbestehensprognose ausgehen durfte. So auch OLG Koblenz v. 27.02.2003, 5 U 917/02.

20 *IDW S 11*, Tz. 4.

21 Vgl. *IDW S 6*, Tz. 62.

22 *IDW S 11*, Tz. 2; *IDW Positionspapier: Zusammenwirken von handelsrechtlicher Fortführungsannahme und insolvenzrechtlicher Fortbestehensprognose* (Stand: 13.08.2012), Tz. 24.

23 Vgl. § 1 StaRuG, BGH v. 06.06.1994, II ZR 292/91, Abschn. II. 2.d.; BGH, v. 14.05.2007, II ZR 48/06, Rn. 16; *IDW S 11*, Tz. 5.

Bei Zahlungsunfähigkeit oder Überschuldung ist in den Fällen des § 15a InsO von den **12** Verantwortlichen die Eröffnung des Insolvenzverfahrens unverzüglich, d.h. ohne schuldhaftes Zögern, zu beantragen. Bis zum 31.12.2020 galt hierfür eine einheitliche Frist von max. drei Wochen. Nach Umsetzung des SanInsFoG sieht § 15a Abs. 1 InsO seit 01.01.2021 hierfür eine Frist von drei Wochen nach Eintritt der Zahlungsunfähigkeit und sechs Wochen nach Eintritt der Überschuldung vor (§ 15a Abs. 1 InsO) vor. Die genannten Fristen für die Stellung des Insolvenzantrags beginnen bei Vorliegen des Insolvenzeröffnungsgrunds[24].

Bedingt durch die Auswirkungen der COVID-19-Pandemie hat die Bundesregierung in **13** den Jahren 2020/2021 in einer Art „Notfallplan" finanzielle und rechtliche Unterstützungsmaßnahmen für die Unternehmen auf den Weg gebracht, um eine Insolvenz, insbesondere auch unter Inanspruchnahme der bereitgestellten staatlichen Finanzierungshilfen, abzuwenden. In diesem Zusammenhang wurden auch die straf- und haftungsbewehrten Insolvenzantragspflichten im Rahmen des COVInsAG[25] für unterschiedliche Zeiträume bei Eintritt von Zahlungsunfähigkeit und Überschuldung suspendiert. Diese Suspendierung war wirksam, wenn die Insolvenz auf den Auswirkungen der COVID-19-Pandemie beruhte – nicht jedoch, wenn keine Aussichten darauf bestanden, eine eingetretene Zahlungsunfähigkeit wieder zu beseitigen. Aufgrund der zahlreichen Gesetzesänderungen in den Jahren 2020 und 2021 stellt der Eintritt der Insolvenzreife in diesen Jahren eine besondere Herausforderung dar. Eine Übersicht, welche Rechtslage in welchem Zeitraum unter welchen Bedingungen anzuwenden war, findet sich im *IDW S 11*, Tz. 97 ff.

Die Beurteilung des Vorliegens von Insolvenzeröffnungsgründen erfordert ausreichende **14** Kenntnisse des deutschen Insolvenzrechts. Fehlt den gesetzlichen Vertretern die hierzu notwendige Sachkunde, haben sie **den Rat eines unabhängigen, fachlich qualifizierten Berufsträgers**[26] einzuholen[27]. Dabei müssen sie diesem Dritten die Verhältnisse der Gesellschaft umfassend erläutern und ihm alle zur Beurteilung erforderlichen Informationen zur Verfügung stellen[28].

---

24 Vgl. *IDW S 11*, Tz. 6.
25 Das Gesetz zur vorübergehenden Aussetzung der Insolvenzantragspflicht und zur Begrenzung der Organhaftung bei einer durch die COVID-19-Pandemie bedingten Insolvenz wurde mit dem Artikelgesetz zur Abmilderung der Folgen der COVID-19-Pandemie im Zivil-, Insolvenz- und Strafverfahrensrecht vom 27.03.2020 beschlossen, vgl. BGBl. I 2020, S. 569 ff. Es wurde in der Folgezeit zweimal geändert (Stand 15.02.2021).
26 Vgl. *IDW S 11*, Tz. 6.
27 Vgl. BGH v. 14.05.2007, II ZR 48/06, der in Rn. 16 auf Berufsträger abstellt und in Rn. 17 ausführt, dass die notwendige Sachkompetenz und Fachkunde für die Prüfung der Insolvenzreife bei einem Wirtschaftsprüfer außer Frage stehen.
28 Vgl. BGH v. 14.05.2007, II ZR 48/06, Rn. 16; BGH v. 27.03.2012, II ZR 171/10, Rn. 18.

> **! Hinweis 2:**
>
> Ziehen die gesetzlichen Vertreter unter umfassender Darstellung der Verhältnisse der Gesellschaft und Offenlegung der erforderlichen Unterlagen einen unabhängigen und sachverständigen Berufsträger hinzu, dürfen sie das Ergebnis seiner Beurteilung abwarten[29]. Voraussetzung ist dabei, dass sich die gesetzlichen Vertreter nicht mit einer unverzüglichen Auftragserteilung begnügen, sondern auch auf eine unverzügliche Auftragsdurchführung und Vorlage des Ergebnisses der Beurteilung hinwirken[30].

15 Berufsträger können in diesem Zusammenhang unterstützend als externe Sachverständige, aber auch in anderen Rollen, etwa als Insolvenzverwalter oder anlässlich anderer Aufgaben (z.B. Erstellung von Sanierungskonzepten oder Bescheinigung nach § 270b InsO) mit der Beurteilung der Insolvenzreife eines Unternehmens befasst sein[31].

16 Die für die Beurteilung der Insolvenzreife verwendeten Informationen müssen vollständig, aktuell, verlässlich und schlüssig sein[32].

2.2 Zahlungsunfähigkeit (§ 17 InsO)

2.2.1 Grundlagen zur Beurteilung der Zahlungsunfähigkeit

17 Bei vergangenheitsorientierten Informationen ist sicherzustellen, dass die für die Beurteilung der Insolvenzreife erforderlichen Informationen zutreffend aus der Rechnungslegung übernommen wurden. Der Beurteilende muss sich auf Grundlage von Plausibilitätsbeurteilungen entscheiden, ob er die sich aus dem Finanz- und Rechnungswesen ergebenden Daten als Ausgangsinformationen für die Ist-Lage und für die Ableitung von Planzahlen zugrunde legen kann. Dabei hat er zu berücksichtigen, ob und zu welchen Zeitpunkten **relevante vergangenheitsbezogene Informationen** geprüft oder prüferisch durchgesehen wurden[33]. Sinnvollerweise wird er sich auch davon überzeugen ob organisatorisch sichergestellt ist, dass sämtliche Eingangs- und Ausgangsrechnungen zeitnah verbucht werden und die Fälligkeitsanalysen von Forderungen und Verbindlichkeiten ein zutreffendes Bild liefern.

18 Bei **prognostischen Angaben** müssen die zugrunde liegenden Annahmen schlüssig sein; zudem sind die besonderen internen Unternehmensverhältnisse der Krisensituation sowie bei über wenige Monate hinausgehenden Prognosen auch die erwartete Branchenentwicklung einzubeziehen[34]. Sie dürfen insb. nicht im Widerspruch zu sonst gewonnenen Erkenntnissen des Beurteilenden stehen. Zudem ist sicherzustellen, dass die prognostischen Angaben sachlich und rechnerisch richtig aus den Ausgangsdaten und den Annahmen fortentwickelt worden sind. Durch ein planmäßiges Vorgehen ist si-

---

29   Vgl. BGH v. 14.05.2007, II ZR 48/06, Rn. 14; BGH v. 27.03.2012, II ZR 171/10, Rn. 18.

30   Vgl. BGH v. 27.03.2012, II ZR 171/10, Rn. 23; *IDW S 11*, Tz. 6.

31   *IDW S 11*, Tz. 7.

32   Vgl. *IDW S 11*, Tz. 8 mit Verweis auf *IDW S 6*, Tz. 44 ff.

33   Vgl. *IDW S 6*, Tz. 409; *IDW S 11*, Tz. 9.

34   Vgl. *IDW S 6*, Tz. 12 und Tz. 21 f.; *IDW S 11*, Tz. 10 sowie *IDW Praxishinweis 2/2017: Beurteilung einer Unternehmensplanung bei Bewertung, Restrukturierungen, Due Diligence und Fairness Opinion* (Stand: 02.01.2017).

cherzustellen, dass die erforderliche Vollständigkeit und Verlässlichkeit der wesentlichen Informationen erreicht wird[35].

Die Beschreibung der tatsächlichen Umstände sowie der maßgeblichen Annahmen und **19** Schlussfolgerungen muss inhaltlich geordnet und in schriftlicher Form vorliegen. Damit wird die Beurteilung der Insolvenzeröffnungsgründe auch für einen sachverständigen Dritten nachvollziehbar. Eine nachvollziehbare **Dokumentation** trägt auch maßgeblich zur Minderung der Haftungsrisiken des Beurteilenden bei[36].

Der Umfang und Detaillierungsgrad der erforderlichen Dokumentation wird durch die **20** Komplexität des Unternehmens und das Stadium der Unternehmenskrise bestimmt[37].

2.2.1.1 Zahlungsunfähigkeit/Zahlungsstockung

Ein Schuldner ist nach § 17 Abs. 2 InsO zahlungsunfähig, wenn er nicht in der Lage ist, **21** seine fälligen Zahlungsverpflichtungen zu erfüllen. **Zahlungsunfähigkeit** ist damit das auf dem Mangel an Zahlungsmitteln beruhende Unvermögen des Schuldners, seine Zahlungsverpflichtungen bei Fälligkeit zu begleichen[38].

Die Zahlungsunfähigkeit ist von der **Zahlungsstockung** abzugrenzen. Zahlungs- **22** stockung ist die lediglich vorübergehend vorliegende Unfähigkeit, die fälligen Verbindlichkeiten vollständig zu begleichen. Demgegenüber liegt Zahlungsunfähigkeit und nicht nur Zahlungsstockung i.d.R. dann vor, wenn der Schuldner nicht in der Lage ist, seine fälligen Zahlungsverpflichtungen innerhalb eines absehbaren Zeitraums zu begleichen[39].

Kann der Schuldner seine Liquiditätslücke innerhalb von drei Wochen vollständig **23** schließen, liegt keine Zahlungsunfähigkeit vor[40].

Beträgt die Liquiditätslücke am Ende des Dreiwochenzeitraums, den der BGH für die **24** Beseitigung der Liquiditätslücke zubilligt, **10% der fälligen Gesamtverbindlichkeiten** oder mehr, ist nach der Rechtsprechung des BGH[41] regelmäßig von Zahlungsunfähigkeit auszugehen, sofern nicht ausnahmsweise mit an Sicherheit grenzender Wahrscheinlichkeit zu erwarten ist, dass die Liquiditätslücke demnächst vollständig oder fast vollständig geschlossen wird und den Gläubigern ein Zuwarten nach den besonderen Umständen des Einzelfalls zumutbar ist. Dieser sich an das Ende des Dreiwochenzeitraums anschließende weitere Zeitraum kann in Ausnahmefällen drei bis u.U. auch längstens sechs Monate betragen[42].

Beträgt die Liquiditätslücke am Ende des Dreiwochenzeitraums dagegen weniger als **25** 10%, ist regelmäßig zunächst von Zahlungsstockung auszugehen. Dennoch ist in diesen Fällen ein **Liquiditätsplan** zu erstellen, aus dem sich die Weiterentwicklung der Liquiditätslücke ergibt. Zeigt sich daraus, dass die Lücke demnächst mehr als 10% betragen

---

35 Vgl. *IDW S 6*, Tz. 46 ff.; *IDW S 11*, Tz. 10.
36 *IDW S 11*, Tz. 11.
37 *IDW S 11*, Tz. 12.
38 *IDW S 11*, Tz. 13.
39 Vgl. BGH v. 24.05.2005, IX ZR 123/04, Abschn. II 1.b, ZIP 2005, S. 1426; *IDW S 11*, Tz. 14.
40 *IDW S 11*, Tz. 15.
41 Vgl. BGH v. 24.05.2005, IX ZR 123/04.
42 *IDW S 11*, Tz. 16; *Fischer*, ZGR 2006, S. 403.

wird, liegt Zahlungsunfähigkeit vor[43]. Ergibt sich am Ende des Dreiwochenzeitraums aus dieser Liquiditätsplanung, dass die Lücke kleiner als 10% ist, lässt der BGH mehrere Interpretationen hinsichtlich der Frage zu, ob eine Liquiditätslücke von unter 10% auf Dauer akzeptiert werden kann[44].

26 Bei den Sachverhalten, die eine Zahlungsstockung auslösen können, handelt es sich regelmäßig um die vom BGH auch als **Rückschläge**[45] bezeichneten Gegebenheiten, die auch in Phasen mit guter Umsatz- und Ertragslage eintreten können, bspw. durch einen fehlenden oder verzögerten Geldeingang aus einem größeren Kundenauftrag[46] oder durch unerwartete Steuernachzahlungen. Diese kompensieren sich jedoch wieder liquiditätsseitig bei einer guten Auftrags-[47], Umsatz- und Ertragslage[48] oder der wirtschaftlichen Erholung bei Saisonbetrieben[49] mit entsprechenden Geldeingängen und sind somit von der Erwartung getragen, dass es dem Schuldner gelingen wird, die Liquiditätslücke in absehbarer Zeit zu beseitigen und somit die Zahlungsfähigkeit wieder zu erlangen[50].

27 Anders zu beurteilen sind jedoch strukturell bedingte Liquiditätsunterdeckungen bei Unternehmen, die regelmäßig in einer **mangelnden Innenfinanzierungskraft** begründet und/oder einer nicht ausreichenden Außenfinanzierungskraft geschuldet sind[51]. Ein dauerhaftes Nichtbegleichen von ausstehenden Zahlungen würde die Geschäftsbeziehungen zu den betroffenen Gläubigern gefährden[52]. Bei einem Unternehmen, das dauerhaft mit einer – wenngleich geringfügigen – Liquiditätslücke plant, setzt sich der **wirtschaftliche Niedergang** fort, was als besonderer Umstand zu werten ist, der das Vorliegen einer Zahlungsunfähigkeit begründet[53]. Ein solches Unternehmen ist weder erhaltungsfähig[54] noch -würdig[55]. Auch im Interesse des Gläubigerschutzes ist eine dauerhafte Unterdeckung bedenklich[56].

---

43 Vgl. BGH v. 12.10.2006, IX ZR 228/03, Rn. 27, unter Hinweis auf BGH v. 24.05.2005, IX ZR 123/04, ZIP 2006, S. 2222.
44 *IDW S 11*, Tz. 17.
45 Vgl. BGH v. 24.05.2005, IX ZR 123/04, Ziff. II.3.b)bb).
46 Vgl. BT-Drs. 12/2443: Gesetzentwurf einer Insolvenzordnung v. 15.04.1992 (im Folgenden: BT-Drs. 12/2443: RegE InsO), Begr. zu § 20, 21 InsO-E, S. 114; BGH v. 24.05.2005, IX ZR 123/04, Ziff. II.3.b)bb).
47 Vgl. BGH v. 24.05.2005, IX ZR 123/04, Ziff. II.3.b)cc).
48 Vgl. BGH v. 24.05.2005, IX ZR 123/04, Ziff. II.3.b)bb).
49 Vgl. BGH v. 24.05.2005, IX ZR 123/04, Ziff. II.3.b)dd).
50 Vgl. BGH v. 24.05.2005, IX ZR 123/04, Ziff. II.3.b)bb).
51 Vgl. *Eilenberger*, in: MünchKomm. InsO[4], § 17, Rn. 22b und 22c.
52 Vgl. BGH v. 24.05.2005, IX ZR 123/04, Ziff. II.2.b).
53 Vgl. BGH v. 24.05.2005, IX ZR 123/04, Ziff. II.4.a); *IDW S 11*, Tz. 17, *Steffan/Solmecke*, ZInsO 2015, S. 1365 (1369 f.); *Bitter*, in: Scholz, GmbHG[12], Vor § 64, Rn. 27; *Bußhardt*, in: Braun, InsO[8], § 17, Rn. 14; *Eilenberger*, in: MünchKomm. InsO[4], § 17, Rn. 22b: „Tatsächlich handelt es sich bei Unternehmen mit immer wiederkehrenden Zahlungsproblemen, die sich letztlich als dauerhafte Zahlungsstockungen erweisen, um unterkapitalisierte Unternehmen und damit um insolvenzreife Unternehmen, denen ausreichendes Eigenkapital fehlt"; *Schmidt, K.*, InsO[19], § 17, Rn. 25f.; *Mock*, in: Uhlenbruck, InsO[15], § 17, Rn. 30; a.A. *Frystatzki*, ZInsO 2018, S. 602, NZI 2014, S. 842 (843), der argumentiert, dass der BGH ganz bewusst in Kauf nimmt, dass mit seiner Rechtsprechung dauerhaft geringfügige Liquiditätslücken möglich sind und damit auch bei nicht erhaltungswürdig erscheinenden Unternehmen der Insolvenzgrund der Zahlungsunfähigkeit nicht greift; *Bremen*, in: Graf-Schlicker, InsO[5], § 17, Rn. 15; *Steffek*, in: Kübler/Prütting/Bork, InsO, § 17, Rn. 49.
54 Vgl. *IDW S 11*, Tz. 17.
55 Vgl. BGH v. 24.05.2005, IX ZR 123/04, Ziff. II.3.a).
56 Vgl. *IDW S 11*, Tz. 17; *Eilenberger*, in: MünchKomm. InsO[4], § 17, Rn. 22a; *Mock*, in: Uhlenbruck, InsO[15], § 17, Rn. 44.

Ergeben sich bereits aus der Planung längerfristige Liquiditätsunterdeckungen, ist es **28** Aufgabe der Organe, die erforderliche Liquidität des Unternehmens durch eine **solide Finanzierung** abzusichern, bspw. durch eine ausreichende Kapitalausstattung, einen Überbrückungskredit bzw. eine Saisonfinanzierung oder Stundungen und nicht durch ein fortwährendes Überziehen von Zahlungszielen[57].

Daher liegt nach *IDW S 11* Zahlungsunfähigkeit und keine Zahlungsstockung vor, wenn **29** eine Liquiditätslücke – unabhängig von ihrer Höhe – voraussichtlich und in Ausnahmefällen nicht längstens innerhalb von drei bis maximal sechs Monaten vollständig geschlossen werden kann[58].

Der vom BGH genannte **Schwellenwert von** 10% erlangt nach Sichtweise des *IDW S 11* **30** deshalb Bedeutung für die Anforderungen an die Aussagekraft eines Beweises, mit dem eine nicht eingetretene Zahlungsunfähigkeit nachgewiesen werden muss. Bei einer Lücke von mehr als 10% liegt die Anforderung an den Nachweis bei einer mit an Sicherheit grenzenden Wahrscheinlichkeit[59], bei einer Lücke von weniger als 10% ist regelmäßig eine geringere Wahrscheinlichkeit zugrunde zu legen[60].

Die 10-%-Grenze erlangt mithin Bedeutung für den Sicherheitsgrad, mit dem die **31** Schließung der Lücke innerhalb des vom BGH zugestandenen Prognosezeitraums zu fordern ist. Je höher die anfängliche Unterdeckung und je länger der Prognosezeitraum ist, umso größere Gewissheit ist für den Eintritt und den zeitlichen Verlauf der Besserung der Liquiditätslage zu fordern.

Im Schrifttum vertretene Auffassungen, dass eine dauerhafte Liquiditätslücke von we- **32** niger als 10% toleriert werden kann, sind mithin abzulehnen[61]. Eine höchstrichterliche Klärung dieser Thematik steht noch aus und wäre i.S.d. Rechtssicherheit für die Insolvenzpraxis zu begrüßen[62].

2.2.1.2 Zahlungseinstellung

Nach § 17 Abs. 2 S. 2 InsO ist Zahlungsunfähigkeit i.d.R. anzunehmen, wenn der **33** Schuldner seine Zahlungen eingestellt hat. **Zahlungseinstellung** liegt vor, wenn der Schuldner wegen eines Mangels an Zahlungsmitteln aufhört, seine fälligen Verbindlichkeiten zu erfüllen, und dies für die beteiligten Verkehrskreise hinreichend erkennbar geworden ist[63]. Eine Zahlungseinstellung kann aus einem einzelnen, aber auch aus einer Gesamtschau mehrerer darauf hindeutender, in der Rechtsprechung entwickelter Beweisanzeichen gefolgert werden[64]. Eigene Erklärungen des Schuldners, seine fälligen Zahlungsverpflichtungen nicht – auch nicht ratenweise – begleichen zu können, deuten

---

57   *Steffan/Solmecke*, ZInsO 2015, S. 1365 (1370).
58   So auch mit ausführlicher Begründung *Steffan/Solmecke*, ZInsO 2015, S. 1365 (1369); *Hölzle*, in: Bork/Hölzle, InsR-HB², Kapitel 3, Rn. 62.; *Hermanns*, in: Buth/Hermanns, RSI⁴, § 25, Rn. 14, 20; im Ergebnis auch *Schmidt, K.*, InsO¹⁹, § 17, Rn. 25.
59   Vgl. *Uhlenbruck*, in: Uhlenbruck, InsO¹⁵, § 17, Rn. 5.
60   *IDW S 11*, Tz. 18; bei einer Liquiditätslücke von mehr als 10% muss zudem den Gläubigern ein Zuwarten zumutbar sein; zur Frage, wann den Gläubigern ein Zuwarten zumutbar ist vgl. *Mock*, Uhlenbruck, InsO¹⁵, § 17, Rn. 25 f.
61   *IDW S 11*, Tz. 17; *Bitter*, in: Scholz, GmbHG¹², Vor § 64, Rn. 27.
62   So auch *Weber/Küting/Eichenlaub*, GmbHR 2014, S. 1009 (1012); *Steffan/Solmecke*, ZInsO 2015, S. 1365 (1370).
63   Vgl. BGH v. 17.05.2001, IX ZR 188/98, Abschn. II. 2, ZIP 2001, S. 1155.
64   Vgl. BGH v. 18.07.2013, IX ZR 143/12, Rn. 10, ZIP 2013, S. 2015.

auf eine Zahlungseinstellung hin, auch wenn sie mit einer Stundungsbitte versehen sind[65]. Zahlungseinstellung liegt bereits dann vor, wenn der Schuldner den wesentlichen Teil seiner fälligen Zahlungsverpflichtungen nicht bedient[66].

Beispiel 1:

Weitere Beweisanzeichen für das Vorliegen einer Zahlungseinstellung können bspw. sein:

- Nichtbegleichung von Sozialversicherungsbeiträgen[67]
- eine dauerhaft schleppende Zahlungsweise[68]
- zurückgegebene Lastschriften[69]
- nicht eingehaltene Zahlungszusagen[70]
- Mahnungen[71]
- Nichtzahlung von Stromrechnungen[72]
- Pfändungen oder Vollstreckungen durch den Gerichtsvollzieher[73]

34 Sind derartige Indizien vorhanden und ergibt sich mit hinreichender Gewissheit, dass die Zahlungsverzögerung auf der fehlenden Liquidität des Schuldners beruht[74] und insoweit ein Gewicht erreicht, das der Erklärung des Schuldners entspricht, aus Mangel an liquiden Mitteln nicht zahlen zu können,[75] liegt Zahlungseinstellung vor. In diesem Fall bedarf es keiner darüber hinausgehenden Darlegung und Feststellung der genauen Höhe der gegen den Schuldner bestehenden Verbindlichkeiten oder einer Liquiditätslücke von mindestens 10%[76]. Vielmehr wird widerlegbar vermutet, dass der Schuldner zahlungsunfähig ist.

35 Die Zahlungseinstellung wird regelmäßig erst dann beseitigt, wenn der Schuldner nicht nur einzelne Zahlungen leistet, sondern seine Zahlungen an die Gesamtheit der Gläubiger **wieder aufnimmt**[77], und zwar auch an solche Gläubiger, deren Forderungen nach der Zahlungseinstellung fällig geworden sind[78].

36 Bei Zahlungsunwilligkeit oder Zahlungsverweigerung liegt eine Zahlungseinstellung jedoch nur dann nicht vor, wenn der Schuldner zur Zahlung objektiv in der Lage wäre[79].

---

65 Vgl. BGH, Urt. v. 06.05.2021, IX ZR 72/20, Rn. 41; BGH v. 22.05.2014, IX ZR 95/13, Rn. 22; BGH v. 12.10.2006, IX ZR 228/03, Rn. 13, 15.
66 Vgl. BGH v. 21.06.2007, IX ZR 231/04, Rn. 29, ZIP 2007, S. 1469.
67 Vgl. BGH v. 20.11.2001, IX ZR 48/01, Abschn. II. 2., ZIP 2002, S. 87; BGH v. 10.07.2003, IX ZR 89/02, ZIP 2003, S. 1666; BGH v. 12.10.2006, IX ZR 228/03, Rn. 24; BGH v. 30.06.2011, IX ZR 134/10, Rn. 15, ZIP 2011, S. 1416.
68 Vgl. BGH v. 18.07.2013, IX ZR 143/12, Rn. 12; BGH v. 09.01.2003, IX ZR 175/02, Abschn. III. 1.a., ZIP 2003, S. 410.
69 Vgl. BGH v. 18.07.2013, IX ZR 143/12, Rn. 18.
70 Vgl. BGH v. 18.07.2013, IX ZR 143/12, Rn. 12.
71 Vgl. BGH v. 18.07.2013, IX ZR 143/12, Rn. 18.
72 Vgl. BGH v. 18.07.2013, IX ZR 143/12, Rn. 18.
73 Vgl. BGH v. 18.07.2013, IX ZR 143/12, Rn. 13.
74 Vgl. BGH, Urt. v. 06.05.2021, IX ZR 72/20, Rn. 41.
75 Vgl. BGH, Urt. v. 06.05.2021, IX ZR 72/20, Rn. 42.
76 Vgl. BGH v. 30.06.2011, IX ZR 134/10, Rn. 13 m.w.N.; BGH v. 18.07.2013, IX ZR 143/12, Rn. 10; *IDW S 11*, Tz. 19.
77 Vgl. BGH v. 21.06.2007, IX ZR 231/04, Rn. 32; BGH v. 12.10.2006, IX ZR 228/03, Rn. 23.
78 *IDW S 11*, Tz. 21.
79 Vgl. BGH v. 12.10.2017, IX ZR 50/15, Rn. 13; *IDW S 11*, Tz. 22.

Kann eine zu einem bestimmten Zeitpunkt verhältnismäßig geringfügige Verbindlichkeit nicht beglichen werden, kann daraus nicht ohne Weiteres geschlossen werden, dass dieses Unvermögen andauert, wenn auf diese Schuld später Raten entrichtet werden. Eine andere Bewertung ist angezeigt, wenn das Ausmaß der offenbar gewordenen Illiquidität aus objektiver Sicht erfahrungsgemäß ein Insolvenzverfahren erforderlich erscheinen lässt[80].

2.2.2 Finanzstatus und Finanzplan als Grundlage für die Beurteilung der Zahlungsunfähigkeit

Zur Abgrenzung der Zahlungsunfähigkeit von der Zahlungsstockung ist es erforderlich, **37** dass zunächst ein stichtagsbezogener **Finanzstatus** und im Anschluss ein zeitraumbezogener Finanzplan erstellt werden[81].

Weist der zur **Ermittlung der Stichtagsliquidität** erstellte Finanzstatus[82] aus, dass der **38** Schuldner seine fälligen Zahlungsverpflichtungen erfüllen kann, ist keine Zahlungsunfähigkeit gegeben; die Erstellung eines Finanzplans[83] ist in diesem Fall nicht erforderlich. Dies entbindet den Schuldner – solange die Krise nicht endgültig überwunden ist – jedoch nicht davon, die Liquiditätsentwicklung weiterhin kritisch zu verfolgen, um ggf. erneut mittels eines Finanzstatus und eines ergänzenden Finanzplans Gewissheit über die Zahlungsfähigkeit zu erlangen[84].

Ergibt sich aus dem Finanzstatus, dass der Schuldner seine fälligen Zahlungsver- **39** pflichtungen nicht erfüllen kann, hat er ausgehend vom Finanzstatus am Stichtag zusätzlich die im Prognosezeitraum erwarteten Ein- und Auszahlungen in einer Liquiditätsplanung zu berücksichtigen[85]. Die absolute und relative Höhe der Deckungslücke errechnet sich nach der Rechtsprechung des BGH anhand der sich aus Stichtags- und Zeitraumelementen zusammensetzenden Liquiditätsbilanz[86].

Zur Ermittlung der prozentualen Liquiditätslücke ist die Liquiditätslücke am Ende des **40** Betrachtungszeitraums in Bezug zu setzen zu den fälligen Gesamtverbindlichkeiten zu Beginn dieses Zeitraums.[87]

---

80 Vgl. BGH, Urt. v. 06.05.2021, IX ZR 72/20, Rn. 45.

81 *IDW S 11*, Tz. 23; *Steffan/Solmecke*, ZInsO 2015, S. 1365 (1366); *Mock*, in: Uhlenbruck, InsO[15], § 17, Rn. 30.

82 *IDW S 11*, Tz. 26 ff.

83 *IDW S 11*, Tz. 34 ff.

84 *IDW S 11*, Tz. 24.

85 Der BGH spricht in seinem Urteil v. 24.05.2005, IX ZR 123/04 von einer sog. Liquiditätsbilanz. In dieser sind neben den kurzfristig verfügbaren Finanzmitteln (in der Literatur z.T. als Aktiva I bezeichnet) und den fälligen Verpflichtungen (Passiva I) auch die im Prognosezeitraum flüssig zu machenden Finanzmittel (Aktiva II) und – klarstellend gem. BGH v. 19.12.2017, II ZR 88/16, Zweiter Leitsatz – die im Prognosezeitraum fällig werdenden Verbindlichkeiten (Passiva II) zu berücksichtigen. Es handelt sich somit um eine Art „dynamische Bilanz", die neben der Stichtagsliquidität auch planerische Elemente einbezieht. Die Liquiditätsbilanz des BGH und der vom IDW dargestellte Finanzplan kommen bzgl. der Höhe der Liquiditätslücke bzw. des Liquiditätsüberhangs zum selben Ergebnis, vgl. Kap. C Tz. 57 ff.

86 Vgl. BGH v. 24.05.2005, IX ZR 123/04; BGH v. 19.12.2017, II ZR 88/16; *IDW S 11*, Tz. 24; *Steffan/Solmecke*, ZInsO 2015, S. 1365 (1370 f.); vgl. auch Kap. C Tz. 68 ff.

87 Vgl. *Steffan/Solmecke*, ZInsO 2015, S. 1365 (1370 f.); *IDW S 11*, Tz. 25, wobei der BGH eine andere Berechnungsweise betreffend der prozentualen Lücke vorgibt, vgl. Kap. C Tz. 67 ff.

2.2.2.1   Erster Schritt: Bestandsaufnahme mittels eines Finanzstatus

2.2.2.1.1   Fälligkeit der Verbindlichkeiten

41 Im **Finanzstatus** werden die verfügbaren liquiden Finanzmittel des Unternehmens sowie dessen fällige Verbindlichkeiten erfasst und gegenübergestellt. Dabei sind sämtliche fälligen Zahlungsverpflichtungen und nicht nur die durch Mahnung eingeforderten oder klageweise geltend gemachten zu berücksichtigen. Erforderlich und ausreichend ist, dass der Gläubiger die Zahlung verlangt[88].

42 **Fälligkeit** kann aufgrund gesetzlicher Regelungen, aufgrund einer Vereinbarung (bspw. Bedingung, Befristung, Fixgeschäft, Kasse gegen Faktura, Zahlung gegen Dokumente, Verfallklauseln) oder ausnahmsweise aufgrund einseitiger Parteierklärung (z.b. durch ausdrückliche Fälligstellung oder durch Kündigung eines Darlehens mit der Folgewirkung einer sofortigen Fälligkeit) eintreten[89].

43 Fehlt eine rechtsgeschäftliche Bestimmung der Fälligkeit und ergibt sie sich auch nicht aus den Umständen, liegt nach § 271 Abs. 1 BGB **sofortige Fälligkeit** vor. So gelten nicht ausdrücklich genehmigte Überziehungen bei Kontokorrentkrediten als fällig, auch wenn das Kreditinstitut diese Inanspruchnahmen stillschweigend duldet[90]. Innerhalb der vereinbarten – ungekündigten – Linien sind in Anspruch genommene Kontokorrentkredite im Finanzstatus zur Feststellung der Zahlungsunfähigkeit nicht anzusetzen. Aus Annuitätendarlehen sind nur die nach dem Kreditvertrag fälligen Raten zu berücksichtigen. Verbindlichkeiten aus Lieferungen und Leistungen sind sofort oder bei Vereinbarung eines Zahlungsziels mit dessen Ablauf fällig[91].

44 Gestundete Verbindlichkeiten sind nicht in den Finanzstatus aufzunehmen. **Stundungsvereinbarungen** können durch Branchenübung, Handelsbrauch und konkludentes Handeln zustande kommen und die Fälligkeit der Verbindlichkeiten hinausschieben. Die Stundung gilt immer dann als wirksam vereinbart, wenn der Gläubiger in eine spätere Befriedigung seiner Forderung eingewilligt hat bzw. sich die Einwilligung aus den gesamten Umständen ergibt. Eine nachrangige Verbindlichkeit ist nicht zu berücksichtigen, wenn der Gläubiger die Zahlung nicht verlangen kann. Der Nachweis, dass eine Forderung nicht fällig ist, obliegt in jedem Fall dem Schuldner[92].

45 Ob und ggf. mit welchem Betrag streitige, **nicht titulierte Verbindlichkeiten** anzusetzen sind, ist in jedem Fall einzeln zu beurteilen. Es bietet sich an, quasi spiegelbildlich § 14 InsO für das Fremdantragsverfahren als Maßstab anzuwenden: Würde es dem Gläubiger der infrage stehenden Verbindlichkeit gelingen, seine korrespondierende Forderung i.S. v. § 14 glaubhaft zu machen (d.h. Feststellung der überwiegenden Wahrscheinlichkeit mithilfe präsenter Beweismittel[93]) so ist sie im Finanzstatus zu passivieren. Allenfalls bei streitigen Nebenforderungen wäre ein Abschlag vertretbar. Hängt allerdings die Zah-

---

88   Vgl. BGH v. 19.07.2007, IX ZB 36/07, Rn. 18, ZIP 2007, S. 1666; *IDW S 11*, Tz. 26.
89   *IDW S 11*, Tz. 27.
90   Vgl. auch BGH v. 11.01.2007, IX ZR 31/05, Rn. 14 f., BGHZ 170, 276, zur freien Kreditlinie bei Insolvenzanfechtung unter Bezugnahme auf BGHZ 93, 315, 325; BGHZ 147, 193, 202; dort (in Rn. 16) wird allerdings ausdrücklich offengelassen, unter welchen Voraussetzungen bei einer tatsächlichen Duldung von einer konkludenten Vereinbarung über die Erhöhung der Kreditlinie ausgegangen werden kann.
91   *IDW S 11*, Tz. 28.
92   Vgl. BGH v. 19.07.2007, IX ZB 36/07; *IDW S 11*, Tz. 29.
93   Zum Maßstab vgl. z.B. BGH v. 09.02.1998, II ZB 15/97, NJW 1998, S. 1870.

lungsunfähigkeit von der streitigen Verbindlichkeit ab, kommt eine Passivierung im Finanzstatus nur bei geführtem Vollbeweis in Betracht[94].

Für den Ansatz und die Bewertung von Verbindlichkeiten, für die ein nur vorläufiger **46** vollstreckbarer Titel besteht, kommt es grundsätzlich nicht auf die vollstreckungsrechtliche, sondern auf die **materielle Fälligkeit** an. Ihre Bewertung folgt daher den Regeln für nicht titulierte Forderungen (Kap. C Tz. 45)[95].

Gleiches gilt für **streitige Forderungen**, für die der BGH entschieden hat, dass sie nur dann anzusetzen sind, wenn aufgrund der Umstände überwiegend wahrscheinlich ist, dass sie im relevanten Prognosezeitraum uneingeschränkt durchsetzbar sind[96].

Von einem Gläubiger geltend gemachte **Zahlungsansprüche** sind grundsätzlich in den **47** Finanzstatus aufzunehmen, es sei denn, dass bei vernünftiger Beurteilung aufgrund objektiv nachvollziehbarer Einwendungen eine Inanspruchnahme ganz oder teilweise nicht zu erwarten ist[97].

Von der Vollziehung ausgesetzte **Steuerforderungen** o.Ä. sind erst mit Ende der Aus- **48** setzung der Vollziehung als fällige Verbindlichkeiten zu erfassen[98].

Verbindlichkeiten, die aufgrund gesetzlicher Vorschriften nicht erfüllt werden dürfen **49** (z.B. § 30 GmbHG, § 57 AktG), sind im Finanzstatus erst mit Wegfall des Auszahlungsverbots als fällig zu erfassen[99].

2.2.2.1.2 Finanzmittel

Den fälligen Verbindlichkeiten sind im Finanzstatus die gegenwärtig **verfügbaren Fi- 50 nanzmittel** gegenüberzustellen. Hierzu zählen Barmittel, Bankguthaben, Schecks in der Kasse und nicht ausgeschöpfte und ungekündigte Kreditlinien[100].

Kurzfristig verfügbare Finanzmittel (z.B. erwartete Zahlungszuflüsse aus Kunden- **51** forderungen oder eine ggü. dem Unternehmen abgegebene harte Patronatserklärung[101]) sind nicht im Finanzstatus, sondern im Finanzplan zu berücksichtigen. Gleiches gilt für die Möglichkeit zur Kreditaufnahme[102].

Auf die **Herkunft** der finanziellen Mittel kommt es nicht an, es sind daher auch durch **52** Straftaten oder durch anfechtbare Handlungen erworbene Mittel zu berücksichtigen[103]. Jedoch sind hieraus die bereits mit Zahlung fälligen Rückzahlungsansprüche der Geschädigten in entsprechender Höhe ebenfalls anzusetzen, die liquiden Mittel werden dadurch neutralisiert[104].

---

94 *Horstkotte*, ZInsO 2015, S. 135 (136); BGH v. 27.07.2006 - IX ZB 15/06, ZInsO 2006, S. 145; AG Köln, Beschluss vom 06.05.2015 – 72 IN 514/13, NZI 2015, S. 552.
95 *Horstkotte*, ZInsO 2015, S. 135 (136).
96 Vgl. BGH v. 22.05.2014, IX ZR 95/13, Rn. 33; differenzierter: *Bitter*, in: Scholz, GmbHG[12], Vor § 64, Rn. 14 ff.
97 *IDW S 11*, Tz. 30.
98 Vgl. BGH v. 22.05.2014, IX ZR 95/13, Rn 30; *IDW S 11*, Tz. 31.
99 *IDW S 11*, Tz. 32.
100 Vgl. BGH v. 23.10.2008, IX ZB 7/08, Rn. 4; BGH v. 12.10.2006, IX ZR 228/03, Rn. 28; BGH v. 19.07.2007, Rn. 30; *IDW S 11*, Tz. 33.
101 Vgl. BGH v. 19.05.2011, IX ZR 9/10, Rn. 21, ZIP 2011, S. 1111; vgl. aber auch BGH v. 20.09.2010, II ZR 296/08, ZIP 2010, S. 2092; BGH v. 19.09.2013, IX ZR 232/12, Rn. 7, WM 2013, S. 1995.
102 *IDW S 11*, Tz. 33.
103 BGH v. 14.05.2009, IX ZR 63/08, NZI 2009, S. 471 (472).
104 BGH v. 23.07.2015 – 3 StR 518/14; NStZ-RR 2015, S. 341 (343); *Bitter*, in: Scholz, GmbHG[12], Vor § 64, Rn. 23.

2.2.2.2   Zweiter Schritt: Einzahlungen (Aktiva II) und Auszahlungen (Passiva II) im Dreiwochenzeitraum

53   „Ergibt der Finanzstatus eine Liquiditätslücke, ist dieser durch Darstellung der erwarteten Ein- und Auszahlungen in einem ausreichend detaillierten **Finanzplan** auf Basis einer nach betriebswirtschaftlichen Grundsätzen durchzuführenden und ausreichend dokumentierten Unternehmensplanung fortzuentwickeln. Bei kurzfristigen, wenige Wochen umfassenden Finanzplänen reicht eine auf dem Finanzstatus aufbauende direkte Liquiditätsplanung aus. Ein mehrere Monate umfassender Finanzplan ist auf Basis einer integrierten Planung (Erfolgs-, Vermögens- und Liquiditätsplanung) zu erstellen. Auf der Grundlage eines Unternehmenskonzeptes wird in diesem Rahmen dargestellt, wie die Planansätze aus den Teilplanungen des Unternehmens in die Finanzplanung münden"[105].

54   **Struktur und Gliederung** eines solchen Finanzplans richten sich nach betriebswirtschaftlich anerkannten Maßstäben, bspw. einer Kapitalflussrechnung (KFR). Infrage kommen die direkte oder die indirekte Methode[106].

55   Auf Grundlage der Annahmen über die weitere Geschäftstätigkeit sind in den Finanzplan alle Posten einzustellen, die unter Berücksichtigung der voraussichtlichen Fälligkeiten im Planungszeitraum zu Zahlungsmittelzuflüssen oder Zahlungsmittelabflüssen führen[107].

56   Bei den **Mittelzuflüssen** sind die Zuflüsse aus den geplanten Umsatzgeschäften ebenso zu berücksichtigen wie sonstige einzahlungswirksame Vorgänge. Hierzu zählen auch Maßnahmen der Kapitalbeschaffung durch Fremdkapitalaufnahme (Kreditaufnahmen) oder durch Zuführungen der Gesellschafter (Gesellschafterdarlehen, Kapitalerhöhungen, Zuzahlungen in das Eigenkapital oder Ertragszuschüsse). Dies gilt auch für weitere Finanzierungsmaßnahmen wie Sale-and-Lease-Back-Geschäfte, Factoring oder den Verkauf von Teilen des nicht betriebsnotwendigen Vermögens. Ebenso kommen die zahlungswirksamen Effekte aus leistungswirtschaftlichen Maßnahmen in Betracht. In allen Fällen muss jedoch die erforderliche Sicherheit für die Realisierung solcher Maßnahmen im Planungszeitraum bestehen[108].

57   Bedingt durch nicht ganz eindeutige Formulierungen des 9. Senats des BGH bestanden in der Literatur **unterschiedliche Auffassungen** bei der Frage, ob in der Prognoseberechnung lediglich die am Stichtag des Liquiditätsstatus fälligen Verbindlichkeiten (in der Literatur z.T. als „Passiva I" bezeichnet) einzubeziehen sind, denen die zum Beurteilungsstichtag verfügbareren Zahlungsmittel („Aktiva I") und die binnen drei Wochen plangemäß neugewonnene Liquidität („Aktiva II") gegenübergestellt werden, oder auch die im selben Zeitraum hinzukommenden fällig werdenden Verbindlichkeiten („Passiva II") berücksichtigt werden müssen[109]. Besonders problematisch waren die Fälle, in denen die Berücksichtigung dieser „Passiva II" dazu führte, dass die Liquiditätslücke bei

---

105   *IDW S 11*, Tz. 34; vgl. auch *IDW S 6*.
106   Vgl. *IDW S 11*, Tz. 35.
107   *IDW S 11*, Tz. 36.
108   *IDW S 11*, Tz. 18.; *IDW S 11*, Tz. 37.
109   Zu den unterschiedlichen Auffassungen, wie der BGH zu interpretieren war, vgl. *Schmidt, K.*, InsO[19], § 17, Rn. 27-29; *Frystatzki*, NZI 2014, S. 842 m.w.N.; *Ganter*, ZinsO 2011, S. 2297 (2299 f.).

einem Prozentsatz von mehr als 10% lag und somit die Regelvermutung der Zahlungs-unfähigkeit zur Folge hatte (vgl. auch Kap. C Tz. 25).

Wenn es dem Schuldner möglich wäre, Verbindlichkeiten in Gestalt einer **Bugwelle**   **58** dauerhaft vor sich herzuschieben, widerspräche dies einem der maßgebenden Ziele der InsO, nämlich dem, notwendige Insolvenzverfahren möglichst frühzeitig zu eröffnen[110]. Selbst der Umstand, dadurch nur Zeit zu gewinnen, wäre im Interesse des Verkehrs-schutzes sowie in anfechtungsrechtlicher Hinsicht bedenklich[111].

Der *IDW S 11* vertritt deshalb die eher **konservative Auffassung**, dass in der Liquidi-   **59** tätsprognose sowohl die in der genannten Frist zuwachsenden Aktiva II (Einzahlungen) als auch die fällig werdenden Passiva II (Auszahlungen) zu berücksichtigen sind. *IDW S 11* stützt sich hierbei auch auf einen Beschluss des ersten Strafsenats[112]. Der II. Senat des BGH hat sich in 2017 dieser Auffassung angeschlossen[113].

Bei den **Mittelabflüssen** sind somit die bereits bestehenden und die entstehenden Ver-   **60** bindlichkeiten zu berücksichtigen, soweit sie bereits fällig sind oder innerhalb des Prognosezeitraums fällig werden[114].

Zur Feststellung, ob eine bloße Zahlungsstockung vorliegt, ist zunächst ein Finanzplan   **61** für einen Zeitraum von **bis zu drei Wochen** aufzustellen. Ergibt dieser Finanzplan, dass die anfängliche Liquiditätslücke innerhalb dieses Zeitraums geschlossen wird, liegt eine bloße Zahlungsstockung und damit keine Zahlungsunfähigkeit vor. Eine Ausdehnung des Finanzplans (bis zu drei Wochen oder darüber hinaus) ist in diesem Fall nicht er-forderlich; künftig zu erwartende Liquiditätslücken wären aus Sicht des Beurteilungs-zeitpunkts nicht als eingetretene, sondern als drohende Zahlungsunfähigkeit zu qualifi-zieren[115].

2.2.2.3 Dritter Schritt: Plan-Liquiditätsstatus am Ende des Dreiwochen-zeitraums

Ergibt sich aus dem Finanzplan für den Dreiwochenzeitraum, dass die anfängliche Lücke   **62** nicht geschlossen wird, ist eine **Fortschreibung des Finanzplans** erforderlich, um nach den Grundsätzen der Rechtsprechung zu entscheiden, ob eine Zahlungsunfähigkeit im Rechtssinne oder eine nur vorübergehende Zahlungsstockung vorliegt[116].

Nach der Rechtsprechung liegt eine bloße **Zahlungsstockung** vor, wenn erwartet wer-   **63** den kann, dass eine nach drei Wochen verbleibende Liquiditätslücke von 10% oder mehr innerhalb „überschaubarer" Zeit geschlossen werden kann[117]. Eine Erstreckung auf einen Zeitraum von mehr als drei Wochen kann allerdings nur in Betracht kommen, wenn ausnahmsweise mit an Sicherheit grenzender Wahrscheinlichkeit zu erwarten ist, dass die Liquiditätslücke in dieser Zeit vollständig beseitigt werden wird und den Gläu-

---

110   Vgl. BT-Drs. 12/2443: RegE InsO, Begr. zu §§ 20, 21 InsO-E, S. 114; *Hess*, InsR², § 17, Rn. 2; *Ganter*, ZinsO 2011, S. 2297 (2298); *Schmidt, K.*, InsO¹⁹, § 17, Rn. 29.

111   Vgl. *Ganter*, ZinsO 2011, S. 2297 (2300) m.w.N.

112   Der 1. Strafsenat des BGH (vgl. BGH v. 21.08.2013, 1 StR 665/12, Rn. 14, ZIP 2013, S. 2469) hat mittlerweile diese Auslegungslücke geschlossen und klargestellt, dass auch die sog. Passiva II zu berücksichtigen sind.

113   BGH v. 19.12.2017, II ZR 88/16, ZIP 2018, S. 283.

114   *IDW S 11*, Tz. 38.

115   *IDW S 11*, Tz. 39.

116   Vgl. *IDW S 11*, Tz. 16 ff.

117   Vgl. BGH v. 24.05.2005, IX ZR 123/04, Abschn. II. 4.b.

bigern gegen ihren Willen ein Zuwarten nach den besonderen Umständen des Einzelfalls zuzumuten ist[118].

64 **Je geringer** die Liquiditätslücke ausfällt, umso eher ist den Gläubigern ein Zuwarten zuzumuten, da in diesen Fällen die Erwartung umso begründeter ist, dass es dem Schuldner gelingen wird, die Liquiditätslücke in absehbarer (bzw. „überschaubarer") Zeit zu beseitigen (s.a. Kap. C Tz. 29 ff.)[119]. Der Zeitraum, in dem die Liquiditätslücke plangemäß geschlossen sein muss, kann in Ausnahmefällen bis zu drei, längstens sechs Monate betragen[120].

65 Ergibt sich aus dem Finanzplan, dass trotz bestehender Liquiditätslücke keine Zahlungsunfähigkeit im Rechtssinne vorliegt, muss sich der Schuldner weiterhin fortlaufend vergewissern, ob die der Planung zugrunde liegenden Annahmen eingetreten sind oder ob sich wegen **Nichterreichens der Planungsziele** die Ertrags-, Vermögens- und Finanzlage des Unternehmens weiter verschlechtert haben und entsprechende Folgerungen für die Insolvenzantragspflicht zu ziehen sind.

66 Der erforderliche **Detaillierungsgrad** des Finanzplans (quartals-, monats- oder wochenweise Zahlungen) wird durch die Größe der bestehenden Liquiditätslücke, die Länge des Planungszeitraums sowie die Besonderheiten des Einzelfalls (Branche, Geschäftstätigkeit etc.) bestimmt[121].

67 Sollte sich aufgrund der Untersuchungen ergeben, dass die Zahlungsunfähigkeit bereits eingetreten ist, **verkürzt sich** die Dreiwochenfrist zur Wiederherstellung der Zahlungsfähigkeit entsprechend; daraus kann auch resultieren, dass der Insolvenzantrag unverzüglich zu stellen ist[122].

68 Unabhängig davon, welche Bedeutung dem **prozentualen Schwellenwert** zukommt, erscheint ein solcher Wert an sich problematisch: Zutreffend stellt der BGH klar, dass Quoten für sich allein **genommen** keine abschließende Bewertung eines wirtschaftlich komplexen Sachverhalts wie der Zahlungsunfähigkeit erlauben[123]. Bei einem Unternehmen, dem im Hinblick auf seine Auftrags- und Ertragslage eine gute Zukunftsprognose gestellt werden kann, hat eine momentane Liquiditätsunterdeckung in Höhe eines Vomhundertsatzes eine ganz andere Bedeutung als bei einem solchen, dem für die Zukunft ein fortschreitender wirtschaftlicher Niedergang prophezeit werden muss (s.a. Kap. C Tz. 27)[124].

69 Gleichwohl kommt für den BGH die Einführung eines prozentualen Schwellenwerts in der Form in Betracht, dass sein Erreichen eine widerlegbare Vermutung für die Zahlungsunfähigkeit begründet[125]. Hieran schließt sich unmittelbar die Frage nach der **Bezugsgröße für die Berechnung der prozentualen Liquiditätslücke** am Ende des Prognosehorizonts an. Der II. Senat des BGH hat sich 2017 dergestalt festgelegt, dass sich die

118 Vgl. BGH v. 19.07.2007, IX ZB 36/07, Rn. 31; *IDW S 11*, Tz. 41.
119 Vgl. BGH v. 24.05.2005, IX ZR 123/04, Abschn. II. 3b. bb.
120 Vgl. *IDW S 11*, Tz. 42.
121 *IDW S 11*, Tz. 44.
122 *IDW S 11*, Tz. 45.
123 Es handelt sich hierbei lediglich um einen groben Anhaltspunkt; *Schmidt, K.*, InsO[19], § 17, Rn. 23, mit Verweis auf *Fischer*, in: FS Ganter, S. 162.
124 Vgl. BGH v. 24.05.2005, IX ZR 123/04, Ziff. II.4.a).
125 Vgl. BGH v. 24.05.2005, IX ZR 123/04, Ziff. II.4.a); *Bremen*, in: Graf-Schlicker, InsO[5], § 17, Rn. 15; *Bußhardt*, in: Braun, InsO[8], § 17 Rn. 14 ff.; *Mock*, in: Uhlenbruck, InsO[15], § 17, Rn. 23.

relative Liquiditätslücke als Verhältnis der absoluten Höhe der Liquiditätslücke am Ende des Dreiwochenzeitraums zur Summe der am Ende des Dreiwochenzeitraums fälligen und fällig werdenden Verbindlichkeiten errechnet[126].

Der durch die Rechtsprechung des II. Zivilsenats des BGH vorgegebene Rechenweg zur Ermittlung der **prozentualen Liquiditätslücke** ist nicht nur missbrauchsanfällig, sondern hat auch betriebswirtschaftliche Schwächen[127]. **70**

Werden – wie in Teilen des Schrifttums ebenfalls gefordert – als Bezugsgröße die Verbindlichkeiten am Ende des Prognosehorizonts herangezogen, ergibt sich die grundsätzliche Problematik, dass die Unternehmen begünstigt werden, die ihre liquiden Mittel nicht zur Begleichung der fälligen Verbindlichkeiten einsetzen. **71**

Es macht nämlich bei der Quotenberechnung einen Unterschied, ob ein Unternehmen bemüht ist, laufend seinen Zahlungsverpflichtungen innerhalb der mit seinen Gläubigern vereinbarten Zahlungszielen nachzukommen, oder ob Zahlungen zur Sicherstellung eines möglichst hohen Liquiditätsrahmens zur Aufrechterhaltung der finanziellen Flexibilität über die vereinbarten Zahlungsziele hinaus zulasten der Gläubiger zurückgehalten werden. **72**

Beispiel 2: Berechnung der Liquiditätslücke

Das nachfolgende, stark vereinfachte Beispiel[128] soll dies verdeutlichen[129]:

Vereinfachter Finanzplan			
	t1	t2	t3
Liquiditätslücke zum Periodenbeginn	−5	−5	−1
Einzahlungen von Kunden			4
Auszahlungen an Lieferanten			10
Liquiditätslücke zum Periodenende	−5	−1	−11

Abb. 2: Berechnung der Liquiditätslücke

Zum Beurteilungsstichtag betragen die verfügbaren Mittel 100, die fälligen Verpflichtungen 110, sodass eine Liquiditätslücke beim Vorhalten von liquiden Mitteln noch 9% beträgt. Annahmegemäß ändert sich innerhalb des Prognosehorizonts die Liquiditätslage nicht, mit der Ausnahme, dass der Schuldner seine fälligen Verpflichtungen – soweit möglich – zurückzahlt. Würden für die Berechnung der prozentualen Liquiditätslücke am Ende des Prognosehorizonts die dann fälligen Verpflichtungen maßgeblich sein, ergäbe sich eine prozentuale Lücke von 100% (10/10).

Im Übrigen macht dieses Beispiel die Manipulierbarkeit des Zählers und Nenners durch unterschiedliches Zahlungsverhalten und somit die **generelle Problematik der 10-%-Grenze** deutlich: Wenn ein Unternehmen seine freie Liquidität gänzlich zur Re- **73**

---

126 BGH v. 19.12.2017, II ZR 88/16, Rn. 62.
127 Vgl. *Gutmann*, NZI 2021, S. 473 (474); *Bitter*, in: Scholz, GmbHG[12], Vor § 64, Rn. 29.
128 Beispiel entnommen aus *Steffan/Solmecke*, ZInsO 2015, S. 1365 (1371).
129 Für weitere Beispiele zu dieser Problematik vgl. *Gutmann*, NZI 2021, S. 473 (474); *Zabel/Pütz*, ZIP 2015, S. 912 (916 f.).

duzierung seiner fälligen Rechnungen verwendet, errechnet sich eine Liquiditätsunterdeckung von 100%, wohingegen die prozentuale Lücke sich immer weiter verkleinert, je mehr Liquidität zulasten der Gläubiger gehortet wird. Wenn man diese Erkenntnis zugrunde legt, müsste dem Schuldner zur Reduzierung der prozentualen Liquiditätslücke empfohlen werden, liquide Mittel anzuhäufen und – zulasten der Gläubiger – so wenige Verbindlichkeiten wie möglich zum Zeitpunkt ihrer Fälligkeit zu begleichen, was nicht der Intention des Gesetzgebers entsprechen kann[130].

74   Zusätzlich birgt der Rechenweg des BGH das Problem des Volumeneffekts durch das Einbeziehen von Zahlungsströmen. Bei gleich hohen Einzahlungen und Auszahlungen verändert sich die absolute Unterdeckung nicht, jedoch ihr relativer Wert, denn dieser wird durch den nun höheren Nenner kleiner.

75   Inhaltlich wird zudem durch die Vorgehensweise des BGH praxisfern unterstellt, dass die Liquidität in den nächsten drei Wochen gebunkert und Zahlungen verschleppt, d.h. die Liquidität nicht zur Begleichung von Lieferantenrechnungen eingesetzt wird[131]. Eine solche Vorgehensweise hätte in der Praxis Lieferstopps zur Folge, mit massiven negativen Auswirkungen auf den Geschäftsbetrieb.

76   Um Missbrauch entgegenzuwirken, bezieht *IDW S 11* die sich am Ende des Prognosezeitraums ergebende **Deckungslücke** (minus 10) auf die fälligen Verbindlichkeiten am Beginn des Prognosezeitraums[132]. In dem Beispiel führt dies zu einer unveränderten prozentualen Deckungslücke von 9%. Anderenfalls würde durch einen „mathematischen Kunstgriff" bewusst in Kauf genommen, dass die Begleichung von Verpflichtungen die Deckungslücke erhöht oder sich aufgrund des Volumeneffekts verringert, obwohl sich die wirtschaftliche Lage des Unternehmens materiell nicht verändert hat.

77   Zu berücksichtigen ist, dass die Berechnung der Liquiditätslücke für *IDW S 11* eine nur untergeordnete Rolle spielt, weil die Höhe der nach dem Dreiwochenzeitraum verbleibenden prozentualen Lücke „nur" über den **Beweismaßstab** entscheidet. Wird entgegen *IDW S 11* indes die Auffassung vertreten, dass eine nur geringfügige Liquiditätslücke Zahlungsunfähigkeit regelmäßig ausschließt, entscheidet die Berechnung des prozentualen Werts abschließend über den Fortgang des Unternehmens.

2.2.2.4 Besonderheiten bei Cash-Pooling-Systemen

78   Nimmt das Unternehmen an einem Cash-Pooling-System oder einer zentralen Liquiditätssteuerung von in einem Finanzierungskreis zusammengeschlossenen Gesellschaften teil, ist maßgebend, ob ein Zugriff auf freie Liquidität innerhalb von drei Wochen mit hinreichender Wahrscheinlichkeit gesichert erscheint[133].Des Weiteren ist danach zu unterscheiden, ob es sich um die den Cash-Pool führende Gesellschaft oder um eine dem Cash-Pool angeschlossene Gesellschaft handelt[134].

79   Zahlungsansprüche einer dem **Cash-Pool angeschlossenen Gesellschaft** gegen die den Cash-Pool führende Gesellschaft sind nicht als flüssige Mittel im Finanzstatus, sondern

---

130   *Steffan/Solmecke*, ZInsO 2015, S. 1365 (1371).
131   *Bitter*, in: Scholz, GmbHG[12], Vor § 64, Rn. 29.
132   Vgl. *IDW S 11*, Tz. 25.
133   BGH v. 19.12.2017, II ZR 88/16, Rn. 70.
134   *IDW S 11*, Tz. 46.

mit ihren Fälligkeiten als Zufluss im Finanzplan anzusetzen[135]. Entsprechendes gilt für Mittel, die aufgrund des Cash-Pooling-Systems als Kredit in Anspruch genommen werden dürfen[136].

Bei der den **Cash-Pool führenden Gesellschaft** bestimmt sich die Liquiditätslage auch **80** unter Berücksichtigung ihrer fälligen Forderungen und Verbindlichkeiten ggü. den dem Cash-Pooling-System angeschlossenen Gesellschaften. Künftige Ein- und Auszahlungen der dem Cash-Pooling-System angeschlossenen Gesellschaften sind in den Finanzplan einzustellen, wenn sie mit der erforderlichen Sicherheit erwartet werden können[137].

Zur Feststellung verfügbarer **Liquiditätsreserven** aus dem Cash-Pooling-System kommt **81** der Liquiditätsplanung der Unternehmensgruppe, aus der sich die Liquiditätsströme innerhalb der angeschlossenen Gesellschaften und damit die in der Unternehmensgruppe insgesamt verfügbare Liquidität ableitet, besondere Bedeutung zu. Soweit aus Sicht der einzelnen Gesellschaft die Liquiditätssituation anderer Gesellschaften der Unternehmensgruppe nicht ohne Weiteres eingeschätzt werden kann, sind zusätzliche Untersuchungen erforderlich[138].

2.2.2.5 Ermittlung des Zeitpunkts des Eintritts der Zahlungsunfähigkeit in der Vergangenheit

Wenn nach eingetretener Insolvenz im **Nachhinein** der Zeitpunkt zu ermitteln ist, zu **82** dem Zahlungsunfähigkeit eingetreten ist, ist von dem Zeitpunkt auszugehen, für den erstmals Anhaltspunkte vorliegen, die auf eine mögliche Antragspflicht schließen lassen. Für diesen Zeitpunkt ist ein Finanzstatus zu erstellen[139].

Ist es nicht möglich, einen **Finanzstatus** zu erstellen, kann nach Auffassung des BGH[140] **83** für die Beurteilung, ob Zahlungsunfähigkeit vorlag, etwa im Anfechtungsprozess, auch retrograd auf den Zeitpunkt abgestellt werden, zu dem die erste, bei Eröffnung des Insolvenzverfahrens nicht ausgeglichene Verbindlichkeit fällig geworden ist. Zu diesem Zeitpunkt ist regelmäßig von Zahlungsunfähigkeit auszugehen. Etwas anderes gilt nur dann, wenn aufgrund konkreter Umstände, die sich nachträglich geändert haben, damals angenommen werden konnte, der Schuldner werde rechtzeitig in der Lage sein, die Verbindlichkeiten zu erfüllen. Dass nicht lediglich eine Zahlungsstockung vorlag, ist im Nachhinein feststellbar, auch anhand von Indizien im Rahmen einer Gesamtschau[141].

2.2.2.6 Böswilliges Bestreiten

Keine Zahlungseinstellung liegt hingegen vor, wenn der Schuldner nicht zahlt, weil er **84** das Bestehen der Verpflichtung dem Grunde oder der Höhe nach mit begründeten Einwendungen bestreitet. Bei **Zahlungsunwilligkeit** oder **Zahlungsverweigerung** liegt eine Zahlungseinstellung jedoch nur dann nicht vor, wenn der Schuldner zur Zahlung objektiv in der Lage wäre. Ihm obliegt daher das Erbringen der Widerlegung der Grund-

---

135 Anderes gilt nur dann, wenn der Schuldner die Zulassung als Kreditinstitut besitzt, da Forderungen gegen ein Kreditinstitut zu den flüssigen Mitteln des Gläubigers gehören, vgl. hierzu auch *IDW S 11*, Tz. 45 ff.
136 *IDW S 11*, Tz. 47.
137 *IDW S 11*, Tz. 48.
138 *IDW S 11*, Tz. 49.
139 *IDW S 11*, Tz. 50.
140 Vgl. BGH v. 12.10.2006, IX ZR 228/03, Rn. 28.
141 Vgl. BGH v. 18.07.2013, IX ZR 143/12, Rn. 10; *IDW S 11*, Tz. 51.

satzvermutung, dass bei Zahlungseinstellung eine Zahlungsunfähigkeit vorliegt. Wer seine Zahlungen einstellt und behauptet, lediglich nicht zahlen zu wollen, hat folglich zu beweisen, dass eine Zahlungsunfähigkeit nicht vorliegt[142].

2.3 Überschuldung (§ 19 InsO)

2.3.1 Aufbau und Bestandteile der Überschuldungsprüfung

85 Die inhaltliche Ausgestaltung der Überschuldungsprüfung ist im Gesetz lediglich rudimentär geregelt. Zur Erreichung einer nachvollziehbaren Beurteilung ist ein sachgerechtes, methodisches Vorgehen erforderlich[143].

86 Die **Überschuldungsprüfung** erfordert in aller Regel ein zweistufiges Vorgehen[144]:

- Auf der **ersten Stufe** sind die Überlebenschancen des Unternehmens in einer **Fortbestehensprognose** zu beurteilen. Bei einer positiven Fortbestehensprognose liegt keine Überschuldung i.S.d. § 19 Abs. 2 InsO vor.

- Im Falle einer negativen Fortbestehensprognose sind auf der **zweiten Stufe** Vermögen und Schulden des Unternehmens in einem stichtagsbezogenen Status zu Liquidationswerten gegenüberzustellen. In diesem Fall liegt zumindest eine drohende Zahlungsunfähigkeit und damit ein Insolvenzantragsrecht vor[145]. Ist darüber hinaus das sich aus dem Überschuldungsstatus ergebende Reinvermögen negativ, liegt zusätzlich eine Überschuldung vor, die eine Antragspflicht begründet.

87 Ausmaß und Stadium der Unternehmenskrise (z.B. Umsatzrückgänge, Höhe der Verluste in Jahres- oder Zwischenabschlüssen, Liquiditätsprobleme, erhebliche Forderungsausfälle, Wertminderungen bei Warenbeständen oder Wertpapieren) bestimmen Zeitpunkt, Häufigkeit, Fortschreibung und Detaillierungsgrad der Überschuldungsprüfung. Mit zunehmender Unternehmensgefährdung steigen die Anforderungen an die **fortlaufende Aktualisierung** der Überschuldungsprüfung.

88 Ausnahmen von der beschriebenen Vorgehensweise kommen in Betracht, wenn einfach zu beurteilende Sachverhalte eine Überschuldung ausschließen. Dies kann bspw. der Fall sein, wenn eine rechtlich verbindliche und hinreichend werthaltige Sicherung des Fortbestands des Unternehmens durch das Konzernmutterunternehmen oder den Hauptgesellschafter nachgewiesen wird, ein entsprechend hoher Rangrücktritt i.S.v. § 19 Abs. 2 S. 2 InsO vereinbart wurde oder das Vorhandensein stiller Reserven (z.B. bei einem Grundstück) eine Überschuldung ausschließt.

89 In den genannten Fällen sind die Umstände, die eine Überschuldungsprüfung im üblichen Umfang entbehrlich erscheinen lassen, sorgfältig nachzuweisen und zu dokumentieren.

2.3.2 Grundlagen zur Beurteilung einer Überschuldung

90 Bei juristischen Personen und ihnen gem. § 264a HGB gleichgestellten Personenhandelsgesellschaften ist auch die Überschuldung **Eröffnungsgrund**. Überschuldung liegt nach § 19 Abs. 2 InsO vor, wenn das Vermögen des Schuldners die bestehenden

---

142 Vgl. BGH v. 12.10.2017, IX ZR 50/15, Rn. 13; *IDW S 11*, Tz. 22.
143 *IDW S 11*, Tz. 53.
144 *IDW S 11*, Tz. 54.
145 Vgl. *IDW S 11*, Tz. 93 ff.

Verbindlichkeiten nicht mehr deckt. Sofern eine positive Fortbestehensprognose vorliegt, d.h. die Fortführung des Unternehmens überwiegend wahrscheinlich und somit keine drohende Zahlungsunfähigkeit gegeben ist, liegt eine Überschuldung nicht vor[146].

2.3.3 Planung als Grundlage der insolvenzrechtlichen Fortbestehensprognose

Die prognostischen Elemente im Finanzplan bzw. in der Fortbestehensprognose basieren grundsätzlich auf einer **integrierten Planung** (Erfolgs-, Vermögens- und Liquiditätsplanung)[147]. **91**

Sind die in der Finanzplanung berücksichtigten Daten plausibel aus Unterlagen des Unternehmens und seines Geschäftsumfelds abgeleitet und ergibt sich durch die Gegenüberstellung von Einzahlungen und Auszahlungen, dass das finanzielle Gleichgewicht des Unternehmens im Prognosezeitraum mit überwiegender Wahrscheinlichkeit erhalten bleibt bzw. kurzfristig wiederhergestellt werden kann, sodass alle im Planungszeitraum fälligen und fällig werdenden Verpflichtungen vertragsgemäß erfüllt werden können, liegt eine **positive Fortbestehensprognose** vor[148]. **92**

Eine positive Prognose setzt darüber hinaus voraus, dass die gesetzlichen Vertreter einen aus der integrierten Planung abgeleiteten Finanzplan mit einem schlüssigen und realisierbaren **Unternehmenskonzept** für einen angemessenen Prognosezeitraum aufgestellt haben[149]. **93**

Sofern keine oder keine aktuelle Finanzplanung vorliegt, ist diese für Zwecke der Überschuldungsprüfung zu erstellen. Zu berücksichtigen ist dabei, dass die Darlegungs- und Beweislast für eine positive Fortbestehensprognose bei den gesetzlichen Vertretern liegt[150] und dass die Planung für einen sachverständigen Dritten nachvollziehbar sein muss[151]. Dies macht eine entsprechende **Dokumentation notwendig**[152]. **94**

2.3.3.1 Exkurs: Handelsrechtliche Fortführungsannahme

Der Beurteilung der handelsrechtlichen Fortführungsannahme wie auch der insolvenzrechtlichen Fortbestehensprognose wird dieselbe (integrierte) Planung des Unternehmens zugrunde gelegt. **95**

Die **Regelvermutung des § 252 Abs. 1 Nr. 2 HGB** greift immer dann, wenn das Unternehmen in der Vergangenheit nachhaltige Gewinne erzielt hat, es leicht auf finanzielle Mittel zurückgreifen kann, keine bilanzielle Überschuldung droht und die Fortführung des Unternehmens beabsichtigt ist[153]. Ist dies nicht der Fall oder werden i.R.d. Bilanz- **96**

---

146 *IDW S 11*, Tz. 52; *Bitter*, in: Scholz, GmbHG[12], Vor § 64, Rn. 32.

147 Lediglich bei kurzfristigen, wenige Wochen umfassenden Finanzplänen ist eine unmittelbar auf dem Finanzstatus aufbauende Liquiditätsplanung ausreichend. Auch ist eine umfassende Branchenanalyse bei einer kurzfristigen Planung regelmäßig nicht erforderlich.

148 *Steffan/Solmecke*, ZInsO 2015, S. 1365 (1373); vgl. Bork, ZIP 2000, S. 1709.

149 Vgl. BGH v. 18.10.2010, II ZR 151/09, Rn. 13, ZIP 2010, S. 2400.

150 Vgl. BGH v. 18.10.2010, II ZR 151/09, 1. Leitsatz und Rn. 14; BGH v. 15.03.2011, II ZR 204/09, NZI 2011, S. 452 (455); *Bitter*, in: Scholz, GmbHG[12], Vor § 64, Rn. 53.

151 *Steffan/Solmecke*, ZInsO 2015, S. 1365 (1373); vgl. Bork, ZIP 2000, S. 1709.

152 *Steffan/Solmecke*, ZInsO 2015, S.- 1365 (1373); vgl. *IDW S 11*, Tz. 11, 12, 3, 57.

153 BGH v. 26.01.2017 - IX ZR 285/14, Rn. 30.

aufstellung bestandsgefährdende Risiken erkennbar, ist die Annahme der Unternehmensfortführung zu hinterfragen[154].

97 Gesellschaften in der Liquidation oder Insolvenz dürfen ihr Vermögen nur zu Fortführungswerten bewerten, wenn hinreichende Anhaltspunkte dafür vorliegen, dass tatsächlich von einer Fortführung der Unternehmenstätigkeit auszugehen ist[155].

98 Ergeben sich Anhaltspunkte, dass die Kriterien der Regelvermutung nicht länger vorliegen, haben die gesetzlichen Vertreter die Unternehmensplanung vor dem Hintergrund der identifizierten Umstände zu aktualisieren und mit ihren Auswirkungen auf die künftige Vermögens-, Finanz- und Ertragslage fortzuschreiben.

Praxistipp 1:

Bei der Planungserstellung müssen alle zum Beurteilungszeitpunkt verfügbaren Informationen zu den rechtlichen und tatsächlichen Gegebenheiten bedacht werden, die für die Fortführungsfähigkeit des Unternehmens bedeutsam sind. Je konkreter die Anhaltspunkte dafür sind, dass Ereignisse die wirtschaftliche Unternehmensentwicklung nachteilig beeinflussen können, desto detaillierter muss die Unternehmensleitung die Auswirkungen auf die Unternehmensfortführung analysieren und beurteilen.

99 Indikatoren für solche nachteiligen Ereignisse, die einzeln oder insgesamt bedeutsame Zweifel an der Fähigkeit zur Fortführung der Unternehmenstätigkeit aufwerfen können, sind nach *IDW PS 270*[156] u.a. folgende Umstände:

Finanzwirtschaftliche Gegebenheiten:

- Schulden übersteigen das Vermögen oder die kurzfristigen Schulden übersteigen das Umlaufvermögen
- Kredite zu festen Laufzeiten, die sich dem Fälligkeitsdatum nähern, ohne realistische Aussichten auf Verlängerung oder Rückzahlung
- übermäßige kurzfristige Finanzierung langfristiger Vermögenswerte
- Anzeichen für den Entzug finanzieller Unterstützung durch Lieferanten oder andere Gläubiger
- ungünstige finanzielle Schlüsselkennzahlen
- erhebliche Betriebsverluste oder erhebliche Wertminderungen bei betriebsnotwendigem Vermögen
- Ausschüttungsrückstände oder Aussetzen der Ausschüttung
- Unfähigkeit, Zahlungen an Gläubiger bei Fälligkeit zu leisten
- Unfähigkeit, Darlehenskonditionen einzuhalten
- Lieferantenkredite stehen nicht mehr zur Verfügung
- Unmöglichkeit, Finanzmittel für wichtige neue Produktentwicklungen oder andere wichtige Investitionen zu beschaffen
- Unfähigkeit, die Bedingungen von Darlehensvereinbarungen zu erfüllen
- Einsatz von Finanzinstrumenten außerhalb der gewöhnlichen Geschäftstätigkeit

---

154 BGH v. 26.01.2017 - IX ZR 285/14; Rn. 28, 32 ff.
155 BGH v. 26.01.2017 - IX ZR 285/14; Rn. 27.
156 *IDW Prüfungsstandard: Die Beurteilung der Fortführung der Unternehmenstätigkeit im Rahmen der Abschlussprüfung (IDW PS 270)* (Stand: 02.02.2021).

- angespannte finanzielle Situation im Konzernverbund oder bei Unternehmen des gleichen Cash-Pools

Betriebliche und sonstige Gegebenheiten:

- Ausscheiden von Führungskräften in Schlüsselpositionen ohne adäquaten Ersatz
- Verlust eines Hauptabsatzmarkts, Verlust von Hauptlieferanten oder wesentlichen Kunden bzw. Kündigung von bedeutenden Franchise-Verträgen
- gravierende Personalprobleme
- Engpässe bei der Beschaffung wichtiger Vorräte
- Verstöße gegen Eigenkapitalvorschriften oder andere gesetzliche Regelungen
- anhängige Gerichts- oder Aufsichtsverfahren gegen das Unternehmen, die zu Ansprüchen führen können, die wahrscheinlich nicht erfüllbar sind
- Änderungen in der Gesetzgebung oder Regierungspolitik, von denen ausgehend negative Folgen für das Unternehmen erwartet werden

Bei Vorliegen der genannten Indikatoren ist abzuschätzen, welche Tragweite ihnen zukommt, welche Ereignisse hierfür ursächlich sind und ob ihre Auswirkungen durch andere Faktoren oder Maßnahmen vermieden oder zumindest abgemildert werden können. Zu beachten ist auch, dass sich die Indikatoren zu Gegebenheiten auswachsen können, die einer Unternehmensfortführung u.U. entgegenstehen. **100**

2.3.3.2 Insolvenzrechtliche Fortbestehensprognose

Zur Feststellung einer künftigen, der Fortführung des Unternehmens entgegenstehenden Liquiditätslücke ist ausgehend von der Stichtagsliquidität im Prüfungszeitpunkt die gesamte finanzielle Entwicklung des Unternehmens für den Planungszeitraum in einer Fortbestehensprognose darzustellen[157]. **101**

Die Fortbestehensprognose ist das wertende Gesamturteil über die Lebensfähigkeit des Unternehmens in der vorhersehbaren Zukunft. Sie wird auf Grundlage des Unternehmenskonzepts und des aus der integrierten Planung abgeleiteten Finanzplans getroffen[158]. **102**

Die Fortbestehensprognose soll eine Aussage dazu ermöglichen, ob vor dem Hintergrund der getroffenen Annahmen und der daraus abgeleiteten Auswirkungen auf die zukünftige Ertrags- und Liquiditätslage ausreichende finanzielle Mittel zur Verfügung stehen, die im Planungshorizont jeweils fällig werdenden Verbindlichkeiten bedienen zu können. Sie ist eine **reine Zahlungsfähigkeitsprognose**[159]. **103**

2.3.3.2.1 Maßstab der überwiegenden Wahrscheinlichkeit

Die Formulierung in § 19 Abs. 2 InsO stellt darauf ab, ob der Fortbestand des Unternehmens nach den Umständen überwiegend wahrscheinlich ist. Dies ist ein Gesamturteil über den möglichen weiteren wirtschaftlichen Unternehmensverlauf, und zwar insb. bezogen auf die Fähigkeit, jederzeit die fälligen Verbindlichkeiten begleichen zu können[160]. **104**

---

157 *IDW S 11*, Tz. 58.
158 *IDW S 11*, Tz. 59.
159 *IDW S 11*, Tz. 59; *Bitter*, in: Scholz, GmbHG[12], Vor § 64, Rn. 55.
160 *IDW S 11*, Tz. 63.

105 Jeder Planung ist immanent, dass die zugrunde gelegten Annahmen aufgrund nicht vorhersehbarer Umstände nicht eintreten oder anders ausfallen können. Mit zunehmender zeitlicher Entfernung der prognostizierten Ereignisse oder Annahmen vom Beurteilungsstichtag steigt der **Grad der Unsicherheit** und sinkt der Detaillierungsgrad der Annahmen. Naturgemäß ist deshalb auch die insolvenzrechtliche Fortbestehensprognose mit Unsicherheit behaftet. Der Gesetzgeber hat diese Unsicherheit bei der Definition der Insolvenzeröffnungsgründe gesehen und in Kauf genommen. Bei der positiven insolvenzrechtlichen Fortbestehensprognose kommt es deshalb darauf an, dass die Aufrechterhaltung der Zahlungsfähigkeit innerhalb des Prognosezeitraums mit überwiegender Wahrscheinlichkeit begründbar ist[161].

106 Für eine positive insolvenzrechtliche Fortbestehensprognose muss die Aufrechterhaltung der Zahlungsfähigkeit innerhalb des Prognosezeitraums wahrscheinlicher sein als der Eintritt einer Zahlungsunfähigkeit. Drohende Zahlungsunfähigkeit setzt mithin voraus, dass der Eintritt der Zahlungsunfähigkeit wahrscheinlicher ist als deren Vermeidung[162]. Dies ist dann der Fall, wenn nach dem Abwägen aller für die Fortbestehensprognose relevanten Umstände gewichtigere Gründe dafürsprechen als dagegen. Maßgeblich ist die Sicht der gesetzlichen Vertreter, die innerhalb eines gewissen Beurteilungsspielraums nachvollziehbar sein muss[163].

107 Dem Fortbestehen des Unternehmens steht nicht entgegen, wenn eine Teilliquidation (Veräußerung von aufgrund des Unternehmenskonzeptes nicht betriebsnotwendigen Vermögensteilen) erforderlich ist.

108 Soll zur Sicherstellung der Zahlungsfähigkeit Liquidität zugeführt werden, können auch eingeleitete oder beabsichtigte Maßnahmen, z.B. Gesellschafterdarlehen, Zuzahlungen in das EK, Kapitalerhöhungen, Aufnahme von (Sanierungs-)Krediten etc., mit ihren erwarteten Auswirkungen in den Finanzplan einbezogen werden, wenn diese Maßnahmen hinreichend konkretisiert sind[164]. Gleiches gilt für die geplante Verwertung von Vermögensgegenständen zur Gewinnung von Liquidität.

109 Strebt der Schuldner einen Restrukturierungsplan gemäß StaRUG an, können sich hieraus Auswirkungen auf die Beurteilung der Fortbestehensprognose ergeben, wenn die Zahlungsfähigkeit mit überwiegender Wahrscheinlichkeit durch die Rechtswirkungen des Restrukturierungsplans im Prognosezeitraum erhalten bleiben kann[165].

2.3.3.2.2 Planungszeitraum und Detaillierungsgrad

110 Der Prognosezeitraum für die Fortbestehensprognose, die für die Einschätzung der Überschuldung maßgeblich ist, umfasst gem. § 19 Abs. 2 S. 1 InsO ab dem Beurteilungsstichtag zwölf Monate (bis zum 31.12.2020: i.d.R. laufendes und folgendes Ge-

---

161 Vgl. BGH v. 13.07.2021, II ZR 84/20, Rn. 79; *IDW S 11*, Tz. 66.
162 Vgl. BT-Drs. 12/7302: Beschlussempfehlung und Bericht des Rechtsausschusses zum Gesetzentwurf einer Insolvenzordnung v. 19.04.1994 (im Folgenden: BT-Drs. 12/7302: Rechtsausschuss zu RegE InsO), zu § 23 Abs. 2 InsO-E, abgedruckt in: *Balz/Landfermann*, Insolvenzgesetze², S. 91.
163 Vgl. BGH v. 06.06.1994, II ZR 292/91, ZIP 1994, S. 1103.
164 Vgl. BGH v. 13.07.2021 - II ZR 84/20, Rn. 77 ff. zum erforderlichen Härtegrad nach Krisenstadium; *IDW S 11*, Tz. 67.
165 *IDW S 11*, Tz. 68.

schäftsjahr) und ist als sog. „Fallbeilregelung" zu verstehen[166]. Eine nach diesem Prognosezeitraum eintretende Liquiditätslücke (z.b. in 13 Monaten) begründet zum Beurteilungsstichtag keine Überschuldung. Sofern die Liquiditätslücke nach zwölf Monaten aber innerhalb der nächsten i.d.R. 24 Monate eintritt, liegt eine drohende Zahlungsunfähigkeit und damit nur ein Antragsrecht vor[167].

Der erforderliche Detaillierungsgrad (z.B. quartals-, monats- oder wochenweise Planung) wird vom Ausmaß der Unternehmenskrise und der bereits eingetretenen sowie der erwarteten Liquiditätsanspannung bestimmt[168]. **111**

2.3.3.2.3 Fortschreibung der insolvenzrechtlichen Fortbestehensprognose

Die insolvenzrechtliche Fortbestehensprognose ist fortzuschreiben, wenn neue Ereignisse eingetreten sind oder sich abzeichnen, die für das Ergebnis und für die Validität der Prognose von wesentlicher Bedeutung sind. Die Pflicht der gesetzlichen Vertreter zur Beurteilung der insolvenzrechtlichen Fortbestehensprognose entfällt erst dann, wenn die Insolvenzgefahr endgültig gebannt ist[169]. **112**

2.3.4 Erstellung des Überschuldungsstatus

Im Falle einer positiven Fortbestehensprognose liegt keine Überschuldung vor; die Aufstellung eines Überschuldungsstatus ist in diesem Fall entbehrlich. Ist die Prognose hingegen negativ, ist festzustellen, ob neben der drohenden Zahlungsunfähigkeit auch der **Insolvenzeröffnungsgrund der Überschuldung** vorliegt. Dazu sind das Vermögen und die Schulden in einem stichtagsbezogenen Status (Überschuldungsstatus) gegenüberzustellen. Ein sich daraus ergebendes negatives Reinvermögen begründet eine Insolvenzantragspflicht[170]. **113**

Praktischer Ausgangspunkt für die Erstellung des **Überschuldungsstatus** ist regelmäßig ein zeitnaher handelsrechtlicher JA oder ZwA. Allerdings sind handelsrechtliche Grundsätze wie z.B. Anschaffungskosten-, Imparitäts-, Realisations- und Vorsichtsprinzip nicht uneingeschränkt anwendbar. Vielmehr sind die Ansatz- und Bewertungsgrundsätze im Überschuldungsstatus mangels spezieller gesetzlicher Vorschriften am Zweck der Überschuldungsprüfung auszurichten[171]. **114**

2.3.4.1 Wertansätze

Im Überschuldungsstatus sind **alle Vermögenswerte** anzusetzen, die einzeln – d.h. nicht nur mit dem gesamten Betrieb – verwertbar sind, sowie **alle zu bedienenden Verpflichtungen**. **115**

---

166 *IDW S 11*, Tz. 61. Nach *Bitter*, ZIP 2021, S. 321 (323f.) überzeugt es nicht, einen starren Zeitraum von 12 Monaten auch in solchen Fällen zugrunde zu legen, in denen überhaupt keine Prognoseunsicherheit besteht, sondern die Zahlungsunfähigkeit nach Ablauf der Jahresfrist schon klar absehbar ist. Vgl. *Gehrlein*, GmbHR 2021, S. 183, 189.

167 *IDW S 11*, Tz. 61; Vgl. *Steffan/Solmecke*, ZInsO 2015, S. 1368 (1373); *Bitter*, in: Scholz, GmbHG[12], Vor § 64, Rn. 37 m.w.N.

168 *IDW S 11*, Tz. 62.

169 *IDW S 11*, Tz. 69.

170 *IDW S 11*, Tz. 70.

171 *IDW S 11*, Tz. 72.

116 Die Ansatzfähigkeit der vollständig zu erfassenden Vermögenswerte und Schulden wird bestimmt durch deren **Verwertbarkeit** i.R.d. zugrunde liegenden Verwertungskonzeptes[172].

117 In den Überschuldungsstatus sind ggf. auch **nicht in der Handelsbilanz erfasste Vermögenswerte und Schulden** aufzunehmen, für die am Stichtag der Überschuldungsprüfung eine vertragliche oder tatsächliche Basis vorliegt und mit deren Inanspruchnahme der Schuldner ernsthaft rechnen muss[173]. Insbesondere sind die mit einer Liquidation des Unternehmens im Zusammenhang stehenden Kosten und steuerlichen Lasten zu berücksichtigen (z.B. Vertragsstrafen, Rückzahlungsverpflichtungen oder Kosten für einen Sozialplan)[174].

2.3.4.2 Bewertung

118 Vermögenswerte und Schulden werden im Überschuldungsstatus mit **Liquidationswerten**[175] angesetzt. Dabei sind – anders als im handelsrechtlichen JA – ggf. vorhandene stille Reserven und Lasten aufzudecken[176].

119 Das der **Verwertungsprognose** zugrunde liegende Verwertungskonzept bestimmt die Liquidationsintensität und Liquidationsgeschwindigkeit: Der Grad der Zerschlagung der Unternehmensteile sowie der Zeitraum, in dem die Verwertung der Unternehmensteile erfolgen soll, prägen dabei maßgeblich die Höhe der Veräußerungserlöse. Die für die Liquidation zur Verfügung stehende Zeit stellt insb. dann eine entscheidende Restriktion dar, wenn der Finanzplan ohne Ansatz von Liquidationserlösen für die nähere Zukunft nachhaltige Zahlungsengpässe ausweist[177].

120 Bei der Ermittlung der Liquidationswerte ist auf Grundlage von Verwertungskonzept und Finanzplan von der jeweils **wahrscheinlichsten Verwertungsmöglichkeit** auszugehen. Entscheidend ist, wie viel ein potenzieller Erwerber für den immateriellen oder materiellen Vermögenswert auszugeben bereit ist. Bei der Bewertung sind primär vorhandene Marktpreise heranzuziehen. Nach den Umständen des Einzelfalls kann sich die Bewertung aber auch an kapitalwert- oder kostenorientierten Verfahren orientieren. Dabei müssen die Verwertungsmöglichkeiten hinreichend konkret sein und die Vermögensgegenstände im Zweifel eher vorsichtig bewertet werden. Je geringer die Marktgängigkeit eines Vermögenswerts ist, desto höhere Anforderungen sind an seine Realisierbarkeit zu stellen.

121 Für den Überschuldungsstatus gilt der **Grundsatz der Einzelbewertung** nach § 252 Abs. 1 Nr. 3 HGB, wonach jeder abgrenzbare Vermögenswert und jeder Schuldposten getrennt zu bewerten ist. Insoweit sind auch Vermögensgegenstände anzusetzen, die als Kreditsicherheit dienen; es gilt das Saldierungsverbot gem. § 246 Abs. 2 HGB.

---

172 *IDW S 11*, Tz. 73.
173 *Bitter*, in: Scholz, GmbHG[12], Vor § 64, Rn. 91.
174 *IDW S 11*, Tz. 74; *Bitter*, in: Scholz, GmbHG[12], Vor § 64, Rn. 91.
175 *Bitter*, in: Scholz, GmbHG[12], Vor § 64, Rn. 67 m.w.N.
176 *IDW S 11*, Tz. 75.
177 *IDW S 11*, Tz. 76.

Ausgangspunkt für die Erstellung eines Überschuldungsstatus ist das **Mengengerüst** **122**
einer zeitnahen Handelsbilanz[178]. Wegen ihrer andersartigen Funktion kann die Handelsbilanz nicht einem Überschuldungsstatus entsprechen. Für den Überschuldungsstatus kann aber die Handelsbilanz die Grundlage bilden. Allerdings bedürfen die handelsbilanziellen Ansätze dem Grunde und der Höhe nach einiger Modifikationen, bei denen es darum geht, diejenigen Werte aufzudecken, die zur stichtagsbezogenen Schuldendeckung zur Verfügung stehen. Demzufolge sind für die Überschuldungsprüfung stille Reserven und Lasten aufzudecken und ggf. in der Handelsbilanz nicht erfasste Vermögenswerte und Schulden, für die am Stichtag der Überschuldungsprüfung eine vertragliche oder tatsächliche Basis vorliegt, ergänzend anzusetzen[179]. Für den Überschuldungsstatus gilt der Grundsatz, dass alle im Rahmen des zugrunde liegenden Unternehmenskonzepts verwertbaren Vermögensgegenstände anzusetzen sind[180]. Eine **Inventur** ist nur geboten, wenn das Rechnungswesen keine hinreichend verlässlichen Bestandsdaten liefert.

Für den Status gilt das **Stichtagsprinzip:** Danach sind nur die am Stichtag bereits vor- **123**
handenen Vermögenswerte und die Verbindlichkeiten auf Basis von Zeitwerten anzusetzen, für die der Schuldner ernsthaft mit seiner Inanspruchnahme rechnen muss. Demzufolge sind **Rückstellungen** für den Aufwand, der durch die Eröffnung des Insolvenzverfahrens, die Verfahrensdurchführung und die Verfahrensbeendigung entsteht, im Überschuldungsstatus nicht zu bilden.

 Hinweis 3:

Dabei geht das Stichtagsprinzip nicht so weit, dass Rückstellungen auch in der Schlussbilanz zu zeigen wären. Vielmehr reicht deren Berücksichtigung in der Eröffnungsbilanz.

Dies hat seine Ursache darin, dass mit dem Überschuldungsstatus nicht die Insolvenz **124**
vorweggenommen wird; es müssen nach § 19 Abs. 2 InsO nur die zum Beurteilungsstichtag bestehenden Verbindlichkeiten durch das Vermögen gedeckt sein. Insoweit wird durch den Überschuldungsstatus aufgezeigt, wie hoch das Schuldendeckungspotenzial ist[181]. Dadurch unterscheidet er sich auch von der Vermögensübersicht nach § 153 InsO, die der Insolvenzverwalter auf den Zeitpunkt der Eröffnung des Insolvenzverfahrens zu erstellen hat, um die verteilungsfähige Masse, seine Vergütung, die Gerichtskosten und sonstige Verfahrenskosten und massebelastende Ausgaben zu berechnen[182].

Selbst bei der Prüfung, ob überhaupt eine die Verfahrenskosten deckende Masse vor- **125**
handen ist, dient der Überschuldungsstatus nur dazu, das Reinvermögen zu ermitteln. In einem zweiten Schritt ist eine **Vergleichsberechnung** anzustellen, ob dieses Reinvermögen ausreicht, die geschätzten Verfahrenskosten zu decken. Der durch die Ver-

178 *Drukarczyk/Schüler*, in: Kölner Schrift[3], S. 78, Rn. 146; *Haas*, in: Kölner Schrift[3], S. 1304, Rn. 26; *Steffan*, in: Oppenländer/Trölitzsch; *Wagner, W.*, in: IDW, Fachtagung 1994, S. 171.
179 FAR 1/1996, WPg 1997, S. 22 (24).
180 *Drukarczyk/Schüler*, in: Kölner Schrift[3], S. 78, Rn. 146; *Haas*, in: Kölner Schrift[3], S. 1304, Rn. 27; *Wagner, W.*, in: IDW, Fachtagung 1994, S. 171 (184).
181 *Bitter*, in: Scholz, GmbHG[12], Vor § 64, Rn. 68.
182 *Bitter*, in: Scholz, GmbHG[12], Vor § 64, Rn. 66.

fahrenseröffnung und die Verfahrensdurchführung entstehende Aufwand ist ähnlich einem Finanzplan gesondert zu ermitteln und hängt von einer Vielzahl von denkbaren Entscheidungen des Insolvenzverwalters und der Gläubigerversammlung ab, welchen Verfahrensfortgang das Insolvenzverfahren nehmen soll. Selbst für den vorläufigen oder den endgültigen Insolvenzverwalter ist es schon bei Unternehmen mittlerer Größe und Komplexität nicht einfach, die Kosten eines Insolvenzverfahrens abzuschätzen[183].

2.3.4.3 Besonderheiten bei ausgewählten Vermögensgegenständen und Verpflichtungen

2.3.4.3.1 Erläuterungen zu den Aktivposten[184]

126 **Ausstehende Einlagen**[185] sind im Überschuldungsstatus grundsätzlich anzusetzen, und zwar gleich, ob sie bereits eingefordert sind oder nicht. Auch wenn sie einen Korrekturposten zum gezeichneten Kapital darstellen, sind sie dem Grunde nach gleichwohl rechtlich als Forderungen der Gesellschaft an ihren Gesellschafter anzusehen. Auch diese Forderungen stellen Schuldendeckungspotenzial dar, auf das die Gläubiger zur Erfüllung ihrer Forderungen zugreifen können. Wenn die Realisierung der Forderungen im Einzelfall wegen der Vermögensverhältnisse des einzahlungspflichtigen Gesellschafters zumindest teilweise aussichtslos erscheint[186], ist dies bei der Bewertung zu berücksichtigen. Nur wenn mit einem vollständigen Zahlungsausfall zu rechnen ist, werden sie im Überschuldungsstatus nicht aktiviert[187].

127 Zu den bereits eingeforderten Einlagen zählen auch die Forderungen nach § 9 GmbHG auf den **Fehl- bzw. Differenzbetrag bei Sacheinlagen**, die den Wert der übernommenen Einlage nicht erreichen[188].

128 Weiterhin zählen hierzu auch Forderungen auf Leistung von Bareinlagen, wenn diese nach den Regeln über **verdeckte Sacheinlagen** als nicht bewirkt anzusehen sind[189]. Früher bestehende Zweifel im Hinblick auf die **Änderungen des Verjährungsrechts** durch die Schuldrechtsmodernisierung hat der Gesetzgeber behoben. Durch das Gesetz zur Anpassung von Verjährungsvorschriften an das Gesetz zur Modernisierung des Schuldrechts hat der Gesetzgeber in § 9 Abs. 2 GmbHG bzw. in § 54 Abs. 4 AktG eine **zehnjährige Verjährung** für nicht oder nicht wirksam geleistete Einlageleistungen vor-

---

183 Zu diesen Schwierigkeiten vgl. *Sietz*, in: Pape/Uhlenbruck/Voigt-Salus, Kap. 21, Rn. 10 ff., sowie *Uhlenbruck/Gundlach*, in: Gottwald/Haas, InsR-HB[6], § 15, Rn. 5.

184 *IDW S 11*, Tz. 70.

185 *Pape*, in: Kübler/Prütting/Bork, InsO, § 19, Rn. 61; *Müller, H.F.*, in: Fleischer/Goette, MünchKomm. GmbHG[3], § 64, Rn. 30; *Schmidt, K./Bitter*, in: Scholz, GmbHG[12], Vor § 64, Rn. 77; *Schmidt-Leithoff/Baumert*, in: Rowedder-Schmidt-Leithoff, GmbHG[6], Vor § 64, Rn. 128; *Uhlenbruck/Gundlach*, in: Gottwald/ Haas, InsR-HB[6], § 6, Rn. 49; *Uhlenbruck*, in: Schmidt, K./Uhlenbruck, GmbH[5], Rn. 5.148; *Haas*, in: Kölner Schrift[3], S. 1307, Rn. 31, und *Mock*, in: Uhlenbruck, InsO[15], § 19, Rn. 87.

186 *Schmidt, K./Bitter*, in: Scholz, GmbHG[12], Vor § 64, Rn. 77; *Uhlenbruck*, in: Uhlenbruck, InsO[15], § 19, Rn. 69.

187 A.A: *Uhlenbruck/Gundlach*, in: Gottwald/Haas, InsR-HB[6], § 6, Rn. 46: „Es kann vor allem im Rahmen der Eigenprüfung den organschaftlichen Vertretern nicht zugemutet werden, jeweils die Bonität der zum Nachschuss Verpflichteten nachzuprüfen".

188 *Schmidt, K./Bitter*, in: Scholz, GmbHG[12], Vor § 64, Rn. 77; *Schmidt-Leithoff/Baumert*, in: Rowedder/ Schmidt-Leithoff, GmbHG[6], Vor § 64, Rn. 128.

189 Vgl. *Schmidt, K./Bitter*, in: Scholz, GmbHG[12], Vor § 64, Rn. 77; *Schmidt-Leithoff/Baumert*, in: Rowedder/ Schmidt-Leithoff, GmbHG[6], Vor § 64, Rn. 128.

gesehen[190]. Einzahlungsverpflichtungen, die aus einer Zeit vor Ablauf der zehnjährigen Verjährung herrühren, können daher nicht gegen den Willen des Gesellschafters durchgesetzt werden[191].

Für **beschlossene Kapitalerhöhungen** gilt grundsätzlich das Gleiche wie für ausstehende Einlagen. Sie finden allerdings nur dann Berücksichtigung, wenn sich der Gesellschafter durch den Übernahmevertrag rechtswirksam gebunden hat[192]. Anzusetzen sind auch **Voreinzahlungen** auf eine noch zu beschließende Kapitalerhöhung, wenn sie den Anforderungen des BGH entsprechen; eine Rückzahlungsverbindlichkeit ist in einem solchen Fall nicht zu passivieren. **129**

Handelsrechtliche Bilanzierungshilfen, d.h. Aufwendungen für die Ingangsetzung und die Erweiterung des Geschäftsbetriebs i.S.d. § 269 HGB[193] oder aktive Abgrenzung latenter Steuern i.S.d. § 274 Abs. 2 HGB sind im Überschuldungsstatus nicht anzusetzen. **130**

Konzessionen, gewerbliche Schutzrechte (z.B. Patente, Marken-, Urheber- und Verlagsrechte, Handelsmarken, Warenzeichen) und **ähnliche Rechte** (z.B. Nutzungsrechte) und Werte (z.B. ungeschützte Erfindungen, Know-how, Kundenkarteien, Geheimverfahren) sowie **Lizenzen** an solchen Rechten und Werten sind anzusetzen, soweit sie selbstständig verwertbar sind[194]. Dies gilt nicht nur für entgeltlich erworbene Rechte, sondern – weitergehend als für die Bilanzierbarkeit in der Handelsbilanz – auch für originär im Unternehmen entstandene immaterielle Rechte, wenn deren Veräußerbarkeit hinreichend sicher erscheint[195], jedoch nur unter den engen Voraussetzungen, wie sie für eine Aktivierung des Firmenwertes gelten[196]. **131**

Ein derivativer oder originärer **Geschäfts- oder Firmenwert** kann nur aktiviert werden, wenn zu erwarten ist, dass ganze Betriebe oder Teilbetriebe veräußert werden können und der Kaufpreis voraussichtlich über der Summe der Werte der einzelnen Gegenstände des Betriebsvermögens liegt[197]. **132**

Sachanlagen sind im Überschuldungsstatus zu aktivieren, wenn sie verwertbar sind. Dabei spielt es keine Rolle, ob im Einzelfall diese Vermögensgegenstände als **Kreditsicherheiten** für Gesellschaftsverbindlichkeiten haften, d.h. deren Aus- oder Absonderung verlangt werden kann, denn auch die dinglich gesicherten Gesellschaftsver- **133**

---

190 Gesetz v. 09.12.2004, BGBl. I, S. 3214. Hierzu *Thiessen*, ZHR 2004, S. 503.

191 Die zehnjährige Verjährung beginnt dabei für die GmbH und die AG unterschiedlich: § 9 Abs. 2 GmbHG bestimmt den Tag der Eintragung in das Handelsregister, was auch für Kapitalerhöhungen gilt; § 54 Abs. 4 AktG knüpft an den Zeitpunkt der Entstehung der Einlageverpflichtung – also der Zeichnung des Übernahmevertrages – an und sieht sodann noch vor, dass die Verjährung nicht vor Ablauf von sechs Monaten ab dem Zeitpunkt der Eröffnung eines Insolvenzverfahrens mit Ablauf des Jahres eintritt, in das das Ereignis gefallen ist.

192 *Schmidt-Leithoff/Baumert*, in: Rowedder/Schmidt-Leithoff, GmbHG[6], Vor § 64, Rn. 128; *Wagner, W.*, in: Baetge, Beiträge, S. 43 (54).

193 *Gottwald/Uhlenbruck*, in: Gottwald/Haas, InsR-HB[6], § 6, Rn. 45.

194 *Müller, H.F.*, in: MünchKomm. GmbHG, § 64, Rn. 31; *Pape*, in: Kübler/Prütting/Bork, InsO, § 19, Rn. 61; *Schmidt, K./Bitter*, in: Scholz, GmbHG[12], Vor § 64, Rn. 74; *Schmidt-Leithoff/Baumert*, in: Rowedder/Schmidt-Leithoff, GmbHG[6], Vor § 64, Rn. 133.

195 *Uhlenbruck/Gundlach*, in: Gottwald/Haas, InsR-HB[6], § 6, Rn. 47.

196 *Haas*, in: Kölner Schrift[3], S. 1309, Rn. 35; *Gottwald/Uhlenbruck*, in: Gottwald/Haas, InsR-HB[6], § 6, Rn. 47; *Uhlenbruck*, in: Uhlenbruck, InsO[15], § 19, Rn. 67.

197 Dies ist bspw. dann der Fall, wenn ein Letter of Intent eines solventen Erwerbers vorliegt oder wenn aussichtsreiche Verhandlungen mit einer Mehrzahl von Erwerbern geführt werden, die zu einer konkreten Preisindikation geführt haben und nachweislich kurz vor dem Abschluss stehen.

bindlichkeiten sind auf der Passivseite des Überschuldungsstatus zu erfassen[198]. Sind Sachanlagen als Kreditsicherheiten für fremde Verbindlichkeiten (Eventualverbindlichkeiten) belastet, bleiben diese Belastungen beim Wertansatz auf der Aktivseite ebenfalls unberücksichtigt; die Verpflichtung wird auf der Passivseite berücksichtigt, soweit eine Inanspruchnahme droht[199]. Ein etwaiger Rückgriffsanspruch gegen den ursprünglichen Schuldner der gesicherten Verbindlichkeit aus z.b. §§ 670, 774 oder § 1143 BGB wird in aller Regel wertlos sein.

134 Sind die **Sachanlagen durch öffentliche Zuschüsse finanziert** und wurde ein Sonderposten gebildet, der in Höhe der jährlichen Abschreibungen aufgelöst wird, so ist zu prüfen, ob die Zuschussbedingungen eine Rückzahlungsverpflichtung für den Fall der Insolvenzeröffnung vorsehen.

135 Wem das wirtschaftliche Eigentum an einem **Leasinggegenstand** zusteht, ist für den Überschuldungsstatus nach denselben Grundsätzen zu beurteilen wie für die Handelsbilanz. Danach ist der Leasinggegenstand dem Leasinggeber als **rechtlichem Eigentümer** zuzurechnen, wenn die entsprechenden Voraussetzungen der Leasingerlasse erfüllt sind. Für den Leasingnehmer handelt es sich um ein schwebendes Geschäft, für das nach den allgemeinen Grundsätzen ggf. Drohverlustrückstellungen gebildet werden müssen. Aus dem Umstand, dass der Leasingvertrag im Insolvenzverfahren ggf. beendet werden kann[200], ergeben sich für die Behandlung im Überschuldungsstatus keine Auswirkungen.

136 Wenn der Leasinggegenstand nicht beim rechtlichen Eigentümer, dem Leasinggeber, sondern beim Leasingnehmer als **wirtschaftlichem Eigentümer** zu aktivieren ist, ist dem auch für den Überschuldungsstatus zu folgen. Als Gegenposten ist beim Leasingnehmer die Leasingverbindlichkeit für die gesamte Restlaufzeit zu passivieren. Der Leasinggeber aktiviert anstelle des Leasinggegenstands die Gesamtforderung gegen den Leasingnehmer. Wenn allerdings die Fortbestehensprognose für den Betrieb des Leasingnehmers, zu dem die Leasinggegenstände gehören, negativ ist, muss dies bei der Bewertung der Gegenstände berücksichtigt werden.

137 Die **Finanzanlagen** (Anteile und Wertpapiere) sind im Überschuldungsstatus mit dem jeweiligen Verkehrs- bzw. Kurswert anzusetzen, sofern sie verwertbar sind[201].

138 Bei **Beteiligungen** ergibt sich oftmals aus dem Gesellschaftsvertrag, ob sie bei zugelassener Drittveräußerung mit ihrem Verkehrswert oder bei fehlender Verkehrsfähigkeit der Beteiligung nur in Höhe des Abfindungsanspruchs berücksichtigt werden können[202].

---

198 *Uhlenbruck*, in: Uhlenbruck, InsO[15], § 19, Rn. 81: Zweifelhaft ist eine Aktivierung von Aussonderungsrechten wie z.B. Leasinggütern oder Ware unter einfachem Eigentumsvorbehalt. Diese Vermögensgegenstände stehen für den Fall der Verfahrenseröffnung nicht als Haftungsmasse zur Verfügung. Andererseits gibt es kein Aktivierungsverbot; *Uhlenbruck/Gundlach*, in: Gottwald/Haas, InsR-HB[6], § 6, Rn. 48; *Wagner, W.*, in: Baetge (Hrsg.), Beiträge, S. 43 (55).

199 *Pape*, in: Kübler/Prütting/Bork, InsO, § 19, Rn. 64; *Uhlenbruck*, in: Schmidt, K./Uhlenbruck, GmbH[5], Rn. 5.174.

200 *Adolphsen*, in: Kölner Schrift[3], S. 1348, Rn. 75; *Obermüller*, in: Gottwald/Haas, InsR-HB[6], § 100.

201 *Haas*, in: Kölner Schrift[3], S. 1310, Rn. 37; *Hess*, InsR[2], § 19, Rn. 56; *Uhlenbruck*, in: Schmidt, K./Uhlenbruck, GmbH[5], Rn. 5.159; *Pape*, in: Kübler/Prütting/Bork, InsO, § 19, Rn. 60; *Uhlenbruck*, in: Braun/Uhlenbruck, S. 293 (295); *Uhlenbruck*, in: Uhlenbruck, InsO[15], § 19, Rn. 73 f.; *Uhlenbruck/Gundlach*, in: Gottwald/Haas, InsR-HB[6], § 6, Rn. 48.

202 *Haas*, in: Kölner Schrift[3], S. 1310, Rn. 37; *Schmidt, K./Bitter*, in: Scholz, GmbHG[12], Vor § 64, Rn. 74.

Ausleihungen werden grundsätzlich mit dem Rückzahlungswert berücksichtigt, wenn **139** sie angemessen verzinslich sind und keine Bonitätsmängel bestehen.

Die **auf Finanzanlagen lastenden Kreditsicherheiten** werden bei der Wertermittlung **140** nicht berücksichtigt, da die entsprechenden Verbindlichkeiten auf der Passivseite ungekürzt aufzunehmen sind.

Roh-, Hilfs- und Betriebsstoffe sind bei negativer Fortbestehensprognose je nach **141** prognostizierter Verwertungsart und -weise in Höhe der zu erwartenden (Netto-) Veräußerungserlöse (d.h. abzüglich der Liquidationskosten) anzusetzen[203]. Die auf den Vorräten lastenden Eigentumsvorbehalte werden bei der Wertermittlung nicht berücksichtigt, da die entsprechenden Verbindlichkeiten auf der Passivseite ungekürzt aufzunehmen sind.

Die **unfertigen Erzeugnisse (Leistungen)** sind im Fall der notwendigen Liquidation **142** durch ein Insolvenzverfahren i.d.R. zum Schrottwert anzusetzen, da sie keinen selbstständigen Verkaufswert haben, es sei denn, sie können ohne größeren Aufwand fertiggestellt werden[204]. Lassen sich Halb- und Fertigerzeugnisse voraussichtlich überhaupt nicht mehr verwerten, sind u.U. sogar lediglich die Kosten für die Beseitigung bzw. Entsorgung auf der Passivseite anzusetzen. Für eine Bewertung mit dem „Halbfertigwert" bleibt bei negativer Fortbestehensprognose nur Raum, wenn das unfertige Erzeugnis trotz Liquidation fertiggestellt werden soll. Ist dies nicht der Fall, sind die unfertigen Erzeugnisse mit dem erwarteten Nettoveräußerungserlös (d.h. abzüglich Liquidationskosten) für das halbfertige Erzeugnis anzusetzen. Sofern keine Marktnachfrage für die unfertigen Erzeugnisse besteht, ist anstelle des Nettoveräußerungserlöses der Schrottwert als Liquidationswert anzusetzen.

Fertige Erzeugnisse (Leistungen) sind mit dem erzielbaren Verkaufserlös zu bewerten. **143**

Forderungen sind nach ihrer Realisierbarkeit und Vollwertigkeit zu berücksichtigen. **144** Besteht kein Wertberichtigungsbedarf, so sind sie mit ihrem voraussichtlichen Eingang anzusetzen.

Etwaige auf den Forderungen lastende **Kreditsicherheiten** (z.B. Sicherungszession) **145** **bleiben unberücksichtigt**, da die entsprechenden Verbindlichkeiten auf der Passivseite ungekürzt aufzunehmen sind[205]. Ansprüche, deren Geltendmachung gleich hohe Verbindlichkeiten auslösen würden, sollten wegen der Vollständigkeit unsaldiert aufgenommen werden[206]. Anderes gilt nur, wenn hinsichtlich des entstehenden Gegenanspruchs eine die Passivierungspflicht ausschließende Vereinbarung getroffen wurde.

---

203 *Haas*, in: Kölner Schrift[3], S. 1310, Rn. 38; *Schulze-Osterloh*, in: Baumbach/Hueck, GmbHG[22], § 64, Rn. 31; *Uhlenbruck*, in: Schmidt, K./Uhlenbruck, GmbH[5], Rn. 5.160: „Halbfertigerzeugnisse sind im Fall der notwendigen Liquidation durch ein Insolvenzverfahren i.d.r. zum Schrottwert anzusetzen, da sie keinen selbstständigen Verkaufswert haben, es sei denn, sie können ohne größeren Aufwand fertiggestellt werden. Lassen sich Halb- und Fertigerzeugnisse voraussichtlich überhaupt nicht mehr verwerten, so sind u.U. sogar lediglich die Kosten für die Beseitigung bzw. Entsorgung auf der Passivseite anzusetzen"; *Uhlenbruck/Gundlach*, in: Gottwald/Haas, InsR-HB[6], § 6, Rn. 51.

204 *Schmidt-Leithoff/Baumert*, in: Rowedder/Schmidt-Leithoff, GmbHG[6], Vor § 64, Rn. 138.

205 *Uhlenbruck/Gundlach*, in: Gottwald/Haas, InsR-HB[6], § 6, Rn. 48.

206 *Schmidt, K./Bitter*, in: Scholz, GmbHG[12], Vor § 64, Rn. 81; *Uhlenbruck/Gundlach*, in: Gottwald/Haas, InsR-HB[6], § 6, Rn. 48.

146   **Forderungen gegen verbundene Unternehmen** oder Unternehmen, mit denen ein Beteiligungsverhältnis besteht, sollten wie in der Handelsbilanz entsprechend kenntlich gemacht werden.

147   **Forderungen aus Lieferungen und Leistungen**[207] sind mit dem Nominalwert anzusetzen, sofern sie durchsetzbar und vollwertig sind[208]. Eventuelle Änderungen hinsichtlich der Werthaltigkeit zum Stichtag des Überschuldungsstatus sind zu berücksichtigen[209].

148   Außer Ansatz bleiben **künftige Forderungen**, die erst durch den Eintritt der Insolvenz bedingt sind, wie z.b. Forderungen aus der **Ausübung von Anfechtungsrechten** durch den Insolvenzverwalter[210]. Zudem dürfen künftige Forderungen nur aktiviert werden, wenn sie rechtskräftig tituliert sind; andernfalls käme wegen der Rechtsunsicherheit nur ein Ansatz zum Erinnerungswert in Betracht.

149   **Schadensersatzforderungen** der Gesellschaft gegen Dritte, Gesellschafter oder organschaftliche Vertreter (z.b. nach §§ 43, 52 GmbHG, §§ 93, 116 AktG) finden Berücksichtigung, wenn sie liquide und vollwertig sind. Dafür ist erforderlich, dass die Gesellschaft sie geltend macht, dass sie in ihren Voraussetzungen gesichert und dass sie durchsetzbar sind[211]. Soweit sie bestritten sind, sind sie vorsichtig je nach den prozessualen Erfolgsaussichten und der Bonität des Schuldners zu bewerten[212], also i.d.R. nur mit dem Erinnerungswert. Nicht anzusetzen sind jedoch solche Schadensersatzansprüche, die nur innerhalb des Insolvenzverfahrens geltend gemacht werden können[213].

150   Im Überschuldungsstatus sind auch werthaltige **Forderungen gegen Gesellschafter** zu aktivieren.

151   Anzusetzen sind werthaltige Forderungen gegen den Gesellschafter aus einer **Zusage von Gesellschafterdarlehen**, wenn der Gesellschaft aus der Darlehensvereinbarung ein zweifelsfreier einklagbarer Anspruch auf Auszahlung zusteht. Zur Minderung oder Beseitigung einer Überschuldung trägt eine solche Forderung allerdings nur bei, wenn die dem Rückzahlungsanspruch korrespondierende Verpflichtung wegen eines Rangrücktritts mit Besserungsabrede nicht zu passivieren ist.

152   Ebenso sind Forderungen aus rechtswirksamen werthaltigen Versprechen anzusetzen, eine **Zuzahlung in die Kapitalrücklage** nach § 272 Abs. 2 Nr. 4 HGB oder einen nicht rückzahlbaren **Ertragszuschuss** leisten zu wollen.

---

207   *Schmidt, K./Bitter,* in: Scholz, GmbHG[12], Vor § 64, Rn. 81; *Uhlenbruck/Gundlach,* in: Gottwald/Haas, InsR-HB[6], § 6, Rn. 52; *Uhlenbruck,* in: Uhlenbruck, InsO[15], § 19, Rn. 77; *Uhlenbruck,* in: Braun/Uhlenbruck, S. 293 (294).

208   *Haas,* in: Baumbach/Hueck, GmbHG[22], § 64, Rn. 50; *Hess,* InsR[2], § 19, Rn. 59.

209   *Uhlenbruck/Gundlach,* in: Gottwald/Haas, InsR-HB[6], § 6, Rn. 52.

210   *Drukarczyk/Schüler,* in: Kölner Schrift[3], S. 78, Rn. 146; *Haas,* in: Kölner Schrift[3], S. 1308, Rn. 32; *Hess,* InsR[2], § 19, Rn. 59; *Müller, H.F.,* in: MünchKomm. GmbHG, § 64, Rn. 29; *Pape,* in: Kübler/Prütting/Bork, InsO, § 19, Rn. 60; *Schmidt, K./Bitter,* in: Scholz, GmbHG[12], Vor § 64, Rn. 76; *Schmidt, K.,* InsO[19], § 19, Rn. 33, *Schmidt-Leithoff/Baumert,* in: Rowedder/Schmidt-Leithoff, GmbHG[6], Vor § 64, Rn. 139; *Uhlenbruck,* in: Uhlenbruck, InsO[15], § 19, Rn. 77.

211   *Schmidt, K./Bitter,* in: Scholz, GmbHG[12], Vor § 64, Rn. 80.

212   Vgl. z.B. *Schmidt, K./Bitter,* in: Scholz, GmbHG[12], Vor § 64, Rn. 80; *Wagner, W.,* in: Baetge (Hrsg.), Beiträge, S. 43 (54).

213   *Müller, H.F.,* in: MünchKomm. GmbHG, § 64, Rn. 30; a.A. *Wagner, W.,* in: Baetge (Hrsg.), Beiträge, S. 43 (54).

Ansprüche gegen persönlich haftende Gesellschafter aus §§ 128, 161 Abs. 2, 176 HGB **153** sind nicht anzusetzen, da diese nur den Gläubigern zustehen und nur im Falle der Eröffnung des Insolvenzverfahrens gem. § 93 InsO seitens des Insolvenzverwalters für die Dauer des Insolvenzverfahrens geltend gemacht werden können. Auch die Ansprüche aus **§§ 171 Abs. 1, 172 Abs. 4 HGB** sind nicht aktivierbar[214]. Für den Kommanditisten ergibt sich die Regelung des § 93 InsO bereits aus § 171 Abs. 2 HGB[215].

Freistellungsansprüche aus **Erfüllungsübernahme** durch einen Dritten sind zu akti- **154** vieren, während die von dem Dritten zur Erfüllung übernommene Verbindlichkeit weiterhin zu passivieren ist, da die Erfüllungsübernahme nur im Innenverhältnis gilt und folglich die Verbindlichkeit nicht erlischt[216]. Der Bruttoausweis ist erforderlich, weil der Freistellungsanspruch bei zweifelhafter Bonität des Freistellenden eigenständig zu bewerten ist. Hat der Freistellende die Verbindlichkeit indes mit befreiender Wirkung übernommen (§§ 415 ff. BGB), erlischt die Verbindlichkeit und somit auch der Freistellungsanspruch.

Beschlossene (eingeforderte) Nachschüsse (§ 42 Abs. 2 S. 2 GmbHG) sind im Über- **155** schuldungsstatus anzusetzen[217], soweit ihre Realisierbarkeit nicht wegen der Vermögensverhältnisse der Gesellschafter aussichtslos erscheint.

Bei **Ansprüchen aus §§ 30, 31 GmbHG** ist zu beachten, dass diese nach der Recht- **156** sprechung des BGH[218], wenn sie denn einmal begründet waren, mit einer nachfolgenden Wiederherstellung des Stammkapitals nicht automatisch erlöschen. Jedenfalls innerhalb der fünfjährigen Verjährungsfrist des § 31 Abs. 5 GmbHG wird man daher trotz nachfolgender Wiederherstellung der Vollwertigkeit des Stammkapitals prüfen müssen, ob und ggf. welche unzulässigen Rückzahlungen aus dem zur Erhaltung des Stammkapitals erforderlichen Vermögen erfolgt sind. Bei der Bewertung solcher Ansprüche ist – neben der Bonität des Schuldners – zu berücksichtigen, ob die Anspruchsvoraussetzungen nachgewiesen werden können.

---

214 Bejahend: *Uhlenbruck*, in: Schmidt, K./Uhlenbruck, GmbH[5], Rn. 5.148; *Uhlenbruck/Gundlach*, in: Gottwald/Haas, InsR-HB[6], § 6, Rn. 50; verneinend *Haas*, in: Kölner Schrift[3], S. 1308, Rn. 33.

215 *Wittkowski/Kruth*, in: Nerlich/Römermann, InsO, § 93, Rn. 3.

216 *Schmidt-Leithoff/Baumert*, in: Rowedder/Schmidt-Leithoff, GmbHG[6], Vor § 64, Rn. 129.

217 *Pape*, in: Kübler/Prütting/Bork, InsO, § 19, Rn. 61; *Uhlenbruck*, in: Schmidt, K./Uhlenbruck, GmbH[5], Rn. 5.148; *Uhlenbruck*, in: Uhlenbruck, InsO[15], § 19, Rn. 69.

218 Grundlegend für den Rechtsprechungswandel dahingehend, dass bei nachträglicher Wiederherstellung des Stammkapitals der einmal entstandene Erstattungsanspruch nicht erlischt, sind die beiden sog. Procedo-Entscheidungen des BGH v. 29.05.2000, II ZR 118/98, ZIP, S. 1251, und v. 29.05.2000, II ZR 347/97, ZIP, S. 1257. Dazu auch *Benecke*, ZIP 2000, S. 1969, sowie *Kurth/Delhaes*, DB 2000, S. 2577.

> **! Hinweis 4:**
>
> Zu beachten ist dabei, dass nach der Rechtsprechung auch der Geschäftsführer trotz Wiederherstellung des Stammkapitals für zuvor erfolgte unzulässige Kapitalminderungen nach § 43 Abs. 3 GmbHG haftet. Ist der durch die Auszahlung begünstigte Gesellschafter nicht in der Lage, seine Verpflichtung aus § 31 Abs. 1 GmbHG zu erfüllen, ist im Status der Haftungsanspruch gegen den Geschäftsführer aus § 43 Abs. 3 GmbHG dem Grunde nach zu aktivieren, sofern ein solcher Anspruch der Höhe nach nicht an den Vermögensverhältnissen des Geschäftsführers scheitert und außerhalb des Insolvenzverfahrens durchsetzbar ist[219].
>
> In Übereinstimmung mit den Versicherungsbedingungen ist zu prüfen, ob und inwieweit sog. **D&O-Versicherungen** Leistungen zu erbringen haben und ob wegen Leistungsbereitschaft auch der Höhe nach ein Ansatz in Betracht kommt.

157 Teilweise wird die Ansicht vertreten, dass **eigene Anteile** grundsätzlich angesetzt werden können[220]. Allerdings ist man sich im Schrifttum darin einig, dass die Verwertbarkeit zu verneinen ist, wenn aufgrund einer negativen Fortbestehensprognose von der Liquidation der Gesellschaft auszugehen ist und auch sonst aufgrund der schlechten wirtschaftlichen Lage der Gesellschaft im Zweifel anzunehmen ist, dass die Anteile wertlos sind. Es liegt in diesem Fall nahe, sie als Korrekturposten zum EK zu betrachten und im Überschuldungsstatus grundsätzlich außer Ansatz zu lassen[221].

158 **Aktive Rechnungsabgrenzungsposten** können nur aktiviert werden, wenn eine vorzeitige Vertragsauflösung möglich ist und ein Rückzahlungsanspruch besteht[222].

2.3.4.3.2   Erläuterungen zu den Passivposten

159 Das **EK** mit seinen Bestandteilen, also insb. gezeichnetes Kapital sowie Kapital- und Gewinnrücklagen, bleibt außer Ansatz[223]. Anstelle dieser Posten ergibt sich im Überschuldungsstatus als Differenz zwischen Vermögen und Schulden das (positive oder negative) Reinvermögen.

160 **Mezzanine-Kapital** ist nicht zu passivieren, wenn es nachrangig ist. Die für den bilanziellen Ausweis kumulierten Voraussetzungen Nachrangigkeit, Teilnahme am Verlust in voller Höhe und Erfolgsabhängigkeit der Vergütung sowie Kapitalüberlassung für einen längerfristigen Zeitraum müssen nicht erfüllt sein. Das Kriterium der Nachrangigkeit ist erfüllt, wenn das Genussrechtskapital oder die stille Einlage als Haftungssubstanz zur Verfügung steht und es im Insolvenz- oder Liquidationsfall entsprechend § 199 InsO erst nach Befriedigung der Ansprüche aller anderen Gläubiger, deren Kapi-

---

219 *Schmidt-Leithoff/Baumert*, in: Rowedder/Schmidt-Leithoff, GmbHG[6], Vor § 64, Rn. 131.

220 *Schmidt, K./Bitter*, in: Scholz, GmbHG[12], Vor § 64, Rn. 74; *Uhlenbruck/Gundlach*, in: Gottwald/Haas, InsR-HB[6], § 6, Rn. 48.

221 Vgl, *Hess*, InsR[2], § 19, Rn. 69; *Müller, H.F.*, in: MünchKomm. GmbHG, § 64, Rn. 32; *Schmidt, K./Bitter*, in: Scholz, GmbHG[12], Vor § 64, Rn. 74; *Schmidt-Leithoff/Baumert*, in: Rowedder/Schmidt-Leithoff, GmbHG[6], Vor § 64, Rn. 132; *Uhlenbruck/Gundlach*, in: Gottwald/Haas, InsR-HB[6], § 6, Rn. 48.

222 *Haas*, in: Baumbach/Hueck, GmbHG[22], § 64, Rn. 51; *Müller, H.F.*, in: MünchKomm. GmbHG, § 64, Rn. 32; *Schulze-Osterloh*, in: Baumbach/Hueck, GmbHG[22], § 64, Rn. 21; *Pape*, in: Kübler/Prütting/Bork, InsO, § 19, Rn. 60; *Uhlenbruck*, in: Schmidt, K./Uhlenbruck, GmbH[5], Rn. 5.165; *Uhlenbruck*, in: Uhlenbruck, InsO[15], § 19, Rn. 80.

223 *Müller, H.F.*, in: MünchKomm. GmbHG, § 64, Rn. 37; *Gundlach*, in: Gottwald/Haas, InsR-HB[6], § 6, Rn. 60.

talüberlassung nicht den Kriterien für einen Eigenkapitalausweis genügt, zurückgezahlt werden darf.

Anders zu beurteilen ist hingegen ein **Sonderposten**, der als Gegenposten zu einer **Förderung aus öffentlichen Mitteln** für aus diesen Mitteln angeschafften Vermögensgegenstand gebildet wurde und dessen Bewilligung mit der Maßgabe erfolgte, dass die Mittel für den Fall einer Insolvenz einer sofortigen Rückzahlungspflicht unterliegen. Ist dies der Fall, ist die Rückzahlungsverbindlichkeit einzustellen, es sei denn, der Zuschussgeber verzichtet auf eine Rückzahlung oder erklärt einen wirksamen Rangrücktritt oder einen Forderungsverzicht mit Besserungsabrede. **161**

Verbindlichkeiten, gleich welcher Art, aus welchem Rechtsgrund und zu welcher Fälligkeit, sind im Überschuldungsstatus mit ihrem Erfüllungsbetrag zu passivieren[224]. **162**

Verbindlichkeiten sind **auch dann anzusetzen, wenn** für sie **Sicherheiten** wie z.B. Eigentumsvorbehalte, Sicherungsübereignungen oder Pfandrechte an den Vermögensgegenständen bestehen oder wenn sie durch Einstandspflichten Dritter gesichert sind[225]. Nur wenn der Dritte die Verbindlichkeit ggü. dem Gläubiger mit befreiender Wirkung übernommen und dabei ggü. dem Schuldnerunternehmen auf seinen Rückgriffsanspruch aus §§ 670, 774 BGB verzichtet hat, ist die Verbindlichkeit wegen der schuldbefreienden Übertragung im Außenverhältnis nicht mehr anzusetzen[226]. Bei Verbindlichkeiten, von denen die Gesellschaft im Innenverhältnis freigestellt ist, ist der Freistellungsanspruch zu aktivieren. **163**

Im Überschuldungsstatus nicht anzusetzen sind Verbindlichkeiten, für die der Gläubiger entweder einen **Forderungsverzicht** oder einen **Rangrücktritt mit Besserungsabrede** erklärt hat[227]. **164**

Die **Befristung eines Rangrücktritts** derart, dass nach Ablauf einer gewissen Zeit die Forderung ungeachtet eines Jahresüberschusses oder des Vorhandenseins von freiem Vermögen wieder voll bedient werden muss, führt indes zu einer Passivierungspflicht im Überschuldungsstatus. Durch die Befristung, die nach Ablauf der Frist zum Wegfall des Rangrücktritts und der Besserungsabrede führt, also die Forderung des Gläubigers wieder in ihren alten Stand zurückversetzt, wird lediglich eine Stundung erreicht; gestundete Verbindlichkeiten sind aber im Status anzusetzen[228]. Die Befristung konterkariert den Effekt, dass die Verbindlichkeit dauerhaft nur aus einem sonst entstehenden Jahresüberschuss oder aus freiem Vermögen bedient werden darf, um überschuldungsabwendend wirken zu können. Im Rahmen einer Überschuldungsabwendung wäre eine Befristung nur dann unschädlich, wenn auf den Zeitpunkt der Beendigung eine Übernahme etwaiger dann bestehender Verluste erklärt würde. Durch Auslegung kann sich indes ergeben, dass die Parteien mit ihrer befristeten Rangrücktrittserklärung gleichwohl **165**

---

224 *Pape*, in: Kübler/Prütting/Bork, InsO, § 19, Rn. 63; *Schmidt, K./Bitter*, in: Scholz, GmbHG[12], Vor § 64, Rn. 84; *Schmidt, K.*, InsO[19], § 19, Rn. 34; *Schulze-Osterloh*, in: Baumbach/Hueck, GmbHG[22], § 64, Rn. 22; *Uhlenbruck/Gundlach*, in: Gottwald/Haas, InsR-HB[6], § 6, Rn. 60; *Uhlenbruck*, in: Uhlenbruck, InsO[15], § 19, Rn. 98.

225 *Haas*, in: Baumbach/Hueck, GmbHG[22], § 64, Rn. 52; *Schmidt, K./Bitter*, in: Scholz, GmbHG[12], Vor§ 64, Rn. 86.

226 Vgl. *Uhlenbruck/Gundlach*, in: Gottwald/Haas, InsR-HB[6], § 6, Rn. 60.

227 Zum Rangrücktritt im Überschuldungsstatus vgl. *de Bra/Weber*, in: FS Braun, S. 1.

228 BGH v. 05.03.2015, IX ZR 133/14, Rn. 31, BGHZ 204, S. 231; *Schmidt, K./Bitter*, in: Scholz, GmbHG[12], Vor § 64, Rn. 88.

und unbedingt einen sonst eintretenden Insolvenzgrund abwenden wollten und an diesem Wollen auch festhielten, hätten sie bedacht, dass die Befristung ihrem Wollen entgegensteht. Jedenfalls lässt sich bei Vorhandensein einer sog. Salvatorischen Klausel eine solche Auslegung vertreten. Dies kann und sollte aber nicht Maßstab für die Formulierung von Rangrücktrittserklärungen in der Beratungspraxis sein.

166 **Rückstellungen** sind im Überschuldungsstatus grundsätzlich zum Nennwert auszuweisen, wenn und soweit die Voraussetzungen für eine handelsrechtliche Rückstellungsbildung nach § 249 HGB gegeben sind[229] und wenn mit ihrer Inanspruchnahme zu rechnen ist[230]. An die Stelle der vorsichtigen Schätzwerte des HGB tritt im Überschuldungsstatus der Erwartungswert. Zusätzliche, durch die Abkehr von der Unternehmensfortführung ausgelöste Verpflichtungen sind zu passivieren. In Betracht kommen z.B. Rückstellungen für drohende Verluste aus schwebenden Geschäften, Steuerrückstellungen, Schadenersatzverpflichtungen[231]. Es ist zu berücksichtigen, dass die Schulden in einer kritischen Situation des Unternehmens möglicherweise vorzeitig fällig gestellt werden. Rückstellungen, die bislang nach Maßgabe der wirtschaftlichen Verursachung des Aufwands angesammelt wurden, sind mit dem vollen Wert der bestehenden rechtlichen Verpflichtung anzusetzen. Bei streitigen Schadenersatzverpflichtungen kann eine Passivierungspflicht entfallen, wenn nur noch theoretische Restzweifel bestehen, dass der Schadensersatzforderung nicht erfolgreich entgegengetreten werden kann[232].

167 Eine Spezialmaterie bilden Rückstellungen für Verpflichtungen zur **Abfallbeseitigung** oder **Altlastensanierung**[233]. Für die handelsrechtliche Rechnungslegung ist davon auszugehen, dass der Aufwand für die noch nicht erfolgte, gesetzlich aber vorgeschriebene Beseitigung von Abfällen und Altlasten durch Rückstellungen zu erfassen ist, und zwar unabhängig davon, ob der zuständigen Umweltbehörde der Sachverhalt, der eine Abfallbeseitigung oder Altlastensanierung notwendig und ggf. ein behördliches Einschreiten erforderlich macht, bekannt ist oder nicht[234]. Dieser Aufwand „lastet" auf einem Unternehmen, gleich ob eine Fortbestehensprognose positiv oder negativ ausfällt und mit welchem Wert z.B. ein kontaminiertes Grundstück noch in der Bilanz steht[235]. Dieser Aufwand ist auch im Überschuldungsstatus durch Rückstellungsbildung zu erfassen[236].

168 Aber auch Rückstellungen für Verpflichtungen aus **Patronatserklärungen**, anderen **Gewährleistungsverträgen** oder **Bürgschaften zugunsten Dritter**[237] sind einzustellen, sofern eine Inanspruchnahme zu erwarten ist. Da eine Passivierung der Höhe nach nur in dem Umfang in Betracht kommt, wie eine Einstandspflicht mangels Leistungs-

---

229 *Schmidt-Leithoff/Baumert*, in: Rowedder/Schmidt-Leithoff, GmbHG[6], Vor § 64, Rn. 146.
230 *Müller, H.F.*, in: MünchKomm. GmbHG, § 64, Rn. 35; *Uhlenbruck/Gundlach*, in: Gottwald/Haas, InsR-HB[6], § 6, Rn. 63.
231 *Haas*, in: Kölner Schrift[3], S. 1312, Rn. 42 ff.; *Uhlenbruck*, in: Uhlenbruck, InsO[15], § 19, Rn. 103 ff.
232 *Haas*, in: Kölner Schrift[3], S. 1313, Rn. 44; *Uhlenbruck*, in: Schmidt, K./Uhlenbruck, GmbH[5], Rn. 5.170.
233 *Forcher*, in: FS E. Braun, München 2007, S. 355; *Lwowski/Tetzlaff*.
234 *Lwowski/Tetzlaff*, S. 133 ff.
235 Jedoch hält der BFH v. 19.10.1993, VIII R 14/92, BB 1994, S. 37, nur eine Teilwertabschreibung auf „0" für zulässig und verneint die Zulässigkeit einer Rückstellungsbildung, auch wenn der Dekontaminierungsaufwand höher als der Teilwert ist.
236 Nur Beseitigungskosten, die auf Störungen basieren, die nach Verfahrenseröffnung entstanden und dem Verwalter zuzurechnen sind, sind Masseverbindlichkeiten, *Bäuerle/Schneider*, in: Braun, InsO[8], § 55, Rn. 16 ff.
237 *Uhlenbruck*, in: Schmidt, K./Uhlenbruck, GmbH[5], Rn. 5.175 ff.

fähigkeit des eigentlichen Schuldners zu erwarten ist, scheidet eine gleichzeitige Aktivierung von Rückgriffsforderungen aus § 670 BGB oder § 774 BGB in der Praxis regelmäßig aus[238].

Keine Rückstellungen sind indes zu bilden für künftigen Aufwand, der erst durch die **169** Eröffnung des Insolvenzverfahrens, die **Verfahrensdurchführung und die Verfahrensbeendigung entsteht**[239]. Hiermit wäre der Insolvenzfall, dessen Eintritt es erst zu prüfen gilt, vorweggenommen.

Allerdings sind bei negativer Fortbestehensprognose die **mit der Verwertung des Ver-** **170** **mögens im Zusammenhang stehenden Kosten** bei der Bewertung des Vermögens zu berücksichtigen; ggf. sind hierfür entsprechende Rückstellungen zu bilden.

Dieser Gesichtspunkt ist auch bei der Frage, ob und in welchem Umfang **Rück-** **171** **stellungen für Sozialplankosten** zu bilden sind, zu beachten. Nicht immer wird im Schrifttum ausreichend differenziert zwischen der Frage der Bilanzierung in der Handelsbilanz von Liquidationsgesellschaften einerseits und der Frage der Behandlung im Überschuldungsstatus andererseits. Zunächst ist zu berücksichtigen, dass sich die Frage nach Sozialplanrückstellungen bzw. Rückstellungen für einen Nachteils- und Interessenausgleich nur dann stellt, wenn es in dem Unternehmen überhaupt einen Betriebsrat gibt, weil das Zustandekommen dieser Betriebsvereinbarungen die Existenz eines Betriebsrates voraussetzt[240].

> **! Hinweis 5:**
>
> Zwar kann der Betriebsrat auch im Zusammenhang mit der Insolvenz gebildet werden: Dies bedeutet aber wegen des auch für einen Überschuldungsstatus maßgeblichen Stichtagsprinzips nicht, dass, weil ein solcher künftig gebildet werden könnte, die Notwendigkeit der Risikovorsorge bereits zum Stichtag der Erstellung eines Überschuldungsstatus besteht.

Nicht nur innerhalb der Insolvenz unterliegt der Sozialplan rechtlichen Regelungen (vgl. dazu §§ 123, 124 InsO); auch außerhalb einer Insolvenz ist der Sozialplan das Ergebnis von Verhandlungen, das von einer Reihe von Faktoren abhängt, und maßgeblich auch davon, was für die betroffenen Arbeitnehmer an Vermögen zur Verfügung steht, um gerade nicht in die Insolvenz zu geraten. Schematisierende Aussagen, jeder Überschuldungsstatus müsse Sozialplanrückstellungen enthalten, sind ebenso wenig zutreffend wie entgegengesetzte Aussagen.

Für die Frage, ob eine Passivierungspflicht im Status besteht, ist wie folgt zu unter- **172** scheiden: **Bei negativer Fortbestehensprognose** sind Rückstellungen zu bilden, soweit die Sozialpläne schon beschlossen sind; in diesem Fall hat sich die Gesellschaft zu Leistungen verpflichtet, die nach allgemeinen Grundsätzen über den Ansatz von Verbindlichkeiten zu berücksichtigen sind. Darüber hinaus sind Sozialplanrückstellungen aber auch dann zu bilden, wenn sich zwingend abzeichnet, dass eine Betriebsänderung

---

238 *Uhlenbruck,* in: Schmidt, K./Uhlenbruck, GmbH[5], Rn. 5.171.

239 *Mönning,* in: Nerlich/Römermann, InsO, § 19, Rn. 16; *Schmidt, K./Bitter,* in: Scholz, GmbHG[12], Vor § 64, Rn. 91; *Schmidt-Leithoff/Baumert,* in: Rowedder/Schmidt-Leithoff, GmbHG[6], Vor § 64, Rn. 143.

240 Vgl. *Düwell,* in: Kölner Schrift[3], S. 1224, Rn. 88 ff.

(§§ 111-113 BetrVG) unumgänglich ist[241]. Dabei kommt es nicht auf einen schon förmlichen Beschluss der Gesellschaftsorgane über Art und Umfang der Betriebsänderung an, sondern allein darauf, dass zwingende wirtschaftliche Gründe eine solche Maßnahme unausweichlich machen. Bei negativer Fortbestehensprognose ist daher grundsätzlich der erwartete Sozialplanaufwand aus der Betriebsänderung durch eine Rückstellungsbildung im Überschuldungsstatus zu erfassen.

173 Fraglich könnte sein, ob für die **Höhe von Sozialplanrückstellungen** für Zwecke der Überschuldungsermittlung die insolvenzrechtlichen Spezialregelungen über Sozialpläne (§§ 123, 124 InsO) zu berücksichtigen sind. Danach können Sozialpläne, die innerhalb einer Dreimonatsfrist vor dem Antrag auf Verfahrenseröffnung rechtswirksam vereinbart worden sind, nach § 124 Abs. 1 InsO sowohl von dem Insolvenzverwalter als auch von dem Betriebsrat widerrufen werden. Ein solcher Widerruf hat zur Folge, dass die Arbeitnehmer, deren Ansprüche noch nicht befriedigt worden sind, keine Rechte aus dem vereinbarten Sozialplan mehr herleiten können und nur noch Ansprüche aus einem unter Beachtung des § 123 InsO ausgehandelten Sozialplan entstehen. Nach § 123 Abs. 1 InsO ist für jeden von einer Freisetzung betroffenen Mitarbeiter ein Betrag des zweieinhalbfachen seines regelmäßigen Monatsverdienstes anzusetzen; die Summe hieraus stellt die sog. **absolute Obergrenze** dessen dar, was zulasten der Masse gehen darf. Diese Gesamtsumme ist dann aber mit der **relativen Obergrenze** aus § 123 Abs. 2 InsO zu vergleichen: Danach darf das Sozialplanvolumen nur ein Drittel der Masse insgesamt umfassen. Übersteigt daher die nach § 123 Abs. 1 InsO aus den Monatsverdiensten gebildete Summe dieses Drittel, so ist eine entsprechende Kürzung bis auf dieses Drittel vorzunehmen. Innerhalb dieses Volumens können die Leistungen an die Arbeitnehmer dann nach im Einzelnen zu verhandelnden sozialen Kriterien festgelegt werden. Arbeitnehmer, die schon Leistungen erhalten haben, müssen diese zwar nicht zurückerstatten, sich diese aber bei dem nach § 123 InsO innerhalb des Insolvenzverfahrens aufgestellten Sozialplan anrechnen lassen[242].

174 Darüber hinaus sind – ebenso wie in der Handelsbilanz – ggf. auch **Rückstellungen für Personalaufwand** zu bilden, wenn der Leistungspflicht des Unternehmens etwa wegen eindeutiger Überkapazitäten keine adäquate Ertrag bringende Nutzung der Arbeitsleistung gegenübersteht. Dies betrifft allerdings nur den Personalaufwand für all diejenigen Mitarbeiter, die von ihren Dienstpflichten freigestellt sind oder demnächst freigestellt werden. Eine vernünftige Abgrenzung bei nur teilweisen Kapazitätsauslastungen wird sich in der Regel mangels hinreichend objektiver Kriterien kaum bewerkstelligen lassen.

175 Zur Gewährung eines vollständigen Schuldenausweises sind **Pensionsrückstellungen** auch für mittelbare Pensionsverpflichtungen und Altzusagen zu passivieren, soweit es sich um unverfallbare Ansprüche handelt. Sie sind mit dem Barwert zu bewerten. Dass der Pensions-Sicherungs-Verein e.G. (PSV) im Falle der Insolvenz für diese einzustehen hat, lässt die Passivierungspflicht nicht entfallen, denn die Ansprüche der Arbeitnehmer gehen im Falle des Eintritts nach § 9 BetrAVG auf den PSV über. Das Wahlrecht aus Art. 28 EGHGB, demzufolge statt eines Bilanzansatzes eine Anhangangabe über die

---

241 Nach dem Urteil des LAG Köln vom 22.10.2001, 2 Sa 31/01 (nrkr.), ZIP 2002, S. 1300, stellt der Anspruch auf Nachteilsausgleich nach § 113 BetrVG keine Masseforderung dar, wenn die Stilllegung des Betriebs schon vor der Insolvenzeröffnung begonnen wurde.
242 *Wolf*, in: Braun, InsO[8], § 124, Rn. 8.

302

Höhe der Verpflichtungen ausreicht, besteht im Gegensatz zur Handelsbilanz für die Überschuldungsermittlung nicht. Verfallbare Pensionsanwartschaften bleiben außer Ansatz.

Für laufende **Vorruhestandsverpflichtungen** sind Rückstellungen in Höhe des ver- **176** sicherungsmathematischen Barwertes des vollen Betrags zu bilden. Sofern Vorruhestandsverpflichtungen noch nicht abgeschlossen sind, aber dies zukünftig zu erwarten ist, ist eine Rückstellung in Höhe des Betrags zu bilden, der nach vernünftiger kaufmännischer Beurteilung im Hinblick auf die erwartete Inanspruchnahme angemessen erscheint[243], da sich insoweit Leistung und Gegenleistung nicht ausgeglichen gegenüberstehen.

Gesellschafterdarlehen oder Rechtshandlungen, die einem solchen Darlehen wirt- **177** schaftlich entsprechen und für die gem. § 39 Abs. 2 InsO zwischen Gläubiger und Schuldner der Nachrang im Insolvenzverfahren hinter den in § 39 Abs. 1 Nr. 1-5 InsO bezeichneten Forderungen vereinbart worden ist, sind nicht zu passivieren. Gleiches gilt für Verbindlichkeiten ggü. einem Dritten.

Passive Rechnungsabgrenzungsposten[244] sind grundsätzlich in voller Höhe auch im **178** Status zu passivieren, weil sie entweder einer Leistungsverpflichtung oder – bei vorzeitiger Vertragsbeendigung – einer Rückzahlungsverpflichtung der Gesellschaft entsprechen.

2.3.5 Beurteilung des Vorliegens der Überschuldung

Sofern nicht bereits in vorgelagerten Prüfungsschritten das Vorliegen der Überschul- **179** dung eindeutig verneint werden konnte (insb. wegen einer positiven Fortbestehensprognose), erfolgt die **abschließende Beurteilung**, ob Überschuldung vorliegt, auf Grundlage des Überschuldungsstatus.

Bei **negativem Reinvermögen** im Überschuldungsstatus liegt der gesetzlich definierte **180** insolvenzauslösende Tatbestand der Überschuldung vor.

Zu beachten ist, dass bei negativer Fortbestehensprognose und **positivem Reinver- 181 mögen** zwar keine Insolvenzantragspflicht besteht, aufgrund der **drohenden Zahlungsunfähigkeit** aber ein Insolvenzantrag gestellt werden kann.

2.4 Drohende Zahlungsunfähigkeit (§ 18 InsO)

Neben der Zahlungsunfähigkeit und der Überschuldung ist nach § 18 InsO auch die **182 drohende Zahlungsunfähigkeit** Grund für die Eröffnung des Insolvenzverfahrens. Dieser Insolvenzeröffnungsgrund begründet keine Antragspflicht, sondern gibt dem Schuldner das Recht, die Eröffnung des Insolvenzverfahrens zu beantragen. Ein Fremdantrag ist nicht möglich, da noch keine Verpflichtung zur Insolvenzantragstellung vorliegt. Die drohende Zahlungsunfähigkeit ist auch eine Zugangsvoraussetzung für den Stabilisierungs- und Restrukturierungsrahmen nach StaRUG.

---

243 *Pape*, in: Kübler/Prütting/Bork, InsO, § 19, Rn. 68: Die Verpflichtungen sind zu kapitalisieren oder mit ihrem versicherungsmathematischen Wert anzusetzen; *Uhlenbruck*, in: Uhlenbruck, InsO[15], § 19, Rn. 109.

244 *Müller, H.F.*, in: MünchKomm. GmbHG, § 64, Rn. 30; *Pape*, in: Kübler/Prütting/Bork, InsO, § 19, Rn. 60; *Schmidt-Leithoff/Baumert*, in: Rowedder/Schmidt-Leithoff, GmbHG[6], Vor § 64, Rn. 158; *Uhlenbruck/Gundlach*, in: Gottwald/Haas, InsR-HB[6], § 6, Rn. 76; *Uhlenbruck*, in: Uhlenbruck, InsO[15], § 19, Rn. 115.

183 Zahlungsunfähigkeit droht, wenn zum Beurteilungsstichtag zwar keine Liquiditätslücke vorhanden ist, nach dem Finanzplan aber mindestens **mit überwiegender Wahrscheinlichkeit absehbar** ist, dass die Zahlungsmittel im Prognosezeitraum der Fortbestehensprognose nach § 18 Abs. 2 InsO (in aller Regel 24 Monate; bis zum 31.12.2020: laufendes und folgendes Geschäftsjahr) zur Erfüllung der fällig werdenden Zahlungsverpflichtungen nicht mehr ausreichen und dies durch finanzielle Dispositionen und Kapitalbeschaffungsmaßnahmen nicht mehr ausgeglichen werden kann. Dem Schuldner ist es dadurch möglich, frühzeitig Maßnahmen zur Sanierung des Unternehmens im Rahmen eines Insolvenzverfahrens einzuleiten und insb. die drohende Zahlungsunfähigkeit zu beseitigen.

184 Bei der Fortbestehensprognose nach § 18 Abs. 2 InsO handelt es sich bei den ersten zwölf Monaten um dieselbe Planung wie bei der Fortbestehensprognose nach § 19 Abs. 2 InsO, sie unterscheidet sich damit nur bezüglich der Prognosedauer[245]. Dabei sind i.Z.m. der drohenden Zahlungsunfähigkeit die gleichen Anforderungen an die Fortbestehensprognose zu stellen wie bei dem Insolvenztatbestand der Überschuldung[246].

185 Der Prognosehorizont von 24 Monaten gilt nach § 18 Abs. 2 Satz 2 InsO „in aller Regel". In Einzelfällen kann auch auf einen kürzeren oder längeren Zeitraum abzustellen sein. Dabei ist zu berücksichtigen, dass § 18 Abs. 2 InsO auf die „bestehenden Zahlungspflichten" abstellt.

186 Ist das Unternehmen hingegen ausschließlich kurzfristig finanziert, kann die Prognosedauer – im Gegensatz zur Überschuldungsprüfung – auch unter 24 Monaten liegen, was in der Praxis jedoch eher eine Ausnahme darstellen wird[247].

187 Ein **längerer Prognosehorizont** kann jedoch – z.B. in Abhängigkeit vom Geschäftsmodell bzw. vom Produktionszyklus – geboten sein. Zudem dürfen keine fundierten Anhaltspunkte vorliegen, dass Zahlungsunfähigkeit zu einem nach dem Prognosehorizont liegenden Zeitpunkt eintritt. Ist bereits heute mit hinreichender Wahrscheinlichkeit absehbar, dass eine Illiquidität des Unternehmens nach Ablauf des Prognosezeitraums von 24 Monaten aufgrund der dann eintretenden Fälligkeit zum Prüfungszeitpunkt bereits bestehender Verbindlichkeiten eintritt, ist eine Begrenzung des genannten Prognosezeitraums nicht angezeigt[248].

188 Dies kann bspw. auch bei einem dauerhaft nicht ertragsfähigen Unternehmen der Fall sein, das seine Liquidität nur noch für einen von vornherein absehbaren Zeitraum durch Aufzehrung des vorhandenen Vermögens erreichen kann und dessen Außenfinanzierung nicht hinreichend gesichert ist, sodass mit einem Ausfall der Gläubiger gerechnet werden muss. Gleiches gilt, wenn heute schon mit hinreichender Wahrscheinlichkeit absehbar ist, dass das Unternehmen eine endfällige Finanzierung bei deren Fälligkeit nicht refinanzieren kann[249].

189 Die nachfolgende Übersicht fasst den Prognosehorizont der Fortbestehensprognose jeweils bei Überschuldung und drohender Zahlungsunfähigkeit zusammen:

---

245 Vgl. *Bitter*, in: Scholz, GmbHG[11], Vor § 64, Rn. 111.
246 Vgl. *IDW S 11*, Tz. 95.
247 Vgl. *Steffan/Solmecke*, WPg 2015, S. 429 (433).
248 Vgl. *Bitter*, in: Scholz, GmbHG[11], Vor § 64, Rn. 115.
249 Vgl. *Bitter*, in: Scholz, GmbHG[11], Vor § 64, Rn. 115; *Steffan/Solmecke*, ZInsO 2015, S. 1368 (1373).

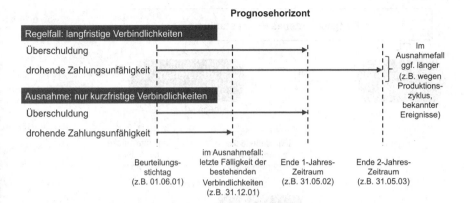

Abb. 3: Prognosehorizont bei drohender Zahlungsunfähigkeit und Überschuldung[250]

Bei juristischen Personen und ihnen gleichgestellten Personenhandelsgesellschaften **190** (§ 264a HGB) ist die Unternehmensleitung im Falle drohender Zahlungsunfähigkeit, d.h. negativer Fortbestehensprognose, zudem verpflichtet, unverzüglich das Vorliegen einer Überschuldung zu beurteilen[251]. Ein Insolvenzantragsrecht liegt bei einer Liquiditätslücke innerhalb der nächsten zwölf Monate nur bei einer negativen Fortbestehensprognose und positivem Reinvermögen vor; dies wird aber nur in seltenen Fällen gegeben sein.

---

250 Entnommen aus *Steffan/Solmecke*, ZInsO 2015, S. 1365 (1374).
251 Vgl. *IDW S 11*, Tz. 94.

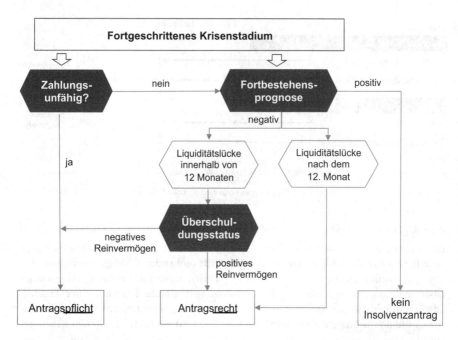

Abb. 4: Beurteilung des Vorliegens von Insolvenzeröffnungsgründen bei juristischen Personen und Personenhandelsgesellschaften i.S.d. § 264a HGB[252]

3. Entscheidung über die Verfahrenseröffnung und ihre Konsequenzen

3.1 Ziele des Insolvenzverfahrens

191 Nach § 1 S. 1 InsO soll das Insolvenzverfahren dazu dienen, die **Gläubiger** des Schuldners gemeinschaftlich zu **befriedigen**, indem das Vermögen des Schuldners verwertet und der Erlös verteilt oder in einem Insolvenzplan eine abweichende Regelung insb. zum Erhalt des Unternehmens getroffen wird. Hauptziel der gesetzlichen Regelung ist somit unverändert, die bestmögliche Befriedigung der Gläubiger zu erreichen. Keine Bedeutung für KapGes. hat § 1 S. 2 InsO, wonach dem redlichen Schuldner die Gelegenheit gegeben wird, sich von seinen restlichen Verbindlichkeiten zu befreien. Diese sogenannte Restschuldbefreiung gilt nach § 286 InsO nur für natürliche Personen. Für die KapGes. Und GmbH & Co. KG selbst gibt es folglich nur die beiden Wege Liquidation oder Sanierung.

3.2 Frist zur Stellung eines Insolvenzantrags

192 Die Frist des § 15a InsO für eine Antragstellung auf Eröffnung eines Insolvenzverfahrens beginnt mit **Eintritt der Zahlungsunfähigkeit oder Überschuldung**. Das Gesetz sieht hierfür seit dem 01.01.2021 eine Frist von drei Wochen nach Eintritt der Zahlungsunfähigkeit und sechs Wochen nach Eintritt der Überschuldung vor (§ 15a Abs. 1 InsO).

---

252 Entnommen aus *IDW S 11*, Tz. 96.

Die Frist beginnt nicht erst, wenn der Schuldner positive Kenntnis vom Eintritt des Insolvenzantragsgrundes erlangt[253], und darf nur dann ausgeschöpft werden, wenn Maßnahmen zur Beseitigung der Insolvenzeröffnungsgründe eingeleitet sind oder werden, die mit hinreichender Wahrscheinlichkeit innerhalb der Dreiwochenfrist zum Erfolg führen[254].

Die Beurteilung des Vorliegens von Insolvenzeröffnungsgründen erfordert ausreichende **193** Kenntnisse des deutschen Insolvenzrechts. Insbesondere im Hinblick auf die rechtlich komplexe Frage, unter welchen Voraussetzungen eine (drohende) Zahlungsunfähigkeit oder Überschuldung i.S.d. § 19 InsO vorliegt, hat sich der Beurteilende mit **schwierigen Rechtsfragen**[255] und **betriebswirtschaftlichen Fragen** zu befassen, für die eine besondere Sachkunde erforderlich ist. Fehlt den gesetzlichen Vertretern die hierzu notwendige Sachkunde, haben sie den Rat eines unabhängigen, fachlich qualifizierten Berufsträgers einzuholen[256] (vgl. Kap. C Tz. 14 f. inkl. Hinweis 2).

Umstritten ist, ob sich die Dreiwochenfrist nach § 15a InsO einerseits und die nach BGH **194** bei der Beurteilung der Zahlungsunfähigkeit andererseits (vgl. Kap. C Tz. 23) unterscheiden und ggf. kumulieren oder ob der BGH die Dreiwochenfrist nach § 15a InsO lediglich konkretisiert. Dabei ist zu berücksichtigen, dass nach der Berechnung der künftigen Liquiditätslücke Sanierungsmaßnahmen zur Hebung von Liquidität in den folgenden drei Wochen bereits berücksichtigt sind. Kommt der gesetzliche Vertreter zu der Erkenntnis, dass trotz dieser Maßnahmen eine Liquiditätslücke dauerhaft verbleibt, kann er sich nach *IDW S 11* mangels realistischer Sanierungsmaßnahmen nicht mehr auf die Dreiwochenfrist gem. § 15a InsO berufen, sondern muss den **Insolvenzantrag unverzüglich** stellen[257].

Der die Insolvenzreife Beurteilende hat zudem zu berücksichtigen, dass ihm bei der Berechnung der künftigen Liquiditätslücke ggf. nicht mehr der volle, vom BGH zugestandene Dreiwochenzeitraum zur Verfügung steht: Für den Fall, dass die Liquiditätslücke bereits seit Längerem besteht, verkürzt sich die Dreiwochenfrist zur Wiederherstellung der Zahlungsfähigkeit entsprechend. Daraus kann resultieren, dass der Insolvenzantrag unverzüglich zu stellen ist[258].

---

253 *Hirte*, in: Uhlenbruck, InsO[15], § 15a, Rn. 14; *Klöhn*, in: MünchKomm. InsO[4], § 15a, Rn. 119; *Preuß*, in: Kübler/Prütting/Bork, InsO, § 15a, Rn. 52; *Schmidt, K.*, in: Scholz, GmbHG[12], § 64, Rn. 164; a.A. *Hess*, InsR[2], § 15a, Rn. 35 sowie *Schmerbach* in: FK-InsO[9], § 15a, Rn. 26. Schmerbach hält das Abstellen auf das objektive Vorliegen einer Antragspflicht für sanierungsfeindlich; vielmehr müsse die positive Kenntnis des Antragsverpflichteten von die Überschuldung begründenden Zahlen und Fakten maßgeblich sein.

254 Vgl. *IDW S 1*, Tz. 1.

255 Vgl. BGH v. 07.03.2013, IX ZR 64/12, Rn. 13.

256 Vgl. BGH v. 14.05.2007, II ZR 48/06, der in Rn. 16 auf Berufsträger abstellt und in Rn. 17 ausführt, dass die notwendige Sachkompetenz und Fachkunde für die Prüfung der Insolvenzreife bei einem WP außer Frage stehen; *IDW S 11*, Tz. 6.

257 Vgl. *IDW S 11*, Tz. 44; *Bitter*, in: Scholz, GmbHG[11], Vor § 64, Rn. 15; *Schmidt, K.*, in: *Schmidt, K.*, InsO[13], § 17, Rn. 25.

258 Vgl. *IDW S 11*, Tz. 44; *Schmidt, K./Herchen*, in: *Schmidt, K.*, InsO[19], § 15a, Rn. 32; *Steffan/Solmecke*, WPg 2015, S. 429 (432).

3.3   Übersicht über die Verfahrensarten der Insolvenzordnung

196   Die Insolvenzordnung unterscheidet die nachfolgenden Verfahrensarten:

- Regelinsolvenzverfahren (vgl. Kap. C Tz. 197 ff.), das die Insolvenz über das Vermögen von natürlichen und juristischen Personen umfasst
- Insolvenzplanverfahren (§§ 217 ff. InsO) (vgl. Kap. C Tz. 5 ff.)
- Verbraucherinsolvenzverfahren (§§ 304 ff. InsO)
- Restschuldbefreiungsverfahren[259] (§§ 286-303 InsO) (vgl. Kap. C Tz. 3 ff.)
- Eigenverwaltung (§§ 270 ff. InsO) (vgl. Kap. C Tz. 3 ff.)
- Schutzschirmverfahren (§ 270b InsO) (vgl. Kap. C Tz. 3 ff.)
- Nachlass- und Gesamtgutinsolvenzverfahren (§ 315-334 InsO)

4.   Regelinsolvenzverfahren

4.1   Verfahrensbeteiligte

4.1.1   Insolvenzschuldner

4.1.1.1   Insolvenzfähige Rechtsträger

197   Der primäre Charakter der Insolvenzordnung als Verfahrensordnung, die die inhaltliche Ausgestaltung der Krisenbewältigung weitgehend dem verfahrensmäßig zustande gekommenen Konsens der Beteiligten überlässt, wird deutlich, wenn auf die Verfahrensbeteiligten, ihre Stellung nach der Insolvenzordnung, ihre Aufgaben und ihr Zusammenwirken und damit auf den Gang eines Insolvenzverfahrens abgestellt wird. Dabei steht naturgemäß der **Insolvenzschuldner** an erster Stelle, geht es doch nicht nur um seine wirtschaftliche Existenz, sondern auch um das Schicksal derjenigen, die mit ihm in rechtlichen und wirtschaftlichen Beziehungen stehen.

198   Ausgangspunkt eines jeden Insolvenzverfahrens ist die Frage, wer oder was als insolvenzfähiger Rechtsträger[260] oder als insolvenzfähige Vermögensmasse[261] in Betracht kommt. Nach § 11 Abs. 1 S. 1 InsO kann das Insolvenzverfahren über das Vermögen jeder **natürlichen und juristischen Person** eröffnet werden. Insolvenzfähig sind damit insbesondere[262]

- alle natürlichen Personen, unabhängig davon, ob sie als Einzelkaufmann, Einzelgewerbetreibende, Freiberufler oder Privatperson betroffen sind,

---

259   Neufassung des § 300 InsO erfolgte durch das Gesetz zur weiteren Verkürzung des Restschuldbefreiungsverfahrens vom 22.12.2020, BGBl. I, S. 3328. Die Neufassung ist auf Verfahren anwendbar, die ab dem 01.10.2020 beantragt werden.

260   Dabei geht es um die sog. Gesamt- oder Universalinsolvenz, also die Haftung mit dem gesamten Vermögen.

261   Bei sog. Sonderinsolvenzen ist nur ein vom Privat- oder sonstigen Vermögen getrenntes Sondervermögen Objekt des Insolvenzverfahrens.

262   Vgl. *Bußhardt*, in: Braun, InsO[8], § 11, Rn. 6 ff.

- die GmbH[263], UG[264] und die AG[265] einschl. der europäischen AG Societas Europaea (SE)[266] mit Sitz im Inland sowie die KGaA[267] und die unbeschränkt und die beschränkt haftenden Genossenschaften[268] einschl. der europäischen Genossenschaft Societas Cooperativa Europea (SCE)[269],
- juristische Personen öffentlichen Rechts[270] unter der Bedingung, dass das entsprechende Land die Insolvenzfähigkeit der juristischen Personen öffentlichen Rechts nicht gem. § 12 InsO ausgeschlossen hat[271],
- die Vor-GmbH bzw. Vor-AG[272], wenn sie ein Sondervermögen gebildet hat und zudem im Geschäftsverkehr in Erscheinung getreten ist[273],
- die Vorgründungsgesellschaften, wenn sie ein Sondervermögen gebildet haben und als OHG oder BGB-Gesellschaft bereits im Geschäftsverkehr auftreten[274],
- Liquidationsgesellschaften mit und ohne Rechtsfähigkeit, also die GmbH i.L., AG i.L. und die PersGes. i.L., solange die Verteilung des Gesellschaftsvermögens nicht vollzogen ist (§ 11 Abs. 3 InsO)[275],
- der rechtsfähige[276] und der nicht rechtsfähige Verein[277] (§ 11 Abs. 1 S. 2 InsO),
- der Versicherungsverein auf Gegenseitigkeit[278],
- die privatrechtliche Stiftung[279] nach §§ 80 ff. BGB,
- die OHG und die KG[280] (§ 11 Abs. 2 Nr. 1 InsO), wobei sich bei mehrstöckigen PersGes., also insb. der GmbH & Co. KG, die Frage nach der Insolvenzfähigkeit für

---

263 Ausführlich zur Insolvenzfähigkeit der GmbH: *Hirte*, in: Uhlenbruck, InsO[6], § 11, Rn. 184 ff.; *Vuia*, in: MünchKomm. InsO[4], § 11, Rn. 22.

264 *Vuia*, in: MünchKomm. InsO[4], § 11, Rn. 22.

265 Ausführlich zur Insolvenzfähigkeit der AG: *Bußhardt*, in: Braun, InsO[8], § 11, Rn. 9; *Vuia*, in: MünchKomm. InsO[4], § 11, Rn. 27.

266 Dies folgt aus der Antragspflicht für den Vorstand bzw. den Verwaltungsrat auf Eröffnung eines Insolvenzverfahrens nach § 22 Abs. 5 SEAG, in dem auf § 15a InsO und § 92 Abs. 2 AktG verwiesen wird; *Bußhardt*, in: Braun, InsO[8], § 11, Rn. 9.

267 *Schmidt, K.*, in: Schmidt, K., InsO[19], § 11, Rn. 11; *Vuia*, in: MünchKomm. InsO[4], § 11, Rn. 36; *Hirte*, in: *Uhlenbruck*; InsO[14], § 12, Rn. 201 ff.

268 Für die Insolvenz einer Genossenschaft sehen die §§ 98-118 GenG gewisse Ausnahmen und Modifikationen der InsO vor; vgl. auch *Beuthin/Titze*, ZIP 2002, S. 1116.

269 *Hirte*, in: *Uhlenbruck*; InsO[14], § 12, Rn. 218a.

270 *Hirte*, in: *Uhlenbruck*; InsO[14], § 12, Rn. 1: Das ergibt sich aus der eindeutigen Formulierung in § 11 Abs. 1 S. 1 InsO („jede juristische Person").

271 Ausführlich zur Insolvenzfähigkeit juristischer Personen des öffentlichen Rechts: *Hirte*, in: *Uhlenbruck*; InsO[14], § 11, Rn. 32; *Mönning/E. Mönning*, in: *Nerlich/Römermann*, InsO, § 11, Rn. 16.

272 BGH v. 09.10.2003, IX ZB 34/03, ZVI, S. 591; *Hirte*, in: *Uhlenbruck*; InsO[14], § 11, Rn. 37 ff.; *Vuia*, in: MünchKomm. InsO[4], § 11, Rn. 28; *Weimar*, DStR 1997, S. 1170 (1172).

273 Die Insolvenzfähigkeit der Vor-GmbH klar bejahend: BGH v. 09.10.2003, IX ZB 34/03, DB, S. 2542; vgl. *Haas/Kolmann/Kurz*, in: Gottwald/Haas, InsR-HB[6], § 90, Rn. 613 f.; *Rhode*, in: MAH[3] InsO § 27, Rn. 65 ff., *Vuia*, in: MünchKomm. InsO[4], § 11, Rn. 24.

274 Differenzierend zur Insolvenzfähigkeit einer Vorgründungsgesellschaft: *Haas/Kolmann/Kurz*, in: Gottwald/Haas, InsR-HB[6], § 90, Rn. 611 f.; *Hirte*, in: Uhlenbruck, InsO[15], § 11, Rn. 241; *Prütting*, in: Kübler/Prütting/Bork, InsO, § 11, Rn. 18 f.

275 *Hirte*, in: Uhlenbruck, InsO[15], § 11, Rn. 243.

276 *Vuia*, in: MünchKomm. InsO[4], § 11, Rn. 20.

277 *Vuia*, in: MünchKomm. InsO[4], § 11, Rn. 18.

278 Zu der Schnittstelle zwischen § 11 InsO und den Regelungen des VAG vgl. *Hirte*, in: Uhlenbruck, InsO[15], § 11, Rn. 223.

279 Zur Insolvenzfähigkeit der Stiftung des öffentlichen Rechts als juristische Person des öffentlichen Rechts; *Schmerbach*, in: FK-InsO[9], § 11, Rn. 15; *Hirte*, in: Uhlenbruck, InsO[15], § 11, Rn. 226 f. nicht insolvenzfähig sind hingegen unselbstständige Stiftungen.

280 *Vuia*, in: MünchKomm. InsO[4], § 11, Rn. 42; *Hirte*, in: *Uhlenbruck*; InsO[14], § 11, Rn. 339.

jede beteiligte Gesellschaft gesondert stellt. So kann sich der Insolvenzfall selbstständig nur auf die Komplementär-GmbH erstrecken (ohne Auswirkung auf die Vermögenslage der KG[281]), während eine Insolvenz der KG in der Praxis im Regelfall auch die Insolvenz der Komplementär-GmbH nach sich zieht, wenn nämlich die unbeschränkte, d.h. die sich auf das Vermögen der Komplementär-GmbH erstreckende Haftung nach § 93 InsO vom Insolvenzverwalter geltend gemacht wird,

- die GbR[282] nach § 11 Abs. 2 Nr. 1 InsO, allerdings nur so lange, wie die Verteilung des Vermögens noch nicht vollzogen ist[283] und es sich um eine sog. Außengesellschaft handelt. Sog. Innengesellschaften sind nach der Begründung zur Insolvenzordnung ausgenommen[284],
- nicht die Erbengemeinschaft[285]; zwar kann diese zu einer GbR werden, ihre Insolvenz wird aber i.r.d. Nachlassinsolvenzverfahrens nach §§ 315-331 InsO abgewickelt[286],
- die Bruchteilsgemeinschaft nach § 11 Abs. 2 Nr. 1 InsO, wenn und soweit sie (noch) Vermögen besitzt[287],
- nicht die Wohnungseigentümergemeinschaft[288],
- Partnerschaftsgesellschaften wegen Verweises in § 1 Abs. 4 PartGG (allerdings haben die Partner nach § 8 Abs. 2 PartGG die Möglichkeit, durch Einzelvereinbarung oder

---

281 Nach BGH v. 15.03.2004, II ZR 247/01, NZI 2005, S. 287, führt die Eröffnung eines Insolvenzverfahrens über das Vermögen der Komplementär-GmbH in der Weise zur Auflösung der KG, dass die Komplementärin gem. §§ 161 Abs. 2, 131 Abs. 3 Nr. 2 HGB aus der KG ausscheidet mit der Folge der liquidationslosen Vollbeendigung der GmbH & Co. KG unter Gesamtrechtsnachfolge des Kommanditisten. Dieser haftet für die Verbindlichkeiten der KG nur mit dem ihm zugefallenen Gesellschaftsvermögen, es sei denn, dass er nach § 25 HGB die Geschäfte der KG fortführt.

282 Ausführlich zur Insolvenz einer GbR: *Prütting*, in: Kübler/Prütting/Bork, InsO, § 11, Rn. 38 ff.; da sich die BGB-Gesellschaft mehr und mehr im Wirtschaftsverkehr in vielgestaltiger Form etabliert und von ursprünglicher vollständiger Nichtrechtsfähigkeit in immer mehr Bereichen eine Art partielle Rechtsfähigkeit erlangt (Grundbuchfähigkeit; Gesellschafterfähigkeit, Scheckfähigkeit, vgl. dazu *Cordes*, JZ 1998, S. 545), war es naheliegend, sie für insolvenzfähig zu erklären; vgl. auch *Bieder*, NZI 2001, S. 235; *Gundlach/Schmidt/Schirrmeister*, DZWIR 2004, S. 449; *Vuia*, in: MünchKomm. InsO⁴, § 11, Rn. 49; *Prütting*, ZIP 1997, S. 1725.

283 AG Lübeck v. 08.06.2001, 53a IN 81/01, DZWIR, S. 308.

284 AG Köln v. 06.10.2003, 71 IN 168/03, NZI, S. 614; *Gundlach*, in: Gottwald/Haas, InsR-HB⁶, § 5, Rn. 15.

285 Vgl. *Prütting*, in: Kübler/Prütting/Bork, InsO, § 11, Rn. 55; *Bußhardt*, in: Braun, InsO⁸,§ 11, Rn. 10.

286 So AG Duisburg v. 04.08.2003, 63 IN 170/03, NZI 2004, S. 97.

287 AG Göttingen v. 18.10.2000, 74 IN 131/00, ZIP 2001, S. 580; *Bork*, ZIP 2001, S. 545 ff.; *Bußhardt*, in: Braun, InsO⁸, § 11, Rn. 17; *Pape*, in: Pape/Uhlenbruck/Voigt-Salus, Kap. 15, Rn. 2; *Prütting*, in: Kübler/Prütting/Bork, InsO, § 11, Rn. 53 a.A. *Vuia*, in: MünchKomm. InsO⁴, § 11, Rn. 63a.

288 *Prütting*, in: Kübler/Prütting/Bork, InsO, § 11, Rn. 58 f. An den Beschluss des BGH v. 02.06.2005, V ZB 32/05, NZI, S. 648, der die Rechtsfähigkeit der Wohnungseigentümergemeinschaft feststellt, schloss sich eine umfassende Diskussion im Schrifttum darüber an, ob aus der Rechtsfähigkeit auch die Insolvenzfähigkeit folge (vgl. z.B. *Vallender*, NZI 2004, S. 401; *Fischer*, NZI 2005, S. 586; *Bork*, ZIP 2005, S. 1205; darauf erwidernd *Häublein*, ZIP 2005, S. 1720). Vor diesem Hintergrund hat sich der Gesetzgeber entschieden, anlässlich einer ohnehin anstehenden Novellierung des Wohnungseigentumsgesetzes auch in diesem Punkt eine Änderung vorzunehmen. Der Gesetzesentwurf (BT-Drs. 16/887 vom 09.03.2006) sah zunächst die Insolvenzfähigkeit vor. In der am 14.12.2006 vom Deutschen Bundestag beschlossenen Fassung und im BGBl. I, S. 370, bereits verkündeten, dann jedoch noch einmal im Rahmen des Gesetzes zur Vereinfachung des Insolvenzverfahrens nachgebesserten Fassung, die zum 01.07.2007 in Kraft trat, wurde die Insolvenzfähigkeit der Wohnungseigentümergemeinschaft festgeschrieben (§ 10 Abs. 6 WEG n.F. vom 13.04.2007, BGBl. I, S. 509/512). Abweichend von dem Grundsatz, dass aus der Rechtsfähigkeit auch die Insolvenzfähigkeit folge, lautet der neu eingefügte § 11 Abs. 3 n.F. WEG allerdings, dass ein Insolvenzverfahren über das Verwaltungsvermögen nicht stattfinde.

AGB die Haftung nur auf denjenigen Partner zu beschränken, der die berufliche Leistung erbringt[289]),

- die Partenreederei[290] nach § 489 HGB,
- die Europäische Wirtschaftliche Interessenvereinigung (EWIV)[291],
- sog. fehlerhafte und nichtige Gesellschaften[292],
- sog. Scheingesellschaften, die einer fehlerhaften faktischen Gesellschaft gleichgestellt sein können[293],
- nicht stille Gesellschaften, die wie alle anderen Formen von reinen Innengesellschaften nicht insolvenzfähig sind[294].

Eine Limited, die nur in Deutschland tätig ist, ist insolvenzfähig. Innerhalb Europas sind **199** die **Regelungen der EuInsVO**[295] zu beachten. Danach muss gem. Art. 3 Abs. 1 EuInsVO das Zentrum der hauptsächlichen Interessen der Gesellschaft (COMI, „Centre of Main Interest") bestimmt werden. Ist die internationale Zuständigkeit eines deutschen Insolvenzgerichts danach gegeben, richtet sich die Beurteilung der Insolvenzfähigkeit eines ausländischen Schuldners gem. Art. 4 EuInsVO nach der lex fori concursus. Allerdings ist die Insolvenzfähigkeit eines ausländischen Unternehmens im Bereich der Europäischen Union gemäß der Rechtsprechung des EuGH **nach dem Recht des Gründungsstaates** zu beurteilen[296]. Dies ergibt sich aus der Rechtsprechung des BGH[297] und des EuGH sowie des BGH in den „Überseering"-Entscheidungen zur Rechts- und Parteifähigkeit einer im Ausland gegründeten Gesellschaft[298]. Das bedeutet folglich, dass die Einstufung als juristische Person gem. Abs. 1 EUInsVO oder als Gesellschaft ohne Rechtspersönlichkeit gem. Abs. 2 Nr. 1 EUInsVO davon abhängt, wie eine solche Gesellschaft rechtlich im Gründungsstaat einzuordnen ist. Daher wird insb. die englische Private Limited Company als juristische Person eingeordnet, weil dies dem englischen Recht entspricht[299].

4.1.1.2 Antragsverpflichtete

§ 15a InsO regelt die **Antragspflichten** für alle juristischen Personen. Nach § 15a Abs. 1 **200** S. 1 InsO müssen die Mitglieder eines Vorstands bei einer AG und die Geschäftsführer

---

289 *Hirte*, in: Uhlenbruck, InsO[15], § 11, Rn. 379; *Vuia*, in: MünchKomm. InsO[4], § 11, Rn. 58; *Prütting*, in: Kübler/Prütting/Bork, InsO, § 11, Rn. 48.

290 *Vuia*, in: MünchKomm. InsO[4], § 11; Rn. 62; *Hirte*, in: Uhlenbruck, InsO[15], § 11, Rn. 382; *Gundlach*, in: Gottwald/Haas, InsR-HB[6], § 11, Rn. 14.

291 *Hirte*, in: Uhlenbruck, InsO[15], § 11, Rn. 383.; *Vuia*, in: MünchKomm. InsO[4], § 11, Rn. 60; *Prütting*, in: Kübler/Prütting/Bork, InsO, § 11, Rn. 47; *Gundlach*, in: Gottwald/Haas, InsR-HB[6], § 11, Rn. 14.

292 BGH v. 16.10.2006, II ZB 32/05, DB, S. 2630; *Prütting*, in: Kübler/Prütting/Bork, InsO, § 11, Rn. 28; *Vuia*, in: MünchKomm. InsO[4], § 11, Rn. 47 sowie *Hirte*, in: Uhlenbruck, InsO[15], § 11, Rn. 238.

293 Vgl. BGH v. 16.10.2006, II ZB 32/05, DB, S. 2630, in Abgrenzung zu BGH v. 24.02.1999, VIII ZR 158/98, ZIP, S. 612; a.A. *Prütting*, in: Kübler/Prütting/Bork, InsO, § 11, Rn. 29; *Hirte*, in: Uhlenbruck, InsO[15], § 11, Rn. 239.

294 Vgl. *Pape*, in: Pape/Uhlenbruck/Voigt-Salus, Kap. 15, Rn. 2; *Prütting*, in: Kübler/Prütting/Bork, InsO, § 11, Rn. 54/56; *Mönning/Mönning*, in: Nerlich/Römermann, InsO, § 11, Rn. 107; *Renner*, ZIP 2002, S. 1430 ff.

295 Verordnung (EU) 2015/848 des Europäischen Parlaments und des Rates v. 20.05.2015 über Insolvenzverfahren (Neufassung), Abl.EU L 141/19 v. 05.05.2015, S. 19.

296 *Prütting*, in: Kübler/Prütting/Bork, InsO, § 11, Rn. 66.

297 Zutreffende Schlussfolgerung des AG Hamburg v. 14.05.2003, 67g IN 358/02, DB, S. 1618, aus dem Urteil des BGH v. 01.07.2002, II ZR 380/00, DB, S. 2039.

298 EuGH v. 05.11.2002, Rs. C-208/00 (Überseering BV/NCC), DB, S. 2425, sowie BGH v. 13.03.2003, VII ZR 370/98, DB, S. 986.

299 *Prütting*, in: Kübler/Prütting/Bork, InsO, § 11, Rn. 66.

einer GmbH bei Eintritt des Insolvenzgrundes der Zahlungsunfähigkeit oder Überschuldung ohne schuldhaftes Zögern, spätestens aber nach drei bzw. sechs Wochen
einen Insolvenzantrag stellen. Das gilt auch für den Vorstand einer Genossenschaft, allerdings mit der Einschränkung, dass die Überschuldung bei einer Genossenschaft nur
unter den Voraussetzungen des § 98 GenG Antragsgrund ist. Für den eingetragenen
Verein gilt nach § 42 Abs. 2 BGB die gleiche Verpflichtung, allerdings mit dem Unterschied, dass nicht die „unverzügliche" Antragstellung verlangt wird. Aufgrund der Regelungen in § 11 Abs. 1 S. 2 InsO gilt dies auch für den nicht eingetragenen Verein[300].

201 Das **Umgehen der Antragspflicht** durch „mehrstöckige" Gesellschaften wird durch
§ 15a Abs. 1 S. 2 InsO verhindert, der dann eingreift, wenn nicht wenigstens eine natürliche Person mittelbar oder unmittelbar unbeschränkt persönlich für die Verbindlichkeiten der insolventen Gesellschaft haftet (insb. GmbH & Co. KG)[301].

202 Ist eine insolvenzreife Gesellschaft führungslos[302], so trifft die Antragspflicht neben berufenen Vertretern auch die Gesellschafter und im Fall einer AG oder Genossenschaft
auch die Mitglieder des Aufsichtsrates[303]. Dies gilt jedoch nicht für Gesellschafter und
AR, die von dem Antragsgrund keine Kenntnis hatten (§ 15a Abs. 3 InsO)[304]. Eine Gesellschaft ist **führungslos**, wenn sie über keine organschaftlichen Vertreter verfügt[305].

203 Der Antrag kann nur **schriftlich**, gerichtet an die Geschäftsstelle des Insolvenzgerichts,
gestellt werden[306]. Der jeweilige Inhalt hängt davon ab, ob der Schuldner oder ein
Gläubiger einen Antrag stellt. Da der Schuldner zu einer aktiven Mitwirkung verpflichtet
ist, hat er alle erforderlichen Unterlagen einzureichen, aus denen sich der jeweils an-
tragsauslösende Insolvenzgrund ergibt, also z.B. einen Überschuldungsstatus zur Darlegung der Überschuldung oder einen Liquiditätsstatus zur Darlegung der Zahlungsunfähigkeit (Liquiditätslage). Letzterer ist um eine Liquiditätsplanung zu ergänzen, aus der
sich die künftigen Zahlungszu- und -abflüsse ergeben[307]. **Formblätter** hierzu sind bei
den Insolvenzgerichten erhältlich.

204 Eine **Antragspflicht** besteht für die Geschäftsführungsorgane von **juristischen Personen**. Dies folgt

* für die Vorstandsmitglieder und Liquidatoren einer AG oder KGaA aus § 15a InsO,
* für den Vorstand bzw. den Verwaltungsrat einer Europäischen Gesellschaft (SE) aus
  § 22 Abs. 5 SEAG, in dem auf § 15a InsO verwiesen wird,
* für die Geschäftsführer oder Liquidatoren einer GmbH aus § 15a InsO,
* für die Vorstandsmitglieder oder Liquidatoren einer Genossenschaft aus § 15a InsO
  und für eine vorliegende Überschuldung i.V.m. § 98 GenG[308],
* für die Vorstandsmitglieder oder Liquidatoren eines Vereins aus §§ 42 Abs. 2, 48, 53
  BGB in der durch Art. 33 EGInsO geänderten Fassung (die Sonderregelung des § 42

300 *Hirte*, in: Uhlenbruck, InsO[15], § 15a, Rn. 6.
301 So *Poertzgen*, ZInsO 2007, S. 574 (576).
302 § 35 Abs. 1 S. 2 GmbHG, § 78 Abs. 1 S. 2 AktG, § 24 Abs. 1 S. 2 GenG.
303 So *Poertzgen*, ZInsO 2007, S. 574 (576).
304 *Hirte*, in: Uhlenbruck, InsO[15], § 15a, Rn. 62, *Steffek*, in: Kübler/Prütting/Bork, InsO, § 15a, Rn. 40.
305 *Wolfer, in:* BeckOK InsO[23], § 15a, Rn. 11 ff.
306 Zu den Antragszulassungsvoraussetzungen: *Wegener*, in: Uhlenbruck, InsO[15], § 13, Rn. 55 ff.
307 Muster eines Insolvenzantrags vgl. z.B. *Breuer*.
308 Vgl. *Uhlenbruck*, in: Pape/Uhlenbruck/Voigt-Salus, Kap. 9, Rn. 14.

Abs. 2 BGB soll dem § 15a InsO als lex specialis vorgehen[309]; Entsprechendes wurde mittels § 15a Abs. 6 im Gesetz verankert[310]),

- für das Geschäftsführungsorgan einer Stiftung aus den §§ 86, 88 i.V.m. § 42 Abs. 2 BGB,
- für die Vorstandsmitglieder einer juristischen Person des öffentlichen Rechts aus § 89 Abs. 2 BGB i.V.m § 42 Abs. 2 BGB,
- für die organschaftlichen Vertreter einer PersGes., bei der der persönlich haftende Gesellschafter keine natürliche Person ist (insb. also die GmbH & Co. KG oder die AG & Co. KG), aus den § 15a Abs. 1 S. 2 InsO[311].

Für reine **Personenhandelsgesellschaften** (gesetzestypische Gesellschaften) besteht keine Antragspflicht, sondern nur ein Antragsrecht gem. § 15 InsO für jeden der persönlich haftenden Gesellschafter einer OHG bzw. die Komplementäre einer KG, nicht aber deren Kommanditisten[312]. Anders jedoch für die kapitalistischen Personenhandelsgesellschaften (atypische Gesellschaften), also die OHG, deren Gesellschafter KapGes. sind. Hier besteht eine Antragspflicht des Geschäftsführungsorgans nach § 15a Abs. 1 S. 2 InsO[313].

Weder antragspflichtig noch antragsberechtigt sind: **205**

- **rechtsgeschäftliche Vertreter** einer Gesellschaft, also z.B. Prokuristen oder (General-)Bevollmächtigte[314],
- der **AR als Kollegialorgan oder einzelne AR-Mitglieder**[315]. Nur in Ausnahmefällen wird der AR verpflichtet sein, durch einen von ihm beauftragten Sachverständigen selbst das Vorliegen einer Insolvenzlage untersuchen zu lassen (§ 15 Abs. 1 S. 2 i.V.m. § 15a Abs. 3 InsO). Vielmehr folgt aus seiner Überwachungspflicht (§ 111 Abs. 1 AktG bzw. § 52 Abs. 1 GmbHG i.V.m. den in Bezug genommenen aktienrechtlichen Vorschriften), dass er bei Anzeichen für eine Insolvenzlage das Geschäftsführungsorgan anzuhalten hat, zeitnah entsprechende Untersuchungen anzustellen und dem AR über das Ergebnis zu berichten. Hat der AR begründete Zweifel, dass das Geschäftsführungsorgan seine Pflichten zur Prüfung, ob eine Insolvenzlage besteht, erfüllt oder bei bestehender Insolvenzlage seiner Antragspflicht nachkommt, hat er ggf. sogar zur Vermeidung eigener Haftung eine Abberufung auszusprechen und das Organ durch neue gesetzliche Vertreter zu ersetzen. Zumindest muss er das Geschäftsführungsorgan um ein pflichtgemäß handelndes weiteres Geschäftsführungsorgan ergänzen. Duldet er gar Verschleppungen, kann auch er sich den Sanktionen haftungs- und strafrechtlicher Beteiligung an einer Insolvenzverschleppung aussetzen[316].

---

309 BT-Drs. 16/6140, S. 55; *Hirte*, in: Uhlenbruck, InsO[15], § 15a, Rn. 2.
310 Im Rahmen des Gesetzes zur Verkürzung des Restschuldbefreiungsverfahrens und zur Stärkung der Gläubigerrechte vom 15.07.2013 wurde § 15a um einen Absatz 7 (früher Abs. 6) verlängert: Auf Vereine und Stiftungen, für die § 42 Abs. 2 BGB gilt, sind die Abs. 1-6 (§ 15a) nicht anzuwenden; dazu ausführlich: *Roth*, ZInsO 2012, S. 678.
311 *Bußhardt*, in: Braun, InsO[8], § 15a, Rn. 18.
312 Ausführlich dazu *Haas/Mock*, in: Gottwald/Haas, InsR-HB[6], § 94, Rn. 10 ff.
313 Ausführlich dazu *Haas/Mock*, in: Gottwald/Haas, InsR-HB[6], § 94, Rn. 150 f.
314 *Wegener*, in: Uhlenbruck, InsO[15], § 13, Rn. 16.
315 *Mock*, in: Gottwald/Haas, InsR-HB[6], § 91, Rn. 12.
316 Zur Haftung des Teilnehmers an einer Insolvenzverschleppung vgl. BGH v. 25.07.2005, II ZR 390/03, DB, S. 2182 ff.

206   In **Ausnahmefällen** (§§ 15 Abs. 1 S. 2, 15a Abs. 2 InsO) sind Gesellschafter oder Aktionäre berechtigt und ggf. verpflichtet, einen Insolvenzantrag zu stellen. Bei ihnen kann auch ein Gläubigerantrag in Betracht kommen, wenn sie Forderungen gegen die Gesellschaft haben, die nicht in ihrem Gesellschafterverhältnis begründet sind[317]. GmbH-Gesellschafter, die die **Insolvenzverschleppung** durch den Geschäftsführer dulden, können sich ebenfalls – wie AR-Mitglieder – einer zivilrechtlichen Haftung aussetzen und strafrechtlich unter dem Gesichtspunkt der Anstiftung oder der Beihilfe verantwortlich gemacht werden. Eine Mittäterschaft kommt in Betracht, wenn sie auf den Geschäftsführer einwirken, einen Insolvenzantrag nicht zu stellen, oder gar kollusiv mit ihm zusammenwirken.

207   **Betriebsrat** oder **Sprecherausschuss** haben kein eigenes Antragsrecht[318]; **Arbeitnehmern** wird ein Antragsrecht zugebilligt bis zum Zeitpunkt der Beantragung von Insolvenzgeld wegen rückständigen Arbeitsentgelts. Zu diesem Zeitpunkt geht der Anspruch auf Arbeitsentgelt auf die Bundesagentur für Arbeit über, die ihrerseits dann insoweit antragsberechtigt ist[319].

208   Eine Person kann als **sog. faktischer Geschäftsführer** antragspflichtig sein[320], wenn sie die Geschicke einer Gesellschaft im Gesamterscheinungsbild ihres Auftretens maßgeblich in die Hand genommen hat[321]. Dafür müssen die Handlungen des faktischen Geschäftsführers über ein internes Einwirken auf die satzungsmäßige Geschäftsführung hinausgehen. Der faktische Geschäftsführer muss den förmlich bestimmten Geschäftsführer anweisen können und die Geschäftspolitik des Unternehmens tatsächlich bestimmen. Die Person muss durch eigenes Handeln im Außenverhältnis, das die Tätigkeit des rechtlichen Geschäftsorgans nachhaltig prägt, in Erscheinung treten. Ist dies der Fall, so ist der faktische Geschäftsführer nicht nur zur rechtzeitigen Antragstellung gem. § 15a InsO verpflichtet, sondern hat gem. § 15a Abs. 4, 5 InsO auch die haftungsrechtlichen Folgen einer Versäumnis dieser Pflicht zu tragen[322].

209   Soweit eine Antragspflicht aus vorgenannten Gesetzen besteht, verlangen diese Gesetze von dem Geschäftsführungsorgan eine **rechtzeitige Antragstellung** auf Eröffnung eines Insolvenzverfahrens (§ 15a InsO). Die Missachtung rechtzeitiger Antragstellung zieht strafrechtliche Konsequenzen für das Geschäftsführungsorgan nach sich. Nach § 15a Abs. 4, 5 InsO gilt das für die vorsätzliche oder fahrlässige Insolvenzverschleppung unabhängig davon, ob es sich um eine deutsche oder um eine ausländische juristische Person handelt – und macht das Geschäftsführungsorgan den geschädigten Gläubigern ggü. schadensersatzpflichtig[323].

---

317   *Haas/Kolmann/Kurz*, in: Gottwald/Haas, InsR-HB[6], § 90, Rn. 68.

318   *Uhlenbruck*, in: Uhlenbruck, InsO[15], § 13, Rn. 26.

319   *Uhlenbruck*, in: Uhlenbruck, InsO[15], § 13, Rn. 25.

320   Da die Rechtsprechung (BGH v. 11.07.2011, II ZR 235/03, NZI 2006, S. 63) den faktischen Geschäftsführer der Antragspflicht des § 15a InsO unterwirft, muss er auch antragsberechtigt sein; *Hirte*, in: Uhlenbruck, InsO[15], § 15a Abs. 8; a.A. *Vuia*, in: MünchKomm. InsO[4], § 15, Rn. 11.

321   Zu den Voraussetzungen einer faktischen Geschäftsführung vgl. BGH v. 13.12.2012, 5 StR 407/12, ZInsO 2013, S. 443; *Weyand*, ZInsO 2013, S. 1064 (1065).

322   BGH v. 11.07.2005, II ZR 235/03, NZI 2006, S. 63; *Klöhn*, in: MünchKomm. InsO[4], § 15a, Rn. 75.

323   Zu den strafbaren Insolvenzdelikten vgl. *Weyand/Diversy*.

Die Pflicht der organschaftlichen Vertreter einer insolvenzreifen Gesellschaft zur An- **210**
tragstellung entfällt nicht, wenn ein Gläubigerantrag auf Insolvenzeröffnung gem. § 14
InsO gestellt wurde[324].

Eine **Sonderpflicht** enthält § 55 KWG für Geschäftsführungsorgane der in § 1 KWG **211**
genannten **Kredit- und Finanzinstitute**. Danach wird mit Freiheitsstrafe bis zu drei
Jahren oder mit Geldstrafe bestraft, wer es als Geschäftsleiter eines Finanzinstituts oder
als Inhaber eines in der Rechtsform des Einzelkaufmanns betriebenen Instituts entgegen
§ 46b Abs. 1 S. 1 KWG, auch i.V.m. § 53b Abs. 3 S. 1 KWG unterlässt, der BaFin die
Zahlungsunfähigkeit oder Überschuldung anzuzeigen. Der Antrag selbst kann nach
§ 46b Abs. 1 S. 4 KWG allein von der BaFin gestellt werden[325]. Gleiches gilt für den
Vorstand eines Versicherungsunternehmens. Er hat eine Zahlungsunfähigkeit oder
Überschuldung unverzüglich der BaFin anzuzeigen (§ 311 Abs. 1 VAG), die dann prüft,
ob von ihr ein Antrag auf Eröffnung eines Insolvenzverfahrens zu stellen ist (§ 312 Abs. 1
VAG).

Unabhängig von einer etwaigen Gesamtvertretung nach außen oder Geschäftsverteilung **212**
nach innen ist nach § 15 Abs. 1 InsO jedes Geschäftsführungsmitglied einzeln antragsberechtigt[326]. Nach § 15 Abs. 2 InsO ist allerdings ein Antrag, der nicht von allen Mitgliedern des Vertretungsorgans, allen persönlich haftenden Gesellschaftern oder allen
Abwicklern gestellt wird, glaubhaft zu machen. Entsprechend § 294 ZPO ist dem Insolvenzgericht mithin nicht zu seiner vollen Überzeugung das Vorliegen eines Eröffnungsgrundes darzulegen und zu beweisen; ausreichend ist vielmehr, dass sich aufgrund von geeigneten Unterlagen oder ggf. einer eidesstattlichen Versicherung eine
überwiegende Wahrscheinlichkeit für das Vorliegen eines Eröffnungsgrundes ergibt.
Das Insolvenzgericht hat die übrigen Mitglieder des Vertretungsorgans, die übrigen
persönlich haftenden Gesellschafter und – im Fall von Liquidationsgesellschaften – die
übrigen Abwickler zu hören. Das Geschäftsführungsorgan ist auch berechtigt, einen
eingereichten Antrag wieder zurückzunehmen. Um Komplikationen zu vermeiden, ist
jedoch nur derjenige Geschäftsführer zur Rücknahme des Antrags berechtigt, der ihn
auch gestellt hat[327]. Ist der antragstellende Gesellschafter ausgeschieden und damit seine
Rücknahmefähigkeit entfallen, so sind ausnahmsweise die verbliebenen Geschäftsführer
zu einer Rücknahme des Antrags berechtigt, sofern dies keinen Rechtsmissbrauch darstellt[328].

4.1.1.3 Gläubigerantrag

Bei einem Gläubigerantrag hat der Gläubiger nach § 14 InsO dem Insolvenzgericht ein **213**
rechtliches Interesse und das Vorliegen eines Eröffnungsgrundes glaubhaft zu machen.
Nach den §§ 114 ff. ZPO kann der Antragsteller grundsätzlich **Prozesskostenhilfe** beantragen, wenn er ein Rechtsschutzinteresse darlegen kann[329].

---

324 BGH v. 28.10.2008, 5 StR 166/08, ZIP, S. 2308; *Steffek*, in: Kübler/Prütting/Bork, InsO, § 15a, Rn. 29; *Klöhn*,
   in: MünchKomm. InsO[4], § 15a, Rn. 137.
325 *Häberle*, in: Erbs/Kohlhaas; Strafrechtliche Nebengesetze, § 55, Rn. 1 ff.
326 BGH v. 01.03.1993, II ZR 81/94, ZIP 1994, S. 891.
327 BGH v. 10.07.2008, IX ZB 122/07, NZI, S. 550 (551); *Gehrlein*, S. 9, Rn. 9.
328 BGH v. 10.07.2008, IX ZB 122/07, NZI, S. 550 (551); *Gehrlein*, S. 9, Rn. 9.
329 Hierzu *Voigt-Salus*, in: Pape/Uhlenbruck/Voigt-Salus, Kap. 46, Rn. 2 ff.

214 Mit der **Darlegung eines rechtlichen Interesses** soll verhindert werden, dass mit dem Antrag insolvenzfremde Zwecke oder eine missbräuchliche Ausnutzung des Insolvenzverfahrens verfolgt werden. Durch Vorlage von Unterlagen hat der Gläubiger mithin einen Vermögensanspruch gegen den Schuldner bzw. gegen das Schuldnerunternehmen darzulegen.

215 Die Glaubhaftmachung (§ 274 ZPO) über das **Vorliegen eines Eröffnungsgrundes** bereitet hingegen größere Schwierigkeiten, zumal die Rechtsprechung der Gewährung von Akteneinsicht zur Klärung, ob ein Insolvenzgrund oder noch nicht entschiedener Insolvenzantrag vorliegt, äußerst restriktive Grenzen setzt. In der Regel lassen sich aus dem Kenntnishorizont des Gläubigers nur Indizien für das Vorliegen der Zahlungsunfähigkeit darlegen, wie etwa Bescheinigungen des Gerichtsvollziehers über fruchtlose Pfändungsversuche. Insolvenzanträge können auch aufgrund von nicht titulierten Forderungen gestellt werden. Der Nachweis über eine erfolglose Zwangsvollstreckung darf nicht zur Voraussetzung der Glaubhaftmachung gemacht werden. Dem Antragsteller stehen alle denkbaren Beweismittel nach § 4 InsO i.V.m. § 294 ZPO zur Verfügung.

> **! Hinweis 6:**
>
> Es genügt bspw., ein Schreiben des Schuldners vorzulegen, in dem dieser erklärt, dass er zur Erfüllung einer unstreitigen Forderung nicht in der Lage ist, weil eine Finanzierung der Bank fehlt. Auch eine Glaubhaftmachung mittels eidesstattlicher Versicherung ist denkbar.

Eine Glaubhaftmachung ist gelungen, wenn das Gericht das Bestehen der behaupteten Forderung als überwiegend wahrscheinlich ansieht[330].

216 Vollends ausgeschlossen ist in der Praxis die Glaubhaftmachung für den Eröffnungsgrund der Überschuldung. Selbst aus dem nach den §§ 325 ff. HGB offen gelegten JA, der einen nicht durch EK gedeckten Fehlbetrag ausweist, lässt sich nicht auf eine insolvenzrechtliche Überschuldung schließen und schon gar nicht darauf, dass diese Überschuldung auch aktuell noch vorhanden ist. So kann eine durch diesen Bilanzposten indizierte Überschuldung wegen vorhandener stiller Reserven gar nicht bestehen oder der Eröffnungsgrund kann durch Sanierungsleistungen nach dem Stichtag entfallen sein. Außerdem ist eine Überschuldung nach dem seit dem Finanzmarktstabilisierungsgesetz geltenden Überschuldungsbegriff bei einer positiven Fortbestehensprognose ausgeschlossen. Für einen Externen ist es wohl nur schwierig ermittelbar, ob eine Prognose negativ ausfallen würde.

217 Aus dem Nebenzweck der Insolvenzordnung, möglichst frühzeitige Verfahrenseröffnungen herbeizuführen, bevor nur noch Masseamut zu konstatieren ist, wird man die Anforderungen an die Glaubhaftmachung nicht überziehen dürfen. Nicht der Gläubiger darf das Risiko aus einem möglicherweise unbegründeten Antrag tragen, sondern allein der Schuldner, hat er es doch nicht nur in der Hand, seine Zahlungsverpflichtungen fristgerecht zu erfüllen, sondern auch von Gesetzes wegen die Pflicht dazu, wenn der Zahlungsanspruch des Gläubigers fällig ist (§§ 271, 286 BGB). Hält er den Zahlungsanspruch für unbegründet, kann er sich ggf. auch gerichtlich dagegen wehren. Jedenfalls kann aus dem Zweck der Insolvenzordnung nur gefolgert werden, dass im

---

330 *Wolfer*, in: BeckOK InsO[23], § 14, Rn. 9a.

Ergebnis der Schuldner die Darlegungs- und Beweislast dafür hat, dass ein Insolvenzgrund bei ihm nicht vorliegt. Dass Untergerichte gelegentlich noch an einer Fruchtlosigkeitsbescheinigung des Gerichtsvollziehers oder an einer eidesstattlichen Versicherung des Schuldners festhalten, überzieht die Anforderungen an die Glaubhaftmachung und läuft dem Anliegen der Insolvenzordnung an frühzeitiger Verfahrenseröffnung durch Zeitverzögerung aufgrund des „Gangs durch die Gerichtsinstanzen" entgegen[331].

Der Gläubigerantrag auf Eröffnung des Insolvenzverfahrens ist nicht als Druckmittel **218** geeignet, um eine vom Schuldner bestrittene Forderung durchzusetzen. Stützt der Gläubiger die Begründung einer Insolvenzlage allein auf die vom Schuldner bestrittene Forderung, muss er das Bestehen dieser Forderung ggü. dem Insolvenzgericht beweisen; kann dieser Beweis nicht erbracht werden, ist der Gläubigerantrag auf Eröffnung eines Insolvenzverfahrens zurückzuweisen.

Korrektiv für zu Unrecht gestellte Gläubigeranträge ist die Haftung des Gläubigers we **219** gen vorsätzlicher sittenwidriger Schädigung nach § 826 BGB, wenn er zu Unrecht das Insolvenzverfahren zum Zwecke der schnelleren Befriedigung seiner Forderung in Gang zu setzen versucht. Wendet sich der Gläubiger zudem noch an die Öffentlichkeit (z.B. die Presse, aber auch an einzelne Geschäftspartner des Unternehmens), droht auch eine Haftung unter dem Gesichtspunkt der Kreditgefährdung nach § 824 BGB.

Unbefriedigend geregelt ist die Frage, wer im Falle eines Gläubigerantrages die Kosten **220** trägt, wenn sich dann herausstellt, dass der Schuldner keine ausreichende Masse hat. Zwar findet über die nach § 4 InsO entsprechend anzuwendenden Vorschriften der ZPO eine sog. Insolvenzkostenhilfe entsprechend der sog. Prozesskostenhilfe Anwendung. Dieser Antrag ist jedoch abzulehnen, wenn mangels Masse die Verfahrenseröffnung nicht in Betracht kommt. Dann hätte der Gläubiger das Kostenrisiko entsprechend § 91 ZPO zu tragen. Zutreffenderweise aber wird man den Gläubiger nicht noch dafür mit Kosten belasten dürfen, dass sich sein Antrag im Ergebnis als begründet herausgestellt hat, wegen Massearmut der eigentlich verpflichtete Schuldner aber nicht mehr leistungsfähig ist. Das könnte dazu führen, dass viele Gläubiger aufgrund des Kostenrisikos von gebotenen Insolvenzanträgen Abstand nehmen. Einem Gläubiger sollte deswegen bei Masselosigkeit die Gelegenheit gegeben werden, seinen Antrag in der Hauptsache für erledigt zu erklären (§ 91a ZPO). In diesem Fall sind die Kosten dem Schuldner aufzuerlegen, da die Voraussetzung einer ausreichenden Masse nicht in den Verantwortungsbereich des antragstellenden Gläubigers fällt.

4.1.1.4 Rechtsträgerinsolvenz bei Spaltungs- und Verschmelzungsfällen und bei Formwechseln[332]

Im Schnittbereich zum Insolvenzrecht ergeben sich i.Z.m. Umwandlungsvorgängen **221** nach dem UmwG[333], also Verschmelzungs- und Spaltungsvorgängen sowie einem Rechtsformwechsel, zum einen Fragen hinsichtlich der Insolvenzfähigkeit der an einem Umwandlungsvorgang beteiligten Rechtsträger. Zum anderen geht es um die Frage, ob

---

331 *Pape,* in: Kübler/Prütting/Bork, InsO, Rn. 136 ff.
332 Ausführlich zur Rechnungslegung und Prüfung bei Umwandlungen vgl. *IDW,* WPH Edition, Assurance, Kap. F.
333 Vgl. *Limmer,* in: Kölner Schrift³, S. 866; *Hölzle,* FR 2006, S. 447 ff.; *Frieß,* S. 223; *Heckschen,* in: FS Widmann, S. 31.

und unter welchen Voraussetzungen Gestaltungen nach dem Umwandlungsgesetz ein geeignetes Sanierungsinstrument darstellen können.

222 Hinsichtlich der Insolvenzfähigkeit ist auf jeden an einem Umwandlungsvorgang beteiligten Rechtsträger gesondert abzustellen.

223 Bei einer Verschmelzung zur Aufnahme bleibt die Insolvenzfähigkeit eines jeden beteiligten Rechtsträgers so lange bestehen, bis durch Handelsregistereintragung die Verschmelzung wirksam geworden ist. Erst nach Eintragung endet die Insolvenzfähigkeit des übertragenden Rechtsträgers, weil dieser erst dann als juristische Person – und damit als Träger von Rechten und Pflichten – erloschen ist (§ 20 Abs. 1 Nr. 2 UmwG)[334].

224 Auch bei einer **Verschmelzung zur Neugründung** bleiben die übertragenden Rechtsträger so lange bestehen, bis die neu gegründete Gesellschaft im HR eingetragen ist. Die übertragenden Rechtsträger bleiben bis zu diesem Zeitpunkt insolvenzfähig, weil die Wirkung der Verschmelzung und damit auch der Vermögensübergang stets erst mit Eintragung in das Handelsregister eintritt. Bei der zur Neugründung entstehenden Gesellschaft könnte sich die Frage der Insolvenzfähigkeit unter dem Gesichtspunkt der Vor-Gesellschaft ergeben. Indes handeln bis zum Wirksamwerden der Neugründung die übertragenden Rechtsträger, sodass eine Insolvenz der Vor-Gesellschaft in aller Regel nicht eintreten kann.

225 Gleiches gilt für **Spaltungsvorgänge**, also die Fälle der Aufspaltung und der Abspaltung. Stets tritt die gesellschaftsrechtliche Wirkung erst mit Eintragung in das HR ein, sodass bis zu diesem Zeitpunkt für jeden der beteiligten Rechtsträger die für ihn geltenden Rechte und Pflichten fortbestehen.

226 Weil die beteiligten Rechtsträger als Normadressat bis zu der gesellschaftsrechtlichen Wirksamkeit des Umwandlungsvorgangs bestehen bleiben, ist damit auch die Frage der **Insolvenzantragspflicht** dem Grunde nach zu bejahen. Ausnahmslos treten die gesellschaftsrechtlichen Wirkungen nach dem Umwandlungsgesetz erst mit der entsprechenden Handelsregistereintragung ein. Bei der Verschmelzung z.B. erfolgt der Vermögensübergang auf den aufnehmenden Rechtsträger und das Erlöschen des übertragenden Rechtsträgers zum Zeitpunkt der Handelsregistereintragung nach § 20 UmwG. Die Zeit für die Durchführung des Umwandlungsverfahrens, insb. die Fassung aller erforderlichen Zustimmungsbeschlüsse und das Eintragungsverfahren im HR, geht über die Drei- bzw. Sechswochenfrist des § 15a InsO weit hinaus. Wenn demzufolge das Umwandlungsverfahren zur Abwendung einer akuten Insolvenzgefahr erst eingeleitet werden soll, geht das Geschäftsführungsorgan des insolventen Rechtsträgers ein hohes Risiko ein, wenn es trotz zunächst in Angriff genommener Maßnahmen am Ende doch nicht zu der Eintragung und damit den Wirkungen der Verschmelzung kommt[335]. Daher bedarf es auch für die Interimszeit sanierender Maßnahmen, die den jeweils vorliegenden Insolvenzgrund beseitigen. Wird eine Sanierung durch eine solche Maßnahme ernsthaft in Angriff genommen, ergeben sich aus wirtschaftlichen Stützungs-

334 *Limmer*, in: Kölner Schrift³, S. 867; *Vuia*, in: MünchKomm. InsO⁴, § 11, Rn. 17.
335 Der Gesetzgeber hatte sich stets unbeeindruckt von der Kritik gezeigt, dass allein schon die aktienrechtliche Ladungsfrist von einer Hauptversammlung von 30 Tagen nach § 123 Abs. 1 AktG über die Dreiwochenfrist hinausgeht, also sanierende HV-Beschlüsse gar nicht fristgerecht gefasst werden können, und damit den Vorrang der Insolvenzantragstellung vor dem Versuch einer Sanierung durch Aktionärsbeiträge zum Ausdruck gebracht.

maßnahmen, wie z.B. Mittelzuschüsse zur Abwendung einer (drohenden) Zahlungsunfähigkeit oder Vermögenseinlagen zur Beseitigung einer Überschuldung durch den übernehmenden Rechtsträger, keine Nachteile, da eine solche Maßnahme lediglich das vorwegnimmt, was bei Wirksamwerden der Verschmelzung ohnehin auf den übernehmenden Rechtsträger wirtschaftlich zukommt[336]. Anders ist dies allerdings bei unterschiedlichen Gesellschafterverhältnissen, bei denen sich ein Interessengleichklang nicht herstellen lässt.

Zweifelhaft ist der Fall, in dem der **Insolvenzgrund erst während des schwebenden** **227** **Eintragungsverfahrens** vor dem HR eintritt, ein Eintragungshindernis nicht ersichtlich ist und die Eintragung bei normalem Lauf der Dinge also nur eine Frage der Zeit ist. In einem solchen Fall ergibt die Eröffnung eines Insolvenzverfahrens über das Vermögen des insolventen, demnächst aber durch die Eintragung ohnehin erlöschenden Rechtsträgers keinen Sinn.

Nach § 3 Abs. 3 UmwG können an einer Verschmelzung auch **durch Eröffnung eines** **228** **Insolvenzverfahrens aufgelöste Rechtsträger** beteiligt sein, wenn die Fortsetzung dieser Rechtsträger beschlossen werden könnte[337]. Übereinstimmend im HGB, GmbHG und AktG führt jedoch die Eröffnung eines Insolvenzverfahrens zur Auflösung der Gesellschaft[338]. Auch wenn das UmwG lediglich auf die Fortsetzungs**möglichkeit** abstellt, also nicht die tatsächliche Fortsetzung verlangt, gelangt die h.M. zu dem Ergebnis, dass jedenfalls ein durch Insolvenz aufgelöster Rechtsträger nicht übernehmender Rechtsträger sein kann[339]. Ist mithin über das Vermögen eines der beteiligten Rechtsträger bereits ein Insolvenzverfahren eröffnet, bedarf es erst der Beendigung des Insolvenzverfahrens, damit der im Insolvenzverfahren befindliche Rechtsträger wieder beteiligt sein kann. Die Beendigung des Insolvenzverfahrens kann auch dadurch erreicht werden, dass **im Insolvenzplan die Umwandlungsmaßnahme vorgesehen** wird, also der Insolvenzplan unter der Bedingung steht, dass nach seiner Bestätigung die Umwandlungsmaßnahme durchgeführt wird[340].

Allein schon im Hinblick auf den besonderen Gläubigerschutz aus § 22 UmwG kommt **229** es darauf an, dass der übernehmende Rechtsträger wirtschaftlich in der Lage ist, **bei** **Zahlungsunfähigkeit** des übertragenden Rechtsträgers die fälligen Forderungen von dessen Gläubigern zu bedienen und auch die zu den künftigen Fälligkeitszeitpunkten fälligen Verbindlichkeiten zu decken.

Differenzierter ist die Lage bei **Überschuldung des übertragenden Rechtsträgers**. Auch **230** dann kommt es zunächst darauf an, ob das Reinvermögen des übernehmenden Rechts-

---

336 Denkbar ist auch, einen Insolvenzantrag zu stellen und das Gericht zu bitten, eine Verfahrenseröffnung erst dann vorzunehmen, wenn die Eintragung der Verschmelzung in einem genannten Zeitrahmen nicht erfolgen sollte. Zwar wird auch dann ein vorläufiger Insolvenzverwalter bestellt. Wird dem Insolvenzgericht aber nachvollziehbar dargelegt, dass sanierende Maßnahmen eine Eröffnung überflüssig machen, wird i.d.R. von einer Eröffnung abgesehen, da die Voraussetzungen für eine Insolvenzeröffnung zum Zeitpunkt des Eröffnungsbeschlusses vorliegen müssen (BGH v. 27.07.2006, IX ZB 204/04, NJW, S. 3553).
337 *Prütting*, in: Kübler/Prütting/Bork, InsO, § 11, Rn. 23.
338 Vgl. § 131 Abs. 1 Nr. 3 HGB; § 60 Abs. 1 Nr. 4 GmbHG; § 262 Abs. 1 Nr. 3 AktG.
339 BGH v. 12.02.1997, 10 Wx 1-97, NJW-RR 1998, S. 178 ff.
340 Hierzu vgl. *Brünkmans*, in: Brünkmans/Thole, Handbuch Insolvenzplan, § 32, Rn. 486 ff.

trägers ausreicht, den Verbindlichkeitenüberhang des übertragenden Rechtsträgers auszugleichen[341].

231 Da nach den Änderungen der § 54 Abs. 1 S. 3 UmwG und § 68 Abs. 1 S. 3 UmwG eine **Kapitalerhöhung nicht mehr erforderlich** ist, wenn alle Anteilsinhaber aller übertragenden Gesellschaften in notarieller Form hierauf verzichten, hindert eine Überschuldung des übertragenden Rechtskörpers eine Verschmelzung und somit Sanierung des übertragenden Rechtsträgers nicht[342].

232 Ist dagegen der übernehmende Rechtsträger insolvenzrechtlich überschuldet, hindert auch dies die Verschmelzung nicht. Es gibt also die Möglichkeit, eine Überschuldung zu beenden, indem eine „gesunde" GmbH auf eine überschuldete GmbH übertragen wird. Schon nach altem Recht war eine solche Verschmelzung unter dem Gesichtspunkt der Kapitalaufbringung möglich. Gemäß der Änderung der §§ 54, 68 UmwG, nach der auf die Gewährung von Anteilen verzichtet werden kann, ist aufseiten des Zielrechtsträgers auch keine Kapitalerhöhung mehr nötig[343].

233 Im Fall der Verschmelzung einer 100%igen Tochtergesellschaft auf die Muttergesellschaft (**Upstream-Merger**) ist eine Kapitalerhöhung bei der übernehmenden Muttergesellschaft weder erforderlich noch zulässig (§§ 54 Abs. 1 Nr. 1, 68 Abs. 1 Nr. 1 UmwG)[344]. Daher kann die Verschmelzung grundsätzlich auch dann durchgeführt werden, wenn die übertragende Tochtergesellschaft insolvenzrechtlich überschuldet ist. Aus Sicht der Muttergesellschaft hat die Verschmelzung dieselbe wirtschaftliche Wirkung wie ein Sanierungszuschuss. Der Aufwand, der durch Einbuchung des negativen Vermögenssaldos entsteht, ist daher als sonstiger betrieblicher Aufwand in der GuV zu behandeln[345]. Ist allerdings das Insolvenzverfahren über das Vermögen des übertragenden Rechtsträgers eröffnet worden, muss im Hinblick auf § 3 Abs. 3 UmwG dieses Verfahren erst beendet werden, damit die Verschmelzungsmaßnahme in Angriff genommen werden kann.

234 Bei der Verschmelzung einer Muttergesellschaft auf ihre 100%ige Tochtergesellschaft (**Downstream-Merger**) ist keine Kapitalerhöhung erforderlich[346]. Aus Sicht der übernehmenden Tochtergesellschaft führt die Verschmelzung einer insolvenzrechtlich überschuldeten Muttergesellschaft zu einer Vermögensminderung, die den Gesellschaftern zugutekommt, da diese aus dem Vermögen des übertragenden Rechtsträgers dessen Beteiligung an dem übernehmenden Rechtsträger erhalten und von dem negativen Vermögen befreit werden[347]. Der negative Differenzbetrag ist als Verschmelzungsverlust aufwandswirksam zu behandeln. Ob hierin eine unzulässige Einlagenrückgewähr

---

341 OLG Stuttgart v. 04.10.2005, 8 W 426/05, ZIP, S. 2066 (2067): Eine Verschmelzung ist nicht grundsätzlich zu verbieten. Wenn sie zur Sanierung erfolgt, dann liegt die Verschmelzung im Interesse der Gläubiger des überschuldeten übertragenden Rechtsträgers. Für eine abschließende Beurteilung ist der finanzielle Hintergrund des übernehmenden Rechtsträgers entscheidend.

342 *Heckschen*, in: Reul/Heckschen/Wienberg, Insolvenzrecht in der Gestaltungspraxis, § 4, Rn. 523, 531.

343 *Heckschen*, in: Reul/Heckschen/Wienberg, Insolvenzrecht in der Gestaltungspraxis, § 4, Rn. 531.

344 *IDW Stellungnahme zur Rechnungslegung: Auswirkungen einer Verschmelzung auf den handelsrechtlichen Jahresabschluss (IDW RS HFA 42), Tz. 45.*

345 *IDW RS HFA 42*, Tz. 72, zum Fall der Buchwertfortführung.

346 Wahlrecht der §§ 54 Abs. 1 S. 2 Nr. 2 bzw. § 68 Abs. 1 S. 2 Nr. 2 UmwG, wenn der Ausgabebetrag auf die Anteile/Aktien, die der übertragende Rechtsträger an der aufnehmenden Gesellschaft besitzt, bereits voll geleistet ist; ausführlich hierzu: *Haeder*, in: Henssler/Strohn, Gesellschaftsrecht[4], § 54, Rn. 3 ff.

347 *IDW RS HFA 42*, Tz. 47.

(§ 30 GmbHG, § 57 AktG) an die Gesellschafter der Muttergesellschaft vorliegt, ist im Einzelfall zu prüfen[348].

Tritt eine **Insolvenzlage nach Abschluss des Verschmelzungsvertrages, aber vor Eintragung** in das HR ein, gilt Folgendes: Zwar werden die Geschäfte nach dem Inhalt des Verschmelzungsvertrags ab dem Verschmelzungsstichtag für Rechnung des übernehmenden Rechtsträgers geführt (§ 5 Abs. 1 Nr. 6 UmwG), sodass negative Vermögensentwicklungen bei dem übertragenden Rechtsträger grundsätzlich hinzunehmen wären. Soweit jedoch eine Kapitalerhöhung erforderlich ist, die aufgrund der Insolvenzlage bei dem übertragenden Rechtsträger nicht mehr durch Vermögen belegt werden kann, kann die Verschmelzung dann nicht mehr durchgeführt und eine zur Durchführung dieser Umwandlung ggf. erforderliche Kapitalerhöhung nicht eingetragen werden. Maßgeblich für die Werthaltigkeit der Sacheinlage ist auch bei Verschmelzungen der Zeitpunkt der Anmeldung der Eintragung in das HR und nicht der (zurückliegende) Verschmelzungsstichtag. Tritt die Insolvenzlage dagegen bei der übernehmenden Gesellschaft ein, kann die Verschmelzung durchgeführt werden; das Risiko nachteiliger Vermögensentwicklungen nach dem Tag der Zustimmung der Haupt- oder Gesellschafterversammlung als maßgeblichem Bewertungsstichtag müssen die Vertragsbeteiligten hinnehmen. **235**

Für den Fall, dass **nach Eintragung der Verschmelzung** eine Insolvenzlage entsteht, hat dies auf die Verschmelzung keinen Einfluss. Die bereits im Zeitpunkt der Verschmelzung vorhandenen Gläubiger können nach §§ 22, 45 UmwG geschützt sein, wenn sie das Recht auf Sicherheitsleistung geltend gemacht haben. Im Übrigen gelten die Vorschriften der Insolvenzordnung. **236**

Gleiche Grundsätze gelten auch in den Fällen der **Spaltung** nach den §§ 123 ff. UmwG, also der Aufspaltung (§ 123 Abs. 1 UmwG), der Abspaltung (§ 123 Abs. 2 UmwG) und der Ausgliederung (§ 123 Abs. 3 UmwG)[349]. Soweit zur Durchführung der Spaltung eine Kapitalerhöhung bei der übernehmenden KapGes. erforderlich ist, ist das Kapitalaufbringungsrecht zu wahren. **237**

Handelt es sich um eine **Ausgliederung** (§ 123 Abs. 3 UmwG), bleibt das Vermögen des übertragenden Rechtsträgers unverändert, da der übertragende Rechtsträger hierfür Anteile an dem übernehmenden Rechtsträger erhält[350]. Daher können sich durch die Ausgliederung keine Vermögensminderung und daher auch keine Überschuldungssituation ergeben, da das zu übertragende Vermögen nicht negativ sein darf. Wegen dieser Regelung ist fraglich, ob die Ausgliederung statt der Einzelübertragung als Weg zur Separierung von Unternehmensteilen zum Zwecke der Fortführung in der Insolvenz des übertragenden Rechtsträgers in Betracht kommt. **238**

Ist der übernehmende Rechtsträger seinerseits insolvenzrechtlich überschuldet (Sanierung des übernehmenden Rechtsträgers), wirkt der durch Gesamtrechtsnachfolge vorgenommene Vermögensübergang wie ein Sanierungszuschuss. **239**

Bei der **Aufspaltung** (§ 123 Abs. 1 UmwG) erlischt der übertragende Rechtsträger; die als Gegenleistung für die zu übertragenden Vermögensteile gewährten Anteile an dem **240**

---

348 *IDW RS HFA 42*, Tz. 49, 74.
349 *IDW Stellungnahme zur Rechnungslegung: Auswirkungen einer Verschmelzung auf den handelsrechtlichen Jahresabschluss (IDW RS HFA 43)*, Tz. 1 ff.
350 *IDW RS HFA 43*, Tz. 21.

übernehmenden Rechtsträger stehen den Gesellschaftern des übertragenden, aufgespaltenen Rechtsträgers zu. Ist der übertragende Rechtsträger insolvenzrechtlich überschuldet, so ist bei einer Übertragung auf einen oder mehrere neu entstehende Rechtsträger der Saldo des übertragenen Vermögens zumindest bei einem der neu entstehenden Rechtsträger negativ. Bei einer Aufspaltung auf neu entstehende Rechtsträger scheitert daher die Errichtung daran, dass ein von vornherein insolvenzrechtlich überschuldeter Rechtsträger mangels positiver Kapitalausstattung gar nicht zur Entstehung gebracht werden kann (vgl. § 140 für die GmbH, §§ 141 ff. für die AG). Bei einer Aufspaltung zur Aufnahme auf einen bereits bestehenden Rechtsträger müsste dieser über freies EK verfügen, um die Überschuldung der übertragenen Vermögensmasse ausgleichen zu können. Eine Kapitalerhöhung zur Schaffung der an die Anteilsinhaber des aufgespalteten Rechtsträgers zu gewährenden Anteile scheitert indes an den in diesen Fällen nach § 142 UmwG, § 183 AktG zu beachtenden Sachkapitalerhöhungsvoraussetzungen. Regelmäßig dürfte diese Gestaltung nur bei Konzernverbindungen in Betracht kommen, bei denen keine außenstehenden Anteilsinhaber zu berücksichtigen sind oder die Anteilsinhaber auf eine Anteilsgewährung durch notariell zu beurkundende Erklärung verzichten.

241 Bei der **Abspaltung** (§ 123 Abs. 2 UmwG) bleibt der übertragende Rechtsträger bestehen; die als Gegenleistung für die zu übertragenden Vermögensteile gewährten Anteile an dem übernehmenden Rechtsträger stehen den Gesellschaftern des übertragenden Rechtsträgers zu. Trotz insolvenzrechtlicher Überschuldung des übertragenden Rechtsträgers könnte daher ein positiver Vermögenssaldo zur Neugründung oder Aufnahme übertragen werden. Da jedoch die hierfür zu gewährenden Anteile nicht dem übertragenden Rechtsträger, sondern seinen Gesellschaftern zustehen, würden sich eine weitere Vermögensminderung und damit eine Vertiefung der insolvenzrechtlichen Überschuldung ergeben. Da aber eine Vermögensauskehrung an die Gesellschafter während der Insolvenz unzulässig ist (vgl. § 199 InsO), kommt eine Abspaltung nicht in Betracht. Auch könnte die Kapitaldeckungserklärung nach §§ 140, 146 UmwG nicht abgegeben werden.

242 Auch ein **Formwechsel von Personenhandelsgesellschaften in eine KapGes.** oder von einer KapGes. in eine andere Rechtsform setzt stets die Deckung des Nennkapitals durch das nach Abzug der Schulden verbleibende Vermögen der formwechselnden Gesellschaft voraus (§ 220 Abs. 1 UmwG bzw. § 245 Abs. 1, 2 i.V.m. § 220 Abs. 1 UmwG). Dabei kommt es auf die wahren Werte (Zeitwerte), nicht aber auf die Buchwerte des formwechselnden Rechtsträgers an[351]. Der Formwechsel ist daher ausgeschlossen, wenn der formwechselnde Rechtsträger kein positives Reinvermögen mindestens in Höhe des Mindestnennkapitals (vgl. z.B. § 5 Abs. 1 GmbHG, § 7 AktG) aufweist[352]. Hieraus ergibt sich, dass der **Formwechsel in eine KapGes. naturgemäß kein Sanierungsinstrument** ist; zusammen mit einer Kapitalzuführung kann er aber als Vorbereitung für die Gewinnung weiterer Kapitalgeber in Betracht kommen[353]. Je nach Ausgangslage kann sich

---

351 *Limmer*, in: Kölner Schrift³, S. 891, Rn. 74; vgl. *IDW Stellungnahme zur Rechnungslegung: Auswirkungen des Formwechsels auf den handelsrechtlichen Jahresabschluss (IDW RS HFA 41).*
352 *IDW RS HFA 41*, Tz. 9.
353 Hierzu *Limmer*, in: Kölner Schrift³, S. 889, Rn. 69.

die für die Gesellschaft gewählte neue Rechtsform auch als günstiger für eine Sanierung darstellen[354].

Für den **Formwechsel in eine PersGes.** bestehen keine besonderen Kapitalauf- **243** bringungsvorschriften[355]. Die Umwandlung einer KapGes. in eine OHG oder KG oder die Übernahme der Stellung eines persönlich haftenden Gesellschafters in einer KG bedarf jedoch der Zustimmung des Betroffenen, sodass die persönliche Haftung nicht aufgedrängt werden kann. Ist der formwechselnde Rechtsträger insolvenzrechtlich überschuldet, ist der Formwechsel zwar nicht ausgeschlossen, setzt aber trotz der für natürliche Personen möglichen Restschuldbefreiung nach den §§ 286 ff. InsO die Bereitschaft zur Haftung mit dem persönlichen Vermögen voraus. Bei Wechsel der Gesellschafterstellung in die eines Kommanditisten ergibt sich darüber hinaus die Zweifelsfrage, ob ein bisheriger Nominalanteil an einer KapGes. als eingezahlte Kommanditeinlage angesehen werden kann.

Im Zusammenhang mit Umwandlungsmaßnahmen stellt § 145 InsO klar, dass **Anfech-** **244** **tungsrechte** nicht dadurch beseitigt werden können, dass das betroffene Vermögen im Wege der Gesamtrechtsnachfolge etwa durch Verschmelzung oder Spaltung auf einen anderen Rechtsträger übertragen wird. Nach § 145 Abs. 1 InsO kann die Anfechtbarkeit vielmehr auch gegen einen Gesamtrechtsnachfolger geltend gemacht werden, der das betroffene Vermögen durch Verschmelzung oder Spaltung übernommen hat[356].

Weiter fragt es sich, ob die Vermögensübertragung durch Verschmelzung oder Spaltung **245** selbst **Gegenstand einer Insolvenzanfechtung** sein kann. Dabei erscheint es nicht ausgeschlossen, in der Zustimmung zu der Umwandlungsmaßnahme eine anfechtbare Rechtshandlung i.S.d. § 129 Abs. 1 InsO zu sehen. Nach § 143 Abs. 1 S. 1 InsO wären die durch die anfechtbare Handlung aus dem Vermögen des Schuldners weggegebenen Vermögensgegenstände zur Insolvenzmasse zurückzugewähren. Allerdings ist kaum vorstellbar, dass die Anfechtung in diesen Fällen zu einer Rückabwicklung des im HR eingetragenen gesellschaftsrechtlichen Vorgangs führt. Bei einer Abspaltung könnte sich daher der Anspruch wohl nur auf die Herausgabe der Anteile an dem übernehmenden Rechtsträger beziehen, die der Gesellschafter des insolventen übertragenden Rechtsträgers erhalten hat. Bei Verschmelzung, Aufspaltung oder Ausgliederung kann sich diese Frage dagegen nicht stellen.

4.1.2 Gläubiger

4.1.2.1 Insolvenzgläubiger

4.1.2.1.1 Grundlagen

Insolvenzgläubiger sind nach § 38 InsO diejenigen **persönlichen Gläubiger**, die einen **246** zur Zeit der Eröffnung des Insolvenzverfahrens begründeten Vermögensanspruch gegen den Schuldner haben[357]. Sie sind nach § 1 InsO gemeinschaftlich zu befriedigen; hierfür

---

354 *Limmer*, in: Kölner Schrift[3], S. 889, Rn. 69: Alleine mit einer Umwandlung, so Limmer, könne nie eine Sanierung bewirkt werden, es werde nur eine sachgerechte Rechtsform geschaffen, die eine Sanierung erleichtert.
355 *Limmer*, in: Kölner Schrift[3], S. 890, Rn. 72; *IDW RS HFA 41*, Tz. 14.
356 *Brinkmann*, in: Kübler/Prütting/Bork, InsO, § 145, Rn. 13 f.
357 *Holzer*, in: Kübler/Prütting/Bork, InsO, § 38, Rn. 5 ff.; vgl. *Pape/Uhlenbruck/Voigt-Salus*, in: Pape/Uhlenbruck/Voigt-Salus, Kap. 27, Rn. 10.

steht ihnen nach § 38 InsO nur die Insolvenzmasse zur Verfügung. Hiermit wird ein Ausgleich dafür geschaffen, dass den Gläubigern in der Insolvenz des Schuldners die individuelle Rechtsverfolgung, wie sie außerhalb der Insolvenz zulässig ist, verwehrt ist und durch ein besonderes Verfahren ersetzt wird, das die Befriedigung aller Gläubiger – auf Kosten individueller Interessen – zum Ziel hat. An einer Einzelvollstreckung sind die Insolvenzgläubiger durch die Vollstreckungssperre des § 89 Abs. 1 InsO gehindert und einer Befriedigung durch den Schuldner steht dessen Verfügungsverbot nach §§ 80 ff., 91 InsO entgegen. Solcherart erlangte Befriedigung wäre von dem Gläubiger an die Masse zurück zu leisten.

247 Die Möglichkeit, am Insolvenzverfahren teilzunehmen, ist eine individuelle Entscheidung des jeweiligen Gläubigers und daher auch ohne gesetzliche Regelung verzichtbar[358]. Durch einen **Verzicht** stehen dem betreffenden Gläubiger keine verfahrensrechtlichen Befugnisse im Rahmen des Insolvenzverfahrens und kein Anspruch auf eine Insolvenzquote zu. Nach früherem Recht hatte der Verzicht seine Berechtigung, wenn der verzichtende Gläubiger darauf setzte, dass der Schuldner zu Vermögen kommt, das nicht in die Konkurs- oder Vergleichsmasse fiel. Auch konnte der Gläubiger darauf spekulieren, dass er nach Abschluss des Verfahrens wieder im Wege normaler Forderungsbeitreibung gegen den Schuldner vorgehen könnte. Da nunmehr der Neuerwerb in die Insolvenzmasse fällt, kann das Nichtanmelden vielfach im Ergebnis einem Forderungsverzicht gleichgesetzt werden[359].

248 Die Insolvenzgläubiger, die am Verfahren teilnehmen wollen, müssen ihre **Forderungen** daher im Feststellungsverfahren beim Insolvenzverwalter bzw. Sachwalter unter Vorlage nachprüfbarer Unterlagen **anmelden** (§§ 87, 174 ff., 270f Abs. 2 S. 2 InsO). Beim Insolvenzgericht eingehende Anmeldungen sind von diesem an den Insolvenzverwalter weiterzureichen. Dabei gibt es weder für die Änderungsmeldung noch für die Forderungsanmeldung eine Ausschlussfrist. Sie sind bis zum Schlusstermin möglich[360]. In das Schlussverteilungsverzeichnis ist eine nachträglich angemeldete und festgestellte Forderung aufzunehmen[361]. Insoweit nimmt sie an der Schlussverteilung teil[362].

> **! Hinweis 7:**
>
> Auch nach dem Schlusstermin kann noch angemeldet werden. Bei Versäumen der Anmeldefrist muss sich der Gläubiger aber unter Umständen gefallen lassen, kostenpflichtig auf einen gesonderten Prüfungstermin oder auf das schriftliche Verfahren verwiesen zu werden (§ 177 Abs. 1 S. 2 InsO).

249 Zur Verbesserung der Gleichbehandlung der Insolvenzgläubiger sind in der InsO die in **Rangklassen** zum Ausdruck gebrachten Konkursvorrechte, wie sie die Konkursordnung in § 61 vorsah, **weitgehend abgeschafft worden**[363]. Arbeitnehmer, die Lohn- und Gehaltsforderungen wegen rückständiger Zahlungen vor Verfahrenseröffnung geltend

---

358 Vgl. *Pape/Uhlenbruck/Voigt-Salus*, in: Pape/Uhlenbruck/Voigt-Salus, Kap. 27, Rn. 21.

359 Vgl. *Pape/Uhlenbruck/Voigt-Salus*, in: Pape/Uhlenbruck/Voigt-Salus, Kap. 27, Rn. 21.

360 *Sinz*, in: Uhlenbruck, InsO[15], § 174, Rn. 13.

361 *Wegener*, in: Uhlenbruck, InsO[15], § 188, Rn. 6.

362 BGH v. 19.01.2012, IX ZR 4/11, NZI 2012, S. 323.

363 Zum rechtspolitischen Hintergrund vgl. *Pape/Uhlenbruck/Voigt-Salus*, in: Pape/Uhlenbruck/Voigt-Salus, Kap. 24, Rn. 1 ff. insb. Rn. 9.

machen, und früher nach § 59 Abs. 1 Nr. 3 KO als Massegläubiger qualifiziert wurden, sind Insolvenzgläubiger und können ihre Forderungen nur zur Tabelle anmelden[364].

Der Begriff der persönlichen Gläubiger knüpft an die schuldrechtlich berechtigten **250** Gläubiger an, also an diejenigen, die einen **Anspruch** i.S.d. § 194 Abs. 1 BGB auf Tun oder Unterlassen oder eine Forderung i.S.d. § 241 Abs. 1 BGB gegen den Insolvenzschuldner haben. Nach § 38 InsO gehören damit die dinglich berechtigten Gläubiger nicht zu den Insolvenzgläubigern[365].

Nach § 47 InsO steht demjenigen, der ein dingliches oder persönliches Recht an einem **251** Insolvenzgegenstand des Inhalts geltend machen kann, dass ein Gegenstand nicht zur Insolvenzmasse gehört, ein Aussonderungsrecht zu. Ein **aussonderungsberechtigter Gläubiger** gehört nicht zum Kreis der Insolvenzgläubiger i.S.d. § 38 InsO.

Auch der **absonderungsberechtigte Gläubiger**, dem nach §§ 49 ff. InsO ein Recht auf **252** Befriedigung aus einem zur Insolvenzmasse gehörenden Gegenstand zusteht, ist nur insoweit Insolvenzgläubiger, wie er aus dem zu seinen Gunsten verwertbaren Gegenstand nicht volle Befriedigung erlangt; er ist mithin Insolvenzgläubiger nur in Höhe des Ausfalls[366]. Gleichwohl kann er seine Forderung in voller Höhe anmelden[367].

Keine Insolvenzgläubiger sind ferner die **nachrangigen Gläubiger** i.S.d. § 39 InsO und **253** die **Massegläubiger** nach den §§ 53 ff. InsO. Schließlich begründen auch **Ansprüche der Arbeitnehmer** aus einem vom Insolvenzverwalter abgeschlossenen Sozialplan keine Insolvenzforderung; diese Ansprüche sind als **Masseansprüche** privilegiert, jedoch nach § 123 Abs. 2 S. 2 InsO der Höhe nach gedeckelt auf ein Drittel der Masse, die ohne einen Sozialplan für die Verteilung an die Insolvenzgläubiger zur Verfügung stünde (vgl. auch Kap. C Tz. 173).

4.1.2.1.2 Rechtsverhältnisse, die eine Insolvenzgläubigerstellung begründen

Insolvenzgläubiger ist nur, wer einen **vermögensrechtlichen Anspruch** gegen den **254** Schuldner geltend machen kann; nur vermögensrechtliche Ansprüche können nach §§ 174 ff. InsO zur Tabelle angemeldet werden[368].

Praxistipp 2:

Alle Ansprüche, die auf die Vornahme einer unvertretbaren Handlung[369] gerichtet sind, begründen keinen Anspruch gegen die Insolvenzmasse[370]. Ansprüche familienrechtlicher Natur, wie z.B. auf Anerkennung der Vaterschaft, sind keine Insolvenzforderungen.

---

364 *Sinz*, in: Uhlenbruck, InsO[15], § 38, Rn. 62.
365 *Sinz*, in: Uhlenbruck, InsO[15], § 38, Rn. 5.
366 Vgl. *Pape/Uhlenbruck/Voigt-Salus*, in: Pape/Uhlenbruck/Voigt-Salus, Kap. 25, Rn. 6.
367 *Andres*, in: Nerlich/Römermann, InsO, § 49, Rn. 3.
368 Vgl. *Sinz*, in: Uhlenbruck, InsO[15], § 38, Rn. 10.
369 Vgl. vertretbare Handlungen i.S.d. § 887 ZPO (Handlungen, die von einem Dritten vorgenommen werden können) im Gegensatz zu unvertretbaren Handlungen i.S.d. § 888 ZPO (Handlungen, die ausschließlich vom Willen des Schuldners abhängen und nicht von einem Dritten vorgenommen werden können).
370 *Andres*, in: Nerlich/Römermann, InsO, § 38, Rn. 9; *Sinz*, in: Uhlenbruck, InsO[15], § 38, Rn. 19.

Familienrechtliche Vermögensansprüche können hingegen als Insolvenzforderung geltend gemacht werden, wenn dem nicht § 40 InsO entgegensteht[371]. Ebenfalls nicht geltend gemacht werden können Ansprüche auf Unterlassung, weil sie sich gegen den Schuldner richten und nicht nach § 45 InsO in einen feststellungsfähigen Geldbetrag umgewandelt werden können[372]. Soweit die Nichterfüllung von nicht vermögensrechtlichen Ansprüchen aber Schadensersatzforderungen (z.b. aus Ersatzvornahme für die Kosten eines beauftragten Dritten) auslösen, können sie als Schadensersatzforderung geltend gemacht werden. Auch unvollkommene Verbindlichkeiten aus Spiel und Wette (§ 762 BGB), unverbindliche Börsentermingeschäfte (§§ 53 ff. BörsG) oder der Anspruch auf Ehemaklerlohn (§ 656 BGB) begründen keine Insolvenzgläubigerstellung[373].

255   **Nicht auf Geld gerichtete Ansprüche,** die jedoch auf die Geltendmachung vermögensrechtlicher Ansprüche gerichtet sind (z.b. Vorlage von Urkunden nach § 810 BGB oder Auskunftsansprüche, z.b. wegen Wettbewerbsverletzungen nach §§ 60, 61 HGB, oder ein Anspruch auf Rechnungslegung i.S.d. § 666 BGB), begründen zwar keine Insolvenzforderung, wohl aber eine entsprechende Handlungspflicht des Insolvenzverwalters[374], der sie ggf. unter Zuhilfenahme des **Erzwingungsverfahrens** nach § 97 InsO gegen den Schuldner erfüllen muss.

256   **Nicht fällige Forderungen** gelten nach § 41 Abs. 1 InsO als auf den Eröffnungszeitpunkt fällig gestellt, sodass diese Gläubiger als Insolvenzgläubiger am Insolvenzverfahren teilnehmen[375].

257   **Verzinsliche Forderungen** sind nur mit ihrem Nennwert anzusetzen. Sind sie unverzinslich, so sind sie mit dem gesetzlichen Zinssatz von 5% über dem Basiszinssatz (§ 288 Abs. 1 BGB) bzw. bei Kaufleuten mit 5% (§ 352 Abs. 1 HGB) abzuzinsen[376]. Die Fälligstellung bezweckt, eine Beurteilungsgrundlage dafür zu schaffen,

- welche Stimmrechte dem Insolvenzgläubiger in der Gläubigerversammlung zustehen,
- welche anteilige Kürzung sich für ihn in einem Insolvenzplan ergibt und
- wie er bei der Verteilung zu berücksichtigen ist.

Für Zwecke der Aufrechnung gilt diese Regelung nicht; nach § 95 Abs. 1 InsO ist die Aufrechnung bei diesen Forderungen erst mit Eintritt der Fälligkeit zulässig.

258   **Auflösend bedingte Forderungen** werden nach § 42 InsO so behandelt, als sei das auflösende Ereignis nicht eingetreten, als hätten diese Insolvenzgläubiger mithin eine endgültig entstandene Forderung. Tritt das auflösende Ereignis vor der Schlussverteilung ein, fällt diese Forderung zugunsten der anderen Insolvenzgläubiger zurück in die Insolvenzmasse; nach Verfahrensbeendigung ist eine ausgezahlte Forderung zurückzugewähren und im Wege der Nachtragsverteilung auszukehren (§ 203 Abs. 1 Nr. 2 InsO).

259   **Aufschiebend bedingte Forderungen** werden nach § 191 InsO vor Bedingungseintritt bei einer Abschlagsverteilung mit ihrem vollen Betrag in der Weise berücksichtigt, dass

371 *Andres,* in: Nerlich/Römermann, InsO, § 38, Rn. 7.
372 *Andres,* in: Nerlich/Römermann, InsO, § 38, Rn. 8.
373 *Ehricke/Behme,* in: MünchKomm. InsO[4], § 38, Rn. 56.
374 Vgl. *Heil/Pape,* ZIP 1997, S. 1367.
375 Vgl. *Knof,* in: Uhlenbruck, InsO[15], § 41, Rn. 3, *Pape/Uhlenbruck/Voigt-Salus,* in: Pape/Uhlenbruck/Voigt-Salus, Kap. 27, Rn. 15.
376 Zur Berechnung vgl. § 41 Abs. 2 S. 2 InsO; zur sog. Hoffmann'schen Abzinsungsformel vgl. *Bäuerle,* in: Braun, InsO[8], § 41, Rn. 7 ff.

sie bei der Verteilung zurückbehalten werden. Ist das Ereignis auch zum Zeitpunkt der Schlussverteilung noch nicht eingetreten, wird die Forderung dann nicht mehr berücksichtigt, wenn die Möglichkeit des Bedingungseintritts so fern liegt, dass die Forderung keinen Vermögenswert mehr hat. Ein bei der Abschlagsverteilung noch zurückgehaltener Betrag wird in diesem Fall zugunsten aller anderen Insolvenzgläubiger frei[377].

Insolvenzgläubiger ist nach § 45 S. 1 InsO auch, wer zwar einen Anspruch hat, der zum **260** Eröffnungszeitpunkt nicht in Geld besteht, der aber in Geld umgerechnet werden kann, oder einen Anspruch hat, der zum Eröffnungszeitpunkt zwar dem Grunde, aber noch nicht der Höhe nach entstanden ist; diese Ansprüche sind mit ihrem **Schätzwert** auf den Eröffnungszeitpunkt anzusetzen. Bei den nicht auf Geld gerichteten Ansprüchen handelt es sich z.b. um Ansprüche aus Rückabwicklung eines Vertrages (Wandlung, Rücktritt), auf Verschaffung, auf Vertragsübernahme oder Schuldbefreiung[378].

In **ausländischer Währung** zu erfüllende Verbindlichkeiten des Schuldners sind mit **261** dem Kurs zum Eröffnungszeitpunkt in inländische Währung umzurechnen (§ 45 S. 2 InsO), was im Hinblick auf die häufig lange Dauer von Insolvenzverfahren nicht unerhebliche Kursrisiken nach sich ziehen kann.

Bei **wiederkehrenden Leistungen** i.S.d. § 46 InsO ist zu unterscheiden, ob ein Anspruch **262** aus einem einheitlichen, vor Verfahreneröffnung entstandenen Stammrecht folgt oder jeweils wieder als Einzelanspruch (wie z.b. bei Miet-, Pacht und Dienstverträgen) neu entsteht. Auf einem Stammrecht beruhende wiederkehrende Leistungen (z.b. Leibrenten aus einem Grundstückskaufvertrag) können vom Insolvenzgläubiger mit dem noch ausstehenden abgezinsten Restbetrag als Insolvenzforderung geltend gemacht werden. Als Einzelanspruch entstehende wiederkehrende Leistungen sind hinsichtlich der bis zur Verfahreneröffnung entstandenen Forderungen Insolvenzforderung; nach Verfahrenseröffnung nehmen sie bei Wahl des Insolvenzverwalters auf Erfüllung nach § 55 Abs. 1 Nr. 2 InsO als Masseverbindlichkeiten am Verfahren teil.

Ist der **Insolvenzschuldner als Gesamtschuldner** neben anderen Schuldnern dem In- **263** solvenzgläubiger zahlungspflichtig, kann der Insolvenzgläubiger grundsätzlich seinen Anspruch nach § 421 BGB, § 43 InsO in voller Höhe geltend machen[379]. Dieser volle Betrag ist für die Anmeldung, Abstimmung und Verteilung maßgebend. Erst wenn die Insolvenzquote den Betrag übersteigt, um den der Gläubiger bereits von anderen Gesamtschuldnern befriedigt worden ist, kürzt sich seine Insolvenzquote. Für die zwischen den Gesamtschuldnern im Innenverhältnis bestehende Ausgleichspflicht aus § 426 BGB gelten die für ihre innere Beziehung allgemein geltenden Vorschriften[380].

Gesamtschuldner oder Bürgen können nach § 44 InsO ihre Rückgriffsforderung aus **264** §§ 426, 774 BGB gegen den Insolvenzschuldner nur geltend machen, wenn der Gläubiger seine Forderung gegen den Insolvenzschuldner nicht mehr geltend machen kann. Hat ein Bürge oder Gesamtschuldner den Gläubiger nur zum Teil befriedigt, soll er seine Rückgriffsforderung gegen den Insolvenzgläubiger nicht geltend machen dürfen, weil andernfalls die Insolvenzmasse doppelt zur Befriedigung herangezogen werden wür-

377 Dazu *Wegener*, in Uhlenbruck, InsO[15], § 191, Rn. 7, 10, *Pape/Uhlenbruck/Voigt-Salus*, in: Pape/Uhlenbruck/Voigt-Salus, Kap. 27, Rn. 17.
378 Mit weiteren Beispielen: *Andres,* in: Nerlich/Römermann, InsO, § 45, Rn. 2.
379 *Andres,* in: Nerlich/Römermann, InsO, § 43, Rn. 3.
380 Vgl. *Holzer*, in: Kübler/Prütting/Bork, InsO, § 43, Rn. 13; *Knof*, in: Uhlenbruck, InsO[15], Rn. 27.

de[381]. Dies wird man dahin zu differenzieren haben, ob der Gläubiger seine gesamte Forderung oder nur den noch nicht erfüllten Teil geltend macht. Im letzteren Fall besteht die Gefahr einer Doppelbefriedigung nicht, sodass der Bürge oder Gesamtschuldner mit seiner Rückgriffsforderung am Insolvenzverfahren in der Höhe teilnehmen kann, in der er den Anspruch des Gläubigers zum Erlöschen gebracht hat[382].

265 **Zum Eröffnungszeitpunkt noch schwebende gegenseitige Verträge** werden nach den besonderen Vorschriften der §§ 103 ff. InsO abgewickelt. In Grundzügen ergibt sich dabei Folgendes[383]:

266 Zum Eröffnungszeitpunkt noch nicht oder nur zum Teil erfüllte gegenseitige **Austauschverträge** (z.B. Kaufverträge, Werk- und Werklieferverträge) kann der Insolvenzverwalter nach § 103 Abs. 1 InsO anstelle des Schuldners erfüllen und von der anderen Vertragspartei Erfüllung verlangen.

267 Lehnt der Insolvenzverwalter eine Erfüllung ab, kann die andere Vertragspartei nach § 103 Abs. 2 InsO eine **Forderung wegen Nichterfüllung** nur als Insolvenzgläubiger geltend machen. Der Verwalter kann dabei aufgefordert werden, sich unverzüglich zu erklären, ob er die Erfüllung verlangen will. Unterlässt er dies, könnte die andere Vertragspartei eine Forderung wegen Nichterfüllung anmelden. Es kann aber auch nicht ausgeschlossen sein, dass der Insolvenzverwalter zu einem späteren Zeitpunkt eine Erfüllung als wirtschaftlich sinnvoll ansieht. Rechtsnachteile bringt ein verspätetes Erfüllungsverlangen jedoch nur für den Insolvenzverwalter. Die andere Vertragspartei ist dann zur Erfüllung nicht mehr verpflichtet, sondern nur noch berechtigt. Vorsorglich wird sie daher ihre Forderung anmelden und die Anmeldung bei späterem Erfüllungsverlangen zurücknehmen.

268 Sind die **geschuldeten Leistungen teilbar,** kann die andere Vertragspartei wegen ihrer bereits erbrachten Teilleistungen eine Forderung nur als Insolvenzgläubiger geltend machen, und zwar auch dann, wenn der Insolvenzverwalter wegen noch ausstehender Teilleistungen Erfüllung verlangt. Ein Rückforderungsanspruch wegen bereits erbrachter Leistungen wird von § 105 S. 2 InsO ausgeschlossen.

269 **Fixgeschäfte** werden in der um den Bereich der Finanztermingeschäfte erweiterte Bestimmung des § 104 InsO geregelt. **Finanzinstrumente** wie Termin-, Options-, Differenzgeschäfte sowie Swaps und swapähnliche Geschäfte und ihre Sonderformen haben an Bedeutung zugenommen und fordern daher differenziertere Regelungen als bisher. Dem Grundsatz nach werden solche Geschäfte mit Verfahrenseröffnung beendet und durch eine Ausgleichsforderung ersetzt, wobei die Ausgleichsforderung derjenigen Partei zusteht, für die das Geschäft vorteilhaft war, also einen positiven Marktwert hatte[384].

270 Hat der Insolvenzschuldner vor Verfahrenseröffnung einem Käufer eine Sache unter **Eigentumsvorbehalt** verkauft und ihm den Besitz der Sache verschafft, kann der Käufer die Erfüllung des Vertrages verlangen. Für diese sog. **Verkäuferinsolvenz** modifiziert

---

381 Vgl. BGH v. 11.10.1984, IX ZR 80/83, NJW 1985, S. 1159; die Gesetzesmaterialien zu § 44 InsO sprechen davon, dass die Forderung und die Rückgriffsforderung nicht nebeneinander geltend gemacht werden dürfen.

382 *Bäuerle*, in: Braun, InsO[8], § 44, Rn. 3.

383 Umfassend hierzu *Marotzke*, Gegenseitige Verträge[3]; *Pape*, in: Kölner Schrift[3], S. 355, Rn. 3 ff.; *Tintelnot*, ZIP 1995, S. 616.

384 *Pape*, in: Kölner Schrift[3], S. 386, Rn. 56.

§ 107 Abs. 1 S. 1 InsO den allgemeinen Grundsatz des § 103 Abs. 1 InsO. Der Insolvenzverwalter ist nicht berechtigt, die unter Eigentumsvorbehalt gelieferte Sache zurückzuverlangen, solange sich der Käufer vertragstreu verhält.

Fälle der sog. **Käuferinsolvenz** sind dagegen von § 107 Abs. 2 InsO erfasst. Der einfache **271** Eigentumsvorbehalt begründet zwar ein Aussonderungsrecht nach § 47 InsO. Erst unverzüglich nach dem Berichtstermin muss sich der Insolvenzverwalter entscheiden, ob er Erfüllung verlangen will. Ist jedoch eine erhebliche Wertminderung der unter Eigentumsvorbehalt gekauften Sache zu erwarten, hat der Insolvenzverwalter sich schon eher zu entscheiden. Bis zur Entscheidung des Insolvenzverwalters kann der Verkäufer keine Herausgabe verlangen. Hiermit soll gewährleistet werden, dass das für eine Fortführung notwendige Vermögen nicht vor einer Entscheidung über eine Fortführung geschmälert wird[385].

Der durch eine **Vormerkung** im Grundbuch gesicherte Anspruch auf Einräumung oder **272** Aufhebung eines Rechts an einem Grundstück ist nach § 106 InsO voll aus der Insolvenzmasse zu erfüllen; ein Ablehnungsrecht hat der Insolvenzverwalter gegen diese insoweit insolvenzfeste Sicherung nicht.

Miet- und Pachtverhältnisse über unbewegliche Gegenstände oder Räume sowie **273** Dienstverhältnisse, also auch Arbeitsverhältnisse, bestehen nach § 108 InsO mit Wirkung für die Insolvenzmasse fort. Ab Verfahrenseröffnung bestehen daher Masseverbindlichkeiten[386]; lediglich für die bis zur Verfahrenseröffnung entstandenen Forderungen nimmt der Gläubiger nach § 108 Abs. 2 InsO als Insolvenzgläubiger am Verfahren teil[387]. Eine Kündigung durch den Vermieter bzw. Verpächter wegen Rückständen aus der Zeit vor Verfahrenseröffnung oder wegen Verschlechterung der Vermögenslage ist nach § 112 InsO ausgeschlossen. Ist der Insolvenzschuldner Mieter oder Pächter über einen unbeweglichen Gegenstand oder über Räume, kann der Insolvenzverwalter nach § 109 Abs. 1 InsO das Vertragsverhältnis unter Beachtung einer Frist von drei Monaten zum Ende eines Monats kündigen[388]. Längere vertragliche Kündigungsfristen sind unbeachtlich, gewähren dem Vermieter bzw. Verpächter aber eine Schadensersatzforderung wegen vorzeitiger Beendigung des Vertragsverhältnisses (§ 109 Abs. 1 S. 3 InsO); insoweit besteht aber nur eine einfache Insolvenzforderung.

Ist der **Insolvenzschuldner Vermieter oder Verpächter** über einen unbeweglichen Ge- **274** genstand oder über Räume, steht dem Insolvenzverwalter das Sonderkündigungsrecht aus § 109 Abs. 1 S. 1 InsO nicht zu. Vorausverfügungen über den Miet- bzw. Pachtzins über einen längeren Zeitpunkt als einen Monat sind indes nach § 110 Abs. 1 S. 1 InsO unwirksam. Die Gesetzesmaterialien nehmen dabei auf die bisherige Rechtslage des § 21 Abs. 2, 3 KO Bezug[389], die von einer relativen Unwirksamkeit ggü. der Insolvenzmasse ausgegangen ist, sodass der Mieter oder Pächter ggf. noch einmal an die Insolvenzmasse leisten muss, wegen der vorangegangenen Zahlung aber eine Bereicherungsforderung gegen die Insolvenzmasse geltend machen kann[390].

385 Vgl. BT-Drs. 12/2443: RegE InsO, Begründung zu § 121 InsO-E, *Balthasar,* in: Nerlich/Römermann, InsO, § 107, Rn. 12.
386 *Balthasar,* in: Nerlich/Römermann, InsO, § 108, Rn. 16.
387 *Balthasar,* in: Nerlich/Römermann, InsO, § 108, Rn. 15.
388 *Balthasar,* in: Nerlich/Römermann, InsO, § 109, Rn. 3.
389 Vgl. hierzu BT-Drs. 12/2443: RegE InsO, Begr. Zu § 124 InsO-E.
390 *Kroth,* in: Braun, InsO[8], § 110, Rn. 9.

275 Eine Veräußerung der vermieteten oder verpachteten Immobilie durch den Insolvenz-verwalter gewährt dem Erwerber nach Eintritt in das Vertragsverhältnis ein **Sonder-kündigungsrecht** unter Beachtung der gesetzlichen Fristen. Dieses Recht muss jedoch zum nächstzulässigen Zeitpunkt ausgeübt werden; andernfalls verfällt es (§ 111 InsO).

276 Unter die Miet- und Pachtverträge i.S.d. § 108 InsO fallen grundsätzlich auch **Leasing-verträge**. Nach herrschender Auffassung im Schrifttum und in der Rechtsprechung wurden bereits in der Vergangenheit Leasingverhältnisse als Mietverhältnisse ange-sehen[391], und zwar auch dann, wenn dem Leasingnehmer bei Vertragsablauf ein Er-werbsrecht eingeräumt wird[392]. Demzufolge bestehen nach § 108 Abs. 1 S. 1 InsO in der Insolvenz des Leasingnehmers Leasingverträge über unbewegliche Gegenstände (**Im-mobilienleasing**) mit Verfahrenseröffnung grundsätzlich fort. Nach § 109 InsO kann der Insolvenzverwalter allerdings mit der vertraglichen oder gesetzlichen Frist kündigen. Die maximale Kündigungsfrist beträgt drei Monate, wenn keine kürzere Frist maß-geblich ist. Macht der Insolvenzverwalter von seinem Kündigungsrecht Gebrauch, kann der Leasinggeber die vor Verfahrenseröffnung entstandenen Forderungen nur als ein-fache Insolvenzforderung geltend machen, während es sich bei den zwischen Ver-fahrenseröffnung und Vertragsbeendigung weiterlaufenden Leasingraten um Massean-sprüche nach § 55 Abs. 1 Nr. 2 InsO handelt. Seinen durch die Vertragsbeendigung entstandenen Schaden kann der Leasinggeber nur als einfache Insolvenzforderung gel-tend machen[393]. Verzichtet der Insolvenzverwalter auf sein Kündigungsrecht, sind die Leasingraten als Masseansprüche (§ 55 Abs. 1 Nr. 2 InsO) zu begleichen.

277 Das **Mobilienleasing** fällt dagegen unter die allgemeine Regelung des § 103 InsO[394]. Danach hat sich der Verwalter zwischen Erfüllung oder Nichterfüllung zu entscheiden. Wählt der Verwalter in der Insolvenz des Leasingnehmers die Erfüllung, erhält der Lea-singgeber die Leasingraten zulasten der Masse (§ 55 Abs. 1 Nr. 2 InsO). Bei Nichter-füllung durch den Insolvenzverwalter kann der Leasinggeber den Vertrag kündigen und eine Schadensersatzforderung als einfache Insolvenzforderung geltend machen. Als Eigentümer erhält der Leasinggeber den Leasinggegenstand aus der Masse heraus, da er ein Aussonderungs-, nicht aber ein Absonderungsrecht hat[395].

278 Für die Insolvenz des Leasinggebers sieht § 108 Abs. 1 InsO eine **Sonderregelung für Finanzierungsleasing** über Mobilien vor. Ohne diese Ergänzung wären die Refinanzie-rungsmöglichkeiten des Leasinggebers erheblich erschwert[396]. Nach dem eingefügten Satz 2 bestehen in der Insolvenz des Leasinggebers die Leasingverhältnisse an (be-weglichen) Gegenständen, die dem finanzierenden Dritten zur Sicherheit übertragen wurden, mit Wirkung für die Insolvenzmasse fort. Hierdurch werden eine vor Ver-fahrenseröffnung vorgenommene Abtretung der Leasingforderung und das Siche-rungsrecht an der Mobilie „insolvenzfest".

391 *Balthasar*, in: Nerlich/Römermann, InsO, § 108, Rn. 7.
392 *Huber*, in: Gottwald/Haas, InsR-HB⁶, § 37 Rn. 41; aus der zahlreichen Rechtsprechung vgl. BGH v. 10.11.1993, VII ZR 119/92, NJW 1994, S. 576.
393 *Balthasar*, in: Nerlich/Römermann, InsO, § 108, Rn. 15.
394 Hierzu und zur Behandlung von Leasingverträgen in der Insolvenz vgl. *Sinz*, in: Kölner Schrift³, S. 405 ff.
395 *Sinz*, in: Uhlenbruck, InsO¹⁵, § 108, Rn. 106.
396 Vgl. *Kroth*, in: Braun, InsO⁸, § 108, Rn. 3; *Zahn*, DB 1996, S. 1393.

Die **Kündigungssperre** des § 112 InsO für den Leasinggeber erstreckt sich allerdings **279** gleichermaßen auf Immobilien- wie auf Mobilienleasing. Solange der Gläubiger durch die ordnungsgemäße Erfüllung durch den Insolvenzverwalter geschützt ist, braucht er nicht durch Gewährung eines Kündigungsrechts geschützt zu werden; dies würde dem Zweck der Insolvenzordnung widersprechen, das zu einer Fortführung notwendige Betriebsvermögen zusammenzuhalten[397]. Unterlässt dagegen der Insolvenzverwalter die regelmäßigen Zahlungen, steht dem Leasinggeber ein Kündigungsrecht zu[398].

Vom Insolvenzschuldner erteilte Aufträge und Geschäftsbesorgungsaufträge erlö- 280 schen grundsätzlich mit Verfahrenseröffnung, es sei denn, die Fortsetzung ist notwendig, um eine sonst entstehende Gefahr abzuwenden (§§ 115, 116 InsO). Die aus einer notwendigen Fortsetzung entstehenden Ansprüche sind aus der Masse zu begleichen, während die vor Verfahrenseröffnung entstandenen Ansprüche Insolvenzforderungen sind.

Auch etwaige **Vollmachten**, die zu Vermögensverfügungen berechtigen, **erlöschen** nach **281** § 117 Abs. 1 InsO mit Verfahrenseröffnung, soweit nicht das der Vollmacht zugrunde liegende Auftrags- oder Geschäftsbesorgungsverhältnis wegen eines der in § 115 Abs. 2 InsO genannten Gründe fortbesteht. Solange der Bevollmächtigte von der Verfahrenseröffnung unverschuldet keine Kenntnis erlangt hat, haftet er nach § 117 Abs. 3 InsO nicht als Vertreter ohne Vertretungsmacht nach § 179 BGB.

Um die mit den Regelungen über gegenseitige Verträge gewünschten Folgen eines **282** Zusammenhaltens aller zum Schuldnervermögen zählenden Rechtsbeziehungen bis zu einer Entscheidung über die Fortführung nicht auszuhöhlen, sieht § 112 InsO bei Miet- und Pachtverhältnissen für die andere Vertragspartei einen **Ausschluss des Kündigungsrechts** wegen eines Zahlungsrückstandes oder wegen Verschlechterung der Vermögenslage vor.

Neben diese Spezialvorschrift für Miet- und Pachtverhältnisse tritt § 119 InsO. Danach **283** sind Vereinbarungen, die **im Voraus die Anwendung der §§ 103-118 InsO ausschließen oder beschränken**, unwirksam. Damit sind die Vorschriften über das Wahlrecht eines Insolvenzverwalters bei gegenseitigen Verträgen, über die Kündigungsrechte bei Dauerschuldverhältnissen und über das Schicksal von Aufträgen und ähnlichen Rechtsverhältnissen im Insolvenzverfahren zwingendes Recht[399].

Umstritten ist, ob § 119 InsO vertragliche **Lösungsklauseln**[400] erfasst, die ein Schuldner **284** mit seinem Vertragspartner vereinbart hat[401]. Lösungsklauseln sollen einer Partei bei einer langfristigen Vertragsbindung die Möglichkeit geben, sich bei Eintritt von bestimmten Bedingungen von einem geschlossenen Vertrag zu lösen. Dies geschieht entweder durch eine auflösende Bedingung oder durch eine einseitige Erklärung. Mithilfe solcher Klauseln kann einer Vertragspartei die Möglichkeit gegeben werden, sich z.B.

---

397 Eine trotz der Kündigungssperre erklärte Kündigung ist kraft Gesetzes unwirksam.
398 BGH v. 18.07.2002, IX ZR 195/01, 5. Leitsatz, NZI, S. 543; *Obermüller/Livonius*, DB 1995, S. 27. Wegen weitergehender Fragen und insb. der Insolvenz eines Leasinggebers wird auf das Schrifttum verwiesen. *Sinz*, in: Kölner Schrift³, S. 426 ff.
399 So *Andres*, in: Andres/Leithaus, InsO⁴, § 103, Rn. 40 f.
400 Zum Begriff der Lösungsklausel: *Berger*, ZIP 1994, S. 173.
401 *Kroth*, in: Braun, InsO⁸, § 119, Rn. 9.

beim Eintritt eines Insolvenzantragsgrundes von ihren vertraglichen Verpflichtungen zu lösen (insolvenzabhängige Lösungsklausel)[402].

285 Die Literatur ist sich über die **Wirksamkeit von Lösungsklauseln** uneinig[403]. Anstoß der Diskussion war dabei der im Gesetzentwurf einer Insolvenzordnung enthaltene § 137[404], der die Unwirksamkeit von Lösungsklauseln regeln sollte, aber letztlich nicht Gesetz geworden ist[405].

286 Der **BGH** hat hingegen Lösungsklauseln, die an den Insolvenzantrag oder an die Insolvenzeröffnung anknüpfen, für unwirksam erklärt, soweit sie im Voraus die Anwendung von § 103 InsO ausschließen[406]. Das Erfüllungswahlrecht dient dem Schutz der Masse[407]. Dieses Ziel des Gesetzgebers könnte lt. Argumentation des BGH jedoch vereitelt werden, wenn der Vertragspartner sich aufgrund der Insolvenz von einem für die Masse günstigen Vertrag lösen und das Wahlrecht des § 103 InsO unterlaufen kann[408].

4.1.2.2 Aussonderungsberechtigte Gläubiger

287 Kerngedanke der Aussonderung ist die **Herausnahme eines nicht zur Insolvenzmasse gehörenden Gegenstandes,** weil dem Berechtigten an diesem Gegenstand ein dingliches oder schuldrechtliches Recht zusteht, sodass der Gegenstand nicht zum Vermögen des Insolvenzschuldners und damit nicht zur Insolvenzmasse gehört[409]; er haftet nämlich nach § 35 InsO nur mit seinem Vermögen. Nach § 47 InsO sind die aussonderungsberechtigten Gläubiger keine Insolvenzgläubiger[410]. Die Befriedigung der aussonderungsberechtigten Gläubiger vollzieht sich außerhalb der Insolvenzordnung nach Maßgabe des jeweiligen dinglichen oder schuldrechtlichen Herausgabeanspruchs[411].

288 Unzweifelhafter **Grundfall der Aussonderung** aufgrund dinglicher Berechtigung ist das durch den Herausgabeanspruch nach § 985 BGB geschützte **Eigentum** an denjenigen Sachen, von denen der Insolvenzverwalter nach Verfahrenseröffnung Besitz ergriffen hat (§ 148 Abs. 1 InsO) und an denen er kein Recht zum Besitz nach § 986 BGB geltend machen kann[412].

289 Auch dem Insolvenzschuldner **unter einfachem Eigentumsvorbehalt gelieferte Gegenstände** können ausgesondert werden. Ein etwaiges Recht zum Besitz erlischt mit

---

402 *Balthasar,* in: Nerlich/Römermann, InsO, § 119, Rn. 10; *Zeuner,* NJW 2007, S. 2952.

403 Gegen eine Wirksamkeit von Lösungsklauseln argumentieren: *Balthasar,* in: Nerlich/Römermann, InsO, § 119, Rn. 15; *Kroth:* in: Braun, InsO⁸, § 119, Rn. 11; *Tintelnot,* in: Kübler/Prütting/Bork, InsO, § 119, Rn. 15 ff.; gegen eine generelle Unwirksamkeit von Lösungsklauseln sprechen sich aus: *Huber,* in: MünchKomm. InsR⁴, § 119, Rn. 18 ff; *Sinz,* in: Uhlenbruck, InsO¹⁵, § 119, Rn. 10 ff.

404 Vgl. BT-Drs. 12/2443: RegE InsO.

405 *Kroth,* in: Braun, InsO⁸, § 119, Rn. 11.

406 BGH v. 15.11.2012, IX ZR 169/11, NZI 2013, S. 178.

407 § 105 InsO soll es dem Verwalter ermöglichen, Verträge im Verfahren zu gleichen Bedingungen fortzusetzen (BT-Drs. 12/2443, S. 146).

408 BGH v. 15.11.2012, IX ZR 169/11, NZI 2013, S. 178 (179); *Kayser,* ZIP 2013, 1353, (1361); *Sinz,* in: Uhlenbruck, InsO¹⁵, § 119, Rn. 14 unterscheidet dabei zwischen insolvenzabhängigen und insolvenzunabhängigen Klauseln.

409 *Bäuerle,* in: Braun, InsO⁸, § 47, Rn. 1; *Brinkmann,* in: Uhlenbruck, InsO¹⁵, § 47, Rn. 1; *Prütting,* in: Kübler/Prütting/Bork, InsO, § 47, Rn. 1 ff.

410 *Bäuerle,* in: Braun, InsO⁸, § 47, Rn. 4.

411 *Brinkmann,* in: Uhlenbruck, InsO¹⁵, § 47, Rn. 10 f.

412 Vgl. *Pape/Uhlenbruck/Voigt-Salus,* in: Pape/Uhlenbruck/Voigt-Salus, Kap. 23, Rn. 3.

Verfahrenseröffnung[413], sodass der Insolvenzverwalter den Gegenstand nur dann bei der Insolvenzmasse halten kann, wenn er Erfüllung nach § 103 InsO verlangt. Allerdings hat er sich hierüber erst unverzüglich nach dem ersten Berichtstermin (§ 156 i.V.m. § 29 Abs. 1 Nr. 1 InsO) zu erklären (§ 107 Abs. 2 InsO).

Bei **Sicherungseigentum** ist zu unterscheiden: In der **Insolvenz des Sicherungsgebers** besteht für den Sicherungsnehmer nach § 51 Ziffer 1 InsO nur ein Absonderungsrecht[414]. In der **Insolvenz des Sicherungsnehmers** kann der Sicherungsgeber trotz formal fehlenden Eigentums die Sache nach § 47 InsO aussondern, sofern und soweit er die gesicherte Forderung bezahlt[415]. **290**

Die InsO sieht keine ausdrückliche Regelung über **Formen des verlängerten und erweiterten Eigentumsvorbehalts** vor. Der Sache nach wird man diese Formen dem Sicherungseigentum gleichstellen können. Demnach begründen alle Formen eines verlängerten und erweiterten Eigentumsvorbehalts nur das Recht zur abgesonderten Befriedigung, weil der Gläubiger nicht mehr die Herausgabe seines Eigentums verlangen kann, sondern nur noch die an dessen Stelle (im Voraus ab-)getretene Forderung[416]. Im Fall der Verbindung und Vermischung (§§ 947, 948 BGB) wird das Recht an der neu entstandenen Sache dem Sicherungseigentum gleichgestellt[417]. **291**

Eine zwar unter Eigentumsvorbehalt, aber **mit der Befugnis zur Weiterveräußerung gelieferte Sache** begründet ebenfalls nur ein Sicherungsrecht an der Weiterverkaufsforderung und damit nur ein **Recht zur abgesonderten Befriedigung**[418]. **292**

Das **dingliche Vorkaufsrecht** nach § 1094 BGB berechtigt zur Aussonderung des belasteten Grundstücks[419]. **293**

Bei **Grunddienstbarkeiten** und **Grundpfandrechten** ist wie folgt zu unterscheiden: Grunddienstbarkeiten nach §§ 1018 ff. BGB, beschränkt persönliche Dienstbarkeiten (§§ 1090 ff. BGB) und die Grundpfandrechte, nämlich **Hypotheken, Grundschulden und Rentenschulden** (§§ 1113 ff. BGB) berechtigen zur Aussonderung, wenn sie auf dem Grundstück eines Dritten lasten und der Insolvenzverwalter sie für die Masse in Anspruch nimmt. Ein auf dem Grundstück des Insolvenzschuldners eingetragenes Grundpfandrecht berechtigt den Grundpfandgläubiger dagegen nur zur abgesonderten Befriedigung nach § 49 InsO[420]. **294**

Bei der **Insolvenz eines Treuhänders** ist der Treugeber zur Aussonderung berechtigt, und zwar sowohl in Fällen der eigennützigen[421] als auch der uneigennützigen[422] Treuhand zwecks Verwaltung, Rechtsdurchsetzung, Verwahrung, Geschäftsbesorgung oder ähnlichen Treuhandzwecken[423]. Dieses Aussonderungsrecht besteht auch in den meis- **295**

413 Vgl. *Ganter*, in: MünchKomm. InsO⁴, § 47, Rn. 62a; *Pape/Uhlenbruck/Voigt-Salus*, in: Pape/Uhlenbruck/Voigt-Salus, Kap. 25, Rn. 30.
414 Vgl. *Adolphsen*, in: Kölner Schrift³, S. 1337, Rn. 37 ff.; *Bäuerle*, in: Braun, InsO⁸, § 51, Rn. 2.
415 Vgl. *Adolphsen*, in: Kölner Schrift³, S. 1336, Rn. 34; *Bäuerle*, in: Braun, InsO⁸, § 51, Rn. 3.
416 *Brinkmann*, in: Uhlenbruck, InsO¹⁵, § 47, Rn. 19, 33, 38; *Prütting*, in: Kübler/Prütting/Bork, InsO, § 47, Rn. 32 ff.; vgl. *Pape/Uhlenbruck/Voigt-Salus*, in: Pape/Uhlenbruck/Voigt-Salus, Kap. 25, Rn. 32.
417 *Andres*, in: Nerlich/Römermann, InsO, § 47, Rn. 5.
418 Vgl. *Prütting*, in: Kübler/Prütting/Bork, InsO, § 47, Rn. 40.
419 *Adolphsen*, in: Gottwald/Haas, InsR-HB⁶, § 40, Rn. 18.
420 *Andres*, in: Nerlich/Römermann, InsO, § 47, Rn. 49.
421 *Haneke*, in BeckOK Ins, § 47, Rn. 112 f.
422 *Andres*, in: Nerlich/Römermann, InsO, § 47, Rn. 37 ff.
423 BGH v. 10.02.2011, IX ZR 49/10, WM, S. 798.

ten Fällen bei Einzahlungen auf besonderen Konten, wie z.B. offenen Treuhandkonten[424], Anderkonten[425] sowie Tankstellen- und Agenturkonten[426].

296 Im Fall der **Insolvenz des Treugebers** kann der Insolvenzverwalter bei uneigennütziger Treuhandschaft den auf den Treuhänder übertragenen Gegenstand zur Insolvenzmasse ziehen[427]. Bei eigennütziger Treuhand muss zwar der Treuhänder das Treugut ebenfalls an den Insolvenzverwalter des Treugebers herausgeben. Er kann jedoch seine Rechte im Wege der abgesonderten Befriedigung wahren[428]. Wirtschaftlich entsprechen diese Fälle dem Sicherungseigentum und der Sicherungsabtretung, für die § 55 Abs. 1 Nr. 1 InsO ausdrücklich nur eine abgesonderte Befriedigung zulässt.

297 Ein vor Insolvenzeröffnung vom Schuldner oder nach Insolvenzeröffnung vom Insolvenzverwalter veräußerter Gegenstand, auf dem das Aussonderungsrecht eines Dritten lastet, berechtigt nach § 48 S. 1 InsO zur sog. **Ersatzaussonderung**[429], d.h. an die Stelle des ursprünglichen Aussonderungsgegenstandes tritt das durch die Veräußerung erlangte Surrogat. Dies setzt allerdings voraus, dass das Surrogat noch unterscheidbar im Schuldnervermögen vorhanden ist[430]. Fehlt es an der Unterscheidbarkeit, erlischt das Aussonderungsrecht an dem Surrogat und an dessen Stelle treten lediglich ein Bereicherungsanspruch oder Schadensersatzansprüche gegen die Insolvenzmasse. Je nach Ausgangslage kann es sich dabei um eine einfache Insolvenzforderung, ggf. aber auch um Masseverbindlichkeiten nach § 55 Abs. 1 Nr. 1 oder Nr. 3 InsO handeln[431]. Eine nach Insolvenzeröffnung erfolgte Veräußerung durch den Schuldner ist wegen dessen Verfügungsverbot unwirksam und verpflichtet den Erwerber zur Rückgabe an den Insolvenzverwalter, ggf. auch unmittelbar an den Aussonderungsberechtigten.

298 Für die **Durchsetzung des Aussonderungsrechts** steht dem Aussonderungsberechtigten kein Recht zur eigenmächtigen Besitzverschaffung zu. Nimmt der Insolvenzverwalter die Herausgabe nicht vor, ist der Aussonderungsberechtigte auf den Rechtsweg außerhalb des Insolvenzverfahrens (§ 47 S. 2 InsO) nach allgemeinen zivilprozessualen Grundsätzen verwiesen[432].

299 Das Insolvenzgericht kann nach § 21 Abs. 2 S. 1 Nr. 5 InsO einen **Verwertungs- und Einziehungsstopp** hinsichtlich bestimmter, für eine Fortführung elementarer Gegenstände anordnen. Da sich der Rechtsinhaber gegen den Beschluss des Insolvenzgerichts nicht unmittelbar wehren kann, darf er sich jedoch darauf verlassen, dass sich für ihn aus dem Beschluss Ausgleichsansprüche ergeben[433]. Der Ausgleichsanspruch enthält eine Kompensation für den Verlust, den der Gegenstand dadurch erleidet, dass er über die vertragliche Abrede hinaus genutzt wird oder eine Beschädigung erleidet und dadurch an Wert verliert[434].

---

424 *Brinkmann*, in: Uhlenbruck, InsO[15], § 47, Rn. 94.
425 *Brinkmann*, in: Uhlenbruck, InsO[15], § 47, Rn. 96.
426 *Ganter*, in: MünchKomm. InsO[4], § 47 Rn. 400.
427 BGH v. 12.07.2012, IX ZR 213/11, NZI, S. 803 (804); *Brinkmann*, in: Uhlenbruck, § 47, Rn. 83.
428 *Andres*, in: Nerlich/Römermann, InsO, § 47 Rn. 40; *Imberger*, in: FK-InsO[9], § 47, Rn. 51.
429 Hierzu vgl. *Gundlach*, KTS 1997, S. 210, *Gundlach*, KTS 1997, S. 453, *Gundlach*, KTS 1997, S. 553; *Adolphsen*, in: Gottwald/Haas, InsR-HB[6], § 41.
430 *Imberger*, in: FK-InsO[9], § 48, Rn. 1/17.
431 *Bäuerle*, in: Braun, InsO[8], § 48, Rn. 34.
432 *Brinkmann*, in: Uhlenbruck, InsO[15], § 47, Rn. 126 ff.
433 BGH v. 03.12.2009, IX ZR 7/09, NZI 2010, S. 95 (96).
434 BGH v. 08.03.2012, IX ZR 78/11; NZI, S. 369 (370).

4.1.2.3 Absonderungsberechtigte Gläubiger

Derjenige, welchem ein Recht zur abgesonderten Befriedigung zusteht, hat Anspruch auf **300** bevorzugte Befriedigung aus dem Erlös, den der Insolvenzverwalter aus der Verwertung des jeweiligen Gegenstandes, an dem das Absonderungsrecht besteht, erzielt[435]. Nach der Insolvenzordnung steht folgenden Gläubigergruppen ein Recht auf abgesonderte Befriedigung zu:

- Gläubiger, denen ein **Recht auf Befriedigung aus unbeweglichen Gegenständen** zusteht (§ 49 InsO). Ihr Befriedigungsrecht richtet sich nach dem Gesetz über die Zwangsversteigerung und Zwangsverwaltung (§§ 49, 165 InsO)[436].
- Gläubiger, denen ein in § 50 InsO genanntes **Pfandrecht an Sachen oder Forderungen** zusteht, also ein rechtsgeschäftliches Pfandrecht, ein gesetzliches Pfandrecht sowie ein Pfändungspfandrecht[437]; die Verwertung bestimmt sich dabei nach den §§ 166-173 InsO; Gläubiger, denen nach § 51 Nr. 1 InsO eine bewegliche Sache übereignet (**Sicherungseigentum**) oder ein Recht sicherungshalber übertragen wurde (**Sicherungsabtretung**).
- Gläubiger, denen nach § 51 Nr. 2 InsO ein **Zurückbehaltungsrecht** an einer Sache **wegen** ihres **Verwendungsersatzanspruches** zusteht.
- Gläubiger, denen nach § 51 Nr. 3 InsO das **handelsrechtliche** (§ 369 HGB), **nicht aber das zivilrechtliche** (§ 273 BGB) **Zurückbehaltungsrecht** zusteht.

§ 51 Nr. 4 InsO gibt Bund, Ländern, Gemeinden und Gemeindeverbänden ein **Absonderungsrecht an zoll- und steuerpflichtigen Sachen**, die nach den gesetzlichen Vorschriften, insb. nach § 76 AO, als **Sicherheit für öffentliche Abgaben** dienen[438]. **301**

Wegen der **Rechtsdurchsetzung**, die je nach Art des Gegenstandes und der jeweiligen Rechtsbeziehung unterschiedlich ausfallen kann, wird auf das weiterführende Schrifttum verwiesen[439]. **302**

Anders als für die Ersatzaussonderung hat der Gesetzgeber für die **Ersatzabsonderung keine ausdrückliche gesetzliche Regelung** vorgesehen. Zu Recht folgert das Schrifttum, dass daraus nicht auf den Ausschluss einer analogen Anwendung der Regeln über die Ersatzaussonderung geschlossen werden kann[440]. **303**

Die §§ 165 ff. InsO sehen Regelungen über die **Verwaltung und Verwertung von Gegenständen vor, die einem Absonderungsrecht unterliegen**. Immobilien unterliegen nach § 165 InsO der Zwangsversteigerung und der Zwangsverwaltung. Bewegliche Gegenstände, die der Insolvenzverwalter im Besitz hat, darf er nach § 166 Abs. 1 InsO freihändig verwerten; zur Sicherung abgetretene Forderungen darf er nach § 166 Abs. 2 InsO einziehen oder in anderer Weise verwerten[441]. Nach §§ 167, 168 InsO hat der Insolvenzverwalter den Gläubiger über die Verwertungsabsicht und die Art der vorgesehenen Verwertung zu unterrichten, um dem Gläubiger Gelegenheit zu einer evtl. bes- **304**

435 *Bäuerle*, in: Braun, InsO[8], § 49, Rn. 1.
436 *Pape/Uhlenbruck/Voigt-Salus*, in: Pape/Uhlenbruck/Voigt-Salus, Kap. 25, Rn. 7.
437 *Bäuerle*, in: Braun, InsO[8], § 50: Zum rechtsgeschäftlichen Pfandrecht s. Rn. 1 ff.; zum gesetzlichen Pfandrecht s. Rn. 7 ff. und zum Pfändungspfandrecht s. Rn. 17 ff.
438 *Bäuerle*, in: Braun, InsO[8], § 51, Rn. 64 ff; *Imberger*, in: FK-InsO[9], § 51, Rn. 88.
439 Vgl. *Pape/Uhlenbruck/Voigt-Salus*, in: Pape/Uhlenbruck/Voigt-Salus, Kap. 25, Rn. 2 ff.
440 *Andres*, in: Nerlich/Römermann, InsO, § 48, Rn. 17; vgl. *Brinkmann*, in: Uhlenbruck, InsO[15], § 50, Rn. 64; *Pape/Uhlenbruck/Voigt-Salus*, in: Pape/Uhlenbruck/Voigt-Salus, Kap. 25, Rn. 33.
441 Ausführlich zur Feststellung und Verwertung: *d'Avoine*, ZIP 2012, S. 58.

seren Verwertung zu geben. Für die Zeit nach dem Berichtstermin bis zum Verwertungszeitpunkt sind dem Gläubiger die geschuldeten Zinsen aus der Masse zu zahlen; es besteht mithin eine Masseverbindlichkeit für diese Zinsen nach § 55 Abs. 1 Nr. 1 InsO. Vor Auskehrung des Erlöses an den Gläubiger darf der Insolvenzverwalter nach § 170 InsO die Kosten der Feststellung und der Verwertung vorweg entnehmen. Die Feststellungskosten betragen dabei nach § 171 Abs. 1 InsO pauschal vier Prozent des Verwertungserlöses. Die Kosten der Verwertung dürfen nach § 171 Abs. 2 InsO pauschal mit fünf Prozent des Verwertungserlöses angesetzt werden; nur wenn die Verwertungskosten erheblich höher oder niedriger lagen, sind diese Kosten anzusetzen[442]. Bis zur Verwertung darf der Insolvenzverwalter nach § 172 InsO die dem Absonderungsrecht unterliegende Sache nutzen. Diese Regelung soll eine Unternehmensfortführung erleichtern. Dafür muss er allerdings einen etwaigen, durch die Nutzung entstehenden Wertverlust durch laufende Zahlungen an den Gläubiger ausgleichen (§ 171 Abs. 1 S. 1 InsO)[443].

305   Zum **Verwertungs- und Einziehungsstopp** nach § 21 Abs. 2 S. 1 Nr. 5 InsO durch das Insolvenzgericht vgl. Kap. C Tz. 299.

4.1.2.4   Aufrechnungsberechtigte Gläubiger

306   Neben einer Vorzugsstellung der aussonderungs- und absonderungsberechtigten Gläubiger genießen auch die aufrechnungsbefugten Gläubiger eine **Besserstellung ggü. den Insolvenzgläubigern**[444].

307   **Grundsätzliche Voraussetzung** für eine Aufrechnung ist, dass **schon vor Insolvenzeröffnung** kraft Gesetzes oder aufgrund einer Vereinbarung eine **Aufrechnungslage i.S.d. § 387 BGB** bestand, d.h., es müssen sich gleichartige Forderungen gegenüberstehen, die Forderung des Gläubigers muss fällig und die des Schuldners erfüllbar sein und es darf kein zivilrechtlicher Aufrechnungsausschluss nach den §§ 390, 393, 394 BGB oder aus einem vertraglichen Aufrechnungsverbot bestehen. In diesem Fall kann sich der Gläubiger nach § 94 InsO durch einseitige Aufrechnungserklärung (§ 388 BGB) ggü. dem Insolvenzverwalter (wegen dessen Verfügungszuständigkeit nach § 80 InsO über das Schuldnervermögen) davon befreien, selbst noch mit seiner Schuld an die Masse leisten zu müssen.

308   § 95 InsO berücksichtigt für diese allgemeinen Voraussetzungen gewisse Erleichterungen: So liegt eine **Gleichartigkeit auch bei unterschiedlichen Währungen** vor. Nach § 95 Abs. 2 S. 2 InsO erfolgt die Umrechnung abweichend von § 45 S. 2 InsO nicht nach dem Kurswert zum Zeitpunkt der Verfahrenseröffnung, sondern zu dem Zeitpunkt, der für den Ort und die Zeit des Zugangs der Aufrechnungserklärung maßgeblich ist[445].

309   Weitere **Erleichterungen** bestehen nach § 95 Abs. 1 S. 1 InsO darin, dass die Aufrechnung auch dann zulässig ist, wenn vor Insolvenzeröffnung zwar noch nicht alle Aufrechnungsvoraussetzungen vorgelegen haben, jedoch schon eine Art „Anwartschaftsrecht auf Aufrechnung" für den Gläubiger in der Weise besteht, dass ohne weitere

---

442   *Brinkmann*, in: Uhlenbruck, InsO, § 171, Rn. 10 ff.: Erheblichkeit ist anzunehmen, wenn die Abweichung die Pauschale um die Hälfte unterschreitet oder um das Doppelte übersteigt.

443   *Brinkmann*, in: Uhlenbruck, InsO[15], § 172, Rn. 10: Der Gläubiger sei so zu stellen, wie er stehen würde, wenn der Gegenstand ohne Benutzung zum Zeitwert verwertet worden wäre.

444   *Häsemeyer*, in: Kölner Schrift[3], S. 465; *von Wilmowsky*, NZG 1998, S. 481.

445   *Sinz*, in: Uhlenbruck, InsO[15], § 95, Rn. 54.

Rechtshandlung des Schuldners die **vollständige Aufrechnungslage erst während des Insolvenzverfahrens eintritt**. Diesen Zusammenhang formuliert § 95 Abs. 1 S. 1 InsO dahingehend, dass dann, wenn eine der Forderungen zum Eröffnungszeitpunkt noch aufschiebend bedingt, noch nicht fällig oder die Forderung noch nicht auf eine gleichartige Leistung gerichtet war[446], die Aufrechnung nach Insolvenzeröffnung erklärt werden kann, sobald die jeweils noch fehlende Voraussetzung durch bloßes Zeitverstreichen eingetreten ist. § 41 InsO (Fälligstellung von nicht fälligen Forderungen) und § 45 InsO (Umrechnung von Forderungen, die nicht auf Geld gerichtet sind oder deren Geldbetrag noch unbestimmt ist) werden schließlich durch § 95 Abs. 1 S. 2 InsO ausdrücklich für nicht anwendbar erklärt.

Ausgeschlossen ist indes eine Aufrechnung durch den Gläubiger, wenn die Forderung, **310** gegen die aufgerechnet werden soll, unbedingt und fällig wird, bevor er für seine Forderung wegen Fehlens aller Aufrechnungsvoraussetzungen die Aufrechnung erklären kann. Die Gegenforderung darf mithin nicht vor der eigenen Forderung fällig werden.

Eine Aufrechnung ist nur zulässig, wenn die Aufrechnungslage zum Zeitpunkt der Ver- **311** fahrenseröffnung besteht. Die **Beweislast** liegt dabei aufseiten des aufrechnenden Schuldners. Dieser hat zu beweisen, dass die Aufrechnungslage schon vor Verfahrenseröffnung entstanden ist. Dem Insolvenzverwalter obliegt es lediglich, den Zeitpunkt der Verfahrenseröffnung zu beweisen[447].

Die **Unzulässigkeit der Aufrechnung** sieht § 96 InsO vor, wenn **312**

- die Schuld des Insolvenzgläubigers erst nach Eröffnung des Insolvenzverfahrens entsteht (§ 96 Nr. 1 InsO),
- der Insolvenzgläubiger seine Forderung erst nach Verfahrenseröffnung von einem anderen Gläubiger erworben hat (§ 96 Nr. 2 InsO),
- der Insolvenzgläubiger sich die Möglichkeit zur Aufrechnung durch eine anfechtbare Rechtshandlung verschafft hat (§ 96 Nr. 3 InsO),
- die Forderung eines Gläubigers aus dem freien Vermögen des Schuldners zu begleichen ist, er selbst aber eine Schuld gegen die Insolvenzmasse hat (§ 96 Nr. 4 InsO).

Besondere Regelungen über die Zulässigkeit einer **Aufrechnung im Zusammenhang** **313** **mit Miet- und Pachtzinsen** enthält § 110 Abs. 3 InsO.

Besteht die Möglichkeit, sich vollständig durch **Aufrechnung** zu befriedigen, ist ein Be- **314** dürfnis für eine Anmeldung nicht zu erkennen. Besteht hingegen nur hinsichtlich eines Teils der Forderung eine Aufrechnungsmöglichkeit, so kann der Gläubiger seine gesamte Forderung anmelden, nimmt aber an der Quotenberechnung nur mit dem Betrag teil, der sich unter Berücksichtigung der Aufrechnung ergibt[448]. Die Eintragung in die Tabelle präjudiziert keineswegs einen evtl. notwendigen **Rechtsstreit über die Zulässigkeit** einer Aufrechnung im Falle des Bestreitens durch den Insolvenzverwalter. Dies ist zwischen dem Gläubiger und dem Insolvenzverwalter außerhalb des Insolvenzverfahrens nach allgemeinen zivilprozessualen Regeln zu klären[449].

---

446 *Sinz*, in: Uhlenbruck, InsO[15], § 95, Rn. 15.
447 BGH v. 24.04.2012, IX ZR 149/11, NZI, S. 711 (712); *Sinz*, in: Uhlenbruck, InsO[15], § 95, Rn. 20.
448 *Pape/Schaltke*, in: Kübler/Prütting/Bork, InsO, § 174, Rn. 28.
449 Vgl. *Pape/Uhlenbruck/Voigt-Salus*, in: Pape/Uhlenbruck/Voigt-Salus, Kap. 28, Rn. 23.

4.1.2.5 Arbeitnehmer

315 Im Rahmen dieses Überblicks sollen zum Insolvenzarbeitsrecht[450] nur wenige ausgewählte Fragestellungen behandelt werden: Zum einen geht es um die Frage nach den vermögensrechtlichen Ansprüchen der Arbeitnehmer in Bezug auf rückständigen Lohn und andere arbeitsvertragliche Leistungen sowie aus ihrer Weiterbeschäftigung nach Verfahrenseröffnung. Des Weiteren geht es um individual- und kollektivarbeitsrechtliche Fragen im Zusammenhang mit einer Reorganisation des Schuldnerunternehmens.

316 § 108 Abs. 1 InsO geht von dem **Fortbestand der Dienstverhältnisse** nach Verfahrenseröffnung aus. Die Insolvenzordnung sieht **keine automatische Beendigung der Arbeits- und Dienstverhältnisse mit Verfahrenseröffnung** vor. Mit Übergang der Verfügungsgewalt über das Schuldnervermögen auf den Insolvenzverwalter nach § 80 Abs. 1 InsO tritt dieser in die Position des Arbeitgebers ein[451]. Für den vorläufigen Insolvenzverwalter gilt dies nur, wenn das Insolvenzgericht dem Schuldner ein allgemeines Verfügungsverbot nach § 22 Abs. 1 InsO auferlegt hat[452]. Ist dies nicht der Fall, stehen alle in der Insolvenzordnung benannten Rechte in Bezug auf die Arbeitsverhältnisse allein dem endgültigen Insolvenzverwalter zu, woraus sich bei längerer Zeit zwischen Eröffnungsantrag und Verfahrenseröffnung nicht unerhebliche Einengungen für personalpolitische Maßnahmen im Hinblick auf eine wirtschaftlich sachgerechte Sanierung ergeben können.

317 **Ansprüche auf rückständigen Arbeitslohn** sind durch das **Insolvenzgeld** nach §§ 165 ff. SGB III **für die Dauer von drei Monaten vor Verfahrenseröffnung** geschützt[453]. Der Antrag auf Zahlung des Insolvenzgeldes muss in einer Ausschlussfrist von zwei Monaten nach Verfahrenseröffnung gestellt werden[454]. Auf die auszahlungspflichtige Bundesagentur für Arbeit gehen aufgrund eines gesetzlichen Forderungsübergangs bereits mit Antragstellung die Lohnforderungen als normale Insolvenzforderung über. Einen etwaigen Anspruch für Zeiten vor der durch Insolvenzgeld gesicherten Dreimonatsperiode müssen die Arbeitnehmer als Insolvenzgläubiger i.S.v. § 38 InsO geltend machen (vgl. § 108 Abs. 3 i.V.m. § 174 InsO).

318 Lohnansprüche aus der Weiterbeschäftigung **nach Verfahrenseröffnung** sind **Masseverbindlichkeiten** nach § 55 Abs. 1 Nr. 2 InsO. Lehnt der Insolvenzverwalter eine Gegenleistung ab und stellt die Arbeitnehmer insgesamt oder eine bestimmte Anzahl von ihnen von der Erbringung ihrer Dienstleistung frei, so wandelt sich der Lohnanspruch in eine einfache Insolvenzforderung um[455]. Die nach § 169 SGB III auf die Bundesagentur für Arbeit übergegangenen Ansprüche auf Arbeitsentgelt können von ihr nur als ein-

---

450 Allgemein zum Insolvenzarbeitsrecht vgl. *Göpfert/Schöne*, in: Steindorf/Regh; vgl. auch *Bertram/Künzl*, in: Gottwald/Haas, InsR-HB[6], § 102 ff.

451 BAG v. 13.12.1978; GS 1/77, NJW 1979, S. 775; *Wittkowski/Kruth*, in: Nerlich/Römermann, InsO, § 80, Rn. 104; *Bertram/Künzl*, in: Gottwald/Haas, InsR-HB[5], § 102, Rn. 27.

452 *Zobel*, in: Beck/Depré, § 28, Rn. 186 f.; *Böhm*, in: Braun, InsO[8], § 22, Rn. 11.

453 *Pape/Uhlenbruck/Voigt-Salus*, in: Pape/Uhlenbruck/Voigt-Salus, Kap. 9, Rn. 19; nach EuGH – Schlussanträge v. 02.07.2002, Rs C-60701, ZIP, S. 1253, ist allerdings entgegen dem Wortlaut des § 165 SGB III nicht auf den Zeitpunkt der Eröffnung des Insolvenzverfahrens abzustellen, sondern auf den Zeitpunkt der Antragstellung. Anders jedoch der BGH, der in seinem Beschluss vom 27.07.2006 (IX ZB 204/04, NJW, S. 3553) darauf abstellt, dass der Insolvenzgrund im Zeitpunkt der Eröffnung vorliegen muss. Ausführlich zum Insolvenzgeld: *Pape/Uhlenbruck/Voigt-Salus*, in: Pape/Uhlenbruck/Voigt-Salus, Kap. 9, Rn. 15 ff.

454 *Braun/Mühlbayer*, in: Beck/Depré, § 29, Rn. 139.

455 *Sinz*, in: Uhlenbruck, InsO[15], § 55, Rn. 100.

fache Insolvenzforderungen geltend gemacht werden, und zwar auch dann, wenn der (vorläufige) Insolvenzverwalter die Arbeitsleistung angenommen hat[456].

Nach dem **Sonderkündigungsrecht aus § 113 InsO** kann das Arbeitsverhältnis sowohl **319** vom Insolvenzverwalter als auch vom Arbeitnehmer unter Einhaltung einer **Frist von drei Monaten** gekündigt werden. Dieses Sonderkündigungsrecht **erstreckt sich** sowohl auf die Vollbeendigung des Arbeitsverhältnisses als **auch auf Änderungskündigungen.** Dem vorläufigen Insolvenzverwalter steht das Sonderkündigungsrecht allerdings nicht zu[457]. Vertraglich vereinbarte längere Kündigungsfristen werden mithin auf eine Dreimonatsfrist reduziert. Bestehen allerdings vertragliche, tarifvertragliche oder gesetzliche kürzere Kündigungsfristen, finden diese Anwendung (§ 113 S. 3 InsO)[458]. Liegen die Voraussetzungen für eine außerordentliche Kündigung nach § 626 BGB vor, so wird diese durch § 113 InsO nicht ausgeschlossen[459]. Das Insolvenzverfahren selbst stellt aber keinen eine außerordentliche Kündigung rechtfertigenden Grund i.S.d. § 626 BGB dar[460].

Soweit eine längere Kündigungsfrist bestand, kann der Arbeitnehmer wegen des den **320** Dreimonatszeitraum übersteigenden Zeitraums nach § 113 S. 3 InsO einen Schadensersatzanspruch als normaler Insolvenzgläubiger geltend machen[461]. Eventuelle **spezielle Kündigungsschutzvorschriften** nach dem Mutterschutzgesetz (§ 9 MuSchG)[462], Bundeselterngeld- und Elternzeitgesetz (§ 18 BEEG)[463], für Schwerbehinderte (Sozialgesetzbuch IX, § 85 ff.)[464] oder für Zivil- und Wehrdienstleistende (Arbeitsplatzschutzgesetz, § 2 Abs. 1)[465] sowie für Betriebsräte und andere Organe der Betriebsverfassung[466] (Jugend- und Ausbildungsvertretung, Wahlvorstand und Wahlbewerber, § 15 KSchG) bleiben bestehen[467]. Da die Rechte des Betriebsrates im Insolvenzverfahren nicht begrenzt werden, ist **vor jeder Kündigung der Betriebsrat** nach § 102 Abs. 1 S. 3 BetrVG **anzuhören**; andernfalls wäre die Kündigung unwirksam[468].

Neben den zusätzlichen Voraussetzungen einer Kündigung bei **Massenentlassung**[469] **321** nach den §§ 17 ff. KSchG hat der Insolvenzverwalter auch die allgemeinen Vorschriften

---

456 *Schellberg*, DB 2002, S. 307 (311).

457 BAG v. 20.01.2005, V 2 AZR 134/04, ZIP 2005, S. 1289 ff.; *Ahrens*, in: *Schmidt, K.*, InsO¹⁹, § 113, Rn. 4; *Düwell*, in: Kölner Schrift³, S. 1200, Rn. 19.

458 *Beck*, in: Braun, InsO⁸, § 113, Rn. 12.

459 *Ahrens*, in: *Schmidt, K.*, InsO¹⁹, § 113, Rn. 47; *Pape/Uhlenbruck/Voigt-Salus*, in: Pape/Uhlenbruck/Voigt-Salus, Kap. 42, Rn. 5.

460 BAG v. 07.12.1978, 2 AZR 155/77, AP Nr. 6 zu § 1 KSchG; *Ahrens*, in: *Schmidt, K.*, InsO¹⁹, § 113, Rn. 4; *Pape/Uhlenbruck/Voigt-Salus*, in: Pape/Uhlenbruck/Voigt-Salus, Kap. 42, Rn. 9.

461 *Beck*, in: Braun, InsO⁸, § 113, Rn. 17.

462 Gesetz zum Schutze der erwerbstätigen Mutter (Mutterschutzgesetz – MuSchG); *Ahrens*, in: *Schmidt, K.*, InsO¹⁹, § 113, Rn. 43; *Beck*, in: Braun, InsO⁸, § 113, Rn. 25.

463 Gesetz zum Elterngeld und zur Elternzeit (Bundeselterngeld- und Elternzeitgesetz – BEEG); *Ahrens*, in: *Schmidt, K.*, InsO¹⁹, § 113, Rn. 44; *Beck*, in: Braun, InsO⁸, § 113, Rn. 27.

464 Das Neunte Buch Sozialgesetzbuch – Rehabilitation und Teilhabe behinderter Menschen – [Art. 1 des Gesetzes vom 19.06.2001, BGBl. I, S. 1046 (1047)], das zuletzt durch Art. 165 des Gesetzes vom 29.03.2017 (BGBl. I, S. 626) geändert worden ist; *Ahrens*, in: Schmidt, K., InsO¹⁹, § 113, Rn. 45.

465 Gesetz über den Schutz des Arbeitsplatzes bei Einberufung zum Wehrdienst (Arbeitsplatzschutzgesetz – ArbPlSchG); *Ahrens*, in: *Schmidt, K.*, InsO¹⁹, § 113, Rn. 46; *Beck*, in: Braun, InsO⁸, § 113, Rn. 24.

466 *Beck*, in: Braun, InsO⁸, § 113, Rn. 34.

467 *Ahrens*, in: Schmidt, K., InsO¹⁹, § 113, Rn. 40 f.

468 *Ahrens*, in: Schmidt, K., InsO¹⁹, § 113, Rn. 26.

469 Vgl. *Berscheid*, in: Kölner Schrift³, S. 1084 ff.

des KSchG zu beachten[470]. Stellt er den Betrieb vollständig ein, ist die Kündigung durch dringende betriebliche Erfordernisse gerechtfertigt; eine **Sozialauswahl** kann in diesen Fällen nicht stattfinden. Soll aber nur einem Teil der Mitarbeiter gekündigt werden, sind die Kriterien der Sozialauswahl in vollem Umfang zu berücksichtigen[471]. Zur Sicherung einer ausgewogenen Personalstruktur sind nach § 1 Abs. 3 S. 2 KSchG diejenigen Arbeitnehmer nicht in die Sozialauswahl einzubeziehen, deren Weiterbeschäftigung wegen ihrer Kenntnisse, Fähigkeiten und Leistungen im berechtigten betrieblichen Interesse liegt.

322 Sämtliche **Rechte des Betriebsrates** aus dem Betriebsverfassungsgesetz bleiben im Insolvenzverfahren bestehen; insb. gilt dies für die Mitwirkungsrechte bei Kündigungen, aber (und vor allem) auch bei Betriebsänderungen nach den §§ 111 ff. BetrVG[472] und ebenso für den Sprecherausschuss der leitenden Angestellten nach dem Sprecherausschussgesetz[473], wenngleich dessen Beteiligungsrechte bei Entlassungen weniger stark ausdifferenziert sind als die des Betriebsrates. Wohl aber sieht die InsO in § 218 Abs. 3 eine beratende Mitwirkung des Sprecherausschusses zusammen mit dem Betriebsrat an einem vom Insolvenzverwalter aufgestellten Insolvenzplan vor.

323 Unabhängig davon, ob ein Betriebsrat besteht, gelten die Bestimmungen der §§ 120 ff. InsO ergänzend zu den Bestimmungen der §§ 111 ff. BetrVG[474]:

324 § 120 InsO sieht vor, dass der Betriebsrat und der Insolvenzverwalter für den Fall, dass durch **Betriebsvereinbarungen** bestimmte Leistungen vorgesehen werden, welche die Insolvenzmasse belasten, über eine einvernehmliche Herabsetzung beraten sollen. Betriebsvereinbarungen, die eine über drei Monate hinausgehende Kündigungsfrist vorsehen, können nach § 120 Abs. 1 S. 2 InsO gleichwohl – aufgrund der in § 77 Abs. 5 BetrVG enthaltenen Dreimonatsfrist – gekündigt werden. Die Nachwirkung gem. § 77 Abs. 6 BetrVG soll bei erzwingbaren Betriebsvereinbarungen nicht angetastet werden. Die Rechte und Pflichten aus der gekündigten Betriebsvereinbarung wirken bis zum Abschluss einer neuen Vereinbarung fort.[475] Nach § 120 Abs. 2 InsO bleibt zudem das Recht zur fristlosen Kündigung aus wichtigem Grund bestehen[476].

325 Im Rahmen eines Insolvenzverfahrens können die unterschiedlichen Tatbestände einer **Betriebsänderung** i.S.d. §§ 111 ff. eintreten und dadurch nach § 112 BetrVG einen **Interessenausgleich** und einen **Sozialplan** auslösen[477].

326 § 121 InsO sieht unter dem Gesichtspunkt der Beschleunigung hierfür zunächst vor, dass einem etwaigen Einigungsstellenverfahren nach § 112 Abs. 2 BetrVG der sonst einseitig herbeiführbare **Vermittlungsversuch durch den Vorstand der Bundesagentur für Arbeit** nur dann voranzugehen braucht, wenn sowohl der Insolvenzverwalter als auch der Betriebsrat gemeinsam ein solches Vermittlungsverfahren anstreben.

---

470 *Ahrens*, in: Schmidt, K., InsO[19], § 113, Rn. 38; *Zobel*, in: Uhlenbruck, InsO[15], § 113, Rn. 23; *Pape/Uhlenbruck/Voigt-Salus*, in: Pape/Uhlenbruck/Voigt-Salus, Kap. 42, Rn. 7.
471 Ausführlich dazu *Berscheid*, in: Kölner Schrift[3], S. 1112, Rn. 77 ff.
472 *Bertram/Künzl*, in: Gottwald/Haas, InsR-HB[5], § 108, Rn. 41 f.; vgl. *Ries/Zobel*, in: Kölner Schrift[3], S. 1143, Rn. 9.
473 Gesetz über Sprecherausschüsse der leitenden Angestellten (Sprecherausschußgesetz – SprAuG).
474 *Hamacher*, in: Nerlich/Römermann, InsO, Vor § 121, Rn. 1.
475 *Schöne*, in: Kübler/Prütting/Bork, InsO[19], § 120, Rn. 37, *Hamacher*, in: Nerlich/Römermann, InsO, § 122, Rn. 39.
476 *Hamacher*, in: Nerlich/Römermann, InsO, § 120, Rn. 43.
477 *Hamacher*, in: Nerlich/Römermann, InsO, Vor §§ 120-124.

§ 122 Abs. 1 InsO geht von einer **Dreiwochenfrist zur Herbeiführung eines Interes-** **327** **senausgleichs** zwischen Insolvenzverwalter und Betriebsrat aus. Nach erfolglosem Verstreichen dieser Frist trotz rechtzeitiger und vollständiger Unterrichtung des Betriebsrates kann der Insolvenzverwalter die Zustimmung des Arbeitsgerichts zur Durchführung der Betriebsänderung beantragen. § 122 Abs. 2, 3 InsO sehen ein beschleunigtes Verfahren auch hinsichtlich des Instanzenzuges bis zum BAG vor, wenngleich der dafür notwendige Zeitaufwand für die Praxis zu nicht unerheblichen Schwierigkeiten führen und daher den Versuch einer einvernehmlichen Einigung begünstigen dürfte.

§§ 125, 126 InsO sehen Besonderheiten für einen **Interessenausgleich** vor, der die **328** **Kündigung von Arbeitnehmern** zum Gegenstand hat. Sind nach § 125 Abs. 1 InsO in dem Interessenausgleich die zu kündigenden Mitarbeiter namentlich erwähnt, so findet nur eine eingeschränkte arbeitsgerichtliche Prüfung in einem evtl. angestrengten Kündigungsschutzverfahren statt. Das Vorliegen dringender betrieblicher Erfordernisse wird vermutet (§ 125 Abs. 1 Nr. 1 InsO). Die soziale Auswahl im Hinblick auf die Dauer der Betriebszugehörigkeit, das Lebensalter und Unterhaltspflichten kann nur auf grobe Fehlerhaftigkeit hin geprüft werden (§ 125 Abs. 1 Nr. 2 InsO). Ist ein Betriebsrat nicht vorhanden oder kommt aus anderen Gründen innerhalb einer Frist von drei Wochen eine Einigung über die in einen Interessenausgleich aufzunehmenden Namen der zu kündigenden Mitarbeiter nicht zustande, so gilt nach § 126 InsO wie bereits nach § 122 InsO für andere Betriebsänderungen auch insoweit ein zeitlich gestrafftes Verfahren zur Herbeiführung möglichst schneller Rechtsklarheit.

§ 123 InsO sieht für einen **nach Verfahrenseröffnung aufgestellten Sozialplan** vor, dass **329** für den Ausgleich oder die Milderung der wirtschaftlichen Nachteile für die von der Entlassung betroffenen Mitarbeiter allenfalls eine **Abfindung bis zu zweieinhalb Monatsverdiensten** angesetzt werden darf (sog. absolute Grenze nach § 123 Abs. 1 InsO), für das **Gesamtvolumen eines Sozialplans jedoch höchstens ein Drittel der Masse** (sog. relative Grenze nach § 123 Abs. 2 InsO). Innerhalb dieser Grenzen sind jedoch individuelle Ausgestaltungen je nach einzelnem Arbeitnehmer und dessen sozialer Schutzbedürftigkeit zulässig. Bei den Verbindlichkeiten aus einem solchen Sozialplan handelt es sich nach § 123 Abs. 2 S. 1 InsO um **Masseverbindlichkeiten**. Wenn die Liquiditätslage dies zulässt, darf der Insolvenzverwalter Abschlagszahlungen auf die Sozialplanforderung leisten (§ 123 Abs. 3 S. 1 InsO). Eine Einzelzwangsvollstreckung der Arbeitnehmer aus dem Sozialplan ist nach § 123 Abs. 3 S. 2 InsO ausgeschlossen.

Für einen im Zeitraum von drei Monaten **vor Insolvenzeröffnung aufgestellten So-** **330** **zialplan** sieht § 124 Abs. 1 InsO ein **Widerrufsrecht** sowohl für den Insolvenzverwalter als auch den Betriebsrat vor. Bereits ausgezahlte Leistungen können jedoch nach § 124 Abs. 3 S. 1 InsO nicht zurückgefordert werden[478]. Allerdings besteht wegen der vor dem Dreimonatszeitraum nur begründeten, aber noch nicht ausgezahlten Sozialplanansprüche lediglich eine Insolvenzforderung der Arbeitnehmer[479].

Betriebsänderungen, die nach der Absprache mit dem Betriebserwerber von ihm erst **331** nach einer Betriebsveräußerung ergriffen werden sollen, schließen nach § 128 InsO die Anwendung der §§ 125-127 InsO nicht aus. Hinzu kommt in diesem Zusammenhang,

---

478 Allerdings müssen diese Zahlungen bei einem neuen Sozialplan berücksichtigt werden (§ 124 Abs. 3 S. 2 InsO).
479 *Zobel*, in: Uhlenbruck, InsO[15], § 124, Rn. 33 f.

dass der Betriebserwerber nach § 613a BGB in die Rechte und Pflichten der übernommenen Arbeitsverhältnisse eintreten muss. Der rechtspolitischen Forderung, dass § 613a BGB im Insolvenzverfahren nicht zur Anwendung kommen dürfe, um den Erwerb des Schuldnervermögens durch einen Investor nicht zu gefährden oder wirtschaftlich zu belasten, hat sich der Gesetzgeber ausdrücklich nicht angeschlossen[480].

332 Um die Übernahme eines Krisenunternehmens für einen potenziellen Erwerber zu erleichtern, gibt es die Möglichkeit einer Kündigung von Beschäftigungsverhältnissen aufgrund eines **Erwerberkonzeptes**. Die Zulässigkeit einer Veräußerungskündigung ergibt sich aus den §§ 125 ff. InsO. Darin ist eine Modifizierung des Kündigungsschutzes geregelt – sowohl hinsichtlich vermuteter betriebsbedingter Kündigungsgründe als auch hinsichtlich einer nur beschränkt arbeitsrechtlich prüfbaren Sozialauswahl im Falle der Vereinbarung eines Interessenausgleichs mit Namensliste zwischen Insolvenzverwalter und Betriebsrat. Gemäß § 128 Abs. 1 InsO gilt dies auch dann, wenn die geplante Betriebsänderung erst nach der Unternehmensveräußerung durch den Erwerber durchgeführt werden soll. Nach § 128 Abs. 2 InsO wird vermutet, dass eine Veräußerungskündigung aufgrund eines Erwerberkonzeptes nicht gegen § 613a Abs. 4 BGB verstößt[481]. Voraussetzung für eine auf einem Erwerberkonzept basierende Kündigung ist, dass ein verbindliches Konzept oder ein Sanierungsplan des Erwerbers vorliegt, dessen Durchführung im Zeitpunkt des Zugangs der Kündigungserklärungen bereits greifbare Formen angenommen hat[482].

4.1.2.6 Nachrangige Gläubiger

333 Die **Gruppen der nachrangigen Insolvenzgläubiger** ergeben sich aus § 39 InsO. Folge der Nachrangigkeit ist nach § 39 Abs. 1 S. 1 InsO, dass die nachrangigen Forderungen an einer Verteilung nur teilnehmen, wenn zuvor alle anderen Gläubiger in voller Höhe befriedigt worden sind. In der Praxis führt dies in der weitaus überwiegenden Anzahl aller Fälle mithin zu einem vollständigen Ausfall der nachrangigen Insolvenzgläubiger[483].

334 Im Einzelnen sieht § 39 InsO die **Nachrangigkeit folgender Forderungen** vor, wobei eine Befriedigung der jeweiligen Klasse erst nach vollständiger Befriedigung aller Gläubiger der jeweils vorangehenden Klasse erfolgt:

- § 39 Abs. 1 Nr. 1 InsO: die **ab Verfahrenseröffnung laufenden Zinsen** auf Forderungen der Insolvenzgläubiger. Vor Verfahrenseröffnung aufgelaufene Zinsen nehmen mit dem jeweiligen Betrag in voller Höhe und im gleichen Rang wie die Hauptforderung am Verfahren teil[484]; zu den Zinsen zählen nicht nur die vereinbarten Kapitalzinsen, sondern auch die Verzugszinsen[485]. Soweit wegen der Hauptforderung und der Zinsen allerdings eine Sicherheit besteht, erstreckt sich der Erlös aus einer abgesonderten Befriedigung nach § 50 Abs. 1 InsO auch auf die nach Verfahrenseröffnung entstandenen Zinsen und Kosten[486]. Für die Zeit nach dem Berichtstermin sieht § 169 S. 1 InsO vor, dass der Insolvenzverwalter alle wegen der noch nicht er-

---

480 Allgemeine Begründung zum RegE, Gliederungspunkt 4.g)cc) Kündigungsschutz.
481 *Schöne*, in: Kübler/Prütting/Bork, InsO, § 128, Rn. 8.
482 BAG v. 20.03.2003, 8 AZR 97/02, NJW, S. 3506 ff.
483 *Hirte*, in: Uhlenbruck, InsO[15], § 39, Rn. 1.
484 So *Hirte*, in: Uhlenbruck, InsO[15], § 39, Rn. 8.
485 Ausführlich zu den Verzugszinsen: *Hirte*, in: Uhlenbruck, InsO[15], § 39, Rn. 16.
486 Vgl. *Hirte*, in: Uhlenbruck, InsO[15], § 39, Rn. 19.

folgten Verwertung weiter anfallenden Zinsen aus der Insolvenzmasse zu zahlen hat. Dies gilt nach § 169 S. 3 InsO allerdings nur, wenn aus der Verwertung des abgesondert zu befriedigenden Sicherungsgutes überhaupt mit einem Verwertungserlös zu rechnen ist.

- § 39 Abs. 1 Nr. 2 InsO: die **Verfahrenskosten**, die den einzelnen Insolvenzgläubigern durch ihre Teilnahme am Verfahren entstehen.
- § 39 Abs. 1 Nr. 3 InsO: **Geldstrafen, Geldbußen, Ordnungsgelder** und **Zwangsgelder** sowie solche Nebenfolgen einer Straftat oder Ordnungswidrigkeit, die zu einer Geldzahlung verpflichten. Wegen ihres poenalen, allein an die Person des Schuldners gerichteten Charakters sollen diese Forderungen nicht zulasten aller anderen Insolvenzgläubiger gehen[487]. Hierunter fallen auch **Zwangsgelder nach §§ 328, 329 AO**, **nicht aber Verspätungszuschläge** (§ 152 AO) **und Säumniszuschläge** (§ 240 AO) für die Zeit nach Verfahrenseröffnung, die unter § 39 Abs. 1 Nr. 1 InsO fallen[488]. Vor Verfahrenseröffnung festgesetzte Verspätungs- und Säumniszuschläge stellen jedoch vorrangige Insolvenzforderungen nach § 38 InsO dar[489]. **Zivilrechtliche Vertragsstrafen** nach den §§ 336 ff. BGB fallen nicht hierunter und sind damit **normale Insolvenzforderungen**[490].
- § 39 Abs. 1 Nr. 4 InsO: **Forderungen auf eine unentgeltliche Leistung des Schuldners.** Ein formwirksam eingegangenes Schenkungsversprechen (§ 518 BGB) soll nicht zulasten der Insolvenzmasse gehen. Der durch die unentgeltliche Zuwendung einseitig Begünstigte soll erst nach Befriedigung derjenigen Gläubiger zum Zuge kommen, mit denen der Schuldner im Leistungsaustausch stand.
- § 39 Abs. 1 Nr. 5 InsO wurde durch das Gesetz zur Modernisierung des GmbH-Rechts und zur Bekämpfung von Missbräuchen (MoMiG) vom 23.10.2008 neu gefasst und der Themenbereich „kapitalersetzende Gesellschafterleistungen" durch Streichung der §§ 32a, 32b GmbHG in die Insolvenzordnung integriert. § 39 Abs. 1 Nr. 5 InsO ist gem. § 39 Abs. 4 InsO auf alle Gesellschaftsformen ohne natürliche Person als persönlich haftenden Gesellschafter anwendbar. Die Rechtsfigur des kapitalersetzenden Gesellschafterdarlehens ist aufgegeben worden. Jedes **Gesellschafterdarlehen** ist bei Insolvenzeintritt nachrangig[491]. Die Formulierung „Forderungen aus Rechtshandlungen, die einem solchen Darlehen wirtschaftlich entsprechen", wurde aus § 32a GmbHG übernommen[492]. Nachrangige Forderungen sind alle Rechtshandlungen, die eine Darlehensgewährung des Gesellschafters darstellen, gestundete Forderungen aus einer Nutzungsüberlassung durch den Gesellschafter sowie die Gewährung von Darlehen und Erbringung von Rechtshandlungen, die einem Darlehen wirtschaftlich entsprechen, durch Dritte[493]. Die Einbeziehung dieser Forderungen in das Insolvenzverfahren dient der Vollabwicklung insolventer juristischer Personen. Sie stellt sicher, dass in den Fällen, in denen nach der Befriedigung der Gläubiger im Insolvenzverfahren noch ein Überschuss verbleibt, dieser entsprechend dem Gesellschafterwillen zunächst an die kreditgebenden Gesellschafter zurückzugeben ist. Da-

---

487 Vgl. *Hirte*, in: Uhlenbruck, InsO[15], § 39, Rn. 23.
488 Vgl. *Hirte*, in: Uhlenbruck, InsO[15], § 39, Rn. 11.
489 Vgl. *Hirte*, in: Uhlenbruck, InsO[15], § 39, Rn. 26.
490 *Holzer*, in: Beck/Depré, § 3, Rn. 105.
491 So *Bäuerle*, in: Braun, InsO[8], § 39, Rn. 21.
492 Vgl. *Bornemann*, in: FK-InsO[9], § 39, Rn. 28.
493 So *Bäuerle*, in: Braun, InsO[8], § 39, Rn. 21.

rüber hinaus ermöglicht die Qualifizierung der Gesellschafterforderungen als nachrangige Verbindlichkeiten, dass diese Gläubiger in das Insolvenzverfahren miteinbezogen werden können[494]. Ausnahmsweise ist ein Gesellschafterdarlehen als Insolvenzforderung gem. § 38 InsO zu qualifizieren, wenn der Gläubiger sich auf das Sanierungsprivileg des § 39 Abs. 4 S. 2 InsO oder das Kleinbeteiligungsprivileg des § 39 Abs. 5 InsO berufen kann. Für das Kleinbeteiligungsprivileg gilt die 10-%-Grenze[495]. Nach § 2 Abs. 1 Nr. 2 und Abs. 2 COVInsAG sind im Aussetzungszeitraum neu begebene Gesellschafterdarlehen und Rechtshandlungen, die einem solchen Darlehen wirtschaftlich entsprechen, nicht nach § 39 Abs. 1 Nr. 5 InsO nachrangig, wenn bei Begebung die Voraussetzungen des § 1 COVInsAG vorgelegen haben. Betroffen sind Insolvenzverfahren, die bis zum 30.09.2023 beantragt wurden bzw. werden[496].

- § 39 Abs. 1 S. 2 InsO: Die durch das SanInsFoG eingeführte Regelung nimmt Rückzahlungen von Darlehen oder diesen gleichgestellte Rechtshandlungen von der Nachrangigkeit aus, sofern es sich um Leistungen einer **staatlichen Förderbank**[497] oder eines ihrer Tochterunternehmen handelt. Durch die Neuregelung sollte im Zuge der COVID-19-Pandemie eine möglichst schnelle und für die Förderbanken risikofreie Darlehensgewährung erreicht werden[498].

- § 39 Abs. 2 InsO: Forderungen, für die zwischen dem Gläubiger und dem Schuldner ein Nachrang für den Insolvenzfall vereinbart worden ist. Diese von § 39 Abs. 2 InsO erfassten **Rangrücktrittsvereinbarungen** sind sogar noch ggü. den in § 39 Abs. 1 InsO genannten Forderungen nachrangig. Bestehen Zweifel über das Vorliegen einer Nachrangvereinbarung, fällt diese Forderung gleichwohl in diese letzte Rangklasse.

- § 39 Abs. 3 InsO: Zinsen und Kosten werden zusammen mit der nachrangigen Grundforderung berücksichtigt.

335 Anders als nach altem Recht (§ 63 KO, § 29 VerglO) werden die **nachrangigen Insolvenzforderungen** nunmehr zwar in das Verfahren einbezogen; nach § 174 Abs. 3 S. 1 InsO kommt eine Anmeldung aber **nur** in Betracht, **wenn das Insolvenzgericht ausdrücklich dazu auffordert**. Hierbei wird sich das Insolvenzgericht davon leiten lassen, ob ausnahmsweise nach Vollbefriedigung aller anderen Gläubiger noch mit einem verteilbaren Masseüberschuss zu rechnen ist. Der Gläubiger hat nach § 174 Abs. 3 S. 2 InsO auf die Nachrangigkeit und die jeweilige Rangklasse hinzuweisen. Die bisherige geringe Anzahl von Fällen einer vollen Gläubigerbefriedigung zeigt, dass die Nachrangregelungen in der Praxis auf äußerst seltene Fälle beschränkt bleiben werden; jedenfalls ist nicht damit zu rechnen, dass unter der Ägide der Insolvenzordnung Fälle einer vollen Gläubigerbefriedigung häufiger als bisher anfallen werden. Wohl aber kann nicht ausgeschlossen werden, dass Nachrangvereinbarungen bei erfolgreich abgeschlossenen Sanierungen und definierten Besserungsbedingungen wieder wirtschaftliches Gewicht erlangen.

---

494 Vgl. *Hirte*, in: Uhlenbruck, InsO[15], § 39, Rn. 32.
495 So *Bäuerle*, in: Braun, InsO[8], § 39, Rn. 28.
496 Mit weiteren Ausführungen vgl. *Prosteder/Dachner*, in: BeckOK InsO[23], § 39, Rn. 106a ff.
497 Bei den staatlichen Förderbanken handelt es sich um Spezialbanken i.S.d. KWG; hiervon erfasst werden insbes. die Kreditanstalt für Wiederaufbau (KfW), die Landesförderbanken, Landesinvestitionsbanken, Länderaufbaubanken, Landesbürgschaftsbanken sowie deren Beteiligungsgesellschaften.
498 *Prosteder/Dachner*, in: BeckOK InsO, § 39, Rn. 98a ff.

4.1.2.7 Massegläubiger

Massegläubiger (§ 53 InsO) sind die Gläubiger, deren in der InsO ausdrücklich be- **336** zeichnete **Ansprüche erst nach Verfahrenseröffnung begründet** werden und die nach Bereinigung der Schuldenmasse um Aus- und Absonderungsrechte vor allen Insolvenzgläubigern zu befriedigen sind. **Schuldenmasse** ist dabei die Gesamtheit der Verbindlichkeiten des Schuldners vor Bereinigung um Aus- und Absonderungsrechte und der Masseverbindlichkeiten. Aus Sicht des Schuldners handelt es sich bei den Ansprüchen der Massegläubiger um sog. **Masseverbindlichkeiten.** Stellt der Insolvenzverwalter fest, dass die Masse nur ausreicht, um bestimmte Masseverbindlichkeiten zu befriedigen, so hat er die Masseunzulänglichkeit dem Insolvenzgericht nach § 208 Abs. 1 InsO anzuzeigen. Die vor der Anzeige begründeten Altmasseverbindlichkeiten bestehen ggü. den sog. Altmassegläubigern; die nach der Anzeige begründeten Neumasseverbindlichkeiten bestehen ggü. den sog. Neumassegläubigern (§ 209 InsO)[499].

Masseverbindlichkeiten sind zunächst die in § 54 Nr. 1, 2 InsO bezeichneten Kosten des **337** Insolvenzverfahrens, nämlich die **Gerichtskosten** (Nr. 1), die Vergütungen und Auslagen des **vorläufigen und des späteren Insolvenzverwalters** sowie der Mitglieder des **Gläubigerausschusses** (Nr. 2). Wird ein Insolvenzverwalter zugleich als RA für die Insolvenzmasse tätig oder hat er dies seiner Anwaltssozietät übertragen, so handelt es sich weder um einen Auslagenersatz noch um einen Anspruch, der unmittelbar aus der Insolvenzverwaltung begründet ist. Bei Beauftragung eines externen Rechtsanwalts handelt es sich um eine Masseverbindlichkeit nach § 55 Abs. 1 Nr. 1 InsO. Daher scheint es konsequent, den Sondervergütungsanspruch des Verwalters (§ 5 InsVV) nicht als Verfahrenskosten nach § 54 Nr. 2 InsO, sondern als Masseverbindlichkeiten nach § 55 Abs. 1 Nr. 1 InsO einzustufen[500].

Neben diesen Verfahrenskosten sieht § 55 InsO sodann folgende Masseverbindlich- **338** keiten vor:

- § 55 Abs. 1 Nr. 1 InsO: diejenigen **Verbindlichkeiten**, die vom Insolvenzverwalter oder in anderer Weise **durch** die **Verwaltung, Verwertung und Verteilung der Insolvenzmasse** begründet werden, ohne dabei zu den Kosten nach § 54 InsO zu zählen. Dies umfasst z.B. Kosten aus der Beauftragung von externen Rechtsanwälten, WP und StB für deren Tätigkeit[501];
- § 55 Abs. 1 Nr. 2 InsO: **Verbindlichkeiten aus der** vom Insolvenzverwalter nach der Eröffnung des Insolvenzverfahrens gewählten **Erfüllung gegenseitiger Verträge;**
- § 55 Abs. 1 Nr. 3 InsO: **Verbindlichkeiten aus** einer **ungerechtfertigten Bereicherung** der Insolvenzmasse. Hierunter fallen insb. Ansprüche aus einer Veräußerung von Aussonderungsgut und von Vorbehaltswaren[502];

---

499 *Ries*, in: Uhlenbruck, InsO[15], § 208, Rn. 43: Die Anzeige der Masseunzulänglichkeit an das Insolvenzgericht gem. § 208 Abs. 1 InsO hat zur Folge, dass grundsätzlich nach § 187 Abs. 2 InsO keine Zahlungen auf Forderungen i.S.v. §§ 38, 39 InsO geleistet werden dürfen. Vielmehr greift der Verteilungsschlüssel des § 209 InsO. Was vor der Anzeige geleistet worden ist, braucht allerdings nicht herausgegeben zu werden.

500 So *Sinz*, in: Uhlenbruck, InsO[15], § 54, Rn. 21.

501 Auch die Kosten für eine Betätigung des Insolvenzverwalters, die nicht direkt mit dem Verfahren zusammenhängt, sind unter § 55 Abs. 1 Nr. 1 zu fassen.

502 Ausführlich dazu *Sinz*, in: Uhlenbruck, InsO[15], § 55, Rn. 89, 90.

- § 55 Abs. 2 S. 1 InsO: **Verbindlichkeiten, die von einem** verfügungsbefugten **vorläufigen Insolvenzverwalter** vor Verfahrenseröffnung **eingegangen worden sind**, gelten ab der Verfahrenseröffnung als Masseverbindlichkeiten;
- § 55 Abs. 2 S. 2 InsO: als Masseverbindlichkeiten gelten ab der Verfahrenseröffnung diejenigen **Verbindlichkeiten aus Dauerschuldverhältnissen, deren Gegenleistung vor Verfahrenseröffnung** vom vorläufigen Insolvenzverwalter für das von ihm verwaltete Vermögen **in Anspruch genommen worden sind**[503];
- § 55 Abs. 4 InsO: Verbindlichkeiten eines Insolvenzschuldners aus **Umsatzsteuern** sowie weiteren bestimmten Steuern und sonstigen Abgaben, die von einem vorläufigen Insolvenzverwalter oder vom Schuldner mit Zustimmung eines vorläufigen Insolvenzverwalters oder vom Schuldner nach Bestellung eines vorläufigen Sachwalters begründet worden sind, gelten nach Eröffnung des Insolvenzverfahrens als Masseverbindlichkeit[504].

339 Reicht die Masse nicht aus, um alle Massegläubiger zu befriedigen, sieht § 209 InsO folgende Rangklassen vor:

- § 209 Abs. 1 Nr. 1 InsO: **An erster Stelle** sind die **Verfahrenskosten** zu begleichen, wobei offen ist, ob dabei unter Beachtung der Rangfolge des § 54 InsO zuerst die Gerichtskosten und erst danach die Verwalterkosten und die Kosten für Mitglieder des Gläubigerausschusses zu begleichen sind. Eine solche formale Auslegung liegt nahe, ist indes nicht begründet, weil sowohl das Insolvenzgericht wie auch der Insolvenzverwalter notwendige Organe eines einheitlichen Verfahrens sind[505].
- § 209 Abs. 1 Nr. 2 InsO: **An zweiter Stelle** stehen diejenigen Masseverbindlichkeiten, die nach der Anzeige der Masseunzulänglichkeit (§ 208 InsO) begründet worden sind, ohne zu den Kosten des Verfahrens zu gehören, also die **Verbindlichkeiten ggü. den sog. Neumassegläubigern**. § 209 Abs. 2 InsO differenziert diese zweite Rangklasse wie folgt weiter aus:
  - § 209 Abs. 2 Nr. 1 InsO: **Verbindlichkeiten aus einem gegenseitigen Vertrag**, dessen Erfüllung der Insolvenzverwalter gewählt hat, nachdem er die Masseunzulänglichkeit angezeigt hat;
  - § 209 Abs. 2 Nr. 2 InsO: **Verbindlichkeiten aus einem Dauerschuldverhältnis für die Zeit** nach dem ersten Termin, **zu dem der Insolvenzverwalter** nach der Anzeige der Masseunzulänglichkeit das Dauerschuldverhältnis **kündigen konnte**;
  - § 209 Abs. 2 Nr. 3 InsO: **Verbindlichkeiten aus einem Dauerschuldverhältnis**, soweit der Insolvenzverwalter nach der Anzeige der Masseunzulänglichkeit für die Insolvenzmasse die **Gegenleistung in Anspruch genommen hat**.
- § 209 Abs. 1 Nr. 3 InsO: **An dritter Stelle** stehen die übrigen Masseverbindlichkeiten (Altmasseverbindlichkeiten[506]) und unter diesen zuletzt der nach den §§ 100, 101 Abs. 1 S. 3 InsO bewilligte **Unterhalt** an den Schuldner.

503 Ausführlich dazu *Sinz*, in: Uhlenbruck, InsO[15], § 55, Rn. 95 ff.
504 Ausführlich dazu *Erdmann*, in: BeckOK InsO[23], § 55, Rn. 69-75; die Norm wurde durch das SanInsFoG mit Wirkung zum 01.01.2021 geändert mit dem gesetzgeberischen Ziel der Haushaltskonsolidierung durch Steuermehreinnahmen.
505 *Andres*, in: Andres/Leithaus, InsO[4], § 209, Rn. 4: Bei Masseunzulänglichkeit sind die Verfahrenskosten anteilig zu befriedigen, wenn die Masse schon für die Befriedigung der Gläubiger des ersten Ranges nicht ausreicht.
506 Zu den Altmasseverbindlichkeiten: *Kießner*, in: Braun, InsO[8], § 209, Rn. 16.

4.1.2.8 Der Gläubigerausschuss

Als Organ der Gläubiger[507] nimmt der Gläubigerausschuss eine Mittlerstellung zwi- **340** schen dem die Insolvenz geschäftsführend abwickelnden Insolvenzverwalter einerseits und andererseits den an ihrer bestmöglichen Befriedigung interessierten Gläubigern in der Gläubigerversammlung ein. Zu Recht ist insoweit schon die Auffassung vertreten worden, dass der Gläubigerausschuss **Aufgaben ähnlich denen eines Aufsichtsrats** zu erfüllen hat[508].

Das **Insolvenzgericht kann** vor der ersten Gläubigerversammlung **einen Gläubiger-** **341** **ausschuss einsetzen** (§ 67 Abs. 1 InsO)[509]. Das Amt als Mitglied im Gläubigerausschuss beginnt mit der Annahme. Die bestellte oder gewählte Person wird aufgefordert, eine Annahmeerklärung abzugeben. Unterbleibt diese Erklärung, kommt eine Mitgliedschaft nicht zustande[510]. Anlässlich der ersten Gläubigerversammlung, die nach Möglichkeit bereits sechs Wochen, spätestens aber drei Monate nach Verfahrenseröffnung stattzu- finden hat (sog. erster Berichtstermin nach § 29 Abs. 1 Nr. 1 InsO), hat die Gläubiger- versammlung zu entscheiden, ob ein vom Gericht eingesetzter Gläubigerausschuss bei- behalten oder – sollte das Insolvenzgericht keinen Gläubigerausschuss eingesetzt ha- ben – ein solcher gebildet werden soll (§ 68 Abs. 1 InsO). Hierüber entscheidet die reine Summenmehrheit der Forderungen der Insolvenzgläubiger einschl. der absonderungs- berechtigten Gläubiger, bei denen es auf den Wert des Absonderungsrechts ankommt (§ 76 Abs. 2 InsO). Hieraus kann sich für Großgläubiger die Möglichkeit zur faktischen Dominanz des Gläubigerausschusses ergeben.

Dabei ist die Gläubigerversammlung weder von den Personen noch von der Anzahl her **342** an einen vom Gericht bestellten Gläubigerausschuss gebunden (§ 68 Abs. 2 InsO). Damit **die unterschiedlichen Gläubigergruppen** angemessen vertreten sind, sieht § 67 Abs. 2 S. 1 InsO vor, dass dem Gläubigerausschuss sowohl die **Insolvenzgläubiger mit den höchsten Forderungen** als auch die **Kleingläubiger** und **die absonderungsberech- tigten Gläubiger** angehören sollen. Ferner soll dem Ausschuss ein Vertreter der **Ar- beitnehmer** angehören (§ 67 Abs. 2 S. 2 InsO). Darüber hinaus können nach § 67 Abs. 3 InsO auch **außenstehende Dritte**, wie zum Beispiel fachkundige Personen, in den Gläubigerausschuss berufen werden. Dies gilt gleichermaßen für natürliche wie auch für juristische Personen[511]. Der Schuldner selbst und dessen Organe, wie der Geschäfts- führer oder die Mitglieder des Vorstands sowie der Insolvenzverwalter, dürfen nicht Mitglied im Gläubigerausschuss sein[512]. Auch AR-Mitglieder dürfen wohl nicht gewählt werden[513]. Jedoch können auch Gesellschafter einer juristischen Person Mitglieder des Gläubigerausschusses werden[514], und zwar nicht nur dann, wenn sie selbst Forderungen

---

507 Die Organstellung folgt aus der Überschrift des dritten Abschnitts der Insolvenzordnung.

508 *Pape/Uhlenbruck/Voigt-Salus*, in: Pape/Uhlenbruck/Voigt-Salus, Kap. 16, Rn. 40.

509 Hierzu und zum Gläubigerausschuss insgesamt vgl. *Kübler*, in: Kübler/Prütting/Bork, InsO, § 67.

510 LG Duisburg v. 29.09.2003, 7 T 203/03, NZI 2004, S. 95; *Knof*, in: Uhlenbruck, InsO[15], § 67, Rn. 21.

511 *Hirte*, in: Braun, InsO[8], § 67, Rn. 7; *Pape/Uhlenbruck/Voigt-Salus*, in: Pape/Uhlenbruck/Voigt-Salus, Kap. 16, Rn. 45.

512 *Hirte*, in: Braun, InsO[8], § 67, Rn. 11.

513 *Hirte*, in: Braun, InsO[8], § 67, Rn. 11; *Schmid-Burgk*, in: MünchKomm. InsO[4], § 67, Rn. 22: Die Auffassung, dass der Aufsichtsrat ein vom Vorstand unabhängiges Organ sei, könne, so Schmitt, nach dem KonTraG (v. 16.07.1998, BGBl. I, S. 1842) wohl nicht mehr aufrechterhalten werden. § 111 AktG binde ihn dafür zu sehr in die unternehmerische Führung ein; *Knof*, in: Uhlenbruck, InsO[15], § 67, Rn. 16.

514 Vgl. *Pape/Uhlenbruck/Voigt-Salus*, in: Pape/Uhlenbruck/Voigt-Salus, Kap. 16, Rn. 46.

gegen die Gesellschaft haben. Gesellschafter einer PersGes. dürfen hingegen aufgrund ihrer gesamtschuldnerischen persönlichen Haftung nicht Mitglieder werden[515].

343 Die ersten Mitglieder des Gläubigerausschusses werden vom Insolvenzgericht – i.d.R. aufgrund eines Vorschlags des Insolvenzverwalters, der hierüber schon zuvor Sondierungsgespräche mit den wesentlichen Hauptgläubigern geführt hat – ernannt. Soweit die Gläubigerversammlung Mitglieder wählt, erlangen diese das Amt ohne weitere gerichtliche Bestätigung. Das **Amt beginnt unmittelbar mit der Wahl** durch die Gläubigerversammlung **und es endet mit dem Zeitpunkt des Wirksamwerdens der Aufhebung des Insolvenzverfahrens** durch das Insolvenzgericht (§§ 258, 259 InsO), sofern nicht im Rahmen der Überwachung eines Insolvenzplans das Amt fortbesteht (§ 261 Abs. 1 InsO). Die vom Insolvenzgericht im Rahmen des Eröffnungsverfahrens ernannten Mitglieder bleiben im Amt, wenn die Gläubigerversammlung sie bestätigt; sie scheiden jedoch aus dem Gremium aus, wenn die Gläubigerversammlung sie nicht bestätigt. Ein Gläubigerausschussmitglied kann nicht selbst sein Amt niederlegen, sondern es kann nur auf Antrag wegen eines wichtigen Grundes vom Insolvenzgericht gem. § 70 InsO entlassen werden[516]. Das Mitglied selbst kann einen solchen Antrag stellen. Auch in diesem Fall ist ein wichtiger Grund vorzutragen, der nach der Rechtsprechung[517] gegeben ist, wenn das Mitglied sein Verbleiben im Amt aus privaten oder anderweitigen dienstlichen Gründen für nicht mehr zumutbar hält.

344 Ob entlassene Mitglieder von Amts wegen ersetzt werden[518] oder ob die Gläubigerversammlung vorsorglich Ersatzmitglieder wählen kann[519], wird nicht einheitlich beurteilt. Jedenfalls kann anlässlich einer nächsten Gläubigerversammlung ein neues Mitglied gewählt werden.

345 **Die Besorgnis der Befangenheit** wegen Interessenkollision **oder die Gefahr einer Ausnutzung von Insiderinformationen**[520] ist kein Hinderungsgrund für die Mitgliedschaft im Gläubigerausschuss. Der Gesetzgeber hätte dann von der Regelung in § 67 Abs. 2 InsO Abstand nehmen müssen, überhaupt Gläubiger in dieses Gremium zu berufen[521]. Bestehen Kollisionen im Einzelfall, werden die Mitglieder nicht von vornherein ausgeschlossen, sondern deren Mitwirkungsrechte für diesen Fall eingeschränkt[522]. So kann dem befangenen Mitglied das Stimmrecht für die betroffene Abstimmung verwehrt[523] oder, um es auch dem Willensbildungsprozess der Entscheidung zu entziehen,

515 *Knof*, in: Uhlenbruck, InsO[15], § 67, Rn. 16.
516 BGH v. 24.01.2008, IX ZB 222/05, NZI, S. 306; AG Duisburg v. 03.07.2003, 62 IN 41/03, NZI, S. 659; *Knof*, in: Uhlenbruck, InsO[15], § 67, Rn. 23.
517 Vgl. LG Göttingen, v. 25.08.2011, 10 T 50/11, NZI, S. 857, mit zustimmender Anmerkung: *Keller*, NZI 2011, S. 910; AG Duisburg v. 03.07.2003, 62 IN 41/03, NZI, S. 659.
518 So AG Duisburg v. 03.07.2003, 62 IN 41/03, NZI 2003, S. 659, mit Anmerkung von *Gundlach/Schirrmeister*, NZI 2003, S. 659 (660 f.); *Weiß* hält beide Möglichkeiten für denkbar, vgl. *Andres/Leithaus*, InsO[4], § 70, Rn. 12.
519 *Knof*, in: Uhlenbruck, InsO[15], § 70, Rn. 13.
520 Vgl. *Kübler*, in: Kübler/Prütting/Bork, InsO, § 68, Rn. 23.
521 Dies bedeutet jedoch nicht, Insiderkenntnisse zum eigenen Vorteil auswerten zu dürfen; vgl. *Pape/Uhlenbruck/Voigt-Salus*, in: Pape/Uhlenbruck/Voigt-Salus, Kap. 16, Rn. 48.
522 Vgl. zum Problem des befangenen Mitglieds *Gundlach/Frenzel/Schmidt*, ZInsO 2005, S. 974; *Pape/Uhlenbruck/Voigt-Salus*, in: Pape/Uhlenbruck/Voigt-Salus, Kap. 16, Rn. 48; zum Stimmverbot ausführlich: *Kübler*, in: Kübler/Prütting/Bork, InsO, § 72, Rn. 7 ff.
523 Ausführlich zum Stimmrechtsverlust im Einzelfall: *Knof*, in: Uhlenbruck, InsO[15], § 72, Rn. 11.

das Teilnahmerecht an der Abstimmung abgesprochen werden[524]. Berücksichtigt man den die Insolvenzordnung durchziehenden Gedanken der Gläubigerautonomie, ist kein Grund ersichtlich, warum die Gläubigerversammlung nicht die Kompetenz haben sollte, ein von ihr gewähltes Mitglied jederzeit durch Abwahl auch wieder aus dem Gläubigerausschuss zu entfernen. Soweit § 70 InsO eine Entlassung durch das Insolvenzgericht auf Antrag der Gläubigerversammlung vorsieht, bedeutet dies, dass hierüber grundsätzlich ein Beschluss gefasst werden muss. Sehen überstimmte Gläubiger eine Nichtentlassung als nicht interessengerecht an, können sie allenfalls darauf hinwirken, dass das Insolvenzgericht eine Entlassung von Amts wegen prüft. Aus der Tatsache indes, dass dem betroffenen Mitglied des Gläubigerausschusses gem. § 70 S. 3 InsO das Rechtsmittel der sofortigen Beschwerde zusteht, folgt, dass der Gesetzgeber eine gewisse Kontinuität im Amte gewahrt wissen wollte.

§ 69 InsO bestimmt die **Aufgabe der Mitglieder des Gläubigerausschusses** dahingehend, den Insolvenzverwalter bei seiner Geschäftsführung zu unterstützen (**Unterstützungsfunktion**) und zu überwachen (**Überwachungsfunktion**). Neben dieser Generalklausel hebt die Insolvenzordnung an verschiedenen Stellen einzelne Aufgaben gesondert hervor. So hat der Gläubigerausschuss das Recht, **346**

- jederzeit einen Antrag auf Entlassung des Insolvenzverwalters zu stellen (§ 59 InsO),
- die Schlussrechnung zu prüfen und zu kommentieren (§ 66 Abs. 2 S. 2 InsO),
- jederzeit vom Insolvenzverwalter Bericht über den Stand der Insolvenzgeschäftsführung zu verlangen (§ 69 S. 2 InsO),
- jederzeit Bücher und Geschäftspapiere einzusehen und selbst zu prüfen (§ 69 S. 1 InsO) oder nach § 69 S. 2 InsO prüfen zu lassen,
- jederzeit den Geldverkehr und -bestand selbst zu prüfen (§ 69 S. 1 InsO) oder nach § 69 S. 2 InsO prüfen zu lassen,
- jederzeit die Einberufung einer Gläubigerversammlung herbeizuführen (§ 75 Abs. 1 Nr. 2 InsO),
- jederzeit vom Schuldner Auskünfte zu verlangen (§ 97 Abs. 1 S. 1 InsO),
- etwaigen Unterhaltszahlungen an den Schuldner zuzustimmen (§ 100 Abs. 2 InsO),
- an der Verwahrung von Wertgegenständen mitzuwirken (§ 149 InsO),
- den Insolvenzverwalter von der Aufstellung eines Masseverzeichnisses zu entbinden (§ 151 Abs. 3 S. 2 InsO),
- zu dem Bericht des Insolvenzverwalters Stellung zu nehmen (§ 156 Abs. 2 InsO), sodass ihm der Bericht vor dem Berichtstermin nach § 156 InsO rechtzeitig vorher zur Prüfung vorgelegt werden sollte[525],
- eine vom Insolvenzverwalter geplante Stilllegung vor dem Berichtstermin sowie andere Geschäftsführungsmaßnahmen des Insolvenzverwalters von besonderer Bedeutung von seiner Zustimmung abhängig zu machen (§§ 158, 160 InsO),
- Verteilungen durch den Insolvenzverwalter von seiner Zustimmung abhängig zu machen (§ 187 Abs. 3 InsO) sowie die Höhe von Abschlagsverteilungen zu bestimmen (§ 195 Abs. 1 InsO),
- vor einer Verfahrenseinstellung durch das Insolvenzgericht gehört zu werden (§ 214 Abs. 2 S. 1 InsO),

---

524 *Knof*, in: Uhlenbruck, InsO[15], § 72, Rn. 10; *Uhlenbruck*, BB 1976, S. 1201.
525 *Zipperer*, in: Uhlenbruck, InsO[15], § 156, Rn. 15: Es empfiehlt sich lt. Zipperer, den zur Stellungnahme Berechtigten den schriftlichen Bericht rechtzeitig zukommen zu lassen, zwingend ist dies aber nicht.

- bei der Aufstellung eines Insolvenzplans beratend mitzuwirken (§ 218 Abs. 3 InsO),
- an der Zurückweisung eines vom Schuldner aufgestellten Insolvenzplans durch das Insolvenzgericht mitzuwirken (§ 231 Abs. 2 InsO),
- zu einem vom Insolvenzgericht nicht zurückgewiesenen Insolvenzplan Stellung zu nehmen (§ 232 Abs. 1 Nr. 1 InsO),
- die Zustimmung zur Fortsetzung der Verwertung und Verteilung zu erteilen (§ 233 S. 2 InsO), wenn dem die Aussetzung der Verwertung und Verteilung zum Zwecke der Durchführung des Insolvenzplans (§ 233 S. 1 InsO) vorangegangen ist,
- vom Insolvenzgericht vor dessen Bestätigung des Insolvenzplans angehört zu werden (§ 215 Abs. 1 S. 2 InsO, § 248 Abs. 2 InsO),
- vom Insolvenzgericht vorab über den Zeitpunkt der Aufhebung des Insolvenzverfahrens unterrichtet zu werden (§ 258 Abs. 3 InsO),
- an der Überwachung der Durchführung eines Insolvenzplans durch Entgegennahme der Berichte und durch Anforderung von Zwischenberichten mitzuwirken (§§ 261, 262 InsO),
- im Fall der Eigenverwaltung (§§ 270 ff. InsO) durch den Schuldner vom Sachverwalter darüber unterrichtet zu werden, wenn dieser Umstände feststellt, die erwarten lassen, dass die Eigenverwaltung zu Nachteilen für die Insolvenzgläubiger führen wird (§ 274 Abs. 3 InsO), und die Vornahme von Rechtshandlungen von besonderer Bedeutung durch den Schuldner von seiner Zustimmung abhängig zu machen (§ 276 InsO).

347 Ob der Gläubigerausschuss seine Aufgaben als **Kollegialorgan** oder durch jedes seiner Mitglieder zu erfüllen hat, ist nicht völlig zweifelsfrei. Es findet eine terminologische Trennung zwischen § 69 S. 1 InsO, der auf die Mitglieder des Gläubigerausschusses abstellt, und anderen Bestimmungen der InsO[526] statt, die nur auf den Gläubigerausschuss abstellen. Hieraus wird teilweise gefolgert, dass überall dort, wo das Gesetz auf die Mitglieder abstellt, jedes Mitglied seine Rechte wahrzunehmen hat, während dort, wo das Gesetz auf den Gläubigerausschuss abstellt, die Rechte nur über das Kollegialorgan wahrgenommen werden können[527].

348 Diese Differenzierung überzeugt allerdings nicht. Auch wenn jedes Mitglied zur Vermeidung seiner individuellen Haftung seine Aufgaben höchstpersönlich wahrzunehmen hat, folgt hieraus nicht, dass es auch individuell wahrzunehmende Pflichten außerhalb des Kollegialorgans hat. Richtigerweise wird man darauf abstellen müssen, dass auch dort, wo die Insolvenzordnung terminologisch von den Mitgliedern des Gläubigerausschusses spricht, stets das Kollegialorgan die ihm vom Gesetz zugewiesene Aufgabe zu erfüllen hat[528]. Dass dabei einzelne Aufgaben, wie z.B. die Durchsicht von Geschäftspapieren, nicht von dem Kollegialorgan insgesamt, sondern arbeitsteilig von dazu bestimmten Mitgliedern wahrgenommen werden können, steht der Gesamtverantwortung nicht entgegen[529]. Dies zeigt sich auch daran, dass der Gläubigerausschuss nach § 72 InsO seine **Entscheidung im Beschlusswege** mit der Mehrheit der abgegebenen Stim-

---

526 Gläubigerausschuss allgemein: §§ 59, 66-68, 75, 97, 100, 149, 156, 158, 160, 161, 187, 195, 214, 218, 231, 232, 233, 248, 248a, 261 Abs. 2, 262, 274, 276 InsO; auf die Mitglieder stellen ab: §§ 54, 69, 215, 258, 259, 261 Abs. 1 InsO.

527 *Hirte*, in: Braun, InsO[8], § 69, Rn. 12; *Knof*, in: Uhlenbruck, InsO[15], § 69, Rn. 2, 3.

528 *Knof*, in: Uhlenbruck, InsO[15], § 69, Rn. 3.

529 *Knof*, in: Uhlenbruck, InsO[15], § 69, Rn. 3.

men[530] fasst, also nach vorangegangener Unterrichtung und Beratung in dem Gremium[531].

Weiterhin steht es dem Gläubigerausschuss frei, sich eine **Geschäftsordnung**[532] **zu ge-** **349** **ben und einen Vorsitzenden** zu wählen, der als gemeinsamer Sprecher ggü. dem Schuldner und dem Insolvenzverwalter zu fungieren hat, ohne dass diesem Mitglied damit ein Mehr an Rechten und Pflichten von Gesetzes wegen auferlegt wird[533].

Der Gläubigerausschuss kann bestimmte **Aufgaben** auf einzelne seiner Mitglieder oder **350** einen sachverständigen Dritten **übertragen**[534]. Nicht aber kann das einzelne Mitglied für sich einen Vertreter in den Gläubigerausschuss entsenden oder seine Rechte durch einen Erfüllungsgehilfen wahrnehmen lassen, vielmehr stellt das Amt eine höchstpersönlich wahrzunehmende Aufgabe dar[535]. Insgesamt ist daher für die Arbeitsweise des Gläubigerausschusses auf die für einen Aufsichtsrat gebräuchlichen Verfahrensweisen und Rechtsgrundsätze abzustellen.

Die Mitglieder des Gläubigerausschusses sind nur den absonderungsberechtigten Gläu- **351** bigern und den Insolvenzgläubigern zum Schadensersatz verpflichtet, wenn sie schuldhaft ihre Pflichten verletzten[536]. § 71 InsO regelt die **Haftung** im Außenverhältnis, während die gesetzliche Beschränkung nicht für die Haftung im Innenverhältnis gilt. Wird die Insolvenzmasse durch schuldhaftes Verhalten des Ausschusses oder einzelner Mitglieder geschädigt, so haften der Ausschuss bzw. seine Mitglieder wegen schuldhafter Masseverkürzung[537]. Die Haftungsvoraussetzungen richten sich nach den allgemeinen Grundsätzen für eine Schadensersatzpflicht[538]. Eine Pflichtverletzung kann sowohl in Form der Verletzung einer dem einzelnen Ausschussmitglied obliegender Pflicht als auch in der Verletzung einer den Ausschuss als Gremium betreffenden Angelegenheit bestehen[539]. Der Verschuldensmaßstab richtet sich dabei nach der Sorgfalt eines ordentlichen und gewissenhaften Gläubigerausschussmitglieds. Für eine Beurteilung sind die persönlichen Fähigkeiten und Kenntnisse zwar maßgeblich, aber ein Gläubigerausschussmitglied kann sich nicht mit fehlenden Kenntnissen und Fähigkeiten entschul-

---

530 *Weiß*, in: Nerlich/Römermann, InsO, § 72, Rn. 2: Für die Beschlussfähigkeit kommt es darauf an, dass die Mehrheit der Ausschussmitglieder teilnimmt und dass sich von dieser Teilnahme-Mehrheit eine Mehrheit für oder gegen einen Beschlussgegenstand ausspricht. Als Stimmenthaltung gewertet werden somit anwesende Mitglieder, die durch ihre Anwesenheit zum Erreichen des Quorums beitragen, die dann bei den abgegebenen Stimmen aber nicht mitgezählt werden, wenn sie wegen Enthaltung von einer Stimme keine Mehrheit haben. Ausführlich zur Abstimmung: *Knof*, in: Uhlenbruck, InsO[15], § 72, Rn. 8 ff.; Bei einem Zwei-Mann-Ausschuss bedarf es für die Zustimmung stets der Einstimmigkeit, weil bei unterschiedlicher Stimmabgabe wegen Stimmengleichheit der Antrag abgelehnt und bei Enthaltung eines der beiden Mitglieder in der einen Stimme keine Mehrheit der abgegebenen Stimmen vorliegt, so auch im Ergebnis *Knof*, in: Uhlenbruck, InsO[15], § 72, Rn. 7.

531 Dies bedeutet nicht, dass alle Entscheidungen in gemeinsamen Sitzungen getroffen werden müssen; es können auch alle anderen Formen der gemeinsamen Konsultation und Abstimmung gewählt werden. Die Insolvenzordnung lässt dadurch, dass sie keine besonderen Verfahrensvorschriften für den Gläubigerausschuss vorsieht, genügend Raum für flexibel ausgestaltete Arbeitsweisen des Gläubigerausschusses.

532 Vgl. *Pape/Uhlenbruck/Voigt-Salus*, in: Pape/Uhlenbruck/Voigt-Salus, Kap. 16, Rn. 58.

533 Mangels eines Vorsitzenden hat daher z.B. das Insolvenzgericht die Mitteilungen an den Gläubigerausschuss stets an alle Mitglieder gesondert zu richten, vgl. § 215 Abs. 1, § 258 Abs. 3 InsO.

534 *Knof*, in: Uhlenbruck, InsO[15], § 69, Rn. 4.

535 *Knof*, in: Uhlenbruck, InsO[15], § 69, Rn. 2.

536 *Knof*, in: Uhlenbruck, InsO[15], § 71, Rn. 2.

537 *Knof*, in: Uhlenbruck, InsO[15], § 71, Rn. 2.

538 *Knof*, in: Uhlenbruck, InsO[15], § 71, Rn. 3.

539 *Knof*, in: Uhlenbruck, InsO[15], § 71, Rn. 4.

digen. Wer ein solches Amt annimmt, der muss sicherstellen, dass er über die dafür erforderliche Qualifikation verfügt[540]. Dies wirkt sich auch auf die **Haftung** der Mitglieder des Gläubigerausschusses aus (§ 71 InsO). Ebenso, wie bei der Haftung der Mitglieder eines AR der verkehrstypische Sorgfaltsmaßstab zwischen den Polen eines haftungsfreien unternehmerischen, durch Zweckmäßigkeitsüberlegungen geprägten Ermessens einerseits und einem haftungsbegründenden objektivierten Sorgfaltsmaßstab eines ordentlichen und gewissenhaften AR-Mitglieds andererseits liegt[541], gilt dies erst recht für die von noch vielfältigeren Unsicherheiten geprägte Bewältigung einer Insolvenzabwicklung. Daher sind an die Definition des Sorgfaltsmaßstabs unter Berücksichtigung der Umstände des Einzelfalls besondere Anforderungen zu stellen. Dabei geht es nicht um die Gewichtung einer Pflichtverletzung, sondern darum, von vornherein den Haftungsmaßstab unter Berücksichtigung der ungewissen Entscheidungsdeterminanten entsprechend eng zu definieren.

352 Nach § 73 InsO haben die Mitglieder des Gläubigerausschusses **Anspruch auf eine Vergütung und auf Erstattung ihrer Auslagen.** Maßgebend ist dabei der angefallene Zeitaufwand, der Umfang der Tätigkeit und die berufliche Qualifikation des Ausschussmitglieds. Einzelheiten sehen die §§ 17, 18 der Insolvenzrechtlichen Vergütungsverordnung (InsVV) vor[542].

4.1.2.9 Der vorläufige Gläubigerausschuss

353 Nach § 21 Abs. 2 Ziff. 1a InsO gelten für den vorläufigen Gläubigerausschuss die Regelungen für den Gläubigerausschuss in §§ 67 Abs. 2, 3 und die §§ 69-73 InsO entsprechend[543]. § 22a InsO regelt, unter welchen **Voraussetzungen** ein vorläufiger Ausschuss einzusetzen ist. Dadurch soll eine frühzeitige **Einbindung der Gläubiger** in das Verfahren ermöglicht werden. Die Gläubiger sollen bei Entscheidungen des Eröffnungsverfahrens, insb. bei der **Auswahl des vorläufigen Verwalters** und bei der **Anordnung der Eigenverwaltung,** besser einbezogen werden[544].

354 Im Hinblick auf einen ökonomischen Umgang mit der Insolvenzmasse soll der Ausschuss nur in Verfahren ab einem **bestimmten Schwellenwert** eingesetzt werden. Ein Ausschuss soll demnach gebildet werden, wenn zwei der drei folgenden Voraussetzungen erfüllt sind:

- Die Bilanzsumme beträgt nach Abzug des nicht durch EK gedeckten Fehlbetrags 6.000.000 € (§ 22a Abs. 1 Nr. 1 InsO).
- Der Umsatz im letzten, vor dem Insolvenzantrag abgeschlossenen, Geschäftsjahr beträgt 12.000.000 € (§ 22a Abs. 1 Nr. 2 InsO).

---

540 *Knof,* in: Uhlenbruck, InsO[15], § 71, Rn. 8: Andernfalls stellt schon die Annahme der Wahl ein Verschulden dar.

541 Vgl. hierzu exemplarisch *Knof;* zu dem Haftungsmaßstab des ordentlichen und gewissenhaften Gläubigerausschussmitglieds vgl. BGH v. 27.04.1978, VII ZR 31/76, NJW, S. 1527; BGH v. 11.10.1984, IX ZR 80/83, NJW 1985, S. 1159; BGH v. 09.02.1989, IX ZR 17/88, ZIP, S. 403.

542 Vgl. die Ausführungen hierzu in *Budnik,* BeckOK InsO, § 17.

543 Über die neue Regelung des § 21 Abs. 2 Nr. 1a entfalten die §§ 67 ff. InsO sowohl für den Gläubigerausschuss im Eröffnungsverfahren als auch für den Gläubigerausschuss, der unmittelbar nach Eröffnung erst eingesetzt wird, wie auch den endgültigen Gläubigerausschuss Regelungswirkung.

544 Vgl. *Böhm,* in: Braun, InsO[6], § 22a, Rn. 1.

- Im Jahresschnitt sind mindestens 50 Arbeitnehmer für das Unternehmen tätig (§ 22a Abs. 1 Nr. 3 InsO)[545].

Die zu erwartenden **Kosten** sollen in einem **angemessenen Verhältnis** zu der zu erwar-   **355**
tenden Insolvenzmasse stehen[546]. Die Verfahrensgröße als Richtwert ist auch deswegen sinnvoll, weil anzunehmen ist, dass sich Gläubiger in Kleinverfahren weniger engagieren würden[547]. Allerdings kann ein vorläufiger Gläubigerausschuss auch eingesetzt werden, wenn die erforderlichen Merkmale des § 22a Abs. 1 InsO nicht erfüllt werden (Kann-Ausschuss[548]: § 21 Abs. 2 Nr. 1a InsO), und muss auch bei Vorliegen der Merkmale nicht zwingend eingesetzt werden, wenn es nicht sinnvoll erscheint (§ 22a Abs. 3 InsO)[549]. Ein Ausschuss ist nicht einzusetzen, wenn der Geschäftsbetrieb eingestellt ist, die Bestellung in Anbetracht der zu erwartenden Masse unverhältnismäßig erscheint oder durch die Einsetzung eine Verzögerung entsteht, die eine nachteilige Veränderung der Vermögenslage zur Folge hat (§ 22a Abs. 3 InsO)[550].

Das Insolvenzgericht ist nach **§ 22a Abs. 2 InsO** verpflichtet, auf Antrag des Schuldners,   **356**
des vorläufigen Insolvenzverwalters oder eines Gläubigers einen vorläufigen Gläubigerausschuss einzusetzen, wenn Personen benannt werden, die bereit sind, sich an einem solchen Gremium zu beteiligen (Soll-Ausschuss[551])[552]. Nach den Änderungen durch das SanInsFoG können neben den Gläubigern und ihren Vertretern auch Personen als Mitglieder des Ausschusses bestellt werden, die keine Gläubiger sind (§ 21 Abs. 2 Nr. 1a InsO verweist nun auch auf § 67 Abs. 3 InsO)[553]. Teilnehmen dürfen aber auch Personen, die ihre Gläubigerstellung erst mit der Eröffnung des Verfahrens erlangen[554]. Gemäß § 67 Abs. 2 InsO sollen im Gläubigerausschuss absonderungsberechtigte Gläubiger, Insolvenzgläubiger mit den höchsten Forderungen, Kleingläubiger und nach Satz 2 auch ein Vertreter der Arbeitnehmer vertreten sein[555].

Zur Verfahrensbeschleunigung haben der Schuldner und der vorläufige Insolvenzver-   **357**
walter dem Gericht nach Aufforderung Personen zu nennen, die als **Ausschussmitglieder** infrage kommen (§ 22a Abs. 4 InsO)[556].
Aufgaben des vorläufigen Ausschusses[557]:

---

545 *Böhm*, in: Braun, InsO[8], § 22a, Rn. 8. Die durchschnittliche Arbeitnehmerzahl bemisst sich nach § 267 Abs. 5 HGB als einfaches arithmetisches Mittel der Quartalszahlen des Vorjahres, indem die Gesamtzahlen der Beschäftigten aus den vier Quartalen zunächst addiert werden, um dann die Summe durch vier geteilt zu werden.

546 So *Vallender*, in: Uhlenbruck, § 22a, Rn. 45; ausführlich zur Kosten-Nutzen-Abwägung: *Frind*, ZInsO 2012, S. 2028 (2034 f.).

547 Vgl. *Wimmer*, Das neue Insolvenzrecht, S. 15.

548 Zum Ermessensausschuss: *Böhm*, in: Braun, InsO[8], § 22a, Rn. 11; *Haarmeyer/Schildt*, in: MünchKomm. InsO[4], § 22a, Rn. 100 f.

549 *Böhm*, in: Braun, InsO[8], § 22a, Rn. 3.

550 Ausführlich zur Nichtbestellung: *Böhm*, in: Braun, InsO[8], § 22a, Rn. 12 ff.; *Frind*, ZInsO 2012, S. 2028 (2032 ff.); *Vallender*, in: Uhlenruck, InsO, § 22a, Rn. 33 ff.

551 Zum Antragsausschuss: *Böhm*, in: Braun, InsO[8], § 22a, Rn. 19.

552 Vgl. *Vallender*, in: Uhlenbruck, InsO, § 22a, Rn. 20.

553 Vgl. *Kopp*, in: BeckOK InsO, § 22a, Rn. 43 f.; Die Gesetzesänderung zum 01.01.2021 sollte vor allem ermöglichen, dass Vertreter von Gewerkschaften als Mitglieder eines vorläufigen Gläubigerausschusses berufen werden können, vgl. RegE, BT-Drs. 19/24181, S. 197.

554 Vgl. *Wimmer*, Das neue Insolvenzrecht, S. 16.

555 *Kopp*, in: BeckOK InsO, § 22a, Rn. 43.

556 *Kopp*, in: BeckOK InsO, § 22a, Rn. 65.

557 Ausführlich hierzu: *Frind*, ZIP 2012, S. 1380 (1381 ff.).

- Der Ausschuss bestimmt bei der Auswahl des vorläufigen Insolvenzverwalters mit.
- Nach § 56a Abs. 1 InsO ist der Ausschuss zu den Anforderungen an den (endgültigen) Verwalter und dessen Person zu hören[558].
- Bei einstimmigem Vorschlag des Ausschusses zum Verwalter ist das Gericht daran gebunden, es sei denn, die vorgeschlagene Person ist für das Amt nicht geeignet (§ 56a Abs. 2 InsO).
- Ist Antrag auf Eigenverwaltung gestellt worden, so ist der vorläufige Ausschuss hierzu zu hören (§ 270 Abs. 3 InsO)[559].
- Der Ausschuss ist zur Auswahl des vorläufigen Sachwalters[560] zu hören.
- Der Ausschuss übernimmt Aufgaben nach § 69 InsO, auf den § 21 Abs. 2 S. 1 Nr. 1a InsO verweist. Dabei handelt es sich insb. um die Unterstützung und Überwachung des (vorläufigen) Insolvenzverwalters.
- Um die Masse durch das neue Gremium nicht unverhältnismäßig[561] zu belasten (s. o.), wurde in § 17 Abs. 2 InsVV geregelt, dass Mitglieder des vorläufigen Ausschusses für ihr Mitwirken bei der Bestellung des vorläufigen Insolvenzverwalters und bei der Entscheidung über die Anordnung einer Eigenverwaltung zunächst **einmalig 500 €**[562] erhalten. Für darüber hinausgehende Aufgaben werden die Mitglieder nach den Vorschriften zum späteren Gläubigerausschuss entlohnt (§ 17 Abs. 1 InsVV)[563].

4.1.2.10   Die Gläubigerversammlung

358   Ist das Insolvenzgericht auf der einen Seite der Hüter des formalen Verfahrensablaufs, so ist ebenso wie bereits bei der Konkursordnung auch nach der Konzeption der Insolvenzordnung die **Gläubigerversammlung die oberste Entscheidungsinstanz** über die in dem Insolvenzverfahren wirtschaftlich zu verwirklichenden Ziele. Die herausragende Stellung der Gläubigerversammlung in Abgrenzung zu den Aufgaben des Gläubigerausschusses, des Insolvenzverwalters und des Insolvenzgerichts ergibt sich aus der alleinigen Kompetenz, über das weitere wirtschaftliche Schicksal des Schuldners bzw. des Schuldnerunternehmens zu entscheiden[564].

359   Innerhalb von **sechs Wochen, spätestens aber drei Monate nach Verfahrenseröffnung** hat die Gläubigerversammlung auf Grundlage eines Berichts des Insolvenzverwalters eine erste Entscheidung über den Fortgang des Verfahrens zu treffen (sog. Berichtstermin nach § 29 Abs. 1 Nr. 1 i.V.m. § 156 InsO). Während dieses ersten **Berichtstermins** hat sie gem. § 157 InsO darüber zu beschließen, ob das Unternehmen des Schuldners

---

558   Ausnahmsweise kann eine Anhörung unterbleiben, wenn die daraus resultierende Verzögerung zu einer nachteiligen Vermögenslage des Schuldners führt.

559   Ausnahmsweise kann eine Anhörung unterbleiben, wenn die daraus resultierende Verzögerung zu einer nachteiligen Vermögenslage des Schuldners führt.

560   BT-Drs. 17/5712: RegE ESUG, S. 39 a.E.

561   Zur Unverhältnismäßigkeit: *Frind*, ZInsO 2012, S. 2028 (2035); *Rauscher*, ZInsO 2012, S. 1201 (1203): Die Bestellung eines vorläufigen Gläubigerausschusses sei dann unverhältnismäßig, so Rauscher, wenn es zu einer Masseschmälerung von mehr als 10% kommt; Frind hält hierfür bereits eine Masseschmälerung von 5% für ausreichend, vgl. *Frind*, ZInsO 2011, S. 2249 (2255).

562   Durch das SanInsFoG wurde u.a. der Pauschalbetrag auf 500 € erhöht; für bis zum 31.12.2020 beantragte Verfahren bleibt es bei dem früheren Pauschalbetrag von 300 €.

563   Ausführlich zur Vergütung der Mitglieder eines Gläubigerausschusses: *Zimmer*, ZIP 2013, S. 1309; *Rauscher*, ZInsO 2012, S. 1201 (1202).

564   Ausführlich zur Beteiligung der Gläubiger innerhalb der Gläubigerversammlung vgl. *Pape/Uhlenbruck/Voigt-Salus*, in: Pape/Uhlenbruck/Voigt-Salus, Kap. 16, Rn. 6 ff.; zu den einzelnen Befugnissen der Gläubigerversammlung vgl. *M. Hofmann*, Kübler, HRI, § 16, Rn. 5.

stillgelegt oder vorläufig fortgeführt werden soll. Sie kann den Verwalter beauftragen, einen Insolvenzplan auszuarbeiten, und ihm hierfür bestimmte Ziele vorgeben. Je nach wirtschaftlicher Entwicklung kann sie in jedem späteren Termin von ihren vorangegangenen Beschlüssen abweichen (§ 157 S. 3 InsO). Sie hat in dem sog. **Prüfungstermin**, der mit dem Berichtstermin verbunden werden kann (§ 29 Abs. 2 InsO), über die angemeldeten Forderungen der Gläubiger zu beschließen (§ 29 Abs. 1 Nr. 2 InsO). Sie kann dem Schuldner bzw. dem Schuldnerunternehmen die Möglichkeit der Eigenverwaltung gewähren (§ 271 InsO) und sie kann das Insolvenzgericht veranlassen, eine Eigenverwaltung wieder aufzuheben (§ 272 InsO). Entscheidet sie sich für die Liquidation, sodass es zu dem Verteilungsverfahren nach den §§ 187 ff. InsO kommt, beschließt sie nach § 197 InsO über die Schlussverteilung nach Vorlage der Schlussrechnung durch den Insolvenzverwalter (§§ 66 Abs. 2, 188, 197 InsO) im sog. **Schlusstermin**. Entscheidet sie sich für eine Fortführung des Schuldnerunternehmens, obliegt ihr im **Erörterungs- und Abstimmungstermin** gem. § 235 InsO die Billigung des nach § 218 InsO vom Insolvenzverwalter oder dem Schuldner ausgearbeiteten Insolvenzplans. Noch während dieses Termins kann sie gem. § 240 InsO denjenigen, der den Plan vorgelegt hat, also den Insolvenzverwalter oder den Schuldner, dazu veranlassen[565], den Insolvenzplan zu ändern, und dann sogleich über die Änderungen abstimmen[566]. Das ESUG stärkt die Rechte der Gläubigerversammlung weiter: Eine nachträgliche Anordnung der Eigenverwaltung ist möglich (§ 271 InsO). Damit kann nicht nur die erste Gläubigerversammlung eine Eigenverwaltung beantragen, sondern auch jede weitere[567].

Zur Wahrnehmung dieser Aufgaben hat die Gläubigerversammlung ein **umfassendes Auskunftsrecht** ggü. dem Insolvenzverwalter[568] (§ 79 InsO) und dem Schuldner (§ 97 Abs. 1 InsO). Dieses Recht steht jedoch nicht den einzelnen Gläubigern zu, sondern nur dem Organ als solchem[569]. **360**

Teilnahmeberechtigt sind nach § 74 Abs. 1 S. 2 InsO alle Insolvenzgläubiger einschl. der absonderungsberechtigten[570] und nachrangigen Gläubiger[571] bzw. deren Vertretern (§§ 80 ff. ZPO) und Beiständen (§ 90 ZPO) sowie der Insolvenzverwalter und der Schuldner bzw. die gesetzlichen Vertreter eines Schuldnerunternehmens und die Mitglieder des Gläubigerausschusses[572]. Nicht zu einer Teilnahme berechtigt sind hingegen Massegläubiger und Aussonderungsberechtigte[573]. **361**

Sämtliche **Gläubigerversammlungen werden** ausschließlich **vom Insolvenzgericht einberufen** (§ 74 Abs. 1 InsO) **und geleitet** (§ 76 Abs. 1 InsO)[574]. Dies geschieht zum **362**

---

565   Nach § 240 InsO ist der Vorlegende nur berechtigt, und somit nicht verpflichtet, den Insolvenzplan entsprechend den Ergebnissen des Erörterungstermins zu ändern. Indes dürfte sich eine faktische Pflicht zur Änderung ergeben, wenn sich hierfür klare Mehrheiten abzeichnen.

566   *Lüer/Streit*, in: Uhlenbruck, InsO[15], § 240, Rn. 1 f.

567   Vgl. *Riggert*, in: Braun, InsO[8], § 271, Rn. 2.

568   Ausführlich zum Informationsrecht ggü. dem Verwalter: *Knof*, in: Uhlenbruck, InsO, § 79, Rn. 1 ff.

569   *Weiß*, in: Nerlich/Römermann, InsO, § 79, Rn. 2.

570   Vgl. *Pape/Uhlenbruck/Voigt-Salus*, in: Pape/Uhlenbruck/Voigt-Salus, Kap. 16, Rn. 9.

571   Vgl. *Pape/Uhlenbruck/Voigt-Salus*, in: Pape/Uhlenbruck/Voigt-Salus, Kap. 16, Rn. 11.

572   Zur Teilnahmeberechtigung der Mitglieder eines Ausschusses: *Weiß*, in: Nerlich/Römermann, InsO, § 74, Rn. 11; *Herzig*, in: Braun, InsO[8], § 271, Rn. 12.

573   *Hofmann, M.*, in: Kübler, HRI[2], § 16, Rn. 34; vgl. *Pape/Uhlenbruck/Voigt-Salus*, in: Pape/Uhlenbruck/Voigt-Salus, Kap. 16, Rn. 12: Generell werden Massegläubiger in sämtlichen Stadien des Verfahrens aus der Gläubigerselbstverwaltung ausgeschlossen.

574   Vgl. *Pape/Uhlenbruck/Voigt-Salus*, in: Pape/Uhlenbruck/Voigt-Salus, Kap. 16, Rn. 5.

einen dann, wenn die Gläubigerversammlung durch das Insolvenzgericht von Amts wegen einzuberufen war (z.b. zur ersten Gläubigerversammlung, § 74 InsO), und zum anderen auch dann, wenn dem der Antrag des Insolvenzverwalters, des Gläubigerausschusses oder einer bestimmten, wertmäßig gewichteten Anzahl von Gläubigern (§ 75 InsO) vorausgegangen ist[575]. Für die Antragsberechtigung der Gläubiger kommt es nur darauf an, ob die Forderung ordnungsgemäß angemeldet ist, sodass eine solche Berechtigung auch gegeben ist, wenn die angemeldeten Forderungen noch nicht geprüft oder aber bestritten worden sind[576].

363 Ihre **Entscheidungen** trifft die Gläubigerversammlung i.d.R. auf Versammlungen durch Beschlüsse (§ 76 Abs. 2 InsO). Eine Ausnahme bildet die Abstimmung über einen Insolvenzplan nach § 242 Abs. 1 InsO, die nach Beschluss des Insolvenzgerichts auch schriftlich erfolgen kann.

364 Stimmberechtigt sind nur Gläubiger, die in der Versammlung selbst anwesend sind oder einen Vertreter gesandt haben[577]. Die Beschlussfassung hängt jedoch nicht von der Teilnahme einer bestimmten Anzahl von Gläubigern ab[578]. Das **Stimmrecht der Insolvenzgläubiger** (§ 38 InsO), zu denen auch die Gläubiger aufschiebend bedingter Forderungen und die absonderungsberechtigten Gläubiger gehören (§ 77 Abs. 3 InsO), bestimmt sich grundsätzlich nach der Höhe ihrer Forderungen. Damit wird eine Dominanz von Großgläubigern bewusst in Kauf genommen[579]. Gläubiger bestrittener Forderungen sind stimmberechtigt, soweit sich gem. § 77 Abs. 2 InsO der Insolvenzverwalter und die erschienenen stimmberechtigten Gläubiger darüber in der Versammlung geeinigt haben[580]. Nachrangige Gläubiger (§ 39 InsO) sind dagegen nur teilnahmeberechtigt, nicht aber stimmberechtigt (§ 77 Abs. 1 InsO)[581]. Bei der Stimmabgabe zählen Enthaltungen als nicht abgegebene Stimmen[582] und Stimmengleichheit führt zur Ablehnung des gestellten Antrags[583]. Für Abstimmungen über einen Insolvenzplan sehen §§ 237, 238 InsO eigenständige Gruppenbildungen und Stimmrechtsanteile vor.

365 Die Beschlüsse von Gläubigerversammlungen entfalten unabhängig von der Zahl der erschienenen oder vertretenen Gläubiger **Bindungswirkung auch für** die **nicht erschienenen Gläubiger**. Mangels einer entsprechenden Regelung des Gesetzgebers sind Beschlüsse der Gläubigerversammlung nicht durch eine sofortige Beschwerde nach § 6 InsO anfechtbar[584]. Eine Aufhebungsbefugnis steht lediglich dem Insolvenzgericht nach § 78 Abs. 1 InsO zu[585]. Die nicht erschienenen Gläubiger können die Entscheidung der Gläubigerversammlung nicht nach § 78 InsO angreifen[586]. Die Bestimmung, die die

---

575 *Hofmann, M.*, in: Kübler, HRI², § 16, Rn. 7.

576 BGH v. 14.10.2004, IX ZB 114/04, ZIP, S. 2339; *Knof*, in: Uhlenbruck, InsO, § 75, Rn. 2.

577 *Herzig*, in: Braun, InsO⁸, § 76, Rn. 9; *Knof*, in: Uhlenbruck, InsO¹⁵, § 76, Rn. 24.

578 Nach *Herzig*, in: Braun, InsO⁸, § 76, Rn. 7, kann auch in Anwesenheit nur eines Gläubigers eine förmliche Abstimmung durchgeführt werden.

579 Vgl. *Pape/Uhlenbruck/Voigt-Salus*, in: Pape/Uhlenbruck/Voigt-Salus, Kap. 16, Rn. 18.

580 *Knof*, in: Uhlenbruck, InsO¹⁵, § 76, Rn. 20. Kommt es nicht zu einer Einigung, so entscheidet das Insolvenzgericht abschließend (vgl. *Knof*, in: Uhlenbruck, InsO¹⁵, § 76, Rn. 20).

581 *Knof*, in: Uhlenbruck, InsO¹⁵, § 77, Rn. 2: Außerdem nicht stimmberechtigt sind Massegläubiger und Aussonderungsgläubiger.

582 *Herzig*, in: Braun, InsO⁸, § 76, Rn. 13.

583 *Herzig*, in: Braun, InsO⁸, § 76, Rn. 14; m.w.N. *Knof*, in: Uhlenbruck, InsO¹⁵, § 76, Rn. 33.

584 LG Göttingen v. 29.06.2000, 10 T 70/00, NZI, S. 490.

585 So Vallender/Zipperer, in: Uhlenbruck, InsO¹⁵, § 57, Rn. 39.

586 *Herzig*, in: Braun, InsO⁸, § 78, Rn. 10; *Pape*, ZInsO 2000, S. 469 (475).

Aufhebung eines Beschlusses der Gläubigerversammlung dann ermöglicht, wenn der Beschluss dem gemeinsamen Interesse der Gläubiger widerspricht, setzt ihrem Wortlaut nach nämlich voraus, dass der Antrag an das Insolvenzgericht von dem Antragsberechtigten noch während der Gläubigerversammlung gestellt wird[587].

4.1.3 Der Insolvenzverwalter

4.1.3.1 Stellung und Bedeutung des Insolvenzverwalters im Verhältnis zu den anderen Verfahrensbeteiligten

Zur zivil- und insolvenzrechtlichen **Stellung des Insolvenzverwalters** werden, wie **366** schon für den Konkursverwalter, unterschiedliche Theorien vertreten (Amtstheorie, Organtheorie, Theorie des neutralen Handelns, modifizierte Vertreter- oder Repräsentationstheorie und Vertretertheorie)[588]. Im Prozess ist der Insolvenzverwalter **Partei kraft Amtes**[589]. Führt der Insolvenzverwalter das Unternehmen fort, ist er kein Kaufmann; gleichwohl sind die von ihm für die Masse getätigten Rechtsgeschäfte wegen der **Kaufmannseigenschaft** des Schuldners weiterhin Handelsgeschäfte[590].

Der Insolvenzverwalter[591] wird bei der Insolvenz von Unternehmen nach herrschender **367** Auffassung als **amtlich bestellter Treuhänder der Insolvenzmasse** tätig[592]. Er agiert im Spannungsfeld zwischen Insolvenzgericht, dem die Rolle des Hüters der rechtsförmigen Verfahrensabwicklung zukommt, den an optimaler wirtschaftlicher Verwertung des noch vorhandenen Schuldnervermögens interessierten Gläubigern – zusammengeschlossen in der Gläubigerversammlung –, dem ihm beratend zur Seite gestellten Gläubigerausschuss und dem Schuldner mit seinem Interesse an einer Bewältigung der wirtschaftlichen Krise. Darüber hinaus werden Erwartungen an den Insolvenzverwalter aus volkswirtschaftlichem, arbeitsmarkt- und fiskalpolitischem Interesse an fortführungsfähigen Unternehmen herangetragen[593].

Auch wenn die Insolvenzabwicklung in hohem Maße juristischen Sachverstand voraus- **368** setzt und damit Rechtsanwälte als die „geborenen" Insolvenzverwalter erscheinen, kommt es unter der Ägide des Insolvenzrechts immer mehr auf betriebswirtschaftlich und unternehmerisch geprägten Sachverstand an. Abhängig vom Unternehmensgegenstand und Marktsegment des insolventen Schuldners bzw. Schuldnerunternehmens bedarf es einer Analyse der leistungs- und finanzwirtschaftlichen Faktoren als Grundlage für Fortbestehensmöglichkeiten, solider Managementfähigkeiten und unternehmerischen Geschicks. So wie der Rechtsanwalt für die Erledigung der vielfältigen juristischen

---

587 *Hofmann, M.*, in: Kübler, HRI[2], § 16, Rn. 58; *Knof*, in: Uhlenbruck, InsO[15], § 78, Rn. 7.

588 Vgl. *Graeber*, in: MünchKomm. InsO[4], § 56, Rn. 142-148; *Vuia*, in: MünchKomm. InsO[4], § 80, Rn. 26 ff.; vgl. auch *Pechartscheck*, in: Gottwald/Haas, InsR-HB[6], § 22, Rn. 20 ff., die von einem Fiasko des Theorienstreits sprechen, das weitgehend der Rechtsgeschichte angehört. In der Tat erscheint diese Diskussion wenig ergiebig, zumal auch die neueren Theorien die Komplexität der einzelnen, höchst verschiedenen Aufgaben nicht auf einen gemeinsamen Begriff bringen können.

589 *Wittkowski/Kruth* in: Nerlich/Römermann, InsO, § 80, Rn. 45.; *Pape/Uhlenbruck/Voigt-Salus*, in: Pape/ Uhlenbruck/Voigt-Salus, Kap. 14, Rn. 8.

590 *Kindler*, in: Ebenroth/Boujong/Joost/Strohn, HGB[4], § 1, Rn. 81.

591 Gesamtdarstellungen zur Stellung des (vorläufigen) Insolvenzverwalters geben u.a. *Hölzle*, in: Schmidt, K., InsO[19], § 22, Rn. 1 ff.; vgl. auch *Pape/Uhlenbruck/Voigt-Salus*, in: Pape/Uhlenbruck/Voigt-Salus, Kap. 14, Rn. 1 ff.; *Pechartscheck*, in: Gottwald/Haas, InsR-HB[5], § 22.

592 *Delhaes/Römermann*, in: Nerlich/Römermann, InsO, Vorbem. zu §§ 56-79, Rn. 10.

593 Vgl. zu den im Begriff „Unternehmensinteresse" zusammenfließenden Interessen: *Teubner*, ZHR 1985, S. 470.

Aspekte einer Insolvenzbewältigung prädestiniert ist, ist es der WP für die Lösung der betriebswirtschaftlichen Fragen der Sanierung. Dort, wo dieses auch aus langjähriger praktischer Erfahrung gewonnene Know-how nicht in einer Person vereinigt ist oder nicht durch ein entsprechend besetztes und ausgestattetes Back-Office zur Verfügung gestellt werden kann, ist eine Zusammenarbeit beider Professionen erforderlich. Für das Abstimmungsverhalten der Gläubigerversammlung wird es nicht nur auf die einwandfreie juristische Realisierbarkeit eines Insolvenzplans ankommen, sondern auch und vor allem darauf, ob nach den betriebswirtschaftlichen Rahmenbedingungen ein weiteres Investment lohnenswerter als die Zuweisung einer Insolvenzquote erscheint. Diese betriebswirtschaftliche Unterlegung der Pläne durch den WP kann die Rationalität des Entscheidungsverhaltens aller Verfahrensbeteiligten positiv beeinflussen. Gerade weil die Qualifikation des Insolvenzverwalters maßgeblich über das Schicksal des Schuldners bzw. Schuldnerunternehmens bestimmt, kommt den unternehmerischen Managementfähigkeiten – nachgewiesen durch einschlägige Erfahrung – besondere Bedeutung zu. Die **Auswahl des Insolvenzverwalters** gehört daher zu den wichtigsten Entscheidungen nicht nur des Insolvenzgerichts, sondern auch der Gläubigerversammlung[594].

4.1.3.2 Bestellung und Abberufung

369   Die **Bestellung** des **Insolvenzverwalters** erfolgt nach § 27 Abs. 1 InsO i.V.m. § 18 Abs. 1 Ziffer 1 RPflG **durch das Insolvenzgericht**, welches zugleich nach § 58 InsO auch die Aufsicht über ihn ausübt. Nachdem im Gesetzgebungsverfahren entsprechend ausländischem Insolvenzrecht zunächst die Zulassung auch von juristischen Personen vorgesehen war, hat sich der Gesetzgeber dann „nach starker Kritik"[595] in einer Anhörung durch den Rechtsausschuss doch entschlossen, nur eine **natürliche Person als Insolvenzverwalter** vorzusehen[596]. Obwohl das Problem durch die Einführung von Art. 102a S. 1 EGInsO wieder an Bedeutung gewinnen könnte[597], statuiert das Gesetz auch nach den Änderungen des ESUG noch immer, dass nur natürliche Personen Insolvenzverwalter werden können[598]. Dies hat das BVerfG bestätigt[599]. Der in § 56 Abs. 1 S. 1 InsO geregelte Ausschluss juristischer Personen von der Bestellung zum Insolvenzverwalter ist nach Auffassung des Gerichts mit dem Grundgesetz vereinbar. Die Verfassungsbeschwerde einer Rechtsanwalts-GmbH, die aufgrund ihrer Eigenschaft als juristische Person nicht in die Vorauswahlliste eines Insolvenzgerichts aufgenommen wurde,

---

594 Vgl. *Braun/Uhlenbruck*, S. 182 sowie insb. das Kapitel „Die Person des Verwalters oder Sachwalters – Qualitätsanforderungen – berufsrechtliche Schranken für Rechtsanwälte, Wirtschaftsprüfer und Steuerberater", S. 723 ff.; *Graf-Schlicker*, in: Kölner Schrift³, S. 235, Rn.1 ff.; zur Frage eines eigenständigen Berufsbildes des Insolvenzverwalters und zur Notwendigkeit einer transparenten Bestellungspraxis vgl. *Henssler*, ZIP 2002, S. 1053.

595 Vgl. einerseits § 65 RegE, der die juristische Person zuließ, und die Beschlussempfehlung des Rechtsausschusses zu § 65 andererseits, die eine juristische Person aus haftungs- und aufsichtsrechtlichen Gründen, aufgrund der Austauschbarkeit der Handelnden und wegen der Problematik der Interessenkollision für ungeeignet hält.

596 Zweifelnd zur Begrenzung des Amtes auf natürliche Personen: *Blümle*, in: Braun, InsO⁸, § 56, Rn. 11 ff.

597 *Blümle*, in: Braun, InsO⁸, § 56, Rn. 9. Nach Art. 102a EGInsO können Angehörige eines anderen Mitgliedsstaats der EU oder des EWR die Aufnahme in die Vorauswahlliste des Insolvenzgerichts verlangen. Weil im Ausland auch juristische Personen als Insolvenzverwalter bestellt werden können, droht nun der Fall, dass sich juristische Personen aus dem Ausland listen lassen.

598 So *Blümle*, in: Braun, InsO⁸, § 56, Rn. 9.

599 BVerfG v. 12.01.2016, 1 BvR 3102/13, BB 2016, S. 1036.

wurde vom Senat zurückgewiesen, da der Eingriff in die nach Art. 12 Abs. 1 GG geschützte Berufsfreiheit der Beschwerdeführerin verfassungsrechtlich gerechtfertigt ist. Mit der geordneten Durchführung des Insolvenzverfahrens, das neben der Durchsetzung privater Interessen auch die vom Staat geschuldete Justizgewähr verwirklicht, schützt der Gesetzgeber nach Auffassung des Gerichts ein Rechtsgut von hohem Rang. Er durfte aus den Besonderheiten der intensiven insolvenzgerichtlichen Aufsicht über den Insolvenzverwalter die Notwendigkeit ableiten, dass nur eine natürliche Person mit diesem Amt betraut werden soll. Zudem verfügen juristische Personen auch unter der geltenden Gesetzeslage – jedenfalls faktisch – über einen Marktzugang, der ihnen eine erfolgreiche Geschäftstätigkeit bei Unterstützung von Insolvenzverwaltern ermöglicht. Ob dies im Zuge europäischer Rechtsangleichung Bestand haben wird, bleibt abzuwarten, da im Ausland durchaus auch juristische Personen mit der Abwicklung insolventer Gesellschaften befasst sein können und dies im Hinblick auf das multidisziplinär geforderte Expertenwissen auch wünschenswert erscheint[600].

Das BVerfG entschied zur **Insolvenzverwaltervorauswahl,** dass sich der Beruf des Insolvenzverwalters eigenständig etabliert hat und somit der Grundrechtsschutz aus Art. 12 Abs. 1 GG zu gewährleisten ist[601]. Bereits bei der Vorauswahl muss Chancengleichheit in Anwendung des Art. 3 Abs. 1 GG gewährleistet werden[602]. Sollte die Auswahl eines Insolvenzverwalters willkürlich erscheinen, stehen Rechtsmittel (sofortige Beschwerde[603], Anfechtung der Bestellung eines Konkurrenten sowie einstweiliger oder vorbeugender Rechtsschutz)[604] gem. Art. 19 Abs. 4 GG zur Verfügung[605]. In der Folgezeit wurde die Rechtsprechung des BGH allerdings durch mehrere Entscheidungen eingeschränkt[606]. Die geforderte Objektivierung und Rechtfertigung der Auswahl erfordert, dass die Qualität eines Verwalters messbar wird. Um eine Messbarkeit zu ermöglichen, wurden vonseiten der Gerichte Fragebögen entwickelt und auf Verwalterseite wurde

370

---

600 Vgl. dazu den sog. Receiver und Administrator nach englischem Recht, der in Großverfahren häufig aus dem Kreis der WPG bestimmt wird. Auch in Deutschland sind alle namhaften Insolvenzkanzleien inzwischen multidisziplinär besetzt. Die Wahrnehmung der Aufgabe nach außen durch die natürliche Person wahrt letztlich nur noch den formalen Rechtsschein, weil der Insolvenzverwalter das Back-Office seiner gesamten Insolvenzverwalterpraxis mit den erforderlichen unterschiedlichen Qualifikationen hinter sich hat.

601 BVerfG v. 03.08.2004, 1 BvR 135/00, 3. Leitsatz, ZIP, S. 1649 sowie die Begründung S. 1652.

602 BVerfG v. 03.08.2004, 1 BvR 135/00, 4. Leitsatz, ZIP, S. 1649.

603 Einer Gewährung von Rechtsschutz kann auch § 6 Abs. 1 InsO nicht entgegenstehen. Als Regelung des einfachen Gesetzesrechts könnte § 6 Abs. 1 InsO aber den Rechtsweg nicht verstellen, wenn dieser verfassungsrechtlich eröffnet sein sollte (so BVerfG v. 23.05.2006, 1 BvR 2530/04, ZIP, S. 1357).

604 Ausführlich dazu vgl. *Wieland*, ZIP 2005, S. 233 (238).

605 BVerfG v. 03.08.2004, 1 BvR 135/00, NZI, S. 574. Das BVerfG sieht die Verweigerung von Rechtsschutz auf dieser Verfahrensebene als Verstoß gegen die Rechtsweggarantie aus Art. 19 Abs. 4 GG.

606 BVerfG v. 23.05.2006, 1 BVR 2530/04, ZIP 2006, S. 1355. Das BVerfG räumt den Interessen der beteiligten Gläubiger und des Schuldners Vorrang gegenüber einem des übergangenen Bewerbers für den Posten des Insolvenzverwalters ein. Somit ist ein übergangener Bewerber auf eine Fortsetzungsfeststellungsklage oder den Amtshaftungsanspruch verwiesen (Rn. 57 des Urteils). Römermann spricht aufgrund der sehr hohen Hürden für den Rechtsschutz eines Bewerbers von einer vergebenen Chance des BVerfG (*Römermann*, ZIP 2006, S. 1332). Drei folgende Verfassungsbeschwerden waren erfolglos. So wurde die Zulässigkeit des „Delistings" eines Bewerbers aufgrund seines Fehlverhaltens in Verfahren vor anderen Insolvenzgerichten bestätigt (BVerfG v. 12.07.2006, 1 BvR 1493/05, ZInsO, S. 1102 f.). Das BVerfG sieht bei Nichtberücksichtigung unerfahrener Bewerber keine Verletzung des Gleichbehandlungsgrundsatzes (BVerfG v. 19.07.2006, 1 BvR 1351/06, ZIP, S. 1541 f.). Außerdem gibt es keinen Anspruch der Bewerber auf eine regelmäßige/gleichmäßige Berücksichtigung als Insolvenzverwalter (BVerfG v. 12.07.2006, 1 BvR 1495/05, 1. Leitsatz, ZIP, S. 1954).

versucht, sich durch Zertifizierung und Ratingverfahren auszuzeichnen. Das ESUG verlieh der Diskussion durch die gestärkten Einflussmöglichkeiten der Gläubiger nochmals eine andere Dimension. Ein Verwalter ist danach sowohl von der objektivierbaren Entscheidung der Gerichte abhängig als auch vom guten Willen der Gläubiger[607]. **Mit der Annahme beginnt das Amt des Insolvenzverwalters**[608]. **Es endet i.d.R. mit der rechtskräftigen Beendigung des Insolvenzverfahrens**, der Ernennung eines neuen Insolvenzverwalters und dessen Amtsübernahme oder mit dem Tod des Verwalters[609]. Die Entlassung des Insolvenzverwalters durch das Gericht ist ultima ratio und darf daher nach § 59 InsO nur aus wichtigem Grunde erfolgen[610]. Nicht jede Pflichtverletzung, die einen Schadensersatz auslöst, ist ein wichtiger Grund zur Entlassung[611]. Erforderlich ist ein Verdacht über Verfehlungen schwerster Art[612] und der BGH verlangt, dass „die Tatsachen, die den Entlassungsgrund bilden, zur vollen Überzeugung des Insolvenzgerichts nachgewiesen sind"[613]. Somit ist eine auf bloßen Verdacht begründete Abberufung zukünftig nicht möglich[614]. Jedoch kann ein Insolvenzverwalter auch dann gem. § 59 Abs. 1 S. 1 aus seinem Amt entlassen werden, wenn nicht ein schwerwiegender Verstoß gegen die Pflichten vorliegt, sondern viele nicht so schwerwiegende Pflichtverletzungen, die jeweils für sich genommen seine Entlassung nicht begründen[615]. Eine Amtsniederlegung ist nicht zulässig, jedoch kann der Insolvenzverwalter einen Antrag auf Entlassung stellen (§ 59 Abs. 1 S. 2 InsO)[616].

371 Das Amt ist höchstpersönlich auszuüben; daher ist ein Delegieren auf Bevollmächtigte nicht zulässig[617]. Der Insolvenzverwalter kann jedoch eigene Angestellte und Angestellte des Schuldners als **Hilfskräfte** beschäftigen[618]. Während er für das Handeln seiner eigenen Angestellten nach Maßgabe des § 278 BGB einstehen muss[619], regelt § 60 Abs. 2 InsO einen abweichenden Haftungsmaßstab für die Beschäftigung von Angestellten des Schuldners. Werden diese im Rahmen ihrer bisherigen Tätigkeit eingesetzt und sind sie nicht offensichtlich ungeeignet, ist der Insolvenzverwalter nur für deren Überwachung und für Entscheidungen von besonderer Bedeutung verantwortlich[620]. Bei der Beauftragung von Sachverständigen haftet der Verwalter für deren sorgfältige Auswahl[621].

607 Vgl. *Blümle*, in: Braun, InsO[8], § 56, Rn. 6.
608 *Pape/Uhlenbruck/Voigt-Salus*, in: Pape/Uhlenbruck/Voigt-Salus, Kap. 14, Rn. 13.
609 *Pape/Uhlenbruck/Voigt-Salus*, in: Pape/Uhlenbruck/Voigt-Salus, Kap. 14, Rn. 13.
610 BGH v. 23.09.2010, IX ZA 21/10, ZInsO, S. 2093; *Lissner*, ZInsO 2012, S. 957 (962); *Vallender/Zipperer*, in: Uhlenbruck, InsO[15], § 59, Rn. 7.
611 *Vallender/Zipperer*, in: Uhlenbruck, InsO[15], § 59, Rn. 13.
612 *Blümle*, in: Braun, InsO[8], § 59, Rn. 9; *Römermann*, in: Nerlich/Römermann, InsO, § 59, Rn. 8; *Vallender/Zipperer*, in: Uhlenbruck, InsO[15], § 59, Rn. 7.
613 BGH v. 08.12.2005, IX ZB 308/04, ZIP 2006, S. 247.
614 So Kurzkommentar von *Römermann*, BGH EWiR § 59 InsO 1/06, S. 315.
615 *Vallender/Zipperer*, in: Uhlenbruck, InsO[15], § 59, Rn. 13.
616 Vgl. *Römermann*, in: Nerlich/Römermann, InsO, § 59, Rn. 7.
617 Vgl. *Mönning/Schweizer*, in: Nerlich/Römermann, InsO, § 27, Rn. 25.
618 Vgl. *Mönning/Schweizer*, in: Nerlich/Römermann, InsO, § 27, Rn. 26; *Pechartscheck*, in: Gottwald/Haas, InsR-HB[6], § 22, Rn. 12; zum Masseschuldcharakter des Entgelts für Hilfskräfte vgl. BGH v. 24.01.1991, IX ZR 250/89, ZIP, S. 324.
619 Vgl. *Pechartscheck*, in: Gottwald/Haas, § 23, Rn. 11.
620 Die Beschäftigung von Angestellten des Schuldnerunternehmens ist nicht unüblich, insb. um die Kenntnisse der Angestellten nutzen zu können; vgl. *Schoppmeyer*, in: MünchKomm. InsO[4], § 60, Rn. 93a, S. 192; *Burger/Schellberg*, WPg 1995, S. 69 (79); *Pechartscheck*, in: Gottwald/Haas, § 23, Rn. 10.
621 Vgl. *Pape/Uhlenbruck/Voigt-Salus*, in: Pape/Uhlenbruck/Voigt-Salus, Kap. 14, Rn. 28.

Die **Gläubigerversammlung kann** in der ersten Gläubigerversammlung, die auf die Be- **372**
stellung des Insolvenzverwalters durch das Insolvenzgericht folgt und gem. § 29 Abs. 1
Nr. 1 InsO nach Ablauf von sechs Wochen angesetzt werden soll, keinesfalls aber später
als drei Monate nach Verfahrenseröffnung, **eine andere Person** als den ersten, durch das
Insolvenzgericht ernannten Insolvenzverwalter **wählen**. Aufschlussreich ist, dass der
Gesetzgeber den ursprünglichen § 57 InsO mit dem Gesetz zur Änderung der Insolvenzordnung und anderer Gesetze[622] um einen Satz 2 erweitert hat. Danach ist der neue
Insolvenzverwalter nur gewählt, wenn neben der in § 76 Abs. 2 InsO genannten Mehrheit auch die Mehrheit der abstimmenden Gläubiger für ihn gestimmt hat. Hintergrund
dieser Regelung ist, dass besonders einflussreiche Gläubiger – dies sind insb. die absonderungsberechtigten Gläubiger – nicht immer mit dem Vorgehen des Insolvenzverwalters einverstanden waren. Um eine Abwahl allein durch diese Gruppe zu vermeiden,
wurde § 57 InsO entsprechend ergänzt[623]. Die von der Gläubigerversammlung gewählte
Person darf das Gericht nach § 57 InsO nur bei Ungeeignetheit ablehnen, also wenn die
gewählte Person nicht die erforderliche Sachkunde besitzt, nicht von den Beteiligten
unabhängig ist oder die erforderliche Zuverlässigkeit oder Vertrauenswürdigkeit vermissen lässt. Gegen eine solche Versagung steht jedem Insolvenzgläubiger das Rechtsmittel der sofortigen Beschwerde zu (§ 57 S. 4 InsO).

Wie in § 56 Abs. 1 InsO nunmehr ausdrücklich festgelegt ist, muss der Insolvenzver- **373**
walter für den jeweiligen Einzelfall **geeignet**, also insb. **geschäftskundig** sowie **von
Schuldner und Gläubigern unabhängig** sein. An der erforderlichen Unabhängigkeit
fehlt es bei wirtschaftlichen Verflechtungen und bei persönlichen Beziehungen, die einen Ausschlussgrund nach § 41 ZPO darstellen oder die Besorgnis der Befangenheit
begründen würden[624]. Zweifel an der Unabhängigkeit können z.B. bestehen, wenn der
Insolvenzverwalter vor Beantragung des Insolvenzverfahrens beratend oder gutachterlich für den Schuldner oder die Gläubiger tätig war[625]. Ein Vorschlag eines
Schuldners oder Gläubigers begründet noch keine Zweifel an dessen Unabhängigkeit[626].
Ein Insolvenzverwalter ist verpflichtet, Interessenkonflikte anzuzeigen[627]. Die Grundsätze des Berufsstands der Insolvenzverwalter wurden 2011 durch die Grundsätze ordnungsgemäßer Insolvenzverwaltung (GOI) präzisiert und erweitert[628].

Auch weiterhin ist eine **regionale Ansässigkeit** des Insolvenzverwalters **nicht zwingend** **374**
erforderlich, wenn dies auch Vorteile mit sich bringen mag[629]. Die **Bestellung eines
Sonderinsolvenzverwalters** ist bei rechtlicher oder tatsächlicher Verhinderung des Insolvenzverwalters oder bei der Verwaltung von Sondermassen (z.B. § 32 Abs. 3 DepotG)

---

622 Gesetz v. 26.10.2001, BGBl. I, S. 2710.

623 So die Begründung zum Entwurf eines Gesetzes zur Änderung der Insolvenzordnung, BT- Drs. 14/5680,
      S. 16, 18.

624 So *Graeber*, in: MünchKomm. InsO[4], § 56, Rn. 26; ausführlich zur Frage der Unabhängigkeit: *Siemon*,
      ZInsO 2012, S. 364.

625 *Delhaes/Römermann* in: Nerlich/Römermann, InsO, § 56, Rn. 17 ff.

626 *Blümle*, in: Braun, InsO[8], § 56, Rn. 74: Wenn das so wäre, dann könnte ein Schuldner oder ein Gläubiger
      einen Verwalter vorschlagen, den er auf jeden Fall umgehen will.

627 AnwBl. 1992, S. 118.

628 Die Mitglieder des „Verbandes Insolvenzverwalter Deutschlands" (VID) haben bereits im Jahr 2006 Be-
      rufsgrundsätze verabschiedet, die strenge Regeln für Berufszugang und -ausübung festlegten. Diese lösten
      den im Jahr 2002 beschlossenen Verhaltenskodex ab.

629 Vgl. *Graeber*, in: MünchKomm. InsO[4], § 55, Rn. 72; ausführlich zur Diskussion über Ortsnähe und Er-
      reichbarkeit: *Zipperer*, in: Uhlenbruck, InsO[15], § 56, Rn. 28 f.

möglich[630]; der Sonderinsolvenzverwalter führt seinen Bereich dann selbstständig[631]. Besondere Bedeutung kommt einem Sonderinsolvenzverwalter dann zu, wenn in der Person des Insolvenzverwalters in Bezug auf einzelne Insolvenzgeschäfte ein Interessenkonflikt bestehen könnte[632].

4.1.3.3 Haftung

375   Die Haftung[633] des Insolvenzverwalters besteht nach § 60 Abs. 1 InsO ggü. allen Beteiligten des Insolvenzverfahrens für den Fall einer schuldhaften Verletzung der ihm nach der InsO obliegenden Pflichten. § 60 Abs. 1 S. 2 InsO führt aus, dass er für die **Sorgfalt eines ordentlichen und gewissenhaften Insolvenzverwalters** einzustehen hat. Besondere **Risiken** entstehen, wenn ein Insolvenzverwalter durch Abschluss von neuen Geschäften den **laufenden Geschäftsbetrieb** fortführt, um auf diesem Wege eine **Sanierung** des insolventen Unternehmens herbeizuführen; dann haftet er auch den Vertragspartnern nach § 61 InsO auf Schadensersatz, wenn wegen Massearmut die Unerfüllbarkeit der Verbindlichkeiten für ihn erkennbar war[634]. Nach § 61 InsO haftet der Insolvenzverwalter nur für die Begründung von Masseverbindlichkeiten, nicht jedoch für Schäden, die durch Pflichtverletzungen nach Vertragsschluss entstanden sind[635]. Es kann demzufolge kein Ersatzanspruch aus § 61 InsO abgeleitet werden, wenn die Nichterfüllbarkeit auf später eintretenden Gründen beruht[636]. Insoweit ist § 60 InsO die Grundnorm und § 61 InsO ein Sondertatbestand (lex specialis)[637]. Relevanter Anknüpfungspunkt für die Anwendbarkeit von § 61 InsO ist somit der Zeitpunkt der Vertragsverhandlung und bei Dauerschuldverhältnissen der Zeitpunkt der frühestmöglichen Kündigung[638]. Der Schadensumfang richtet sich auf das negative Interesse[639], er umfasst jedoch nicht die Umsatzsteuer[640].

376   Nach § 61 S. 2 InsO entfällt die Haftung, wenn der Insolvenzverwalter bei der Begründung der Verbindlichkeit nicht erkennen konnte, dass die Masse voraussichtlich zur Erfüllung nicht ausreichen würde. Grundlage hierfür ist ein **Liquiditätsplan**, der Aufschluss darüber gibt, dass mit der damals vorhandenen Masse die neu begründeten Verbindlichkeiten erfüllt werden können[641]. Der BGH fordert für einen Entlastungsbe-

---

630   BGH v. 05.02.2009, IX ZB 187/06, NZI, S. 238; *Zipperer*, in: Uhlenbruck, InsO[15], § 56, Rn. 57.

631   Vgl. *Burger/Schellberg*, WPg 1995, S. 69 (73); *Pape/Uhlenbruck/Voigt-Salus*, in: Pape/Uhlenbruck/Voigt-Salus, Kap. 14, Rn. 14.

632   *Ries*, in: Schmidt, K., InsO[19], § 56, Rn. 25; *Graf/Wunsch*, DZWIR 2002, S. 177; *Pape/Uhlenbruck/Voigt-Salus*, in: Pape/Uhlenbruck/Voigt-Salus, Kap. 32, Rn. 2.

633   Überblick zur Rechtsprechung: *Meyer-Löwy/Poertzgen/Sauer*, ZInsO 2005, S. 691.

634   Hierzu umfassend die Darstellung von *Marotzke*, Das Unternehmen in der Insolvenz, in welcher er auf die Voraussetzungen und die haftungsrechtlichen Konsequenzen der Entscheidung über Stilllegung oder Unternehmensfortführung bis zur ersten Gläubigerversammlung, dem „ersten Berichtstermin", eingeht.

635   BGH v. 06.05.2004, IX ZR 48/03, DB, S. 1774.

636   *Sinz*, in: Uhlenbruck, InsO[15], § 61, Rn. 20.

637   *Prager/Kolmann*, Anmerkung zu BGH v. 17.12.2004, IX ZR 185/03, KTS 2005, S. 493 (494); *Sinz*, in: Uhlenbruck, InsO[15], § 61, Rn. 4.

638   *Sinz*, in: Uhlenbruck, InsO[15], § 61, Rn. 16.

639   BGH v. 17.12.2004, IX ZR 185/03, ZInsO 2005, S. 205 (207); BGH v. 06.05.2004, IX ZR 48/03, 4. Leitsatz, DB, S. 1774; ebenso *Gsell*, KTS 2005, S. 480 (484), die unter Anwendung des § 249 Abs. 1 BGB zum gleichen Ergebnis kommt; *Sinz*, in: Uhlenbruck, InsO[15], § 61, Rn. 16; *Rein*, in: Nerlich/Römermann, InsO, § 61, Rn. 23.

640   BGH v. 03.11.2005, IX ZR 140/04, ZIP, S. 2265.

641   BGH v. 17.12.2004, IX ZR 185/03, 1. Leitsatz, NZI 2005, S. 222; *Rein*, in: Nerlich/Römermann, InsO, § 61, Rn. 19.

weis einen Liquiditätsplan, erläutert jedoch nicht, wie ein solcher Plan aufgestellt werden soll[642]. Beim Beweis durch den Insolvenzverwalter kommt es nur auf die Erkenntnismöglichkeit im Zeitpunkt der Begründung der Ansprüche an. Der Verwalter trägt nicht die Beweislast für die Ursachen einer von der Liquiditätsprognose abweichenden Entwicklung[643]. Der BGH unterscheidet bei den Voraussetzungen, die an die Entlastung zu stellen sind, nicht nach der Größe des Unternehmens. Deshalb müssen nicht nur die Insolvenzverwalter von Großunternehmen, sondern auch die von kleineren Unternehmen eine sorgfältige und sinnvollerweise integrierte Planung vornehmen, damit ihnen bei späterer Nichterfüllung von Masseverbindlichkeiten der Beweis nach § 61 S. 2 InsO möglich ist[644].

Darüber hinaus kann der Insolvenzverwalter auch **persönlich** aus **Verschulden bei** **377** **Vertragsschluss** nach §§ 280 Abs. 1, 311 Abs. 2 BGB haften; dies gilt allerdings nur, wenn besondere Umstände hinzutreten[645].

Aus dem **Steuerrechtsverhältnis** des Schuldners haftet der Insolvenzverwalter speziell **378** als Vermögensverwalter gem. § 69 AO; dies gilt insb. für die Umsatzsteuer bei Unternehmensfortführung und Verwertung von Sicherungsgut[646]. Durch den in das Gesetz aufgenommenen Haftungsmaßstab (§ 60 Abs. 1 S. 2 InsO), der mit dem Haftungsmaßstab eines Geschäftsführungsorgans wörtlich übereinstimmt (vgl. § 93 Abs. 1 S. 1 AktG, § 43 Abs. 1 GmbHG, § 34 Abs. 1 S. 1 GenG), kommt ihm bei Fortführung des Unternehmens aber auch das Privileg nur eingeschränkter gerichtlicher Nachprüfung von unternehmerischen Ermessensentscheidungen zugute[647].

4.1.3.4 Aufgaben

4.1.3.4.1 Inbesitznahme und Verwaltung des Schuldnervermögens

Mit Verfahrenseröffnung geht nach § 80 InsO das Recht des Schuldners, über sein zur **379** Insolvenzmasse gehörendes Vermögen zu verfügen und es zu verwalten, auf den Insolvenzverwalter über. Zu den Aufgaben des Insolvenzverwalters[648] gehört, dass er gem. § 148 InsO berechtigt und verpflichtet ist, nach Eröffnung des Insolvenzverfahrens das gesamte zur Insolvenzmasse gehörende **Vermögen in Besitz und Verwahrung zu nehmen**, und zwar so, wie er es vorfindet (sog. Ist-Masse). Unter Beachtung von Aus- und Absonderungsrechten und einer eventuellen Masseanreicherung durch Anfechtung hat er letztlich die Ist-Masse zur Soll-Masse zu bereinigen. Zu diesem Zweck stehen ihm verschiedene Verwaltungsbefugnisse zu. So kann der Insolvenzverwalter die **Geschäfts-**

---

642 So die Kritik von *Weinbeer*, AnwBl 2005, S. 422.

643 BGH v. 17.12.2004, IX ZR 185/03, 2. Leitsatz, NZI 2005, S. 222.

644 So *Zwoll*, NZI 2005, S. 223 (224); ebenso *Baumert*, in: Braun, InsO[8], § 61, Rn. 14.

645 BGH v. 24.05.2005, IX ZR 114/01, ZIP, S. 1327 (1328): Das wäre zum Beispiel der Fall, wenn der Verwalter beim Verhandlungspartner ein zusätzliches, von ihm persönlich ausgehendes Vertrauen auf die die Vollständigkeit und Richtigkeit seiner Erklärungen und die Durchführbarkeit des vereinbarten Geschäftes hervorgerufen hat; dazu auch *Vuia*, in: Gottwald/Haas, InsR-HB[6], § 14, Rn. 138; *Schoppmeyer*, in: MünchKomm. InsO[4], § 60, Rn. 72 ff.

646 OFD Karlsruhe v. 01.06.2010, S 0190/2, BeckVerw 244039; vgl. *Sinz* in: Uhlenbruck, InsO, § 60, Rn. 66; *Schoppmeyer*, MünchKomm. InsO[4], § 60, Rn. 81.

647 Umfassend zu unternehmerischen Ermessensentscheidungen im Verfahren: *Berger/Frege/Nicht*, NZI 2010, S. 321.

648 Ausführlich zu den Aufgaben eines Insolvenzverwalters: *Graeber/Graeber*, ZInsO 2013, S. 1056, (1057/ 1058).

bücher des Schuldners gem. §§ 36 Abs. 2, 150 InsO **siegeln**, und er kann eine **Postsperre** nach § 99 InsO durch das Insolvenzgericht verhängen lassen, damit ihm die Geschäftskorrespondenz nicht vorenthalten werden kann.

4.1.3.4.2 Insolvenzspezifische und handelsrechtliche Rechnungslegungspflichten

380 Der Insolvenzverwalter hat sowohl insolvenzspezifische als auch handelsrechtliche nebst steuerrechtlichen **Rechnungslegungspflichten** zu beachten. Jede dieser Pflichten verfolgt aufgrund der in den jeweiligen Gesetzen angelegten Zwecke andere Ziele. Auch wenn immer wieder praktische Bedürfnisse angeführt werden, die insolvenzspezifischen Rechnungslegungs- und Rechenschaftspflichten seien ausreichend, hat der Gesetzgeber jedoch durch nichts erkennen lassen, dass handels- und steuerrechtliche Rechnungslegungspflichten suspendiert seien oder dass im Einzelfall von ihnen abgesehen werden könnte. Vielmehr folgt aus § 155 InsO unmissverständlich, dass sich der Gesetzgeber für ein duales System von einerseits besonderen insolvenzrechtlichen zu andererseits handels- und steuerrechtlichen Rechnungslegungspflichten entschieden hat. Die Rechnungslegungspflichten werden ausführlich in Kap. D dargestellt.

4.1.3.5 Vergütung

381 Der Insolvenzverwalter hat Anspruch auf eine vom Insolvenzgericht festzusetzende Vergütung für seine Geschäftsführung und auf Erstattung angemessener Auslagen (§§ 63, 64 InsO). Dabei richtet sich der Regelsatz der Vergütung nach dem Wert der Insolvenzmasse zur Zeit der Verfahrensbeendigung. Seine Vergütung und Auslagen sind nach § 54 InsO Kosten des Insolvenzverfahrens, die gem. § 53 InsO vorweg aus der Insolvenzmasse zu berichtigen sind. Wird das Verfahren nach Eröffnung mangels Masse eingestellt (sog. „Insolvenz in der Insolvenz"), so gewährt § 209 Abs. 1 Nr. 1 InsO den Kosten des Insolvenzverfahrens einen Vorrang bei der Berichtigung der Masseverbindlichkeiten. Einzelheiten ergeben sich aus der „**Insolvenzrechtlichen Vergütungsverordnung**" (InsVV). Danach hat der Insolvenzverwalter dem Insolvenzgericht zunächst die vergütungsrechtliche Insolvenzmasse darzulegen. Diese ist dann die Grundlage für die **Regelvergütung** nach § 2 InsVV, die gem. § 3 InsVV um **Erhöhungs- und Minderungstatbestände** zu modifizieren ist; hinzu kommt der Auslagenersatz[649]. Infolge der BGH-Rechtsprechung[650] wurde der Mindestsatz der Vergütung i.S.v. § 2 Abs. 2 InsVV für Regelinsolvenzverfahren und gem. § 13 Abs. 1 InsVV für Verbraucherinsolvenzverfahren aufgrund der vom BGH erkannten Verfassungswidrigkeit erhöht[651]. Mit dem SanInsFoG wurde die Vergütung des Verwalters für ab dem 01.01.2021 beantragte Verfahren geändert. Wesentliche Änderung ist die Änderung der Staffelvergütung gem. § 2 InsVV für die Ermittlung der Regelvergütung. Einer Entnahme eines Vor-

---

649 Einzelheiten dazu bei *Frege/Keller/Riedel*, Rn. 2493 ff.
650 BGH v. 15.01.2004, IX ZB 96/03, ZIP, S. 417, sowie BGH v. 15.01.2004, IX ZB 46/03, ZIP, S. 424; Kritik an der Entscheidung vgl. *Keller*, ZIP 2004, S. 633 (639); *Prütting/Ahrens*, ZIP 2004, S. 1162 (1164); Zwei Verfassungsbeschwerden gegen die gesetzliche Mindestvergütung wurden vom BVerfG nicht angenommen, mit der Begründung, dass der Rechtsweg noch nicht erschöpft sei und, da es sich bei den ergangenen Entscheidungen noch nicht um gefestigte Rechtsprechung handele, auch eine Verfassungsbeschwerde ohne Rechtswegerschöpfung nicht zulässig sei, vgl. BVerfG v. 29.07.2004, 1 BvR 1322/04 und BvR 1387/04, ZVI, S. 502.
651 Überblick zur Neuregelung bei *Blersch*, ZIP 2004, S. 2311.

schusses auf die Vergütung und die Auslagen muss das Gericht zustimmen (§ 9 S. 1 InsVV).

Nach Auffassung des BFH ist die Tätigkeit eines Insolvenzverwalters unter einer **sons-** **382** **tigen selbstständigen Arbeit** i.S.d. § 18 Abs. 1 Nr. 3 EStG zu erfassen[652].

4.1.4 Der vorläufige Insolvenzverwalter

Für den vorläufigen Insolvenzverwalter[653] gelten gem. § 21 Abs. 2 Nr. 1 InsO[654] die **Re-** **383** **gelungen über den Insolvenzverwalter** nach §§ 8 Abs. 3, 56-56b, 58-66, 269a InsO **entsprechend**, sodass z.b. hinsichtlich seiner Bestellung, Beaufsichtigung und Entlassung auf die hierzu gemachten Ausführungen verwiesen werden kann. Auf die Haftung des vorläufigen Insolvenzverwalters soll trotz des von § 21 Abs. 2 Nr. 1 InsO erfassten Verweises auf §§ 60, 61 InsO aufgrund neuer Entscheidungen des BGH unten gesondert eingegangen werden. Eine Ausnahme bei diesem Verweis des Gesetzes ist, dass § 57 InsO über die Wahl eines anderen Insolvenzverwalters durch die Gläubigerversammlung nicht gilt, da über die Verfahrenseröffnung noch nicht entschieden und die Gläubigerversammlung damit zum Zeitpunkt der Bestellung eines vorläufigen Insolvenzverwalters noch nicht gebildet worden ist.

Hauptaufgabe des vorläufigen Insolvenzverwalters ist die **Sicherung und Erhaltung des** **384** **Schuldnervermögens** bis zur Entscheidung des Insolvenzgerichts über den Antrag auf Verfahrenseröffnung. Hinsichtlich der Befugnisse des vorläufigen Insolvenzverwalters ist dabei zwischen der gesetzlichen Kompetenzzuweisung nach § 22 Abs. 1 InsO und der gerichtlichen Kompetenzzuweisung nach § 22 Abs. 2 InsO zu unterscheiden.

Verhängt das Insolvenzgericht zur Vermögenssicherung ein allgemeines Verfügungs- **385** verbot gegen den Schuldner, so geht die Verwaltungs- und Verfügungsbefugnis auf den vorläufigen Insolvenzverwalter über. Dieser hat im Rahmen der Vermögenssicherung und -erhaltung das Unternehmen des Schuldners bis zur Entscheidung über die Verfahrenseröffnung grundsätzlich fortzuführen und zu prüfen, ob das Schuldnervermögen die Verfahrenskosten decken wird (**gesetzliche Kompetenzzuweisung**)[655]. Das Insolvenzgericht kann ihn zusätzlich beauftragen, als Sachverständiger zu prüfen, ob ein Eröffnungsgrund für ein Insolvenzverfahren vorliegt und welche Aussichten für eine Unternehmensfortführung bestehen[656].

Hat das Insolvenzgericht dem Schuldner kein Verfügungsverbot auferlegt, so bestimmt **386** es die Befugnisse des vorläufigen Insolvenzverwalters durch Beschluss (**gerichtliche Kompetenzzuweisung**). Diese Befugnisse umfassen nicht die Verwaltungs- und Verfügungsbefugnis, da diese noch beim Schuldner liegt, und dürfen nicht über die des vorläufigen Insolvenzverwalters mit gesetzlicher Kompetenzzuweisung hinausgehen. Zweckmäßigerweise wird das Gericht dabei anordnen, dass Verfügungen des Schuldners von der Zustimmung des vorläufigen Insolvenzverwalters abhängig sind.

---

652 BFH v. 26.01.2011, VIII R 29/08 (n.V.): Aufgabe der Vervielfältigungstheorie, nach der die sonstige selbstständige Arbeit grundsätzlich persönlich, d.h. ohne die Mithilfe fachlich vorgebildeter Hilfskräfte, ausgeübt werden muss.

653 Vgl. hierzu umfassend *Pohlmann* sowie *Titz/Tötter*, ZInsO 2006, S. 976.

654 Diese Vorschrift ist gem. Art. 110 EGInsO am 19.10.1994 in Kraft getreten.

655 Vgl. *Vallender*, in: Uhlenbruck, InsO[15], § 22, Rn. 28 ff.

656 Vgl hierzu: *Haarmeyer/Schildt*, in: MünchKomm. InsO[4], § 22, Rn. 153 ff, 163 ff.

387 Verbindlichkeiten, die vom vorläufigen Insolvenzverwalter mit Verfügungsbefugnis eingegangen worden sind, gelten gem. § 55 Abs. 2 InsO nach Verfahrenseröffnung als **Masseverbindlichkeiten**[657]. Der vorläufige Insolvenzverwalter ohne Verfügungsbefugnis hat kein Prozessführungsrecht für den Schuldner. Wird vom Gericht jedoch ein vorläufiger Insolvenzverwalter mit Verfügungsbefugnis bestellt, so werden anhängige, die Insolvenzmasse betreffende Verfahren gem. § 240 S. 2 ZPO unterbrochen[658], und der vorläufige Insolvenzverwalter mit Verwaltungs- und Verfügungsbefugnis hat ein Wahlrecht zur Aufnahme der Verfahren[659]. Verbindlichkeiten des Insolvenzschuldners aus einem Steuerschuldverhältnis, die von einem vorläufigen Insolvenzverwalter oder vom Schuldner mit Zustimmung eines vorläufigen Insolvenzverwalters begründet worden sind, gelten nach Eröffnung des Insolvenzverfahrens als Masseverbindlichkeit (§ 55 Abs. 4 InsO).

388 Bei der **Haftung** des vorläufigen Insolvenzverwalters ist zwischen dem sog. „starken" und dem sog. „schwachen" vorläufigen Insolvenzverwalter zu unterscheiden[660]. Dem „starken" vorläufigen Insolvenzverwalter wurde vom Insolvenzgericht für einzelne Aufgaben die Verfügungsbefugnis erteilt, sodass er für die von ihm begründeten Masseverbindlichkeiten gem. § 55 Abs. 2 InsO, die nicht erfüllt werden können, nach § 61 InsO haftet[661]. Eine Haftung nach § 61 InsO scheidet aus, wenn es ihm durch die nötige Vorplanung gelingt, den nach § 61 InsO S. 2 zu führenden Entlastungsbeweis zu erbringen[662]. Der „schwache" vorläufige Insolvenzverwalter haftet dagegen nur nach § 60 InsO oder nach allgemeinen Vorschriften für die Verletzung insolvenzspezifischer Pflichten[663]. Begründet ein vorläufiger Verwalter Masseverbindlichkeiten i.S.v. § 55 Abs. 4 InsO, so handelt es sich nicht um einen Fall des § 61 InsO, weil die gesetzliche Steuerschuld entsprechend den Prozesskosten zu behandeln ist[664].

389 Bezüglich der Haftung des **„schwachen" vorläufigen Insolvenzverwalters**, auf den die Verfügungsbefugnis nicht vollständig übertragen wurde, der jedoch einen Zustimmungsvorbehalt bezüglich einzelner Geschäfte erhalten hat, ist die Anwendung des § 55 Abs. 2 InsO nicht einschlägig. Konsequenz einer analogen Anwendung dieser Norm wäre eine Haftung gem. § 61 InsO, sodass der „schwache" vorläufige Insolvenzverwalter gleich dem „starken" vorläufigen Insolvenzverwalter haften müsste. Der BGH[665] hat sich

---

657 Vgl. *Haarmeyer/Schildt*, MünchKomm. InsO[4], § 22, Rn. 64; vgl. *Mönning*, in: Nerlich/Römermann, InsO, § 22, Rn. 224.

658 *Vuia*, in: Gottwald/Haas, InsR-HB[6], § 14, Rn. 120.

659 *Vuia*, in: Gottwald/Haas, InsR-HB[6], § 14, Rn. 121.

660 Umfassend zum „starken" bzw. „schwachen" Insolvenzverwalter: *Mönning*, in: Nerlich/Römermann, InsO, § 22, Rn. 1 ff.

661 *Baumert*, in: Braun, InsO[8], § 61, Rn. 4.

662 Vgl. *Baumert*, in: Braun, InsO[8], § 61, Rn. 10.

663 *Schmerbach* sieht in Ausnahmefällen die Möglichkeit einer Haftung eines „schwachen" Insolvenzverwalters nach § 61, wenn ein Insolvenzgericht den vorläufigen Verwalter zur Begründung von Masseverbindlichkeiten ermächtigt hat (*Lüke*, in: Kübler/Prütting/Bork, InsO, § 61, Rn. 13a, 13b); ebenso *Uhlenbruck*, in: Kölner Schrift[3], Kap. 6, Rn. 63.

664 So *Thole*, in: Schmidt, K., InsO[19], § 61, Rn. 5; *Kahlert*, ZIP 2011, S. 401 (406).

665 BGH v. 18.07.2002, IX ZR 195/01, DB, S. 2100; zustimmend: *Prütting/Stickelbrock*, ZIP 2002, S. 1608 ff.; *Pape*, ZIP 2002, S. 2277 (2285); OLG Hamm v. 28.11.2002, 27 U 87/02, ZIP 2003, S. 1165.

trotz einiger Gegenstimmen in der Literatur[666] gegen die analoge Anwendung des § 55 Abs. 2 InsO entschieden. Auch ohne die Haftung nach § 61 InsO ist der „schwache" vorläufige Insolvenzverwalter aufgrund von persönlichen Garantieversprechen, Haftung aus unerlaubter Handlung oder der Haftung gem. §§ 280 Abs. 1, 311 Abs. 2, Abs. 3 BGB einem hohen Haftungsrisiko ausgesetzt[667].

Hat die vorläufige Insolvenzverwaltung einen längeren Zeitraum angedauert, so hat der **390** vorläufige Insolvenzverwalter aufgrund der Verweisung in § 21 Abs. 2 Nr. 1 InsO auf § 66 InsO **gesondert Rechnung zu legen.**

Die **Vergütung** des vorläufigen Insolvenzverwalters richtet sich nach §§ 63 Abs. 3 ff. **391** InsO i.V.m. der InsVV. Gemäß § 25 Abs. 2 InsO hat der vorläufige Insolvenzverwalter mit Verfügungsbefugnis vor Aufhebung seiner Bestellung die entstandenen Kosten aus dem Vermögen zu berichtigen[668]. Die Berechnungsgrundlage für die Vergütung des vorläufigen Insolvenzverwalters ist in § 65 InsO i.V.m. §§ 10, 11 Abs. 1 InsVV normiert[669]. Sie orientiert sich nun nicht mehr ausschließlich an der Vergütung des endgültigen Insolvenzverwalters, sondern ist entsprechend dem Vermögen zu ermitteln, auf das sich seine Tätigkeit zum Zeitpunkt der Beendigung des Eröffnungsverfahrens erstreckt[670]. Wird das Insolvenzverfahren nicht eröffnet, so bestimmt sich die Vergütung des vorläufigen Verwalters aus § 26a InsO.

In § 2 Abs. 2 InsVV ist eine gestaffelte **Mindestvergütung** je nach Anzahl der Gläubiger, **392** die ihre Forderungen anmelden, geregelt[671].

Mit Urteil vom 13.07.2006 hat der BGH entschieden, „dass Gegenstände mit Aus- und **393** Absonderungsrechten bei der Vergütung nur berücksichtigt werden, wenn sich der vorläufige Insolvenzverwalter in erheblichem Umfang damit befasst hat." Ein nur „nennenswerter" Umfang genüge nicht[672]. Diese Entscheidung wurde in den Gesetzestext aufgenommen (§ 11 Abs. 1 InsVV). Somit ist Maßstab für die Ermittlung der Vergütung nicht mehr das gesamte Vermögen, sondern das **Reinvermögen.** Ist unbelastetes Vermögen nicht vorhanden, erhält der vorläufige Insolvenzverwalter nur die Mindestvergütung. Die hiermit einhergehende Minderung der Vergütung des vorläufigen Insolvenzverwalters unterliegt zu Recht erheblicher Kritik[673], da gerade dem vorläufigen Insolvenzverwalter entscheidende Bedeutung für die Frage zukommt, ob das Unternehmen fortgeführt oder zerschlagen werden soll. Nur bei entsprechender Vergütung wird dem rechtspolitischen Anliegen, alle Wege für eine Unternehmensfortführung auszuloten, Rechnung getragen.

---

666 Vgl. *Bork*, ZIP 2001, S. 1521 ff.; *Spliedt*, ZIP 2001, S. 1941; für eine analoge Anwendung, jedoch nur bei Einzelermächtigungen, spricht sich das AG Duisburg aus (AG Duisburg v. 28.07.2002, 62 IN 167/02, ZIP, S. 1700).

667 *Wallner/Neuenhahn*, NZI 2004, S. 63 (68).

668 *Frege/Keller/Riedel*, Rn. 2519 ff.

669 *Mock*, in: Uhlenbruck, InsO[15], § 63, Rn. 11.

670 Ausführlich zum Umfang der Vergütung: *Vuia*, in: Gottwald/Haas, InsR-HB[6], § 14, Rn. 130 ff. und *Mock*, in: Braun, InsO[8], § 63, Rn. 29 ff.

671 Die Kritik an der Vergütung in masselosen Verfahren ist im Hinblick auf die Änderung der InsVV v. 04.10.2004 (vgl. BGBl. I, S. 2569) gegenstandslos geworden.

672 BGH v. 13.07.2006, IX ZB 104/05, 1. Leitsatz, NZI, S. 515.

673 *Beck/Beutler*, ZInsO 2006, S. 809; *Schmidt, T.*, ZInsO 2006, S. 791; *Haarmeyer*, ZInsO 2006, S. 786; *Graeber*, ZInsO 2006, S. 794; *Blersch*, ZIP 2006, S. 598; *Blersch*, ZIP 2006, S. 1605.

4.1.5 Sachwalter

4.1.5.1 Grundlagen

394 Bei **Anordnung einer Eigenverwaltung** wird anstelle des Insolvenzverwalters ein Sachwalter bestellt (§ 270b S. 1 InsO). Abweichungen von dieser Regelung sind nicht zulässig. Wird die Eigenverwaltung gem. § 271 InsO erst nachträglich bewilligt, muss der im bisherigen Verfahren bestellte Insolvenzverwalter durch einen, gegebenenfalls auch personenidentischen, Sachwalter ersetzt werden. § 270f Abs. 2 S. 2 InsO regelt die Anmeldung der Insolvenzforderungen (§ 174 Abs. 1 S. 1 InsO) beim Sachwalter, diesbezüglich gleicht seine Stellung also der des Insolvenzverwalters in einem Regelinsolvenzverfahren[674].

4.1.5.2 Bestellung

4.1.5.2.1 Bestellung des Sachwalters mit Anordnung der Eigenverwaltung

395 Die Bestellung eines Sachwalters erfolgt stets mit der Anordnung einer **Eigenverwaltung**. Wird die Eigenverwaltung schon im Eröffnungsbeschluss angeordnet und der Sachwalter in diesem Beschluss bestimmt, so ist der Insolvenzrichter für dessen Bestellung zuständig.

396 Gemäß § 56 a Abs. 2 InsO ist das Gericht verpflichtet, einen vom vorläufigen **Gläubigerausschuss mit einstimmigem Beschluss** vorgeschlagenen Sachwalter zu bestellen, es sei denn, die vorgeschlagene Person ist für das Amt ungeeignet.

4.1.5.2.2 Bestellung des Sachwalters bei nachträglicher Anordnung

397 Wird die Eigenverwaltung erst **nachträglich angeordnet**, obliegt sowohl die Anordnung der Eigenverwaltung als auch die Bestellung des Sachwalters in der Regel dem Rechtspfleger, es sei denn, der Insolvenzrichter behält sich das Verfahren gem. § 18 Abs. 2 RPflG insgesamt vor [675]. In diesem Fall ist ferner eine gesonderte öffentliche Bekanntmachung nach § 273 InsO erforderlich.

4.1.5.3 Rechtsstellung

398 § 274 Abs. 1 InsO verweist auf die Vorschriften für den Insolvenzverwalter, die entsprechend anzuwenden sind (§ 27 Abs. 2 Nr. 4 InsO, § 54 Nr. 2 InsO, §§ 56-60, 62-65 InsO). Auch zum Sachwalter darf daher nur eine natürliche Person bestellt werden, die den Anforderungen an die Unabhängigkeit gem. § 56 InsO entspricht. Auch bezüglich der Regelungen zur Entlassung ergeben sich keine Unterschiede. Aufgrund der im Gegensatz zur Bestellung eines Insolvenzverwalters nicht erfolgten Übertragung der Verwaltungs- und Verfügungsbefugnis[676] ist eine **Haftung gem. § 61 InsO nur eingeschränkt vorgesehen**. So haftet ein Sachwalter gem. § 277 Abs. 1 S. 3 InsO nur dann, wenn er der Begründung von Masseverbindlichkeiten durch den Schuldner **ausdrücklich zugestimmt** hat. Allerdings gilt der Grundsatz, dass der Sachwalter entsprechend § 60 Abs. 1 InsO den Gläubigern gegenüber besonders für die Erfüllung seiner insolvenzspezifischen Pflichten einzustehen hat. Maßstab hierfür ist die Aufgabenerfüllung eines ordentlichen und gewissenhaften Sachwalters[677].

---

674 Vgl. *Ellers*, in: BeckOK InsO[23], § 270 f., Rn. 22.
675 Vgl. *Ellers* in: BeckOK InsO[23], § 271, Rn. 12.
676 Der Schuldner bleibt somit grundsätzlich zur Begründung von Masseverbindlichkeiten befugt.
677 Vgl. *Plaßmeier/Ellers*, in: BeckOK InsO[23], § 274, Rn. 8 f.

4.1.5.4 Aufgaben

Der Sachwalter soll verhindern, dass der Schuldner zum Nachteil von Gläubigern Ver- **399** mögenswerte beiseiteschafft oder in anderer Weise den Grundsätzen ordnungsgemäßer Wirtschaftsführung zuwiderhandelt. Die Prüfung erfolgt mittels Einsichtnahme des Sachwalters in die Bücher und Konten des Schuldners. Um seinen Pflichten nachkommen zu können, stehen dem Sachwalter gem. § 274 Abs. 2 S. 2 InsO die gleichen umfangreichen Auskunftsrechte wie einem Insolvenzverwalter zu[678]. Nach § 274 Abs. 2 S. 2 InsO kann das Gericht anordnen, dass der Schuldner durch den Sachwalter im Rahmen der Insolvenzgeldvorfinanzierung, der insolvenzrechtlichen Buchführung und der Verhandlung mit Kunden und Lieferanten unterstützt wird.

Gemäß § 274 Abs. 3 InsO ergibt sich für den Sachwalter die Pflicht, das Gericht und die **400** Gläubiger direkt oder über einen Gläubigerausschuss zu informieren, sobald er Anhaltspunkte dafür feststellt, dass eine Fortführung der Eigenverwaltung zu Nachteilen für die Gläubiger führen würde.

4.1.5.5 Vergütung

Gemäß § 65 InsO ist für den Sachwalter in der Regel eine **Vergütung** von 60% der In- **401** solvenzverwaltervergütung vorgesehen (§ 12 Abs. 1 InsVV). Eine den Regelsatz übersteigende Vergütung kommt gem. § 12 Abs. 2 InsVV insb. dann in Betracht, wenn die Zustimmungsbedürftigkeit für bestimmte Rechtsgeschäfte des Schuldners nach § 277 InsO angeordnet wird[679]. Darüber hinaus ist § 3 InsVV zu den Zu- und Abschlägen auch für den Sachwalter anzuwenden. Ferner handelt es sich wie bei der Insolvenzverwaltervergütung um eine Masseverbindlichkeit, die vorab zu befriedigen ist (§ 54 Nr. 2 InsO).

4.1.6 Der vorläufige Sachwalter

4.1.6.1 Grundlagen und Stellung

Bei einem Antrag des Schuldners auf Anordnung der Eigenverwaltung, ist das Gericht **402** nach § 270b Abs. 1 S. 1 InsO verpflichtet, diese anzuordnen und einen vorläufigen Sachwalter zu bestellen, wenn die Voraussetzungen der Nr. 1 und 2 vorliegen. Grundvoraussetzung ist das Vorliegen einer vollständigen und schlüssigen Eigenverwaltungsplanung (§ 270b Abs. 1 S. 1 Nr. 1 InsO). Zum Zeitpunkt der Entscheidung dürfen dem Gericht zudem keine Umstände bekannt sein, dass die Eigenverwaltungsplanung auf unzutreffenden Tatsachen beruht (§ 270b Abs. 1 S. 1 Nr. 1 InsO). Die Aufgaben und die Rechtsstellung des vorläufigen Sachwalters entsprechen denen des endgültigen Sachwalters (s. Verweis in § 270b Abs. 1 S. 2 InsO auf §§ 274, 275 InsO), wir verweisen daher auf die Ausführungen unter Kap. C Tz. 398 bzw. Kap. C Tz. 399 f.

4.1.6.2 Vergütung

Aufgrund der Verweisung in § 270a Abs. 1 S. 2 InsO auf die §§ 274, 275 InsO kommen **403** dem vorläufigen Sachwalter vergleichbare Aufgaben wie dem Sachwalter zu. Mit dem SanInsFoG hat der Gesetzgeber § 12a in die InsVV eingefügt, der für ab dem 01.01.2021 beantragte Verfahren Anwendung findet. Danach erhält der vorläufige Sachwalter 25%

---

678 Diese wären: Zugang zu allen Geschäftsräumen und Unterlagen des Schuldners.
679 In einem solchen Fall nähert sich das Aufgabenbild des Sachwalters dem des Insolvenzverwalters an.

der Regelvergütung des Sachwalters, welche 60% der Regelvergütung des Insolvenzverwalters entspricht, allerding auf einer anderen Berechnungsgrundlage basiert[680].

404 Für bis zum 31.12.2020 beantragte insolvenzverfahren enthielt die InsVV keine Regelung zum Vergütungsanspruch des vorläufigen Sachwalters[681]. Da die Aufgaben des vorläufigen Sachwalters denen des (endgültigen) Sachwalters ähneln, wird in der Rechtsprechung und Literatur die Auffassung vertreten, dass (nur) § 12 Abs. 1 InsVV analog anzuwenden sei. Dem vorläufigen Sachwalter seien somit als Regelvergütung – ebenso wie dem Sachwalter – 60% der Regelsätze nach § 2 Abs. 1 InsVV zuzubilligen. Nach a.A. wird (nur) § 11 InsVV analog angewendet[682]. Der vorläufige Sachwalter soll deshalb genauso wie ein vorläufiger Insolvenzverwalter vergütet werden. Er erhält mithin 25% der Vergütung nach § 2 Abs. 1 InsVV als Regelvergütung[683].

405 Nach der dritten – in der Rechtsprechung häufig vertretenen – Auffassung ist die Regelungslücke durch entsprechende Anwendung der §§ 11, 12 InsVV zu schließen, wonach der vorläufige Sachwalter gem. § 11 analog einen Bruchteil von 25% der Vergütung erhält, die ein Sachwalter erhalten würde (§ 12 InsVV analog), mithin 15% der Vergütung nach § 2 Abs. 1 InsVV[684]. Als Begründung wird angeführt, dass der Gesetzgeber dem vorläufigen Sachwalter lediglich einen Bruchteil der Aufgaben eines vorläufigen Insolvenzverwalters zugewiesen hat. Darüber hinaus blieben der Aufwand und die Haftungsrisiken eines vorläufigen Sachwalters nach der Vorstellung des Gesetzgebers weit hinter denjenigen eines vorläufigen Insolvenzverwalters zurück[685].

406 Dieser Auffassung ist jedoch nicht zuzustimmen. Wengleich sich die Tätigkeiten des vorläufigen Sachwalters und des vorläufigen Insolvenzverwalters hinsichtlich der Vorläufigkeit und des sich in der Praxis ergebenden Aufwands bezüglich der Überprüfungspflicht ähneln, so ist doch nach dem System der InsVV das Regelverhältnis zwischen der Vergütung des vorläufigen und des endgültigen Amtsträgers maßgebend. Bezugsgröße für die Vergütung des vorläufigen Sachwalters muss also die Vergütung des Sachwalters sein. Deren Tätigkeiten sind sodann zu vergleichen. Die Aufgaben des vorläufigen und des endgültigen Sachwalters sind ähnlich (Verweis auf §§ 274, 275 InsVV). Weil der vorläufige Sachwalter nicht weniger leisten muss als der (endgültige) Sachwalter ist es gerechtfertigt, dem vorläufigen Sachwalter die gleiche Regelvergütung zuzugestehen wie dem endgültigen Sachwalter, sprich 60% der Vergütung nach § 2 Abs. 1 InsVV. Soweit die Aufgaben des vorläufigen Sachwalters im Fall des Schutzschirmverfahrens nach § 270b InsO wesentlich umfangreicher sind als die des endgültigen Sachwalters, ist dies durch angemessene Zuschläge gem. §§ 10, 3 Abs. 1 InsVV zu vergüten[686].

---

680 *Budnik*, in: BeckOK InsO, § 12 InsVV, Rn. 3.

681 Vgl. hierzu *Budnik*, in: BeckOK InsO, § 12 InsVV, Rn. 3a mit weiteren Verweisen.

682 *Prasser*, in: Kübler/Prütting/Bork, InsO, § 12 InsVV, Rn. 24 mit Verweis auf *Lorenz/Klanke*, InsVV, § 12 Rz.27; *Zimmer*, ZInsO 2012, S. 1658.

683 *Prasser*, in: Kübler/Prütting/Bork, InsO, § 12 InsVV, Rn. 24.

684 *Prasser*, in: Kübler/Prütting/Bork, InsO, § 12 InsVV, Rn. 25 mit Verweis u.a. auf LG Bonn v. 11.10.2013, 6 T 184/13, ZIP 2014, S. 694 = NZI 2014, S. 123; AG Essen v. 27.03.2015, 163 IN 170/14, ZIP 2015, S. 1041; AG Essen v. 17.01.2015, 164 IN 135/13, NZI 2014, S. 271; AG Essen v. 03.11.2014, 166 IN 155/13, ZIP 2015, S. 538; AG Wuppertal v. 26.05.2014, 145 IN 751/13, ZIP 2015, S. 541; AG Köln v. 13.11.2012, 71 IN 109/12, ZIP 2013, S. 426.

685 *Stephan*, in: MünchKomm. InsO⁴, § 12, Rn. 26 ff.

686 *Stephan*, in: MünchKomm. InsO⁴, § 12, Rn. 33.

4.1.7 Das Insolvenzgericht

4.1.7.1 Stellung des Insolvenzgerichts im Verhältnis zu den anderen Verfahrensbeteiligten

Entsprechend dem Grundsatz der Gläubigerautonomie und der Ausgestaltung der Insolvenzordnung primär als Verfahrensordnung kommt dem Insolvenzgericht die Aufgabe zu, **Hüter über den formalen Ablauf des Insolvenzverfahrens** nach Maßgabe der wirtschaftlichen Entscheidungen der anderen Verfahrensbeteiligten zu sein[687]. Es ist somit nicht Aufgabe des Insolvenzgerichts, selbst die wirtschaftlichen und unternehmerischen Entscheidungen über die Fortführung oder Liquidation oder über einzelne Geschäfte im Zuge des Insolvenzverfahrens zu fällen, sondern nur zu überprüfen, ob die von den anderen Verfahrensbeteiligten getroffenen Entscheidungen in Übereinstimmung mit den in der Insolvenzordnung genannten Kriterien stehen[688]. Auch wenn z.B. bei der Zustimmung des Insolvenzgerichts zu einer Stilllegung durch den vorläufigen Insolvenzverwalter (§ 22 Abs. 1 S. 2 Nr. 2 InsO), der Zustimmung zur Schlussverteilung nach § 196 InsO, der Prüfung der Zurückweisung des Insolvenzplans (§ 231 InsO) oder seiner Bestätigung gem. §§ 248-251 InsO gewichtige wirtschaftliche Gründe den Ausschlag geben können, steht doch allein im Vordergrund, ob die gesetzlich vorgesehenen Verfahrensschritte beachtet worden sind. Nicht im Vordergrund steht, ob diese Maßnahmen nach Auffassung des Insolvenzrichters bei wirtschaftlicher Betrachtung zweckmäßigerweise hätten anders ausfallen müssen. Mit der insolvenzrechtlichen Verfahrenskontrolle geht **keine Kompetenz zur Entscheidung über alle sonstigen Rechtsstreitigkeiten** im Rahmen eines Insolvenzverfahrens einher. Für Insolvenzfeststellungsverfahren, Anfechtungsprozesse, Klagen auf Herausgabe von auszusondernden Gegenständen, Forderungsfeststellungsklagen oder Klagen gegen den Gesellschafter – etwa aus dessen unbeschränkter Haftung oder wegen noch nicht erfüllter Einlageleistungen – und dergleichen sind nach wie vor die ordentlichen Gerichte bzw. Fachgerichte zuständig[689].

407

4.1.7.2 Örtliche Zuständigkeit

Örtlich zuständig ist nach § 3 Abs. 1 S. InsO **ausschließlich das Insolvenzgericht**, in dessen Bezirk **der Schuldner seinen allgemeinen Gerichtsstand** (Wohnsitz oder satzungsmäßiger Sitz, §§ 13, 17 ZPO) hat. Befindet sich der Mittelpunkt einer selbstständigen wirtschaftlichen Tätigkeit an einem anderen Ort, ist nach § 3 Abs. 1 S. 2 InsO hingegen vorrangig das Insolvenzgericht ausschließlich zuständig, in dessen Bezirk dieser Ort liegt[690]. § 2 InsO sieht grundsätzlich eine Konzentration der Insolvenzverfahren auf die Amtsgerichte vor, in deren Bezirk ein Landgericht einen Sitz hat, um so eine Bündelung der Sachkenntnisse bei besonderen Insolvenzgerichten zu erreichen, er-

408

---

687 *Lissner*, ZInsO 2012, S. 957; zur Bedeutung des Insolvenzgerichts für den Erfolg des Verfahrens vgl. *Haarmeyer/Buchalik*, S. 131 ff.

688 *Lissner*, ZInsO 2012, S. 957 (961).

689 Zur ablehnenden Haltung des Gesetzgebers gegenüber einer vis attractiva concursus (dem Heranziehen aller Rechtsstreitigkeiten an ein allzuständiges Insolvenzgericht) vgl. *Pape/Uhlenbruck/Voigt-Salus*, in: Pape/Uhlenbruck/Voigt-Salus, Kap. 13, Rn. 9.

690 *Prütting*, in: Kübler/Prütting/Bork, InsO, § 3, Rn. 7.

möglicht den Länderregierungen dabei aber, andere oder zusätzliche Insolvenzgerichte zu bestimmen[691].

4.1.7.3 Verfahrensgrundsätze

409 Soweit die Insolvenzordnung nicht besondere **Verfahrensgrundsätze** enthält, finden nach § 4 InsO die **Vorschriften der ZPO** und der sie leitenden Verfahrensgrundsätze[692] entsprechende Anwendung. Zu den in § 5 InsO genannten **besonderen Verfahrensgrundsätzen der Insolvenzordnung** zählt der schon früher für das Konkurs- und Vergleichsverfahren herrschende **Amtsermittlungsgrundsatz**[693].

410 Mit dem Amtsermittlungsgrundsatz korrespondiert eine **umfassende Auskunftspflicht des Schuldners** bzw. seiner Geschäftsführungs- und Aufsichtsorgane gem. §§ 20, 97, 101 Abs. 1 S. 1, 2, Abs. 2 InsO, die notfalls gem. §§ 21 Abs. 3, 98 InsO durch Vorführung und Beugehaft durchgesetzt werden kann. Soweit der Schuldner dabei nach § 97 Abs. 1 S. 2 InsO **auch für ihn nachteilige Tatsachen zu offenbaren** hat, die geeignet sind, eine Verfolgung wegen einer Straftat oder Ordnungswidrigkeit herbeizuführen, ist fraglich, ob das in Satz 3 dieser Vorschrift genannte Verwertungsverbot für Strafverfolgungszwecke hinreichend dem strafprozessualen Schweigerecht als Ausdruck des verfassungsrechtlich anerkannten Grundsatzes, dass niemand sich selbst einer Straftat bezichtigen muss[694], Rechnung trägt. Trotz des Verwertungsverbotes gem. § 97 Abs. 1 S. 3 InsO bleibt das Problem bestehen, dass die Strafverfolgungsbehörden dann, wenn aufgrund der Offenbarungspflicht ein strafbarer oder mit Bußgeld bewehrter Sachverhalt erst einmal zu ihrer Kenntnis gelangt, andere Tatsachen ermitteln und darauf gestützt die Strafverfolgung aufnehmen können und dadurch das Verwertungsverbot faktisch leerlaufen kann[695]. Eine amnestieähnliche Funktion hinsichtlich aller denkbaren Insolvenzstraftaten und Ordnungswidrigkeiten kommt § 97 Abs. 1 S. 3 InsO somit nicht zu.

411 Daneben kann das Insolvenzgericht aber auch **selbstständig Zeugen vorladen.** Der früher nicht selten zu beobachtenden Praxis von Vorständen oder Geschäftsführern, bei Insolvenznähe ihr Amt niederzulegen, um damit der gerichtlichen Auskunftspflicht zu entgehen, begegnet § 101 InsO dahingehend, dass **Organvertreter von juristischen Personen auch noch zwei Jahre nach ihrem Ausscheiden** mit einer insoweit nachwirkenden Organstellung **auskunftspflichtig sind**[696]. Anders als gegen Zeugen können daher gegen ausgeschiedene Organmitglieder die gleichen Zwangsmaßnahmen verhängt werden wie ggü. noch amtierenden Organmitgliedern. Wenn der Schuldner sich im Ausland aufhält oder sein Aufenthalt unbekannt ist, soll keine Verfahrensverzögerung

---

691 Vgl. hierzu *Becker*, in: Nerlich/Römermann, InsO, § 2, Rn. 17 ff., dort insb. den Anhang zu § 2 mit einer vollständigen Zusammenstellung der Ländervorschriften und Auflistung der Insolvenzgerichte; eine Übersicht der Insolvenzgerichte liefert u.a. das Orts- und Gerichtsverzeichnis (einschl. Adressen und Telefonnummern) des Justizportals unter insolvenzbekanntmachungen.de (abgerufen am 03.09.2021).

692 *Baumert*, in: Braun, InsO[8], § 4, Rn. 40 ff., mit einer Übersicht über die entsprechend anwendbaren Vorschriften der ZPO.

693 Ausführlich zum Amtsermittlungsgrundsatz: *Baumert*, in: Braun, InsO[8], § 5, Rn. 6 ff.

694 Vgl. BVerfG v. 08.10.1974, 2 BvR 747-753/73, NJW 1975, S. 103. Hierzu vgl. auch *Bärlein/Pananis/Rehmsmeier*, NJW 2002, S. 1825.

695 Den Verfolgungsbehörden bereits vorher bekannte Tatsachen dürfen weiterverfolgt werden, während solche Informationen, zu denen die Auskünfte des Schuldners den Weg gewiesen haben, nicht ohne seine Zustimmung verwendet werden dürfen (LG Stuttgart v. 21.07.2000, NZI 2001, S. 498). In der Praxis erscheint eine Unterscheidung zumindest schwierig.

696 *Stephan*, in: MünchKomm. InsO[4], § 101, Rn. 8.

eintreten: Das Insolvenzgericht kann in diesen Fällen gem. § 10 InsO auf eine Anhörung verzichten.

4.1.7.4 Aufgaben des Insolvenzgerichts im Eröffnungsverfahren

Die **Aufgaben des Insolvenzgerichts** bestehen zunächst darin, das **Eröffnungsverfahren** durchzuführen. Hierzu hat es zu prüfen, ob der ihm vorgetragene Insolvenzgrund tatsächlich gegeben ist. Liegt ein Eigenantrag des Schuldners bzw. Schuldnerunternehmens mit einer hinreichenden Dokumentation der Vermögenswerte und Verbindlichkeiten vor, so bedarf es keiner eigenständigen erneuten Prüfung über das Vorliegen eines Insolvenzgrundes durch einen vom Insolvenzgericht bestellten Gutachter oder durch den vorläufigen Insolvenzverwalter. In diesem Fall darf davon ausgegangen werden, dass der Schuldner seine Vermögenslage selbst pflichtgemäß geprüft hat und zu den gesetzlich vorgeschriebenen Schlussfolgerungen gekommen ist. Würde das Insolvenzgericht auf einem Gutachten auch in solchen Fällen bestehen, könnte sich die Frage einer **Haftung des Insolvenzgerichts** für die in dieser Zeit eingetretene Masseverkürzung stellen[697]. Stellt sich im Rahmen des Insolvenzverfahrens heraus, dass mehr Vermögenswerte vorhanden sind als vom Schuldner angenommen, verbessert dies die Insolvenzquote. Stellt sich heraus, dass der Schuldner sein Vermögen zu hoch eingeschätzt hat, ist die Verfahrenseröffnung ohnehin das allein zutreffende Vorgehen gewesen. Nur im Ausnahmefall des § 15 Abs. 2 S. 1 InsO erfordert auch der Schuldnerantrag eine Glaubhaftmachung des Eröffnungsgrundes. Handelt es sich dagegen um einen Gläubigerantrag, wird das Insolvenzgericht diesen im Rahmen seines Amtsermittlungsgrundsatzes prüfen und auch dem Schuldner rechtliches Gehör gewähren, vgl. § 14 Abs. 2 InsO[698].

412

Vom Insolvenzgericht ist insb. zu erwägen, ob und welche geeigneten vorläufigen **Sicherungsmaßnahmen** zu verfügen sind. Gemäß §§ 21, 22 InsO hat es alle Maßnahmen zu treffen, die erforderlich erscheinen, um bis zur Entscheidung über den Antrag nachteilige Veränderungen der Vermögenslage des Schuldners zu verhüten. Aus dem Zusammenspiel von § 21 Abs. 2 InsO und § 22 Abs. 2 InsO ergeben sich insb. folgende Sicherungsmaßnahmen:

413

- **Feststellung über das Vorliegen eines Insolvenzgrundes** und insb., ob eine die Kosten deckende Masse vorhanden ist[699], durch **Beauftragung eines vorläufigen Insolvenzverwalters, vorläufigen Sachwalters oder Gutachters**. Das Insolvenzgericht hat dabei zu prüfen, ob der Insolvenzgrund im Zeitpunkt der Eröffnungsentscheidung besteht, da es zivilprozessual für Gerichtsentscheidungen auf den Zeitpunkt der letzten Tatsachenentscheidung ankommt[700].
- **Festlegung der dem vorläufigen Insolvenzverwalter zustehenden Kompetenzen** entweder als sog. „schwacher" oder als sog. „starker" vorläufiger Insolvenzverwal-

---

697 Zur Haftung des Insolvenzgerichts in diesem, aber auch in anderen Fällen vgl. *Pape/Uhlenbruck/Voigt-Salus*, in: Pape/Uhlenbruck/Voigt-Salus, Kap. 13, Rn. 18.

698 *Gehrlein*, S. 15, Rn. 20: Nach der Rechtsprechung (BGH v. 15.12.2011, IX ZB 139/11, Rn. 5) können Sicherungsmaßnahmen aber schon vor der Anhörung erlassen werden.

699 *Kübler*, in: Kölner Schrift[3], S. 581, Rn. 19.

700 BGH v. 27.07.2006, IX ZB 204/04, NJW, S. 3553; *Pape*, in: Mohrbutter/Ringstmeier, § 2, Rn. 1.

ter[701] je nach Ausgangslage bei dem Schuldner, sofern keine Eigenverwaltung angeordnet wird.

- Mit dieser Festlegung geht die Entscheidung einher, ob zur Sicherung der Insolvenzmasse ein **allgemeines Verfügungsverbot**[702] erforderlich ist, oder dass Verfügungen des Schuldners nur mit Zustimmung des vorläufigen Insolvenzverwalters wirksam sind. Dieser Beschluss ist nach § 23 Abs. 1 InsO öffentlich bekannt zu geben. Das gilt nicht für das Schutzschirmverfahren. Die Bestellung nur eines vorläufigen Sachwalters nach § 270b InsO stellt keine Verfügungsbeschränkung i.S.d. § 21 Abs. 2 Nr. 2 InsO dar und ist deshalb mangels Rechtsgrundlage weder veröffentlichungspflichtig noch veröffentlichungsfähig[703].
- Bestellung eines vorläufigen Gläubigerausschusses, für den die Regelungen der §§ 67, 69-71 InsO entsprechend gelten. Auch Personen, die erst mit Verfahrenseröffnung Gläubiger werden, können zu Ausschussmitgliedern bestellt werden.
- Prüfung, ob zur Sicherung der Masse eine **Stilllegung** vorgenommen werden muss **oder** eine **einstweilige Fortführung** in Betracht kommen kann.
- **Untersagung von Maßnahmen der Zwangsvollstreckung.**
- Verhängung einer **Postsperre** entsprechend § 99 InsO.
- Anordnung, dass Gegenstände, die im Falle der Eröffnung des Verfahrens von § 166 InsO erfasst würden oder deren Aussonderung verlangt werden könnte, vom Gläubiger nicht verwertet oder eingezogen werden dürfen und dass solche Gegenstände zur Fortführung des Unternehmens des Schuldners eingesetzt werden können[704].

414 Erledigt sich das Eröffnungsverfahren nicht durch **Rücknahme des Insolvenzantrags** nach § 13 Abs. 2 InsO, sei es durch den Schuldner selbst[705] oder durch den Gläubiger, die hierzu die Möglichkeit bis zur Verfahrenseröffnung bzw. bis zum Beschluss über die Abweisung des Eröffnungsantrages haben, oder sei es durch **übereinstimmende Erledigungserklärung**, ist das Eröffnungsverfahren entweder **mit dem Eröffnungsbeschluss beendet** (§ 27 InsO) oder mit einer **Abweisung mangels Masse** (§ 26 InsO). Zu unterscheiden hiervon ist die in § 212 InsO geregelte **Einstellung wegen nachträglichen Wegfalls des Eröffnungsgrundes**: Auf Antrag des Schuldners ist das Insolvenzverfahren durch das Insolvenzgericht einzustellen, wenn gewährleistet ist, dass ein Eröffnungsgrund (Zahlungsunfähigkeit, drohende Zahlungsunfähigkeit und ggf. Überschuldung) nicht mehr gegeben ist. Diese Tatsachen sind glaubhaft zu machen. Lag ein Eröffnungsgrund zum Zeitpunkt der Eröffnung gar nicht vor, d.h. ging das Insolvenzgericht von unzutreffenden Voraussetzungen über das Vorliegen eines Eröffnungsgrundes aus, so

---

701 Je nachdem, mit welchen Befugnissen der vorläufige Insolvenzverwalter durch Beschluss des Insolvenzgerichts ausgestattet wird, insb. ob er mit oder ohne Verfügungsmacht über das Schuldnervermögen disponieren darf (vgl. hierzu § 21 InsO), haben sich in der Praxis dafür die Begriffe „schwacher" und „starker" Insolvenzverwalter herausgebildet. Der Umfang ist für den Rechts- und Geschäftsverkehr aus der Bestellungsurkunde ersichtlich (vgl. hierzu § 21 InsO). Vgl. u.a. *Böhm*, in: Braun, InsO[8], § 21, Rn. 12., und ausführlich zu den Unterschieden: *Haarmeyer/Schildt*, in: MünchKomm. InsO[4], § 22, Rn. 22 ff.

702 Vgl. *Pape/Uhlenbruck/Voigt-Salus*, in: Pape/Uhlenbruck/Voigt-Salus, Kap. 20, Rn. 4; *Haarmeyer/Schildt*, in: in: MünchKomm. InsO[4], § 21, Rn. 54 ff.

703 *Kopp*, in: BeckOK InsO[23], § 23, Rn. 8.

704 Mithilfe dieser Regelung soll die Umsetzung des in § 1 InsO geregelten Sanierungsgedankens durch eine Absicherung der Fortführungsmöglichkeit unterstützt werden.

705 Zur Rücknahme des Eigenantrags nach Wechsel der Geschäftsführung einer Gesellschaft vgl. *Schmerbach*, in: FK-InsO[7], § 15, Rn. 29-32.

kann dies ebenfalls nur im Verfahren des § 212 InsO geltend gemacht werden[706]. Um vollendete nachteilige Tatsachen der Fortwirkung aus der Insolvenzeröffnung zu verhindern, hat der BGH die Möglichkeit eröffnet, dass das Rechtsbeschwerdegericht, das heißt gem. § 133 GVG der BGH, im Wege der einstweiligen Anordnung die Vollziehung der Entscheidung des Insolvenzgerichts über die Eröffnung des Insolvenzverfahrens bis zur Entscheidung des Beschwerdegerichts aussetzen kann. Damit hat der Schuldner dann die Gelegenheit zu dem Vortrag, dass ein Eröffnungsgrund – etwa aufgrund eines fehlerhaften Sachverständigengutachtens – gar nicht vorgelegen hat[707].

4.1.7.5 Abweisung mangels Masse

Eine **Abweisung mangels Masse kann abgewendet werden, wenn** ein Gläubiger nach   **415**
§ 26 Abs. 1 S. 2 InsO einen ausreichend hohen **Kostenvorschuss** leistet. Dabei müssen nur die in § 54 InsO aufgeführten Kosten, also voraussichtliche Gerichtskosten und Vergütungen und Auslagen des vorläufigen Insolvenzverwalters, des Insolvenzverwalters und der Mitglieder des Gläubigerausschusses für die gesamte Verfahrensdauer vorgeschossen werden, nicht aber die gesamten voraussichtlichen Verfahrenskosten[708]. Für die Beurteilung, ob das Schuldnervermögen ausreicht, können auch Steuererstattungsansprüche von Bedeutung sein[709]. Auch erst nach Verfahrenseröffnung realisierbarer Neuerwerb des Unternehmens ist für die Kostendeckung zu berücksichtigen. Folglich ist ein Verfahren selbst dann zu eröffnen, wenn die Verfahrenskosten erst im Laufe des Verfahrens durch den Einzug von Forderungen bestritten werden können[710]. Die Erwartung, dass die sich aus § 26 Abs. 3 InsO ergebende persönliche Haftung desjenigen, der als antragspflichtiges Geschäftsführungsorgan die rechtzeitige Stellung eines Eröffnungsantrages unterlassen hat, eine hinreichende Sanktionswirkung entfaltet und zum Stellen des Insolvenzantrages anhält, lässt sich nicht bestätigen. Da zweifelhaft ist, ob dieser Anspruch durch den Insolvenzverwalter im Rahmen der Gesamtschadensliquidation nach §§ 92, 93 InsO geltend gemacht werden kann[711], trägt letztlich der klagende Gläubiger trotz der Beweislastumkehr zulasten des eigentlich Antragspflichtigen das Risiko und die Kosten zur Durchsetzung dieser Haftung[712]. Eine solche Risikoverteilung zulasten des Vorschussleistenden ist vom Gesetzgeber nicht gewollt. Durch den im Rahmen des ESUG eingeführten § 26 Abs. 4 InsO wurde Abhilfe geschaffen[713]. Danach kann der zur Deckung der Verfahrenskosten erforderliche Vorschuss durch den vorläufigen Insolvenzverwalter und jeden Insolvenzgläubiger ggü. den zur Insolvenzantragsstellung verpflichteten Organen gerichtlich durchgesetzt werden. § 26 Abs. 4 S. 2 InsO enthält eine Beweislastumkehr zulasten der zur Antragstellung Verpflichteten[714].

---

706 BGH v. 27.07.2006, IX ZB 204/04, NJW, S. 3553.
707 BGH v. 27.07.2006, IX ZB 204/04, NJW, S. 3553.
708 *Pape*, in: Kübler/Prütting/Bork, InsO[14], § 26, Rn. 75.
709 BGH v. 08.06.2010, IX ZB 156/08, NZI, S. 614.
710 BGH v. 22.11.2012, IX ZB 62/12, NZI 2013, S. 79 (80).
711 Vgl. *Hirte*, in: Uhlenbruck, InsO[15], § 26, Rn. 61.
712 Vgl. *Herzig*, in: Braun, InsO[8], § 26, Rn. 44; *Mönning/Zimmermann*, in: Nerlich/Römermann, InsO, § 26, Rn. 99.
713 Vgl. *Herzig*, in: Braun, InsO[8], § 26, Rn. 46; *Mönning/Zimmermann*, in: Nerlich/Römermann, InsO, § 26, Rn. 87 ff.
714 Vgl. *Herzig*, in: Braun, InsO[8], § 26, Rn. 29.

416   **Rechtsfolge einer Abweisung mangels Masse** ist für die AG, die GmbH und die Genossenschaft, bei der keine Nachschusspflicht für die Genossenschaftsmitglieder besteht, die **Auflösung** (§ 262 Abs. 1 Nr. 4 AktG; § 60 Abs. 1 Nr. 5 GmbHG; § 81a Nr. 1 GenG) aufgrund der Mitteilung an das Registergericht nach § 31 InsO. Für OHG, bei denen kein Gesellschafter eine natürliche Person ist, ist durch § 131 Abs. 2 Nr. 1 HGB klargestellt, dass eine Auflösung erfolgt. Diese Vorschrift gilt nach der allgemeinen Verweisung in § 161 Abs. 2 HGB auch für die GmbH (bzw. AG) & Co. KG; bei anderen PersGes. erfolgt keine Auflösung[715]. Zugleich erfolgt in diesen Fällen eine **Löschung von Amts wegen** gem. § 394 FamFG[716]. Nach § 26 Abs. 2 InsO wird der Schuldner in ein **Schuldnerverzeichnis** nach § 882b ZPO eingetragen. Zugleich erfolgt insb. im Fall der Löschung wegen Vermögenslosigkeit in der Regel eine **Mitteilung an die Staatsanwaltschaft**, weil gerade der Umstand der Vermögenslosigkeit den Verdacht auf nicht pflichtgemäße, weil nicht rechtzeitige Antragstellung mehr als nahelegt[717].

4.1.7.6   Verfahrenseröffnung und Verfahrensdurchführung

417   Liegen die Voraussetzungen für eine Verfahrenseröffnung vor, d.h. liegt ein Eröffnungsgrund und eine die Kosten i.S.v. § 54 InsO deckende Masse vor, fasst das Insolvenzgericht den **Eröffnungsbeschluss** mit den nach § 27 InsO notwendigen Bestandteilen zum Insolvenzschuldner, zum Insolvenzverwalter und zur Stunde der Eröffnung. Letztere ist bedeutsam, weil die Verfahrenseröffnung eine Reihe von Rechtswirkungen in Bezug auf Handlungen der Gläubiger, des Schuldners und des Insolvenzverwalters für die Insolvenzmasse nach sich zieht[718]. Darüber hinaus ist der Zeitpunkt des Eröffnungsbeschlusses für die Anwendung des internationalen Prioritätsprinzips der EuInsVO entscheidend. Gemäß Art. 3, 16 ff. EuInsVO schließt eine zeitlich frühere Eröffnung eines Hauptinsolvenzverfahrens die Eröffnung eines weiteren Verfahrens aus[719]. Der Eröffnungsbeschluss ist nach § 30 InsO **öffentlich bekannt zu machen** und dem Schuldner und seinen bekannten Gläubigern zuzustellen. Der Beschluss eines Insolvenzgerichts, durch den nach der Eröffnung des Insolvenzverfahrens Eigenverwaltung angeordnet wird, ist öffentlich bekannt zu geben (§ 273 InsO)[720].

418   Bedeutsamste **Folge der Eröffnung** ist nach § 80 InsO der **Übergang der Verwaltungs- und Verfügungsbefugnis** über das Schuldnervermögen auf den Insolvenzverwalter. Ferner führt die Verfahrenseröffnung zur **Auflösung** juristischer Personen, nicht rechtsfähiger Vereine (insolvenzfähig gem. § 11 Abs. 1 S. 2 InsO) und der Gesellschaften ohne Rechtspersönlichkeit (einzeln aufgeführt in § 11 Abs. 2 Nr. 1 InsO)[721]. Die Auflösung ist von Amts wegen in das je nach Rechtsform einschlägige Register einzutragen. **Nach Beendigung des Insolvenzverfahrens** sind AG, KGaA, GmbH, Genossenschaft sowie, sofern bei ihnen kein persönlich haftender Gesellschafter eine natürliche Person

---

715   *Herzig*, in: Braun, InsO[8], § 26, Rn. 37; *Haarmeyer/Schildt*, in: MünchKomm. InsO[4], § 26, Rn. 44-46.

716   Gesetz über das Verfahren in Familiensachen und in den Angelegenheiten der freiwilligen Gerichtsbarkeit (FamFG); *Haarmeyer/Schildt*, in: MünchKomm. InsO[4], § 26, Rn. 49.

717   Vgl. *Mönning/Zimmermann*, in: Nerlich/Römermann, InsO, § 26, Rn. 139.

718   Dazu vgl. die Übersicht in *Pechartscheck*, in: Gottwald/Haas, InsR-Hand, § 30.

719   *Zipperer*, in: Uhlenbruck, InsO[15], § 27, Rn. 9.

720   Dies gilt auch für einen Beschluss, durch den eine Eigenverwaltung aufgehoben wird.

721   Dies folgt aus den spezialgesetzlichen Regelungen wie z.B. § 262 Abs. 1 Nr. 3 AktG, § 60 Abs. 1 Nr. 4 GmbHG, § 101 GenG, § 42 Abs. 1 S. 1 BGB sowie § 131 Abs. 1 Nr. 3 HGB für die OHG und § 161 Abs. 2 i.V. m. § 131 Abs. 1 Nr. 3 HGB für die KG.

ist, auch OHG und KG von **Amts wegen zu löschen**, wenn keine Anhaltspunkte dafür vorliegen, dass die Gesellschaft noch Vermögen besitzt (§ 394 FamFG)[722].

Mit dem Eröffnungsbeschluss erfolgt zugleich die **Einsetzung des Insolvenzverwalters,** **419** **sofern nicht gem. § 270b InsO Eigenverwaltung angeordnet wird.** Die Insolvenzgerichte führen interne Listen mit geeigneten Verwaltern, aus denen der Richter dann im Einzelfall einen Verwalter auswählt. Bereits dieses Vorauswahlverfahren ist ein gerichtlich überprüfbarer Justizverwaltungsakt, einem Bewerber steht ein Anspruch auf fehlerfreie Ausübung des Auswahlermessens nach § 56 Abs. 1 InsO zu[723]. Durch das Gesetz zur Vereinfachung des Insolvenzrechts[724] wird nunmehr mehr Transparenz bei der **Auswahl des Insolvenzverwalters durch das Insolvenzgericht** erreicht. Das Gesetz stellt klar, dass die **Verwendung sog. geschlossener Listen unzulässig ist**[725], wie dies von Insolvenzgerichten bei der Auswahl von Insolvenzverwaltern in breitem Umfang praktiziert wurde. Nach der bisherigen Praxis wurden neue Bewerber nur aufgenommen, wenn eine andere Person ausgeschieden ist. Künftig müssen die Gerichte die Insolvenzverwalter aus dem Kreis aller Personen auswählen, die sich zur Übernahme von Insolvenzverwaltungen bereit erklärt haben. Damit wird dem Beschluss des BVerfG vom 03.08.2004[726] Rechnung getragen, wonach die Gerichte den Gleichbehandlungsgrundsatz beachten müssen, wenn sie Auswahllisten verwenden.

Zudem wurde der Gläubigereinfluss auf die Verwalterauswahl durch den im Rahmen **420** des ESUG ergänzten § 56a InsO gestärkt. Besteht ein vorläufiger Gläubigerausschuss, muss diesem die Möglichkeit gegeben werden, sich zur Person des Verwalters oder zumindest zum Anforderungsprofil des Verwalters zu äußern (§ 56a Abs. 1 InsO). Von einem einstimmigen Vorschlag des vorläufigen Ausschusses darf das Gericht zudem nur abweichen, wenn die gewählte Person offensichtlich ungeeignet ist (§ 56a Abs. 2 InsO). Wurde das Aufsichtsorgan aufgrund drohender nachteiliger Veränderungen der Vermögenslage des Schuldners nicht in den Entscheidungsprozess einbezogen, so kann es einstimmig einen neuen Verwalter wählen (§ 56a Abs. 3 InsO). Gemäß § 21 Abs. 2 S. 1 Nr. 1 InsO findet die Neuregelung auch für die Bestellung des vorläufigen Verwalters Anwendung.

Während des gesamten Verfahrens unterliegt der Insolvenzverwalter der **Aufsicht**[727] **421** durch das Insolvenzgericht (§§ 56, 58 InsO). Die Aufsicht bezieht sich dabei auf die Erfüllung der Verwalterpflichten, nicht auf die Zweckmäßigkeit der Verwaltertätigkeit[728]. Bei Vorliegen eines wichtigen Grundes kann das Insolvenzgericht den Insolvenzverwalter nach § 59 InsO von Amts wegen, auf seinen eigenen Antrag hin oder auf Antrag des Gläubigerausschusses oder der Gläubigerversammlung **entlassen**. Das Insolvenzgericht setzt nach § 64 InsO die **Vergütung** sowohl für den vorläufigen als auch den **eigentlichen Insolvenzverwalter** nach Maßgabe der Insolvenzrechtlichen Vergütungs-

---

722 *Krafka*, in: MünchKomm. FamFG, § 394, Rn. 8.
723 BVerfG v. 23.05.2006, 1 BvR 2530/04, BB, S. 1702; BVerfG v. 03.08.2004, 1 BvR 135/00 und 1 BvR 1086/01, BB, S. 2320; hierzu *Pape/Uhlenbruck/Voigt-Salus* in: Pape/Uhlenbruck/Voigt-Salus, Kap. 13.
724 Das Gesetz trat zum 01.07.2007 in Kraft, BGBl. I, S. 509.
725 *Lüke*, in: Kübler/Prütting/Bork, InsO, § 56, Rn. 20.
726 BVerfG v. 03.08.2004, 1 BvR 135/00, BB, S. 2320.
727 *Römermann*, in: Nerlich/Römermann, InsO, § 58, Rn. 1.
728 *Römermann*, in: Nerlich/Römermann, InsO, § 58, Rn. 5 mit Ausführungen zur Kontrolldichte und dem Hinweis in Rn. 50 f., dass das Insolvenzgericht auch in diesem Zusammenhang gem. § 5 Abs. 1 S. 2 Sachverständige, u.a. WP, insb. bei der Schlussrechnungsprüfung heranziehen wird.

ordnung[729], der InsVV, fest. Auch soweit der Insolvenzverwalter die Einhaltung des Insolvenzplans zu überwachen hat, besteht die Aufsicht durch das Insolvenzgericht fort (§ 261 Abs. 1 InsO).

422 Das Insolvenzgericht kann vor der ersten Gläubigerversammlung einen Gläubigerausschuss einsetzen (§ 67 Abs. 1 InsO); die Gläubigerversammlung kann diesen jedoch abschaffen oder eine andere Zusammensetzung beschließen (§ 68 InsO). Es soll einen vorläufigen Gläubigerausschuss einsetzen, wenn die Voraussetzungen des § 22a Abs. 2 InsO vorliegen, und hat einen einzusetzen, wenn die Größenkriterien des § 22a Abs. 1 InsO vorliegen.

423 **Während des Insolvenzverfahrens bis hin zu seinem Abschluss** durch Vermögensverteilung oder bis zum Zustandekommen eines Insolvenzplans **obliegen dem Insolvenzgericht alle verfahrensleitenden Maßnahmen**, also vor allem

- die Einberufung und die Leitung aller Gläubigerversammlungen (§§ 74 Abs. 1, 76 Abs. 1, 197 InsO),
- die Entscheidung über Einwendungen, die sich gegen die Zulässigkeit von Untersagungen der Einzelzwangsvollstreckung wenden (§ 89 Abs. 3 InsO),
- die Verhängung einer Postsperre auf Antrag des Insolvenzverwalters oder von Amts wegen, sodass die Geschäftspost nur noch an den Verwalter geht (§§ 99 Abs. 1, 102 InsO),
- die Verwahrung des Verzeichnisses der Massegegenstände, des Gläubigerverzeichnisses und der Vermögensübersicht (§ 154 InsO) und des Verteilungsverzeichnisses (§ 188 InsO) sowie eines etwaigen Insolvenzplans nebst seiner Anlagen (§ 234 InsO) in der Geschäftsstelle zur Einsicht für alle Beteiligten,
- das Führen der Tabelle der angemeldeten Forderungen (§ 178 Abs. 2 InsO) und die Erteilung eines Auszugs aus der Tabelle an diejenigen Gläubiger, deren Forderungen bestritten worden sind (§ 179 Abs. 3 InsO), damit sie das Bestreiten in einem gerichtlichen Feststellungsverfahren überprüfen können (§ 180 InsO),
- die Aufhebung von Beschlüssen der Gläubigerversammlung, wenn ein Antrag mit der Begründung gestellt wird, dass die Beschlüsse dem gemeinsamen Interesse der Insolvenzgläubiger widersprechen (§ 78 Abs. 1 InsO),
- die Untersagung, eine vom Insolvenzverwalter beschlossene Stilllegung des Schuldnerunternehmens durchzuführen, wenn durch die einstweilige Fortführung bis zum nächsten Berichtstermin keine erhebliche Schmälerung der Insolvenzmasse zu befürchten ist und der Schuldner einen dahingehenden Antrag stellt (§ 158 Abs. 2 InsO),
- die Untersagung von Rechtshandlungen des Insolvenzverwalters, die von besonderer Bedeutung sind, bis eine Gläubigerversammlung abschließend entschieden hat (§§ 160, 161 InsO) – dies gilt insb. auch für den Fall einer Betriebsveräußerung (§ 163 Abs. 2 InsO),
- die Bestimmung der Frist, innerhalb derer ein absonderungsberechtigter Gläubiger den Gegenstand verwertet haben muss (§ 173 Abs. 2 InsO),
- die Entgegennahme von etwaigen Einwendungen eines Gläubigers gegen Abschlagsverteilungen (§§ 187 Abs. 2, 194 Abs. 1 InsO),

---

729 Die vom BMJ erlassene Insolvenzrechtliche Vergütungsordnung (InsVV) v. 19.08.1998, BGBl. I, S. 2205, zuletzt geändert durch Artikel 4 des Gesetzes vom 22.12.2020, BGBl. I, S. 3328 findet ihre Ermächtigung in § 65 InsO i.V.m. §§ 21 Abs. 2 Nr. 1, 73 Abs. 2, 274 Abs. 1, 293 Abs. 2 und 313 Abs. 1 InsO; sie trat nach § 20 InsVV am 01.01.1999 in Kraft. Vgl. hierzu die Kommentierungen *Fridgen/Geiwitz/Göpfert*, BeckOK InsO.

- die Zustimmung zu Abschlagszahlungen an die Arbeitnehmer aufgrund eines Sozialplans (§ 123 Abs. 3 InsO) sowie zur Schlussverteilung (§ 196 Abs. 2 InsO) – Abschlagszahlungen an die Insolvenzgläubiger darf der Insolvenzverwalter dagegen allein mit Zustimmung des Gläubigerausschusses vornehmen,
- die Aufhebung des Insolvenzverfahrens nach der Schlussverteilung (§ 200 InsO),
- die Verfügung einer Verfahrenseinstellung, wenn sich während des Verfahrens die Masseunzulänglichkeit herausstellt (§§ 207 Abs. 1, 211 Abs. 1 InsO) oder wenn dem Gericht die Zustimmung aller Gläubiger zur Verfahrenseinstellung vorgelegt wird (§ 213 Abs. 1 InsO),
- die Prüfung der Schlussrechnung des Insolvenzverwalters (§ 66 Abs. 2 InsO) und die Entgegennahme der Rechnungslegung des Insolvenzverwalters im Fall der Nachtragsverteilung (§ 205 InsO),
- die Entgegennahme des von dem Schuldner oder von dem Insolvenzverwalter erstellten Insolvenzplans (§ 218 InsO),
- die Zurückweisung des Insolvenzplans unter den Voraussetzungen des § 231 InsO,
- die Anordnung einer Aussetzung der Verwertung und Verteilung an die Gläubiger, wenn dadurch die Durchführung eines Insolvenzplans gefährdet würde und wenn ein dahingehender Antrag vom Schuldner oder vom Insolvenzverwalter gestellt wird (§ 233 InsO),
- die Anordnung eines vom Erörterungstermin abweichenden Abstimmungstermins über den Insolvenzplan (§ 241 Abs. 1 InsO) und ggf. die Durchführung des schriftlichen Abstimmungsverfahrens (§ 242 Abs. 2 InsO),
- die Bestätigung des Insolvenzplans (§§ 248 ff. InsO) und die Überwachung des Eintritts bestimmter Bedingungen, unter denen der Insolvenzplan ggf. beschlossen worden ist (§ 249 InsO),
- die Bestätigung etwaiger Berichtigungen des Insolvenzplans durch den Insolvenzverwalter (§ 248a InsO) [zuvor müssen die verschiedenen Parteien gehört werden (§ 248a Abs. 2 InsO), die Bestätigung des Plans ist auf Antrag zu versagen, wenn eine Partei durch den Plan schlechter gestellt wird als ohne],
- die Entgegennahme von Anmeldungen nach § 254a Abs. 2 InsO i.V.m. § 254b InsO,
- die Aufhebung des Insolvenzverfahrens, wenn es den Insolvenzplan bestätigt hat (§ 258 InsO), sowie die Überwachung der Durchführung des Insolvenzplans (§ 268 InsO),
- die Aufhebung, Untersagung oder einstweilige Einstellung der Zwangsvollstreckungen (§ 259a Abs. 1, 2 InsO) – das Gericht hebt seinen Beschluss auf Antrag auf oder ändert ihn ab, wenn sich die Sachlage verändert hat (Abs. 3),
- die Prüfung eines Antrags auf Eigenverwaltung § 270b InsO,
- die Anordnung der Eigenverwaltung durch den Schuldner unter der Aufsicht eines Sachwalters auf Antrag bzw. die Aufhebung einer angeordneten Eigenverwaltung auf Antrag (§§ 270f, 272 ff. InsO),
- die Bestimmung einer Frist zur Vorlage eines Insolvenzplans gem. § 270d Abs. 1 InsO,
- die Bestellung eines vorläufigen Sachwalters (§ 270b Abs. 1 InsO),
- die Ernennung eines Sachwalters (§ 270f InsO),
- die Entscheidung über eine etwaige Restschuldbefreiung (§§ 287, 289 InsO),
- die Entgegennahme der Rechnungslegung des Treuhänders bei Beendigung der sechsjährigen Wohlverhaltensperiode (§ 292 Abs. 3 InsO) bzw. die Versagung einer Restschuldbefreiung, wenn der Schuldner ihm auferlegte Pflichten nicht einhält

(§ 296 InsO) bzw. der Widerruf der Restschuldbefreiung, wenn der Schuldner ihm obliegende Pflichten vorsätzlich verletzt hat und dadurch die Befriedigung der Gläubiger erheblich beeinträchtigt worden ist (§ 303 InsO),

- die Überwachung des Verfahrens in Fällen der Verbraucherinsolvenz bzw. von sonstigen Kleinverfahren (§§ 304 ff. InsO) und im sog. vereinfachten Insolvenzverfahren (§§ 311 ff. InsO) sowie im Nachlassinsolvenzverfahren (§§ 315 ff. InsO),
- die Veranlassung aller erforderlichen Veröffentlichungen durch die Geschäftsstelle des Insolvenzgerichts: Eröffnungsbeschluss (§ 30 Abs. 1 InsO), Beschluss über die Vergütung des Insolvenzverwalters (§ 64 Abs. 2 InsO), Aufhebung von Beschlüssen der Gläubigerversammlung (§ 78 Abs. 2 InsO), Bekanntmachung des Schlusstermins (§ 197 Abs. 2 InsO), Aufhebung des Insolvenzverfahrens (§ 200 Abs. 1 InsO), Anzeige der Masseunzulänglichkeit (§ 208 Abs. 2 InsO), Einstellung wegen nachträglichen Wegfalls eines Eröffnungsgrundes oder wegen Zustimmung aller Gläubiger (§ 214 Abs. 1 InsO), Termin über Erörterung und Abstimmung über einen Insolvenzplan (§ 235 Abs. 1 InsO), Aufhebung des Insolvenzverfahrens nach Bestätigung des Insolvenzplans (§ 258 Abs. 1 InsO), Anordnung oder Aufhebung einer Eigenverwaltung (§ 273 InsO),
- das Zusammenwirken mit ausländischen Gerichten und die Weitergabe von Informationen (§ 348 InsO).

4.1.7.7 Rechtsmittel

424 Eine **Rechtsbeschwerde** ist in Insolvenzsachen grundsätzlich nur noch dann zulässig, wenn sie vom Beschwerdegericht nach § 574 I 1 Nr. 2 ZPO zugelassen wird.

425 Entscheidungen des Insolvenzgerichts unterliegen nur in den Fällen einem Rechtsmittel, in denen die **Insolvenzordnung** die sofortige **Beschwerde ausdrücklich vorsieht**. In diesem Fall ist die Rechtsbeschwerde beim Insolvenzgericht einzulegen.

426 **Rechtsschutz gegen** einen nach Auffassung des Schuldners zu Unrecht eingereichten **Gläubigerantrag** kann **im Verfahren** nur nach § 212 InsO geltend gemacht werden[730]. War der Insolvenzantrag von Anfang an unzulässig, so hat das Gericht auch bei einseitiger Erledigungserklärung des Gläubigers hinsichtlich der Kosten in der Sache zu entscheiden und den Antrag auf Kosten des Antragstellers gegebenenfalls zurückzuweisen[731]. Der Antrag ist in jedem Fall zurückzuweisen, wenn der Insolvenzantrag vom Gläubiger als Druckmittel gegen den Schuldner instrumentalisiert wurde. War der Antrag hingegen bis zum Eintritt des erledigenden Ereignisses zulässig, so entscheidet das Gericht entsprechend § 91a ZPO unter Berücksichtigung des bisherigen Sach- und Streitstandes nach billigem Ermessen, wer die Kosten des Eröffnungsverfahrens zu tragen hat. Ist die Erledigung eines zulässigen Insolvenzantrags durch Erfüllung der Antragsforderung nach Antragstellung eingetreten, so sind die Kosten des Eröffnungsverfahrens regelmäßig dem Schuldner aufzuerlegen[732].

---

730 BGH v. 27.07.2006, IX ZB 204/04, NJW, S. 3553; *Ries*, in: Uhlenbruck, InsO[15], § 212, Rn. 2.
731 BGH v. 25.09.2008, IX ZB 131/07, ZIP 2008, S. 1206.
732 *Wegener*, in: Uhlenbruck, InsO[15], § 14, Rn. 178.

4.2 Die Kompetenz der Gesellschaftsorgane im eröffneten Insolvenzverfahren

Mit der Eröffnung des Insolvenzverfahrens geht die **Verwaltungs- und Verfügungs-** **427** **befugnis** gem. § 80 InsO auf den Insolvenzverwalter über. Insoweit tritt der Insolvenzverwalter an die Stelle der Gesellschaftsorgane. Deshalb ergibt sich die Frage, welche Aufgaben den Gesellschaftsorganen, also dem Geschäftsführungsorgan (AG-Vorstand oder GmbH-Geschäftsführer), der Gesellschafterversammlung sowie einem Aufsichtsorgan während des Insolvenzverfahrens verbleiben.

Festzustellen ist zunächst, dass die **Gesellschaftsorgane** im Amt bleiben und dass auch **428** die Dienstverträge mit Geschäftsführungs- und Aufsichtsorganen nicht automatisch erlöschen[733].

Bei der Abgrenzung der Kompetenzen zwischen Gesellschaftsorganen einerseits und **429** dem Insolvenzverwalter andererseits sind drei Bereiche zu unterscheiden[734], nämlich der Verdrängungsbereich, der Insolvenzschuldnerbereich und der sog. Überschneidungsbereich. Zu jedem dieser drei Bereiche haben sich juristische Theorien herausgebildet[735], anhand derer die Gemengelage – andere sprechen treffend vom „Zuständigkeitsgerangel"[736] – aufgelöst werden soll. Die Theorie des sog. **Verdrängungsbereichs** geht davon aus, dass durch die Alleinzuständigkeit des Insolvenzverwalters nach § 80 InsO über die Insolvenzmasse alle bisherigen Organ- und Gesellschafterkompetenzen verdrängt sind[737]. Dagegen haben im **Insolvenzschuldnerbereich** die Gesellschaftsorgane die alleinige Befugnis, Entscheidungen zu treffen. Im **Überschneidungsbereich** besteht eine gemeinschaftliche Kompetenz von Gesellschaftsorganen und Insolvenzverwalter. Diese Gemeinschaftszuständigkeit umfasst Aufgaben, die in den Bereich der Gesellschaftsorgane fallen. Der Meinungsstreit entzündet sich an den Fällen, in denen im Bereich der Gesellschaftsorgane Kosten anfallen, die die Insolvenzmasse belasten. Nach der alten Konkursordnung wurde überwiegend die Auffassung vertreten, dass gesellschaftsrechtlich veranlasste Kosten nicht zulasten der Masse gehen dürfen[738].

4.2.1 Aufgaben des Geschäftsführungsorgans (Geschäftsführer bzw. Vorstand)[739]

Bis zur Eröffnung des Insolvenzverfahrens wird die Gesellschaft gem. § 35 Abs. 1 **430** GmbHG vom Geschäftsführer bzw. gem. § 78 Abs. 1 AktG vom Vorstand vertreten. Da die Verwaltungs- und Verfügungsbefugnis diesen Organen im eröffneten Verfahren nicht mehr obliegt, dürfen sie die Gesellschaft im Außenverhältnis in allen Vermögens-

---

733 *Nerlich*, in: Michalski, GmbHG², § 60, Rn. 146; *Bitter*, in: Scholz, GmbHG¹², Vor § 64, Rn. 200.
734 *Weber*, KTS 1970, S. 77; ohne dass sich K. Schmidt gegen den Ansatz Webers ausspricht, sieht er den Insolvenzverwalter als Organ der Gesellschaft und ordnet ihm deshalb andere Aufgaben zu (vgl. *Scholz*, GmbHG¹², § 64, Rn. 178); am Beispiel einer Kapitalerhöhung siehe *Götze*, ZIP 2002, S. 2204; umfassend zu den bestehenden Lösungsmodellen vgl. *Gutsche*, Rn. 49 ff.
735 Ausführlich zum Ganzen vgl. *Uhlenbruck*, in: Uhlenbruck, InsO¹⁵, § 80, Rn. 184; *Ott/Brauckmann*, ZIP 2004, S. 2117; *Noack*, ZIP 2002, S. 1873.
736 *Ott/Brauckmann*, ZIP 2004, S. 2117.
737 Diese Theorie geht auf *Weber*, KTS 1970, S. 77, zurück.
738 Zu dieser alten Rechtslage vgl. *Weber*, in: Großkomm. InsO, §§ 207, 208 Anm. 28.
739 Ausführlich hierzu: *Steffan*, in: Oppenländer/Trölitzsch, 11. Kap., § 38, Rn. 37 ff.; *Steffan*, in: Semler/Pelzer/Kubis, § 9, Rn. 145.

angelegenheiten, also mit allen Geschäftsführungsaktivitäten mit Auswirkung auf die Insolvenzmasse, nicht mehr vertreten[740]. Sie haben im eröffneten Verfahren im Wesentlichen Auskunfts- und Mitwirkungspflichten der Schuldnerin i.S.v. §§ 20, 97, 98, 101 InsO zu erfüllen. Darüber hinaus gehören die Einlegung von Rechtsbehelfen des Schuldners nach §§ 34, 253 InsO, Anträge an das Gericht nach § 161 S. 2 InsO, § 186 Abs. 1 InsO, §§ 213, 213 InsO und das Vorschlagsrecht bezüglich eines Insolvenzplans (§ 218 InsO) zu den Aufgaben eines Geschäftsführers in der Insolvenz. Das Auskunftsrecht des Schuldners wird ebenfalls vom Geschäftsführer geltend gemacht[741]. Außerdem müssen der Geschäftsführer bzw. der Vorstand die internen Aufgaben, welche nicht die Insolvenzmasse betreffen, regeln[742]. Sie haben dafür Sorge zu tragen, dass die **innergesellschaftliche Ordnung** und die Betriebsabläufe, so sie vom Insolvenzverwalter nicht eingestellt wurden, aufrechterhalten bleiben. Schon hierbei ist aber fraglich, wem das **arbeitsrechtliche Direktionsrecht** zusteht, angefangen mit Anweisungen, bestimmte Tätigkeiten vorzunehmen, Urlaubsgenehmigungen zu erteilen oder gar Abmahnungen wegen persönlichen Fehlverhaltens auszusprechen. Der Ausspruch einer Kündigung aus betriebsbedingten Gründen fällt nach der Verdrängungstheorie in die Kompetenz des Insolvenzverwalters; eine Kündigung aus verhaltensbedingten Gründen für einen Mitarbeiter, dessen Beschäftigungsverhältnis nach Auffassung des Insolvenzverwalters zu Zwecken der Betriebsfortführung fortbestehen soll, müsste dagegen in den Schuldnerbereich fallen, also in die alleinige Kompetenz des Geschäftsführungsorgans. Folgt man dagegen der Theorie vom Überschneidungsbereich, liegen überlappende Kompetenzbereiche vor, sodass diese Theorie für die Praxis nichts anderes besagt, als dass Insolvenzverwalter und Geschäftsführungsorgan sich zu kooperativem Verhalten bereitfinden sollten. Demzufolge gilt für diesen Bereich auch die „Theorie des Kooperationsbereichs"[743]. Hinsichtlich der **Einberufung einer Gesellschafterversammlung** gem. § 49 GmbHG bzw. einer HV nach § 121 AktG[744] wird kontrovers diskutiert, ob die Insolvenzmasse die Kosten für die Durchführung einer von der Unternehmensleitung einberufenen Versammlung zu tragen hat. Dies ist jedenfalls dann zu bejahen, wenn die Versammlung der Anteilseigner nicht nur deren Interessen dient, sondern zugleich auch im Interesse der Gläubiger erfolgt, etwa um notwendige Sanierungsbeschlüsse fassen zu können[745].

431 Auch die **Anmeldungen zur Eintragung in das HR**, z.B. die Eintragung einer bereits beschlossenen Kapitalerhöhung einer später doch insolvent gewordenen Gesellschaft, steht allein dem Geschäftsführungsorgan zu[746]. Soweit jedoch der Insolvenzverwalter in Erfüllung der Pflichten des Schuldners handelt, wie bspw. aus den handelsrechtlichen Buchführungs- und Rechnungslegungsvorschriften, kann auch der Insolvenzverwalter gewisse Grundlagenentscheidungen treffen und bspw. die Anmeldung zum HR zur Rückkehr zum satzungsmäßigen Geschäftsjahr vornehmen[747] (vgl Kap. E Tz. 61).

---

740 *Uhlenbruck*, GmbHR 2005, S. 817 (818).
741 *Bitter*, in: Scholz, GmbHG[12], Vor § 64, Rn. 201.
742 *Heckschen*, in: Reul/Heckschen/Wienberg, Rn. 593.
743 *Uhlenbruck*, NZI 2007, S. 313.
744 *Haas*, in: Baumbach/Hueck, GmbHG[22], § 64, Rn. 58.
745 So auch *Uhlenbruck*, NZI 2007, S. 313 (316).
746 BayObLG v. 17.03.2004, 3Z BR 46/04, ZIP, S. 1426; *Götze*, ZIP 2002, S. 2204.
747 BGH, Beschl. v. 14.10.2014, II ZB 20/13, Rn. 12.

4.2.2 Aufgaben der Anteilseignerversammlung

Bis zur Eröffnung des Insolvenzverfahrens obliegen den Gesellschaftern einer GmbH die **432** Aufgaben i.S.v. §§ 45, 46 GmbHG und den Aktionären einer AG die Aufgaben gem. §§ 118, 119 AktG. Diese Rechtsstellung schrumpft jedoch mit Eröffnung des Insolvenzverfahrens auf **Residualrechte**. Während des Insolvenzverfahrens fallen alle das Insolvenzverfahren steuernden Entscheidungen in die Kompetenz des Insolvenzverwalters, des Gläubigerausschusses, der Gläubigerversammlung und des Insolvenzgerichts mit der jeweils dezidierten Aufgabenzuweisung nach der Insolvenzordnung.

Nur soweit Aufgaben diesen insolvenzrechtlichen Gremien durch die Insolvenzordnung **433** nicht zugewiesen sind, bleibt Raum für Kompetenzen der gesellschaftsrechtlichen Organe. Die Rechte der Gesellschafterversammlung bzw. HV beschränken sich darauf, über die **inneren Angelegenheiten der Gesellschaft** zu entscheiden[748].

Daher kann z.b. die Gesellschafterversammlung den **Geschäftsführer bestellen oder** **434** **abberufen**, ohne dass ihr jedoch die Befugnis zusteht, Dienstverträge abzuschließen[749]. Der Insolvenzverwalter ist zwar nicht befugt, das Geschäftsführungsorgan abzuberufen[750], wohl aber ist er – weil dies eine Aufgabe aus dem Bereich der Vermögensverwaltung ist – berechtigt, den Dienstvertrag der Mitglieder des Geschäftsführungsorgans zu kündigen, wenn und soweit hierfür ein Kündigungsgrund gegeben ist, wie es bspw. im Falle einer Insolvenzverschleppung der Fall ist. In diesem Fall soll der Insolvenzverwalter sowohl zur Abberufung von der Organstellung als auch zur außerordentlichen Kündigung des Dienstvertrages berechtigt sein[751]. Das Recht, ein neues Mitglied des Geschäftsleitungsorgans zu bestellen, bleibt allerdings der Gesellschafterversammlung vorbehalten, und ein Geschäftsführer bzw. Vorstand ist neu zu bestellen, wenn kein anderes Mitglied mehr vorhanden ist. Der Insolvenzverwalter ist auch nicht berechtigt, einem von ihm gekündigten Geschäftsführer, an dessen Bestellung die Gesellschafter indes festhalten, Hausverbot zu erteilen. Dies wäre eine Kompetenzüberschreitung in Bezug auf die masseneutrale Schuldnersphäre.

Im Insolvenzfalle ist die **Entlastung der Geschäftsführer** nur insoweit möglich, als **435** hierdurch nicht die Ansprüche der Gläubiger geschmälert werden[752]. Befindet sich die GmbH also zum Zeitpunkt des Entlastungsbeschlusses bereits in der Insolvenzlage, so tritt jedenfalls in dem Umfang keine Präklusionswirkung ein, in dem der gegen den Geschäftsführer bestehende Anspruch zur Gläubigerbefriedigung benötigt wird[753]. Darüber hinaus kommt eine Anfechtung der Entlastung nach § 132 Abs. 2 InsO in Betracht, da sie als anfechtbare Rechtshandlung im Sinne dieser Vorschrift anzusehen sein wird. Aufgrund des Entlastungsbeschlusses verliert die Gesellschaft nämlich die Möglichkeit, Ansprüche gegen den Geschäftsführer geltend zu machen[754].

---

748 *App*, BuW 2000, S. 977 (978).

749 *Bitter*, in: Scholz, GmbHG[12], Vor § 64, Rn. 179, 192, 201.

750 Dass der Insolvenzverwalter als Folge seines Kündigungsrechts auch die Möglichkeit haben muss, die Abberufung als Annexkompetenz zu dem Kündigungsrecht auszusprechen, vertreten *Kim/Götz*, in: FS Braun, München 2007, S. 119.

751 Vgl. BGH v. 20.06.2005, II ZR 18/03, DB, S. 1849; mit Anmerkungen von *Keil*, DZWIR 2006, S. 155.

752 *Bitter*, in: Scholz, GmbHG[12], Vor § 64, Rn. 193.

753 Vgl. *Schmidt, K.*, in: Scholz, GmbHG[11], § 46, Rn. 193.

754 So *Römermann*, in: Michalski, GmbHG[2], § 46, Rn. 293.

436 Das OLG Frankfurt[755] hat entschieden, dass die **Zuständigkeit** zur **Änderung** des nach § 155 Abs. 2 S. 1 InsO neu beginnenden **Insolvenzgeschäftsjahres** allein beim **Insolvenzverwalter** liegt[756]. Diese Entscheidung wurde vom BGH bestätigt[757]. Eine solche Änderung stellt keine Satzungsänderung dar, setzt aber für ihre Wirksamkeit eine Anmeldung beim HR durch den Insolvenzverwalter und eine dortige Eintragung der Änderung im Handelsregisterblatt der Gesellschaft voraus[758]. Die Rechtsprechung sieht die Zuständigkeit des Verwalters in seiner Verwaltungs- und Verfügungsbefugnis nach § 80 Abs. 1 InsO begründet, zu der auch die handelsrechtliche Rechnungslegungspflicht gehört. Aufgrund seiner alleinigen Verantwortung für die Rechnungslegung müsse es dem Insolvenzverwalter möglich sein, das GJ alleine zu bestimmen[759]. Bisher noch nicht eindeutig geklärt wurde hingegen vom BGH, ob der Insolvenzverwalter in bestimmten Fällen auch ein von der Satzung abweichendes GJ wählen kann[760]. In einem solchen Fall ist bei KapGes. wohl grundsätzlich ein satzungsändernder Gesellschafterbeschluss erforderlich, da der Insolvenzverwalter für die Zukunft sowohl von den gesellschaftsvertraglichen als auch von den in § 155 Abs. 2 InsO getroffenen Regelungen abweicht[761]. Zweckmäßig wäre sicherlich, dass ein satzungsändernder Eingriff des Insolvenzverwalters ohne Gesellschafterbeschluss in solchen Fällen möglich ist, in denen feststeht, dass der Rechtsträger untergeht und die Gesellschaft abgewickelt wird. In einem solchen Fall würde jedenfalls kein für die Gesellschafter nachteiliger Eingriff in die Gesellschafterrechte vorliegen.

437 Die **Ersatzansprüche** nach § 46 Nr. 8 GmbHG können jedoch nur vom Insolvenzverwalter geltend gemacht werden, weil das Interesse der Gläubiger an einer Auffüllung der Masse vorrangig ist[762]. Außerdem steht der Gesellschafterversammlung ein Weisungsrecht ggü. den Geschäftsführern zu, wenn die Ausübung der Rechte als Schuldner betroffen ist, nicht jedoch bei insolvenzrechtlichen Pflichten[763]. Grundsätzlich hat die Gesellschafterversammlung auch weiterhin das Recht, die Satzung bzw. den Gesellschaftsvertrag zu ändern. Dies allerdings nur, soweit dem nicht der Zweck des Insolvenzverfahrens entgegensteht[764]. Eine Änderung der Firma soll dagegen nur dann möglich sein, wenn der Insolvenzverwalter das Unternehmen mit der Firma veräußert oder der Änderung zugestimmt hat[765].

438 Keine Befassung der Anteilseignerversammlung ist erforderlich, wenn der Insolvenzverwalter Unternehmensteile an einen Dritten verkaufen oder an Auffanggesellschaften übertragen will. Die von der Rechtsprechung entwickelten Grundsätze, die sich in der Folge der Holzmüller-Entscheidung herausgebildet haben, sind vom Insolvenzverwalter

---

755 OLG Frankfurt v. 21.05.2012, 20 W 65/12, ZIP, S. 1617.
756 OLG Frankfurt v. 21.05.2012, 20 W 65/12, 1. Leitsatz, ZIP, S. 1617.
757 BGH v. 14.10.2014, II ZB 20/13, DB 2015, S. 60.
758 OLG Frankfurt v. 21.05.2012, 20 W 65/12, 2. Leitsatz, ZIP, S. 1617.
759 OLG Frankfurt v. 21.05.2012, 20 W 65/12, 2. Leitsatz, ZIP, S. 1617 (1620); BGH v. 14.10.2014, II ZB 20/13, Rn. 13.
760 *Hillebrand*, WPg 2016, S. 465.
761 So *Hillebrand*, WPg 2016, S. 465.
762 BGH v. 14.07.2004, VIII ZR 224/02, ZIP, S. 1708.
763 *Bitter*, in: Scholz, GmbHG^{12}, Vor § 64, Rn. 192.
764 *Bitter*, in: Scholz, GmbHG^{12}, Vor § 64, Rn. 195.
765 *Bitter*, in: Scholz, GmbHG^{12}, Vor § 64, Rn. 197.

nicht zu beachten, da dies eine unzulässige Einschränkung seiner Verwaltungs- und Verfügungsbefugnisse aus § 80 InsO bedeuten würde[766].

4.2.3 Aufgaben des Aufsichtsrats

Auch der AR verbleibt während des Insolvenzverfahrens im Amt. Als Organ hat er je- **439** doch nur eine **unbedeutende Stellung**[767], da seine Überwachungspflichten weitgehend auf den Gläubigerausschuss und das Insolvenzgericht übertragen sind. Dem AR obliegt nicht das Recht, den Insolvenzverwalter oder die anderen „Insolvenzorgane" zu über-wachen[768]. Damit korrespondiert, dass er keinen Vergütungsanspruch mehr geltend machen kann[769].

Wohl aber wird man dem AR das Recht einräumen müssen, vom Geschäftsführungs- **440** organ in entsprechender Anwendung des § 90 AktG über den Stand des Verfahrens un-terrichtet zu werden, wenn eine Fortführung in der Insolvenz mit konkreten Chancen auf Aufhebung des Insolvenzverfahrens erfolgt. Dies setzt voraus, dass der Insolvenz-verwalter dem Geschäftsführungsorgan Informationen über den Stand des Insolvenz-verfahrens gibt.

4.2.4 Zuständigkeit für die Erfüllung aktien- und kapitalmarktrechtlicher Pflichten

Aus der Börsenzulassung einer AG ergeben sich verschiedene kapitalmarktrechtliche **441** Pflichten nach Art. 17 MAR, insb. die sog. **Ad-hoc-Meldepflichten.** Fraglich ist, ob diese Pflichten auch nach der Eröffnung des Insolvenzverfahrens fortbestehen und, sollten sie fortbestehen, vom Vorstand oder vom Insolvenzverwalter zu erfüllen sind.

Weder der Insolvenzantrag noch die Verfahrenseröffnung führt zu einer automatischen **442** Beendigung der Börsenzulassung. Aus dem Gesetz kann dazu nichts hergeleitet werden und auch die Literatur und Rechtsprechung treffen keine Aussagen dazu, dass diese Pflichten für die Dauer des Insolvenzverfahrens suspendiert seien. Somit müssen die aus der Börsenzulassung resultierenden Pflichten auch während eines Insolvenzverfahrens erfüllt werden.

Auch wenn fraglich sein könnte, ob die Kapitalmarktinformationspflichten bei einer **443** insolventen AG überhaupt noch Sinn ergeben, wird man feststellen müssen, dass die Aktionäre in dem Handel ihrer Anteile durch das Insolvenzverfahren nicht beschränkt sind. Daher wird man eine Kapitalmarktunterrichtung dem Grund nach auch weiterhin für erforderlich halten müssen[770]. Auf jeden Fall gilt dies dann, wenn die AG fortgeführt wird und begründete Aussichten auf eine Restrukturierung z.B. im Wege eines Insol-venzplans bestehen.

Die **Ad-hoc-Mitteilungspflicht** nach **Art. 17 MAR** verbleibt auch in der Insolvenz beim **444** Emittenten, also dem Vorstand, denn weder die Insolvenzordnung noch das WpHG

---

766   Hierzu *Noack*, ZIP 2002, S. 1873.
767   *Bitter*, in: Scholz, GmbHG[12], Vor § 64, Rn. 203; *Hauptmann/Müller-Dott*, BB 2003, S. 2521 (2525); *Heck-schen*, in: Reul/Heckschen/Wienberg, Rn. 602.
768   *Bitter*, in: Scholz, GmbHG[12], Vor § 64, Rn. 203; *Kreplin*, in: Nerlich/Kreplin, § 26, Rn. 225; *Heckschen*, in: Reul/Heckschen/Wienberg, Rn. 602.
769   *Haas/Mock*, in: Gottwald/Haas, InsR-HB[6], § 91, Rn. 44.
770   So auch der Gesetzgeber in seiner Begründung zu § 11 WpHG, BT-Drs. 16/2498 v. 04.09.2006, i.Z.m. dem sog. Transparenzrichtlinie-Umsetzungsgesetz (TUG).

regeln die Übertragung dieser Verpflichtung auf den Insolvenzverwalter[771]. Die Pflicht nach Art. 17 MAR dient jedoch ausschließlich der Verfolgung öffentlicher Interessen[772], sodass daraus gefolgert werden kann, dass sie nicht Bestandteil der Masseverwaltung durch den Insolvenzverwalter ist. Zutreffend daran ist, dass der Insolvenzverwalter nur die ihm durch die Insolvenzordnung auferlegten Vermögensrechte der insolventen AG auszuüben hat, er aber nicht in die Stellung des organschaftlichen Vorstands gehoben wird. Dadurch, dass die Pflicht also weiterhin beim Vorstand liegt, setzt dies voraus, dass der Insolvenzverwalter dem Vorstand entsprechende Informationen und Mittel zur Verfügung stellt. Nach § 24 Abs. 1 WpHG hat der Insolvenzverwalter den Schuldner – also den Vorstand – bei der Erfüllung der Pflichten nach dem WpHG zu unterstützen hat, insb. indem er aus der Insolvenzmasse die hierfür erforderlichen Mittel bereitstellt[773]. Nach § 24 Abs. 2 WpHG hat ein vorläufiger Insolvenzverwalter ebenfalls den Vorstand bei der Erfüllung seiner Pflichten zu unterstützen, insb. indem er der Verwendung der Mittel durch den Vorstand zustimmt oder, wenn dem Verpflichteten ein allgemeines Verfügungsverbot auferlegt wurde, indem er die Mittel aus dem von ihm verwalteten Vermögen zur Verfügung stellt.

445 Nach **§ 40 Abs. 1 S. 1 WpHG** besteht eine Verpflichtung, die **Veränderung von Stimmrechtsanteilen** der Gesellschaft zu veröffentlichen sowie der BaFin mitzuteilen. Für diese kapitalmarktrechtliche Pflicht hat das BVerwG entschieden, dass nicht der Insolvenzverwalter, sondern auch nach Eröffnung des Insolvenzverfahrens der Vorstand zuständig bleibt[774]. Dies sei dadurch zu erklären, dass die zum Börsenhandel zugelassenen Aktien nicht zum Vermögen der Gesellschaft gehören und somit nicht dem Verwaltungs- und Verfügungsverbot gem. § 80 InsO unterliegen[775]. Soweit dem BVerwG entgegengehalten werden könnte, es habe nicht beachtet, dass mit der Veröffentlichung Kosten verbunden sind und für die Verfügung über einen Teil der Masse der Vorstand nicht mehr befugt sei[776], ist darauf hinzuweisen, dass der Insolvenzverwalter nunmehr gem. § 11 WpHG die hierfür erforderlichen Mittel dem Vorstand zur Verfügung zu stellen hat.

4.2.5 Notwendigkeit gesetzlicher Bestimmungen

446 Das gegenwärtige Nebeneinander von Insolvenzverwalterkompetenz und Organkompetenz mag für die Vielzahl der Insolvenzverfahren wenig praktische Bedeutung haben. Das Maß der Unsicherheit bei Großinsolvenzen, insb. auch Konzerninsolvenzen, zeigt jedoch, dass die Rechtsordnung die bestehenden Rechtsunsicherheiten durch Gesetze beseitigen sollte. Die Theorien des Verdrängungs-, Schuldner- und Überschnei-

---

771 BaFin: Emittentenleitfaden v. 28.04.2009, IV.2.1.7; *Haas/Mock*, in: Gottwald/Haas, InsR-HB[6], § 93, Rn. 93; *Rattunde/Berner*, WM 2003, S. 1313 (1315); *Steffan*, in: Semler/Pelzer/Kubis, § 9, Rn. 184.

772 BT-Drs. 12/7918, S. 102; ebenso *Streit*, NZI 2005, S. 486 (487), der dies als Rückschluss zum Urteil des BVerwG v. 13.04.2005, 6 C 4/04, NZI, S. 510 ableitet.

773 *Haas/Mock*, in: Gottwald/Haas, InsR-HB[5], § 93, Rn. 117.

774 BVerwG v. 13.04.2005, 6 C 4/04, NZI, S. 510; zustimmend *Streit*, NZI 2005, S. 486 (488); *Ott*, ZIP 2005, S. 1150; *Ott/Brauckmann*, ZIP 2004, S. 2117 (2121); auch bei vorläufiger Insolvenzverwaltung *Grub/Streit*, BB 2004, S. 1397 (1400).

775 BVerwG v. 13.04.2005, 6 C 4/04, NZI, S. 510 (513): Die im Fremdbesitz befindlichen Wertpapiere einer börsennotierten Gesellschaft gehören bei der Eröffnung des Insolvenzverfahrens nicht zum Vermögen der Gesellschaft; *Grub/Streit*, BB 2004, S. 1397 (1405).

776 Kritisch zum BVerwG-Urteil bzgl. der Kostentragungspflicht vgl. *Flitsch*, BB 2005, S. 1591; *Ott*, ZIP 2005, S. 1150; *Herchen/Herchen*, Kurzkommentar zum BVerwG EWiR 2005, S. 747.

dungs- bzw. Kooperationsbereichs lassen eine stringente und konsistente Rechtssicht nicht zu. Da weder das Gesellschaftsrecht noch die Insolvenzordnung mit der Amtsübernahme durch den Insolvenzverwalter seine gesellschaftsrechtlichen Pflichten suspendieren, kann jedenfalls das, was der Insolvenzverwalter hierfür aus der Masse aufzuwenden hat, nicht den Vorwurf einer Pflichtwidrigkeit begründen.

4.3 Betriebswirtschaftliche Ansätze

4.3.1 Überprüfung der Fortführungsfähigkeit

Gemäß § 157 InsO wird den Gläubigern das Recht zugestanden, auf der Gläubigerversammlung zu entscheiden, ob das Schuldnerunternehmen (vorläufig) fortgeführt oder stillgelegt wird. Ein Beschluss zur (vorläufigen) Fortführung ergibt nur Sinn, wenn ein Unternehmen zum Zeitpunkt des Berichtstermins noch – zumindest teilweise – funktionstüchtig ist. Bezüglich eines Insolvenzplans ist eine Ablehnung der Gläubigerversammlung noch nicht abschließend, da auch dem Schuldner und dem Insolvenzverwalter ebenfalls Initiativrecht zustehen[777]. **447**

Eine Fortführung erscheint nur Erfolg versprechend, wenn sie auf ausreichende Liquidität gestützt wird. Dafür wird ein – in der Insolvenz in der Regel fremdfinanzierter – Liquiditätsplan benötigt. Um Finanzierer für die Umsetzung eines solchen Plans zu gewinnen, bedarf es eines Sanierungskonzeptes, welches die **Sanierungsfähigkeit** des Unternehmens bestätigt. **448**

4.3.2 Zerschlagung

Die Gläubigerversammlung beschließt eine sofortige Stilllegung, wenn der errechnete Liquidationswert über den Werten alternativer Verwertungsformen liegt[778]. Wird im Berichtstermin gem. § 157 entschieden, dass das betroffene Unternehmen stillgelegt wird, beginnt der Insolvenzverwalter unverzüglich mit der Verwertung des zur Insolvenzmasse gehörenden Vermögens (§ 159 InsO). **449**

4.3.3 Ausproduktion und Liquidation

Keine Sanierung des Rechtsträgers stellt naturgemäß die Ausproduktion und anschließende Liquidation des Unternehmens dar. Hat ein Unternehmen bereits in größerem Umfang wichtige strategische Erfolgspotenziale verloren und weist es erhebliche leistungswirtschaftliche Defizite auf, wird einem Insolvenzverwalter kaum eine andere Form der Verwertung übrig bleiben. Hierbei werden im Rahmen der Regelabwicklung zur Abdeckung der im Verfahren anfallenden „eh-da-Kosten" der vorhandene Bestand an Aufträgen mit positiven Deckungsbeiträgen (unter Berücksichtigung der Besonderheiten des Insolvenzverfahrens) abgearbeitet, der Betrieb eingestellt, die Massegegenstände (§ 35 InsO: das Vermögen, das dem Schuldner zur Zeit der Eröffnung des Verfahrens gehört und das er während des Verfahrens erlangt) verwertet und der Erlös unter den Gläubigern verteilt. Schwierigkeiten bereitet regelmäßig die zeitliche Harmonisierung von (Miet-, Arbeits-)Verträgen und Auftragsende sowie die Motivation der Mitarbeiter und die Beherrschung des damit verbundenen Gewährleistungs- und Erfüllungsrisikos. **450**

---

777 *Zipperer*, in: Uhlenbruck, InsO[15], § 157, Rn. 2.
778 *Zipperer*, in: Uhlenbruck, InsO[15], § 157, Rn. 6.

4.3.4 Übertragende Sanierung

451 Die **übertragende Sanierung** ist in der insolvenzrechtlichen Praxis bis heute immer noch das wohl gängigste Instrument der Sanierung in der Insolvenz. Der Ausdruck „Sanierung" darf aber nicht darüber hinwegtäuschen, dass es sich hierbei nicht um eine Sanierung, sondern um eine Zerschlagung des insolventen Rechtsträgers handelt. Diese ist jedoch verbunden mit einem Verkauf und der Übertragung der den Geschäftsbetrieb ausmachenden Vermögenswerte und Rechtsverhältnisse (Asset Deal) an einen neuen (regelmäßig vom Insolvenzverwalter oder von einem Investor eigens für diesen Zweck gegründeten) Rechtsträger. Die für den neuen Rechtsträger nicht erforderlichen Vermögensteile werden vom Insolvenzverwalter gesondert verwertet. Zumindest die „gesunden" Teile des bisherigen Unternehmens leben somit in einem neuen Unternehmen fort. Die übertragende Sanierung hat dem bisherigen Rechtsträger somit nichts genützt, sondern stellt nur eine möglichst optimale und deshalb aber auch wünschenswerte Form der Masseverwertung für die Gläubiger dar. Die Verwendung des Begriffs Sanierung rechtfertigt sich somit nicht durch eine Gesundung des Unternehmens als solchem, sondern des Betriebes und durch die Erhaltung von Arbeitsplätzen, zumindest in Teilen[779].

452 Der Preis, der von einem Investor für die Auffanggesellschaft des Insolvenzverwalters oder die direkt übernommenen Assets entrichtet wird, fließt in die Insolvenzmasse und dient der Befriedigung der Gläubiger des insolventen Unternehmens. Als Gestaltungsvarianten sind in der Praxis, häufig auch als Einstiegsform, Betriebsverpachtungsmodelle – oft in Kombination mit einem Asset Deal – vorzufinden. Der Erwerb durch einen Investor kann in allen Stadien des Insolvenzverfahrens in Betracht kommen.

> **! Hinweis 8:**
>
> Unabhängig davon, ob die Unternehmensveräußerung im Eröffnungsverfahren zulässig ist[780], empfiehlt es sich aus Erwerbersicht, mit dem Abschluss des Unternehmenskaufvertrags bis zur Eröffnung des Verfahrens abzuwarten[781].

Haftungsansprüche nach § 25 Abs. 1 S. 1 HGB bei Firmenfortführung oder § 75 Abs. 2 AO für Steuerverbindlichkeiten haben insoweit keine Grundlage. Des Weiteren besteht kein Anfechtungsrisiko, eine Mitwirkung des Schuldners ist nicht erforderlich. Schwierig bleibt der gesetzliche Übergang der Beschäftigungsverhältnisse nach § 613a BGB. Eine hohe rechtliche Sicherheit kann jedoch durch sogenannte Beschäftigungs- und Qualifizierungsgesellschaften erreicht werden.

453 Um die Übernahme eines Krisenunternehmens für einen potenziellen Erwerber zu erleichtern, kann die Kündigung von Beschäftigungsverhältnissen aufgrund eines **Erwerberkonzeptes** erfolgen. Die Zulässigkeit einer Veräußerungskündigung ergibt sich aus den §§ 125 ff. InsO. Darin ist eine Modifizierung des Kündigungsschutzes geregelt – sowohl hinsichtlich vermuteter betriebsbedingter Kündigungsgründe als auch hinsichtlich einer nur beschränkt arbeitsrechtlich prüfbaren Sozialauswahl im Falle der Vereinbarung eines Interessenausgleichs mit Namensliste zwischen Insolvenzverwalter und

---

779 *Steffan*, WPg 2003, Sonderheft, S. S 148 (155).
780 Hohe Maßstäbe anlegend OLG Düsseldorf ZIP 1992, S. 344 (346).
781 *Menke*, BB 2003, S. 1133 (1138) m.w.N.

Betriebsrat. Gemäß § 128 Abs. 1 InsO gilt dies auch dann, wenn die geplante Betriebs-änderung erst nach der Unternehmensveräußerung durch den Erwerber durchgeführt werden soll. Nach § 128 Abs. 2 InsO wird vermutet, dass eine Veräußerungskündigung aufgrund eines Erwerberkonzeptes nicht gegen § 613a Abs. 4 BGB verstößt[782]. Voraus-setzung einer Kündigung basierend auf einem Erwerberkonzept ist es, dass ein ver-bindliches Konzept oder ein Sanierungsplan des Erwerbers vorliegt, dessen Durch-führung im Zeitpunkt des Zugangs der Kündigungserklärungen bereits greifbare For-men angenommen hat[783].

Hat der Insolvenzverwalter den Geschäftsbetrieb fortgeführt (gegebenenfalls nach Aus-lagerung auf einen neuen Rechtsträger im Rahmen einer übertragenden Sanierung), da ausreichend Liquidität vom insolventen Unternehmen generiert wird, und steht kein Investor zur Verfügung, wird er zum Unternehmer wider Willen, und das gegebenenfalls auch lange. Gründe hierfür liegen oft in kritischen Marktaussichten oder in zu geringen Unternehmensrenditen, bezogen auf das gebundene Kapital. **454**

4.3.5 Sanierung in der Insolvenz

Einen wesentlichen Vorteil der seit 01.01.1999 geltenden Insolvenzordnung ggü. dem alten Konkursrecht stellt die in § 1 InsO hervorgehobene Gleichwertigkeit der Sanierung des Rechtsträgers im Rahmen eines Insolvenzplanverfahrens neben der Regelab-wicklung (Zerschlagung und Liquidation) dar. Insbesondere durch die Zuweisung des Rechts der Planinitiative auf den Schuldner soll der Wettbewerb um die günstigste Art der Gläubigerbefriedigung eröffnet werden[784]. **455**

Dabei ist es Zweck des Insolvenzplanverfahrens (s.a. Kap. C Tz. 3 ff.), den Verfahrens-beteiligten (Schuldner, absonderungsberechtigte Gläubiger und Insolvenzgläubiger) ei-nen Rechtsrahmen für die einvernehmliche Bewältigung der Insolvenz im Wege von Verhandlungen und privatautonomen Austauschprozessen und somit eine ggü. der Re-gelabwicklung abweichende Befriedigung zu ermöglichen[785]. Der Insolvenzplan bildet somit die rechtliche Basis einer für alle Beteiligten verbindlichen Umsetzung eines Sa-nierungskonzeptes. **456**

Der „Werkzeugkasten" für den Geschäftsführer/Vorstand als „geborener Sanierer" und den Insolvenzverwalter wurde darüber hinaus im Rahmen des ESUG mit dem Schutz-schirmverfahren nach § 270d InsO (bis 01.01.2021 § 270b InsO) (s.a. Kap. C Tz. 3 ff.) um ein weiteres, überaus attraktives Sanierungsinstrumentarium erweitert, das insb. einen frühzeitig gestellten Insolvenzantrag vor Eintritt der Zahlungsunfähigkeit honoriert und dafür sorgen soll, dass mehr Anträge zu einem frühen Zeitpunkt gestellt werden, zu dem eine Sanierung noch eher möglich ist. **457**

5. Insolvenzanfechtung

Ziel der Anfechtung ist es, die Gläubiger benachteiligende Vermögensverschiebungen, die vor der Verfahrenseröffnung erfolgten, rückgängig zu machen, um auf diese Weise einem Auszehren der Insolvenzmasse zum Nachteil der Insolvenzgläubiger entge- **458**

---

782 *Schöne,* in: Kübler/Prütting/Bork InsO, § 128, Rn. 8.
783 BAG v. 20.03.2003, 8 AZR 97/02, NJW, S. 3506 ff. *Schöne,* in: Kübler/Prütting/Bork InsO, § 128, Rn. 8.
784 *Balz/Landfermann,* Insolvenzgesetze², S. 164.
785 *Balz/Landfermann,* Insolvenzgesetze², S. 164.

genzuwirken und so eine gleichmäßige Befriedigung der Gläubiger zu erreichen[786]. Eine bereits kraft Gesetzes wirkende, ebenfalls die Gläubiger schützende Regelung ist die **Rückschlagsperre** des § 88 InsO, wonach eine dem Insolvenzgläubiger an einem zur Insolvenzmasse gehörenden Vermögensgegenstand des Schuldners[787] im letzten Monat vor dem Antrag auf Eröffnung des Insolvenzverfahrens oder nach diesem Zeitpunkt durch Zwangsvollstreckung gewährte Sicherheit unwirksam wird und damit wieder in die Insolvenzmasse fällt. Fragen des Anfechtungsrechts spielen über den unmittelbaren Anwendungsbereich hinaus auch eine Rolle bei der Zulässigkeit der Aufrechnung gem. § 96 Abs. 1 Nr. 3 InsO. Nach dieser Vorschrift ist die Aufrechnung auch unzulässig, wenn der Gläubiger die Möglichkeit der Aufrechnung durch eine anfechtbare Rechtshandlung erlangt hat.

459 Das Gesetz über die Anfechtung von Rechtshandlungen eines Schuldners außerhalb des Insolvenzverfahrens – das sog. „Anfechtungsgesetz" – ermöglicht es einem Gläubiger, im Rahmen einer Einzelzwangsvollstreckung auf anfechtbar weggegebenes Schuldnervermögen zuzugreifen. Eine erfolgreiche Insolvenzanfechtung führt hingegen aufgrund der Rückgewährung des Gegenstandes an die Masse zu einer **Masseanreicherung**[788].

460 Im Folgenden kann es nur um einen Überblick über diesen Teil der Insolvenzordnung gehen; wegen Einzelheiten und kritischer Auseinandersetzung mit Details muss auf das **Schrifttum** verwiesen werden[789].

461 § 129 InsO definiert den **Grundsatz**, dass **alle Rechtshandlungen**[790], die vor der Eröffnung des Insolvenzverfahrens vorgenommen worden sind und die **die Insolvenzgläubiger benachteiligen**[791], vom Insolvenzverwalter nach Maßgabe der §§ 130-146 InsO angefochten werden können. Als anfechtbare Rechtshandlung kommt dabei nach § 129 Abs. 2 InsO auch ein Unterlassen in Betracht, auf eine Garantenstellung kommt es wegen dieser ausdrücklichen Anordnung nicht an, nach allgemeinen Grundsätzen aber auf Vorsatz[792].

462 **Anfechtungsberechtigt ist** nach § 129 InsO mithin **allein der Insolvenzverwalter**, der die Anfechtung nach § 146 Abs. 1 InsO innerhalb einer **Verjährungsfrist von drei Jahren** (§ 195 BGB) seit der Eröffnung des Insolvenzverfahrens zu prüfen und zu betreiben

---

786 *Dauernheim*, in: Wimmer u.a., Handbuch, Kap. 7, Rn. 1; *Mohrbutter/Ringstmeier-Glatt*, in: Mohrbutter/ Ringstmeier, § 9, Rn. 1.

787 Vermögen Dritter wird von der Vorschrift nicht erfasst, sodass Gläubiger jedenfalls bis Insolvenzantragstellung auf Vermögen von etwaigen Mitschuldnern und Bürgen im Wege der Zwangsvollstreckung zugreifen können, vgl. *Mock*, in: Uhlenbruck, InsO[15], § 88, Rn. 12.

788 *Dauernheim*, in: Wimmer u.a., Handbuch, Kap. 7, Rn. 1.

789 *Dauernheim*, in: FK-InsO[9], § 129 ff.; *Hess*, in: InsR[2] (einschl. Kommentierung des AnfG in Band II, Anhang B); *Dauernheim*, in: Wimmer u.a., Handbuch, Kap. 7; *de Bra*, in: Braun, InsO[8], § 129 ff.; *Haarmeyer/Frind*, S. 78 ff.; *Mohrbutter/Ringstmeier*, in: Mohrbutter/Ringstmeier, § 9; *Hirte/Ede*, in: Uhlenbruck, InsO[15], § 129 ff.; *Voigt-Salus*, in: Pape/Uhlenbruck/Voigt-Salus, Kap. 33.

790 BGH v. 22.10.2009, IX ZR 147/06, NZI 2010, S. 17: Als Rechtshandlung kommt jede Handlung in Betracht, die zum (anfechtbaren) Erwerb einer Gläubiger- oder Schuldnerstellung führt.

791 Siehe hierzu illustrativ BGH v. 11.01.2007, IX ZR 31/05, DB, S. 570: Gläubigerbefriedigung mit Mitteln aus einer lediglich geduldeten, aber nicht vereinbarten Kontoüberziehung benachteiligt die anderen Gläubiger in der Regel nicht; BGH v. 17.03.2011, IX ZR 166/08, NZI, S. 400: Eine Gläubigerbenachteiligung kann durch eine Verringerung des Aktivvermögens oder die Vermehrung des Passiva entstehen. *Dauernheim*, in: Wimmer u.a., Handbuch, Kap. 7, Rn. 16: Eine Anfechtung kommt nur in Betracht, wenn die Insolvenzgläubiger in ihrer Gesamtheit durch die Rechtshandlung objektiv benachteiligt werden; vgl. allgemein: *Dauernheim*, in: FK-InsO[9], § 129, Rn. 37 ff.

792 *Hirte/Ede*, in: Uhlenbruck, InsO[15], § 129, Rn. 119.

hat. Da nur der Insolvenzverwalter anfechtungsbefugt ist, unterliegen auch Rechtshandlungen des vorläufigen Insolvenzverwalters ohne Verwaltungs- und Verfügungsbefugnis der Anfechtung, und zwar auch bei Personenidentität[793]. Massebegründungen eines vorläufigen Verwalters mit Verwaltungs- und Verfügungsbefugnis sind nicht anfechtbar[794], da dieser berechtigt ist, Masseverbindlichkeiten zu begründen. Da das Kriterium der Ermächtigung zur Begründung von Masseverbindlichkeiten das ausschlaggebende Kriterium ist, muss die Unanfechtbarkeit auch für Masseverbindlichkeiten gelten, die ein sog. „schwacher" Insolvenzverwalter begründet hat, wenn dieser ausnahmsweise zur Begründung von Masseverbindlichkeiten im Einzelfall berechtigt war[795].

Da es in den Anfechtungsvorschriften auf eine Reihe von maßgeblichen Zeitpunkten **463** und Fristen[796] ankommt, legt § 139 Abs. 1 InsO als **Ausgangszeitpunkt den Tag des Zugangs eines Eröffnungsantrages beim Insolvenzgericht** fest; auf den Tag der Eröffnung des Insolvenzverfahrens kommt es nur für die Verjährung an. Zur Bestimmung, ob eine Rechtshandlung in die jeweilige Frist fällt, gilt nach § 140 InsO die Rechtshandlung als in dem Zeitpunkt vorgenommen, in dem ihre rechtliche Wirkung eingetreten ist[797].

Sodann kommt es für die Darlegungs- und Beweislast des anfechtenden Insolvenzver- **464** walters darauf an, ob die **Rechtshandlung zwischen dem Schuldner und einer ihm nahestehenden Person** i.S.d. § 138 InsO vorgenommen wurde. Ist dies der Fall, sehen die einzelnen Anfechtungstatbestände vor, dass bei ihnen die Kenntnis bestimmter Umstände vermutet wird, so in §§ 130 Abs. 3 (Zahlungsunfähigkeit, Eröffnungsantrag), 131 Abs. 2 S. 2 (Benachteiligung der Insolvenzgläubiger), 132 Abs. 3 (Zahlungsunfähigkeit, Eröffnungsantrag) und 137 Abs. 2 S. 2 InsO (Zahlungsunfähigkeit, Eröffnungsantrag)[798].

Anfechtbar sind im Wesentlichen folgende **Rechtshandlungen**[799]: **465**

- § 130 Abs. 1 Nr. 1 InsO: Eine Rechtshandlung, die einem Insolvenzgläubiger eine Sicherung oder Befriedigung gewährt oder ermöglicht hat, auf die er in dieser Form und zu diesem Zeitpunkt einen Anspruch hatte (sog. **kongruente Deckung**)[800], wenn

---

793 *Hirte/Ede*, in: Uhlenbruck, InsO[15], § 129, Rn. 139; *Hess*, in: InsR[2], § 130, Rn. 269; *Dauernheim*, in: Wimmer u.a., Handbuch, Kap. 7, Rn. 15 (mit Verweis auf *Dauernheim*, in: FK- InsO[7], § 129, Rn. 29 f.); zur Anfechtbarkeit der durch Rechtshandlungen eines „schwachen" bzw. „starken" vorläufigen Verwalter begründeten Verbindlichkeiten vgl. *Dauernheim*, in: FK-InsO[9], § 129, Rn. 30.

794 BGH v. 20.02.2014, IX ZR 164/13, NZI 2014, S. 321 (322); *Hirte/Ede*, in: Uhlenbruck, InsO[15], § 129, Rn. 140.

795 *Hirte/Ede*, in: Uhlenbruck, InsO[15], § 129, Rn. 141.

796 Tabellarische Zusammenstellung bei *Dauernheim*, in: Wimmer u.a., Handbuch, Kap. 7, Rn. 5.

797 *Dauernheim*, in: Wimmer u.a., Handbuch, Kap. 7, Rn. 22 ff., und *Dauernheim*, in: FK-InsO[9], § 140, Rn. 4 ff. (jeweils mit Beispielen und Subsumtion für typische Rechtshandlungen).

798 *Dauernheim*, in: Wimmer u.a., Handbuch, Kap. 7, Rn. 29 ff. (mit einer grafischen Übersicht in Rn. 34).

799 Dieser Begriff ist weiter als der des Rechtsgeschäfts und erfasst bspw. auch mittelbare Zuwendungen wie Anweisungen, Zahlungsaufträge und Verträge zu Gunsten Dritter, vgl. *Dauernheim*, in: Wimmer u.a., Handbuch, Kap. 7, Rn. 38.

800 Zu denken ist hier an die Annahme einer Leistung an Erfüllung statt (§ 364 Abs. 1 BGB) bzw. an ein Anerkenntnis oder die verkehrsübliche Zahlung per Banküberweisung [*Mohrbutter/Ringstmeier*, in: Mohrbutter/Ringstmeier, § 9, Rn. 92 f. (111)]; in der Praxis bedarf es keiner Überprüfung, ob die Deckung kongruent oder inkongruent war, vgl. *Dauernheim*, in: Wimmer u.a., Handbuch, Kap. 7, Rn. 37.

- die Handlung in den letzten drei Monaten vor dem Zugang des Eröffnungsantrages beim Insolvenzgericht vorgenommen worden ist,
- zur Zeit der Handlung der Schuldner zahlungsunfähig war und
- der Gläubiger die Zahlungsunfähigkeit kannte.

• Dem steht nach § 130 Abs. 1 Nr. 2 InsO der Fall gleich, dass die Rechtshandlung nach dem Eröffnungsantrag vorgenommen worden ist und der Gläubiger zur Zeit der Handlung entweder die Zahlungsunfähigkeit kannte oder Kenntnis von einem Eröffnungsantrag[801] hatte.

466 **Finanzsicherheiten** i.S.v. § 1 Abs. 17 KWG sind allerdings durch § 130 Abs. 1 S. 2 InsO privilegiert, weil hiernach die nachträglich erforderlich werdende zusätzliche Besicherung bereits gesicherter Verbindlichkeiten (Margensicherheit) nicht in den Anwendungsbereich der kongruenten Deckung fällt. Diese Regelung ist dahingehend auszulegen, dass sie nicht das allgemeine Kreditgeschäft der Banken betrifft, sondern nur die Geschäfte mit Finanzinstrumenten i.S.v. Art. 2 Abs. 1 Buchst. o der Richtlinie 2002/47/EG[802].

467 Bestanden Umstände, die zwingend auf eine Zahlungsunfähigkeit oder das Vorliegen eines Eröffnungsantrags schließen lassen, so steht die Kenntnis dieser Umstände nach § 130 Abs. 2 InsO der Kenntnis der Zahlungsunfähigkeit oder eines Eröffnungsantrages gleich. Handelt es sich bei dem Gläubiger um eine der in § 138 InsO genannten nahestehenden Personen, so wird nach § 130 Abs. 3 InsO die Kenntnis vom Vorliegen einer Zahlungsunfähigkeit oder eines Eröffnungsantrages vermutet.

§ 131 InsO statuiert in Fällen sog. **inkongruenter Deckung**, also der Gewährung einer Befriedigung oder Sicherung, auf die der Gläubiger

• keinen Anspruch hatte,
• keinen Anspruch (auf eine Befriedigung/Sicherung) in der erfolgten Art hatte oder
• keinen Anspruch (auf eine Befriedigung/Sicherung) zu diesem Zeitpunkt hatte[803],

drei Anfechtungstatbestände:

a) wenn die zur inkongruenten Deckung führende Rechtshandlung einen Monat vor dem Zugang des Eröffnungsantrages beim Insolvenzgericht oder danach vorgenommen wurde (§ 131 Abs. 1 Nr. 1 InsO);

b) wenn die Rechtshandlung innerhalb des zweiten oder dritten Monats vor Antragszugang vorgenommen worden ist und der Schuldner bereits zu diesem Zeitpunkt zahlungsunfähig war (§ 131 Abs. 1 Nr. 2 InsO) – das Gesetz verzichtet allein wegen der Inkongruenz von Leistung und Gegenleistung auf den Nachweis der Kenntnis des Gläubigers von der Zahlungsunfähigkeit;

---

801 Vgl. § 139 Abs. 2 InsO, dazu *Dauernheim*, in: Wimmer u.a., Handbuch, Kap. 7, Rn. 45.

802 Richtlinie 2002/47/EG des Europäischen Parlamentes und des Rates v. 06.06.2002 über Finanzsicherheiten, Abl. EG L 168, S. 43 (umgesetzt mit Gesetz v. 08.04.2004, BGBl. I, S. 502), die durch die Richtlinie 2009/44/EG geändert worden ist. Vgl. dazu *Ede/Hirte*, in: Uhlenbruck, InsO[15], Rn.33; *de Bra*, in: Braun, InsO[8], § 130, Rn. 41; zur Auslegung des neu eingefügten § 130 Abs. 1 S. 2 InsO s. *Mohrbutter/Ringstmeier*, § 9, Rn. 97 f.; *Hess*, in: InsR[2], § 130, Rn. 171-173.

803 Der Anspruch auf Besicherung ist nicht im Anspruch auf Befriedigung enthalten (Aliud, kein Minus), BGH v. 02.12.1999, IX ZR 412/98, ZIP 2000, S. 82, mit Verweis auf frühere Rechtsprechung; *Dauernheim*, in: Wimmer u.a., Handbuch, Kap. 7, Rn. 52. Ausführlich zur Inkongruenz einer Leistung: *Dauernheim*, in: FK-InsO[9], § 131, Rn. 3 ff.

c) wenn die Rechtshandlung innerhalb des zweiten oder dritten Monats vor dem Zugang des Eröffnungsantrages beim Insolvenzgericht vorgenommen worden ist und dem Gläubiger bekannt war, dass sie die Insolvenzgläubiger benachteiligen würde (§ 131 Abs. 1 Nr. 3 InsO); der Kenntnis der Benachteiligung steht es dabei nach § 131 Abs. 2 S. 1 InsO gleich, wenn der Gläubiger Kenntnis von solchen Umständen hatte, die zwingend auf eine Benachteiligung schließen ließen. Wurde die Rechtshandlung ggü. einer nahestehenden Person (§ 138 InsO) vorgenommen, wird auch in diesem Anfechtungstatbestand die Kenntnis einer Benachteiligung vermutet.

Auch die in der Krise durch **Androhung von Zwangsvollstreckung oder Insolvenzantragstellung** erlangte Sicherung oder Befriedigung ist **inkongruent**[804]. Für nach dem Anfechtungsgesetz erlangte Deckungen gilt dies gem. § 16 Abs. 2 AnfG nicht, diese sind nur nach § 130 InsO anfechtbar. **468**

§ 132 Abs. 1 InsO eröffnet die Anfechtung für ein- und zweiseitige **Rechtsgeschäfte**[805] des Schuldners, **die die Insolvenzgläubiger unmittelbar benachteiligen** und die nicht bereits von §§ 130, 131 InsO erfasst sind[806]. Abgesehen von der in § 132 InsO vorausgesetzten **unmittelbaren** Gläubigerbenachteiligung gelten für diesen Anfechtungstatbestand dem § 130 InsO vergleichbare Regelungen. **469**

§ 132 Abs. 2 InsO schafft darüber hinaus einen eigenständigen Anfechtungstatbestand für **mittelbare Gläubigerbenachteiligungen durch Unterlassen**, etwa dadurch, dass der Schuldner einen Wechselprotest nicht einlegt, ein Rechtsgeschäft nicht anficht oder ein Rechtsmittel, z.B. auch um eine sonst drohende Verjährung zu unterbrechen, nicht einlegt[807]. **470**

§ 133 InsO erklärt **vorsätzliche Gläubigerbenachteiligungen** für anfechtbar, und zwar wenn sie in den letzten zehn Jahren vor dem Zugang des Eröffnungsantrages beim Insolvenzgericht mit dem Vorsatz, die Gläubiger zu benachteiligen, vorgenommen worden sind und wenn der andere Vertragsteil entweder unmittelbar den Vorsatz des Schuldners kannte oder Kenntnis von dessen drohender Zahlungsunfähigkeit[808] und der Gläubigerbenachteiligung hatte[809]. Nach einem aktuellen Urteil des BGH[810] trifft den Gläubiger, der die (drohende) Zahlungsunfähigkeit des Schuldners und die Benachteiligung der **471**

---

804 BGH v. 17.07.2003, IX ZR 215/02, ZIP, S. 1900; BGH v. 18.12.2003, IX ZR 199/02, ZIP 2004, S. 319; BGH v. 20.01.2011, IX ZR 8/10, NZI, S. 140 (141): Bei der Leistung eines Schuldners auf ein Mahnschreiben, aus dem hervorgeht, dass die Zwangsvollstreckung sonst beginnen wird, handelt es sich um eine inkongruente Deckung; dazu *Dauernheim*, in: Wimmer u.a., Handbuch, Kap. 7, Rn. 59; *Hess*, InsR², § 131, Rn. 56/143/187 ff.; *Dauernheim*, in: FK- InsO⁹, § 131, Rn. 26 ff.

805 *Nerlich*, in: Nerlich/Römermann, InsO, § 132, Rn. 6; Zur Diskussion um geschäftsähnliche Handlungen vgl. einerseits *Dauernheim*, in: FK-InsO⁹, § 132, Rn. 5 (Vorschrift auf Mahnung und Abtretungsanzeige nicht anwendbar), andererseits *Ede/Hirte*, in: Uhlenbruck, InsO¹⁵, § 132, Rn. 5 (Vorschrift erfasst Mahnung, Kündigung, Rücktritt, Widerruf, Aufrechnung, Verzicht etc.).

806 *Dauernheim* spricht von einem Auffangtatbestand für den Fall, dass einem Nichtinsolvenzgläubiger, z.B. einem Gläubiger eines Dritten, eine Sicherung oder Befriedigung gewährt wird (*Dauernheim*, in: FK-InsO⁹, § 132, Rn. 2).

807 *Ede/Hirte*, in: Uhlenbruck, InsO¹⁵, § 132, Rn.14; *Dauernheim*, in: FK-InsO⁹, § 132, Rn. 9.

808 BGH v. 13.04.2006, IX ZR 158/05, NJW, S. 2701 (2702): Der BGH entschied, dass schon die Kenntnis von Umständen, aus denen auf die drohende Zahlungsunfähigkeit geschlossen werden kann, genügt; *de Bra*, in: Braun, InsO⁸, § 133, Rn. 17.

809 BGH v. 06.12.2012, IX ZR 3/12, NZI 2013, S. 140 (141): Ein Schuldner, der seine Zahlungsunfähigkeit kennt, handelt i.d.R. mit Benachteiligungsabsicht.

810 BGH v. 12.05.2016, IX ZR 65/14, ZIP 2016, S. 1235.

Gläubiger kennt, die Darlegungs- und Beweislast, dass er spätere Zahlungen auf der Grundlage eines schlüssigen Sanierungskonzeptes erlangt hat. Der Gläubiger kann nur dann von einem schlüssigen Sanierungskonzept des Schuldners ausgehen, wenn er in Grundzügen über die wesentlichen Grundlagen des Konzeptes informiert ist; dazu gehören die Ursachen der Insolvenz, die Maßnahmen zu deren Beseitigung und eine positive Fortführungsprognose.

472 Die **Vorsatzanfechtung** gehört zu den wichtigsten Instrumenten des Insolvenzverwalters, um der Gläubigergleichbehandlung widersprechende Rechtshandlungen des Schuldners rückgängig zu machen und die Masse anzureichern. Die Neuregelung des § 133 Abs. 2 InsO privilegiert **Deckungshandlungen** i.S.d. §§ 130, 131 InsO, durch die ein Gläubiger auf seine bereits bestehende Forderung eine Sicherheit oder Befriedigung erhält. Diese – seien sie kongruent oder inkongruent – sind nunmehr nur noch dann anfechtbar, wenn sie in den letzten **vier Jahren** vor Insolvenzantragstellung vorgenommen wurden. Damit soll das Risiko einer Anfechtung von Deckungshandlungen kalkulierbarer werden[811].

473 Hinsichtlich kongruenter Deckungshandlungen i.S.d. § 130 InsO knüpft die Vermutung des § 133 Abs. 1 S. 2 InsO nunmehr nur noch an die positive Kenntnis einer bereits **eingetretenen** Zahlungsunfähigkeit an, nicht mehr an die Kenntnis einer nur drohenden Zahlungsunfähigkeit. Damit soll dem Umstand Rechnung getragen werden, dass der Schuldner vor Eintritt der Insolvenz grundsätzlich frei ist zu entscheiden, welche Forderungen er erfüllt[812]. Hinsichtlich inkongruenter Deckungshandlungen und anderer die Gläubiger benachteiligenden Handlungen bleibt es bei der Anknüpfung der Vermutung des § 133 Abs. 1 S. 2 InsO an die Kenntnis der bloß drohenden Zahlungsunfähigkeit (§ 133 Abs. 3 S. 1 InsO).

474 Trifft der andere Teil mit dem Schuldner eine Zahlungsvereinbarung, soll nach der neu eingefügten Vorschrift des § 133 Abs. 3 S. 2 InsO vermutet werden, dass der andere Teil zur Zeit der Handlung die Zahlungsunfähigkeit des Schuldners nicht kannte. Die Neuregelung soll nach Auffassung des Gesetzgebers dem Umstand Rechnung tragen, dass die dem Gläubiger durch die Bitte um Zahlungsvereinbarung offenbar werdende Liquiditätslücke durch den Abschluss derselben regelmäßig beseitigt sein werde, sodass der andere Teil keinen Anlass mehr habe, von der Insuffizienz des schuldnerischen Vermögens auszugehen[813].

475 Ist ein entgeltlicher Vertrag mit einer dem Schuldner **nahestehenden Person**[814] (§ 138 InsO) geschlossen worden, durch den die Insolvenzgläubiger unmittelbar benachteiligt werden, zieht dies nach § 133 Abs. 4 InsO eine Anfechtbarkeit nach sich, sofern das Geschäft nicht länger als zwei Jahre vor dem Zugang des Eröffnungsantrages beim Insolvenzgericht liegt oder die nahestehende Person beweisen kann, dass sie den Vorsatz des Schuldners zur Gläubigerbenachteiligung nicht kannte.

476 § 134 InsO sieht eine **Anfechtung von unentgeltlichen Leistungen** des Schuldners vor, die in einem Zeitraum von vier Jahren vor dem Zugang des Eröffnungsantrages beim

---

811 BT-Drs. 18/7054, 16; *de Bra*, in: Braun, InsO[8], § 133 Rn. 28.

812 BT-Drs. 18/7054, 16; *de Bra*, in: Braun, InsO[8], § 133 Rn. 29.

813 BT-Drs. 18/7054, 16 f.; *de Bra*, in: Braun, InsO[8], § 133 Rn. 30.

814 § 138 InsO fungiert hier nicht als Teil einer Beweislastregel, sondern als Tatbestandsmerkmal; vgl. *Dauernheim*, in: Wimmer u.a., Handbuch, Kap. 7, Rn. 29.

Insolvenzgericht zugewendet worden sind, sofern es sich nicht um gebräuchliche Gelegenheitsgeschenke geringen Werts handelt.

Gesellschafter, insb. Gesellschafter-Geschäftsführer erlangen normalerweise früher als **477** andere Gläubiger einer Gesellschaft Kenntnis über eine drohende Insolvenz. Da sie zudem maßgeblichen Einfluss auf die Zahlungsströme einer Gesellschaft haben, liegt der Verdacht nahe, dass in vielen Fällen Forderungen von Gesellschaftern noch vor Insolvenzantragstellung bezahlt werden. § 135 InsO gibt dem Insolvenzverwalter daher die Möglichkeit, solche Zahlungen anzufechten[815].

§ 136 InsO, der eine Anfechtung von Rechtshandlungen ermöglicht, durch die einem **478** **stillen Gesellschafter** die Einlage ganz oder teilweise zurückgewährt oder sein Anteil an dem entstandenen Verlust ganz oder teilweise erlassen wird, ist i.Z.m. § 236 HGB zu sehen. Erfasst sind alle Vorgänge, die ein Jahr vor dem Zugang des Eröffnungsantrages beim Insolvenzgericht stattgefunden haben[816]. Ist der Eröffnungsgrund für das Insolvenzverfahren jedoch erst nach der Vereinbarung mit dem stillen Gesellschafter eingetreten, ist nach § 136 Abs. 2 InsO eine Anfechtung ausgeschlossen.

§ 137 InsO sieht für **Wechsel- und Scheckzahlungen** eine Anfechtung ggü. dem letzten **479** Regressschuldner vor, soweit die Wechsel- oder Scheckzahlung eine kongruente Befriedigung des Schuldners darstellt. Bei inkongruenter Deckung richtet sich die Anfechtung unabhängig von Regressansprüchen gegen den Gläubiger.

§ 141 InsO bestimmt, dass eine Anfechtung nicht dadurch ausgeschlossen ist, dass die **480** Rechtshandlung auf einem vollstreckbaren Schuldtitel oder einer Zwangsvollstreckungsmaßnahme beruht, weil das Vorliegen eines Titels offenlässt, auf welche Weise er erlangt worden ist.

§ 142 InsO schließt eine Anfechtung von **Bargeschäften,** also Geschäfte für die der **481** Schuldner unmittelbar eine gleichwertige Gegenleistung erhalten hat, aus[817], sofern das Bargeschäft nicht eine vorsätzliche Gläubigerbenachteiligung nach § 133 Abs. 1 InsO darstellt[818]. Der unmittelbare Leistungsaustausch erfordert einen engen zeitlichen Zusammenhang zwischen Leistung und Gegenleistung[819]. Die Obergrenze für diesen Zeitraum liegt bei 30 Tagen[820]. Ohne diese Regelung wäre der Schuldner faktisch vom Geschäftsverkehr ausgeschlossen[821].

§ 145 Abs. 1 InsO gibt die Möglichkeit der **Anfechtung** schließlich **gegen** den **Erben und** **482** einen anderen **Gesamtrechtsnachfolger**[822], womit insb. Verschmelzungen, Spaltungen und Vermögensübertragungen nach dem Umwandlungsgesetz[823] erfasst werden, aber

---

815 So *de Bra*, in: Braun, InsO[8], § 135, Rn. 2; BGH v. 21.02.2013, IX ZR 32/12, NZI, S. 308: Es kann auf die zum Eigenkapitalersatzrecht entwickelte Rechtsprechung zurückgegriffen werden.

816 *Dauernheim*, in: Wimmer u.a., Handbuch, Kap. 7, Rn. 144 ff.

817 BGH v. 29.11.2007, IX ZR 30/07, NZI 2008, S. 89 (93); BGH v. 23.09.2010, IX ZR 212/09, NZI, S. 897 (899): Es handelt sich dann um eine bloße Vermögensumschichtung; dazu auch *Dauernheim*, in: Wimmer u.a., Handbuch, Kap. 7, Rn. 48 ff.

818 *Ganter*, ZIP 2012, S. 2037.

819 *Ganter*, ZIP 2012, S. 2037 (2039 ff.); *Gehrlein*, S. 169, Rn. 28.

820 BGH v. 21.06.2007, IX ZR 231/04, NZI, S. 517 (521).

821 BT-Drs. 12/2443, S. 167; *Ganter*, ZIP 2012, S. 2037.

822 Vgl. *Hirte/Ede*, in: Uhlenbruck, InsO[15], § 145, Rn. 8.

823 Vgl. *Dauernheim*, in: FK-InsO[9], § 145, Rn. 4.

auch die Fortführung des Handelsgeschäfts unter der bisherigen Firma nach § 25 HGB[824].

483 Bei Formen der **Einzelrechtsnachfolge** lässt § 145 Abs. 2 InsO eine Anfechtung nur zu, wenn einer der dort in S. 1-3 genannten Anfechtungstatbestände erfüllt ist, nämlich

- nach § 145 Abs. 2 Nr. 1 InsO, wenn der Rechtsnachfolger zur Zeit des Erwerbs die Umstände kannte, die zu einer Anfechtung ggü. dem Rechtsvorgänger berechtigt hätten,
- nach § 145 Abs. 2 Nr. 2 InsO, wenn es sich bei dem Einzelrechtsnachfolger um eine nahestehende Person (§ 138 InsO) handelt, es sei denn, dass ihr die eine Anfechtung begründenden Umstände unbekannt waren,
- nach § 145 Abs. 2 Nr. 3 InsO, wenn dem Rechtsnachfolger das Erlangte unentgeltlich zugewandt worden ist.

484 Als **Rechtsfolge der Anfechtung** ist nach § 143 Abs. 1 S. 1 InsO dasjenige, was durch die anfechtbare Handlung aus dem Vermögen des Schuldners veräußert, weggegeben oder aufgegeben worden ist, **zur Insolvenzmasse zurückzugewähren**. Dieser sog. **Primäranspruch**[825] wird durch die in § 143 Abs. 1 S. 2 InsO genannten **Sekundäransprüche**[826] erweitert, wobei ggü. dem bisherigen Recht durch den Verweis auf das Bereicherungsrecht der §§ 812 ff. BGB nicht unerhebliche Änderungen bestehen: Nunmehr haftet der Anfechtungsgegner nach §§ 819, 818 Abs. 4, 292 Abs. 1, 989 BGB bei Unmöglichkeit der Rückgewähr nicht nur für verschuldete Unmöglichkeit[827]. Auch Nutzungen muss der Anfechtungsgegner zurückgewähren, und er hat überdies für die schuldhaft nicht gezogenen Nutzungen Schadensersatz zu leisten, auch wenn dies anders als beim Primäranspruch dazu führen kann, dass an die Masse mehr zurückzuführen ist, als wenn der Gegenstand in der Masse verblieben wäre[828].

485 Der Empfänger einer unentgeltlichen Leistung muss diese nach § 143 Abs. 2 S. 1 InsO nur zurückgewähren, soweit er durch sie bereichert ist[829]. Diese Beschränkung gilt nach § 143 Abs. 2 S. 2 InsO nicht, wenn der Insolvenzverwalter beweisen kann, dass der Empfänger entweder positive Kenntnis von einer Gläubigerbenachteiligung hatte oder aufgrund der Umstände die Gläubigerbenachteiligung hätte erkennen müssen. Der Empfänger haftet dann nach § 143 Abs. 1 InsO[830].

486 **Im Gegenzug** zur Rückgewährung **lebt** nach § 144 Abs. 1 InsO die **ursprüngliche Forderung des Anfechtungsgegners wieder auf**, und zwar mit derjenigen Rechtsqualität, die sie bei Verfahrenseröffnung gehabt hätte, also entweder als normale Insolvenzforderung oder als nachrangige Forderung[831]. Ist die Gegenleistung noch unterscheidbar in der Insolvenzmasse vorhanden oder ist die Masse um den Wert der Gegenleistung

---

824   Vgl. *Dauernheim*, in: FK-InsO[9], § 145, Rn. 4; vgl. *Hirte/Ede*, in: Uhlenbruck, InsO[15], § 145, Rn. 8.
825   Zum Primäranspruch: *Riggert*, in: Braun, InsO[8], § 143, Rn. 4.
826   Zum Sekundäranspruch: *Riggert*, in: Braun, InsO[8], § 143, Rn. 12.
827   *Dauernheim*, in: Wimmer u.a., Handbuch, Kap. 7, Rn. 182 ff.; *Dauernheim*, in: FK-InsO[9], § 143, Rn. 16, 21.
828   *Bassenge*, in: Palandt, BGB[80], § 987, Rn. 5, m.w.N. und Hinweis auf die (widerlegliche) Verschuldensvermutung gem. § 280 Abs. 1 S. 2 BGB; a.A. *Dauernheim*, in: FK-InsO[9], § 143, Rn. 25.
829   Zur Bereicherung: *Dauernheim*, in: FK-InsO[9], § 143, Rn. 32.
830   *Dauernheim*, in: FK-InsO[9], § 143, Rn. 33.
831   *Dauernheim*, in: FK-InsO[9], § 144, Rn. 3.

(noch) bereichert, nimmt der Anfechtungsgegner nach § 144 Abs. 2 InsO als Massegläubiger am Verfahren teil, andernfalls als normaler Insolvenzgläubiger[832].

Zum europäischen und internationalen Anfechtungsrecht, das im Zuge grenzüber-   **487**
schreitender Transaktionen mehr und mehr an Bedeutung gewinnen wird, vgl. Art. 4 Abs. 2 lit. m) EuInsVO bzw. § 339 InsO, wonach die Anfechtbarkeit grundsätzlich nach dem **Recht des Eröffnungsstaates** (lex fori concursus) zu beurteilen ist[833].

6. Besonderheiten bei der Insolvenz von Konzernunternehmen

Rechtlich wird eine Verbindung von mindestens zwei rechtlich selbstständigen Unter-   **488**
nehmen zu einem verbundenen Unternehmen i.S.d. § 15 ff AktG als Konzern bezeichnet. In der Regel entsteht ein Konzern durch einen Beherrschungsvertrag, durch Eingliederung in ein anderes Unternehmen oder durch den Erwerb einer Mehrheitsbeteiligung. Allen diesen Konstrukten ist gemein, dass die einzelnen Unternehmungen ihre rechtliche Selbstständigkeit behalten. Ein Konzern ist keine juristische Person[834].

Entsprechend dem Grundgedanken des § 11 gilt im deutschen Recht der Grundsatz: **489**
„Ein Rechtsträger – ein Vermögen – eine Insolvenz"[835]. Daraus ergibt sich zwingend, dass Konzerne als verbundene, aber rechtlich selbstständige Rechtsträger nicht als Einheit insolvenzfähig sein können. Die Diskussion um ein eigenständiges Konzerninsolvenzrecht reißt insb. infolge großer Konzerninsolvenzen nie ab. Darüber hinaus hat sich in der Praxis in der Vergangenheit auch gezeigt, dass eine einheitliche ökonomische Führung eines Konzerns in der Insolvenz durchaus sinnvoll wäre. Ein praktisches Bedürfnis nach einer konzerngerechten Abwicklung lässt sich nicht leugnen[836].

Schon das System des Cash-Pooling im Konzern lässt eine getrennte Behandlung der   **490**
einzelnen Rechtsträger in der Konzerninsolvenz nicht immer überzeugend zu. Andererseits gilt es zu bedenken, dass die Regelungen der Haftungsbegrenzung und der Haftungsseparierung sowie das komplexe System der Kapitalerhaltungsvorschriften durch eine konzerninsolvenzrechtliche Abwicklung nicht unterlaufen werden dürfen. Es wird daher auch in Zukunft kein einheitliches Konzerninsolvenzrecht geben können. Ein vom Verfahrensrecht vorgezeichneter Ausweg ist der Versuch, zu einem gemeinsamen Konzerninsolvenzgerichtsstand zu kommen.

Eine vom Gesetzgeber und von der Rechtswissenschaft intensiv diskutierte Frage ist, ob   **491**
es im Rahmen einer Konzerninsolvenz einen einheitlichen Gerichtsstand geben kann. Diese Frage ist im Grundsatz zu verneinen, weil ein Konzern keine einheitliche juristische Person und damit kein einheitliches Rechtssubjekt darstellt. Vielmehr ist es für den Konzern prägend, dass er eine Zusammenfügung verschiedener Rechtssubjekte darstellt. Insoweit gilt der Grundsatz, dass jede insolvenzfähige Person und jede insolvenzfähige Gemeinschaft ihren eigenen Insolvenzgerichtsstand hat. Davon getrennt zu betrachten ist, dass im Rahmen eines Konzerns verschiedene rechtlich unselbstständige Zweigniederlassungen oder Betriebe an unterschiedlichen Orten vorhanden sind. Hier

---

832   *Hirte/Ede*, in: Uhlenbruck, InsO[15], § 144, Rn. 11 u. 14; *Dauernheim*, in: FK-InsO[9], § 144, Rn. 4.
833   *Brinkmann*, in: Schmidt, K., InsO[19], EuInsVO Art. 4, Rn. 38; *Wenner/Schuster*, in: FK-InsO[9], § 339, Rn. 1; zu Einschränkungen der Anwendung des lex fori concursus: *Brinkmann*, in: Schmidt, K., InsO[19], § 339, Rn. 4 ff.
834   *Prütting*, in: Kübler/Prütting/Bork, InsO, § 11, Rn. 62.
835   *Hirte*, in: Uhlenbruck, InsO[15], § 11, Rn. 394; *Prütting*, in: Kübler/Prütting/Bork, InsO, § 11, Rn. 63.
836   *Prütting*, in: Kübler/Prütting/Bork, InsO, § 11, Rn. 63.

bestimmt sich die Zuständigkeit nach dem Sitz der Hauptverwaltung der Muttergesellschaft.

492 Das Problem eines einheitlichen Konzerngerichtsstandes kann letztlich nur der Gesetzgeber lösen. Solange dieser nicht tätig geworden ist, wird die Praxis stets versuchen, im Falle von Konzerninsolvenzen anhand der tatsächlichen Gegebenheiten möglichst zu einheitlichen Zuständigkeiten zu gelangen. Dies muss anhand von einzelnen Indizien und Kriterien näher entwickelt werden. Als solche Kriterien werden häufig der Ort des operativen Geschäfts, die Lage der Geschäftsbücher, der Ort des betrieblichen Rechnungswesens und Controllings, der Ort des Vertragsschlusses bei eigenen Vertragsbeziehungen, der Ort der Abwicklung des Zahlungsverkehrs, des Mahnwesens und der Gewährleistungen, das zuständige Finanzamt sowie der Ort der Ausstellung der Gewerbeerlaubnis genannt.

Beispiel 3:

Eine Abwägung dieser einzelnen Kriterien hat im Arcandor-Verfahren das AG Essen anhand des Gutachtens PLUTA vorgenommen[837], im sog. PIN-Verfahren hat das AG Köln eine vergleichbare Abwägung vorgenommen[838].

Bei einer Abwägung solcher einzelnen Indizien kann sicherlich der Gesichtspunkt der Konzernzugehörigkeit zusätzlich geprüft werden und ins Gewicht fallen. Jedenfalls zeigen die Entscheidungen des AG Köln und des AG Essen, dass sich Insolvenzgerichte trotz einer fehlenden rechtlichen Basis für ein Konzerninsolvenzrecht dem faktischen Bedürfnis nach einer koordinierten Bewältigung der einzelnen Konzerninsolvenzverfahren nicht verschließen[839].

493 Über den einheitlichen Gerichtsstand wird in der Praxis eine einheitliche Verwalterbestellung und damit ein abgestimmtes wirtschaftliches Vorgehen ermöglicht. Dem steht ggü., dass es Grenzen für die Erarbeitung eines gemeinsamen Gerichtsstandes gibt und geben muss. Selbst dort, wo ein gemeinsamer Gerichtsstand an einem großen Insolvenzgericht für den gesamten Konzern erreicht worden ist, kann die Praxis des Geschäftsverteilungsplanes dieses Gerichts dazu führen, dass unterschiedliche Insolvenzrichter zur Ernennung des Insolvenzverwalters berufen sind und sich keineswegs in allen Fällen auf einen einheitlichen Insolvenzverwalter einigen können und wollen[840].

494 Trotz langjähriger Diskussionen und Bemühungen im Bundesjustizministerium wird also in absehbarer Zeit kein einheitliches Konzerninsolvenzrecht zu erreichen sein. Selbst für die Schaffung eines einheitlichen Konzerninsolvenzgerichtsstandes wird man nicht ohne den Gesetzgeber auskommen können. Bis dies erfolgt ist, wird sich die Praxis weiterhin mit Bemühungen zur Erreichung einer gemeinsamen Zuständigkeit abfinden müssen[841].

---

837 AG Essen v. 01.09.2009, 166 IN 119/09, ZIP 2009, S. 1826.
838 AG Köln v. 01.02.2008, 73 IN 682/07, ZIP 2008, S. 982.
839 *Prütting*, in: Kübler/Prütting/Bork, InsO, § 3, Rn. 36.
840 *Prütting*, in: Kübler/Prütting/Bork, InsO, § 11, Rn. 63.
841 *Prütting*, in: Kübler/Prütting/Bork, InsO, § 11, Rn. 64.

7. Besonderheiten bei der Insolvenz der GmbH & Co. KG

Bei der Beurteilung der Insolvenzfähigkeit der zweigliedrigen GmbH & Co. KG sind drei **495** Fälle zu unterscheiden:

- die Insolvenz der KG,
- die Insolvenz der Komplementär-GmbH und
- die Insolvenz von KG und GmbH (sog. Simultaninsolvenz).

7.1 Insolvenz der Komplementär-GmbH

Wird die Komplementär-GmbH insolvent und das Verfahren über sie eröffnet, bevor **496** über einen ggf. auch gestellten Antrag der GmbH & Co. KG entschieden wurde, hat die KG keinen persönlich haftenden Gesellschafter mehr, da die GmbH gem. § 60 Abs. 1 Nr. 4 GmbHG oder § 60 Abs. 1 Nr. 5 GmbHG aufgelöst wurde und insolvente Gesellschafter gem. §§ 161 Abs. 2, 131 Abs. 3 Nr. 2 HGB ausscheiden. Die GmbH als Komplementärin scheidet jedoch erst mit ihrer Vollbeendigung (§ 74 GmbHG) und nicht schon mit ihrer Auflösung aus[842].

Der verbliebene Kommanditist wird Gesamtrechtsnachfolger der KG. Es wird ein Par- **497** tikularinsolvenzverfahren gem. §§ 315 ff., 354 ff. InsO analog durchgeführt[843], welches das Gesellschaftsinsolvenzverfahren ersetzt[844]. Dieses Insolvenzverfahren ist auf das Vermögen, das auf den Kommanditisten im Wege der Gesamtrechtsnachfolge überge-gangen ist, beschränkt[845]. Ein Universalinsolvenzverfahren über das Vermögen des Kommanditisten scheidet aus[846].

Daneben haftet der Kommanditist aufgrund der Nachhaftung persönlich gem. §§ 159 f. **498** HGB, jedoch beschränkt auf seine Kommanditeinlage gem. §§ 170 ff. HGB.

Die KG wird liquidationslos vollbeendigt, wie der BGH mit Urteil vom 15.03.2004 ent- **499** schieden hat[847]. Die Vollbeendigung ist dabei die Folge der Strukturierung der PersGes. im deutschen Recht, nach der eine Einmannpersonengesellschaft unzulässig ist[848]. In den Überschuldungsstatus der GmbH sind die Forderungen der KG gegen ihren per-sönlich haftenden Gesellschafter voll einzustellen[849].

Bei der GmbH & Co. KG liegen jedoch meist zeitgleich die Insolvenzeröffnungsgründe **500** für die KG und die GmbH vor, sodass sich die Frage der Insolvenzfähigkeit der KG unter diesem Gesichtspunkt parallel stellt.

---

842 *Krings/Otte*, NZG 2012, S. 761.
843 LG Dresden v. 07.03.2005, 5 T 889/04, ZInsO, S. 384; AG Hamburg v. 01.07.2005, 67a IN 143/05, ZInsO, S. 837.
844 *Bork/Jacoby*, ZGR 2005, S. 611 (642).
845 LG Dresden, ZInsO 2005, S. 384; AG Hamburg (Fn. 819), ZInsO 2005, S. 837.
846 BGH v. 15.03.2004, II ZR 247/01, DB, S. 1258; AG Dresden, ZInsO 2005, S. 384.
847 BGH, ZInsO 2004, S. 615; BGH v. 14.02.2005, II ZR 361/02; *Liebs*, ZIP 2002, S. 1716; *Hirte*, in: Uhlenbruck, InsO[15], § 11, Rn. 358; *Krings/Otte*, NZG 2012, S. 761 (764 f.).
848 BGH v. 13.07.1967, II ZR 268/64, BGHZ 48, S. 203 (206); BGH v. 10.07.1975, II ZR 154/72, BGHZ 65, S. 79 (82); BGH v. 10.12.1990, II ZR 256/89, BGHZ 113, S. 132.
849 *Hirte*, in: Uhlenbruck, InsO[15], § 11, Rn. 347; BGH v. 29.03.1973, II ZR 25/70, NJW, S. 1036 (1038); *Sudhoff*, NJW 1973, S. 1829 (1830).

7.2   Insolvenz der KG

501   Bei der Insolvenz der KG wird ein Insolvenzverfahren eröffnet und die KG gem. §§ 161 Abs. 2, 131 Abs. 1 Nr. 3 HGB aufgelöst[850]. Insolvenzgründe sind Zahlungsunfähigkeit gem. § 17 InsO, drohende Zahlungsunfähigkeit gem. § 18 InsO und, falls keine natürliche Person ein persönlich haftender Gesellschafter ist, auch die Überschuldung gem. § 15a Abs. 2 InsO.

502   Liegen bei der KG Insolvenzeröffnungsgründe vor, ist i.d.r. auch deren persönlich haftender Gesellschafter insolvent, u.U. auch allein deshalb, weil dieser Aufwendungsersatzansprüche nach § 110 HGB gegen die KG nicht mehr durchsetzen kann[851].

503   Wird jedoch das Verfahren der KG vor dem Insolvenzverfahren der Komplementär-GmbH eröffnet, ändert sich am Gesellschafterbestand nichts und über das Vermögen der KG kann das Insolvenzverfahren stattfinden[852].

7.3   Simultaninsolvenz

504   Sind die GmbH & Co. KG und die Komplementär GmbH gleichzeitig insolvent (Simultaninsolvenz), ist fraglich, ob für die KG ein Insolvenzverfahren eröffnet werden kann. Die KG wird durch das Insolvenzverfahren gem. §§ 161 Abs. 2, 131 Abs. 1 Nr. 3 HGB aufgelöst. Die GmbH wird ebenfalls gem. § 60 Abs. 1 Nr. 4 GmbHG aufgelöst und scheidet als Gesellschafter aus der KG gem. § 131 Abs. 3 Nr. 2 HGB aus.

505   Das Gesetz enthält keine Anhaltspunkte, dass eine Verbindung der Verfahren erfolgt, sodass zwei getrennte Insolvenzverfahren durchzuführen sind[853]. Zwar besteht ein gewisses Bedürfnis nach einem einheitlichen Unternehmensinsolvenzverfahren, allerdings lässt das Trennungsprinzip dies nicht zu[854].

506   Da das Ausscheiden des Komplementärs zur Vollbeendigung der KG führt, wäre die KG mangels Liquidation nicht insolvenzfähig[855]. Eine interessengerechte Lösung kann im Fall der gleichzeitigen Insolvenz daher nur erreicht werden, wenn die GmbH & Co. KG fortbesteht[856]. Wie das Fortbestehen der KG begründet werden kann, ist in der Rechtsprechung umstritten[857].

507   Im Ergebnis ist der Ansicht zuzustimmen, die eine teleologische Reduktion anwendet[858]. Die Gesetzesbegründung zur Einführung des § 131 Abs. 3 HGB, nach dem sich die Ge-

850   *Hirte*, in: Uhlenbruck, InsO[15], § 11, Rn. 358; *Nerlich*, in: Michalski, GmbHG[2], § 60, Rn. 219.

851   *Nerlich*, in: Michalski, GmbHG[2], § 60, Rn. 217; *Schmidt, K.*, GmbHR 2002, S. 1209 (1211).

852   *Schmittmann*, ZInsO 2005, S. 1314 (1315).

853   *Bitter*, in: Scholz, GmbHG[12], Vor § 64, Rn. 244; *Schmidt, K.*, GmbHR 2002, S. 1209 (1211).

854   *Schmidt, K.*, GmbHR 2002, S. 1209 (1211).

855   *Schmidt, K.*, in: MünchKomm. HGB[5], § 158, Anhang, Rn. 67: Die Insolvenz der persönlich haftenden Gesellschafterin (Komplementär-GmbH) führt in Fällen der Simultaninsolvenz nicht zu deren Ausscheiden aus der KG, insb. nicht zur Auflösung der zweigliedrigen GmbH & Co. KG.

856   *Albertus/Fischer*, ZInsO 2005, S. 246 (247).

857   BGH v. 15.03.2004, II ZR 247/01, 1. Leitsatz NZI 2005, S. 287/288: Verfahrenseröffnung über das Vermögen der Komplementär-GmbH mit einem einzigen Kommanditisten führt zum Ausscheiden der Komplementär-GmbH aus der KG mit der Folge ihrer liquidationslosen Vollbeendigung; OLG Hamm, v. 03.07.2003, 15 W 375/02, ZIP, S. 2264 f.: Simultaninsolvenz führt nicht zur Vollbeendigung der GmbH & Co. KG. Erst die vollständige Abwicklung bewirkt die Vollbeendigung. Als Reaktion auf BGH: Die liquidationslose Vollbeendigung der KG führt nach Ansicht des OLG nicht zu einer Beendigung des Insolvenzverfahrens über ihr Vermögen.

858   *Schmidt, K.*, GmbHR 2003, S. 1404 (1406); *Schmidt, K.*, in: MünchKomm. HGB[5], § 131, Rn. 76/76a.

sellschaft nicht auflöst, sondern nur der betroffene Gesellschafter ausscheidet, zeigt, dass eine Reduktion auch den Intentionen des Gesetzgebers am ehesten gerecht wird. Die Norm wurde 1998 geändert, um den Untergang zahlreicher Unternehmen zu verhindern[859]. Indem die Rechtsfolge des § 131 Abs. 3 Nr. 2 HGB im Fall der Insolvenz bei der zweigliedrigen GmbH & Co. KG nicht angewendet wird, wird verhindert, dass die KG ohne Insolvenzverfahren untergeht und die Insolvenzgläubiger nicht befriedigt werden. Somit ist die GmbH & Co. KG auch bei der Simultaninsolvenz insolvenzfähig[860].

7.4 Sonderfall: Überschuldung der GmbH & Co. KG

Bei der GmbH & Co. KG kommen die gleichen Grundsätze der Überschuldungsermittlung wie für alle anderen Unternehmen zur Anwendung. Aus dem Nebeneinander von persönlich haftender Komplementär-GmbH und KG ergibt sich indes, dass die Überschuldung **für die Komplementär-GmbH und die KG jeweils gesondert** zu prüfen ist[861]. **508**

Hinsichtlich der **Überschuldung der Komplementär-GmbH** ist zu beachten, dass ein Überschuldungsbetrag aus dem Überschuldungsstatus der KG in dem Überschuldungsstatus der Komplementär-GmbH aufgrund der Haftung der Komplementär-GmbH zu passivieren ist. Besteht bei der KG eine Überschuldung, ist der Insolvenzverwalter nach § 93 InsO berechtigt und auch verpflichtet, den Anspruch der KG gegen ihren persönlich haftenden Gesellschafter geltend zu machen[862]. Diese Einstandspflicht ist von der Komplementär-GmbH durch das Einstellen einer Verbindlichkeit, zumindest aber eine Rückstellung zu berücksichtigen[863]. Demzufolge führt eine Überschuldung bei der KG immer dann zu einer Überschuldung auch der Komplementär-GmbH, wenn deren werthaltiges Gesellschaftsvermögen[864] nicht ausreicht, den Überschuldungsbetrag der KG zu decken[865], was in der Praxis regelmäßig der Fall ist. **509**

Bei der Beurteilung einer **Überschuldung der KG** ist hinsichtlich der Bewertung von Ansprüchen ggü. der GmbH zu differenzieren: Einlagen, die die GmbH der KG noch schuldet, sind zu aktivieren, soweit sie voll werthaltig sind[866]. **510**

Die Haftung der GmbH ggü. den Gläubigern der KG stellt grundsätzlich keinen werthaltigen Aktivposten im Insolvenzstatus der KG dar, denn die GmbH haftet für Rechnung der KG und kann im Innenverhältnis Freistellung verlangen.

Es kann sich allerdings aus dem Innenverhältnis ergeben, dass die GmbH als Komplementärin ohne Regress haftet oder mit ihren Regressansprüchen hinter alle Gläubiger der KG zurücktritt. In diesem Fall kann die Komplementärhaftung im Status der KG aktiviert werden. Dies gilt aber nur, soweit der Anspruch realisierbar ist.

---

859 BGBl. I 1998, S. 42.

860 *Berner*, in: MünchKomm. GmbHG, § 60, Rn. 320.

861 *Mock*, in Uhlenbruck, InsO[15], § 19, Rn. 101; vgl. *Bitter*, in: Scholz, GmbHG[12], Vor § 64, Rn. 259.

862 *Uhlenbruck/Gundlach*, in: Gottwald/Haas, InsR-HB[66], § 6, Rn. 78.

863 *Mock*, in: Uhlenbruck, InsO[15], § 19, Rn. 104.

864 Dies ist z.B. immer dann fraglich, wenn die Komplementär-GmbH die bei ihr eingezahlten Einlagen als Darlehen der KG zur Verfügung gestellt hat und die KG wegen ihrer Krisenlage nicht zur Rückzahlung in der Lage ist.

865 *Mönning, in:* Nerlich/Römermann, InsO, § 19, Rn. 50; vgl. *Bitter*, in: Scholz, GmbHG[12], Vor § 64, Rn. 259.

866 *Bitter*, in: Scholz, GmbHG[12], Vor § 64, Rn. 259.

511   Auch die Praxis belegt in vielfältiger Weise, dass mit der Insolvenz der KG in der Regel die Insolvenz der – meist nur mit geringem Vermögen ausgestatteten – Komplementär-GmbH einhergeht[867].

8.   Internationales Insolvenzrecht

512   Mit der Globalisierung und Verflechtung der Wirtschaft wird die grenzüberschreitende Insolvenz vermehrt Bedeutung erlangen und damit auch Fragen des Internationalen Zivilverfahrensrechts (IZVR) und des Internationalen Privatrechts (IPR)[868]. Das IZVR regelt bei grenzüberschreitenden Sachverhalten die nationale Zuständigkeit und die Anerkennung und Vollstreckung ausländischer Entscheidungen[869]. Das IPR bestimmt, welches Recht welchen Staates bei grenzüberschreitenden Sachverhalten anzuwenden ist. Im Bereich der Unternehmensinsolvenz sind zwei Fragenkreise praktisch bedeutsam, nämlich

- welches **Gericht** welchen Staates (international) zuständig ist, welches **Insolvenzrecht** welchen Staates auf den grenzüberschreitenden Sachverhalt anzuwenden ist
- und welche Wirkungen die Eröffnung eines Insolvenzverfahrens
  - auf das Vermögen einer Gesellschaft mit Sitz in Deutschland auf deren im Ausland belegenes Vermögen, insb. die ausländischen Tochterunternehmen hat,
  - auf das Vermögen einer ausländischen Gesellschaft auf das in Deutschland belegene Vermögen, also insb. deren in Deutschland domizilierte Tochtergesellschaften hat.

513   Diese Fragen müssen in Insolvenzverfahren mit Auslandsbezug entschieden werden, weil das Territorialitätsprinzip, wonach auf jedes territoriale Teilvermögen das Recht des Staates anzuwenden ist, in dem das Teilvermögen liegt, nicht mehr als allgemein gültig anerkannt wird. Die meisten Rechtsordnungen, so auch die InsO in § 335, bekennen sich grundsätzlich zum **Universalitätsprinzip**, wonach sich die Wirkungen eines in einem Staat eröffneten Insolvenzverfahrens auch auf das Vermögen in anderen Staaten erstrecken[870]. Hieraus ergeben sich dann je nach nationalstaatlicher Ausprägung dieser Prinzipien entweder Fälle reibungslosen Ineinandergreifens, nämlich wenn beide Rechtsordnungen sich zum gleichen Prinzip bekennen, oder höchster Konfliktträchtigkeit, nämlich wenn die Rechtsordnung des Eröffnungsstaates dem Universalitätsprinzip, die andere Rechtsordnung aber in einer bestimmten Frage dem **Territorialitätsprinzip** folgt und sich damit beide auf die alleinige Maßgeblichkeit ihres nationalstaatlichen Rechts berufen.

514   Welche Regeln einschlägig sind, hängt davon ab, zu welchem fremden Staat eine Beziehung besteht. Besteht ein Auslandsbezug zu einem **EU-Mitgliedstaat** (mit Ausnahme Dänemarks), ergibt sich die internationale Zuständigkeit aus Art. 3 Verordnung (EG) Nr. 2015/848 vom 20.05.2015 über Insolvenzverfahren (Europäische Insolvenzver-

---

867   Vgl. *Mönning*, in: Nerlich/Römermann, InsO, § 19, Rn. 50.
868   *Reinhart*, in: MünchKomm. InsO⁴, Vor §§ 335 ff. InsO, Rn. 23 f; Zum Internationalen Insolvenzrecht vgl. *Kolmann/Ch. Keller*, Gottwald/Haas, InsR-HB, Kap. XIV; *Paulus*, in: Kübler/Prütting/Bork, InsO, § 335 ff.; *Madaus*, in: Kübler/Prütting/Bork, InsO, Kommentierung EuInsVO; *Mankowski*, in: Kölner Schrift³, *Voigt-Salus*, in: Pape/Uhlenbruck/Voigt-Salus, Kap. 48, Rn. 2; S. 1470 ff.
869   *Voigt-Salus*, in: Pape/Uhlenbruck/Voigt-Salus, Kap. 48, Rn. 2.
870   Ausführlich zum Territorialitäts- und Universalitätsprinzip: *Reinhart*, in: MünchKomm. InsO⁴, Vor §§ 335 ff., Rn. 19 ff.

ordnung, EuInsVO) i.V.m. den deutschen Durchführungsregeln im Einführungsgesetz zur InsO (Art. 102c §§ 1 ff. EGInsO).

Die EU-Verordnung unterscheidet das **Hauptinsolvenzverfahren** und das **Partikular-** **515** bzw. **Sekundärinsolvenzverfahren.** Während das Hauptinsolvenzverfahren universelle Wirkung entfaltet, sind die Wirkungen des Sekundärinsolvenzverfahrens[871] auf das im jeweiligen Staatsgebiet belegene Vermögen des Schuldners beschränkt. Ein Sekundärinsolvenzverfahren ist im Geltungsbereich der EuInsVO nur zulässig, wenn der Schuldner im Inland eine Niederlassung hat. Inländisches Vermögen allein reicht nicht aus[872]. Die Qualifizierung als Niederlassung setzt kumulativ den Einsatz von Vermögen und Personal zu geschäftlichen Zwecken voraus.

> **! Hinweis 9:**
>
> Es müssen nicht zwingend eigene Arbeitnehmer des Schuldners zum Einsatz kommen, wohl aber Personen, die von ihm beauftragt wurden und nach außen erkennbar für ihn tätig sind[873].

Das Partikularverfahren ist ein Parallelverfahren, das eröffnet werden kann, wenn noch kein Hauptinsolvenzverfahren eröffnet wurde und der Schuldner seinen COMI (Centre of Main Interest) in einem anderen Mitgliedsstaat hat. Je nach Stand dieses Verfahrens ist es ggf. nach Maßgabe von Art. 36, 37 EuInsVO in ein Sekundärverfahren überzuleiten, sobald das Hauptinsolvenzverfahren eröffnet wurde[874].

Für die Eröffnung des Hauptinsolvenzverfahrens sind nach Art. 3 Abs. 1 EuInsVO die **516** Gerichte des Mitgliedstaats zuständig, in dessen Gebiet der Schuldner den **Mittelpunkt seiner hauptsächlichen Interessen** hat (COMI)[875].

Für Gesellschaften und juristische Personen legt Art. 3 Abs. 1 S. 2 EuInsVO fest, dass bis **517** zum Beweis des Gegenteils vermutet wird, dass dieser **Mittelpunkt der Ort des** satzungsmäßigen **Sitzes** ist[876]. Damit soll für den Regelfall ein Gleichlauf zwischen Gesellschaftsstatut und angewandtem Insolvenzrecht erreicht werden[877].

Für sog. **Briefkastenfirmen** ist ein Hauptinsolvenzverfahren im Gründungsstaat nicht **518** sinnvoll und die gesetzliche Vermutung muss entkräftet werden, da sich das Vermögen in einem anderen Staat befindet und damit das Gericht mit der größeren Sachnähe zuständig sein sollte.

---

871 Ausführlich zum Sekundärinsolvenzverfahren: *Pleister*/Theusinger, in: Kübler, HRI, § 51, Rn. 23-26a; *Smid*, ZInsO 2013, S. 953; *Reinhart*, in: MünchKomm. InsO[4], § 356.

872 BGH v. 21.12.2010, IX ZB 227/09, NZI 2011, 120; *Madaus*, in: Kübler/Prütting/Bork, EuInsVO 2015, Art. 3, Rn. 48.

873 BGH v. 21.06.2012, IX ZB 287/11, NZI, S. 725; *Gehrlein*, S. 17, Rn. 23; *Kayser*, ZIP 2013, S. 1353 (1354).

874 Vgl. *Pleister/Theusinger*, in: Kübler, HRI, § 51, Rn. 28; *Kindler*, in: Kindler/Nachmann/Bitzer, Handbuch Insolvenzrecht in Europa, § 2, Rn. 11.

875 BGH v. 01.12.2011, IX ZB 232/10, ZInsO 2012, S. 143 (144); *Thole*, in: MünchKomm. InsO[4], VO EU, Art. 3, Rn. 11; *Kindler*, in: Kindler/Nachmann/Bitzer, Handbuch Insolvenzrecht in Europa, § 2, Rn. 12.

876 Vgl. *Knof*, in: InsO: EuInsVO, Art. 3 Rn. 23 *Kindler*, in: Kindler/Nachmann/Bitzer, Handbuch Insolvenzrecht in Europa, § 2, Rn. 12, 13; *Kayser*, ZIP 2013, S. 1353.

877 Nach der Gründungstheorie folgt aus dem Satzungssitz das Gesellschaftsstatut; nach Art. 4 EuInsVO ist grundsätzlich das Insolvenzrecht des Staates der Verfahrenseröffnung anzuwenden, vgl. *Knof*, in: InsO: EuInsVO, Art. 3 Rn. 37 f.; *Kindler*, in: Kindler/Nachmann/Bitzer, Handbuch Insolvenzrecht in Europa, § 2, Rn. 23.

519   Bei **Konzerninsolvenzen** muss die gesetzliche Vermutung entkräftet werden, wenn die Insolvenzverfahren der ausländischen Tochtergesellschaften bei dem für die Muttergesellschaft zuständigen Insolvenzgericht eröffnet werden sollen. Wenn die Gesellschaft im Staat des satzungsmäßigen Sitzes tatsächlich wirtschaftlich tätig ist, genügt es hierfür nicht, dass die wirtschaftlichen Entscheidungen tatsächlich von der Muttergesellschaft kontrolliert werden[878], es bedarf zusätzlicher objektiver und für Dritte feststellbarer Anhaltspunkte[879]. Das ist bspw. dann der Fall, wenn eine Gesellschaft aus der Perspektive der Gläubiger am satzungsmäßigen Sitz keiner Tätigkeit nachgeht[880]. Welche organisatorischen und nach außen erkennbaren Rahmenbedingungen ansonsten hinreichend sind, um den Interessenmittelpunkt der Tochtergesellschaft nicht auf den satzungsmäßigen Sitz zu legen, wird noch von der Rechtsprechung konkretisiert werden müssen. Wenn der EuGH die tatsächliche Entscheidungsfindung nicht anerkennt, wird auch das bloße Vertrauen, die Konzernmutter werde auf ihre Reputation bedacht sein und deshalb die Tochter finanziell unterstützen, nicht genügen. Nach einer Auffassung sollen Garantien, Patronatserklärungen der Konzernmutter oder, den Gläubigern bekannte konzernrechtliche Verlustübernahmepflichten, eine hinreichende Grundlage bilden. Nach anderer Auffassung ist eine Gesamtabwägung vorzunehmen. Im Ergebnis wirken sich die Unbestimmtheit der Kriterien und die Grenzen der Auslegung nicht mehr aus, wenn das angerufene Gericht das Verfahren eröffnet hat, da der EuGH entschied, dass Art. 16 Abs. 1 EuInsVO dahingehend auszulegen sei, dass das von einem Gericht eines Mitgliedstaats eröffnete Hauptinsolvenzverfahren von den Gerichten der übrigen Mitgliedstaaten anzuerkennen ist, ohne dass diese die Zuständigkeit des Gerichts des Eröffnungsstaats überprüfen können[881].

520   In Mitgliedstaaten, in denen der Schuldner nicht sein COMI, aber Niederlassungen hat, können gem. Art. 3 Abs. 2 EuInsVO ebenfalls Insolvenzverfahren eröffnet werden. Die Wirkungen dieser Verfahren sind dann jedoch allein auf das Gebiet des Staates der Niederlassung beschränkt[882]. Jedes später das Hauptinsolvenzverfahren eröffnete Verfahren ist nach Art. 3 Abs. 3 S. 1 EuInsVO ein Sekundärinsolvenzverfahren. Vor dem Hauptverfahren kann ein territorial begrenztes, sog. Partikularinsolvenzverfahren nur unter den Voraussetzungen von Art. 3 Abs. 2, 4 EuInsVO eröffnet werden[883]. Der Unterschied zum Sekundärverfahren liegt darin, dass nur beim Sekundärverfahren die

878   EuGH, Rs. C-341/04, Eurofood IFSC Ltd („Eurofood"), BB 2006, S. 1762 (1767); dazu *Haarmeyer/Frind*, S. 110.

879   Vgl. *Vallender/Zipperer*, in: Vallender, EuInsVO, Art. 3, Rn. 16 f.

880   EuGH v. 21.01.2010, C-444/07, NZI, S. 158.

881   EuGH, Rs. C-341/04, Eurofood IFSC Ltd („Eurofood"), Rn. 42, BB 2006, S. 1762 ff. In der Literatur wird im Hinblick auf den Wortlaut des Art. 16 EuInsVO die Auffassung vertreten, dass jenes Gericht, das eine Entscheidung anerkennen soll, stets die Zuständigkeit des Erstgerichts prüfen können müsste, *Mankowski*, BB 2006, S. 1753 (1756). Der EuGH lässt eine Anerkennungsverweigerung nur im Rahmen von Art. 26 EuInsVO (Ordre-Public-Klausel) zu. Er will die Rechtsprechungsgrundsätze aus dem Urteil vom 28.03.2000 in Rs. C-7/98, Slg. 2000, I-1935 (Krombach) zu Art. 27 EuGVÜ auch hier anwenden und lässt damit nur offensichtliche Verletzungen wesentlicher Rechtsnormen oder grundlegender Rechte als Verweigerungsgründe zu, EuGH, Eurofood IFSC Ltd („Eurofood"), Rn. 63 ff., a.a.O.

882   *Madaus*, in: Kübler/Prütting/Bork, InsO, Band IV, EuInsVO, Artikel 4, Rn. 45; BGH v. 21.12.2010, IX ZB 227/09, NZI 2011, S. 120: Ein Sekundärverfahren ist im Geltungsbereich der EuInsVO nur zulässig, wenn der Schuldner eine Niederlassung hat, inländisches Vermögen allein reicht – anders als bei § 354 InsO – nicht aus (vgl. *Gehrlein*, Rn. 23).

883   *Haarmeyer/Frind*, S. 112; *Madaus*, in: Kübler/Prütting/Bork, EuInsVO 2015, Art. 3, Rn. 46 ff.

Prüfung von Eröffnungsgründen nach Maßgabe des Art. 34 S. 1 EuInsVO entfällt, weil mit der begriffsnotwendig vorher erfolgten Eröffnung des Hauptinsolvenzverfahrens ein Insolvenzgrund bereits im Ausland festgestellt wurde[884]. Nach dem Wegfall des Art. 3 Abs. 3 S. 2 EuInsVO 2000 ist es unerheblich, welcher Art das Sekundärinsolvenzverfahren ist; es muss sich nicht mehr ausschließlich um ein Liquidationsverfahren handeln[885]. Das **Partikularverfahren** kann ein Liquidations- oder Sanierungsverfahren sein. Wird während der Durchführung das Hauptinsolvenzverfahren eröffnet, wird das Partikularverfahren als Sekundärinsolvenzverfahren fortgeführt. Der bis zur Reform erforderliche Antrag des Verwalters nach Art. 37 EuInsVO a.F. ist gem. Art. 50 nicht mehr erforderlich[886].

Werden Anträge auf Verfahrenseröffnung für eine Gesellschaft bei Gerichten in verschiedenen Mitgliedstaaten gestellt und von diesen Gerichten jeweils als Antrag auf Eröffnung eines Hauptinsolvenzverfahrens behandelt[887], muss entschieden werden, welches der Verfahren **Hauptverfahren** (mit grundsätzlich universeller Wirkung) und welches **Sekundärverfahren** (mit territorial begrenzter Wirkung) wird. Hierfür kommt es auf den Zeitpunkt der Eröffnung an, der gem. Art. 19 Abs. 1 EuInsVO in allen Mitgliedstaaten anzuerkennen ist, sobald die Eröffnung im Eröffnungsstaat wirksam ist. Der EuGH folgt einer autonomen Auslegung mit dem erklärten Ziel, die Zuständigkeitsklärung in der Praxis zu beschleunigen und zu vereinfachen[888]. Rückwirkungsfiktionen des nationalen Rechts, die die Eröffnungswirkung bspw. auf den Tag der Antragstellung rückwirken lassen, sind deshalb unbeachtlich[889]. Eine Verfahrenseröffnung i.S.d. Verordnung liegt vor, wenn sie den Vermögensbeschlag des Schuldners zur Folge hat, d.h. der Schuldner die Befugnisse zur Verwaltung seines Vermögens verliert, und durch sie ein in Anhang C der Verordnung genannter Verwalter bestellt wird[890]. Art. 19 Abs. 1 EuInsVO ist nach dem europarechtlichen Grundsatz des gegenseitigen Vertrauens ungeachtet des Verweises auf Art. 3 EuInsVO so zu verstehen, dass die Zuständigkeit des Gerichtes des Eröffnungsstaates nicht überprüft werden kann[891]. In erster Linie sind hier Rechtsmittel im Eröffnungsstaat auszuschöpfen, der in Art. 33 EuInsVO geregelte Ordre-Public-Vorbehalt ist subsidiär und überdies eine Ermessensvorschrift[892].

In Deutschland ist gem. den Vorschriften zur Durchführung der EuInsVO in Art. 102c § 2 Abs. 1 S. 1 EGInsO, ein Antrag auf Eröffnung eines zweiten Hauptinsolvenzverfahrens von Amts wegen als unzulässig zurückzuweisen[893]. Für Gerichte anderer Mitgliedstaaten stellt sich die Frage, ob auch die Einsetzung eines sog. „schwachen" vorläufigen Insolvenzverwalters in Deutschland die Prioritätswirkung auslöst[894], ob es

521

522

---

884 *Thole,* in: MünchKomm. InsO[4], VO EU, Art. 3, Rn. 107.

885 *Knof,* in: InsO: EuInsVO, Art. 3, Rn. 91, *Thole,* in: MünchKomm. InsO[4], VO EU, Art. 3, Rn. 100.

886 *Knof,* in: InsO: EuInsVO, Art. 3 Rn. 98 f.

887 Beispielsweise am Sitz der inländischen Tochter- und der ausländischen Muttergesellschaft.

888 EuGH, Rs. C-341/04, Eurofood IFSC Ltd („Eurofood"), BB 2006, S. 1762 ff., Rn. 52 f.; *Thole,* in: Münch-Komm. InsO[4], InsO VO EU, Art. 3, Rn. 78; *Madaus,* in: Kübler/Prütting/Bork, EuInsVO 2015, Art. 3, Rn. 43.

889 *Mankowski,* BB 2006, S. 1753 (1757).

890 EuGH, Rs. C-341/04, Eurofood IFSC Ltd („Eurofood"), BB 2006, S. 1762 ff., Rn. 54.

891 EuGH, Rs. C-341/04, Eurofood IFSC Ltd („Eurofood"), BB 2006, S. 1762 ff..

892 Vgl. *Thole,* in: MünchKomm. InsO[4],VO EU, Art. 19, Rn. 1.

893 *Knof,* in: InsO: EuInsVO, Art. 3, Rn. 84.

894 In diesem Sinne *Mankowski,* BB 2006, S. 1753 (1758).

hierfür eines sog. „starken" Insolvenzverwalters bedarf[895] oder ob die Eröffnung eines vorläufigen Verfahrens genügt[896].

523 Ausschließlich deutsches Recht kommt zur Anwendung, wenn die Europäische Insolvenzverordnung nicht einschlägig ist. Fehlt hier eine ausdrückliche Regelung, ergibt sich die internationale Zuständigkeit deutscher Gerichte aus einer analogen Anwendung der Regeln über die örtliche Zuständigkeit. Die entsprechenden Vorschriften sind dann insoweit doppelfunktional. Vorrangig zuständig ist danach das Insolvenzgericht an dem Ort, an dem der Schuldner den Mittelpunkt seiner selbstständigen wirtschaftlichen Tätigkeit hat (§ 3 Abs. 1 S. 2 InsO)[897]. Hat der Schuldner mehrere Niederlassungen, kommt es bei der Bestimmung der Hauptniederlassung (Verwaltungssitz) auf die tatsächlichen Verhältnisse der nach außen erkennbaren Geschäftstätigkeit an, die Eintragung des Sitzes im HR begründet lediglich eine widerlegliche Vermutung[898].

524 Liegt der so gefundene **Mittelpunkt im Ausland**, sind deutsche Gerichte auch dann nicht zuständig, wenn der Schuldner seinen allgemeinen Gerichtsstand nach § 3 Abs. 1 S. 1, § 4 InsO i.V.m. §§ 12 ff. ZPO in Deutschland hat[899].

525 Sind nach § 3 Abs. 1 InsO mehrere inländische Insolvenzgerichte zuständig (z.B. bei Ausübung mehrerer selbstständiger wirtschaftlicher Tätigkeiten an verschiedenen Orten), wird nach § 3 Abs. 2 InsO das Gericht ausschließlich zuständig, bei dem zuerst der Antrag gestellt wird (sog. Priorität)[900].

526 Ist das Gericht aufgrund der EuInsVO zuständig, bestimmt sich auch das anzuwendende Insolvenzrecht nach der EuInsVO. Die Verordnung legt in Art. 7-18 EuInsVO einheitliche Kollisionsnormen fest. Art. 7 EUInsVO formuliert den Grundsatz, dass für das Insolvenzverfahren und seine Wirkung das Insolvenzrecht des Mitgliedstaates gilt, in dem das Verfahren eröffnet wird. Dies gilt gleichermaßen für das Hauptverfahren, das Sekundärverfahren sowie für unabhängige Partikularverfahren[901]. Für das Verfahren nach Art. 3 Abs. 1 EUInsVO, also das Hauptinsolvenzverfahren, gilt das Universalitätsprinzip[902]: Art. 19 Abs. 1 EuInsVO ordnet an, dass die Eröffnung eines solchen Verfahrens ohne weitere Förmlichkeiten in jedem anderen Mitgliedstaat die Wirkungen entfaltet, die es im Eröffnungsstaat entfaltet. Dies gilt allerdings nur vorbehaltlich in der EuInsVO geregelter Ausnahmen und nur, solange in dem anderen Mitgliedstaat kein Verfahren nach Art. 3 Abs. 2 EuInsVO, also kein Sekundärinsolvenzverfahren, eröffnet wurde. Art. 19 Abs. 2 EUInsVO stellt klar, dass die automatische Anerkennung des Hauptinsolvenzverfahrens der Eröffnung eines Sekundärinsolvenzverfahrens nicht entgegensteht[903].

527 Die Wirkungen von Sekundärverfahren sind gem. Art. 3 Abs. 2 S. 2 EuInsVO dem Territorialprinzip entsprechend auf das Vermögen im Gebiet des Staates beschränkt und dürfen wegen der diesbezüglichen Anordnung in Art. 19 Abs. 2 EuInsVO in anderen

---

895 *Paulus*, NZG 2006, S. 609 (613).
896 Restriktiv *Smid*, DZWIR 2006, S. 325 (329).
897 *Kolmann/Ch. Keller*, Gottwald/Haas, InsR-HB, Kap. XIV, § 132, Rn. 30 ff.
898 *Vallender/Zipperer,* in: Vallender, EuInsVO, Art. 3, Rn. 23.
899 *Andres*, in: Andres/Leithaus, InsO[4], § 3, Rn. 2.
900 *Baumert*, in: Braun InsO[7], § 3, Rn. 2.
901 *Reinhart*, in: MünchKomm. InsO[4], Band 4, Art. 7, Rn. 1.
902 *Skauradszun*, in: Kübler/Prütting/Bork, InsO, EuInsVO, Art. 19, Rn. 1.
903 *Skauradszun*, in: Kübler/Prütting/Bork, InsO, EuInsVO, Art. 19, Rn. 3.

Mitgliedstaaten vorbehaltlich von Ordre-Public-Erwägungen im Rahmen von Art. 33 EuInsVO[904] nicht infrage gestellt werden[905]. Soll das Sekundärverfahren Wirkungen auch in anderen Mitgliedstaaten entfalten, bedarf es nach Art. 17 Abs. 2 S. 2 EUInsVO der Zustimmung der davon betroffenen Gläubiger[906].

Art. 4 Abs. 2 EuInsVO konkretisiert, welche Sachverhalte dem Recht des Er- **528** öffnungsstaats unterfallen. Allgemein betrifft das die Voraussetzungen der Eröffnung, Durchführung und Beendigung. Besonders hervorgehoben werden in Abs. 2a)-m) u.a. die Befugnisse von Schuldner und Verwalter, Fragen der Massezugehörigkeit und -anreicherung, Gläubigerrechte nach Verfahrensende und die Insolvenzanfechtung.

In Art. 8-18 EUInsVO sind bestimmte Vermögensgegenstände, die sich im Ausland be- **529** finden, und bestimmte Sachverhalte von dieser generellen Regel ausgenommen, zum Teil wird direkt das ausländische Recht für anwendbar erklärt.

Dingliche Rechte Dritter an beweglichen oder unbeweglichen, körperlichen oder un- **530** körperlichen Gegenständen, die sich bei Eröffnung des Hauptinsolvenzverfahrens in einem anderen Mitgliedstaat befinden, werden gem. Art. 8 Abs. 1 EuInsVO[907] von der Eröffnung nicht berührt[908]. Bei Art. 8 handelt es sich um eine Sachnorm, nicht um eine Kollisionsnorm. Der Anordnung des Art. 8 folgend, wonach das dingliche Recht von der Eröffnung des Insolvenzverfahrens unberührt bleibt, wird mittelbar auch das Eingreifen des Rechts des Staates, in dem der dingliche Gegenstand belegen ist, geregelt[909]. Die Verordnung beruht auf der Annahme, dass Entstehung, Bestehen und Umfang der dinglichen Rechte generell nach dem Recht des Belegenheitsorts (lex rei sitae) zu beurteilen sind[910].

Die Behandlung des Eigentumsvorbehalts für im Ausland befindliche Sachen ist nicht **531** von Art. 8 EUInsVO erfasst, sondern in Art. 10 EUInsVO[911] geregelt. Nach h.M. umfasst Art. 10 nur den einfachen Eigentumsvorbehalt, die Sonderformen des verlängerten und erweiterten Eigentumsvorbehalt fallen unter Art. 8.[912] Hat der insolvente Käufer den Gegenstand vor Verfahrenseröffnung ins EU-Ausland verbracht, erleidet der Verkäufer keinen Rechtsverlust durch die Verfahrenseröffnung (Art. 10 Abs. 1 EUInsVO), auch wenn das Recht des Belegenheitsorts etwas anderes regelt. Wird hingegen über den Verkäufer einer Sache nach Lieferung ins EU-Ausland ein Insolvenzverfahren eröffnet, kann der Käufer wie vereinbart Eigentümer werden, wenn er den Vertrag seinerseits erfüllt (Art. 10 Abs. 1 EUInsVO).[913] Diese Regelung entspricht insoweit § 107 InsO.

---

904 Zum Ordre-Public: *Skauradszun*, in: Kübler/Prütting/Bork, InsO, EuInsVO, Art. 33.
905 *Skauradszun*, in: Kübler/Prütting/Bork, InsO, EuInsVO, Art. 19, Rn. 19 f.
906 *Skauradszun*, in: Kübler/Prütting/Bork, InsO, EuInsVO, Art. 20, Rn. 21.
907 Art. 8 hat im Rahmen der Überarbeitung lediglich redaktionelle Änderungen erfahren und entspricht im Übrigen Art. 5 a.F.
908 *Bork*, in: Kübler/Prütting/Bork, InsO, EuInsVO, Art. 8, Rn. 1.
909 *Bork*, in: Kübler/Prütting/Bork, InsO, EuInsVO, Art. 8, Rn. 6.
910 *Bork*, in: Kübler/Prütting/Bork, InsO, EuInsVO, Art. 8, Rn. 12.
911 Art. 10 hat im Rahmen der Überarbeitung lediglich redaktionelle Änderungen erfahren und entspricht der Vorgängerregelung Art. 7 a.F.
912 *Knof*, in: Uhlenbruck, InsO[15], EuInsVO, Art. 10, Rn. 6; *Bork*, in: Kübler/Prütting/Bork, InsO, EuInsVO, Art. 10, Rn. 4.
913 Vgl. *Bork*, in: Kübler/Prütting/Bork, InsO, EuInsVO, Art. 10, Rn. 7 ff.; *Knof*, in: Uhlenbruck, InsO[15], EuInsVO, Art. 10, Rn. 17 ff.

Ebenfalls einer Sonderanknüpfung unterworfen sind Verträge über einen beweglichen Gegenstand.

532   Ergänzend zu Art. 8 EUInsVO, der dingliche Rechte an solchen Gegenständen regelmäßig dem Recht des Belegenheitsortes unterstellt, bestimmt Art. 11 EUInsVO[914], dass obligatorische Rechte ausschließlich dem Recht des Belegenheitsmitgliedstaates unterliegen[915]. Dies gilt allerdings nur, soweit es um Erwerb oder Nutzung geht; Sicherungsrechte an einem unbeweglichen Gegenstand sind von der Sonderanknüpfung nicht erfasst.

533   Art. 9 EUInsVO[916] privilegiert die Aufrechnung, sofern die gegenseitigen Forderungen vor Verfahrenseröffnung entstanden sind. Ist die Aufrechnung ohnehin nach dem Recht des Eröffnungsstaats erlaubt, bleibt diese weiterhin nach Art. 7 EuInsVO möglich. Erlaubt das Recht, dem die Forderung des Insolvenzschuldners kraft Gesetzes oder vertraglicher Rechtswahl unterliegt, eine Aufrechnung auch im Insolvenzfall, kann der Gläubiger des Insolvenzschuldners die Aufrechnung unter Berufung auf Art. 9 Abs. 1 EuInsVO bewirken. Eine Anfechtung wegen Benachteiligung der übrigen Gläubiger bleibt dennoch möglich, wie Art. 9 Abs. 2 EUInsVO klarstellt.

534   Für Glattstellungsverträge und Nettingvereinbarungen sowie für Wertpapierabwicklungssysteme bemessen sich die Wirkungen des Insolvenzverfahrens und etwaige Nichtigkeit, Anfechtbarkeit oder relative Unwirksamkeit gem. Art. 12[917] ausschließlich nach dem Insolvenzrecht des Mitgliedstaates, dem das betreffende System unterliegt[918]. Die praktische Relevanz des Art. 12 wird durch Art. 1 Abs. 2 erheblich gemindert, was daran liegt, dass typische Teilnehmer an Zahlungs- und Abwicklungssystemen Kreditinstitute und Wertpapierdienstleistungsunternehmen sind, die jedoch nach Art. 1 Abs. 2 vom persönlichen Anwendungsbereich der EuInsVO ausgenommen werden[919].

535   Eine ebensolche Parallelität von Vertragsstatut und anwendbarem Insolvenzrecht, ungeachtet des auf das Insolvenzverfahren im Übrigen anwendbaren Rechts, statuiert Art. 13 EuInsVO[920] für den Arbeitsvertrag. Er schützt damit den Arbeitnehmer aus sozialpolitischen Gründen vor der Anwendung ausländischen Rechts. Mit dem neu eingefügten Abs. 2 soll die Kompetenzlücke geschlossen werden, die bei Beendigung oder Änderung eines Arbeitsverhältnisses entsteht, sofern die Beendigung oder Änderung einer gerichtlichen oder behördlichen Zustimmung bedarf, eine solche Regelung im Mitgliedstaat der Verfahrenseröffnung im Gegensatz zum Mitgliedstaat des Arbeitsortes aber nicht vorgesehen ist[921].

---

914   Art. 11 Abs. 1 blieb im Zuge der Überarbeitung mit Ausnahme sprachlicher Modifizierungen unverändert und entspricht Art. 8 a.F. Neu eingefügt wurde Art. 11 Abs. 2, wobei es sich um eine Regelung der internationalen Zuständigkeit handelt.

915   *Bork*, in: Kübler/Prütting/Bork, InsO, EuInsVO, Art. 11, Rn. 2.

916   Art. 9 entspricht Art. 6 a.F.

917   Art. 12 entspricht mit Ausnahme der aktualisierten Querverweise Art. 9 a.F.

918   *Bork*, in: Kübler/Prütting/Bork, InsO, EuInsVO, Art. 12, Rn. 13.

919   Vgl. zum erweiterten Umfang dieses Schutzes durch Umsetzung von EU-Richtlinien *Wenner/Schuster*, in: FK-InsO[9], Anh. 1 nach § 358.

920   Im Zuge des Reformprozesses ist Art. 13 Abs. 1 unverändert geblieben und entspricht Art. 10 a.F. Neu eingefügt wurde Abs. 2, der sich mit der Zuständigkeit für die Erteilung erforderlicher Zustimmungen zur Beendigung oder Änderung von Arbeitsverträgen befasst.

921   *Bork*, in: Kübler/Prütting/Bork, InsO, EuInsVO, Art. 13, Rn. 16.

Rechte des Schuldners an **unbeweglichen Gegenständen** – hierzu zählen auch Patente, **536** Sicherheiten, Schiffe und Luftfahrzeuge – unterliegen dem Recht des EU-Mitgliedstaates, in dem das jeweilige Register geführt wird. Insbesondere der Eintragungsfähigkeit und der Reichweite von Insolvenzwirkungen in Bezug auf eintragungsfähige Schuldnerrechte sind insoweit durch Art. 14 EuInsVO [922]Grenzen gesetzt. Auch die Wirksamkeit von Veräußerungen solcher Gegenstände unterliegt dem Recht des Registerstaates. Etwaige (Dritt-)Erwerber sind gem. Art. 17 EUInsVO nach Maßgabe des Insolvenzrechts des Registerstaates geschützt, sofern sie die unbeweglichen Gegenstände entgeltlich erworben haben[923].

Hinsichtlich der Wirkungen der Eröffnung eines Hauptinsolvenzverfahrens auf andere **537** gerichtliche Verfahren ist zu differenzieren:

• Einzelzwangsvollstreckungsverfahren gegen den Schuldner unterliegen gem. Art. 7 Abs. 2 Buchst. f EuInsVO[924] dem Insolvenzrecht des Eröffnungsstaates und haben damit regelmäßig für die Dauer des Gesamtvollstreckungsverfahrens, das mit der Insolvenzverfahrenseröffnung eingeleitet wird, zurückzutreten.

• Anhängige Rechtsstreitigkeiten dagegen unterliegen, soweit sie sich auf einen Gegenstand der Masse[925] beziehen, dem Recht des Mitgliedstaates, in dem der Rechtsstreit anhängig ist (Art. 18 EUInsVO)[926].

• Die Behandlung von **Schiedsgerichtsverfahren** hängt dagegen weiterhin vom Verhandlungsgeschick des Insolvenzverwalters ab.

Die Geltung von **Insolvenzantragspflichten** wird von der EuInsVO nicht berührt. Die **538** zeitintensive Analyse, in welchem Land am besten die Eröffnung des Hauptinsolvenzverfahrens zu beantragen ist, kann vorgenommen werden, solange man sicherstellt, dass wenigstens ein sog. Partikularverfahren nach Art. 3 Abs. 2, 4 EuInsVO beantragt wird.

Das deutsche Internationale Insolvenzrecht (§§ 335 ff. InsO) wurde nach dem Vorbild **539** der EUInsVO gestaltet. Ausgehend vom **Universalitätsprinzip** erfasst nach §§ 335, 343 InsO ein ausländisches Insolvenzverfahren auch das im Inland belegene Vermögen des Schuldners, wenn und soweit es sich bei dem Auslandsverfahren um ein Verfahren zur gemeinschaftlichen Gläubigerbefriedigung handelt, das nicht offensichtlich unvereinbar mit den wesentlichen Grundsätzen deutschen Rechts und insb. dem Grundgesetz ist. § 339 InsO befasst sich mit Sachverhalten, die der Anfechtung unterliegen. § 356 InsO bringt zum einen zum Ausdruck, dass ein ausländisches Insolvenzverfahren nicht ausschließt, dass über das in Deutschland belegene Vermögen ein gesondertes Insolvenzverfahren eröffnet wird und es dafür nicht des Nachweises der Zahlungsunfähigkeit oder der Überschuldung bedarf (§ 356 Abs. 3 InsO). § 340 Abs. 3 InsO schließlich unterwirft die Rechte eines zur Verrechnung bzw. Aufrechnung Berechtigten i.S.v. § 1 Abs. 16 KWG dem materiellen Recht und dem Insolvenzrecht des Staates, dem das System unterliegt. § 348 InsO regelt die Zusammenarbeit zwischen deutschen und internationalen Insolvenzgerichten.

---

922 Art. 14 ist im Zuge der Reform inhaltlich unverändert zu Art. 11 a.F. geblieben.
923 *Knof*, in: Uhlenbruck, InsO[15], EuInsVO, Art. 17, Rn. 1, 12.
924 Der Wortlaut des Art. 7 ist unverändert zu Art. 5 a.F.
925 Gemäß Art. 7 Abs. 2 Buchst. B EUInsVO zu bestimmen nach dem Insolvenzrecht des Eröffnungsstaates.
926 *Bork*, in: Kübler/Prütting/Bork, InsO, EuInsVO, Art. 18, Rn. 2, 12.

540 Geht es um die Erfassung von Auslandsvermögen eines deutschen Schuldners außerhalb des Geltungsbereichs der EuInsVO[927], so unterliegt nach § 35 InsO auch das ausländische Vermögen dem Insolvenzbeschlag, wenn ein Insolvenzverfahren in Deutschland eröffnet wurde[928]. Ob dort allerdings der Insolvenzverwalter seine Pflichten in Bezug auf die Insolvenzmasse durchsetzen kann, bestimmt sich danach, ob der ausländische Staat nach seinen Regeln über das Internationale Privatrecht eine solche Wirkung anerkennt oder ob dies durch wechselseitige **völkerrechtliche Verträge** vorgesehen ist[929].

541 In vielen Fällen erweist sich das Nebeneinander von unterschiedlichen nationalstaatlichen Regelungen als nicht sehr praktikabel für die Lösung anstehender Probleme und führt teilweise zu wechselseitigen juristischen Blockaden. In diese Lücke treten dann oftmals auch von den Gerichten anerkannte **Vereinbarungen zwischen den jeweiligen Insolvenzverwaltern.**

---

927   EU-Mitgliedstaaten ohne Dänemark, vgl. *Dahl*, in: Andres/Leithaus, InsO[4], § 335, Rn. 18.
928   *Dahl*, in: Andres/Leithaus, InsO[4], Vor § 335, Rn. 4.
929   *Dahl*, in: Andres/Leithaus, InsO[4], Vor § 335, Rn. 14 ff.

Kapitel D

Besondere Sanierungsverfahren

Verfasser:
WP StB RA Jens Weber, Frankfurt a.M.

Inhalt   Tz.

1.   Gemeinsame rechtliche und betriebswirtschaftliche Grundlagen

2   Das Sanierungs- und Insolvenzrechtsfortentwicklungsgesetz (**SanInsFoG**) mit Wirkung zum 01.01.2021 beinhaltet umfassende Änderungen der Insolvenzordnung. Noch weitergehend sind die betriebswirtschaftlichen Anforderungen an die Eigenverwaltung bzw. eines Antrags nach § 270d InsO (Schutzschirmverfahren) geändert worden. Das SanInsFoG hat mit dem **StaRUG** zudem die Richtlinie (EU) 2019/1023 des Europäischen Parlaments und des Rates über den präventiven Restrukturierungsrahmen[1] umgesetzt. Es finden sich im StaRUG in den Regelungen zur Anzeige der Restrukturierungssache (§ 31 StaRUG) oder den Bestimmungen zu Stabilisierungsmaßnahmen (Verwertungs- und Vollstreckungssperre - § 50 StaRUG) ähnliche – insb. betriebswirtschaftliche – Begriffe, wie in den Regelungen des SanInsFoG zum (vorläufigen) Eigenverwaltungsverfahren und zum Schutzschirm.

Die genannten Regelungen verwenden entweder gleich benannte und/oder inhaltlich **3** identische betriebswirtschaftliche Tatbestandsvoraussetzungen, die im Folgenden erläutert werden, bevor auf die Rechtsfolgen eingegangen wird, die nach den o.g. Gesetzen an die betriebswirtschaftlichen Begriffe als Tatbestandsvoraussetzungen geknüpft werden.

In allen Regelungen sind die **Insolvenzantragsgründe** genannt, die als erstes erläutert **4** werden. § 29 Abs. 1 und § 14 Abs. 1 StaRUG knüpfen Rechtsfolgen an den Tatbestand der drohenden Zahlungsunfähigkeit, § 270d Abs. 1 S. 1 InsO an den Tatbestand der Zahlungsunfähigkeit (Kap. D Tz. 5 ff.). Weitere betriebswirtschaftliche Tatbestandvoraussetzung ist eine erste Einschätzung der Möglichkeit, das Unternehmen zu sanieren. In § 270d Abs. 1 S. 1 InsO wird insoweit verlangt, dass die Sanierung nicht offensichtlich aussichtslos ist (Kap. D Tz. 12 ff.). Nachvollziehbar ist, dass der Gesetzgeber i.d.R. dann auch eine Liquiditätsplanung – bezeichnet als Finanzplan – verlangt, die aufzeigt, wie die Liquidität für den Zeitraum gesichert ist, in dem die Sanierungsaussicht abgeleitet werden soll (Kap. D Tz. 19 ff.)

1.1 Insolvenzantragsgründe

Der Schuldner ist gem. § 17 Abs. 2 S. 1 InsO **zahlungsunfähig**, wenn er nicht in der Lage **5** ist, die fälligen Zahlungsverpflichtungen zu erfüllen. Der Schuldner **droht** gem. § 18 Abs. 2 InsO **zahlungsunfähig zu werden**, wenn er voraussichtlich nicht in der Lage sein wird, die bestehenden oder entstehenden Zahlungsverpflichtungen im Zeitpunkt der Fälligkeit zu erfüllen. Eine **Überschuldung**, also eine Vermögensunterdeckung zu Liquidationswerten, dürfte bei Unternehmensträgern in der Krise der Regelfall sein. Auf sie kommt es aber nur an, wenn i.S.d. § 19 Abs. 2 S. 1 InsO die Fortführung des Unternehmens nach den Umständen nicht überwiegend wahrscheinlich ist (negative Fortbestehensprognose), weil der Schuldner, wie bei der drohenden Zahlungsunfähigkeit, voraussichtlich nicht in der Lage sein wird, die bestehenden und entstehenden Zahlungspflichten im Zeitpunkt ihrer Fälligkeit zu erfüllen.

Gemäß § 19 Abs. 2 S. 1 InsO ist der **Fortbestehensprognose** ein Zeitraum von zwölf **6** Monaten zugrunde zu legen. Für die Ableitung der drohenden Zahlungsunfähigkeit ist hingegen gem. § 18 Abs. 2 S. 2 InsO in aller Regel ein Zeitraum von 24 Monaten zu betrachten. Wird also ein Unternehmensträger innerhalb eines Zeitraums von zwölf Monaten nach dem betrachteten Stichtag zahlungsunfähig, ist er drohend zahlungsunfähig. Er ist auch überschuldet, wenn der Liquidationswert der Vermögensgegenstände die Schulden, angesetzt im Liquidationsszenario, nicht übersteigt. Wenn diese künftige

---

1 Richtlinie (EU) 2019/1023 des Europäischen Parlaments und des Rates vom 20.06.2019 über präventive Restrukturierungsrahmen, über Entschuldung und über Tätigkeitsverbote sowie über Maßnahmen zur Steigerung der Effizienz von Restrukturierungs-, Insolvenz- und Entschuldungsverfahren und zur Änderung der Richtlinie (EU) 2017/1132 (Richtlinie über Restrukturierung und Insolvenz), ABl.(EU) v. 26.06.2019, L 172, S. 18 ff.

Zahlungsunfähigkeit mit überwiegender Wahrscheinlichkeit nicht beseitigt werden kann, besteht für beschränkt haftende juristische Personen gem. § 15a InsO die Pflicht, einen Insolvenzantrag zu stellen. Droht die Zahlungsunfähigkeit im Zeitraum zwischen 12 und 24 Monaten einzutreten, kann gem. § 18 Abs. 1 InsO der Unternehmensträger Insolvenzantrag stellen. Eine Verpflichtung besteht nicht. In aller Regel ist bei der Prüfung der drohenden Zahlungsunfähigkeit ein Zeitraum von 24 Monaten zu beachten. Dieser kann im Einzelfall zu verlängern sein, wenn Rechtsgeschäfte z.b. aus langfristiger Fertigung am Ende des Betrachtungszeitraums noch nicht beendet sind. Der auch vom BGH angenommenen Verlängerung des Zeitraums der drohenden Zahlungsunfähigkeit bis zum Zeitpunkt der am spätesten eintretenden Fälligkeit einer Verbindlichkeit[2] hat der Gesetzgeber eine Absage erteilt[3]. Weiterhin rückt der Gesetzgeber von der Orientierung des Prognosezeitraums an der Dauer des noch verbleibenden GJ und des nächsten GJ ab[4], weil damit der Prognosezeitraum willkürlich unterschiedlich lang sein kann[5].

7 Die **Dauer der der Überschuldung und der drohenden Zahlungsunfähigkeit** zugrunde gelegten Prognosezeiträume ist auch und insb. in den Rechtsfolgen begründet, die das StaRUG an den Tatbestand der drohenden Zahlungsunfähigkeit knüpft. Gemäß § 29 Abs. 1 StaRUG ist ein Antrag auf Verfahrenshilfen nach dem Stabilisierungs- und Restrukturierungsrahmen, wie z.B. eine Vollstreckungs- und Verwertungssperre, nur zulässig, wenn der betroffene Schuldner drohend zahlungsunfähig ist. Die als Beispiel genannte Vollstreckungs- und oder Verwertungssperre ist nur mit den durch die drohende Zahlungsunfähigkeit zum Ausdruck kommenden wirtschaftlichen Schwierigkeiten zu rechtfertigen. Entsprechend muss gem. § 14 Abs. 1 StaRUG auch die Beseitigung dieser drohenden Zahlungsunfähigkeit im Restrukturierungsplan vorgesehen sein. Die wirtschaftlichen Schwierigkeiten dürfen sich aber nicht zur negativen Fortbestehensprognose oder Überschuldung verdichtet haben. Wenn also die Zahlungsunfähigkeit in den nächsten zwölf Monaten einzutreten droht, ist i.d.R. Insolvenzantrag zu stellen. Es besteht jedoch die Möglichkeit, den Unternehmensträger gem. § 270d InsO über einen Schutzschirm im Insolvenzverfahren zu sanieren. Gemäß § 270d Abs. 1 S. 1 InsO darf der Unternehmensträger jedoch nicht bereits zahlungsunfähig sein, wenn er den in dieser Norm vorgesehenen Antrag stellt, innerhalb von drei Monaten einen Insolvenzantrag stellen zu dürfen (Antrag auf Schutzschirmverfahren). In der Regel wird dieser Antrag mit einem Insolvenzantrag verbunden. Dem Antrag beizulegen ist die Bescheinigung eines in Insolvenzsachen erfahrenen Berufsträgers, dass Zahlungsunfähigkeit zum Zeitpunkt der Stellung des Antrages auf Schutzschirmverfahren eben nicht vorliegt.

8 Drohende Zahlungsunfähigkeit oder eine negative Fortbestehensprognose sollen nach der Vorstellung des Gesetzgebers z.b. durch eine **nicht rückführbare – in vier Monaten fällige – Kreditlinie** begründet sein können. Grundsätzlich können auch in zwei Wochen fällige Lohn- und Gehaltszahlungen den Tatbestand der drohenden Zahlungsunfähigkeit erfüllen. In der Regel ist dieser Zeitpunkt jedoch gut voraussehbar, da ja nur

---

2   BGH v. 05.12.2013, IX ZR 93/11, NZI 2014, S. 259 f.
3   BT-Drs. 19/24181, S. 196.
4   Vgl. z.B. *IDW S 11 a.F.*, Tz. 61.
5   BT-Drs. 19/24181, S. 196.

festgestellt werden muss, dass die Liquidität in einem überschaubaren Zeitraum eben nicht mehr zur Erfüllung der dann fälligen werdenden Verbindlichkeiten ausreicht.

Schwieriger zu treffen ist die **Feststellung, dass der Schuldner in der Lage ist**, die zum **9** Zeitpunkt des Schutzschirmantrags **fälligen Zahlungsverpflichtungen zu erfüllen**. Bei einem Unternehmen in der Krise ist es noch schwieriger als sonst, festzustellen, ob auch alle Verbindlichkeiten und dann auch noch mit der richtigen Fälligkeit erfasst sind. So können Geschäftsvorfälle und die dazugehörenden Belege nicht erfasst sein oder die Geschäftsleitung geht von einem späteren Fälligkeitsdatum aus, da sie an eine formlose und nicht dokumentierte Stundung glaubt. Dabei ist zu berücksichtigen, dass für die Erstellung der Bescheinigung i.d.R. nicht mehr als zwei Wochen Zeit bleiben.

In jedem Fall sollte zur **Vereinfachung der Prüfung der Zahlungsunfähigkeit** abge- **10** schichtet werden: Zunächst ist in Übereinstimmung mit dem *IDW Standard: Beurteilung des Vorliegens von Insolvenzeröffnungsgründen (IDW S 11)* und der Rechtsprechung des BGH[6] ein Liquiditätsstatus möglichst auf den Stichtag der Stellung des Insolvenzantrags zu erstellen. Sollte sich hier eine Überdeckung ergeben, weil z.B. fällige Verbindlichkeiten durch eine noch bestehende Kontokorrentlinie abgedeckt sind, kommt es auf den Finanzplan als dreiwöchige Prognoserechnung nicht mehr an. Der Schuldner ist zahlungsfähig. Nur wenn der Liquiditätsstatus eine Unterdeckung ausweist, ist in einer dreiwöchigen Liquiditätsplanung nachzuweisen, dass die Liquiditätslücke in den drei Wochen durch eingehende Einzahlungen, aber auch unter Berücksichtigung der Auszahlungen auf fällig werdende Verbindlichkeiten, wieder geschlossen werden kann. Diese Liquiditätsplanung sollte auf Wochenbasis aufgebaut sein. Eine integrierte Bilanz-, Ergebnis- und Liquiditätsplanung für diesen kurzen Zeitraum verlangt auch das IDW nicht[7]. Sie sollte jedoch als direkte Liquiditätsplanung aus dem Liquiditätsstatus abgeleitet werden. Das bedeutet, dass Ein- bzw.- Auszahlungen auf schon im Status erfasster Forderungen und Verbindlichkeiten als zu- bzw. abgeflossen mit Fälligkeit im Finanzplan zu behandeln sind und anschließend Zu- bzw. Abflüsse auf fällig werdende Forderungen und Verbindlichkeiten berücksichtigt werden. Dabei sind auch im Drei-Wochen-Zeitraum erst entstehende und fällig werdende Verbindlichkeiten zu berücksichtigen (Bugwelle)[8]. Es sei angemerkt, dass Zahlungsabflüsse auf Verbindlichkeiten mit dem Datum der Fälligkeit, die Zahlungszuflüsse auf Forderungen nach dem historischen Zahlungsverhalten des Kontrahenten zu berücksichtigen sind. Kunden zahlen nach der Erfahrung nicht immer mit Fälligkeit.

Wenn § 270d Abs. 1 S. 1 InsO davon spricht, dass sich der Befund zu den Insolvenz- **11** gründen „ergibt", so ist **adressatengerecht zu argumentieren**. Dies bedeutet, dass anhand des Maßstabes des *IDW S 11* oder der BGH-Rechtsprechung die Einschätzung oder das Urteil des Sachverständigen für den Richter nachvollziehbar sein muss. Dies impliziert natürlich, dass der Bescheiniger zu jedem relevanten Punkt der Bescheinigung eine eigene Einschätzung abgibt, was bedeutet, dass er selbst Daten, insb. der Finanzbuchhaltung, jedenfalls plausibilisiert hat, und nicht lediglich auf den Inhalt der Finanzbuchhaltung verweist.

---

6   BGH v. 24.05.2005, IX ZR 123/04, BB 2005, S. 1923 (Anm. *Flitsch*).
7   *IDW S 11*, Tz. 34.
8   BGH v. 19.12.2017, II ZR 88, S. 169.

1.2 Sanierungsaussicht

12 Mit dem SanInsFoG hat der Gesetzgeber neben dem § 270b Abs. 1 InsO a.F. **weitere Tatbestände** eingeführt, die eine vorläufige Einschätzung zur Sanierungsfähigkeit verlangen (Sanierungsaussicht).

- Der Tatbestand der *Sanierungsaussicht*, wie im § 270b Abs. 1 InsO a.F. (Antrag auf Schutzschirmverfahren) definiert, ist nun im § 270d Abs. 1 InsO übernommen worden.
- § 270a Abs. 1 Nr. 2 InsO sieht als Bestandteil der Eigenverwaltungsplanung ein *Konzept für die Durchführung des Insolvenzverfahrens* vor.
- § 31 Abs. 2 Nr. 1 StaRUG sieht ein sog. *Konzept für die Restrukturierung* vor als Voraussetzung für eine Anzeige des Restrukturierungsvorhabens.
- Dieses aktualisierte und um eine Finanzplanung ergänzte Konzept ist gem. § 50 Abs. 2 Nr. 1 StaRUG auch Bestandteil eines Antrags auf eine Stabilisierungsanordnung.

13 In den Vorschriften zur Eigenverwaltungsplanung (§ 270a Abs. 1 Nr. 2 InsO), zur Anzeige des Restrukturierungsvorhabens (§ 31 Abs. 2 Nr. 1 StaRUG), wie auch zum Antrag auf eine Stabilisierungsanordnung (§ 50 Abs. 2 Nr. 1 StaRUG) als Teil einer Restrukturierungsplanung ist die **vorläufige Einschätzung zur Sanierungsfähigkeit** durch die Benennung von Tatbestandsmerkmalen konkretisiert:

- Darstellung von Art, Ausmaß und Ursachen der Krise
- Ziel der Sanierung
- Beschreibung der Maßnahmen, welche zur Erreichung des Sanierungsziels in Aussicht genommen werden.

14 Diese Tatbestandsmerkmale werden auch im *IDW Standard: Bescheinigung nach § 270b InsO (IDW S 9 a.F.)* zunächst zum § 270b InsO a.F. genannt und finden sich nun auch im *Entwurf einer Neufassung des IDW Standards: Bescheinigungen nach §§ 270d und 270a InsO (IDW ES 9 n.F.)* vom 12.01.2021 zur Sanierungsaussicht gem. § 270d InsO wieder[9]. Im Folgenden wird daher auf diesen **neugefassten Standard** zur Interpretation des Begriffs der Sanierungsaussicht Bezug genommen, bevor aufgezeigt wird, dass der Inhalt der Konzepte zur vorläufigen Einschätzung der Sanierungsfähigkeit nach den verschiedenen gesetzlichen Regelungen trotz teilweise unterschiedlicher Bezeichnung inhaltsgleich ist.

15 § 270d InsO bestimmt als Voraussetzung für den Antrag auf das sog. Schutzschirmverfahren, dass die angestrebte Sanierung **nicht offensichtlich aussichtslos ist**. Durch den Begriff „aussichtslos" wird deutlich, dass das Schutzschirmverfahren nur dann ausgeschlossen sein soll, wenn für die Sanierungsbemühungen eindeutig negative Erfolgsaussichten bestehen. Dabei muss diese Erkenntnis „offensichtlich" sein, d.h., es ist nicht erforderlich, dass der Gutachter eine umfassende Beurteilung vornimmt. Eine Sanierung ist dann nicht aussichtslos, wenn i.R. eines Grobkonzepts mindestens grundsätzliche Vorstellungen darüber vorliegen, wie die angestrebte Sanierung konzeptionell und finanziell erreicht werden kann[10].

---

9   *IDW ES 9 n.F.*, Tz. 32.
10   *IDW ES 9 n.F.*, Tz. 31.

Das **Grobkonzept** umfasst mindestens[11] **16**

- eine Analyse der Krisenursache,
- die Darstellung der aktuellen wirtschaftlichen Situation,
- eine Skizze des Zukunftsbildes des Unternehmens
- sowie eine grobe Beschreibung der für die Sanierung angestrebten Maßnahmen.

Der Gutachter hat sich ein Bild von der Geschäftstätigkeit der Gesellschaft, z.B. in Bezug **17**
auf ihre Leistungsprozesse, Produkte und Absatzwege zu machen. Wichtig ist, dass sich
der Gutachter einen **Überblick** verschafft, warum es zu der aktuellen Insolvenzbe-
drohung gekommen ist und aus welchen Gründen zuvor ergriffene umsteuernde Maßnahmen nicht erfolgreich waren[12].

Die bereits im *IDW S 9 a.F.* zum alten § 270b InsO oben beschriebenen Bestandteile eines **18**
Grobkonzepts zur Ableitung einer Sanierungsaussicht sind bis auf die Darstellung der
aktuellen wirtschaftlichen Situation (hier geht der *IDW ES 9 n.F.* weiter) inhaltlich
identisch mit den gesetzlichen Anforderungen zum Konzept zur Durchführung des Insolvenzverfahrens (§270a Abs. 1 Nr. 2 InsO), zur Anzeige des Restrukturierungsvorhabens (§ 31 Abs. 2 Nr. 1 StaRUG), wie auch zum Antrag auf eine Stabilisierungsanordnung (§ 50 Abs. 2 Nr. 1 StaRUG). In allen drei Vorschriften sind die Anforderungen,
bis auf die Darstellung zur wirtschaftlichen Lage, ausdrücklich genannt. Daher ist es
konsequent, **die Anforderungen und Ausführungen zum Grobkonzept nach**
IDW ES 9 n.F. auch für diese Anforderungen zugrunde zu legen.

1.3 Finanzplan

Ein Finanzplan ist gem. § 50 Abs. 2 Nr. 2 StaRUG als **Bestandteil der Restrukturie-** **19**
rungsplanung für einen Zeitraum von sechs Monaten vorgesehen, um sicherzustellen,
dass der Schuldner über die Anordnungshöchstdauer gem. § 53 Abs. 1 und 2 StaRUG
hinaus durchfinanziert ist[13].

Gemäß § 270a InsO ist ein Finanzplan mit derselben Laufzeit zu verlangen, um aufzu- **20**
zeigen, dass die verfügbar zu machenden liquiden Mittel vorhanden sind, um die Fortführung des gewöhnlichen Geschäftsbetriebes zu ermöglichen und zugleich die für die
Krisenbewältigung erforderlichen Kosten zu decken. Die Planung muss unter Berücksichtigung der Kosten des (vorläufigen) Eigenverwaltungsverfahren, zu denen insb.
auch die Beraterkosten zählen, aufgestellt werden. In der Planung dürfen bei den verfügbaren Mitteln für die nächsten sechs Monate auch solche Mittel eingeplant werden,
deren **Zufluss noch nicht sicher feststeht, mit überwiegender Wahrscheinlichkeit je-**
doch zu erwarten ist. Hierzu gehören insb. unechte oder auch echte Massekredite, deren
Abschluss noch unter dem Vorbehalt der Eröffnung des vorläufigen Insolvenzverfahrens und der Ermächtigung zu Begründung von Masseverbindlichkeiten steht. Wenn
das Unternehmen fortgeführt werden soll, können zur Finanzierung des Finanzplans die
hierzu notwendigen Vermögensgegenstände natürlich nicht veräußert werden[14].

---

11 *IDW ES 9 n.F.*, Tz. 32.
12 *IDW ES 9 n.F.*, Tz. 33.
13 BT-Drs. 19/24181, S. 155.
14 BT-Drs. 19/24181, S. 204.

21 Der Finanzplan hat den **allgemeinen betriebswirtschaftlichen Grundsätzen** zu entsprechen[15]. Diese Grundsätze finden sich im *IDW ES 9 n.F.* wieder. Der *Entwurf des IDW Standards* verlangt sowohl für den Antrag auf Schutzschirmverfahren wie auch für die Eigenverwaltungsplanung einen Finanzplan, der den Zeitraum von der Stellung des Insolvenzantrags bis zur Aufhebung des Insolvenzverfahrens nach Bestätigung eines Insolvenzplans abdeckt[16].

22 Der *IDW ES 9 n.F.* verlangt „in der Regel" eine **integrierte Bilanz-, Ergebnis- und Liquiditätsplanung** zur Dokumentation bzw. Untermauerung der Sanierungsaussicht wie auch als Inhalt eines Finanzplans. Gerade weil es sich um eine Planungsrechnung handelt, die zunächst die Liquiditätsentwicklung für einen Zeitraum nach Stellung des Insolvenzantrags vor Eröffnung des Insolvenzverfahrens dokumentiert, in dem aufgrund des Insolvenzgeldes keine Löhne gezahlt werden müssen, sollten an das qualitative Ausmaß der Liquiditätsplanung für die ersten drei Monate keine überhöhten Anforderungen gestellt werden. Dies ist auch damit begründet, dass häufig für die Erstellung der Liquiditätsplanung gerade als Bestandteil der Eigenverwaltungsplanung ein überschaubarer Zeitraum zur Verfügung steht.

23 Dies bedeutet nicht, dass während des Insolvenzverfahrens keine integrierten Bilanz-, Ergebnis- und Liquiditätsplanungen erstellt werden. Das qualitative Ausmaß der Planungsrechnung sollte sich nach den unterschiedlichen Zeitphasen des Insolvenzverfahrens und den Informationsbedürfnissen der Gläubiger richten. So genügt gerade bei hoher Personaleinsatzquote wegen des Insolvenzgeldes bis zum Zeitpunkt der Eröffnung des Insolvenzverfahrens eine direkte Liquiditätsplanung. Mit der Eröffnung des Insolvenzverfahrens ist eine integrierte Bilanz-, Ergebnis- und Liquiditätsplanung zu verlangen. Gerade wenn **Massedarlehen** gewährt werden, ist ein solches Dokument auch zu erwarten, um Informationsbedürfnisse der Darlehensgeber zu befriedigen und mögliche Schadensersatzforderungen zu vermeiden.

24 Im Ergebnis sind also integrierte Bilanz-, Ergebnis- und Liquiditätsplanungen im eröffneten Insolvenzverfahren notwendig. Dasselbe gilt auch für den Finanzplan zum Antrag auf eine Stabilisierungsmaßnahme. Auch hier ist die Liquiditätssituation durch das **Insolvenzgeld** nicht gestützt. Gerade bei Unternehmen mit langfristiger Fertigung, wie z.B. dem Anlagenbau, ist die Finanzierung von Vorräten oder Forderungen sauber über eine integrierte Bilanz-, Ergebnis- und Liquiditätsplanung abzubilden.

2. Eigenverwaltung und Schutzschirm

25 Im Folgenden wird zunächst auf die Anforderungen an den Antrag auf (vorläufige) Eigenverwaltung eingegangen (Kap. D Tz. 26 ff.). Anschließend werden die Voraussetzungen der Anordnung (Kap. D Tz. 34 ff.) und der Aufhebung (Kap. D Tz. 39 ff.) des (vorläufigen) Eigenverwaltungsverfahrens beleuchtet, um anschließend die Stellung der Geschäftsleitung im (vorläufigen) Eigenverwaltungsverfahren darzustellen (Kap. D Tz. 46 ff.). Am Ende wird auf die Besonderheiten des Schutzschirmverfahrens eingegangen (Kap. D Tz. 54 ff.).

---

15 BT-Drs. 19/24181, S. 204.
16 *IDW ES 9 n.F.*, Tz. 35.

2.1 Voraussetzungen der Eigenverwaltung

Die Insolvenz über das Vermögen eines Schuldners wird gem. § 270f InsO in Eigenver- **26** waltung der Geschäftsleitung **auf Antrag des Schuldners angeordnet**, es sei denn, eine vorläufige Eigenverwaltung wäre nach § 270b InsO nicht anzuordnen oder nach § 270e InsO aufzuheben. Das Insolvenzverfahren wird also in Eigenverwaltung eröffnet, wenn der Schuldner einen Antrag mit Eigenverwaltungsplanung nebst entsprechenden Erklärungen gem. § 270a InsO eingereicht hat. Inhalt und Anlagen zum Antrag auf Eigenverwaltung sind in § 270a InsO geregelt. § 270b InsO sieht grundsätzlich die Anordnung der vorläufigen Eigenverwaltung vor, die durch Beschlüsse des Gerichts nach § 270c InsO geregelt wird. Gemäß § 270e InsO hebt das Gericht die vorläufige Eigenverwaltung wieder auf, wenn der Schuldner die Gläubigerinteressen nicht hinreichend berücksichtigt. Liegen also die Anordnungsvoraussetzungen gem. § 270b InsO vor und besteht kein Aufhebungsgrund nach § 270e InsO wird das Insolvenzverfahren in Eigenverwaltung eröffnet (§ 270f Abs. 1 InsO).

2.1.1 Eigenverwaltungsantrag

Der Antrag auf Eröffnung des Insolvenzverfahrens in Eigenverwaltung setzt nach dem **27** Wortlaut des § 270 InsO einen Antrag auf Eröffnung des Insolvenzverfahrens voraus[17]. Der Antrag muss also immer auch die Voraussetzungen insb. des § 13 InsO erfüllen. Vor der Konkretisierung der dem Antrag auf Eigenverwaltung beizugebenden Unterlagen durch das SanInsFoG wurde dem Antrag i.d.R. ein **formloses Schreiben** beigegeben, in dem die Erfüllung der Anforderungen wiedergegeben wurde, die zum jeweiligen Zeitpunkt des Antrages sich nach der Rechtsprechung und der herrschenden Literatur ergaben. Mit der Konkretisierung der Unterlagen durch das SanInsFoG ist insoweit Rechtssicherheit geschaffen worden[18]. Die Ausfüllung der Anforderungen durch Rechtsprechung und geübte Praxis steht jedoch noch aus. Der Fachausschuss Sanierung und Insolvenz des IDW (FAS) ist mit dem *IDW ES 9 n.F.* bemüht, jedenfalls die betriebswirtschaftlichen Anforderungen mit Leben zu füllen.

2.1.2 Eigenverwaltungsplanung § 270a Abs. 1 InsO

Der Gesetzgeber verlangt die Vorlage einer Eigenverwaltungsplanung aus drei Gründen. **28** Der Schuldner soll erstens den **Antrag auf Eigenverwaltung sorgfältig vorbereiten**, ordnungsgemäß dokumentieren und sich über diese Dokumentation selbst mit der Sinnhaftigkeit und Realisierbarkeit des Eigenverwaltungsvorhabens beschäftigen. Zweitens wird dem Schuldner mit der Nennung der Anforderungen der Eigenverwaltungsplanung **Rechtssicherheit** gewährt. Schließlich legt der Schuldner insb. mit dem Finanzplan und dem Konzept für die Durchführung des Insolvenzverfahrens eine **Dokumentation** vor, an der er sich auch während der Fortführung des Unternehmens in der Eigenverwaltungsinsolvenz messen lassen muss. Die Unterlagen zur Eigenverwaltungsplanung sind vom Schuldner zu erstellen und dem Gericht zu übermitteln. Dies schließt nicht aus, dass die Unterlagen vollständig von einem Dritten erstellt werden[19].

Relevante betriebswirtschaftliche Bestandteile der Eigenverwaltungsplanung sind der **29** Finanzplan und das Konzept für die Durchführung des Insolvenzverfahrens gem. § 270

---

17 *Ellers*, in: BeckOK InsO, § 270, Rn. 11.
18 BT-Drs. 19/24181, S. 202.
19 BT-Drs. 19/24181, S. 204.

Abs. 1 Nr. 1 und Nr. 2 InsO. Auf die Zusammenhänge und die Struktur dieser beiden **Bestandteile der Eigenverwaltungsplanung** wurde bereits i.R.d. Erläuterung der betriebswirtschaftlichen und rechtlichen Grundlagen eingegangen. Im Detail wird insoweit auf Kap. A und Kap. C in diesem Handbuch verwiesen.

30 Gemäß § 270a Abs. 1 Nr. 3 InsO ist die Darstellung des Stands von Verhandlungen mit Gläubigern, den am Schuldner beteiligten Personen und Dritten zu den in Aussicht genommenen Maßnahmen Bestandteil der Eigenverwaltungsplanung. Die Darstellung soll dem Gericht einen **Eindruck vom aktuellen Verhandlungsstand** vermitteln, sie muss jedoch keine Details beinhalten. Insbesondere ist keine Bezifferung von in Aussicht gestellten oder bereits zugesagten Sanierungsbeiträgen erforderlich. Sind noch keine Verhandlung erfolgt, ist dies ebenfalls in der Eigenverwaltungsplanung zu vermerken[20]. Die Darstellung des Verhandlungsstands kann insb. auch zur Plausibilisierung der im Konzept für die Durchführung des Insolvenzverfahrens genannten Maßnahmen dienen.

31 Bei der Insolvenz in Eigenverwaltung ist die Fortführung des Geschäftsbetriebes durch die bisherige Geschäftsleitung unter den besonderen Bedingungen des (vorläufigen) Insolvenzverfahrens vorgesehen. Dies ist nur möglich, wenn sichergestellt ist, dass sich die mit der Stellung des Insolvenzantrags oder der Eröffnung des Insolvenzverfahrens ergebenden besonderen rechtlichen Pflichten erfüllt werden (§ 270a Abs. 1 Nr. 4 InsO). So müssen z.B. besicherte oder unbesicherte Insolvenzforderungen entsprechend der Insolvenzordnung behandelt werden. Auch sind die **besonderen Rechnungslegungspflichten** in der Insolvenz zu berücksichtigen. Da der für den operativen Geschäftsbetrieb zuständige Geschäftsleiter über eine derartige Expertise i.d.R. nicht verfügt, muss ihm ein Experte oder ein Expertenteam zur Seite gestellt werden. Zur Sicherstellung der Erfüllung der insolvenzrechtlichen Pflichten i.S.d. § 270 a Abs. 1 Nr. 4 InsO ist ein Beraterteam, das der Geschäftsleitung die Erfüllung der insolvenzrechtlichen Pflichten abnimmt und auch insoweit von der Haftung freistellt, ausreichend[21]. In der Darstellung der Vorkehrungen, wie sie § 270a Abs. 1 Nr. 4 InsO verlangt, sollten die Erfahrungswerte des Beraterteams dargestellt und die Organisation zur Erfüllung der insolvenzrechtlichen Pflichten erläutert werden.

32 Bei Durchführung eines Insolvenzverfahrens in Eigenverwaltung ist also die Organisation der Insolvenz im fortgeführten Geschäftsbetrieb bereits vorgesehen. Mit dem Finanzplan zur Eigenverwaltungsplanung ist zudem sichergestellt, dass das Insolvenzverfahren durchfinanziert ist. Da das Insolvenzverfahren im Voraus geplant wird, kann auch ggf. rechtzeitig ein Massekredit beantragt werden. Im Gegensatz dazu muss sich ein (vorläufiger) Insolvenzverwalter nach Stellung des Insolvenzantrags zunächst einarbeiten. Diese **Effizienzvorteile der Insolvenz in Eigenverwaltung** meint der Gesetzgeber[22], wenn er denn zur Begründung der Vorteilhaftigkeit des Eigenverwaltungsverfahrens auffordert, solche Vorteile gem. § 270a Abs. 1 Nr. 5 InsO auch bei dem Vergleich der Minder- oder Mehrkosten eines Insolvenzverfahrens in Eigenverwaltung zu benennen. Ausdrücklich spricht die Gesetzesbegründung davon, dass auch bei möglichen Mehrkosten der Eigenverwaltung diese durch erwartbare Vorteile einer die Kenntnisse und Erfahrungen der bisherigen Geschäftsleitung zunutze machenden Eigenverwaltung

---

20 BT-Drs. 19/24181, S. 205.
21 BGH v. 22.9.2016, IX ZB 71/14, NZI 2016, S. 963 (968).
22 BT-Drs. 19/24181, S. 205.

kompensiert werden können[23]. Bei Berechnung dieser Kosten sind zunächst die sog. Sowieso-Kosten auszuklammern. Auch in einem Regelinsolvenzverfahren ist eine Liquiditätsplanung zu erstellen und nachzuhalten. Auch in einem Regelinsolvenzverfahren wird die Erstellung eines Insolvenzplanes oder die Beauftragung eines M & A-Beraters separat neben der Insolvenzverwaltervergütung abgerechnet. Im Ergebnis sind die nach geleisteten Arbeitsstunden geschätzten Aufwendungen des Expertenteams den gegenständlich getriebenen Gebühren eines Insolvenzverwalters gegenüberzustellen. In der Eigenverwaltung sind zudem noch die Gebühren des (vorläufigen) Sachwalters zu berücksichtigen. Während die Berateraufwendungen i.d.R. zu Anfang des (vorläufigen) Insolvenzverfahrens entstehen, rechnet der Insolvenzverwalter abschließend regelmäßig gegen Ende des Insolvenzverfahrens ab. Es sind sowohl übertriebene **Beraterrechnungen** wie nicht nachvollziehbare Zuschläge bei **Gebührenrechnungen** von Insolvenzverwaltern zu verhindern. Als vermittelnde Lösung bietet sich eine Orientierung des Beraterhonorars an einer möglichen Gebührenrechnung des (vorläufigen) Insolvenzverwalters an. In diese Abstimmung mit dem Insolvenzgericht kann auch der (vorläufige) Sachwalter eingebunden werden.

2.1.3 Erklärungen des Schuldners gem. § 270a Abs. 2 InsO

Auch ein Insolvenzverfahren in Eigenverwaltung ist an den Interessen der Gläubiger **33** auszurichten. In Verstößen gegen handelsrechtliche Offenlegungspflichten (§ 270a Abs. 2 Nr. 3 InsO) manifestiert sich ein unternehmerisches Verständnis, dass wenig von der Rücksichtnahme auf Gläubigerinteressen geprägt ist. Weiter ist die wiederholte Inanspruchnahme von **sanierungsrechtlichen Verfahrenshilfen** (§ 270a Abs. 2 Nr. 2 InsO) ein Indiz dafür, dass es in der Vergangenheit nicht gelungen ist, die Krise nachhaltig zu bewältigen. Auch bei erheblichen Zahlungsrückständen gegenüber bestimmten Gläubigern, wie Arbeitnehmern oder Lieferanten, kann nicht ohne Weiteres davon ausgegangen werden, dass der Schuldner bereit und in der Lage ist, seine Geschäftsleitung am Interesse der Gläubiger auszurichten[24]. Gemäß § 270a Abs. 2 InsO hat sich der Schuldner zu den genannten Tatsachen zu erklären. Gemäß § 270b Abs. 2 InsO ist bei Vorliegen widersprechender Tatsachen in Erklärungen des Schuldners zu entscheiden, ob der Schuldner, trotz der widerstreitenden Tatsachen, bereit und in der Lage ist, seine Geschäftsleitung an den Interessen der Gläubiger auszurichten.

2.2 Anordnung der (vorläufigen) Eigenverwaltung

Der Regelung des § 270b Abs. 1 InsO zur Anordnung der vorläufigen Eigenverwaltung **34** liegt der Gedanke zugrunde, dass ein Schuldner, der eine vollständig und in sich schlüssige Planung vorlegt, solange mit der Anordnung der Eigenverwaltung rechnen können soll, wie nicht offenkundig ist, dass die Planung in wesentlichen Punkten nicht von den tatsächlichen Gegebenheiten ausgeht oder ein Fall des § 270b Abs. 2 InsO vorliegt. Die **Plausibilisierung der Angaben** und deren nähere Überprüfung ist vielmehr Aufgabe des vorläufigen Sachwalters nach Anordnung der vorläufigen Eigenverwaltung[25].

Anders ist es in einem Fall des § 270b Abs. 2 InsO. Die Regelung knüpft an Sachverhalte **35** an, die prima facie den Schluss nahelegen, dass die Durchführung des Eigenverwal-

---

23 BT-Drs. 19/24181, S. 205.
24 BT-Drs. 19/24181, S. 204.
25 BT-Drs. 19/24181, S. 205.

tungsverfahrens nicht im **Gläubigerinteresse** liegen würde. Die i.R.d. § 270b Abs. 1 InsO geltenden Beschränkungen der Grundlagen der richterlichen Entscheidung auf bekannte Umstände gilt hier nicht. Das Gericht ist gehalten, sämtliche relevante Umstände zu ermitteln und seiner Entscheidung zugrunde zu legen[26].

36   Jedoch kann die Gesamtwürdigung des Sachverhalts ergeben, dass die Eigenverwaltung trotz des Vorliegens kontraindizierender Sachverhalte im Interesse der Gläubiger liegt. Dies ist z.b. der Fall, wenn der Schuldner personelle und organisatorische Maßnahmen belegt, die die Ursachen für die Pflichtverletzung nachhaltig beseitigen. So z.b., wenn ein aufgestellter JA für das der Antragstellung vorhergehende Jahr noch nicht offengelegt wurde, weil - in der Krise üblich - die Prüfung des JA noch nicht abgeschlossen ist[27]. Die Maßnahmen zur nachhaltigen Beseitigung der **in der Vergangenheit liegenden Unregelmäßigkeiten** sollten mit den Unregelmäßigkeiten dem Gericht bekannt gemacht werden. Reagiert man erst auf Vorhalten des Gerichts ist das Vertrauensverhältnis i.d.R. schon gestört.

37   Das Gericht ist gem. § 270b Abs. 3 InsO an den **Beschluss eines vorläufigen Gläubigerausschusses** gebunden. Nur wenn offensichtlich mit nachteiligen Veränderungen der Vermögenslage des Schuldners zu rechnen ist, kann das Gericht nach Ablauf von zwei Werktagen nach Antragstellung ohne den vorläufigen Gläubigerausschuss entscheiden. Gemäß §§ 270c Abs. 3, 22a Abs. 1, 21 Abs. 2 Nr. 1a InsO muss das Gericht von Amts wegen bei einem Schuldner einen vorläufigen Gläubigerausschuss einsetzen, der nicht als kleine KapGes. i.S.d. § 267 Abs. 1 HGB gilt. Gemäß § 22a Abs. 2 InsO soll das Gericht einen vorläufigen Gläubigerausschuss auch bei Schuldnern mit kleineren Unternehmen auf Antrag der Geschäftsleitung einsetzen, wenn dem Gericht Vorschläge zur Besetzung des vorläufigen Gläubigerausschusses gemacht werden und die vorgeschlagenen Personen ihr Einverständnis mit der Bestellung erklären. In diesem Fall kann das Gericht nach pflichtgemäßem Ermessen nur prüfen, ob Ausschlussgründe nach § 22a Abs. 3 InsO bestehen, oder ob gegen die Person in sachlicher und persönlicher Hinsicht Bedenken vorliegen[28]. Den Einverständniserklärungen ist auch die Erklärung beizugeben, dass die Personen i.S.d. § 270c Abs. 3 InsO die Eigenverwaltung unterstützen. Der vorläufige Gläubigerausschuss ist gem. § 270e Abs. 4 InsO auch zu hören, wenn das Gericht die Aufhebung der vorläufigen Eigenverwaltung gem. § 270e InsO beabsichtigt.

38   Neben der Einsetzung eines vorläufigen Gläubigerausschusses sollte gem. §§ 270c Abs. 3, 21 Abs. 2 Nr. 3 InsO auch beantragt werden, die Maßnahmen der Zwangsvollstreckung gegen den Schuldner zu untersagen. Die Verpflichtung der Insolvenzmasse durch Eingehung von Verbindlichkeiten (**Masseverbindlichkeiten**) ist nur als Einzelermächtigung vorgesehen. Diese Masseverbindlichkeiten sollten im Finanzplan hinterlegt sein. Ist dies nicht der Fall, ist eine Ermächtigung nur möglich, wenn die Notwendigkeit der Ermächtigung besonders begründet wird[29].

---

26   BT-Drs. 19/24181, S. 205.
27   BT-Drs. 19/24181, S. 205.
28   *Böhm*, in: Braun, InsO, § 22a, Rz. 10; *Vallender*, in: Uhlenbruck, InsO, § 22a, Rz. 30.
29   BT-Drs. 19/24181, S. 207.

2.3 Aufhebung der (vorläufigen) Eigenverwaltung

Die Anordnung der vorläufigen Eigenverwaltung kann in den Fällen des § 270e InsO **39** wieder aufgehoben werden. Dies gilt gem. § 270e Abs. 1 Nr. 1 InsO insb. in den Fällen, in denen das Gericht einen vorläufigen Sachwalter mit der Prüfung verschiedener Sachverhalte beauftragen kann. Gemäß § 270c Abs. 1 Nr. 1 InsO ist eine **Berichterstattung des vorläufigen Sachwalters über die Plausibilität der Eigenverwaltungsplanung** vorgesehen. Gemäß § 270c Abs. 1 Nr. 2 InsO soll er über die Vollständigkeit und Geeignetheit der Rechnungslegung und der Buchführung als Grundlage für die Eigenverwaltungsplanung, insb. für die Finanzplanung, Bericht erstatten. Schließlich ist gem. § 270c Abs. 1 Nr. 3 InsO eine Berichterstattung ausdrücklich möglich über das Bestehen von Haftungsansprüchen des Schuldners gegen amtierende oder ehemalige Mitglieder der Geschäftsleitungs- oder Aufsichtsorgane.

Die Eigenverwaltungsplanung ist insb. **plausibel** (§ 270c Abs. 1 Nr. 1 InsO), wenn sie von **40** den erkannten und erkennbaren tatsächlichen Gegebenheiten ausgeht, schlüssig ist und durchführbar erscheint. Zur Eigenverwaltungsplanung wurde bereits unter Kap. D Tz. 28 ff. Stellung genommen.

Gemäß § 270c Abs. 2 InsO hat der Schuldner dem Gericht und dem vorläufigen Sach- **41** walter unverzüglich wesentliche Änderungen mitzuteilen, welche die Eigenverwaltungsplanung betreffen. Kommt der Schuldner dieser Pflicht nicht nach, kann die Eigenverwaltung gem. § 270e Abs. 1 Nr. 1 a) InsO ebenso aufgehoben werden, wie in dem Fall, dass der Schuldner die Eigenverwaltungsplanung in wesentlichen Punkten auf unzutreffende Tatsachen gestützt hat. Das Gericht muss überzeugt sein, dass **unzutreffende Tatsachen** vorliegen. Zweifel genügen nicht. Darüber hinaus müssen sie in wesentlichen Umständen unzutreffend sein. Tatsachen, die sich als falsch herausstellen, aber sich insgesamt auf die Erklärungen des Schuldners nicht ausgewirkt haben, können unberücksichtigt bleiben[30].

Gemäß § 270e Abs. 1 Nr. 1 b) InsO ist die vorläufige Eigenverwaltung aufzuheben, wenn **42** die Rechnungslegung und Buchführung so unvollständig oder mangelhaft sind, dass sie keine Beurteilung der Eigenverwaltungsplanung, insb. des Finanzplans, ermöglichen. Der Finanzplan als Bestandteil der Eigenverwaltungsplanung ist aus der Buchhaltung und Rechnungslegung zu entwickeln. Dies bedeutet, dass der Finanzstatus als Grundlage des Finanzplans mit den Daten der Buchhaltung abgestimmt sein muss. So sollten sich z. B. die Forderungen, auf die Zuflüsse im vorläufigen Eigenverwaltungsverfahren geplant sind, so auch in der Buchhaltung wiederfinden. Daher bietet es sich an, dass ein mit **Fragen der Rechnungslegung** regelmäßig beschäftigter Dritter, z.B. ein insolvenzerfahrener Wirtschaftsprüfer, die Qualität des Finanzplans des Schuldners gutachterlich beurteilt und damit dann auch zur Qualität der vorläufigen Eigenverwaltungsplanung i. S.d. §§ 270c Abs. 1 Nr. 2 bzw. 270e Abs. 1 Nr. 1 b) InsO Stellung nehmen kann. Auch die Gesetzesbegründung sieht die Unterstützung des Schuldners durch einen Dritten vor[31].

Gemäß § 270e Abs. 1 Nr. 1 c) InsO ist die vorläufige Eigenverwaltung aufzuheben, wenn **43** Haftungsansprüche des Schuldners gegen amtierende oder ehemalige Mitglieder seiner Organe bestehen, deren Durchsetzung in der Eigenverwaltung erschwert werden

---

30 *Blankenburg*, ZInsO 2021, S. 753 (766).
31 BT-Drs. 19/24181, S. 204.

könnte. Gemäß § 280 InsO ist der Sachwalter für die Geltendmachung von Haftungs-ansprüchen und Insolvenzanfechtungsansprüchen zuständig. Auf das Interesse des ge-setzlichen Vertreters der Schuldnerin an der Durchsetzung solcher Ansprüche kann es dementsprechend nicht ankommen[32]. Das bloße Vorliegen solcher Ansprüche kann auch nicht zur Aufhebung des Verfahrens führen, sondern es müssen **besondere Um-stände** bestehen, die eine Geltendmachung erschweren. Hier kommt insb. infrage, dass Organe des Schuldners z.B. Unterlagen, die Grundlage des Haftungsanspruchs sein könnten, beiseiteschaffen. In diesem Falle sollte der Geschäftsleiter jedoch bereits vor Stellung des Insolvenzantrags in Eigenverwaltung durch einen charakterlich zuver-lässigen Geschäftsleiter ersetzt werden.

44   Im Übrigen steht es dem Schuldner jederzeit gem. § 270e Abs. 1 Nr. 5 InsO selbst zu, die **Aufhebung der vorläufigen Eigenverwaltung zu beantragen.** Der vorläufige Sach-walter kann dies gem. § 270e Abs. 1 Nr. 4 InsO nur in Abstimmung mit dem vorläufigen Gläubigerausschuss tun. Dies unterstreicht die Bedeutung des vorläufigen Gläubige-rausschusses gerade vor dem Hintergrund, dass gem. § 270e Abs. 3 InsO der vorläufige Sachwalter nach Aufhebung des vorläufigen Eigenverwaltungsverfahrens zum vor-läufigen Insolvenzverwalter bestellt werden kann.

45   Gemäß § 272 InsO kann die Eigenverwaltung auch nach Eröffnung des Insolvenzver-fahrens aus ähnlichen Gründen und auf Antrag vergleichbarer Personen aufgehoben werden.

2.4   Rechtsstellung der Geschäftsleitung im (vorläufigen) Eigenverwaltungsverfahren

46   Die Rechtsstellung der Geschäftsleitung im vorläufigen und eröffneten Eigenver-waltungsverfahren ist ähnlich. Gemäß § 270 Abs. 1 S. 1 InsO ist die Geschäftsleitung des Schuldners berechtigt, im eröffneten Insolvenzverfahren in Eigenverwaltung **unter der Aufsicht eines Sachwalters** die Insolvenzmasse zu verwalten und über sie zu verfügen. Vor Eröffnung des Insolvenzverfahrens ergibt sich dies, da im vorläufigen Eigenver-waltungsverfahren Beschränkungen der Verfügungsbefugnis wie im vorläufigen Regel-insolvenzverfahren gem. § 21 Abs. 2 InsO eben nicht vorgesehen sind.

47   Aus den eben behandelten Vorschriften erschließt sich, dass der Geschäftsleiter des Schuldners sowohl im vorläufigen als auch im eröffneten Insolvenzverfahren die Gläu-bigerinteressen zu wahren hat. Dies bedeutet insb., dass er die Masse zu sichern und in-solvenzrechtliche Zahlungsverbote, vor allem die besondere Beachtung bei der Bezah-lung von Insolvenzverbindlichkeiten, zu berücksichtigen hat[33]. Verletzt der Geschäfts-leiter einer juristischen Person als Schuldner diese Pflichten, so haftet er gem. § 276a Abs. 2 S. 1 InsO wie ein (vorläufiger) Insolvenzverwalter nach den §§ 60-62 InsO. Es ist aber üblich und sinnvoll, dass diese **Haftung** über eine entsprechende Vereinbarung **auf einen in insolvenzrechtlichen Fragestellungen erfahrenen Berater transferiert** wird. Der Berater hat Sorge zu tragen, dass die Erfüllung insolvenzspezifischer Verpflich-tungen über eine entsprechende Betriebsorganisation der Fortführung im Insolvenz-verfahren abgebildet wird.

---

32   A.A. *Kreutz/Ellers*, in: BeckOK InsO, § 270e, Rn. 3.
33   *Ellers/Kreutz*, in: BeckOK InsO, § 270c, Rn. 36 f.

Gemäß § 270b Abs. 1 S. 1 InsO richtet sich die Rechtsstellung des (vorläufigen) Sach- **48** walters im vorläufigen wie im eröffneten Insolvenzverfahren nach den Regeln der §§ 274 f. InsO. Der Sachwalter beaufsichtigt die Eigenverwaltung der Geschäftsleitung im Innenverhältnis. Er tritt nicht nach außen auf[34]. Da seine **Vergütung** bisher andere Tätigkeiten nicht abdeckte, ist es mit dem SanInsFoG nun möglich, dass das Gericht anordnen kann, dass der Sachwalter den Schuldner i.R.d. Insolvenzgeldvorfinanzierung, der insolvenzrechtlichen Buchführung und der Verhandlungen mit Kunden und Lieferanten unterstützen kann (§ 274 Abs. 2 S. 2 InsO).

Nach § 275 Abs. 1 S. 2 InsO soll der Schuldner Verbindlichkeiten, die zum gewöhnlichen **49** Geschäftsbetrieb gehören, nicht eingehen, wenn der Sachwalter dem widerspricht. Gemäß § 275 Abs. 1 S. 1 InsO soll der Schuldner Verbindlichkeiten, die nicht zum gewöhnlichen Geschäftsbetrieb gehören, nur mit der (vorherigen) **Zustimmung des Sachwalters** eingehen. Gemäß § 276 S. 1 InsO hat der Schuldner die **Zustimmung des Gläubigerausschusses** einzuholen, wenn er Rechtshandlungen vornehmen will, die für das Insolvenzverfahren von besonderer Bedeutung sind. Die Zustimmungen des Sachwalters und des Gläubigerausschusses stehen nebeneinander[35]. Die Zustimmung des Gläubigerausschusses kann den Sachwalter nicht entlasten[36].

Dem gewöhnlichen Geschäftsbetrieb entsprechen Rechtsgeschäfte, die regelmäßig, also **50** täglich abgewickelt werden, oder die sich nach der Satzung als Unternehmensgegenstand ergeben. In der Praxis ist es zu empfehlen, die **Arten von Rechtsgeschäften oder die Umsatzvolumen** von Rechtsgeschäften festzulegen, bei denen der Sachwalter immer einbezogen wird. Um § 275 Abs. 1 S. 1 InsO nicht leerlaufen zu lassen, sollten dem Gläubigerausschuss Rechtsgeschäfte vorgelegt werden, die wesentlich vom gewöhnlichen Geschäftsbetrieb abweichen. Orientieren sollte man sich hier an § 160 Abs. 2 InsO, der z.B. bei der Veräußerung des Geschäftsbetriebs im Ganzen die Zustimmung des Gläubigerausschusses vorsieht.

Im Fall der §§ 275 Abs. 1 und 276 S. 1 InsO hat der Schuldner **Informationspflichten.** Im **51** Fall des § 275 Abs. 1 S. 2 InsO hat der Sachwalter aufgrund seiner **Überwachungsfunktion** gem. § 274 Abs. 2 S. 1 InsO nach wohl überwiegender Meinung die entsprechenden Informationen anzufordern[37]. Handelt der Schuldner ohne die Zustimmung, ist das Rechtsgeschäft im Außenverhältnis wirksam, der Geschäftsleiter macht sich aber ggf. schadensersatzpflichtig. Bei regelmäßiger Verletzung der Pflicht ergibt sich die Notwendigkeit des Einschreitens des Sachwalters gem. § 274 Abs. 3 InsO[38].

Gemäß § 275 Abs. 2 InsO kann der Sachwalter vom Schuldner verlangen, dass alle ein- **52** gehenden Gelder nur vom Sachwalter entgegengenommen und Zahlungen nur vom Sachwalter geleistet werden. Der die **Kassenführung** übernehmende Sachwalter wird in Bezug auf die Kassenführung zum gesetzlichen Vertreter des Schuldners[39]. Er ist berechtigt, über die Konten des Schuldners zu verfügen, Hilfsgeschäfte wie Zahlungs-

---

34 BGH v. 22.11.2018, IX ZR 167/16, NJW 2019, S. 224 (226); BT-Drs. 19/24181, S. 208.
35 *Plaßmeier/Ellers,* in: BeckOK InsO, § 276, Rn. 3.
36 *Plaßmeier/Ellers,* in: BeckOK InsO, § 276, Rn. 4.
37 *Plaßmeier/Ellers,* in: BeckOK InsO, § 275, Rn. 11; *Riggert,* in: Braun, InsO, § 275, Rn. 8.
38 *Riggert,* in: Braun, InsO, § 275, Rn. 7.
39 *Plaßmeier/Ellers,* in: BeckOK InsO, § 275, Rn. 15.

aufforderungen oder Mahnungen vorzunehmen und Verbindlichkeiten zulasten der Masse einzugehen, soweit dies i.R.d. Kassenführung erforderlich ist[40]. Auch bei Übernahme der Kassenführung durch den Sachwalter bleibt der Schuldner verwaltungs- und verfügungsbefugt. Er ist zwar verpflichtet, keine Gelder mehr in Empfang zu nehmen und keine Zahlung mehr zu veranlassen. Seine Rechtsmacht dazu bleibt im Außenverhältnis aber unberührt. Dies bedeutet, dass er schuldbefreiend leisten und auch schuldbefreiend Zahlungen empfangen kann[41].

53 Ob der Sachwalter die Kassenführung übernehmen möchte, liegt im pflichtgemäßen Ermessen des Sachwalters. In der Kommentarliteratur wird hier auf einen möglichen rechtswidrigen oder übermäßigen Geldabfluss verwiesen oder darauf, dass kurzfristig Kredite ohne Zustimmung des Sachwalters unterbunden werden sollen[42]. Sollten solche Vorfälle auftreten, ist jedoch die **Qualifikation der Eigenverwaltung** des Schuldners generell infrage zu stellen. Eine Eigenverwaltung bei einem größeren Unternehmen, bei dem die Eigenverwaltung nahezu sicher mit einem neuen Management verbunden ist, gewinnt kaum dadurch Vertrauen, dass Tausende von Zahlungen im Vorfeld über Anderkonten abgewickelt werden[43].

2.5 Besonderheiten des Schutzschirmverfahrens

54 Hat der Schuldner mit dem Insolvenzantrag **eine mit Gründen versehene Bescheinigung** eines in Insolvenzsachen erfahrenen Steuerberaters, Wirtschaftsprüfers, Rechtsanwalts oder einer Person mit vergleichbarer Qualifikation vorgelegt, aus der sich ergibt, dass drohende Zahlungsunfähigkeit oder Überschuldung, aber keine Zahlungsunfähigkeit vorliegt und die angestrebte Sanierung nicht offensichtlich aussichtslos ist, so bestimmt das Insolvenzgericht gem. § 270d Abs. 1 S. 1 InsO auf Antrag des Schuldners eine Frist zur Vorlage eines Insolvenzplans.

55 Neben dem Insolvenzantrag und dem Antrag auf Eröffnung des Insolvenzverfahrens in Eigenverwaltung kann der Schuldner also einen **Antrag** beilegen, **dass eine Frist zur Vorlage eines Insolvenzplanes bestimmt wird.** Dieser Antrag ist jedoch nicht Voraussetzung für das sog. Schutzschirmverfahren[44]. In jedem Fall hat der Schuldner bei Vorliegen der Voraussetzungen des § 270d Abs. 1 S. 1 InsO die Möglichkeit, gem. § 270d Abs. 2 S. 2 InsO die Person des vorläufigen Sachwalters vorzuschlagen. Das Gericht kann vom Vorschlag des Schuldners nur abweichen, wenn die vorgeschlagene Person offensichtlich für die Übernahme des Amtes nicht geeignet ist. Dies ist vom Gericht schriftlich zu begründen (§ 270d Abs. 2 S. 3 InsO). Eine besondere Sanktion für den Fall eines Verstoßes gegen die Begründungspflicht sieht das Gesetz nicht vor[45]. Ein Insolvenzgericht, das den vorgeschlagenen Sachwalter nicht bestellt, wird im Zweifel der Meinung sein, dass gegen diese Entscheidung ein Rechtsmittel nicht statthaft ist[46]. Jedenfalls mit ablehnender Entscheidung des Insolvenzgerichts leben die Mitwirkungsrechte des vorläufigen Gläubigerausschusses gem. § 270b Abs. 4 InsO wieder auf[47]. Es ist also zu

---

40 *Plaßmeier/Ellers*, in: BeckOK InsO, § 275, Rn. 18.
41 *Plaßmeier/Ellers*, in: BeckOK InsO, § 275, Rn. 17; *Riggert*, in: Braun, InsO, § 275, Rn. 12.
42 *Plaßmeier/Ellers*, in: BeckOK InsO, § 275, Rn. 15.
43 *Riggert*, in: Braun, InsO, § 275, Rn. 15.
44 *Ellers/Martini*, in: BeckOK InsO, § 270d, Rn. 4.
45 *Blankenburg*, ZInsO 2021, S. 753 (763).
46 Zum Meinungsstand: *Ellers/Martini*, in: BeckOK InsO, § 270d, Rn. 52.
47 *Ellers/Martini*, in: BeckOK InsO, § 270d, Rn. 48.

empfehlen, dem Vorschlag des Schuldners die Einverständniserklärungen der Mitglieder des vorläufigen Gläubigerausschusses beizugeben.

Im Gegensatz zu § 270b Abs. 1 S. 1 InsO a.F. kommt es nicht darauf an, dass der **56** Schuldner materiellrechtlich nur drohend zahlungsunfähig oder überschuldet und die angestrebte Sanierung nicht offensichtlich aussichtslos ist. Mit dem § 270d Abs. 1 S. 1 InsO genügt es jetzt, dass eine entsprechende Bescheinigung vorgelegt wird. Mit der Änderung dieser Systematik hat das Gericht also **nur den formalen Aspekt der Bescheinigung zu prüfen**[48]. Mit dem *IDW ES 9 n.F.* liegt ein aktualisierter Vorschlag des Berufsstands für Form und Inhalt der Bescheinigung vor (vgl. Kap. C Tz. 518 ff.). Aus dem Finanzplan gem. § 270a Abs. 1 Nr. 1 InsO ergibt sich, ob der Schuldner zahlungsfähig ist. Wenn ein Konzept für die Durchführung des Insolvenzverfahrens i.S.d. §§ 270a Abs. 1 Nr. 2 InsO vorliegt, ist die angestrebte Sanierung i.d.R. auch nicht offensichtlich aussichtslos. Wenn also ein Antrag auf Eröffnung des Insolvenzverfahrens in Eigenverwaltung begründet ist, so ist ein insolvenzerfahrener Dritter i.d.R. auch in der Lage, eine Bescheinigung gem. § 270d Abs. 1 S. 1 InsO zu erstellen[49]. Wenn denn darum die praktische Relevanz der Bescheinigung infrage gestellt wird[50], so liegt es doch näher, dass der für die Bescheinigung gem. § 270d Abs. 1 S. 1 InsO vorgesehene Dritte auch die Tatbestandsmerkmale des § 270a Abs. 1 Nr. 1 und Nr. 2 InsO beurteilt. An diese Beurteilung ist das Insolvenzgericht nicht gebunden. In jedem Fall sollte eine solche gutachterliche Stellungnahme mit dem Gericht abgestimmt werden.

Die Person des Bescheinigers sollte jedenfalls **insolvenzerfahren** sein[51]. Da mit der **57** Überschuldung und der drohenden Zahlungsunfähigkeit Tatbestandsmerkmale einer Rechtsnorm zu beurteilen sind, muss der Bescheiniger zur rechtlichen Beurteilung solcher Sachverhalte befugt sein.

3. Insolvenzplan

Der Insolvenzplan ist ein rechtliches Werkzeug zur Umsetzung eines betriebswirt- **58** schaftlichen Sanierungskonzepts. Die Aussage findet sich auch in den entsprechenden Regelungen zum darstellenden Teil des Insolvenzplans wieder. Das IDW macht daher in seinem Standard zum Insolvenzplan (*IDW Standard: Anforderungen an Insolvenzpläne (IDW S 2)*) Vorgaben für die **Integration des Sanierungskonzepts in einen Insolvenzplan**. Insoweit kann dann auch bezüglich Inhalt und Anforderungen an das Sanierungskonzept auf die zum Sanierungskonzept gemachten Ausführungen verwiesen werden. Besonderheiten ergeben sich jedoch bei der Umsetzung von finanzwirtschaftlichen Restrukturierungsmaßnahmen über den Insolvenzplan, die daher besonders dargestellt sind. Zentraler Bestandteil - gerade auch noch einmal deutlich gemacht durch die Änderungen zur Insolvenzordnung durch das SanInsFoG mit Wirkung zum 01.01.2021 - ist jedoch die sog. **Quotenvergleichsrechnung**, die die Vorteilhaftigkeit der Regelung des Insolvenzplans gegenüber anderen Sanierungsvarianten aufzeigt.

---

48 *Blankenburg*, ZInsO 2021, S. 753 (765).
49 So im Ergebnis auch *Blankenburg*, ZInsO 2021, S. 753 (765 a.E.).
50 *Blankenburg*, ZinsO 2021, S. 753 (766).
51 *Ellers/Martini*, in: BeckOK InsO, § 270d, Rn. 38.

3.1 Darstellender Teil

59 Gemäß § 219 InsO besteht der Insolvenzplan aus einem darstellenden und einem gestaltenden Teil nebst den Anlagen gem. §§ 229 f. InsO. Während der darstellende Teil informiert, ergeben sich aus dem gestaltenden Teil die rechtlichen Wirkungen des Insolvenzplans[52].

60 Gemäß § 220 Abs. 1 InsO sind im darstellenden Teil Maßnahmen zu beschreiben, die nach Eröffnung des Insolvenzverfahrens getroffen worden sind oder noch getroffen werden sollen, um die Grundlage für die geplante Gestaltung der Rechte der Beteiligten zu schaffen. Auch nach der einschlägigen Kommentarliteratur ist damit nichts anderes als ein sog. **Sanierungskonzept** gemeint[53]. Daneben „muss" gem. § 220 Abs. 2 S. 3 InsO der darstellende Teil auch alle sonstigen Angaben zu den Grundlagen und den Auswirkungen des Plans enthalten, die für die Entscheidung der Gläubiger über die Zustimmung zum Plan und für dessen gerichtliche Bestätigung erheblich sind. Damit soll im Insolvenzplan dargelegt werden, **warum** die Gläubiger eine **Fortführungsentscheidung** des Insolvenzplans unterstützen sollen. § 220 Abs. 2 S. 3 InsO sieht ausdrücklich vor, dass als Alternative zur Insolvenzplanregelung von einer anderen Fortführungsvariante auszugehen ist. Hierbei kann es sich um die Fortführung des Unternehmens nach übertragender Sanierung oder nach einem anderen Insolvenzplan handeln. Für die Gläubiger sollen Varianten zur Planlösung transparent gemacht werden. Auf die i.d.R. für die Gläubiger ungünstigere Zerschlagung des Unternehmens kann gem. § 220 Abs. 3 S. 2 InsO als Alternative nur abgestellt werden, wenn ein Verkauf des Unternehmens oder eine anderweitige Fortführung aussichtslos ist. Auf eine Fortführungsvariante zur Insolvenzplanregelung kann also nur verzichtet werden, wenn dies ausdrücklich begründet wird. Im darstellenden Teil sind die relevanten **Entscheidungsalternativen** zu quantifizieren und insb. qualitative Angaben darüber zu machen, mit welchem Risiko die i.d.R. bessere quantitative Variante der Fortführung über den vorgelegten Insolvenzplan erkauft wird. Komprimiert und vergleichbar gemacht, werden die Varianten in der Quotenvergleichsrechnung einander gegenübergestellt (Kap. D Tz. 62 ff.)

61 Soweit i.S.d. § 229 InsO Gläubiger aus den Erträgen des vom Schuldner oder von einem Dritten fortgeführten Unternehmens befriedigt werden sollen, ist zur Herleitung dieser Variante eine integrierte Bilanz-, Ergebnis- und Finanzplanung beizugeben. Auch diese integrierte Planungsrechnung hat die Anforderungen zu erfüllen, die an eine **Planverprobungsrechnung** im Rahmen eines Sanierungskonzepts zu stellen sind. Die besondere Schwierigkeit bei dieser Planungsrechnung liegt darin, dass gem. § 229 InsO der Stichtag der Planungsrechnung in der Zukunft liegt, da eine Vermögensübersicht beizufügen ist, in der sich die Vermögensgegenstände und Verbindlichkeiten gegenüberstünden, wie dies bei Wirksamwerden des Insolvenzplanes der Fall wäre. Daher ist das Verhalten der Geschäftsleitung in der Eigenverwaltung bzw. des Insolvenzverwalters bis zur Bestätigung des Planes zu antizipieren. Dies gilt für die Anerkennung von Insolvenzforderungen ebenso wie für die Ausübung von Rechten gem. § 103 InsO, die aus einem schwebenden Dauerschuldverhältnis eine Schadenersatzforderung machen können[54].

---

52 *Frank*, in: Braun, InsO, § 221, Rn. 2.
53 *Frank*, in: Braun, InsO, § 221, Rn. 10.
54 *Frank*, in: Braun, InsO, § 229, Rn. 8.

3.1.1 Quotenvergleichsrechnung

Die Quotenvergleichsrechnung ergibt, ob ein Beteiligter am Insolvenzplan i.S.d. §§ 245 **62** Abs. 1 Nr. 1 bzw. 251 Abs. 1 Nr. 2 InsO durch die Regelung des Insolvenzplans voraussichtlich schlechter gestellt wird, als er ohne die Regelung des Insolvenzplans stünde. Neben der **Vorteilhaftigkeitsanalyse** ist damit der Quotenvergleich auch die Grundlage für ein mögliches Rechtsmittel gem. § 253 InsO, falls sich ein Beteiligter durch den Insolvenzplan benachteiligt fühlt.

Die im Folgenden erläuterte Quotenvergleichsrechnung ist angelehnt an die **Muster-** **63** **quotenvergleichsrechnung**, wie sie dem *IDW S 2* als Anlage beigegeben ist.

Beschreibung	Plan (Wert), T€	über- tragende Sanierung, T€	Liquida- tion, T€
Liquide Mittel gem. Status	83	83	83
Forderungen aus L+L gem. Status	16	16	16
Wert Immobilie	5.637	5.400	3.000
Wert bewegliches AV	80	80	80
Anfechtungsansprüche gegen Bank	159	159	159
Anfechtungsansprüche gegen andere	26	26	26
Freie Masse vor Absonderung	**6.001**	**5.764**	**3.364**
Absonderungsrechte	-5.637	-5.400	-3.000
Freie Masse nach Absonderung	**364**	**364**	**364**
Überschuss aus künftiger Unternehmensfortführung			
Zufuhr Eigenkapital	250		
Zwischenergebnis	**614**	**364**	**364**
./. Verfahrenskosten gem. § 54 InsO	-48	-48	-33
./. Sonstige Masseverbindlichkeiten gem. § 55 InsO	-225	-225	-118
= Teilungsmasse	**341**	**91**	**213**
Zur Verteilung an die Insolvenzgläubiger	**341**	**91**	**213**
nicht nachrangige Insolvenzforderungen	868	1.375	3.435
Quote	**39%**	**7%**	**6%**

Nebenrechnungen	Plan (Wert), T€	über-tragende Sanierung, T€	Liquida-tion, T€
Absonderungsrechte (Bsp.)			
Immobilien	5.637	5.400	3.000
BuG	0	0	0
Vorräte	0	0	0
Gesamt	**5.637**	**5.400**	**3.000**
Verfahrenskosten (Bsp.)			
Gerichtskosten	8	11	8
Insolvenzverwalter(Sachwalter)vergütung	35	32	20
Gläubigeraussschuss	5	5	5
Gesamt	**48**	**48**	**33**
Sonstige Masseverbindlichkeiten (Bsp.)			
Restrukturierungsaufwand	202	202	95
Lohnsteuerverbindlichkeiten	6	6	6
Rückstellungen ausstehende Rechnungen	10	10	10
Rückstellung Prozesse	4	4	4
Rückstellung Gewährleistung	3	3	3
Gesamt	**225**	**225**	**118**
nicht nachrangige Insolvenzforderungen (Bsp.)			
Bank	0	507	2.567
Forderung Bank durch Anfechtung	159	159	159
Forderung Andere durch Anfechtung	26	26	26
Altverbindlichkeiten	673	673	673
Rückstellung § 259b Abs. 1 InsO	10	10	10
Gesamt	**868**	**1.375**	**3.435**

Tab. 1: Quotenvergleichsrechnung

64 Die Höhe der „freien Masse vor Absonderung" wird maßgeblich durch den Wert beeinflusst, mit dem eine Immobilie in den einzelnen Varianten berücksichtigt wird. Da im Fall der Liquidation die Immobilie kurzfristig verkauft wird, wird deren Wert in dieser Variante gering eingeschätzt. Der **Unterschied in der Höhe des Wertes der Immobilie**

im Insolvenzplan im Vergleich zum Wert der Immobilie **in der übertragenden Sanierung** ist auch darauf zurückzuführen, dass bei der Übertragung einer Immobilie über den Insolvenzplan die Gesellschaftsanteile so übertragen werden können, dass Grunderwerbsteuer im Gegensatz zur übertragenden Sanierung nicht anfällt. Die Immobilie ist mit dem Grundpfandrecht des maßgeblichen Kreditinstituts als Absonderungsrecht am Grundstück bzw. an der Immobilie belastet.

Der Unterschied zwischen der Variante des Insolvenzplans und der übertragenden Sanierung reduziert sich nach Absonderung auf die im Wege des Insolvenzplans durchgeführte **Kapitalerhöhung** in Höhe von 250 T€. **65**

Die Auswirkung der Höhe der Bewertung der Immobilie und damit die Höhe der Einschätzung des **Wertes des Absonderungsrechts** auf die Höhe der Quote ergibt sich aus der Nebenrechnung. Da das Absonderungsrecht in der Insolvenzplanvariante höher bewertet wird, ist nach der Nebenrechnung ("nicht nachrangige Insolvenzforderungen") der Ausfall des Kreditinstituts geringer und damit ist die Summe der nicht nachrangigen Insolvenzforderungen niedriger als in den anderen Varianten. Daher ist der zur Berechnung der Quote relevante Nenner kleiner und damit die Quote im Insolvenzplan höher als in der Variante zur übertragenden Sanierung. Bei der Berechnung der **Quote der unbesicherten Gläubiger** ist also zu berücksichtigen, dass mit einer höheren Bewertung eines mit einem Absonderungsrecht belasteten Vermögensgegenstands in der Fortführungsvariante die Ausfallforderung des absonderungsberechtigten Gläubigers niedriger und daher i.d.R. die Quote, die auf die unbesicherten nicht nachrangigen Forderungen entfällt, höher ist als in der Zerschlagung bzw. in jeder Variante, in der Absonderungsrechte niedriger bewertet werden. **66**

Gemäß § 259b InsO **verjähren Forderungen** von Insolvenzgläubigern, die nicht bis zum Abstimmungstermin angemeldet worden sind, innerhalb eines Jahres. Der Planersteller hat also zu beurteilen, ob im Zeitraum noch mit weiteren Forderungsanmeldungen zu rechnen ist. Dies ist insb. problematisch, wenn mit einer festen Quote gerechnet wird. Zur Bewältigung dieser Unsicherheiten ist nach Einschätzung des Planerstellers eine Rückstellung zu bilden[55]. **67**

Soll die Insolvenzplanquote aus in der Zukunft durch das Unternehmen zu erwirtschaften Einnahmenüberschüssen dargestellt werden (in der Musterquotenvergleichsrechnung: "Überschuss aus künftiger Unternehmensfortführung"), so sind diese **Einnahmenüberschüsse** zu einem Barwert zu verdichten und bei der Bildung des Barwerts ist über die Höhe der Diskontierungsfaktoren die Wahrscheinlichkeit des Eintritts der Höhe der Einnahmenüberschüsse abzubilden[56]. **68**

3.1.2 Finanzwirtschaftliche Sanierungsmaßnahmen im Insolvenzplan

Neben den im Sanierungskonzept definierten leistungswirtschaftlichen Maßnahmen sind insb. die finanzwirtschaftlichen Maßnahmen zur Sanierung des Unternehmens im Insolvenzplan umfassend zu beschreiben, die über den Insolvenzplan im gestaltenden Teil rechtlich umgesetzt werden (z.B. Kapitalmaßnahmen, Rangrücktritt, Forderungsverzicht etc.). Dies umfasst auch die **Auswirkungen der einzelnen Maßnahmen** auf die **69**

---

55   *IDW S 2*, Tz. 83.
56   *IDW S 2*, Tz. 84.

Rechtsstellung der Beteiligten sowie die steuerrechtlichen Implikationen dieser Maßnahmen.

70 Darzustellen ist auch, inwieweit die Mitwirkung **nicht am Insolvenzverfahren Beteiligter** notwendig ist. Während der Insolvenzplan unmittelbar in die Rechtsstellung der Beteiligten eingreift, sind die ggf. um die Bestätigung des Insolvenzplans aufschiebend bedingten Willenserklärungen der nicht am Insolvenzverfahren Beteiligten in den Anlagen zum Insolvenzplan (z.b. Zeichnungsschein zur Kapitalerhöhung) jeweils zu dokumentieren (vgl. auch § 230 Abs. 3 InsO).

71 Besonderheiten beim Debt-Equity-Swap, beim Forderungsverzicht mit Besserungsschein sowie bei Mängelgewährleistungsansprüchen und streitigen Forderungen sind im Insolvenzplan zu berücksichtigen:

3.1.2.1 Debt-Equity-Swap

72 § 225a Abs. 2 InsO sieht ausdrücklich die Möglichkeit der Umwandlung von Forderungen von Gläubigern in **Anteils- und Mitgliedschaftsrechte am Schuldner** vor (Debt-Equity-Swap). Für die Bestimmung des der umzuwandelnden Forderung entsprechenden Unternehmensanteils ist eine Unternehmensbewertung erforderlich. Hierbei bietet es sich an, auf die Sanierungsplanung und damit auf den Wert des Unternehmens nach Umsetzung des Sanierungskonzepts abzustellen. Bei der Unternehmensbewertung sind unter Berücksichtigung der gegebenen Rahmenbedingungen die methodischen Grundsätze des *IDW Standards: Grundsätze zur Durchführung von Unternehmensbewertungen (IDW S 1 i.d.F. 2008)* zu beachten, wobei sich methodisch bei restrukturierungsbedürftigen Unternehmen insb. sog. Brutto-Verfahren (**DCF-Verfahren**) in Form des WACC- oder des APV-Ansatzes eignen. Besonderes Augenmerk ist dafür auf die Plausibilität der Sanierungsplanung und methodische Besonderheiten bei der Ableitung von Unternehmenswerten in Umbruchsituationen zu legen. Die Sanierungsplanung und die auf dieser Basis vorgenommene Unternehmensbewertung sollten, sofern möglich, über marktorientierte Verfahren (**Multiplikatorverfahren**) plausibilisiert werden. Die im Rahmen von Brutto-Verfahren zu diskontierenden Cashflows sind jene finanziellen Überschüsse, die grundsätzlich allen Kapitalgebern des Unternehmens, d.h. Eigen- und Fremdkapitalgebern, zur Verfügung stehen und auf deren Kapitalpositionen verteilt werden. Der werthaltige Teil der eingebrachten Forderung stellt gleichzeitig die Obergrenze dar, bis zu der das gezeichnete Kapital des Schuldners erhöht werden kann; im Regelfall wird eine Aufteilung in gezeichnetes Kapital und Agio vorgenommen. Eine Differenzhaftung ist gem. § 254 Abs 4 InsO nach Bestätigung des Insolvenzplans ausgeschlossen.

3.1.2.2 Forderungsverzicht (mit Besserungsabrede)

73 Der Forderungsverzicht bedeutet den endgültigen Erlass (§ 397 BGB) einer Schuld durch eine Vereinbarung zwischen Schuldner und Gläubiger. Durch den Forderungsverzicht des Gläubigers ist die Verbindlichkeit in der Handelsbilanz des Unternehmens **erfolgswirksam** aufzulösen. Sofern ein Gesellschafter verzichtet, kann die Auflösung durch Einstellung in die Kapitalrücklage nach § 272 Abs. 2 Nr. 4 HGB auch handelsrechtlich **erfolgsneutral** erfolgen. In der Plan-Bilanz ist die Verbindlichkeit nur insoweit wieder zu passivieren, wie der Besserungsfall voraussichtlich bereits eingetreten sein wird und die Verbindlichkeit damit wiederauflebt.

3.1.2.3 Mängelgewährleistung und streitige Forderungen

Insbesondere bei Schuldnern, die im produzierenden Gewerbe tätig sind, stellt sich die **74**
Frage, wie mit **Mängelgewährleistungsansprüchen** umzugehen ist, die vor Insolvenzeröffnung begründet wurden, möglicherweise jedoch erst nach Eröffnung des Insolvenzverfahrens entstehen. Es handelt sich hierbei um Insolvenzforderungen[57]. Bilanz-
rechtlich wird der Sachverhalt in einer Rückstellung berücksichtigt, die die den anderen
Gruppen zuzuordnenden finanziellen Mittel zunächst mindert. Nach Ablauf der Frist
des § 259b InsO können die Mittel den anderen Insolvenzgläubigern auf der Grundlage
des Insolvenzplans zufließen. Die Rückstellung wird aufgelöst. Um eine zu starke Bindung finanzieller Mittel aufgrund der Bildung von Rückstellungen nach den Regeln des
Bilanzrechts zu verhindern, sollte mit den jeweiligen Gläubigern eine vergleichende Regelung angestrebt werden.

Auch für streitige Insolvenzforderungen sind nach den allgemeinen bilanzrechtlichen **75**
Regeln ggf. **Rückstellungen** zu bilden.

Für Mängelgewährleistungen wie für streitige Forderungen ist eine **Rückstellung** nicht **76**
nach der nominalen Forderungshöhe, sondern unter Berücksichtigung der **Höhe der
Quote** in der Gruppe zu bilden, der die Forderungen nach dem Insolvenzplan zugeordnet werden[58].

3.2 Gestaltender Teil

Im gestaltenden Teil des Insolvenzplans wird verbindlich festgelegt, wie die Rechts- **77**
stellung der Beteiligten durch den Insolvenzplan geändert werden soll (§ 221 InsO). Die
Änderung der Rechtsstellung erfolgt auf Ebene der **Gruppen**, da eine unterschiedliche
Behandlung der Beteiligten in einer Gruppe nur mit Zustimmung dieser Betroffenen
möglich ist (§ 226 Abs. 2 S. 1 InsO). Daher werden die Beteiligten in Gruppen geordnet.
Gemäß § 244 Abs. 1 InsO ist der Insolvenzplan angenommen, wenn in jeder Gruppe die
Mehrheit der abstimmenden Gläubiger dem Plan zustimmt (**Kopfmehrheit**) und die
Summe der Ansprüche der zustimmenden Gläubiger mehr als die Hälfte der Summe der
Ansprüche der abstimmenden Gläubiger ausmacht (**Summenmehrheit**). Kommt in
einer Gruppe eine solche Mehrheit nicht zu Stande, gilt die Zustimmung einer Gruppe
unter bestimmten Voraussetzungen dennoch als erteilt (**Obstruktionsverbot**).

3.2.1 Änderung der Rechtstellung der Beteiligten

§§ 222 ff. InsO enthalten einzelne Regelungen bezüglich der grundsätzlichen Ge- **78**
staltungsmöglichkeiten bei der Erstellung des Insolvenzplans. Die Beteiligten, deren
Rechtsstellung geändert werden kann, sind die absonderungsberechtigten und die unbesicherten Insolvenzgläubiger, die Berechtigten aus gruppeninternen Sicherheiten sowie die Anteilseigner.

Neben den schuldrechtlichen Regelungen können optional deren dinglicher Vollzug **79**
oder entsprechende dingliche Regelungen in den gestaltenden Teil des Insolvenzplans
aufgenommen werden. Wenn **Rechte an Gegenständen** begründet, geändert, übertragen oder aufgehoben, oder Geschäftsanteile an einer Gesellschaft mit beschränkter
Haftung abgetreten werden sollen, gelten die in den Insolvenzplan aufgenommenen

---

57   BGH v. 22.09.2011, IX ZB 121/11, NZI 2011, S. 953.
58   *IDW S 2*, Tz. 48.

Willenserklärungen der Beteiligten als in der vorgeschriebenen Form abgegeben (§ 254a Abs. 1 InsO). So können dingliche Rechte unmittelbar geändert werden (§ 228 InsO). Es können mit Wirkung des Insolvenzplans zudem **alle gesellschaftsrechtsrechtlich zulässigen** Maßnahmen unmittelbar verändert werden (§ 225a Abs. 3 InsO). Eingriffe in das Recht eines Insolvenzgläubigers aus einer **gruppeninternen Drittsicherheit** (§ 217 Abs. 2 InsO) sind gem. § 223a S. 2 InsO angemessen zu entschädigen.

80 Die gleichzeitige Änderung dinglicher und gesellschaftsrechtlicher Verhältnisse empfiehlt sich sowohl aus Gründen der gesteigerten Übersichtlichkeit als auch unter Effizienz- und Kostenaspekten. Dies gilt zunächst, wenn Grundstücke und/oder GmbH-Anteile betroffen sind. Mit dem Beschluss zum Insolvenzplan im Abstimmungstermin sind jedoch auch die anspruchsvollen Formvorschriften zur Änderung der Kapitalverhältnisse von Aktiengesellschaften eingehalten. In jedem Fall ist darauf zu achten, dass die **dinglichen Regelungen dem Bestimmtheitsgrundsatz** genügen. Im Zweifel sollte eine Abstimmung mit dem Registergericht erfolgen.

3.2.2 Gruppenbildung

81 Die Festlegung der (verbleibenden) Rechte der Beteiligten erfolgt in Gruppen (§ 222 InsO). Diese Gruppenbildung ermöglicht es, die besondere Interessenlage bestimmter Beteiligter im Insolvenzplan zu berücksichtigen. Gemäß § 222 Abs. 1 S. 1 InsO sind Gruppen zu bilden, soweit **Beteiligte unterschiedlicher Rechtsstellung** betroffen sind. Dabei sind Beteiligte zum einen nach der Insolvenzordnung zwingend zu Gruppen zusammenzufassen. Zum anderen können Beteiligte mit gleichartigen wirtschaftlichen Interessen zusammengefasst werden.

82 Da Insolvenzpläne als Entscheidungsgrundlage für die Beteiligten aus sich heraus verständlich sein müssen, sollte im darstellenden Teil die **Bildung der Gruppen** (z.B. Begründung der Bildung von Gruppen, Beschreibung der einzelnen Gruppen) **erläutert** werden. Im gestaltenden Teil werden die Gläubiger den einzelnen Gruppen zugeordnet und die Eingriffe in deren Rechtspositionen geregelt.

83 In der Regel sind **für bestimmte Beteiligte Gruppen** vorzusehen, wenn in deren Rechte eingegriffen wird: Dies gilt insb. für die absonderungsberechtigten Gläubiger, den am Schuldner beteiligten Personen und den Inhabern von Rechten aus gruppeninternen Sicherheiten (§ 222 Abs. 1 Nr. 1, Nr. 4, Nr. 5 InsO). Daneben gibt es immer die Gruppe der nicht nachrangigen unbesicherten Insolvenzgläubiger. Dieser Gruppe gehören auch die absonderungsberechtigten Gläubiger mit ihrer Ausfallforderung an. Wird eine Gesellschaft über den Insolvenzplan auch gesellschaftsrechtlich restrukturiert und ist die Gesellschaft über einen Finanzkreditgläubiger, der grundpfandrechtlich gesichert ist, finanziert, erscheinen die Gruppen der Gesellschafter, der absonderungsberechtigten Gläubiger und die Gruppe der nicht nachrangigen unbesicherten Gläubiger als sinnvoll.

84 Daneben können Gruppen für **Arbeitnehmer und Kleingläubiger** gebildet werden. Es ist jedoch zu berücksichtigen, dass die Aufnahme dieser Gläubiger in die Gruppe der nicht nachrangigen unbesicherten Gläubiger den Arbeitnehmern und Kleingläubigern über die Kopfmehrheit in dieser Gruppe einen hohen Einfluss sichert. Daher sind diese Gruppen auch nicht unbedingt zu bilden[59].

---

59 *IDW S 2*, Tz. 60.

Schließlich können gem. § 222 Abs. 2 S. 1 InsO Beteiligte mit **gleichartigen wirtschaft-** **85**
lichen Interessen zusammengefasst werden. Im darstellenden Teil ist zu erläutern, aufgrund welcher gleichartiger wirtschaftlicher Interessen eine bestimmte Gruppe gebildet
wurde und ob alle Beteiligten, deren wichtigste Interessen übereinstimmen, derselben
Gruppe zugeordnet wurden[60]. Solche Gruppen können z.b. für den Fiskus, die Bundesagentur für Arbeit, für Sozialkassen oder jenseits des § 9 Abs. 4 S. 1 BetrAVG für den
Pensionssicherungsverein gebildet werden.

3.2.3 Obstruktionsverbot

Gemäß § 244 Abs. 1 InsO muss jede Gruppe mit dem **entsprechenden Quorum** dem **86**
Insolvenzplan zustimmen. Der Sinn und Wert eines Insolvenzplanes besteht aber gerade
darin, dass am Insolvenzverfahren Beteiligte (Gläubiger, Anteilsinhaber, Inhaber der
Rechte aus gruppeninternen Drittsicherheiten) nicht ohne Grund gegen den Plan stimmen sollen. Daher sieht § 245 InsO ein sog. Obstruktionsverbot vor. Gemäß § 245 InsO
gilt die Zustimmung einer Gruppe als erteilt, wenn die Mehrheit der Gruppen dem Plan
zustimmt (§ 245 Abs. 1 Nr. 3 InsO) und die Angehörigen der nicht zustimmenden
Gruppe(n) durch den Insolvenzplan voraussichtlich nicht schlechter gestellt werden als
sie ohne den Plan stünden (§ 245 Abs. 1 Nr. 1 InsO). Gemäß § 220 Abs. 2 InsO zeigt der
darstellende Teil des Insolvenzplans über die Quotenvergleichsrechnung auf, dass er
gegenüber anderen Varianten von Vorteil ist und damit eine Schlechterstellung der
Gläubiger ausschließt. Seit dem 01.01.2021 sieht § 220 Abs. 2 S. 3 InsO ausdrücklich vor,
dass neben der Fortführung über den Insolvenzplan, wenn möglich, auch andere Fort-
führungslösungen in der Vergleichsrechnung darzustellen sind.

Um die Zustimmung einer Beteiligtengruppe über das Obstruktionsverbot zu ersetzen, **87**
dürfen die Beteiligten in dieser Gruppe zudem nicht schlechter gestellt werden als andere
Beteiligte mit vergleichbarer Rechtsstellung (**angemessene wirtschaftliche Beteiligung**
i.S.d § 245 Abs. 1 Nr. 2 InsO).

Für die Gruppe der Anteilsinhaber bedeutet dies, dass gem. § 245 Abs. 3 Nr. 1 InsO kein **88**
Gläubiger wirtschaftliche Werte erhalten darf, die den vollen Betrag seines Anspruchs
übersteigt, und gem. § 245 Abs. 3 Nr. 2 InsO kein Anteilsinhaber, der ohne einen Plan
den Anteilsinhaber der Gruppe gleichgestellt wäre, bessergestellt wird als diese.

Es darf also ein Gläubiger nach dem Insolvenzplan **nicht mehr** erhalten **als den Nomi-** **89**
nalwert seiner Forderung, da das Gesetz ausdrücklich vom Betrag des Anspruchs und
nicht vom Wert des Anspruchs spricht. Zudem müssen in der Gruppe der Anteilsinhaber alle gleichbehandelt werden. Ein Kapitalschnitt muss also z.B. alle Anteilsinhaber gleich treffen. Dies gilt wohl auch für eine Kapitalerhöhung. Damit könnte ein
Dritter als neuer Gesellschafter aufgenommen werden, weil die Verwässerung alle Gesellschafter gleich trifft[61]. Ob der Insolvenzplan die Zeichnung einer Kapitalerhöhung
durch einen bisherigen Anteilsinhaber allein vorsehen kann, erscheint jedoch fraglich.
Dafür spricht, dass der bisherige Anteilsinhaber, der die Kapitalerhöhung zeichnet, den
entsprechenden Gegenwert auch einbringen muss. Per Saldo ergibt sich also für ihn
keine Besserstellung gegenüber anderen bisherigen Anteilsinhaber. Dagegen spricht,

---

60   BGH v. 07.05.2015, IX ZB 75/14, Rn. 10, NJW 2015, S. 2660.
61   LG Berlin v. 20.10.2014, 51 T 696/14, NZI 2015, S. 66 (70).

dass nicht an der Kapitalerhöhung beteiligte Anteilsinhaber im Ergebnis aus der Gesellschaft gedrängt werden.

90 Eine angemessene wirtschaftliche Beteiligung für die Inhaber der Rechte aus der gruppeninternen Drittsicherheit gem. § 245 Abs. 2a InsO ist gegeben, wenn die Inhaber für den **Verlust der Drittsicherheit** angemessen entschädigt werden.

91 Eine Gruppe der Gläubiger erhält eine angemessene wirtschaftliche Beteiligung gem. § 245 Abs. 2 InsO, wenn kein anderer Gläubiger einen wirtschaftlichen Wert erhält, der den vollen Betrag seines Anspruchs übersteigt (§ 245 Abs. 2 S. 1 Nr. 1 InsO) und kein Gläubiger, der ohne einen Plan gleichrangig mit den Gläubigern der Gruppe zu befriedigen wäre, bessergestellt wird als diese Gläubiger (§ 245 Abs. 2 S. 1 Nr. 3 InsO). Wie bei den Anteilsinhabern darf also kein anderer Gläubiger mehr erhalten als den vollen Betrag seines Anspruchs und ein gleichrangiger Gläubiger darf nicht mehr erhalten als der betroffene Gläubiger. In Abgrenzung zu den Anteilsinhabern ist jedoch vorgesehen, dass weder ein Nachranggläubiger noch ein Anteilsinhaber einen durch Leistung in das Vermögen des Schuldners nicht vollständig ausgeglichenen wirtschaftlichen Wert erhält (§ 245 Abs. 2 S. 1 Nr. 2 InsO). In der Fassung des § 245 Abs. 2 Nr. 2 InsO vor dem SanInsFoG durfte der Anteilsinhaber durch den Insolvenzplan keinen wirtschaftlichen Wert erhalten. Eine Ausgleichsmöglichkeit war in der alten Regelung nicht vorgesehen. Einen wirtschaftlichen Wert erhält der Anteilsinhaber, wenn die Gesellschaft entschuldet wird und der Wert des Eigenkapitals steigt oder erstmals wieder positiv wird[62]. Die in Fn. 62 genannten Autoren stellen auf Fortführungswerte der Aktiva ab. In Übereinstimmung mit dem BGH[63] ist auf den **Wert der Aktiva nach Sanierung** abzustellen. Ein Beispiel: Anlagevermögen i.H.v. 100 € und Umlaufvermögen i.H.v. 50 € mögen unbesicherten Schulden i.H.v. 800 € entgegenstehen. Das Eigenkapital ist also mit 650 € negativ. Sieht nun der Insolvenzplan eine Quote von 10% auf die Gruppe der nicht nachrangigen unbesicherten Gläubiger vor, so verzichten die Gläubiger auf 720 €. Das Eigenkapital ist mit 70 € positiv. Die Zustimmung einer Gläubigergruppe zum Insolvenzplan kann also gem. § 245 Abs. 2 S. 1 Nr. 2 InsO angenommen werden, wenn der Gesellschafter 70 € in die Gesellschaft gibt.

92 Gemäß § 245 Abs. 2 S. 2 InsO kann der Anteilsinhaber auch seine **Mitarbeit als Gegenleistung** einbringen. Handelt es sich bei dem Schuldner um eine natürliche Person oder gibt es an der Geschäftsführung beteiligte Anteilsinhaber, muss eine Gegenleistung nicht erbracht werden, wenn die Mitwirkung dieser Person infolge besonderer, in der Person des Schuldners liegender Umstände unerlässlich ist, um den Planmehrwert zu verwirklichen, und sich die entsprechende Person im Insolvenzplan zur Fortführung des Unternehmens sowie dazu verpflichtet, die wirtschaftlichen Werte, die er während der Fortführung erhält, zu übertragen, wenn die Mitwirkung der Person aus einem von ihm zu vertretenden Grund vor Ablauf von fünf Jahren endet. Gerade bei kleineren inhabergeführten Unternehmen kann die Fortführung des Unternehmens von der Person des Unternehmers häufig nur schwer getrennt werden. Die Regelung hilft einem **Gesellschaftergeschäftsführer**, der möglicherweise auch über persönliche Sicherheiten verhaftet ist, sein Unternehmen durchaus im Interesse der Gläubiger weiterzuführen,

---

62   *Lüer/Streit*, in: Uhlenbruck, InsO, § 245, Rn. 29; *Braun/Frank*, in: Braun, InsO, § 245, Rn. 13.
63   BGH v. 15.01.1990, II ZR 164/88, Rn. 24, NJW 1990, S. 982.

auch wenn der Gesellschaftergeschäftsführer nicht in der Lage ist, eine Gegenleistung zu erbringen.

3.3 Verfahren zum Insolvenzplan

Der Zeit- und Verfahrensablauf zur Erstellung und Bestätigung des Insolvenzplans ist **93** durch die Vorlage- und Berichtspflichten der Insolvenzordnung bestimmt:

- Die Vorlage des Insolvenzplans durch den Schuldner kann gem. § 218 Abs. 1 S. 2 InsO mit dem Antrag auf Eröffnung des Insolvenzverfahrens verbunden werden (Prepacked Plan). Die relevanten **Fristen** beginnen jedoch mit der Eröffnung des Insolvenzverfahrens zu laufen.

- Die Entscheidung des Gerichts über die Zurückweisung des Insolvenzplans hat innerhalb von zwei Wochen (§ 231 Abs. 1 S. 2 InsO) nach der Vorlage des Insolvenzplans zu erfolgen. Bevor die Frist des § 231 Abs. 1 S. 2 InsO in Gang gesetzt wird, sollte dem zuständigen Richter gerade bei komplexeren Plänen das Angebot einer informellen Abstimmung über den Inhalt eines Insolvenzplanentwurfs (**Vorprüfung**) gemacht werden.

- Die **Stellungnahme der** in § 232 Abs. 1 Nr. 1 bis 3 InsO genannten **Beteiligten** (Gläubigerausschuss, Betriebsrat, Sprecherausschuss der leitenden Angestellten sowie Schuldner bzw. Insolvenzverwalter, abhängig davon, wer den Insolvenzplan vorgelegt hat) soll innerhalb von zwei Wochen nach Aufforderung durch das Gericht erfolgen (§ 232 Abs. 3 S. 2 InsO); gemäß § 232 Abs. 4 S. 1 InsO kann das Gericht den Insolvenzplan bereits vor der Entscheidung gem. § 231 InsO zusenden.

- In der Regel im Beschluss über die Eröffnung des Insolvenzverfahrens wird ein **Erörterungs- und Abstimmungstermin** bestimmt, der nicht später als einen Monat nach Niederlegung des Insolvenzplans angesetzt werden soll (§ 235 Abs. 1 S. 2 InsO). Der Termin kann gleichzeitig mit der Einholung der Stellungnahmen bestimmt werden (§ 235 Abs. 1 S. 3 InsO).

- Im Beschluss über die Eröffnung des Insolvenzverfahrens wird auch der **Prüfungstermin für die angemeldeten Forderungen** bestimmt. Der Erörterungs- und Abstimmungstermin für den Insolvenzplan kann nicht vor dem Prüfungstermin stattfinden, sollte mit diesem aber i.d.R. verbunden werden (§ 236 InsO).

- Im **Eröffnungsbeschluss** wird eine Frist zur Anmeldung der Forderungen und dem sich danach ergebenden Prüfungstermin bestimmt. Die Anmeldefrist ist auf einen Zeitraum von mindestens zwei Wochen und höchstens drei Monaten festzusetzen (§ 28 Abs. 1 InsO). Der Zeitraum zwischen dem Ablauf der Anmeldefrist der Forderungen und dem Prüfungstermin soll mindestens eine Woche, höchstens jedoch zwei Monate betragen (§ 29 Abs. 1 Nr. 2 InsO).

- Im Ergebnis ist der Erörterungs- und Abstimmungstermin frühestens drei Wochen nach Eröffnung des Insolvenzverfahrens möglich, wobei dies voraussetzt, dass das Insolvenzgericht die Prüfung über die Zurückweisung des Insolvenzplans bereits abgeschlossen und in dieser Zeit die Stellungnahmen nach § 232 InsO eingeholt hat.

- Wird der Insolvenzplan im Erörterungs- und Abstimmungstermin von den Gläubigern angenommen und vom Gericht noch im Termin bestätigt, läuft die **Rechtsmittelfrist** von zwei Wochen (§ 253 Abs. 1 InsO; § 569 Abs. 1 S. 1 ZPO i.V.m. § 4 InsO). Sodann treten – soweit keine sofortige Beschwerde zulässig erhoben wird – die Rechtskraft der Bestätigung und damit die im gestaltenden Teil festgelegten Wirkungen (§ 254 Abs. 1 InsO) ein. Sobald die Voraussetzungen des § 258 Abs. 2 InsO vorliegen, kann die Aufhebung des Insolvenzverfahrens beantragt werden.

Abb. 1: Zeit- und Verfahrensablauf (entspricht Abb. 1 zum *IDW S 2*)

94 Der geschilderte Ablauf ist in zeitlicher Hinsicht **idealtypisch** und wird so nicht immer umsetzbar sein.

4. Restrukturierungsplan

95 Mit dem StaRUG wird die Richtlinie 2019/1023 des europäischen Parlaments und des Rates vom 20.06.2019 insb. über den präventiven Restrukturierungsrahmen und die Entschuldung in deutsches Recht umgesetzt. Über das StaRUG soll die Möglichkeit gegeben werden, mit **Konsensstörern** umzugehen, ohne die negative Publizität eines Insolvenzverfahrens in Kauf nehmen zu müssen[64].

96 Das Verfahren des StaRUG zur Ableitung eines Restrukturierungsplans setzt im Gegensatz zur Ableitung eines Insolvenzplans kein Insolvenzverfahren voraus. Dies schränkt zum einen die rechtlichen Möglichkeiten im Restrukturierungsplan ein und verlangt zum anderen, dass ein eigenes Verfahren zur Ableitung des Restrukturierungsplans vorgesehen ist und dass während dieser Zeit der Schuldner vor Eingriffen der Gläubiger geschützt ist. Weiterer relevanter **Unterschied zwischen einem Restrukturierungsplan und einem Insolvenzplan** ist, dass die Beteiligten ausgesucht werden können, in deren Rechte durch ein Restrukturierungsplan eingegriffen werden soll. Zudem wird das Verfahren zum Restrukturierungsplan nicht publiziert. Im Übrigen sind insb. die Inhalte eines Restrukturierungsplans und eines Insolvenzplans ähnlich.

---

64 BT-Drs. 19/24181, S. 84.

4.1 Überblick

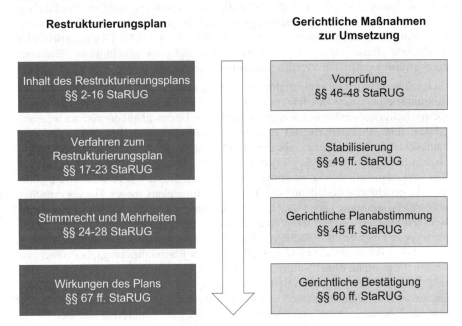

Abb. 2: Überblick der Regelungen zum Inhalt, Verfahren und Abstimmung über den Restrukturierungsplan im StaRUG

In der Abbildung ist aufgezeigt, wo sich im StaRUG die Regelungen zu Inhalt, Verfahren **97** und Abstimmung über den Restrukturierungsplan befinden. Parallel zur Ableitung des Restrukturierungsplans sind im StaRUG **Stabilisierungs- und Restrukturierungs-instrumente** vorgesehen, die den Verfahrensablauf vorgeben (Regelungen zur gerichtlichen Planabstimmung und gerichtlichen Planbestätigung) und sichern (Stabilisierung). Der Pfeil zeigt die logische Abfolge des Verfahrens zur Herleitung des Restrukturierungsplans und die zeitliche Abfolge des Einsatzes der verfahrensleitenden Instrumente auf. Die Wirkungen des Restrukturierungsplans sind den Wirkungen des Insolvenzplans ähnlich, ergeben sich jedoch erst nach der Bestätigung des Restrukturierungsplans durch das Restrukturierungsgericht.

4.2 Verfahren zum Restrukturierungsplan

Im Gegensatz zum Insolvenzplan kann das Verfahren zur Bestätigung des Restruk- **98** turierungsplans unterschiedlich gestaltet werden. Es ist zunächst vorgesehen, dass der Schuldner das an die Planbetroffenen gerichtete Angebot, den Restrukturierungsplan anzunehmen (Planangebot), mit einer Frist von 14 Tagen zur Annahme zusendet (§§ 17 Abs. 1 S. 1, 19 S. 2 StaRUG). Alternativ kann der Schuldner den Restrukturierungsplan im Rahmen einer Versammlung der Planbetroffenen zur Abstimmung stellen (§ 20 Abs. 1 S. 1 StaRUG). Schließlich kann der Schuldner den Restrukturierungsplan **in einem gerichtlichen Verfahren zur Abstimmung** stellen (§ 23 StaRUG). Erst mit der Bestätigung des Restrukturierungsplan durch das Restrukturierungsgericht treten die im gestaltenden Teil festgelegten Wirkungen auch im Verhältnis zu den Planbetroffenen ein, die gegen den Plan gestimmt haben oder die an einer Abstimmung nicht teilgenommen haben (§ 67 Abs. 1 StaRUG). Ist die Planabstimmung nicht im gerichtlichen Verfahren erfolgt, wird die Abstimmung außerhalb des gerichtlichen Verfahrens vor der Bestätigung des Plans nochmals überprüft (§ 60 Abs. 1 S. 3 StaRUG). Da eine gerichtliche Bestätigung sinnvoll ist, sollte auch die Abstimmung im gerichtlichen Verfahren durchgeführt werden. Ein Verfahrensschritt wird so gespart.

99 Da ein Gesamtvollstreckungsverfahren nicht vorgesehen ist, müssen zur Ableitung des Restrukturierungsplans Verfahrenshilfen und Vollstreckungs- bzw. Verwertungssperren beantragt werden können, die in der obigen Übersicht auf der rechten Seite abgebildet sind. Abzugrenzen sind zunächst die Maßnahmen zur Erreichung der Verbindlichkeit der Restrukturierungsplanung. Die Verbindlichkeit des Restrukturierungsplans auch für Planbetroffene, die gegen den Plan gestimmt haben, wird durch eine gerichtliche Planabstimmung erleichtert und die Wirkung des Restrukturierungsplans setzt die gerichtliche Bestätigung des Restrukturierungsplans voraus. Die über die Stabilisierungsanordnung gem. § 49 Abs. 1 StaRUG zu erreichenden **Vollstreckungs- und Verwertungssperre** sichert das Verfahren bis zur Bestätigung des Restrukturierungsplans gegen Eingriffe von Gläubigern. Im Rahmen der gerichtlichen Planabstimmung (§ 46 StaRUG) oder isoliert (§ 47 StaRUG) kann der Restrukturierungsplan vorgeprüft werden. Gegenstand dieser Vorprüfung kann gem. § 46 Abs. 1 S. 2 StaRUG jede Frage sein, die für die Bestätigung des Restrukturierungsplans erheblich ist, insb. in Bezug auf die Auswahl der Planbetroffenen und die Einteilung der Planbetroffenen in Gruppen sowie die Zuteilung von Stimmrechten (§ 46 Abs. 1 S. 2 Nr. 1 und Nr. 2 StaRUG)

100 Voraussetzung für die Inanspruchnahme der Verfahrenshilfen und Vollstreckungs- bzw. Verwertungssperren ist gem. § 31 StaRUG, dass die Restrukturierungssache bei Gericht rechtshängig gemacht wird. Gem. § 29 Abs. 1 StaRUG muss der Schuldner drohend zahlungsunfähig sein, ohne überschuldet oder zahlungsunfähig zu sein (siehe Abschnitt 1.1). Der Anzeige der Restrukturierungssache ist gem. § 31 Abs. 2 S. 1 Nr. 1 StaRUG ein Konzept für die Restrukturierung beizugeben, gem. § 31 Abs. 2 S. 1 Nr. 2 StaRUG eine Darstellung des Stands von Verhandlungen mit Gläubigern und gem. § 31 Abs. 2 S. 1 Nr. 3 StaRUG eine Darstellung der Vorkehrungen, welche der Schuldner getroffen hat, seine Fähigkeit sicherzustellen, Pflichten nach dem StaRUG zu erfüllen. Grundlage der Rechtshängigkeit der zunächst vorläufigen Restrukturierungssache sind also dieselben Inhalte wie die des Antrags auf Anordnung einer Eigenverwaltung gem. § 270a Abs. 1 Nr. 2, Nr. 3 und Nr. 4 InsO. Insoweit kann auf die Ausführungen verwiesen werden. Gemäß § 31 Abs. 1 S. 2-4 StaRUG hat der Anzeigende zudem Angaben zu machen, aus denen das Restrukturierungsgericht schließen kann, ob von Amts wegen ein **Restrukturierungsbeauftragter** gem. § 73 StaRUG obligatorisch zu bestellen ist. So ist etwa gem. § 31 Abs. 2 S. 3 StaRUG anzugeben, ob damit zu rechnen ist, dass das Restrukturierungsziel nur gegen den Widerstand einer nach Maßgabe des § 9 StaRUG zu bildenden Gruppe durchgesetzt werden kann. Dies ist gem. § 73 Abs. 2 StaRUG neben anderen ein Grund, einen Restrukturierungsbeauftragten zu bestellen.

4.3 Stabilisierungsanordnung

101 Ist die Restrukturierungssache durch einen zulässigen Antrag rechtshängig gemacht worden, kann der Schuldner eine gerichtliche Planabstimmung (§ 45 StaRUG), eine gerichtliche Vorprüfung (§ 47 StaRUG) und eine Bestätigung des Restrukturierungsplans

(§ 60 StaRUG) beantragen. Um über eine Stabilisierungsanordnung eine Vollstreckungssperre bzw. Verwertungssperre im Sinn des § 49 StaRUG zu erreichen, müssen **weitere Voraussetzungen** vorliegen. Der Schuldner muss neben den Unterlagen des § 31 Abs. 2 StaRUG einen Finanzplan vorlegen (§ 50 Abs. 2 Nr. 2 StaRUG) und gem. § 50 Abs. 3 StaRUG die Erklärungen abgeben, die auch gem. § 270a Abs. 2 InsO einem Antrag auf Anordnung der Eigenverwaltung beigegeben werden müssen. Diese betreffen die pünktliche Bezahlung relevanter Verbindlichkeiten, die Anordnung von Vollstreckung- oder Verwertungssperren und die Einhaltung der Publizitätspflichten nach HGB. Insoweit kann auf die Ausführungen zu Kap. D Tz. 33 verwiesen werden.

4.3.1 Voraussetzung der Stabilisierungsanordnung

Gemäß § 51 Abs. 1 S. 1 StaRUG ergeht die Stabilisierungsanordnung, wenn die von dem **102** Schuldner vorgelegte Restrukturierungsplanung vollständig und schlüssig ist und keine Umstände bekannt sind, wie sie in den Nr. 1-4 des § 51 Abs. 1 S. 1 StaRUG genannt sind. Aus der Formulierung „vorgelegte Restrukturierungsplan vollständig und schlüssig ist und keine Umstände bekannt sind" ergibt sich, dass das Gericht die Restrukturierungsplanung auf ihre **formale Vollständigkeit** prüft und im Übrigen nur eine Plausibilitätskontrolle der Restrukturierungsplanung vornimmt. Hierdurch soll sichergestellt werden, dass die Stabilisierungsanordnung, die unter Umständen zeitkritisch sein kann, nicht erst nach einer langwierigen Prüfung ergehen kann, für die ggf. sogar die Einschaltung eines Restrukturierungsbeauftragten als Sachverständigen erforderlich wäre. Durch den Ausschluss der Anordnung, wenn bestimmte Umstände bekannt sind, soll verhindert werden, dass das Gericht wider besseren Wissens eine Stabilisierungsmaßnahme anordnet, obwohl es von den bestimmten Umständen Kenntnis hat[65].

4.3.2 Rechtsfolge einer Verwertungssperre

Im Antrag auf die Stabilisierungsanordnung sind gem. § 50 Abs. 1 StaRUG Inhalt, **103** **Adressatenkreis und Dauer der Anordnung** zu bezeichnen. Zur Begrenzung des Adressatenkreises bietet es sich an, die Stabilisierungsanordnung auf diejenigen Gläubiger zu konzentrieren, die bereits die Vollstreckung gegen den Schuldner eingeleitet oder angekündigt haben. Im Sinne der Verhältnismäßigkeit sollte der Adressatenkreis so eng wie möglich und so weit wie nötig gefasst werden. Eine pauschale Anordnung, die per se alle Gläubiger umfassen soll, verbietet sich und ist mit dem Sinn und Zweck der Vorschrift nicht vereinbar[66]. Mit der Stabilisierungsanordnung gem. § 49 Abs. 1 Nr. 1 StaRUG können Maßnahmen der Zwangsvollstreckung sowohl in das bewegliche als auch in das unbewegliche Vermögen des Schuldners untersagt oder einstweilen eingestellt werden. Eine Verwertungssperre gem. § 49 Abs. 1 Nr. 2 StaRUG sieht vor, dass bewegliche Vermögensgegenstände, die im Falle der Eröffnung eines Insolvenzverfahrens als Ab- oder Aussonderungsrechte geltend gemacht werden könnten, von dem Gläubiger nicht durchgesetzt werden dürfen und dass solche Gegenstände zur Fortführung des Unternehmens des Schuldners eingesetzt werden können, soweit sie hierfür von erheblicher Bedeutung sind. Nach der Gesetzesbegründung soll im Falle der Verwertungssperre der Gläubiger, nur weil Schulden nicht zurückgezahlt wurden, Leistungen aus im Wesentlichen noch zu erfüllenden Verträgen nicht verweigern dürfen, diese

---

65   BT-Drs. 19/24181, S. 155.
66   *Pannen/Riedemann/Smid*, StaRUG, § 50, Rn. 9.

Verträge nicht kündigen, vorzeitig fällig stellen oder in sonstiger Weise zum Nachteil des Schuldners ändern dürfen[67]. Im Einzelnen sind die Regelungen im Falle der Verwertungssperre jedoch differenzierter:

- § 55 Abs. 1 S. 1 StaRUG knüpft an die Situation an, in der der Schuldner einem Gläubiger zum Zeitpunkt der Stabilisierungsanordnung eine vertraglich geschuldete Leistung schuldig geblieben ist. Der Gläubiger darf dann allein wegen des bestehenden Rückstands **kein Leistungsstörungsrecht** wie vor allem die Verweigerung der Leistung nach § 273 BGB, sowie Vertragsbeendigungs- oder abänderungsrechte geltend machen.

- Diese Regelung kann der Gläubiger auch nicht umgehen, indem er für den Fall der Rechtshängigkeit der Restrukturierungssache oder der Inanspruchnahme von Stabilisierungsanordnungen die Kündbarkeit oder die Unwirksamkeit des Vertrages vorsieht (**Verbot von Lösungsklauseln** gem. § 44 Abs. 1 StaRUG).

- Der Gläubiger darf sich jedoch auf das **Leistungsverweigerungsrecht** des § 320 BGB berufen, da § 55 Abs. 1 StaRUG gerade keine Vorleistungsverpflichtung begründen möchte[68].

- Auch wenn der Gläubiger im Falle des § 273 BGB de facto vorleistungspflichtig ist, kann er jedoch, wie jeder andere vorleistungspflichtige Gläubiger, gem. § 55 Abs. 3 S. 1 StaRUG Sicherheit oder die Erbringung der **Gegenleistung Zug um Zug** verlangen.

- Ausdrücklich unberührt bleibt gem. § 55 Abs. 3 S. 2 StaRUG das Recht eines Darlehensgebers, das **Darlehen** vor dessen Auszahlung (wie gem. § 55 Abs. 3 S. 3 StaRUG auch der Kreditzusage) wegen einer Verschlechterung der Vermögensverhältnisse des Schuldners zu **kündigen**. Da Voraussetzung für den Antrag auf eine Stabilisierungsanordnung gem. § 29 Abs. 1 StaRUG aber gerade die drohende Zahlungsunfähigkeit des Schuldners ist, liegt eine Verschlechterung der Vermögensverhältnisse im Falle des Antrags auf Erlass einer Stabilisierungsanordnung in der Regel vor. Im Ergebnis sollte dieser Gläubiger überzeugt werden, dass die Umsetzung des Inhalts des Restrukturierungplans für ihn von Vorteil ist.

- Führt die Kündigung zur Zahlungsunfähigkeit des Schuldners, kann das Gericht dennoch von der Aufhebung der Restrukturierungssache gem. § 33 Abs. 2 Nr. 1 absehen, wenn die Erreichung des Restrukturierungsziels trotzdem überwiegend wahrscheinlich ist (3. Teilsatz) oder wenn eine Aufhebung nicht im Interesse der Gesamtheit der Gläubiger liegt (2. Teilsatz). Nach der Gesetzesbegründung sollte im letzten Fall die Bestätigung eines bereits angenommenen Restrukturierungsplans kurz vor dem Abschluss stehen[69].

- Ähnlich § 21 Abs. 2 S. 1 Nr. 5 InsO sind dem Gläubiger **Zinsen** zu zahlen. Der durch die Nutzung eintretende Wertverlust ist durch laufende Zahlungen auszugleichen (§ 54 Abs. 1 S. 1 StaRUG). Dies gilt jedoch nur, wenn mit einer Befriedigung des Gläubigers aus einem **potenziellen Verwertungserlös** zu rechnen ist (§ 54 Abs. 1 S. 2 StaRUG).

- Bei der Einziehung von abgetretenen Forderungen und dem Verkauf von zur Sicherung übereigneter Gegenstände sind die Verwertungserlöse auszukehren. Dies gilt

---

67 BT-Drs. 19/24181, S. 158.
68 BT-Drs. 19/24181, S. 158.
69 BT-Drs. 19/24181, S. 139.

jedoch nicht, wenn mit dem Gläubiger eine andere Vereinbarung, etwa in Form eines unechten **Massekredits**, getroffen wird (§ 54 Abs. 2 StaRUG).

Zu berücksichtigen ist, dass der Gläubiger gem. § 49 Abs. 2 StaRUG die Aufhebung der **104** Verwertungssperre verlangen kann, wenn er das Vorliegen eines Beendigungsgrundes glaubhaft macht.

4.4 Inhalt des Restrukturierungsplans

Der Inhalt des Restrukturierungsplans unterscheidet sich nicht wesentlich vom Inhalt **105** eines Insolvenzplans. Auch der Restrukturierungsplan besteht gem. § 5 S. 1 StaRUG aus einem darstellenden und einem gestaltenden Teil. Auch der darstellende Teil enthält gem. § 6 Abs. 1 StaRUG ein Sanierungskonzept und gem. § 6 Abs. 2 StaRUG eine Quotenvergleichsrechnung. Das Sanierungskonzept ist gem. § 14 Abs. 1 StaRUG mit einer Erklärung zu versehen, dass die drohende Zahlungsunfähigkeit des Schuldners durch den Restrukturierungsplan beseitigt wird, und dass die **Bestandsfähigkeit des Schuldners** sicher- oder wiederhergestellt ist. Gemäß § 7 Abs. 1 StaRUG liegt auch der gestaltende Teil des Restrukturierungsplan fest, wie die Rechtsstellung der vom Plan betroffenen durch den Plan geändert werden soll.

4.4.1 Zu gestaltende Rechte

Die **Anzahl der Rechtsstellungen, in die eingegriffen werden kann, ist** jedoch gegen- **106** über den Möglichkeiten des Insolvenzrechts **beschränkt**. Gemäß § 2 Abs. 1 StaRUG können sog. Restrukturierungsforderungen ähnlich wie Insolvenzforderungen und sog. Absonderungsanwartschaften ähnlich wie Absonderungsrechte gestaltet werden. Beruhen die Restrukturierungsforderungen oder Absonderungsanwartschaften auf einem mehrseitigen Rechtsverhältnis, z.B. auf einem mehrseitigen Kreditvertrag, so können auch Einzelbestimmungen in diesem Rechtsverhältnis durch den Restrukturierungsplan gestaltet werden (§ 2 Abs. 2 S. 1 StaRUG). Bis auf diese mehrseitigen Rechtsverhältnisse kann jedoch nicht in schwebende Rechtsverhältnisse eingegriffen werden (§ 3 Abs. 2 StaRUG). Hingegen können Restrukturierungsforderungen, die bedingt oder noch nicht fällig sind, gestaltet werden (§ 3 Abs. 1 StaRUG). Im Gegensatz zu § 222 Abs. 3 InsO können Forderungen von Arbeitnehmern aus dem Arbeitsverhältnis (§ 4 S. 1 Nr. 1 StaRUG) und Verpflichtungen gegenüber dem Betriebsrat nach dem BetrVG nicht gestaltet werden (§ 92 StaRUG). Gerade die fehlende Möglichkeit, den Schuldner wirtschaftlich überfordernde Dauerschuldverhältnisse und unrentable Aufträge wie in den §§ 103 ff. InsO zu beenden, erschwert die Restrukturierung des Schuldners über den Restrukturierungsplan wesentlich. Es können also **Altschulden**, in denen sich Verluste der Vergangenheit materialisiert haben, gestaltet werden. Es ist jedoch nicht möglich, für die Zukunft aus Dauerschuldverhältnissen entstehende Verluste zu vermeiden.

4.4.2 Auswahl der Planbetroffenen

Die von den Rechtswirkungen des Restrukturierungsplans Betroffenen (Planbetroffene) **107** ergeben sich nicht nach dem Restrukturierungsrecht, sondern gem. § 8 StaRUG nach der Auswahl durch den Planersteller. Nach § 8 Abs. 1 S. 1 StaRUG hat die **Auswahl nach sachgerechten Kriterien** zu erfolgen und ist im darstellenden Teil des Plans anzugeben und zu erläutern. Das StaRUG macht jedoch Vorgaben für die Auswahl:

- Naturgemäß können nur solche Gläubiger vom Restrukturierungsplan betroffen sein, in deren Rechte auch eingegriffen werden darf (§ 8 Nr. 3 StaRUG). **Arbeitnehmer scheiden also aus.**

- Auf der anderen Seite können Gläubiger vom Restrukturierungsplan ausgenommen werden, **wenn deren Forderungen** auch im Fall der Insolvenz **voraussichtlich vollständig erfüllt würden** (§ 8 Nr. 1 StaRUG).

- Weiter können alle übrigen Gläubiger betroffen sein, wenn die Forderungen von Kleingläubigern oder auch von Klein- und Kleinstunternehmen sowie mittleren Unternehmen nicht berührt werden (§ 8 S. 2 Nr. 2 2. HS StaRUG).

- Umgekehrt können ausschließlich Finanzverbindlichkeiten und deren Sicherheiten restrukturiert werden (§ 8 S. 2 Nr. 2 1. HS StaRUG).

- Abschließend gilt nach der Generalklausel gem. § 8 S. 2 Nr. 2 StaRUG, dass die Differenzierung nach der Art der zu bewältigenden wirtschaftlichen Schwierigkeiten des Schuldners und den Umständen nach **angemessen** erscheinen soll. Maßstab ist insoweit das Ziel, die Restrukturierungslösung überhaupt realisieren zu können[70].

4.4.3 Gruppenbildung und Obstruktionsverbot

108 Gemäß § 9 Abs. 1 S. 2 StaRUG ist ähnlich dem Insolvenzplan zwischen

- Inhabern von Absonderungsanwartschaften (Nr. 1),
- Inhabern von nicht nachrangigen Forderungen (Nr. 2),
- nachrangigen Insolvenzforderungen im Falle einer Insolvenz (Nr. 3),
- Inhabern von Anteils- oder Mitgliedschaftsrechten (Nr. 4),
- sowie Rechten der Gläubiger von Drittsicherheiten, soweit in diese Rechte eingegriffen wird (S. 3)

zu **unterscheiden.**

109 Auch im Restrukturierungsplan müssen alle gebildeten Gruppen dem Restrukturierungsplan zustimmen. Innerhalb einer Gruppe müssen ¾ **der Stimmrechte** dem Plan zustimmen (§ 25 Abs. 1 StaRUG). Die Regelungen zum Obstruktionsverbot in den §§ 26, 27 und 28 StaRUG entsprechen der Regelung des § 245 InsO mit zwei Ausnahmen:

110 § 27 Abs. 1 Nr. 3 StaRUG und § 245 Abs. 2 S. 1 Nr. 3 InsO sehen vor, dass kein planbetroffener Gläubiger, der in einem Insolvenzverfahren gleichrangig mit den Gläubigern einer Gruppe zu befriedigen wäre, bessergestellt wird als diese Gläubiger. § 28 Abs. 1 S. 1 StaRUG durchbricht diese Regel für den Fall, dass dies nach der Art der zu bewältigenden wirtschaftlichen Schwierigkeiten und nach den Umständen sachgerecht ist. Nach der Gesetzesbegründung ist damit gemeint, dass es **Gläubiger** gibt, die so **wichtig für den operativen Geschäftsbetrieb** des Schuldners sind (z.B. Lieferanten, die für die Zukunft des Unternehmens zu gewinnen sind), dass sie von den Beeinträchtigungen und Eingriffen des Restrukturierungsplans zu verschonen oder weniger in Mitleidenschaft zu ziehen sind[71]. Stärker in Anspruch genommen werden können insb. auch Finanzkreditgläubiger, die Verluste der Vergangenheit finanziert haben. Diese können überstimmt werden, obwohl Gläubiger mit dem gleichen Rang in der überstimmenden Gruppe bessergestellt werden. Dies hat allerdings gem. § 28 Abs. 1 S. 2 StaRUG seine

---

70 BT-Drs. 19/24181, S. 118.
71 BT-Drs. 19/24181, S. 129.

Grenze, wenn die Rangklasse der überstimmten Gläubiger gruppenübergreifend mehr als die Hälfte der Stimmrechte der Rangklasse der Gläubiger ausmacht[72].

Im Gegensatz zu § 245 Abs. 2 S. 2 InsO muss ein Anteilsinhaber nur dann nicht eine **111** Gegenleistung für einen wirtschaftlichen Vorteil aus dem Plan erbringen, wenn seine Mitarbeit für die Fortführung des Unternehmens unerlässlich ist, sondern auch gem. § 28 Abs. 2 Nr. 2 StaRUG, wenn die Eingriffe in die Rechte der Gläubiger geringfügig sind, insb. die Rechte nicht gekürzt werden und deren Fälligkeit nicht mehr als 18 Monate verschoben werden. Es handelt sich um eine Regelbeispiel. Denkbar sind daher neben einer Stundung auch **geringfügige Forderungsverzichte**, insb. von kleineren Gläubigergruppen, deren Anteil am Restrukturierungserfolg dann aber auch nur als geringfügig einzustufen ist[73].

72   BT-Drs. 19/25353, S. 7.
73   *Braun*, StaRUG, § 28, Rn. 16.

Kapitel E

Rechnungslegung und Prüfung in der Krise und in der Insolvenz

Verfasser:
WP StB Dipl.-Kfm. Christoph Hillebrand, Köln

1. Einleitung

Die handelsrechtliche Rechnungslegung existiert seit Jahrhunderten und hat damit auf- **1**
bauend auf kaufmännischer Übung ein breites Normengerüst und natürlich auch eine
umfangreiche Erläuterung im Schrifttum und in der Rechtsprechung erhalten[1]. Die In-
solvenzrechnungslegung, die heute, in Abgrenzung zur externen Rechnungslegung,
„interne Rechnungslegung" genannt wird, war in der Konkursordnung nicht geregelt.
Heute enthält ein Teil der Insolvenzordnung konkrete Hinweise und Regelungen zum
Verzeichnis der Massegegenstände, zum Gläubigerverzeichnis, zur Vermögensübersicht
oder auch zur Schlussrechnung. Die handelsrechtliche Rechnungslegung wurde nur in
ganz wenigen Normen in der Insolvenzordnung geregelt.

Für beide Bereiche gilt, dass vieles weder abschließend geregelt noch umfassend angewandt wird. Die richterliche Rechtsfortbildung trägt hier nach und nach zur Klarstellung
bei.

Aber nicht nur im Insolvenzverfahren, sondern auch vor der Insolvenz kann die Kri- **2**
sensituation des Unternehmens besondere Rechnungslegungsvorschriften bedingen. So
unterscheiden wir heute auch zwischen der Rechnungslegung **vor und in der Insolvenz**.

2. Rechnungslegung vor der Insolvenz

Wenn sich das Unternehmen in der Krise, aber noch nicht in der Insolvenz befindet, **3**
ergeben sich bereits enorme Auswirkungen auf das Rechnungswesen und den JA. Zu
beachten sind vor allem besondere Ansatz- und Bewertungsvorschriften, ebenso wie
Berichtspflichten im Anhang und im LB.

2.1 Going Concern oder Break-up?

Die Begriffe „Going Concern" und „Break-up" bzw. „Non-Going Concern" werden in **4**
vielfältiger Art und Weise genutzt, um Krisensituationen zu beschreiben oder auch i.S.
eines **Going Concern** eine Krisensituation mit positiver Perspektive zu schildern.

Tatsächlich sind diese Begriffe jedoch reine Bewertungsregeln der handelsrechtlichen **5**
Rechnungslegung.

Going Concern steht für die Fortführung des Unternehmens. Der **Going-Concern-** **6**
Grundsatz[2] ist für das gesamte Rechnungswesen und die ihm zugrunde liegenden
Prinzipien prägend. Er hat Einfluss auf die Ansatz- und Bewertungsvorschriften in der
Buchhaltung und in der Bilanz[3]. Zentral ist daher die Frage, ob weiter von einer Fort-
führung des Unternehmens ausgegangen werden kann[4]. Bestehen bereits Anzeichen für
wesentliche Unsicherheiten (im Folgenden: bestandsgefährdende Risiken), muss eine
Fortführungsprognose nach § 252 Abs. 1 Nr. 2 HGB erstellt werden.

---

1   Siehe hierzu auch: *Klein.*
2   Weiterführende Literatur: *Hillebrand/Niering*, S. 305; *Zwirner*, in: Beck StB-HB[18], Rn. 74-74b.
3   *IDW Stellungnahme zur Rechnungslegung: Auswirkungen einer Abkehr von der Going-Concern-Prämisse
     auf den handelsrechtlichen Jahresabschluss (IDW RS HFA 17)* (Stand: 08.09.2016), Tz. 4 ff.; *Hillebrand*, BBB
     2007, S. 153.
4   *IDW Prüfungsstandard: Die Beurteilung der Fortführung der Unternehmenstätigkeit im Rahmen der Ab-
     schlussprüfung (IDW PS 270 n.F. (10.2021))* (Stand: 29.10.2021), Tz. 1.

> **Beispiel 1:**
>
> Folgendes macht die Bedeutung des Going Concern für den **Ansatz sowohl von Vermögen als auch von Schulden** in der Bilanz deutlich: Sofern das Unternehmen im Ganzen fortgeführt wird, müssen die Rückstellungen für künftige Sozialplanverpflichtungen an Arbeitnehmer nicht in der Bilanz ausgewiesen werden. Ist nicht von der Fortführung auszugehen, spricht man von „Break-up" oder „Non-Going Concern", sodass ein Bilanzausweis verpflichtend ist.

> **Beispiel 2:**
>
> Folgendes soll verdeutlichen, dass Going Concern nicht nur den Ansatz, sondern in noch viel größerem Umfang die **Bewertung einzelner Vermögensgegenstände** beeinflusst: Kann das Unternehmen voraussichtlich nicht mehr fortgeführt werden, resultieren daraus deutliche Wertveränderungen. Ein Warenbestand, der der Produktion des Unternehmens diente, erhält plötzlich einen ganz anderen Wert (Liquidationswert), wenn künftig nicht mehr produziert werden soll. So ist für den Warenbestand nicht mehr der Fortführungswert, sondern bei Einstellung der Produktion der Liquidationswert unter Berücksichtigung der bestmöglichen Verwertungsalternative anzusetzen. Dieser Wert beträgt in der Praxis oft einen kleinen Anteil des bisherigen Buchwertes als Fortführungswert. Auch eine Betriebsimmobilie erlangt einen ganz anderen (Ertrags-)Wert, abhängig davon, ob sie dem Unternehmen als Produktionsstätte dient, vermietet ist oder an einen Investor veräußert wird.

7 Bei der Bewertung der Vermögensgegenstände und Schulden ist nach § 252 Abs. 1 Nr. 2 HGB grundsätzlich von der Fortführung der Unternehmenstätigkeit auszugehen, sofern dem nicht tatsächliche oder rechtliche Gegebenheiten entgegenstehen. Davon muss abgewichen werden, wenn eine andere Beschlussfassung der Unternehmensorgane vorliegt oder die wirtschaftlichen Verhältnisse eine Fortführung des Unternehmens nicht tragen. Die gesetzlichen Vertreter müssen die Fortführungsfähigkeit beurteilen und sind für die Aufrechterhaltung der Fortführungsfähigkeit des Unternehmens verantwortlich. Fortführungsfähig ist das Unternehmen, wenn es in der Lage sein wird, im (gewöhnlichen) Geschäftsverlauf seine Vermögenswerte zu realisieren und seine Schulden zu begleichen, z.B. dann, wenn es in der Vergangenheit profitabel war, das Unternehmen leicht Rückgriff auf finanzielle Mittel nehmen kann und keine Überschuldung vorliegt (sog. Schönwetter-Kriterien)[5].

8 Zweifel an der Fortführungsfähigkeit können sich aber aus finanziellen, betrieblichen und sonstigen Umständen ergeben[6]:

Finanzielle Anzeichen sind etwa:

- in der Vergangenheit eingetretene oder für die Zukunft erwartete negative Zahlungssalden aus der lfd. Geschäftstätigkeit
- Schulden übersteigen das Vermögen oder die kurzfristigen Schulden übersteigen das Umlaufvermögen

---

5 Vgl. *IDW PS 270 n.F. (10.2021)*, Tz. 4.
6 Vgl. *IDW PS 270 n.F. (10.2021)*, Tz. A5.

- Darlehensverbindlichkeiten und Kredite mit festen Laufzeiten, die fällig werden bzw. sich dem Fälligkeitsdatum nähern, ohne realistische Aussichten auf Verlängerung oder Rückzahlung zu haben
- übermäßige kurzfristige Finanzierung langfristiger Vermögenswerte
- Anzeichen für den Entzug finanzieller Unterstützung durch Lieferanten oder andere Gläubiger
- vergangenheits- oder zukunftsorientierte Planungsrechnungen deuten auf negative Cashflows hin
- ungünstige finanzielle Schlüsselkennzahlen
- erhebliche Betriebsverluste oder erhebliche Wertminderungen bei betriebsnotwendigem Vermögen
- Ausschüttungsrückstände oder Aussetzen der Ausschüttung
- Unfähigkeit, Zahlungen an Gläubiger bei Fälligkeit zu leisten
- Unfähigkeit, Darlehenskonditionen einzuhalten
- Lieferantenkredite stehen nicht mehr zur Verfügung
- Unmöglichkeit, Finanzmittel für wichtige neue Produktentwicklungen oder andere wichtige Investitionen zu beschaffen
- Unfähigkeit, Kredite ohne Sicherheitenstellung zu erlangen
- Einsatz von Finanzinstrumenten außerhalb der gewöhnlichen Geschäftstätigkeit
- angespannte finanzielle Situation im Konzernverbund oder bei Unternehmen des gleichen Cash Pools

Betriebliche Anzeichen können sein:

- Absicht der gesetzlichen Vertreter zur Liquidierung des Unternehmens oder zur Einstellung der Geschäftstätigkeit
- Abgang von Schlüsselpersonal ohne adäquaten Ersatz
- Verlust eines Hauptabsatzmarkts von wichtigen Patenten
- Verlust von Hauptlieferanten oder wesentlichen Kunden
- Kündigung von bedeutenden Franchise-Verträgen
- gravierende Personalprobleme
- Engpässe bei der Beschaffung wichtiger Vorräte
- nicht ausreichend kontrollierter Einsatz von Finanzinstrumenten

Sonstige Anzeichen sind:

- Eigenkapitalunterdeckung, Verstoß gegen Eigenkapitalvorschriften
- betrieblich verursachte Streiks
- anhängige Rechtsstreitigkeiten, die zu hohen Ansprüchen gegen das Unternehmen führen können und wahrscheinlich nicht erfüllbar sind
- Änderungen in der Gesetzgebung oder Regierungspolitik, die negative Folgen für das Unternehmen erwarten lassen

Diese Anzeichen führen nicht zwingend zu einer Abkehr vom Going-Concern-Grundsatz; vielmehr müssen in dieser Situation kurzfristig Gegenmaßnahmen eingeleitet werden. So lassen sich z.B. zu hohe Steuerfestsetzungen oder die Zahlungsschwierigkeiten eines wichtigen Schuldners mit Einzelmaßnahmen ausgleichen[7]. Die gesetzlichen Ver- **9**

---

7   *IDW Positionspapier zum Zusammenwirken von handelsrechtlicher Fortführungsannahme und insolvenzrechtlicher Fortbestehensprognose* (Stand: 13.08.2012), Tz. 9 f. (im Folgenden: *IDW Positionspapier 8/2012*).

treter haben dies anhand einer **Liquiditätsplanung** (Fortführungsprognose) zu beurteilen.

10 Daneben muss aufgrund rechtlicher Verpflichtungen bei folgenden **speziellen Anlässen** eine Fortführungsprognose erstellt werden:

- Die Geschäftsführung muss sich i.R.d. Finanzbuchhaltung mindestens einmal jährlich bei der Jahresabschlusserstellung damit auseinandersetzen, ob nach § 252 Abs. 1 Nr. 2 HGB die Bewertung des Aktivvermögens unter Going-Concern-Prämisse erfolgen kann. Sofern nicht die sog. Schönwetter-Kriterien (vgl. Kap. E Tz. 7) vorliegen, haben die gesetzlichen Vertreter hierzu eine Planung zu erstellen.

- Nach § 90 Abs. 1 S. 1 Nr. 1 AktG muss der Vorstand einer AG dem AR Bericht über grundsätzliche Fragen der Unternehmensplanung erstatten. Hierzu zählen nach herrschender Auffassung sowohl die künftige Liquiditätsentwicklung als auch die Maßnahmen zur Wahrung des finanziellen Gleichgewichts. Zusätzlich ist der Vorstand nach § 91 Abs. 2 AktG verpflichtet, ein Überwachungssystem einzurichten, um eine gesellschaftsgefährdende Fehlentwicklung frühzeitig erkennen und ihr mit geeigneten Maßnahmen entgegenwirken zu können.

- Der APr. hat nach § 321 Abs. 1 HGB im PrB darzulegen, ob bei der Prüfung Tatsachen festgestellt worden sind, die den Bestand des geprüften Unternehmens gefährden oder seine Entwicklung wesentlich beeinträchtigen können. Im BestV muss er gem. § 322 Abs. 3 HGB i.R. seiner sog. **Redepflicht** auf Risiken, die eine Gefahr für den Fortbestand des Unternehmens darstellen können, gesondert hinweisen – ohne allerdings hierbei den BestV einzuschränken. Nimmt der APr. eine Modifizierung des BestV nicht vor, setzt dies voraus, dass im Anhang oder LB angemessen darüber berichtet wird.

11 Bei einer fortgeschrittenen Krise hat sich der Unternehmer bzw. die Unternehmensführung (die gesetzlichen Vertreter) mit den Insolvenzgründen auseinanderzusetzen. Es ist nachzuweisen, dass kurzfristig keine Zahlungsunfähigkeit besteht. Zusätzlich ist bei juristischen Personen eine insolvenzrechtliche Fortbestehensprognose aufzustellen[8], um den insolvenzrechtlichen Pflichten nachkommen zu können. Die insolvenzrechtliche Fortbestehensprognose stellt dar, ob aufgrund der festgestellten Annahmen und deren Auswirkung auf die Ertrags- und Liquiditätslage ausreichend Finanzkraft vorhanden ist, um die jeweils fälligen Verbindlichkeiten bedienen zu können[9].

In diesem Zusammenhang kann man daher vom „Going-Concern-Check" sprechen. Dieser sollte aus Rechtfertigungsgründen bereits dann in Betracht gezogen werden, wenn nur leichte Zweifel an der Fortführungsfähigkeit des Unternehmens bestehen, z.B. bei Fehlen nur eines der in Kap. E Tz. 7 bzw. Kap. E Tz. 14 genannten Kriterien.

12 Der Abschlussprüfer muss sich i.R.d. Durchführung der gesetzlichen Jahresabschlussprüfung vom Grundsatz der Fortführung der Unternehmenstätigkeit überzeugen und ggf. von seiner Redepflicht gem. § 322 Abs. 2 S. 3 HGB Gebrauch machen. Kommt er zu dem Ergebnis, dass sein Urteil mit dem der Unternehmensführung nicht übereinstimmt, muss er sein Prüfungsurteil gem. *IDW PS 270 n.F. (10.2021)*, Tz. 29 ff. versagen. Die

---

8 *IDW Positionspapier 8/2012*, Tz. 17.
9 *IDW Positionspapier 8/2012*, Tz. 25.

Beurteilung hat mithilfe des *IDW PS 270 n.F. (10.2021)* sowie des *IDW S 11*[10] zu erfolgen. Damit kann festgestellt werden, ob nach der Beurteilung des APr. die von den gesetzlichen Vertretern bei der Aufstellung des Abschlusses vorgenommene Anwendung des Rechnungslegungsgrundsatzes der Fortführung der Unternehmenstätigkeit unangemessen ist[11]. Der APr. hat auf der Grundlage der erlangten Prüfungsnachweise nachzuvollziehen, ob nach seinem Ermessen bestandsgefährdende Risiken im Zusammenhang mit Ereignissen oder Gegebenheiten bestehen, die einzeln oder insgesamt bedeutsame Zweifel an der Fähigkeit des Unternehmens zur Fortführung der Unternehmenstätigkeit aufwerfen können[12]. Werden dem Ersteller des JA offenkundige Anhaltspunkte bekannt, die eine Insolvenzreife vermuten lassen, muss er den gesetzlichen Vertreter auf die mögliche Insolvenzreife sowie auf dessen insolvenzrechtliche Pflichten hinweisen (§ 102 StaRUG; vgl. Kap. E, Tz. 19). Dies gilt auch für den APr. des Unternehmens.

Mit dem *IDW S 11* werden unter Berücksichtigung der höchstrichterlichen Rechtsprechung Anforderungen an die Beurteilung des Vorliegens von Insolvenzeröffnungsgründen (Insolvenzreife) aufgestellt. Sie richten sich sowohl an die gesetzlichen Vertreter als auch an WP, StB und RA, die von den gesetzlichen Vertretern zur Beurteilung des Vorliegens von Insolvenzeröffnungsgründen hinzugezogen werden bzw. i.R. eines Sanierungskonzepts die Insolvenzreife beurteilen[13]. **13**

2.2 Fortführungsprognose

Von der Unternehmensfortführung i.S.v. § 252 Abs. 1 S. 2 HGB ist – wie bereits dargelegt – auszugehen, wenn das Unternehmen in der Lage sein wird, im (gewöhnlichen) Geschäftsverlauf seine Vermögenswerte zu realisieren und seine Verbindlichkeiten zu begleichen, wenn es nachhaltige Gewinne erzielt hat und problemlos auf finanzielle Mittel zugreifen kann, wenn keine bilanzielle Überschuldung droht und die Fortführung des Unternehmens beabsichtigt ist. Die Regelvermutung des § 252 Abs. 1 S. 2 HGB ist infrage zu stellen, wenn künftige unsichere Ereignisse oder Gegebenheiten vorliegen, die bedeutsame Zweifel an der Fortführungsfähigkeit des Unternehmens aufwerfen, die genannten Kriterien nicht erfüllt werden oder bestandsgefährdende Risiken vorliegen bzw. vorhersehbar sind. Das Erfüllen dieser Kriterien oder das Vorhandensein solcher Risiken führt jedoch nicht zwangsläufig zur Abkehr von der Going-Concern-Prämisse. Vielmehr haben die gesetzlichen Vertreter sodann die zu erwartenden Umstände und deren Auswirkungen i.R. einer Unternehmensplanung zahlenmäßig zu erfassen und eine Fortführungsprognose zu erarbeiten[14]. **14**

Davon zu unterscheiden ist die Fortbestehensprognose. Nach § 19 Abs. 2 InsO haben die gesetzlichen Vertreter einen Insolvenzantrag zu stellen, sobald das Vermögen der Gesellschaft die bestehenden Verbindlichkeiten nicht mehr deckt, es sei denn, das Unternehmen ist in der Lage, in den nächsten zwölf Monaten seine fälligen Verbindlichkeiten fortlaufend zu erfüllen. Gegebenenfalls sind die gesetzlichen Änderungen der Insolven- **15**

---

10 *IDW Prüfungsstandard: Beurteilung des Vorliegens von Insolvenzeröffnungsgründen (IDW S 11)* (Stand: 23.08.2021).
11 Vgl. *IDW PS 270 n.F. (10.2021)*, Tz. 29.
12 *IDW PS 270 n.F. (10.2021)*, Tz. 23.
13 *IDW S 11*, Tz. 2.
14 *IDW Positionspapier 8/2012*, Tz. 8.

zantragspflichten aufgrund der Corona-Pandemie zu berücksichtigen. Bei der Feststellung drohender Zahlungsunfähigkeit nach § 18 InsO ist ebenfalls eine Fortbestehensprognose aufzustellen. In diesem Fall beträgt der Betrachtungszeitraum jedoch 24 Monate.

16 Die Fortführungsprognose und die Fortbestehensprognose verfolgen unterschiedliche Zwecke. Es ist zwischen dem Bilanzrecht und dem Insolvenzrecht zu unterscheiden. Die Fortführungsprognose stellt bei der Jahresabschlusserstellung sicher, ob rechtliche oder tatsächliche Gegebenheiten gegen die Annahme der Fortführungsfähigkeit des Unternehmens sprechen. Die Fortbestehensprognose erteilt Auskunft über die Zahlungsfähigkeit des Unternehmens und dient somit insolvenzrechtlichen Zwecken. Beiden Prognosen ist gemeinsam, dass sie auf einer integrierten Unternehmensplanung basieren. Bei der handelsrechtlichen Fortführungsprognose müssen die gesetzlichen Vertreter zunächst ausgehend von der bisherigen Entwicklung alle für die zukünftige Entwicklung maßgeblichen Daten zusammentragen und die bisherige Planung auf dieser Basis für den Planungszeitraum fortschreiben. Der Prognosezeitraum der handelsrechtlichen Fortführungsprognose beläuft sich grundsätzlich auf mindestens zwölf Monate ab dem Abschlussstichtag. Aber auch für den Zeitraum nach dem Abschluss der Aufstellung des JA dürfen keine stichhaltigen Anhaltspunkte dafür vorliegen, dass die Fortführung der Unternehmenstätigkeit nicht mehr gewährleistet werden kann[15]. Die Fortführungsprognose als wesentliche Grundlage des JA muss mit den Darstellungen im JA, Anhang und im LB kongruent sein[16].

17 Sollten sich allerdings Krisenanzeichen verdichten, ist die Planung weitaus umfassender darzulegen[17]. Sofern damit gerechnet werden muss, dass eine Auseinandersetzung mit Insolvenzantragsgründen in naher Zukunft unvermeidbar ist, sind die gesetzlichen Vertreter aufgrund des Insolvenzrechts verpflichtet, den Nachweis zu erbringen, dass kurzfristig keine Zahlungsunfähigkeit besteh. Sie müssen – bei juristischen Personen – eine insolvenzrechtliche Fortbestehensprognose erstellen. Der Prognosezeitraum der insolvenzrechtlichen Fortbestehensprognose erstreckt sich grundsätzlich auf das lfd. und das nächste GJ. Parallel dazu kann sich das Erfordernis ergeben, diesen verlängerten Prognosezeitraum auch auf die handelsrechtliche Fortführungsprognose zu übertragen[18].

18 Die Prognosen müssen alle Informationen enthalten, die ein sachverständiger Adressat benötigt, um die Entwicklung des Unternehmens unter Berücksichtigung der wesentlichen Chancen und Risiken beurteilen zu können. Dabei sind alle zum Erstellungszeitpunkt bekannten und absehbaren Umstände sowie geplante Maßnahmen mit ihren voraussichtlichen finanziellen Wirkungen zu berücksichtigten[19].

Die Annahmen müssen plausibel, konsistent und widerspruchsfrei gegenüber JA und Lageberichterstattung sein. Auch die entsprechenden Schlussfolgerungen haben schlüssig zu sein. Nachvollziehbarkeit, Sachgerechtigkeit und Folgerichtigkeit der Prognoseaussagen unterliegen der Überprüfung.

---

15   *IDW Positionspapier 8/2012*, Tz. 15 f.
16   *IDW Positionspapier 8/2012*, Tz. 13.
17   *IDW Positionspapier 8/2012*, Tz. 14.
18   *IDW Positionspapier 8/2012*, Tz. 17.
19   *IDW Positionspapier 8/2012*, Tz. 14.

Eine Fortführungsprognose sollte stichhaltig begründet und dokumentiert werden. Je **19** konkreter sich die Gefährdung für die Unternehmensfortführung darstellt, desto höhere Anforderungen sollten an die Dokumentation gestellt werden[20]. Im Falle einer Bestandsgefährdung haben die gesetzlichen Vertreter realisierbare Maßnahmen darzulegen, mit denen die Unternehmensleitung die Krise zu überwinden beabsichtigt[21].

Dies gilt insb. im Hinblick auf die Rechtsprechung des BGH v. 26.01.2017[22], nach der **20** dem Ersteller eines JA (z.b. WP und StB) umfangreiche Hinweis- und Warnpflichten auferlegt werden. Mit dem Gesetz über den Stabilisierungs- und Restrukturierungsrahmen für Unternehmen (**StaRUG**) wurden diese Pflichten gesetzlich normiert, z.b. in § 102 StaRUG (siehe auch Kap. E Tz.12). Die Ersteller haben auf das Vorliegen von Insolvenzgründen nach §§ 17-19 InsO und die sich hieraus ergebenden Pflichten für gesetzliche Vertreter und Mitglieder der Überwachungsorgane hinzuweisen, wenn entsprechende Anhaltspunkte offenkundig sind und sie annehmen müssen, dass dem Unternehmen die mögliche Insolvenzreife nicht bewusst ist. Damit wurden die Hinweis- und Warnpflichten für die Krisenfrüherkennung berufsstandübergreifend im Gesetz implementiert[23]. Solche Hinweis- und Warnpflichten hatte der BGH bislang verneint[24]. Darüber hinaus kommt eine Haftung des Erstellers auch dann in Betracht, wenn er Mängel im JA zu vertreten hat. Dies ist insb. dann der Fall, wenn er Zweifel an Going Concern nicht ausräumt und einen JA zu Fortführungswerten erstellt, obwohl tatsächlich eine Abkehr von der Fortführungsprognose nach § 252 Abs. 1 Nr. 2 HGB geboten gewesen wäre. Der BGH folgt sowohl hinsichtlich der insolvenzbezogenen Warn- und Hinweispflichten als auch hinsichtlich der handelsrechtlichen Notwendigkeit, Zweifeln an Going Concern nachzugehen, der schon bisher strengeren Auffassung des Berufsstands der WP[25].

Zusammenfassend ist die Fortführungsprognose eine Gesamtaussage über die Trag- **21** fähigkeit der Annahme der Unternehmensfortführung[26]. Wesentlicher Bestandteil ist eine Finanzplanung in Form einer Liquiditätsprognose.

2.3 Abbildung der Krise im Jahresabschluss

Bei der Aufstellung eines JA ist, wie bereits erläutert, nach § 252 Abs. 1 Nr. 2 HGB von **22** der Fortführung der Unternehmenstätigkeit auszugehen, sofern dem keine tatsächlichen oder rechtlichen Gegebenheiten entgegenstehen. Das bedeutet, dass im Falle von Going Concern das Unternehmen für den Beurteilungszeitraum seine Geschäftstätigkeit fortführt[27]. Dabei erfolgt die Einschätzung der gesetzlichen Vertreter über die Fortführung der Unternehmenstätigkeit bis zum Zeitpunkt der Beendigung der Aufstellung des Abschlusses bzw. auch des LB. Mithin sind die Verhältnisse am Abschlussstichtag bei der Going-Concern-Beurteilung nicht allein ausschlaggebend, d.h., eine Unterscheidung

---

20   *IDW Positionspapier 8/2012*, Tz. 14, 23.
21   *IDW Positionspapier 8/2012*, Tz. 8 f.
22   BGH v. 26.01.2017, IX ZR 285/14, ZInsO 2017, S. 432.
23   Vgl. *Hillebrand*, in: Nerlich/Römermann, InsO, § 102 StaRUG.
24   BGH v. 07.03.2013, IX ZR 64/12, WM 2013, S. 802, Rn. 19; BGH v. 06.06.2013, IX ZR 204/12, WM 2013, S. 1323, Rn. 13.
25   Vgl. zu den im Vergleich zur bisherigen höchstrichterlichen Rechtsprechung strengeren berufsständischen Pflichten und Auffassungen *Harrison/Solmecke*, WPg 2016, S. 1266 (1266 ff. m.w.N.).
26   *IDW Positionspapier 8/2012*, Tz. 20.
27   Vgl. auch *IDW PS 270 n.F. (10.2021)*, Tz. 4.

nach wertaufhellenden oder wertbegründenden Ereignissen nach dem Abschlussstichtag ist unerheblich[28]. Im Ergebnis darf der Abschluss auch nicht mehr unter der Annahme der Unternehmensfortführung aufgestellt werden, wenn die Ursache für die Abkehr von der Going-Concern-Prämisse erst nach dem Abschlussstichtag, aber im Beurteilungszeitraum eintritt.

23 Liegt nun eine Krise vor – wenn sich das Unternehmen bereits in der Insolvenz oder in der Abwicklung befindet –, hat dies Auswirkungen auf den JA. Welche Konsequenzen die Abkehr von der Going-Concern-Prämisse für die Aufstellung des JA hat, erläutert *IDW RS HFA 17*[29]. Dazu zählen Einflüsse auf den Bilanzansatz, den Ausweis und die Bewertung von Vermögensgegenständen, Schulden, Rechnungsabgrenzungsposten und den Anhang zum JA.

24 Um die Auswirkungen auf den JA nachvollziehen zu können, muss man sich zunächst vor Augen führen, dass die Abkehr von Going Concern gleichzeitig die Zielrichtung der Rechnungslegung beeinflusst. Bei einem „intakten" Unternehmen zielt die Rechnungslegung primär auf eine periodengerechte Gewinnermittlung ab.

25 Liegt dagegen eine Abkehr von der Fortführungsprognose vor, geht es schwerpunktmäßig darum, das Reinvermögen des Unternehmens zum Abschlussstichtag zutreffend zu ermitteln. Es sind daher im letztgenannten Fall folgende Punkte zu beachten[30]:

a) Die Bewertung der Vermögensgegenstände hat zu Liquidationswerten zu erfolgen, d.h. im Wesentlichen von den Verhältnissen am Absatzmarkt auszugehen. Weiterhin gelten sowohl das Vorsichts- und Anschaffungskostenprinzip als auch der Grundsatz der Einzelbewertung der Vermögensgegenstände[31].

b) Schulden sind mit dem Erfüllungsbetrag aufzuführen[32].

c) Der Rechnungsangrenzungsposten ist anzusetzen, wenn der Vertrag trotz beabsichtigter Einstellung des Geschäftsbetriebs erfüllt wird. Andernfalls sind die Rechnungsabgrenzungsposten erfolgswirksam aufzulösen. Ein aktiviertes Disagio ist bei vorzeitiger Rückzahlung der korrespondierenden Verbindlichkeit aufzulösen[33].

d) Von zentraler Bedeutung sind zu bildende Rückstellungen bei Einstellung der Unternehmenstätigkeit im Zusammenhang mit Vertragsstrafen (wegen Nicht-Erfüllung), Abfindungen für Mitarbeiter, Rückbauverpflichtungen und der Beseitigung von Altlasten. Die Vergütung des Insolvenzverwalters fällt nicht darunter, allerdings sind unverfallbare Pensionsverpflichtungen bzw. Rückstellungen zur Erfüllung von (beschlossenen oder unvermeidbaren) Sozialplänen in vollem Umfang zu berücksichtigen[34].

e) Die angesetzten aktiven und passiven latenten Steuern sind hinsichtlich ihrer Bewertung kritisch zu überprüfen[35].

f) Gesellschaftsdarlehen sind zu passivieren[36].

---

28 *IDW PS 270 n.F. (10.2021)*, Tz. 7.
29 *IDW Stellungnahme zur Rechnungslegung: Auswirkungen einer Abkehr von der Going-Concern-Prämisse auf den handelsrechtlichen Jahresabschluss (IDW RS HFA 17)* (Stand: 11.07.2018).
30 *IDW RS HFA 17*, Tz. 6 ff.
31 *IDW RS HFA 17*, Tz. 18 f., 22.
32 *IDW RS HFA 17*, Tz. 18.
33 *IDW RS HFA 17*, Tz. 9 f.
34 *IDW RS HFA 17*, Tz. 13 ff.
35 *IDW RS HFA 17*, Tz. 15 f.
36 *IDW RS HFA 17*, Tz. 17.

g) Ausgehend von der Abkehr der Going-Concern-Prämisse als Ausnahmefall, der eine Abweichung von den Grundsätzen der Ansatz- und Bewertungsstetigkeit rechtfertigt, ist dies nach § 284 Abs. 2 Nr. 2 HGB im Anhang anzugeben und zu begründen[37]. Bei außerplanmäßiger Abschreibung ist darauf zu achten, dass diese im Anlagespiegel sachgerecht gesondert ausgewiesen wird[38].

Besonderheiten sind im Anhang bei der Abweichung von § 252 Abs. 1 Nr. 2 HGB zu **26** beachten. Die Feststellung im Anhang, dass das Going-Concern-Prinzip nicht aufrechterhalten werden kann, ist allein nicht ausreichend. Vielmehr sind die Umstände darzulegen, die zu dieser Annahme geführt haben. Dies wird auch durch den Wortlaut des § 252 Abs. 1 Nr. 2 HGB deutlich, der sich auf „tatsächliche oder rechtliche Gegebenheiten" bezieht. Darüber hinaus sollte dargelegt werden, welche Bilanzposten in welcher Form von der Abkehr von der Going-Concern-Prämisse betroffen sind. Festzuhalten ist daher, dass alle Besonderheiten, die mit dem Wegfall der Fortführungsprognose in Zusammenhang stehen, kenntlich zu machen sind[39].

2.4 Abbildung der Krise im Lagebericht

Die Abbildung der Krise im LB ist für mittelgroße und große KapGes. relevant. Nach **27** § 264 Abs. 1 HGB haben sie den LB zusammen mit dem JA aufzustellen.

Für kleine KapGes. und Personenhandelsgesellschaften (OHG, KG) entsprechender Größe, bei denen nicht wenigstens ein persönlich haftender Gesellschafter unmittelbar oder mittelbar eine natürliche Person ist (etwa die GmbH & Co. KG), ist die Aufstellung eines LB nicht zwingend. Als in die Zukunft weisendes Rechnungslegungsinstrument ist der LB jedoch von enormer Bedeutung. Insoweit empfiehlt es sich auch für diese Unternehmen, gerade in Krisensituationen mit positiven Aussichten, von dem Wahlrecht der Erstellung eines LB Gebrauch zu machen.

Der Inhalt des LB richtet sich nach § 289 HGB. Danach werden im LB der Geschäfts- **28** verlauf einschl. des Geschäftsergebnisses und die wirtschaftliche Lage der Gesellschaft so erläutert, dass ein den tatsächlichen Verhältnissen entsprechendes Bild vermittelt wird. Zudem legt § 289 Abs. 1 S. 4 HGB fest, dass im LB die voraussichtliche Entwicklung, ihre wesentlichen Chancen und Risiken und die zugrunde liegenden Annahmen zu beurteilen und zu erläutern sind. Damit hat der LB den Gegenwarts- und Zukunftscharakter, den der JA allein nicht vermitteln kann. In der äußeren Gestaltung sowie im Aufbau und Umfang des LB ist der Verfasser grundsätzlich frei, soweit dem Grundsatz der Klarheit Genüge getan wird.

Chancen und Risiken der künftigen Entwicklung stellen dabei solche Umstände dar, die **29** sich auf die Lage des Unternehmens günstig bzw. ungünstig auswirken und mit einer erheblichen, wenn auch nicht notwendigerweise überwiegenden Wahrscheinlichkeit erwartet werden können. Gemäß § 289 Abs. 1 S. 4 HGB sind daher auch solche Risiken aufzunehmen, die den Fortbestand des Unternehmens in Zweifel ziehen (bestandsgefährdende Risiken).

Der LB beinhaltet die (subjektive) Einschätzung der gesetzlichen Vertreter, ob entwicklungsbeeinträchtigende oder bestandsgefährdende Risiken vorliegen und damit

---

37   *IDW RS HFA 17*, Tz. 40.
38   *IDW RS HFA 17*, Tz. 34.
39   *IDW RS HFA 17*, Tz. 40.

bedeutsame Zweifel an der Fähigkeit zur Fortführung der Unternehmenstätigkeit aufgeworfen werden[40]. Liegen solche Zweifel vor, müssen auch entsprechende Ausführungen nicht nur im LB, sondern auch im JA erfolgen. Entstehen bei den gesetzlichen Vertretern Zweifel an der Fortführungsfähigkeit, weil wesentliche Unsicherheiten im Zusammenhang mit Ereignissen oder Gegebenheiten bestehen, die nicht bis zum Zeitpunkt der Beendigung der Aufstellung des Abschlusses ausgeräumt werden können, müssen die gesetzlichen Vertreter im LB

a) die wichtigsten Ereignisse oder Gegebenheiten angeben, die Zweifel an der Fortführungsfähigkeit des Unternehmens aufkommen lassen,

b) ihre Pläne im Umgang mit diesen Ereignissen oder Gegebenheiten darlegen und schließlich

c) bestandsgefährdende Risiken benennen, die in Zusammenhang mit diesen Ereignissen oder Gegebenheiten stehen und bedeutsame Zweifel an der Fähigkeit des Unternehmensfortführung aufwerfen, sodass das Unternehmen möglicherweise nicht in der Lage wäre, im (gewöhnlichen) Geschäftsverlauf seine Vermögenswerte zu realisieren sowie seine Schulden zu begleichen[41].

30 Sofern vom Going-Concern-Grundsatz abgerückt wird, sind im LB die Gründe dafür darzulegen[42]. Darüber hinaus ist zu erläutern, in welchem Zeitraum das Vermögen liquidiert und die Schulden beglichen werden sollen. Die Situation ist unter Ergänzung von Zahlenangaben zu verdeutlichen. Die Berichterstattung erfasst auch solche Risiken, die zwar noch nicht konkret geworden sind, möglicherweise aber zu einer deutlichen Gefährdung des Unternehmens führen, und solche, die sich auf die Vermögens-, Finanz- und Ertragslage wesentlich auswirken können. Es ist daher auf die Krise, auf Anzeichen der Krisenfrüherkennung oder eine absolute Gefährdung des Unternehmens umfangreich einzugehen.

31 Gleichwohl sind auch die Sanierungschancen im LB ausführlich darzustellen. Organisatorische Besonderheiten, die Beziehungen des Unternehmens zu seinen Lieferanten, Abnehmern und Kapitalgebern sowie das Ansehen des Unternehmens in der Öffentlichkeit sind ebenfalls unter Umständen berichtspflichtig.

2.5 Verantwortung des Abschlussprüfers

32 Gemäß § 317 Abs. 2 S. 1 HGB muss der APr. prüfen, ob der LB mit dem JA sowie mit den bei der Prüfung gewonnenen Erkenntnissen in Einklang steht und ob der LB insgesamt die Lage des Unternehmens zutreffend darstellt. Mit dem *IDW PS 350 n.F.*[43] soll bei der Prüfung des LB das Prüfungsurteil mit einer hinreichenden Sicherheit, die mit der Prüfung eines Abschlusses vergleichbar ist, getroffen und in den BestV aufgenommen werden. Besonders praxisrelevant ist die Klassifizierung der Lageberichtsangaben in lageberichtsfremde und -typische Angaben. Damit gilt der risikoorientierte Prüfungsansatz in der Abschlussprüfung auch bei der Lageberichtsprüfung. Es liegt in der Verantwortung des APr. die Prüfung des LB so zu planen und durchzuführen, dass hinrei-

---

40 *IDW PS 270 n.F. (10.2021)*, Tz. 6.
41 *IDW PS 270 n.F. (10.2021)*, Tz. 9.
42 *IDW RS HFA 17*, Tz. 41.
43 *IDW Prüfungsstandard: Prüfung des Lageberichts im Rahmen der Abschlussprüfung (IDW PS 350 n.F. (10.2021))* (Stand: 29.10.2021); beachte hierbei die in *IDW PS 350 n.F. (10.2021)*, Tz. 22 aufgeführten weiteren Anforderungen.

chende Sicherheit darüber erlangt wird, ob der LB in allen wesentlichen Belangen mit dem Abschluss und ggf. mit dem Einzelabschluss nach § 325 Abs. 2a HGB sowie den bei der Abschlussprüfung gewonnenen Erkenntnissen in Einklang steht.

Der LB hat den deutschen gesetzlichen Vorschriften zu entsprechen und insgesamt ein **33** zutreffendes Bild von der Lage des Unternehmens zu vermitteln sowie die Chancen und Risiken der zukünftigen Entwicklung in allen wesentlichen Belangen zutreffend darzustellen[44]. Die Pflichtangaben des LB ergeben sich aus §§ 289-289f und 315-315d HGB. Die Anforderungen zu lageberichtstypischen Angaben resultieren auch aus DRS 20. Darüber hinaus können im LB lageberichtsfremde Angaben enthalten sein[45], auch wenn diese nicht Pflichtbestandteil der Abschlussprüfung nach § 317 HGB sind[46].

Im Rahmen der Abschlussprüfung ist festzustellen, ob Krisensymptome vorliegen, die eine **34** Abkehr von der Fortführungsprognose gem. § 252 Abs. 1 Nr. 2 HGB rechtfertigen oder eine Risikoberichterstattung gem. §§ 289, 315 HGB im LB aufgrund einer Bestandsgefährdung erforderlich machen. Gemäß § 321 Abs. 1 S. 3 HGB muss der APr. über im Rahmen der Durchführung der Abschlussprüfung festgestellte Tatsachen berichten, welche die Entwicklung des geprüften Unternehmens wesentlich beeinträchtigen oder seinen Bestand gefährden können. Eine Bestandsgefährdung liegt vor, wenn eine Fortführung zwar angemessen ist, aber ein wesentliches Risiko besteht, dass das Unternehmen in absehbarer Zeit seinen Geschäftsbetrieb nicht fortführen kann und ggf. Insolvenz anmelden oder liquidiert werden muss. Dabei muss sich die Bestandsgefährdung auf das Unternehmen im rechtlichen Sinne – also nicht nur auf Zweigniederlassungen etc. – beziehen.

Die bestandsgefährdenden Tatsachen sind im LB von den gesetzlichen Vertretern in **35** angemessener Weise anzugeben, die ihnen zugrunde liegenden Ereignisse sind zu benennen und zu erläutern (§§ 289, 315 HGB). Die Aufgabe des APr. ist es, die Darlegungen dahingehend zu überprüfen (§ 317 HGB), ob diese zutreffend sind. Stellt der APr. i.R.d. Abschlussprüfung fest, dass die Einschätzung der gesetzlichen Vertreter im Hinblick auf die Fortführung der Unternehmenstätigkeit bei der Aufstellung des Abschlusses und des LB nicht angemessen ist, hat er den BV zu versagen. Stellt er dagegen fest, dass vorhandene bestandsgefährdende Risiken die Fortführung des Unternehmens infrage stellen, ist er verpflichtet im BestV gesondert darauf einzugehen (§ 322 Abs. 2 S. 3 HGB) und nach § 321 Abs. 1 S. 2, 3 HGB im Prüfungsbericht über diese zu berichten[47].

Ist das bestandsgefährdende Risiko im Abschluss oder LB durch die gesetzlichen Vertreter angemessen angegeben, hat der Abschlussprüfer diesbezüglich ein nicht modifiziertes Prüfungsurteil zum Abschluss abzugeben. Der BestV hat einen gesonderten Abschnitt mit der Überschrift „Wesentliche Unsicherheiten im Zusammenhang mit der Fortführung der Unternehmenstätigkeit" zu enthalten, besonders um die Angabe im JA/LB hervorzuheben, in der die bestandsgefährdenden Risiken in Zusammenhang mit den wichtigsten Ereignissen und Gegebenheiten genannt sind (Kap. E Tz. 28)[48].

Ist dagegen die Annahme der Fortführung des Unternehmens nach Ansicht des APr. **37** nicht gegeben und nach seiner Beurteilung die von den gesetzlichen Vertretern bei der

---

44   *IDW PS 350 n.F. (10.2021)*, Tz. 12.
45   *IDW PS 350 n.F. (10.2021)*, Tz. 14.
46   *IDW PS 350 n.F. (10.2021)*, Tz. 15.
47   *IDW PS 270 n.F. (10.2021)*, Tz. 11.
48   *IDW PS 270 n.F. (10.2021)*, Tz. 30.

Aufstellung des Abschlusses vorgenommene Anwendung des Rechnungslegungsgrundsatzes der Fortführung der Unternehmenstätigkeit unangemessen, hat der APr.
sein Prüfungsurteil bzw. den BestV zu versagen[49].

38   Ist das bestandsgefährdende Risiko im Abschluss nicht angemessen angegeben, so hat
der APr. ein eingeschränktes bzw. versagtes Prüfungsurteil in Übereinstimmung mit
IDW EPS 405 n.F. (10.2021)[50] abzugeben. Im Abschnitt „Grundlage für das eingeschränkte (versagte) Prüfungsurteil" des BestV ist zu erklären, dass bestandsgefährdende
Risiken Zweifel an der Fähigkeit des Unternehmens zur Fortführung der Unternehmenstätigkeit aufwerfen, dass dieser Umstand nicht angemessen dargestellt ist und
dass wesentliche Unsicherheiten bezüglich der bestandsgefährdenden Risiken gem.
§ 322 Abs. 2 S. 3 HGB bestehen[51].

39   Festzuhalten ist daher, dass der APr., sofern er den BestV erteilt, die Going-Concern-
Prämisse bestätigt und der Unternehmer die (positiven) Bewertungsvorschriften anwenden durfte. Wenn er diesen dagegen nicht erteilt, durfte der Unternehmer die Going-Concern-Prämisse nicht anwenden, sodass unter Umständen **Zerschlagungs- statt
Fortführungswerte Anwendung finden.**

3.   Rechnungslegung in der Insolvenz

40   Mit der Eröffnung des Insolvenzverfahrens werden gem. § 155 Abs. 1 InsO die Rechnungslegungspflichten auf den Insolvenzverwalter übertragen. Es wird dann zwischen
der insolvenzrechtlichen Rechnungslegung (internen Rechnungslegung) und der Fortführung der handelsrechtlichen Rechnungslegung (externen Rechnungslegung) differenziert. Die insolvenz- und handelsrechtlichen Rechnungslegungspflichten bestehen
nebeneinander. In diesem Zusammenhang spricht man daher auch von dem dualen bzw.
zweifachen Rechnungslegungserfordernis. Folgerichtig kann die Darstellung daher nicht
in einem einzigen Rechenwerk erfolgen[52].

	Externe Rechnungslegung	**Interne Rechnungslegung**
Empfängerkreis	externer Personenkreis	interner Personenkreis / Unter-nehmensführung
Zielsetzung	vergangenheitsorientierte Dokumentation und Rechenschaftslegung	Planung, Steuerung und Kontrolle des Betriebsgeschehens – Maxi-mierung des Unternehmenserfolg
Bestandteile	Jahresabschluss: Bilanz, GuV sowie Anhang Lagebericht	Kosten- und Leistungsrechnung Investitionsrechnung
Grundlage	HGB und steuerrechtliche Vorschriften (EStG, AO, UStG, KStG, GwStG, etc.)	

---

49   *IDW PS 270 n.F. (10.2021)*, Tz. 29.
50   *IDW Prüfungsstandard: Modifizierungen des Prüfungsurteils im Bestätigungsvermerk (IDW PS 405 n.F. (10.2021))* (Stand: 29.10.2021).
51   *IDW PS 270 n.F. (10.2021)*, Tz. 32.
52   Vgl. *Hillebrand/Niering*, S. 315; *Hillebrand/Frystatzki*, Kap. IV; *Hillebrand*, BBB 2007, S. 266 (266 ff.).

Tabelle 1: Rechnungslegung in der Insolvenz

Welche Anhangangaben verpflichtend sind, ist u.a. in § 285 HGB geregelt. Nach § 285 **41**
Nr. 3 HGB ist es erforderlich, Art und Zweck sowie Risiken und Vorteile von nicht in der
Bilanz enthaltenen Geschäften im Anhang anzugeben, sofern dies für die Beurteilung der
Finanzlage notwendig ist. Darüber hinaus erfordert etwa § 284 Abs. 2 Nr. 2 HGB, dass
eine Abkehr von der Fortführungsannahme, also Abweichungen von Bilanzierungs- und
Bewertungsmethoden, angegeben und begründet werden müssen. Der Einfluss auf die
Vermögens-, Finanz- und Ertragslage ist gesondert darzustellen. Führen besondere
Umstände dazu, dass der JA ein den tatsächlichen Verhältnissen entsprechendes Bild der
Vermögens-, Finanz- und Ertragslage nicht vermittelt, so sind im Anhang zusätzliche
Angaben zu machen (§ 264 Abs. 2 S. 2 HGB). Insofern erscheinen Anhangangaben zu
einer vorliegenden Bestandsgefährdung sachgerecht.

3.1 Externe (handelsrechtliche) Rechnungslegung

Im Gegensatz zur internen Rechnungslegung hat die externe Rechnungslegung die In- **42**
formation der Öffentlichkeit sowie der anderen Adressaten der externen Rechnungslegung als Ziel. Darüber hinaus dient die externe Rechnungslegung auch der Information der Adressaten der internen Rechnungslegung (Gläubiger, Schuldner, Insolvenzgericht)[53].

Die in §§ 238 ff. HGB geregelten handelsrechtlichen Rechnungslegungspflichten sind auf **43**
den schuldnerischen Unternehmer anwendbar, wenn er sonst auch buchführungs- und
rechnungslegungspflichtig ist[54].

Besonderheiten der handelsrechtlichen Rechnungslegung im Insolvenzverfahren erläu- **44**
tert *IDW RH HFA 1.012*. Die darin enthaltenen Praxishinweise legen die Berufsauf-
fassung der WP bezüglich der Frage dar, welche Anforderungen sich aus den Rechnungslegungspflichten von Unternehmen während ihrer Insolvenz ergeben. Der *IDW
RH HFA 1.012* geht auf die externen (handelsrechtlichen) Rechnungslegungspflichten
im Insolvenzverfahren ein, also schwerpunktmäßig auf die

- Schlussbilanz der werbenden Gesellschaft[55],
- handelsrechtliche Eröffnungsbilanz, ggfs. mit Erläuterungsbericht[56],
- handelsrechtlichen Jahresabschlüsse vor und während des Insolvenzverfahrens[57],
- handelsrechtliche Schlussbilanz[58]und
- Konzernabschlüsse und Konzernlageberichte[59].

---

53 *IDW Rechnungslegungshinweis: Externe (handelsrechtliche) Rechnungslegung im Insolvenzverfahren (IDW RH HFA 1.012) Tz. 3.*
54 Siehe praxisnaher Überblick über die externe Rechnungslegung: *Metoja*, ZInsO 2016, S. 992 ff.
55 *IDW RH HFA 1.012*, Tz. 12-15.
56 *IDW RH HFA 1.012*, Tz. 16-23.
57 *IDW RH HFA 1.012*, Tz. 24 f.
58 *IDW RH HFA 1.012*, Tz. 26-28.
59 *IDW RH HFA 1.012*, Tz. 29-32; siehe auch *Hillebrand*, WPg 2016, S. 465 ff.

IDW RH HFA 1.012: externe (handelsrechtliche) Rechnungslegung im Insolvenzverfahren

Grundsätze

» **Pflicht zur Rechnungslegung** liegt beim Insolvenzverwalter
  » auch für noch nicht aufgestellte Abschlüsse vor Eröffnung des Verfahrens
» Fortgeltung der **allgemeinen Bilanzierungs- und Bewertungsgrundsätze** (vor allem auch AK/HK- bzw. Realisationsprinzip)
  » ob (vor und nach Insolvenzeröffnung) zu Fortführungs- oder Liquidationswerten zu bilanzieren ist, ist nach *IDW RS HFA 17 (10.2021)* zu beurteilen
  » bei Abkehr von Going Concern: *IDW RS HFA 17*
  » ggf. größenklassenabhängige Erleichterungen

» **Verlängerung der Fristen** für die Aufstellung und Offenlegung um einen Zeitraum von der Insolvenzeröffnung bis zum Berichtstermin (§ 155 Abs. 2 S. 2 InsO)
» **Geschäftsjahr (GJ):** siehe Beispiel Abb. 2
» **Rechenwerke:** siehe Beispiel Abb. 2
» **Massearmut** lässt Pflicht zur Rechnungslegung unberührt

Prüfung

» **Prüfungspflicht** besteht grundsätzlich unverändert fort; ggf. Befreiung gemäß § 270 Abs. 3 AktG, § 71 Abs. 3 GmbHG
» **Bestellung** des Abschlussprüfers auf Antrag des Insolvenzverwalters durch das Gericht
  » für GJ vor Insolvenzeröffnung: bereits erfolgte Bestellung bleibt unberührt
» **Vollständigkeitserklärung** durch Insolvenzverwalter erforderlich, sonst Versagungsvermerk

Offenlegung & Feststellung

» **Pflicht zur Offenlegung** besteht auch nach Insolvenzeröffnung grundsätzlich unverändert fort
  » durch den Insolvenzverwalter
  » Verlängerung der Frist (s.o.)
  » größenabhängige Erleichterungsvorschriften sind weiter anwendbar
» **Feststellungskompetenz** steht dem Insolvenzverwalter zu

Konzern

» Vorschriften zur Konzernrechnungslegung gelten fort
» bei **Stimmrechtsmehrheit** wird beherrschender Einfluss nach § 290 Abs. 2 Nr. 1 HGB unwiderlegbar vermutet
  » aber: bei insolventen Tochtergesellschaften besteht trotz beherrschenden Einflusses ein **Einbeziehungswahlrecht** nach § 296 Abs. 1 Nr. 1 HGB

Eigenverwaltung

» Pflichten zur Rechnungslegung, Feststellung und Offenlegung verbleiben bei den **bisherigen Organen**
» **Regelungen zum GJ** (siehe Folgeseite 2/2) gelten auch im eigenverwalteten (Plan-)Verfahren
  » nach Insolvenzeröffnung kann der gesetzliche Vertreter zum satzungsmäßigen Stichtag zurückkehren (bei KapGes.: Eintragung/Mitteilung)
» **Anzeige** des Sachwalters, wenn gesetzliche Vertreter ihre Pflichten nicht erfüllen

IDW RH HFA 1.012   1/2

Abb. 1: Grundsätze der externen Rechnungslegung im Insolvenzverfahren

3.1.1 Pflicht zur Weiterführung der handelsrechtlichen Rechnungslegung

Die insolvenzrechtliche und die handelsrechtliche Rechnungslegungspflicht bestehen **45** nebeneinander[60]. Nach den handelsrechtlichen Grundsätzen müssen Bücher geführt und auf jeden Abschlussstichtag Bilanzen aufgestellt werden. Nach § 155 Abs. 1 InsO ist es die Aufgabe des Insolvenzverwalters, die handels- und steuerrechtlichen Rechnungslegungspflichten des Schuldners nach Insolvenzeröffnung zu erfüllen, sofern sie die Insolvenzmasse betreffen. Für Personengesellschaften bedeutet das, dass insb. das steuerliche Sonderbetriebsvermögen nicht Teil der Insolvenzmasse ist. Sofern die handels- und steuerrechtlichen Buchführungspflichten bis zum Zeitpunkt der Insolvenzverfahrenseröffnung noch nicht erfüllt sind, gelten diese Pflichten auch für den Zeitraum vor der Insolvenzeröffnung[61].

Der handelsrechtlichen Rechnungslegung unterliegen gem. § 155 Abs. 1 S. 1 InsO **46** grundsätzlich nur solche Schuldner, auf die bereits vor Insolvenzeröffnung die Vorschriften zur handelsrechtlichen Rechnungslegung gem. §§ 238 ff. HGB anwendbar waren. Da durch die Insolvenz Größenklassen über- oder unterschritten werden können, ist jedoch nicht nur auf die Größenklassen vor der Insolvenz abzustellen, sondern immer auf die allgemeinen Regeln zur Rechnungslegungspflicht nach §§ 238 ff. HGB. Dies gilt für Kaufleute gem. §§ 1 ff. HGB und demnach nicht für Nichtkaufleute. Auf Nichtkaufleute ist § 155 InsO also nicht anzuwenden. Voraussetzungen sind damit die Bestellung eines (endgültigen) Insolvenzverwalters und die Entstehung einer Insolvenzmasse im rechtlichen Sinne (§ 35 InsO). Dementsprechend ist der vorläufige Insolvenzverwalter nicht zur Rechnungslegung verpflichtet, zumal für diesen Zeitraum keine Insolvenzmasse existiert[62]. Die KapGes. wird mit Eröffnung des Insolvenzverfahrens aufgelöst. Sie wird im Anschluss nicht direkt abgewickelt, sondern die insolvenzrechtliche Verwertung und Verteilung des Vermögens ersetzen dies. Ist die Verwertung und Verteilung vollständig erfolgt, ist diese aus dem HR zu löschen.

Der Insolvenzverwalter ist verpflichtet, die Handelsbücher des Schuldners fortzuführen **47** (§ 238 HGB), auf den Zeitpunkt der Verfahrenseröffnung eine handelsrechtliche Eröffnungsbilanz aufzustellen (nebst Erläuterungsbericht, soweit es sich nicht um eine Personenhandelsgesellschaft mit mindestens einer natürlichen Person als unmittelbarem oder mittelbarem persönlich haftendem Gesellschafter handelt) und für den Schluss eines jeden Geschäftsjahres eine Bilanz und eine Gewinn- und Verlustrechnung anzufertigen (§ 242 HGB) bzw. im Falle von Kapitalgesellschaften und Personenhandelsgesellschaften i.S.d. § 264a Abs. 1 HGB einen JA nebst LB aufzustellen (Aufstellungskompetenz) und gemäß § 245 HGB zu unterzeichnen. Im Übrigen gelten die größenklassenabhängigen Erleichterungen (z.B. nach § 264 Abs. 1 Satz 5 HGB)[63]. Die Feststellungskompetenz für den JA liegt beim Insolvenzverwalter[64].

Die Vorschriften der §§ 238 ff. HGB und ggf. der §§ 264 ff. HGB gelten in der Insolvenz **48** weiter und werden nicht durch spezifische Regelungen der Insolvenzordnung ersetzt. Vielmehr ist die Insolvenz als ansatz-, bewertungs- und ausweisrelevanter Tatbestand

---

60 RFH v. 22.06.1938, RStBl. 1938, S. 669; RFH v. 05.03.1940, RStBl. 1940, S. 716; BFH v. 08.06.1972, BStBl. II 1972, S. 784; ebenso BGH v. 29.05.1979, VI ZR 104/78, ZIP 1980, S. 25.
61 *IDW RH HFA 1.012*, Tz. 5 ff.
62 *Basinski/Hillebrand/Lambrecht²*, Rz. 247.
63 *IDW RH HFA 1.012*, Tz. 7.
64 *IDW RH HFA 1.012*, Tz. 8.

i.R.d. handelsrechtlichen Bilanzierung und Bewertung zu würdigen. Auch die Einstellung des Geschäftsbetriebs vor Eröffnung des Insolvenzverfahrens oder das Vorliegen von Massearmut (§ 207 InsO) entbinden grundsätzlich nicht von diesen Pflichten[65]. Für Gesellschaften in der Insolvenz kann im Allgemeinen nicht mehr von der Going-Concern-Prämisse ausgegangen werden, es sei denn, es liegen hinreichende Anhaltspunkte dafür vor, dass trotz dieser rechtlichen Gegebenheiten im Einzelfall von einer Fortführung der Unternehmenstätigkeit auszugehen ist[66].

Die Auswirkungen einer Abkehr von der Going-Concern-Prämisse für die Bilanzierung und Bewertung sind in *IDW RS HFA 17* dargestellt. *IDW RS HFA 17* ist daher ergänzend zu *IDW RH HFA 1.012* heranzuziehen[67].

3.1.2 Allgemeine Bilanzierungs- und Bewertungsgrundsätze

49 Die allgemeinen Buchführungspflichten gelten nach § 238 HGB für alle Kaufleute. Danach muss jeder Kaufmann Bücher führen und in diesen die Lage seines Vermögens nach den GoB ersichtlich machen. Die GoB gelten auch für die Erstellung des JA (vgl. § 243 Abs. 1 HGB).

50 Die Buchführungspflicht besteht ab der Aufnahme des Handelsgewerbes[68] durch den Kaufmann und endet formal, wenn die Kaufmannseigenschaft, i.d.R. durch die Einstellung des Handelsgewerbes, nicht mehr gegeben ist. Die Buchführungspflicht besteht aber fort, wenn eine Gesellschaft vor ihrer Abwicklung im HR gelöscht wird. Dann sind die Bücher bis zur endgültigen Abwicklung des noch vorhandenen Vermögens zu führen[69]. Man spricht in diesem Zusammenhang auch von der deklaratorischen Wirkung der Löschung.

51 Einzelkaufleute, die an den Abschlussstichtagen von zwei aufeinander folgenden GJ nicht mehr als jeweils 600.000 € Umsatzerlöse und jeweils 60.000 € Jahresüberschuss aufweisen, brauchen §§ 238-241 HGB nicht anzuwenden (vgl. § 241a HGB). Im Fall der Neugründung treten die Rechtsfolgen schon ein, wenn die o.g. Werte am ersten Abschlussstichtag nach der Neugründung nicht überschritten werden. Ein Einzelkaufmann kann die Einhaltung der Größenkriterien nach § 241a HGB mittels der sich aus seiner Einnahmenüberschussrechnung ergebenden Umsatzerlöse und Jahresüberschüsse überprüfen. Von der Erstellung eines handelsrechtlichen JA kann abgesehen werden, wenngleich Einnahmenüberschussrechnung und Bilanz zu unterschiedlichen Ergebnissen führen[70].

52 Zu den allgemeinen Ansatz- und Bewertungsvorschriften des HGB in der handelsrechtlichen Rechnungslegung vgl. *IDW, WPH Edition, Wirtschaftsprüfung & Rechnungslegung*[17], Kap. F Tz. 16 ff.

---

65   *IDW RH HFA 1.012*, Tz. 34.
66   *IDW RH HFA 1.012*, Tz. 35.
67   *IDW RH HFA 1.012*, Tz. 36.
68   Für den Kannkaufmann und den Formkaufmann beginnt die Buchführungspflicht mit Eintragung ins HR, bei der OHG allerdings ggf. schon vor Eintragung bei Geschäftsbeginn (vgl. § 123 HGB).
69   *Störk/Lewe*, in: BeBiKo[10], § 238, Rn. 81.
70   BT-Drs. 16/10067, S. 46.

3.1.3 Schlussbilanz der werbenden Gesellschaft

Für den Zeitraum zwischen dem Schluss des letzten regulären GJ und dem Zeitpunkt der **53** Insolvenzeröffnung muss auf das Ende des Tages vor Insolvenzeröffnung ein JA aufgestellt werden, der als „Schlussbilanz der werbenden Gesellschaft" bezeichnet wird. Darüber hinaus kann es erforderlich sein, diesen um einen Anhang und einen LB zu ergänzen[71], denn entgegen dem Wortlaut „Schlussbilanz" handelt es sich gleichwohl um einen vollwertigen JA. Die Verantwortung für die Rechnungslegung liegt zum Zeitpunkt der Insolvenzeröffnung beim Insolvenzverwalter (vgl. Kap. E Tz. 40).

Die allgemeinen Rechnungslegungsgrundsätze der §§ 238, 242 Abs. 1 S. 1 und § 264 HGB **54** verpflichten zur Aufstellung einer Schlussbilanz der werbenden Gesellschaft. Nach den GoB muss der Insolvenzverwalter auch eine lückenlose Rechnungslegung und Dokumentation sämtlicher Geschäftsvorfälle der Rechnungsperioden vor Eröffnung des Insolvenzverfahrens einschl. der Ermittlung des Gewinns bzw. Verlustes dieser Rechnungslegungsperioden darlegen, soweit diese Pflichten noch nicht erfüllt wurden[72].

Er ist also auch verpflichtet, offene JA vor Insolvenzeröffnung fertigzustellen[73]. Nach **55** überwiegendem Schrifttum lässt die Massearmut (§ 207 InsO) eines Insolvenzverfahrens die Pflicht zur Rechnungslegung des Insolvenzverwalters unberührt und wird auch durch die BGH-Rechtsprechung[74] bestätigt[75].

Mit der Insolvenzeröffnung erhält der Insolvenzverwalter die Verwaltungs- und Ver- **56** fügungsbefugnis der Gesellschaftsorgane über die Insolvenzmasse (§ 80 Abs. 1 InsO). Gerade aus dem Kreis der Insolvenzverwalter gibt es deshalb immer wieder Stimmen, die sagen, dass in bestimmten Fällen auf die handelsrechtliche Rechnungslegung verzichtet werden kann. Eine gesetzliche Regelung oder entsprechende Rechtsprechung gibt es hierzu allerdings nicht.

Bei der abschließenden Rechnungslegung der werbenden Gesellschaft gelten im Ver- **57** hältnis zu allgemeinen Bilanzierungsvorschriften des HGB keine Besonderheiten. Auch hier stellt sich die Frage, wann ein Abweichen von der Going-Concern-Prämisse geboten ist und welche Folgen daran anknüpfen. Diese Einschätzung haben zunächst die gesetzlichen Vertreter und anschließend der Insolvenzverwalter vorzunehmen. Sodann sind die Beurteilungen des APr. im Rahmen seiner Abschlussprüfung bezüglich der Einschätzung der gesetzlichen Vertreter des geprüften Unternehmens zur Fortführung der Unternehmenstätigkeit (vgl. dazu *IDW PS 270 n.F. (10.2021)*) bzw. bezüglich der Auswirkungen auf den handelsrechtlichen JA bei Wegfall der Fortführungsannahme (vgl. *IDW RS HFA 17*) heranzuziehen. Die Entscheidung des Insolvenzverwalters, dass trotz Eröffnung des Insolvenzverfahrens hinreichende Anhaltspunkte für die Fortführung der Unternehmenstätigkeit gegeben sind, basiert auf dem von ihm verfolgten Fortführungskonzept[76]. Dies ist bspw. dann der Fall, wenn ein glaubhafter Fortführungsinsolvenzplan vorliegt und z.B. mittels einer Besserstellungsrechnung antizipiert werden kann, dass die Gläubiger dem Plan zustimmen werden[77].

---

71 *IDW RH HFA 1.012*, Tz. 12.
72 *IDW RH HFA 1.012*, Tz. 13.
73 *IDW RH HFA 1.012*, Tz. 5 ff.
74 Vgl. BGH v. 22.07.2004, IX ZB 161/03, WPg 2004, S. 1091.
75 *IDW RH HFA 1.012*, Tz. 37.
76 *IDW RH HFA 1.012*, Tz. 15; vgl. auch *IDW RH HFA 17*, Tz. 3.
77 *Groß/Amen*, DB 2005, S. 1861 (1866).

3.1.4 Externe (handelsrechtliche) Eröffnungsbilanz

58 Gemäß § 155 Abs. 1 i.V.m. Abs. 2 InsO ist eine handelsrechtliche Eröffnungsbilanz auf den Tag der Insolvenzeröffnung aufzustellen[78]. Dabei müssen alle Vermögensgegenstände durch körperliche Bestandsaufnahme und die Schulden durch Buchinventur nach den Grundsätzen ordnungsgemäßer Inventur erfasst werden. *IDW RH HFA 1.010*[79] kann bezüglich der Bestandsaufnahme und der Anwendung von Inventurvereinfachungsverfahren zu Hilfe genommen werden[80].

59 Die Eröffnungsbilanz muss dabei mit dem Verzeichnis der Massegegenstände nach § 151 InsO und dem Gläubigerverzeichnis nach § 152 InsO abgestimmt werden[81]. Die Bilanzierung und Bewertung in der Eröffnungsbilanz muss mit der Bilanzierung und Bewertung in der Schlussbilanz der werbenden Gesellschaft identisch sein[82].

60 In der Vermögensübersicht gem. § 153 InsO sind die handelsrechtlichen Bilanzierungs- und Bewertungsgrundsätze für Vermögensgegenstände nicht zu beachten, wohingegen sie bei der handelsrechtlichen Rechnungslegung zwingend einzuhalten sind[83].

61 Bei KapGes. ist gem. § 71 Abs. 1 GmbHG bzw. § 270 Abs. 1 AktG zu beachten, dass die Eröffnungsbilanz um einen die Bilanz erläuternden Bericht zu ergänzen ist. Eine analoge Anwendung der Vorschriften für die Liquidationseröffnung ist sachgerecht, weil die Begründung zu § 155 InsO hier ausdrücklich auf die vorgenannten Vorschriften verweist, auch wenn der § 155 InsO selbst im Gesetzeswortlaut einen solchen Erläuterungsbericht nicht vorsieht.[84] Dieser Erläuterungsbericht soll insb. die insolvenzspezifischen Besonderheiten aufzeigen, etwa Ausführungen zum Verfahrensstand, zur Dauer des Verfahrens und geplante bzw. ergriffene Maßnahmen, Hinweise zur Fortführung des Unternehmens sowie Ausführungen zu den Auswirkungen für die betroffenen Mitarbeiter[85]. Dabei sind nur solche Posten bedeutsam, die in ihrer Höhe bedeutsam sind oder auf das Insolvenzergebnis erhebliche Auswirkungen haben[86].

3.1.5 Änderung des Geschäftsjahres

62 Mit der Eröffnung des Insolvenzverfahrens beginnt nach § 155 Abs. 2 S. 1 ein neues GJ[87]. Dabei ist unerheblich, ob es sich um ein Regel- oder Planverfahren bzw. ein fremd- oder eigenverwaltetes Verfahren handelt. Es ist eine Verkürzung auf ein sog. Rumpf-GJ möglich. Gleiches gilt für das vor der Insolvenzeröffnung abschließende GJ, falls das Datum der Insolvenzeröffnung nicht zufällig auf das Ende des regulären GJ fällt[88].

---

78 *IDW RH HFA 1.012*, Tz. 16.
79 *IDW Rechnungslegungshinweis: Bestandsaufnahme im Insolvenzverfahren (IDW RH HFA 1.010)* (Stand: 13.06.2008).
80 *IDW RH HFA 1.012*, Tz. 17.
81 *IDW RH HFA 1.012*, Tz. 19.
82 *IDW RH HFA 1.012*, Tz. 18.
83 *IDW RH HFA 1.012*, Tz. 20.
84 *IDW RH HFA 1.012*, Tz. 21.
85 Vgl. *IDW RH HFA 1.012*, Tz. 23.
86 *IDW RH HFA 1.012*, Tz. 22.
87 *IDW RH HFA 1.012*, Tz. 9.
88 *IDW RH HFA 1.012*, Tz. 9.

Nach dem BGH-Beschluss v. 14.10.2014[89] kann der Insolvenzverwalter nach Eröffnung **63** des Insolvenzverfahrens auf den bisherigen Stichtag zurückkehren und infolgedessen ein Rumpf-GJ bilden. Dazu ist weder die Zustimmung der Gesellschafterversammlung noch der HV erforderlich. Bei KapGes. soll wegen des Grundsatzes der Registerwahrheit zusätzlich eine Anmeldung zur Eintragung in das HR erfolgen. Alternativ kann dies zu einem späteren Zeitpunkt möglich sein, wenn eine sonstige Mitteilung zur Information des Registergerichts innerhalb von zwölf Monaten ab Insolvenzeröffnung abgegeben wird. Das heißt, dass die Rückkehr zum satzungsgemäßen GJ bereits mit der Mitteilung an das Registergericht ihre Wirkung entfaltet und die HR-Eintragung nicht konstitutiv wirkt (vgl. auch Beispiel in Abb. 2)[90].

Ob der Insolvenzverwalter ohne Gesellschafterbeschluss auch ein vom satzungsmäßigen **64** Stichtag abweichendes Datum wählen darf, wurde bisher durch den BGH noch nicht geklärt; allerdings erscheint diese Konstellation auch eher praxisfern. Nichtsdestotrotz ist in diesem Fall bei KapGes. wohl ein satzungsändernder Gesellschafterbeschluss erforderlich, weil der Insolvenzverwalter künftig von den gesellschaftsvertraglichen und von den in § 155 Abs. 2 InsO getroffenen Regelungen abweichen möchte.

Wird das Unternehmen nach der Aufhebung des Insolvenzverfahrens fortgeführt, er- **65** folgt die Rückkehr zum ursprünglichen GJ-Rhythmus automatisch und sogleich beginnt ein neues Rumpf-GJ[91]. Wollen die Gesellschafter hingegen den durch die Insolvenzeröffnung ausgelösten und von der Satzung abweichenden Stichtag beibehalten, muss hierfür ein satzungsändernder Gesellschafterbeschluss herbeigeführt werden[92].

Praxistipp 1:

Es scheint vor dem Hintergrund der Maßgeblichkeit der handelsrechtlichen für die steuerliche Rechnungslegung sowie der Umsatzsteuer empfehlenswert, möglichst schnell zum Kalenderjahr als GJ zurückzukehren[93].

3.1.6 Zwischenbilanzen

Zwischenbilanzen zu jedem Jahresende, d.h. zwölf Monate nach Insolvenzeröffnung **66** bzw. zum Ende des GJ, sind erforderlich, wenn das Insolvenzverfahren nicht nach zwölf Monaten beendet ist. Dabei ist zu beachten, dass es sich entgegen dem Sprachgebrauch um einen vollwertigen JA handelt und nicht um eine Zwischenbilanz im engeren Sinne. Auch hier gelten die allgemeinen handelsrechtlichen Grundsätze, was bedeutet, dass KapGes. zur Aufstellung von Anhang und ggf. LB neben der Bilanz und der GuV verpflichtet sind. Zu jedem Stichtag muss erneut überprüft werden, ob die Grundsätze des Going Concern noch vorliegen.

---

89 Vgl. BGH v. 14.10.2014, II ZB 20/13, DStR 2015, S. 178; zuvor anders: OLG Frankfurt v. 21.05.2012, 20 W 65/12, ZIP 2012, S. 1617.
90 *IDW RH HFA 1.012*, Tz. 10.
91 *IDW RH HFA 1.012*, Tz. 11.
92 *IDW RH HFA 1.012*, Tz. 11.
93 Die Durchbrechung der Maßgeblichkeit durch zwingende, vom Handelsrecht abweichende steuerlichen Regelungen nimmt zu.

3.1.7 Handelsrechtliche Schlussbilanz

67 Mit Beendigung des Insolvenzverfahrens, egal ob durch Aufhebung (§ 200 InsO bzw. § 258 InsO) oder Einstellung (§ 207 ff. InsO), hat der Insolvenzverwalter eine handelsrechtliche Schlussbilanz inkl. GuV sowie für KapGes. bzw. Personenhandelsgesellschaften i.S.v. § 264a Abs. 1 HGB ggf. einen Anhang und LB gem. § 242 HGB bzw. § 264 HGB zu erstellen[94]. Zweck ist es, die periodische Rechnungslegung des insolventen Unternehmens[95] abzuschließen. Die Verpflichtung hierzu ergibt sich aus den allgemeinen Rechnungslegungsregeln des § 155 InsO i.V.m. §§ 238 ff. HGB[96].

Die handelsrechtliche Schlussbilanz darf dabei nicht mit der internen Pflicht des Insolvenzverwalters zur Erstellung der Schlussrechnung vertauscht werden[97].

68 Stichtag für die Aufstellung der handelsrechtlichen Schlussbilanz ist der Tag des Beschlusses über die Aufhebung oder Einstellung des Verfahrens[98]. Grund hierfür ist, dass bereits am Tag der Aufhebung oder Einstellung des Verfahrens das Amt des Verwalters endet (vgl. § 215 Abs. 2 InsO).

69 Im Falle des Going Concern sind die gesetzlichen Vertreter des Unternehmens sowohl zur Aufstellung der Schlussbilanz als auch zur Aufstellung der Eröffnungsbilanz[99] nach Beendigung des Insolvenzverfahrens verpflichtet[100].

---

94 *IDW RH HFA 1.012*, Tz. 26.
95 Natürliche Personen sind ebenso erfasst.
96 *IDW RH HFA 1.012*, Tz. 27.
97 *IDW RH HFA 1.012*, Tz. 27.
98 Vgl. BGH v. 15.07.2010, IX ZB 229/07, DB 2011, S. 818.
99 Bei der Aufstellung einer Eröffnungsbilanz nach Beendigung des Insolvenzverfahrens ist zu beachten, dass das steuerliche Sonderbetriebsvermögen nicht Teil der Insolvenzmasse ist.
100 Bezüglich der Frage der Rückkehr zum ursprünglichen Abschlussstichtag vgl. BGH v. 14.10.2014, II ZB 20/13, DStR 2015, S. 178.

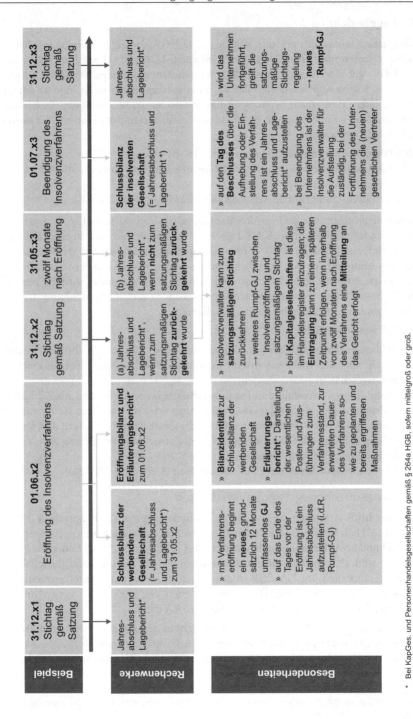

* Bei KapGes. und Personenhandelsgesellschaften gemäß § 264a HGB, sofern mittelgroß oder groß.

Abb. 2: Beispiel der erforderlichen externen Rechenwerke im Insolvenzverfahren

3.1.8 Lagebericht

70 KapGes. haben, wie bereits erörtert, den JA (§ 242 HGB) um einen Anhang (§§ 284 ff. HGB) zu ergänzen und einen LB (§ 289 HGB) aufzustellen. Für kleine KapGes. (§ 267 Abs. 1 HGB) gilt eine Ausnahme für diese Verpflichtung; sie brauchen den LB nicht aufzustellen. Kleine KapGes. dürfen den JA innerhalb der ersten sechs Monate des GJ aufstellen, sofern dies einem ordnungsgemäßen Geschäftsgang entspricht. Es handelt sich um eine kleine KapGes., wenn mindestens zwei der drei nachstehenden Grenzwerte nicht überschritten werden:

- 6.000.000 € Bilanzsumme (§ 267 Abs. 1 Nr. 1 HGB)
- 12.000.000 € Umsatzerlöse in den zwölf Monaten vor dem Abschlussstichtag (§ 267 Abs. 1 Nr. 2 HGB)
- im Jahresdurchschnitt fünfzig Arbeitnehmer (§ 267 Abs. 1 Nr. 3 HGB)

71 In dem von mittelgroßen und großen KapGes. sowie von mittelgroßen und großen Personenhandelsgesellschaften i.S.d. § 264a HGB (und sofern sie nach PublG dazu verpflichtet sind) aufzustellenden LB werden der Geschäftsverlauf einschl. des Geschäftsergebnisses und die Lage des Unternehmens so dargelegt, dass ein den tatsächlichen Verhältnissen entsprechendes Bild vermittelt wird[101]. Darüber hinaus wird die voraussichtliche Entwicklung mit ihren wesentlichen Chancen und Risiken anhand der zugrunde liegenden Annahmen beurteilt und erläutert.

72 Der LB soll weiter beinhalten:

- die Risikomanagementziele und -methoden der Gesellschaft einschl. ihrer Methoden zur Absicherung aller wichtigen Arten von Transaktionen, die i.R.d. Bilanzierung von Sicherungsgeschäften erfasst werden,
- die Preisänderungs-, Ausfall- und Liquiditätsrisiken sowie die Risiken aus Zahlungsstromschwankungen, denen die Gesellschaft ausgesetzt ist, jeweils in Bezug auf die Verwendung von Finanzinstrumenten durch die Gesellschaft und sofern dies für die Beurteilung der Lage oder der voraussichtlichen Entwicklung von Belang ist,
- den Bereich Forschung und Entwicklung sowie
- bestehende Zweigniederlassungen der Gesellschaft (§ 289 Abs. 2 HGB).

3.1.9 Konzernrechnungslegungsvorschriften

73 Auch in der Insolvenz gelten die Konzernrechnungslegungsvorschriften nach §§ 290 ff. HGB und §§ 11 ff. PublG für die Aufstellung von KA, wenn die Voraussetzungen gegeben sind und keine Befreiungstatbestände nach §§ 290 Abs. 5, 291, 292 oder 293 HGB einschlägig sind. Ob ein **Befreiungstatbestand** vorliegt, ist anhand einer Einzelfallbetrachtung festzustellen. Im Einzelfall ist es möglich, dass u.a. durch insolvenzbedingte Abwertungen oder Teilverkäufe die Größenkriterien des § 293 HGB unterschritten werden und damit die Pflicht der Aufstellung eines KA entfällt[102].

74 Ein TU braucht gem. § 296 Abs. 1 Nr. 1 HGB nicht in den KA einbezogen zu werden, wenn erhebliche und andauernde Beschränkungen die Ausübung der Rechte des MU in Bezug auf das Vermögen oder die Geschäftsführung dieses Unternehmens nachhaltig

---

101 *Hundt*, WP Praxis 2015, S. 197; vgl. ausführlich *IDW*, WPH Edition, Wirtschaftsprüfung & Rechnungslegung[15], Kap. F Tz. 1354 ff.
102 *IDW RH HFA 1.012*, Tz. 29 ff.

beeinträchtigen. Dabei ist Voraussetzung, dass durch das MU ein **beherrschender Einfluss** nach § 290 Abs. 2 HGB vorliegt. Davon kann unwiderlegbar ausgegangen werden, wenn das MU

- die Stimmrechtsmehrheit am (insolventen) TU hält,
- das Recht hat, die die Finanz- und Geschäftspolitik bestimmenden Verwaltungs-, Leitungs- oder Aufsichtsorgane zu bestellen oder
- einen beherrschenden Einfluss aufgrund eines abgeschlossenen Beherrschungsvertrags ausüben kann.

Über die Frage, **wann der beherrschende Einfluss jedoch begrenzt ist**, besteht Uneinigkeit. Ob bereits im vorläufigen Insolvenzverfahren der beherrschende Einfluss beschränkt wird und sodann das Einbeziehungs-/Konsolidierungswahlrecht besteht oder dieses von der konkreten Ausgestaltung der Rechte des vorläufigen Insolvenz- bzw. Sachwalters abhängig ist, wurde bei der Überarbeitung des *IDW RH HFA 1.012* erörtert. Da die Interessen des MU bereits mit Eröffnung des Antragsverfahrens zurücktreten, um eine bestmögliche Gläubigerbefriedigung gewährleisten zu können, wird die Ausübung der Rechte des MU in Bezug auf das Vermögen oder die Geschäftsführung des TU erheblich beschränkt. Das Wahlrecht zur Einbeziehung des insolventen TU in den KA gem. § 296 Abs. 1 Nr. 1 HGB besteht somit bereits mit Eröffnung des vorläufigen Verfahrens. **75**

3.1.10 Aufstellungs- und Offenlegungspflichten

Grundsätzlich gelten in der Insolvenz auch die gesetzlichen Aufstellungs- und Offenlegungspflichten[103]. Im Rahmen der **Offenlegung** der handelsrechtlichen JA und KA sowie ggf. der LB bzw. KLB sind in der Insolvenz die allgemeinen Grundsätze zu berücksichtigen. **76**

Bei allen handelsrechtlichen Rechenwerken unterliegt der **Insolvenzverwalter** nach § 155 Abs. 2 S. 2 InsO i.V.m. § 270 Abs. 2 S. 2 AktG, § 71 Abs. 2 S. 2 GmbHG analog der Verpflichtung zur Offenlegung gem. §§ 325 ff. HGB[104]. Erleichterungen gelten für Kleinst- und sonstige kleine (§ 326 HGB) sowie mittelgroße (§ 327 HGB) KapGes. und Personenhandelsgesellschaften. **77**

Gemäß § 155 Abs. 2 S. 2 InsO gilt für die Aufstellung und Offenlegung der Schlussbilanz der werbenden Gesellschaft und der handelsrechtlichen Eröffnungsbilanz ggf. nebst Erläuterungsbericht ein **verlängerter Zeitraum** von der Insolvenzeröffnung bis zum Berichtstermin. Die Verlängerung dieser Frist beläuft sich auf einen Zeitraum von sechs Wochen bis zu drei Monaten[105]. Dem Insolvenzverwalter soll dadurch die Doppelbelastung einer Erstellung interner und externer Rechnungswerke erspart bleiben[106]. **78**

Er hat sich auch dann an die Offenlegungspflichten zu halten, wenn das Verfahren **massearm** ist. **79**

---

103 OLG Köln v. 14.07.2015, 28 Wx 6/16, NRWE (Rechtsprechungsdatenbank NRW).
104 Weiteres zur Sanktionierung: LG Bonn v. 13.11.2008, 30 T 275/08, ZIP 2009, S. 332.
105 *IDW RH HFA 1.012*, Tz. 33.
106 *IDW RH HFA 1.012*, Tz. 33.

Hinweis 1:

Das Bundesamt für Justiz setzt mittlerweile auch gegenüber Insolvenzverwaltern **Zwangsgelder** fest; insoweit ist auch im Insolvenzverfahren strikt auf die Offenlegungspflichten zu achten[107].

3.1.11 Prüfungspflichten

80 Die JA und LB von KapGes. und Konzernen – außer kleinen KapGes. – und auch von Personenhandelsgesellschaften i.S.d. § 264a Abs. 1 HGB werden durch einen APr. gem. § 155 Abs. 3 InsO i.V.m. § 270 Abs. 3 AktG und § 71 Abs. 3 i.V.m. Abs. 2 S. 2 GmbHG geprüft. Die handelsrechtlichen Prüfungspflichten nach §§ 316 ff. HGB sind hiernach auf die externe Rechnungslegung im Insolvenzverfahren entsprechend anzuwenden. Dies gilt auch für Personenhandelsgesellschaften i.S.d. § 264a Abs. 1 HGB[108].

81 Im Insolvenzverfahren hat der Insolvenzverwalter den JA zu erstellen. Daher muss er dem APr. alle relevanten Informationen zur Verfügung stellen und alle Geschäftsvorfälle im JA bzw. LB wiedergeben[109]. Dieses hat der Insolvenzverwalter dem APr. auch schriftlich zu erklären (**Vollständigkeitserklärung**). Sollte der APr. erhebliche Zweifel an der Integrität der gesetzlichen Vertreter haben und gelangt er zu dem Schluss, dass die eingeholte Erklärung oder der Nachweis der Gesamtverantwortung für die Rechnungslegung nicht verlässlich ist, oder geben die gesetzlichen Vertreter diese Erklärungen nicht ab, ist der BestV zu versagen[110].

82 Bei mittelgroßen und großen KapGes. bzw. Personenhandelsgesellschaften i.S.d. § 264a Abs. 1 HGB werden die Schlussbilanz und die GuV der werbenden Gesellschaft sowie der ggf. zugehörige Anhang und LB, die Eröffnungsbilanz, der erläuternde Bericht zur Eröffnungsbilanz, die JA einschl. der Anhänge und LB und die Schlussbilanz des insolventen Unternehmens durch den APr. geprüft. Zusätzlich sind die vom Insolvenzverwalter ggf. aufzustellenden KA und KLB **Gegenstand der Prüfung**.

83 Die Bestellung des APr. erfolgt auf **Antrag des Insolvenzverwalters** durch das Registergericht. Ist für das (Rumpf-)GJ vor der Eröffnung des Verfahrens bereits ein APr. bestellt worden, steht die Eröffnung des Insolvenzverfahrens dem nicht entgegen (vgl. § 155 Abs. 3 S. 2 InsO)[111]. Gleiches gilt für die Bestellung eines Apr. für das vorletzte GJ vor der Eröffnung des Verfahrens. Ist auch dafür die Prüfung noch nicht abgeschlossen, bleibt der Apr. bestellt und hat die Prüfung zu beenden. In beiden Fällen haben die OLG Düsseldorf[112] und Frankfurt[113] 2021 festgestellt, dass es sich bei dem **Abschlussprüfer-Honorar** um Masseverbindlichkeiten handelt. Kann der Insolvenzverwalter dies nicht bezahlen, muss er nach § 208 InsO **Masseunzulänglichkeit** anzeigen. Ungeklärt ist noch, ob der Honoraranspruch des Apr. eine teilbare Forderung ist. Hier sagt das OLG Düsseldorf nein, mit der Konsequenz, dass das Apr.-Honorar in vollem Umfang Massever-

---

107 Zur Rechtmäßigkeit einer Anordnung eines Zwangsgeldes, gerichtet an den Insolvenzverwalter, vgl. LG Bonn v. 13.11.2008, 30 T 275/08, ZIP 2009, S. 332; *IDW RH HFA 1.012*, Tz. 33.

108 *IDW RH HFA 1.012*, Tz. 38 ff.

109 *IDW PS 303 n.F.*, Tz. 25.

110 *IDW PS 303 n.F.*, Tz. 27.

111 Für davor liegende GJ: OLG Dresden v. 30.09.2009, 13 W 281/09, ZIP 2009, S. 2458.

112 OLG Düsseldorf vom 25.03.2021, 5 U 91/20, ZInsO 2021, S. 1911.

113 OLG Frankfurt am Main vom 28.04.2021, 4 U 72/20, DStR 2021, S. 1490.

bindlichkeit ist. Das OLG Frankfurt sagt ja, mit der Konsequenz, dass alle APr.-Honorare bis Insolvenzeröffnung einfache Insolvenzforderungen und nur die nach Insolvenzeröffnung erbrachten Leistungen Masseverbindlichkeiten sind. Die Sache ist beim BGH unter dem Az. IX ZR 75/21 anhängig und sollte Ende 2021, Anfang 2022 entscheiden werden.

Die Insolvenzordnung sieht grundsätzlich keine **Befreiung von der Jahresabschluss-** **84** **prüfung** vor. Eine Befreiung von der Prüfungspflicht kommt nach § 270 Abs. 3 AktG und § 71 Abs. 3 GmbHG ab Eröffnung des Insolvenzverfahrens in Betracht, wenn die Prüfung im Interesse der Gläubiger und der Gesellschafter nicht geboten ist. Dies ist der Fall, wenn die Verhältnisse der Gesellschaft überschaubar sind[114], z.B. wenn die Mehrheit der Vermögensgegenstände schon veräußert oder der Geschäftsbetrieb schon länger eingestellt worden ist. Die Befreiung kann nur auf Auftrag des Insolvenzverwalters und in Abstimmung mit den Gläubigern durch das **Registergericht** erfolgen[115]. Angesichts der bestmöglichen Gläubigerbefriedigung ist der Insolvenzverwalter sodann sogar zur Antragstellung verpflichtet; andernfalls macht er sich schadensersatzpflichtig nach § 60 Abs. 1 InsO[116]. Darüber hinaus kann auch in entsprechender Anwendung der vorgenannten Vorschriften eine Befreiung für die Eröffnungsbilanz und den KA inkl. des KLB erteilt werden.

Eine Befreiung von der Prüfungspflicht ist häufig für den letzten JA (nebst LB) der in- **85** solventen Gesellschaft und die Schlussbilanz möglich[117].

Dagegen ist eine **Befreiung für Jahresabschlüsse ausgeschlossen**, die die GJ vor Insolvenzeröffnung betreffen, da zunächst angesichts des klaren Wortlauts des § 174 RegE InsO bzw. § 155 InsO eine planwidrige Regelungslücke zu verneinen ist und darüber hinaus die Tatbestandsmerkmale der „Überschaubarkeit" und der „Gebotenheit" des § 270 Abs. 3 AktG und § 71 Abs. 3 GmbHG nicht erfüllt sind[118].

Gemäß § 155 Abs. 3 InsO gilt für die Bestellung des APr. im Insolvenzverfahren § 318 **86** HGB mit der Maßgabe, dass die Bestellung ausschließlich durch das Registergericht auf Antrag des Verwalters erfolgt (Kap. E Tz. 83). Wurde für das GJ vor der Eröffnung des Verfahrens bereits ein APr. bestellt, berührt die Eröffnung nicht die wirksame Bestellung.

3.1.12 Besonderheiten bei Massearmut

Stellt der Insolvenzverwalter in einem eröffneten Verfahren fest, dass die verfügbare In- **87** solvenzmasse nicht ausreicht, um die Kosten des Insolvenzverfahrens gem. § 54 InsO zu decken, so spricht man von **Massearmut**. In diesem Fall stellt das Insolvenzgericht das Verfahren gemäß § 207 InsO ein.

Dem überwiegenden Teil des Schrifttums zufolge steht die Massearmut des Insolvenz- **88** verfahrens den Buchführungs- und Rechnungslegungspflichten nicht entgegen[119]. Die

---

114 *IDW RH HFA 1.012*, Tz. 42; LG Dresden v. 22.11.1994, 49 T 97/94, ZIP 1995, S. 233.

115 *Kniebes*, ZInsO 2016, S. 1669 (1676 f.); vgl. *IDW RH HFA 1.012*, Tz. 42.

116 *Kniebes*, ZInsO 2016, S. 1669 (1676).

117 *IDW RH HFA 1.012*, Tz. 44.

118 Siehe dazu ausführlich: *Kniebes*, ZInsO 2016, S. 1669 (1674 ff.); a.A. *Kind/Frank/Heinrich*, NZI 2006, S. 205 (207).

119 Siehe auch Rechtsprechung zum Auslagenersatzanspruch des Insolvenzverwalters, BGH v. 22.07.2004, IX ZB 161/03, WPg 2004, S. 1091.

Insolvenzordnung enthält auch keine Erleichterungen oder Lockerungen für die handelsrechtliche Rechnungslegung, weil Unternehmen durch die Einhaltung der Rechnungslegungspflichten i.r.d. Schuldenbereinigungsverfahrens geordnet aus dem Markt ausscheiden sollen. Zur steuerrechtlichen Rechnungslegungspflicht hat der Bundesfinanzhof[120] entschieden, dass der Insolvenzverwalter auch bei Massearmut zur Rechnungslegung verpflichtet ist. Der Insolvenzverwalter soll i.S.d. BGH[121] einen Steuerberater beauftragen und die entstehenden Kosten gem. § 54 Nr. 2 InsO als Auslagen geltend machen können. Auch bei Zerschlagung nach Insolvenzeröffnung sind alle handelsrechtlichen Buchführungs- und Bilanzierungspflichten zu erfüllen, da nur so eine ordnungsgemäße **Prüfung der Schlussrechnungslegung** durch das Insolvenzgericht möglich ist[122].

89 Um die Insolvenzmasse vollständig erfassen zu können, muss der Insolvenzverwalter die handelsrechtliche Buchführung des Gemeinschuldners überprüfen und ggf. aufarbeiten. Eine ordnungsgemäße Schlussrechnung setzt zusätzlich die Darlegung voraus, welche Vermögensgegenstände aus- und abgesondert, freigegeben und mit welchem Ansatz verwertet wurden. Ebenso zu berücksichtigen ist, wie schwebende Prozesse abgewickelt und welche Werte durch Aufrechnung zur Masse hinzugezogen werden konnten. Bei der ordnungsgemäßen Schlussrechnung handelt es sich um ein **vollständiges Bild des gesamten Verfahrens** von der Eröffnungsbilanz über die Zwischenbilanz bis zur Schlussbilanz. Im Rahmen der **Verfahrenseinstellung wegen Masselosigkeit** nach § 207 InsO besteht die Pflicht des Insolvenzverwalters zur Schlussrechnungslegung. Das Insolvenzgericht ist verpflichtet, diese zu überprüfen. Voraussetzung für beides ist die Aufstellung einer ordnungsgemäßen handelsrechtlichen Buchführung.

Vor allem die Rechnungslegung gegenüber dem Insolvenzgericht dient als Nachweis der ordnungsgemäßen Tätigkeit. Daher sollte man eine nachvollziehbare, transparente und aussagefähige Schlussrechnung auch als Chance auffassen, die Leistung des Insolvenzverwalters gegenüber den am Verfahren Beteiligten positiv zu dokumentieren.

3.1.13 Besonderheiten in der Eigenverwaltung

90 Im Eigenverwaltungsverfahren i.S.v. §§ 270 ff. InsO sind die Vertretungsorgane weiterhin zur Rechnungslegung verpflichtet. Dem **Sachwalter** kommt lediglich eine Aufsichtspflicht zu.

91 Bezüglich des GJ und der Konzernrechnungslegungspflicht ergeben sich keine Unterschiede[123]. Der Gesetzeswortlaut des § 155 InsO nimmt **keine Differenzierung zwischen Eigen- und Fremdverwaltung** vor. Mit Eröffnung des Insolvenzverfahrens beginnt grundsätzlich ein neues, zwölf Monate umfassendes Geschäftsjahr.[124] Im Falle der Eigenverwaltung bleibt die Verwaltungs- und Verfügungsbefugnis beim Schuldner, genauso wie die Pflichten zur Rechnungslegung, zur Feststellung des JA sowie zur Offenlegung[125].

---

120 BFH v. 23.08.1994, VIII R 143/92, BStBl II 1995, S. 194.
121 BGH v. 22.07.2004, IX ZB 161/03, WPg 2004, S. 1091.
122 Das Bundesverfassungsgericht entschied, dass eine Beauftragung externer Schlussrechnungsprüfer verfassungsrechtlich unbedenklich ist: BVerfG, Beschl. v. 10.02.2016 – 2 BvR 212/15; vgl. auch *Lissner*, ZInsO 2015, S. 1184.
123 *IDW RH HFA 1.012*, Tz. 47 ff.
124 *IDW RH HFA 1.012*, Tz. 49.
125 *IDW RH HFA 1.012*, Tz. 48.

Die **Rückkehr zum satzungsmäßigen Abschlussstichtag** bedarf keines Gesell- **92** schafterbeschlusses, da hier gerade der Zustand wiederhergestellt wird, der vor Eröffnung des Insolvenzverfahrens bestand[126]. Auch reicht hier bei KapGes. eine Anmeldung zur Eintragung in das HR oder eine sonstige Mitteilung an das Registergericht aus.

Ebenso besteht ein **Einbeziehungswahlrecht** nach § 296 Abs. 1 Nr. 1 HGB, weil der **93** Schuldner sein Handeln an den Interessen der Gläubiger ausrichten muss und diese gegenüber dem Interesse des MU primär zu berücksichtigen sind[127].

Bei **Zuwiderhandlung** gegen die handels- und steuerrechtlichen Rechnungslegungs- **94** pflichten hat der Sachwalter dies dem Gläubigerausschuss und dem Insolvenzgericht anzuzeigen[128].

3.2 Insolvenzrechtliche Rechnungslegung

Neben der externen Rechnungslegung ist die Pflicht zur internen Rechnungslegung zu **95** beachten.

3.2.1 Bestandteile der insolvenzrechtlichen Rechnungslegung

Die insolvenzrechtlichen Vorschriften zur Rechnungslegung stellen sicher, dass der In- **96** solvenzverwalter unter Zuhilfenahme der **internen Rechenwerke** – das sind Masseverzeichnis (§ 151 InsO), Gläubigerverzeichnis (§ 152 InsO) und die Vermögensübersicht (§ 153 InsO) – die Gläubigerversammlung im Berichtstermin (§ 156 InsO) über die wirtschaftliche Lage des Unternehmens informieren kann[129]. Diese Werke können bei der Einschätzung der Fortführungsfähigkeit wichtige Anhaltspunkte liefern[130].

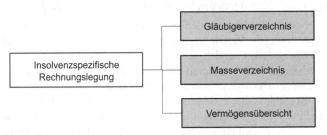

Abb. 3: Übersicht zur insolvenzspezifischen Rechnungslegung

Die interne Rechnungslegung erfüllt die **Rechenschaftspflicht des Insolvenzverwalters** **97** gegenüber den Insolvenzgläubigern, dem Insolvenzschuldner und dem Insolvenzgericht im Insolvenzverfahren[131]. Zugleich stellt sie für die Gläubigerversammlung eine Entscheidungsgrundlage dar. Darüber hinaus weist sie die ordnungsgemäße Wahrnehmung

---

126 BGH v. 14.10.2014, II ZB 20/13, DStR 2015, S. 178; *IDW RH HFA 1.012*, Tz. 49.
127 *IDW RH HFA 1.012*, Tz. 51.
128 *IDW RH HFA 1.012*, Tz. 52.
129 Zur insolvenzspezifischen Rechnungslegung im Insolvenzverfahren vgl. *IDW Rechnungslegungshinweis: Insolvenzspezifische Rechnungslegung im Insolvenzverfahren (IDW RH HFA 1.011)* (Stand 13.06.2008).
130 Weiterführende Literatur: *Pelka/Niemann*, S. 1 ff.; *Kraemer/Vallender/Vogelsang*, Fach 5, Kap. 3.
131 *Fischer-Böhnlein/Körner*, BB 2001, S. 191; *Hillebrand*, BBB 2007, S. 266.

der insolvenzrechtlichen Pflichten des Insolvenzverwalters nach[132]. Die internen Rechnungslegungspflichten bestehen angesichts dessen, dass es sich bei der Insolvenz um keinen Dauerzustand handelt. Gemäß §§ 58 Abs. 1 InsO kann das Insolvenzgericht jederzeit einzelne Auskünfte oder einen Bericht vom Insolvenzverwalter verlangen. Die Gläubigerversammlung kann dem Insolvenzverwalter gem. § 66 Abs. 3 InsO auch Zwischenrechnungen abverlangen. Die Mitglieder des Gläubigerausschusses haben sich über den Gang der Geschäfte zu unterrichten und können dazu gem. § 69 InsO die Bücher und Geschäftspapiere einsehen. § 79 InsO berechtigt die Gläubigerversammlung, vom Insolvenzverwalter einzelne Auskünfte und einen Bericht über den Sachstand und die Geschäftsführung anzufordern. Angesichts des Zeit- und Kostenmanagements können die Berichte auch in mündlicher Form erfolgen[133]; ein Schriftformerfordernis existiert nicht, ist jedoch absoluter Standard.

Praxistipp 2:

Es empfiehlt sich, grundsätzlich schriftliche Berichte anzufertigen, um auch im Rechtsstreit einen Beweis für die ordnungsgemäße interne Rechnungslegung vorweisen zu können.

---

98 Da die internen Rechenwerke nur einem überschaubaren **Adressatenkreis** zugänglich gemacht werden, ist eine Harmonisierung mit der externen Rechnungslegung problematisch. Diese Auffassung gründet darin, dass die verschiedenen Zielsetzungen der externen und internen Rechnungslegung nicht außer Acht gelassen werden dürfen[134].

99 Der **Aufsicht des Insolvenzgerichts** unterliegt die Einhaltung der Buchführungs- und Rechnungslegungspflichten durch den Insolvenzverwalter gem. § 58 InsO.

100 Nach § 35 InsO besteht die Masse aus dem gesamten Vermögen, das dem Schuldner zum Zeitpunkt der Eröffnung des Verfahrens gehört oder welches der Schuldner während des Verfahrens erlangt[135]. Dabei handelt es sich um die sog. **Ist-Masse**[136]. Die Insolvenzmasse wird durch §§ 36, 37 InsO dadurch eingeschränkt, dass Gegenstände, die nicht der Zwangsvollstreckung unterliegen – etwa unpfändbar sind[137] – nicht zur Insolvenzmasse gehören. Nach Ausschluss dieser Gegenstände entsteht die sog. **Soll-Masse**[138], welche der gemeinschaftlichen Befriedigung aller Insolvenzgläubiger, die zum Zeitpunkt der Eröffnung des Verfahrens einen Vermögensanspruch gegenüber dem Schuldner haben[139], der Quote nach zur Verfügung steht.

101 Der Insolvenzverwalter nimmt dazu gem. § 148 InsO nach Insolvenzeröffnung das zur Insolvenzmasse gehörende Vermögen **in Besitz und Verwaltung**. Die Herausgabe einer Sache kann entgegen dem Willen des Schuldners aufgrund einer vollstreckbaren Aus-

---

132 *Möhlmann*, DStR 1999, S. 163; *Eickes*, S. 78.
133 *Eickes*, S. 78.
134 *Eickes*, S. 78.
135 Vgl. zur Frage, welche Gegenstände im Einzelnen dazu gehören, *Lüdtke*, in: HamKomm. InsR[6], § 35, Rn. 72 ff.
136 *Andres*, in: Nerlich/Römermann, InsO, § 35 InsO, Rn. 4.
137 § 36 InsO gilt grds. nur im Insolvenzverfahren natürlicher Personen, vgl. *Lüdtke*, in: HamKomm. InsR[6], § 36, Rn. 5 ff.; *Schmidt, K.*, S. 69.
138 *Weitzmann*, in Schmidt: HamKomm. InsR[6], § 60 Rn. 11.
139 *Ganter/Bruns*, in: MünchKomm. InsO, § 1, Rn. 51 f.

fertigung des Eröffnungsbeschlusses im Wege der Zwangsvollstreckung erzwingbar sein[140]. Im Rahmen von Streitigkeiten über den Umfang der Insolvenzmasse entscheidet das Prozessgericht[141].

3.2.2 Interne Rechnungslegung vor Verfahrenseröffnung

Auch **vor Verfahrenseröffnung** ist der vorläufige Insolvenzverwalter bereits gem. §§ 21 **102** Abs. 2 Nr. 1 i.V.m. § 66 InsO verpflichtet, bei Beendigung seines Amtes Rechnung zu legen. Das gilt für den schwachen Verwalter (mit Zustimmungsvorbehalt) und auch für den starken Verwalter (ohne Zustimmungsvorbehalt) gleichermaßen. Dabei wird eine Einnahmen-Ausgaben-Rechnung für den Zeitraum von der Antragstellung bis zur Verfahrenseröffnung erstellt. Der Adressat der Rechnungslegung ist nach dem Gesetzeswortlaut die Gläubigerversammlung; trotzdem wird sie regelmäßig dem Gericht vorgelegt.

3.2.3 Verzeichnis der Massegegenstände

Nach Verfahrenseröffnung muss der Insolvenzverwalter gem. § 151 InsO ein Verzeichnis der Massegegenstände erstellen. Darin werden die einzelnen Gegenstände art- und mengenmäßig erfasst und in tabellarischer Form zur Sichtung der Insolvenzmasse, ihrer systematischen Bewertung und Darstellung aufgelistet[142]. Es dient der Information gegenüber den Insolvenzgläubigern, dem Schuldner und dem Insolvenzgericht. Zusätzlich hat die Bestandsaufnahme[143], bezogen auf das gesamte Verfahren, folgende **Aufgaben und Ziele:**

- Information über den Massebestand zur Vorbereitung der Entscheidung über die Fortsetzung oder Einstellung des Verfahrens mangels Masse
- Information über die zu erwartende Insolvenzquote
- Dokumentation der Vermögensverhältnisse des Schuldners
- Gewährleistung einer ordnungsgemäßen Verteilung der Insolvenzmasse
- Grundlage für die Kontrolle der Tätigkeit des Insolvenzverwalters durch den Gläubigerausschuss und das Insolvenzgericht
- Grundlage für die für das Planverfahren zu erstellenden Rechnungslegungswerke

Die Aufstellung des Mengengerüstes erfolgt nach den handelsrechtlichen Grundsätzen **104** **ordnungsgemäßer Inventur** unter Berücksichtigung der insolvenzspezifischen Besonderheiten.

Dabei gelten folgende **Grundsätze:** **105**

- Klarheit, Nachprüfbarkeit und Dokumentation der Bestandsaufnahme
- Vollständigkeit der Bestandsaufnahme
- Wahrheit, Richtigkeit und Willkürfreiheit der Bestandsaufnahme
- Einzelerfassung der Bestände

---

140 *Andres*, in: Nerlich/Römermann, InsO, § 35 InsO, Rn. 11.
141 *Ganter/Bruns*, in: MünchKomm. InsO, § 2, Rn. 7.
142 Weiteres dazu: *Jaffé*, in: MünchKomm. InsO³, § 151, Rn. 1-30.
143 Zur Bestandsaufnahme im Insolvenzverfahren vgl. *IDW RH HFA 1.010.*

> **Praxistipp 3:**
>
> Bereits bei der Bestandsaufnahme sollten hinreichend ausführliche Auf-
> zeichnungen über alle für die Bewertung relevanten Informationen vorgenommen
> werden.

106 Wie bei jeder anderen Inventur wird durch Messen, Zählen und Wiegen auf den Zeitpunkt der Verfahrenseröffnung das **Mengengerüst** erfasst[144]. Der Grundsatz der Einzelerfassung und Einzelbewertung ist hierbei zu beachten. Neben der körperlichen Erfassung ist eine Bestandsaufnahme durch Urkunden, Verträge oder Saldenbestätigungen
erforderlich, sofern die Sache nicht körperlich erfasst werden kann. Es sind grundsätzlich alle Vermögensgegenstände, die der Insolvenzverwalter tatsächlich in Besitz nimmt
(§§ 80, 81 InsO), zu erfassen. Diese Ist-Masse ist von der Soll-Masse, also der Gesamtheit
all jener Vermögensgegenstände, die auch rechtlich zur Befriedigung der Insolvenzgläubiger dienen (§§ 35, 36 InsO), zu unterscheiden. Da zur Insolvenzmasse auch An-
fechtungsansprüche nach §§ 129 ff. InsO gehören, sind auch diese in das Masseenver-
zeichnis aufzunehmen[145].

107 Bei Inventuraufnahme darf der Insolvenzverwalter auf ein vom Schuldner aufgestelltes
Inventar oder sonstige Aufzeichnungen zurückgreifen. Er muss diese jedoch ausführlich
prüfen und eigene Erhebungen anstellen. Gemäß § 35, 36 Abs. 1, 3 sowie § 37 InsO
beinhaltet die Insolvenzmasse **das gesamte pfändbare Vermögen** des Schuldners, soweit es ihm zur Zeit der Eröffnung des Verfahrens gehört. Dabei ist unbeachtlich, ob die
Gegenstände mit Absonderungsrechten belastet sind oder ob handels- und steuerrechtlich bilanzierungsfähige Vermögensgegenstände vorliegen. Es sind alle Gegenstände aufzunehmen, die der Insolvenzverwalter berechtigterweise verwerten kann.
Hierzu gehört bei einem Einzelkaufmann auch das Privatvermögen.

108 Auch wenn der Gegenstand **wirtschaftlich nicht verwertbar** ist, muss dieser dennoch
zunächst aufgenommen werden. Später wird dieser Gegenstand voraussichtlich vom
Insolvenzverwalter wieder freigegeben.

109 Auch hier ist der Grundsatz der Einzelbewertung und der Einzelaufnahme zu beherzi-
gen. Neue Erkenntnisse bis zum Zeitpunkt der Niederlegung in der Geschäftsstelle des
Amtsgerichts gem. § 154 InsO sind in dem Verzeichnis aufzuführen (**Wertaufhellung**).
Das Verzeichnis der Massegegenstände wird grundsätzlich auf den **Zeitpunkt der Eröffnung des Verfahrens** erstellt. Bei Bestellung eines vorläufigen Insolvenzverwalters
oder im Fall eines Gutachterauftrages erfolgt die Inventuraufnahme oft zu einem früheren Zeitpunkt. Trotzdem muss der Insolvenzverwalter auf den Zeitpunkt der Verfahrenseröffnung eine entsprechende Inventur durchführen. Davon kann ausnahmsweise abgesehen werden, wenn zu einem früheren Zeitpunkt eine vollständige Inventuraufnahme vorgenommen wurde und eine in sich schlüssige und vollständige Fortschreibung dieser Inventur durch den Insolvenzverwalter erfolgte. Der Pflicht zur
Durchführung der Inventur hat ausschließlich der Insolvenzverwalter nachzukommen.
Die Hinzuziehung des Schuldners sowie die Verlagerung auf Dritte sind möglich, jedoch

---

144 Die Inventurverfahren müssen den Grundsätzen ordnungsmäßiger Buchführung entsprechen.
145 *Jaffé*, in: MünchKomm. InsO³, § 151, Rn. 29; *Sinz*, in: Uhlenbruck, InsO¹⁴, § 151, Rn. 3.

obliegt dem Insolvenzverwalter die vollumfängliche Verantwortung für die vollständige Inventurerfassung und er muss diese durch entsprechende organisatorische Maßnahmen sicherstellen.

Das Verzeichnis der Massegegenstände ist mit der Finanzbuchhaltung bzw. der Aktivseite der Eröffnungsbilanz zu **plausibilisieren**, um auf diese Weise die Vollständigkeit zu sicherzustellen. **110**

Verzeichnis der Massegegenstände nach § 151 InsO									
Insolvenzverfahren über das Vermögen von	..................(komplette Anschrift)								
Amtsgericht:	....								
Geschäftsnummer:	....								
Insolvenzverwalter:	...................(Name und Anschrift)								
Bezeichnung	Bilanzwert (Liquidation)	Bilanzwert (Fortführung)	Fremdrechte (Liquidation)	Fremdrecht (Fortführung)	Kostenbeitrag (Liquidation)	Kostenbeitrag (Fortführung)	Freie Masse (Liquidation)	Freie Masse (Fortführung)	**Erklärungen/ Hinweise/ Nachweise**
AKTIVA									Anlage Aktiva
A. Ausstehende Einlagen									Anlage A
B. Anlagevermögen									Anlage B
I. Immaterielle Vermögensgegenstände									Anlage B I
1. Konzessionen, gewerbliche Schutzrechte									Anlage B I 1
2. Geschäfts- oder Firmenwert									Anlage B I 2
3. Geleistete Anzahlungen									Anlage B I 3
4. Verschmelzungswert									Anlage B I 4
II. Sachanlagen									Anlage B II
1. Grundstücke und grundstücksgleiche Rechte									Anlage B II 1
2. Technische Anlagen und Maschinen									Anlage B II 2
3. Betriebs- und Geschäftsausstattung									Anlage B II 3
4. Einrichtungen									Anlage B II 4
5. Werkzeuge									Anlage B II 5
6. Büroausstattung									Anlage B II 6
7. Kraftfahrzeuge									Anlage B II 7
8. Geringwertige Wirtschaftsgüter									Anlage B II 8
III. Finanzanlagen									Anlage B III
1. Beteiligungen									Anlage B III 1
2. Wertpapiere, Inhaberschuldverschreibungen, Aktien									Anlage B III 2

									Anlage
3. Ausleihungen mit Laufzeiten > 4 Jahre									Anlage B III 3
C. Umlaufvermögen									Anlage C
I. Vorräte									Anlage C I
1. Roh-, Hilfs- und Betriebsstoffe									Anlage C I 1
2. Unfertige Erzeugnisse und Waren									Anlage C I 2
3. Fertige Erzeugnisse und Waren									Anlage C I 3
II. Andere Gegenstände des Umlaufvermögens									Anlage C II
1. Geleistete Anzahlungen									Anlage C II 1
2. Forderungen									Anlage C II 2
3. Kassenbestand									Anlage C II 3
4. Guthaben bei Kreditinstituten									Anlage C II 4
D. Sonstige Vermögensgegenstände									Anlage D
I. Anfechtungsansprüche									Anlage D I
II. Schadenersatzansprüche									Anlage D II
III. Ansprüche aus Kapitalersatzansprüchen									Anlage D III
1. Streitige Ansprüche									Anlage D III 1
2. Unstreitige Ansprüche									Anlage D III 2
IV. Bereicherungsansprüche									Anlage D IV
V. Sonstige Massezuflüsse									Anlage D V
1. aus Vermietung									Anlage D V 1
2. aus Lizenzverträgen									Anlage D V 2
3. aus Überschuss Betriebsfortführung									Anlage D V 3
VI. Sonstige Vermögenswerte									Anlage D VI
VII. Steuern									Anlage D VII
1. Steuerguthaben									Anlage D VII 1
2. Vorsteuer									Anlage D VII 2
3. Umsatzsteuererstattung									Anlage D VII 3
Summe Aktiva									

Tabelle 2: Muster eines Verzeichnisses der Massegegenstände nach § 151 InsO[146]

3.2.4 Gläubigerverzeichnis

111 Im Gläubigerverzeichnis hat der Insolvenzverwalter im Zeitpunkt der Verfahrenseröffnung ein tabellarisches, **übersichtliches Verzeichnis aller Gläubiger** aufzustellen. Es stellt die Grundlage für weitere Rechenwerke dar[147]. Das Gläubigerverzeichnis sollte ähnlich dem Verzeichnis der Massegegenstände mit der Finanzbuchhaltung bzw. der Passivseite der Eröffnungsbilanz plausibilisiert werden. Die notwendigen Daten für das

---

146 Vgl. Muster eines Masseverzeichnisses in: *Hillebrand/Niering*, Anhang II.5.
147 Weiteres dazu: *Jaffé*, in: MünchKomm. InsO³, § 152, Rn. 1-21.

Gläubigerverzeichnis werden den Büchern und Geschäftspapieren entnommen. Dabei muss der Insolvenzverwalter alle ihm zur Verfügung stehenden Informationsquellen ausschöpfen und ggf. gezielt Nachforschungen anstellen. Der Schuldner ist zur Mitwirkung verpflichtet und kann gem. § 98 InsO zur Abgabe einer Versicherung an Eides statt für die Richtigkeit und Vollständigkeit des Gläubigerverzeichnisses aufgefordert werden. Hinsichtlich des Aufbaus und Inhalts des Gläubigerverzeichnisses sind § 152 Abs. 2, 3 InsO zu beachten.

Die Gläubiger sind jeweils gem. §§ 38 ff., 47 ff., 53 ff., 94 ff. InsO in die **Kategorien**   112

- aussonderungsberechtigte Gläubiger (§ 47 InsO),
- absonderungsberechtigte Gläubiger (§§ 49 ff. InsO),
- aufrechnungsberechtigte Gläubiger (§§ 94 ff. InsO),
- Massegläubiger (§§ 53 ff.),
- sonstige Gläubiger (§ 38 InsO), nachrangige Insolvenzgläubiger (§ 39 InsO)

einzuteilen.

Praxistipp 4:

Es empfiehlt sich, neben den Pflichtangaben zusätzlich die Anschrift von Verfahrensbevollmächtigten und die Höhe der zur Tabelle angemeldeten Forderungen in das Gläubigerverzeichnis aufzunehmen.

Sollte auf die nachrangigen Gläubiger eine **Quote** entfallen, teilt der Insolvenzverwalter   113
dies regelmäßig dem Insolvenzgericht mit. Wenn nach den Berichten des Insolvenzverwalters eine 100-%-Quote ausgezahlt werden kann, fordert das Insolvenzgericht – mitunter bereits aus eigener Initiative – die nachrangigen Gläubiger gem. § 174 Abs. 3 S. 1 InsO gesondert auf, ihre Forderungen anzumelden. Zusätzlich sind daher immer die einzelnen Rangklassen der nachrangigen Gläubiger aufzuzeigen. Bei den absonderungsberechtigten Gläubigern sind auch die Gegenstände, an denen das jeweilige Absonderungsrecht besteht, anzugeben.

Bei dem Posten „**Masseverbindlichkeiten**" handelt es sich um eine Ausnahme zu der   114
sonst absolut stichtagsbezogenen Darstellung, weil er die künftigen Aufwendungen des Insolvenzverfahrens bezüglich der Angaben zu den Verfahrenskosten nach § 54 InsO und der Verfahrenskosten nach § 55 InsO umfasst.

Sofern gem. §§ 94 ff. InsO die Möglichkeit einer Aufrechnung gegeben ist, erfolgt eine   115
entsprechende Angabe im Gläubigerverzeichnis (**Bruttoprinzip**).

Gläubigerverzeichnis gem. § 152 InsO						
Insolvenzverfahren über das Vermögen von	........................(komplette Anschrift)					
Amtsgericht:	....					
Az.:	....					

Gläubiger ohne Absonderungsrechte und ohne Nachrang

	Name	Anschrift	Forderungsgrund	Wert der Forderung	Aufrechnungsmöglichkeit/Aufrechnungsgrund	Wert der Hauptforderung	Erläuterungen/ Hinweise/ Nachweise
1							Anlage ....
2							Anlage ...
3							Anlage ...
4							Anlage ...

Gläubiger mit Absonderungsrechten

	Name	Anschrift	Forderungsgrund	Wert der Forderung ohne Nachrang	Wert der Forderung mit Nachrang		Wert der Hauptforderung
1							
2							
3							
4							

	Absonderungsgegenstand	Liquidationswert	Fortführungswert	Mutmaßlicher Ausfall Liquidationswert ohne/mit Nachrang	Mutmaßlicher Ausfall Fortführungswert ohne/mit Nachrang	Erläuterungen/ Hinweise/ Nachweise
1						Anlage ...
2						Anlage ...
3						Anlage ...
4						Anlage ...

Gläubiger mit Nachrang nach § 39 Abs. 1 Ziff. 1 InsO ohne Absonderungsrechte

	Name	Anschrift	Forde-rungsgrund	Wert der Forderung	Aufrechnungs-möglichkeit/ Aufrechnungs-grund	Wert der Hauptforderung	Erläuterungen/ Hinweise/ Nachweise
1							Anlage ...
2							Anlage ...

Gläubiger mit Nachrang nach § 39 Abs. 1 Ziff. 2 InsO ohne Absonderungsrechte

	Name	Anschrift	Forderungsgrund	Wert der Forderung	Aufrechnungsmöglichkeit/ Aufrechnungsgrund	Wert der Hauptforderung	Erläuterungen/ Hinweise/ Nachweise
1							Anlage ...
2							Anlage ...

Gläubiger mit Nachrang nach § 39 Abs. 1 Ziff. 3 InsO ohne Absonderungsrechte

	Name	Anschrift	Forderungsgrund	Wert der Forderung	Aufrechnungsmöglichkeit/ Aufrechnungsgrund	Wert der Hauptforderung	Erläuterungen/ Hinweise/ Nachweise
1							Anlage ...
2							Anlage ...

Gläubiger mit Nachrang nach § 39 Abs. 1 Ziff. 4 InsO ohne Absonderungsrechte

	Name	Anschrift	Forderungsgrund	Wert der Forderung	Aufrechnungsmöglichkeit/ Aufrechnungsgrund	Wert der Hauptforderung	Erläuterungen/ Hinweise/ Nachweise
1							Anlage ...
2							Anlage ...

Gläubiger mit Nachrang nach § 39 Abs. 1 Ziff. 5 InsO ohne Absonderungsrechte

	Name	Anschrift	Forderungsgrund	Wert der Forderung	Aufrechnungsmöglichkeit/ Aufrechnungsgrund	Wert der Hauptforderung	Erläuterungen/ Hinweise/ Nachweise
1							Anlage ...
2							Anlage ...

Gläubiger mit Nachrang nach § 39 Abs. 2 InsO ohne Absonderungsrechte

	Name	Anschrift	Forderungs-grund	Wert der For-derung	Aufrechnungsmög-lichkeit/ Aufrech-nungsgrund	Wert der Hauptforde-rung	Erläuterungen/ Hin-weise/ Nachweise
1							Anlage ...
2							Anlage ...

Verfahrenskosten und sonstige Masseverbindlichkeiten

	Name	Anschrift	Forderungs-grund	Wert der For-derung	Aufrechnungsmög-lichkeit/ Aufrech-nungsgrund	Wert der Hauptforde-rung	Erläuterungen/ Hin-weise/ Nachweise
1							Anlage ...
2							Anlage ...
3							Schätzung
4							Schätzung

Tabelle 3: Muster eines Gläubigerverzeichnisses[148]

3.2.5 Vermögensübersicht

Aus dem Verzeichnis der Massegegenstände und dem Gläubigerverzeichnis muss der **116** Verwalter auf den Zeitpunkt der Eröffnung eine geordnete Vermögensübersicht erstellen[149]. Sie stellt als Planungsinstrument und Prognoserechnung für die Verfahrensbeteiligten die Basis für die erwartete Quote dar und ist zugleich Kontrollinstrument für den Verwalter, das Insolvenzgericht und die Gläubiger. Die Vermögensübersicht gem. § 153 InsO ist nicht deckungsgleich mit der Schlussbilanz der werbenden Gesellschaft oder der handelsrechtlichen Eröffnungsbilanz. Dies gilt insb. bezüglich Ansatz und Bewertung einzelner Vermögensgegenstände und Schuldposten. In der Vermögensübersicht werden originäre immaterielle Vermögensgegenstände sowie stille Reserven aufgedeckt. Schließlich ist es Zweck einer Vermögensübersicht, Informationen mit Vermögensverteilungscharakter bereitzustellen, sodass sie der Liquidationsbilanz näher als der Handels- oder Steuerbilanz steht. Zwar gelten die allgemeinen Grundsätze der Richtigkeit, Vollständigkeit und Klarheit, allerdings sind die handelsrechtlichen Gliederungsvorschriften nicht ohne Weiteres zu übernehmen.

Bezüglich der Passivseite muss der Verwalter die Gliederung des Gläubigerverzeich **117** nisses zwingend übernehmen. Die Gestaltung der Aktivseite hängt davon ab, ob Going Concern vorliegt. Ist dies der Fall, sollte sich der Ausweis an der Handelsbilanz orientieren. Wird dagegen das Unternehmen zerschlagen, muss die Gliederung am Grad der Liquidierbarkeit der einzelnen Vermögensgegenstände ausgerichtet werden.

Im Gegensatz zur Handelsbilanz ist die Vermögensübersicht nicht einwertig, sondern **118** enthält – als Ist-Status auf den Zeitpunkt der Eröffnung – sowohl Angaben zu den Liquidationswerten als auch jeweils zu den Fortführungswerten. Die Nichterfassung eines Vermögensgegenstands löst keine Präklusionswirkung aus, da die Vermögensübersicht wie das Verzeichnis der Massegegenstände und das Gläubigerverzeichnis nur vorläufigen Charakter haben, sodass sich im Laufe des Verfahrens neue Erkenntnisse ergeben können. Die Bewertung der Vermögensgegenstände wird zu Fortführungs- und zu Stilllegungswerten durchgeführt. Bezüglich der Bewertung der Schuldposten sind die rechtlichen Tatbestände maßgebend.

---

148 Vgl. Muster eines Gläubigerverzeichnisses in: *Hillebrand/Niering*, Anhang II.6.
149 Weiteres dazu: *Andres*, in: Andres/Leithaus, § 153, Rn. 1-5.; *Jaffé*, in: MünchKomm. InsO³, § 153, Rn. 1-26; Muster einer Vermögensübersicht in: *Hillebrand/Niering*, Anhang III.

119 Das Masseverzeichnis, das Gläubigerverzeichnis und die Vermögensübersicht müssen bis spätestens eine Woche vor dem Berichtstermin der ersten Gläubigerversammlung vom Insolvenzverwalter in der Geschäftsstelle des Insolvenzgerichts zur Einsicht hinterlegt werden.

3.2.6 Insolvenzverwalterberichte

120 Zum Berichtstermin legt der Verwalter der Gläubigerversammlung bzw. dem Gericht seinen Bericht vor (vgl. § 156 InsO). Dieser Bericht ist die Entscheidungsgrundlage für den weiteren Verfahrensfortgang.

Der Verwalter soll in diesem Bericht die Möglichkeiten der Verfahrensgestaltung darstellen und dazu Stellung nehmen, in welcher Form sich die unterschiedlichen Verfahrensabwicklungsmodalitäten auf die Befriedigung der Gläubiger auswirken. Darüber hinaus enthält der Bericht eine Stellungnahme dazu, ob das Unternehmen im Ganzen oder in Teilen erhalten werden kann, sei es durch eine Sanierung des bisherigen Unternehmensträgers oder durch eine Gesamtveräußerung an einen Dritten (übertragende Sanierung).

121 Darüber hinaus hat der Verwalter in seinem Bericht dazu Stellung zu nehmen, ob statt der Zerschlagung des Unternehmens die Aufstellung eines Insolvenzplans sinnvoll ist.

122 Damit sämtliche Verfahrensbeteiligten, auch der Betriebsrat, der Sprecherausschuss der leitenden Angestellten, die Berufsvertretung sowie die IHK den Bericht überprüfen können, ist es geboten, dass der Verwalter seinen Bericht frühzeitig vor dem Berichtstermin beim Insolvenzgericht zur Einsicht vorlegt.

123 Der Bericht beinhaltet:

- Darstellung der aktuellen wirtschaftlichen Lage des Schuldners
- Analyse der Krisenursachen
- Chancen der Sanierung
- bei natürlichen Personen: persönliche Verhältnisse
- bei juristischen Personen: Gesellschaftsverhältnisse
- Beschreibung des betrieblichen Umfeldes
- anhängige Gerichtsverfahren
- Darstellung der Arbeitsverhältnisse mit Kündigungsfristen etc.
- ggf. Schadenersatzansprüche gegen die Unternehmensleitung
- Feststellung anfechtbarer Rechtshandlungen

> **! Hinweis 2:**
> Ein aussagefähiger, gut strukturierter Bericht stellt ein Qualitätsmerkmal für die Insolvenzverwaltung dar.

3.2.7 Zwischenrechnungslegung

124 Die Gläubigerversammlung, der Gläubigerausschuss und das Insolvenzgericht können von dem Verwalter eine Zwischenrechnungslegung verlangen. Sie dokumentiert den Verlauf des Insolvenzverfahrens und gibt Aufschluss über die Verwertung der Masse. Damit hat sie **Gläubigerschutz- sowie Kontroll- und Prüfungsfunktion**.

Ist eine Zwischenrechnungslegung verlangt, so muss diese vom Insolvenzgericht geprüft **125** werden (§ 66 Abs. 3 S. 2 InsO). Nach dem Wortlaut des Gesetzes kann sie **formlos**, also auch mündlich erfolgen.

> **Praxistipp 5:**
>
> In der Praxis ist die Einreichung einer Einnahmen-Ausgaben-Rechnung zusammen mit einem erläuternden Bericht im Abstand von sechs Monaten üblich.

3.2.8 Rechnungslegung zum Verfahrensschluss

Bei Beendigung seines Amtes hat der Insolvenzverwalter i.R.d. **Schlussrechnung** der **126** Gläubigerversammlung Rechnung zu legen.

Die Schlussrechnung beinhaltet **127**

- eine Einnahmen-Ausgaben-Rechnung,
- die Schlussbilanz,
- den Schlussbericht,
- das Schlussverzeichnis sowie
- den Vergütungsantrag des Verwalters.

Die Überprüfung der Schlussrechnung erfolgt durch das Insolvenzgericht und wird **128** dann der Gläubigerversammlung vorgelegt.

Im Rahmen der Einnahmen-Ausgaben-Rechnung erfolgt eine Erfassung sämtlicher **129** Zahlungsvorgänge fortlaufend in zeitlicher Reihenfolge. Zum Ende des Verfahrens gleicht das Ergebnis dem der handels- und steuerrechtlichen Rechenwerke.

Die Insolvenzschlussbilanz ist das Gegenstück zur Insolvenzeröffnungsbilanz. Sie stellt **130** in bilanzierender Gegenüberstellung das gesamte Ergebnis der Verwertungs- und Abwicklungstätigkeit des Verwalters dar.

Entgegen der externen handelsrechtlichen Rechnungslegung entsteht hier jedoch kein Bilanzzusammenhang, weil keine Verpflichtung des Insolvenzverwalters zur Aufstellung von Zwischenbilanzen besteht. In der Schlussbilanz werden in einem statusmäßigen Überblick das Ergebnis der Abwicklung und die hieraus resultierende Ausschüttungsquote aufgeführt.

Der Schlussbericht ist das erläuternde Bindeglied zu den zahlenmäßigen Darstellungen **131** und soll gewährleisten, dass der Inhalt der verschiedenen Zahlenwerke für die Adressaten so verständlich ist, dass er einen guten Einblick in den Verfahrensablauf gibt.

> **Praxistipp 6:**
>
> Bei der Schlussrechnungslegung empfiehlt es sich, die wesentlichen Eckpunkte und Besonderheiten des Verfahrens noch einmal klar herauszustellen. Dies dient auch als Rechtfertigung gegenüber den Beteiligten am Insolvenzverfahren, die oft nur den Schlussbericht, nicht aber die Zwischenberichte lesen und analysieren.

Das Schlussverzeichnis ergänzt die Schlussrechnung für den Fall, dass es zu einem Ver- **132** teilungsverfahren kommt. Der Insolvenzverwalter muss die Gläubiger, die an der

Schlussverteilung beteiligt werden sollen, in das Schlussverzeichnis aufnehmen, welches auf der Geschäftsstelle des Insolvenzgerichts zur Einsichtnahme vor dem Schlusstermin offengelegt wird. Rechnerisch muss eine Übereinstimmung mit der Insolvenztabelle und den im Schlussbericht festgestellten Forderungen bestehen.

133 Der **Vergütungsantrag** des Insolvenzverwalters wird nach der insolvenzrechtlichen Vergütungsordnung (InsVV) aufgestellt[150]. Die Festsetzung nach den Regelsätzen des § 2 Abs. 1 InsVV verletzt trotz der Geldentwertung seit dem Inkrafttreten der insolvenzrechtlichen Vergütungsverordnung von 1999 derzeit noch nicht den Anspruch des Verwalters auf eine seiner Qualifikation und Tätigkeit angemessene Vergütung[151]. Als Schuldposten der Insolvenzmasse beeinflusst die Vergütung die zu verteilende Quote. Auch das Schlussverzeichnis muss grundsätzlich durch das Insolvenzgericht geprüft werden.

3.2.9 Insolvenzplanverfahren

134 Das Insolvenzplanverfahren[152] war als das „Herzstück" des neuen Insolvenzrechts vorgesehen. Leider wurde es in der Praxis nur zögerlich angewendet. In den letzten Jahren hat sich dies etwas geändert.

135 Es gibt drei **Rechenwerke** im Insolvenzplanverfahren:

• die Planrentabilitätsrechnung,
• die Planliquiditätsrechnung und
• die Planbilanz.

136 Sollte sich das Insolvenzplanverfahren über einen Zeitraum von mehr als zwölf Monaten erstrecken, umfassen die Planrentabilitätsrechnung, die Planliquiditätsrechnung und die Planbilanz **mehrere Perioden**. Hierbei gelten im Übrigen die allgemeinen Grundsätze der Klarheit, Richtigkeit und der Übersichtlichkeit. Die Pläne müssen für einen sachverständigen Dritten ohne große Hilfsmittel verständlich sein. Bei der Aufstellung des reinen Zahlenwerks ist darauf zu achten, dass die einzelnen Zahlenwerke kompatibel sind. Das bedeutet, dass die Beziehungen zwischen Liquidität und Rentabilität sowie den jeweiligen Bestandsgrößen deutlich werden und nachvollziehbar sind.

Praxistipp 7:
Es ist empfehlenswert, die wesentlichen Prämissen verbal zu erläutern.

137 Sollen Gläubiger aus den Erträgen des fortgeführten Unternehmens befriedigt werden, muss dem Insolvenzplan gem. § 229 InsO eine Vermögensübersicht beigefügt werden. Entgegen der namensgleichen Vermögensübersicht nach § 153 InsO werden hier keine Wertalternativen aufgestellt, sondern es erfolgt eine Gegenüberstellung zwischen den Verbindlichkeiten und den Vermögensgegenständen mit ihren Werten, wie sie sich bei einem Wirksamwerden des Plans voraussichtlich ergeben. Hat der Schuldner den Plan selbst erstellt, erfolgt durch die vom Insolvenzverwalter zu fertigenden Rechnungslegungsinstrumente eine Überprüfung und Kontrolle der Angaben im Insolvenzplan. Sie

---

150 Zur Vergütung eines Sonderinsolvenzverwalters vgl. BGH v. 26.03.2015, IX ZB 62/13, ZIP 2015, S. 1034.
151 BGH v. 04.12.2014, IX ZB 60/13, ZIP 2015, S. 138.
152 Zu den Problemen des Insolvenzplans in Kleinverfahren vgl. ZInsO 2015, S. 1293.

sind somit eine wesentliche Entscheidungshilfe für die Gläubiger. Im Rahmen der Umsetzung des Insolvenzplans erfolgen regelmäßige – mindestens jährliche – Planverprobungsrechnungen in Form von Soll-Ist-Vergleichen. Ergeben sich wesentliche Änderungen der Planungsprämissen, ist der Plan mit seinen verschiedenen Detailplänen entsprechend fortzuschreiben.

Auch für den Insolvenzplan als Rechnungslegungsinstrument besteht die interne Rech- **138** nungslegungspflicht. Folgende Unterlagen der internen und externen Rechnungslegung sind für die Aufstellung des Insolvenzplanes erforderlich[153]:

- Verträge und sonstige Unterlagen zu den wirtschaftlichen und finanziellen Grundlagen
- JA und LB mindestens der letzten drei Jahre
- Unternehmenskonzept
- Überschuldungsstatus
- aktuelle Finanz- und Liquiditätsplanung
- Masseverzeichnis gem. § 151 InsO
- Gläubigerverzeichnis gem. § 152 InsO
- Vermögensübersicht gem. § 153 InsO

Aus den einzelnen Informationsinstrumenten ergeben sich vielfältige Verzahnungen **139** und Interdependenzen, die gerade im Insolvenzplanverfahren zu überprüfen und deren Plausibilitäten herzustellen sind.

- Die Handelsbilanz bildet die Basis für den Überschuldungsstatus als Mengen- und Wertgerüst. Das Unternehmenskonzept und der darauf basierende Ergebnisplan sind grundlegend für die Fortbestehensprognose.
- Die Handelsbilanz und der Überschuldungsstatus beinhalten die erforderlichen Ausgangsinformationen für das Masseverzeichnis.
- Das Rechnungswesen sowie die Handelsbriefe und sonstigen Angaben dienen als Informationsgrundlage für das Gläubigerverzeichnis.
- Die Vermögensübersicht bedient sich des Masseverzeichnisses und des Gläubigerverzeichnisses. Bei der Vermögensübersicht des Insolvenzplanverfahrens i.S.v. § 229 InsO handelt es sich als Planbilanz um abgeleitete Werte der Vermögens- und Schuldposten.
- Die auf den Zeitpunkt des Inkrafttretens des Insolvenzplans fortgeschriebene Handelsbilanz stellt die Ausgangswerte für den Ergebnis- und den Finanzplan.

Die gem. §§ 153, 229 InsO zu erstellenden betriebswirtschaftlichen Planungsrechnungen **140** müssen dem Insolvenzplan als Anlagen beigefügt werden. Das Gesetz nimmt insoweit eine Differenzierung zwischen Plananlagen auf den Zeitpunkt der Verfahrenseröffnung und Plananlagen auf den Zeitpunkt des Inkrafttretens des Insolvenzplans in chronologischer Sicht vor.

Die Plananlagen zum Zeitpunkt der Verfahrenseröffnung enthalten Folgendes:

- Vermögensübersicht gem. § 153 InsO
- Handelsbilanz auf den Zeitpunkt der Verfahrenseröffnung
- Überleitungsrechnung für den Zeitraum zwischen Verfahrenseröffnung und Inkrafttreten des Insolvenzplans

---

153 Weiteres dazu auch in *IDW S 2.*

Die Plananlagen zum Zeitpunkt des Inkrafttretens des Insolvenzplans sind:

- Vermögensübersichten gem. § 229 InsO als Planbilanzen
- Planbilanzen auf der Basis des Handelsrechts
- Ergebnis-/Rentabilitätsplanung auf Basis des Handelsrechts
- Finanzplan (Liquiditätsplanung)

141 Vorstehende Planungsrechnungen müssen – sofern die Quote nicht mit einer Einmalzahlung bedient wird – den Zeitraum bis zur vorgesehenen Gläubigerbefriedigung umfassen und frei von Widersprüchen sein. Darüber hinaus sollten die einzelnen Planungsrechnungen jeweils phasengleich abgebildet werden. In zeitlicher Hinsicht sollte ab dem Zeitpunkt des Inkrafttretens des Plans phasenweise von monatlicher zu quartalsweiser zu jährlicher Strukturierung übergegangen werden.

142 In besonders gelagerten Fällen sehen §§ 226, 230 InsO zusätzliche Plananlagen vor:

- zustimmende Erklärung der Betroffenen, sofern Beteiligten unterschiedliche Rechte angeboten werden
- Zustimmung des Schuldners zur Fortführung
- Erklärung der betroffenen Gläubiger, sofern Anteils- oder Mitgliedschaftsrechte oder Beteiligungen übernommen werden
- Erklärung des Dritten, falls dieser für den Fall der Bestätigung des Insolvenzplans Verpflichtungen gegenüber den Gläubigern übernimmt

3.2.10 Prüfung der internen Rechnungslegung

143 Die Prüfung der Schlussrechnung erfolgt durch das Insolvenzgericht oder – was derzeit öfter erfolgt – durch einen vom Gericht beauftragten sachverständigen Dritten. Die Prüfung befasst sich mit der Gesetz- und Ordnungsmäßigkeit der Insolvenzabwicklung sowie der gesamten Verfahrensabwicklung und stellt fest, ob

- die Voraussetzungen für eine Schlussverteilung vorliegen,
- die Verwertung der Insolvenzmasse beendet ist,
- noch Vermögen zur Masse gezogen werden kann,
- die einzelnen Vermögens- und Schuldposten nach Art, Menge und Wert vollständig und richtig erfasst worden sind und
- ob eine Ausgabe zu Recht als Masseverbindlichkeit i.S.v. § 55 InsO berechtigt.

Bestehen i.R.d. Vergleichs zwischen den Werten in der Eröffnungsbilanz und den tatsächlich erzielten Erlösen Abweichungen, sind diese zu erläutern.

144 Die Prüfung der internen Rechnungslegung ist eine formelle und materielle Ordnungsmäßigkeitsprüfung. Formell besteht sie aus der rechnerischen Prüfung und der Belegprüfung.

145 Festzustellen ist, ob das Inventar und die Schlussbilanz einander entsprechen und mit den ergänzenden Angaben im Insolvenzverwalterbericht übereinstimmen. Die formelle Schlussrechnungsprüfung betrifft die äußere Ordnungsmäßigkeit der Schlussrechnung inkl. ihrer rechnerischen Richtigkeit. Die Merkmale der äußeren Ordnungsmäßigkeit betreffen

- die ordnungsgemäße Erfassung sämtlicher Geschäftsvorfälle,
- die richtige Verarbeitung des Zahlenmaterials und
- die Beachtung der formalen Ordnungsprinzipien.

Materiell werden geprüft   **146**

- die Vollständigkeit und Richtigkeit der einzelnen Vermögens- und Schuldposten nach Art, Menge und Wert,
- die inhaltliche Richtigkeit der Schlussrechnung,
- die Rechtmäßigkeit der Verfahrensabwicklung und
- die Frage, ob die Schlussrechnung ein vollständiges Bild der gesamten Geschäftsführung des Insolvenzverwalters wiedergibt,
- ob aus ihr die ordnungsgemäße Verwertung des schuldnerischen Vermögens nachvollzogen werden kann und
- ob Werte richtig in Ansatz gebracht worden sind.

Die Durchführung der Prüfung gestaltet sich nach den allgemeinen Prüfungsgrundsätzen[154]. Über die Durchführung der Prüfung muss umfassend Bericht erstattet werden. Der PrB wird mit einer entsprechenden **Bescheinigung** abgeschlossen. **147**

4. Insolvenzrechnungslegung in der Praxis

4.1 Beachtung der Rechnungslegungsvorschriften in der Praxis

Corporate Governance und andere Richtlinien (wie der DCGK) beschäftigen sich immer mehr mit dem Risikomanagement und der Insolvenzprophylaxe. Es stellt sich die Frage, wie die Rechnungslegung im Insolvenzverfahren nach den gesetzlichen Vorgaben auszusehen hat und ob diese gesetzlichen Vorgaben in der Praxis auch tatsächlich eingehalten werden oder doch eine Diskrepanz zwischen gesetzlichem Anspruch und Wirklichkeit besteht[155]. Im Handelsrecht muss der Kaufmann mit seiner handelsrechtlichen Rechnungslegung den GoB gem. §§ 238 ff. HGB entsprechen. Erfüllt er diese Voraussetzung, kann von einem ordentlichen Kaufmann ausgegangen werden. Gibt es im Insolvenzverfahren auch einen „ordentlichen Insolvenzverwalter" und wenn ja, welche Anforderungen hat er zu erfüllen? Der Gesetzgeber hat die Prämissen einer ordnungsgemäßen Rechnungslegung in der Insolvenzordnung unzureichend geregelt; die Beteiligten sind mit der Umsetzung weitgehend alleingelassen. Eine einheitliche Standardisierung hat sich bis heute noch nicht durchgesetzt, was nicht nur zulasten der Transparenz geht, sondern auch den Gerichten die ihnen übertragene Aufsicht und Kontrolle deutlich erschwert. **148**

Das IDW hat bisher insolvenzspezifische Rechnungslegungshinweise entwickelt, die zu einzelnen Aspekten der Rechnungslegung im Insolvenzverfahren praktische Anleitung geben zur **149**

- Bestandsaufnahme im Insolvenzverfahren (*IDW RH HFA 1.010*),
- insolvenzspezifischen Rechnungslegung im Insolvenzverfahren (*IDW RH HFA 1.011*),
- externen (handelsrechtlichen) Rechnungslegung im Insolvenzverfahren (*IDW RH HFA 1.012*),
- Beurteilung der Fortführung der Unternehmenstätigkeit im Rahmen der Abschlussprüfung (*IDW PS 270 n.F. (10.2021)*) und zu den

---

154 Vgl. *IDW*, WPH Edition, Rechnungslegung & Prüfung[17], Kap. L.
155 *Haarmeyer/Hillebrand*, ZInsO 2010, S. 412; *Haarmeyer/Hillebrand*, ZInsO 2010, S. 702.

- Auswirkungen einer Abkehr von der Going-Concern-Prämisse auf den handelsrechtlichen JA (*IDW RS HFA 17*).

150 Die Ausführungen in diesen Verlautbarungen gehen von einer ordnungsmäßigen Buchführung aus, die aber in der insolvenzrechtlichen Praxis vielfach fehlt.

151 Auch der Verband der Insolvenzverwalter Deutschland (VID) hat verbandseigene Berufsgrundsätze und Grundsätze ordnungsgemäßer Insolvenzverwaltung (GOI)erarbeitet. Sie sind für alle VID-Mitglieder verbindlich und fokussieren auf eine sanierungsorientierte Insolvenzverwaltung.

4.2 Thesen zur Reformierung der Insolvenzrechnungslegung

152 Auf der Basis der Erhebung des ZEFIS[156] gibt es folgende Thesen zur Reformierung der Insolvenzrechnungslegung:

4.2.1 Wegfall des Dualismus / Befreiung bei Erfüllung der externen Rechnungslegungspflicht

153 Das derzeitige Insolvenzrecht kennzeichnet das Nebeneinander von externer und interner Rechnungslegungspflicht. Es gibt Überlegungen, ob davon nicht in Zukunft abgesehen werden kann. Insbesondere in den Fällen, in denen die handelsrechtliche Rechnungslegung zu bejahen ist, könnte bei Fortführung des Unternehmens möglicherweise auf die interne Rechnungslegung verzichtet werden. Gerade bei fortgeführten Unternehmen mit einer Vielzahl von täglichen Forderungen und Verbindlichkeiten, Warenbestandsveränderungen oder Änderungen bei halbfertigen Arbeiten gilt die interne Rechnungslegung als reine Einnahmen-Ausgaben-Rechnung, die ohnehin keinen periodengerechten Einblick in die Vermögens-, Finanz- und Ertragslage des fortgeführten Unternehmens gibt[157]. Lediglich von der Eröffnung des Verfahrens bis zur Aufhebung führen beide Rechenwerke am Ende zum gleichen Ergebnis. Es entsteht bei der Unternehmensfortführung auch kein Informationsverlust, wenn auf die interne Rechnungslegung verzichtet wird. Eine Ausnahme wäre für den Fall zu regeln, dass die Fortführung während des Verfahrens endet, etwa durch Verkauf an eine Auffanggesellschaft; dann müsste für den Restzeitraum des Insolvenzverfahrens eine interne Rechnungslegung erfolgen.

4.2.2 Definition von Gliederungs- und Aufstellungsstandards

154 Bereits mehrere Jahre nach Inkrafttreten der Insolvenzordnung ist die praktische Umsetzung und Abwicklung von Unternehmensinsolvenzverfahren gesetzlich immer noch nicht kodifiziert. Nach § 66 InsO hat der Insolvenzverwalter über seine Tätigkeit Rechnung zu legen. Wie er dies tut, obliegt ihm, woraus sich bei der Schlussrechnungsprüfung für die dafür zuständigen Rechtspfleger Probleme ergeben können.

Nach den Erhebungen und Auswertungen[158] des ZEFIS zum Ist-Zustand der Schlussrechnungen lag in allen Fällen eine insolvenzrechtliche Rechnungslegung vor. Sie war jedoch vielfach mangelhaft, in sich nicht schlüssig oder gab keinen ordnungsgemäßen Einblick in die Verfahrensabwicklung. Das lag daran, dass es keine klaren Gliederungs-

---

156 ZEFIS = Rheinland-pfälzisches Zentrum für Insolvenzrecht und Sanierungspraxis.
157 *Haarmeyer* u.a., ZInsO 2011, S. 1874.
158 *Haarmeyer* u.a., ZInsO 2011, S. 1874.

und Aufstellungsstandards für die Rechnungslegung sowie die Prüfung von Schlussrechnungen gab. Ausgehend von den 2009 im OLG Bezirk Zweibrücken durchgeführten Erhebungen zum Thema Schlussrechnungsprüfung wurde bei den Rechtspflegern der Wunsch nach einem standardisierten Kontenrahmen geäußert, der die Überprüfung der Schlussrechnungen vereinfacht. Dies galt insb. für umfangreichere Verfahren. Auch hier ist die Schlussrechnungsprüfung grundsätzlich die ureigene Aufgabe der Rechtspfleger. Eine externe Prüfung ist mit hohen Kosten verbunden. Ohne Einschaltung eines kostspieligen externen Sachverständigen, der sich der Überprüfung der Schlussrechnung annehmen würde, kann mehr Insolvenzmasse für die Gläubiger erhalten bleiben.

In der handelsrechtlichen Rechnungslegung verwendet die Praxis bereits überwiegend standardisierte Kontenrahmen, meistens bezeichnet als SKR03 und SKR04. So wurde in der Folgezeit ein spezieller Kontenrahmen für das Insolvenzverfahren entwickelt der sogenannte KR-INSO, der bereits kurze Zeit später von den führenden Softwareanbietern umgesetzt wurde und heute Standard der Insolvenzrechnungslegung ist. Durch eine Erweiterung des Kontonummernkreises werden die verschiedenen Phasen des Insolvenzverfahrens abgebildet[159].

4.3 Schlussrechnungsprüfung

Zur Durchführung der Schlussrechnungsprüfung gibt es weder interne Richtlinien noch **155**
gesetzliche Vorgaben, dabei besteht auch hier ein **Regelungsbedürfnis**.

4.3.1 Definition des Prüfungsumfangs und Prüfungsinhalts

Für die Prüfung der insolvenzrechtliche Schlussrechnungslegung fehlen verpflichtende **156**
Vorgaben, wie es sie in §§ 316 ff. HGB für die handelsrechtliche Rechnungslegung gibt.
Für die Definition der Pflicht, des Gegenstands sowie des Umfangs der Prüfung wie auch
der Prüfungsinhalte bis hin zur Festlegung, wer der Prüfer von Schlussrechnungen sein
darf, wäre ein Verweis auf die handelsrechtlichen Normen der §§ 316 ff. HGB wünschenswert. Dies würde den Prozess deutlich vereinfachen. Bezüglich der Auslegung
könnte man auf die gesetzlichen Definitionen im HGB sowie auf die Kommentierung
und Rechtsprechung zurückgreifen, die seit vielen Jahren gesicherte Erkenntnisse liefert
und selbst in Einzelfragen entschieden hat. Ansonsten müsste man eine entsprechende
gesetzliche Regelung zur Prüfungspflicht, sowohl zum Prüfungsgegenstand und zum
Umfang der Prüfung als auch zur Frage der Bestellung des Schlussrechnungsprüfers in
die InsO aufnehmen. Darüber hinaus wären noch Hinweise zum Prüfungsbericht, zur
Offenlegung und zum BestV erforderlich. Die Bezugnahme auf die handelsrechtlichen
Regelungen ist vorzugswürdig, da sie nicht nur einen Gleichklang schafft, sondern auch
mit weniger Regelungsaufwand verbunden ist.

4.3.2 Einführung von Größenklassen / Schaffung von Befreiungsnormen

Das Handelsrecht kennt sowohl bei der Aufstellung als auch bei der Prüfung von Ab- **157**
schlüssen diverse größenabhängige Erleichterungen (vgl. § 267 HGB). Danach unterscheidet das HGB zwischen kleinen, mittelgroßen und großen KapGes. und knüpft an
die Größenklassen diverse Erleichterungen bei Aufstellung, Prüfung und Offenlegung.
Diese könnten auch im Insolvenzverfahren bezüglich der Schlussrechnungserstellung

---

159 Vgl. *Basinski/Hillebrand/Lambrecht*[2], Rz. 95.

und Schlussrechnungsprüfung entsprechend angewandt werden. Auch hier wäre ein Verweis auf das HGB möglich. Alternativ dazu könnte eine eigene gesetzliche Regelung in der InsO geschaffen werden, die aber für einen längeren Zeitraum vermutlich zu Rechts- und Anwendungsproblemen führen könnte.

4.3.3 Verlagerung der Prüfung auf sachverständige Dritte (mit Kostentragung durch die Masse)

158 Bezüglich der Prüfung der Schlussrechnung gilt der Grundsatz, dass diese durch das Insolvenzgericht bzw. den Rechtspfleger erfolgt. In der Praxis wird die Prüfung oft auf einen sachverständigen Dritten übertragen[160], obwohl das eigentlich nur in Ausnahmefällen zulässig ist. Hierfür gibt es keine klaren Regelungen. Die Rechtspfleger fühlen sich häufig mit der Prüfung vollkommen überfordert, da es auf der einen Seite keine entsprechenden Prüfungsstandards gibt, an die sie sich halten können, und sie auf der anderen Seite in die Technik der Schlussrechnungsprüfung niemals eingewiesen wurden. Auch hier bietet sich eine Anlehnung an das Handelsrecht an.

Bei der handelsrechtlichen Abschlussprüfung bestimmt § 319 HGB, dass APr. nur WP und WPG sein können, für bestimmte mittelgroße Gesellschaften auch vBP und BPG. Der Berufsstand der WP entwickelt mit seinen diversen Verlautbarungen und Prüfungsstandards das zur Interpretation der Rechnungslegungsgesetzgebung und der Prüfungsdurchführung notwendige Handwerkszeug. Er unterliegt zudem dem in den letzten Jahren geschaffenen Peer-Review-System zur Qualitätssicherung. Bei einer Verlagerung der Prüfungspflicht der Schlussrechnung auf sachverständige Dritte, z.B. WP, WPG, vBP, BPG, gingen die hieraus resultierenden Kosten dann zulasten der Insolvenzmasse. Die Gerichtskosten müssten gleichzeitig anteilig gekürzt werden, da das Insolvenzgericht von der Prüfung der Schlussrechnung befreit werden könnte.

4.4 Rechnungsführer als externer Prüfer

159 Die obigen Ausführungen gründen alle auf der bereits im Konkursverfahren bestehenden Regelung, dass der Konkursverwalter (heute Insolvenzverwalter) für die Erfüllung der externen und internen Rechnungslegungspflichten verantwortlich ist.

160 Alternativ könnte man diese Verantwortlichkeit – auch zur Herstellung von Transparenz und zur Vermeidung unlauteren Handelns – bewusst vom Insolvenzverwalter auf eine weitere Person übertragen, einen sog. Rechnungsführer im Insolvenzverfahren. Damit würde nicht nur das Vier-Augen-Prinzip in die InsO den längst überfälligen Eingang finden, sondern zugleich auch das Gericht von wesentlichen Überwachungsaufgaben befreit bzw. durch einen unabhängigen Dritten unterstützt, der dann auch für die Gläubiger als Vertrauens- und Auskunftsperson zur Verfügung stünde. Dann wären die Aufwendungen für die Vergütung des Verwalters für die Masse kostenneutral und der Verwalter würde von all den Tätigkeiten entlastet, die in der Masse der Verfahren heute die meisten Auffälligkeiten und Unregelmäßigkeiten hervorrufen.

Alternativ wiederum könnten Insolvenzverwalter, die schon heute über ein aussagefähiges und fortlaufend geprüftes Qualitäts-Management-System (QMS) verfügen, weiterhin die Rechnungsführung wahrnehmen. Sie müssten sich aber – wie WP – einer lfd. Kontrolle durch entsprechend qualifizierte Prüfer unterziehen.

---

160 *Haarmeyer/Hillebrand*, ZInsO 2010, S. 412.

Ein unabhängiger Rechnungsführer würde von der Anordnung der vorläufigen Insolvenz über die Eröffnung des Verfahrens bis hin zur Aufhebung des Verfahrens das gesamte Verfahren verfolgen. **161**

Seine Aufgaben würden beinhalten:

- die ordnungsgemäße Erfüllung der handelsrechtlichen Rechnungslegung,
- die ordnungsgemäße Erfüllung der internen insolvenzrechtlichen Rechnungslegung und
- die ordnungsgemäße Schlussrechnungslegung.

Denkbar wäre auch, dies an bestimmten Sachverhaltskonstellationen oder Größenordnungen festzumachen. Die Rechnungsführung könnte durch eine Verlagerung der Mitverantwortlichkeit für Ein- und Auszahlungen im Insolvenzverfahren ergänzt werden, indem der externe Rechnungsführer den Eingang von Forderungen überwachen würde und die Zahlung von Verbindlichkeiten seiner Zustimmung bedürfte. **162**

Die Kölner Leitlinien zur Zusammenarbeit mit dem Insolvenzgericht[161] sehen dazu bereits heute Folgendes vor: **163**

„Sofern im Verfahren ein Gläubigerausschuss eingesetzt ist und dieser einen externen Prüfer hinzuziehen möchte, ist eine Absprache mit dem Gericht hinsichtlich der Auswahl erwünscht, um den Prüfer ggf. auch die Schlussrechnung prüfen zu lassen."[162]

„Bei großen Verfahren mit umfangreichen Belegen bzw. mehreren Ordnern ist davon auszugehen, dass die Prüfung extern vergeben wird. Die Belege sollten dann nicht dem Gericht, sondern direkt dem Prüfer übergeben werden. Wünschenswert ist auch hier eine vorherige Absprache mit dem Gericht."[163]

4.5 Standardisierung der Insolvenzrechnungslegung

In einem Projekt des ZEFIS gemeinsam mit dem Justizministerium des Landes Rheinland-Pfalz wurden bereits 2008/2009 175 Schlussrechnungen einer eingehenden Untersuchung unterzogen. Dabei wurde deutlich, dass sowohl eine Standardisierung der Schlussrechnung als auch eine Standardisierung der Insolvenzrechnungslegung, d.h. des Kontenrahmens erforderlich ist. **164**

Wie bereits oben erläutert wurde auf der Grundlage der Analyse aus dem ZEFIS-Forschungsprojekt gemeinsam mit den großen Insolvenzverwalterverbänden (z.B. dem VID) ein Standardkontenrahmen entwickelt. Der Standardkontenrahmen basiert auf dem in Deutschland weit verbreiteten DATEV-Kontenrahmen SKR04 und trägt daher den Namen InsO-SKR04. Der Standardkontenrahmen kann auch auf Basis des DATEV-Kontenrahmens SKR03 als InsO-SKR03 anwendbar sein, wenn in vielen von der Insolvenz betroffenen Unternehmen noch der DATEV-Kontenrahmen SKR03 zur Anwendung gelangt. **165**

Wichtig ist die EDV-technische Verbindung des Standardkontenrahmens mit den Posten der Standardschlussrechnung, um maschinell die Standardschlussrechnung aus dem Kontenrahmen generieren zu können: **166**

---

161 Stand: 22.02.2017.
162 Kölner Leitlinien zur Zusammenarbeit mit dem Insolvenzgericht, Stand: 22.02.2017.
163 Kölner Leitlinien zur Zusammenarbeit mit dem Insolvenzgericht, Stand: 22.02.2017.

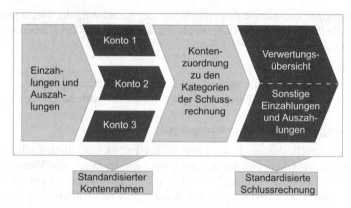

Abb. 4: Standardisierung von Kontenrahmen und Schlussrechnung

167 Der Standardkontenrahmen enthält die Mindestanforderungen an die Untergliederung der Geschäftsvorfälle im Insolvenzverfahren. Der Kontenrahmen ist praxistauglich, da er eng an bereits regelmäßig von Insolvenzverwaltern verwendete Kontenrahmen angelehnt und darüber hinaus strukturell so entwickelt ist, dass er den sog. Kontenrahmen SKR04 um insolvenzspezifische Besonderheiten ergänzt[164].

168 Die Details der standardisierten Rechnungslegung sind in einem Kontierungshandbuch zusammengeführt worden. Der Standardkontenrahmen und das erklärende Handbuch wurden in einem gemeinsamen Ausschuss, bestehend aus den Vertretern des ZEFIS-Forschungsprojekts, des Gravenbrucher Kreises und des VID entwickelt[165].

169 Es gibt noch weitere Projekte zur Standardisierung der internen Rechnungslegung. In diesem Zusammenhang ist auf das **ForStaB** (Fortschreibendes standardisiertes Berichtswesen – Aachener Modell) einzugehen. Dabei handelt es sich um eine „strukturierte Anlage der Massegegenstände und der transparenten und detaillierten Darstellung des Bearbeitungs- und Verwertungsstandes während der Dauer des Insolvenzverfahrens. Das ForStaB ist nicht auf eine Zwischenrechnungslegung gerichtet. Adressat des ForStaB sind die Gläubiger und das Gericht. Durch Fortschreiben der einzelnen Massegegenstände im Zeitpunkt der Eröffnung können Gläubiger und Gericht sich ohne Zurückblättern zu vorangegangenen Berichten einen schnellen Überblick über den Verfahrensstand verschaffen"[166]. Diese Standardisierung findet nun nach den Kölner Leitlinien zur Zusammenarbeit mit dem Insolvenzgericht Anwendung[167]. In Arbeit ist weiterhin die Standardisierung der Schlussrechnungslegung und der Vermögensübersicht sowohl im Verfahren als auch zum Schluss des Verfahrens. Genauso ist es erforderlich, für die ab 2021 neuen Verfahrenswege entsprechende Rechnungslegungsstandards zu definieren.

---

164 Vgl. Muster einer standardisierten Schlussrechnung in: *Hillebrand/Niering*, Anhang IV.

165 Zum aktuellen Stand: *Haarmeyer/Hillebrand/Moll*, ZInsO 2017, S. 1309 (1309 ff.).

166 *Langer/Bausch/Balkowski*, Handreichung ForStaB, Fortgeschriebener Standardisierter (Zwischen-)Bericht, Amtsgericht Aachen, Stand: November 2015.

167 Kölner Leitlinien zur Zusammenarbeit mit dem Insolvenzgericht, Stand: 22.02.2017.

Kapitel F

Steuerliche Aspekte bei der Sanierung und in der Insolvenz von Unternehmen

Verfasser:
WP StB Dipl.-Kfm. Arndt Geiwitz, Neu-Ulm

Mitarbeit:
StB Dipl.-Kfm. Ulrich Honold, Neu-Ulm
WP StB Dipl. Oec. Franz Schmidt, Neu-Ulm

1. Einleitung

1   Ein **Insolvenzsteuerrecht** im Sinne einer eigenen, spezifisch für das Insolvenzverfahren entwickelten steuerlichen Gesetzgebung gibt es nicht: Das Insolvenzsteuerrecht hat seine Wurzeln im Insolvenzrecht ebenso wie im Steuerrecht. Es vereint beide Rechtsgebiete miteinander, was naturgemäß nicht immer gelingt, und stellt somit eine mehr oder weniger befriedigende Kompromisslösung zwischen den Rechtsgebieten dar.

2   Das Fehlen einer ganzheitlichen gesetzlichen Systematik und die hieraus resultierende Notwendigkeit, eine Art „beste" Kompromisslösung zwischen steuerrechtlichen und insolvenzrechtlichen Zielen zu finden, birgt in der Praxis erhebliche Probleme, hat es doch zur Folge, dass das „Insolvenzsteuerrecht" aus einer Vielzahl nicht immer übereinstimmender Vorgaben von Gerichten[1] und Verwaltungsvorschriften besteht[2]. Flankiert werden diese Interpretationen von Gesetzen, welche entweder für das Steuerrecht oder das Insolvenzrecht, oft aber nicht auf beide Rechtsgebiete abgestimmt, erlassen wurden durch divergierende Meinungsäußerungen in der Fachliteratur. Der Legislative ist es bisher nicht gelungen, ein systematisches, einheitliches und in sich logisches Fundament zu schaffen, um die Interessen der Beteiligten zum Ausgleich zu bringen.

3   Mit dem Bestreben, zur **Harmonisierung** der beiden Rechtsgebiete zu gelangen, wurde auf Anregung des Bundesministeriums für Justiz und Verbraucherschutz (BMJV) sowie des Verbandes der Insolvenzverwalter Deutschlands e.V. (VID) bereits im Dezember 2012 eine Kommission eingerichtet[3]. Sie erarbeitete sinnvolle Empfehlungen, konnte aber – wie kaum anders zu erwarten – „korrespondierend zu dem [...] Meinungsbild in Wissenschaft und Praxis"[4] keinen befriedigenden Lösungsweg aufzeigen, um die inhärente Widersprüchlichkeit der beiden Rechtsgebiete aufzulösen.

4   Die Komplexität und die Schnelllebigkeit haben sich angesichts des sich in den letzten Jahren mit zunehmender Geschwindigkeit wandelnden Insolvenz- und Sanierungsrechts eher noch verstärkt[5].

5   Der Versuch, alle Regelungen und Bestimmungen zu jeder denkbaren Fallkonstellation in der Sanierung und Insolvenz auf einer vergleichsweise geringen Anzahl von Seiten abhandeln zu wollen, wäre aufgrund der Vielschichtigkeit und der sich laufend modifizierenden rechtlichen Rahmenbedingungen nicht möglich. Sinn und Zweck der folgenden, verhältnismäßig knappen Ausführungen kann deshalb auch nicht sein, alle denkbaren steuerlichen Sonderfälle in der Sanierung und Insolvenz systematisch und abschließend – im Sinne eines Nachschlagewerks für jede denkbare Fallkonstellation – abzuhandeln.

6   Dieser Beitrag behandelt ausgewählte, in der Praxis wohl am häufigsten vorkommende und deshalb besonders wichtig erscheinende Themengebiete des Insolvenzsteuerrechts.

---

1   Hierzu gehören im Besonderen BFH und FG für die fiskalische Rechtsprechung und BGH für die zivile Rechtsprechung.

2   Verwaltungsvorschriften der Bundesregierung nach Art. 108 VII des Grundgesetzes, meist in Form von Steuererlassen des BMF sowie Erlassen der obersten Landesfinanzverwaltungen (OFD) und nachgeordneter Behörden.

3   Vgl. *Seer*, ZIP 2014, Beil. zu H. 42, Abschn. V., S. 1.

4   *Seer*, ZIP 2014, Beil. zu H. 42, Abschn. V., S. 1 (8).

5   Laufende BFH-Rechtsprechung mit z.T. fundamentalen Auswirkungen auf das Insolvenzsteuerrecht (die wichtigsten sollen in den nachfolgenden Abschnitten besprochen werden), aber auch Gesetzesänderungen wie in jüngerer Zeit das StaRUG und das SanInsFoG.

Da es sich naturgemäß um einen sehr speziellen Teilbereich des deutschen Steuerrechts handelt, wird die Grundkenntnis allgemeiner steuerlicher und insolvenzrechtlicher Zusammenhänge vorausgesetzt und insoweit auf andere Beiträge verwiesen.

Es wird nachfolgend unterschieden zwischen Steuern in der Regelinsolvenz, Steuern in der Unternehmenssanierung nach dem ESUG und Steuern im Rahmen der außergerichtlichen Sanierung. Dabei kann es zu Überschneidungen kommen. Um Dopplungen zu vermeiden, wird an relevanten Stellen auf die entsprechenden Abschnitte verwiesen

2. Steuerliche Aspekte im Regelinsolvenzverfahren

Das Regelinsolvenzverfahren greift am deutlichsten in die Rechte von Unternehmens- **7** gläubigern ein. Somit ist auch der öffentlich-rechtliche Steueranspruch von Unternehmenskrisen, welche im Regelinsolvenzverfahren münden, am meisten tangiert. Es gibt deshalb im Regelverfahren eine Vielzahl von insolvenzsteuerlichen Besonderheiten, die dann aber – zum Teil und oft zeitlich nachgelagert – auch auf andere Verfahrensarten oder Sanierungsmaßnahmen sich ausgewirkt haben.

2.1 Steuerliches Verfahren in der Regelinsolvenz

Im nachfolgenden Abschnitt werden zunächst die **Aufgabe und die Stellung des Insol-** **8** **venzverwalters** im steuerlichen Verfahren erläutert. Hierauf aufbauend werden die **Mitwirkungspflichten** des Insolvenzverwalters beleuchtet und insbesondere auch die hierbei auftretenden praktischen Probleme behandelt.

2.1.1 Stellung und Aufgabe des Insolvenzverwalters im steuerlichen Verfahren

Nach § 155 Abs. 1 S. 1 InsO bleiben die handelsrechtlichen und steuerlichen Pflichten **9** des Schuldners von der Insolvenzeröffnung unberührt. Allerdings sind diese Pflichten nach § 155 Abs. 1 S. 2 InsO mit Bezug auf die Insolvenzmasse fortan vom Insolvenzverwalter zu erfüllen.

Praktische **steuerverfahrensrechtliche Auswirkungen** ergeben sich in dem Moment, in **10** dem die Verwaltungs- und Verfügungsbefugnis auf den (vorläufigen) Insolvenzverwalter übergegangen ist, da dann der Insolvenzschuldner seine steuerliche Handlungsfähigkeit i.S.v. § 79 AO verliert und der (vorläufige) Insolvenzverwalter zum Vermögensverwalter i.S.v. § 34 Abs. 3 AO über die Insolvenzmasse wird.

Das gilt für: **11**

- den **Insolvenzverwalter** aufgrund seiner Verwaltungs- und Verfügungsbefugnis über das Vermögen des Insolvenzschuldners gem. § 80 Abs. 1 InsO[6] und
- den vorläufigen Insolvenzverwalter (§ 21 Abs. 2 Nr. 1 i.V.m. § 22 InsO), wenn dem Insolvenzschuldner ein allgemeines Verfügungsverbot gem. § 22 Abs. 2 Nr. 2 1. Alt. InsO auferlegt worden ist (sog. **starker vorläufiger Insolvenzverwalter**)[7].

Sieht das Gericht vom Erlass eines allgemeinen Verfügungsverbots ab und bestimmt es **12** die Rechte des vorläufigen Insolvenzverwalters gem. § 22 Abs. 2 Nr. 2 2. Alt. InsO (sog. **schwacher vorläufiger Insolvenzverwalter**), bleibt das steuerliche Verfahren zunächst

---

6   Vgl. AEAO zu § 34 AO Nr. 4 i.V.m. Nr. 1.
7   Vgl. AEAO zu § 34 AO Nr. 4 i.V.m. AEAO zu § 251 AO, Abschn. 3.1.

hiervon unberührt. Es liegt keine Vermögensverwaltung i.S.v. § 34 Abs. 3 AO vor[8]. Das heißt, es bleiben sämtliche steuerverfahrensrechtlich verankerten Rechte und Pflichten beim Insolvenzschuldner. Dasselbe gilt im Übrigen auch im Fall einer Sachwaltung im Rahmen der Eigenverwaltung[9]. Tatsächlich ergeben sich allerdings – wie noch zu zeigen sein wird – auch bereits mit Bestellung eines schwachen vorläufigen Insolvenzverwalters gravierende materielle steuerliche Folgen für das spätere Insolvenzverfahren i.Z.m. § 55 Abs. 4 InsO (vgl. Kap. F Tz. 95 ff.).

2.1.2 Mitwirkungspflichten des Insolvenzverwalters

2.1.2.1 Überblick über die gesetzlichen Mitwirkungspflichten

13 Im **steuerlichen Ermittlungsverfahren** hat der Insolvenzverwalter als Vermögensverwalter i.S.v. § 34 AO hinsichtlich des von ihm verwalteten Vermögens des Schuldners die gleichen Rechte und Pflichten wie jeder andere Steuerpflichtige außerhalb des Insolvenzverfahrens.

14 Zu den relevanten **Mitwirkungspflichten** jedes Steuerpflichtigen gehören insbesondere die

- Auskunftspflichten (§§ 93 ff. AO),
- die Anzeigepflichten (§§ 137, 138 AO),
- die Buchführungs- und Aufzeichnungspflichten (§§ 140-146 AO),
- die Erklärungs- sowie Berichtigungspflichten (§§ 149 ff. AO) und
- die Mitwirkungspflichten im Rahmen von Außenprüfungen (§§ 193 ff AO).

15 Zu den wichtigsten, ebenfalls vom Insolvenzverwalter wahrzunehmenden steuerlichen **Rechten** gehören das außergerichtliche Rechtsbehelfs- bzw. Einspruchsverfahren (§§ 347 ff. AO) und das in der Finanzgerichtsordnung verankerte Klageverfahren. Weiterhin hat der Steuerpflichtige unterschiedliche Antrags- und Auskunftsrechte, welche der Insolvenzverwalter zum Vorteil der Insolvenzmasse einzusetzen hat. Allerdings finden diese nach höchstrichterlicher Rechtsprechung ihre Grenzen, wenn der Insolvenzverwalter gegenüber dem Finanzamt nicht in ausreichendem Umfang darlegen kann, dass er Auskünfte des Finanzamts (z.B. Kontoauszug, aus dem sich die Zahlungsbewegungen ergeben) zur Erfüllung der steuerlichen Pflichten (und nicht nur um z.B. Insolvenzanfechtungen durchführen zu können) benötigt[10].

16 Es ist unstreitig – dies ergibt sich bereits aus § 34 Abs. 3 AO –, dass der als Vermögensverwalter eingesetzte Insolvenzverwalter für sämtliche Rechte und Pflichten des Schuldners verantwortlich ist. Folglich hat er diese Verpflichtungen auch für den **Zeitraum vor Insolvenzantrag** zu übernehmen. Der Gesetzgeber hat hiervon keinerlei Ausnahmen vorgesehen.

Dies führte in der Vergangenheit immer wieder zu Rechtsstreitigkeiten mit dem Finanzamt, bei denen es meist um die **Steuererklärungspflicht** (mit allen hiermit zusammenhängenden Buchführungs- und Jahresabschlusspflichten) für Zeiträume vor Eröffnung des Insolvenzverfahrens ging[11].

---

8   Vgl. AEAO zu § 251 AO, Abschn. 3.1.
9   Siehe Kap. F Tz. 272 f.
10   BFH v. 19.03.2013, II R 17/11, BStBl. II 2013, S. 639; BGH v. 13.08.2009 IX ZR 58/06, ZIP 2009, S. 1823.
11   Vgl. FG Hessen v. 18.04.2013, 4 V 1796/12, EFG 2013, S. 994; BFH v. 06.11.2012, VII R 72/11, BStBl. II 2013, S. 141; BFH v. 23.08.1994, VII R 143/92, BStBl. II 1995, S. 194.

Problematisch kann das vor allem dann werden, wenn die Insolvenzmasse vergleichs- **17** weise wenig Spielraum zur Finanzierung eines Steuerberaters übrig lässt. Dabei wurde durch den BFH bestätigt[12], dass die Pflicht des Insolvenzverwalters zur Abgabe von Steuererklärungen – selbst nach erklärter Masseunzulänglichkeit (§ 208 Abs. 3 InsO) – weiterhin bestehen bleibt[13]. Nur wenn das Verfahren mangels Masse gem. §§ 207, 211 InsO eingestellt wird, soll die Pflicht zur Abgabe von Steuererklärungen entfallen[14]. Die häufig in der Praxis vertretene Auffassung, der zufolge diese Pflicht entfällt, wenn sie mit nicht im Verhältnis stehendem Aufwand verbunden ist, wird von der Rechtsprechung abgelehnt[15].

Kommt der Insolvenzverwalter seinen steuerlichen Mitwirkungspflichten nicht in **18** der vom Gesetz vorgegebenen Form nach, kann das Finanzamt dies mit **Zwangsmitteln i.S.v. § 328 Abs. 1 S. 1 i.V.m. §§ 329 ff AO**, wie z.B. Zwangsgeld (§ 329 AO – nach § 332 Abs. 3 S. 1 AO ggf. mehrfach), durchsetzen. Zwangsmaßnahmen können sich auch gegen den Insolvenzverwalter persönlich richten[16].

2.1.2.2 Grenzen der Mitwirkungsmöglichkeiten in der Praxis

Die **Erklärungs- und Auskunftsverpflichtung** des Insolvenzverwalters bezüglich der **19** noch vom Insolvenzschuldner vor Insolvenzeröffnung verantworteten Zeiträume bereitet in der Praxis sehr häufig nicht unerhebliche Schwierigkeiten. Die Finanzverwaltung hat hinsichtlich der Einforderung der Mitwirkungspflicht aufgrund des Prinzips der gleichmäßigen Besteuerung keinen Ermessensspielraum. Es besteht auch vonseiten der Finanzverwaltung gar nicht die Möglichkeit, jeden Einzelfall differenziert zu betrachten. Wenn der Insolvenzverwalter den steuerlichen Verpflichtungen nicht nachkommt, folgt nach der Erinnerung an die Abgabe von Steuererklärungen die Zwangsgeldandrohung und schließlich die Zwangsgeldfestsetzung. Erfahrungsgemäß erhalten die Bemühungen der Finanzämter, diese Steuererklärungen und Auskünfte zu erhalten, nach Insolvenzeröffnung – gegenüber dem Zeitraum vor Insolvenzantrag – sogar neuen Antrieb:

- sei es, weil das Finanzamt Zahlen für seine Forderungsanmeldung zur Insolvenztabelle benötigt,
- sei es, weil Sanktionsmechanismen gegenüber dem Schuldner im Vorfeld bereits vergeblich ausgeschöpft worden waren und nun unter anderen Voraussetzungen ein neuer Versuch unternommen wird.

Diese an sich bewährte Systematik der Finanzverwaltung führt dazu, dass der Insol- **20** venzverwalter in einer Vielzahl von Insolvenzverfahren in einen **Konflikt** gerät. Denn selten klaffen gesetzlicher Anspruch und praktische Durchsetzbarkeit so sehr auseinander wie hinsichtlich der steuerlichen Veranlagung für den Zeitraum vor Insolvenzantrag. Hierfür lassen sich insbesondere zwei Gründe identifizieren:

---

12 Vgl. u.a. BFH v. 23.08.1994 – VII R 143/92, BStBl. II 1995, S. 194.
13 Vgl. *Waza/Uhländer/Schmittmann[13]*, S. 279, Rn. 505.
14 BFH v. 08.08.1995 – VII R 25/94, ZIP 1996, S. 430.
15 Vgl. u.a. BFH v. 23.08.1994 – VII R 143/92, BStBl. II 1995, S. 194; BFH v. 08.08.1995 – VII R 25/94, ZIP 1996, S. 430.
16 Vgl. u.a. LfSt Bayern v. 26.02.2020 – S 0560.2.1-1/16 St43.

a) **Unzureichende Unterlagen**:

Der Insolvenzverwalter als Vermögensverwalter i.S.v. § 34 AO hat zwar sämtliche steuerliche Pflichten des Schuldners und der Insolvenzmasse gegenüber dem Finanzamt übernommen. Doch vom Insolvenzschuldner sind oftmals nur **unzureichende Unterlagen** und Belege betreffend die Zeiträume vor Insolvenzantrag zu erhalten. Vielfach hat sich der insolvente Steuerpflichtige – der spätere Insolvenzschuldner – bereits eine längere Zeit vor Einsetzen des (vorläufigen) Insolvenzverwalters bzw. vor dem Insolvenzantrag nicht mehr um eine ordnungsgemäße Aufarbeitung und Sicherung der Unterlagen gekümmert. In manchen Fällen wurden die in den GoB[17] verankerten Prinzipien über einen sehr langen Zeitraum nicht mehr eingehalten. Dies liegt zum Teil daran, dass der Schuldner sich keine fachkundige Hilfe mehr leisten konnte. Oftmals haben Buchhalter das Unternehmen in wirtschaftlich schwieriger Lage bereits verlassen. Oder aber der Steuerschuldner hat die Rechtslage verkannt und meinte – mit dem Rücken zur Wand –, vermeintlich „Wichtigeres" zu tun zu haben, als seinen steuerlichen Pflichten nachzukommen. In seltenen Einzelfällen ist auch eine ganz bewusste Verschleierung von Geschäftsvorfällen, z.B. durch das Vernichten von Unterlagen und Belegen, nicht auszuschließen. Ggf. verwirklichte der Schuldner auch strafrechtlich relevante Sachverhalte. Eine nachträgliche Aufarbeitung ist in solchen Fällen schwierig, manchmal auch unmöglich. An dieser praktischen Konsequenz kann auch die gesetzliche Bestimmung des § 97 InsO in der Praxis nichts ändern, der zufolge der Schuldner zur Mitwirkung gegenüber dem Insolvenzverwalter verpflichtet ist. Es ist für den Insolvenzverwalter häufig allein schon deshalb schwierig – manchmal gar unmöglich –, die steuergesetzlichen Verpflichtungen rückwirkend zu erfüllen.

b) **Begrenzte Mittel**:

Zur **Aufarbeitung** komplexer steuerlicher Fragestellungen muss der Insolvenzverwalter zum Teil auch auf externen Rat zurückgreifen. Die für die Aufarbeitung der steuerlichen Angelegenheiten im Insolvenzverfahren notwendigen Mittel dürfen deshalb aus der vorhandenen Insolvenzmasse bestritten werden[18]. Im Zweifel wird der Insolvenzverwalter in schwierigen Fällen fachkundige Hilfe einholen, um sich nicht dem Vorwurf einer groben Fahrlässigkeit auszusetzen. Dies gilt in besonderem Maße, wenn wichtige Wissensträger das Unternehmen verlassen haben. Die vorhandene Insolvenzmasse ist in der Praxis jedoch begrenzt. Vermeidbare Maßnahmen, die **Kosten** verursachen, sollte der Insolvenzverwalter daher unterlassen, da er auch verpflichtet ist, die Insolvenzmasse zu sichern und zu erhalten[19].

21 Der tatsächliche Schaden, der aus der unterlassenen Aufarbeitung der vor Insolvenzantrag begründeten steuerlichen Angelegenheiten resultiert, ist im Vorhinein meist schwer einzuschätzen. Es liegt auf der Hand, dass das Finanzamt in **Schätzungsfällen** (§ 162 AO) einen Sicherheitszuschlag berücksichtigen wird, wenn keine brauchbaren Unterlagen vorliegen. Zwar geht es grundsätzlich um Insolvenzforderungen gem. § 38 InsO, die regelmäßig quotal befriedigt werden. Zugeschätzte Steuern für diese Zeiträume wir-

---

17 Allgemein anerkannte Grundsätze zur zeitgerechten, vollständigen und richtigen Erfassung von Geschäftsvorfällen, der Aufbewahrung von Belegen sowie allgemein der sachgerechten Organisation der Buchhaltung und dem zutreffenden Ansatz und Ausweis sowie der Bewertung von Bilanzposten im JA.

18 BGH v. 22.07.2004 – IX ZB 161/03, ZIP 2004, S. 1717.

19 BGH v. 18.07.2002 – IX ZR 195/01, ZIP 2002, S. 1625 sowie ZIP 2013, S. 501.

ken sich deshalb regelmäßig nur zu einem Bruchteil aus. Allerdings können sich auch Auswirkungen auf Masseverbindlichkeiten ergeben, wenn

- Verluste/Verlustvorträge nicht oder in geringerer Höhe als bei Aufarbeitung der Vergangenheit festgestellt oder
- vorhandene Verlustvorträge durch zugeschätzte Gewinne aufgebraucht

und nach Insolvenzeröffnung, z.b. durch Verwertungsmaßnahmen, stille Reserven realisiert werden, die zu einem Gewinn führen. Es können sich also selbst durch bloße Nullschätzungen Auswirkungen auf Masseverbindlichkeiten i.S.d. §§ 53,55 InsO ergeben.

Nicht unerwähnt bleiben darf auch das **Risiko**, welches der Insolvenzverwalter für sich **22** selbst eingeht, wenn die steuerliche Vergangenheit des Insolvenzschuldners, für die der Insolvenzverwalter nun die Verantwortung trägt, nicht aufgearbeitet wird.

Der Insolvenzverwalter ist i.S.d. Insolvenzmasse gehalten, einen **praktikablen Ausweg** **23** aus dem Konflikt zwischen steuerlicher Verpflichtung und praktischen Möglichkeiten zu suchen. Dieser Ausweg kann letztlich nur in engem Austausch mit dem Finanzamt gesucht werden.

Die zu treffenden Maßnahmen müssen in engem **Zusammenspiel** zwischen Insolvenzverwalter, steuerlichem Berater und Finanzverwaltung erfolgen. Da es immer einen Graubereich zwischen „unmöglich" bzw. „unzumutbar" einerseits und „machbar" bzw. „zumutbar" andererseits geben wird, ist der Insolvenzverwalter dabei sehr oft auf die subjektive Einschätzung bzw. den „guten Willen" des zuständigen Finanzbeamten angewiesen.

Die **besonderen Umstände** des Einzelfalls sollten dem Finanzamt und den Gläubigern **24** glaubhaft dargelegt werden. Mit in die Betrachtung einbezogen werden muss, welche Nachteile für die Insolvenzmasse und für den Insolvenzverwalter persönlich durch „pragmatische" Lösungen entstehen können, denn eine vollständige Entlastung von steuerlichen Verpflichtungen ist auf der vorhandenen gesetzlichen Grundlage auch dem Finanzamt unmöglich.

2.1.3 Steuerfestsetzungsverfahren in der Insolvenz

Steuern werden, soweit nichts anderes vorgeschrieben, gem. § 155 Abs. 1 S. 1 AO durch **25** Bescheid festgesetzt. Doch gilt das **Steuerfestsetzungsverfahren** grundsätzlich mit Insolvenzeröffnung in Analogie zu § 240 ZPO als **unterbrochen**[20]. Die Unterbrechung wirkt sich auch auf das Rechtsbehelfsverfahren und den Lauf von Rechtsbehelfsfristen aus, sofern diese abstrakt dazu geeignet sind, sich auf zur Tabelle anzumeldende Steuerforderungen auszuwirken[21].

Dies bedeutet u.a., dass Steuern, welche im Zeitraum **vor Insolvenzeröffnung be-** **26** **gründet** wurden, nach Insolvenzeröffnung nicht mehr mit Bescheid oder aufgrund einer vom Insolvenzverwalter eingereichten Steueranmeldung wirksam festgesetzt werden können[22]. Ein gleichwohl erlassener derartiger Bescheid ist nichtig (§ 125 AO)[23]. Es

---

20 BFH v. 02.07.1997 – I R 11/97, BStBl. II 1998, S. 428.
21 Vgl. AEAO zu § 251 AO, Abschn. 4.1.2.
22 Unstreitig, vgl. u.a. BFH v. 02.07.1997 – I R 11/97, BStBl. II 1998, S. 428.
23 BFH v. 18.12.2002, BStBl. II 2003, S. 630; AEAO zu § 251 AO, Abschn. 4.3.1; *Loose*, in: Tipke/Kruse, AO, § 251, Rn. 44.

handelt sich um Insolvenzforderungen (§ 38 InsO), die vom Finanzamt, wie von jedem anderen Insolvenzgläubiger auch, entsprechend § 87 InsO schriftlich zur Forderungs- bzw. **Insolvenztabelle** angemeldet werden müssen, um am Insolvenzverfahren teilnehmen zu können.[24]

27 Allerdings gibt es hiervon Ausnahmen. Die wohl relevanteste ist, dass – sofern sich aus dem Bescheid keine Zahllast ergibt – eine Festsetzung mittels Bescheid für den Zeitraum vor Insolvenzeröffnung (doch) möglich ist, falls damit ein **Erstattungsanspruch** zugunsten der Insolvenzmasse festgesetzt wird oder der Insolvenzverwalter die Festsetzung ausdrücklich beantragt hat. In diesem Fall steht § 87 InsO einer Festsetzung ausnahmsweise nicht entgegen[25]. Auch eine Steuerfestsetzung mit null ist nach Meinung des BFH ausdrücklich auch für den Zeitraum vor Insolvenzeröffnung zulässig[26].

28 Zu beachten ist, dass sich durch die **Festsetzung einer Steuererstattung** auch nachteilige praktische Auswirkungen für das Insolvenzverfahren ergeben könnten, z.B. wenn eine Erstattung niedriger festgesetzt wird als materiell-steuerlich geboten. Der Insolvenzverwalter hat in diesem Fall die ihm als Vermögensverwalter i.S.d. § 34 Abs. 3 AO zustehenden Rechte und Pflichten zu nutzen, insbesondere die Möglichkeit, gegen zulässige – aber materiell unrichtige – Bescheide außergerichtlich und gerichtlich vorzugehen. Fehlen Unterlagen, wird das **Nachweisrisiko** allerdings auf die Masse verlagert, da der Insolvenzverwalter in einem solchen Fall nicht substantiiert vortragen kann. Weitere Besonderheiten beim Erlass von Verwaltungsakten für den Zeitraum vor Insolvenzeröffnung können im Einzelfall von Bedeutung sein, entfalten jedoch insgesamt eine untergeordnete praktische Relevanz, weshalb hierauf nicht im Detail eingegangen werden kann. Es wird diesbezüglich auf die Bestimmungen im Anwendungserlass zur Abgabenordnung verwiesen[27].

29 Anders verhält es sich mit den Steuern, welche als Masseverbindlichkeit begründet wurden. Bezüglich dieser Steueransprüche hat der Steuergläubiger die Stellung eines Massegläubigers[28]. Für die **Festsetzung der sog. Masseverbindlichkeiten** (§ 55 Abs. 1 InsO) gelten die allgemeinen Vorschriften über die Steuerfestsetzung (§§ 155 ff. AO).

30 Der Insolvenzverwalter[29] ist in seiner Funktion als Vermögensverwalter grundsätzlich[30] alleiniger Ansprechpartner für das Finanzamt und damit **Bekanntgabeadressat** von Verwaltungsakten, die die Insolvenzmasse betreffen[31]. Der Verwaltungsakt (§ 118 AO), also auch der Steuerbescheid (§ 155 AO), ist nach §§ 122 Abs. 1 i.V.m. 34 Abs. 3 AO an den Insolvenzverwalter zu adressieren. Versäumt es das Finanzamt, den Verwaltungsakt an den Insolvenzverwalter als Bekanntgabeadressat zu richten, ist der Steuerbescheid nichtig (§ 125 AO). Inhaltsadressat des Verwaltungsaktes ist allein der Insolvenz-

---

24 Vgl. AEAO zu § 251 AO, RZ 5.3. ff.
25 BFH v. 13.05.2009, XI R 63/07, BFHE 225, 278, BStBl. II 2010, S. 11.
26 Vgl. AEAO zu § 251 AO.
27 Im Einzelnen AEAO zu § 251 AO, Abschn. RZ 4.3.1.
28 Vgl. AEAO zu § 251 AO, RZ 4.3.2.
29 Auch der starke vorläufige Insolvenzverwalter (vgl. AEAO zu § 122 Nr. 2.9. i.V.m. AEAO zu § 251 AO, RZ 4.3. f.), allerdings nicht der schwache vorläufige Insolvenzverwalter (vgl. Kap. F Tz. 9 ff.).
30 Es sei denn, der Insolvenzverwalter bevollmächtigt einen Dritten mit der Erledigung seiner steuerlichen Angelegenheiten.
31 Vgl. AEAO zu § 122 AO, Nr. 2.9 i.V.m. AEAO zu § 251 AO, Abschn. 4.3.2.

schuldner. Der Insolvenzschuldner ist deshalb zusätzlich vom Finanzamt auf dem Bescheid anzugeben[32].

Eine Besonderheit ergibt sich für die steuerliche Veranlagung von **Personengesell-** **31** **schaften.** Obwohl die PersGes. zivilrechtlich durch das Insolvenzverfahren aufgelöst ist[33], besteht sie steuerrechtlich fort[34]. Das Feststellungsverfahren der PersGes. ist durch die Eröffnung des Insolvenzverfahrens nicht unterbrochen[35].

Der Gewinn (oder Verlust) der PersGes. muss also weiterhin steuerlich den Gesell- **32** schaftern zugeordnet werden. Als Grundlage hierfür muss eine **einheitliche und gesonderte Gewinnfeststellung** nach §§ 179 ff. AO angefertigt werden. Die Verpflichtung zur Abgabe dieser Feststellungserklärung für die insolvente PersGes. trifft aber ausschließlich die Gesellschafter und ausdrücklich nicht den Insolvenzverwalter der Pers-Ges.[36]. Ein Insolvenzverwalter ist nur dann aus seiner Position heraus zur Abgabe der Feststellungserklärung verpflichtet (und berechtigt), wenn er zugleich oder auch ausschließlich Insolvenzverwalter eines Gesellschafters ist. In der Praxis bringt das Auseinanderfallen von Vermögensverwaltung der PersGes. einerseits und verfahrensrechtlicher Verantwortung der Gesellschafter (für dieses Vermögen) andererseits nicht unerhebliche Probleme mit sich.

Da die PersGes., solange sie gewerblich tätig oder gewerblich geprägt ist, auch der **33** **Gewerbesteuerpflicht** (§ 2 GewStG) unterliegt (und sich die Gewerbesteuer auf die Gesellschaft, also nicht auf die Gesellschafter bezieht), ist vom Insolvenzverwalter eine Gewerbesteuererklärung einzureichen[37].

2.2 Ertragsteuerliche Aspekte in der Regelinsolvenz

2.2.1 Besonderheiten bei der ertragsteuerlichen Steuerermittlung

Nach § 31 Abs. 1 S. 1 KStG sind für die Durchführung der Besteuerung sowie die Fest- **34** setzung und Erhebung von **Körperschaftsteuern** die für die Einkommensteuer geltenden Vorschriften entsprechend anzuwenden. Die Ermittlung des Einkommens richtet sich nach § 8 Abs. 1 KStG ebenfalls nach den einkommensteuerlichen Vorschriften. Grundlage für die **Gewerbesteuer** ist der einkommensteuerliche Gewinn bzw. das körperschaftsteuerliche zu versteuernde Einkommen (§ 7 S. 1 GewStG). Die nachfolgenden Ausführungen über die einkommensteuerliche Ermittlung in der Insolvenz sind insoweit auf die entsprechenden körperschaftsteuerlichen und gewerbesteuerlichen Fragestellungen übertragbar.

2.2.1.1 Insolvenzneutrale Steuerermittlung

Die Einkommensteuer ist eine Jahressteuer, die grundsätzlich nach dem Kalenderjahr zu **35** ermitteln ist (§ 2 Abs. 7 S. 1, 2 EStG). Die **Steuerveranlagung** (§ 25 Abs. 1 EStG) bleibt vom Insolvenzverfahren unberührt[38]. Der Veranlagungszeitraum (§§ 25 Abs. 1 i.V.m **36**

---

32 Vgl. zum Inhaltsadressaten AEAO zu § 122 AO, Nr. 1.3.1 f.
33 Vgl. § 728 Abs. 1 BGB, § 131 Abs. 1 Nr. 3, § 161 Abs. 2 HGB.
34 Vgl. AEAO zu § 122 AO, Nr. 2.7.1.
35 BFH v. 24.07.1990, VIII R 194/84, BStBl. II 1992, S. 508; AEAO zu § 251 AO, Abschn. 4.4.1.1.
36 Vgl. AEAO zu § 251 AO, Abschn. 4.4.1.1.
37 Vgl. AEAO zu § 251 AO, Abschn. 4.4.1.1.
38 BFH v. 12.09.1951 – IV 135/51 U, BStBl. III 1951, S. 192.

Abs. 1 EStG) bleibt unabhängig vom Insolvenzantrag oder der Insolvenzeröffnung erhalten – er wird durch die Insolvenzeröffnung nicht unterbrochen.

36 Auch das **Steuerrechtsverhältnis** bleibt vom Insolvenzverfahren unberührt. Der Schuldner ist zwar nach Insolvenzeröffnung nicht mehr verfügungsberechtigt (§ 80 InsO) – doch nach wie vor Steuerpflichtiger und Steuerschuldner der Einkommensteuer[39].

37 Das **Vermögen** und die Verbindlichkeiten sind dem Schuldner zuzurechnen. Dies gilt auch für das aus dem vorhandenen Vermögen generierte Einkommen – unabhängig von der Einkunftsart. **Verbindlichkeiten** bleiben passiviert, auch wenn bereits Gewissheit darüber besteht, dass der Schuldner diese nicht mehr vollständig wird begleichen können. Nur ausnahmsweise werden Verbindlichkeiten ertragswirksam aufgelöst. Das ertragswirksame Ausbuchen von Verbindlichkeiten könnte z.B. seine Ursache in einem freiwilligen Forderungsverzicht[40] der Gläubiger haben. Auch wenn der Schuldner in den Genuss einer **Restschuldbefreiung** kommt, werden Verbindlichkeiten ertragswirksam aufgelöst. Die Insolvenzeröffnung ist dagegen kein ausreichender Grund, Verbindlichkeiten auszubuchen[41].

38 Zwar ergibt sich durch die Insolvenzeröffnung die Notwendigkeit, in verschiedene insolvenzrechtliche Vermögenssphären aufzuteilen[42]; die Insolvenzmasse ist jedoch kein selbständiges Steuersubjekt[43]. Damit bleibt es bei dem in § 2 Abs. 5 EStG beschriebenen **einheitlichen** zu versteuernden Einkommen. Das Insolvenzrecht hat auf die einkommensteuerliche Ermittlung keinen Einfluss[44].

39 Auch die Tatsache, dass nach § 155 Abs. 2 S. 1 InsO mit Insolvenzeröffnung ein neues **Geschäftsjahr (Wirtschaftsjahr)** i.S.v. § 4 a Abs. 1 Nr. 2 EStG begründet wird, ändert an diesem Grundsatz der einheitlichen Steuerermittlung nichts.

40 Durch das Ende des GJ mit Insolvenzeröffnung beginnt kein neuer Besteuerungsabschnitt, sondern es wird lediglich ein **Rumpfgeschäftsjahr** gebildet. Dieses Rumpfgeschäftsjahr geht vom Ende des letzten regulären GJ bis zur Insolvenzeröffnung. Das darauffolgende GJ umfasst wiederum 12 Monate (§ 240 Abs. 2 S. 2 HGB). Es ist auf den neuen Stichtag (Insolvenzeröffnung) ein Abschluss zu erstellen. Das Jahresergebnis des GJ wird jeweils in dem Veranlagungszeitraum steuerlich erfasst, in dem das (Rumpf-)Geschäftsjahr endet. Da das bezüglich des nachfolgenden GJ oft zu praktischen Problemen führt, wird das GJ nach Insolvenzeröffnung vom (hierfür zuständigen) Insolvenzverwalter meist wieder auf den ursprünglichen Abschlusstermin umgestellt[45]. Es kann also vorkommen, dass in einem Veranlagungsjahr zwei GJ enden und damit das jeweilige Ergebnis steuerlich in einem Veranlagungsjahr erfasst werden muss.

---

39 Vgl. *Waza/Uhländer/Schmittmann[13]*, S. 645, Rn. 1341.
40 Vgl. hierzu Kap. F Tz. 189 ff.
41 OFD Nordrhein-Westfalen v. 22.09.2017 - akt. Kurzinfo ESt 46/2014, aber auch: BFH v. 01.08.1984 – I R 88/80, BStBl. II 1985, S. 44.
42 Vgl. hierzu Kap. F Tz. 59 f.
43 BFH v. 18.05.1988 – X R 27/80, BStBl. II 1988, S. 716; BFH v. 29.03.1984 – IV R 271/83, BStBl. II 1984, S. 602; BFH v. 14.02.1978 – VIII R 28/73, BStBl. II 1978, S. 356.
44 Vgl. *Waza/Uhländer/Schmittmann[13]*, S. 645, Rn. 1341.
45 Die Umstellung erfolgt durch Mitteilung an das HR, vgl. *Schmidt*, InsO[19], § 155 InsO, Rn. 21.

2.2.1.2 Zuordnung der Einkommensteuerschuld zu insolvenzrechtlichen Vermögenssphären

Nachdem die Einkommensteuer für das gesamte Veranlagungsjahr ermittelt wurde, ist **41** in einem zweiten Schritt eine Abgrenzung unter insolvenzrechtlichen Gesichtspunkten durchzuführen. Diese Abgrenzung erfolgt durch die **Zuordnung** der Einkünfte zur jeweiligen insolvenzrechtlichen Vermögenssphäre: Dabei ist zu ermitteln, welcher Teil der Einkommensteuer als Insolvenzforderung (§ 38 InsO) oder Masseforderung (§ 55 Abs. 1 InsO) zu qualifizieren ist bzw. welcher Teil das insolvenzfreie Vermögen betrifft.

Beispiel 1 – Zuordnung der Einkommensteuer:

Ein Steuerpflichtiger hat insgesamt ein zu versteuerndes Einkommen in Höhe von 100.000 €. Es lässt sich wie folgt auf die Vermögenssphären aufteilen.

Zuordnung der Einkünfte		Vermögenssphäre		
	Gesamt	vor Insolvenz	Insolvenzmasse	insolvenzfrei
direkt zurechenbar	20.000	15.000	1.000	4.000
geschätzt (z.B. zeitanteilig)	80.000	60.000	20.000	0
Einkünfte im Veranlagungsjahr	**100.000**	**75.000**	**21.000**	**4.000**
prozentual	100%	75%	21%	4%
Steuerlast des Veranlagungsjahres	**40.000**	**30.000**	**8.400**	**1.600**
bereits geleistete Vorauszahlungen	25.000	25.000	0	0
Nachzahlung		**5.000**	**8.400**	**1.600**

Die Steuerlast wird aus dem gesamten zu versteuernden Einkommen ermittelt und entsprechend dem Anteil an den Gesamteinkünften prozentual auf die Vermögenssphären verteilt.

Unabhängig von den Einkunftsarten lässt die Finanzverwaltung eine Aufteilung im **42** **Schätzwege** (z.B. zeitanteilig) grundsätzlich zu, falls – wie in der Praxis oftmals der Fall – keine direkte Zuordnung anhand objektiver Kriterien möglich ist. Voraussetzung ist allerdings, dass diese Vorgehensweise keine offensichtlich unrichtige Aufteilung zur Konsequenz hat[46].

Führt die Zuordnung der Einkünfte des Gesamtjahres auf dem Schätzwege zu offen- **43** sichtlich unrichtigen Ergebnissen bzw. ist eine Zuordnung nach den tatsächlichen Verhältnissen ohne Weiteres möglich (z.B. bei einer einmaligen Verwertungshandlung), sollte deshalb die den objektiven Begebenheiten entsprechende Zuordnung der Einkünfte erfolgen.

Das entscheidende Kriterium für die Zuordnung der Einkünfte ist der Zeitpunkt der **44** insolvenzrechtlichen Begründetheit. Der Begriff der **Begründetheit** ist nicht mit dem der Steuerentstehung (§ 38 AO)[47] oder dem der (i.d.R. in den Einzelsteuergesetzen festgelegten) Fälligkeit[48] des Steueranspruchs zu verwechseln. Anders als die V. und VII.

---

46 Vgl. AEAO zu § 251 AO, Abschn. 9.1.
47 BFH v. 21.09.1993 – VII R 119/91, BStBl II 1994, S. 83, 84.
48 § 220 Abs. 1 AO verweist zur Fälligkeit auf die Einzelsteuergesetze.

Senat des BFH zur Umsatzsteuer (vgl. hierzu Kap. F Tz. 67 ff.) stellt der X. Senat des BFH in seinem Beschluss zur insolvenzrechtlichen Begründetheit i.Z.m. der Einkommensteuer auf die Verwirklichung des Lebenssachverhalts ab[49].

45 Folge der Abgrenzung anhand zivilrechtlicher Kriterien ist es, dass bei den **Überschusseinkunftsarten** i.S.v. § 2 Abs. 2 Nr. 2 EStG für die Zuordnung einer Einnahme in die insolvenzrechtlichen Vermögenssphären nicht der Zuflusszeitpunkt i.S.d. § 11 Abs. 1 EStG, sondern der Leistungszeitpunkt entscheidend ist.

Diese Vorgehensweise deckt sich mit der Ansicht von Frotscher, der folgende Fallgruppen unterscheidet[50]:

a) Betriebsausgaben und Werbungskosten:
   Zuordnung nach sachlichem Kriterium
b) außergewöhnliche Belastungen und Sonderausgaben:
   Zuordnung in diejenige Vermögensmasse, aus welcher die Aufwendungen bezahlt wurden
c) Pauschbeträge und Freibeträge:
   Zuordnung – soweit möglich – zeitanteilig, es sei denn, die Beträge hängen mit bestimmten Einkunftsarten zusammen; in diesem Fall Zuordnung wie unter a)

46 Falls eine Zuordnung auf dem beschriebenen Weg nicht möglich ist, kann auch eine zeitanteilige Aufteilung erfolgen. Allerdings sollte in dem Fall sichergestellt sein, dass dies nicht zu einer offenkundig unrichtigen Verteilung führt[51].

47 Bei den **Gewinneinkunftsarten** i.S.d. § 2 Abs. 2 Nr. 1 EStG richtet sich der Zeitpunkt der Begründetheit grundsätzlich nach den steuerlichen Vorschriften über die Gewinnermittlung (insbesondere §§ 4 ff. EStG).

48 Da auf den Stichtag der Insolvenzeröffnung ohnehin eine Bilanz erstellt werden muss (vgl. Kap. F Tz. 39) ist die ertragsteuerliche Abgrenzung bei den Gewinneinkunftsarten i.d.R. unproblematisch. Dies gilt zumindest für Insolvenzverfahren, die nach dem 01.01.2021 beantragt werden[52].

49 § 55 Abs. 4 InsO n.F. subsumiert keine ertragsteuerlichen Sachverhalte, während die bis zum 31.12.2020 gültige Fassung auch ertragsteuerliche Sachverhalte einschließt[53]. Deshalb muss in der Praxis für alle Insolvenzverfahren, die vor dem 01.01.2021 beantragt wurden auf den Stichtag der Bestellung des schwachen vorläufigen Insolvenzverwalters zusätzlich eine Steuerbilanz erstellt werden. Zumindest dann, wenn es zu ertragsteuerlich relevanten Überschüssen kommt.

---

49 BFH v. 01.04.2008 –X B 201/07, ZIP 2008, S. 1780.
50 Vgl. *Gottwald*, InsR-HB[6], § 120, Rn. 27-29.
51 Vgl. *Gottwald*, InsR-HB[6], § 120, Rn. 31.
52 Zum 01.01.2021 ist das SanInsFoG in Kraft getreten, mit dem u.a. § 55 Abs. 4 InsO neu geregelt wurde.
53 Zu § 55 Abs. 4 InsO vgl. ausführlicher Kap. F Tz. 95 ff.

2.2.2 Ertragsteuern bei Verwertungshandlungen

2.2.2.1 Zuordnung der Steuer aus der Aufdeckung stiller Reserven

Ein Insolvenzverwalter hat grundsätzlich das vorhandene Vermögen zu verwerten **50** (§ 159 InsO), um seinem Auftrag gerecht zu werden. Diese Verwertungshandlungen führen oftmals zur Aufdeckung von hohen, steuerlich relevanten **stillen Reserven**[54].

Beispiel 2 – Aufdeckung stiller Reserven:

Das 5.000 qm große Betriebsgrundstück des Unternehmens wurde im Jahr 1950 für einen qm-Preis von umgerechnet 10 € erworben. Der erzielbare Grundstückspreis liegt heute bei 100 €/qm.

Bei der Veräußerung erzielt die Insolvenzmasse einen Erlös in Höhe von 500.000 €. Dabei werden steuerlich relevante stille Reserven in Höhe von 450.000 € (Anschaffungskosten = Buchwert: 50.000 €) aufgedeckt.

Der steuerliche Tatbestand wird mit der **Verwertungshandlung** begründet. Nach wie- **51** derholt bestätigter Ansicht des BFH[55], zuletzt 2020[56], folgt daraus, dass auch der steuerliche Anspruch aus der Verwertungshandlung im insolvenzrechtlichen Sinne erst zum Veräußerungszeitpunkt begründet wird. Damit sind entsprechend realisierte Gewinne steuerlich zu 100% der Insolvenzmasse zuzurechnen, sodass die Insolvenzmasse mit einer hieraus resultierenden Steuerlast belastet ist (sofern keine Verlustverrechnung möglich ist).

Für die Zuordnung der Begründetheit der Steuer spielt es also keine Rolle, in welchem **52** Zeitraum das Vermögen einen tatsächlichen Wertzuwachs erlangt hat. Auch wenn im Extremfall die Wertsteigerung ausschließlich auf den Zeitraum vor Insolvenzeröffnung zurückgeht, hat dies keine Relevanz. Entscheidend für die einkommensteuerliche Begründetheit ist allein der Zeitpunkt der Gewinnrealisierung. Dieser Ansatz wird in der Fachliteratur durchaus auch kritisch gesehen[57]. In der Praxis wird es, gerade bei sehr langlebigen Vermögensgegenständen, in aller Regel so sein, dass der größte Teil der **stillen Reserven** vor Insolvenzantrag gebildet wurde, weil die Haltedauer von der Anschaffung bis zur Insolvenzeröffnung meist deutlich länger ausfällt als von der Insolvenzeröffnung bis zur Veräußerung.

2.2.2.2 Verwertung von mit Absonderungsrechten belastetem Vermögen

Erfolgt die Verwertung von **Absonderungsgegenständen** (§§ 166 ff. InsO), sind die aus **53** der Realisation stiller Reserven resultierenden Einkünfte ebenfalls in voller Höhe der Insolvenzmasse zuzurechnen. Selbst wenn ein Wirtschaftsgut mit Verbindlichkeiten aus

---

54 Vorausgesetzt ist, dass die Verwertungshandlung zu einem steuerpflichtigen Gewinn nach den Regeln des EStG führt.

55 BFH v. 16.05.2013 – IV R 23/11, BStBl. II 2013, S. 759; BFH v. 11.11.1993 – XI R 73/92, ZIP 1994, S. 1286; BFH v. 29.03.1984 – IV R 271/83, BStBl. II 1984, S. 602.

56 BFH v. 07.07.2020 – X R 13/19 BStBl II 2021, S. 174, TZ 22. Die Entscheidung erging i.Z.m. § 55 Abs. 4 InsO a.F.: Ertragsteuern fallen nach § 55 Abs 4 n.F. nicht mehr in dessen Anwendungsbereich (vgl. hierzu Abschnitt 2.3.3.). Das ändert aber nichts an der Grundaussage des BFH zur steuerlichen Einordnung des Veräußerungsgewinns.

57 Vgl. u.a. *Frotscher*[9], S. 139 ff.; *Onusseit/Kunz*, Rn. 523; *Classen*, BB 1985, S. 50.

der Zeit vor Insolvenzeröffnung belastet ist und der Absonderungsgläubiger aus dem Veräußerungserlös befriedigt werden muss, ändert das nach der Rechtsprechung des BFH nichts an den beschriebenen steuerlichen Konsequenzen[58].

54 Die reine Tilgung von Verbindlichkeiten führt ohnehin nur selten zu einer Minderung des steuerlichen Einkommens[59]. Damit kann es vorkommen, dass die Steuerlast höher ist als der tatsächliche Massezufluss. Die aus einem solchen Vorgang anfallende Ertragsteuer geht in voller Höhe zulasten der Insolvenzmasse, obwohl ein Liquiditätszufluss i.d.R. nur in Höhe der Kostenbeiträge für die Insolvenzmasse dargestellt werden kann.

Beispiel 2 (s.o.) – Fortsetzung:

Das Grundstück diente als Sicherheit für eine Bankverbindlichkeit, die noch mit 400.000 € valutierte. Die Bank macht zu Recht Absonderungsrechte geltend. Nach Abzug der Massekostenbeiträge erhält die Bank 390.000 € aus dem Veräußerungserlös. Der Insolvenzmasse fließen 10.000 € aus der Veräußerung zu.

Ergebnis:

Es müssen trotzdem 450.000 € Gewinn versteuert werden, der hieraus resultierende (abstrakte) Steueranspruch betrifft ausschließlich die Insolvenzmasse.

---

55 Dies gilt auch im Falle einer **Zwangsversteigerung**. So hat der BFH mit Entscheidung vom 07.07.2020 geurteilt, dass, auch wenn ein Grundstück allein auf Betreiben des Gläubigers versteigert wird, der Veräußerungsgewinn eine Masseverbindlichkeit darstellt. Es kommt nicht darauf an, ob die Masse einen Kaufpreiszufluss erfährt. Entscheidend ist allein, dass der Besteuerungsgegenstand zum Zeitpunkt der Veräußerung der Insolvenzmasse zuzurechnen ist. Ebenfalls keine Rolle spielt, ob die Versteigerung durch den Insolvenzverwalter veranlasst oder lediglich stillschweigend geduldet wird.[60] Bei entsprechenden Sicherungsrechten ist es nicht selten, dass allein die Steuerbelastung aus dem Verkauf von belasteten Grundstücken höher ausfällt als tatsächlich realisierbarer Massezufluss (vgl. vorangegangenes Beispiel).

Praxistipp 1:

In der Praxis hat der Insolvenzverwalter diesen Umstand ggf. in einer gesonderten **Verwertungsvereinbarung** mit dem Absonderungsgläubiger zu berücksichtigen, wobei dies wohl nur in seltenen Ausnahmefällen bei dem Absonderungsgläubiger auf Verständnis stoßen wird, da dieser sodann einen geringeren Erlös auf seine besicherte Forderung realisiert.

Durch eine **rechtzeitige echte Freigabe** des belasteten Vermögensgegenstandes kann der Insolvenzverwalter vermeiden, dass der Gewinn – und damit auch die Steuerbelastung – aus einer Veräußerung der Insolvenzmasse zugerechnet wird. Dies sollte immer dann erwogen werden, wenn die Steuerbelastung aus dem voraussichtlichen Veräußerungsgewinn höher ist als die erwarteten Massezuflüsse (nach Abzug der Abflüsse an absonderungsberechtigte Gläubiger).

---

58 BFH v. 16.05.2013 – IV R 23/11, BStBl. II 2013, S. 759.
59 Ausnahmen ergeben sich bei der Gewinnermittlung nach § 4 Abs. 3 EStG. Hier führt erst die Zahlung auch steuerlich zum Aufwand.
60 BFH v. 07.07.2020 – X R 13/19, BStBl. II 2021, S 174 – es genügt, wenn der Insolvenzverwalter von der Versteigerung wusste und diese geduldet hat.

Abschließend sei darauf hingewiesen, dass die hier beschriebene Rechtsfolge durchaus **56** umstritten ist. In älteren Urteilen behilft sich der BFH damit, dass nur der tatsächlich bei der Masse verbleibende Betrag – also nach Abzug der Absonderungsrechte – der Besteuerung unterliegen soll[61]. Dieses Vorgehen wurde allerdings, wie ausgeführt, von der aktuelleren Rechtsprechung nicht bestätigt. Auch für die in der Praxis häufig anzutreffende Auffassung[62], dass ein Großteil der **stillen Reserven** vor Insolvenzeröffnung begründet worden sei und dementsprechend die Steuerlast eine Insolvenzforderung (§ 39 InsO) sein müsse, findet sich in der neueren Rechtsprechung zur Besteuerung in Insolvenzverfahren kein Argument.

2.2.2.3 Verwertung von mit Aussonderungsrechten belasteten Wirtschaftsgütern

Macht ein Gläubiger zu Recht **Aussonderungsrechte (§§ 47 f. InsO)** an einem Wirt- **57** schaftsgut im Besitz des Schuldners geltend, ergeben sich keine steuerlichen Konsequenzen. Dem Insolvenzverwalter steht kein Verwertungsrecht zu. Eine trotzdem durchgeführte Verwertung wirkt sich mangels steuerlicher Zurechnung (§ 39 AO) nicht auf die Insolvenzmasse oder den Insolvenzschuldner aus, sondern müsste allenfalls dem Aussonderungsberechtigten zugerechnet werden.

2.3 Umsatzsteuerliche Aspekte in der Regelinsolvenz

Die Umsatzsteuer ist die Steuerart mit der größten Bedeutung für die meisten Insol- **58** venzverfahren, weil die Umsatzsteuer unabhängig von der wirtschaftlichen Lage des Unternehmens begründet wird. Die Bedeutung der Umsatzsteuer in Insolvenzverfahren ist für den Fiskus gleichermaßen hoch wie für die Insolvenzmasse – deshalb sind Streitigkeiten zwischen den Parteien keine Seltenheit. Dabei geht es im Insolvenzsteuerrecht weniger um die allgemeine umsatzsteuerliche Ermittlung, sondern eher darum unter welchen Voraussetzungen bzw. wann die Steuer als Insolvenzforderung i.S.d. § 38 InsO und wann als Masseverbindlichkeit i.S.d. § 55 InsO einzuordnen ist.

2.3.1 Zuordnung von Umsatzsteueransprüchen im Insolvenzverfahren

Anders als bei der Einkommensteuer ist die Umsatzsteuer von vornherein getrennt nach **59** den insolvenzrechtlichen **Vermögenssphären** zu **ermitteln** und auch getrennt zu veranlagen. Die Vermögenssphären unterscheiden sich je nachdem, ob es sich um Insolvenzforderungen, Masseverbindlichkeiten oder insolvenzfreies Vermögen handelt. Diese Einordnung richtet sich grundsätzlich nach Zeiträumen: (1) Der Zeitraum vor Eröffnung des Insolvenzantragsverfahrens, (2) der Zeitraum des Insolvenzantragsverfahrens und (3) der Zeitraum nach Insolvenzeröffnung. Eine Sonderstellung nimmt die Freigabe von Vermögensgegenständen und Betätigungen des Schuldners durch den Insolvenzverwalter ein – und bildet damit die vierte insolvenzrechtliche Vermögenssphäre[63].

---

61   U.a. BFH v. 14.02.1978 – VIII R 28/73, BStBl. II 1978, S. 356; BFH v. 15.03.1995 – I R 82/93, BFHE 177, S. 257.

62   Es scheint für viele Insolvenzverwalter unlogisch zu sein, dass Wertsteigerungen, die lange vor Insolvenzantrag stattgefunden haben, Steuern zur Insolvenzmasse begründen können.

63   Vgl. u.a. BFH v. 09.12.2010 – V R 22/10, BStBl. II 2011, S. 996; BFH, 24.11.2011 – V R 13/11, Rn. 12, BStBl. II 2012, S. 298, ZIP 2011, S. 2481; BFH v. 25.07.2012 – VII R 29/11, BStBl. II 2013, S. 36.

60 Die **Zuordnung zu den Vermögenssphären** erfolgt umsatzsteuerlich durch die Vergabe verschiedener Umsatzsteuernummern. Zu unterscheiden ist die Steuernummer des Insolvenzschuldners, die Massesteuernummer und die Steuernummer zum freigegebenen Vermögensteil.

61 Die **Steuernummer des Insolvenzschuldners** umfasst heute nur noch den Zeitraum bis zur Bestellung eines vorläufigen Insolvenzverwalters. Das Insolvenzantragsverfahren selbst gehört umsatzsteuerlich rückwirkend mit Insolvenzeröffnung bereits zum Massezeitraum[64]. Zum Teil vergeben Finanzämter auch jeweils eine neue Steuernummer des Insolvenzschuldners, was aber keine weiteren Abgrenzungen (zur alten Steuernummer des Insolvenzschuldners) erforderlich macht, sondern seinen Grund regelmäßig in der internen Organisation der Finanzämter hat[65].

62 Die **Massesteuernummer** betrifft den Zeitraum ab Insolvenzeröffnung und umfasst (rückwirkend) auch die Umsatzsteuer aus dem Insolvenzantragsverfahren.

63 Sofern Vermögen aus dem Insolvenzbeschlag freigegeben wird, vergibt das Finanzamt eine weitere Umsatzsteuernummer für diese Vermögenssphäre – die Steuernummer für den Neuerwerb bzw. das **freigegeben Vermögen.**

64 Dies kann dazu führen, dass innerhalb ein und desselben Monats zwei (oder sogar drei) Umsatzsteuervoranmeldungen – für jede Vermögenssphäre getrennt – unter unterschiedlichen Steuernummern einzureichen sind[66]. Es sind in der Konsequenz auch für jede insolvenzrechtliche Vermögenssphäre einzeln Jahreserklärungen (innerhalb desselben Kalenderjahres) einzureichen.

65 Die Zuordnung des umsatzsteuerlichen Anspruchs zu einer der genannten Vermögenssphären richtet sich danach, wann (bzw. in welcher Vermögenssphäre) ein Steueranspruch „insolvenzrechtlich" i.S.d. § 38 InsO „begründet" ist. Die **steuerliche Begründetheit** ist für die Zuordnung absolut entscheidend und die genaue Definition dieser „Begründetheit" hat deshalb in der Vergangenheit viele Streitigkeiten zwischen den Beteiligten verursacht, welche dann u.a. in den in diesem Abschnitt zitierten BFH-Urteilen mündeten.

66 Durchgesetzt hat sich am Ende die sog. „Dezember-Rechtsprechung" des V. Senats; das entscheidende Urteil erging am 09.12.2010[67]. Seitdem kam es innerhalb des BFH zu einem Paradigmenwechsel, der sich wohl spätestens mit dem Urteil des VII. Senats des BFH vom 25.07.2012[68] in der Breite endgültig durchgesetzt hat[69]. Entscheidend für die steuerliche **Begründetheit** von umsatzsteuerlichen Ansprüchen ist seitdem, wann ein

---

64   Die Entwicklung und Begründung dazu ist u.a. Gegenstand der nachfolgenden Ausführungen.

65   Viele Finanzämter unterhalten eigene Abteilungen nur für Insolvenzverfahren und ordnen mit der Steuernummer die Verfahren entsprechend zu.

66   In der Praxis ergeben sich diese Konsequenzen aufgrund von § 55 Abs. 4 InsO sogar schon bei der Bestellung des schwachen vorläufigen Insolvenzverwalters, vgl. hierzu Kap. F Tz. 95.

67   BFH v. 09.12.2010 – V R 22/10, BStBl. II 2011, S. 996.

68   BFH v. 25.07.2012 – VII R 29/11, BStBl. II 2013, S. 36.

69   Die entscheidenden BFH-Urteile werden in den nachfolgenden Textstellen bzw. Fußnoten genannt.

steuerlicher Tatbestand vollständig **verwirklicht und damit abgeschlossen** ist[70]. Was hierunter konkret zu verstehen ist, wird im nachfolgenden Abschnitt detailliert erläutert.

2.3.2 Von der SOLL-Versteuerung zur IST-Versteuerung

2.3.2.1 Versteuerung von Ausgangsumsätzen und Zahlungseingängen

Ausgangspunkt für die Überlegungen, die zu dem im vorigen Abschnitt skizzierten Paradigmenwechsel in der Rechtsprechung geführt haben, ist ein BFH-Urteil zur IST-Versteuerung aus dem Jahre 2009[71].   **67**

Unter **IST-Versteuerung** ist die Versteuerung im Moment des Zahlungsflusses zu verstehen. Das Umsatzsteuergesetz spricht von einer Versteuerung nach „vereinnahmten Entgelten" (§ 20 UStG). Diese Besteuerungsart ist nach dem Umsatzsteuergesetz nur in engen Grenzen[72] zulässig und kommt in der Praxis deshalb nur für kleine Unternehmen zur Anwendung.   **68**

Trotzdem kommt dem Urteil – gerade rückblickend – eine große Bedeutung zu, da die Grundsätze später auf die SOLL-Versteuerung (dazu weiter unten) übertragen wurden: Mit zitiertem Urteil aus dem Jahre 2009 stellt der BFH nämlich erstmals klar, dass die aufgrund einer Entgeltvereinnahmung nach Insolvenzeröffnung ausgelöste Steuer für eine vor Insolvenzeröffnung ausgeführte Leistung im Rahmen der originären (also vom Insolvenzverfahren unabhängigen) IST-Versteuerung gem. §§ 20, 13 Abs. 1 Nr. 1 Buchst. b UStG zur Masseverbindlichkeit wird. Die dabei zugrunde liegende Überlegung lautet, dass der steuerliche Anspruch im insolvenzrechtlichen Sinne erst dann begründet ist, wenn der für die Besteuerung relevante Tatbestand vollständig verwirklicht und damit abgeschlossen wurde[73] – und nicht bereits zu dem Zeitpunkt, an dem die schuldrechtliche Grundlage gelegt worden ist[74]. Der Zeitpunkt der Verwirklichung des steuerlichen Tatbestandes bestimmt sich beim originären IST-Versteuerer nach der **Entgeltvereinnahmung**. In einem Fall, in dem das Entgelt nach Insolvenzeröffnung vereinnahmt wurde, stellte der BFH klar, dass sich die insolvenzrechtliche Zuordnung an dieser steuerlichen Tatbestandsverwirklichung zu orientieren hat. Der BFH kam im Urteil also zu dem Ergebnis, dass der Zeitpunkt der Leistung – d.h. der zivilrechtliche Tatbestand – nicht entscheidend ist für die insolvenzrechtliche Zuordnung des umsatzsteuerlichen Anspruchs.   **69**

---

70   BFH v. 09.12.2010 – V R 22/10, BStBl. II 2011, S. 996; BFH v. 25.07.2012 – VII R 29/11, BStBl. II 2013, S. 36, die Rechtsprechung wurde mit diversen BMF-Schreiben umgesetzt und ergänzt, vgl. u.a. BMF v. 09.12.2011, S 7330/09/10001:001, BStBl. I 2011, S. 1273; in Teilen ersetzt durch BMF v. 18.5.2016, BStBl. I 2016, S. 506, später auch BMF vom 20.05.2015, IV A 3 – S 0550/10/10020-05; vgl. hierzu auch Kap. F, Tz. 95 ff.

71   BFH v. 29.01.2009 – V R 64/07, BFHE 224, 24, BStBl. II 2009, S. 682.

72   Beispielsweise dürfen Gewerbebetriebe nach § 20 UstG die Umsatzgrenze von 600.000 € im Kalenderjahr nicht überschreiten, um einen Antrag auf IST-Versteuerung stellen zu können.

73   Vgl. hierzu § 34 AO.

74   Die schuldrechtliche Grundlage war vordem nach Urteil des BGH entscheidend, vgl. BGH v. 22.09.2011 – IX ZB 121/11, NZI 2011, S. 953.

> **Beispiel 3 – zum originären IST-Versteuerer in der Insolvenz:**
>
> Unternehmer I versteuert nach vereinnahmten Entgelten (originärer IST-Versteuerer). Er liefert am 27.02.2021 eine Maschine an den solventen Abnehmer A und legt die Rechnung in Höhe von 1.000 € zzgl. 190 € Umsatzsteuer dazu. Als Zahlungsziel werden vier Wochen vereinbart. I stellt am 01.03.2021 Insolvenzantrag. Das Insolvenzverfahren wird nach einem kurzen Insolvenzantragsverfahren am 15.03.2021 eröffnet. A zahlt fristgerecht am 24.03.2021 den Bruttobetrag in Höhe von 1.190 € an I bzw. die Insolvenzmasse.
>
> **Lösung nach BFH:**
>
> Der umsatzsteuerliche Tatbestand wird nicht mit Lieferung am 27.02.2021 verwirklicht, sondern erst am 24.03.2021 bei Zahlung. Da erst mit Verwirklichung des steuerlichen Tatbestandes der Steueranspruch insolvenzrechtlich begründet ist, handelt es sich bei der Umsatzsteuer um eine Masseverbindlichkeit.

70 Da speziell die Grundsätze des zitierten BFH-Urteils vom 29.01.2009 allerdings im Anwendungsbereich auf Unternehmen beschränkt sind, welche ihre Umsatzsteuer bereits originär nach vereinnahmten Entgelten i.S.d. § 20 UStG berechnet haben, war die praktische Bedeutung zunächst vergleichsweise gering. Dies hat mehrere Gründe:

- Der umsatzsteuerliche IST-Versteuerer nach § 20 UStG ist in der Praxis seltener anzutreffen als der umsatzsteuerliche SOLL-Versteuerer nach § 16 Abs. 1. S. 1 UStG
- Aufgrund der gesetzlichen Voraussetzungen nach § 20 UStG, handelt es sich meist um kleine Unternehmen. Die Bedeutung für das Steueraufkommen ist deshalb vergleichsweise gering.
- Das Urteil ist für den Praktiker gut nachvollziehbar. Die insolvenzrechtliche Begründetheit im Zeitpunkt des Zahlungsflusses entspricht der gewohnten steuerlichen Behandlung bezüglich der steuerlichen Begründetheit beim IST-Versteuerer.

71 In der Praxis ist die **SOLL-Versteuerung** der Regelfall. Hierunter ist die Besteuerung nach dem „vereinbarten Entgelt" (§ 16 Abs. 1 S. 1 UStG) zu verstehen. Für das Entstehen oder Begründen eines Steueranspruchs ist der Zeitpunkt des Zahlungsflusses bei einem SOLL-Versteuerer außerhalb eines Insolvenz(antrags)verfahrens nicht relevant. Allein entscheidend ist hier, wann eine (Teil-)Lieferung oder sonstige Leistung ausgeführt wurde, d.h. wann der Gefahrenübergang vom Leistenden an den Leistungsempfänger für eine (ggfs. auch teilbare) Leistung erfolgt ist. Außerhalb des Insolvenzverfahrens kommt es also für die umsatzsteuerliche Behandlung allein auf den Leistungszeitpunkt an[75]. Für den spiegelbildlichen Vorsteuerabzug muss darüber hinaus eine ordnungsgemäße Rechnung entsprechend den Grundsätzen des § 14 UStG vorliegen. Der Vorsteuerabzug wird aber i.d.R. nicht vom Zeitpunkt der Zahlung abhängig gemacht[76] – vorausgesetzt wird lediglich, dass die Absicht und die Möglichkeit zum zeitnahen Rechnungsausgleich vonseiten des Leistungsempfängers objektiv gegeben ist[77].

---

75   Die Steuer entsteht dann mit Ablauf des Voranmeldungszeitraums, in dem die Leistung ausgeführt wurde (§ 13 Abs. 1 Nr. 1 Buchst. A S. 1 UStG).

76   Abgesehen von der Sonderregelung zu Anzahlungsrechnung in § 15 Abs. 1. S. 3 UStG.

77   Umkehrschluss aus § 17 Abs. 2 S. 1 Nr. 1. UStG.

Das Urteil des V. Senats des BFH vom 09.12.2010[78] orientiert sich an der Systematik des **72** BFH-Urteils vom 29.01.2009 (vgl. Kap. F Tz. 67). Das Urteil aus 2010 hat aber eine viel größere praktische Bedeutung, weil es die 2009 entwickelte Systematik auf den originären SOLL-Versteuerer (§ 16 Abs. 1 S. 1 UStG) überträgt. Somit kommt es beim originären SOLL-Versteuerer (zum Teil) zu einer „IST-Versteuerung".

Um diesen Einschnitt verständlich zu machen, soll das Beispiel 4 im folgenden Beispiel 5 **73** entsprechend abgewandelt werden:

Beispiel 4 – vom SOLL-Versteuerer zum IST-Versteuerer:

Unternehmer S berechnet die Steuer gem. §§ 13 Abs. 1 Nr. 1 Buchst. a, 16 Abs. 1 UStG nach vereinbarten Entgelten (SOLL-Versteuerer, Voranmeldungszeitraum: monatlich).

S liefert am 27.02.2021 eine Maschine an den Abnehmer A und legt die Rechnung in Höhe von 1.000 € zzgl. 190 € Umsatzsteuer dazu. Als Zahlungsziel werden vier Wochen vereinbart. S stellt am 01.03.2021 Insolvenzantrag. Das Insolvenzverfahren wird bereits am 15.03.2021 eröffnet.

1) Die Lieferung des S erfolgte am 27.02.2021. Da S nach vereinbarten Entgelten versteuert, entsteht die Umsatzsteuer im Zeitpunkt der Lieferung bzw. mit Ablauf des Voranmeldungszeitraums (hier: Monat Februar).

2) Die Forderung des insolventen S an den solventen A ist zum Stichtag der Insolvenzeröffnung am 15.03.2021 noch offen und bleibt bis zur Bezahlung auch nie ausfallgefährdet.

3) A zahlt fristgerecht am 24.03.2021 den Bruttobetrag in Höhe von 1.190 € an S bzw. die Insolvenzmasse.

Gemäß dem zitierten Urteil des V. Senats des BFH vom 09.12.2010 begründet sich die Umsatzsteuer bei Zahlung am 24.03.2021, weil erst dann der steuerliche Tatbestand verwirklicht und damit abgeschlossen sei. Da der 24.03.2021 nach Insolvenzeröffnung liegt, wird der Steueranspruch zur Masseverbindlichkeit. (Die bereits zum 28.02.2021 entstandene Umsatzsteuer aus diesem Vorgang muss korrigiert werden – womit eine „Doppelbesteuerung" vermieden wird.)

Dieses auf den ersten Blick überraschende Ergebnis aus Beispiel 4 soll anhand der **74** nachfolgend vorgestellten drei Überlegungen aus dem zitierten BFH-Urteil vom 09.12.2010 näher erläutert werden:

a) Aufspaltung des Unternehmens in mehrere Teile

Der BFH bestätigt in seinem Urteil vom 09.12.2010 zwar den Grundsatz der Unternehmenseinheit, ist jedoch der Auffassung, dass es „durch die Eröffnung des Insolvenzverfahrens über das Vermögen des leistenden Unternehmers (…) zu einer Aufspaltung des Unternehmens in mehrere Unternehmensteile"[79] kommt. Dabei identifiziert der BFH neben der Insolvenzmasse und dem (möglicherweise) an den Schuldner freigege-

---

78   BFH v. 09.12.2010 – V R 22/10, BFHE 231, 301, BStBl. II 2011, S. 996.
79   BFH v. 09.12.2010 – V R 22/10, Rn. 28.

benen Vermögen[80] auch einen gesondert zu sehenden vorinsolvenzrechtlichen Unternehmensteil.

Es soll hier schon darauf hingewiesen sein, dass die Rechtsfolgen zwischenzeitlich bereits ab dem Insolvenzeröffnungsverfahren (Bestellung eines vorläufigen Insolvenzverwalters) gelten[81].

b) Uneinbringlichkeit von Forderungen aus Rechtsgründen – erste Berichtigung

Weiterhin argumentiert der BFH, dass eine offene Entgeltforderung eines Insolvenzschuldners für von ihm vor Insolvenzeröffnung an einen Dritten erbrachte Leistungen spätestens mit Verfahrenseröffnung (für diesen Unternehmensteil) uneinbringlich wird. Begründet wird dies mit dem Wechsel der Empfangszuständigkeit für den Forderungseinzug aufgrund der Bestimmungen in § 80 Abs. 1 InsO. In logischer Konsequenz ist die Umsatzsteuer gem. §§ 17 Abs. 2. Nr. 1 i.V.m. § 17 Abs. 1 S. 1 UStG zu berichtigen. Hieraus resultiert ein Steueranspruch gegen das Finanzamt. Da der erforderliche Tatbestand der „Uneinbringlichkeit" vor Insolvenzeröffnung begründet worden war, handelt es sich hierbei allerdings um einen mit Insolvenzforderungen i.S.v. § 38 InsO verrechenbaren Anspruch.

c) Zahlungseingang – zweite Berichtigung

Die spätere Vereinnahmung der Entgeltforderung führt – wieder in logischer Konsequenz – zu einer zweiten Berichtigung nach § 17 Abs. 2 Nr. 1 S. 2 UStG. Das heißt, es wird mit der Vereinnahmung erneut Umsatzsteuer begründet. Da der erforderliche Tatbestand gem. § 17 Abs. 1 S. 7 UStG zum Zeitpunkt der Vereinnahmung eintritt und dieser Zeitpunkt nach Insolvenzeröffnung liegen muss, handelt es sich um eine Masseverbindlichkeit.

75 **Praktische Probleme bei der IST-Versteuerung:** Abgesehen von der insolvenzrechtlichen Bedeutung des Urteils bringt die Rechtsprechung ganz **praktische Probleme** bei der buchhalterischen Umsetzung mit sich. Die **buchhalterischen Prozesse** müssen größtenteils umgestellt werden, um den Anforderungen der IST-Versteuerung gerecht zu werden. Ein größeres Problem dabei ist, dass die sog. – rein aus insolvenzsteuerlichen Gründen notwendige – „IST-Versteuerung" de facto nur teilweise angewendet wird: Spätestens mit Insolvenzeröffnung werden erbrachte Leistungen wieder nach den „normalen" Gesetzmäßigkeiten des Umsatzsteuerrechts versteuert, d.h. nach vereinbarten Entgelten (bei originärer SOLL-Versteuerung). Das heißt, es existieren faktisch zwei umsatzsteuerliche Systeme parallel nebeneinander innerhalb eines einzigen Unternehmens: Zahlungsflüsse nach Insolvenzeröffnung, die auf Forderungen und Verbindlichkeiten zurückgehen, die zum Zeitpunkt der Insolvenzeröffnung noch offen waren, werden nach den umsatzsteuerlichen Grundätzen der IST-Versteuerung behandelt (zweite Berichtigung). Dagegen werden Forderungen und Verbindlichkeiten, die sich nach Insolvenzeröffnung begründet haben, selbstverständlich in aller Regel nicht mehr berichtigt. Das heißt, Zahlungsflüsse auf derartige Forderungen lösen ihrerseits auch

---

80 Die Freigabe ist ein Sonderfall, welcher der Vollständigkeit halber hier mit aufgeführt wird. In Beispiel 3 wurden keine Vermögensteile freigegeben.

81 Vgl. hierzu die Erläuterungen am Ende dieses Abschnitts.

keinen (zweiten) Berichtigungstatbestand aus und haben also für sich genommen keine umsatzsteuerliche Bedeutung mehr[82].

Besonders bei Unternehmen, die eine Vielzahl von (ggfs. kleinteiligen) Geschäftsvorfällen haben, kann die für die Veranlagung notwendige **Dokumentation** der Zahlungsflüsse und die entsprechende Unterscheidung nach deren Herkunft eine große Herausforderung darstellen. Oft müssen aufwendige und maßgeschneiderte Lösungen mit Hilfe von IT-Spezialisten entwickelt werden, um diesen Anforderungen des Insolvenzsteuerrechts gerecht zu werden[83]. **76**

❗ Hinweis 1:

Mit Urteilen des BFH aus 2016 und 2017[84] wurde der Anwendungsbereich der IST-Versteuerung auch auf Zahlungen aus der Insolvenzanfechtung (§§ 129 ff. AO) ausgedehnt. Der BMF hat dies entsprechend umgesetzt[85]. Deshalb müssen jetzt Zahlungseingänge aus einer Insolvenzanfechtung – so sie denn auf Lieferungen und Leistungen zurückgehen, aus denen vor Insolvenzantrag Vorsteuer geltend gemacht werden konnte – im Zeitpunkt der (Rück-)Zahlung durch den Leistenden, die nach Insolvenzeröffnung erfolgt (d.h. im Massezeitraum) – versteuert werden. Die ursprüngliche, noch vom Schuldner geleistete Zahlung wird „nachträglich uneinbringlich".

❗ Hinweis 2:

Im Zuge der der Rechtsprechung des BFH aus 2014[86] hat der BMF mit Schreiben vom 18.11.2015[87] die Vorgehensweise bei der IST-Versteuerung nochmals präzisiert und den Anwendungsbereich erweitert – sie ist deshalb bereits im Insolvenzeröffnungsverfahren anzuwenden. Mit Urteil des BFH 01.03.2016 wurde diese Sichtweise zur IST-Versteuerung untermauert. Diese ist demnach bereits mit Bestellung eines schwachen vorläufigen Insolvenzverwalters mit allgemeinem Zustimmungsvorbehalt (§ 21 Abs. 2 Nr. 2 2. Alternative InsO) und dem Recht zum Forderungseinzug (§§ 22 Abs. 2, 23 InsO) anzuwenden. Dies gilt unabhängig von der Kassenführungsbefugnis[88].

2.3.2.2 Versteuerung von Eingangsleistungen und Zahlungsausgängen

Im vorangegangenen Abschnitt wurden die Auswirkungen des Paradigmenwechsel von der SOLL- zur IST-Versteuerung für die Besteuerung von Zahlungseingängen beschrieben. Spiegelbildlich dazu sollen nachfolgend die Effekte auf die Besteuerung von **Zahlungsausgängen** betrachtet werden, die in der Praxis kaum weniger bedeutsam sind. **77**

---

82 Der entscheidende Zeitpunkt der Korrekturen, d.h. der Abgrenzungszeitpunkt (SOLL/IST-Versteuerung) wurde seit der originären, hier bereits zitierten BFH-Rechtsprechung aus Dezember 2010 von der Eröffnung des Insolvenzverfahrens auf die Eröffnung des Insolvenzantragsverfahrens vorverlagert – vgl. hierzu ausführlicher den Hinweis am Ende dieses Abschnitts.

83 In großen Unternehmen mit kleinteiligen Losgrößen sind mehrere Hunderttausend einzelne Zahlungsvorgänge im Monat nicht unüblich.

84 BFH-Urteil vom 15.12.2016, V R 26/16, BStBl. II 2017; BFH-Urteil vom 29.2017, XI R 5/16, BStBl. II.

85 BMF v. 03.07.2017 III C 2 – S 7330/09/10001.

86 BFH v. 24.09.2014 – V R 48/13, BFHE 247, S. 460, BStBl. II 2015, S. 506.

87 BMF v. 18.11.2015, S 0550/10/10020-05, BStBl. I 2015, S. 886; Abschn. 17.1 Abs. 16 UStAE.

88 BFH v. 01.03.2016 – XI R 21/14, BStBl. II 2016, S. 756; Abschn. 17.1 Abs. 13 UStAE.

2.3.2.2.1   Zur ersten Vorsteuerkorrektur

78   Die Voraussetzungen für den **Vorsteuerabzug** sind in § 15 Abs. 1 UStG niedergelegt. Hierzu gehört insbesondere ein Rechnungsbeleg i.S.d. §§ 14, 14a UStG, in dem u.a. die Bemessungsgrundlage (das Entgelt) und die Umsatzsteuer ausgewiesen werden. Der Ausgleich des Rechnungsbetrages ist bei der Versteuerung nach vereinbarten Entgelten (SOLL-Versteuerung) dagegen keine unmittelbare Voraussetzung für die wirksame Geltendmachung des Vorsteueranspruchs, sofern sichergestellt ist, dass dieser Ausgleich in naher Zukunft erfolgen wird. Nur bei Anzahlungsrechnungen (§ 15 Abs. 1 Nr. 1. S. 3 UStG), bei denen der Rechnungsausgleich vor der eigentlichen Leistung erfolgt, ist der Zahlungsfluss für den direkten Vorsteuerabzug Voraussetzung.

79   In der Praxis führt das dazu, dass die Vorsteuer sehr häufig vor der Zahlung der Rechnung beim Finanzamt geltend gemacht wird. Stellt sich später heraus bzw. steht fest, dass die Rechnung doch nicht bezahlt wird, muss der bereits geltend gemachte **Vorsteuerabzug** allerdings **wieder rückgängig** gemacht werden. Das heißt, es ergibt sich die Notwendigkeit zur Berichtigung dieser Vorsteuer (**Vorsteuerkorrektur**).

80   Gesetzesgrundlage für die Vorsteuerberichtigung ist § 17 Abs. 2 Nr. 1 UStG i.V.m. § 17 Abs. 1 S. 1 UStG. Demzufolge hat die Berichtigung der Umsatzsteuer beim Leistenden und der Vorsteuer beim Leistungsempfänger zum Zeitpunkt der **Uneinbringlichkeit des Entgelts** zu erfolgen. Uneinbringlichkeit wurde lange Zeit bei Insolvenzeröffnung unterstellt[89]. Dies hat sich im Zuge der Fortentwicklung der Rechtsprechung[90] geändert, sodass nunmehr die Finanzverwaltung davon ausgeht, dass Uneinbringlichkeit bspw. mit Bestellung eines schwachen vorläufigen Insolvenzverwalters eintritt[91].

81   Ob es sich um eine vorübergehende oder endgültige Uneinbringlichkeit handelt, ist für das Korrekturerfordernis unerheblich. Die Vorsteuerberichtigung führt zu einem **Rückforderungsanspruch** des Finanzamts gegen den Insolvenzschuldner, bei dem es sich um eine Insolvenzforderung i.S.d. § 38 InsO handelt. Der von der Vorsteuerkorrektur betroffene Gläubiger kann spiegelbildlich seine Forderungen umsatzsteuerlich korrigieren und den Umsatzsteueranspruch beim Finanzamt geltend machen.

> **! Hinweis 3:**
>
> Der aus der Vorsteuerkorrektur ermittelte Anspruch des Finanzamts ist in der Praxis oft erheblich, da die Vorsteuern aus sämtlichen zum Insolvenzantrag noch offenen Rechnungen korrigiert werden müssen. Allein die Vorsteuerkorrektur führt deshalb in der Praxis dazu, dass das Finanzamt sehr häufig zu den größten Insolvenzgläubigern zählt.

---

89   *Hölzle*, DStR 2006, S. 1210 (1215); BFH v. 08.05.2013 – V R 20/02, BStBl. II 2003, S. 953.
90   BFH v. 24.09.2014 – V R 48/13, BFHE 247, S. 460, BStBl. II 2015, S. 506.
91   BMF v. 20.05.2015, BStBl. I 2015, S. 476; BMF v. 18.11.2015, BStBl. I, S. 886.

Praxistipp 2:

Das Finanzamt wird die Durchführung der Vorsteuerkorrektur regelmäßig im Rahmen einer Umsatzsteuersonderprüfung untersuchen. Hiervon abgesehen empfiehlt es sich, die Vorsteuerkorrektur auch deshalb genauestens zu dokumentieren, um später Massesteueransprüche aus der zweiten Vorsteuerkorrektur – z.B. nach einer Quotenausschüttung, die oftmals erst Jahre später erfolgt – nachweisen zu können (vgl. hierzu auch Kap. F Tz. 83 ff.).

Auch Forderungen von Gläubigern aus Rechnungen des **Insolvenzantragsverfahrens** **82** sind aus Rechtsgründen uneinbringlich, weshalb die enthaltene Vorsteuer ebenfalls nach § 17 Abs. 2 Nr. 1 S. 1, Abs. 1 S. 2 UStG korrigiert werden muss[92]. Das bedeutet, dass im Insolvenzantragsverfahren Vorsteuern – unter den sonst üblichen Voraussetzungen — allein aufgrund des Zahlungsflusses geltend gemacht werden dürfen. Dies gilt unabhängig davon, ob die zugrunde liegende Leistung vor oder nach Insolvenzantrag ausgeführt wurde. Ob der Eingangsrechnung eine Zahlungszusage des (vorläufigen) Insolvenzverwalters beigefügt ist, ist für den Vorsteuerabzug im Insolvenzantragsverfahren ebenfalls zunächst nicht relevant.

2.3.2.2.2 Zur zweiten Vorsteuerkorrektur

Wie ausgeführt, erhöht die (erste) Vorsteuerkorrektur die Insolvenzforderungen (§ 38 **83** InsO) des Finanzamts deutlich. Es muss allerdings nicht bei dieser einmaligen Berichtigung bleiben, denn gem. § 17 Abs. 2 Nr. 1 S. 2 UStG ist – analog zur Umsatzsteuer bei Zahlungseingängen[93] – eine **zweite Vorsteuerkorrektur** (teilweise oder vollständig) erforderlich, sofern die Uneinbringlichkeit (teilweise oder vollständig) beseitigt worden ist. Dies kommt in der Praxis häufig vor, wenn z.B. Absonderungsrechte (etwa Eigentumsvorbehaltsrechte) bezahlt werden oder Auszahlungen von Quoten im Rahmen der Schlussverteilung (§ 196 InsO) erfolgen.

Bis vor wenigen Jahren war es h.M., dass es sich bei der zweiten Vorsteuerberichtigung **84** um ein rückwirkendes Ereignis handelt. Diese Sichtweise hatte zur Folge, dass lange nach Insolvenzeröffnung (doch noch) bezahlte Altverbindlichkeiten zwar eine Korrektur der (ursprünglichen) Vorsteuerkorrektur auslösten, diese Korrektur aber lediglich die erste Vorsteuerkorrektur (teilweise) „zurückdrehte". Der hieraus folgende Erstattungsanspruch konnte damit lediglich Auswirkungen auf die Höhe der Tabellenanmeldung haben, die sich entsprechend verringerte. Es ist somit bei Zahlung nicht zu einem neuen Vorsteuererstattungsanspruch zugunsten der Masse gekommen.

Diese Sichtweise hat sich mit mehreren zeitlich aufeinanderfolgenden Urteilen des **85** BFH[94] grundlegend geändert, da hier – in konsequenter Fortsetzung der Rechtsprechung des V. Senats zur **IST-Versteuerung** bei Ausgangsumsätzen – argumentiert wird, dass der Berichtigungstatbestand durch die Zahlung ausgelöst wird. Damit wird ein Vorsteuererstattungsanspruch aus einer Eingangsrechnung im Moment der Zahlung

---

92 BMF v. 20.05.2015, Rn. 20 (s.o.).
93 Vgl. Kap. F Tz. 67 ff.
94 Vgl. insbesondere BFH v. 25.07.2012 – VII 29/11, BStBl. II 2013, S. 45; BFH v. 24.09.2014 – V R 48/13, BFHE 247, S. 460, BStBl. II 2015, S. 506. Die Finanzverwaltung übernimmt mit Schreiben des BMF vom 09.12.2011, Abschnitt 17.1 Abs. 7 UStAE diese Ansicht.

verwirklicht und vollständig neu begründet. Die Zahlung der Eingangsrechnung löst den Vorsteueranspruch aus. Und wenn die Zahlung während des Insolvenz(antrags)verfahrens erfolgt, dann handelt es sich – vorbehaltlich den Ausführungen im nachfolgenden Abschnitt (Kap. F Tz. 87 ff.) – um einen Masseanspruch.

Beispiel 5 – zur zweiten Vorsteuerkorrektur:

1) Der Lieferant L liefert im Monat April Ware an den Unternehmer U im Wert von 10.000 € zzgl. 1.900 € Umsatzsteuer unter Eigentumsvorbehalt.

2) L stellt noch im April eine Rechnung über 11.900 € aus und führt mit der Voranmeldung für den Monat April im Mai die Umsatzsteuer in Höhe von 1.900 € ab.

3) U bucht die Rechnung im selben Monat April ein und macht auch mit der Voranmeldung für den Monat April 1.900 € an Vorsteuern beim Finanzamt geltend.

Am 02.06. meldet U Insolvenz an. Noch am gleichen Tag wird ein schwacher vorläufiger Insolvenzverwalter mit Zustimmungsvorbehalt bestellt. Die Rechnung des L ist zu diesem Zeitpunkt noch nicht ausgeglichen.

—› U muss die Vorsteuer korrigieren (erste Vorsteuerkorrektur) und in der Voranmeldung Juni dem Finanzamt eine negative Vorsteuer in Höhe von 1.900 € melden. Hierdurch begründet sich eine Insolvenzforderung (§ 38 InsO) des Finanzamts.

Beispiel 5 – Fortsetzung:

Das Insolvenzverfahren wird am 01.07. eröffnet. Dem Insolvenzverwalter gelingt es noch im selben Monat, die Ware mit Gewinn für insgesamt 15.000 € zzgl. Umsatzsteuer an einen Dritten zu veräußern. Auf Grundlage seines Absonderungsrechts erhält L am 15.08. 11.900 Euro, womit seine Forderung beglichen ist.

—› U (bzw. die Insolvenzmasse) kann im August die Vorsteuer in Höhe von 1.900 € aus der vollständigen Begleichung der April-Rechnung des L beim Finanzamt (Voranmeldung Monat August) geltend machen (zweite Vorsteuerkorrektur).

Beispiel 5 – Abwandlung:

Der Insolvenzverwalter erlöst im Rahmen der Verwertung an einen Dritten nur 5.500 € zzgl. Umsatzsteuer für die Waren. L erhält – abzüglich von Massekostenbeiträgen – nur 5.000 € auf den ursprünglichen Rechnungsbetrag.

—› Die Zahlung an L wird als Brutto-Zahlung verstanden. U (bzw. die Insolvenzmasse) kann nur rd. 798 € an Vorsteuern aus der Zahlung geltend machen (bei 19% Umsatzsteuer 5.000 €/1,19 = rd. 4.202 €).

86 Die steuerlichen Vorteile für die Insolvenzmasse sind insbesondere bei denjenigen Verfahren besonders groß, die tendenziell hohe umsatzsteuerbehaftete und mit **Absonderungsrechten** belastete Lieferantenverbindlichkeiten haben. Zum Beispiel gehört es im Einzelhandel häufig zum Geschäftsmodell, dass die Finanzierung des Working Capitals zum Großteil über Lieferantenkredite (und nicht hauptsächlich über Banken) erfolgt. Hierbei wird der Händler von den Lieferanten mit längerfristigem Zahlungsziel unter Eigentumsvorbehalt beliefert. Die Zahlung dieser Verbindlichkeiten erfolgt nach Eingang der Verkaufserlöse des Händlers. Wird über das Vermögen des Händlers das Insolvenzverfahren eröffnet, muss die Vorsteuer aus den (hohen) Lieferantenverbindlichkeiten korrigiert werden. Aufgrund des noch vorhandenen Vorratsbestands erheben die Lieferanten berechtigte Zahlungsansprüche auf ihre Altforderungen. Sobald das Absonderungsrecht bedient wird, wird ein Vorsteueranspruch der Insolvenzmasse ausgelöst. Aber auch eine hohe **Insolvenzquote** geht üblicherweise mit einer entsprechend hohen zweiten Vorsteuerkorrektur einher.

2.3.2.3 Voraussetzungen für den Steueranspruch aus der zweiten Vorsteuerkorrektur

Die **zweite Vorsteuerkorrektur** ist für den Insolvenzverwalter von großer steuerlicher **87** Relevanz, da sich aus ihr hohe Steueransprüche der Insolvenzmasse ergeben können. Die **Voraussetzungen** für die Auszahlung dieses **Steueranspruchs** unterscheiden sich je nach Finanzamt.

Selbstverständlich ist, dass eine **saubere Dokumentation** über die zu einer zweiten **88** Vorsteuerkorrektur führenden Geschäftsvorfälle zu erfolgen hat: Dazu gehören die Ursprungsbelege der Gläubiger, deren Forderungen ausgeglichen werden sollen. Diese Belege sollten – als übliche Voraussetzungen für den Vorsteuerabzug – sämtliche Kriterien der §§ 14, 14a UStG erfüllen. Ferner muss es dem Finanzamt möglich sein, nachzuvollziehen, dass die Vorsteuer entweder im Massezeitraum noch nicht angemeldet wurde oder ansonsten wieder korrigiert worden ist: Die doppelte Geltendmachung der Steuer – zumindest innerhalb der betrachteten Vermögenssphäre –muss ausgeschlossen sein. Schließlich braucht es einen Nachweis über die von der Insolvenzmasse durchgeführten Auszahlungen mit Betrag und Zahlungszeitpunkt. Dies alles entspricht den GoB und dürfte wenig umstritten sein.

Eher schon diskutabel ist die Frage, ob als **Voraussetzung** für eine zweite Vorsteuer- **89** korrektur die Meldung einer ersten Vorsteuerkorrektur (i.d.R. zum Insolvenzantrag) vorauszusetzen ist. Die Ansicht, dass die Durchführung einer ersten Vorsteuerkorrektur eine Voraussetzung für die zweite Vorsteuerkorrektur sei, wird in verschiedenen Kommentaren vertreten[95]. Die Notwendigkeit einer ersten Vorsteuerkorrektur als Voraussetzung für die zweite Vorsteuerkorrektur lässt sich allerdings weder aus den bisher zum Themenkreis ergangenen BFH-Urteilen – noch aus den hierzu ergangenen BMF-Schreiben der Finanzverwaltung herauslesen[96]. Sie ist auch insofern fraglich, als der steuerliche Tatbestand – gemäß der Rechtsprechung des BFH – durch die Zahlung (neu) begründet wird. Man könnte hier gegebenenfalls die Meinung vertreten, dass der steuerliche Tatbestand durch die Zahlung unabhängig von einer vorher durchgeführten (ersten) Vorsteuerkorrektur erfüllt sein müsste – auch dann, wenn das Unterlassen der ersten Vorsteuerkorrektur im Sinne der h.M. zu einer falschen Voranmeldung (bzw. Steuererklärung) unter der Steuernummer des Insolvenzschuldners geführt hat.

Andererseits sollte das Durchführen einer **ersten Vorsteuerkorrektur** als (mögliche) **90** Voraussetzung für die zweite Vorsteuerkorrektur den Insolvenzverwalter (ggfs. auch im Nachhinein) i.d.R. nicht vor eine unlösbare Aufgabe stellen. Die Notwendigkeit einer (ersten) Vorsteuerkorrektur ist – wie unter Kap. F Tz. 78 ff. ausführlich dargelegt – un-

---

95 Vgl. *Rau/Dürrwächter*, § 18, Anhang 2 (Umsatzsteuer und Insolvenz), Rz. 167; *Waza/Uhländer/Schmittmann*[13], S. 990.
96 Vgl. insbesondere BFH v. 24.09.2014 V R 48/13, BStBl. II 2015, S. 506; BFH v. 22.10.2009 V R 14/08, BStBl. II 2011, S. 988.

streitig. Dies gilt vollkommen unabhängig von der zweiten Vorsteuerkorrektur, die wiederum einen eigenen Tatbestand erfordert. Insofern wird es in der Praxis schwierig sein, sich der ersten Vorsteuerkorrektur als Voraussetzung für eine zweite Vorsteuerkorrektur gänzlich zu entziehen. Im Zweifel wäre ansonsten hiermit – je nach Sachverhalt – der Beweis erbracht, dass der Buchhaltung insgesamt nicht zu trauen ist und insofern auch die Ordnungsmäßigkeit der zweiten Korrektur fragwürdig scheint.

91   **Umstritten** ist aber, ob die aus der ersten Vorsteuerkorrektur resultierende Steuerschuld auch tatsächlich abgeführt sein muss, um das Guthaben aus der zweiten Vorsteuerkorrektur zur Insolvenzmasse realisieren zu können. Diese Ansicht wird im Urteil des Finanzgerichts Münster vom 20.02.2018 vertreten[97]. Im Urteil wird also nicht nur das Durchführen einer (ersten) Vorsteuerkorrektur, sondern auch die Zahlung hierauf zur notwendigen Voraussetzung für die Rückerstattung des Steueranspruchs auf die zweite Vorsteuerkorrektur gemacht. Hierzu ist anzumerken, dass die vollständige Erfüllung der aus der ersten Vorsteuerkorrektur resultierenden Insolvenzforderung i.S.d. § 38 InsO in der Praxis dem Insolvenzverwalter bekanntlich nicht gestattet ist. Die **kausale Abhängigkeit** der Zahlungsflüsse widerspricht deshalb der in den vorangegangenen Abschnitten beschriebenen, vom BFH selbst konstruierten Aufteilung in verschiedene – steuerlich voneinander unabhängige – Unternehmenssphären.

92   Waza schreibt in diesem Zusammenhang, dass im Insolvenzfall nicht erwartet werden könne, dass der Berichtigungsbetrag aus der ersten Vorsteuerkorrektur (es handelt sich um eine Insolvenzforderung nach § 38 InsO) vollständig an das Finanzamt zurückgezahlt wird. Er versucht, diesen Konflikt aufzulösen, indem er argumentiert, dass die Anerkennung der Anmeldung der aus der Korrektur resultierenden Forderung zur Insolvenztabelle in diesem Sinne wie eine „Rückzahlung" an den Gläubiger zu betrachten sei[98].

93   Der Lösungsvorschlag nach Waza ist für den Praktiker gut nachvollziehbar. Allerdings sieht es nicht so aus, als würde die Finanzverwaltung diesem Vorschlag allgemein folgen oder sich durch dieses Argument beeindrucken lassen[99]. Setzt sich die im zitierten Urteil des FG Münster beschriebene Auffassung in der Breite durch, führt dies de facto dazu, dass die Höhe des Guthabens aus der zweiten Vorsteuerkorrektur auf die Insolvenzquote gedeckt bleibt. Dies werden viele Insolvenzverwalter – welche allen Gläubigern verpflichtet sind – nicht akzeptieren können, ohne die Gerichte anzurufen.

94   Die Auswirkungen der beschriebenen Sichtweise werden im nachfolgenden Beispiel erläutert.

---

97   FG Münster v. 20.02.2018 – 15 K 1514/15 U, EFG 2018, S. 697.
98   *Waza/Uhländer/Schmittmann¹³*, S. 990.
99   In der Praxis häufen sich die Fälle, in denen Finanzämter die Auszahlung auf die zweite Vorsteuerkorrektur mit Verweis auf das oben zitierte Urteil des FG Münster verweigern.

Beispiel 6:

Gläubiger A hatte vor Insolvenzantrag Waren an den (späteren) Insolvenzschuldner S geliefert. Für die Waren berechnet A dem S insgesamt 119.000 € – inklusive 19% Umsatzsteuer. S macht die Vorsteuer in seiner Voranmeldung geltend. Kurze Zeit später muss S Insolvenz anmelden. Die Forderung des A bleibt vorerst unbezahlt. A meldet die Forderung zur Tabelle an und macht zu Recht Sicherungsrechte geltend. Die Forderung des A wird für den Ausfall anerkannt.

Zum Stichtag des Insolvenzantrags korrigiert der Insolvenzverwalter für die Insolvenzmasse den offenen Posten aus der Verbindlichkeit gegen A und erklärt zutreffend 19.000 Euro negative Vorsteuer gegenüber dem Finanzamt (erste Vorsteuerkorrektur). Das Finanzamt meldet in der Folge 19.000 Euro zur Insolvenztabelle an. Die Anmeldung des Finanzamts wird als einfache Insolvenzforderung (§ 38 InsO) im Insolvenzverfahren über das Vermögen des S anerkannt.

Nach Insolvenzeröffnung realisiert die Insolvenzmasse aus der Veräußerung der Waren des A an einen Dritten 150.000 Euro netto. Da A zu Recht bestehende Sicherungsrechte gegenüber der Insolvenzmasse geltend macht, wird der bis dahin offene und für den Ausfall zur Insolvenztabelle anerkannte Rechnungsbetrag in Höhe von 119.000 Euro, vollständig durch die Insolvenzmasse ausgeglichen. A erhält 100% des angemeldeten Betrages zurück. Da die Verbindlichkeit beglichen wurde, macht die Insolvenzmasse in der Voranmeldung unter der Massesteuernummer 19.000 Euro an Vorsteuern gegenüber dem Finanzamt geltend (zweite Vorsteuerkorrektur).

Es stellt sich im weiteren Verfahrensverlauf heraus, dass die Insolvenzquote im Insolvenzverfahren 10% beträgt.

Lösung (mancher Finanzämter):

Da die Insolvenzquote 10% beträgt, erhält das Finanzamt für seine Forderung aus der ersten Vorsteuerkorrektur lediglich 1.900 € auf seine anerkannte Tabellenanmeldung. Das Finanzamt erkennt deshalb auch nur 10% des zur Masse geltend gemachten Erstattungsbetrages aus der zweiten Vorsteuerkorrektur an (ebenfalls 1.900 €).

Praxistipp 3:

Gegen die von manchen Finanzämtern vertretene Ansicht, dass der Steueranspruch der Insolvenzmasse aus der 2. Vorsteuerkorrektur die Zahlung ihrer Insolvenzforderungen voraussetzt (vgl. letztes Beispiel), sollten Rechtsmittel eingelegt werden: Es ist fraglich, ob der kausale Zusammenhang zwischen dem Ausgleich einer Insolvenzforderung aus der ersten Vorsteuerkorrektur und dem aus der zweiten Vorsteuerkorrektur begründeten Masseanspruch aus der Rechtsprechung des BFH herauszulesen ist.

2.3.3 Masseansprüche im vorläufigen Verfahren durch § 55 Abs. 4 InsO

Mit dem Haushaltsbegleitgesetz 2011[100] wurde § 55 Abs. 4 in die Insolvenzordnung **95** eingeführt. § 55 Abs. 4 InsO weitet den Zeitraum, in dem Steueransprüche zu Masseverbindlichkeiten i.S.v. § 53 InsO werden können, auf das Insolvenzantragsverfahren

---

100 Haushaltsbegleitgesetz 2011 (HBeglG 2011), BT-Drs. 17/3030 v. 27.09.2010.

aus. § 55 Abs. 4 InsO wurde im Zuge des SanInsFoG[101] mit Wirkung zum 01.01.2021 präzisiert und die Anwendung auf Insolvenzverfahren in Eigenverwaltung erweitert[102]. Die folgenden Ausführungen gehen kurz auf die Hintergründe zur Einführung des § 55 Abs. 4 InsO ein und beschäftigen sich dann mit den insolvenzsteuerlichen Konsequenzen. Zuletzt werden praktische Anwendungsfragen und -probleme behandelt.

2.3.3.1 Anwendung des § 55 Abs. 4 InsO

96 **Masseverbindlichkeiten** können nach der Insolvenzordnung grundsätzlich erst im Zeitraum nach Insolvenzeröffnung begründet werden. Werden im Insolvenzantragsverfahren neue Verbindlichkeiten begründet, handelt es sich i.d.R. um Insolvenzforderungen i.S.d. § 38 InsO. Dies galt vor Einführung des § 55 Abs. 4 InsO auch für die steuerliche Erhebung. Besonders gravierend für den Fiskus wirkte sich dabei aus, dass die **Umsatzsteuer im vorläufigen Insolvenzverfahren** als Forderung im Sinne des § 38 InsO zu qualifizieren war. Dies galt zumindest dann, wenn dem Insolvenzschuldner kein **Verfügungsverbot** auferlegt worden war. Tatsächlich war wohl genau deshalb das Auferlegen eines Verfügungsverbotes in der Praxis äußerst selten[103]. Nur wenn das Gericht dem Schuldner ein Verfügungsverbot auferlegt hatte, wurde die im vorläufigen Insolvenzverfahren begründete Umsatzsteuer zur Masseverbindlichkeit – ansonsten blieb es bei einer Insolvenzforderung (§ 38 InsO) des Finanzamts. Dies konnte verhältnismäßig einfach umgesetzt werden, indem man dem Schuldner bis zur Verfahrenseröffnung nur einen schwachen vorläufigen Insolvenzverwalter zur Seite stellte, sofern hiermit keine anderweitigen Nachteile für die Insolvenzmasse zu befürchten waren.

97 Mit Einführung des § 55 Abs. 4 InsO a.F. zum 01.01.2011 wurde diese fiskalische „Lücke" für Regelinsolvenzverfahren geschlossen[104]. Steuerverbindlichkeiten, welche im vorläufigen Insolvenzverfahren begründet sind, werden seitdem mit Insolvenzeröffnung zur Masseverbindlichkeit. Flankiert durch die Rechtsprechung wurden in den nachfolgenden Jahren über § 55 Abs. 4 InsO die Grundsätze zur sog. „IST-Versteuerung" (vgl. vorangegangener Abschnitt 2.3.2) auf den Zeitraum des **vorläufigen Insolvenzverfahrens** ausgedehnt[105]. Dies gilt für alle Verfahren, die die vor dem 01.01.2015 eröffnet wurden[106].

98 Die praktische Auswirkung der Bestimmung besteht also vor allem darin, dass sämtliche ab Insolvenzeröffnung geltenden insolvenzsteuerlichen Grundsätze (mit Insolvenzeröffnung rückwirkend) auf den Zeitpunkt des Beginns des vorläufigen Insolvenzverfahrens vorverlagert werden. Die Anwendung des § 55 Abs. 4 InsO **a.F.** war auf Regelinsolvenzverfahren beschränkt, galt jedoch für alle Arten von im Antragsverfahren begründeten „Steuerverbindlichkeiten".

---

101 Sanierungs- und Insolvenzrechtsfortentwicklungsgesetz.

102 Zu den Änderungen vgl. insbesondere Abschnitt 3 „Steuerliche Aspekte in der Eigenverwaltung".

103 *Seer*, ZIP 2014, Beil. zu H. 42, Abschn. V, S. 1.

104 BGBl. I 2010, S. 1885 – für Insolvenzverfahren, die vor dem 01.01.2011 beantragt wurden, ist § 55 Abs. 4 InsO nicht anwendbar.

105 BFH v. 24.09.2014 – V R 48/13, BStBl. II 2015, S. 506, umgesetzt mit BMF v. 20.05.2015.

106 BMF v. 17.01.2012, dessen Anwendung aufgrund von BMF v. 18.11.2015, BStBl. I 2015, S. 886 bis zum 31.12.2014 beschränkt ist. Ersetzt durch BMF v. 20.05.2015, BStBl. I, S. 476 (BeckVerw 305500). Zur Weitergeltung der Rz. 11-19 für Sicherungsmaßnahmen, die vor dem 01.01.2015 angeordnet wurden, siehe BMF v. 18.11.2015, BStBl. I, S. 886 (BeckVerw 320240).

Mit Wirkung zum 01.01.2021 wurde das Gesetz überarbeitet und der **Anwendungsbereich** auf Insolvenzverfahren, die in Eigenverwaltung abgewickelt werden, erweitert[107]. Zugleich **beschränkt** sich § 55 Abs. 4 InsO **n.F.** auf Umsatzsteuerverbindlichkeiten, Ein- und Ausfuhrabgaben, bundesgesetzlich geregelte Verbrauchssteuern, die Luftverkehr- und die Kraftfahrzeugsteuer sowie die Lohnsteuer. Für die Praxis am meisten relevant ist wohl, dass Ertragsteuern nicht mehr in den Anwendungsbereich von § 55 Abs. 4 InsO fallen.

99

Im Gesetz wird nach wie vor der Begriff „**Steuerverbindlichkeiten**" verwandt. Daraus lässt sich schließen, dass Steuererstattungsansprüche, wie bisher, nicht von der Vorschrift erfasst sind. So auch die Interpretation des BMF[108], welches ausführt, dass „nach Verfahrenseröffnung noch bestehende Steuererstattungsansprüche aus dem Zeitraum des Eröffnungsverfahrens […] mit Insolvenzforderungen aufrechenbar"[109] sind. Diese Rechtsauffassung wurde zwischenzeitlich durch den BFH bestätigt[110].

100

Von der für die Anwendung der Vorschrift notwendigen **Zustimmung des vorläufigen Insolvenzverwalters** zu einem Geschäftsvorfall geht das BMF aus, sofern der vorläufige Insolvenzverwalter einem Geschäftsvorfall nicht ausdrücklich widersprochen hat. Eine ausdrückliche Willensäußerung des Insolvenzverwalters, um das Kriterium „Zustimmung" i.S.d. § 55 Abs. 4 InsO zu erfüllen, ist demgegenüber nicht notwendig[111].

101

Die „**Zustimmung**" des schwachen vorläufigen Insolvenzverwalters gilt außerdem bereits mit Zufluss als erfüllt. Es ist demnach nicht relevant, ob das Entgelt direkt durch den vorläufigen Insolvenzverwalter (auf das von ihm eingerichtete Treuhandkonto) vereinnahmt wurde oder mit „Zustimmung" des vorläufigen Insolvenzverwalters auf ein Altbankkonto geflossen ist. Durch das BMF wird hierzu ausgeführt: „Von einer Befugnis zur **Entgeltvereinnahmung** ist auch dann auszugehen, wenn der schwache vorläufige Insolvenzverwalter nur mit einem allgemeinen Zustimmungsvorbehalt ausgestattet wurde, denn der Drittschuldner kann schuldbefreiend nur noch mit Zustimmung des vorläufigen Insolvenzverwalters leisten (§ 24 Abs. 1 und § 82 InsO). Gleiches gilt, wenn der schwache vorläufige Insolvenzverwalter zur Kassenführung berechtigt ist"[112]. Allerdings dürfte es von praktischer Bedeutung sein, ob der vorläufige Insolvenzverwalter von einem Geldeingang auf ein **Altkonto** des Schuldners auch Kenntnis erlangt hat und ob die Bank diesen Geldeingang dann auch auf das Insolvenzverwalteranderkonto auskehrt, sodass von einer schuldbefreienden Zahlung im Moment des Zahlungseingangs ausgegangen werden kann.

102

---

107 Änderungen im Rahmen des SanInsFoG und Eigenverwaltung, vgl. auch Kap. F Tz. 271 ff.
108 BMF v. 20.05.2015, Rn. 5; Abschn. 17.1 Abs. 13 UStAE.
109 BMF v. 20.05.2015, Rn. 51.
110 BFH v. 23.07.2020 V R 26/19.
111 BMF v. 17.01.2012, Rn. 3, BStBl. I 2012, S. 120.
112 BMF v. 20.05.2015, Rn. 10.

> **Praxistipp 4:**
>
> Als Besonderheit mit hoher Relevanz für die Praxis erwähnenswert ist, dass das bloße Halten eines bereits (vor Insolvenzantrag) zugelassenen **KFZ** nach Ansicht des BMF zur alten Fassung des § 55 Abs. 4 InsO keine Masseverbindlichkeit begründet. Nach Insolvenzantrag neu zugelassene KFZ hingegen schon[113]. Es ist mit hoher Wahrscheinlichkeit davon auszugehen, dass diese Sichtweise des BMF sich durch die Neufassung nicht geändert hat.

103 Die Ausdehnung der Grundsätze zur **IST-Versteuerung** auf das Insolvenzantragsverfahren hat insbesondere zur Folge, dass die in Kap. F Tz. 67 ff. vorgestellten Grundsätze zur Berichtigung der Umsatzsteuer (und Vorsteuer) nach § 17 Abs. 2 Nr. 1 UStG bereits mit Bestellung des schwachen vorläufigen Insolvenzverwalters erfolgen müssen[114] und nicht erst bei Insolvenzeröffnung.

104 Dabei werden nicht nur die Zahlungsflüsse für vor Insolvenzantrag erbrachte Leistungen erfasst, sondern auch Zahlungen für während des **Insolvenzantragsverfahrens** erbrachte Leistungen.

105 Die Leistung ist dabei nicht doppelt zu versteuern. Eine Forderung aus einer Lieferung darf nicht steuerlich (im Rahmen der SOLL-Versteuerung) erfasst werden bzw. muss ist nach § 17 Abs. 1 UStG aus „Rechtsgründen" sofort wieder zu berichtigen. Erst bei Zahlungseingang erfolgt die Versteuerung im Rahmen der beschriebenen IST-Versteuerung[115].

106 Die Anwendung des § 55 Abs. 4 InsO (alte und neue Fassung) soll anhand nachfolgender Beispiele erläutert werden:

> **Beispiel 7 – zu § 55 Abs. 4 InsO:**
>
> Die B-GmbH stellt am 04.05.2021 Insolvenzantrag. Noch am selbigen Tage bestellt das Insolvenzgericht H als schwachen vorläufigen Insolvenzverwalter mit Zustimmungsvorbehalt. Die Umsatzsteuer der B-GmbH für den Monat April 2021 wurde noch nicht abgeführt. Die B-GmbH versteuert nach vereinbarten Entgelten (§ 16 Abs. 1 UStG). Die Insolvenz wird am 01.08.2021 eröffnet und H zum Insolvenzverwalter bestellt.
>
>
>
> | | 04.05. | 01.08. |
> | Vor Insolvenz | Antragsverfahren | Eröffnetes Verfahren |
>
> Geschäftsvorfälle:
>
> a) 25.04.2021 (vor Insolvenzantrag):
>   Lieferung einer Maschine an Kunden 1 für 59.500 € inkl. 19% Umsatzsteuer
>   Lieferung von Ersatzteilen an Kunden 2 für 1.190 € inkl. 19% Umsatzsteuer

---

113 *Uhlenbruck*, InsO[14], § 55, Rn. 136.
114 BMF v. 20.05.2015, Rn. 13.
115 BMF v. 20.05.2015, Rn. 20; vgl. spiegelbildlich für die Vorsteuer Kap. F Tz. 78 ff.

—› Die Lieferungen sind jeweils umsatzsteuerpflichtig. Es begründen sich 9.500 € bzw. 190 € Umsatzsteuern. Dabei handelt es sich jeweils um Insolvenzforderungen (§ 38 InsO).

b) 11.05.2021 (während des Insolvenzantragsverfahrens):
Zahlungseingang von Kunde 1 in Höhe von 59.500 €

—› Die Umsatzeuer aus der am 25.04.2021 begründeten Forderung war am 04.05.2021 in voller Höhe zu korrigieren. Der Zahlungseingang am 11.05.2021 begründet erneut Umsatzsteuer durch die zweite Berichtigung in Höhe von 9.500 €. Die Steuer wird nach § 55 Abs. 4 InsO mit Insolvenzeröffnung zur Masseverbindlichkeit.

c) 18.05.2021 (während des Insolvenzantragsverfahrens):
Lieferung einer Maschine an Kunden 3 für 238.000 € incl. 19% Umsatzsteuer

—› Die Umsatzsteuer aus der Lieferung kann vom Schuldner aus Rechtsgründen nicht eingezogen werden und muss sofort wieder korrigiert werden.

d) 07.06.2021 (während des Insolvenzantragsverfahrens):
erster Zahlungseingang von Kunde 3 in Höhe von 119.000 € (50%)

—› Es begründen sich 19.000 € Umsatzsteuer aufgrund der erneuten Korrektur nach § 17 UStG. Die Umsatzsteuer fällt unter § 55 Abs. 4 InsO und wird bei Insolvenzeröffnung zur Masseverbindlichkeit.

e) 03.08.2021 (nach Insolvenzeröffnung):
erster Zahlungseingang von Kunde 2 in Höhe von 1.190 €
zweiter Zahlungseingang von Kunde 3 in Höhe von 119.000 € (50%).

—› Beide Zahlungseingänge lösen jeweils erneut eine Berichtigung aus. Die Umsatzsteuer begründet sich jeweils neu. Es handelt sich in beiden Fällen um normale Masseverbindlichkeiten gem. § 55 Abs. 2 InsO.

2.3.3.2 Praktische Schwierigkeiten bei der Umsetzung des § 55 Abs. 4 InsO

107 Ein im vorläufigen Verfahren begründeter und angemeldeter Steueranspruch ist zunächst (ungeachtet § 55 Abs. 4 InsO) keine Masseverbindlichkeit. Die Anmeldung erfolgt formal zunächst durch den Schuldner, da die **Verfügungsmacht** noch nicht auf den Insolvenzverwalter übergegangen ist. Zuerst – und nur, sofern das Insolvenzverfahren eröffnet wird – muss der Insolvenzverwalter die Steuer (unter der vom Finanzamt vergebenen Massesteuernummer) sozusagen nachmelden. Dabei wird die Meldung des Schuldners zugleich – i.d.R. auf null – berichtigt. Bis zur Eröffnung handelt es sich deshalb bei dem Steueranspruch um eine nicht vollstreckbare Insolvenzverbindlichkeit gegen den Schuldner i.S.v. § 38 InsO[116]. Durch diese **zeitliche Entkoppelung** ergeben sich praktische Probleme bei der Anwendung des steuerlichen Verfahrensrechts[117].

108 Die Stellung des schwachen vorläufigen Insolvenzverwalters bleibt durch die Regelung des § 55 Abs. 4 InsO unverändert. Er ist deshalb **kein Vermögensverwalter** i.S.v. § 34 Abs. 3 AO[118]. Er hat weder Rechte noch Pflichten aus dem Steuerschuldverhältnis bezüglich des Insolvenzschuldners. Das heißt, dass ausschließlich der Insolvenzschuldner die Steuerschuld dieses Zeitraums anmelden (oder gegenüber dem Finanzamt erklären) kann. Auch bleibt der Insolvenzschuldner alleiniger Ansprechpartner für das Finanzamt.

---

116 Dies ergibt sich bereits aus dem Gesetzestext, siehe aber auch *Sinz/Oppermann*, DB 2011, S. 2185 (2191).
117 *Kahlert*, ZIP 2011, S. 401 (407).
118 BMF v. 20.05.2015, Rn. 28 ff.

109 Doch wird die im vorläufigen Verfahren begründete Steuerschuld nach § 55 Abs. 4 InsO mit Insolvenzeröffnung zur Masseverbindlichkeit. Damit ändert sich notwendigerweise auch das **steuerliche Verfahren** bezüglich der Anmeldung der in diesem Zeitraum begründeten Steuern. Normalerweise hätte das Finanzamt die vom Insolvenzschuldner begründete Steuerschuld nach Insolvenzeröffnung zur Insolvenztabelle anzumelden[119].

110 Die Steuern des **Antragszeitraums** müssen, zumindest soweit es sich um „Verbindlichkeiten" i.S.d. § 55 Abs. 4 InsO handelt, gegenüber dem Insolvenzverwalter als Vermögensverwalter i.S.d. § 34 Abs. 3 AO festgesetzt werden. Das aber ist erst nach Insolvenzeröffnung möglich, da der Insolvenzverwalter zum Zeitpunkt der Verwirklichung des steuerlichen Tatbestandes noch nicht als Vermögensverwalter i.S.d. § 34 Abs. 3 AO eingesetzt worden war.

111 Folge der vorgenannten dogmatischen Einordnung ist es, dass z.B. solcherart begründete Umsatzsteuern nicht am zehnten Tag nach Ablauf des **Voranmeldungszeitraums** (§ 18 Abs. 1 UStG), sondern erst nach Insolvenzeröffnung vom dann eingesetzten Insolvenzverwalter angemeldet und damit i.d.R. zugleich unter Vorbehalt festgesetzt werden[120]. Diese Festsetzung wirkt zwangsläufig rückwirkend für den gesamten Zeitraum des vorläufigen Insolvenzverfahrens.

112 Dies bedeutet nicht, dass der Insolvenzschuldner vor Insolvenzeröffnung die **Anmelde- und Erklärungsverpflichtungen** verletzten darf. Auch der Insolvenzschuldner meldet – wenn er gesetzmäßig handelt – die im Zeitraum des Insolvenzantragsverfahrens begründeten Steuern an. Es kommt daher unter Umständen zur doppelten Anmeldung ein und desselben steuerlichen Tatbestandes:

- zunächst durch den Schuldner – vor Übergang der Verfügungsmacht auf den Insolvenzverwalter
- danach, indem der Insolvenzverwalter denselben Vorgang als Masseverbindlichkeit erklärt – oder durch das Finanzamt intern „umbuchen" lässt.

In jedem Fall muss das Finanzamt eine Massesteuernummer erteilen – das geschieht in der Praxis meist erst bei Insolvenzeröffnung. Es ist (erst) dann Aufgabe des Insolvenzverwalters, alle Geschäftsvorfälle des Insolvenzantragsverfahrens (ggfs. im Nachhinein) den richtigen insolvenzrechtlichen Vermögenssphären zuzuordnen.

Praxistipp 5:

In der Praxis empfiehlt es sich, die Zuordnung bereits ab Bestellung des schwachen vorläufigen Insolvenzverwalters – ggfs. in einer Schattenrechnung – vorzunehmen, damit sich eine Aufarbeitung der vergangenen Monate bei Insolvenzeröffnung erübrigt.

2.3.3.3 Fiskalische Zwangsverrechnung

113 Die Abgabenordnung kennt den Begriff „Verbindlichkeit", der in § 55 Abs. 4 InsO – sowohl in der bis zum 31.12.2020 als auch in der ab 01.01.2021 gültigen Fassung – verwendet wird, nicht. Nach § 37 Abs. 1 AO wird stattdessen von „Ansprüche[n] aus dem

---

119 Vgl. Kap. F Tz. 13 ff.
120 BFH v. 24.09.2014 – V R 48/13, Rn. 36 ff., BStBl. II 2015, S. 506; BMF v. 20.05.2015, Rn. 34.

„Steuerschuldverhältnis" gesprochen. Die beiden Begrifflichkeiten stimmen auch inhaltlich nicht überein. Unter einem **Steueranspruch i.S.d. § 37 AO** werden sämtliche sich aus der Abgabenordnung oder den Einzelsteuergesetzen ergebenden **gegenseitigen Ansprüche** verstanden – unabhängig davon, in welche Richtung der Anspruch besteht. Umfasst sind also auch z.b. Forderungen des Steuerschuldners gegen das Finanzamt.

Deshalb ist steuerlich betrachtet nicht eindeutig bestimmt, was unter „Verbindlichkeit **114** aus dem Steuerschuldverhältnis" i.S.d. § 55 Abs. 4 InsO zu verstehen ist. Die bestehende Schwierigkeit kann gut anhand der Umsatzsteuer erläutert werden: Die Umsatzsteuer ist gem. § 16 Abs. 1 S. 2 UStG nach dem Kalenderjahr zu berechnen. Der Besteuerungszeitraum ist gem. § 18 UStG in Voranmeldungszeiträume untergliedert, welche i.d.R. einen Monat oder ein Quartal umfassen. Innerhalb des Voranmeldungszeitraums werden regelmäßig sowohl Umsatzsteuer- als auch Vorsteueransprüche begründet.

Der BFH hat festgestellt, dass es sich bei der Umsatzsteuer und Vorsteuer innerhalb des **115** Voranmeldungszeitraums nicht um eigenständige Besteuerungsgrundlagen handelt. Sie sind also vorrangig miteinander zu verrechnen. Bei der Verrechnung innerhalb des Voranmeldungszeitraums handelt es sich um eine fiskalisch bedingte **Zwangsverrechnung**, die nichts mit der insolvenzrechtlichen Aufrechnung nach § 96 InsO zu tun hat[121].

Die Saldierung innerhalb des Voranmeldungszeitraumes ist nach wiederholt bestätigter **116** Ansicht des BFH nicht anfechtbar[122]. Allerdings ist die fiskalische vorrangige Verrechnung für jeden der vom BFH gebildeten zeitlichen „Unternehmensteile"[123] gesondert vorzunehmen.

Beispiel 8:

Am 15.04.2021 wird über das Vermögen der A-GmbH das Insolvenzverfahren eröffnet. Die A-GmbH hat zu diesem Zeitpunkt unbezahlte Steuerverbindlichkeiten in Höhe von mehr als 100.000 €.

a) Im (abgekürzten) Voranmeldungszeitraum vom 01.04. bis 15.04.2021 errechnen sich Umsatzsteuern aus Ausgangsleistungen in Höhe von 8.000 € sowie Vorsteuern aus Eingangsrechnungen in Höhe von 20.000 €.

b) Im Voranmeldungszeitraum vom 16.04. bis 30.04.2021 errechnen sich Umsatzsteuern in Höhe von 9.000 € und Vorsteuern in Höhe von 19.000 €.

Lösung

zu a): Die Saldierung ergibt einen Erstattungsanspruch in Höhe von 12.000 €. Der Betrag kann mit den bestehenden Insolvenzforderungen des Finanzamts aufgerechnet werden.

zu b): Die Saldierung ergibt einen Erstattungsanspruch in Höhe von 10.000 €. Dieser Betrag kann nicht mit Insolvenzforderungen des Finanzamts aufgerechnet werden.

Abgrenzungsschwierigkeiten ergeben sich, wenn die **Verfügungsmacht** nicht sofort auf **117** den (vorläufigen) Insolvenzverwalter übergeht (= Fall des schwachen vorläufigen Insolvenzverwalters). Hierzu werden unterschiedliche Auffassungen darüber vertreten, ob

---

121 BFH v. 16.01.2007 – VII R 4/06, BStBl. II 2007, S. 747; BFH v. 24.11.2011 – V R 13/11, BStBl. II 2012, S. 298; BFH v. 25.07.2012 – VII R 44/10, BStBl. II 2013, S. 33.

122 BFH v. 18.08.2015 – VII R 29/14, ZIP 2015, S. 2237; BFH v. 24.11.2011 – V R 13/11, BStBl. II 2012, S. 298.

123 Vgl. Kap. F Tz. 67.

die einzelnen Voranmeldungszeiträume (meist Monate) innerhalb des Zeitraums gem. § 55 Abs. 4 InsO getrennt zu betrachten sind oder ob die sich ergebenden Steuerlasten insgesamt miteinander verrechnet werden müssen[124]. Das heißt, es stellt sich die Frage, ob die fiskalische Verrechnung zwischen den Voranmeldungszeiträumen im Insolvenzantragsverfahren der insolvenzrechtlichen Verrechnung vorgeht.

118 Die Finanzverwaltung stellt sich in den meisten Bundesländern auf den Standpunkt, dass jeder **Voranmeldungszeitraum** für sich betrachtet werden muss[125] und somit ein Steuererstattungsanspruch aus einem Voranmeldungszeitraum verrechnet werden darf mit Insolvenzforderungen, während die Steuerzahllast eines anderen Voranmeldungszeitraums – nach dieser Sichtweise gemäß dem „Wortlaut" des § 55 Abs. 4 InsO eine „Steuerverbindlichkeit" – vom Finanzamt als Masseverbindlichkeit eingefordert werden darf.

Beispiel 9:

Die Z-GmbH muss am 31.01.2021 Insolvenz anmelden. Die Umsatzsteuerzahllast der Monate Dezember 2020 und Januar 2021 ist jeweils noch offen und beträgt insgesamt 80.000 €. Am 01.02.2021 wird A als schwacher vorläufiger Insolvenzverwalter bestellt. Die Insolvenz wird am 01.05.2021 eröffnet und A vom Gericht als Insolvenzverwalter eingesetzt. Es haben sich folgende Steueransprüche in den Voranmeldungszeiträumen (VAZ – hier: Monat) des Insolvenzantragsverfahrens ergeben:

Monat Februar:	–	10.000 €	(Zahllast)
Monat März:	+	30.000 €	(Erstattungsanspruch)
Monat April:	–	15.000 €	(Zahllast)

Bei der offenen Schuld der Monate Dezember und Januar handelt es sich eindeutig um Insolvenzforderungen (§ 38 InsO).

Fraglich ist jedoch, ob und wie die errechneten Steueransprüche der Monate Februar, März und April untereinander zu verrechnen sind. Hierzu gibt es zwei Möglichkeiten:

a) **Bei jedem VAZ handelt es sich um eine eigenständige Besteuerungsgrundlage.**
In diesem Fall wäre die Zahllast der Monate Februar und April jeweils als „Verbindlichkeit" i.S.v. § 55 Abs. 4 InsO, nach Insolvenzeröffnung als Masseverbindlichkeit, in Höhe von insgesamt 25.000 € an das Finanzamt abzuführen. Der Erstattungsanspruch des Monats März fiele nicht unter § 55 Abs. 4 InsO und wäre entsprechend mit den Insolvenzforderungen zu verrechnen.

b) **Der Gesamtzeitraum Februar bis März ist eigenständige Besteuerungsgrundlage.**
In diesem Fall ergäbe sich eine Gesamterstattung in Höhe von 5.000 €. Es ergäben sich keine Masseverbindlichkeiten. Der Erstattungsanspruch in Höhe von 5.000 € darf nach h.M. mit Insolvenzforderungen verrechnet werden[126].

---

119 Die bayerische Finanzverwaltung hat sich der Lösung b) zum Beispiel 9 angeschlossen – zumindest innerhalb eines Steuerberechnungszeitraums (§ 16 Abs. 2 UStG)[127].

---

124 Vgl. *Debus/Schartl*, ZIP 2013, S. 350 (351).
125 BMF v. 17.01.2012, Rn. 8.
126 Vgl. auch Ausführungen in Kap. F Tz. 100.
127 Vgl. *Debus/Schartl*, ZIP 2013, S. 350 (353) – hier wird auf die Auffassung des Landesamtes für Steuern in Bayern verwiesen, wie sie in der jüngeren Vergangenheit in Bayern auch umgesetzt wurde.

Der V. Senat des BFH hat bestimmt, dass die Anmeldung der Umsatzsteuer zur Insol- **120** venztabelle nach der **Jahressteuerberechnung** zu erfolgen hat[128].

Da der Besteuerungszeitraum für die Umsatzsteuer gem. § 16 Abs.1 S. 2 UStG das Ka- **121** lenderjahr ist, im Jahr der Insolvenzeröffnung verkürzt auf den Zeitraum bis zur Insolvenzeröffnung (§ 16 Abs. 3 UStG), bedeutet dies in der Konsequenz, dass der Besteuerungszeitraum des Insolvenzantragszeitraums (noch vor Insolvenzeröffnung) zusammengefasst werden darf. Damit wäre die Lösung b) aus dem Beispiel 9 gut zu begründen.

Das Vorgehen wurde vom V. Senat des BFH in zwei Urteilen aus dem Jahre 2011[129] im **122** Prinzip genauso auch für die steuerliche Erhebung im Insolvenzverfahren bestätigt. Dies allerdings mit der Einschränkung, dass im Jahr der Insolvenzeröffnung das **Unternehmen zeitlich in zwei Teile** zerfällt und somit in Anwendung von § 16 Abs. 3 UStG (Teilbetrachtung) eine Veranlagung für den Zeitraum ab Jahresbeginn bis zur Insolvenzeröffnung und eine Veranlagung ab Insolvenzeröffnung bis Jahresende durchgeführt werden muss.

Der Rechtsauffassung mancher Finanzämter, der zufolge im Falle des § 55 Abs. 4 UStG **123** jeder Voranmeldungszeitraum getrennt betrachtet werden muss [Beispiel 9/Lösung a)], ist nicht zuzustimmen. Aus der Einlegung von Rechtsmitteln dürften sich vor dem Hintergrund der BFH-Rechtsprechung gute Chancen ergeben.

2.3.4 Umsatzsteuerliche Organschaft im Regelinsolvenzverfahren

In der **umsatzsteuerlichen Organschaft** nach § 2 Abs. 2 Nr. 2 UStG ist eine Organge- **124** sellschaft nach dem Gesamtbild der tatsächlichen Verhältnisse finanziell, wirtschaftlich und organisatorisch in das (umsatzsteuerliche) Unternehmen des herrschenden Organträgers eingegliedert. Dabei kommt es nicht darauf an, dass alle drei genannten Kriterien gleichermaßen ausgeprägt sind[130].

Die umsatzsteuerliche Organschaft wurde in jahrzehntelanger Rechtsprechung inhalt- **125** lich ausgefüllt, ergänzt und zum Teil im Rahmen der Rechtsentwicklung immer wieder leicht modifiziert. Zur aktuellen Auslegung des BMF wird in diesem Zusammenhang auf den Umsatzsteueranwendungserlass verwiesen[131].

Umsatzsteuerlich ist die **Organschaft als ein Unternehmen zu behandeln**[132]. Dies führt **126** praktisch dazu, dass die Organgesellschaft(en) im Außenverhältnis gegenüber dem Finanzamt nicht direkt in Erscheinung tritt/treten. Steuerschuldner mit allen Rechten und Pflichten gegenüber dem Finanzamt ist allein der Organträger[133].

Sind die gesetzlichen Tatbestände erfüllt, ergibt sich die umsatzsteuerliche Organschaft **127** als Rechtsfolge aus dem Gesetz. Der Organträger hat somit für die (rechtlich selbständige) Organgesellschaft die Umsatzsteuer abzuführen und darf auch deren Steueransprüche in eigenem Namen beim Finanzamt geltend machen. Hieraus können sich im

---

128 BFH v. 24.11.2011 – V R 13/11, BStBl. II 2012, S. 298; BFH v. 24.11.2011 – V R 20/10, BeckRS 2012, 94720.
129 BFH v. 24.11.2011; V R 13/11; BFH v. 24.11.2011 – V R 20/10.
130 Vgl. Abschn. 2.8. Abs. 1 S. 1-3 UStAE.
131 Vgl. Abschn. 2.8. UStAE.
132 Vgl. § 2 Abs. 2 Nr. 2 S. 3 UStG; Abschn. 2.7 Abs. 1 S. 1 UStAE.
133 Vgl. Abschn. 2.9 Abs. 6 S. 3 UStAE.

Innenverhältnis **Ausgleichsansprüche** aus Gesamtschuld gem. § 426 Abs. 1 S. 1 BGB zwischen Organträger und Organgesellschaft ableiten[134].

128 In der Vergangenheit war es h.M., dass die organisatorische Eingliederung und damit auch die umsatzsteuerliche Organschaft im **Insolvenzantragsverfahren** über das Vermögen entweder der Organgesellschaft oder des Organträgers (oder beide) bestehen bleibt, solange die Verwaltungs- und Verfügungsbefugnis nicht auf den Insolvenzverwalter übergegangen ist, d.h. dem Schuldner ein Verfügungsverbot auferlegt wurde (sog. starke vorläufige Insolvenzverwaltung). Aufgelöst wurde die Organschaft nur, wenn das Insolvenzverfahren über das Vermögen einer oder mehrerer Organgesellschaften (OG) der Unternehmensgruppe eröffnet oder ein starker vorläufiger Insolvenzverwalter eingesetzt wurde[135].

129 Das BFH-Urteil vom 08.08.2013[136] hat die entscheidende Veränderung bei der Auslegung zur organisatorischen Eingliederung im Insolvenzverfahren eingeläutet, indem der BFH das Fortbestehen der organisatorischen Eingliederung im Zuge der **Bestellung eines vorläufigen Insolvenzverwalters** mit lediglich Zustimmungsvorbehalt bereits verneint hat. Diese Änderung der Rechtsprechung wurde von der Fachliteratur im Wesentlichen begrüßt[137]. Nach einigem Zögern wurde die Auffassung schließlich auch vom BMF mit Schreiben vom 26.05.2017 übernommen[138]; sie kann seither als herrschende Meinung bezeichnet werden.

130 Es spielt demzufolge keine Rolle, ob über das Vermögen des Organträgers oder der Organgesellschaft das Insolvenzeröffnungsverfahren angeordnet wurde und der vorläufige Insolvenzverwalter lediglich einen Zustimmungsvorbehalt hat oder dem Schuldner ein Verfügungsverbot auferlegt wurde: Die Organschaft ist in allen Fällen bereits mit Eröffnung des vorläufigen Insolvenzverfahren aufzulösen.

2.4 Sonstige steuerliche Aspekte in der Regelinsolvenz

2.4.1 Behandlung der Lohnsteuer

131 Die **Lohnsteuer** ist gem. § 38 Abs. 3 S. 1 EStG direkt an der Einkunftsquelle vom Arbeitgeber einzubehalten und für den Arbeitnehmer an das Finanzamt abzuführen. Es handelt sich deshalb um keine eigene Steuerart, sondern eine Form der Erhebung der Einkommensteuer des Arbeitnehmers. Sie kommt ausschließlich bei nichtselbständigen Einkünften i.S.d. § 19 EStG zur Anwendung.

2.4.1.1 Insolvenz über das Vermögen des Arbeitgebers

132 Nach § 155 Abs. Abs. 1 S. 2 InsO hat der Insolvenzverwalter die **Pflichten** des Schuldners zu erfüllen[139]. Dies betrifft auch die Verpflichtung des insolventen **Arbeitgebers,** die Lohnsteuer des Arbeitnehmers – sofern sie anfällt – einzubehalten und an das Finanzamt

---

134 Vgl. BGH v. 19.01.2013 – II ZR 91/11, DStR 2013, S. 478.
135 BFH v. 01.04.2004 – V R 24/03, BStBl. I 2004, S. 520 – das Urteil wurde durch verschiedene weitere Urteile des BFH mehrfach bestätigt: BFH v. 13.06.2007 – V B 47/06, BFHNV 2007, S.1936; BFH v. 11.11.2008 – XI B 65/08, BFH/NV 2009, S. 235; BFH v. 22.10.2009 – V R 14/08, BFH/NV 2010, S. 773.
136 BFH v. 08.08.2013 – V R 18/11, DB 2013, S. 2065.
137 Vgl. z.B. *Kahlert*, ZIP 2013, S. 2348 (2349).
138 BMF v. 26.05.2017 – III C 2 – S 7105/15/10002 (2017/0389528).
139 Vgl. hierzu Kap. F Tz. 13 ff.

abzuführen. Diese sog. Steuerentrichtungspflicht trifft den Insolvenzverwalter unter Umständen auch für den Zeitraum vor Insolvenzeröffnung[140].

Bezüglich der Frage, wie die Lohnsteuer insolvenzrechtlich eingeordnet werden muss, ist **133** zunächst das im Insolvenzverfahren üblicherweise durch die Arbeitsagentur gezahlte **Insolvenzgeld** (§§ 165 ff. SGB III) von den Lohnzahlungen des Arbeitgebers abzugrenzen.

Im Gegensatz zum vom Arbeitgeber gezahlten Lohn wird das Insolvenzgeld stets netto **134** gezahlt und ist nach § 3 Nr. 2 Buchst. b EStG **steuerfrei**. Eine Pflicht zur Abführung von Lohnsteuer kann sich deshalb aus der Zahlung von Insolvenzgeld nicht ergeben.

Wird die Pflicht zum Einbehalt der Lohnsteuer verletzt, haftet der Steuerentrichtungs- **135** pflichtige regelmäßig dem Finanzamt für die entgangene Steuer. Für die praktische Frage, ob ein **Haftungsanspruch** des Finanzamts gegen den Schuldner, die Insolvenzmasse oder den Insolvenzverwalter entsteht, ist entscheidend, wann der Lohnsteueranspruch insolvenzrechtlich begründet worden war.

Die vom **Arbeitnehmer** geschuldete Lohnsteuer entsteht im Moment der Lohnzahlung **136** (§ 38 Abs. 2 S. 2 EStG). Mit Auszahlung der Löhne hat also der Arbeitgeber bzw. der Insolvenzverwalter die Steuerentrichtungspflicht gegenüber dem Finanzamt zu erfüllen. Ein Haftungsanspruch aus der Verletzung dieser Verpflichtung begründet sich insolvenzrechtlich im Moment der Lohnzahlung.

Die **Begründetheit** einer vom Arbeitgeber geschuldete Lohnsteuer (bspw. bei der – ver- **137** gleichsweise seltenen – Pauschalierung nach §§ 40 ff. EStG) ist zum Teil umstritten (vgl. nachfolgend).

Es ergeben sich vier Fallkonstellationen[141]: **138**

a) Der **Insolvenzschuldner** hat vor Insolvenzeröffnung Arbeitslohn gezahlt, aber die Lohnsteuer nicht abgeführt; der Anspruch des Finanzamts ist eine Insolvenzforderung (§ 38 InsO). Auch der Haftungsanspruch ist mit Auszahlung des Lohnes, also vor Insolvenzeröffnung begründet. Ein Haftungsanspruch gegen die Insolvenzmasse oder den Insolvenzverwalter besteht nicht (vgl. Kap. F Tz. 135).

b) Der **Insolvenzverwalter** zahlt rückständigen Lohn für einen Zeitraum **vor Insolvenzeröffnung** (vgl. Kap. F Tz. 131). Obwohl der Insolvenzverwalter mit der Auszahlung eine Insolvenzforderung befriedigt, entsteht die Lohnsteuer erst mit Zahlung – und damit die Verpflichtung des Insolvenzverwalters, die Lohnsteuer einzubehalten und abzuführen. Verletzt der Insolvenzverwalter diese Dienstleistungspflicht, begründet sich damit ein Haftungsanspruch aufgrund von § 42d EStG gegen die Insolvenzmasse i.S.d. § 55 Abs. 1 Nr. 1 InsO. Daneben haftet der Insolvenzverwalter nach §§ 34, 69 AO persönlich[142].

c) Der Insolvenzverwalter zahlt Arbeitslohn für den **Zeitraum nach Insolvenzeröffnung**. Wie unter b) – verletzt der Insolvenzverwalter die Verpflichtung, Lohnsteuer einzubehalten und abzuführen – begründet sich ein Haftungsanspruch gegen die Masse nach § 42d EStG bzw. den Insolvenzverwalter persönlich nach §§ 33, 69 AO.

---

140   Vgl. *Frotscher*[9], S. 155 ff.
141   Vgl. *Waza/Uhländer/Schmittmann*[13], Rn. 1585 ff.
142   Vgl. *Frotscher*[9], S. 180 f.

d) Sonderfall: **Pauschalierung** der Lohnsteuer gemäß §§ 40 ff. EStG – Steuerschuldner ist nicht der Arbeitnehmer, sondern der Arbeitgeber. Die insolvenzrechtliche Einordnung dieser Steuerschuld des Arbeitgebers (bzw. der Insolvenzmasse) ist umstritten. Nach Frotscher ist entscheidend, wann die Arbeitsleistung erbracht wurde, da mit Ausführung der Leistung die pauschale Lohnsteuer i.S.d. § 38 InsO begründet sei[143]. Uhländer kommt dagegen zum Ergebnis, dass nicht die Leistungserbringung, sondern der Zeitpunkt der Entscheidung über die Pauschalierung für die insolvenzrechtlich Einordnung entscheidend sei, da im Moment dieser Entscheidung die pauschale Lohnsteuer begründet würde[144].

2.4.1.2 Lohnsteuerliche Frage bei Insolvenz des Arbeitnehmers

139 Das **Finanzamt** kann die Lohnsteuer beim Arbeitnehmer grundsätzlich nicht geltend machen, wenn der Arbeitgeber diese entsprechend den gesetzlichen Bestimmungen ordnungsgemäß einbehalten und abgeführt hat (§ 42d Abs. 3 S. 4 Nr. 1 EStG) oder der Arbeitgeber vom Finanzamt mit Recht in Haftung genommen wurde (vgl. Kap. F Tz. 131 ff.).

140 Ist bei Auszahlung des Bruttolohns die Lohnsteuer vom Arbeitgeber nicht einbehalten worden, wird die Finanzbehörde die Lohnsteuer vom Arbeitnehmer nachfordern (§§ 38 Abs. 4 S. 4, 39 Abs. 5a S. 4, 41c Abs. 4 S. 2, 42d Abs. 3 EStG).

141 Da die Arbeitskraft des Schuldners, soweit sie **unpfändbar** ist, nicht zur Insolvenzmasse gehört, stellt die Lohnsteuer des insolventen Arbeitnehmers während des Insolvenzverfahrens keine Masseverbindlichkeit dar[145].

142 Sofern der Insolvenzverwalter auf Grundlage seiner Verwaltungs- und Verfügungsbefugnis der Masse mit dem Insolvenzschuldner einen **Arbeitsvertrag** schließt, handelt es sich nicht um ein lohnsteuerpflichtiges Arbeitsverhältnis. Die Zahlungen gehören zur Insolvenzmasse, da nach § 35 InsO das während des Verfahrens erlangte Vermögen auch zur Masse gehört. Der Schuldner kann nicht Arbeitnehmer sein, da er selbst Träger der Einkünfte der Masse ist. Bei einer derartigen Gehaltszahlung handelt es sich demnach um eine Zahlung in sich[146].

2.4.1.3 Insolvenzgeld

143 Wird der Arbeitgeber insolvent, handelt es sich beim Arbeitslohn um eine Insolvenzforderung (§ 38 InsO) des Arbeitnehmers gegen den Arbeitgeber. Um dies auszugleichen, hat der Arbeitnehmer für drei Monate Anspruch auf Insolvenzgeld (§ 183 SGB III), welches durch die Agentur für Arbeit ausbezahlt wird. Die Auszahlung erfolgt in Höhe des Nettolohnanspruchs (d.h. vermindert um alle gesetzlichen Abzüge) und ist (deshalb) nicht lohnsteuerpflichtig. Die Zahlung unterliegt allerdings bei Zufluss beim Arbeitnehmer (§ 11 EStG) dem steuerlichen Progressionsvorbehalt (§ 32b EStG).

144 Wird das Insolvenzgeld – wie meist in der Praxis – vorfinanziert, wird die Gegenleistung für die Übertragung des Entgeltanspruchs genauso behandelt wie das Insolvenzgeld

---

143 Vgl. *Gottwald*, InsR-HB[6], § 123, Rn. 12.
144 Vgl. *Waza/Uhländer/Schmittmann*[13], Rn. 1586.
145 Vgl. *Gottwald*, InsR-HB[5], § 123, Rn. 1.
146 Vgl. *Waza/Uhländer/Schmittmann*[13], Rn. 1592.

selbst. Das heißt, diese Zahlungen (z.B. von einem Kreditinstitut an den Arbeitnehmer) unterliegen genauso dem Progressionsvorbehalt, sind aber nicht lohnsteuerpflichtig[147].

2.4.2 Grunderwerbsteuer

Bestehen aus Grundstückserwerben des Schuldners Grunderwerbsteuerforderungen, ist **145** für deren Klassifizierung als **Insolvenz- oder Masseforderung** ebenfalls die bereits mehrfach ausgeführte Begründetheit im insolvenzrechtlichen Sinne maßgeblich. Diese richtet sich nach dem Abschluss des Grundstückskaufvertrags, nicht nach der Entstehung (z.B. bei Hinausschieben nach § 14 GrEStG) oder der Fälligkeit der Grunderwerbsteuer[148]. Dies gilt auch, soweit der Insolvenzverwalter nach § 103 InsO die Erfüllung eines vor Insolvenzeröffnung geschlossenen Vertrags verlangt. Wurde umgekehrt die Grunderwerbsteuer bereits entrichtet und lehnt der Insolvenzverwalter die Erfüllung ab, gehört der Erstattungsanspruch zur Insolvenzmasse[149].

Im Gegensatz zur Grundsteuer ruht die Grunderwerbsteuer nicht als öffentliche Last auf **146** dem Grundstück. Der Steuergläubiger hat also keinen Anspruch auf **abgesonderte Befriedigung** nach § 49 InsO[150].

Bei der Regelinsolvenz steht die Veräußerung von Vermögenswerten häufig im Mittel- **147** punkt des Interesses. Soweit hier Grundstücke oder Unternehmensanteile, in deren Vermögen Grundbesitz enthalten ist, verkauft werden, ist die Grunderwerbsteuer unvermeidbar und wird vom Erwerber regelmäßig auch einkalkuliert.

Praxistipp 6:

Soweit im Rahmen der Verwertung Grundstücke oder grundstückshaltende Gesellschaften veräußert werden, trägt die Grunderwerbsteuer zwar regelmäßig der Erwerber. Insbesondere beim Verkauf grundstückshaltender Gesellschaften kann sich dennoch eine Abstimmung mit dem Erwerber empfehlen, wenn das Grundstück bei ihm einer Grundstücksgesellschaft zugeordnet werden soll. Eine nachfolgende Umstrukturierung sollte dabei nicht zu einer mehrfachen Grunderwerbsteuerbelastung führen. Eine Anrechnung nach § 1 Abs. 6 GrEStG setzt neben unterschiedlichen Erwerbstatbeständen die Identität des Steuerschuldners voraus, was bei konzerninternen Umstrukturierungen nicht unbedingt gewährleistet ist. Die Anwendungsmöglichkeiten der sog. Konzernklausel in § 6a GrEStG wurden durch die BFH- Rechtsprechung vom 21. und 22.08.2019[151] erheblich erweitert und von der Finanzverwaltung auch entsprechend umgesetzt[152]. Die Vorbehaltensfrist von (unverändert) fünf Jahren in § 6a Satz 4 GrEStG ist jedoch unabhängig davon weiter zu beachten. Sofern eine kurzfristigere Integration beabsichtigt ist, wird zuweilen ein Vorabverkauf des Grundvermögens erwogen.

---

147 BFH v. 01.03.2012 – VI R 4/11 – OFD Münster 19/2012 v. 18.09.2012.
148 Vgl. *Boruttau*, GrEStG[19], § 14, Rz. 88.
149 Vgl. *Pahlke*, GrEStG[6], Vorbem. zu § 15, Rn. 25.
150 Vgl. *Waza/Uhländer/Schmittmann*[13], Rn. 2422.
151 BFH v. 21.08.2019 – II R 15/19, BStBl. II 2020, S. 329 = DB 2020 S. 370; BFH v. 21.08.2019 – II R 16/19, BStBl. II 2020, S. 333; BFH v. 21.08.2019 – II R 19/19, BStBl. II 2020, S. 337; BFH v. 21.08.2019 – II R 20/19, BStBl. II 2020, S. 341; BFH v. 21.08.2019 – II R 21/19, BStBl. II 2020, S. 344 = DK 2020, S. 130; BFH v. 22.08.2019 – II R 17/19, BStBl. II 2020, S. 348; BFH v. 22.08.2019 – II R 18/19, BStBl. II 2020 S. 352.
152 Gleichlautende Erlasse betr. Anwendung des § 6a Grunderwerbsteuergesetz (GrEStG) nach den Urteilen des Bundesfinanzhofs vom 21. und 22.08.2019 und vom 22.09.2020 (BStBl. I, S. 960).

148 Verwertungen von Anteilen an PersGes. können darüber hinaus zur Verletzung der jeweils zehnjährigen **Behaltensfristen** aus den §§ 5 Abs. 3, 6 Abs. 3 S. 2 GrEStG führen, wenn entsprechende Umstrukturierungen (z.B. Einbringungen von Grundstücken oder grundstückshaltenden PersGes., Anwachsungen) beim Schuldner stattgefunden haben. Schuldner der Grunderwerbsteuer ist oftmals die veräußerte PersG. selbst[153]. Die ursprünglich nicht erhobene Grunderwerbsteuer wird dann festgesetzt, wenn die Verringerung des Anteils selbst nicht grunderwerbsteuerbar ist, d.h. insbesondere weniger als 90% der Anteile an der PersGes. veräußert werden[154].

2.4.3 Erbschaftsteuer

149 Sofern beim Insolvenzschuldner eine Erbschaft anfällt, handelt es sich bei der Erbschaftsteuer um eine **Masseverbindlichkeit**[155].

150 Gravierende materielle Auswirkungen können sich hinsichtlich der Erbschaftsteuer aus der **Insolvenz einer betrieblichen Einheit** (Einzelunternehmen, Mitunternehmeranteil oder Kapitalgesellschaftsbeteiligung über 25%) ergeben, die durch Erbfall oder Schenkung innerhalb der Fristen des § 13a Abs. 3 S. 1, Abs. 6, 10 Nr. 2 und 6 ErbStG[156] in den letzten fünf bzw. sieben Jahren übergegangen ist.

151 In diesen Fällen führt die Eröffnung des Insolvenzverfahrens zur Nichteinhaltung der **Behaltensregelungen** und damit zum zeitanteiligen Wegfall der Steuervergünstigungen für Betriebsvermögen[157]. Die „Gründe für den Verstoß gegen die Behaltensregelungen" sind dabei „unbeachtlich"[158]. Sofern infolge Insolvenzeröffnung auch die Lohnsumme im übergegangenen Betriebsvermögen nicht eingehalten wird – kein unwahrscheinliches Szenario –, entfällt der Verschonungsabschlag nach § 13a Abs. 3 S. 5 ErbStG[159] mit Wirkung für die Vergangenheit ebenfalls im Verhältnis der Unterschreitung. Beim Zusammentreffen der Verstöße sehen die Erbschaftsteuerrichtlinien 2019 vor, dass der jeweils höhere Wegfall zur Anwendung kommt[160].

Praxistipp 7:

Zur Vermeidung hieraus resultierender Kollateralschäden wird für die Schenkung ein Widerrufsrecht für den Fall der Auslösung der Nachsteuer empfohlen, dessen Ausübung zum Erlöschen der Steuer mit Wirkung für die Vergangenheit nach § 29 Abs. 1 Nr. 1 ErbStG führt[161].

---

153 § 13 Nr. 6 GrEStG im Fall des § 1 Abs. 2a GrEStG.

154 Gleichlautende Erlasse betr. Anwendung der §§ 5, 6 GrEStG vom 12.11.2018, BStBl. I, S. 1334, Abschn. 7.8.

155 BFH v. 05.04.2017 – II R 30/15, DStR 2017, S. 1703.

156 Erbschaftsteuer- und Schenkungsteuergesetz i.d.F. der Bekanntmachung v. 27.02.1997 (BGBl. I, S. 378), das zuletzt durch Art. 10 Gesetz zur Abwehr von Steuervermeidung und unfairem Steuerwettbewerb und zur Änderung weiterer Gesetze vom 25.6.2021 (BGBl. I, S. 2056) geändert worden ist. Rechtslage (Erwerbe) bis 30.06.2016: § 13a Abs. 1 S. 2, Abs. 5 und 8 Nr. 1 und 2 ErbStG.

157 ErbStR 2019, R E13a.13 Abs. 1 S. 3.

158 ErbStR 2019, R E 13a.12 Abs. 1 S. 2.

159 Rechtslage (Erwerbe) bis 30.06.2016: § 13a Abs. 1 S. 5 ErbStG.

160 ErbStR 2019, R E 13a.19 Abs. 3 S. 2.

161 Vgl. *Troll* u.a., ErbStG, § 13a, Rn. 241.

Für die Insolvenzeröffnung bei PersGes. hat der BFH entschieden, dass der Wegfall des **152** Verschonungsabschlags erst mit der tatsächlichen Veräußerung oder Einstellung des Betriebes erfolgt, analog zum Tatbestand des § 16 EStG[162].

3. Steuerliche Problemstellungen im Rahmen der Sanierung von Unternehmen

Mit dem Richtlinienvorschlag der Europäischen Kommission über einen **präventiven** **153** **Restrukturierungsrahmen** verfolgte die EU-Kommission das Ziel, außergerichtliche Sanierungen in der EU zu erleichtern und zu fördern. Der erste Entwurf wurde von der Kommission am 22.11.2016[163] vorgelegt und hat sich seitdem ständig weiterentwickelt. Im Dezember 2018 haben sich EU-Parlament, Rat und Kommission auf einen Kompromiss für den Richtlinienentwurf verständigt[164]. Am 28. März 2019 hat das Europäische Parlament schließlich die Richtlinie über präventive Restrukturierungsrahmen [COM (2016) 723 final] beschlossen[165]. Auffällig ist, dass die Richtlinie zwar einige Regelungen im Zusammenhang mit Unternehmenssanierungen bereithält, allerdings auf die typischerweise im Rahmen der **Sanierung auftretenden steuerlichen Problemstellungen** – z.B. in Bezug auf Sanierungserträge – in keiner Weise eingeht.

Die Umsetzung dieser Richtlinie in Deutschland erfolgte durch das (weitgehend) zum **154** 01.01.2021 in Kraft getretene Gesetz zur Fortentwicklung des Sanierungs- und Insolvenzrechts (**SanInsFoG**), dessen Kernelement das Gesetz über den Stabilisierungs- und Restrukturierungsrahmen für Unternehmen (**StaRUG**) darstellt. Die Regelungen wurden in den vorangegangenen Kapiteln bereits verschiedentlich diskutiert. Es soll deshalb in den nachfolgenden Abschnitten nur auf die für die Steuerermittlung relevanten Veränderungen eingegangen werden.

Die besonders hervorzuhebenden Änderungen mit steuerlicher Relevanz betreffen zum **155** einen den neu eingeführten § 15b Abs. 8 InsO. Zum anderen seien die Änderungen beim § 55 Abs. 4 InsO genannt. Die Änderungen zum § 55 Abs. 4 InsO wurden bereits teilweise in Abschnitt 2 „Steuerliche Aspekte im Regelinsolvenzverfahren" (vgl. Kap. F Tz. 8 ff.) angesprochen, die weiteren Implikationen – für in Eigenverwaltung abzuwickelnde Insolvenzverfahren – werden deshalb weiter im Abschnitt zu den Besonderheiten bei der Eigenverwaltung (ab Kap. F Tz. 271 ff.) thematisiert.

3.1 Das Verhältnis von Steuerzahlungs- und Massesicherungspflicht

3.1.1 Grundproblematik bis zur Einführung von § 15b Abs. 8 InsO

Geschäftsführer und ähnlich verantwortliche Personen[166] unterliegen Kraft ihrer Tätig- **156** keit für das in ihrer Verantwortung stehende Unternehmen nicht unerheblichen Haftungsrisiken gegenüber Gesellschaftern, Gläubigern und der öffentlichen Hand, die sich aus einer Vielzahl von möglichen Pflichtverletzungen ergeben können. Deshalb werden

---

162 BFH v. 01.07.2020 – II R 19/18, DStR 2020, S. 2599; vgl. *Troll* u.a., ErbStG, § 13a, Rn. 240.
163 Vgl. Richtlinienvorschlag der Europäischen Kommission vom 22.11.2016, COM (2016) 723.
164 Interinstitutional File 2016/0359 v. 17.12.2018.
165 *Lange/Swierczok*, BB 2019, S. 514.
166 Nachfolgend wird vereinfachend nur vom „Geschäftsführer" gesprochen, auch wenn es zahlreiche andere Personen gibt, die – je nach Verantwortungsbereich – grundsätzlich ebenfalls Haftungsrisiken ausgesetzt sind, wie Berater, Aufsichtsräte, Wirtschaftsprüfer und ähnliche verantwortliche Personen.

die derart in der Verantwortung für ein Unternehmen stehenden Personen i.d.R. sehr darauf bedacht sein, sich keine Pflichtverletzung zuschulden kommen zu lassen. Dies gilt in besonderem Maße für die **steuerlichen Zahlungspflichten**.[167]

157 Hier steht der Geschäftsführer allerdings in Konflikt mit anderen bedeutenden **Haftungsrisiken**, insbesondere wenn nach Eintritt der Zahlungsunfähigkeit oder Überschuldung noch Zahlungen aus dem Vermögen des Unternehmens – und somit indirekt zulasten anderer Gläubiger des Unternehmens – veranlasst werden. Spätestens im vorläufigen Insolvenzverfahren – wenn er dies nicht rechtzeitig eingeleitet hat, auch schon davor – unterliegt der Geschäftsführer der **Massesicherungspflicht**[168]. Er darf Zahlungen zulasten des von ihm verwalteten Vermögens nicht mehr veranlassen. Eine Ausnahme besteht nur, sofern Zahlungen mit der „Sorgfalt eines ordentlichen Geschäftsmanns vereinbar sind"[169]. Allerdings ist nicht davon auszugehen, dass die Zahlung von Steuerverbindlichkeiten unter diese Ausnahmebestimmung fällt. Dazu gehören eher Zahlungen, die für das Aufrechterhalten des laufenden Geschäftsbetriebes notwendig sind. Gemeint sind also Zahlungen, bei denen ein entsprechender Gegenwert für das Unternehmen zu erwarten ist[170].

158 Wenn der Geschäftsführer schuldhaft diese ihm auferlegte **Massesicherungspflicht** objektiv verletzt und das Insolvenzverfahren später eröffnet wird, wird der allen Gläubigern verpflichtete Insolvenzverwalter bzw. der Sachwalter prüfen müssen, ob er gegen den Geschäftsführer Haftungsansprüche auf gesetzlicher Grundlage geltend machen kann[171] – und wird diese dann auch durchsetzen müssen.

159 Befindet sich ein Unternehmen in einer Krisensituation, wird dies in den meisten Fällen eine angespannte Liquiditätslage mit sich bringen. Wird die (drohende) Zahlungsunfähigkeit durch das Implementieren entsprechender Prozesse und Systeme rechtzeitig erkannt und der Ausgleich künftig fälliger Verbindlichkeiten nicht mehr gewährleistet (z.B. durch neue Finanzierungsmaßnahmen), bleibt als einziger Ausweg vielfach nur der Insolvenzantrag.

160 Doch auch nachdem ein Insolvenzantrag gestellt ist, kommt stets die Frage auf, wie sich der Geschäftsführer zu verhalten hat, um sich aus dem **Dilemma zwischen Massesicherungspflicht und steuerlicher Zahlungspflicht** zu befreien. Kern der Problematik ist, dass die Verfügungsbefugnis auch nach dem Insolvenzantrag und selbst nach Anordnung des vorläufigen Insolvenzverfahrens[172] zunächst beim Geschäftsführer bleibt. In der Regel geht erst mit Eröffnung des Insolvenzverfahrens die Verfügungsmacht gemäß § 80 InsO auf den Insolvenzverwalter über. So hat der BFH wiederholt entschieden, dass der Geschäftsführer, um die persönliche Haftung zu vermeiden, trotz des laufenden Insolvenzantragsverfahrens zumindest ernsthaft (und dokumentiert) die Zahlung von fälligen Steuerverbindlichkeiten veranlassen muss. Nur wenn ihm diese aktiv verweigert

---

167 So haftet der gesetzliche Vertreter z.B. nach §§ 69, 34 AO für das schuldhafte Vernachlässigen der ihm auferlegten steuerlichen Pflichten.

168 § 267a Abs. 3 InsO i.V.m. § 60 InsO i.V.m. § 15b Abs. 8 InsO.

169 U.a. § 64 S. 2 GmbHG und auch (neu) § 15b Abs. 1 S. 1 InsO.

170 Vgl. auch BGH v. 04.07.2017 (II ZR 319/15).

171 Die Massesicherungspflicht des Geschäftsführers ergab sich bis Ende 2020 aus § 64 S. 1 GmbHG a.F. bzw. § 92 Abs. 2 AktG a.F. und § 130a HGB a.F. Diese Normen wurden zum 01.01.2021 im Rahmen des SanInsFoG im Wesentlichen durch § 15b Abs. 1 InsO ersetzt und bestehen allerdings weiterhin im Grundsatz fort.

172 Ausnahme: Verfügungsverbot „starker" vorläufiger Insolvenzverwalter (§ 21 Abs. 2 S. 1 Nr. 2 Alt. 1 InsO).

und es ihm also faktisch unmöglich wird, die Zahlung auszulösen, kann er sich sicher exkulpieren. Es genügt nicht, lediglich davon auszugehen, dass die Zustimmung des vorläufigen Insolvenzverwalters zu einer Zahlung (wahrscheinlich ohnehin) nicht erteilt wird[173].

Noch deutlicher wird diese Problematik in der **vorläufigen Eigenverwaltung**, da der **161** vorläufige Sachwalter praktisch keine juristische Möglichkeit hat, Zahlungen vom Geschäftsführer – etwa durch eine verweigerte Zustimmung – zu verhindern. Der Geschäftsführer setzt sich durch die Zahlung von fälligen Steuern jedoch klar einem Verstoß gegen die Massesicherungspflicht aus[174]. Zumal durch die Einleitung des Insolvenzverfahrens unstreitig dokumentiert sein dürfte, dass sich das Unternehmen in Zahlungsschwierigkeiten befindet. Die Praxis hat diverse Lösungsvorschläge entwickelt dieser Problematik zu begegnen[175]. Alle diese Lösungsvorschläge, so gut sie auch funktionieren mögen, um das Dilemma aufzulösen, haben als Gemeinsamkeit zumindest den einen Nachteil, dass im Insolvenzverfahren Maßnahmen getroffen werden müssen, um die beschriebene Haftungsproblematik zu umgehen. Ansonsten sind diese Maßnahmen aber weder dem Insolvenzverfahren, der Insolvenzmasse oder den Gläubigern direkt von Nutzen – und Nebenwirkungen für Geschäftsführer oder Gläubiger sind niemals gänzlich auszuschließen.

3.1.2 Einführung von § 15b Abs. 8 InsO – Lösung des Dilemmas?

Nach § 15b Abs. 8 InsO liegt eine „**Verletzung steuerlicher Zahlungspflichten** […] **nicht** **162** vor, wenn zwischen dem Eintritt der Zahlungsunfähigkeit […] oder der Überschuldung […] und der Entscheidung des Insolvenzgerichts über den Insolvenzantrag Ansprüche aus dem Steuerschuldverhältnis nicht oder nicht rechtzeitig erfüllt werden". Dies gilt nach § 15b Abs. 8 InsO aber nur, „sofern die Antragspflichtigen ihren Verpflichtungen" zur Stellung eines Insolvenzantrages innerhalb der gesetzlich vorgesehenen Fristen nachgekommen sind.

Mit dieser **Haftungsfreistellung** soll das in den vorangegangenen Abschnitten beschriebene Dilemma aufgelöst werden. Ist der Geschäftsführer seinen Antragspflichten rechtzeitig nachgekommen, wird er von der Verpflichtung, die **Steuerschuld** zulasten der Insolvenzmasse zu begleichen entbunden. Die Massesicherungsverpflichtung erhält insoweit Vorrang.

Entscheidend ist allerdings, dass der Geschäftsführer seiner **Pflicht, den Insolvenzan-** **164** **trag zu stellen, rechtzeitig nachgekommen** ist. Die Haftungsfreistellung ist begrenzt, sofern das steuerliche Zahlungsgebot mehr als drei Wochen nach Eintritt der Zahlungsunfähigkeit bzw. mehr als sechs Wochen nach Eintritt der Überschuldung missachtet worden ist, ohne dass ein Insolvenzantrag gestellt wurde. Sofern diese Fristen versäumt werden, beschränkt sich die Haftungsfreistellung auf die nach Stellung des Insolvenzantrags fälligen Steuerforderungen nach Maßgabe des § 15 b Abs. 8. S. 2 InsO. Der verspätete Insolvenzantrag ist ein Fall, wie er in der Praxis gar nicht so selten vorkommen dürfte. Ob es dann noch gelingt, der öffentlich-rechtlichen Haftung zu entgehen, ist fraglich. Ein möglicher Weg wäre es, die Zahlung der vor Insolvenzantrag be-

---

173 BFH v. 22.10.2019 (VII R 30/18); BFH v. 26.09.2017 (VII R 40/16), BStBl. 2018, S. 772.
174 *Frind*, ZInsO 2015, S. 22.
175 Vgl. zu den verschiedenen Möglichkeiten – mit Vor- und Nachteilen: *Hofmann*, in: Kübler, HRI Handbuch, § 7, Rz. 178 ff.

gründeten Steuerschuld während des Antragsverfahrens unter Missachtung der Masse-sicherungspflicht nachzuholen, da diese nach Insolvenzeröffnung ohnehin angefochten würde. Es liegt allerdings auf der Hand, dass ein solches Vorgehen für Geschäftsführer sehr riskant ist.

3.2 Besteuerung von Sanierungsgewinnen

3.2.1 Rechtliche Rahmenbedingungen und Anwendungsfragen

165 Bei der Sanierung von Unternehmen geht es nicht zuletzt darum, die Bilanz des be-troffenen Unternehmens von Verbindlichkeiten zu befreien, mit dem Ziel, das Unter-nehmen langfristig wieder wettbewerbsfähig zu machen. Das Ausbuchen von Ver-bindlichkeiten ohne Gegenleistung führt jedoch zwangsläufig zu einem nicht liquidi-tätswirksamen Ertrag, der grundsätzlich auch steuerpflichtig ist. Die Steuerlast aus sa-nierungsbedingten Buchgewinnen wiederum führt zu einem Liquiditätsabfluss, ohne dass dem unmittelbar ein Liquiditätszufluss gegenübersteht. Somit wird unter Um-ständen das eigentliche Sanierungsziel untergraben, was wiederum Gläubiger davon abhalten wird, der Sanierung überhaupt zuzustimmen.

166 Diese Problematik wurde vielfach erkannt und erklärt die Historie der zentralen sanie-rungsbedingten Steuererleichterungen. Die für die Steuerfreiheit von **Sanierungser-trägen** erste und wichtigste gesetzliche Grundlage, die aus Sicht des Steuerpflichtigen recht großzügig[176] gefasst war (§ 3 Nr. 66 EStG a.F.), wurde zum 31.12.1997[177] aufge-hoben. Seitdem war der Verzicht auf Steuern, die auf Sanierungsgewinne anfallen, nur noch auf Grundlage der in der Abgabenordnung verankerten Billigkeitsvorschriften der §§ 163, 222, 227 AO möglich[178].

167 Mit dem „Schreiben betr. ertragsteuerliche Behandlung von Sanierungsgewinnen, Steu-erstundung und Steuererlass aus sachlichen Billigkeitsgründen", dem sog. „Sanie-rungserlass" des BMF vom 27.03.2003, wurde eine neue, zusammenfassende Ver-waltungsanweisung speziell für Steuererlasse in Zusammenhang mit Unternehmens-sanierungen geschaffen[179]. Obwohl dieser Erlass Sanierungen rechtsicherer machen sollte, war – letztlich – das Gegenteil der Fall. Lange Jahre mussten sanierungswillige Unternehmen mit großen Unsicherheiten leben, was letztendlich einige Erfolg ver-sprechende Sanierungen verhindert haben dürfte.

168 Der ehemalige Sanierungserlass – inzwischen ersetzt durch gesetzliche Regelungen – war umstritten und immer wieder Gegenstand gerichtlicher Überprüfungen[180]. Zwar ließ die höchstrichterliche Rechtsprechung[181] und auch ein gewichtiger Teil der Fachliteratur[182]

---

176 Verlustvorträge mussten nicht in die Sanierung mit eingebracht werden. So wurde das Krisenunter-nehmen durch die Steuerfreiheit des Sanierungsgewinns vor Nutzung des Verlustvortrages entlastet.

177 § 3 Nr. 66 EStG a.F. wurde durch Art. 1 Nr. 1 des Gesetzes zur Fortsetzung der Unternehmenssteuerreform v. 29.10.1997 abgeschafft (BGBl. I 1997, S. 2590).

178 Vgl. *Seer*, FR 2014, S. 721 (724).

179 BMF v. 05.04.2016, BStBl. I, S. 458.

180 Vgl. z.B. FG München v. 12.12.2007 – 1 K 4487/06, ZIP 2008, S. 1784; FG Sachsen v. 14.03.2013 – 5 K 1113/12.

181 Zustimmend: BFH v. 12.12.2013 – X R 39/10, BStBl. II 2014, S. 572; BFH v. 14.07.2010 – X R 34/08, BStBl. II 2010, S. 916; BGH v. 13.03.2014 – IX ZR 23/10, DStR 2014, S. 895. Offengelassen: BFH v. 25.04.2012 – I R 24/11, BFHE 237, S. 403; der BGH hat mit Urteil v. 13.03.2014 – IX ZR 23/10 die Haftung eines StB bejaht, da dieser nicht auf den Sanierungserlass hingewiesen hatte.

182 Vgl. U.a. *Kahlert*, ZIP 2016, S. 2107; *Seer*, FR 2014, S. 721; *de Weerth*, DStR 2014, S. 2485 (2488).

und schließlich der Beschluss des X. Senats des BFH[183] den Praktiker vorübergehend hoffen, dass der Sanierungserlass der rechtlichen Überprüfung standhält. Aber die notwendige Rechtssicherheit gab es danach noch immer nicht.

Ein Rückschlag war der am 08.02.2017 veröffentlichte Beschluss vom 28.11.2016[184], in **169** dem der Große Senat des BFH festgestellt hat, dass der (ehem.) sog. Sanierungserlass sowohl gegen das verfassungsrechtlich (Art. 20 Abs. 3 GG) als auch das einfachrechtlich (§ 85 Abs. 1 AO) normierte Legalitätsprinzip verstößt.

Allerdings haben der Gesetzgeber und die Finanzverwaltung hierauf in außerge- **170** wöhnlicher Geschwindigkeit reagiert und den Sanierungserlass mit Einführung der §§ 3a EstG, 3c Abs. 4 und 7b GewStG in Gesetzesform gegossen und dabei etwas modifiziert und erweitert.

Darüber hinaus hat die Finanzverwaltung am 27.04.2017 ein BMF-Schreiben mit einer **171** **Übergangsregelung** für Altfälle (die noch vor Einführung des Gesetzes abgewickelt wurden) erlassen[185]. Während die neue gesetzliche Regelung für Sanierungsfälle ab 08.02.2017 zur Anwendung[186] kommen soll, stellt das BMF-Schreiben den Vertrauensschutz für Steuerfälle fest, in denen der Schuldenerlass bis zum 08.02.2017 ausgesprochen wurde. Somit wurde eine, zeitlich gesehen, lückenlose Regelung für die Steuerfreiheit im Rahmen von Sanierungsmaßnahmen getroffen.

Nachdem auch die EU-Kommission 2018 in einem sog. „Comfort Letter" bestätigt hat, **172** dass kein Verstoß gegen das das EU-Beihilferecht vorliegt,[187] konnten die neuen gesetzlichen Regelungen (§ 3a EstG, § 7 b GewStG) vom Bundestag final ratifiziert werden. Dies ist mit Beschluss des Bundestages vom 08.11.2018 geschehen[188].

Die in den §§ 3 a und 3 c Abs. 4 EStG bzw. § 7 b GewStG gesetzlich geregelte Steuer- **173** freiheit von **Sanierungserträgen**, definiert in § 3a Abs. 1 S. 2 EStG, ist inhaltlich eng an den Sanierungserlass aus dem Jahre 2003 angelehnt. Die gesetzlichen Bestimmungen entwickeln den ehemaligen Sanierungserlass aber entscheidend weiter: So wurden insbesondere die Regelungen zur Verlustverrechnung modifiziert und Regelungen zur Gewerbesteuer überhaupt erst eingeführt.

Die für die Festsetzung der **Gewerbesteuer** relevanten Grundlagen werden nach dem **174** Einkommen- bzw. Körperschaftsteuergesetz ermittelt und durch Bestimmungen des Gewerbesteuergesetzes modifiziert. Der Grundlage für die Besteuerung wird durch das Finanzamt im Gewerbesteuermessbescheid (§ 184 AO) festgesetzt. Die Steuerfestsetzung und -erhebung erfolgt durch die Gemeinden (§ 4 GewStG) auf Grundlage des gemeindeindividuellen Hebesatzes (§ 16 GewStG).

---

183 BFH v. 25.03.2015, X R 23/13, BStBl. II 2015, S. 696: Legt dem Großen Senat die Frage vor, ob der sog. Sanierungserlass gegen den Grundsatz der Gesetzmäßigkeit der Verwaltung verstößt. Der X. Senat selbst war nicht dieser Meinung und darüber hinaus der Ansicht, dass der Sanierungserlass auch nicht gegen europarechtliche Vorgaben verstößt. Dagegen: BFH v. 28.11.2016 – GrS 1/15, ZIP 2017, S. 338.

184 BFH v. 28.11.2016 – GrS 1/15, ZIP 2017, S. 338.

185 BMF v. 27.04.2017, BStBl I, S. 741.

186 Vgl. § 52 Abs. 4a EStG n.F.

187 Vgl. *Völkel*, DB 2018, S. 2080; *de Weerth*, ZInsO 2018, S. 1893.

188 Beschluss des Bundestages v. 08.11.2018 (BT-Drs. 19/5595 S. 92).

175 In der Vergangenheit wurde mehrfach gerichtlich geklärt, dass der (damals gültige) **Sanierungserlass** keine juristische Bindungswirkung für die Gemeinden entfaltet[189]. Auch die hierzu ergangene höchstrichterliche Rechtsprechung des BFH[190] hatte festgestellt, dass der Sanierungserlass als Anordnung des BMF lediglich bindende Wirkung für die Landesfinanzbehörden entfaltet, nicht aber für die Gemeinden[191]. Dieser Umstand erschwerte Sanierungen von Unternehmen mit vielen Niederlassungen in unterschiedlichen Gemeinden (wie z.B. Filialbetriebe), da ein Gewerbesteuererlass mit jeder Gemeinde einzeln ausgehandelt werden musste. Auch diese Problematik wurde vom Gesetzgeber erkannt und mit § 7b GewStG eine Regelung geschaffen, welche die Steuerfreiheit auf Sanierungsgewinne auch auf die Gewerbesteuer ausdehnt.

176 Aufgrund der inhaltlichen Nähe ist die zu § 3 Nr. 66 EStG a.F. und zum Sanierungserlass ergangene Rechtsprechung zu großen Teilen auf die neuen gesetzlichen Regelungen in den §§ 3a, 3c Abs. 4 EStG und 7b GewStG übertragbar. Es wird deshalb nachfolgend teilweise auch auf ältere Quellen verwiesen, die vor Einführung des Gesetzes entstanden sind.

3.2.2 Berechnung des Sanierungsertrages

3.2.2.1 Reduzieren der Sanierungserträge auf ein Minimum

177 Zunächst müssen nach § 3 a Abs. 1 S. 2 EStG **steuerliche Wahlrechte** durch den Schuldner dahingehend ausgeübt werden, dass sich die Sanierungserträge so weit als möglich reduzieren. Zum Beispiel durch den Ansatz niedrigerer Teilwerte. Es sei denn, es ergibt sich durch den niedrigeren Ansatz aufgrund anderer gesetzlicher Bestimmungen (etwa § 8 b Abs. 3 KStG) kein reduzierter steuerlicher Ertrag.

178 In einem weiteren Schritt müssen nach § 3c Abs. 4 EStG verschiedene **Aufwendungen**, die im wirtschaftlichen Zusammenhang mit dem Sanierungsertrag stehen, mit diesem verrechnet werden. Dies betrifft auch Aufwendungen, die im vorangegangenen und nachfolgendem Veranlagungsjahr begründet wurden bzw. werden.

3.2.2.2 Verlustverrechnung

179 Der ehemalige Sanierungserlass sah eine Verpflichtung zur **vorrangigen Verwendung** sämtlicher vorhandener und sogar auch künftiger **Verlustvorträge** nach § 10d EStG vor. Zugleich wurden ansonsten gültige Verlustausgleichs- und Verrechnungsbeschränkungen[192] außer Kraft gesetzt, die normalerweise eine Verrechnung z.B. von Verlusten aus – steuergestaltenden Optimierungen geschuldeten – Verlustzuweisungsmodellen (z.B. aus Schiffsfonds u.a.) verhindern sollen[193].

180 Hintergrund der Überlegung ist, dass der Steuerpflichtige (das Krisenunternehmen) nicht doppelt begünstigt werden darf, indem einerseits der Sanierungsgewinn steuerfrei gestellt wird und andererseits aber Verlustvorträge übrig bleiben. Dabei ist zu bedenken, dass die Sanierungsgesetzgebung ohnehin immerhin das Prinzip der **gleichmäßigen**

---

189 Vgl. beispielhaft: VG Münster v. 21.05.2014 – 9 K 1251/11; VGH Hessen v. 18.07.2012 – 5 A 293/12.Z, HGZ 2012, S. 415; OVG Sachsen v. 12.04.2013 – 5 A 142/10.
190 BFH v. 25.04.2012 – I R 24/11, BFHE 237, S. 403.
191 Vgl. *Tietze*, DStR 2016, S. 1306 (1307).
192 Gemeint sind insb. §§ 2 Abs. 3, 2a, 2b, 10d, 15 Abs. 4, 15a, 23 Abs. 3 EStG.
193 BMF v. 27.03.2003, BStBl I 2003, S. 240, Rn. 8.

Besteuerung durchbricht. Es soll deshalb zumindest sichergestellt werden, dass zum Zeitpunkt der Sanierungsmaßnahme bestehende Verlustvorträge für künftige Gewinne aus dem laufenden Geschäftsbetrieb insoweit nicht mehr verwendet werden können.

Deshalb sollen Verluste desselben Jahres aus dem regulären Geschäftsbetrieb zunächst **181** über alle Einkunftsarten hinweg mit den dann zu begünstigenden Sanierungsgewinnen **verrechnet** werden[194]. Erfasst werden zudem Verluste des Jahres nach der Sanierungsmaßnahme (**Verlustrücktrag**).

§ 3a EStG übernimmt und erweitert die im Sanierungserlass geregelte **Verlustver- 182 rechnung.** Konkret gehen, bis zur Höhe des um die nicht abzugsfähigen Sanierungskosten geminderten Sanierungsertrages, zunächst sämtliche Verlustverrechnungspotenziale aus dem Sanierungsjahr, den Vorjahren und dem der Sanierung nachfolgenden Jahr unter. Dabei gibt das Gesetz in § 3a Abs. 3 S. 2 EStG detailliert vor, in welcher Reihenfolge die Verluste verwendet werden müssen. Gesetzliche Verrechnungsbeschränkungen (wie z.B. diejenige der Mindestbesteuerung) werden somit von vornherein umgangen.

3.2.3 Voraussetzungen für die Steuerbefreiung

Der **Sanierungsertrag** ist legaldefiniert in § 3a Abs. 1 EStG als „Betriebsvermögensver- **183** mehrungen oder Betriebseinnahmen aus einem Schuldenerlass zum Zwecke der unternehmensbezogenen Sanierung".

Eindeutig nicht begünstigt sind z.B. Vermögensvermehrungen durch gewährte Zu- **184** schüsse oder überhöhte Gegenleistungen, Schuldfreistellungen durch Leistungsaustausch, gesellschaftsrechtliche Vorgänge (z.B. verdeckte Einlagen), unentgeltliche Warenlieferungen oder Stundungen[195].

Der Erlass von betrieblichen Steuern im Rahmen der Unternehmenssanierung versteht **185** sich in Übereinstimmung mit den Zielen, welche zur Einführung der Insolvenzordnung zum 01.01.1999 geführt haben[196]. Hierzu gehört insbesondere auch die Bestrebung, den in wirtschaftliche Schwierigkeiten geratenen Unternehmen die **Fortführung des Geschäftsbetriebes** zu ermöglichen.

Dagegen wurde bereits im ehemaligen Sanierungserlass ausdrücklich klargestellt, dass **186** bei **Einstellung des Geschäftsbetriebes** eine Sanierung i.S.d. Erlasses nur ausnahmsweise vorliegen kann – nämlich nur dann, wenn die „Schulden aus betrieblichen Gründen (z.B. um einen Sozialplan zugunsten der Arbeitnehmer zu ermöglichen) erlassen werden"[197]. Diese Sichtweise dürfte weiterhin Gültigkeit haben.

Die Steuerfreiheit trotz Einstellung des Geschäftsbetriebes (auf Ebene des alten Rechts- **187** trägers) kann bei einem **betrieblichen Interesse** infrage kommen. Ein betriebliches Interesse kann z.B. vorliegen, wenn sich nur durch die Sanierungsmaßnahme die Situation der Arbeitnehmer deutlich verbessert. Dieser Tatbestand kann etwa bei der übertragenden Sanierung vorliegen, da eine Betriebsfortführung hier auch nur infrage kommt, wenn der neue Rechtsträger z.B. von den Nachhaftungsrisiken des § 25 HGB

---

194 BMF v. 27.03.2003, Rn. 8.
195 Vgl. *Schmidt, L.*, EStG[16].
196 BMF v. 27.03.2012, Rn. 8.
197 BMF v. 27.03.2012, Rn. 2, S. 1.

freigestellt wird[198]. Die Tatsache, dass die übertragende Sanierung – wenn auch nur unter bestimmten Voraussetzungen – in den Anwendungsbereich des sog. Sanierungserlasses fällt, spricht für eine weite Auslegung des mit dem Wortlaut des sog. Sanierungserlasses nicht eindeutig eingrenzbaren Begriffs des „Unternehmens". Die Abwägung sollte deshalb immer im Gesamtzusammenhang des Einzelfalls erfolgen und entsprechend eng mit dem Finanzamt im Vorfeld abgestimmt werden.

188 Eine **unternehmensbezogene Sanierung** liegt nach § 3a Abs. 2 EStG vor, wenn die nachfolgend aufgezählten Kriterien erfüllt sind. Die entsprechenden Begrifflichkeiten wurden in der langjährigen Rechtsprechung zu den Vorläufern von § 3a EStG, namentlich § 3 Nr. 66 EStG a.F. und dem ehemaligen Sanierungserlass[199], entwickelt und sind inhaltlich seitdem mehr oder weniger gleich geblieben. Sie sollen nachfolgend kurz erläutert werden:

a) **Sanierungsbedürftigkeit**

Von Sanierungsbedürftigkeit wird im Allgemeinen ausgegangen, wenn das Unternehmen ohne eine Sanierung nicht überlebensfähig wäre. Gemeint ist der Zustand des Unternehmens zum Zeitpunkt der Sanierungsmaßnahme. Ein starkes Indiz für die Sanierungsbedürftigkeit ist die Bereitschaft zum Forderungsverzicht v.a. durch nicht nahestehende Gläubiger.

b) **Sanierungseignung des Schulderlasses**

Hiermit soll sichergestellt sein, dass die Maßnahmen der Gläubiger (z.B. Forderungsverzicht und weitere Maßnahmen) in Art und Höhe voraussichtlich ausreichen, um das wirtschaftliche Überleben des Unternehmens zu sichern und die Zahlungsfähigkeit wiederherzustellen.

c) **Sanierungsfähigkeit**

Demnach muss das zu sanierende Unternehmen nach Vollendung der Maßnahmen grundsätzlich wieder selbständig lebensfähig sein. Das heißt, es muss eine allgemeine Grundlage vorhanden sein, welche die Fortführung (des nicht bereits eingestellten!) Geschäftsbetriebes möglich macht. Ein Indiz für die grundsätzliche Lebensfähigkeit wäre z.B. die Bereitschaft zur Vergabe von neuen Krediten durch nicht nahestehende Dritte, nachdem die Gläubiger auf ihre Forderungen (zum Teil) verzichtet haben.

d) **Sanierungsabsicht der Gläubiger**

Diesbezüglich wird vorausgesetzt, dass die Gläubiger im Zeitpunkt des Verzichts und mit dem Verzicht die Sicherung des Überlebens des Unternehmens zumindest auch intendieren. Unter welchen Voraussetzungen von dieser Sanierungsabsicht beim Gläubiger ausgegangen werden kann, war immer wieder Gegenstand der früheren Rechtsprechung zu § 3 Nr. 66 EStG a.F. Unschädlich ist es demnach, wenn der Gläubiger mit seinem Forderungsverzicht neben der reinen Sanierungsabsicht auch andere Ziele verfolgt (z.B. Rettung seiner Restforderung). Nicht entscheidend ist es demzufolge ferner, wenn das Unternehmen im späteren Zeitablauf doch noch liquidiert wird.

189 Die Vorlage eines **Sanierungsplanes** ist sehr hilfreich, um der Finanzverwaltung darzulegen, dass sämtliche Voraussetzungen für den Steuererlass erfüllt sind[200]. Für die Ge-

---

198 Vgl. *Geist*, BB 2008, S. 2658 (2665).

199 Vgl. zum Inhalt der Begrifflichkeiten ausführlich *Geist*, BB 2008, S. 2658 (2660 ff.) (nebst zahlreichen Verweisen auf Gerichtsentscheidungen); *Schmidt, L.*, EStG[16] (zu § 3 Nr. 66 EStG).

200 BMF v. 27.03.2012, Rn. 4, S. 2.

staltung des Sanierungsplanes gibt es verschiedene Vorschläge im Schrifttum. Nach Janssen genügt es, wenn der Plan – wie durch den Forderungsverzicht die Ertragsfähigkeit des Unternehmens wiederhergestellt wird – von allen betroffenen Gläubigern akzeptiert wird, indem diese einem Verzicht zustimmen[201]. Eine ausreichend umfassende Quelle ist der aktuelle *IDW Standard: Anforderungen an die Erstellung von Sanierungskonzepten (IDW S 6)*. In jedem Fall empfiehlt es sich, die Vorgehensweise im Vorfeld mit dem zuständigen Finanzamt zu besprechen bzw. eine verbindliche Auskunft (§ 89 AO) einzuholen.

3.3 Steuerliche Folgen des Forderungsverzichts

Beim **Forderungsverzicht** gibt ein Gläubiger eine Forderung – ggf. in Höhe eines Teilbetrages – auf. Dabei mindert sich das Fremdkapital und in der Folge erhöht sich das Eigenkapital, mithin die Eigenkapitalquote[202]. Bei einem bedingten Forderungsverzicht besteht die Möglichkeit, dass die Forderung nach Eintritt bestimmter Bedingungen (sog. Besserungsabrede) wieder auflebt, d.h. vom Schuldner nach Bedingungseintritt zurückgezahlt wird[203]. **190**

Der Forderungsverzicht kann zivilrechtlich durch Abschluss eines Erlassvertrages nach § 397 Abs. 1 BGB zwischen Gläubiger und Schuldner erfolgen[204]. Eine weitere Möglichkeit ist der Verzicht auf Grundlage des sog. negativen **Schuldanerkenntnisses** nach § 397 Abs. 2 BGB[205]. Dabei muss das Erlöschen der Schuld zweifelsfrei bestätigt werden. **191**

Die Entlastung von Verbindlichkeiten führt beim Schuldnerunternehmen selbstverständlich nicht zu einem Liquiditätszufluss. Der wirksame Forderungsverzicht führt beim begünstigten Unternehmen zu einem grundsätzlich **steuerpflichtigen Ertrag**, der rechtsformabhängig der Einkommen-, Körperschaft- und Gewerbesteuer zu unterwerfen ist[206]. **192**

Falls eine **Besserungsabrede** Teil der Vereinbarung sein soll, ist die rein mündliche Form aufgrund der hohen damit verbundenen Komplexität der Bedingungen ohnehin faktisch ausgeschlossen[207]. Dass ein Forderungsverzicht mit einer Besserungsabrede bzw. einem Besserungsschein verknüpft wird, ist eher die Regel als die Ausnahme. Bei dieser Form wird der Verzicht mit einer auflösenden Bedingung gemäß § 158 Abs. 2 BGB verbunden[208]. Damit entfällt der Verzicht z.B. unter der Bedingung, dass das Unternehmen wieder nachhaltig Überschüsse und Liquiditätszuflüsse erwirtschaftet (hierzu wäre im konkreten Fall eine genaue Definition zu empfehlen) und durch das (erneute) Aufleben der Verbindlichkeit keine Überschuldungssituation (mehr) entsteht. **193**

Die Tatsache, dass der Verzicht bei Eintritt bestimmter Bedingungen reversibel ist (**Besserungsschein**) ändert aber nichts daran, dass der hieraus resultierende Ertrag zunächst steuerlich zu berücksichtigen ist[209]. **194**

---

201 Vgl. *Janssen*, DStR 2003, S. 1055.
202 Vgl. *Thierhoff/Müller*, S. 216.
203 Vgl. *Thierhoff/Müller*, S. 217.
204 Vgl. *Thierhoff/Müller*, S. 216.
205 BMF v. 27.03.2003 – IV A 6 - S 2140 - 8/03, BStBl. I 2003, S. 240.
206 Vgl. *Janssen*, DStR 2003, S. 1055.
207 Vgl. *Blöse*, GStB 2010, S. 349 (350 ff.).
208 Vgl. *Becker/Pape/Wobbe*, DStR 2010, S. 506 (507).
209 Vgl. *Janssen*, DStR 2003, S. 1056.

195 Der steuerliche Ertrag kann unter Umständen zu einer erheblichen **Steuerbelastung** für das Schuldnerunternehmen führen und damit die Sanierungsmaßnahme gefährden. Die mit einem Forderungsverzicht verbundene liquiditätsmäßige Belastung für das eigentlich sanierungsbedürftige Unternehmen lässt wiederum das Zugeständnis, freiwillig auf Forderungen zu verzichten, aus Sicht der Gläubiger fragwürdig erscheinen. Letztlich kann dies dazu führen, dass es keine Bereitschaft der Gläubiger gibt, das Unternehmen auf dem Wege des Forderungsverzichtes zu sanieren[210].

196 Zwar erleiden Gläubiger durch den Verzicht Verluste, die sie theoretisch spiegelbildlich **gewinnmindernd** geltend machen können. Vielfach werden Gläubiger ihre Forderungen jedoch ohnehin bereits wertberichtigt haben, sodass sich aus dem folgenden tatsächlichen Verzicht kein ertragsteuerlicher Vorteil mehr ergibt.

197 Sind jedoch die im vorangegangenen Abschnitt zum Sanierungsertrag beschriebenen Voraussetzungen erfüllt, kann der Forderungsverzicht beim Schuldner als Sanierungsertrag i.S.d. § 3a Abs. 1 Satz 1 EStG eingestuft werden, mit der Folge, dass der steuerliche Ertrag zu neutralisieren ist[211]. Umgekehrt gilt aber auch: Kommt ein vereinbarter Besserungsfall zum Tragen und ist die Verbindlichkeit deshalb erneut einzubuchen, muss der daraus resultierende Aufwand abermals neutralisiert werden[212].

198 Obwohl es kein **Formerfordernis** für den Verzicht gibt und dieser demzufolge sogar mündlich erfolgen kann, ist die Schriftform in vielerlei Hinsicht dringend zu empfehlen. Sowohl bilateral zwischen Schuldner und Gläubiger als auch im Außenverhältnis ist die Schriftform faktisch nahezu unabdingbar, z.B. als Beleg für die Beseitigung der Überschuldung oder als Beleg gegenüber dem **Finanzamt.**

199 Ähnliche Folgen wie beim Forderungsverzicht können im Übrigen auch beim sog. **Debt-to-Equity-Swap** eintreten. Hierbei wird mit Einverständnis des Gläubigers Fremd- in Eigenkapital umgewandelt, mit der Folge, dass die Forderung des Gläubigers und die Verbindlichkeit des Schuldners erlöschen. Steuerlich erhöht der Darlehensverzicht das steuerliche Einkommen des Schuldners nach Ansicht der Finanzverwaltung so weit, wie die Forderung des Gläubigers nicht (mehr) ihrem Nominalwert entspricht. Nur beim werthaltigen Teil der Forderung handelt es sich also nach Meinung der Finanzverwaltung um eine steuerlich neutral zu behandelnde verdeckte Einlage[213].

3.4 Nutzung und Nutzungsbeschränkungen von Verlustvorträgen

200 Die Nutzung von Verlustvorträgen spielt bei der Sanierung von Unternehmen – unabhängig davon, ob diese im Rahmen eines Insolvenzverfahrens oder außergerichtlich geschieht – eine große Rolle. Die verschiedenen Möglichkeiten der **Verlustnutzung** werden deshalb im Folgenden kurz beschrieben, um dann auf die insolvenzrechtlichen Besonderheiten einzugehen.

---

210 Vgl. *Düll/Fuhrmann/Eberhard*, DStR 2003, S. 862 (863); *Janssen*, DStR 2003, S. 1056.
211 Vgl. Ausführungen im vorangegangenen Abschnitt zum Sanierungsertrag.
212 Vgl. § 3c Abs. 4 EStG.
213 Vgl. OFD Frankfurt/M. v. 24.01.2018, S 2140 A – 4 – St 213; OFD Nordrhein-Westfalen v. 19.07.2018, S 2742-2016/0009 St 131; demgegenüber kritisch u.a. *Beyer*, DStR 2012, S. 2199; BeckOK InsO[23], § 220.

3.4.1 Nutzung von Verlusten im Rahmen der Einkommensermittlung

Steuerliche Verluste resultieren ganz allgemein aus einem Überschuss der steuerlich re- **201** levanten Ausgaben über die steuerlich relevanten Einnahmen. Bei buchführungspflichtigen Unternehmen ergeben sich Verluste aus dem **Betriebsvermögensvergleich** nach § 4 Abs. 1 EStG. Sofern keine Buchführungspflicht besteht, kann sich ein betrieblicher Verlust aus der steuerlichen Ermittlung gem. § 4 Abs. 3 EStG ergeben. Bei Überschusseinkunftsarten ergibt sich ein Verlust, wenn die abzugsfähigen Werbungskosten eines Kalenderjahres die Einnahmen überschreiten.

Die steuerlichen Verluste können mit steuerlichen Gewinnen oder Überschüssen **ver-** **202** **rechnet** werden und somit die steuerliche Bemessungsgrundlage mindern. Diese Verrechnung geschieht entweder durch Verlustausgleich oder durch Verlustabzug.

Beim **Verlustausgleich** werden Verluste des Steuerpflichtigen mit Gewinnen des Steu- **203** erpflichtigen aus anderen Quellen im gleichen Veranlagungszeitraum verrechnet. Der Verlustausgleich ist nur im Ausnahmefall beschränkt – z.B. bei sog. Steuerstundungsmodellen i.S.d. § 15b EStG und bei Einnahmen aus Kapitalvermögen (§ 20 Abs. 6 S. 1 EStG).

Beim **Verlustabzug** nach § 10d EStG werden Verluste mit Einkünften aus anderen **204** Veranlagungszeiträumen verrechnet.

Beim **Verlustrücktrag** (§ 10d Abs. 1 S. 1 EStG) werden Verluste eines Veranlagungs- **205** jahres mit Gewinnen aus dem unmittelbar vorangegangenen Veranlagungsjahr verrechnet.

Sofern es zunächst keine anderen zulässigen Verrechnungsmöglichkeiten gibt, ist der **206** Verlust nach entsprechender Erklärung durch den Steuerpflichtigen gem. § 10 d Abs. 4 EStG i.V.m. §§ 179 AO vom Finanzamt bindend festzustellen und **vorzutragen**[214]. Werden mehrere Jahre hintereinander Verluste erwirtschaftet, können sich Verlustvorträge auch kumulieren.

Dieselben Regelungen wie bei der Einkommensteuer gelten über § 8 Abs. 1 KStG **207** grundsätzlich auch für die **Körperschaftsteuer**. Für die **Gewerbesteuer** gelten die Regeln für den Verlustabzug über § 10a GewStG. Allerdings kennt das Gewerbesteuerrecht keine Verlustrücktragmöglichkeit.

Die in Kap. F Tz. 34 ff. beschriebenen Grundsätze zur **Ermittlung** des zu versteuernden **208** Einkommens gelten auch für die Verlustnutzung: Das Insolvenzverfahren hat auf die Nutzung von festgestellten Verlustvorträgen nach § 10d EStG keinen Einfluss. Das heißt vor Insolvenzantrag angefallene Verluste können nach Insolvenzantrag – unter Beachtung der nachfolgenden Grundsätze zur allgemeinen Verlustabzugsbeschränkung – zugunsten der Insolvenzmasse genutzt werden.

3.4.2 Verlustabzugsbeschränkungen

3.4.2.1 Mindestbesteuerung

Die in § 10d Abs. 2 EStG geregelte **Mindestbesteuerung** begrenzt den unbeschränkten **209** Verlustabzug auf maximal 1 Mio. €. Darüber hinausgehende Gewinne sind nur noch zu 60% mit vorhandenen Verlustvorträgen verrechenbar.

---

214 Anm.: Das Gewerbesteuerrecht sieht keine Verlustrücktragsmöglichkeit vor.

Beispiel 10 – zur Mindestbesteuerung:

Unternehmer A hat in den letzten drei Jahren Verluste gemacht, die er nicht mit positiven Einkünften verrechnen konnte. Das Finanzamt stellt zum 31.12.2019 einen steuerlichen Verlustvortrag Höhe von 6.000.000 € fest.

Der Insolvenzverwalter veräußert nach der Insolvenzeröffnung im Jahr 2020 das Betriebsgrundstück. Aus dem Veräußerungsgeschäft resultiert ein steuerlicher Gewinn (abzüglich des Restbuchwerts) in Höhe von 5.000.000 €. Es werden ansonsten im Geschäftsjahr 100.000 € Verlust erwirtschaftet:

Gesamtbetrag der Einkünfte 2020	4.900.000 €
./. Verlustvortrag 2019 bis 1 Mio. €	1.000.000 €
Zwischensumme	3.900.000 €
davon 60% verrechenbar mit Verlustvortrag	2.340.000 €
zu versteuern im Kalenderjahr 2020	1.560.000 €

Der Gewinn betrifft ausschließlich die Insolvenzmasse, da es Überschüsse nur aus der Verwertungshandlung gab. Die Verluste dürfen zugunsten der Insolvenzmasse genutzt werden, allerdings aufgrund von § 10d Abs. 2 EStG nur beschränkt. Es verbleibt ein Verlustvortrag zum 31.12.2019 in Höhe von 3.560.000 €.

3.4.2.2 Grenzen der Mindestbesteuerung

210 Die Regeln zur **Mindestbesteuerung** dienen laut Regierungsentwurf des Steuervergünstigungsabbaugesetzes 2002 dazu, das „Steueraufkommen für die öffentlichen Haushalte kalkulierbarer zu machen"[215]. Allerdings können diese Regeln Steuerpflichtigen mit stark schwankenden Einkünften bedeutende Probleme bereiten. Insbesondere bei mittleren und größeren Unternehmen ist die Verlustabzugsgrenze von 1 Mio. € sehr schnell überschritten.

211 Gerade bei Krisenunternehmen ergibt sich in der Praxis oftmals die Kombination aus hohen Verlustvorträgen und **außerordentlichen Einkünften**, was unterschiedliche Ursachen haben kann, z.B. beim Forderungsverzicht der Gläubiger, aufgrund der Verwertung von Vermögensgegenständen über Buchwert oder weil durch Entflechtungen von Unternehmensteilen in anderer Weise **stille Reserven** aufgedeckt werden. Gerade in Zeiten, in denen das Unternehmen mit knapper Liquidität zu wirtschaften hat, fallen somit unter Umständen Steuern an, obwohl das Unternehmen über hohe Verlustvorträge verfügt.

212 Ob die Deckelung des Verlustvortrages **verfassungskonform** ist, ist umstritten[216]. Der BFH hat zwar wiederholt entschieden, dass die Beschränkung der Verrechnung von vortragsfähigen Verlusten zur zeitlichen Streckung der Verwendungsmöglichkeiten grundsätzlich mit dem Grundgesetz vereinbar ist. Es wurde allerdings offengelassen, ob das auch gilt, wenn die Nutzung des Verlustvortrages endgültig unmöglich wird, d.h. im

---

215 Entwurf eines Gesetzes zur Umsetzung der Protokollerklärung der Bundesregierung zur Vermittlungsempfehlung zum Steuervergünstigungsabbaugesetz, BT-Drs. 15/1518 v. 08.09.2003, S. 13.

216 Vgl. hierzu BFH v. 26.08.2010 – I B 49/10, BeckRS 2010, 24004166, Rn. 13 mit zahlreichen Literaturhinweisen.

Falle eines sog. „Definitiveffekts"[217]. Dies dürfte gerade in Insolvenzverfahren, in denen das Unternehmen liquidiert wird, oft der Fall sein.

Mit Beschluss vom 26.02.2014[218] hat der BFH die Frage zur Verfassungsmäßigkeit der **213** sog. Mindestbesteuerung bei Definitiveffekten dem BVerfG zur Entscheidung vorgelegt[219]. Eine Entscheidung des BVerfG liegt bisher nicht vor. Das IDW hat hierzu im Februar 2021 ausführlich Stellung genommen und hält die Mindestbesteuerung im Falle einer „Definitvbelastung" für verfassungswidrig, und zwar unabhängig davon, ob diese z.b. durch eine Insolvenz und Abwicklung „erzwungen" oder durch „außersteuerlich motivierte freiwillige Beendigung der Steuerpflicht" herbeigeführt wird[220]. Ähnlich sieht es die Bundesrechtsanwaltskammer, welche in einer Stellungnahme vom März 2021 die Vorschrift im Falle eines Definitiveffektes ebenfalls für verfassungswidrig hält[221]. Diese Ansichten werden u.a. gestützt durch eine Entscheidung des Finanzgerichts Düsseldorf von 2018.[222] Es spricht also einiges dafür, dass die Mindestbesteuerung im Falle einer „Definitivbelastung" verfassungswidrig ist.

Da es derzeit, außer dem Billigkeitsantrag nach der AO, keine Ausnahmen von der **214** Verlustbeschränkung gibt, **empfiehlt** es sich deshalb dringend, eine entsprechende Steuerfestsetzung bis zur abschließenden Entscheidung des BVerfG offenzuhalten. Dies gilt insbesondere, wenn die zeitliche Streckung der Nutzungsmöglichkeiten des Verlustvortrages absehbar dazu führt, dass die Nutzung eines Verlustvortrages vollständig unmöglich wird, wie das z.b. bei Liquidation, nach Umwandlung oder aufgrund besonderer gesetzlicher Bestimmungen (z.b. § 8c KStG), bei Veräußerung oder übertragender Sanierung der Fall sein kann.

3.4.3 Wegfall körperschaftsteuerlicher Verlustvorträge und Sanierungsklausel (§ 8c KStG)

3.4.3.1 Überblick zu § 8 c KStG

Im Zuge von Sanierungsmaßnahmen findet nicht immer ein Rechtsträgerwechsel statt. **215** Allerdings wird oftmals frisches Kapital zugeführt. Wenn hierbei die Anteilseigner (zum Teil) wechseln, besteht bei Körperschaften das Risiko, dass Verluste nach § 8 c KStG **untergehen**.

Das Wesen des § 8c KStG ist eine Regelung, die den Wegfall **körperschaftsteuerlicher** **216** **Verlustvorträge** bei Wechsel des Anteilseigners bei KapGes. vorsieht, sofern nicht bestimmte Kriterien erfüllt sind. Die Regelung ist äußerst komplex und vielschichtig. Es soll darum nachfolgend nur um einen Überblick über diese Regelung gehen, um das Problembewusstsein herzustellen. Sonderfälle (z.b. Firmenverbund – sog. Konzernklausel, Verschonungsregelungen) und tiefergehende Detailfragestellungen werden nachfolgend bewusst nicht behandelt, da sie den Rahmen für einen verhältnismäßig kleinen Unterabschnitt innerhalb eines einzigen Kapitels zum Thema Steuerliche As-

---

217   Vgl. u.a. BFH v. 20.09.2012 – IV R 36/10, BStBl. II 2013, S. 498, BFH v. 22.08.2012 – I R 9/11, BStBl. II 2013, S. 512.
218   BFH v. 26.02.2014 – I R 59/12, DStR 2014, S. 1761.
219   BVerfG – 2 BvL 19/14 und BVerfG – 2 BvR 2998/12.
220   *IDW Stellungnahme zur Frage der Verfassungswidrigkeit der Mindestbesteuerung* an das BVerfG (2 Bvl 19/14) vom 25.02.2021.
221   Vgl. BRAK, Nachrichten aus Berlin, Ausgabe 7/2021 v. 08.04.2021.
222   FG Düsseldorf v. 18.09.2018 (6 K 454/15K); BFH – I R 36/18 (anhängig).

pekte in der Sanierung und Insolvenz sprengen würden. Zur Vertiefung wird auf die vielfach vorhandene Spezialliteratur zur Thematik verwiesen.

217 Der **Regelungsinhalt** des § 8c KStG (früher: § 8 Abs. 4 KStG a.F. [223]) war seit jeher umstritten und wurde auch deshalb mehrfach geändert[224]. Die Verfassungsmäßigkeit einerseits und die EU-Konformität andererseits waren stets Ursache von rechtlichen Streitigkeiten und Diskussionen[225].

218 Das BMF hat im November 2017 ein Schreiben erlassen, welches die die **Anwendung** von § 8 c KStG neu geordnet hat[226]. Dieses Schreiben hat das alte Schreiben aus dem Jahre 2008 im Wesentlichen ersetzt[227], ist aber zum Teil schon wieder überholt.

219 Der körperschaftsteuerliche Verlustvortrag einer KapGes. geht – unabhängig von der dahinterstehenden Intention – aufgrund einer **Übertragung** von Kapitalanteilen von (unmittelbar oder mittelbar) mehr als 50% vollständig unter. Der zuvor gültige anteilige Untergang bei Übertragungen von mehr als 25% bis 50% wurde aufgrund verfassungsrechtlicher Bedenken ersatzlos aufgehoben.

220 Bei der **50-%-Regelung** nach § 8 c KStG n.F. ist unter anderem zu beachten, dass

- mehrere Erwerber innerhalb eines Zeitraums von fünf Jahren zusammengerechnet, aber etwaige Anteilsübertragungen während des Zeitraums durch den Erwerber an einen Dritten nicht abgerechnet werden.
- der Erwerb durch nahestehende Personen (oder Personen mit gleichgerichtetem Interesse) zusammengerechnet wird.
- es auch bereits genügt, nur Stimmrechte zu übertragen.
- Kapitalerhöhungen oder Kapitalherabsetzungen dieselbe Wirkung wie der Erwerb haben, wenn dadurch die Beteiligungsquote entsprechend verändert wird[228].

221 Auch bei der neuen Regelung ist nicht sicher, ob diese **verfassungsgemäß** ist, es ist diesbezüglich ein Normenkontrollverfahren beim Bundesverfassungsgericht anhängig[229].

3.4.3.2 Die Sanierungsklausel nach § 8c Abs. 1 a KStG

222 Da der Gesetzgeber erkannt hat, dass Unternehmenssanierungen aufgrund von § 8c KStG stark erschwert werden[230], hat er mit § 8c Abs. 1a KStG die sog. **Sanierungsklausel** eingefügt[231].

---

223 Durch das Unternehmenssteuerreformgesetz 2008 v. 14.08.2007, BGBl. I 2007, S. 1912; BStBl. I 2007, S. 530 ersetzt durch § 8c KStG a.F.

224 Zuletzt geändert aufgrund des Gesetzes zur weiteren steuerlichen Förderung der Elektromobilität und zur Änderung weiterer steuerlicher Vorschriften vom 12.12.2019 (BGBl. I, S. 2451), in Kraft getreten am 18.12.2019.

225 Vgl. BVerfG v. 29.03.2017, 2 BvL 6/11, welches auch die Nachfolgeregelung zu § 8 Abs. 4 KStG a.F., § 8c KStG a.F. als nicht verfassungsgemäß beurteilt hat. Zu den Streitfragen und zur historischen Entwicklung vgl. *Hörhammer*, DStR 2019, S. 847; *Hörhammer*, Präsentation zum 65. Berliner Steuergespräch, 20.11.2017.

226 BMF v. 28.11.2017, BStBl. 2017, S. 1645.

227 BMF v. 04.07.2008 – S 2745 a/08/10001, BStBl. I 2008, S. 736.

228 Vgl. BeckOK KStG[10], § 8c. Rn 8-14; BMF v. 28.11.2017.

229 BVerfG AZ. 2 BvL 19/17.

230 Vgl. Gesetzesbegründung zur Einführung von § 8c Abs. 1a KStG, BT-Drs. 16/12674 v. 22.04.2009.

231 Es folgten später weitere Ausnahmetatbestände (vgl. hierzu § 8c Abs. 1 S. 5-9 KStG).

Auch diese Regelung war längere Zeit umstritten, da sie nach Ansicht einiger Autoren steuersystematischen Grundsätzen widerspicht[232]. Zudem wurde die Sanierungsklausel von der Europäischen Kommission zunächst als unzulässige staatliche Beihilfe eingestuft[233]. Eine erste Klage der Bundesrepublik Deutschland hiergegen war zunächst erfolglos[234]; insofern sah es lange Zeit so aus, als könne die Regelung nicht zur Anwendung kommen. Die Kehrtwende läutete das Urteil des EUGH vom 28.06.2018 ein: Hier hat der EUGH entschieden, dass die Sanierungsklausel als Rückausnahme zum Verlustuntergang bei Anteilsübertragungen **europarechtlich** zulässig ist[235].

Sofern also die **Voraussetzungen** einer Sanierung im Sinne von § 8 c Abs. 1a KStG vorliegen, können Verlustvorträge deshalb – trotz eines ansonsten im Sinne von § 8 c Abs. 1 KStG „schädlichen" Anteilserwerbs – erhalten bleiben. Dies gilt auch rückwirkend bis ins Jahr 2008, sofern die entsprechenden Bescheide noch formal änderbar sind. **223**

- Voraussetzung ist, dass durch den Beteiligungserwerb die Zahlungsunfähigkeit oder Überschuldung verhindert oder beseitigt wird und zugleich die Betriebsstrukturen erhalten bleiben Das heißt insbesondere: Der **Anteilserwerb** muss zu einem Zeitpunkt erfolgt sein, zu dem die Zahlungsunfähigkeit oder Überschuldung[236] der Körperschaft zumindest droht. Vordem erfolgte Erwerbe fallen nicht unter die Sanierungsklausel. Auch muss der Geschäftsbetrieb fortgeführt werden. Allerdings muss die Sanierung nicht der alleinige Zweck des Erwerbs sein – auch der tatsächliche Sanierungserfolg ist demnach nicht entscheidend. Es müssen aber die Ursache der Krise und die entsprechenden Gegenmaßnahmen vom Erwerber objektiv und in nachvollziehbarer Weise dargestellt werden.
- Der Erhalt der **Betriebsstrukturen** kann entweder durch eine Betriebsvereinbarung mit Arbeitsplatzregelung, durch das Erhalten der Lohnsumme oder durch das Zuführen von wesentlichem Betriebsvermögen erfolgen. Nähere Details werden in einer Verfügung der OFD NRW ausführlich dargestellt[237].

Die Bestimmungen sind auch auf die **Gewerbesteuer** anzuwenden[238]. **224**

3.4.4 Fortführungsgebundene Verluste (§ 8d KStG)

Im Jahr 2016 wurden die Beschränkungen des § 8c KStG, welche entgegen dem Grundprinzip des § 8c KStG eine Verlustnutzung unter bestimmten Voraussetzungen doch noch zulassen, ergänzt durch eine weitere Ausnahmeregelung: Nach § 8d KStG entfallen die Verluste trotz eines an sich schädlichen Anteilserwerbs auf gesonderten Antrag auch dann nicht, wenn der Geschäftsbetrieb der Körperschaft nach dem Anteilseignerwechsel unverändert erhalten bleibt und eine anderweitige Nutzung der Verluste ausgeschlossen ist. Der Verlust ist also an die **Fortführung des Geschäftsbetriebes** gebunden. **225**

Die wesentlichen Bedingungen für § 8d KStG sind, dass der (**ursprüngliche**) **Geschäftsbetrieb** über einen längerfristigen Zeitraum vor und nach dem Anteilseigner- **226**

---

232 Vgl. *BDI*, S. 7, aber auch *Seer*, ZIP 2014, Beil. zu H. 42, Abschn. V., S. 1 (11 ff.).
233 Beschluss der Kommission v. 26.01.2011 (2011/527/EU) über staatliche Beihilfe Deutschlands C 7/10 (ex CP 250/09 und NN 5/10), „KStG, Sanierungsklausel", AbI.EU L 235/26 v. 10.09.2011.
234 EuGH v. 18.12.2012, T-205/11; EUGH v. 03.07.2014, C-102/13 P, ZIP 2014, S. 67.
235 EuGH vom 28.06.2018, C-219/16P, DSTR 2018, 14.34.
236 Wie die Kriterien zu ermitteln sind, ergibt sich detaillierter aus dem Schreiben der OFD.
237 OFD NRW, Verfügung vom 20.12.2018 – S. 2745, DB 2019, S. 26.
238 Vgl. § 10a S. 10 GewStG.

wechsel weder (vorübergehend) eingestellt[239] noch in seinem Zweck verändert wurde. Außerdem darf innerhalb dieses Zeitraums grundsätzlich auch kein neuer Geschäftsbetrieb (auch nicht zusätzlich zum bisherigen) aufgenommen worden sein. Auf diese Weise soll sichergestellt werden, dass Verluste nicht mit Gewinnen aus anderen Geschäftsbetrieben verrechnet werden können. Unter anderem, um den diesen Beschränkungen unterworfenen Verlust von neuen Verlusten zu unterscheiden, wird er gesondert als „fortführungsgebunden" festgestellt[240].

227 Es ist aber darauf hinzuweisen, dass diese **Voraussetzungen** bei näherer Betrachtung **nicht zu eng** auszulegen sind. Hervorgehoben werden soll in diesem Zusammenhang, dass z.B. eine Anpassung des Geschäftsmodells wegen eines Strukturwandels für die Anwendung von § 8d KStG nicht schädlich sein muss, sofern ein Sachzusammenhang zur bisherigen Tätigkeit verbleibt. Auch kann die Aufnahme eines zusätzlichen Geschäftsbetriebes unter bestimmten Umständen unschädlich sein[241]. Da die Diskussion weiterer Details hier den Rahmen sprengen würde, wird an dieser Stelle auf das umfassende und aufschlussreiche BMF-Schreiben vom 18.03.2021 verwiesen[242].

228 Die Bestimmungen sind auch auf die **Gewerbesteuer** anzuwenden[243].

3.5 Ausgewählte Besitz- und Verkehrssteuern

3.5.1 Grunderwerbsteuer

229 **Grunderwerbsteuer** aus dem unmittelbaren Verkauf nicht betriebsnotwendiger Immobilien muss eingeplant werden. Nach den üblichen vertraglichen Regelungen trägt diese der Käufer. Die Problemstellungen entsprechen denen bei der Regelinsolvenz, sodass auf die entsprechenden Ausführungen verwiesen werden kann[244].

230 Beim Verkauf von Anteilen an rechtlichen Einheiten mit Grundstücken im Bestand führen die Vorschriften des § 1 Abs. 2a, 2b, 3 und 3a GrEStG meist ebenfalls zu einer entsprechenden Belastung bezüglich der mitverkauften Immobilien. Dabei erweist sich die PersGes. meist als flexibler, obwohl die **Grunderwerbsteuerreform** 2021[245] die **Schwellenwerte** und Fristen verschlechtert hat. So lässt sich für die Grunderwerbsteuer unter Umständen beim Verkauf von PersGes. mit Immobilienbeständen eine Reduzierung der Belastung um rund 90% (bisher 95%) erreichen, wenn der Verkäufer noch für fünfzehn Jahre (bisher fünf Jahre) mit mehr als 10% (bisher 5%) beteiligt bleibt (§§ 1 Abs. 3 Nr. 1, 6 Abs. 3 GrEStG). Auch bei der Ausgliederung auf eine Objektgesellschaft zur Aufstockung der Finanzierung lässt sich eine Grunderwerbsteuerbelastung regelmäßig durch die Befreiungsvorschrift des § 5 Abs. 2 GrEStG weitgehend vermeiden.

231 Sofern eine Beteiligung unmittelbar an der Spitze des zu sanierenden Unternehmens erfolgen soll, etwa durch Umwandlung von Verbindlichkeiten in Eigenkapital oder den

---

239 Abgesehen von behördlich verfügter Schließung (z.B. im Rahmen der Corona-Pandemie), BMF v. 18.03.2021, IV C 2 – S 2745- b/19/10002:002, Tz. 26, 32.
240 § 8d Abs. 1 S. 6,7 KStG.
241 BMF vom 18.03.2021, IV C 2 – S 2745- b/19/10002:002, Tz. 25 ff.
242 BMF v. 18.03.2021, IV C 2 – S 2745- b/19/10002:002.
243 Vgl. § 10a S. 10 GewStG.
244 Kap. F Tz. 146 f.
245 Änderung des Grunderwerbsteuergesetzes durch Art. 11 Gesetz zur Abwehr von Steuervermeidung und unfairem Steuerwettbewerb und zur Änderung weiterer Gesetze vom 25.06.2021 (BGBl. I, S. 2056).

Beitritt neuer Investoren, ist ebenfalls die 90-%-Marke in § 1 Abs. 2a, 3 und 3a GrEStG die kritische Grenze, bei deren Überschreiten Grunderwerbsteuer für alle Immobilien der Gruppe ausgelöst würde. Bei PersGes. und ab 01.07.2021 auch bei KapGes. müssen hierzu innerhalb des Zehnjahreszeitraums 90% der Anteile nur auf neue Gesellschafter übergehen, d.h., etwa vorhergehende Anteilsübertragungen sind mit in die Betrachtung einzubeziehen.

Wenn im Krisenunternehmen – Grundstücke in PersGes. – etwaige Umstrukturierungen in den vorangegangenen zehn Jahren stattgefunden haben, sind schließlich die Behaltensfristen der §§ 5 Abs. 3 und 6 Abs. 3 S. 2 GrEStG zu beachten[246]. Die Beteiligung in Form einer stillen Gesellschaft, egal ob typisch oder atypisch, ist dagegen unschädlich[247].   **232**

3.5.2 Erbschaftsteuer

Beim Verkauf von bislang betrieblich genutztem Vermögen (kein „Verwaltungsvermögen") sowie von Anteilen an betrieblichen Einheiten im Rahmen der Unternehmenssanierung können durch die Verletzung von **Behaltensregelungen** Steuervergünstigungen entfallen, falls die Anteile vordem im Wege der Schenkung oder Erbschaft erworben wurden. Die einschlägigen Behaltensfristen im ErbStG sind dabei zu berücksichtigen.   **233**

3.6 Das Modell der doppelnützigen Treuhand

Mit dem Modell der doppelnützigen Treuhand soll regelmäßig existenziellen Problemen begegnet werden, die die Gesellschafter nicht mehr in eigener Regie lösen können. Eine Sanierung oder zumindest ein Verkauf lebensfähiger Teilbereiche wird dabei häufig sowohl von den Eigentümern als auch von den Kreditgebern als vorzugswürdig gegenüber einem Insolvenzverfahren erachtet. Das Modell der doppelnützigen Treuhand setzt dabei im Vergleich zum Insolvenzplanverfahren nachdem ESUG früher an und vermeidet damit auch den „Makel der Insolvenz"[248].   **234**

Die Kreditgeber sehen sich häufig durch einen Vertrauensverlust gegenüber den Gesellschaftern bzw. der Geschäftsführung des Krisenunternehmens daran gehindert, ein weiteres Engagement in der bisherigen Struktur einzugehen.   **235**

Die Übertragung der Anteile auf einen Treuhänder soll diesen Konflikt auflösen: **236**

• Der Treuhandvertrag räumt den Kreditgebern ein bevorzugtes Befriedigungsrecht an den Sanierungs- oder Veräußerungserlösen ein, die infolgedessen zu weiteren Krediten bereit sind. Der Treuhandvertrag wirkt insoweit als echter Vertrag zugunsten Dritter[249]. Der Treuhänder verwahrt die Sicherheiten fremdnützig im Interesse der **Kreditgeber**, den „**Begünstigen**"[250]. Die Kreditgeber vermeiden den unmittelbaren Erwerb der Anteile, um beim Scheitern der Sanierung keinem Anfechtungsrisiko hinsichtlich nachrangiger Gesellschafterdarlehen ausgesetzt zu sein, und werden auch

---

246 Vgl. hierzu Kap. F Tz. 147 und Kap. F Tz. 263.
247 Vgl. *Boruttau*, GrEStG[19], § 1 Rn. 20, 654, 957, 1227.
248 *Hagebusch/Knittel*, in: FS Beck, S. 243 (246).
249 Vgl. *Undritz*, ZIP 2012, S. 1153.
250 Vgl. *Achsnick/Opp*, Rn. 429.

nicht Vertragspartner des Treuhandvertrags, um einer Inanspruchnahme wegen faktischer Geschäftsführung vorzubeugen[251].

- Für die Gesellschafter („Treugeber") verwaltet der Treuhänder die gesellschaftsrechtlichen Mitgliedschaftsrechte[252]. Deren Weisungsrechte sind dabei jedoch durch die Treuhandvereinbarung im Hinblick auf die hierin festgelegten Ziele eingeschränkt. Die Treugeber akzeptieren diese Beschränkungen durch die Vorgabe eines Entscheidungsrahmens im eigenen Interesse, um die weitere Unterstützung der Begünstigten sicherzustellen.

237 Bei der konkreten Ausgestaltung des Treuhandverhältnisses sowie der **Treuhandvereinbarung** besteht eine weitgehende Gestaltungsfreiheit. Eine typische Konstellation, die hier als Referenzpunkt dienen soll, lässt sich wie folgt umschreiben:

- Beteiligte sind der Treuhänder und der Treugeber. Die Interessen der Begünstigten werden durch die Ausgestaltung als Vertrag zugunsten Dritter berücksichtigt[253].
- Dem Treuhänder wird das dingliche Eigentum an den Gesellschaftsanteilen von den Treugebern übertragen (**Vollrechtstreuhand** in der Form der **Übertragungstreuhand**).
- In der Treuhandabrede werden die **Rechte des Treuhänders im Innenverhältnis** mit Rücksicht auf den Zweck des Treuhandverhältnisses beschränkt[254]. Meist sind jedoch auch Beschränkungen des Weisungsrechts der Treugeber enthalten, jedenfalls soweit dies dem Zweck der Vereinbarung zuwiderlaufen würde. Die dem Treugeber verbleibenden Rechte sind insbesondere bei der Übertragung von Mitunternehmeranteilen von Bedeutung, wenn die Mitunternehmerinitiative des Treugebers zu beurteilen ist[255].
- Regelmäßig ist in der Treuhandvereinbarung bereits eine **Änderung der Zielsetzung** von der **Sanierung** des Unternehmens zu dessen **Verwertung** integriert. Wenn die Sanierung bis zu einem bestimmten Zeitpunkt nicht erreicht wurde, erfolgt ein Übergang in die Verwertungsphase. Das „Erreichen der Sanierung" wird dabei an festgelegten betriebswirtschaftlichen Kennzahlen gemessen. Umgekehrt ist häufig vereinbart, dass der Verzug der Treugutgesellschaft beim Kapitaldienst oder deren Insolvenz die Verwertungsphase vorzeitig auslöst. Mit dem Übergang in die Verwertungsphase werden die Rechte des Treuhänders meist deutlich ausgeweitet bzw. die Weisungsrechte des Treugebers weiter, unter Umständen auch ganz, beschränkt[256]. Die Treugeber behalten aber meist ein, wenn auch oft nur theoretisches, Recht zur Ablösung von Verbindlichkeiten bzw. zum Selbsteintritt im Rahmen des Verkaufsprozesses.
- Dem Sicherungsbedürfnis der Begünstigten entsprechend wird darüber hinaus auch eine bevorrechtigte Verwendung von Mittelzuflüssen zugunsten der Begünstigten, zumindest aber eine Beschränkung des Entnahmerechts der Treugeber, bzw. deren Herausgabeanspruch gegenüber dem Treuhänder, geregelt. Die Ansprüche der Treugeber werden während der Laufzeit der Treuhandvereinbarung meist auf die

---

251 Vgl. *Undritz*, ZIP 2012, S. 1153 (1155 f.).
252 Vgl. *Achsnick/Opp*, Rn. 412.
253 Vgl. *Achsnick/Opp*, Rn. 428.
254 Vgl. *Achsnick/Opp*, Rn. 443, 553 ff.
255 Vgl. Kap. F Tz. 251 ff.
256 Vgl. *Undritz*, ZIP 2012, S. 1153 (1157: „Zweistufiges Modell").

Mittel zur Erfüllung der Steuerzahlungen aus der Unternehmenstätigkeit während der Sanierungsphase bzw. auf die Veräußerungsgewinne in der Verwertungsphase beschränkt[257].

Typisch für Treuhandmodelle ist, dass die steuerliche Zuordnung der Anteile an der **238** Treugutgesellschaft beim Treugeber unverändert fortbestehen soll. Regelmäßig wird gewünscht, dass in der Übertragung der Treuhandanteile weder eine Veräußerung zu erblicken sein noch der Treuhänder Zurechnungssubjekt für laufende Einkünfte aus der Treugutgesellschaft werden soll.

Für viele Steuerarten kann dies durch den Verbleib des wirtschaftlichen Eigentums beim **239** Treugeber sichergestellt werden. Das Treuhandverhältnis muss also auch i.S.v. § 39 Abs. 2 Nr. 1 S. 2 AO Anerkennung finden. Dabei kommt es nicht auf die Bezeichnung, sondern auf die im Treuhandvertrag zugewiesenen Rechte und Pflichten an[258]. Bei der Grunderwerbsteuer hat regelmäßig schon der Übergang des rechtlichen Eigentums unerwünschte Steuerfolgen.

Folgende **Nachteile** – ohne Anspruch auf Vollständigkeit – sollen in der Praxis regel- **240** mäßig vermieden werden:

- Gewinnrealisierung beim Treugeber durch eine „Veräußerung" der Anteile an der Treugutgesellschaft, wobei hier i.S.d. Tatbestandsmäßigkeit der Besteuerung mit Fiktionen gearbeitet werden müsste[259]. Steuerfolgen können sich aber auch aus der Verletzung von Behaltensfristen aus vorangegangenen Umstrukturierungen ergeben (z.B. §§ 15 Abs. 2, 18 Abs. 3, 22 Abs. 1 und 2, 24 Abs. 5 UmwStG, § 6 Abs. 3 S. 2, Abs. 5 S. 4-6 EStG).
- Zurechnung von laufenden Einkünften und Veräußerungsgewinnen aus dem Treugut zum Treuhänder. Bei Anteilen an PersGes. wären infolge der steuerlichen Transparenz die laufenden Einkünfte auch ohne Ausschüttungsbeschluss betroffen.
- Wegfall von Verlustvorträgen bei der Gewerbesteuer und der Körperschaftsteuer, sofern sich KapGes. im Treugut befinden. KapGes. wären auch auf nachgeordneten Konzernstufen betroffen[260].
- Sofern der Treugeber die Anteile an der Treugutgesellschaft innerhalb der letzten fünf oder sieben Jahre durch Schenkung oder Erbfall begünstigt erworben hat, eine Verletzung der Behaltensfristen des § 13a Abs. 6, 10 Nr. 6 ErbStG mit der Folge einer rückwirkenden, ggf. zeitanteiligen Versagung der Steuervergünstigungen.
- Die Entstehung von Grunderwerbsteuer durch eine Anteilsvereinigung oder -übertragung, durch den Wechsel von 90% des Gesellschafterbestands einer KapGes. oder PersGes. oder auch durch die Verschaffung der Verwertungsbefugnis. Auch bei der Grunderwerbsteuer besteht die Gefahr, dass Behaltensfristen aus vorangegangenen Umstrukturierungen verletzt werden (§§ 5 Abs. 3, 6 Abs. 3, 6a S. 4 GrEStG).
- Sofern die Treugutgesellschaft Beteiligungen an ausländischen Tochterunternehmen hält, sind diesbezüglich auch Gewinnrealisierungstatbestände nach den jeweiligen lokalen Steuergesetzgebungen (Change of Control) möglich.

---

257 Vgl. *Achsnick/Opp*, Rn. 565.
258 Vgl. *Undritz*, ZIP 2012, S. 1153 (1160).
259 Herausgabeanspruch gegen Treugeber als Veräußerungserlös, angelehnt an FinMin. Bayern v. 14.06.2005, DStR 2005, S. 1231.
260 Vgl. zu den hiermit verbundenen Problemen bei der Anteilsberechnung nur *Gosch/Roser*, KStG⁴, § 8c, Rn. 60-66.

241 Angesichts des komplexen Beziehungsgeflechts beim Modell der doppelnützigen Treuhand ist die Absicherung der vorgenannten Risiken durch die Einholung einer verbindlichen Auskunft nach § 89 AO bei Relevanz der jeweiligen Tatbestände zwingend. Die Rechte-und-Pflichten-Struktur zwischen Treuhänder und Treugeber ist während der Verhandlungsphase regelmäßig Gegenstand heftiger Diskussionen.

242 Die Kriterien für die Zurechnung des wirtschaftlichen Eigentums zum Treugeber werden nachfolgend umrissen. Anhand der charakteristischen Konstellationen im Rahmen von doppelnützigen Treuhandverhältnissen erfolgen Hinweise, die für die Argumentation im Rahmen eines Antrags auf verbindliche Auskunft als Ausgangspunkt Verwendung finden können.

243 Wegen der Bedeutung des rechtlichen Eigentums bei der Erbschaft- und Schenkungsteuer und der Grunderwerbsteuer, vgl. Kap. F Tz. 268 ff. und Kap. F Tz. 261 ff. Bei ausländischen Gesellschaften muss hinsichtlich des Wegfalls von Verlustvorträgen oder eventueller Gewinnrealisierungstatbestände eine Anfrage nach dem jeweiligen lokalen Steuerrecht erfolgen.

3.6.1 Steuerliche Zurechnung des Treugutes zum Treugeber

244 Die Kriterien für das Innehaben des wirtschaftlichen Eigentums sind allgemein in § 39 Abs. 2 Nr. 1 S. 1 AO genannt: Der wirtschaftliche Eigentümer muss den (rechtlichen) „Eigentümer im Regelfall für die gewöhnliche Nutzungsdauer von der Einwirkung auf das Wirtschaftsgut wirtschaftlich ausschließen" können.

Die Bedeutung von § 39 AO erstreckt sich auf das **materielle Steuerrecht** hinsichtlich der Zurechnung eines Wirtschaftsguts zu einem Steuerrechtssubjekt[261]. Die Zurechnung nach § 39 AO betrifft weder das Verfahrensrecht noch das Zivilrecht[262].

245 § 39 AO regelt auch nicht unmittelbar die Zurechnung von Einkünften. Der Treugeber muss das Treuhandverhältnis auch hinsichtlich der Einkünfteerzielung beherrschen, also die Rechte und Pflichten aus dem Tatbestand der jeweiligen Einkunftsart innehaben und die zugehörigen Chancen und Risiken tragen[263]. Im Regelfall ist jedoch derjenige, der über ein Wirtschaftsgut verfügen kann, auch in der Lage, hiermit Einkünfte zu erzielen[264]. So verweist § 20 Abs. 5 S. 2 EStG für die Zurechnung von Ausschüttungen aus KapGes. unmittelbar auf § 39 AO. Zurechnungssubjekt ist auch hier der Treugeber, sofern ein echtes Treuhandverhältnis vorliegt[265].

246 Für den hier relevanten Sonderfall der **Zurechnung des wirtschaftlichen Eigentums zum Treugeber** nach § 39 Abs. 2 Nr. 1 S. 2 AO werden allgemein[266] folgende **Voraussetzungen** genannt:

---

261 Vgl. *Klein*, AO[15], § 39, Rz. 10.
262 Vgl. *Klein*, AO[15], § 39, Rz. 12.
263 BFH v. 27.01.1993, DStR 1993, S. 830 (831).
264 Vgl. *Koenig/Koenig*, AO[3], § 39, Rz. 6.
265 *Schmidt*, EstG[40], § 20, Rz. 231.
266 Vgl. *Klein*, AO[15], § 39, Rz. 63-65, *Koenig/Koenig*, AO[3], § 39, Rz. 53-57.

a) **Weisungsbefugnis** des Treugebers und entsprechende **Weisungsgebundenheit** des Treuhänders

Die rechtlichen Einflussmöglichkeiten des Treugebers sind während der Durchführung des Treuhandverhältnisses oftmals beschränkt. Zu beachten ist jedoch, dass die zentralen strategischen Anweisungen durch den Treugeber bereits durch den Abschluss des Treuhandvertrages erteilt werden. Regelmäßig sind hiernach die Rechte aus dem Treugut zur Erreichung des Treuhandzwecks auszuüben, welcher auch bereits in der Sanierungsphase die Veräußerung nicht betriebsnotwendiger Vermögensgegenstände umfassen kann. Der Auftrag umfasst auch den Übergang in die Verwertungsphase im Falle der Nichterreichung vorab bestimmter Ziele im Sinne einer bestmöglichen Veräußerung. Der Treugeber verspricht sich durch die doppelnützige Treuhand eine Verbesserung seiner Vermögensposition, wobei die Alternative zumeist die unvorbereitete Insolvenzeröffnung ist. Er begibt sich seiner Rechte mit dem Auftrag an den Treuhänder also freiwillig.

b) **Verpflichtung** des Treuhänders **zur jederzeitigen Rückgabe des Treugutes**

Diese Voraussetzung wird von der Rechtsprechung in Form einer ordentlichen Kündigungsmöglichkeit durch den Treugeber gefordert[267]. In Treuhandverträgen besteht diese Möglichkeit meist nur für den Fall der Zustimmung der Begünstigten oder Gestellung von Sicherheiten oder alternativer Finanzierungen durch den Treugeber.

Die Ausgestaltung der Vereinbarung als doppelnütziges Treuhandverhältnis verdeutlicht, dass neben der Sanierung bzw. dem bestmöglichen Verkauf auch die Besicherung der Begünstigten angestrebt wird. Würde hieraus ein Übergang des wirtschaftlichen Eigentums abgeleitet, wäre jede Sicherungstreuhand betroffen, d.h. unter wirtschaftlichen Gesichtspunkten nicht durchführbar. Die mit der Besicherung verbundene Finanzierungssicherheit der Treugeber ist vielmehr das primäre Interesse gerade des Treugebers.

Die Treuhandverträge sehen regelmäßig eine Beendigung des Treuhandverhältnisses verbunden mit der Rückübertragung des Treugutes vor – allerdings nur unter der Bedingung, dass der Sicherungszweck hinfällig wird, z.B. bei Ablösung sämtlicher Verbindlichkeiten oder Erreichen bestimmter Kennziffern, die eine Fortsetzung der Kreditengagements unter „normalen" Risiken ermöglichen. Mit der Tilgung der gesicherten Verbindlichkeiten oder äquivalenter Maßnahmen (Sicherheitengestellung) haben die Treugeber – zumindest theoretisch – die Möglichkeit, das Treugut jederzeit zur eigenen Verfügung zurückzuerlangen.

Auf die Unvereinbarkeit der jederzeitigen Verpflichtung zur Rückgabe mit dem Institut der Sicherungsübereignung – § 39 Abs. 2 Nr. 1 S. 2, 2. Alternative – verweisen Achsnick/Opp[268]. Der Sicherungsgeber bleibt auch hierbei wirtschaftlicher Eigentümer.

Den Grundgedanken bringt auch das folgende Zitat zum Ausdruck:

„Die „Verpflichtung zur jederzeitigen Rückgabe" kann in bestimmten Fällen der Treuhand problematisch sein, so z. B. bei

– der Treuhand bei Publikumsgesellschaften;

---

267 BFH v. 20.01.1999, DStR 1999, S. 973 (976). Großzügiger für Treugeber-Kommanditisten (Kündigungsmöglichkeit aus wichtigem Grund genügt): BFH v. 10.12.1992, DStR 1993, S. 910 (911).

268 Vgl. *Achsnick/Opp*, Rn. 621.

- der Sicherungstreuhand (Hauptzweck der Gestaltung ist ein nicht beliebig kündbares Besitzrecht des Treuhänders);
- dem Testamentsvollstrecker als Treuhänder der Erben;
- der unselbständigen Stiftung (BFH I R 31/10, BFH/NV 12, 786): Zur Erfüllung des Stiftungszwecks wird ein Träger (Fiduziar) zivilrechtlicher Eigentümer des Stiftungsvermögens, das er im Rahmen eines Treuhandverhältnisses hält und über das er, ohne wirtschaftlicher Eigentümer zu sein, nur zur Erfüllung des Stiftungsauftrags verfügen kann;
- der Verwaltungstreuhand;
- dem Treuhänder nach § 292 InsO."[269]

Mit anderen Worten: Auch soweit der Treugeber auf ordentliche Kündigungsmöglichkeiten verzichtet, geschieht dies im eigenen Interesse, um die erforderliche Finanzierungssicherheit zu erhalten.

c) **Klare und eindeutige Vereinbarung** des Treuhandverhältnisses im Voraus

d) Vertragsgemäße **Durchführung** der Treuhandvereinbarung im Sinne einer Umsetzung der Hauptpflichten sowie die **Erkennbarkeit durch die Finanzbehörden** (Entsprechender Bilanzausweis, § 159 AO)

Die beiden zuletzt genannten Voraussetzungen werden regelmäßig schon durch die Notwendigkeit der Einholung von verbindlichen Auskünften und die Beurkundungspflicht bei GmbH-Anteilen und/oder entsprechender Sicherheiten erfüllt.

247 Die Chancen und Risiken aus dem Treugut bleiben dem Treugeber im Modell der doppelnützigen Treuhand, wie von der Rechtsprechung gefordert[270], stets erhalten.

Für die o.g. Risiken aus Realisatstatbeständen und der Einkünftezurechung aus dem Treugut ist i.Z.m. der Beauftragung des Treuhänders von einem unveränderten wirtschaftlichen Eigentum des Treugebers auszugehen. Das schließt grundsätzlich auch den Eintritt in die Verwertungsphase ein.

248 Für die Anwendung des § 8c KStG will die Finanzverwaltung ebenfalls auf den Übergang des wirtschaftlichen Eigentums abstellen[271]. Bei Einhaltung der genannten Voraussetzungen bei der Begründung des Treuhandverhältnisses sollten sich hieraus keine Auswirkungen auf bestehende Verlustvorträge ergeben, sofern Anteile an KapGes. abgetreten werden. Auch in der Kommentierung wird die Anwendung des § 8c KStG im Fall der doppelnützigen Treuhand abgelehnt[272]. Dies geschieht mit Blick auf die Aufgabe des Treuhänders, das Sicherungsinteresse der Begünstigten zu wahren, und auf die Tatsache, dass bei Umsetzung einer ggf. vereinbarten Verwertungstreuhand § 8c KStG unmittelbar zur Anwendung gelangt.

3.6.2 GmbH-Anteile als Treugut

249 Der Übergang des wirtschaftlichen Eigentums an einem Anteil an einer KapGes. nach § 39 Abs. 2 Nr. 1 S. 1 AO wird von der Rechtsprechung an folgende Voraussetzungen geknüpft[273]:

---

269 *Boruttau*, GrEStG[19], § 1, Rz. 131.
270 BFH v. 27.01.1993, DStR 1993, S. 830 (831).
271 BMF-Schreiben v. 28.11.2017 – IV C 2 – S 2745-a/09/10002, Verlustabzugsbeschränkung für Körperschaften (§ 8c KStG), Rn. 6.
272 Vgl. *Gosch/Roser*, KStG[4], § 8c, Rz. 56: „Treuhandgeschäfte/doppelnützige Treuhand".
273 Z.B. BFH v. 25.05.2011, DStR 2011, S. 1895 (1896 f.).

- der Käufer hat aufgrund eines (bürgerlich-rechtlichen) Rechtsgeschäfts bereits eine rechtlich geschützte, auf den Erwerb des Rechts gerichtete Position erworben, die ihm gegen seinen Willen nicht mehr entzogen werden kann,
- die mit dem Anteil verbundenen wesentlichen (Verwaltungs- und Vermögens-) Rechte (insbesondere das Gewinnbezugsrecht und das Stimmrecht) sowie
- Risiko und Chancen von Wertveränderungen sind auf ihn übergegangen.

Für den typischen Fall der doppelnützigen Treuhand scheitert der Übergang des wirt- **250** schaftlichen Eigentums schon an der fehlenden Erwerbsposition des Treuhänders. Ein Erwerber steht auch beim Übergang in die sog. Verwertungsphase regelmäßig noch nicht fest. Gewinnbezugsrechte sowie Risiken und Chancen aus Wertänderungen gehen ebenfalls nicht über.

3.6.3 Kommanditanteile als Treugut: Mitunternehmerrisiko und -initiative

Ein Komplementäranteil scheidet als Treugut aus, weil der Treuhänder infolge der un- **251** beschränkten Außenhaftung und der nicht entziehbaren Vertretungsmacht (auch) Mitunternehmer würde[274].

Sind Kommanditanteile als Treugut vorgesehen, muss der Treugeber weiterhin eine **252** Mitunternehmerstellung i.S.d. § 15 Abs. 1 Nr. 2 EStG innehaben, d.h. Mitunternehmerinitiative entfalten können und Mitunternehmerrisiko tragen. „Beide Hauptmerkmale der Mitunternehmerschaft (Mitunternehmerinitiative und Mitunternehmerrisiko) müssen vorliegen, können aber im Einzelfall unterschiedlich stark ausgeprägt sein"[275]. Der Begriff des Mitunternehmers ist deswegen nicht durch eine abschließende Aufzählung von Merkmalen definierbar („Typusbegriff")[276]. Hiernach richtet sich jedoch die Zurechnung der Einkünfte[277], woraus im Einzelfall eine nicht zu unterschätzende Unsicherheitskomponente resultieren kann.

Die Mitunternehmerstellung hat darüber hinaus Auswirkungen auf den Erhalt even- **253** tueller Gewerbeverluste der Mitunternehmerschaft. Neben der „Unternehmensidentität" ist hierfür erforderlich, dass auch der verlusterzielende Mitunternehmer beteiligt bleibt („Unternehmeridentität")[278].

Das **Mitunternehmerrisiko** in Form der Beteiligung am Gewinn und am Verlust sowie **254** an den stillen Reserven der PersGes.[279] verbleibt nach den Treuhandvereinbarungen regelmäßig beim Treugeber. Eventuelle Liquiditätszuflüsse aus der laufenden Geschäftstätigkeit oder der Veräußerung nicht betriebsnotwendiger Vermögensgegenstände dienen zwar meist vorrangig der Befriedigung der Begünstigten. Die für die Beteiligung am Gewinn und am Verlust maßgebliche Erfolgszurechnung verbleibt jedoch aufgrund der Transparenz der PersGes. allein beim Treugeber. Soweit hierdurch persönliche Steuerzahlungen hervorgerufen werden, erhält dieser i.d.R. ein Entnahmerecht.

Die **Mitunternehmerinitiative** des Treugebers, von der Rechtsprechung als „Teilhabe **255** an unternehmerischen Entscheidungen"[280] konkretisiert, erfährt zwar durch die Treu-

---

274 *Schmidt*, EStG[40], § 15, Rz. 298.
275 BFH v. 10.12.1992, DStR 1993, S. 910 (911).
276 BFH v. 25.04.2006, DStRE 2006, S. 912 (913).
277 *Schmidt*, EStG[40], § 15, Rz. 250.
278 Gewerbesteuer-Richtlinien 2009, R 10a.3 (1).
279 Z.B. BFH v. 25.04.2006, DStR 2006, S. 912 (913).
280 Z.B. BFH v. 25.04.2006, DStR 2006, S. 912 (913).

handvereinbarung regelmäßig erhebliche Einschränkungen. Zu berücksichtigen ist jedoch, dass der Treugeber diese Einschränkungen im eigenen Interesse hinnimmt und die „Untergrenze" an den Stimm-, Kontroll- und Widerspruchsrechten eines Kommanditisten (§§ 164, 166 HGB) bzw. den Kontrollrechten nach § 716 Abs. 1 BGB festgemacht wird[281].

256 § 164 S. 1 HGB gewährt dem Kommanditisten ein **Zustimmungsrecht**[282] **zu außergewöhnlichen Geschäften**. Das sind Geschäfte „mit Ausnahmecharakter nach Art und Inhalt (z.b. einschneidende Änderung von Organisation oder Vertrieb, Beteiligung an anderen Unternehmen) oder Zweck (z.b. außerhalb des Unternehmensgegenstands) oder Umfang und Risiko (z.b. Großkredit, Spekulationsgeschäft)"[283]. Der Zweck des Treuhandvertrags umfasst regelmäßig derartige Geschäfte (Verkauf nicht betriebsnotwendiger Vermögensteile oder Aufgabe unrentabler Geschäftsbereiche in der Sanierungsphase, wie auch eventuell des Gesamtunternehmens im Verwertungsfall). Soweit die Maßnahmen innerhalb des Zwecks des Treuhandvertrags liegen, kann in dessen Abschluss bereits die Zustimmung des Treugebers gesehen werden. Bei einer Abweichung vom Zweck benötigt der Treuhänder regelmäßig die Zustimmung des Treugebers. Derartige Zustimmungsvorbehalte für den Treugeber werden, je nach Verhandlungsposition, bereits aus rechtlichen Gründen zur Durchsetzung des Treuhandzwecks zugunsten der Rechtsstellung des Treugebers vereinbart. Für die Beurteilung der Mitunternehmerinitiative des Treugebers sind diese im Sinne einer „vorweggenommenen Weisung" ebenfalls von entscheidender Bedeutung.

257 Das **Zustimmungsrecht des Kommanditisten für Grundlagengeschäfte** (Änderung Gesellschaftsvertrag, Umwandlung, Aufnahme neuer Gesellschafter, Einbringung des Unternehmens, Abschluss Unternehmensvertrag)[284] sollte derselben Logik unterliegen. Das heißt, derartige Maßnahmen sind bereits im Treuhandvertrag angelegt, anderenfalls sollte dem Treugeber ein Zustimmungsvorbehalt oder Vetorecht zugestanden werden.

258 Die **Auskunfts- und Informationsrechte** aus § 166 HGB werden dem Treugeber im Rahmen der Treuhandabrede regelmäßig zugestanden. Er benötigt darüber hinaus auch Informationen über anstehende Verkaufsmaßnahmen (Erwerbsangebote), um seine eventuell bestehenden Vorkaufs- oder Selbsteintrittsrechte wahrnehmen zu können.

259 Im Ergebnis sollten folgende Aspekte bei der Ausgestaltung des Treuhandvertrages berücksichtigt werden, um dem Treugeber seine Mitunternehmerinitiative zu erhalten. Der Treugeber behält – auch nach Übergang zum Verwertungsfall – seine Informationsrechte und auch sein Widerspruchsrecht für den Fall, dass der Treuhänder vom Zweck des Treuhandvertrags abweichen will. Bei den sog. Grundlagengeschäften (Aufnahme neuer Gesellschafter sowie deren Ausschließung, Übertragung des gesamten Vermögens der Gesellschaft oder von Vermögensteilen, die für den Gesellschaftszweck unabdingbar sind, Änderung des Gesellschaftsvertrags oder der Firma oder Auflösung der Gesellschaft[285]) ist der Treuhänder durch den Zweck des Treuhandvertrags und den hiermit – auch vom Treugeber – vorgegebenen Rahmen gebunden. Dem Treugeber steht

---

281 *Schmidt*, EStG[40], § 15 Rz. 263.
282 Vgl. *Baumbach/Hopt*, HGB[40], § 164 Rn. 2.
283 *Baumbach/Hopt*, HGB[40], § 116 Rn. 2.
284 Vgl. *Baumbach/Hopt*, HGB[40], § 114 Rn. 3.
285 Vgl. *Baumbach/Hopt/Roth*, HGB37, § 114 Rn. 3.

ein Vetorecht zu, wenn die Maßnahme vom Zweck des Treuhandvertrags abweicht oder er eine günstigere Alternative – als die vom Treuhänder vorgesehene – nachweisen kann.

Im Rahmen einer allfälligen verbindlichen Auskunft ist hierbei insbesondere auch auf **260** die Einbeziehung des Verwertungsfalles zu achten.

3.6.4 Grunderwerbsteuer

Sofern sich Grundstücke im Vermögen der Gesellschaften befinden, deren Anteile im **261** Rahmen der Treuhandvereinbarung auf den Treuhänder übertragen werden, können sich Belastungen aus der Grunderwerbsteuerpflicht der jeweiligen Verfügungen ergeben (§ 1 Abs. 2a, Abs. 2b, Abs. 3, Abs. 3a GrEStG). Darüber hinaus können durch die Übertragung auch etwaige Fristen aus vorangegangenen Transaktionen (§§ 1 Abs. 2a S. 1, 1 Abs. 2b S. 1, 5 Abs. 3, 6 Abs. 3, 6a GrEStG) verletzt und hierdurch Steuerzahlungen ausgelöst werden. Schließlich erscheint im Verwertungsfall auch ein Übergang der Verwertungsbefugnis nach § 1 Abs. 2 GrEStG denkbar.

Die Grunderwerbsteuer knüpft an zivilrechtliche Vorgänge an, sodass eine Anwendung **262** von § 39 AO als Ausdruck der wirtschaftlichen Betrachtungsweise grundsätzlich nicht infrage kommt[286].

Ungeachtet des Verbleibs des wirtschaftlichen Eigentums beim Treugeber wäre die voll **263** umfängliche **Übertragung der Anteile auf den Treuhänder** nach § 1 Abs. 2a bzw. Abs. 2b GrEStG steuerbar. Gewöhnlich werden daher weniger als 90% der Anteile übertragen und dem Treugeber für den Verwertungsfall eine Mitveräußerungsverpflichtung auferlegt. Da sämtliche Anteilsbewegungen an Neugesellschafter innerhalb von zehn Jahren relevant sind, ist der entsprechende Zeitraum vor der Übertragung daraufhin zu untersuchen. Die für KapGes. bis zum 30.06.2021 noch gangbare Alternative, die Restanteile auf einen zweiten Treuhänder zu übertragen[287], ist durch die Änderung des GrEStG mit Wirkung zum 01.07.2021[288] hinfällig.

Sofern aus vorangegangen Umstrukturierungen i.Z.m. PersGes. noch **Fristen** nach den **264** §§ 5 Abs. 3, 6 Abs. 3 GrEStG laufen, werden diese durch die Übertragung auf den Treuhänder verletzt. Infrage kämen etwa Einbringungen nach § 24 UmwStG oder Überführungen nach § 6 Abs. 5 EStG, auch auf nachgeordneten Konzernstufen. Es kristallisiert sich hierbei zwar der Grundsatz heraus, die Folgen der Fristverletzung dann teleologisch zu reduzieren, sofern der entsprechende Vorgang selbst wieder grunderwerbsteuerbar, wenn auch eventuell erneut steuerfrei, ist[289]. Wird aber bei der Übertragung auf den Treuhänder die relevante Quote von 90% unterschritten, um hierdurch aktuell keine Grunderwerbsteuer nach § 1 Abs. 2a GrEStG auszulösen, ist dies für die Einhaltung dieser Fristen gerade schädlich. Mitunter lässt sich die Verletzung der Fristen nach den §§ 5 Abs. 3, 6 Abs. 3 GrEStG dadurch vermeiden, dass die Grundstücke und die Grundbesitz haltenden Gesellschaften dem (zivilrechtlichen) Anteil des Treugebers durch

286 Vgl. *Pahlke*, GrEStG[6], § 1, Rn. 86. Aber Anwendung von § 39 AO bei der Beurteilung einer mittelbaren Änderung des Gesellschafterbestands einer PersGes. nach § 1 Abs. 2a S. 1 GrEStG: BFH v. 09.07.2014 – II R 49/12, BFHE 246, 215; BFH v. 25.11.2015 – II R 18/14, DNotZ 2016, S. 294.

287 Vgl. *Undritz*, ZIP 2012, S. 1153 (1161).

288 Gesetz zur Änderung des Grunderwerbsteuergesetzes vom 12.05.2021 (BGBl. I, S. 986).

289 *Boruttau*, GrEStG[19], § 5, Rn. 102 ff., § 6, Rn. 57 ff.; Oberste Finanzbehörden der Länder v. 12.11.2018, BStBl. I 2018, S. 1334, 7.1 und 7.8.

schuldrechtliche Vereinbarung im Innenverhältnis zugeordnet werden[290]. Die Zurechnung des handelsrechtlichen Ergebnisses erfolgt dann ebenfalls auf den Treugeber. Der Sicherungszweck muss dabei durch entsprechende Entnahmebeschränkungen gewahrt werden.

265 Der Verwirklichung des Übergangs der Verwertungsbefugnis nach § 1 Abs. 2 GrEStG steht regelmäßig – auch im Verwertungsfall – die fehlende wirtschaftliche Beteiligung des Treuhänders am Ergebnis eines Verkaufs entgegen. Erforderlich wäre eine substanzielle Beteiligung. Selbst ein üblicher Maklerlohn reicht hierfür nicht aus[291].

266 Beachtet werden sollte schließlich auch die **Rückübertragung** der Anteile im Falle der erfolgreichen Sanierung. Sofern – wie üblich – weniger als 90% der Anteile übertragen wurden, wird schon die in § 1 Abs. 2a, bzw. 2b GrEStG vorausgesetzte Quote nicht erreicht. Da der Treugeber mit seinem Minderheitenanteil beteiligt bleibt, ist er darüber hinaus regelmäßig als „Altgesellschafter" i.S.d. Vorschrift zu betrachten[292]. Bei Anteilen an KapGes. ergibt sich für den Treugeber eine Anteilsvereinigung nach § 1 Abs. 3 GrEStG.

267 Sofern die Rückübertragung innerhalb von zwei Jahren erfolgt, kommt – bei Beachtung der Anzeigepflichten – eine Nichtfestsetzung nach § 16 Abs. 2 GrEStG infrage[293]. Wenn die Überschreitung dieser Frist absehbar ist, können Hilfskonstruktionen in Erwägung gezogen werden, wie etwa die vorherige Ausgliederung des Grundbesitzes in eine PersGes. mit der Einräumung eines Anteils von über 10% an einen Dritten. Die Grunderwerbsteuer auf diesen Anteil ist insoweit unvermeidlich.

Praxistipp 8:

Die Beantragung einer verbindlichen Auskunft ist – zumindest bei komplexen grunderwerbsteuerlichen Situationen – ebenfalls angezeigt.

3.6.5 Erbschaftsteuer

268 Sollte das Unternehmen im Rahmen der vorweggenommenen Erbfolge oder infolge Erbfalls unter Inanspruchnahme der Begünstigungen des ErbStG auf den Treugeber übergegangen sein, werden hierdurch die Behaltensfristen des § 13a Abs. 3 S. 1, Abs. 6, 10 Nr. 2 und 6 ErbStG[294] in Gang gesetzt. Soweit diese Fristen noch nicht abgelaufen sind und die Übertragung auf den Treuhänder als schädliche Verfügung betrachtet würde, käme es zu einer zeitanteiligen Nachsteuer.

---

290 BFH v. 31.05.1972 – II R 9/66, BStBl. 1972, S. 833; *Boruttau*, GrEStG[19], § 5, Rn. 83, Beispiel 1.

291 Vgl. *Pahlke*, GrEStG[6], § 1, Rn. 251.

292 Oberste Finanzbehörden der Länder v. 12.11.2018, BStBl. I 2018, S. 1314, 5.2.1.1. (in Bezug auf § 1 Abs. 2a GrEStG).

293 *Boruttau*, GrEStG[19], § 1, Rn. 1081; Oberste Finanzbehörden der Länder v. 19.09.2018, DStR 2018, S. 2208, 1.3.1.; vgl. zum Ganzen, insbesondere auch zur Rückübertragung auf den Treugeber: *Achsnick/Opp*, Rn. 671.

294 Erbschaftsteuer- und Schenkungsteuergesetz i.d.F. der Bekanntmachung vom 27.02.1997 (BGBl. I 1997, S. 378), das zuletzt durch Art. 7 Abs. 24 Gesetz zur Umsetzung der Richtlinie (EU) 2019/2034 über die Beaufsichtigung von Wertpapierinstituten vom 12.05.2021 (BGBl. I, S. 990) geändert worden ist. Rechtslage (Erwerbe) bis 30.06.2016: § 13a Abs. 1 S. 2, Abs. 5 und 8 Nr. 1 und 2 ErbStG.

Zur Auslegung des Begriffs der „**schädlichen Verfügung**" tendiert die Kommentierung **269**
zur Anlehnung an ertragsteuerliche Begriffe[295]. Unschädlich soll danach eine Verfügung
sein, sofern das wirtschaftliche Eigentum bzw. die Mitunternehmereigenschaft beim
Treugeber verbleibt[296]. Es existieren hierzu jedoch weitere Interpretationsmöglich-
keiten, wie die Anknüpfung an die Zivilrechtslage oder ein erbschaft- und schenkungs-
teuerrechtliches Begriffsverständnis[297].

Mangels Aussage der Finanzverwaltung hierzu und fehlender Rechtsprechung schon **270**
zum Erbschaftsteuergesetz 2009 ist auch für diese Fragestellung die Beantragung einer
verbindlichen Auskunft angezeigt.

Unabhängig von einer schädlichen Verfügung kann eine Nachsteuer auch durch die **271**
Unterschreitung der nach § 13a Abs. 3, Abs. 10 Nr. 3 bis 5 ErbStG[298] einzuhaltenden
Lohnsumme entstehen. Inwieweit sich der Treugeber für eine hiernach entstehende
Nachsteuer ein Entnahmerecht ausbedingen kann, hängt von dessen Verhandlungsposition ab. Derartige Maßnahmen werden schon in der Treuhandvereinbarung angelegt sein, an die auch der Treuhänder gebunden ist. Die hieraus resultierenden Belastungen sollten danach, zumindest soweit absehbar, eingeplant werden.

4. Steuerliche Besonderheiten in der Eigenverwaltung

Im Gegensatz zur Regelinsolvenz bleibt das steuerliche Verfahren von der Sanierung in **272**
Eigenverwaltung (§§ 270 ff. InsO) unberührt. Bei der Eigenverwaltung geht die **Verfügungsmacht** regelmäßig nicht auf einen Sachwalter über, sie bleibt gemäß § 270 Abs. 1
InsO bzw. §§ 270a, 270b InsO beim Insolvenzschuldner. Es wird kein Vermögensverwalter i.S.v. § 34 Abs. 3 AO eingesetzt. Ein ggf. eingesetzter Sachwalter ist auch dann
nicht Vermögenverwalter i.S.d. § 34 AO, wenn ein Zustimmungsvorbehalt angeordnet
(§ 277 Abs. 1 InsO) oder die Kassenführung auf ihn übertragen worden ist (§ 275 Abs. 2
InsO). Im Fall der Übertragung der Kassenführung kann ein Sachwalter nach § 69 AO
haften, da er die zivilrechtliche Verfügungsmacht im Außenverhältnis ausübt[299]. Alle
steuerlichen Rechte und Pflichten bleiben deshalb beim Steuerpflichtigen bzw. – bei juristischen Personen – beim Geschäftsführer oder Vorstand.

4.1 Ertragsteuerliche Ermittlung in der Eigenverwaltung

Bezüglich der ertragsteuerlichen Ermittlung im Rahmen eines Insolvenzverfahrens in **273**
Eigenverwaltung (§§ 270 ff. InsO) ergeben sich gegenüber den Ausführungen zur ertragsteuerlichen Ermittlung im Regelinsolvenzverfahren (Kap. F Tz. 34 ff.) keine Änderungen. Es bleibt bei der **einheitlichen Steuerermittlung** – unabhängig vom Zeitpunkt
der Insolvenzeröffnung.

Während die Buchführungspflicht nicht nach § 155 Abs. 1 S. 2 InsO auf den Sachwalter **274**
übergeht, sondern beim Schuldner verbleibt[300], beginnt auch in der Eigenverwaltung

---

295 Vgl. *Troll* u.a., ErbStG, Ergänzungslieferung 60, September 2020, § 13a, Rn. 206 f.
296 Vgl. *Troll* u.a., ErbStG, Ergänzungslieferung 60, September 2020, § 13a, Rn. 209.
297 Vgl. *Troll* u.a., ErbStG, Ergänzungslieferung 60, September 2020, § 13a, Rn. 206.
298 Rechtslage (Erwerbe) bis 30.06.2016: § 13a Abs. 1 bzw. Abs. 8 Nr. 1 ErbStG.
299 *König*, Restrukturierung, Sanierung, Insolvenz[4], § 36, Rn. 44; *Krüger*, ZInsO 2013, S. 579.
300 Das ergibt sich aus der Tatsache, dass die Verwaltungs- und Verfügungsbefugnis beim Schuldner verbleibt.

nach § 155 Abs. 2 InsO mit der Insolvenzeröffnung ein neues GJ mit den in Kap. F Tz. 35 ff. erläuterten Folgen.

275 Ansonsten sind die in Kap. F Tz. 41 ff. dargestellten Grundsätze über die **Zuordnung** der aus dem zu versteuernden Einkommen ermittelten Steuerlast auf die insolvenzrechtlichen Vermögenssphären für die Eigenverwaltung analog anwendbar. Insbesondere sind auch die Ausführungen zu den Verwertungsmaßnahmen mit Aufdeckung von stillen Reserven auf die Eigenverwaltung übertragbar.

4.2 Umsatzsteuerliche Besonderheiten in der Eigenverwaltung

4.2.1 Zuordnung des Steueranspruchs zu den insolvenzrechtlichen Vermögenssphären

276 Die umsatzsteuerliche Ermittlung und **insolvenzsteuerliche Zuordnung** in die Verfahrensabschnitte unterscheidet sich in der Eigenverwaltung nicht vom Regelinsolvenzverfahren. Der Steueranspruch muss – wie im Regelinsolvenzverfahren – den Insolvenzforderungen (§ 38 InsO) oder den Masseverbindlichkeiten (§ 55 InsO) zugeordnet werden. Für diese Zuordnung ist auch in der Eigenverwaltung maßgeblich, wann der steuerliche Anspruch begründet wurde, d.h. der steuerliche Tatbestand verwirklicht und damit abgeschlossen ist. Es wird diesbezüglich auf Kap. F Tz. 67 ff. verwiesen.

4.2.2 Anwendbarkeit von § 55 Abs. 4 InsO

277 In Kap. F Tz. 96 ff. wurde die Anwendung von § 55 Abs. 4 InsO für das Regelinsolvenzverfahren beschrieben. Mit dem **SansInFoG** wurde § 55 Abs. 4 InsO neu gefasst[301].

278 Bis zu dieser Änderung war es einige Zeit lang streitig, ob § 55 Abs. 4 InsO a.F. auch in der Eigenverwaltung anwendbar ist. Im Schrifttum wurde die Anwendbarkeit von § 55 Abs. 4 InsO a.F. in dieser Verfahrensart überwiegend verworfen[302]. Die Finanzverwaltung selbst hat sich zur **Anwendbarkeit des § 55 Abs. 4 InsO** außerhalb des Regelinsolvenzverfahrens nicht geäußert, was – wie die Praxis gezeigt hat – einige Finanzämter nicht davon abgehalten hat, die Anwendbarkeit auch für die Eigenverwaltung zu unterstellen. Inzwischen haben der BGH mit Urteil vom 22.11.2018[303] und schließlich auch der BFH mit zwei Beschlüssen jeweils vom 07.05.2020[304] klar festgestellt, dass die Bestimmung (in der alten Form) nicht auf Eigenverwaltungen angewendet werden kann, womit Rechtssicherheit für § 55 Abs. 4 InsO a.F. gegeben ist.

279 Dass § 55 Abs. 4 InsO a.F. keine Anwendung auf die Eigenverwaltung findet, bedeutet, dass es sich bei steuerlichen Ansprüchen, die während des Insolvenzantragsverfahrens nach §§ 270a bzw. 270b InsO begründet werden, um Insolvenzforderungen i.S.v. § 38 InsO handeln muss – jedoch nur, sofern der vorläufige Sachwalter vor dem 01.01.2021 bestellt wurde.

---

301 Nachfolgend wird unterschieden: § 55 Abs. 4 InsO a.F. (alte Fassung) und § 55 Abs. 4 InsO n.F. (neue Fassung).

302 Vgl. u.a. *Hobelsberger*, DStR 2013, S. 2545; *Klusmeier*, ZInsO 2014, S. 488 (489); *Harder*, NZI 2015, S. 162; *Kahlert*, ZIP 2012, S. 2089.

303 BGH v. 22.11.2018 – IX ZR 167/16.

304 BFH v. 07.05.2020 – VR 14/19 und V R 19/19.

Die **neue Fassung zu § 55 Abs. 4 InsO** ist zum 01.01.2021 in Kraft getreten[305]. Der **280** Stichtag, der über die Anwendung entscheidet, ist die gerichtliche Bestellung des vorläufigen Sachwalters. Die Änderungen der aktualisierten Fassung wurden bereits in Kap. F Tz. 99 f. erläutert.

Von besonderer Relevanz ist, dass gesetzlich klargestellt wurde, dass § 55 Abs. 4 InsO n.F. **281** bei der Eigenverwaltung angewendet werden muss. Nicht entscheidend ist, ob die vorläufige Eigenverwaltung unter § 270a InsO a.F. (§ 270b InsO n.F.) oder als Schutzschirmverfahren gemäß § 270b InsO a.F. (§ 270d InsO n.F.) geführt wird[306]. Die Umsetzung erfolgt analog zu der in Sachen Regelinsolvenz beschriebenen Vorgehensweise (vgl. Kap F Tz 96 ff.).

4.2.3 IST-Versteuerung im eröffneten Insolvenzverfahren in Eigenverwaltung

In Kap. F Tz. 67 wurde der Übergang von der SOLL- zur IST-Versteuerung im Regel- **282** insolvenzverfahren erläutert. Es stellte sich lange Zeit die Frage, ob die sog. IST-Versteuerung auch auf die **Eigenverwaltung** Anwendung findet.

Das zentrale BFH-Urteil vom 09.12.2010[307] basiert u.a. auf der Überlegung, dass sich das **283** insolvente Unternehmen mit Insolvenzeröffnung steuerlich in zwei bzw. drei selbständige Unternehmensteile aufspaltet[308]. Diese steuerliche Aufspaltung wurde mit dem Übergang der **Verwaltungs- und Verfügungsbefugnis** auf der Grundlage des § 80 Abs. 1 InsO begründet. Das erste BMF-Schreiben stellt auch folgerichtig ausdrücklich fest, dass dies mit Insolvenzeröffnung oder bei einem Verfügungsverbot (§ 22 Abs. 1 S. 1 InsO) der Fall wäre[309]. Wenn ein vorläufiger Insolvenzverwalter mit Zustimmungsvorbehalt bestellt war, wollte man also zunächst nicht von einer Aufspaltung von Unternehmensbereichen sprechen. Umso weniger wäre das dann doch folgerichtig in einer Eigenverwaltung der Fall.

Bei der Eigenverwaltung geht die Verwaltungs- und Verfügungsbefugnis **nicht** auf einen **284** **Insolvenzverwalter** über[310]. § 80 Abs. 1 InsO spielt in der Eigenverwaltung keine Rolle. Wenn man diesem Gedankengang folgt, darf es in der Eigenverwaltung nicht zur steuerlichen Aufspaltung des Unternehmens kommen, und somit kommt es auch nicht zur Umsatzsteuerkorrektur nach § 17 Abs. 2 Nr. 1 UStG aus Rechtsgründen. Damit ist die ursprüngliche Argumentation zur Notwendigkeit einer Umsatzsteuerkorrektur nicht ohne Weiteres auf die Eigenverwaltung übertragbar. Somit wäre auch eine IST-Versteuerung von Zahlungseingängen auf werthaltige, aber vor Insolvenzeröffnung begründete Forderungen im Zeitraum nach Insolvenzeröffnung nicht notwendig. Die Ansicht, dass es bei Insolvenzeröffnung in der Eigenverwaltung nicht zur Ausbuchung von werthaltigen Forderungen aus „Rechtsgründen" und damit zur Korrektur der Umsatzsteuer kommt, war deshalb in der Fachliteratur durchaus verbreitet[311].

---

305 Art. 25 des SanInsFoG, die Übergangsregelung für 2021 gemäß § 5 CovidInsAG für pandemiebedingte Insolvenzen, ist nach Gesetzeswortlaut nicht auf § 55 Abs. 4 InsO anwendbar.
306 Vgl. *Schmidt*, DStR 2021, S. 693, 3.2.1.
307 BFH v. 09.12.2012 – V R 22/10, BStBl. II 2011, S. 996.
308 Unternehmen vor Insolvenzeröffnung/nach Insolvenzeröffnung und freigegebenes Vermögen.
309 BMF v. 09.12.2011, Rn. 11.
310 Vgl. z.B. *Nitsch*, S. 492.
311 Vgl. u.a. *Hobelsberger*, DStR 2013, S. 2545; *Waza/Uhländer/Schmittmann*, S. 926, Rn. 1979.

285 Trotzdem kommt der BFH mit Urteil vom 27.09.2018[312] zu dem Ergebnis, dass auch in der Eigenverwaltung **mit Verfahrenseröffnung** eine Umsatz- und Vorsteuerkorrektur nach § 17 Abs. 2 Nr. 1 S. 1 UStG vorzunehmen sei. Dabei wird argumentiert, dass der Insolvenzschuldner in seiner Eigenschaft als Eigenverwalter als „Amtswalter" mit den entsprechenden Verwaltungs- und Verfügungsbefugnissen handelt. Der Schuldner wäre demnach **wie ein Insolvenzverwalter** tätig, da er sich ebenso an die in §§ 270 ff. InsO gesetzlich vorgegebenen Pflichten halten muss. Er behält demzufolge nicht seine vor Verfahrenseröffnung bestehende Verfügungsmacht, weil er die einem Insolvenzverwalter zugewiesenen Rechte und Pflichten wahrnehmen muss.

286 Ausgangspunkt der notwendigen Steuerkorrekturen ist der Argumentation des BFH zufolge nicht mehr – wie in den vorangegangenen BFH-Urteilen zur Regelinsolvenz ausgeführt – die fehlende Vereinnahmung *vor* Insolvenzeröffnung, sondern die tatsächlich erfolgte Vereinnahmung *nach* Insolvenzeröffnung. Auch hat sich der BFH vom Konzept der **Aufspaltung** des Unternehmens in mehrere Teile verabschiedet. Maßgeblich ist nur, welcher Vermögensbereich (§ 38 InsO, § 55 InsO) die Gegenleistung vereinnahmt[313].

287 Im Anwendungserlass zur Abgabenordnung (AEAO) wurde dem Ergebnis des BFH vorgegriffen, denn dort heißt es bereits seit einigen Jahren, dass es „auch in den Fällen der **Eröffnung unter Anordnung der Eigenverwaltung** (§ 270 Abs. 1 S. 1 InsO) [Hervorh. d. Verf.]" zu einer „Aufspaltung des Unternehmens in mehrere selbständige Unternehmensteile"[314] kommt, verbunden mit allen beschriebenen Rechtsfolgen für die insolvenzsteuerliche IST-Versteuerung.

288 Für die Umsetzung der Korrekturen spielt die unterschiedliche Begründung für die Notwendigkeit einer Korrektur keine Rolle. Die Vorgehensweise bleibt für den Praktiker dieselbe. Insofern kann bezüglich der Umsetzung der Erst- und Zweitkorrekturen auf das Kapitel zur IST-Versteuerung zur Regelinsolvenz (vgl. Kap. F Tz. 69 ff.) verwiesen werden.

289 Es kann im Fazit festgehalten werden, dass nach BFH und BMF die insolvenzrechtliche **IST-Versteuerung** zwischenzeitlich unstreitig mit Eröffnung des Insolvenzverfahrens auch in der Eigenverwaltung zur Anwendung kommen muss.

4.2.4 IST-Versteuerung im vorläufigen Insolvenzverfahren in Eigenverwaltung

290 Aus dem letzten Abschnitt (4.2.3) zur IST-Versteuerung (rechtlichen Uneinbringlichkeit) in der Eigenverwaltung ist deutlich geworden, dass diese auch in der Eigenverwaltung – mit **Insolvenzeröffnung** – anzuwenden ist. Im selben Urteil hat der BFH allerdings auch festgehalten, dass die Bestellung eines vorläufigen Sachwalters nicht ausreicht, um diese „rechtliche Uneinbringlichkeit" herbeizuführen (anders als im vorläufigen Regelinsolvenzverfahren). Dies galt zumindest auf Grundlage der zum 31.12.2020 gültigen Rechtslage (vor dem SanInsFoG).

---

312 BFH v. 27.09.2018 – V R 45/16.
313 *Kahlert*, DStR 2021, S. 1505 (1507).
314 AEAO zu § 251 AO, Abschn. 9.2.

Offengeblieben ist bis jetzt, ob die Änderungen durch das SanInsFoG – insbesondere i.Z.m. § 55 Abs. 4 InsO n.F. – diesbezüglich andere Schlüsse zulassen. Hierzu ist zunächst zu sagen, dass diese Frage nach aktuellem Stand[315] höchstrichterlich nicht geklärt ist. Die Finanzverwaltung hat sich ebenfalls noch nicht geäußert.

Ob die Neuausrichtung des BFH in seinem Urteil aus 2018 für die Frage, ob die Korrekturen aufgrund der gesetzlichen Überarbeitung durch das SanInsFoG auch bereits im vorläufigen Insolvenzverfahren durchzuführen sind, Bedeutung haben, ist in der Fachliteratur umstritten. **291**

Anders als im Regelinsolvenzverfahren hat der Schuldner im Rahmen der vorläufigen Eigenverwaltung die Verwaltungs- und Verfügungsbefugnis noch nicht „neu übertragen" bekommen. Er bleibt deshalb weiterhin in seiner ursprünglichen Eigenschaft als Unternehmer berechtigt Forderungen einzuziehen, bzw. darf ein Drittschuldner weiterhin schuldbefreiend an ihn leisten, was **gegen die rechtliche Uneinbringlichkeit** spricht[316]. Auch mangelt es dem vorläufigen Sachwalter – anders als dem vorläufigen Insolvenzverwalter – i.d.R.[317] an der Möglichkeit, Rechtsgeschäfte des Schuldners durch einen Zustimmungsvorbehalt zu verhindern bzw. wirksam werden zu lassen. Dies hätte demnach zur Folge, dass es nicht zu einer Uneinbringlichkeit mit Anordnung des vorläufigen Insolvenzverfahrens kommt[318]. **292**

Andererseits ergibt sich aus dem Wortlaut des § 55 Abs. 4 InsO n.F. **nicht mehr das Zustimmungserfordernis** – gerade auch nicht die eines vorläufigen Sachwalters. Es ist demnach im Rahmen der vorläufigen Sachwaltung – um den Tatbestand des § 55 Abs. 4 InsO n.F. zu erfüllen – bereits ausreichend, wenn der Schuldner selbst die Umsatzsteuerverbindlichkeiten begründet. Die Begründung der Steuerverbindlichkeit hängt nach den vielfach zitierten Urteilen des BFH aber nicht von der Zustimmung eines vorläufigen Insolvenzverwalters ab, sondern vom Zahlungseingang, da mit Zahlungseingang der steuerliche Tatbestand vollständig verwirklicht ist. Die entscheidende Frage ist dann „nur" noch, welchem insolvenzrechtlichen Vermögensbereich dieser Zahlungsfluss zuzuordnen ist. Eine Zuordnung in den Massebereich muss – unabhängig von der Verfahrensart – nach Kahlert bei Zahlungsunfähigkeit (§ 17 InsO) oder Überschuldung (§ 19 InsO) erfolgen. Dieses Ergebnis wird nach Kahlert auch durch die **Gesetzesbegründung** zum § 55 Abs. 4 InsO n.F. gedeckt, wonach eine steuerliche Gleichstellung zwischen den Verfahrensarten angestrebt sei, um Fehlanreize zu verhindern[319]. **293**

Auch aus der Neuregelung des § 15b Abs. 8 InsO geht deutlich hervor, dass der eigenverwaltende Schuldner bereits im Eröffnungsverfahren sein Handeln vorrangig der Massesicherung im Interesse der Gläubigergesamtheit unterordnen muss[320]. Durch § 55 Abs. 4 InsO n.F. werden demnach **Umsatzsteuerverbindlichkeiten** durch ihre „Qualifizierung als Masseverbindlichkeiten insolvenzrechtlich privilegiert"[321]. Dies wiederum könnte bedeuten, dass der Schuldner auch in der vorläufigen Eigenverwaltung für Rechnung des Fiskus, als vorrangiger Massegläubiger, vereinnahmen muss, was wiede- **294**

---

315 Juli 2021.
316 *Schmidt*, DStR 2021, S. 693 (698).
317 Es sei denn, ein Zustimmungsvorbehalt wird nach § 270c Abs. 2. S3 InsO ausnahmsweise angeordnet.
318 *Wäger*, DStR 2021, S. 828 f.
319 Vgl. *Kahlert*, DStR 2021, S. 1505 (1509 ff.).
320 *Schmidt*, DStR 2021, S. 693 (699).
321 *Schmidt*, DStR 2021, S. 693 (699).

rum eine Korrektur von zum Zeitpunkt der Eröffnung des vorläufigen Insolvenzverfahrens offener Forderungen wegen rechtlicher Uneinbringlichkeit nach sich zöge.[322]

295 Im Fazit lässt sich sagen, dass die Anwendbarkeit der **IST-Versteuerung** nach Einführung des § 55 Abs. 4 InsO n.F. zumindest bei vorliegender Zahlungsunfähigkeit oder Überschuldung (§§ 17, 19 InsO) sehr wahrscheinlich ist. Eine höchstrichterliche Klärung steht indes allerdings noch aus.

> **Praxistipp 9:**
>
> Bei Insolvenzverfahren in Eigenverwaltung deren vorläufiges Verfahren nach dem 31.12.2020 angeordnet wurde, empfiehlt es sich die Steuerlast aus der beschriebenen insolvenzrechtlichen IST-Versteuerung – wie ansonsten im Regelinsolvenzverfahren üblich – zu ermitteln. Gegenüber dem Finanzamt sollten Bescheide bis zur abschließenden Klärung offengehalten werden.

4.2.5 Umsatzsteuerliche Organschaft in der Eigenverwaltung

296 Die Hintergründe und Voraussetzungen zur umsatzsteuerlichen Organschaft sind in Kap. F Tz. 123 ff. erörtert worden, zusammen mit der Frage, welche Auswirkungen das Regelinsolvenzverfahren auf die umsatzsteuerliche Organschaft hat. Dabei wurde festgestellt, dass nach h.M. die umsatzsteuerliche Organschaft im Regelinsolvenzverfahren in jedem Fall aufzulösen ist. Es genügt hierzu bereits, dass ein vorläufiger Insolvenzverwalter mit Zustimmungsvorbehalt über Organgesellschaft oder Organträger bestellt worden ist.

297 Bisher unbeantwortet blieb die Frage, welche Auswirkungen das Insolvenzverfahren in Eigenverwaltung auf die **umsatzsteuerliche Organschaft** hat. Dabei gilt es zu unterscheiden, ob das Insolvenzverfahren über das Vermögen des Schuldners eröffnet oder lediglich die vorläufige Eigenverwaltung gerichtlich angeordnet wurde.

4.2.5.1 Umsatzsteuerliche Organschaft bei Insolvenzeröffnung

298 Da die Verwaltungs- und Verfügungsbefugnis bei der Eigenverwaltung beim Schuldner verbleibt, hatte die Eröffnung des Insolvenzverfahrens nach der bis Anfang des Jahres 2017 vorherrschenden Meinung keine Auswirkungen auf die organisatorische Eingliederung[323]. Dagegen wurde im Schrifttum bereits seit Längerem argumentiert, dass sich die **Insolvenzeröffnung** in Eigenverwaltung negativ auf den Fortbestand der **umsatzsteuerlichen Organschaft** auswirkt.[324]

299 Für eine Auflösung der Organschaft spricht, dass der eigenverwaltende Schuldner der **Massesicherungspflicht** unterliegt. Im Insolvenzverfahren in Eigenverwaltung gilt – wie in anderen Verfahrensarten auch – grundsätzlich der Einzelverfahrensgrundsatzes wonach der insolvenzrechtliche Vertreter in erster Linie den Gläubigern der Insolvenzmasse verantwortlich ist und nicht etwa den verbundenen Unternehmen. Dieses Prinzip widerspricht aber der organisatorischen Eingliederung als Voraussetzung einer umsatzsteuerlichen Organschaft[325], womit diese aufzulösen wäre. Gestützt wird diese Ansicht

---

322 Vgl. *Schmidt*, DStR 2021, S. 693 (699).
323 Vgl. *Waza/Uhländer/Schmittmann*[12], S. 894, Rn. 1940/2 (Auffassung überholt).
324 *Kahlert*, ZIP 2013, S. 2348 (2349).
325 *Kahlert*, ZIP 2013, S. 2348 (2349).

bereits seit 2014 durch einen Beschluss des BFH, der zum selben Ergebnis kommt[326]. Das Urteil des BFH vom 15.12.2016[327] ist in dieser Richtung weitergegangen. Hier wurde zugunsten einer vollständigen Auflösung der umsatzsteuerlichen Organschaft im Falle der Insolvenzeröffnung in der Eigenverwaltung entschieden.

Dem hat die Finanzverwaltung bereits im BMF-Schreiben vom 16.05.2017[328] Rechnung **300** getragen, indem sie die organisatorische Eingliederung im Rahmen der Eigenverwaltung verneint hat. Dies gilt unabhängig davon, ob bei einem oder mehreren Unternehmen der (ehemaligen) Organschaft unterschiedliche oder personenidentische Sachwalter bestellt werden.

Diese Rechtsansicht wurde im Urteil des BFH vom 27.11.2019[329], bei dem es primär um **301** die Frage ging, was mit der umsatzsteuerlichen Organschaft im vorläufigen Insolvenzverfahren zu geschehen hat, bestätigt. Das SanInsFoG hat auf diesen Teil der Entscheidung – bzw. auf die oben angeführten BFH-Entscheidung des Jahres 2016 – keinen Einfluss, da die Begründung des BFH , was diesen Teil betrifft, hierdurch nicht berührt wird: Es bleibt also nach aktueller und weithin anerkannter Rechtslage dabei, dass spätestens mit Insolvenzeröffnung die **umsatzsteuerliche Organschaft** auch in der Eigenverwaltung beendet ist.

4.2.5.2 Umsatzsteuerliche Organschaft bei Anordnung des vorläufigen Insolvenzverfahrens

Mit dem bereits zitierten Urteil vom 27.11.2019 hatte der BFH[330] (zumindest vorüber- **302** gehend) klargestellt, dass die Anordnung der vorläufigen Eigenverwaltung – unabhängig davon, ob dies beim Organträger oder der Organgesellschaft geschieht – nicht zum Ende der organisatorischen Eingliederung und damit zur Auflösung der Organschaft führt. Die Entscheidung hatte das BMF in die UStAE aufgenommen.[331]

Diese Festlegung war für die Praxis insofern vorteilhaft, als dass Rechtssicherheit in einer **303** bis dahin noch strittigen Frage geschaffen wurde. Diese Rechtssicherheit galt jedenfalls für die bis zum 01.01.2021 angeordneten vorläufigen Eigenverwaltungen. Zu berücksichtigen ist nämlich, dass das Urteil noch zur Rechtslage vor dem SanInsFoG ergangen ist.

Der BFH hatte in dem zitierten Urteil aus dem Jahr 2019 festgestellt, dass die Organ- **304** schaft erst mit Eröffnung des Insolvenzverfahrens beendet wäre, da vorher § 267a Abs. 1 InsO a.F., bei dem es u.a. um den Einfluss des Sachwalters auf Entscheidungen geht, die normalerweise den Gesellschaftern vorbehalten sind, nicht anwendbar war. Nach § 267a Abs. 3 InsO n.F. ist § 267a Abs. 1 InsO jedoch bereits ab **Anordnung der vorläufigen Eigenverwaltung** anwendbar. Da die Geschäftsführung nun nicht mehr allein von der Gesellschafterversammlung, sondern vor allem vom vorläufigen Sachwalter abhängig ist, dürfte die finanzielle Eingliederung bereits mit der Anordnung des vorläufigen Ver-

---

326 BFH v. 19.03.2014 – V B 14/14, BFHE 144, S. 156.
327 BFH v. 15.12.2016, V R 14/16, DB 2017, S. 645.
328 BMF v. 16.05.2017, DB 2017, S. 996.
329 BFH v. 27.11.2019 – XI R 35/17.
330 BFH v. 27.11.2019 – XI R 35/17.
331 A 2.8. Abs. 12 S. 6 UStAE.

fahrens entfallen sein. Dies gilt nicht für Insolvenzverfahren, die unter die Ausnahmeregelungen des COVInsAG fallen.[332]

305 Ein weiteres Argument für die **Auflösung der umsatzsteuerlichen Organschaft** bereits mit Anordnung der vorläufigen Eigenverwaltung ergibt sich aus § 55 Abs. 4 InsO n.F., mit dem jeweils nur die Umsätze der jeweiligen Gesellschaft (oder Organgesellschaft bzw. Organträger) erfasst werden, nicht aber die Umsätze der verbundenen Unternehmen (innerhalb einer Organschaft). Hierdurch müssen die Umsätze getrennt ermittelt werden und damit die Trennung der Vermögensmassen ab Eröffnung des Antragsverfahrens vollzogen werden[333].

306 Das BMF hat Anfang 2021 ebenfalls dahingehend Stellung genommen, dass die Organschaft in der Eigenverwaltung – bei Anwendung der neuen Gesetzeslage[334] – bereits aufzulösen sei, wenn die **vorläufige Eigenverwaltung** angeordnet ist[335].

307 Es sei nochmals darauf hingewiesen, dass es zur umsatzsteuerlichen Organschaft im Insolvenzantragsverfahren in der Eigenverwaltung auf Basis der aktuellen Gesetzeslage noch **kein höchstrichterliches Urteil** gibt. Da jedoch einiges dafür spricht, dass die Organschaft aufgelöst werden muss, und auch das BMF dahingehend Stellung bezogen hat, sollte von einer Auflösung ausgegangen werden. Im besonderen Einzelfall – bei größerer Auswirkung – empfiehlt es sich, den Fall bis zu einer höchstrichterlichen Klärung, mit aber aus heutiger Sicht eher geringen Chancen, offenzuhalten.

---

332 Vgl. *Schmidt*, DStR 2021, S. 693 (699 f.). Für Insolvenzverfahren, die unter die Ausnahmeregelung des § 5 Abs. 1 COVInsAG fallen, behält die alte Rechtslage bis zum 31.12.2021 ihre Gültigkeit.
333 *Schmidt*, DStR 2021, S. 693 (699 f.).
334 Ab 01.01.2021 bzw. im Falle von § 5 Abs. 1 COVInsAG ab 01.01.2022.; Abschn. 2.8 Abs. 12 S. 6f UStAE.
335 BMF v. 04.03.2021, BStBl. I 2021, S. 316.

Abkürzungsverzeichnis

Abkürzungsverzeichnis

A

a.A.	anderer Ansicht / anderer Auffassung
AAB	Allgemeine Auftragsbedingungen (für Wirtschaftsprüfer und Wirtschaftsprüfungsgesellschaften)
AAF	Ausschuss für Aus- und Fortbildung des IDW
abl.	ablehnend
Abl.	Amtsblatt
Abl.EG	Amtsblatt der Europäischen Gemeinschaften
Abl.EU	Amtsblatt der Europäischen Union
Abs.	Absatz
Abschn.	Abschnitt
Abt.	Abteilung
abw.	abweichend
a.E.	am Ende
AEAO	Anwendungserlass zur Abgabenordnung
ÄndG	Änderungsgesetz
a.F.	alte Fassung
AG	Aktiengesellschaft, auch Die Aktiengesellschaft (Zeitschrift), auch Amtsgericht, auch Ausführungsgesetz
aG	auf Gegenseitigkeit
AGB	Allgemeine Geschäftsbedingungen
AK	Arbeitskreis, auch Anschaffungskosten
AktG	Aktiengesetz
Alt.	Alternative
amtl.	amtlich
Anh.	Anhang
Anm.	Anmerkung
AnwBl.	Anwaltsblatt (Zeitschrift)
AO	Abgabenordnung
a.o.	außerordentlich
AR	Aufsichtsrat
Art.	Artikel
Aufl.	Auflage
Az.	Aktenzeichen

B

BaFin	Bundesanstalt für Finanzdienstleistungsaufsicht
BAG	Bundesarbeitsgericht, auch Bundesaufsichtsgesetz
BAnz	Bundesanzeiger
BB	Betriebs-Berater (Zeitschrift)
Bd.	Band
Begr.	Begründung
Beil.	Beilage
Bek.	Bekanntmachung
ber.	berichtigt
BertrVG	Betriebsverfassungsgesetz
Beschl.	Beschluss
Beschlussempf.	Beschlussempfehlung
BestV	Bestätigungsvermerk
betr.	betreffend
BFA	Bankenfachausschuss des IDW
BFH	Bundesfinanzhof
BGB	Bürgerliches Gesetzbuch
BGBl.	Bundesgesetzblatt
BGH	Bundesgerichtshof
BMF	Bundesminister/Bundesministerium der Finanzen
BMJ	Bundesminister/Bundesministerium der Justiz
BMJV	Bundesministerium für Justiz und Verbraucherschutz
BMWi	Bundesminister/Bundesministerium für Wirtschaft
BörsG	Börsengesetz
BPG	Buchprüfungsgesellschaft
BR	Bundesrat, auch Bundesrepublik
BR-Drs.	Bundesrats-Drucksache
BRAGO	Bundesgebührenordnung für Rechtsanwälte
BRAK	Bundesrechtsanwaltskammer
BRAK-Mitt.	BRAK-Mitteilungen (Zeitschrift)
BRAO	Bundesrechtsanwaltsordnung
BR-Drs.	Bundesratsdrucksache
BReg.	Bundesregierung
BRH	Bundesrechnungshof
BS WP/ vBP	Berufssatzung für Wirtschaftsprüfer/vereidigte Buchprüfer

Bsp.	Beispiel
bspw.	beispielsweise
BStBl.	Bundessteuerblatt
BStBK	Bundessteuerberaterkammer
BT	Bundestag
BT-Drs.	Bundestagsdrucksache
Buchst.	Buchstabe
BuW	Betrieb und Wirtschaft (Zeitschrift)
BVerfG	Bundesverfassungsgericht
bzgl.	bezüglich
bzw.	beziehungsweise

C

CF	Corporate Finance (Zeitschrift)

D

DB	Der Betrieb (Zeitschrift)
DBV	Deutscher Buchprüferverband e.V.
ders.	derselbe
dgl.	dergleichen, desgleichen
d.h.	das heißt
Diss.	Dissertation
div.	diverse
DRS	Deutscher Rechnungslegungs Standard
Drs.	Drucksache
DRSC	Deutsches Rechnungslegungs Standards Committee e.V.
d.s.	das sind
DStR	Deutsche Steuerrundschau (Zeitschrift), auch Deutsches Steuerrecht (Zeitschrift)
DZWiR/ DZWIR	Deutsche Zeitschrift für Wirtschaftsrecht/Deutsche Zeitschrift für Wirtschafts- und Insolvenzrecht

E

EA	Einzelabschluss, Einzelabschlüsse
eBanz	Elektronischer Bundesanzeiger
ebd.	ebendort, ebenda
EBIT	Earnings before interest and taxes
EBITDA	Earnings before interest and taxes, depreciation and amortisation
EG	Einführungsgesetz, auch Europäische Gemeinschaften

eG	eingetragene Genossenschaft
EG-RL	Richtlinie der Europäischen Gemeinschaft
EGH	Ehrengerichtshof
EGHGB	Einführungsgesetz zum Handelsgesetzbuch
EGInsO	Einführungsgesetz zur Insolvenzordnung
ehem.	ehemalig(e)
Einl.	Einleitung
einschl.	einschließlich
entspr.	entsprechend
Erg.	Ergänzung
Erl.	Erlass, auch Erläuterung
ErbStG	Erbschaftsteuergesetz
EStG	Einkommensteuergesetz
ESUG	Gesetz zur weiteren Erleichterung der Sanierung von Unternehmen
et al.	et alii
etc.	et cetara (J)
EU	Europäische Union
EuG	Europäisches Gericht
EuGH	Europäischer Gerichtshof
EuIns-VO	Europäische Insolvenzverordnung
e.V.	eingetragener Verein
evtl.	eventuell
EWiR	Entscheidungen zum Wirtschaftsrecht (Zeitschrift)
EWIV	Europäische wirtschaftliche Interessenvereinigung

F

f.	folgende
FA	Finanzamt
FAIT	Fachausschuss für Informationstechnologie des IDW
FAR	Fachausschuss Recht des IDW
FAS	Fachausschuss Sanierung und Insolvenz des IDW
FAUB	Fachausschuss für Unternehmensbewertung und Betriebswirtschaft des IDW
FAZ	Frankfurter Allgemeine Zeitung
FD-InsR	Fachdienst Insolvenzrecht
ff.	fortfolgende
FG	Finanzgericht, auch Fachgutachten
FI	Finanzinstrument, auch Finanzinstitute

FN-IDW	Fachnachrichten des IDW
Fn.	Fußnote
FR	Finanz-Rundschau (Zeitschrift)
FS	Festschrift

G

GB	Geschäftsbericht
GBl.	Gesetzblatt
GbR	Gesellschaft bürgerlichen Rechts
GE	Gesetzentwurf
gem.	gemäß
Ges.	Gesetz
GewStG	Gewerbesteuergesetz
ggf.	gegebenenfalls
ggü.	gegenüber
GJ	Geschäftsjahr(e)
gl.A.	gleicher Ansicht / gleicher Auffassung
GmbH	Gesellschaft mit beschränkter Haftung
GmbHG	Gesetz betreffend die Gesellschaften mit beschränkter Haftung
GmbHR	GmbH-Rundschau (Zeitschrift)
GoB	Grundsätze ordnungsmäßiger Buchführung
GoI	Grundsätze ordnungsgemäßer Insolvenzverwaltung
GrEStG	Grunderwerbsteuergesetz
GStB	Gestaltende Steuerberatung (Zeitschrift)
GuV	Gewinn- und Verlustrechnung
GV	Generalversammlung, auch Gemeindeverband
GVG	Gerichtsverfassungsgesetz
GWR	Gesellschafts- und Wirtschaftsrecht (Zeitschrift)

H

h.A.	herrschende Auffassung
HB	Handelsbilanz
HFA	Hauptfachausschuss des IDW
HGB	Handelsgesetzbuch
h.M.	herrschende Meinung
HR	Handelsregister
HRI	Handbuch Restrukturierung in der Insolvenz
Hrsg./hrsg.	Herausgeber/herausgegeben

Hs.	Halbsatz
HV	Hauptversammlung

I

i.d.F.	in der Fassung
i.d.R.	in der Regel
i.d.S.	in diesem Sinne
IDW	Institut der Wirtschaftsprüfer in Deutschland e.V.
IDW AAB	Allgemeine Auftragsbedingungen (für Wirtschaftsprüfer und Wirtschaftsprüfungsgesellschaften)
IDW EPS	Entwurf IDW Prüfungsstandard
IDW EQS	Entwurf IDW Qualitätssicherungsstandard
IDW ERS	Entwurf IDW Stellungnahme zur Rechnungslegung
IDW ES	Entwurf IDW Standard
IDW PH	IDW Prüfungshinweis
IDW PS	IDW Prüfungsstandard
IDW QS	IDW Qualitätssicherungsstandard
IDW RH	IDW Rechnungslegungshinweis
IDW RS	IDW Stellungnahme zur Rechnungslegung
IDW S	IDW Standard
i.e.S.	im engeren Sinne
IM	Innenminister/-ministerium
insb.	insbesondere
InsO	Insolvenzordnung
InsVZ	Zeitschrift für Insolvenzverwaltung und Sanierungsberatung
i.R.d.	im Rahmen der/des
i.S.d.	im Sinne der, des, dieser
i.S.v.	im Sinne von
i.V.m.	in Verbindung mit
i.w.S.	im weiteren Sinne
i.Z.m.	im Zusammenhang mit

J

JA	Jahresabschluss/Jahresabschlüsse
Jg.	Jahrgang
JZ	Juristenzeitung (Zeitschrift)

K

KA	Konzernabschluss/Konzernabschlüsse
Kap.	Kapitel
KapGes.	Kapitalgesellschaft
KAPr.	Konzernabschlussprüfer
KFR	Kapitalflussrechnung
KG	Kommanditgesellschaft
KGaA	Kommanditgesellschaft auf Aktien
KHFA	Krankenhausfachausschuss des IDW
KLB	Konzernlagebericht
KO	Konkursordnung
krit.	kritisch
KSchG	Kündigungsschutzgesetz
KSI	Krisen-, Sanierungs- und Insolvenzberatung (Zeitschrift)
KSt	Körperschaftsteuer
KStG	Körperschaftsteuergesetz
KTS	Konkurs-, Treuhand- und Schiedsgerichtswesen (Zeitschrift)

L

LB	Lagebericht
Lfg.	Lieferung
LG	Landgericht
lit.	Littera
Losebl.	Loseblattsammlung
lt.	laut

M

m.a.W.	mit anderen Worten
MdF	Minister/Ministerium der Finanzen
MdI	Minister/Ministerium des Inneren
MfInWi.	Minister für Inneres und Wirtschaft
Mio.	Million(en)
Mitt.	Mitteilung
m.N.	mit Nachweisen
MU	Mutterunternehmen
m.w.H.	mit weiteren Hinweisen
m.w.N.	mit weiteren Nachweisen

N

n.F.	neue Fassung
NJW	Neue Juristische Wochenschrift (Zeitschrift)
Nr.	Nummer
nrkr.	nicht rechtskräftig
NRW	Nordrhein-Westfalen
n.v.	nicht veröffentlicht
NZG	Neue Zeitschrift für Gesellschaftsrecht
NZI	Neue Zeitschrift für das Recht der Insolvenz und Sanierung
NZWiSt	Neue Zeitschrift für Wirtschafts-, Steuer- und Unternehmensstrafrecht

O

o.ä.	oder ähnlich
ÖFA	Fachausschuss für öffentliche Unternehmen und Verwaltungen des IDW
öR	öffentliches Recht
ö.-r.	öffentlich-rechtlich
OFD	Oberfinanzdirektion
o.g.	oben genannte(n)/(r)/(s)
OHG	Offene Handelsgesellschaft
OLG	Oberlandesgericht
o.V.	ohne Verfasser

P

p.a.	per anno
PartG	Partnerschaftsgesellschaft
PartGG	Partnerschaftsgesellschaftsgesetz
PersGes.	Personengesellschaft
PrB	Prüfungsbericht
PublG	Publizitätsgesetz

R

RA	Rechtsanwalt
rd.	rund
RdErl.	Runderlass
RegBegr.	Regierungsbegründung
RegE	Regierungsentwurf
RG	Reichsgericht
RIW	Recht der Internationalen Wirtschaft (Zeitschrift)

rkr.	rechtskräftig
RL	Richtlinie
Rn.	Randnummer(n)
RPflG	Rechtspflegergesetz
Rspr.	Rechtsprechung
Rz.	Randziffer(n)

S

S.	Seite, auch Satz/Sätze
s.	siehe
SanInsFoG	Gesetz zur Fortentwicklung des Sanierungs- und Insolvenzrechts
Schr.	Schreiben
s.d.	siehe dort
SG	Schmalenbach Gesellschaft für Betriebswirtschaft e.V.
SGB	Sozialgesetzbuch
SH	Sonderheft
s.o.	siehe oben
sog.	sogenannt(e)/(en)/(er)/(es)
Sonder-beil.	Sonderbeilage
sonst.	sonstige
Sp.	Spalte
St	Stellungnahme
StaRUG	Gesetz über den Stabilisierungs- und Restrukturierungsrahmen für Unternehmen (Unternehmensstabilisierungs- und -restrukturierungsgesetz)
StBerG	Steuerberatungsgesetz
StBG	Steuerberatungsgesellschaft
Stbg.	Die Steuerberatung (Zeitschrift)
StFA	Steuerfachausschuss des IDW
st. Rspr.	ständige Rechtsprechung
s.u.	siehe unter

T

teilw.	teilweise
TU	Tochterunternehmen
TUG	Transparenzrichtlinie-Umsetzungsgesetz
Tz.	Textziffer (n)

U

u.a.	unter anderem, auch: und andere
u.ä.	und ähnliche(s)
u.a.m.	und andere(s) mehr
u.dgl.	und dergleichen
u.E.	unseres Erachtens
UmwG	Umwandlungsgesetz
UmwStG	Umwandlungssteuergesetz
Urt.	Urteil
USt	Umsatzsteuer
UStG	Umsatzsteuergesetz
usw.	und so weiter
u.U.	unter Umständen

V

v.	von, vom
v.a.	vor allem
vBP	vereidigte(r) Buchprüfer
VFA	Versicherungsfachausschuss des IDW
VG	Verwaltungsgericht
vgl.	vergleiche
v.H.	vom Hundert
VID	Verband der Insolvenzverwalter Deutschlands
VO	Verordnung, auch Vorstand
VollstE	Vollständigkeitserklärung
Voraufl.	Vorauflage
Vorbem.	Vorbemerkung

W

WFA	Wohnungswirtschaftlicher Fachausschuss des IDW
wg.	wegen
WM	Wertpapier-Mitteilungen (Zeitschrift)
WP	Wirtschaftsprüfer
WPG	Wirtschaftsprüfungsgesellschaft(en)
WPg	Die Wirtschaftsprüfung (Zeitschrift)
WPH	WP Handbuch
WPK	Wirtschaftsprüferkammer
WPK-Mitt.	Wirtschaftsprüferkammer-Mitteilungen (Zeitschrift)
WPK-Magazin	Mitteilungen der WPK (Zeitschrift)
WPO	Wirtschaftsprüferordnung
WPr.	Der Wirtschaftsprüfer (Zeitschrift)

WT	Wirtschaftstreuhänder, auch Der Wirtschaftstreuhänder (Zeitschrift)

Z

z.B.	zum Beispiel
ZGR	Zeitschrift für Unternehmens- und Gesellschaftsrecht
ZHR	Zeitschrift für das gesamte Handelsrecht und Wirtschaftsrecht
ZinsO	Zeitschrift für das gesamte Insolvenzrecht
ZIP	Zeitschrift für Wirtschaftsrecht
z.T.	zum Teil
zust.	zustimmend
z.Z.	zur Zeit
zzgl.	zuzüglich

Literaturverzeichnis

Das Literaturverzeichnis besteht aus vier Teilen: Zunächst werden Kommentare und betriebswirtschaftliche Standardliteratur in aktueller Auflage, die durch eine Hochzahl dargestellt wird, aufgelistet. Sofern Vorauflagen zitiert werden, sind diese an der abweichenden Hochzahl zu erkennen. Die Auflistung der Quellen erfolgt alphabetisch.

Monographien und Beiträgen in Sammelwerken (wie z.B. Festschriftenaufsätze) sind mit kompletter Titelangabe im zweiten Teil des Literaturverzeichnisses angegeben. Aufsätze in Fachzeitschriften mit genauem Titel sind Inhalt des dritten Teils. Die in Teil zwei und drei genannten Quellen sind in den Kapiteln in abgekürzter Form zitiert.

Im vierten Teil des Literaturverzeichnisses sind die nur in diesem Band zitierten IDW Verlautbarungen aufgeführt. Eine vollständige Auflistung finden Sie im Hauptband der WPH Edition „Wirtschaftsprüfung & Rechnungslegung", 15. Aufl., Düsseldorf 2017 oder auf der Webseite des IDW (www.idw.de) unter der Rubrik Verlautbarungen.

1. Kommentare und Standardliteratur

Andres/Leithaus[4]

Andres/Leithaus, Insolvenzordnung, 4. Aufl., München 2018

Balz/Landfermann[2]

Balz/Landfermann, Die neuen Insolvenzgesetze, 2. Aufl., Düsseldorf 1999

Baumbach/Hopt, HGB[40]

Baumbach/Hopt, Handelsgesetzbuch, 40. Aufl., München 2021

Baumbach/Hueck, GmbHG[22]

Baumbach/Hueck, GmbH-Gesetz, 22. Aufl., München 2019

BeBiKo[12]

Grottel u.a. (Hrsg.), Beck'scher Bilanz-Kommentar, Handels- und Steuerbilanz, 12. Aufl., München 2020

Beck GmbH-HB[6]

Müller/Winkeljohann (Hrsg.), Beck'sches Handbuch der GmbH, 6. Aufl., München 2021

Beckmann/Scholtz/Vollmer, Investment

Beckmann/Scholtz/Vollmer (Hrsg.), Investment, Berlin 2017 (Loseblattausgabe)

BeckOK InsO[24]

Fridgen/Geiwitz/Göpfert, Beck'scher Online-Kommentar InsO, 24. Edition, München 2021

BeckOK KStG[10]

Thomann-Micker/Kanders, Beck'scher Online-Kommentar, KStG, 10. Edition, München 2021

BeckOK StaRUG[2]

Skauradszun u.a. (Hrsg), Beck'scher Online Kommentar StaRUG, 2. Edition, München 2021

BHdR[51]

Böcking u.a. (Hrsg.), Beck'sches Handbuch der Rechnungslegung, HGB und IFRS, 51. Aufl., München 2016 ff. (Loseblattausgabe)

Bork/Hölzle[2]

Bork/Hölzle (Hrsg.), Handbuch Insolvenzrecht, 2. Aufl., Köln 2019

Boruttau, GrEStG[19]

Boruttau, Grunderwerbsteuergesetz Kommentar, 19. Aufl., München 2019

Braun, InsO[8]

Braun (Hrsg.), Insolvenzordnung (InsO), 8. Aufl., München 2020

Brünkmans/Thole, Handbuch Insolvenzplan

Brünkmans/Thole (Hrsg.), Handbuch Insolvenzplan, 2. Aufl., Köln 2020

Buth/Hermanns[5]

Buth/Hermanns, Restrukturierung – Sanierung – Insolvenz, 5. Aufl., München 2022

Crone/Werner[5]

Crone/Werner, Modernes Sanierungsmanagement, 5. Aufl., München 2017

Deubert/Förschle/Störk, Sonderbilanzen[6]

Deubert/Förschle/Störk (Hrsg.), Sonderbilanzen, 6. Aufl., München 2020

Ebenroth/Boujong/Joost/Strohn, HGB[4]
Ebenroth/Boujong/Joost/Strohn (Hrsg.), Handelsgesetzbuch, 4. Aufl., München 2020

Emmerich/Habersack, Aktien- und GmbH-Konzernrecht[11]
Emmerich/Habersack, Aktien- und GmbH-Konzernrecht, 11. Aufl., München 2020

Erbs/Kohlhaas, Strafrechtliche Nebengesetze
Erbs/Kohlhaas (Hrsg.), Strafrechtliche Nebengesetze, Loseblattwerk, 236. Aufl., München 2021

FK-InsO[9]
Wimmer (Hrsg.), Frankfurter Kommentar zur Insolvenzordnung, 9. Aufl., Köln 2018

Frotscher[9]
Frotscher, Besteuerung bei Insolvenz, 9. Aufl., Frankfurt 2021

Gottwald, InsR-HB[6]
Gottwald (Hrsg.), Insolvenzrechts-Handbuch, 6. Aufl., München 2020

Graf-Schlicker[5]
Graf-Schlicker, Kommentar zur Insolvenzordnung, 5. Aufl., Köln 2020

Großkomm. InsO
Henckel/Gerhardt (Hrsg.), Insolvenzordnung, Großkommentar, begr. von Jaeger, Berlin 2004

Haarmeyer/Wentzke/Förster
Präsenzkommentar zur Insolvenzordnung, Onlinekommentar (Stand: Juli 2015)

Hachenburg, GmbHG[8]
Hachenburg, Großkommentar GmbHG, 8. Aufl., Berlin 2015

HamKomm. InsR[9]
Schmidt (Hrsg.), Hamburger Kommentar zum Insolvenzrecht, 9. Aufl., Köln 2022

Heidinger, GmbHG[3]
Heidinger u.a. (Hrsg.), Kommentar zum Gesetz betreffend die Gesellschaften mit beschränkter Haftung (GmbH-Gesetz), Band 2, 3. Aufl., München 2017

Hense/Ulrich, WPO[3]
Gelhausen/Ziegler (Hrsg.), WPO Kommentar, 3. Aufl., Düsseldorf 2018

Henssler/Strohn, Gesellschaftsrecht[5]
Henssler/Strohn, Gesellschaftsrecht, 5. Aufl., München 2021

Hess, InsR[2]
Hess, Insolvenzrecht, 2. Aufl., München 2013

Hess, Komm.InsO[3]
Hess, Kommentar zur InsO, 3. Aufl., Heidelberg 2007

Hess, Sanierungshandbuch[6]
Hess (Hrsg.), Sanierungshandbuch, 6. Aufl., Neuwied 2013

Hirte
Hirte u.a. (Hrsg.), Insolvenzordnung, Band 1, 15. Aufl., München 2019

HK-AktG[4]	Bürgers/Körber (Hrsg.), Heidelberger Kommentar zum AktG, 4. Aufl., Heidelberg 2017
HK-InsO[10]	Kreft (Hrsg.), Heidelberger Kommentar zur Insolvenzordnung, 10. Aufl., Heidelberg 2020
Hüffer/Koch, AktG[15]	Hüffer/Koch, Aktiengesetz, 15. Aufl., München 2021
HWO[4]	Schreyögg/v. Werder, Handwörterbuch Unternehmensführung und Organisation (HWO), 4. Aufl., Stuttgart 2004
IDW, Arbeitshilfen	IDW (Hrsg.), IDW Arbeitshilfen zur Qualitätssicherung, Düsseldorf 2005
IDW, ISA	IDW (Hrsg.), Abschlußprüfung nach International Standards on Auditing (ISA) – Vergleichende Darstellung deutscher und internationaler Prüfungsgrundsätze, Düsseldorf 1998
IDW, Praxishandbuch[11]	IDW (Hrsg.), Praxishandbuch zur Qualitätssicherung 2017/2018, 11. Aufl., Düsseldorf 2017
IDW, Unternehmensfortführung	IDW (Hrsg.), Gestaltungen zur Unternehmensfortführung: Einrichtung von Beratungs-, Überwachungs- und Entscheidungsgremien / hrsg. v. Arbeitskreis Unternehmensfortführung, Düsseldorf 1991
IDW, WP Handbuch 2012 Bd. I	IDW (Hrsg.), WP Handbuch 2012 Wirtschaftsprüfung, Rechnungslegung, Beratung, Band I, 14. Aufl., Düsseldorf 2012
IDW, WP Handbuch 2014 Bd. I	IDW (Hrsg.), WP Handbuch 2014 Wirtschaftsprüfung, Rechnungslegung, Beratung, Band II, 14. Aufl., Düsseldorf 2014
IDW, WPH Edition, Assurance[2]	IDW (Hrsg.), WPH Edition, Assurance, Vertrauensleistungen außerhalb der Abschlussprüfung, 2. Aufl., Düsseldorf 2020
IDW, WPH Edition, Wirtschaftsprüfung & Rechnungslegung[17]	IDW (Hrsg.), WPH Edition, WP Handbuch, Wirtschaftsprüfung & Rechnungslegung, 17. Aufl., Düsseldorf 2021
Kindler/Nachmann/Bitzer	Kindler/Nachmann/Bitzer (Hrsg.), Handbuch Insolvenzrecht in Europa, München 2020
Kirchhof/Söhn/Melllinghoff, EStG	Kirchhof/Söhn/Melllinghoff (Hrsg.), Einkommensteuergesetz, Kommentar, Heidelberg 1986 ff. (Loseblattausgabe)
Klein, AO[15]	Klein, Abgabenordnung, 15. Aufl., München 2020

Kölner Komm. AktG[4]

Zöllner/Noack (Hrsg.), Kölner Kommentar zum Aktiengesetz, 4. Aufl., Köln 2021 ff.

Kölner Komm. InsO

Hess (Hrsg.), Kölner Kommentar zur Insolvenzordnung, Köln 2016

König, AO[3]

König, Abgabenordnung, 3. Aufl., München 2014

Kübler/Prütting/Bork, InsO

Kübler/Prütting/Bork (Hrsg.), Insolvenzordnung, Köln 1998 ff. (Loseblattausgabe)

Lang/Weidmüller, GenG[39]

Lang/Weidmüller, Genossenschaftsgesetz, 39. Aufl., Berlin 2019

Lutter, UmwG[6]

Lutter, Umwandlungsgesetz, 6. Aufl., Köln 2019

Lutter/Hommelhoff, GmbHG[18]

Lutter/Hommelhoff, GmbH-Gesetz, 18. Aufl., Köln 2012

Michalski, GmbHG[3]

Michalski (Hrsg.), Kommentar zum Gesetz betreffend die Gesellschaften mit beschränkter Haftung (GmbH-Gesetz), 3. Aufl., München 2017

Moench/Weinmann

Moench/Weinmann, Erbschaft- und Schenkungsteuer, Köln 1988 ff. (Loseblattausgabe)

MünchHdB. GmbH[5]

Priester/Mayer/Wicke (Hrsg.), Münchener Handbuch des Gesellschaftsrecht, Bd. 3, Gesellschaft mit beschränkter Haftung, 5. Aufl., München 2018

MünchHdB. AG[5]

Hoffmann-Becking (Hrsg), Münchener Handbuch des Gesellschaftsrechts, Bd. 4, Aktiengesellschaft, 5. Aufl., München 2020

MünchKomm. AktG[4]

Goette/Habersack (Hrsg.), Münchener Kommentar zum Aktiengesetz, 4. Aufl., München 2015 ff.

MünchKomm. BGB[8]

Rixecker/Säcker/Oetker (Hrsg.), Münchener Kommentar zum BGB, 8. Aufl., München 2018 ff.

MünchKomm. GmbHG[3]

Fleischer/Goette (Hrsg.), Münchener Kommentar zum Gesetz betreffend die Gesellschaften mit beschränkter Haftung, 3. Aufl., München 2015 ff.

MünchKomm. HGB[5]

Drescher u.a. (Hrsg.), Münchener Kommentar zum HGB, 5. Aufl., München 2010 ff.

MünchKomm. InsO[4]

Stürner (Hrsg.), Münchener Kommentar zur Insolvenzordnung, 4. Aufl., München 2020

MünchKomm. StBG³ — Joecks/Miebach/v. Heintschel-Heinegg, Münchener Kommentar zum Strafgesetzbuch, 3. Aufl., München 2019

Nerlich/Römermann, InsO — Nerlich/Römermann (Hrsg.), Insolvenzordnung: InsO, München 1999 (Loseblattausgabe)

NWB KommInsR — Pape/Uhländer (Hrsg.), NWB Kommentar zum Insolvenzrecht, Herne 2013

Pahlke, GrEStG⁶ — Pahlke, Grunderwerbsteuergesetz, 6. Aufl., München 2018

Palandt, BGB⁸⁰ — Palandt, Bürgerliches Gesetzbuch, 80. Aufl., München 2020

Perridon/Steiner/Rathgeber¹⁷ — Perridon/Steiner/Rathgeber (Hrsg.), Finanzwirtschaft der Unternehmung, 17. Aufl., München 2017

Rau/Dürrwächter — Rau/Dürrwächter (Hrsg). Umsatzsteuergesetz, Loseblattwerk, 192. Aktualisierung 2021

Rowedder/Schmidt-Leithoff, GmbHG⁶ — Rowedder/Schmidt-Leithoff (Hrsg.), Gesetz betreffend die Gesellschaften mit beschränkter Haftung (GmbHG), 6. Aufl., München 2017

Schmidt, Gesellschaftsrecht⁴ — Schmidt, Gesellschaftsrecht, 4. Aufl., Köln 2002

Schmidt, InsO¹⁹ — Schmidt, (Hrsg.), Insolvenzordnung, 19. Aufl., München 2016

Schmidt/Uhlenbruck, GmbH⁵ — Schmidt/Uhlenbruck (Hrsg.), Die GmbH in Krise, Sanierung und Insolvenz, 5. Aufl., Köln 2016

Schmidt, EStG⁴⁰ — Schmidt/Weber-Grellet (Hrsg.), Einkommensteuergesetz, 40. Aufl., München 2021

Schmidt/Lutter, AktG⁴ — Schmidt/Lutter (Hrsg.), Aktiengesetz, 4. Aufl., Köln 2020

Scholz, GmbHG¹² — Scholz, Kommentar zum GmbH-Gesetz mit Anhang Konzernrecht, 12. Aufl., Köln 2021

Spindler/Stilz, AktG⁴ — Spindler/Stilz (Hrsg.), Kommentar zum Aktiengesetz, 4. Aufl., München 2019

Tipke/Kruse, AO/FGO — Tipke/Kruse, AO/FGO, Kommentar, Köln 1996 ff. (Loseblattausgabe)

Uhlenbruck, InsO¹⁵ — Uhlenbruck (Hrsg.), Insolvenzordnung, 15. Aufl., München 2019

Widmann/Mayer, UmwRecht³ — Widmann/Mayer, Umwandlungsrecht, 3. Aufl., Bonn 1995 ff. (Loseblattausgabe)

Wiedmann, Bilanzrecht[4]	Wiedmann/Böcking/Gros, Bilanzrecht, 4. Aufl., München 2019
Winnefeld, Bilanz-Handbuch[5]	Winnefeld, Bilanz-Handbuch, 5. Aufl., München 2015

2. Monographien und Beiträge in Sammelwerken

Achsnik/Opp, Die doppelnützige Treuhand in der Sanierung, 2. Aufl., Köln 2013

Basinski/Hillebrand/Lambrecht, Handbuch der Insolvenzrechnungslegung, 2. Aufl., Köln 2018

BDI, BDI/KPMG-Studie 2011, Verlustnutzung nach Anteilseignerwechsel – Ein Vergleich des § 8c KStG mit entsprechenden Regelungen in ausgewählten Industrie- und Schwellenländern, Berlin/Frankfurt a.M. 2011

BDU, Struktur eines Grobkonzeptes im Rahmen der Bescheinigung nach § 270b InsO, Bonn 2013

Beck/Depré, Praxis der Insolvenz, 2. Aufl., München 2010

Bergauer, Erfolgreiches Krisenmanagement in der Unternehmung, Berlin 2001

Berndt (Hrsg.), Erfolgreiches Management, Berlin/Heidelberg 2010

Bertl, Die Sanierungsprüfung, in: Bertl/Mandl (Hrsg.), Rechnungswesen und Controlling, Festschrift für Anton Egger zum 65. Geburtstag, Wien 1997, S. 457

Biehl, Insider im Insolvenzverfahren, Herne/Berlin 2000

Bierich, Innenfinanzierung der Unternehmen, in: Christians (Hrsg.), Finanzierungshandbuch, 2. Aufl., Wiesbaden 1988, S. 193

Blöse/Wieland-Blöse, Praxisleitfaden Insolvenzreife, Berlin 2011

Bönkhoff, Kreditwürdigkeitsprüfung, Düsseldorf 1983

Braun/Uhlenbruck, Unternehmensinsolvenz, Düsseldorf 1997

Braun (Hrsg.), StaRUG: Unternehmensstabilisierungs- und -restrukturierungsgesetz, Kommentar, München 2021

Breuer, Insolvenzrechts-Formularbuch, 3. Aufl., München 2006

Caspers, Personalabbau und Betriebsänderung im Insolvenzverfahren, Köln 1998

de Bra/Weber, Der Rangrücktritt im Überschuldungsstatus und in der Handels- und Steuerbilanz, in: Kind/Kleßner/Frank (Hrsg.), Unternehmenskrisen: Der Jurist als Notarzt, Festschrift für Dr. Eberhard Braun zum 60. Geburtstag, München 2007, S. 1

Dietrich/Schirra (Hrsg.), Innovationen durch IT: Erfolgsbeispiele aus der Praxis, Berlin/Heidelberg 2006

Eickes, Zum Grundsatz der Unternehmensfortführung in der Insolvenz, Berlin 2014

Eigler, Aufgabenanalyse, in: HWO[4], Sp. 54

Evertz/Krystek, Das Management von Restrukturierung und Sanierung, in: Evertz/Krystek (Hrsg.), Restrukturierung und Sanierung von Unternehmen. Grundlage, Fallstudien und Instrumente für die Praxis, Stuttgart 2010, S. 19

Fechner, Praxis der Unternehmenssanierung, Neuwied/Kriftel/Berlin 1999

Fischer, Zur Feststellung der Zahlungsunfähigkeit – Folgerungen aus der Rechtsprechung des IX. Zivilsenats, in: Berger/Kayser/Pannen (Hrsg.), Sanierung, Insolvenz, Berufsrecht der Rechtsanwälte und Notare, Festschrift für Hans Gerhard Ganter zum 65. Geburtstag, München 2010, S. 162

Forcher, Altlasten in der Insolvenz – ein Problem am Rand des Insolvenzverfahrens?, in: Kind/Kleßner/Frank (Hrsg.), Unternehmenskrisen: Der Jurist als Notarzt, Festschrift für Dr. Eberhard Braun zum 60. Geburtstag, München 2007, S. 355

Frege/Keller/Riedel, Handbuch der Rechtspraxis, Band 3 Insolvenzrecht, 6. Aufl., München 2008

Frieß, Die Sanierungsentscheidung bei der Sanierung des Unternehmensträgers im Insolvenzfall und die Auswirkungen bilanzieller, finanzieller sowie umwandlungsrechtlicher Sanierungsmaßnahmen auf den Fortführungswert, München 2002

Gehrlein, Aktuelle Rechtsprechung zum Insolvenzrecht, München 2013

Gless, Unternehmenssanierung, Grundlagen-Strategien-Maßnahmen, Wiesbaden 1996

Gogger, Insolvenzgläubiger-Handbuch, 3. Aufl., München 2011

Groß, Sanierung durch Fortführungsgesellschaften, 2. Aufl., Köln 1988

Gutsche, Die Organkompetenz im Insolvenzverfahren, Köln 2003

Haarmeyer/Buchalik, Sanieren statt Liquidieren, Herne 2012

Haarmeyer/Frind, Insolvenzrecht, Stuttgart 2011

Haarmeyer/Wutzke/Förster, Handbuch zur Insolvenzordnung: InsO/EGInsO, 4. Aufl., München 2013

Hagebusch/Knittel, Doppelnützige Treuhand und ESUG-Verfahren, in: Exner/Paulus (Hrsg.), Festschrift für Siegfried Beck zum 70. Geburtstag, München 2016, S. 243

Hartel, Consulting und Projektmanagement in Industrieunternehmen, Praxisleitfaden, München 2009

Harz/Hub/Schlarb, Sanierungs-Management, Unternehmen aus der Krise führen, Stuttgart 2006

Heckschen, Umwandlungsrecht und Insolvenz, in: Wassermeyer/Mayer/Rieger (Hrsg.), Umwandlungen in Zivil- und Steuerrecht, Festschrift für Siegfried Widmann zum 65. Geburtstag am 22. Mai 2000, Bonn 2000, S. 31

Hess/Obermüller, Die Rechtsstellung der Verfahrensbeteiligten nach der Insolvenzordnung, Heidelberg 1996

Hillebrand/Frystatzki, Going Concern versus Break up, Herne 2016

Hillebrand/Niering, Wege durch die Unternehmenskrise, Köln 2012

Holzwarth/Lohr, WAP – Wertstromanalyse als Projektgrundlage, Norderstedt 2010

Hommelhoff/Krebs, Treuhandanstalt und Treuhandgesetz, Köln 1990

Hornung, Das BQG-Modell als Teil der übertragenden Sanierung, in: Flitsch u.a. (Hrsg.): Festschrift für Jobst Wellensiek zum 80. Geburtstag, München 2011, S. 723

Jaeger, Konkursordnung, 8. Aufl., Berlin 1958

Kall, Controlling im Turnaround-Prozeß, Frankfurt a.M. 1999

Kessler, Die Aktiengesellschaft in der Eigenverwaltung, Berlin 2006

Kim/Götz, Die Kündigung des GmbH-Geschäftsführers in der Insolvenz – Die Annexkompetenz, ein Hindernis für den Insolvenzverwalter?, in: Kind/Kleßner/Frank (Hrsg.), Unternehmenskrisen: Der Jurist als Notarzt, Festschrift für Dr. Eberhard Braun zum 60. Geburtstag, München 2007, S. 119

Kind, Der „vorläufig" vorläufige Gläubigerausschuß, oder: Kann auch im Insolvenzeröffnungsverfahren ein Gläubigerausschuß bestellt werden?, in: Kind/Kleßner/Frank (Hrsg.), Unternehmenskrisen: Der Jurist als Notarzt, Festschrift für Dr. Eberhard Braun zum 60. Geburtstag, München 2007, S. 31

Kliche, Implementierung innovativer Anreizsysteme für Mitarbeiter des Vertriebes im Unternehmen, Hannover 2004

Kölner Schrift zur Insolvenzordnung / hrsg, v. Arbeitskreis für Insolvenzwesen Köln e.V., 2. Aufl., Herne/Berlin 2000

Kölner Schrift zur Insolvenzordnung / hrsg, v. Arbeitskreis für Insolvenzwesen Köln e.V., 3. Aufl., Münster 2009

Kraemer/Vallender/Vogelsang, Handbuch zur Insolvenz, Bonn 1997 ff. (Loseblattausgabe)

Kralicek, Kennzahlen für Geschäftsführer, Wien 1995

Kübler, Handbuch Restrukturierung in der Insolvenz (HRI), 2. Aufl., Köln 2015

Kübler/Prütting (Hrsg.), Das neue Insolvenzrecht, Köln 1994

Kuhn, Konkursrechtliche Probleme bei der GmbH & Co. KG, in: Fischer/Hefermehl (Hrsg.), Gesellschaftsrecht und Unternehmensrecht, Festschrift für Wolfgang Schilling zum 65. Geburtstag am 5. Juni 1973, Berlin 1973, S. 69

Langer/Bausch/Balkowski, Handreichung ForStaB, Fortgeschriebener Standardisierter Zwischen-Bericht, Amtsgericht Aachen 2015

Leithaus, Besonderheiten einzelner Sanierungsobjekte, in: Nerlich/Kreplin (Hrsg.), Münchener Anwaltshandbuch Sanierung und Insolvenz, 2. Aufl., München 2012, § 9

Lippold (Hrsg.), Die Unternehmensberatung - von der strategischen Konzeption zur praktischen Umsetzung, 2. Aufl., Wiesbaden 2016

Littkemann/Krehl, Kennzahlen der klassischen Bilanzanalyse, in: Hauschildt/Leker (Hrsg.), Krisendiagnose durch Bilanzanalyse, 2. Aufl., Köln 2000, S. 19

Lorenz/Klanke, InsVV – GKG – RVG, Vergütung und Kosten in der Insolvenz, 2. Aufl., München 2014

Lübbe-Wolff, Rechtsfolgen und Realfolgen, Freiburg/München 1981

Lwowski/Tetzlaff, Umweltrisiken und Altlasten in der Insolvenz, München 2002

Marotzke, Das Unternehmen in der Insolvenz, Neuwied 2000

Marotzke, Gegenseitige Verträge im neuen Insolvenzrecht, 3. Aufl., Neuwied 2001

Maurenbrecher, Sanierung mittelständischer Unternehmungen durch Private Equity-Gesellschaften, München 2008

Mohrbutter/Ringstmeier, Handbuch der Insolvenzverwaltung, 8. Aufl., Köln 2007

Müller, Kommentar zum Genossenschaftsgesetz, 2. Aufl., Bielefeld 1991

Mutter, Unternehmerische Entscheidungen und Haftung des Aufsichtsrats der Aktiengesellschaft, Köln 1994

Nerlich/Kreplin (Hrsg.), Münchener Anwaltshandbuch Sanierung und Insolvenz, 3. Aufl., München 2019

Nitsch, Handbuch des Insolvenzrechts, Bremen 2016

Nollau/Neumeier, Logistikfallstudien und Risikomanagement (Economy and Labour), Lohmar/Köln 2010

Nowotny, Verlust der halben Stammkapitals, in: Bierich/Hommelhoff/Kropff (Hrsg.), Festschrift für Johannes Semler zum 70. Geburtstag, Unternehmen und Unternehmensfortführung im Recht, Berlin 1993, S. 231

Oberle, Außergerichtliche Sanierung oder Sanierung in der Insolvenz? – Ansätze für eine Vergleichsrechnung, in: Flitsch (u.a.) (Hrsg.): Festschrift für Jobst Wellensiek zum 80. Geburtstag, München 2011, S. 74

Onusseit/Kunz, Steuern in der Insolvenz, 2. Aufl., Köln 1997

Oppenländer/Trölitzsch (Hrsg.), Praxishandbuch der GmbH-Geschäftsführung, 2. Aufl., München 2011

Pannen/Riedemann/Smid (Hrsg.), Unternehmensstabilisierungs- und -restrukturierungsgesetz (StaRUG), Kommentar, München 2021

Pape/Uhlenbruck/Voigt-Salus, Insolvenzrecht, 2. Aufl., München 2010

Paulus, Europäische Insolvenzverordnung, 3. Aufl., Frankfurt a.M. 2010

Pelka/Niemann, Praxis der Rechnungslegung in Insolvenzverfahren, 5. Aufl., Köln 2002

Pohlmann, Befugnisse und Funktionen des vorläufigen Insolvenzverwalters, Köln 1998

Pöhlmann/Fandrich/Bloehs, Genossenschaftsgesetz, 4. Aufl., München 2012

Porter, On Competition, 2. Aufl., Boston 2008

Rasche/Roth/Schmidt-Gothan, Controlling und Reportingsystem im Sanierungsmanagement, in: Hommel/Knecht/Wohlenberg (Hrsg.), Handbuch Unternehmensrestrukturierung, Grundlagen-Konzepte-Maßnahmen, Wiesbaden 2006, S. 1371

Reichert (Hrsg.), GmbH & Co. KG, 8. Aufl., München 2021

Rendels/Zabel, Insolvenzplan, Köln 2013

Reul/Heckschen/Wienberg, Insolvenzrecht in der Gestaltungspraxis, München 2012

Römermann, Münchener Anwaltshandbuch GmbH-Recht, 2. Aufl., München 2009

Schimansky/Bunte/Lwowski (Hrsg.), Bankrechts-Handbuch, 5. Aufl., München 2017

Schmidt, Wege zum Insolvenzrecht der Unternehmen, Köln 1990

Schmidt/Freund, Strategien zur Sicherung der Existenz kleiner und mittlerer Unternehmen, Stuttgart 1989

Semler/Pelzer/Kubis, Arbeitshandbuch für Vorstandsmitglieder, München 2015

Smid/Rattunde, Der Insolvenzplan, 2. Aufl., München 2005

Solmecke, Auswirkungen des Bilanzrechtsmodernisierungsgesetzes (BilMoG) auf die handelsrechtlichen Grundsätze ordnungsmäßiger Buchführung, Düsseldorf 2009

Stadlbauer, Der Ablauf erfolgreicher Sanierungen, Graz 1991

Steenken, Die Insolvenz der Vor-GmbH vor dem Hintergrund der Gründerhaftung, Frankfurt a.M. 2002

Steindorf/Regh, Beck'sches Mandatshandbuch Arbeitsrecht in der Insolvenz, München 2002

Stimpel, Der Gesellschafter als Vorerbe des verstorbenen einzigen Mitgesellschafters einer offenen Handelsgesellschaft, in: Pfeiffer (Hrsg.), Festschrift für Heinz Rowedder zum 75. Geburtstag, München 1994, S. 477

Thierhoff/Müller/Illy/Liebscher (Hrsg.), Unternehmenssanierung, Heidelberg 2012

Thierhoff/Müller, Unternehmenssanierung, 2. Aufl., Heidelberg 2016

Timmerbeil/Pfeiffer, Unternehmenskauf – Nebenvereinbarungen, München 2010

Tomczak, Situative Marketingstrategien: Grundsatzstrategien für „Dogs", Berlin 1989

Uhlenbruck, Das neue Insolvenzrecht, Herne/Berlin 1994

Uhlenbruck/Klasmeyer/Kübler (Hrsg.), Einhundert Jahre Konkursordnung 1877–1977, Festschrift des Arbeitskreises für Insolvenz- und Schiedswesen e.V., Köln 1977

Venohr, Restrukturierungsmethoden in den Querschnittsfunktionen, in: Hommel/Knecht/Wohlenberg (Hrsg.), Handbuch Unternehmensrestrukturierung, Grundlagen – Konzepte – Maßnahmen, Wiesbaden 2006, S. 1127

Wagner, Ansatz und Bewertung im Status : Rechnungslegung im Insolvenzverfahren, in: Baetge (Hrsg.), Beiträge zum neuen Insolvenzverfahren, Düsseldorf 1998, S. 43

Wagner, Die Messung der Überschuldung, in: IDW (Hrsg.), Bericht über die Fachtagung 1994, Düsseldorf 1995, S. 171

Waza/Uhländer/Schmittmann, Insolvenzen und Steuern, 11. Aufl., Herne 2015

Weyand/Diversy, Insolvenzdelikte, 8. Aufl., Berlin 2010

Wimmer u.a., Handbuch des Fachanwalts – Insolvenzrecht, 5. Aufl., Neuwied 2012

Wimmer, Das neue Insolvenzrecht nach der ESUG-Reform, Köln 2012

Zwanziger, Das Arbeitsrecht in der Insolvenzordnung, 4. Aufl., Frankfurt a.M. 2010

3. Beiträge in Zeitschriften

Albertus/Fischer, Gesellschaftsrechtliche Folgen der Eröffnung eines Insolvenzverfahrens, ZInsO 2005, S. 246

Altmeppen, Masseschmälernde Zahlungen, NZG 2016, S. 521

Altmeppen, Was bleibt von den masseschmälernden Zahlungen?, ZIP 2015, S. 949

Andersch/Philipp, Anforderungen an die Erstellung von Sanierungskonzepten – Erste praktische Erfahrungen mit dem neuen Standard IDW S 6, CF 2010, S. 206

App, Befugnisse von Gesellschaftern und Geschäftsführern nach Eröffnung eines Insolvenzverfahrens über Vermögen einer GmbH, BuW 2000, S. 977

Arens, Das SanInsFoG – Änderungen im Pflichtenregime für Geschäftsleiter, GWR 2021, S. 64

Bärlein/Pananis/Rehmsmeier, Spannungsverhältnis zwischen der Aussagefreiheit im Strafverfahren und den Mitwirkungspflichten im Verwaltungsverfahren, NJW 2002, S. 1825

Balthasar, Allgemeine Zugangsvoraussetzungen zu den Restrukturierungsinstrumenten, NZI 2021, Beil. 1, S. 18

Beck, Ertragsteuerliches Fiskusprivileg im vorläufigen Insolvenzverfahren – mögliche Auswirkungen des neuen § 55 Abs. 4 InsO, ZIP 2011, S. 551

Beck/Beutler, Zurück in die Steinzeit, ZInsO 2006, S. 809

Becker/Martin/Müller/Wobbe, Die Weiterentwicklung des IDW S 6 als Maßstab für Sanierungskonzepte, DStR 2012, S. 981

Becker/Pape/Wobbe, Forderungsverzicht mit Besserungsschein – ein vermehrt genutztes Instrument zur Überwindung der Krise, DStR 2010, S. 506

Beisenhirtz, Bedingt sanierungsbereit – Restrukturierung, Sanierung und Insolvenzverwaltung im Umbruch, ZInsO 2016, S. 1774

Benecke, Der Erstattungsanspruch nach § 31 Abs. 1 GmbHG bei anderweitig aufgefülltem Stammkapital, ZIP 2000, S. 1969

Berger, Zur Wirksamkeit von Lösungsklauseln für den Konkursfall, ZIP 1994, S. 173

Berger/Frege/Nicht, Unternehmerische Ermessensentscheidungen im Insolvenzverfahren – Entscheidungsfindung, Kontrolle und persönliche Haftung, NZI 2010, S. 321

Beuthin/Titze, Offene Probleme beim Insolvenzverfahren der eingetragenen Genossenschaft, ZIP 2002, S. 1116

Beyer, Die handels- und steuerrechtliche Behandlung eines Debt-Equity-Swap mit Genussrechten bei Kapitalgesellschaften, DStR 2012, S. 2199

Beyer, Rechnungslegung, Debt-Equity-Swap, Genussrechte, DStR 2012, S. 2199

Bieder, Rechtsfähigkeit der (Außen-)GbR, NZI 2001, S. 235

Bitter/Kresser, Positive Fortführungsprognose trotz fehlender Ertragsfähigkeit, ZIP 2012, S. 1733

Blankenburg, Probleme des Insolvenzplans in Kleinverfahren, ZInsO 2015, S. 1293

Blankenburg, Reform der Eigenverwaltung durch das SanInsFoG aus gerichtlicher Sicht, ZinsO 2021, 753

Blersch, Die Änderung der Insolvenzrechtlichen Vergütungsverordnung, ZIP 2004, S. 2311

Blersch, Nekrolog auf die professionelle vorläufige Insolvenzverwaltung, ZIP 2006, S. 1605

Blersch, Vergütungsrolle rückwärts contra legem!, ZIP 2006, S. 598

Blöse, Die Sanierungsinstrumente Rangrücktritt und Forderungsverzicht optimal einsetzen, GStB 2010, S. 349

Bork, Der zu allen Rechtshandlungen ermächtigte „schwache" vorläufige Insolvenzverwalter, ZIP 2001, S. 1521

Bork, Insolvenzfähigkeit der Bruchteilsgemeinschaft?, ZIP 2001, S. 545

Bork, Wider die Rechtsfähigkeit der Wohnungseigentümergemeinschaft – eine resignierende Polemik, ZIP 2005, S. 1205

Bork, Wie erstellt man eine Fortführungsprognose?, ZIP 2000, S. 1709

Bork/Jacoby, Das Ausscheiden des einzigen Komplementärs nach § 131 Abs. 3 HGB, ZGR 2005, S. 611

Braun, Die Prüfung von Sanierungskonzepten, WPg 1989, S. 683

Bremen, Das Leitbild des sanierten Unternehmens im Schutzschirmverfahren, NZI 2014, S. 137

Buchalik, Das Schutzschirmverfahren nach § 270b InsO, ZInsO 2012, S. 349

Büttner, Zur Neuregelung des § 8 c KStG, Deutscher Anwaltspiegel, Ausgabe 08/2019

Burger/Schellberg, Der Insolvenzverwalter im neuen Insolvenzrecht, WPg 1995, S. 69

Buth/Hermanns, Anforderungen an die Erstellung von Sanierungskonzepten nach dem neuen IDW S 6, DStR 2010, S. 289

Classen, Konkurs und Einkommensteuer, BB 1985, S. 50

Cordes, Die Gesellschaft bürgerlichen Rechts auf dem Weg zur juristischen Person?, JZ 1998, S. 545

Cyrus/Köllner, Strafbarkeitsrisiken des (anwaltlichen) Sanierungsberaters, NZI 2016, S. 289

d'Avoine, Feststellung, Verwertung und Abrechnung von Sicherungsgut als „einheitliches Geschäft" des Insolvenzverwalters, ZIP 2012, S. 58

de Weerth, Sanierungsklausel, Sanierungserlass und andere Steuererleichterungen im Fokus des EU-Beihilferechts, DStR 2014, S. 2485

Debus/Schartl, Masseschonende Handhabung des § 55 Abs. 4 InsO bei der Umsatzsteuer, ZIP 2013, S. 350

Deutschbein, Ist der Streit um die Vergütung des vorläufigen Sachwalters ein Stolperstein für die vorläufige Eigenverwaltung?, ZInsO 2015, S. 1957

Düll/Fuhrmann/Eberhard, Aktuelles Beratungs-Know-how mittelständische Kapitalgesellschaften, DStR 2003, S. 862

Ebke/Scheel, Die Haftung des Wirtschaftsprüfers für fahrlässig verursachte Vermögensschäden Dritter, WM 1991, S. 389

Eickes, Zum Fortführungsgrundsatz der handelsrechtlichen Rechnungslegung in der Insolvenz, BB 2015, S. 933

Eilers, Der Debt Equity Swap – Eine Sanierungsmaßnahme für unternehmerische Krisensituationen, GWR 2009, S. 3

Fischer, Teilrechtsfähigkeit der Wohnungseigentümergemeinschaft, NZI 2005, S. 586

Fischer-Böhnlein/Körner, Rechnungslegung von Kapitalgesellschaften im Insolvenzverfahren, BB 2001, S. 191

Flitsch, Im Fall der Insolvenz einer börsennotierten Gesellschaft trifft den Insolvenzverwalter keine Veröffentlichungspflicht nach dem WpHG, BB 2005, S. 1591

Flöther, Die aktuelle Reform des Insolvenzrechts durch das ESUG – mehr Schein als Sein?, ZIP 2012, S. 1833

Freitag/Leible, Justizkonflikte im Europäischen Internationalen Insolvenzrecht und (k)ein Ende?, RIW 2006, S. 641

Friedrich/Flintrop, Sanierungsprüfung, Herausforderung für Unternehmensführung und Gutachter, DB 2003, S. 223

Frind, Bewertung des neues IDW S 9 aus gerichtlicher Sicht, ZInsO 2014, S. 2264

Frind, Die Begründung von Masseverbindlichkeiten im Eigenverwaltungseröffnungsverfahren, ZInsO 2012, S. 1099

Frind, Neuregelung der Eigenverwaltung gemäß SanInsFoG: Mehr Qualität oder „sanierungsfeindlicher Hürdenlauf"?, ZIP 2021, S. 175

Frind, Die Praxis fragt, „ESUG" antwortet nicht, ZInsO 2011, S. 2249

Frind, Die Voraussetzungen zur Einsetzung des vorläufigen Gläubigerausschusses, ZInsO 2012, S. 2028

Frind, Der vorläufige Gläubigerausschuss – Rechte, Pflichten, Haftungsgefahren, ZIP 2012, S. 1380

Fröhlich/Bächstädt, 8 Monate ESUG – Beobachtungen eines betriebswirtschaftlichen Sanierungs- und M&A-Beraters, ZInsO 2012, S. 2044

Fröhlich/Ringelspacher/Röver, Die Bescheinigung gem. $ 270b Inso aus gerichtlicher Sicht ForderungsPraktiker 2012, S. 269

Frystatzki, Die Beurteilung des Vorliegens von Insolvenzeröffnungsgründen – Entwurf eines neuen Standards des Instituts der Wirtschaftsprüfer (IDW), NZI 2014, S. 843

Ganter, Bargeschäfte (§ 142 InsO) von Dienstleistern, ZIP 2012, S. 2037

Ganter, Die Anforderungen der höchstrichterlichen Rechtsprechung an eine zuverlässige Fortführungsprognose bei der Sanierungsprüfung, NZI 2014, S. 673

Ganter, Die Bedeutung der „Bugwelle" für die Feststellung der Zahlungsunfähigkeit, ZInsO 2011, S. 2297

Gehrlein, Das Gesetz über den Stabilisierungs- und Restrukturierungsrahmen für Unternehmen (StaRUG) – ein Überblick, BB 2021, S. 66

Geist, Die Besteuerung von Sanierungsgewinnen – Zur Anwendbarkeit, Systematik und Auslegung des BMF-Schreibens vom 27.03.2003, BB 2008, S. 2658

Gerig, Meller Nientkewitz, Wiederherstellung des Eigenkapitals als Anforderung einer nachhaltigen Sanierung, ZIP 2017, S. 2029

Gleißner, Die Sanierungserfolgswahrscheinlichkeit im IDW S 6 aus betriebswirtschaftlich-entscheidungsorientierter Perspektive, KSI 2013, S. 172

Göb/Nebel, Aktuelle gesellschaftsrechtliche Fragen in Krise und Insolvenz, NZI 2015, S. 408

Götze, Die Auswirkungen der Eröffnung eines Insolvenzverfahrens auf die Durchführung einer zuvor beschlossenen Kapitalerhöhung, ZIP 2002, S. 2204

Graeber, Vorläufige Verwaltung zum Mindesttarif oder Explosion der Zuschläge, ZInsO 2006, S. 794

Graeber/Graeber, Möglichkeit und Grenzen der Beauftragung eines Dienstleisters durch Insolvenzverwalter, ZInsO 2013, S. 1056

Graf/Wunsch, Bestellung eines Sonderverwalters bei drohendem Interessenkonflikt des Insolvenzverwalters, DZWIR 2002, S. 177

Groschupp, Sanierungskonzepte – Muss es immer der (komplette) IDW S 6 sein?, KSI 2014, S. 158

Groß, Die Prüfung der Sanierungsfähigkeit im Rahmen der Insolvenzordnung, WPK-Mitt. 1997, Sonderheft Dezember, S. 61

Groß, Grundsatzfragen der Unternehmenssanierung, DStR 1991, S. 1572

Groß, Wesentliche Gesichtspunkte der Erarbeitung von IDW ES 6, WPg 2009, S. 231

Groß/Amen, Die Fortbestehungsprognose – Rechtliche Anforderungen und ihre betriebswirtschaftlichen Grundlagen, Teil 1, WPg 2002, S. 225

Groß/Amen, Die Fortbestehungsprognose – Rechtliche Anforderungen und ihre betriebswirtschaftlichen Grundlagen, Teil 2, WPg 2002, S. 433

Grub/Streit, Börsenzulassung und Insolvenz, BB 2004, S. 1397

Gundlach, Die Ersatzabsonderung, KTS 1997, S. 553

Gundlach, Die sogenannte „Zweite Ersatzaussonderung", KTS 1997, S. 453

Gundlach, Notwendigkeit einer wirksamen Veräußerung für die Ersatzaussonderung, KTS 1997, S. 210

Gundlach/Frenzel/Schmidt, Das befangene Gläubigerausschussmitglied, ZInsO 2005, S. 974

Gundlach/Schirrmeister, Abberufung und Neubenennung eines Arbeitnehmervertreters im Gläubigerausschuss, NZI 2003, S. 659

Gundlach/Schmidt/Schirrmeister, Die Gesellschaft ohne Rechtspersönlichkeit im Anwendungsbereich von § 11 Abs. 2 und 3 InsO, DZWIR 2004, S. 449

Günther, Auswirkungen des ESUG auf das Insolvenzplanverfahren, ZInsO 2012, S. 2037

Gutmann, Die rechnerische Ermittlung der Zahlungsunfähigkeit, NZI 2021, S. 473

Gutmann/Laubereau, Schuldner und Bescheiniger im Schutzschirmverfahren, ZInsO 2012, S. 1861

Haarmann/Vorwerk, Rechtliche Anforderungen an die Feststellung der positiven Fortführungsprognose, BB 2015, S. 1603

Haarmeyer, Die „neue" Vergütung des vorläufigen Insolvenzverwalters nach der Grundsatzentscheidung des BGH v. 13.07.2006, ZInsO 2006, S. 786

Haarmeyer/Basinski/Hillebrand/Weber, Durchbruch bei der insolvenzrechtlichen Rechnungslegung – Bericht über den aktuellen Stand der Forschungsgruppe „Schlussrechnung", ZInsO 2011, S. 1874

Haarmeyer/Hillebrand, Insolvenzrechnungslegung – Diskrepanz zwischen gesetzlichem Anspruch und Wirklichkeit (Teil 1), ZInsO 2010, S. 412

Haarmeyer/Hillebrand, Insolvenzrechnungslegung – Diskrepanz zwischen gesetzlichem Anspruch und Wirklichkeit (Teil 2), ZInsO 2010, S. 702

Haarmeyer/Hillebrand/Moll, ZEFIS-Projekt Schlussrechnung: „Ja" zur Standardisierung der Schlussrechnungslegung, ZInsO 2017, S. 1309

Häublein, Die rechtsfähige Wohnungseigentümergemeinschaft: Auswirkungen auf die persönliche Haftung der Eigentümer und die Insolvenzfähigkeit, ZIP 2005, S. 1720

Harder, Steuerzahlungen in vorläufigen Insolvenzverfahren in Eigenverwaltung, NZI 2015, S. 162

Harrison/Solmecke, Beurteilung der Fortführungsannahme bei Erstellung eines Jahresabschlusses, WPg 2016, S. 1266

Hauptmann/Müller-Dott, Pflichten und Haftungsrisiken der Leitungsorgane einer Aktiengesellschaft und ihrer Tochtergesellschaften in der Insolvenz, BB 2003, S. 2521

Heil/Pape, Recht auf Einsicht in Konkursakten – ein Versteckspiel für die Gläubiger, ZIP 1997, S. 1367

Henssler, Das Berufsbild des Insolvenzverwalters im Wandel der Zeit, ZIP 2002, S. 1053

Hermanns, Anmerkungen zum Entwurf eines Leitfadens des BDU e.V. zur Struktur eines Grobkonzepts im Rahmen der Bescheinigung nach § 270b InsO, ZInsO 2014, S. 922

Herrmann/Krummen, Sanierungskonzepte für kleinere und mittlere Unternehmen (KMU) – ein Praxisfall im Lichte der aktuellen Rechtsprechung und zeitgleich die Suche auf die Frage, ZInsO 2017, S. 461

Hillebrand, Die Kriterien der Sanierungsfähigkeit vor und in der Insolvenz – Oder: Die Eintrittsbarrieren ins ESUG-Verfahren, ZInsO 2013, S. 2356

Hillebrand, Externe (handelsrechtliche) Rechnungslegung im Insolvenzverfahren, WPg 2016, S. 465

Hillebrand, Handelsrechtliche Rechnungslegung in der Insolvenz – Diese Pflichten muss ein Insolvenzverwalter erfüllen, Betriebswirtschaftliche Beratung 2007, S. 153

Hillebrand, Insolvenzrechtliche Rechnungslegung – Was jeder Insolvenzverwalter beachten muss, Betriebswirtschaftliche Beratung 2007, S. 266

Hirte, Anmerkungen zum von § 270b RefE-InsO ESUG vorgeschlagenen „Schutzschirm", ZInsO 2011, S. 401

Hobelsberger, Umsatzsteuerpflicht und -haftung in der vorläufigen Eigenverwaltung, DStR 2013, S. 2545

Hofert/Möller, GmbH-Finanzierung : Debt Mezzanine Swap – der bessere Debt Equity Swap für Unternehmen in der Krise, GmbHR 2009, S. 527

Hofmann, Die Eigenverwaltung insolventer Kapitalgesellschaften im Konflikt zwischen Gesetzeszweck und Insolvenzpraxis, ZIP 2007, S. 260

Hölzle, Eigenverwaltung im Insolvenzverfahren nach ESUG – Herausforderung für die Praxis, ZIP 2012, S. 158

Hölzle, Insolvenzplan auf Initiative des vorläufigen Sachwalters im Schutzschirmverfahren – Oder: Wer erstellt und wer bezahlt den Insolvenzplan im Verfahren nach § 270b InsO?, ZIP 2012, S. 855

Hölzle, Umsatzsteuerliche Organschaft und Insolvenz der Organschaft, DStR 2006, S. 1210

Hölzle, Unternehmensumwandlung in Krise, Sanierung und Insolvenz, FR 2006, S. 447

Hölzle, Zur Unabhängigkeit des Bescheinigers im Schutzschirmverfahren, EWiR 2012, S. 465

Horstkotte, Der IDW ES 11 im Kontext der Zulässigkeitsprüfung von Schutzschirmverfahren gem. § 270b InsO, ZInsO 2015, S. 135

Hundt, Prüfung der Darstellung von Chancen und Risiken im Lagebericht – Berichterstattung im Bestätigungsvermerk, WP Praxis 2015, S. 197

IDW, Positionspapier zum Zusammenwirken von handelsrechtlicher Fortführungsannahme und insolvenzrechtlicher Fortbestehensprognose, FN-IDW 2012, S. 463

Jansen, Erlass von Steuern auf Sanierungsgewinne, DStR 2003, S. 1055

Jaroschinsky/Werner, Beauftragung von Restrukturierungsgesellschaften, WPg 2016, S. 633

Kahlert, Der Sanierungserlass ist keine Beihilfe, ZIP 2016, S. 2107

Kahlert, Ertragsbesteuerung in Krise und Insolvenz, FR 2014, S. 731

Kahlert, Fiktive Masseverbindlichkeiten im Insolvenzverfahren: Wie funktioniert § 55 Abs. 4 InsO?, ZIP 2011, S. 401

Kahlert, Steuerzahlungspflicht im Eröffnungsverfahren der Eigenverwaltung?, ZIP 2012, S. 2089

Kahlert, Umsatzsteuerliche Organschaft und (vorläufige) Eigenverwaltung, ZIP 2013, S. 2348

Kamp/Solmecke, Mezzanine-Kapital: Ein Eigenkapitalsubstitut für den Mittelstand, FB 2005, S. 618

Kamps/Weil, Erlass der auf einem Sanierungsgewinn beruhenden Gewerbesteuer durch die Gemeinden, FR 2014, S. 913

Kayser, Aktuelle Rechtsprechung des BGH zum Insolvenzrecht außerhalb der Insolvenzanfechtung, ZIP 2013, S. 1353

Kayser, Beraterhaftung für falsche oder unterlassene Auskünfte zur Insolvenzreife, ZIP 2014, S. 597

Keil, Fristlose Kündigung des Anstellungsvertrages des GmbH-Geschäftsführers bei Insolvenzverschleppung (Anmerkung zum Urteil des BGH vom 20.06.2005 – II ZR 18/03), DZWIR 2006, S. 157

Keller, Die Vergütung des Insolvenzverwalters im masselosen Insolvenzverfahren, ZIP 2004, S. 633

Kilger, Konkurs des Konkurses, KTS 1975, S. 142

Kind/Frank/Heinrich, Die Pflicht zur Prüfung von Jahresabschluss und Lagebericht nach § 316 I 1. HGB in der Insolvenz, NZI 2006, S. 205

Kinzl, Wie angemessen muss „angemessene Information" als Grundlage für Vorstandsentscheidungen sein?, DB 2004, S. 1653

Klusmeier, Ist die Umsatzsteuer in der vorläufigen Eigenverwaltung keine Masseverbindlichkeit i.S.d. § 55 Abs. 4 InsO?, ZInsO 2014, S. 488

Kniebes, Der Antrag des Insolvenzverwalters auf Befreiung von der Jahresabschlussprüfung, ZInsO 2016, S. 1669

Krebs/Kemmerer, Non-Reliance Letter – ein wirkungsvolles Gestaltungsinstrument?, NZG 2012, S. 847

Krings/Otte, Die Insolvenz der Komplementär-GmbH, NZG 2012, S. 761

Krüger, Insolvenzsteuerrecht Update 2013, ZInsO 2013, S. 579

Krystek/Klein, Erstellung von Sanierungskonzepten: Kritische Würdigung bestehender Standards, speziell IDW S 6, DB 2010, S. 1775

Kurth/Delhaes, Die Entsperrung kapitalersetzender Darlehen, DB 2000, S. 2577

Kuss, Rechtliche Aspekte der Sanierung für die Unternehmensleitung und den Sanierungsberater, WPg 2009, S. 326

Kußmaul/Steffan, Insolvenzplanverfahren: Der prepackaged Plan als Sanierungsalternative, DB 2000, S. 1849

Landfermann, Das neue Unternehmenssanierungsgesetz (ESUG) – Überblick und Schwerpunkte – Teil II, WM 2012, S. 869

Laroche u.a., 30 Monate ESUG – eine Zwischenbilanz aus insolvenzrichterlicher Sicht, ZIP 2014, S. 2153

Leinekugel/Skauradszun, Geschäftsführerhaftung bei eigenmächtig gestelltem Insolvenzantrag wegen bloß drohender Zahlungsunfähigkeit, GmbHR 2011, S. 1121

Leschke/Rost, Rechtssicherheit durch Sanierungskonzepte – Neufassung des IDW S 6, DB 2013, Heft 16, S. M1

Liebs, Offene Fragen der Insolvenz einer zweigliedrigen GmbH & Co. KG, ZIP 2002, S. 1716

Lissner, Die Aufsichtspflicht des Insolvenzgerichts, ZInsO 2012, S. 957

Lissner, Die Übertragung der Schlussrechnungsprüfung auf Sachverständige, ZInsO 2015, S. 1184

Malsch, Der Weg in die Krise und Insolvenz – und mögliche Auswege, Betriebswirtschaft im Blickpunkt 2021, S. 131

Mankowski, Klärung von Grundfragen des europäischen Internationalen Insolvenzrechts durch die Eurofood-Entscheidung?, BB 2006, S. 1753

Maser/Sommer, Die Neuregelung der sanierenden Kapitalherabsetzung bei der GmbH, GmbHR 1996, S. 22

Maurenbrecher, Sanierung mittelständischer Unternehmungen durch Private Equity-Gesellschaften, München 2008

Meier, Zur Strafbarkeit des Missbrauchs des Schutzschirmverfahrens nach § 270b InsO, ZInsO 2016, S. 1499

Menke, Der Erwerb eines Unternehmens aus der Insolvenz – das Beispiel der übertragenden Sanierung, BB 2003, S. 1133

Metoja, Externe Prüfung der insolvenzrechtlichen Rechnungslegung – ein Nutzen für die Verfahrensbeteiligten?, ZInsO 2016, S. 992

Meyer-Löwy/Poertzgen/Sauer, Neue Rechtsprechung zur Insolvenzverwalterhaftung im Überblick, ZInsO 2005, S. 691

Möhlenkamp, (Umsatz-)steuerliche Organschaft und eigenverwaltete Konzerninsolvenz – wohin treibt das Sanierungsrecht?, DStR 2014, S. 1357

Möhlmann, Die Ausgestaltung der Masse- und Gläubigerverzeichnisse sowie der Vermögensübersicht nach neuem Insolvenzrecht, DStR 1999, S. 163

Mujkanovic, Die Erstellung von Sanierungskonzepten, Anforderungen an Sanierungskonzepte gemäß IDW S 6, WP Praxis 2014, S. 280

Naumann, Gesetzliche Alternative zum Sanierungserlass – neue Hoffnung für Unternehmenssanierungen?, BB 2017, H. 12, S. I

Noack, „Holzmüller" in der Eigenverwaltung: zur Stellung von Vorstand und Hauptversammlung im Insolvenzverfahren, ZIP 2002, S. 1873

Obermüller/Livonius, Auswirkungen der Insolvenzrechtsreform auf das Leasinggeschäft, DB 1995, S. 27

Ott/Brauckmann, Zuständigkeitsgerangel zwischen Gesellschaftsorganen und Insolvenzverwalter in der börsennotierten Aktiengesellschaft, ZIP 2004, S. 2117

Pape, Aktuelle Entwicklungen im Insolvenzeröffnungsverfahren, ZIP 2002, S. 2277

Pape, Das januskÖpfige Insolvenzeröffnungsverfahren bei der Eigenverwaltung, ZInsO 2013, S. 2077

Paulus, Der EuGH und das moderne Insolvenzrecht, NZG 2006, S. 609

Paulus, Überlegungen zur Insolvenzfähigkeit von Gemeinden, ZInsO 2003, S. 869

Peemöller/Weigert, Die Prüfung eines leistungswirtschaftlichen Sanierungskonzepts, BB 1995, S. 2311

Pföhler/Seidler, Handelsrechtliche Fortführungsannahme – Abkehr, Bestehen einer wesentlichen Unsicherheit und Prognosezeitraum, BB 2021, S. 299

Plagens/Oldemanns, Standardisierung von Sanierungskonzepten (IDW S 6) durch Ableitung eines Management-Summary am Beispiel für den Automobilhandel, ZInsO 2014, S. 521

Poertzgen, Der 3-Wochen-Zeitraum im Rahmen der Antragspflicht (§ 15a InsO), ZInsO 2008, S. 944

Poertzgen, Die rechtsformneutrale Insolvenzantragspflicht (§ 15a InsO), ZInsO 2007, S. 574

Pohl, Kann IDW S 6 Marktstandard werden?, ZInsO 2011, S. 207

Prütting, Der neue IDW-Standard zur Erstellung von Sanierungskonzepten (IDW S 6) in der rechtlichen Beurteilung, ZIP 2013, S. 203

Prütting, Ist die Gesellschaft bürgerlichen Rechts insolvenzfähig?, ZIP 1997, S. 1725

Prütting/Stickelbrock, Befugnisse des vorläufigen Insolvenzverwalters, ZIP 2002, S. 1608

Püschel, Anwendung von IDW S 6 auf Sanierungskonzepte für kleine und mittelgroße Unternehmen, KSI 2013, S. 53

Rattunde/Berner, Insolvenz einer börsennotierten Aktiengesellschaft, WM 2003, S. 1313

Rau/Sleiman, Subventionsbetrug im Zusammenhang mit Corona-Soforthilfen für Kleinstunternehmen und Soloselbstständige, NZWiSt 2020, S. 373

Rauscher, Aufgaben, Kosten, Nutzen des vorläufigen Gläubigerausschusses, ZInsO 2012, S. 1201

Redecker, Kontrollerwerb an Krisengesellschaften : Chancen und Risiken des Debt-Equity-Swap, BB 2007, S. 673

Reinhardt/Lambrecht, Die Bescheinigung nach § 270b InsO als Schlüssel für das Schutzschirmverfahren, Stbg 2014, S. 71

Rendels/Körner, §§ 210ab InsO: Problembereiche und weitere Erfahrungen, INDAT-Report 4/2012, S. 56

Renner, Die Stellung des atypisch stillen Gesellschafters in der Insolvenz des Geschäftsinhabers, ZIP 2002, S. 1430

Römermann, Bestellung von Insolvenzverwaltern: Die verpasste Chance des BverfG, ZIP 2006, S. 1332

Rönnau/Becker, Untreue (§ 266 Abs. 1 StGB) durch verbotswidrige Zahlungen des GmbH-Geschäftsführers nach Insolvenzreife, NZWiSt 2014, S. 441

Roth, Stellungnahme zum Referentenentwurf eines Gesetzes zur Verkürzung des Restschuldbefreiungsverfahrens, zur Stärkung der Gläubigerrechte und zur Insolvenzfestigkeit von Lizenzen – Geplante Ergänzung des § 15a InsO um einen Absatz 6, ZInsO 2012, S. 678

Roth, Vereinbarkeit des Sanierungserlasses mit dem unionsrechtlichen Beihilferecht, ZInsO 2016, S. 1877

Schellberg, Das neue Insolvenzrecht, DB 2002, S. 307

Schmidt, Insolvenz und Insolvenzabwicklung bei der typischen GmbH & Co. KG, GmbHR 2002, S. 1209

Schmidt, Insolvenzabwicklung bei der Simultaninsolvenz der Gesellschaften in der GmbH & Co. KG, GmbHR 2003, S. 1404

Schmidt, Schöne neue Sanierungswelt: Die Gläubiger okkupieren die Burg!, ZIP 2012, S. 2085

Schmidt, Das Ende des sanierenden Insolvenzverwalters, ZInsO 2006, S. 791

Schmidt/Linker, Ablauf des sog. Schutzschirmverfahrens nach § 270b InsO, ZIP 2012, S. 963

Schmittmann, Besonderheit bei der insolventen GmbH & Co. KG, ZInsO 2005, S. 1314

Seer, Abschlussbericht der Kommission zur Harmonisierung von Insolvenz- und Steuerrecht, ZIP 2014, Beil. zu H. 42, S. 1

Seer, Gesetzliche Verankerung der ertragsteuerlichen Freistellung von sog. Sanierungsgewinnen, DB 2017, H. 18, S. M5

Seer, Insolvenz, Sanierung und Ertragsteuern – verfassungs- und europarechtliche Überlegungen, FR 2014, S. 721

Siemon, § 56 InsO ist keine Ermessensvorschrift, ZInsO 2012, S. 364

Sinz/Oppermann, § 55 Abs. 4 InsO und seine Anwendungsprobleme in der Praxis, DB 2011, S. 2185

Smid, EuGH zu „Eurofood", BGH zur internationalen Zuständigkeit : Neueste Judikatur zur EuInsVO, DZWIR 2006, S. 325

Smid, Voraussetzungen der Eröffnung eines deutschen Sekundärinsolvenzverfahrens – Geltendes Recht und Reformpläne, ZInsO 2013, S. 953

Spliedt, Die „halbstarke" Verwaltung – unbeherrschbare Masseverbindlichkeiten oder sinnvolle Alternative?, ZIP 2001, S. 1941

Spliedt, Ist die außergerichtliche Sanierung pleite? – Ein Vergleich zur Sanierung im Insolvenzverfahren, InsVZ 2010, S. 27

Staw/Sandlands/Dutton, Threat-Rigidity Effects in Organizational Behavior – Multilevel Analysis, Administrative Science Quarterly 1981, S. 501

Steffan, Sanierung in der Insolvenz, WPg 2003, Sonderheft, S. S 148

Steffan, Sanierungskonzepte Quo vadis?, ZIP 2016, S. 1712

Steffan, BGH- und EU-konform: Der IDW S 6 in der Fassung 2018, , ZIP 2018, S. 1767

Steffan/Oberg/Poppe, Die neuen Zugangsvoraussetzungen zur Eigenverwaltung im Abgleich mit den Anforderungen an die Schutzschirmbescheinigung – was ist wirklich neu?, ZInsO 2021, S. 1116

Steffan/Solmecke, Die Bescheinigung als Eintrittskarte ins Schutzschirmverfahren – der IDW S 9, ZIP 2014, S. 2271

Steffan/Solmecke, Die Beurteilung der Insolvenzeröffnungsgründe, Institut der Wirtschaftsprüfer veröffentlicht S 11, ZInsO 2015, S. 1365

Steffan/Solmecke, IDW S 11 : Neuer Standard zur Beurteilung der Insolvenzreife, WPg 2015, S. 429

Streit, Veröffentlichungspflichten gem. §§ 21, 25 WpHG bei der insolventen AG, Inanspruchnahme des Insolvenzverwalters und Kostenhaftung der Masse?, NZI 2005, S. 486

Strohn, Organhaftung im Vorfeld der Insolvenz, NZG 2011, S. 1161

Sudhoff, Der Antrag auf Eröffnung des Konkurs oder Vergleichsverfahren, NJW 1973, S. 1829

Tetzlaff, Drohende Zahlungsunfähigkeit – Geschäftsführer und Gesellschafter in der Zwickmühle?, ZInsO 2008, S. 137

Teubner, Unternehmensinteresse – das gesellschaftliche Interesse des Unternehmens „an sich"?, ZHR 1985, S. 470

Thiessen, Zur Neuregelung der Verjährung im Handels- und Gesellschaftsrecht, ZHR 2004, S. 503

Tietze, Sanierungsgewinn und Gewerbesteuer – Abweichende Festsetzung des Gewerbesteuermessbetrages in Sanierungsfällen?, DStR 2016, S. 1306

Tintelnot, Die gegenseitigen Verträge im neuen Insolvenzverfahren, ZIP 1995, S. 616

Titz/Tötter, Tätigkeiten in der vorläufigen Insolvenzverwaltung, ZInsO 2006, S. 976

Tobias/Schampel, Sanierungskonzepte nach IDW S 6 – Zu Sinn und Unsinn eines Standards, KSI 2011, S. 245

Uhlenbruck, Die Rechtsstellung des Geschäftsführers in der GmbH-Insolvenz, GmbHR 2005, S. 817

Uhlenbruck, Grenzen der Mitwirkung von Gläubigerausschuss und Gläubigerbeirat im Insolvenzverfahren, BB 1976, S. 1201

Uhlenbruck, Kosten gesellschaftsrechtlicher Pflichten und Sanierungsmaßnahmen in der Insolvenz, NZI 2007, S. 313

Undritz, Die doppelnützige Treuhand in der Restrukturierungspraxis – Chancen und Risiken, ZIP 2012, S. 1153

Vallender, Das neue Schutzschirmverfahren nach dem ESUG, GmbHR 2012, S. 450

Vallender, Wohnungseigentum in der Insolvenz, NZI 2004, S. 401

Völkel, EU-Kommsission billigt Steuerbefreiung für Sanierungsgewinne – Dennoch Gesetzesänderung erforderlich, DB, 2018, S. 2080

von Wilmowsky, Aufrechnung in der Insolvenz, NZG 1998, S. 481

Wallner/Neuenhahn, Ein Zwischenbericht zur Haftung des (vorläufigen) Insolvenzverwalters – Gratwanderung zwischen Fortführungs- und Einstandspflicht, NZI 2004, S. 63

Weber, Die Funktionsteilung zwischen Konkursverwalter und Gesellschaftsorganen im Konkurs der Kapitalgesellschaft, KTS 1970, S. 77

Weber/Küting/Eichenlaub, Zweifelsfragen im Rahmen der Beurteilung des Vorliegens von Insolvenzeröffnungsgründen, GmbHR 2014, S. 1009

Weber/Schneider, Die nach dem Gesetz zur weiteren Erleichterung der Sanierung von Unternehmen vorgesehene Umwandlung von Forderungen in Anteils- bzw. Mitgliedschaftsrechte, ZInsO 2012, S. 374

Wehdekind, Eigenverwaltung der insolventen Aktiengesellschaft, DZWIR 2006, S. 451

Weimar, Entwicklungen im Recht der werdenden Aktiengesellschaft, DStR 1997, S. 1170

Weinbeer, Der Entlastungsbeweis nach § 61 Satz 2 InsO, AnwBl. 2005, S. 422

Westrick, Chancen und Risiken der Eigenverwaltung nach der Insolvenzordnung, NZI 2003, S. 65

Weyand, Strafrechtliche Risiken für den externen Berater in der Unternehmenskrise, ZInsO 2016, S. 1969

Weyand, Wichtige Entscheidungen zum Insolvenzstrafrecht aus dem Jahre 2012/2013, ZInsO 2013, S. 1064

Wieland, Verfassungsrechtliche Fragen der Auswahl des Insolvenzverwalters, ZIP 2005, S. 233

Wischemeyer, Die Zahlungspflicht des selbstständig tätigen Schuldners im eröffneten Insolvenzverfahren gem. §§ 35 Abs. 2 Satz 2, 295 Abs. 2 InsO, ZInsO 2010, S. 2068

Wortberg, Holzmüller und die Stellung eines Insolvenzantrags wegen drohender Zahlungsunfähigkeit, ZInsO 2004, S. 707

Zabel/Pütz: Beurteilung der Insolvenzeröffnungsgründe nach IDW S 11, ZIP 2015, S. 912

Zahn, Der Leasingvertrag über Mobilien in der Insolvenz des Leasinggebers nach der Novellierung der InsO, DB 1996, S. 1393

Zattler, Insolvenzreife der Aktiengesellschaft – Die Stunde von Vorstand und Aufsichtsrat, GWR 2009, S. 285

Zeuner, Durchsetzung von Gläubigerinteressen im Insolvenzverfahren, NJW 2007, S. 2952

Zimmer, Die Vergütung der Mitglieder des Gläubigerausschusses, ZIP 2013, S. 1309

Zimmer, Probleme des Vergütungsrechts (bei Nicht-Eröffnung des Insolvenzverfahrens) vor und nach ESUG – Plädoyer für das Eröffnungsverfahren als notwendige Vorstufe eines Insolvenzverfahrens i.S. einer Vorgesellschaft, ZInsO 2012, S. 1658

Zipperer/Vallender, Die Anforderungen an die Bescheinigung für das Schutzschirmverfahren, NZI 2012, S. 729

Zugehör, Uneinheitliche Rechtsprechung des BGH zum (Rechtsberater-)Vertrag mit Schutzwirkung zu Gunsten Dritter, NJW 2008, S. 1105

Zwoll, Haftung des Insolvenzverwalters bei von ihm erstelltem Liquiditätsplan, NZI 2005, S. 223

4. Zitierte IDW Verlautbarungen

IDW PS 270
IDW Prüfungsstandard: Die Beurteilung der Fortführung der Unternehmenstätigkeit im Rahmen der Abschlussprüfung (Stand: 09.09.2010), WPg-Supplement 4/2010, S. 1; FN-IDW 2010, S. 423

IDW PS 270 n.F. (10.2021)
IDW Prüfungsstandard: Die Beurteilung der Fortführung der Unternehmenstätigkeit im Rahmen der Abschlussprüfung (Stand: 29.10.2021), IDW Life 2021, S. 1264

IDW PS 301
IDW Prüfungsstandard: Prüfung der Vorratsinventur (Stand: 24.11.2010), WPg 2003, S. 715; FN-IDW 2003, S. 323; WPg-Supplement 1/2011, S. 1; FN-IDW 2011, S. 113

IDW PS 303 n.F.
IDW Prüfungsstandard: Erklärungen der gesetzlichen Vertreter gegenüber dem Abschlussprüfer (Stand: 09.09.2009), WPg-Supplement 4/2009, S. 19; FN-IDW 2009, S. 445

IDW PS 350 n.F. (10.2021)
IDW Prüfungsstandard: Prüfung des Lageberichts (Stand: 29.10.2021), IDW Life 2022, S. 45

IDW PS 405 n.F. (10.2021)
IDW Prüfungsstandard: Modifizierungen des Prüfungsurteils im Bestätigungsvermerk (Stand: 29.10.2021), IDW Life 2021, S. 1367

IDW PS 800
IDW Prüfungsstandard: Beurteilung eingetretener oder drohender Zahlungsunfähigkeit bei Unternehmen (Stand: 06.03.2009) (Ersetzt durch IDW S 11), WPg-Supplement 2/2009, S. 42; FN-IDW 2009, S. 161

IDW PH 9.100.1
IDW Prüfungshinweis: Besonderheiten der Abschlussprüfung kleiner und mittelgroßer Unternehmen (Stand: 29.11.2006), WPg-Supplement 1/2007, S. 53; FN-IDW 2007, S. 63

IDW RS HFA 17
IDW Stellungnahme zur Rechnungslegung: Auswirkungen einer Abkehr von der Going Concern-Prämisse auf den handelsrechtlichen Jahresabschluss (Stand: 11.07.2018), IDW Life 2016, S. 1035; IDW Life 2018, S. 777

IDW RS HFA 41

IDW Stellungnahme zur Rechnungslegung: Auswirkungen eines Formwechsels auf den handelsrechtlichen Jahresabschluss (Stand: 06.09.2012), WPg-Supplement 4/2012, S. 85; FN-IDW 2012, S. 539

IDW RS HFA 42

IDW Stellungnahme zur Rechnungslegung: Auswirkungen einer Verschmelzung auf den handelsrechtlichen Jahresabschluss (Stand: 29.10.2012), WPg-Supplement 4/2012, S. 91; FN-IDW 2012, S. 701

IDW RS HFA 43

IDW Stellungnahme zur Rechnungslegung: Auswirkungen einer Spaltung auf den handelsrechtlichen Jahresabschluss (Stand: 06.09.2012), WPg-Supplement 4/2012, S. 104; FN-IDW 2012, S. 714

IDW RH HFA 1.1010

IDW Rechnungslegungshinweis: Bestandsaufnahme im Insolvenzverfahren (Stand: 13.06.2008), WPg-Supplement 3/2008, S. 37; FN-IDW 2008, S. 309

IDW RH HFA 1.1011

IDW Rechnungslegungshinweis: Insolvenzspezifische Rechnungslegung im Insolvenzverfahren (Stand: 13.06.2008), WPg-Supplement 3/2008, S. 49; FN-IDW 2008, S. 321

IDW RH HFA 1.1012

IDW Rechnungslegungshinweis: Externe (handelsrechtliche) Rechnungslegung im Insolvenzverfahren (Stand: 11.09.2015), WPg-Supplement 4/2015, S. 48; IDW Life 2015, S. 610

IDW S 1 i.d.F. 2008

IDW Standard: Grundsätze zur Durchführung von Unternehmensbewertungen (Stand: 04.07.2016), WPg Supplement 3/2008, S. 68; FN-IDW 2008, S. 271; IDW Life 2016, S. 731

IDW S 2

IDW Standard: Anforderungen an Insolvenzpläne (Stand: 18.11.2019), IDW Life 2020, S. 45

IDW S 6

IDW Standard: Anforderungen an Sanierungskonzepte (Stand: 16.05.2018), IDW Life 2018, S. 813

IDW S 7

IDW Standard: Grundsätze für die Erstellung von Jahresabschlüssen (Stand: 27.11.2009), WPg-Supplement 1/2010, S. 100; FN-IDW 2009, S. 623

IDW S 9

IDW Standard: Bescheinigung nach § 270b InsO (Stand: 18.08.2014), WPg-Supplement 4/2014, S. 45; FN-IDW 2014, S. 615

IDW ES 9 n.F.

Entwurf IDW Standard: Bescheinigungen nach §§ 270d und 270a InsO (Stand: 12.01.2021), IDW Life 2021, S. 210

IDW S 11

IDW Standard: Beurteilung des Vorliegens von Insolvenzeröffnungsgründen (Stand: 23.08.2021), IDW Life 2022, S. 107

F & A zu IDW S 6

Fragen und Antworten: Zur Erstellung und Beurteilung von Sanierungskonzepten nach IDW S 6 (Stand: 16.05.2018), IDW Life 2018, S. 826

IDW Praxishinweis 2/2017

Beurteilung einer Unternehmensplanung bei Bewertung, Restrukturierungen, Due Diligence und Fairness Opinion (Stand: 02.01.2017), IDW Life 2017, S. 343

St/HFA 1/1994

Zur Behandlung von Genussrechten im Jahresabschluss von Kapitalgesellschaften (Ergänzung 1998), WPg 1994, S. 419; WPg 1998, S. 891; FN-IDW 1994, S. 269; FN-IDW 1998, S. 523

St/FAR 1/1991

Anforderungen an Sanierungskonzepte (ersetzt durch IDW S 6), FN-IDW 1991, S. 319; FN-IDW 1992, S. 75

St/FAR 1/1996

Empfehlungen zur Überschuldungsprüfung bei Unternehmen, WPg 1997, S. 22; FN-IDW 1996, S. 523

Stichwortverzeichnis

Die Buchstaben verweisen auf das Kapitel,
die Zahlen auf die jeweiligen Textziffern.

B

Beauftragung, *s. Auswahl, Bestellung*

Befangenheit
- Besorgnis
- – bei Mitgliedschaft im Gläubigerausschuss C 345

Beherrschungs-/Gewinnabführungsvertrag
- im Fall der Konzerninsolvenz C 519

Belegenheitsort
- i.S.d. EuInsVO C 530 ff.

Benchmarking B 116 f., 119, 197, 375, 435 f.

Berichtspflicht
- Abschlussprüfer
- – bestandsgefährdende Risiken C 96

Berichtstermin
- Gläubigerversammlung C 359

Bescheinigung B 31

Beschlossene (eingeforderte) Nachschüsse
- im Überschuldungsstatus C 155

Beschlossene Kapitalerhöhung
- im Überschuldungsstatus C 129

Besserungsabrede
- im Überschuldungsstatus C 164

Bestätigungsvermerk E 10, 32, 38 f., 156
- ergänzender Hinweis E 36
- Hinweis auf Bestandsgefährdung E 35
- Versagung E 37, 81

Bestandsfähigkeit B 27 ff., 59

Bestellung
- Insolvenzverwalter C 369 ff.
- Schutzschirmverfahren
- – Vorschlagsrecht des Schuldners bzgl. Sachwalter C 430
- Sonderinsolvenzverwalter C 374
- *s. auch Auswahl*

Beteiligungen
- im Überschuldungsstatus C 138

Betriebsänderung
- im Insolvenzfahren C 172, 322 ff.

Betriebsrat
- Rechte im Insolvenzverfahren C 320 ff.

Betriebsvereinbarung
- im Insolvenzverfahren C 324

Beurteilung
- Insolvenzreife C 6 ff.

- Überschuldung C 85 ff., 179 ff.
- Zahlungsunfähigkeit C 17 ff.

Beweislast
- für positive Fortbestehensprognose C 94

Bewertung
- im Überschuldungsstatus C 115 ff.

Bilanzierungshilfen
- im Überschuldungsstatus C 130

Böswilliges Bestreiten
- Forderungen/Verbindlichkeiten
- – als Grund für Zahlungsunfähigkeit C 84

Briefkastenfirmen C 518

Bruchteilsgemeinschaft
- als insolvenzfähiger Rechtsträger C 197

Bruttoprinzip E 115

Buchführungspflicht E 45, 49 f.

C

Cash-Pooling
- Feststellung der Zahlungsunfähigkeit i.S.d. InsO C 78 ff.

Controlling, *s. Finanzen im Sanierungsprozess*

Corona-Pandemie E 15

COVInsAG C 13

D

Darlegungslast, *s. Beweislast*

Dienstverhältnis
- nach Eröffnung des Insolvenzverfahrens C 316

Dingliches Vorkaufsrecht
- im Insolvenzverfahren C 293

Doppelnützige Treuhand
- Anwendung des § 8 KStG F 247
- Begriff F 233 ff.
- Erbschaft- und Schenkungsteuer F 267 ff.
- Grunderwerbsteuer F 260 ff.
- Mitunternehmerrisiko und -initiative F 250 ff.
- Steuerrisiken F 239
- Treuhandvereinbarung F 236
- wirtschaftliches Eigentum F 243 ff.

Down-Stream-Merger C 234

Dreiwochenfrist A 58
- Insolvenzantrag C 12
- – Beginn C 11